DIREITO AUTORAL
no Brasil

José Carlos Costa Netto

DIREITO AUTORAL no Brasil

A nova edição conta com diversos julgados recentes sobre os direitos autorais e tópico sobre a inteligência artificial e os direitos autorais.

5ª edição
2025

- O autor deste livro e a editora empenharam seus melhores esforços para assegurar que as informações e os procedimentos apresentados no texto estejam em acordo com os padrões aceitos à época da publicação, *e todos os dados foram atualizados pelo autor até a data de fechamento da obra*. Entretanto, tendo em conta a evolução das ciências, as atualizações legislativas, as mudanças regulamentares governamentais e o constante fluxo de novas informações sobre os temas que constam do livro, recomendamos enfaticamente que os leitores consultem sempre outras fontes fidedignas, de modo a se certificarem de que as informações contidas no texto estão corretas e de que não houve alterações nas recomendações ou na legislação regulamentadora.

- Data do fechamento do livro: 25/01/2025

- O autor e a editora se empenharam para citar adequadamente e dar o devido crédito a todos os detentores de direitos autorais de qualquer material utilizado neste livro, dispondo-se a possíveis acertos posteriores caso, inadvertida e involuntariamente, a identificação de algum deles tenha sido omitida.

- Direitos exclusivos para a língua portuguesa
  Copyright ©2025 by
  Saraiva Jur, um selo da SRV Editora Ltda.
  Uma editora integrante do GEN | Grupo Editorial Nacional
  Travessa do Ouvidor, 11
  Rio de Janeiro – RJ – 20040-040

- **Atendimento ao cliente: https://www.editoradodireito.com.br/contato**

- Reservados todos os direitos. É proibida a duplicação ou reprodução deste volume, no todo ou em parte, em quaisquer formas ou por quaisquer meios (eletrônico, mecânico, gravação, fotocópia, distribuição pela Internet ou outros), sem permissão, por escrito, da **SRV Editora Ltda.**

- Capa: Lais Soriano
  Diagramação: Rafael Cancio Padovan

- **DADOS INTERNACIONAIS DE CATALOGAÇÃO NA PUBLICAÇÃO (CIP)
  ODILIO HILARIO MOREIRA JUNIOR – CRB-8/9949**

  C837d   Costa Netto, José Carlos
  Direito Autoral no Brasil / José Carlos Costa Netto. – 5. ed. – São Paulo: Saraiva Jur, 2025.

  808 p.
  Inclui bibliografia.
  ISBN 978-85-536-2417-1

  1. Direito. 2. Direito autoral. 3. Direitos do autor. 4. Proteção intelectual. I. Título.

	CDD 342.28
2025-469	CDU 347.78

  Índices para catálogo sistemático:
  1. Direito autoral   342.28
  2. Direito autoral   347.78

À minha companheira de todos os momentos, Tatiana,
aos meus pais, Maria de Lourdes e Carlos Renato,
aos meus filhos, Débora e Guilherme,
e aos meus mestres, Benedicto Costa Netto, meu avô,
Mário Furquim Filho e Antônio Chaves.

Apresentação à 5ª edição

Apresentar um autor e sua obra não constitui tarefa das mais simples, porque há tanto a possibilidade de que as palavras utilizadas sejam insuficientes para refletir a relevância de um autor para a área do conhecimento em que atua como pelo fato de que uma obra (como é o caso de "Direito Autoral no Brasil") seja a tal ponto significativa que não é mais possível dissociá-la daquele que a criou.

Reputamos ser justamente a situação em que a obra mencionada se encontra, uma vez que "Direito Autoral no Brasil" – consagrada tanto para uso didático como profissional –, já em sua quinta edição, simboliza perfeitamente a bem-sucedida carreira de José Carlos Costa Netto.

A sensibilidade do autor para analisar os principais desafios inerentes às criações intelectuais em nosso país decorre de seu inequívoco talento artístico como letrista e produtor cultural, não sendo possível – da mesma forma – olvidar de sua experiência como integrante e presidente do antigo Conselho Nacional de Direito Autoral (de 1979 a 1983), período em que igualmente foi o representante brasileiro junto à União de Berna (Direito de Autor) e Convenção de Roma (Direitos Conexos aos de Autor).

O Conselho Nacional de Direito Autoral (CNDA), até hoje, é referência por seus pareceres que resolveriam sem dificuldade problemas contemporâneos (ainda que proferidos no período em que vigorava a antiga Lei de Direitos Autorais – Lei Federal n. 5.988/73) e podem ser encontrados graças à Secretaria Nacional de Direitos Autorais e Propriedade Intelectual – SNDAPI, que disponibilizou na internet pareceres e deliberações exarados entre os anos de 1980 e 1988.

Sua produção acadêmica foi constante nas últimas décadas, com artigos de destaque publicados na *Revista de Informação Legislativa* do Senado Federal ("Os direitos de autor e os que lhes são conexos sobre obras intelectuais criadas ou interpretadas sob o regime de prestação de serviços (1990)" e "Noções gerais e medidas necessárias para a regular exibição pública de videofonogramas, com ou sem cobrança de ingressos (1990)"), na *Revista da Associação Brasileira de Propriedade Intelectual* (O novo regime legal brasileiro de direitos autorais (1997) e Direitos autorais sobre as obras musicais na era digital (2001)), na *Revista do Advogado* (O direito de autor sobre as obras musicais na era digital (2003)) e na *Revista da Faculdade de Direito da Universidade de São Paulo* (Regime jurídico do plágio e sua aplicabilidade no campo de obra científica (monografia jurídica – exame de um caso concreto (2009)).

Cumpre destacar ainda suas publicações no exterior em revistas de prestígio como *Revue Internationale du Droit d'Auteur* (RIDA), na qual publicou o artigo La gestion collective et son évolution au Brésil: genèse, constitution, démarrage de l'activité et constitution de L'ECAD (2012) e *Les Cahiers de Propriété Intellectuelle* (Les droits moraux de l'auteur au Brésil (2013)).

Ressalte-se que os livros, capítulos de livros e artigos que elaborou (e aqui citamos somente uma parte) refletem sua experiência como advogado de alguns dos artistas mais renomados do país (na música, literatura, televisão e cinema) e como magistrado, que honra a classe dos advogados com seu vasto conhecimento sobre Direito Autoral reconhecido por meio do período em que presidiu a Associação Brasileira de Direito Autoral ABDA (2008-2015) e por sua eleição para a Cadeira n. 43 da Academia Paulista de Letras Jurídicas.

Antonio Carlos Morato
Advogado e Professor Associado do Departamento de Direito Civil
da Faculdade de Direito da Universidade de São Paulo (USP)

Apresentação à 4ª edição

Quando ingressei no Conselho Nacional de Direito Autoral como Conselheiro Suplente, convivi mais de perto com o seu então Presidente, o advogado José Carlos Costa Netto. Com o passar do tempo, nos tornamos amigos. O trabalho que realizamos em prol dos direitos autorais sedimentou a nossa amizade. Aprendi muito ao seu lado. Passei a admirá-lo não só pelo seu talento profissional, mas sobretudo pela sua condução serena em defesa dos criadores nacionais.

Embora fosse ainda muito jovem, Costa Netto já dominava com maestria os princípios norteadores do direito de autor, condição que o permitiu conduzir e implementar as políticas de proteção e assistência em matéria autoral, comprometidas com os mais diferentes segmentos de criação artística do país.

Seu trabalho projetou-se no curso do tempo. Ajudou a criar condições objetivas, uma vez que os direitos autorais se submetem às constantes transformações advindas com as novas tecnologias,– para que os fundamentos do direito autoral fossem melhor compreendidos e divulgados, em especial junto aos autores e todos aqueles que se beneficiam da utilização das obras artísticas, literárias e científicas.

Cumpre lembrar que, enquanto funcionou, o Conselho Nacional de Direito Autoral (CNDA) foi o centro, o polo catalizador e irradiador das reflexões autorais expendidas em todo o território nacional. Portanto, o legado de Costa Netto à frente da instituição contribuiu para aperfeiçoar a construção das relações autorais empreendidas à época, dotando-as de melhor visibilidade.

O jurista José Carlos Costa Netto foi plasmado no exercício advocacia, pela sua dedicação ao magistério, pela lúcida condução das políticas públicas sobre direito de autor em todo o território nacional. Além dessas qualidades ínsitas, é um autor consagrado, um sensível letrista.

Na atualidade, como Desembargador do Tribunal de Justiça do Estado de São Paulo, Costa Netto vai sedimentando e ampliando seus conhecimentos jurídicos, decidindo os mais diferentes conflitos que lhe são submetidos, promovendo com independência seus julgamentos. Todavia, essa prática jurisdicional que vem realizando não tem arrefecido seu entusiasmo pelos estudos do direito de autor, uma de suas paixões intelectuais. Que bom que assim seja: ganhamos todos!

Agora, ele me distingue para fazer a apresentação à 4ª edição da obra *Direito Autoral no Brasil*. É mais do que um convite. É a manifestação do apreço e do afeto de um querido amigo. Para mim, é a não exigibilidade de uma outra conduta!

Sua obra não é uma obra de circunstância. É obra definitiva no campo autoral brasileiro. Ela se reveste de contemporaneidade, vem materializada em 15 capítulos, concebidos em linguagem simples e direta, de fácil leitura e compreensão, o que permite transmitir, para todos aqueles que a visitam, os imprescindíveis ensinamentos sobre o direito autoral. Assim estruturada, ela alcança diferentes leitores, que não se cingem aos advogados, juízes e professores. Qualquer que venha manuseá-la não terá dificuldades em assimilá-la em sua inteireza.

Ademais, o autor acasala suas lições doutrinárias com as respectivas jurisprudências construídas pelos nossos tribunais. É mais um contributo que a obra propicia. Todos sabemos que a jurisprudência vem cumprindo um significativo papel pedagógico, qual seja, o de educar o cidadão, o de orientá-lo no sentido de respeitar os direitos dos autores brasileiros.

Muito mais poderia ser escrito.

Importa dizer que a 4ª edição do *Direito Autoral no Brasil* consolida mais uma etapa profícua na vida do jurista Costa Netto. Não só vem em boa hora, mas vem para mais uma vez ensinar, para fortalecer o entendimento de que sem o autor não existe obra, sem obra não existe a construção multifacetada do nosso processo cultural.

Hidelbrando Pontes

Apresentação à 3ª edição

Vinte anos são passados em que está vigente a Lei n. 9.610, de 19 de fevereiro de 1998, diploma básico de tutela do microssistema de direitos autorais no Brasil.

E, por tal motivo, o *scholar* e magistrado José Carlos Costa Netto traz a lume a terceira edição de sua obra *Direito Autoral no Brasil*.

Ninguém com mais autoridade para cuidar dos direitos autorais do que o autor em destaque, mestre e doutor pela USP, com dissertação de mestrado e tese de doutoramento sobre temas específicos de direito de autor. Exerceu, ainda, o magistério na PUC de São Paulo, como professor assistente (direito civil) do notável civilista e autoralista Prof. Dr. Carlos Alberto Bittar e como coordenador acadêmico do curso sobre direito de entretenimento, no qual também lecionou, da Escola Superior de Advocacia, da OAB seccional de SP.

Costa Netto revelou-se, ainda, um administrador competente com a contribuição que ofereceu nos tempos heroicos da implantação do microssistema dos direitos autorais no ordenamento jurídico brasileiro, advindo com a Lei n. 5.988/73 – como se costuma designar a primeira década da vigência do diploma ora em relevo, por onde passaram as instalações do Conselho Nacional de Direito Autoral (do qual Costa Netto foi o terceiro presidente) e o Escritório Central de Arrecadação e Distribuição dos direitos autorais relativos à execução de composições musicais, inclusive por intermédio da radiodifusão e da exibição cinematográfica e de fonogramas (ECAD).

O jurista norte-americano James Harris Baldwin (que, entre outras atividades de destaque, foi juiz federal) afirmou que o direito, em grande parte, é aquilo que o advogado concebe no seu escritório e que é aceito pelo crivo do Judiciário. Pois J. C. Costa Netto, enquanto grande advogado que foi, com o brilho de sua inteligência, com seu notável saber jurídico, muito contribuiu para o aperfeiçoamento da proteção autoral no País.

Mas ele não arrepiou carreira. Hoje, como magistrado (desembargador do Tribunal de Justiça de São Paulo que é), contribui para formação da jurisprudência sobre o tão importante ramo de direito em destaque.

A obra que o leitor tem em mãos é daquelas que vieram para ficar. Que evidência melhor para assertiva que esta terceira edição?

Carlos Fernando Mathias

Apresentação à 2ª edição

No Momento Certo

Há uma transformação em curso no sistema jurídico brasileiro, especialmente a parte do Código Civil de 2002 que colocou na ordem do dia, de forma clara e enfática, os usos e costumes como base para interpretação e aplicação das leis, como forma objetiva e prática de fazer justiça.

O ilustre Desembargador Dirceu de Melo, quando Presidente do Tribunal de Justiça de São Paulo, afirmou o seguinte: "Quero que a Justiça seja mais conhecida do povo e esteja mais próxima do povo".

Nada mais correto. Nada mais certo, especialmente agora que o mundo não tem fronteiras e a revolução tecnológica transformou todos em vizinhos pela proximidade total da palavra.

Mas, para que o Direito – e seu objetivo maior, que é a justiça – inclua-se nesta nova fase histórica da humanidade, é necessário que seus doutrinadores abandonem o Olimpo de textos pomposos e herméticos, buscando a simplicidade do dizer, o que não exclui, mas pressupõe, a sabedoria mais profunda.

Este livro é, exatamente, um exemplo dos novos tempos e dos novos e brilhantes doutrinadores. Trata com acuidade questões graves para o Direito Autoral, como é o caso da música, do cinema e das mais sofisticadas formas de dizer a arte – até questões aparentemente pequenas, como bulas de remédios, embalagens etc. –, com a mesma profundidade simples e acessível, escudado em mestres e farta jurisprudência.

O livro de Costa Netto, advogado brilhante e artista sensível, insere-se no grande caminho que se abre à nossa frente, rumo ao ideal maior de fazer justiça.

Com esta obra, vamos caminhar juntos pelo e para o Direito Autoral – e o Brasil será melhor.

Plínio Cabral

Apresentação à 1ª edição

É indiscutível a transformação que a tecnologia e os meios de comunicação vêm trazendo à sociedade, especialmente nas últimas décadas.

E qual o seu conteúdo? A criação intelectual.

Sem ela, o que seria desses recursos sofisticadíssimos de transmissão de informação, entretenimento e cultura? Em *Direito Autoral no Brasil*, José Carlos Costa Netto traz essa questão para o campo jurídico.

Examinando o assunto no contexto histórico internacional, Costa Netto dirige o seu foco ao regimento jurídico brasileiro, recentemente modificado pela nova Lei de Direitos Autorais, a Lei n. 9.610, sancionada em 19 de fevereiro de 1998.

Lançada em linguagem simples e didática, de melhor assimilação para estudantes de Direito, Comunicação e áreas afins, e, até, aos próprios autores e demais interessados no tema – com ou sem formação jurídica –, contém subsídios importantes, da mesma forma, para professores de Direito, juízes e advogados à procura não só de soluções práticas para casos concretos, mas, também, de ensinamentos valiosos sobre os princípios básicos norteadores da matéria.

Hélio Bicudo

Prefácio à 5ª edição

1. No volume *Direito autoral no Brasil*, o Professor e Desembargador José Carlos Costa Netto opera o milagre de tratar, com clareza, congruência e exatidão, em texto de agradável leitura, toda a temática do Direito Autoral.

Esta 5ª edição, meticulosamente revista e atualizada, ratifica o credenciamento como obra de consulta fundamental para todos que se dediquem à matéria. Obra benfazeja, oferece informação completa sobre a construção histórica, o debate doutrinário, a fundamentação legal e a concretização jurisprudencial de cada uma das matérias tratadas.

2. Em quinze capítulos, que se subdividem em itens específicos, tem-se todo o Direito Autoral. Anotem-se, em breve exemplificação não exaustiva: direitos fundamentais, direitos da personalidade e patrimoniais, direito à honra, ao nome, à imagem, ao esquecimento; evolução histórica nacional e estrangeira, tratados internacionais, teorias jurídicas, obra individual e coletiva; direitos da pessoa jurídica; direitos do compositor, arranjador, intérprete; direito de reprodução, limitações ao direito autoral; cópias privadas; direitos conexos, filmes, fonogramas, direito de arena, internet, *streaming*, execuções audiovisuais, *copyrights*, gestão coletiva (ECAD), provedores digitais, cessão e transferência de direitos – entre tantos outros assuntos.

Destaca-se, nesta 5ª edição, o enfrentamento corajoso do *mare magnum* aberto pela inteligência artificial a todos os compartimentos do lavor autoral, capítulo que, por si só, já recomenda a obra.

3. O Professor e Desembargador José Carlos Costa Netto alinha à aprimorada cultura doutrinária a experiência na colaboração legislativa, e a vivência da concretude na experiente advocacia especializada e no exercício da magistratura.

Desembargador do Tribunal de Justiça do Estado de São Paulo. Bacharel pela Faculdade de Direito da Universidade Presbiteriana Mackenzie. Professor Mestre e Doutor de Direito Civil da Faculdade de Direito da USP. Ex-Professor de Direito Civil da PUC-SP. Foi Advogado na área do direito civil, especialmente em propriedade intelectual (direito autoral). Foi Presidente do Conselho Nacional de Direito Autoral (CNDA). Representou o Brasil junto à União de Berna (sobre direito de autor) e à Convenção de Roma (sobre direitos conexos aos de autor), em Genebra, Paris e Roma, para reuniões oficiais da OMPI e UNESCO. Foi o único palestrante latino-americano no Youth Forum (painel de música e direito autoral) da 3ª Conferência das Nações Unidas sobre os Países Menos Desenvolvidos, realizada no Parlamento Europeu, em Bruxelas, no ano de 2001. Em 2018, participou como convidado pela US Patent and Trademark Office, em Alexandria, Virgínia, EUA, do Seminário Internacional, assim como, em 2019, pela OMPI, de Congresso Internacional em Seul, Coreia do Sul. Desde 2020, participa da construção de banco de dados de sentenças da OMPI, como ponto focal (coordenador) indicado pelo Conselho Nacional de Justiça, sob intermédio do Itamaraty. Recebeu, pelo trabalho junto à OMPI, a comenda da Ordem do Rio Branco, entregue pelo Ministério das Relações Exteriores, em 26 de novembro de 2021. Foi também Presidente da Associação Brasileira de Direito Autoral (ABDA), entre 2008 e 2015, e Vice-Presidente do Instituto Interamericano de Direito de Autor, com sede em Buenos Aires, Argentina, entre 2007 e 2015. Como autor, é compositor-letrista consagrado.

4. Prefaciar esta 5ª edição constitui imensa honra para mim. Engrandeço-me com o convite, certamente devido à amizade do autor.

Circunstâncias de vida ligaram-me a alguns dos maiores autorialistas do país – entre os quais o Professor e Desembargador José Carlos Costa Netto. Na Faculdade de Direito da USP, fui aluno do pioneiro sistematizador, Professor Antonio Chaves. No Tribunal de Alçada Criminal, convivi com o Professor Walter Moraes. No 1º Tribunal de Alçada Civil, compartilhei jurisdição na 4ª Câmara com o Professor Carlos Alberto

Bittar. Na 3ª Turma do Superior Tribunal de Justiça, sucedi ao Ministro e Professor Carlos Alberto Menezes Direito e nela judiquei com o Professor e Ministro Convocado Carlos Fernando Mathias de Souza. Aposentado ao então limite constitucional da idade, retornando a São Paulo reencontrei a convivência, na elevada condição de Titular de Direito Civil da Faculdade de Direito da USP, com a Professora Silmara Juny de Abreu Chinellato, amiga contemporânea do bacharelado na mesma Faculdade!

5. Na 2ª Seção do Superior Tribunal de Justiça, tive a honra de integrar Corte de alta qualificação, composta de Ministros conformadores do Direito Autoral[1], participando de julgamentos memoráveis. Entre eles, um especialmente emociona lembrar: o singular caso de remasterização de obras musicais em que era recorrente João Gilberto Pereira de Oliveira[2], para cujo voto passei o mês de recesso do Tribunal no Max-Planck-Institut da Propriedade Imaterial em Munique, pesquisando, meditando e redigindo.

6. O Direito Autoral é um *carrefour* de direitos, porque amealha todos os institutos da ciência jurídica. Os direitos autorais "regulam as relações jurídicas sobre os mais elevados produtos do mundo da cultura, isto é, cultivados (*cultivare, cultus*), produzidos pelo homem"[3].

Preserva, o Direito Autoral, o mais elevado dom que o ser humano pode receber, a cultura, o único de que ninguém o pode despojar. Desde que surgiu a humanidade, sempre houve memoráveis seres humanos que, poderosos ou humildes, irmanaram-se, por vezes enfrentando as maiores adversidades, como autores. Na música, na literatura, na pintura, na escultura, na arquitetura, no cinema, no teatro, no rádio, na televisão, no meio eletrônico e em tudo o mais que o conhecimento humano criou ou venha a criar.

Que seria do mundo sem os autores? Um vazio, um caos, seguramente um nada insosso, em que não valeria a pena viver!

---

1. No meu tempo, por ordem alfabética, Ministros Titulares: Aldir Passarinho Júnior, Antonio Carlos Ferreira, Ari Pargendler, Fernando Gonçalves, Humberto Gomes de Barros, João Otávio de Noronha, Marco Aurélio Buzzi, Maria Isabel Gallotti, Massami Uyeda, Nancy Andrighi, Paulo de Tarso Sanseverino, Raul Araújo e Ricardo Villas Bôas Cueva.
2. Recurso Especial 1.098.626-RJ, 3ª T., j. 13.12.2011.
3. BENETI, Sidnei. Direitos autorais: exploração de conteúdo nas novas mídias. In: NALINI, José Renato (Org). *Propriedade intelectual.* São Paulo: Thomson Reuters/Revista dos Tribunais, 2013, p. 238.

Ao lado dos autores e também entre eles, situam-se os juristas, como José Carlos Costa Netto, que cumpre sua parte naquele encargo de guardião das Musas da cultura humana salientado por René Savatier: "A Ciência, colocando-se, por sua vez, a serviço da Beleza, dará novas preocupações à Justiça", pois "é preciso que as Musas se tornem duplamente eruditas, e, acompanhando-se de engenheiros, garantam-se também pelo apoio dos jurisconsultos"[4].

Sidnei Beneti

São Paulo, 9.12.2024

---

4. *"La Science, se mettant, à son tour, au service de la Beauté, va donner des soucis nouveaux à la Justice"*, porque *"il faut que les Muses deviennent doublement savantes, et, s'escortant d'ingénieurs, s'assurent aussi l'appui de jurisconsultes"* (SAVATIER, René. *Le droit de l'art et des lettres. Les travaux des muses dans les balances de la Justice*. Paris: Librairie Générale de Droit et de Jurisprudence R. Pichon et R. Durand-Auzias, 1953, p. 53).

Prefácio à 4ª edição

Aceitei, com muito gosto, prefaciar a 4ª edição da obra *Direito Autoral no Brasil*, de José Carlos Costa Netto, por considerar que ela representa relevante contribuição ao estudo e análise do tema.

A visão de Costa Netto, que se centraliza sempre na proteção do autor, parte vulnerável da relação jurídica, é de fundamental importância e merece meu aplauso.

Embora se fundamente expressamente na lei, necessita ser enfatizada diante dos múltiplos e veementes ataques ao direito de autor pelos que defendem a flexibilização e o suposto "interesse público" em detrimento daquele que denomino trabalhador-autor, os quais não consideram que o trabalho é um dos fundamentos da República (art. 1º, IV, da Constituição), bem como que a tutela do direito de autor é um dos direitos e garantias fundamentais, desde a Constituição de 1891 (art. 5º, XXVII). Lembre-se, ainda, de estar consagrado em Tratados e Convenções Internacionais, entre os quais avulta a Convenção de Berna e a Declaração Universal dos Direitos do Homem, promulgada pela ONU em 1948 (art. 27, II).

A obra reveste-se de técnica e sensibilidade. A técnica haurida de seus estudos como dileto discípulo do Professor Antonio Chaves – qualidade atribuída pelo próprio ilustre mestre, a quem se deve a implantação da disciplina Direito de autor na grade curricular da Faculdade de Direito da Universidade de São Paulo, em 1972, bem como pelos títulos acadêmicos de Mestre e Doutor por essa renomada Faculdade e por meio da experiência como advogado militante, ex-Presidente do Conselho Nacional de Direito Autoral, de 1979 a 1983, e depois como Desembargador do Tribunal de Justiça do Estado de São Paulo, a partir de junho 2015.

A inequívoca sensibilidade advém da convivência com autores, artistas, intérpretes e executantes, âmbito ao qual pertence como artista de grande talento, militante da causa em favor dos direitos autorais dos titulares, sendo oportuno lembrar ter sido Presidente da Associação Brasileira de Direito Autoral (ABDA) de 2005 a 2015.

Costa Netto é compositor de letras da melhor qualidade em parceria com Eduardo Gudin – entre as quais citamos *Verde e Paulista*, que bem representa nossa cidade – e com Roberto Menescal – como na canção *Pro Menesca, Magia e Abraço vazio*.

A obra ora apresentada em 4ª edição bem expressa o merecido sucesso das edições anteriores e está atualizada com as novas tecnologias, notadamente as que derivam da internet já prevista no *caput* do art. 7º da Lei n. 9.610, de 19 de fevereiro de 1998, ao aludir a suporte imaterial, desenvolvido em larga escala na denominada, por tal razão, era tecnológica.

O autor considera o *non-fungible token* (NFT) quanto à proteção e a cobrança de direito autorais, novos desafios, bem como a era do *streaming*, bem decidida pelo Superior Tribunal de Justiça no Recurso Especial n. 1.567.780-RJ, mas cujos efeitos não se esgotam nesse julgamento.

Trata, ainda, do direito de autor no ambiente digital após a Diretiva Europeia 2019/790 com especial atenção quanto à responsabilidade civil pela veiculação de conteúdos protegidos e enfatizou a crescente importância da gestão coletiva e atuação cada vez mais forte do ECAD, que tem sido bastante prestigiado pelos acórdãos dos Tribunais, inclusive os superiores. Entre eles, o recente prolatado pelo Supremo Tribunal Federal na ADI 6151/SC interposta pelo ECAD, o qual julgou inconstitucional a lei estadual que isentava direitos autorais em eventos gratuitos e, corretamente, afirmou ser taxativo o rol de limitações do art. 46 da Lei n. 9.610/98.

Entre os acórdãos dos quais foi Relator, é grande a contribuição de José Carlos Costa Netto nas diversas áreas da competência de sua R. Câmara, notadamente para a correta e bem fundamentada interpretação do direito de autor, e, de modo especial, quanto a danos patrimoniais e morais por violação de direitos autorais.

Cito, por todos, o V. acórdão proferido na Apelação n. 0187707-59.2010.8.26.-100, julgada em 16 de agosto de 2016, v.u. que envolve direitos autorais sobre a icônica bolsa da renomada marca Hermès. Esse acórdão se torna um dos mais relevantes no âmbito da tutela autoral às criações de moda, tema ainda pouco estudado na Doutrina e com raras decisões de nossos Tribunais.

Assim, reproduz-se na obra apresentada em 4ª edição a técnica, lastreada em conhecimentos teóricos e práticos, bem como a sensibilidade de José Carlos Costa Netto, artista de grande talento, ambas aplicadas ao estudo e aperfeiçoamento da visão adequada e equilibrada do direito de autor, com respeito ao sistema jurídico de *droit d'auteur* a que se filia nosso país.

Por tais qualidades, recomendo a leitura, utilidade e utilização da obra.

Silmara J. A. Chinellato

Prefácio à 3ª edição*

Sinto-me honrada e agradecida ao receber o convite para prefaciar a 3ª edição desta obra de José Carlos Costa Netto. É, também, um grande compromisso, visto que se trata de obra brilhante sobre direito autoral, brasileiro e ibero-americano, e além, pois toda sua produção tem sido de enorme utilidade.

Atualizada de acordo com a legislação, jurisprudência e temática surgidas na última década, a obra expressa, totalmente, desde a publicação de sua segunda edição, o espírito autoralista e a inquietude de Costa Netto (notável da academia à magistratura) em defender e promover o direito autoral na seara analógica e digital, como forma de preservar a rica cultura brasileira na qual sua própria identidade cultural se reflete, diante da enorme produção estrangeira e seu inquestionável alcance aos diferentes canais de exploração.

Sua obra é, ao mesmo tempo, o caminho para uma indispensável diversidade cultural, opondo-se a uma única cultura global.

Assim, em meio aos tópicos desenvolvidos em suas duas edições anteriores, deparamo-nos com o excepcional Capítulo 11, dedicado à "Proteção dos direitos autorais nos meios digitais de comunicação", no qual Costa Netto explora temas transcendentais ao Direito e à sociedade, em

---

* Tradução livre.

uma era na qual a importância do sistema internacional de proteção ao direito autoral (instituído desde os fins do Século XIX, revisado e aperfeiçoado periodicamente ao longo do século passado) sofre depreciação.

De indiscutível valor para o desenvolvimento do saber, precisa e, paradoxalmente na *era do conhecimento*, como revela Costa Netto ao longo de sua obra, narram-se as conquistas dos autores e concretiza-se o elementar respeito a um direito humano que, permanentemente, é perseguido e colocado em questão.

Agradeço a Costa Netto pela generosidade em ter realizado a 3ª edição desta obra de tamanha magnitude, pois escrever e publicar é sempre um ato de grande humanidade, uma vez que, nesse ofício, os árduos conhecimentos e reflexões são entregues ao público, investindo-se muitas horas subtraídas da família, do repouso e do lazer. É, pois, um inestimável tributo à vocação.

Delia Lipszyc

Prefácio à 2ª edição

José Carlos Costa Netto brinda-nos com uma 2ª edição do seu *Direito Autoral no Brasil*.

Uma 2ª edição dum Direito Autoral é uma festa. O Brasil debate-se com uma estranha escassez de obras genéricas sobre direitos autorais. Há uma florescência de escritos sobre a matéria, mas obras genéricas contam-se pelos dedos de uma só mão. Excluindo evidentemente as que têm por título Direito Autoral mas induzem em erro, porque versam afinal só pontos específicos.

Ficou ainda de fora a projeção do Direito Autoral no domínio da informática. O autor não a ignora, mas as referências que faz são esporádicas. É uma lacuna que haverá que preencher em futuras edições, porque a problemática é de atualidade flagrante, aguçada (não apaziguada) pela disciplina dos programas de computador em lei diferente da que regula o Direito Autoral em geral.

O autor evidencia um profundo conhecimento das matérias, resultante de uma grande vivência prática. Isso se manifesta nomeadamente na tendência para o desenvolvimento das matérias ser feito sobretudo pela análise de tipos e situações concretas: é paradigmática a atenção que dedica à obra musical. Valoriza a análise mediante o recurso oportuno às decisões jurisprudenciais que marcam o entendimento das matérias na ordem jurídica brasileira. E permite-lhe ainda versar desenvolvidamente a gestão coletiva dos direitos autorais.

Desenvolve várias situações concretas em que se suscita a questão da titularidade, pronunciando-se sempre pela atribuição originária à pessoa física.

Defronta a querela fundamental dos limites ao Direito Autoral, que é da maior atualidade no Brasil. Louvamos que considere aquilo a que chamamos os "limites extrínsecos" ao Direito Autoral, por isso permite superar o vicioso isolamento em que o Direito Autoral se tem encerrado. No que respeita aos "limites intrínsecos", vai no sentido da justificação das orientações restritivas da atual lei. Eis um ponto da máxima atualidade, pois essas orientações não podem deixar de ser, e estão já a sê-lo, objeto de uma crítica aprofundada. Nesse sentido, o confronto com leis e doutrinas de países estrangeiros pertencentes ao mesmo sistema jurídico revela-se indispensável.

Outra matéria que o autor oportunamente desenvolve é a dos contratos de direito autoral. Judiciosamente distingue o contrato típico de edição dos contratos de cessão ou licenciamento que, embora não previstos, são indubitavelmente também admitidos. É importante, porque uma das grandes questões nesta matéria está na distinção do que é autoral e do que é meramente contratual em semelhantes estipulações. Ou seja: daquilo que tem oponibilidade absoluta por representar a outorga de faculdades de direito autoral, do que tem caráter relativo por representar mero compromisso estabelecido entre as partes. E aqui não há que descansar na intervenção dum registro que daria segurança à situação de terceiros, como no registro imobiliário.

Não podemos deixar de dedicar também umas breves linhas ao estudo desenvolvido que o autor faz do tema das violações do Direito Autoral, em que emerge mais uma vez o seu conhecimento prático das matérias. Depois de examinar particularmente o plágio, refere providências institucionais e reações sancionatórias. É pena que se não pronuncie sobre a constitucionalidade da previsão do art. 184 do Código Penal, que pune quem "violar direitos de autor e os que lhe são conexos". Temos defendido que esta previsão é ostensivamente inconstitucional, por incompatível com o princípio da legalidade, ou da tipicidade das previsões penais.

No que respeita à reparação dos danos, faz uma desenvolvida exposição de fontes estrangeiras e internacionais, para aprofundar depois a legislação brasileira. Funda-se no conceito de "dano autoral", para chegar aos critérios de reparação. Admite paralelamente sanções reparatórias e punitivas, defendendo amplamente estas. É um caminho perigoso, pois desvirtua o sentido da responsabilidade civil, proporcionando ganhos de acaso.

XXVIII

No seguimento, a obra contém ainda uma vasta resenha de jurisprudência.

O autor conclui, acentuando o objetivo da "autossustentabilidade da criação intelectual, força motriz da evolução da humanidade". Objetivo nobre: resta saber se será realista. Quantos autores subsistem pela criação, num tempo em que a banalização qualifica qualquer um como "criador" e em que os proveitos revertem primariamente em benefício das empresas? Eis o contraste com que todos nós nos defrontamos.

Este livro desafia-nos. Além do mérito da revisão dos institutos do Direito Autoral que proporciona, dá-nos uma oportunidade para remeditarmos as bases da proteção autoral, num tempo em que também a própria cultura tende a ser reduzida a mera resultante das forças do mercado. Representa um importante contributo para um diálogo indispensável.

José de Oliveira Ascensão

Prefácio à 1ª edição

É com prazer e honra que atendo ao convite de José Carlos Costa Netto de prefaciar esta sua obra mais recente.

Versa, com efeito, com pulso firme, em linguagem elegante e sem preocupações de manifestar erudição, com a sensibilidade de exímio compositor e letrista que é, os temas mais palpitantes na sua matéria predileta, de tamanha importância para uma Nação em pleno desenvolvimento, e tão pouco versada entre nós, com a autoridade do mais eficiente Presidente que o Conselho Nacional de Direito Autoral, órgão do Ministério da Educação e Cultura, já teve.

Constitui-se além de um precioso elemento informativo a todos quantos queiram enfronhar-se nos meandros das implicações da criatividade intelectual e artística, em um instrumento indispensável ao trabalho dos advogados, dos funcionários e dos magistrados em todos os níveis de nosso país.

Não é fácil pinçar, num rápido bosquejo, dentre os treze itens em que se divide a obra, com numerosos subtítulos, alguns que se prestem a uma referência mesmo rápida.

Direito à imagem, tema não propriamente de direito autoral, mas com ele tão relacionado que não poderia escapar à perspicácia do investigador, proteção da ideia, titularidade da pessoa jurídica, são temas cuja expressão ressalta à primeira vista, versados apenas nas primeiras páginas, e muito ainda haveria que respingar nas restantes: direitos patrimoniais, modalidades, peculiaridades da obra musical etc.

Meu abraço parabenizador e afetuoso ao ex-aluno dileto que, com tanta dedicação e operosidade, mostra que a sementeira que lancei durante treze anos, na Cátedra de Pós-Graduação nessa especialidade da Faculdade de Direito da Universidade de São Paulo, não caiu em terreno sáfaro, muito ao contrário.

Antonio Chaves

Sumário

Apresentação à 5ª edição VII

Apresentação à 4ª edição IX

Apresentação à 3ª edição XI

Apresentação à 2ª edição XIII

Apresentação à 1ª edição XV

Prefácio à 5ª edição XVII

Prefácio à 4ª edição XXI

Prefácio à 3ª edição XXV

Prefácio à 2ª edição XXVII

Prefácio à 1ª edição XXXI

CAPÍTULO 1 1

O direito autoral e sua relevância na evolução da civilização. Tratamento constitucional da matéria

1.1. A discussão entre os direitos individuais e os direitos sociais 1

1.2. A convivência harmoniosa/colidente das normas constitucionais no âmbito do direito autoral 5

1.2.1. A propriedade como direito fundamental da pessoa humana e sua função social 5

1.2.1.1. Noções gerais sobre os direitos da personalidade e sua relevância no mundo jurídico 7

XXXIII

1.2.1.2. A distinção entre a propriedade material e a propriedade intelectual ou direitos intelectuais 11

1.2.2. Por que proteger a criação intelectual no plano individual e não considerá-la – em função de sua relevância social – um bem público de livre utilização? 14

1.2.2.1 Internet e "acesso livre": por que seguir protegendo obras no ambiente digital? 16

1.2.3. Harmonização das demais regras constitucionais no campo do direito autoral 19

1.3. A necessidade de aprimoramento à proteção do direito de autor 20

CAPÍTULO 2 23

Inter-relação com outras matérias: propriedade industrial (marcas e patentes), direito à honra, ao nome e à imagem

2.1. Considerações iniciais... 23

2.2. O direito de propriedade industrial................................. 24

2.3. Os direitos da personalidade.. 28

2.3.1. O direito à honra.. 29

2.3.2. O direito ao nome... 32

2.3.3. O direito à imagem.. 36

2.3.3.1. Evolução histórica: consolidação. Jurisprudência da tutela ao direito de imagem 36

2.3.3.2. A Constituição de 1988.. 37

2.3.3.3. O Código Civil de 2002.. 39

2.3.3.4. A compatibilização entre as tutelas jurídicas do direito de autor e direito de imagem 40

2.3.3.4.1. A "imagem-retrato".. 41

2.3.3.4.2. A "imagem-atributo".. 45

2.3.3.4.3. As obras biografadas.. 45

2.3.3.4.4. Quanto ao direito ao esquecimento.............................. 58

2.3.3.4.5. A caricatura e a charge.. 62

CAPÍTULO 3 71

A evolução histórica no mundo e no Brasil

3.1. Evolução internacional da matéria................................. 71

XXXIV

3.1.1.	A Antiguidade e os primeiros precedentes	71
3.1.2.	Da Idade Média ao sistema dos privilégios editoriais	75
3.1.3.	Da primeira lei de direitos autorais às inovações da Revolução Francesa e do Código de Napoleão	80
3.1.4.	A era das Convenções Internacionais de Direito de Autor	86
3.1.4.1.	O Século XIX e a primeira Convenção Internacional da matéria	86
3.1.4.2.	O Século XX e as Revisões da Convenção de Berna (*droit d'auteur*), a Convenção Universal (*copyright*) e a Convenção de Roma para os direitos conexos aos de autor	87
3.1.4.3.	A convergência mundial da matéria e os tratados internacionais de direito de autor da última década do Século XX	89
3.1.4.4.	O Acordo TRIPS (OMC) de 1994 e o direito de autor	90
3.1.4.5.	Os Tratados da OMPI de 1996	92
3.1.4.6.	O Tratado da OMPI de 2012	93
3.2.	Evolução legislativa da matéria no Brasil	94
3.2.1.	Precedentes legais do Século XIX e a primeira lei brasileira de direito de autor	94
3.2.2.	Do Código Civil de 1916 à Lei Autoral de 1973	96
3.2.3.	A Lei Autoral Brasileira de 1973	99
3.2.4.	A legislação posterior a 1973 e as inovações do Regime Constitucional de 1988, Lei de Direito Autoral de 1988 e do Código Civil de 2002	101
3.2.4.1.	Antecedentes legislativos – em relação à matéria – à Lei Autoral de 1998	101
3.2.4.2.	A influência das inovações do regime constitucional de 1988 no direito de autor	103
3.2.4.3.	A Lei n. 9.610, de 1998, e a sua assimilação da nova orientação constitucional	106
3.2.4.3.1.	Antecedentes históricos ao Projeto da Lei Autoral Brasileira de 1998	106
3.2.4.3.2.	A Lei de Direitos Autorais vigente	107
3.2.4.4.	O Código Civil de 2002 e as regras aplicáveis ao direito autoral	107
3.2.4.5.	Alteração, em 2003, do Código Penal e do Código de Processo Penal em relação às violações de direito autoral	108

CAPÍTULO 4 111
Natureza jurídica, conceito, terminologia e autonomia científica

4.1. Breve histórico 111

4.2. A inadequação ao direito de autor da teoria da propriedade 112

4.3. A prevalência da teoria dualista 116

4.4. Considerações sobre a teoria monista 118

4.5. A teoria dualista como base do direito positivo brasileiro e a terminologia 120

4.6. A autonomia científica do direito de autor 124

CAPÍTULO 5 127
O objeto do direito e sua titularidade

5.1. O embate teórico entre a "ideia" e a "obra" como objeto de proteção.. 127

5.2. O Objeto do direito: a obra intelectual 143

5.3. A titularidade originária: o autor, pessoa física 150

5.3.1. O titular originário 150

5.3.1.2. A distinção dos regimes jurídicos de coautoria e colaboração em obra intelectual 152

5.3.2. A titularidade originária de pessoa jurídica 153

5.3.2.1. Regime jurídico da obra coletiva 154

5.3.2.1.1. Tratamento internacional da matéria: o direito francês contemporâneo 154

5.3.2.1.2. Regime jurídico pátrio 158

5.4. A Titularidade Derivada 161

5.4.1. A questão da titularidade da pessoa jurídica 165

5.4.1.1. As diversas modalidades de relacionamento entre os autores e intérpretes e as empresas usuárias de obras intelectuais 165

5.4.1.2. O regime de proteção legal do autor e demais titulares de direitos autorais no seu relacionamento com as empresas usuárias de obras intelectuais: primeira hipótese, a questão da cessão de direitos 167

5.4.1.2.1. Noções gerais sobre o regime jurídico da criação de obra intelectual mediante a prestação de serviços 168

5.4.1.2.2. A segunda hipótese – a criação de obras intelectuais sob o regime de prestação de serviços sem vínculo empregatício 169

XXXVI

5.4.1.2.3. Terceira hipótese – a criação ou interpretação de obras intelectuais sob o regime de prestação de serviços com vínculo empregatício 175

CAPÍTULO 6 179
As várias modalidades de obras intelectuais protegidas

6.1. O elenco legal exemplificativo – e não exaustivo – de obras intelectuais protegidas 179

6.1.1. A relação de obras do direito positivo brasileiro vigente.................. 180

6.1.2. As demais obras intelectuais protegidas 196

6.2. A obra musical 202

6.2.1. A terminologia.. 202

6.2.2. A obra musical originária... 204

6.2.3. As obras musicais derivadas.. 208

6.2.4. A titularidade de direito 210

6.2.4.1. A titularidade originária do direito de autor na obra musical 210

6.2.4.1.1. O compositor da música e o letrista..................................... 210

6.2.4.1.2. O arranjador e o compositor das variações............................. 212

6.2.4.2. A titularidade derivada de direito de autor na obra musical........... 214

CAPÍTULO 7 219
Direitos morais

7.1. Natureza jurídica: a integração do direito moral de autor como direito da personalidade 219

7.2. Classificação dos direitos morais de autor: precedentes jurisprudenciais.. 222

7.3. Regras sucessórias 228

CAPÍTULO 8 231
Direitos patrimoniais

8.1. Noções preliminares 231

8.2. Os direitos patrimoniais de autor: direitos de reprodução e representação 232

8.3. A diversidade de formas de utilização de obras intelectuais e o exercício do direito patrimonial de autor 242

XXXVII

Direito Autoral no Brasil | José Carlos Costa Netto

8.3.1. As formas de utilização lícita de obras intelectuais........................... 242

8.3.2. A gravação ou fixação de obra intelectual..................................... 243

8.3.3. A transcrição, sincronização ou inclusão de obra intelectual em outra obra ou produto 245

8.3.4. A tradução, adaptação e outras transformações da obra intelectual originária 254

8.3.5. A reprodução de obras intelectuais... 256

8.3.6. A distribuição de obras intelectuais 263

8.3.7. A comunicação (ao público) de obras intelectuais......................... 267

8.3.7.1. A representação ou execução pública direta ("ao vivo") ou indireta (radiodifusão, cabo, satélite, computador) 268

8.3.7.2. O regime legal brasileiro de representação e execução pública direta ("ao vivo") ou indireta (radiodifusão, cabo, satélite, computador) 269

CAPÍTULO 9 277

As limitações ao direito autoral

9.1. O princípio constitucional de proteção jurídica ao direito autoral: amplitude e temperamentos.. 277

9.1.1. O regime da Carta Constitucional de 1988 em relação ao direito de autor 277

9.1.2. A compatibilização das normas constitucionais sobre a matéria...... 279

9.2. A delimitação da região fronteiriça de colidência do direito autoral e demais direitos fundamentais.. 280

9.2.1. Delimitação da abrangência do direito autoral no plano genérico ... 280

9.2.2. Delimitação da abrangência do direito autoral no plano específico: as limitações legais no exercício, pelo autor, de direitos exclusivos de utilização de sua obra intelectual 283

9.2.3. Evolução legislativa 283

9.3. O regime legal vigente.. 287

9.3.1. A regra internacional.. 287

9.3.2. O regime legal brasileiro vigente: as principais inovações – no campo das limitações dos direitos de autor – da Lei n. 9.610/98 290

9.3.2.1. A restrição da "cópia privada" 291

9.3.2.2. A utilização, em obra intelectual, de obra intelectual preexistente e a manutenção, pela lei de 1998, das limitações já existentes no regime legal brasileiro 293

XXXVIII

CAPÍTULO 10 305
Os direitos conexos aos de autor

10.1. Noções gerais e titularidade de direitos conexos.................................. 305

10.2. A titularidade de direitos conexos das pessoas jurídicas: o produtor de fonogramas.. 310

10.2.1. A orientação internacional.. 312

10.2.2. Consolidação legislativa no Brasil e a questão da titularidade originária de direitos conexos do produtor de fonogramas...................... 313

10.2.3. A polêmica doutrinária em relação à possibilidade de atribuição de titularidade originária de direitos conexos ao produtor de fonogramas 315

10.3. O regime legal vigente – de natureza civil e penal – dos direitos conexos aos de autor.. 317

10.4. Os direitos conexos aos de autor das empresas de radiodifusão............ 320

10.5. O direito de arena 321

CAPÍTULO 11 323
Proteção dos direitos autorais nos meios digitais de comunicação

11.1. As novas modalidades de utilização de obras intelectuais surgidas com a evolução tecnológica e sua proteção jurídica...................................... 323

11.1.1. A revolução digital das últimas décadas e sua influência no campo dos direitos autorais 323

11.1.1.1. Breve histórico internacional... 323

11.1.1.1.1. O advento da tecnologia digital e da rede mundial de computadores (internet)... 323

11.1.1.1.2. A resposta jurídica internacional para proteção do direito autoral na internet 326

11.1.1.1.2.1. Os três Tratados Internet da OMPI 326

11.1.1.1.2.1.1. O Tratado Internet OMPI relativo ao Direito de Autor (WCT) 326

11.1.1.1.2.1.2. O Tratado Internet OMPI relativo a Direitos Conexos (WPPT) 329

11.1.1.1.2.1.3. O Tratado Internet OMPI de Beijing de 2012, relativo a Interpretações e Execuções Audiovisuais 330

11.1.1.1.2.2. Digital Millenium Copyright Act dos Estados Unidos, a Diretiva Europeia voltada à Era da Informação, e a experiência francesa da HADOPI 331

XXXIX

11.1.1.1.2.2.1. O Digital Millenium Copyright Act de 1998, dos Estados Unidos 331

11.1.1.1.2.2.2. As Diretivas Europeias de 2000 e 2019 332

11.1.1.1.2.2.3. A experiência francesa da Haute Autorité pour la Diffusion des Ouvres et la Protection des Droits sur l'internet (HA-DOPI) 334

11.2. A Lei Brasileira de 1998 e a consequente proteção dos direitos autorais na era digital 335

11.2.1. Breve histórico 335

11.2.2. A pluralidade de utilizações de obras intelectuais no âmbito digital e o tratamento jurídico na Lei n. 9.610/98 337

11.2.3. O regime jurídico brasileiro de controle de direitos autorais no ambiente digital 338

11.2.3.1. Modalidades de controle 338

11.2.4. A gestão coletiva de direitos autorais de obras musicais e fonogramas na internet: a decisão precursora do Superior Tribunal de Justiça ... 341

11.2.4.1. Sistema da regra geral aplicável à gestão coletiva de direitos autorais: a transmissão de obras e bens intelectuais 341

11.2.4.1.1. A regra geral 341

11.2.4.2. A transmissão de obras musicais e fonogramas na internet: a gestão coletiva exercida pelo Escritório de Arrecadação e Distribuição de Direitos Autorais (ECAD) 343

11.2.4.3. A distribuição, nos meios digitais, como modalidade independente de utilização de obras musicais e fonogramas: a necessidade de autorizações distintas 346

11.2.4.4. O decisivo precedente jurisprudencial sobre *streaming* de obras musicais e fonogramas na internet: a função construtiva do Superior Tribunal de Justiça 349

11.3. A responsabilidade dos provedores nas violações de direitos autorais na internet 352

11.3.1. Modalidades de provedores nas redes digitais 352

11.3.2. A responsabilidade dos provedores de internet nas violações a direitos autorais 353

11.3.2.1. A responsabilidade dos provedores de internet sob o aspecto genérico 353

11.3.2.2. As violações de direitos autorais na internet e a responsabilidade dos provedores no Brasil: legislação e precedentes jurisprudenciais...... 356

11.3.2.2.1. A responsabilidade objetiva nas violações a direitos autorais como regra geral 356

11.3.2.2.2. A responsabilização dos provedores em violação de direitos autorais na internet........................ 357

11.4. Inteligência artificial e direitos autorais............................... 365

11.4.1 IA autora? 370

11.4.2. O produto de inteligência artificial (PIA) é uma obra em coautoria? 378

11.4.3 O PIA é dotado de originalidade?........................ 381

11.4.4. O PIA e o plágio 382

11.4.5. Algumas considerações conclusivas sobre o PIA........................... 388

CAPÍTULO 12 391

Contratos típicos de direitos autorais: a edição de obra intelectual e a cessão ou transferência de direitos autorais

12.1. Considerações preliminares: a sólida proteção legal aos negócios de licenciamento de uso de obra intelectual e concessão de direitos autorais 391

12.2. Natureza jurídica e distinção entre os negócios de edição e cessão de direitos autorais........................... 394

12.2.1. Breve introdução histórica legislativa 394

12.2.2. Distinção entre os negócios jurídicos de cessão de direitos e edição de obra intelectual 395

12.3. A edição........................... 399

12.4. A cessão ou transferência de direitos autorais........................... 403

12.4.1. O regime jurídico da prestação de serviço........................... 408

12.4.1.1. Regimes remuneratórios da prestação de serviço geradora de direito autoral 412

12.4.1.2. A obra audiovisual como exemplo da diversidade de direitos e consequentes relações contratuais e remuneratórias envolvidas 415

12.4.2. Regime legal da proibição de cessão ou transferência de direitos autorais 422

12.4.2.1. Evolução legislativa........................... 422

XLI

12.4.2.2. O regime jurídico vigente 428

12.4.2.2.1. A regra proibitiva de cessão de direitos autorais decorrentes da prestação de serviços: extensão e forma de aplicação 431

12.4.2.2. As "licenças livres", "abertas" e a lei 434

12.4.2.2.3. Conclusões 436

CAPÍTULO 13 441

A gestão coletiva e o controle do aproveitamento de obras intelectuais nas suas diversas formas de utilização

13.1. A gestão coletiva e sua evolução no brasil: antecedentes, criação legal, início de atividades e consolidação do ECAD 441

13.1.1. Histórico 441

13.1.2. A criação legal do Conselho Nacional de Direito Autoral (CNDA) e do Escritório Central de Arrecadação e Distribuição (ECAD) 446

13.1.2.1. O CNDA – início, reorganização, consolidação, desativação e extinção 447

13.1.2.2. O ECAD e a unificação da arrecadação e distribuição de direitos autorais decorrentes da execução pública de obras musicais 451

13.1.3. As questões surgidas com o advento do regime constitucional de 1988 458

13.1.3.1. A excepcionalidade legal do controle individualizado de direitos autorais decorrentes de execução pública de obras musicais 458

13.1.3.2. A compatibilidade do sistema de gestão coletiva de responsabilidade do ECAD instituído pela Lei n. 5.988, de 1973, com o regime constitucional vigente e com a nova Lei Brasileira de Direitos Autorais de 1998 460

13.1.3.2.1. A harmonia das normas constitucionais de 1988 com a Lei n. 5.988, de 1973 460

13.1.3.2.2. A compatibilização constitucional da Lei n. 9.610, de 1998, e a autonomia privada do ECAD, como entidade única para as atribuições previstas em lei 465

13.1.4. O ECAD no âmbito da Lei n. 9.610, de 1998 468

13.1.4.1. A consolidação legal e jurisprudencial quanto à legitimidade do ECAD em atuar em substituição processual dos titulares de direitos autorais no campo musical 468

XLII

13.1.4.2. A modificação, em 1998, do regime legal de remuneração autoral na execução pública de obras musicais: a exigibilidade da licença do ECAD também em utilizações sem finalidade de lucro 474

13.1.4.3. O retorno da presença estatal na gestão coletiva de direitos autorais 480

13.1.4.3.1. O advento da Lei n. 12.853, de 2013 480

13.1.4.3.2. O Decreto n. 8.469, de 2015 485

13.1.4.4. O ECAD e as demais questões jurídicas relacionadas às suas atividades e atualmente também pacificadas junto ao Superior Tribunal de Justiça 487

13.1.5. O ECAD e as regras e os critérios vigentes na arrecadação e distribuição de direitos autorais decorrentes de execução pública de obras musicais 501

13.1.5.1. A arrecadação 501

13.1.5.1.1. A autonomia do ECAD quanto aos critérios de cobrança e fixação de preços de direitos autorais 502

13.1.5.1.2. Regras e critérios adotados pelo ECAD para cobrança de direitos autorais 504

13.1.5.2. A distribuição 526

13.1.6. A consolidação do ECAD e seu histórico de gestão coletiva no Brasil ... 544

13.2. A gestão coletiva de direitos autorais de obras dramáticas, literárias e visuais 545

13.2.1. A SBAT e a gestão coletiva de obras dramáticas 546

13.2.2. A ABDR e a gestão coletiva no campo da reprografia de obras literárias 548

13.2.3. A AUTVIS e a gestão coletiva dos autores visuais 549

CAPÍTULO 14 551

Violações de direitos autorais

14.1. O plágio, a contrafação e a utilização indevida 551

14.2. Controle, medidas e sanções de natureza administrativa 558

14.3. Medidas judiciais de natureza civil 561

14.4. Violações de direito autoral de natureza penal 565

14.5. Prescrição Civil no Direito Autoral 573

14.5.1. Breve histórico 573

14.5.2. O regime legal vigente para prescrição das ações civis relativas a direito autoral 574

XLIII

14.5.2.1. A lacuna legislativa 574

14.5.2.2. As três principais teorias surgidas para supressão da lacuna legislativa 575

14.5.2.3. O Código Civil de 2002 e os prazos prescricionais vigentes para as violações de direito de autor 576

14.5.3. A dissidência jurisprudencial em relação ao prazo prescricional no campo da gestão coletiva de direitos autorais................................... 578

CAPÍTULO 15 587
Danos autorais e sua reparação

15.1. Evolução internacional da reparação de danos no campo do direito de autor 587

15.1.1. Antecedentes reparatórios às convenções internacionais................. 587

15.1.2. As convenções internacionais e a orientação para reparação de danos autorais 590

15.1.2.1. França 591

15.1.2.2. Alemanha 592

15.1.2.3. Grã-Bretanha.. 594

15.1.2.4. Suécia e Suíça 595

15.1.2.5. Itália, Portugal e União Soviética.. 596

15.1.2.6. Japão... 598

15.1.2.7. Estados Unidos... 599

15.1.2.8. Canadá... 602

15.1.2.9. Argentina, Chile e Uruguai.. 604

15.2. A orientação de reparação de danos autorais e os tratados internacionais da década de 1990 (OMC e OMPI) e da Diretiva Europeia de 2004 605

15.2.1. O Acordo TRIPS (OMC) de 1994 605

15.2.2. Os Tratados da OMPI de 1996 606

15.2.3. A Diretiva Europeia de 2004 607

15.3. Evolução legislativa da matéria no Brasil...................................... 610

15.3.1. Precedentes à Lei Autoral de 1973 610

15.3.2. A reparação de danos autorais previstos na Lei de 1973 613

15.3.3. As regras reparatórias inseridas na Constituição Federal de 1988, na Lei Autoral de 1998 e no Código Civil de 2002 aplicáveis aos danos autorais 615

15.3.3.1. Aspectos da reparação de danos na Carta Magna de 1988 615

15.3.3.2. A reparação de danos nas Leis Autorais Brasileiras de 1998 616

15.3.3.3. O regime de reparação de danos no Código Civil Brasileiro de 2002 619

15.4. O dano autoral e sua reparação 621

15.4.1. A harmonização – e distinção – entre o regime geral e o especial 621

15.4.2. Pressupostos clássicos da responsabilidade civil: culpa, relação de causalidade, violação de direito (prática do ato ilícito) e dano 622

15.4.2.1. A culpa como condição à obrigatoriedade indenizatória 622

15.4.2.2. O requisito da relação de causalidade 623

15.4.2.3. A questão da violação de direito (prática de ato ilícito) como pressuposto à reparabilidade do dano 625

15.4.3. Danos de natureza autoral 626

15.4.3.1. Fundamento jurídico do dano autoral 626

15.4.3.1.1. Dano autoral: noções conceituais preliminares 626

15.4.3.1.2. O dano autoral como pressuposto da responsabilidade reparatória 627

15.4.3.2. O dano autoral e sua natureza moral e patrimonial 628

15.4.3.2.1. Dano autoral patrimonial 630

15.4.3.2.2. Dano autoral moral 632

15.5. Critérios de reparação de danos autorais 641

15.5.1. A distinção entre a sanção penal e civil 641

15.5.2. Modalidades de sanções civis: a relevância da reparação de danos como sanção fundamental no direito de autor 643

15.5.2.1. Sanções civis não pecuniárias 644

15.5.2.2. Sanções civis pecuniárias (reparatórias e punitivas) e sua relevância para a efetividade da proteção do direito de autor 645

15.5.2.3. O duplo caráter indenizatório das violações 646

15.5.2.3.1. Assimilação no âmbito reparatório das teorias da "pena civil", dos "danos punitivos", do "valor do desestímulo" e do "enriquecimento ilícito" 646

15.5.2.3.2. Consolidação do fundamento do duplo caráter indenizatório (ressarcitório e punitivo) no direito de autor 649

15.6. Critérios para reparação de danos decorrentes da violação de direitos morais de autor 660

XLV

15.6.1. A prevalência dos direitos morais de autor aos patrimoniais............ 660

15.6.1.2. Danos autorais de natureza moral e patrimonial: similitudes e diferenciações de critérios indenizatórios.. 661

15.6.1.2.1. Considerações iniciais.. 661

15.6.1.2.2. As similitudes e distinções de critérios indenizatórios entre os danos autorais de natureza moral e os patrimoniais 662

15.6.1.2.3. Em conclusão: os critérios para reparação de danos autorais decorrentes da violação de direitos morais de autor 663

15.7. A orientação recente da jurisprudência brasileira 667

15.7.1. Critérios reparatórios para os danos autorais de natureza patrimonial 667

15.7.1.1. Violações ao direito de reprodução: reconhecimento do caráter sancionatório da reparação 667

15.7.1.2. Violações ao direito de execução pública: reconhecimento do caráter sancionatório da reparação 673

15.7.1.3. Precedentes relevantes na reparação de danos, com caráter sancionatório, decorrentes de violações de direito autoral sobre programas de computador 679

15.7.2. Critérios reparatórios para os danos autorais de natureza moral: o caráter inibitório-punitivo da condenação 685

15.7.2.1. Casos de direito de autor 685

15.7.2.2. Reparação de dano moral – campo de direitos conexos aos de autor 692

15.7.3. Critérios reparatórios sancionatórios para violações de direito autoral com cumulação de danos morais e patrimoniais 697

15.8. Conclusão... 710

Referências 713

Anexo – Lei n. 9.610, de 19 de fevereiro de 1998 (atualizada até setembro de 2018) 729

CAPÍTULO 1

O direito autoral e sua relevância na evolução da civilização. Tratamento constitucional da matéria

1.1. A DISCUSSÃO ENTRE OS DIREITOS INDIVIDUAIS E OS DIREITOS SOCIAIS

Não há na história conhecida de nenhuma civilização, em qualquer tempo, em que o eterno embate indivíduo/sociedade não tenha ocupado as preocupações centrais.

Além da fundamental vertente política da questão, que às vezes pode levar de um extremo ao outro – *em algumas ocasiões, de maneira até dogmática* –, a discussão sempre encontrou morada na evolução dos povos.

O reflexo dessa polêmica, no plano jurídico, não poderia ser diferente. O jurista brasileiro José Cretella Jr. ensina que:

> nas regras jurídicas constitucionais, o sentido do social é contraposto na acepção de individual, como a ideia do atributo público, na expressão, "interesse público", entra em conflito, porque antinômica, com a ideia do qualificativo privado, na expressão "interesse privado"[1].

Naturalmente, o bem mais buscado nessa ancestral polêmica é, com certeza, a harmonia entre esses dois polos. Esse almejado equilíbrio já foi procurado de várias maneiras, pelos extremos, pelo centro, pela ausência de regras, pelo caos.

---

1. *Comentários à Constituição Brasileira de 1988*. São Paulo: Forense Universitária, 1989, p. 875.

Assim, as civilizações – *entre erros e acertos* – vão buscando o caminho evolutivo e dinâmico desses extremos a ponto de observar que, possivelmente, estejam muito mais próximos do que aparentavam.

Nesse sentido, aplica-se, ainda, a orientação de Cretella Jr., que anota, examinando a posição adotada pelo regime constitucional brasileiro vigente, que, "quando se fala em direitos sociais, a expressão do legislador constituinte significa que tais direitos são de todos e de cada um e que se opõem ao estado, que tem o poder-dever de proporcioná-los não a indivíduos ou a grupos privilegiados, mas a todos, indistintamente"[2].

Nessa linha de pensamento, surge a preocupação do legislador em abrigar os "direitos fundamentais"[3].

Na busca do equilíbrio próprio da expressão "de todos e de cada um", os direitos fundamentais teriam a função de compatibilizar o indivíduo na sociedade, preservando os bens essenciais daquele.

A Carta constitucional brasileira de 1988, ora vigente, antes de relacionar os "direitos sociais" como "a educação, a saúde, o trabalho, o lazer, a segurança, a previdência social, a proteção maternidade, à infância e assistência aos desamparados" (art. 6º), elenca, em seu art. 5º[4], entre os "direitos e garantias fundamentais", os seguintes, que destacamos:

(a) a isonomia (*todos são iguais perante a lei* – inciso I);

(b) a legalidade (*ninguém será obrigado a fazer ou deixar de fazer alguma coisa senão em virtude de lei* – inciso II);

(c) a liberdade de manifestação do pensamento, sendo vedado o anonimato (inciso IV);

(d) o direito de resposta, proporcional ao agravo, e de indenização por dano material, moral ou à imagem (inciso V);

(e) a liberdade de consciência, de culto, de convicção filosófica ou política e de expressão da atividade intelectual, artística, científica e de comunicação (inciso VIII);

(f) a inviolabilidade da intimidade, da vida privada, da honra e da imagem das pessoas (inciso X);

---

2. *Comentários à Constituição Brasileira de 1988*. São Paulo: Forense Universitária, 1989, p. 876.

3. Título II do Capítulo I da Constituição Federal Brasileira de 1988 (art. 5º e seus incisos).

4. O art. 5º da Constituição Federal, inaugurando as normas do Capítulo I: "Dos Direitos e Deveres Individuais e Coletivos", consigna: "Art. 5º Todos são iguais perante a lei, sem distinção de qualquer natureza, garantindo-se aos brasileiros e aos estrangeiros residentes no País a inviolabilidade do direito à vida, à liberdade, à igualdade, à segurança e à propriedade, nos termos seguintes".

1 | O direito autoral e sua relevância na evolução da civilização. Tratamento...

(g) a inviolabilidade do sigilo de correspondência e das comunicações telegráficas, de dados e das comunicações telefônicas (inciso XII);

(h) a liberdade de reunião com fins pacíficos e de associação para fins lícitos (*como faculdade e não obrigação do indivíduo* – inciso XVI);

(i) o direito de propriedade (*atendendo a propriedade à sua função social*) e a desapropriação, por necessidade ou utilidade pública mediante justa e prévia indenização (incisos XXII, XIII e XIV);

(j) o direito exclusivo dos autores quanto à utilização de suas obras (inciso XXVII);

(k) a proteção às participações individuais em obras coletivas e à reprodução da imagem e voz humanas, inclusive nas atividades desportivas (inciso XXVIII, *a*), bem como "o direito de fiscalização do aproveitamento econômico das obras que criarem ou de que participarem aos criadores, aos intérpretes e às respectivas representações sindicais e associativas" (alínea *b*);

(l) o privilégio aos autores de inventos industriais, à propriedade das marcas e aos nomes de empresas e outros signos distintivos (inciso XXIX);

(m) a defesa do consumidor (inciso XXXII);

(n) o direito adquirido, o ato jurídico perfeito e a coisa julgada (inciso XXXVI);

(o) a plenitude de defesa (inciso XXXVIII, *a*);

(p) a punição de qualquer discriminação atentatória dos direitos e liberdades fundamentais (inciso XLI).

A esses mandamentos inseridos em cláusula pétrea constitucional na categoria de direitos fundamentais, é relevante acrescentar, como normas a serem consideradas – especialmente as que tratem dos direitos intelectuais – a Seção "Da cultura" contida nos arts. 215 e 216 da Constituição Federal, que, se constitui redação original do constituinte de 1988, a verdade é que se valeram, para a sua expressão atualmente vigente, de Emendas Constitucionais posteriores[5].

Essa "competência comum" da União, dos Estados, do Distrito Federal e dos Municípios em "proporcionar os meios de acesso à cultura, à educa-

---

5. Emendas Constitucionais n. 42 e 48, de 19 de dezembro de 2003 e 10 de agosto de 2005, respectivamente, no tocante aos arts. 215 e 216 e Emenda Constitucional n. 71, de novembro de 2012, que acrescentou o art. 216-A, cujo escopo consiste na instituição do "Sistema Nacional de Cultura".

ção e à ciência" encontra-se consignada textualmente no art. 23, V, da Carta Magna e complementa-se, assim, com:

(a) O seu art. 215, *caput,* que estabelece que "O Estado garantirá a todos o pleno exercício dos direitos culturais e acesso às fontes da cultura nacional, e apoiará e incentivará a valorização e a difusão das manifestações culturais;" inciso IV, § 3º, que dispõe que "A lei estabelecerá o Plano Nacional de Cultura, de duração plurianual, visando ao desenvolvimento cultural do País e à integração das ações do poder público que conduzem à (...) IV – democratização do acesso aos bens de cultura".

(b) O seu art. 216, § 3º, que consigna que "A lei estabelecerá incentivos para a produção e o conhecimento de bens e valores culturais".

(c) O seu art. 216-A, *caput,* que preceitua que "O Sistema Nacional de Cultura, organizado em regime de colaboração, de forma descentralizada e participativa, institui um processo de gestão e promoção conjunta de políticas públicas de cultura, democráticas e permanentes, pactuadas entre os entes da Federação e a sociedade, tendo por objetivo promover o desenvolvimento humano, social e econômico com pleno exercício dos direitos culturais"; § 1º, III, que estabelece como "princípio" do "Sistema Nacional da Cultura" "o fomento à produção, difusão, circulação do conhecimento de bens culturais".

Pela simples leitura dos dezesseis itens que, entre outros, destacamos – no amplo contexto dos direitos e garantias fundamentais do indivíduo – *e das obrigações atribuídas na Carta Constitucional ao Estado* – conforme, inclusive, emendas recentes – de incentivo às atividades culturais e seu acesso ao público –, é evidente a sua relevância na direção da tendência evolutiva da condição humana na sua integração social.

Esse enfoque constitucional é sintetizado por Celso Bastos como "uma maximização do atingimento dos interesses sociais pelo exercício normal dos direitos individuais"[6].

Desses tópicos essenciais abordaremos, para o início do desenvolvimento desta exposição, as usuais colidências que podem surgir dessas normas e princípios constitucionais no campo do direito autoral.

---

6. *Comentários à Constituição do Brasil.* São Paulo: Saraiva, 1988/1989, p. 125.

1.2. A CONVIVÊNCIA HARMONIOSA/COLIDENTE DAS NORMAS CONSTITUCIONAIS NO ÂMBITO DO DIREITO AUTORAL

Em função do que expusemos até aqui, já se evidencia que há situações de natureza jurídica em que o direito (*individual*) de exclusividade do autor sobre a utilização de sua obra intelectual (art. 5º, XXVII, da Carta Magna) convive harmoniosamente; em outros, no entanto, pode colidir com outros princípios e regras constitucionais. Nesse caminho, verifiquemos, a seguir, as principais.

1.2.1. A propriedade como direito fundamental da pessoa humana e sua função social

A propriedade, possivelmente uma das manifestações extremas do direito individual, e as garantias concedidas a esse direito pela sociedade, se confrontadas com o interesse da coletividade, encerram aspectos polêmicos.

Da simples negativa do direito de propriedade à manutenção incondicional de sua incolumidade, é necessário percorrer um longo e sinuoso caminho.

O seu fundamento, conforme anota Maria Helena Diniz, localiza-se na "teoria da natureza humana", que, segundo a jurista, seria baseada no fato de que

> (...) a propriedade é inerente à natureza do homem, sendo condição de sua existência e pressuposto de sua liberdade. É o instinto da conservação que leva o homem a se apropriar de bens seja para saciar sua fome, seja para satisfazer suas variadas necessidades de ordem física e moral. A natureza humana é de tal ordem que ela chegará a obter, mediante o domínio privado, um melhor desenvolvimento de suas faculdades e de sua atividade[7].

Na evolução do conceito de propriedade, sob o aspecto histórico, comenta Marcelo Dias Varella que, a partir da concepção de uma propriedade rigorosamente individual no direito romano, com o advento da Revolução Francesa e o Liberalismo Econômico, determinou a Declaração dos Direitos do Homem e do Cidadão de 1789 ser a propriedade "direito inviolável e sagrado". Destaca, a seguir, as graves injustiças ocorridas no âmbito da pro-

---

7. *Curso de direito civil brasileiro*. 5. ed. São Paulo: Saraiva, 1988, p. 83-84.

priedade em decorrência do "individualismo exacerbado" que, com a Revolução Industrial, gerou uma "concentração excessiva nas mãos de uns proprietários, enquanto outros nada possuíam", e complementa:

> Observou-se na segunda metade do século XIX que era impossível continuar com o liberalismo exacerbado que gerava tanta desigualdade. O Estado devia começar a intervir na economia para estabelecer o equilíbrio da sociedade. Com o tempo, propagaram-se as doutrinas socializadoras pelas ideias de P. J. Proudhon, Robertus, Marx e Engels[8].

Atualmente, o direito de propriedade evolui à medida que possa ser exercido não somente para conceder segurança e conforto ao seu titular e ao fechado círculo de seus parentes, amigos e protegidos, mas, sim, que seja exercido em condições tais que, além de possibilitar a justa recompensa individual, exerça uma função construtiva na melhoria das condições de vida do conjunto social.

Por essa razão, o homem começou a se preocupar com a marcha do progresso desenfreado em contraposição à preservação do ecossistema, a contraprestação social em face da concentração de riquezas individuais e outras temáticas essenciais ao desenvolvimento da civilização.

Incentivar iniciativas de cada um para o bem de todos é de relevância indiscutível.

No âmbito do direito brasileiro, elucida, ainda, Marcelo Dias Varella, que estaria ocorrendo uma "humanização da propriedade", tendo

> surgido no direito brasileiro, e porque não dizer de um modo geral no mundo capitalista ocidental, uma tendência, não de abolição da propriedade privada, pelo contrário, que não revela qualquer abandono à concepção individualista da propriedade, mas nota-se uma crescente determinação de limitar, restringir, ou até mesmo desapropriar a propriedade quando o interesse da coletividade assim exigir e fazer preponderar o interesse público sobre o particular[9].

É nítido, portanto, que a transformação da concepção tradicional de propriedade não se direciona à mera expropriação do bem individual pela predominância do interesse público, mas, sim, decorre da tendência evolutiva de harmonizar os dois extremos.

---

8. *Propriedade intelectual de setores emergentes*. São Paulo: Atlas, 1996, p. 22-23.
9. Ibid., p. 120.

1 | O direito autoral e sua relevância na evolução da civilização. Tratamento...

A respeito, comentando o que entende como enfoque "predominantemente liberal" do atual sistema constitucional brasileiro, vigente, portanto, a partir da Carta Magna de 1988, Celso Bastos observa que, conforme essa orientação, "a gestão individual do objeto do domínio" seria "a melhor forma de explorá-lo, gerando destarte o bem social". Complementa:

> Este não é senão um subproduto natural e espontâneo da livre atuação humana que, motivada pela recompensa que pode advir da exploração do bem, sobre ele exerce uma criatividade e um trabalho sem equivalente nos países que a renegam. Portanto, há uma perfeita sintonia entre a fruição individual do bem e o atingimento da sua função social[10].

E como fica essa equação no campo do direito autoral?

1.2.1.1. Noções gerais sobre os direitos da personalidade e sua relevância no mundo jurídico

Após o breve exame que fizemos em relação aos direitos fundamentais – *do indivíduo* – sob aspecto genérico e, especificamente, no tocante ao direito de propriedade no contexto de sua função social, cabe abordar os denominados "direitos de personalidade", ou, também, "direitos da personalidade", como consta do Código Civil brasileiro vigente[11] e adotamos nesta obra.

Somente após o seu entendimento poderemos chegar à compreensão do fundamento da propriedade intelectual ou dos "direitos intelectuais" ou, ainda, como consignado na legislação brasileira, dos "direitos autorais"[12].

Podemos dizer que foi no aprofundamento do estudo dos direitos da personalidade que a ciência jurídica conseguiu obter maior independência da instabilidade institucional própria ao desenvolvimento político de cada país.

Assim, não é difícil observar que a abrangência do direito fundamental de propriedade vai sofrer sensíveis variações conforme o regime político do país onde for praticado: naturalmente, a propriedade sofre tratamento diferenciado nos regimes liberais em relação aos socialistas.

---

10. Ob. cit., p. 124-125.
11. Capítulo II (arts. 11 a 21) do Título I do Livro I (Parte Geral) do Código Civil de 2002 (Lei n. 10.406, de 10-1-2002) vigente a partir de 10-1-2003.
12. Expressão adotada no art. 1º da Lei n. 5.988, de 14 de dezembro de 1973, que "regula os direitos autorais e dá outras providências", bem como, embora no singular ("direito autoral"), na esfera penal brasileira (art. 184 do Código Penal) até 2003. A Lei n. 9.610, de 19 de fevereiro de 1998, reeditou-a textualmente.

Embora a referida "função social" que é trazida para coibir os abusos decorrentes do exercício do direito de propriedade possa resultar na aproximação entre a tendência liberal e socialista, claro está que a tutela à "propriedade privada" sofre variações, conforme o regime praticado em cada país.

A consequência, portanto, seria de que o enquadramento jurídico do direito de propriedade como direito fundamental do indivíduo dependeria do regime político vigente no território em questão e, naturalmente, embora havendo a compensação indenizatória, nada poderia obstar – *mesmo no regime liberal* – a desapropriação alicerçada no interesse público. Portanto, o resultado seria conferir certa "relatividade" a direito denominado como "fundamental".

Partindo desse exemplo – *e outros tantos poderiam ser lembrados aqui –*, surgiu a necessidade de a ciência jurídica examinar quais seriam os "bens" que deveriam, na condição invulnerável de "direitos absolutos", ser preservados em qualquer modalidade de regime político ou qualquer possibilidade de desapropriação.

Não ficaria a pessoa humana – *sob a órbita da tutela jurídica* – à mercê das flutuações – *às vezes radicais e extremadas* – próprias ao terreno da disputa de poder entre os povos, ou, mesmo, das – *muitas vezes* – instáveis iniciativas da administração pública, mesmo nos regimes denominados "liberais"?

Essa preocupação não é nova, mas a sua absorção no plano legislativo apenas se acentuou a partir do período em que se deu a Segunda Guerra Mundial. Nesse sentido, assinala A. Penha Gonçalves que:

> (...) se a categoria não é nova, o que há certamente de novo e assinalável quanto a esta matéria no plano legislativo é o fenômeno do sensível alargamento do quadro tradicional desses direitos e do fortalecimento do seu aparelho tutelar, como demonstram algumas leis modernas como, por exemplo, o Código Civil italiano de 1942, o Código Civil Português de 1966 e relativamente recente lei francesa 70.643, de julho de 1970[13].

Complementa, o mesmo jurista, observando que

> toda esta evolução legislativa que assim se processa sob nossos olhos e os apoios teóricos com que vem sendo alimentada, têm certamente motivações complexas que se reduzem, todavia, à preocupação fundamental

---

13. *Direitos da personalidade e sua tutela.* Luanda: edição do autor, 1974, p. 9.

de reforçar a defesa da personalidade do homem e, por aí, da própria dignidade da pessoa humana[14].

A descoberta e a consolidação dos direitos da personalidade – *mesmo que esse despertar da ciência jurídica e do direito positivo deva ter nítida ligação com a justa repulsa às barbáries de uma guerra mundial* – geraram manifestações entusiasmadas de acolhimento até de juristas consagrados pelo seu elevado rigor científico, como é o caso de um dos nossos maiores tratadistas, Pontes de Miranda, que chegou a expressar que, "com a teoria dos direitos de personalidade, começou para o mundo nova manhã do direito. Alcança-se um dos cimos da dimensão jurídica"[15].

Nesse caminho, alçaram-se os direitos da personalidade de forma que prevalecessem em relação a outros direitos subjetivos (*mesmo em relação àqueles aos quais a legislação conferisse o enquadramento de "direitos fundamentais"*) ou direitos sociais.

Hierarquicamente seriam, assim, os direitos da personalidade, a base de todo o sistema jurídico. O jurista italiano Adriano de Cupis, na sua precursora monografia *Os direitos da personalidade* (1961), ensina que

> o modo de qualificação próprio dos direitos da personalidade, pelo qual eles revestem o caráter de proeminência relativamente aos outros direitos subjetivos e de essencialidade para a pessoa, deriva do seu ponto de vista objetivo, isto é, do seu objeto. Este objeto apresenta, de fato, uma dupla característica:
>
> 1) encontra-se em um nexo estreitíssimo com a pessoa, a ponto de poder dizer-se orgânico;
>
> 2) identifica-se com os bens de maior valor susceptíveis de domínio jurídico[16].

Assim, em face de serem essenciais à pessoa, os direitos da personalidade são intransmissíveis – *ou seja, não podem ser transferidos pelo titular a terceiros* – e irrenunciáveis.

Os principais são:

(a) o direito à vida e à integridade física;

(b) o direito às partes destacadas do corpo e sobre o cadáver;

---

14. *Direitos da personalidade e sua tutela.* Luanda: edição do autor, 1974, p. 9.
15. *Tratado de direito privado*: parte especial. 4. ed. São Paulo: Revista dos Tribunais, 1974. t. VII, p. 6.
16. *Os direitos da personalidade.* Trad. para o português Adriano Vera Jardim e Antônio Miguel Caeiro. Lisboa: Livraria Morais, 1961, p. 22.

(c) o direito à liberdade;

(d) o direito à honra, ao resguardo e ao segredo;

(e) o direito à identidade pessoal (*ao nome, ao título e ao sinal pessoal*);

(f) o direito moral do autor[17].

Pontes de Miranda acrescenta ainda o direito à integridade psíquica, o direito à verdade, o direito à igualdade formal (*isonomia*) e o direito à igualdade material, que esteja na Constituição[18].

O Código Civil de 2002 abrigou, finalmente, a matéria em onze dispositivos – *os arts. 11 a 21* – componentes do Capítulo "Dos Direitos da Personalidade", consagrando no direito positivo pátrio as seguintes regras:

– intransmissibilidade e irrenunciabilidade, "não podendo o seu exercício sofrer limitação voluntária" (art. 11);

– exigibilidade quanto à cessação de ameaça ou lesão e indenizabilidade (art. 12), com legitimação, para tanto, do cônjuge sobrevivente ou "qualquer parente em linha reta, ou colateral até o quarto grau";

– indisponibilidade do próprio corpo "quando importar diminuição permanente da integridade física", com exceção de transplantes legalmente admissíveis (art. 13), possibilidade admitida uma vez gratuita e com objetivo científico ou altruístico depois da morte (art. 14);

– decisão sobre tratamento médico ou intervenção cirúrgica com risco de vida (art. 15);

– direito ao nome, nele compreendidos o prenome e o sobrenome (art. 16), extensivo ao pseudônimo (art. 19), protegendo-o de publicação ou representação que o exponham ao "desprezo público" (art. 17) ou em relação à sua utilização em propaganda comercial (art. 18);

– possibilidade de proibição da "divulgação de escritos, e transcrição da palavra ou a publicação, a exposição ou a utilização da imagem de uma pessoa", mediante requerimento desta (*ou, se morta ou*

---

17. Conforme, ainda, CUPIS, Adriano de. Ob. cit., p. 5. Observe-se, portanto, a expressa inclusão do "direito moral do autor" como uma das ramificações dos direitos da personalidade. Nosso direito positivo atualmente regula essa matéria nos arts. 24 a 27 da Lei n. 9.610, de 19 de fevereiro de 1998 – Capítulo "Dos Direitos Morais de Autor".

18. Ob. cit., p. 8. Denomina o jurista o direito moral de autor como "direito autoral de personalidade" (ob. cit., p. 139).

ausente, seu cônjuge, ascendentes ou descendentes) "se lhe atingirem a honra, a boa fama ou respeitabilidade, ou se se destinarem a fins comerciais" (art. 20); e

– inviolabilidade da vida privada da pessoa natural (art. 21).

Em conclusão, considerando – *como vimos* – o direito moral de autor como uma das extensões dos direitos da personalidade, aplica-se àqueles, no que for adequado, a sólida proteção jurídica própria a esses atributos fundamentais da pessoa humana, como teremos a oportunidade de desenvolver ao longo desta obra.

1.2.1.2. A distinção entre a propriedade material e a propriedade intelectual ou direitos intelectuais

O primeiro aspecto que merece relevância na distinção entre a propriedade material e intelectual (*ou imaterial*), como denominou nosso Código Penal[19], é que ela não incide sobre o suporte físico em que possa estar inserida a obra intelectual, mas, sim, sobre a criação intelectual que está contida naquela.

Assim, não é o livro, mas a obra literária, não é o jornal ou a revista, mas a obra jornalística, não é a tela, mas a obra de arte, não é o disco, mas a obra musical (*contidas nesses suportes*) que recebem a proteção jurídica no terreno dos direitos autorais[20]. Nessa senda, José de Oliveira Ascensão observa que:

> Mesmo assim, a confusão entre a obra e a sua materialidade subsistiu durante muito tempo. Ainda hoje, quer em instrumentos internacionais

---

19. Decreto-lei n. 2.848, de 7 de fevereiro de 1940, que denominou o seu Título III: "Dos Crimes contra a Propriedade Imaterial".

20. O Superior Tribunal de Justiça deixou clara tal distinção crucial em julgado recente. Os herdeiros de João Gilberto ingressaram com demanda contra a EMI Music para obter os masters adquiridos por ela do falecido músico. Apesar de reconhecer o direito dos herdeiros às músicas, o STJ decidiu que a proteção não seria extensível ao suporte, ainda que relativo à primeira gravação de determinada música: "6. O master, como muitas vezes, por metonímia, é designado o resultado final do processo de criação da matriz a ser copiada em vinil, CD ou fita magnética, constitui um fonograma nos termos do art. 5º, IX, da Lei n. 6.910/98: considera-se fonograma – toda fixação de sons de uma execução ou interpretação ou de outros sons, ou de uma representação de sons que não seja uma fixação incluída em uma obra audiovisual. 7. Isso é fundamental, porque o direito autoral distingue de forma muito clara o *corpus misticum*, que é a criação autoral propriamente dita, isto é, a obra imaterial fruto do espírito criativo humano; e o *corpus mechanicum*, que é, simplesmente, o meio físico no qual ela se encontra materializada. 8. Assim, malgrado a distinção técnico-qualitativa existente entre a matriz e as cópias que dela podem ser extraídas, constituem ambas, em última análise, bens corpóreos (*corpus mechanicum*) e, nessa condição, podem ser alienadas. 9. Não se vislumbra, por isso, nenhuma ilegalidade flagrante na cláusula contratual que conferiu a propriedade dos masters à gravadora" (REsp 1.727.950/RJ, rel. Min. Moura Ribeiro, Terceira Turma, julgado em 8-3-2022, *DJe* de 17-3-2022).

quer nas leis se continuam a referir "os livros, folhetos e outros escritos", sem se reparar que o que se protege é a obra literária e não as modalidades variáveis de sua materialização: e que a obra literária pode ser reduzida ou não a escrito"[21].

A propriedade intelectual, ou, como denominou Clóvis Beviláqua no Código Civil brasileiro de 1916, "propriedade literária, científica e artística"[22], nasce da criação intelectual.

Portanto, a definição terminológica – "propriedade intelectual" – não é pacífica[23], sendo também adotada, na esteira de importantes lições doutrinárias, a que nos filiamos, a expressão "direitos intelectuais"[24].

A propriedade é um bem adquirido por qualquer meio lícito, como, por exemplo, a aquisição (*compra*), a posse, a sucessão (*herança*) ou mediante a produção própria do titular ou de terceiros a seu serviço (*por exemplo, quem constrói a sua casa, realiza o plantio de um pomar, fabrica seus móveis etc.*).

Contudo, não é esse o fundamento da propriedade intelectual, ou melhor, dos direitos intelectuais. Embora a partir da existência concreta da obra intelectual – *que é a criação intelectual materializada por qualquer meio –*, esta passe a ingressar, com características peculiares e restritivas, como se verá adiante, no campo convencional das regras próprias à transferência e circulação de bens, a sua origem advirá sempre de dentro do homem: o ato da criação intelectual.

Esse elemento diferencia, em sua essência, as duas modalidades de propriedade – ou direito exclusivo – em exame.

---

21. *Direito autoral*. 2. ed. Rio de Janeiro: Renovar, 1997, p. 5.
22. Capítulo VI do Título II ("Da Propriedade") do Livro II ("Do Direito das Coisas") da Parte Especial: arts. 649 a 673.
23. Por exemplo, Christophe Geiger observa: "Em resumo, os regimes de direito de autor devem assegurar que os criadores participem justamente de seus ganhos pela exploração comercial de suas criações. Isso não precisa ser necessariamente feito pelo direito de propriedade. Os legisladores têm à sua disposição a liberdade para escolher entre os meios legais disponíveis para assegurar uma justa remuneração aos autores" (O direito de autor como um direito ao acesso garantido a participação cultural por meio da proteção dos interesses dos criadores. In: MORAES, Rodrigo (coord.). *Estudos de direito autoral em homenagem a José Carlos Costa Netto*. Salvador: EDUFBA, 2017, p. 439).
24. Sem prejuízo à pertinência desse senso terminológico e à inegável propriedade da denominação "direitos intelectuais", é relevante observar que entidade intergovernamental (*com 184 Estados-membros em 2008, sediada em Genebra, na Suíça, e uma das 16 instituições especializadas do sistema das Nações Unidas*) encarregada de promover a proteção do direito de autor – e a propriedade industrial – é a Organização Mundial da Propriedade Intelectual (OMPI) e não dos "direitos intelectuais", que, em nosso entender, seria mais adequada, posição doutrinária que defendemos no capítulo seguinte, item 2.1.

1 | O direito autoral e sua relevância na evolução da civilização. Tratamento...

Atualmente, ficam claras as razões dessa distinção fundamental, em face da evolução do entendimento e absorção no plano jurídico da teoria dos "direitos da personalidade", que abriga, em uma das suas ramificações, os "direitos morais de autor" de obras intelectuais, com seus atributos de intransmissibilidade e irrenunciabilidade.

Os elementos externos que – *basicamente* – constituem o plano material da propriedade pública ou privada (*como alguém que compra uma casa, toma posse de um terreno e consegue, com o tempo, ser licitamente o seu proprietário, herda um restaurante ou uma coleção de moedas*) não são os mesmos a construir, sob aspecto originário, a "propriedade intelectual" ou, mais apropriadamente, os "direitos intelectuais".

Como alguém poderia comprar ou adquirir por herança – *sem levar junto o vínculo da personalidade do autor* – um poema, uma canção, uma escultura[25]?

Por isso, a relação não só de constituição do bem (*criação intelectual*), como de sua transferência a terceiros, sofre diferenciações fundamentais do regime adotado para a propriedade convencional, a ponto, inclusive, de, em vez do termo "propriedade intelectual", utilizar, a melhor doutrina, com mais frequência, a expressão "direito de autor" ou "direito autoral" (*terminologia adotada pela legislação civil e penal brasileira*), deixando – *mais especificamente* – a denominação "propriedade" para os direitos e privilégios no campo das patentes de invenção, modelos de utilidade ou industriais e marcas de serviço, indústria ou comércio ("propriedade industrial"), como veremos a seguir.

---

25. Nesse sentido, a lição de Antonio Chaves: "O direito de autor representa uma relação jurídica de natureza pessoal-patrimonial, sem cair em qualquer contradição lógica, porque traduz numa fórmula sintética aquilo que resulta da natureza especial da obra de inteligência e do regulamento determinado por esta natureza especial.

    Patenteia um vínculo de natureza pessoal, no sentido de formar a personalidade do autor um elemento constante de seu regulamento jurídico e porque seu objeto constitui sob certos aspectos, uma representação ou exteriorização, uma emanação da personalidade do autor, de modo a manter o direito de autor, constantemente, sua inerência ativa ao criador da obra representando, por outro lado, uma relação de direito patrimonial, porquanto a obra do engenho é, ao mesmo tempo, tratada pela lei como um bem econômico.

    O direito de autor é, pois, conclui, um poder de senhorio de um bem intelectual (*ius in re intellectualli*), poder esse que, em razão da sua natureza especial, abraça no seu conteúdo faculdades de ordem pessoal e faculdades de ordem patrimonial" (*Direito de autor*: princípios fundamentais. Rio de Janeiro: Forense, 1987, p. 6-7).

1.2.2. Por que proteger a criação intelectual no plano individual e não considerá-la – em função de sua relevância social – um bem público de livre utilização?

Se a casa adquirida pelo indivíduo, o terreno objeto da posse – *e posterior domínio lícito* –, a mesa e a cadeira produzida por ele ou alguém a seu serviço podem integrar pacificamente o campo da propriedade individual privada, o que não dizer do bem que surge do próprio indivíduo, como a criação intelectual?

Por que a inegável relevância da difusão cultural – *elemento essencial no processo evolutivo das civilizações* – seria fundamento de expropriação desse bem da órbita privativa do seu titular originário?[26]

Por mais óbvia que seja a negativa a essa pretensão, o direito precisou caminhar mais tempo para identificar a necessidade da proteção ao autor de obra intelectual do que para punir o invasor de uma propriedade imóvel ou o ladrão de galinhas, conforme a história nos conta desde os primórdios da civilização.

Mas que tipo de civilização haveria sem a obra intelectual?

Felizmente, o direito acabou despertando. Vagaroso e timidamente a partir do início do Século XVIII (*a primeira lei conhecida data de 1709, promulgada na Inglaterra para regular o "direito de cópia"* – copyright – *de livros*), com mais amplitude a partir da Revolução Francesa de 1789 e da Primeira Convenção Internacional sobre a matéria, realizada em Berna, Suíça, em 1886, e com maior interesse e dinamismo nas últimas décadas.

Importante conquista na afirmação dos direitos de autor representou, também, a inclusão da matéria na Declaração Universal dos Direitos do Homem, pela Assembleia Geral das Nações Unidas, em 10 de dezembro de 1948:

> Artigo 27 – 1. Todo homem tem direito de participar livremente da vida cultural da comunidade, de fruir as artes e de participar do progresso científico e de seus benefícios; 2. Todo homem tem direito à proteção dos interesses morais e materiais decorrentes de qualquer produção científica, literária ou artística da qual seja autor.

---

26. A respeito, Rodrigo Moraes pondera: "Existem outras fontes motivadoras além da econômica. No entanto, o autor precisa de dinheiro para sobreviver. O trabalho intelectual deve ser atribuído em pecúnia, sob pena de o autor ter de encontrar outras fontes de renda e, consequentemente, sobrar menos tempo para a criação. Eis o grande desafio: conciliar a função da propriedade intelectual com a justa remuneração ao autor" (A função social da propriedade intelectual na era das novas tecnologias. In: *Direito autoral*. Brasília: Publicação do Ministério da Cultura, 2006. v. 1, p. 344 – *Coleção Cadernos de Políticas Culturais*).

1 | O direito autoral e sua relevância na evolução da civilização. Tratamento...

Nota-se, portanto, que é proposital a consignação do direito de acesso à cultura, de um lado, e a ressalva à proteção do direito de autor, de outro.

A respeito, embora no campo da propriedade industrial (*invenção*), a lição de Marcelo Dias Varella vale, genericamente, para a propriedade intelectual:

> Dessa forma, o uso devido da propriedade será efetivado quando beneficiar a coletividade e realizar o bem comum. A coletividade será beneficiada tanto quanto o inventor for bem remunerado, o que incentivará novas invenções, como quando a invenção contribuir para o progresso científico humano[27].

Apesar de haver diferenças em relação ao sistema de proteção – *embora a tendência seja a sua uniformização entre todas as nações* –, o princípio fundamental se dirige a reconhecer ao autor a absoluta e exclusiva titularidade sobre a obra intelectual que produzir (art. 5º, XXVII, da CF)[28].

Da eficiência da proteção a essa garantia individual – *alçada à categoria de direito da personalidade* – resultará, consequentemente, o bem público maior – *na sua relevante "função social"* –, que é o desenvolvimento intelectual e cultural dos povos[29].

---

27. Ob. cit., p. 122.

28. Naturalmente, deve-se harmonizar o panorama de evolução tecnológica atual e a desejada difusão cultural com o respeito a esse princípio jurisprudencial. O exercício do direito exclusivo do autor sobre sua obra intelectual em face das múltiplas possibilidades de sua utilização, trazidas com as grandes inovações da tecnologia, além de provocar a necessidade de ampla adaptação das modalidades convencionais – *no terreno do trinômio reprodução, distribuição e comunicação de obras intelectuais* –, atraiu, segundo a observação de José de Oliveira Ascensão, todos os interessados a "pretenderem tutela através do direito de autor, por este oferecer a proteção mais ampla existente, no domínio dos direitos intelectuais". Nesse contexto, comenta o jurista, surgiram duas tendências de *modus faciendi*: "Para uns, seria necessário remodelar profundamente os quadros do direito de autor. Para outros, os instrumentos existentes bastariam, com pequenas adaptações, para satisfazer as novas necessidades" (*Direito da internet e da sociedade de informação*. Rio de Janeiro: Forense 2002, p. 1).

29. Nesse sentido, o lúcido e conciso ensinamento de Bruno Jorge Hammes: "Os autores criam cultura. A literatura e a arte são fruto da atividade intelectual humana. Dando proteção aos autores, o país promove e aumenta o patrimônio cultural" (*O direito da propriedade intelectual*. 2. ed. São Leopoldo: Unisinos, 1998, p. 24). Filia-se, também, a esse pensamento o advogado autoralista e compositor José de Araújo Novaes Neto: "Há uma nova era em curso. Novos modelos de negócios em substituição à venda dos suportes físicos, conforme conhecemos. Pois nesse novo cenário, se negligenciaram a necessidade vital de contrapartida aos grandes responsáveis pela criação artística – os autores –, os arquitetos do amanhã, estarão dando um tiro no pé. Pois não há indústria cultural sem conteúdo. Não há cultura sem autor. E não há país sem cultura" (Está faltando o autor nessa discussão. *Gazeta Mercantil*, São Paulo, edição de 10-11-2007).

15

1.2.2.1 Internet e "acesso livre": por que seguir protegendo obras no ambiente digital?

A pertinência dessa discussão vem reacendendo novamente, com o ganho de relevância pública de grandes companhias de serviços ligados à internet – como o caso de provedores de busca, sites de *streaming* de vídeos e músicas, *marketplaces* etc. As novas tecnologias possibilitam a propagação, a cópia e a alteração cada vez mais rápida de obras intelectuais protegidas por direitos autorais, nem sempre com a devida supervisão pelos empresários que fornecem hospedagem às atividades digitais.

Será visto, abaixo, qual o grau de responsabilidade dos provedores pelas violações a direitos autorais na internet, assim como se tratará sobre o enquadramento jurídico de novidades da internet como as "licenças de acesso livre", contrafação e *hiperlinks*, produtos de inteligência artificial, entre outros. Cabe ressaltar, desde já, na esteira do que vêm alertando tantos juristas autoralistas, que há um ataque generalizado, em todos os países, aos direitos autorais, rotulados por empresas, usuários e legisladores como um "obstáculo" ao desenvolvimento ou alegando que seria inviável a sua proteção diante de uma realidade virtual, segundo eles, com características supostamente novas em relação à realidade física.

Alain Berenboom noticia a existência de duas tendências contrárias que incidem sobre o direito autoral em razão das tecnologias digitais: a primeira, de enfraquecimento da proteção legal, sem grandes efeitos práticos até o momento; a segunda, a tentativa de inclusão no rol de proteção por direitos autorais de objetos que pouco se afeiçoam com as características da obra intelectual, como alguns programas de computador e até modos de processamento de informações e as próprias informações em si[30].

Nesse segundo caso, o risco vem da necessidade de adaptação de todo o sistema de proteção à nova obra, criando-se uma série de exclusões à proteção que se harmonizam com o novo objeto, mas podem enfraquecer a proteção do restante das obras intelectuais protegidas.

Sobre a primeira tendência, o caso é mais grave, à medida que se rege por uma lógica de "consumir tudo e em seguida jogar fora". Sítios eletrônicos e aplicações para computador e celular cresceram e crescem por meio da venda de obras intelectuais protegidas, mesmo que busquem frequen-

---

30. POLLAUD-DULIAN, Frédéric. *Propriété intellectuelle*: Le droit d'auteur. Paris: Economica, 2014, p. 79-80.

temente se abster de indenizar ou remunerar de forma condizente os autores. Alguns chegam a sustentar que estender indefinidamente o "domínio público" seria benéfico "à nova economia digital". E, no entanto, os "produtores digitais" e não digitais, os autores das obras que sustentam essas atividades cada vez mais lucrativas, só conseguirão seguir produzindo, na linha do já tratado acima, caso mantida a remuneração condizente e a proteção especial às suas obras intelectuais. Conforme ressalta Berenboom:

> No entanto, o desenvolvimento da internet e dos produtos multimídia viu ressurgir essa reivindicação socialista: a supressão do monopólio do autor. Estranho retorno da história, esvaziado de todo conteúdo ideológico. A reivindicação de uma liberdade total na internet, uma liberdade sem entraves (e sem direitos autorais), não é senão uma cortina de fumaça. Ela justifica os piores excessos (a circulação de anúncios e imagens de pedofilia ou mensagens racistas, por exemplo, mas também um comércio ao abrigo das regras de proteção dos consumidores). A pirataria de música e de filmes (do contrário, como definir de outra forma as autointituladas "trocas de arquivos") anuncia o desmantelamento do sistema de direito autoral e o desaparecimento dos autores. Pois um criador deve, por meio da remuneração proveniente do direito, ganhar independência econômica que lhe permita reservar seu tempo para a criação, para o erro, para a ousadia, e para recarregar sua imaginação. O autor tem um preço, que se deve pagar, como são pagos o vendedor de computadores, a companhia de energia elétrica, ou o vendedor de suportes virgens sobre o qual a obra será gravada[31].

Como alertam André Lucas, Agnès Lucas-Schloetter e Caroline Bernault, "sem dúvida, é necessário se resguardar de ceder à vertigem da modernidade. Ao final das contas, o direito da propriedade literária e artística soube bem se adaptar à fotografia, ao fonógrafo, ao cinema, à rádio, à televisão, ao cabo e ao satélite"[32]. A circunstância isolada da criação de novas tecnologias não torna o direito autoral obsoleto – bem pelo contrário, apenas alerta os autores para sua relevância no contexto atual, e para a necessidade de se preservarem em um mundo que quer lucrar com suas obras, sem remunerá-los correspondentemente.

---

31. BERENBOOM, Alain. *Le Nouveau Droit D'Auteur*. Bruxelas, Bélgica: Éditions Larcier, p. 23.
32. *Traité de la propriété littéraire et artistique*. 5. ed. Paris: LexisNevis, 2017, p. 50.

Tem sido bastante comum a utilização indevida e não autorizada – seguindo raciocínio oblíquo de que "se está na internet, pode utilizar" – de obras intelectuais protegidas.

Em decisão monocrática proferida no REsp 1.815.162, publicada em 7 de agosto de 2020, a Min. Maria Isabel Galotti, do Superior Tribunal de Justiça, assegurou que, "se a parte seleciona aleatoriamente uma fotografia sem identificação do autor para usá-la em seus materiais publicitários, assume o ônus de remunerar quem se apresenta como autor e prove a condição". Em outro caso, o Tribunal de Justiça de São Paulo decidiu que uma fotografia de determinado produto não poderia ser utilizada em anúncio comercial de terceiros, ainda que o produto vendido seja idêntico ao anterior, pois a proteção dos direitos autorais da fotografia independem das propriedades do objeto retratado, da identificação imediata do autor da fotografia, e também da veiculação prévia em outro sítio eletrônico, na internet[33]. Em outro caso análogo de utilização indevida de fotografias anteriormente postadas na internet, do mesmo Tribunal, desta feita da 6ª Câmara de Direito Privado, o Des. Rel. Ademir Modesto de Souza entendeu, ainda, que há responsabilidade pela "falha no dever de verificação da titularidade das fotografias produzidas e comercializadas, respectivamente, pelas demandadas". Assim, a falta de indicação de autoria da fotografia na internet não leva a obra a cair em domínio público, apenas pela forma de sua divulgação[34].

Por outro lado, há algumas alterações, no direito estrangeiro, que aparentemente enfraquecem a proteção autoral. É o caso, por exemplo, da Convenção da UNESCO de 2005 sobre proteção e promoção da diversidade cultural, que, alguns alegam, sobreporia imperativos da difusão cultural aos direitos autorais. De acordo com Lucas, Lucas-Schloetter e Bernault, porém, esses direitos são totalmente compatíveis com a proteção conferida pela Convenção de Berna. Mas também há a questão de novas exceções criadas, por exemplo, na legislação francesa, que permite a cessão automática de todos os direitos autorais, inclusive morais, ao Poder Público, sobre obras criadas pelos funcionários públicos no exercício da função, sob a suposição de que assim seria preservado o interesse público.

---

33. TJSP, 4ª Câmara de Direito Privado, Apelação Cível 1082165-78.2023.8.26.0100, j. 22-8-2024, rel. Des. Vitor Frederico Kümpel.

34. TJSP, 6ª Câmara de Direito Privado, Apelação Cível 0016576-28.2011.8.26.0602, j. 29-8-2024, rel. Des. Ademir Modesto de Souza.

1 | O direito autoral e sua relevância na evolução da civilização. Tratamento...

Claramente, em nosso entendimento, esses últimos ficam na conta da má compreensão sobre a função social do direito autoral, acima indicada.

1.2.3. Harmonização das demais regras constitucionais no campo do direito autoral

Além do tema que examinamos até aqui – *respeitante à função social que emana da propriedade ou direito intelectual* –, cabe destacar que a cláusula pétrea constitucional que confere ao autor a liberdade de expressão de sua atividade intelectual, artística e de comunicação (art. 5º, IX), o seu direito exclusivo de utilização da obra (art. 5º, XXVII), deve conviver harmoniosamente também com os demais mandamentos da Carta Magna, quais sejam:

(a) em relação à liberdade de expressão de sua atividade intelectual, artística e de comunicação do autor da obra, ressalvando-se a expressa redação constitucional e "censura ou licença" (art. 5º, IX), condiciona-se o exercício dessa liberdade à inexistência de violação a direitos – também fundamentais – de terceiros, quais sejam:

– direito exclusivo de outros autores sobre suas obras intelectuais (art. 5º; XXVII, da CF) anteriores (*vedando-se a utilização indevida das obras alheias, inclusive o plágio*);

– a inviolabilidade da intimidade da vida privada, da honra e da imagem das pessoas (art. 5º, X, da CF); e

– a inviolabilidade do sigilo de correspondência e das comunicações telegráficas, de dados e das comunicações telefônicas (art. 5º, XII, da CF);

(b) em relação ao direito exclusivo do autor sobre sua obra intelectual (art. 5º, XXVII, da CF) deve-se harmonizar com os seguintes direitos – *também fundamentais* – de terceiros, quais sejam[35]:

---

35. Ressalte-se que, sobre a defesa do consumidor, instituída na Constituição Federal de 1988 em seu art. 5º, XXXII, incumbiu-se o Estado para sua promoção – objeto, logo em seguida, da Lei Federal n. 8.078, de 1990. Leciona Antonio Carlos Morato: "Sendo assim, é possível depreender que qualquer lesão à propriedade intelectual é vedada igualmente pelo Código de Defesa do Consumidor e não só pelas leis que protegem os direitos intelectuais como um todo, não devendo tal diploma legal ter interpretação restrita à violação da criação industrial, mas sim abranger o direito autoral, tanto no sentido protetivo

- a livre utilização, por terceiros, de obras intelectuais caídas em domínio público (art. 41 da Lei n. 9.610, de 1998), preservados os direitos morais de autor na forma da lei;

- a limitação dos direitos autorais expressamente previstos em lei (arts. 46 a 48 da Lei n. 9.610, de 1998), interpretando-se tais disposições legais de forma restritiva e não extensivamente[36].

1.3. A NECESSIDADE DE APRIMORAMENTO À PROTEÇÃO DO DIREITO DE AUTOR

A evolução da tecnologia e dos meios de comunicação e a consequente diversidade e ampliação do acesso público às obras intelectuais consistem, atualmente, no grande desafio à eficiente defesa do direito de autor em todas as suas vertentes[37].

---

encontrado na leitura sistemática do texto da Lei n. 8.078/1990 como pela percepção de que t diretiva atende a uma dimensão mais ampla que é a de normatizar as relações de consumo em plena consonância com a Constituição Federal, na qual a proteção à propriedade intelectual – assim como a proteção ao consumidor – é considerada como cláusula pétrea" (Aspectos convergentes e divergentes entre a proteção ao consumidor e aos autores e titulares de direitos conexos. In: COSTA NETTO, José Carlos (coord. geral) e EGEA, Maria Luiza de Freitas Valle e CARASSO, Larissa Andrea (coords. nacionais). *Direito autoral atual*. Rio de Janeiro: Elsevier e Campus Jurídico – em parceria com Associação Brasileira de Direito Autoral (ABDA), 2015, p. 61).

36. Este tema – *limitações dos direitos autorais* – é objeto de um capítulo específico (n. 9). Destaque-se aqui que, como já visto neste capítulo, a garantia a todos "dos direitos culturais e acesso às fontes da cultura nacional" (*com o incentivo da produção, inovação e difusão das manifestações culturais*) encontra-se consignada na Constituição não como uma obrigação individual do autor da obra intelectual – *de renúncia ao exercício de seus legítimos direitos autorais em prol de um acesso à cultura liberado gratuitamente e indiscriminadamente a qualquer interessado* –, mas um dever a ser propiciado à sociedade pelo Estado em suas atuações no campo cultural que se represente assim o fortalecimento de todo o setor, com o consequente incentivo à produção e criação de bens culturais e a defesa dos direitos de todos os agentes envolvidos nessas ações de inciativa oficial (*Federação, Estados e Municípios* – arts. 23, V, 215, 216 e 216-A da Constituição Federal).

37. Luiz Gonzaga Silva Adolfo, em seu judicioso artigo "A tutela específica para proteção dos direitos autorais" (*Revista de Direito Autoral*, São Paulo, publicação ABDA/Lumen Juris, n. 1, p. 110, 2004) consigna que: "O Direito de Autor é uma das áreas mais belas do Direito, em especial por sua abrangência, atualidade, importância social, cultural e econômica. É tema cada vez mais discutido, em decorrência do fantástico progresso das comunicações e seus meios, verificados na atualidade. Como consequência desse avanço tecnológico, o Direito de Autor também mostra novas características, ou, para ser exato, enfrenta nova realidade". No mesmo sentido, já no final da década de 1980, observava Carlos Alberto Bittar: "Da fotografia ao cinema, da rádio à televisão e ora aos satélites, das impressoras manuais às máquinas de reprodução xerográfica à microfilmagem e à computação, o homem moderno tem assistido a uma notável expansão dos meios de comunicação, que lhe invadem a privacidade, mudam-lhe conceitos e impõem-lhe novos hábitos, influenciando, pois, de modo indelével, na sua vida e no seu modo de ser. Ora na base desse progresso está o próprio engenho humano, em sua mais alta expressão, que é a criação intelectual, que faz nascer os aparatos necessários à comunicação e, depois, alimenta-os com suas manifestações, por meio de uma plêiade de escritores, artistas, poetas, compositores e outros intelectuais, possibilitando, não só a sua existência, como também o seu próprio desenvolvimento" (*O direito de autor nos meios modernos de comunicação*. São Paulo: Revista dos Tribunais, 1989, p. 14).

Assim, se o livro – *que gerava apenas remuneração ao seu autor com a sua reprodução em exemplares para venda em livrarias* – passou a ser utilizado, integral ou principalmente, de diversas formas, como a reprografia (xerocópia), transcrição em revistas e outras publicações e até pela via da informática (internet etc.), banco de dados, adaptações cinematográficas, videofonográficas, fonográficas (livros "falados"), o que dizer então das demais modalidades de obras intelectuais, como a musical (que será enfocada com maior detalhamento nesta obra), as obras de artes plásticas, as obras cinematográficas e todos os titulares de direito envolvidos?

Será que se, por exemplo, o autor de determinada obra literária obtivesse a justa remuneração autoral em decorrência de todas essas formas de utilização, existiria – como sempre ocorreu – a indispensabilidade de "mecenatos" públicos ou privados para manutenção do benefício cultural inerente a essa atividade?

Naturalmente que essa necessidade de subsídio – *mesmo que não deixe de existir em face das criações intelectuais que não recebam a resposta de mercado suficientes à sua manutenção* – seria substancialmente minimizada, ou melhor, direcionada às áreas culturais cuja autossuficiência econômica pudesse encontrar dificuldades se o autor pudesse sobreviver condignamente do seu ofício, recebendo sua justa remuneração em todas as modalidades de utilização de sua obra.

Mais do que generosidade alheia, o autor é merecedor de respeito a seus direitos, que, como visto, são fundamentais. Dessa forma, a cultura estará alimentando diretamente a célula embrionária de toda a atividade cultural: o criador intelectual[38].

Quais são esses direitos e como tem evoluído a sua proteção, especialmente em nosso país, são as importantes questões que procuraremos examinar nesta obra.

---

38. Nesse caminho, o judicioso pensamento do saudoso jurista, primeiro presidente do Conselho Nacional de Direito Autoral (1976) e Ministro do Supremo Tribunal Federal, Carlos Alberto Menezes Direito: "Estou convencido a cada dia com mais intensidade que não será possível avançar culturalmente se não estivermos atualizados em matéria autoral. Os criadores do espírito são a alma nacional. Deles é que recebemos a identidade da nação, porque eles produzem o verdadeiro sinal de nossa presença no mundo globalizado. Se não formos capazes de garantir aos nossos autores respeito e dignidade pelo que fazem não estaremos aptos a cumprir o nosso destino, como nação livre e independente pronta para ajudar na construção de um mundo melhor" (*Estudos em homenagem ao Ministro Carlos Fernando Mathias de Souza* – Prefácio. São Paulo: Letras Jurídicas, 2010, p. 11-12).

CAPÍTULO 2

Inter-relação com outras matérias: propriedade industrial (marcas e patentes), direito à honra, ao nome e à imagem

2.1. CONSIDERAÇÕES INICIAIS

A expressão "propriedade intelectual" – ou "direitos intelectuais", terminologicamente mais apropriada[1] – serve para abranger tanto os direitos de autor e os que lhes são conexos como também a "propriedade industrial", que prevê a proteção das marcas identificativas de empresas de

---

1. Relata Carlos Alberto Bittar (*Direito de autor na obra publicitária*. São Paulo: Revista dos Tribunais, 1981, p. 32) que a denominação "direitos intelectuais", gênero que abrange o direito de autor e o direito de propriedade industrial como "ramificações distintas", é originariamente de Edmond Picard na obra *O direito puro* (2. ed. brasileira. Salvador: Livraria Progresso, 1954, p. 98 e seguintes). Sobre a importância e anterioridade da tese de Picard, consignou, ainda, Bittar em obra posterior: "Para afirmação dos direitos intelectuais, contribuiu decisivamente Edmond Picard que, em tese lançada em 1877, defendeu a inserção dessa nova categoria. Adotada na lei belga de 1886, encontrou consagração nas convenções internacionais e, posteriormente, nas leis internas dos diferentes países" (*Direito de autor*. 2. ed. Rio de Janeiro: Forense Universitária, 1994, p. 2). A respeito, observe-se que Antonio Chaves, na sua alentada monografia de 1952, *Direito autoral de radiodifusão* (São Paulo: Max Limonad), adotou, também, a denominação: "Verifica-se, pelo exposto, que o direito intelectual, embora podendo hoje em dia constituir uma parte relevantíssima do patrimônio, não é uma verdadeira propriedade. Se não chega a ser, como entende Laurent, uma criação arbitrária da lei, é um direito *sui generis*, pois tem, sob certos aspectos, duração limitada. Não é um direito pessoal, por não estabelecer relação direta alguma entre duas pessoas, tendo em vista uma determinada vantagem que uma estaria obrigada a proporcionar à outra, e não é, tampouco, apesar de ser assim considerado, um direito real, uma propriedade, não sendo mesmo garantido contra a contrafação estrangeira a não ser em virtude de tratados e convenções" (p. 20). Nesse caminho, no âmbito do direito positivo brasileiro, a conclusão de Eduardo Salles Pimenta: "A Lei federal 5.988/73, bem como a nova 9.610/98, que regula o direito de autor, excluiu o direito autoral da categoria do direito de propriedade, anteriormente classificado pelo Código Civil, no Título II, Capítulo VI – 'Da Propriedade Literária, Científica e Artística', isto porque o Código Civil não reconhecia o direito moral de autor" (*O direito conexo da empresa de radiodifusão e assuntos correlatos*. São Paulo: Lejus, 1999, p. 134).

empreendimentos, de patentes (*invenções*) e de modelos de utilidade e de desenhos industriais, basicamente, contudo, também, regras de repressão à concorrência desleal e às falsas indicações geográficas.

Por outro lado, contendo os direitos autorais atributos de natureza moral e patrimonial, são – *os direitos morais* – modalidade dos direitos da personalidade. Assim, é importante, dentro das várias espécies de direitos da personalidade, examinar três: o direito à honra, ao nome e à imagem da pessoa humana e sua correlação com os direitos morais de autor.

2.2. O DIREITO DE PROPRIEDADE INDUSTRIAL

Conforme a Convenção de Paris para a Propriedade Industrial[2], a proteção da propriedade industrial tem por objeto as patentes de invenção, os modelos de utilidade, os desenhos ou modelos industriais, as marcas de fábrica ou de comércio, as marcas de serviço, o nome comercial e as indicações de proveniência ou denominações de origem, bem como a repressão da concorrência desleal[3]. A lei brasileira atualmente vigente sobre a maté-

---

2. Realizada originariamente em 23-3-1883 e revista em Bruxelas (1900), Washington (1911), Haia (1925), Londres (1934), Lisboa (1958), Estocolmo (1967), e modificada em 2-10-1979. O texto correspondente à última revisão da Convenção – *realizada em Estocolmo em 1967* – foi o adotado pelo Decreto n. 75.572, de 8 de abril de 1975, com a complementação do Decreto n. 635, de 21 de agosto de 1992, que a promulgou para viger no território nacional. Destaca José Carlos Tinoco Soares a relevância histórica de dois paradigmas legais com marcante influência na Convenção de Paris de 1883: a lei norte-americana de 10 de abril de 1790 e a francesa de 7 de janeiro de 1791 (*Tratado de propriedade industrial*. São Paulo: Editora Jurídica Brasileira, 1998).
3. Artigo 1, item "2", da Convenção de Paris Para a Proteção da Propriedade Industrial. A respeito do tratamento legal (*direito interno*) adotado em nosso país, ensina José Carlos Tinoco Soares: "Não pode-

2 | Inter-relação com outras matérias: propriedade industrial (marcas e...

ria, de 1996[4], a exemplo do diploma anterior, harmoniza-se com a orientação internacional.

---

mos deixar de consignar, e, desde logo, que a nossa Lei n. 9.279 de 14-5-1996, que Regula direitos e obrigações relativos à propriedade industrial, não obstante se norteie pela concessão de direitos de propriedade industrial, ampara também os Crimes contra a Propriedade industrial e os de Concorrência Desleal. Os primeiros se referem à contrafação de patentes de invenção, de modelos de utilidade, de registro de desenhos industriais à violação de marcas em todas as suas modalidades, às indicações geográficas, isto é, direitos legitimamente adquiridos, líquidos e certos, mercê do cumprimento de todas as formalidades impostas pela mesma. Os segundos, muito embora possam se referir a direitos, estes se enquadram como os consuetudinários, e, de uma maneira geral se especificam como sendo a prática de certos atos que se enunciam por intermédio de ações procedimentos e outros. Dentre os inúmeros incisos amparados pelo art. 195, podem se destacar aqueles que de uma forma geral e bem ampla '**empregam meio fraudulento, para desviar, em proveito próprio ou alheio, clientela de outrem**'. De ressaltar, no entanto, que o art. 209, dessa lei deu uma nova conotação ao anterior preceito previsto pelo parágrafo primeiro do art. 178, do DL n. 7.903/45, nestes termos: '**Fica ressalvado ao prejudicado o direito de haver perdas e danos em ressarcimento de prejuízos causados por ato de violação de direitos de propriedade industrial e atos de concorrência desleal não previstos nesta Lei, tendentes a prejudicar a reputação ou os negócios alheios, a criar confusão entre os estabelecimentos comerciais, industriais ou prestadores de serviço, ou entre os produtos e serviços postos no comércio**'. O que não se pode negar, no entanto, é que esses atos objetivando o comparecimento ao mercado com os mesmos ou similares produtos, sob a mesma ou semelhante maneira de se conduzir, são sempre praticados através de uma faina avassaladora de se locupletar com o bem alheio, não se importando como ou de que maneira. Sob o manto da obscuridade, da ostentação, da malícia ou da perspicácia, surge então a **Concorrência Desleal** que, em verdade, até hoje, não foram fixados os seus limites" (Concorrência Desleal" *vs* "Trade Dress" e/ou "Conjunto-Imagem" (*visual do objeto, do produto, de sua exteriorização e do estabelecimento*). São Paulo: Editora do Autor, 2004, p. 15).

4. Lei n. 9.279, de 14 de maio de 1996, que regula direitos e obrigações relativos à propriedade industrial. Ensina Newton Silveira, ao tratar de "Patentes Químicas, Farmacêuticas e Alimentícias" em relação à revogação – pela lei de 1996 – da lei anterior (*denominada "Código de Propriedade Industrial" – Lei n. 5.722, de 21-12-1971*), que "A questão que motivou a elaboração dessa lei (de 1996) foi a proibição para patentes nessas áreas, não trazendo mais restrições" (*Propriedade intelectual*. 3. ed. Barueri/SP: Manole, 2005, p. 41). A respeito da patenteabilidade das "Invenções e dos Modelos de utilidade", a lei brasileira de propriedade industrial de 1996, em vigor, estabelece que: (a) em relação ao "modelo de utilidade" deve este consistir em "objeto de uso prático, ou parte deste, suscetível de aplicação industrial, que apresente uma forma ou disposição, envolvendo ato inventivo, que resulte em melhoria funcional no seu uso ou em sua fabricação" (respectivamente arts. 8º e 9º da Lei n. 9.279/96). Observe-se que, além das patentes químicas, farmacêuticas e alimentícias, possibilidade trazida pelo diploma legal de 1996, conforme consignado, como mencionamos anteriormente, por Newton Silveira, são patenteáveis "os micro-organismos transgênicos que atendem aos três requisitos de patenteabilidade – *novidade, atividade inventiva e aplicação industrial* – previstos no art. 8º e que não sejam mera descoberta" (inciso III do art. 18 da Lei n. 9.279/96). Em complemento, relevante destacar, nesse âmbito, a "Lei de Proteção de Cultivares" (9.456, de 25-4-1997), considerando-se, para fins legais, "cultivar" como "a variedade de qualquer gênero ou espécie vegetal superior que seja claramente distinguível de outras cultivares conhecidas por margem mínima de descritores, por sua denominação própria, que seja homogênea e estável quanto aos descritores através de gerações sucessivas e seja de espécie passível de uso pelo complexo agroflorestal, descrita em publicação especializada disponível e acessível ao público, bem como a linhagem componente de híbridos" (art. 2º, IV – A proteção à propriedade intelectual, conforme o art. 4º da referida lei, somente será concedida à "nova cultivar ou a cultivar essencialmente derivada, de qualquer gênero ou espécie vegetal". A expressão "descritor" referida significa, conforme o inciso II desse mesmo dispositivo legal: "a característica morfológica, fisiológica, bioquímica ou molecular que seja herdada geneticamente, utilizada na identificação de cultivar"). Assim, em relação à biotecnologia, relevante a observação de Newton Silveira de que "no caso de patentes relativas à matéria viva existem regras especiais" (ob. cit., p. 41).

É nítida a inter-relação desses bens com os suscetíveis de proteção de direito de autor. Não há como contestar que a criação intelectual é a peça fundamental na descoberta de uma invenção, de um determinado modelo industrial original ou de um desenho – *ou arte gráfica* – de uma "marca" para identificar um produto, uma empresa industrial ou comercial[5].

E como diferenciar esse ramo do direito (*propriedade industrial*) do direito de autor?

A lei brasileira anterior fornecia um dos elementos ao relacionar – a título de exemplificação –, em seu art. 6º, as obras intelectuais ou "criação do espírito de qualquer modo exteriorizada", como objeto de proteção legal. O seu inciso XI especificava: "(...) as obras de arte aplicada, desde que seu valor artístico possa dissociar-se do caráter industrial do objeto a que estiverem sobrepostas"[6].

Assim, nessa diferenciação, teremos principalmente dois elementos fundamentais:

(a) o direito de autor decorre, basicamente, das obras intelectuais no campo literário e artístico[7];

(b) o registro da obra intelectual, no campo do direito de autor, não constitui mas, apenas, presume a autoria (*ou titularidade originá-*

---

5. Segundo José Carlos Tinoco Soares: "Marca, segundo entendemos, é o sinal pelo qual o produto ou serviço é conhecido e distinguido do mercado consumidor ou entre os usuários. Em sendo sinal, a marca poderá ser gráfica, figurativa, plástica, fotográfica ou de qualquer outra forma, entendida tal palavra no sentido mais amplo possível" (*Marcas notoriamente conhecidas – Marcas de alto renome vs. "Diluição"*. Rio de Janeiro: Lumen Juris, 2010, p. 3). Também é necessário incluir a definição de Celso Araújo Santos, que ressalta a função da marca: "A LPI define no art. 122 aquilo que é passível de registro como marca no direito brasileiro. Marcas podem ser definidas como qualquer sinal que identifique o produto ou serviço e o diferencie dos demais – essa é a **função primária de uma marca**" (In: TAUK, Caroline Somesom; SANTOS, Celso Araújo. *Lei de Propriedade Industrial interpretada*: comentários e jurisprudência. São Paulo: JusPodivm, 2024).

6. Lei n. 5.988/73. A nova Lei de Direitos Autorais (9.610, de 19-2-1998) suprimiu do elenco exemplificativo das obras intelectuais protegidas "as obras de arte aplicada", embora estas não deixem de estar abrigadas no contexto da expressão genérica "criações do espírito, expressas por qualquer meio ou fixadas em qualquer suporte tangível ou intangível, conhecido ou que se invente no futuro" (art. 7º). A respeito, *vide* comentário no Capítulo 6, item 6.1.2. no verbete sobre "obra de arte aplicada" e parágrafo que o antecede.

7. Termo utilizado pela Convenção de Berna relativa à proteção das obras literárias e artísticas de 9-9-1886, completada em Paris (1896), revista em Berlim (1908), complementada em Berna (1914), revista em Roma (1928), em Bruxelas (1948), em Estocolmo (1967) e Paris (1971), e modificada em 28-9-1979 (da mesma forma que a Convenção de Paris para o campo da propriedade industrial, o texto da última revisão da Convenção de Berna – *realizada em Paris, em 1971* – foi o adotado pelo Decreto n. 75.699, de 6-5-1975, que a promulgou). A Convenção esclarece, em seu art. 2º, que a expressão "obras literárias e artísticas" compreende todas as produções do domínio literário, científico e artístico, qualquer que seja seu modo ou forma de expressão (*note-se, portanto, a adição do termo "científico" às obras literárias e artísticas*).

ria do direito), ao contrário da "propriedade industrial", em que a formalidade do registro válido importa na constituição – ou atribuição – do direito ao titular (*do invento, modelo industrial ou marca*) em relação ao privilégio de seu uso. Naturalmente, o registro – *no campo da propriedade industrial* – para gerar o efeito constitutivo de direito (*privilégio de uso*) deve seguir a legislação e procedimento administrativos próprios.

Em sentido similar, o Tribunal de Justiça de Santa Catarina julgou caso de plágio de logomarca criada por autora, com características que, extrapolando o direito marcário, continham originalidade de modo a ser protegida por direitos autorais. Nesse caso, consignou o Tribunal que a proteção independia de registro, uma vez que não se confundiria com o direito de marca da pessoa jurídica, também violado[8].

Além disso, como observa Caroline Somesom Tauk, a propriedade industrial é um bem móvel (art. 5º da LPI), um direito real sobre a criação industrial patenteada, do qual decorre um privilégio temporário. Em contraste, há diferenças sensíveis entre o regime de bens corpóreos e incorpóreos e as características do direito autoral, atrelado que é aos direitos da personalidade[9].

Deverão ser obedecidas, também – *para possibilitar a obtenção válida do privilégio no terreno da propriedade industrial* –, as normas tutelares de direito de autor como a autorização ou cessão de direitos do artista gráfico (*que realizou obra intelectual que possa ter originado uma marca figurativa*), do autor de obra literária ou literomusical (*que tenha um verso ou trecho utilizado como* slogan *de identificação de produto, por exemplo, e que possa ser objeto de registro para uso exclusivo*) e outras situações similares[10].

---

8. TJSC, Apelação 5093696-92.2020.8.24.0023, 1ª Câmara de Direito Civil, rel. Des. Edir Josias Silveira Beck, j. 2-5-2024.

9. TAUK, Caroline Somesom; SANTOS, Celso Araújo. *Lei de Propriedade Industrial interpretada*: comentários e Jurisprudência. São Paulo: JusPodivm, 2024, p. 42-43.

10. Confiram-se, a respeito, os seguintes precedentes do TJSP: "(...) Marca. Proteção. Utilização indevida. Depósito indeferido pelo INPI por apresentar semelhança à marca de titularidade da autora. Evidente equiparação e confusão entre as marcas Neosaldina e Neosaldor. Mesmo segmento de atividade e público. Semelhança nas embalagens, além identidade fonética e gráfica. Uso indevido. Sentença reformada. Violação caracterizada. Abstenção do uso, com alteração nas embalagens. Indenização por danos materiais a ser apurada em liquidação" (9ª Câmara de Direito Privado, rel. Des. Costa Netto, julgado em 3-8-2018); "(...) Sentença que reconheceu, com base na prova pericial, o uso indevido das marcas 'Futon Company' e 'Sofuton' – Inserção das marcas em sites de busca na internet pela ré com redirecionamento de busca para o seu website – Reconhecimento de uso indevido das marcas. Proteção assegurada pela LPI desde o depósito. Inteligência do art. 130, III, da Lei 9.279/96. Precedentes. Violação caracterizada. Indenização por danos materiais a ser apurada em liquidação" (9ª Câmara de Direito Privado, rel. Des. Costa Netto, julgado em 3-8-2018).

2.3. OS DIREITOS DA PERSONALIDADE

Como já referidos no capítulo inicial, a Teoria dos direitos da personalidade se fortalece no cenário jurídico a partir da Segunda Guerra Mundial (1939/1945) especialmente em função da necessidade de se identificar e proteger o indivíduo em relação a direitos essenciais à existência digna das pessoas ante estruturas de poder, em especial as do Estado[11].

Na lição de Adriano de Cupis,

> existem certos direitos sem os quais a personalidade restaria uma susceptibilidade completamente irrealizada, privada de todo o valor concreto: direitos sem os quais todos os outros direitos subjetivos perderiam todo o interesse para o indivíduo – o que equivale a dizer que, se eles não existissem, a pessoa não existiria como tal. São esses os chamados "direitos essenciais", com os quais se identificam precisamente os direitos da personalidade. Que a denominação de direitos da personalidade seja reservada aos direitos essenciais justifica-se plenamente pela razão de que eles constituem a medula da personalidade[12].

Em um lúcido esforço de classificação, propôs R. Limongi França[13] a subdivisão das espécies em três campos correspondentes à sua natureza dominante: (1) direito à integridade física[14], (2) direito à integridade intelectual[15] e (3) direito à integridade moral[16].

O direito moral de autor, portanto, integraria – *na classificação de R. Limongi França* – o grupo dos direitos da personalidade que intitulou "direito à integridade intelectual", sendo os três que examinaremos a seguir

---

11. A respeito, a lição de Rabindranath Capelo de Souza: "Por outro lado, a aceleração do desenvolvimento tecnológico do pós-guerra acarretou diversas interferências na vida privada dos cidadãos, dada, *v.g.*, a crescente especialização e secundarização de largas faixas do trabalho humano, a divulgação, penetração e opressão dos *mass media*, a recolha e utilização informática e computadorizada de dados pessoais, a pressão do consumismo e a impiedade das suas técnicas de publicidade, a subida do *stress*, da angústia e da tensão no interior do homem e a sedimentação da competitividade e da agressividade nas relações intersubjetivas" (*Direito geral de personalidade*. Coimbra: Coimbra Editora, 1995, p. 84).

12. *Os direitos da personalidade*. Trad. Afonso Celso Furtado Rezende. Campinas: Romana Jurídica, 2004.

13. *Revista dos Tribunais*, São Paulo, v. 567, p. 3, jan. 1983.

14. 1.1. Direito à Vida e aos Alimentos; 1.2. Direito sobre o Próprio Corpo, Vivo; 1.3. Direito sobre o Próprio Corpo, Morto; 1.4. Direito sobre o Corpo Alheio, Vivo; 1.5. Direito sobre o Corpo Alheio, Morto; 1.6. Direito sobre Partes Separadas do Corpo, Vivo; 1.7. Direito sobre Partes Separadas do Corpo, Morto.

15. 2.1. Direito à Liberdade de Pensamento; 2.2. Direito Pessoal de Autor Científico; 2.3. Direito Pessoal de Autor Artístico; 2.4. Direito Pessoal de Inventor.

16. 3.1. Direito à Liberdade Civil, Política e Religiosa; 3.2. Direito à Honra; 3.3. Direito à Honorificência; 3.4. Direito ao Recato; 3.5. Direito ao Segredo Pessoal, Doméstico e Profissional; 3.6. Direito à Imagem; 3.7. Direito à Identidade Pessoal, Familiar e Social.

(*direito à honra, ao nome – ou identificação pessoal – e à imagem*) componentes do terceiro grupo, que denominou: direito à integridade moral.

Enfim, a relevância da matéria é de tal ordem que a Constituição Federal de 1988, atualmente vigente no País, traz como cláusula pétrea própria ao elenco dos direitos fundamentais, logo em seu art. 1º, III, a proteção da "dignidade humana", e o nosso Código Civil de 2002, também em seu início – arts. 11 a 21 –, insere o capítulo intitulado "Direitos da Personalidade" e sua natureza de essencialidade à pessoa humana, inalienabilidade e intransmissibilidade.

2.3.1. O direito à honra

Ensina Antonio Chaves que "honra é, subjetivamente, sentimento da própria dignidade e objetivamente, apreço, respeito, reputação, boa fama de que nos tornamos merecedores". Complementa:

> tal é a sua importância que o Código Penal consagra um capítulo aos crimes contra a honra, regulando suas três modalidades: a calúnia (imputação falsa a alguém de fato definido como crime), a difamação (imputação de fato ofensivo à reputação de alguém) e injúria (ofensa à dignidade ou decoro de alguém)[17].

É pacífico que o direito à honra integra os denominados direitos da personalidade. Conforme Adriano de Cupis, consiste em ordem de importância, como "primário" entre aqueles direitos da personalidade que têm por objeto um modo de ser exclusivamente moral da pessoa. Complementa: "A honra significa tanto o valor moral íntimo do homem, como a estima dos outros, ou a boa fama, como enfim, o sentimento, a consciência, da própria dignidade pessoal"[18].

E qual a relação do "direito à honra" (*que é um dos direitos da personalidade*) com o direito de autor?

A conexão se dá, principalmente, em relação ao direito moral de autor, que dispõe sobre o uso adulterado – *que macule a integridade* – da obra intelectual, como vemos, por exemplo, na legislação brasileira em vigor:

---

17. *Tratado de direito civil*: parte geral. São Paulo: Revista dos Tribunais, 1982. t. 1, p. 500-501. Destaque-se, também, a inviolabilidade da honra, a exemplo da intimidade, vida privada e a imagem das pessoas, consideradas direitos fundamentais pela Carta Constitucional vigente (inciso X do art. 5º).
18. Citando Specker em *Os direitos de personalidade*. Lisboa: Morais, 1961, p. 111 (Coleção Doutrina).

São direitos morais de autor:

(...)

IV – o de assegurar-lhe a "integridade" (da obra intelectual) opondo-se a quaisquer modificações, ou à prática de atos que, de qualquer forma, possam prejudicá-la, ou atingi-lo, como autor, em sua reputação ou honra[19].

Assim, além das demais violações a direitos morais de autor tutelados, o direito positivo brasileiro protege – *expressamente* – a honra da pessoa do autor, intimamente ligada à preservação da "integridade" da sua obra intelectual ou à prática de atos que possam atingir sua "reputação ou honra".

A honra, portanto, pertence à pessoa (*física ou mesmo jurídica*). Por isso, a "prática de atos" referida na legislação brasileira "que possam atingir" – por meio do uso da obra intelectual – sua "reputação ou honra" dirige-se à pessoa do autor e não à sua obra. Nesse sentido, Pontes de Miranda leciona:

> Só há ofensa à honra das pessoas, físicas ou jurídicas, inclusive Estados; não há ofensa à honra da "literatura", ou da "arte", ou da "ciência" de determinado país, ou povo; nem a alguma obra de arte. A ofensa à obra de arte pode ser ofensa a quem a fez, mas aí, foi a pessoa do artista que foi ofendida[20].

A relação estreita entre o direito à honra e o direito de autor pode surgir, também, quando, no exercício, pelo autor, de sua liberdade de expressão intelectual, artística e científica, passa a violar a honorabilidade de terceiros, a exemplo de obras com conteúdo calunioso ou difamatório em relação a estes.

O mesmo dispositivo da Constituição Federal – inciso IX do art. 5º – assegura tanto a liberdade de expressão intelectual, artística e científica quanto a liberdade de comunicação, independentemente de censura ou licença. No entanto, há entre essas duas prerrogativas distinções relevantes a serem consideradas:

(a) a expressão intelectual, artística ou científica é, em outras palavras, a obra intelectual, cujo elemento intrínseco primordial é a originalidade da sua expressão; ou seja, a proteção constitucional di-

---

19. Art. 24, IV, da Lei n. 9.610, de 19 de fevereiro de 1998, que reproduziu, praticamente sem alteração, o art. 25, IV, da Lei n. 5.988, de 14 de dezembro de 1973.
20. Ob. cit., p. 44.

reciona-se, aqui, à liberdade de expressão de titularidade do autor de obra intelectual, pessoa física[21];

(b) por outro lado, a liberdade de comunicação não requer que as expressões objeto da comunicação sejam expressões ou obras intelectuais, ou seja, a proteção constitucional é endereçada, além da pessoa física – de um jornalista, por exemplo, que comunica uma notícia –, também à pessoa jurídica, de empresa jornalística, emissora de rádio ou televisão, por exemplo.

Essa distinção pode resultar em que o tratamento legal, no plano da responsabilidade civil ou penal, seja diverso em face de casos concretos que se apresentem, por exemplo, na hipótese de que, de um artigo assinado com conteúdo crítico, mesmo que áspero, na avaliação jornalística[22] de uma determinada notícia, seja extraída uma frase maliciosamente distorcida do texto originário e consignada de forma destacada no periódico, tendenciosamente infamante ou caluniosa a determinada pessoa: a responsabilização deverá ser atribuída apenas à empresa jornalística e não ao autor do artigo[23].

---

21. A Lei de Direitos Autorais vigente (9.610/98) é categórica nesse sentido: "Art. 11. Autor é pessoa física criadora de obra literária, artística ou científica".

22. Tendo-se em conta, nesse caso, que – apesar de áspera – a crítica não resultou em ofensa – difamação ou calúnia – de terceiros. Nesse ponto, a lição de Enéas Costa Garcia: "A aferição da culpa deve levar em conta o comportamento de um jornalista diligente conforme as regras técnicas da profissão. Não basta o recurso ao *standard* do homem médio comum. A título de exemplo: poder-se-ia dizer que o homem comum que reproduz um comentário ofensivo não age com culpa. Todavia um jornalista que agisse da mesma forma, reproduzindo uma informação ofensiva sem maiores cautelas destinadas a confirmar a veracidade do alegado, incorreria em culpa, pois tal proceder é incompatível com a sua atividade profissional" (*Responsabilidade civil nos meios de comunicação*. São Paulo: Juarez de Oliveira, 2002, p. 262).

23. Essa responsabilização dos veículos de comunicação em questões dessa natureza, a ser apreciada caso a caso, não atinge o mandamento constitucional que proíbe a censura de imprensa. Nesse sentido, a judiciosa ementa do acórdão de 28 de maio de 2013, de relatoria do Ministro Luís Felipe Salomão: "(...) 6. Não obstante o cenário de perseguição e tolhimento pelo qual passou a imprensa brasileira em décadas pretéritas, e a par de sua inegável virtude histórica, a mídia do século XXI deve fincar a legitimação de sua liberdade em valores atuais, próprios e decorrentes diretamente da importância e nobreza da atividade. Os antigos fantasmas da liberdade de imprensa, embora deles não se possa esquecer jamais, atualmente, não autorizam a atuação informativa desprendida de regras e princípios a todos impostos. 7. Assim, a liberdade de imprensa há de ser analisada a partir de dois paradigmas jurídicos bem distantes um do outro. O primeiro, de completo menosprezo tanto da dignidade da pessoa humana quanto da liberdade de imprensa; e o segundo, o atual, de dupla tutela constitucional de ambos os valores. 8. Nesse passo, a explícita contenção constitucional à liberdade de informação, fundada na inviolabilidade da vida privada, intimidade, honra, imagem e, de resto, nos valores da pessoa e da família, prevista no art. 220, § 1º, art. 221 e no § 3º do art. 222 da Carta de 1988, parece sinalizar que, no conflito aparente entre esses bens jurídicos de especialíssima grandeza, há, de regra, uma inclinação ou predileção constitucional para soluções protetivas da pessoa humana, embora o melhor equacionamento deva sempre observar as particularidades do caso concreto. Essa constatação se mostra consentânea com o fato de que, a despeito de a informação livre de censura ter sido inserida no seleto grupo dos direitos fundamentais (art. 5º, inciso IX), a Constituição Federal mostrou sua vocação antropocêntrica no momento em que gravou, já na porta de entrada (art. 1º, inciso III), a dignidade da pessoa humana como – mais que um direito – um fundamento da República, uma lente pela qual devem ser interpretados os demais direitos posteriormente reconhecidos" (STJ, REsp 334.097/RJ, Quarta Turma, *RSTJ*, vol. 232, p. 391).

Nesse passo, no pleno exercício da liberdade de expressão intelectual, artística e científica, evidencia-se que a verve crítica do autor do artigo jornalístico – *mesmo irônica ou mordaz* – não significa necessariamente que seja distorção dos fatos, com intenção difamatória ou caluniosa de determinada pessoa[24].

2.3.2. O direito ao nome

Apesar de, como se verá, o direito de imagem – com o desenvolvimento crescente dos meios de comunicação de massa que utilizam elementos figurativos (*como fotografias em jornais e revistas, imagens em obras audiovisuais, digitalizadas em computador etc.*) – ter obtido grande destaque na identificação das pessoas de atividade pública (*como artistas e políticos*), é o nome que, em primeiro lugar, individualiza a pessoa no meio social ou jurídico[25].

E essa individualização – da identificação da pessoa pelo nome – é independente do uso – pelo titular – da sua imagem, em termos figurativos, mas pode vir a construir o nome da pessoa notória, como elemento distintivo da sua imagem *lato sensu*, ou seja, considerando-a na acepção ampla do termo.

Assim, o nome, a obra, a "imagem", em sentido amplo, que a combinação desses dois elementos (*nome e obra*) pode gerar, e a imagem figurativa (*se for o caso*) constituem as "impressões digitais" ou individualização distintiva do criador intelectual.

E não resta dúvida de que integra o campo dos direitos da personalidade. A respeito de sua natureza jurídica, Antonio Chaves se refere a Serpa Lopes sobre constituir o direito ao nome um misto de direito e obrigação, para concluir:

> Como um direito, representa um dos atributos da própria personalidade, razão pela qual não pode ser superado pelo interesse social, pelo

---

24. A respeito, o acórdão do Supremo Tribunal Federal, de relatoria do Ministro Celso de Mello: "Não induz responsabilidade civil a publicação de matéria jornalística cujo conteúdo divulgue observações em caráter mordaz ou irônico ou, então, veicule opiniões em tom de crítica severa, dura ou, até, impiedosa, ainda mais se a pessoa a quem tais observações forem dirigidas ostentar a condição de figura pública, investida, ou não, de autoridade governamental, pois, em tal contexto, a liberdade de crítica qualifica-se como verdadeira excludente anímica, apta a afastar o intuito doloso de ofender" (STJ, AI 705.630 AgR, acórdão de 22-3-2011, v.u., Pleno).

25. O direito positivo pátrio abriga a matéria principalmente no Código Civil vigente, em seus arts. 16, 17 e 18, que consagram que "Toda pessoa tem direito ao nome, nele compreendidos o prenome e o sobrenome", que "O nome da pessoa não pode ser empregado por outrem em publicações ou representações que a exponham ao desprezo público, ainda quando não haja intenção difamatória" e, finalmente, que, "sem autorização, não se pode usar o nome alheio em propaganda comercial".

elemento passivo da ideia da obrigação. Mas, por outro lado, não se desconhece que, com o ser um elemento identificador dos indivíduos na sociedade, há um interesse social na sua existência e nos seus elementos integrantes, insuscetíveis de alterações arbitrárias ou de composições fora da realidade das bases que o devem compor[26].

O nome não é "produto da atividade intelectual criadora do sujeito", como observa Adriano de Cupis, mas, segundo o mesmo jurista, "não deixa de ser um guia espiritual, objeto de um direito que se classifica entre os direitos sobre coisas incorpóreas"[27]. Classifica o direito ao nome como direito da personalidade, e se complementa, por um lado, que a "identidade constitui um bem por si mesma, independentemente do grau de posição social, da virtude ou dos defeitos do sujeito", deixa claro, por outro lado, citando Sudre, Pacchioni e Stolfi, que:

> Naturalmente, o bem de identidade tem maior valor quando permite conservar do sujeito uma reputação ilustre. Por outras palavras, a importância do nome será tanto maior quanto mais ele designe uma pessoa de fama elevada; o nome é então o meio através do qual a pessoa, individualizada com precisão, goza de toda a fama a ela respeitante[28].

Sobre o tema, Pontes de Miranda comenta que o nome mistura-se com os atos da vida: "o bem e o mal, o bom e o mau da vida gravam-se nele; e ele mesmo grava na vida". Prossegue: "Alguns nomes ressoam aos ouvidos, estendem-se diante dos olhos e enchem decênios, séculos e séculos. Alguns deles servem para distinguir civilizações e eras (*Jesus Cristo, Galileu Galilei*)"[29].

Após essas considerações, resta evidente a relevância do direito moral do autor de ter seu nome indicado na utilização de sua obra intelectual. O respeito a esse direito nas diversas modalidades de utilização de obra intelectual vai proporcionar a merecida notoriedade ao seu autor, na conformidade da qualidade e da proporção da circulação pública de sua obra.

Esse princípio é adotado pela lei brasileira, que estabelece, como direito moral do autor, o "de ter seu nome, pseudônimo ou sinal conven-

---

26. Ob. cit., p. 522.
27. Citando Etzbacher, Tuhr Esculzschaffer na obra citada, p. 170-171.
28. Ob. cit., p. 171-172.
29. Ob. cit., p. 77.

cional indicado ou anunciado como sendo o seu autor, na utilização de sua obra"[30].

Acrescenta, ainda, a nossa lei, que esse direito de indicação do nome (ou pseudônimo) se estende ao intérprete (artista), em qualquer divulgação, devidamente autorizada, de sua interpretação ou execução[31], e que: "(...) para identificar-se como autor, poderá o criador da obra intelectual usar seu nome civil, completo ou abreviado, até por suas iniciais, de pseudônimo ou qualquer sinal convencional"[32].

No passado, tive a oportunidade de elaborar parecer sobre um caso envolvendo músicos do famoso quarteto "MPB4". A formação original se manteve durante um período aproximado de 40 anos, após os quais um dos integrantes do grupo decidiu seguir carreira solo. O grupo então chamou novo integrante e seguiu ativo, executando, interpretando, comercializando e divulgando as obras, o nome e a imagem artística do MPB4. O integrante que se retirou do grupo, então, ingressou com uma ação pedindo direitos morais e patrimoniais decorrentes da falta de crédito e de autorização prévia, por ele, para a sequência das atividades. Observei, então, naquela oportunidade:

> O demandante pertence, indiscutivelmente, à primeira fundamental fase de existência da imagem artística do grupo MBP4, ou seja, é um dos quatro autores de sua criação, construção e consolidação. Assim, é justo que lhe seja atribuído o direito – partilhado, em iguais proporções, com os demais três membros fundadores do grupo – de paternidade desse bem intelectual.

> Nesse caminho, pela natureza do bem intelectual, atribuível à referida imagem artística, entendo que sua paternidade poderia ser considerada, analogicamente, inserida no campo do direito de autor (ou autoral). Aplicam-se, portanto, à hipótese dos autos não as normas de propriedade industrial ou direito comercial (como é o caso, como já examinamos no presente, da marca de produtos ou serviços registráveis no INPI ou o nome empresarial), mas, sim, os princípios e regras de direito autoral, gerando,

---

30. Art. 24, II, da Lei n. 9.610, de 19 de fevereiro de 1998, que reproduziu, textualmente, o art. 25, II, da Lei n. 5.988/73.

31. Essa obrigatoriedade consta, expressamente, do art. 97 da Lei n. 5.988/73 e, embora não tenha sido esse dispositivo reeditado pela Lei n. 9.610/98, não deixa, o novo diploma legal, de abrigar essa orientação, nos termos do seu art. 89, que, a exemplo do art. 94 da lei anterior, estabelece que: "As normas relativas aos direitos de autor aplicam-se, no que couber, aos direitos dos artistas, intérpretes ou executantes, dos produtores fonográficos e das empresas de radiodifusão".

32. Art. 12 da Lei n. 9.610/98, que reproduz o art. 12 da Lei n. 5.988/73.

2 | Inter-relação com outras matérias: propriedade industrial (marcas e...

assim, aos quatro criadores, construtores e consolidadores do bem intelectual *sub judice* – a imagem artística do grupo musical MPB4 – a titularidade originária, em regime de coautoria de iguais proporções, sobre esse bem[33].

Ainda com base na interpretação analógica do art. 32-A da Lei de Direito Autoral, ressaltei que a maioria dos integrantes poderia decidir sobre os assuntos relativos à publicação e interpretação das obras e à continuidade do grupo, reservando-se ao integrante retirado o direito à remuneração condizente com sua participação na formação do ativo imaterial que se constitui na imagem artística do MPB4.

Em sentido correlato, o Superior Tribunal de Justiça, em julgamento relatado pelo Min. Antonio Carlos Ferreira, ocorrido em 29 de junho de 2021, do REsp n. 1.860.630/RJ, com publicação do acórdão em 4 de outubro de 2021, resolveu uma querela envolvendo os direitos ao nome "Legião Urbana", objeto de disputa entre o herdeiro do falecido Renato Russo, detentor do registro da marca, e os integrantes atuais da banda. Consta da ementa:

> 3.5. Por sua vez, a autoidentificação dos recorridos, invocando a qualidade de ex-integrantes do extinto grupo musical, traduz direito da personalidade cuja limitação não poderia encontrar fundamento no direito marcário. A titularidade da marca "Legião Urbana", ostentada pela recorrente, não se afigura suficiente para impedir os réus-recorridos de se apresentarem como os componentes da banda homônima, conquanto extinta por força do precoce falecimento de seu vocalista. Trata-se, com efeito, de qualidade ínsita à sua própria identidade, pessoal e profissional, que não será eliminada de suas respectivas biografias tão só pelo fato de que o nome do grupo musical foi levado a registro para fins de proteção marcária.
>
> 3.6. Em tais circunstâncias, rejeita-se a alegada violação do art. 129 da LPI c.c. art. 966, V, do CPC/2015.

Por fim, caracteriza-se ilicitude tanto o infrator denominar sua obra alheia quanto atribuir falsamente a alguém a autoria de obra intelectual. A respeito, sob o enfoque do direito penal[34], observa Eduardo S. Pimenta:

---

33. Costa Netto, José Carlos. *Estudos e pareceres de direito autoral*. Rio de Janeiro: Gen/Forense, 2015.

34. No Brasil, a tipificação do crime de "usurpação de nome ou pseudônimo alheio" estava prevista no art. 185 do Código Penal vigente (Pena: detenção de seis meses a dois anos). Contudo, esse dispositivo legal foi revogado pela Lei n. 10.695, de 1º de julho de 2003.

Haverá a violação do direito autoral se o violador denominar – se autor de obra alheia; entretanto haverá a usurpação se o usurpador atribuir a autoria de sua obra a outro, que goza de reputação, independentemente do objetivo do agente[35].

2.3.3. O direito à imagem

2.3.3.1. *Evolução histórica: consolidação. Jurisprudência da tutela ao direito de imagem*

A evolução da tutela jurídica, no Brasil, do direito de imagem não resultou propriamente do direito positivo, mas, sim, da construção jurisprudencial. Na primeira metade do Século XX, podemos destacar duas decisões precursoras:

(a) em 1922 – o despacho de Octávio Kelly que concedeu interdito para impedir a divulgação de imagem sem consentimento de seu titular[36]; e

(b) em 1949 – o Tribunal de Justiça de São Paulo (Sexta Câmara Civil), em caso de fotografia tirada contra a vontade do interessado e com fim visivelmente malicioso, já decidia, à unanimidade: "O retrato é uma emanação da pessoa, a sua representação por meio físico ou mecânico. Ninguém pode ser fotografado contra sua vontade, especialmente para ser pivô de escândalos"[37].

Anteriormente ao diploma constitucional vigente (de 1988), a orientação do Supremo Tribunal Federal foi fundamental na proteção do direito de imagem no Brasil. Entre as sólidas decisões que cristalizaram seu posicionamento, poderíamos destacar duas, ambas de 1982:

do relator Ministro Rafael Mayer: direito à imagem. Fotografia. Publicidade Comercial. Indenização. A divulgação da imagem da pessoa, sem o seu consentimento, para fins de publicidade comercial, implica locupletamento ilícito à custa de outrem, que impõe a reparação[38].

---

35. *Dos crimes contra a propriedade intelectual*. São Paulo: Revista dos Tribunais, 1994, p. 98.

36. Essa decisão, de 28 de setembro de 1922, concedeu interdito, com base no Código Civil brasileiro (art. 666, X), e seguindo a orientação da lei belga de 2 de março de 1886 (art. 20), para efeito de impedir a divulgação de imagem sem o consentimento do seu titular (*Revista Forense*, 1922, p. 297-298, conforme Paulo Oliver, *Direito autoral, fotografia, imagem*. São Paulo: Letra e Letras, 1991, p. 125-126).

37. *Revista dos Tribunais*, 180/601, anotado por Antonio Chaves, na obra citada, p. 545.

38. Ementa do acórdão proferido em 10-9-1982, pela Primeira Turma do Supremo Tribunal Federal, em votação unânime, no Recurso Extraordinário 95.872.

2 | Inter-relação com outras matérias: propriedade industrial (marcas e...

do relator Ministro Djaci Falcão: direito à proteção da própria imagem, diante da utilização de fotografia, em anúncio com fim lucrativo, sem a devida autorização da pessoa correspondente. Indenização pelo uso indevido da imagem. Tutela jurídica resultante do alcance do direito positivo" (a expressão "direito positivo" citada refere-se ao artigo 82 da Lei n. 5.988/73 que, no dispositivo sobre a utilização de obra fotográfica, fazia alusão genérica às restrições quanto "à exposição, reprodução e venda de retratos")[39].

A importância da matéria é inegável nos nossos tempos, tendo merecido uma assertiva de Antonio Chaves, de que "dentre todos os direitos da personalidade, não existe um tão apaixonante como direito à própria imagem"[40].

Embora não haja discussão sobre a efetiva integração do direito à imagem como um dos direitos da personalidade, não é pacífica, contudo, entre os doutrinadores, a forma do seu enquadramento nesse ramo de direitos essenciais[41], considerando Pontes de Miranda que "o direito à própria imagem não compreende só a fotografia e a televisão; também o molde e a voz"[42].

Essa linha de pensamento – *de ampliação da abrangência da acepção "imagem"* – evidenciou-se, também, no irretocável voto vencedor do desembargador Fernando Whitaker, relator do acórdão de 5 de dezembro de 1995, proferido na Apelação Cível 3.693/75, por maioria de votos da Quarta Câmara Cível do Tribunal de Justiça do Rio de Janeiro, que, ao fundamentar a decisão, preleciona que a imagem "não tem sentido meramente físico, abrangendo, igualmente, o perfil subjetivo e psicológico".

2.3.3.2. A Constituição de 1988

Anteriormente à existência de legislação infraconstitucional que regulasse o direito de imagem (Código Civil de 2002), este se instalou soli-

---

39. Ementa do acórdão proferido em 2-10-1982, pela Segunda Turma do STF, em votação unânime, no Recurso Extraordinário 91.328.
40. Ob. cit., p. 536.
41. Ob. cit., p. 63.
42. Veja, por exemplo, Pontes de Miranda, na obra citada, p. 58, que ressalta: "O próprio direito, a pretensão e a ação, para se opor à difusão da imagem, nada tem com o direito de personalidade à imagem, que é direito à identidade pessoal".

damente na Constituição Federal de 1988 entre "Os Direitos e Garantias Fundamentais" em três dispositivos (todos incisos do art. 5º), quais sejam:

(i) duas normas de eficácia plena (*independente de legislação ordinária*):

> V – é assegurado o direito de resposta, proporcional ao agravo, além da indenização por dano material, moral ou à imagem;
> X – são invioláveis a intimidade, a vida privada, a honra e a imagem das pessoas, assegurado o direito à indenização pelo dano material ou moral decorrente de sua violação; e

(ii) uma norma de eficácia contida (*dependente de legislação ordinária*):

> XXVIII – são assegurados, nos termos da lei:
> *a*) a proteção às participações individuais em obras coletivas e à reprodução da imagem e voz humanas, inclusive nas atividades esportivas.

Assim, das três abordagens constitucionais ao direito de imagem (incisos V, X e XXVIII, *a*, do art. 5º), as duas primeiras são autoaplicáveis e a última depende da legislação ordinária. Embora possam parecer, à primeira vista, normas repetitivas de tutela do mesmo aspecto do direito de imagem, na verdade, conforme a lição de Luiz Alberto David Araújo, servem para regular situações distintas. Vejamos, primeiramente, os dois primeiros incisos autoaplicáveis:

(a) o inciso V, que assegura o direito de resposta além da indenização por dano à imagem, se refere à "imagem-atributo", ou seja, "o conjunto de características apresentados socialmente por determinado indivíduo"[43]. Trata, assim, do "conceito social" do indivíduo e não da reprodução física de sua imagem;

(b) o inciso X, que cuida da inviolabilidade da imagem das pessoas, assegurando o direito à indenização pelo dano material ou moral decorrente de sua violação, se refere à "imagem-retrato", ou seja, o reflexo da identidade física do indivíduo[44].

Enfim, a partir dos fundamentos constitucionais de 1988, e anteriormente à vigência do novo Código Civil, já era pacífica e ampla, portanto,

---

43. ARAÚJO, Luiz Alberto David. *A proteção constitucional da própria imagem*. Belo Horizonte: Del Rey, 1996, p. 32.

44. Ibid., p. 83.

2 | Inter-relação com outras matérias: propriedade industrial (marcas e...

a tutela do direito de imagem – *consolidada pelo texto constitucional e jurisprudência* –, sendo dignos de destaque dois judiciosos acórdãos do Superior Tribunal de Justiça, ambos relatados pelo Ministro Sálvio de Figueiredo Teixeira, publicados em junho e outubro de 1999, com conteúdo decisório semelhante, dispondo que:

> Primeiro acórdão:
>
> I – O direito à imagem reveste-se de duplo conteúdo: moral, porque direito de personalidade; patrimonial, porque assentado no princípio segundo o qual a ninguém é lícito locupletar-se à custa alheia[45].
>
> Segundo acórdão:
>
> I – O direito à imagem constitui um direito de personalidade de caráter personalíssimo, protegendo o interesse que tem a pessoa de opor-se à divulgação dessa imagem, em proteção à sua vida privada;
>
> II – Na vertente patrimonial o direito à imagem opõe-se à exploração econômica, regendo-se pelos princípios aplicáveis aos demais direitos patrimoniais;
>
> III – A utilização da imagem de cidadão, com fins econômicos, sem a sua devida autorização, constitui locupletamento indevido, ensejando a indenização;
>
> IV – Em se tratando de direito à imagem, a obrigação da reparação decorre do próprio uso indevido do direito personalíssimo, não havendo que se cogitar de prova da existência de prejuízo ou dano. Em outras palavras, o dano é a própria utilização indevida da imagem com fins lucrativos, não sendo necessária a demonstração do prejuízo material ou moral[46].

2.3.3.3. O Código Civil de 2002

Finalmente, o direito de imagem (*com maior ênfase ao nome da pessoa, elemento da "imagem-atributo"*) foi regulado, no plano infraconstitucional, no novo Código Civil (promulgado em 2002, mas vigente a partir de 10-1-2003), na categoria de direito da personalidade, em cinco artigos: quatro relativos à proteção do nome da pessoa (arts. 16 a 19) e apenas um relativo à proteção à imagem (*atributo e retrato*), que estabelece:

> Art. 20. Salvo se autorizadas, ou se necessárias à administração da justiça ou à manutenção da ordem pública, a divulgação de escritos, a trans-

---

45. Acórdão de 23-2-1999, v.u. da Quarta Turma (STJ) no Recurso Especial 74.473/RJ.
46. Acórdão de 25-10-1999, v.u. da Quarta Turma (STJ) no Recurso Especial 45.305/SP.

missão da palavra, ou a publicação, a exposição ou a utilização da imagem de uma pessoa poderão ser proibidas, a seu requerimento e sem prejuízo da indenização que couber, se lhe atingirem a honra, a boa fama, ou a respeitabilidade, ou se se destinarem a fins comerciais.

Parágrafo único. Em se tratando de morto ou de ausente, são partes legítimas para requerer essa proteção o cônjuge, os ascendentes ou os descendentes[47].

2.3.3.4. A compatibilização entre as tutelas jurídicas do direito de autor e direito de imagem

De início, cabe destacar quatro aspectos que são comuns nessas duas áreas:

(1) a relevância constitucional: tanto o direito de autor quanto o direito de imagem encontram-se tutelados juridicamente no plano constitucional das garantias fundamentais (art. 5º da CF);

(2) o enquadramento como direito da personalidade: ambos consistem em ramificação desse direito essencial à pessoa humana, com atributos de inalienabilidade e irrenunciabilidade (*em relação ao direito de autor de natureza moral*);

(3) a obrigatoriedade da autorização do titular: a utilização tanto da obra intelectual quanto da imagem, salvo exceções, somente pode ser implementada, por expresso mandamento constitucional, mediante o consentimento do seu titular; e

(4) a indenizabilidade de natureza moral e patrimonial: a violação de ambos os direitos resulta na obrigatoriedade de reparação, pelo infrator, dos danos morais e patrimoniais causados.

Em face desses fundamentos, a primeira conclusão é que não pode haver prevalência de um direito sobre o outro, ambos essenciais à pessoa humana.

Cabe, assim, examinar alguns dos principais pontos de contato entre esses direitos e, diante das situações em que possa ocorrer essa interdependência, resolver esses conflitos.

---

47. A respeito, observe-se, em complemento, a regra geral em relação aos direitos da personalidade, do parágrafo único do art. 12 do mesmo diploma legal, que estabelece que: "em se tratando de morto, terá legitimação para requerer a medida prevista neste artigo (cessação de ameaça ou lesão a direito da personalidade e reclamação de perdas e danos) o cônjuge sobrevivente, ou qualquer parente em linha reta, ou colateral até o quarto grau".

2 | Inter-relação com outras matérias: propriedade industrial (marcas e...

Além dos dispositivos legais já referidos, relevante sublinhar, no contexto do direito positivo infraconstitucional, além do Código Civil de 2002, a lei que regula os direitos autorais no país, de n. 9.610, de 19 de fevereiro de 1998, que contém três alusões ao direito de imagem, quais sejam:

> – art. 46, I, *c* (retratos) – não constitui ofensa aos direitos autorais a reprodução de retratos feitos sob encomenda pelo "proprietário do objeto encomendado", não havendo oposição da pessoa neles representada ou de seus herdeiros;
>
> – art. 79 (obra fotográfica) – o autor pode utilizar a sua obra fotográfica "observadas as restrições à exposição, reprodução e venda de retratos";
>
> – art. 90, § 2º (direitos conexos – intérpretes, artistas, executantes) – "a proteção aos artistas, intérpretes ou executantes estende-se à reprodução da voz e imagem quando associadas às suas atuações".

Esses três dispositivos legais se referem às situações de "imagem-retrato" (art. 46, I, *c*) e "imagem no contexto de obra intelectual fixada" (art. 90, § 2º).

Examinemos, assim, primeiramente as duas previsões legais sobre "imagem-retrato", deixando o terceiro (da "imagem-atributo") para o final.

2.3.3.4.1. A "imagem-retrato"

Tanto o disposto na alínea *c* do inciso I do art. 46 quanto o art. 79 da lei autoral se compatibilizam com o mandamento constitucional do inciso X do art. 5º e com as regras do Código Civil de 2002, relativos à inviolabilidade da imagem das pessoas:

– Hipótese do art. 79 da Lei n. 9.610/98:

Nesse caso, há a reedição dos princípios constitucionais de que ao autor cabe o direito de utilização de sua obra (*no caso a fotográfica*) de um lado e, do outro, que devem ser observadas "as restrições à exposição, reprodução e venda de retratos" (que preserva o direito de imagem do retratado).

Esta é a regra geral: a obrigatoriedade de a utilização de obra fotográfica ser objeto de dupla autorização: do titular de direito de autor (*sobre a obra fotográfica*) e do titular do direito de imagem (*a pessoa retratada*). Nesse sentido, orienta Eliana Y. Abrão:

> Quando a foto traz um ou mais retratos (*rostos, corpos humanos*), a sua utilização pública não poderá mais depender só do fotógrafo. A autori-

41

zação dos retratados é também necessária e indispensável. Logo, o uso público de foto "de gente" deve vir amparada por, no mínimo, duas autorizações: a do fotógrafo e a do retratado[48].

Naturalmente, essa "dupla autorização" refere-se a direitos de natureza distinta; uma (*a do autor fotográfico*) insere-se no terreno do direito de autor; a outra (*da pessoa retratada*), no do direito à imagem. Nessa linha, o acórdão de 19 de dezembro de 2014 do Superior Tribunal de Justiça: "O modelo fotografado não é titular de direitos autorais contra a revista que divulga suas fotos... ressalte-se, todavia, que o fotografado tem direito de imagem, cuja violação poderia, realmente, ensejar, indenizações"[49].

Em face dessa nítida distinção entre esses direitos (*do fotógrafo, de um lado, e do retratado, de outro*) que se evidencia, inclusive, no seu tratamento processual, cabe transcrever a ementa do acórdão proferido em 28 de dezembro de 1985, na Apelação Cível 584.043.301, por votação unânime da Terceira Câmara Cível do Tribunal de Justiça do Rio Grande do Sul, relator o Desembargador Galeno Lacerda:

> O direito à imagem, como atributo da personalidade, não se confunde com o do autor da fotografia, o fotógrafo. A ação indenizatória pelo uso abusivo da imagem, pertencente ao retratado, está sujeita à prescrição comum, vintenária, das ações pessoais e não à quinquenal, relativa apenas aos direitos autorais (art. 131 da Lei n. 5.988/73). Demanda procedente. Sentença confirmada[50].

Nesse caminho, Antonio Chaves elenca várias possibilidades – lícitas e ilícitas – de uso de imagem que vão interessar ao direito de autor:

(a) uso gratuito da imagem mediante consentimento tácito;

(b) uso gratuito mediante consentimento expresso;

(c) uso mediante pagamento;

(d) uso contra a vontade do interessado;

(e) uso ofensivo ou torpe[51].

As três primeiras modalidades de uso são regulares (*lícitas*) e, naturalmente, as duas últimas consistem em atos ilícitos.

---

48. Fotos, imagens, ilustrações. *Tribuna do Direito*, p. 28, nov. 1996.

49. Acórdão de 19-12-2014, por v.u. da Quarta Turma do STJ, rel. Min. Luis Felipe Salomão (REsp 1.322.704/SP).

50. *Direito Autoral – Série Jurisprudência*, compilação, organizada por Sueli de Morais Rego, Carlos Sampaio, Paulo Sergio da Costa Lins e Regina Célia de Almeida da Silva, Rio de Janeiro, Esplanada – ADCOAS, 1993, Repositório de Jurisprudência credenciado pelo Superior Tribunal de Justiça sob o n. 26 (Portaria n. 1, de 18-2-1993), p. 97. Sobre prazos prescricionais atualmente aplicáveis, cf. Capítulo 14, item 14.5.

51. Ob. cit., p. 540-545.

2 | Inter-relação com outras matérias: propriedade industrial (marcas e...

O primeiro caso (*uso gratuito com consentimento tácito*) vai ocorrer principalmente quando do uso, de natureza informativa, pelos veículos de comunicação (*jornais, revistas e emissoras de televisão e sites, portais ou serviços informáticos digitais, principalmente*) da imagem de personalidades públicas. Nesses casos, Antonio Chaves pondera que poderá haver o consentimento presumido, por exemplo,

> quando um cidadão comparece em público em companhia de personagem célebre. Sofrendo este, pela sua notoriedade, uma limitação do seu direito à imagem, é lógico que aquele, conhecedor dessa popularidade, aceite as consequências que possam decorrer da sua pessoa[52].

Cabe ressaltar, aqui, que esse consentimento tácito – *de personalidade pública ou de quem esteja, em público, acompanhando-o* – somente pode ser admitido no uso da imagem com finalidade informativa ou noticiosa, reportagens e atividades similares[53].

Assim, o uso da imagem – *mesmo de personagem notório* – com intuito publicitário (*de produtos ou serviços, por exemplo*) não pode ser beneficiado com essa exceção ao exercício do direito. Nesse sentido, acórdão do Tribunal de Justiça de São Paulo, Apelação 1007214-31.2015.8.26.0606, julgada em 28 de outubro de 2021 pela Sexta Câmara de Direito Privado sob relatoria do autor da presente obra, vedou expressamente a utilização sem autorização da imagem de personagem religioso em capa de livro, por entender que, com isso, estaria sendo utilizada com finalidade de alavancar o aproveitamento econômico da editora, ainda que tenha sido inserida em obra literária.

Outras possibilidades discutidas pelos doutrinadores são: o interesse da história (*imagem acompanhada da informação histórica em publicação didática*) e as necessidades oficiais, como a identificação civil, a criminal (*quando for o caso*) e para divulgação com finalidade de localização de pessoas nas hipóteses de interesse público legalmente permitidas, como o "procura-se" ou "desaparecidos".

No tocante aos demais usos lícitos (*uso gratuito ou uso mediante pagamento, nos dois casos condicionado ao consentimento do titular*), dependerão, naturalmente, da manifestação, que deverá ser prévia e expressa, da vontade da pessoa de cuja imagem seja pretendido o uso.

---

52. Ob. cit., p. 540-541.

53. Cf. sobre a exigência de que o retrato tenha sido realizado em público, o caso paradigmático do Superior Tribunal de Justiça, REsp 58.101, julgado em 16 de setembro de 2016, ao deferir indenização a atriz retratada sem seu consentimento, ressalvou que o resultado seria outro se a matéria tivesse interesse público e fosse realizada em cenário público.

Nos usos ilícitos (*sem consentimento ou contra vontade do interessado ou uso ofensivo ou torpe*), a norma constitucional brasileira consagra "o direito à indenização pelo dano material ou moral decorrente de sua violação"[54].

A respeito, além dos arestos já referidos, é relevante a transcrição da ementa do acórdão do Terceiro Grupo de Câmaras Cíveis do Tribunal de Justiça do Rio de Janeiro, proferido, por votação unânime, em 18 de dezembro de 1991, nos Embargos Infringentes 136/91, relator o Desembargador Elmo Arueira, que, além de considerar, com evidente precisão, a cumulatividade da reparação do dano moral com o patrimonial, reprimiu acertadamente o uso não autorizado de imagem, mesmo que por via "reflexa" (*sósia*):

> Responsabilidade civil. Violação de direitos de personalidade. Exploração do nome e, por via reflexa, da imagem de modelo fotográfico renomado com uso de sósia em revista de fins lucrativos. Artifícios de imitação para tirar proveito do poder atrativo da própria imagem de modelo de fama. Ausência de autorização e da devida remuneração. Quando a violação de direitos de personalidade deixar também consequências econômicas, é devido o ressarcimento de ordem patrimonial cumulativo com a reparação do dano moral[55].

– Hipótese do art. 46, I, *c*, da Lei n. 9.610/98 – a encomenda de retratos

A hipótese abrange qualquer tipo de retrato, que pode ser fotográfico, desenho, pintura e até escultura. A regra legal é que quem encomenda o retrato – *não havendo oposição da pessoa retratada* – pode utilizá-lo livremente.

Nesse caso, há uma limitação legal de exercício de direito de autor do fotógrafo, desenhista, pintor ou escultor em benefício do encomendante da obra. Como, em grande parte dos casos, quem encomenda é a própria pessoa a ser retratada, acaba, na prática, havendo, quanto às utilizações a serem feitas da obra encomendada, nessa situação, uma prevalência do interesse do titular do direito de imagem ao do titular do direito de autor.

– Quanto à imagem utilizada no contexto de obra intelectual fixada (*normalmente de natureza audiovisual*)

Essa previsão constitucional (art. 5º, XXVIII, *a*) – *proteção às participações individuais em obras coletivas e a reprodução da imagem e voz huma-*

---

54. Art. 5º, X, da Constituição Federal vigente. Nesse sentido, também o art. 20 do Código Civil vigente.
55. *Direito Autoral – Série Jurisprudência*, já citada, p. 203.

nas – está expressamente vinculada aos "termos da lei". Assim, entre outros dispositivos legais que possam ser pertinentes, aplica-se a disposição infraconstitucional contida no § 2º do art. 90 da Lei n. 9.610/98, que estabelece que "A proteção aos artistas, intérpretes e executantes estendem-se à reprodução da voz e imagem, quando associadas às suas atuações".

Justificável, assim, a verdadeira subordinação ao regime (*e proteção*) autoral da imagem e da voz do artista ou intérprete nas hipóteses em que esses bens (*imagens e voz*) consistam em elementos essenciais à atuação artística ou interpretação em questão. Não há necessidade, assim, de instrumentação de licenciamentos autônomos de voz e imagem quando consistem elementos intrínsecos da interpretação – uma vez que tenha sido *regularmente licenciada* – do mesmo titular.

2.3.3.4.2. A "imagem-atributo"

Como se daria a compatibilização da tutela jurídica da "imagem-atributo" com o direito de autor?

Já vimos que a "imagem-atributo" é tutelada pela Constituição Federal como garantia fundamental da pessoa (inciso V do art. 5º) e, na lição de David Araújo, consiste no conceito que o indivíduo adquiriu no meio social e não na reprodução física de sua imagem. Assim, o direito de autor se relaciona com esse bem no sentido de que à obra intelectual não é permitido violá-lo.

Entre outras obras em que tal violação ao direito de imagem dessa natureza poderá ocorrer, podemos destacar a polêmica que costumam gerar as hipóteses das "biografias" e das "caricaturas" de "personalidades públicas": qual o limite dos autores dessas obras, de um lado, e das personalidades biografadas (*titulares ao direito ao nome e imagem*), de outro?

Embora cada caso concreto deva ser examinado quanto à sua peculiaridade, no meu entender, algumas regras básicas podem ser traçadas.

2.3.3.4.3. As obras biografadas

Na hipótese de biografias, para que se possa justificar a dispensa da autorização do biografado, entende-se que este deva ser uma personalidade pública, que haja relevância histórica no enfoque biográfico e que não haja ofensa de bens morais e jurídicos do biografado (*injúria, difamação, calúnia e outras violações à dignidade deste*).

Nesse passo, a difusão de vida e obra de determinada personalidade pode se elevar ao plano da indispensabilidade, sob o aspecto de cultura histórica, não sendo admissível que possa tal personalidade e informações sobre sua obra serem subtraídas – *a qualquer título* – do conteúdo de livros e outras obras que se destinam a levar, fidedignamente, esses bens ao grande público.

Assim, nesses casos, a "imagem-retrato" ou "imagem-atributo" do biografado deve ser considerada nesse contexto e em harmonia aos princípios constitucionais de:

- liberdade de expressão da atividade intelectual, artística, científica e de comunicação, independentemente de censura ou licença (art. 5º, IX);
- garantia a todos, como dever do Estado, do "pleno exercício dos direitos culturais e acesso às fontes da cultura nacional" (devendo, ainda, o Estado apoiar e incentivar "a valorização e a difusão das manifestações culturais" – art. 215).

Nesse quadro, as restrições à livre utilização de imagens advindas dos direitos – *no âmbito privado do titular originário, da imagem e obra com relevância histórica que, em hipótese de falecimento, passam a ser exercidos pelos herdeiros*[56] – devem ser dirigidas à preservação da memória da personalidade biografada, combatendo-se as eventuais ofensas aos seus bens morais e jurídicos, como a difamação, injúria, calúnia e outras violações à sua dignidade.

Em outra vertente, a liberdade de utilização da imagem da personalidade histórica é alicerçada no interesse público de informação de natureza cultural-histórica e, portanto, seja qual for a modalidade de obra intelectual que utilize sua imagem (*retrato ou atributo*), e seja qual for o estilo dessa obra, não poderá conflitar com essa finalidade, ou seja, com fidelidade aos fatos históricos, sem a prevalência de dramatização que possa resultar em enredo e diálogos fictícios ou invasivos da intimidade do titular do direito de imagem, deslocando para um segundo plano a narrativa fidedigna de conteúdo histórico.

Nesse sentido, a observação de Sergio Famá D'Antino de que é muito tênue o limite entre o direito à informação e o direito à vida privada, à in-

---

56. Conforme os parágrafos únicos dos arts. 12 e 20 do Código Civil vigente.

2 | Inter-relação com outras matérias: propriedade industrial (marcas e...

timidade das pessoas[57]. A jurisprudência pátria tem se pronunciado a respeito da preservação desses interesses de proteção dos bens morais do titular de imagem, do direito à informação e da fidelidade aos fatos históricos referidos. Nesse tema, o Supremo Tribunal Federal entendeu, sob o prisma constitucional, que a proteção da privacidade e da própria honra não constitui direito absoluto, "devendo ceder em prol do interesse público"[58].

Nesse sentido não destoa o STJ:

> III – O direito à imagem qualifica-se como direito de personalidade, extrapatrimonial, de caráter personalíssimo, por proteger o interesse que tem a pessoa de opor-se à divulgação dessa imagem, em circunstâncias concernentes à sua vida privada[59].

> Não se pode cometer o delírio de, em nome do direito de privacidade, estabelecer-se uma redoma protetora em torno de uma pessoa para torná-la imune de qualquer veiculação atinente a sua imagem. Se a demandante expõe sua imagem em cenário público, não é ilícita ou indevida sua reprodução pela imprensa, uma vez que a proteção à privacidade encontra limite na própria exposição realizada[60].

> 2. A responsabilidade civil decorrente de abusos perpetrados por meio da imprensa abrange a colisão de dois direitos fundamentais: a liberdade de informação e a tutela dos direitos da personalidade (honra, imagem e vida privada). A atividade jornalística deve ser livre para informar a sociedade acerca de fatos cotidianos de interesse público, em observância ao princípio constitucional do Estado Democrático de Direito; contudo, o direito de informação não é absoluto, vedando-se a divulgação de

---

57. Em sua palestra no Congresso "Aspectos Polêmicos da Atividade do Entretenimento", realizado pela Academia Paulista de Magistrados, em Mangaratiba, Rio de Janeiro (março de 2004), transcrita nos Anais do Congresso, publicação APM, São Paulo, 2004, p. 53. Registre-se que a Academia Paulista dos Magistrados (APM), desde a sua fundação em 2-2-2001, sob a presidência, nos anos iniciais, do Des. Carlos Renato de Azevedo Ferreira, tem exercido papel fundamental nos estudos científicos, seminários e congressos nacionais, internacionais e mundiais, como o inédito I Congresso Mundial de Gestão Coletiva de Direitos Autorais realizado em São Paulo, em outubro de 2004, com o evento de encerramento da profícua gestão do seu primeiro presidente, congresso a que nos referimos no Capítulo 13, item 13.2.

58. Item "3" da ementa do acórdão de 7-2-2006, proferido por votação unânime pela Primeira Turma do STF (rel. Min. Eros Grau) no HC 87.341/PR (*DJ* 3-3-2006, p. 00073).

59. Ementa (transcrição parcial) do acórdão de 11-12-2002, do STJ, v.u. de sua Segunda Seção (rel. Min. Salvio de Figueiredo Teixeira), proferido no REsp 230.268/SP (*DJ* 4-8-2003, p. 216). Nesse sentido: Ementa (transcrição parcial) do acórdão de 19-4-2005, do STJ, v.u. de sua Segunda Turma (rel. Min. Francisco Peçanha Martins), proferido no REsp 440.150/RJ (*DJ* 6-6-2005, p. 250).

60. Ementa (transcrição parcial) do acórdão de 18-3-2004, do STJ, v.u. de sua Quarta Turma (rel. Min. Cesar Asfor Rocha), proferido no REsp 595.600/SC (*DJ* 13-9-2004, p. 259). Nesse sentido: Ementa (transcrição parcial) do acórdão de 14-6-2005, do STJ, v.u. de sua Terceira Turma (rel. Min. Nancy Andrighi), proferido no REsp 622.872/RS (*DJ* 1º-8-2005, p. 446).

notícias falaciosas, que exponham indevidamente a intimidade ou acarretem danos à honra e à imagem dos indivíduos, em ofensa ao princípio constitucional da dignidade da pessoa humana[61].

Em outra decisão, por outro lado, a Terceira Turma do Superior Tribunal de Justiça, em acórdão de 26 de maio de 2009 relatado pela Min. Nancy Andrighi, REsp 984.803/ES, se manifestou no sentido de que "honra e imagem dos cidadãos não são violados quando se divulgam informações verdadeiras e fidedignas a seu respeito e que, além disso, são do interesse público", adicionando, ainda:

> O jornalista tem um dever de investigar os fatos que deseja publicar. Isso não significa que sua cognição deva ser plena e exauriente à semelhança daquilo que ocorre em juízo. A elaboração de reportagens pode durar horas ou meses, dependendo de sua complexidade, mas não se pode exigir que a mídia só divulgue fatos após ter certeza plena de sua veracidade. Isso se dá, em primeiro lugar, porque os meios de comunicação, como qualquer outro particular, não detêm poderes estatais para empreender tal cognição.
>
> Ademais, impor tal exigência à imprensa significaria engessá-la e condená-la a morte. O processo de divulgação de informações satisfaz verdadeiro interesse público, devendo ser célere e eficaz, razão pela qual não se coaduna com rigorismos próprios de um procedimento judicial.

O acórdão de 16 de fevereiro de 2006 do STJ sobre a situação específica do direito de imagem da personalidade pública, nesse caso também se tratando de pessoa falecida (*o popular jogador de futebol conhecido como "Garrincha"*), segue a mesma linha decisória:

> CIVIL. DANOS MORAIS E MATERIAIS. DIREITO À IMAGEM E À HONRA DE PAI FALECIDO.
>
> Os direitos de personalidade, de que o direito à imagem é um deles, guardam como principal característica a sua intransmissibilidade.
>
> Nem por isso, contudo, deixa de merecer proteção a imagem e a honra de quem falece, como se fossem coisas de ninguém, porque elas permanecem perenemente lembradas nas memórias, como bens imortais que se prolongam para muito além da vida, estando até acima desta, como sentenciou Ariosto. Daí por que não se pode subtrair dos filhos o direito

---

61. Ementa (transcrição parcial) do acórdão de 12-12-2005, do STJ, v.u. de sua Quarta Turma (rel. Min. Jorge Scartezzini), proferido no REsp 719.592/AL (*DJ* 1º-2-2006).

2 | Inter-relação com outras matérias: propriedade industrial (marcas e...

de defender a imagem e a honra de seu falecido pai, pois eles, em linha de normalidade, são os que mais se desvanecem com a exaltação feita à sua memória, como são os que mais se abatem e se deprimem por qualquer agressão que lhe possa trazer mácula.

Ademais, a imagem de pessoa famosa projeta efeitos econômicos para além de sua morte, pelo que os seus sucessores passam a ter, por direito próprio, legitimidade para postularem indenização em juízo, seja por dano moral, seja por dano material[62].

Importante destacar o trecho do conteúdo decisório desse acórdão que endossa, como razão de decidir, o fundamento exarado pelo Desembargador Sérgio Cavalieri Filho, do Tribunal de Justiça do Rio de Janeiro:

> É bem verdade que a Constituição Federal, em seu artigo 5º, inciso IX, garante a liberdade de expressão da atividade intelectual, artística, científica e de comunicação, independentemente de censura ou licença. Até que ponto, entretanto, escudado nessa liberdade de expressão pode alguém invadir a intimidade alheia, conspurcar a sua imagem ou dela tirar proveito econômico? Tenho como certo que o limite é encontrado no próprio texto constitucional, tendo em vista que logo no inciso seguinte (n. X, do artigo 5º) ele garante a inviolabilidade da intimidade, da vida privada, da honra e da imagem das pessoas.
>
> Ensina a melhor doutrina que sempre que direitos constitucionais são colocados em confronto, um condiciona outro, atuando como limites estabelecidos pela própria Lei maior para impedir excessos e arbítrios.
>
> Assim, se o direito à livre expressão da atividade intelectual contrapõe-se o direito à inviolabilidade da intimidade, da vida privada, da honra e da imagem segue-se como consequência lógica que este último condiciona o exercício do primeiro.
>
> À luz destes princípios, pondera o insigne Carlos Alberto Bittar que na divulgação da imagem é vedada qualquer ação que importe em lesão à honra, à reputação, ao decoro (ou à chamada imagem moral ou conceitual), à intimidade e a outros valores da pessoa (uso torpe) (...) Não são permitidas, pois, quaisquer operações que redundem em sacrifício desses valores, que receberão sancionamento em conformidade com o bem violado e nos níveis possíveis. (*Os Direitos da Personalidade*, Forense Universitária, 1988, pp. 90 e 91.)

---

62. Ementa do acórdão de 16-2-2006, do STJ, v.u. de sua Quarta Turma (rel. Min. Cesar Asfor Rocha), proferido no REsp 521.697/RJ (*DJ* 20-3-2006).

O direito à privacidade, por seu turno, segundo doutrina da Suprema Corte dos Estados Unidos universalmente aceita, é o direito que toda pessoa tem de estar só, de ser deixada em paz e de tomar sozinha as decisões na esfera de sua privacidade. O ponto nodal desse direito, na precisa lição do já citado Carlos Alberto Bittar, encontra-se na exigência de isolamento mental ínsita no psiquismo humano, que leva a pessoa a não desejar que certos aspectos de sua personalidade e de sua vida cheguem ao conhecimento de terceiros. Limita-se, com esse direito, o quanto possível, a inserção de estranho na esfera privada ou íntima da pessoa. São elementos: a vida privada, o lar, a família etc. No campo do direito à intimidade são protegidos, dentre outros, os seguintes bens: confidências, informes de ordem pessoal, recordações pessoais, memórias, relações familiares, vida amorosa ou conjugal, saúde física ou mental, afeições, atividades domésticas etc. Esse direito, conclui, reveste-se das conotações fundamentais dos direitos da personalidade, devendo-se enfatizar a sua condição de direito negativo, ou seja, expresso exatamente pela não exposição a conhecimento de terceiro de elementos particulares da esfera reservada do titular. Nesse sentido, pode-se acentuar que consiste no direito de impedir o acesso a terceiros nos domínios da confidencialidade (ob. cit., pp. 103 e 104).

Costuma-se ressalvar, no tocante à inviolabilidade da intimidade, a pessoa dotada da notoriedade, principalmente quando exerce vida pública. Fala-se então nos chamados "direito à informação e direito à história" a título de justificar a revelação de fatos de interesse público, independentemente da anuência da pessoa envolvida. Entende-se que, nesse caso, existe redução espontânea dos limites da privacidade (como ocorre com os políticos, atletas, artistas e outros que se mantêm em contato com o público). Mas o limite da confidencialidade persiste preservado; sobre fatos íntimos, sobre a vida familiar etc. não é lícita a divulgação sem o consentimento do interessado[63].

Assim, é nítida a conclusão de que, nas hipóteses de utilização de imagem de interesse público, e quando não resulte em violação ao direito à intimidade nem ofenda a honra e a boa fama do biografado e, também, uma vez que se prenda a biografia à fidelidade dos fatos notórios, objetivos, que compõem a trajetória histórica da personalidade biografada, é justo

---

63. Trecho da decisão do Des. Sérgio Cavalieri Filho, do Tribunal de Justiça do Rio de Janeiro, transcrita e endossada, como razão de decidir, pelo acórdão de 16-2-2006, do STJ, v.u. de sua Quarta Turma (rel. Min. Cesar Asfor Rocha), proferido no RE 521.697/RJ (*DJ* 20-3-2006).

2 | Inter-relação com outras matérias: propriedade industrial (marcas e...

que prevaleça esse interesse público em relação a eventuais reivindicações de ordem privada que tenham como finalidade impedir a realização dessa obra e de sua relevante difusão nos meios de comunicação compatíveis[64].

Finalmente, cabe destacar a parte do acórdão que enfoca a natureza econômica da utilização complementar à decisão como "último aspecto a ser destacado". Conclui (trecho já transcrito, *in fine*): "Configura locupletamento sem causa explorar comercialmente a popularidade do biografado sem autorização de quem de direito ou sem lhe dar a devida participação".

Nesse passo, é adequado deduzir que, não fosse o entendimento do Tribunal pela violação do direito de intimidade e ofensa à dignidade do biografado, a exploração comercial em questão deveria resultar na "devida participação" econômica de "quem de direito" (*no caso, os herdeiros*), restando claro, naturalmente, mesmo nessa hipótese, que o biografado não é titular de direito material sobre a obra biográfica escrita por terceiros[65].

Portanto, na hipótese de personalidade pública, é válido concluir que, uma vez remunerado adequadamente, o titular do direito (*ou seus herdeiros*), se estes manifestarem seu interesse de recebimento de remuneração, a utilização de sua imagem com finalidade comercial que não importe em ofensa aos seus direitos de intimidade, sua honra, boa fama ou respeitabilidade, não deverá, em princípio, representar ilicitude, a não ser, naturalmente, em utilizações comerciais abusivas, como é o caso – *destacado pelo art. 18 do Código Civil vigente (relativo ao uso do nome)* – de "propaganda comercial" e atividades comerciais afins[66] que em nada ou muito pouco se

---

64. Recentemente, cabe destacar o judicioso acórdão de 22-9-2016 do STJ, por maioria de sua Terceira Turma, rel. Min. Paulo de Tarso Sanseverino (REsp 1.369.571/PE): "4. Os direitos à informação e à livre manifestação do pensamento não possuem caráter absoluto, encontrando limites em outros direitos e garantias constitucionais que visam à concretização da dignidade da pessoa humana. 5. No desempenho da função jornalística, as empresas de comunicação não podem descurar e seu compromisso com a veracidade dos fatos ou assumir uma postura displicente ao divulgar fatos que possam macular a integridade moral de terceiros" (transcrição parcial da ementa).

65. Conforme a lição de Silmara Juny de Abreu Chinellato: "Registre-se, desde logo que o biografado não é titular de direito autoral, próprio e exclusivo do criador da obra intelectual, a menos que seja verdadeiro coautor. Segundo o art. 15 § 1º da lei de Direito autoral não é coautor quem 'simplesmente auxiliou o autor na produção da obra literária, artística ou científica, revendo-a, atualizando-a, bem como fiscalizando ou dirigindo sua edição ou apresentação por qualquer meio" (Biografias não autorizadas: liberdade de expressão, outros direitos da personalidade e direito de autor. *Cadernos de Pós-Graduação em Direito*, Comissão de Pós-Graduação da Faculdade de Direito da USP, São Paulo, n. 30, p. 28-29, 2014).

66. Embora não seja, propriamente, uma atividade com afinidade à "propaganda comercial", pode-se evidenciar a finalidade comercial com o objetivo que prevalece ao atendimento do interesse público de acesso ao conhecimento e à cultura na hipótese, por exemplo, dos "álbuns de figurinhas". Sobre esse tema relevante, o precedente do STJ, no acórdão de 20-9-2005, proferido por votação unânime de sua Quarta Turma, no Recurso Especial 113.963/SP, rel. Min. Aldir Passarinho Júnior: "Constitui violação ao Direito de Imagem, que não se confunde com o de Arena, a publicação, carente de autorização dos sucessores do 'de cujus', de fotografia de jogador em álbum de figurinhas alusivo à campanha do tri-

relacionem com o atendimento ao salutar interesse público de acesso à informação e cultura, especialmente em relação à difusão da história e suas personalidades, e que, consequentemente (*nessa hipótese, portanto, de comercializações abusivas como o uso de nome ou imagem de figura pública em "propaganda comercial"*), deverão ser precedidas da competente autorização do titular da imagem ou seus herdeiros.

Nesse aspecto, a solução prática de casos concretos encontra segura diretriz no Código Civil vigente, que consolidou em nosso direito positivo princípio fundamental, em situação que representa colidência entre direitos fundamentais – *de interesse público, de um lado, e direitos de personalidade (mesmo que estejam em questão apenas os aspectos patrimoniais desses direitos), de outro* –, qual seja o equilíbrio do titular no exercício de seu direito a ponto de enquadrar como ato ilícito os abusos: "Também comete ato ilícito o titular de um direito que, ao exercê-lo, excede manifestamente os limites impostos pelo seu fim econômico ou social, pela boa-fé ou pelos bons costumes"[67].

Em recente decisão, o Supremo Tribunal Federal – acórdão de 10 de junho de 2015, por votação unânime (Pleno), de relatoria da Ministra Cármen Lúcia – julgou a Ação Direta de Inconstitucionalidade 4.815/DF, relativa aos arts. 20 e 21 do Código Civil vigente, com a seguinte ementa:

(a) sobre o objeto da ação:

> (...) 2. O objeto da presente ação restringe-se à interpretação dos arts. 20 e 21 do Código Civil relativas à divulgação de escritos, à transmissão da palavra, à produção, publicação, exposição ou utilização da imagem de pessoa biografada. 3. A Constituição do Brasil proíbe qualquer censura. O exercício do direito à liberdade de expressão não pode ser cerceado pelo Estado ou por particular. 4. O direito de informação, constitucionalmente garantido, contém a liberdade de informar, de se informar e de ser informado. O primeiro refere-se à formação da opinião pública, considerado cada qual dos cidadãos que pode receber livremente dados sobre assuntos de interesse da coletividade e sobre as pessoas cujas ações, público-estatais ou público-sociais, interferem em sua esfera do acervo do direito de saber, de aprender sobre temas rela-

---

campeonato mundial de futebol, devida, em consequência, a respectiva indenização, ainda que elogiosa a publicação" (item II da Ementa).

67. Art. 187 do Código Civil de 2002.

2 | Inter-relação com outras matérias: propriedade industrial (marcas e...

cionados a suas legítimas cogitações. 5. Biografia é história. A vida não se desenvolve apenas a partir soleira da porta de casa. 6. Autorização prévia para biografia constitui censura prévia particular. O recolhimento de obras é censura judicial, a substituir a administrativa. O risco é próprio do viver. Erros corrigem-se segundo o direito, não se coartando liberdades conquistadas. A reparação de danos e o direito de resposta devem ser exercidos nos termos da lei.

(b) sobre a hierarquia de leis, coexistência de normas constitucionais e exigibilidade de autorização da pessoa biografada:

(...) 7. A liberdade é constitucionalmente garantida, não se podendo anular por outra norma constitucional (inc. IV do art. 60), menos ainda por norma de hierarquia inferior (lei civil), ainda que sob o argumento de se estar a resguardar e proteger outro direito constitucionalmente assegurado, qual seja, o da inviolabilidade do direito à intimidade, à privacidade, à honra e à imagem. 8. Para a coexistência das normas constitucionais dos incs. IV, IX e X do art. 5º, há de se acolher o balanceamento de direitos, conjugando-se o direito às liberdades com a inviolabilidade da intimidade, da privacidade, da honra e da imagem da pessoa biografada e daqueles que pretendem elaborar as biografias. 9. Ação direta julgada procedente para dar interpretação conforme à Constituição aos arts. 20 e 21 do Código Civil, sem redução de texto, para, em consonância com os direitos fundamentais à liberdade de pensamento e de sua expressão, de criação artística, produção científica, declarar inexigível autorização de pessoa biografada relativamente a obras biográficas literárias ou audiovisuais, sendo também desnecessária autorização de pessoas retratadas como coadjuvantes (ou de seus familiares, em caso de pessoas falecidas ou ausentes).

Em conclusão, a decisão do STF é de que a interpretação dos arts. 20 e 21 do Código Civil de 2002, em vigor, "sem redução de texto", deve ser pela desnecessidade de autorização prévia do titular do direito de personalidade (nome e imagem) quando:

(a) se tratar de obras biográficas (*expressadas tanto como obras literárias quanto como obras audiovisuais*);

(b) por ser a interpretação – *dos dispositivos legais infraconstitucionais* – limitada a obras biográficas, as pessoas biografadas sejam aquelas que, por gerarem interesse público, já se inserem, por vontade própria ou por força das circunstâncias, no plano das limitações – *den-*

53

tro de critérios de razoabilidade – ao exercício pleno do direito de privacidade e de imagem, e incompatível com sua notoriedade[68];

(c) em virtude da natureza informativa e documental e não de ficção[69] da obra biográfica houver fidelidade, pelo autor, a fatos licitamente[70] comprovados[71] e de interesse público[72] relacionados com a trajetória de vida do biografado.

Assim, na presença desses requisitos essenciais para que se considere uma obra intelectual como "biografia", a "autorização prévia" para sua publicação "constitui censura prévia particular" e fica vedada[73].

---

68. Nesse sentido, consigna o acórdão: "Observo que o homem, quando caminha, o que vai à frente é o seu passado; ele constrói a sua biografia com o seu passado. Enquanto esse homem adquire notoriedade, isso passa a fazer parte da historiografia social, que está iminentemente ligada à ideia da necessidade de informação do contexto social em que se encarta a pessoa biografada. A verdade é que o biografado, quando ganha publicidade, efetivamente aceita essa notoriedade, que não é adquirida *sponte sua*. Essa notoriedade é adquirida pela comunhão de sentimentos públicos de que ele é destinatário – admiração e enaltecimento do seu trabalho. Não há que se falar, por conseguinte, em renúncia aos direitos fundamentais de privacidade e intimidade pela pessoa biografada – o que seria inconstitucional – ocorrendo, na verdade, limitação voluntária ao seu exercício pelo próprio titular, ao aceitar a notoriedade – o que é possível, desde que respeitados o núcleo essencial dos aludidos direitos fundamentais e a cláusula geral de dignidade da pessoa humana (CANOTILHO, J. J. Gomes. *Direito constitucional e teoria da Constituição*. 7. ed. Coimbra: Almedina, 2003, p. 464-465) (...)". Note-se que, na medida em que cresce a notoriedade da pessoa, diminui a sua reserva de privacidade (acórdão referido do STF, trecho do voto vencedor do Ministro Luiz Fux, p. 207 e 210).

69. Nesse caminho, registra o acórdão: "Outra importante discussão no âmbito das obras biográficas é a exigência de veracidade de seu conteúdo. É que, como regra, as biografias são apresentadas aos leitores como obras de não ficção. Assim, requer-se do biógrafo uma postura responsável e uma investigação mais responsável mais cuidadosa do que aquela exigida do jornalista e da imprensa em geral" (acórdão referido do STF, trecho do voto vencedor do Ministro Luís Roberto Barroso, p. 172).

70. A respeito, esclarece o aresto: "Também parece evidente que biografias ou qualquer outro tipo de publicação devem ter limite na legalidade. Não se pode cogitar do cometimento de ilícitos para a obtenção de informações a serem narradas, como o grampo do telefone do biografado ou a instalação de escutas ilegais em sua na casa" (acórdão referido do STF, trecho do voto vencedor do Ministro Luís Roberto Barroso, p. 173).

71. Nessa linha, o acórdão: "Não se trata de impedir a revelação de fatos pessoais, juízos de valor ou pontos de vista, ainda que controvertidos, positivos, neutros ou desagradáveis, mas sim de rechaçar que ataques pessoais e informações manifestamente falsas sejam apresentadas de forma dolosa ao público sob forma de relato isento... por fim, uma vez que as informações sejam obtidas por meio lícito e sejam verdadeiras (ou não sabidamente falsas), não haveria ilicitude na divulgação" (acórdão referido do STF, trecho do voto vencedor do Ministro Luís Roberto Barroso, p. 173).

72. Consigna o acórdão: "Corre-se o risco de haver abusos, de se produzirem escritos ou obras audiovisuais para divulgação com o intuito exclusivo de se obterem ganhos espúrios pela amostragem da vida de pessoas com detalhes que não guardam qualquer traço de interesse público. Risco é próprio do viver. Erros corrigem-se segundo o direito, não é se abatendo liberdades conquistadas que se segue na melhor trilha democrática traçada com duras lutas. Reparam-se danos nos termos da lei" (acórdão referido do STF, trecho do voto de relatoria da Ministra Cármen Lúcia, p. 128). Ainda nesse sentido, o mesmo aresto: "Ainda que se reconheça que algum âmbito da privacidade de pessoas públicas deva ser interditado à curiosidade alheia, a definição do conteúdo dessa esfera de proteção é uma tarefa muito complexa. É por isso que se deve utilizar com cautela critérios como o de 'interesse público', que deve ser presumido quando envolver pessoas notórias. Em certos casos, será inegável a existência de interesse público no conhecimento dos fatos narrados, ainda que privados" (acórdão referido do STF, trecho do voto vencedor do Ministro Luís Roberto Barroso, p. 171 e 172).

73. Essa conclusão – que sintetizamos aqui – se depreende não apenas do dispositivo do acórdão unânime do Plenário do STF em comento que julga "procedente o pedido formulado na ação direta para dar

2 | Inter-relação com outras matérias: propriedade industrial (marcas e...

Não significa deduzir, no entanto, que – *fora do âmbito da vedação de exigência da "autorização prévia" do biografado* – esteja este impedido de recorrer ao Judiciário na hipótese de violação de seus direitos (*que não importem, naturalmente, em alegação de inexistência de sua autorização prévia para publicação de obra biográfica em que seja o protagonista ou "coadjuvante"*). O fato de a ementa (item 6) do acórdão em questão, do STF, consignar "A reparação de danos e o direito de resposta devem ser exercidos nos termos da lei" não significa excluir a possibilidade de exercício no tocante às demais legítimas reivindicações do biografado, inclusive a tutela inibitória, da apreciação do Poder Judiciário, nos termos do inciso XXXV do art. 5º da Constituição Federal, que estabelece que "a lei não excluirá da apreciação do Poder Judiciário lesão ou ameaça a direito"[74].

---

interpretação conforme à Constituição aos artigos 20 e 21 do Código Civil, sem redução de texto, para, em consonância com os direitos fundamentais à liberdade de pensamento e de sua expressão, de criação artística, produção científica, declarar inexigível o consentimento da pessoa biografada relativamente a obras biográficas literárias ou audiovisuais, sendo por igual desnecessária autorização de pessoas retratadas como coadjuvantes (ou de seus familiares, em caso de pessoas falecidas" (p. 3/4 do acórdão), mas também do desfecho do voto vencedor do Min. Gilmar Mendes: "Nesse contexto, entendo que a prévia autorização para a publicação de obras de biografia gera sério dano à liberdade de comunicação, à liberdade científica, à liberdade artística e que, por outro lado, na ocorrência de eventuais transgressões, a Constituição Federal assegura mecanismos para possíveis reparações, inclusive direito de resposta. Por tais razões, acompanho o voto da Ministra Relatora para dar interpretação conforme a Constituição aos artigos 20 e 21 do Código Civil, sem redução de texto, e afastar a interpretação que exija prévia autorização para a publicação de obras de biografia" (p. 252-253 do acórdão).

74. Ao longo das 268 laudas desse emblemático acórdão do STF, essa questão – de que não se pode limitar ao biografado, em relação à violação de seus direitos de personalidade, apenas a reivindicação concernente a direito de resposta e reparação de danos – restou pacificada no judicioso e esclarecedor debate havido entre a Ministra Relatora Cármen Lúcia e os Ministros Gilmar Mendes, Luiz Fux, Dias Toffoli, Ricardo Lewandowski e Luís Roberto Barroso, devidamente registrado e inserido no próprio acórdão às p. 231 a 240, transcrito, em relação aos trechos mais significativos, a seguir em face de sua relevância: "O SENHOR MINISTRO GILMAR MENDES – Presidente, gostaria de iniciar cumprimentando a ministra Cármen Lúcia por seu brilhante voto. Também, vou fazer juntada de voto e não vou me alongar, só gostaria de rememorar dois aspectos que me parecem importantes. De um lado, em relação a todos os dispositivos que já foram multicitados, é bom lembrar que as disposições que estão em questionamento, na verdade, tentam, de algum forma, densificar aquilo que está no texto constitucional, especialmente o que está no art. 5º, inciso X, quando fala que: 'X – são invioláveis a intimidade, a vida privada, a honra e a imagem das pessoas, assegurado o direito a indenização pelo dano material ou moral decorrente de sua violação;' Então, esse é um ponto importante, a meu ver, porque o texto é muito claro quando diz que se cuida de valores, de direitos invioláveis. Portanto, a forma de reparação que indica é uma das possíveis, dependendo da gravidade do tema. (...). O próprio texto – já chamei a atenção em outros escritos – constante do art. 220 da Constituição contém uma redação que, às vezes, é indutora de equívoco, na linha da Primeira Emenda americana. Ao dizer, no texto constitucional, no parágrafo primeiro, que: 'nenhuma lei conterá dispositivo que possa constituir embaraço à plena liberdade de informação jornalística em qualquer veículo de comunicação social, observado o disposto no art. 5º' – e aí vem a referência aos vários incisos, inclusive o inciso X, que trata da defesa da privacidade. O texto não está vedando que o legislador se ocupe da matéria, como muitos fazem uma leitura um tanto quanto, a meu ver, terrestre, pedestre, rasteira do tema. Não me parece que seja assim. O que está dizendo é que não pode haver lei que embarace a informação. E aí vêm as dimensões objetivas e subjetivas dos direitos fundamentais. Aqui, há um dever do legislador de atuar para proteger esses valores. Por isso é que gostaria só de fazer essas notas, Presidente, tendo em vista posições já assumidas no Ple-

nário, chamando atenção a esse aspecto – e essa interpretação que estou fazendo do art. 220, § 1º, encontra respaldo, inclusive, em leitores da Constituição americana em relação à Primeira Emenda –, para que se assente que a proteção que se possa obter poderá ser outra que não, eventualmente, a indenização. Haverá casos em que certamente poderá haver a justificativa até mesmo de uma decisão judicial que suste uma publicação, desde que haja justificativa, mas não nos cabe tomar essa decisão *a priori*. A meu ver, fazer com que, como já foi dito aqui, a publicação das obras de biografia dependa da autorização traz sério dano à liberdade de comunicação, à liberdade científica, à liberdade artística. Evidente. E, por isso, de fato, devemos encaminhar no sentido da declaração de inconstitucionalidade da norma. Agora, já faria ressalvas em relação ao segundo ponto trazido na conclusão do voto da eminente ministra CÁRMEN LÚCIA, pelo menos no que diz respeito à possibilidade de que a transgressão haverá de se reparar mediante indenização. Pode ser que não seja assim, pode ser que tenha de haver reparos, por exemplo: a publicação de uma nova edição com correção.

O SENHOR MINISTRO DIAS TOFFOLI: O direito de resposta.

O SENHOR MINISTRO GILMAR MENDES – Sim. São todas as situações.

A SENHORA MINISTRA CÁRMEN LÚCIA (RELATORA) – Ministro, se Vossa Excelência me permite, o que eu quis dizer é que, ao fixarmos essa inconstitucionalidade com redução de texto, nós não estávamos afastando em nada o artigo, tanto que, basicamente, eu repito 'apenas reafirmar...', por isso eu comecei a alínea *b* nesse sentido, 'reafirmar o que diz a Constituição, sem embargo de...', porque é como está na Constituição. Quer dizer, então, não é exclusividade nem nada, apenas estou reafirmando para não se dizer, como disse o Ministro DIAS TOFFOLI muito bem: alguém poderia pensar que estamos declarando a inconstitucionalidade e, com isso...

O SENHOR MINISTRO LUIZ FUX – Ministro Gilmar, só exatamente corroborando a posição de Vossa Excelência, a proposta minimalista é exatamente nós fixarmos esse julgado em relação à exigência ou não de licença prévia para publicação de biografia, por quê? Porque nós não estamos aqui, e nem podemos, como foi aqui destacado, afirmar que estamos interditando o acesso ao Judiciário, até porque o Código Civil, quando inaugurou o capítulo...

A SENHORA MINISTRA CÁRMEN LÚCIA (RELATORA) – É isso, é isso. É exatamente isso, por isso eu circunscrevi...

O SENHOR MINISTRO GILMAR MENDES – O acesso ao Judiciário dar-se-á apenas para fins de indenização...

O SENHOR MINISTRO LUIZ FUX – É inimaginável que nós possamos fixar uma tese dizendo que a parte não pode acessar o Judiciário.

A SENHORA MINISTRA CÁRMEN LÚCIA – O que poderia é ser expletivo esse inciso *b*. Eu só não quero é que alguém imagine que, como nós estamos declarando sem redução do texto a interpretação dos dispositivos do Código Civil, o inciso X do art. 5º da Constituição de alguma forma ficou comprometido por nós. Não, nós estamos repetindo que está mantida a norma constitucional de responsabilidade em sua inteireza.

O SENHOR MINISTRO LUÍS ROBERTO BARROSO – Ministro Gilmar, só um minutinho. A minha proposta de tese minimalista, que eu acho que até agora é consenso, é: não é compatível com a Constituição interpretação dos arts. 20 e 21 do Código Civil que importe na necessidade de autorização prévia de pessoa retratada em obra biográfica para fins de sua divulgação por qualquer meio de comunicação. Eu acho que esse ponto nos une a todos. Acho que esse é um ponto consensual.

O SENHOR MINISTRO GILMAR MENDES – Eu concordava já com o primeiro ponto da eminente ministra Cármen Lúcia. Só estou fazendo a ressalva em relação ao item...

O SENHOR MINISTRO DIAS TOFFOLI: É que parece que a única maneira de reparar seria a precificação.

O SENHOR MINISTRO RICARDO LEWANDOWSKI (PRESIDENTE) – Exatamente.

A SENHORA MINISTRA CÁRMEN LÚCIA (RELATORA) – É muito simples. Sabe o que pode ser feito?

O SENHOR MINISTRO DIAS TOFFOLI: Então, para tudo tem um preço, e podemos, então, fazer o que bem entendermos, basta ter o dinheiro para pagar esse preço?

A SENHORA MINISTRA CÁRMEN LÚCIA (RELATORA) – Era muito mais simples retirar o inciso *b*. E ficar o inciso *a* da minha conclusão, quer dizer, que nem é inciso *a*.

O SENHOR MINISTRO GILMAR MENDES – É. Porque, aí, acho que coincide com a posição do Ministro...

O SENHOR MINISTRO RICARDO LEWANDOWSKI (PRESIDENTE) – ... imaginei que Vossa Excelência certamente não excluiria essa possibilidade, até em função do princípio da inafastabilidade da jurisdição.

O SENHOR MINISTRO LUIZ FUX – O minimalismo é importante por isso, porque... Nós não estamos decidindo isso.

A SENHORA MINISTRA CÁRMEN LÚCIA (RELATORA) – Para evitar qualquer polêmica, eu prefiro concluir o meu voto retirando a alínea *b*.

2 | Inter-relação com outras matérias: propriedade industrial (marcas e...

Consequentemente, com base nos fundamentos que expressamos, a juridicidade e o bom senso deverão nortear o discernimento dos envolvidos e, nos conflitos, o Judiciário, para a correta identificação, perante as peculiaridades do caso concreto, se a tutela deverá ser a de natureza inibitória, quando o titular ou seus herdeiros podem reivindicar, entre outras medidas, a suspensão da publicação e recolhimento de exemplares em estoque

---

O SENHOR MINISTRO DIAS TOFFOLI: Eu fico mais confortável.

A SENHORA MINISTRA CÁRMEN LÚCIA (RELATORA) – O que elimina, até porque, aqui nós estamos julgando para declarar ou não declarar, aqui não é repercussão geral nem nada. Então, nesse caso, eu prefiro reajustar para retirar a alínea *b*.

O SENHOR MINISTRO DIAS TOFFOLI: Fica só o item *a*.

O SENHOR MINISTRO LUIZ FUX – Presidente, até para prestar um esclarecimento de ordem doutrinária mesmo, esse campo dos direitos da personalidade ficou muito tempo relegado a um segundo plano, em que a lesão dele apenas era reparável através da indenização. O novo Código Civil, quando inaugurou o capítulo dos direitos da personalidade, trouxe no art. 21 aquilo que já havia na Europa, que é a tutela inibitória. Então, eu acho que nós deveríamos nos adstringir ao tema licença para biografia, para não abrir o leque do que nós estamos julgando, porque nós estamos julgando só isso.

O SENHOR MINISTRO LUÍS ROBERTO BARROSO – Eu só gostaria de consignar a minha posição, Ministra Cármen. Eu concordo com a alínea *b* do voto de Vossa Excelência, quando diz 'reafirmar o direito à inviolabilidade da intimidade, privacidade, honra, imagem da pessoa, nos termos do art. 5º, cuja transgressão haverá de se reparar', e aí a única modificação que eu faria seria: *a posteriori*. Eu gostaria de deixar claro, Presidente, se eventualmente não tiver ficado, que eu não acho que via judicial, ou qualquer outra via, seja legítima a interferência do Judiciário previamente à publicação. Acho que, em nenhuma hipótese, o Judiciário deve impedir a publicação de uma obra.

O SENHOR MINISTRO GILMAR MENDES – Nós já tivemos aqui o célebre caso da fita Globo-Garotinho, em que o Tribunal, num contexto eleitoral, por exemplo...

O SENHOR MINISTRO LUIZ FUX – Que se sai publicada na véspera da eleição...

A SENHORA MINISTRA CÁRMEN LÚCIA (RELATORA) – Não é biografia.

O SENHOR MINISTRO GILMAR MENDES – Tendo em vista uma ponderação específica...

A SENHORA MINISTRA CÁRMEN LÚCIA (RELATORA) – Mas aí não é biografia.

O SENHOR MINISTRO GILMAR MENDES – Só para dar um exemplo da jurisprudência do Tribunal e não buscar jurisprudência...

A SENHORA MINISTRA CÁRMEN LÚCIA (RELATORA) – Isso não é biografia. Nós estamos falando de biografias. Eu prefiro retirar, Presidente, porque, na alínea *b*, eu repeti o que estava na Constituição para garantir que o inciso X continua hígido.

O SENHOR MINISTRO DIAS TOFFOLI: Fica melhor assim.

A SENHORA MINISTRA CÁRMEN LÚCIA (RELATORA) – Então, é o óbvio ululante; agora, como no Brasil até o óbvio ululante gera polêmica, eu retiro.

O SENHOR MINISTRO RICARDO LEWANDOWSKI (PRESIDENTE) – Está bem.

O SENHOR MINISTRO DIAS TOFFOLI: É melhor assim.

O SENHOR MINISTRO GILMAR MENDES – O que a norma diz e é tema que já visitei, também, é que é inviolável. E o que é inviolável, segundo o conselheiro Acácio, não deve ser violado.

A SENHORA MINISTRA CÁRMEN LÚCIA (RELATORA) – Mas a Constituição...

O SENHOR MINISTRO GILMAR MENDES – E, se há uma regra que de fato assume centralidade no texto constitucional, Presidente, é a regra do art. 5º, XXXV. É aquela que estabelece a proteção judicial efetiva: 'Art. 5º. (...) XXXV. A lei não excluirá da apreciação do Poder Judiciário lesão ou ameaça a direito.' Mas, com o ajuste, Ministra, estamos de acordo.

O SENHOR MINISTRO RICARDO LEWANDOWSKI (PRESIDENTE) – Sim, e, aí, inclusive, Ministro, eu acho que está embutido o poder cautelar do magistrado, dentro do seu prudente arbítrio.

O SENHOR MINISTRO GILMAR MENDES – Claro. Sim, terá de ser examinado no caso concreto.

O SENHOR MINISTRO RICARDO LEWANDOWSKI (PRESIDENTE) – Cada caso examinará.

O SENHOR MINISTRO GILMAR MENDES – Acompanho Vossa Excelência.

ou já em livrarias, das editoras ou distribuidoras, ou de natureza indenizatória, para reparação de eventuais danos perpetrados, nada impedindo que possa haver a cumulação das duas modalidades de tutela.

2.3.3.4.4. Quanto ao direito ao esquecimento

Apesar de não ser diretamente relacionada com direitos do autor, vale notar que, com a evolução da internet e o acesso cada vez mais facilitado a informações, inclusive muito antigas, sobre os indivíduos, o direito ao esquecimento passou a ser amplamente debatido pelo mundo. Tal direito consistiria na possibilidade de uma pessoa que teve sua imagem veiculada por qualquer meio ter essas informações apagadas dos arquivos de determinado banco de dados ou eliminadas de eventual obra ou matéria jornalística. Tal direito foi reconhecido em outros países, como na Argentina e na União Europeia.

No âmbito europeu, merece destaque o caso Google Inc. vs. Mario Costeja González, decidido em 13 de maio de 2014, no Tribunal de Justiça Europeia, que tinha por objeto informação sobre a realização de um leilão extrajudicial do apartamento onde morava o autor da ação por uma dívida que, porém, González teria resolvido posteriormente[75]. Nessa decisão, a Corte Europeia estabeleceu, fundamentada na Diretiva Europeia 95/46/ CE sobre proteção de dados pessoais, que González teria direito a ver informações pessoais não dotadas de interesse público retiradas das ferramentas de busca da internet. Ao mesmo tempo, porém, o Tribunal Europeu fez a seguinte ressalva expressa:

> não será esse o caso se se afigurar que, por razões especiais como, por exemplo, o papel desempenhado por essa pessoa na vida pública, a ingerência nos seus direitos fundamentais é justificada pelo interesse prepon-

---

75. Segundo o trecho da decisão: "Esta reclamação baseava se no facto de que, quando um internauta inseria o nome de M. Costeja González no motor de busca do grupo Google (a seguir "Google Search"), obtinha ligações a duas páginas do jornal da La Vanguardia de, respetivamente, 19 de janeiro e 9 de março de 1998, nas quais figurava um anúncio de uma venda de imóveis em hasta pública decorrente de um arresto com vista à recuperação de dívidas à Segurança Social, que mencionava o nome de M. Costeja González. Com esta reclamação, M. Costeja González pedia, por um lado, que se ordenasse à La Vanguardia que suprimisse ou alterasse as referidas páginas, para que os seus dados pessoais deixassem de aparecer, ou que utilizasse determinadas ferramentas disponibilizadas pelos motores de busca para proteger esses dados. Por outro lado, pedia que se ordenasse à Google Spain ou à Google Inc. que suprimissem ou ocultassem os seus dados pessoais, para que deixassem de aparecer nos resultados de pesquisa e de figurar nas ligações da La Vanguardia. Neste contexto, M. Costeja González alegava que o processo de arresto, de que fora objeto, tinha sido completamente resolvido há vários anos e que a referência ao mesmo carecia atualmente de pertinência".

derante do referido público em ter acesso à informação em questão, em virtude dessa inclusão.

Recentemente, no Brasil, após decisões divergentes em diversas instâncias, em acórdão de 11 de fevereiro de 2021, o Supremo Tribunal Federal decidiu, no âmbito do RE 1.010.606/RJ, de relatoria do Min. Dias Toffoli, que o direito ao esquecimento seria incompatível com a Constituição Federal, à medida que não há previsão de convalescência pelo tempo do interesse público vinculado à informação, e que o apagamento da notícia afrontaria a liberdade de expressão. Nas palavras do ministro relator:

(...) 3. Em que pese a existência de vertentes diversas que atribuem significados distintos à expressão direito ao esquecimento, é possível identificar elementos essenciais nas diversas invocações, a partir dos quais se torna possível nominar o direito ao esquecimento como a pretensão apta a impedir a divulgação, seja em plataformas tradicionais ou virtuais, de fatos ou dados verídicos e licitamente obtidos, mas que, em razão da passagem do tempo, teriam se tornado descontextualizados ou destituídos de interesse público relevante.

4. O ordenamento jurídico brasileiro possui expressas e pontuais previsões em que se admite, sob condições específicas, o decurso do tempo como razão para supressão de dados ou informações, em circunstâncias que não configuram, todavia, a pretensão ao direito ao esquecimento. Elas se relacionam com o efeito temporal, mas não consagram um direito a que os sujeitos não sejam confrontados quanto às informações do passado, de modo que eventuais notícias sobre esses sujeitos – publicadas ao tempo em que os dados e as informações estiveram acessíveis – não são alcançadas pelo efeito de ocultamento. Elas permanecem passíveis de circulação se os dados nelas contidos tiverem sido, a seu tempo, licitamente obtidos e tratados. Isso porque a passagem do tempo, por si só, não tem o condão de transmutar uma publicação ou um dado nela contido de lícito para ilícito.

5. A previsão ou aplicação do direito ao esquecimento afronta a liberdade de expressão. Um comando jurídico que eleja a passagem do tempo como restrição à divulgação de informação verdadeira, licitamente obtida e com adequado tratamento dos dados nela inseridos, precisa estar previsto em lei, de modo pontual, clarividente e sem anulação da liberdade de expressão. Ele não pode, ademais, ser fruto apenas de ponderação judicial.

6. O caso concreto se refere ao programa televisivo Linha Direta: Justiça, que, revisitando alguns crimes que abalaram o Brasil, apresentou, dentre

alguns casos verídicos que envolviam vítimas de violência contra a mulher, objetos de farta documentação social e jornalística, o caso de Aida Curi, cujos irmãos são autores da ação que deu origem ao presente recurso. Não cabe a aplicação do direito ao esquecimento a esse caso, tendo em vista que a exibição do referido programa não incorreu em afronta ao nome, à imagem, à vida privada da vítima ou de seus familiares. Recurso extraordinário não provido.[76]

O Superior Tribunal de Justiça também proferiu importante acórdão em julgamento do REsp 1.660.168/RJ, rel. Ministro Marco Aurélio Bellizze, Terceira Turma, julgado em 21-6-2022, distinguindo o *direito ao esquecimento*, e o dever de provedores de busca de desindexar determinadas informações desabonadoras de pessoas, de forma a preservar a intimidade e a privacidade:

> Recurso Especial. Juízo de retratação (CPC/2015, art. 1.040, inciso II). Tese fixada pelo supremo Tribunal Federal, em repercussão geral, de ser incompatível com a Constituição Federal o chamado direito ao esquecimento, assim entendido como o poder de obstar a divulgação de fatos ou dados verídicos, em razão da passagem do tempo (Tema 786/STF). Acórdão da terceira turma do STJ que não afrontou o referido entendimento. Ausência de determinação de exclusão da pesquisa no banco de dados pertencentes às rés, havendo apenas a determinação da desvinculação do nome da autora, sem qualquer outro termo, com a matéria desabonadora referente à fraude em concurso público. Preservação do conteúdo. Conciliação entre o direito individual à intimidade e à privacidade e o direito coletivo à informação. Juízo de retratação não exercido, mantendo-se, na íntegra, o acórdão proferido no bojo do presente recurso especial.
>
> 1. Autos devolvidos para análise de eventual juízo de retratação, nos termos do art. 1.040, inciso II, do CPC/2015, em decorrência do julgamento do RE n. 1.010.606/RJ, em que o Supremo Tribunal Federal fixou a seguinte tese (Tema 786/STF): "É incompatível com a Constituição a ideia de um direito ao esquecimento, assim entendido como

---

76. A tese de Repercussão Geral fixada nesse caso foi: "É incompatível com a Constituição a ideia de um direito ao esquecimento, assim entendido como o poder de obstar, em razão da passagem do tempo, a divulgação de fatos ou dados verídicos e licitamente obtidos e publicados em meios de comunicação social analógicos ou digitais. Eventuais excessos ou abusos no exercício da liberdade de expressão e de informação devem ser analisados caso a caso, a partir dos parâmetros constitucionais – especialmente os relativos à proteção da honra, da imagem, da privacidade e da personalidade em geral – e das expressas e específicas previsões legais nos âmbitos penal e cível".

o poder de obstar, em razão da passagem do tempo, a divulgação de fatos ou dados verídicos e licitamente obtidos e publicados em meios de comunicação social analógicos ou digitais. Eventuais excessos ou abusos no exercício da liberdade de expressão e de informação devem ser analisados caso a caso, a partir dos parâmetros constitucionais – especialmente os relativos à proteção da honra, da imagem, da privacidade e da personalidade em geral – e as expressas e específicas previsões legais nos âmbitos penal e cível".

2. Da análise do acórdão proferido no presente recurso especial, verifica-se que não foi determinada a exclusão das notícias desabonadoras envolvendo a autora nos bancos de dados pertencentes às rés – isso nem sequer foi pleiteado na ação de obrigação de fazer –, havendo tão somente a determinação da desvinculação do nome da autora, sem qualquer outro termo, com a matéria referente à suposta fraude no concurso público da Magistratura do Rio de Janeiro (desindexação). O conteúdo, portanto, foi preservado.

3. Na verdade, a questão foi decidida sob o prisma dos direitos fundamentais à intimidade e à privacidade, bem como à proteção de dados pessoais, e não com base no direito ao esquecimento, que significaria permitir que a autora impedisse a divulgação das notícias relacionadas com a fraude no concurso público, o que, como visto, não ocorreu.

4. Destaca-se, ainda, que no voto do Ministro Relator proferido no RE n. 1.010.606/RJ, que deu origem à tese fixada no Tema 786/STF, constou expressamente que o Supremo Tribunal Federal, naquele julgamento, não estava analisando eventual "alcance da responsabilidade dos provedores de internet em matéria de indexação/desindexação de conteúdos obtidos por motores de busca", pois não se poderia confundir "desindexação com direito ao esquecimento", "porque o tema desindexação é significativamente mais amplo do que o direito ao esquecimento", o que corrobora a ausência de qualquer divergência do entendimento manifestado por esta Corte Superior com a tese vinculante firmada pelo STF.

5. Recursos especiais parcialmente providos. Ratificação do julgamento originário, tendo em vista a ausência de divergência com os fundamentos apresentados pelo Supremo Tribunal Federal no Tema 786/STF.

(REsp n. 1.660.168/RJ, relator Ministro Marco Aurélio Bellizze, Terceira Turma, julgado em 21-6-2022, *DJe* 30-6-2022.)

Cabe adicionar que isso não significa excluir um sopesamento, em cada caso, entre os direitos da personalidade afetados e o direito à imagem, nos moldes delimitados no presente capítulo. Apenas significa dizer que, no sistema jurídico brasileiro, o decurso de tempo, por si só, não afeta o interesse público relacionado à informação publicada, não sendo suficiente alegar antiguidade da informação para embasar o pedido de seu apagamento.

2.3.3.4.5. A caricatura e a charge

Nessa modalidade de obra intelectual, o direito de imagem associado contém a vertente "imagem-retrato" (*a imagem física da pessoa*) e "imagem-atributo" (*o seu conceito social*).

Quanto à "imagem-retrato", a atuação criativa do caricaturista é de natureza humorística ou satírica: equivale à paródia, apesar de não ser uma obra intelectual que é parodiada (*como uma música ou um filme*), mas sim uma imagem física de uma pessoa, que deve, portanto, ser uma personalidade pública para que seu consentimento seja implícito e, mesmo assim, inserida em contexto noticioso ou histórico, o que é mais característico da charge.

Por outro lado, quanto à "imagem-atributo", a caricatura, a exemplo da obra biográfica, não deverá importar em ofensa aos bens morais e jurídicos do caricaturado, especialmente nas hipóteses de injúria, difamação ou calúnia.

Os conflitos nesse campo deverão, em face das peculiaridades de cada caso concreto, sopesar esses elementos para decidir se os limites da liberdade de expressão artística (art. 5º, IX, da CF) do autor da caricatura (ou charge) se sobrepõem – ou não – aos direitos de personalidade (*direito à imagem ou à honra* – art. 5º, X, da CF) do caricaturado. No contexto desses embates, passamos a examinar algumas reflexões doutrinárias e precedentes jurisprudenciais relevantes.

De início, a pertinência da orientação de Marco Antonio dos Anjos, sobre a distinção da caricatura e da charge e do respectivo tratamento jurídico constitucional[77]:

(a) sobre os aspectos distintivos entre as obras:

> 9) É relevante a distinção entre a caricatura e a charge. A caricatura, desde que dotada de criatividade e originalidade e seja exteriorizada, é criação artística protegida na esfera natural. Ela se caracteriza pela reprodução da imagem-retrato de uma pessoa, porém utilizando exageros e

---

77. *O humor*: estudo à luz do direito de autor e da personalidade. Tese de doutorado apresentada ao Departamento de Direito Civil da Faculdade de Direito da USP – Universidade de São Paulo, sob orientação da Professora Silmara Juny de Abreu Chinellato. São Paulo, 2009.

deformações. Ela tem apenas objetivos humorísticos, não se referindo à crítica política ou de fatos ou de costumes, sendo, portanto, atemporal. Já a charge, que da mesma forma está protegida pelo direito de autor, caracteriza-se pela reprodução da imagem-retrato de uma pessoa com o objetivo de crítica a fatos específicos que a envolvam, ou seja, a fatos que mantenham alguma relação com o retratado. Nesse caso, o humor é meio para que se atinja a finalidade que é a crítica com conteúdo atual. Assim, ela é temporal, referindo-se a fatos específicos[78].

(b) sobre o regime jurídico aplicável:

10) Para que a caricatura seja lícita, deve vir acompanhada de autorização do caricaturado, já que se trata de reprodução distorcida e exagerada da imagem-retrato. A exigência de autorização justifica-se porque, como a caricatura visa apenas a fazer humor, não há interesse público que possa suplantar o direito à imagem-retratado do retratado. Por outro lado, a charge é livre, já que, como se utiliza o humor como instrumento para atingir um resultado maior, que é crítica social e política, há interesse público em sua divulgação. Nesse caso, o direito de crítica, acompanhado de interesse público, merece restar em posição acima do direito à imagem-retrato da pessoa cujas características fenotípicas tenham sido reproduzidas.

11) A charge, para levar aos leitores a mensagem do autor, pode, eventualmente, utilizar a imagem das pessoas. A constatação da necessidade ou não da autorização do chargeado dependerá da avaliação dos conceitos de "alvo" e "arma". Na charge-alvo, não há necessidade de autorização, já que o personagem reproduzido tem relação com o fato criticado pelo autor. Por outro lado, se o retratado for estranho em relação ao fato criticado, sua imagem terá sido divulgada sem razão lógica, sendo um mero instrumento para viabilizar ao chargista seu intento de crítica; esta é a charge-arma que, em razão de sua natureza, depende da autorização do chargeado.

A charge pode conter caricatura sem que isso a torne ilícita[79].

Os conceitos de "alvo" e "arma" – adotados na classificação de paródias mas, inegavelmente, perfeitamente cabíveis para as caricaturas ou charges – são desenvolvidos com profundidade na alentada tese de doutorado, ora citada, de Marco Antonio dos Anjos:

---

78. Ob. cit., p. 112.
79. Ob. cit., p. 112-113.

7) Somente deve ser considerada como paródia, para efeitos do artigo 47 da Lei n. 9.610/98, a chamada "paródia-alvo", que é aquela que, se valendo da forma humorística, procura ser uma crítica à obra parodiada, sendo sua antítese. Por outro lado, a chamada "paródia-arma", que se configura pela intimação da criação primígena de forma humorística com a finalidade não de criticá-la, mas, sim, de atingir fatos ou pessoas estranhas à obra imitada, não pode ser verdadeiramente considerada paródia para os efeitos legais.

8) A restrição da aplicação do art. 47 da Lei n. 9.610/98 à paródia-alvo se justifica pelo direito de crítica que todos os autores podem ter em relação aos trabalhos de todos os criadores. Essa crítica, desde que realizada de forma humorística, recebe proteção legal, já que o humor é importante forma de manifestação do pensamento. Já, no caso da paródia-arma, não há razão para que uma obra originária seja livremente utilizada por terceiros apenas com a finalidade de crítica a outrem, e não à criação efetivamente imitada[80].

Embora a paródia se relacione com uma obra intelectual parodiada e a caricatura ou charge, com a imagem de uma pessoa, tais criações intelectuais se sujeitam – *no atinente à harmonização dos princípios constitucionais em confronto (quais sejam a liberdade de expressão artística do autor, de um lado, e a proteção dos direitos da personalidade do caricaturado (imagem/ honra), de outro* – a regimes jurídicos coincidentes.

A única ponderação que consignaria – *a respeito da obrigatoriedade de autorização do caricaturado* – é, como já vimos neste capítulo, que o direito de imagem pode ser mitigado, naturalmente, em relação a personalidades públicas, como políticos, artistas e esportistas, por exemplo. Nesses casos, nas hipóteses em que não seja necessário que os veículos de imprensa e comunicação obtenham autorização da pessoa fotografada para a reprodução de sua imagem – *mesmo uma foto "posada" ou isolada de contexto factual informativo próprio às charges* – para ilustrar uma matéria jornalística, por exemplo, não deve haver restrição em adotar o mesmo critério para a reprodução de caricaturas, conquanto, naturalmente, que – apesar de trazerem, como é de sua essência, uma visão humorística da imagem do retratado – não contenham ofensas aos direitos da personalidade do caricaturado – honra ou imagem, pois, como leciona Claudio Luiz Bueno de Godoy, "apenas em condições extremas e explícitas será possível

---

80. Ob. cit., p. 111-112.

2 | Inter-relação com outras matérias: propriedade industrial (marcas e...

enxergar ofensa à honra ou à imagem, especialmente derivada de manifestação exagerada, mas com finalidade humorística"[81].

A respeito, destaca Marco Antonio dos Anjos, ainda em sua tese de doutorado de 2009, a posição de Pontes de Miranda, de que

> a caricatura é a imagem do que se reflete, da fisionomia ou do todo humano, na psique do caricaturista; é imagem de imagem; pode bem acontecer que apanhe mais do que a fotografia e obtenha exprimir mais do que o retrato a óleo ou a lápis. Mas, por isso mesmo que se tira da imagem interior, não pode opor-se à sua feitura o caricaturado[82].

Nossa jurisprudência não tem, majoritariamente, se distanciado dessa posição. Recentemente, em 2017, o STJ proferiu dois acórdãos – em março e em junho – sobre o tema: o primeiro sobre a proteção do direito de autor da caricatura e o segundo relativo à parodia (*e não à caricatura em si*), mas que pode se aplicar analogicamente ao tema. Vejamos:

(a) sobre a proteção do direito de autor de caricatura:

> Hipótese: Trata-se de ação condenatória, visando à indenização dos danos patrimoniais e morais decorrentes da utilização por parte dos demandados, sem autorização e tampouco pagamento, de obra/desenho de autoria do demandante, que fora reproduzida nas camisas do time de futebol e comercializadas para o público, porém sem qualquer retribuição financeira pela sua reprodução.
>
> 1. O cartunista criador de caricatura – na hipótese, um mascote representativo de entidade desportiva – é titular de direito autoral, nos termos do que dispõe a Lei n. 9.610/98 – Lei dos Direitos Autorais.
>
> 2. A propriedade exclusiva a que se refere o artigo 87 da Lei n. 9.615/98 – Lei Pelé – não se estende às charges, animações e até mesmo aos desenhos que representam símbolos, mormente quando esses diferem nitidamente da imagem oficial do clube, como no caso dos autos. A interpretação da referida norma deve ser restrita, sob pena de conferir a proteção infinita dos caracteres relacionados ao desporto e ampliar a norma além do que pretendeu o legislador.
>
> 3. A Lei dos Direitos Autorais (n. 9.610/98) preceitua que cabe ao autor o direito exclusivo de utilizar, fruir e dispor da obra literária, artística ou

---

81. *A liberdade de imprensa e os direitos da personalidade*. São Paulo: Atlas, 2001, p. 103, apud ANJOS, Marco Antonio dos. *O humor*: estudo à luz do direito de autor e da personalidade. Tese de doutorado apresentada ao Departamento de Direito Civil da Faculdade de Direito da USP – Universidade de São Paulo, sob orientação da Professora Silmara Juny de Abreu Chinellato. São Paulo, 2009, p. 72.

82. Ob. cit., p. 73. A obra citada de Pontes de Miranda é o *Tratado de direito privado* (Rio de Janeiro: Borsoi, 1955. t. VII, p. 62-63).

científica, dependendo de autorização prévia e expressa do autor sua utilização, por quaisquer modalidades.

4. Na hipótese, o recorrente utilizou a imagem criada pelo autor, sem autorização, infringindo a legislação que protege os direitos autorais, sendo devida a indenização pelos danos materiais e morais decorrentes de tal violação.

5. Recurso especial desprovido[83].

(b) sobre a paródia:

(...) 04. A paródia é forma de expressão do pensamento, é imitação cômica de composição literária, filme, música, obra qualquer, dotada de comicidade, que se utiliza do deboche e da ironia para entreter. É interpretação nova, adaptação de obra já existente a um novo contexto, com versão diferente, debochada, satírica.

5. Assim, a atividade exercida pela Falha, paródia, encontra, em verdade, regramento no direito de autor, mais específico e perfeitamente admitida no ordenamento jurídico pátrio, nos termos do direito de liberdade de expressão, tal como garantido pela Constituição da República.

6. A paródia é uma das limitações do direito de autor, com previsão no art. 47 da Lei n. 9.610/1998, que prevê serem livres as paráfrases e paródias que não forem verdadeiras reproduções da obra originária nem lhe implicarem descrédito. Essas as condições para que determinada obra seja parodiada, sem a necessidade de autorização do seu titular.

8. A falta de conotação comercial é requisito dispensável à licitude e conformidade da manifestação do pensamento pela paródia, nos termos da legislação de regência (art. 47 da Lei n. 9.610/1998).

9. Não há falar, no caso dos autos, em concorrência desleal. A uma, porque a questão é definida no âmbito da Lei de Marcas (Lei n. 9.279/96), não invocada para a solução dessa demanda. A duas, porque, dentre as condutas que tipificam a concorrência desleal não está a conotação comercial, da qual a Falha fora acusada.

10. Recurso especial parcialmente provido[84].

---

83. Ementa do acórdão de 7-3-2017, Quarta Turma do STJ, votação por maioria, rel. Min. Marcos Buzzi (Recurso Especial 1.342.266/PE).

84. Ementa do acórdão de 20-6-2017, Quarta Turma do STJ, por maioria dos votos, rel. Min. Luis Felipe Salomão (Recurso Especial 1.548.849/SP).

2 | Inter-relação com outras matérias: propriedade industrial (marcas e...

Apelações cíveis. Ação de obrigação de fazer c/c indenizatória por danos morais e materiais. Vídeo de paródia intitulado "medonhamente" postado no provedor de conteúdo "youtube". Exclusão temporária da mídia, pelo provedor de aplicação réu google, após notificação da ré onerpm, detentora dos direitos autorais da música "malandramente", por suposta violação de direito autoral. Sentença de procedência. Recursos das rés. Conexão. Autos n. 0000447-46.2016.8.24.0175. Inviabilidade. Demanda julgada. STJ, súmula n. 235. Preliminar. Ilegitimidade passiva da google. Insubsistência. Parte que efetuou a remoção do vídeo, a pedido da outra ré. Pertinência subjetiva quanto aos pedidos exordiais caracterizada. Prefacial rejeitada. Mérito. Conteúdo removido que se caracteriza como paródia. Exceção à violação de direito autoral. Liberdade de criação autorizada pelo art. 47 da lei 9.610/98. Obra de caráter predominantemente humorístico que não reproduziu cópia da música original, nem mesmo denegriu a sua imagem ou a do autor. Argumento de impossibilidade de exploração econômica da mídia. Irrelevância. Pressuposto não previsto na legislação que trata da criação de paródia. Precedente do STJ. Inexistência, ademais, de concorrência desleal ou dúvida nos usuários quanto à diferença entre as músicas, sobretudo porque distintos o conteúdo e o público-alvo. Afirmação do google de que apenas seguiu os termos de serviço do youtube. Ordenação que contraria os ditames do marco civil da internet, voltados à liberdade de expressão. Procedimento que, de forma apriorística, entende por procedente qualquer queixa de violação. Inspiração em legislação alienígena (DMCA – digital millenium copyright act) de viés diverso daquele adotado pela lei brasileira. Ilicitude caracterizada. Exclusão do material que se afigura ilícita. Responsabilidade solidária evidenciada. Atos de ambas as partes rés que se apresentam como *conditiones sine quibus non* para a violação. CC, art. 942, parte final. Dano material caracterizado. Lucros cessantes, próprios da atividade profissional do autor (postagem de vídeos na internet). Rendimentos auferidos de acordo com o número de visualizações de cada conteúdo. Prejuízo econômico que se mostra evidente com a remoção temporária da mídia. *Quantum* a ser arbitrado em fase de liquidação de sentença, tal qual determinado na decisão objurgada. Danos morais. Ocorrência. Violação ao direito fundamental de liberdade de expressão. Comprovação *in re ipsa*. Pretensão de redução do *quantum* indenizatório. Possibilidade. Observância dos princípios da proporcionalidade e razoabilidade. Fixação de honorários recursais. Insubsistência. Inexistência de redistribuição da sucumbência. Observância da súmula n. 362 do STJ. Estipulação ao autor, ademais, que não se afigura correta em razão do provimento parcial dos inconformismos. Recursos parcialmente providos[85].

Ainda sobre o tema, em caso decidido em 21 de agosto de 2018, REsp 1.597.678/RJ, envolvendo paródia de uma estrofe da música "Garota de Ipanema" utilizada em comercial de supermercado – na qual se modificava a estrofe inicial da música de "Olha que coisa mais linda (...)" para "Olha que *couve* mais linda (...)" – o rel. Min. Ricardo Villas Bôas Cueva consignou que "não se extrai da lei (...) o requisito de que a criação possua finalidade não lucrativa ou não comercial, conforme defendido pela recorrente", assegurando ainda que, no caso em comento, o conteúdo humorístico não tinha cunho depreciativo ao autor e que tinha sido caracterizada no Tribunal de Justiça do Rio de Janeiro a distintividade entre a obra original e a paródia, elemento esse que, por envolver reanálise de provas, não caberia alterar em Recurso Especial.

Resta evidente a necessidade do cuidadoso exame, caso a caso, do Poder Judiciário para, de um lado, consagrar o direito à liberdade de expressão artística ao autor da caricatura e sua comunicação ou charge, mas, de outro, reprimir abusos que possam atingir o caricaturado em sua imagem ou honra, mesmo que se trate de pessoa pública. Nesse contexto, discutível o acórdão recente do Tribunal de Justiça do Rio de Janeiro, que, ante o fato:

> Cinge-se a questão à qualificação jurídica de fato incontroverso nos autos, representado pela publicação da charge na qual se utiliza imagem caricatural do autor, pessoa pública reconhecida por opiniões políticas bem definidas, na esfera conservadora, associando-a, de modo reflexivo, ao ato terrorista ocorrida em Clube LGBT de Orlando-EUA, que resultou na morte de 50 pessoas e mais de 50 feridos. Pretende o apelante que seja reconhecido abuso de liberdade de expressão, pela prevalência do interesse existencial violado, na medida em que a publicação ofendeu a sua honra. Por outra via, busca o apelado reconhecer que a mesma publicação representou exercício regular do direito à liberdade artística e de expressão[86].

Mesmo admitindo que a charge associou a pessoa retratada a "ato terrorista" que "resultou na morte de 50 pessoas e mais de 50 feridos" (ato,

---

85. TJSC, 6ª Câmara de Direito Civil, Apelação Cível 00412-86.2016.8.24.0175, rel. Des. André Luiz Dacol, j. 27-3-2018.

86. Parte decisória (voto do relator do acórdão de 25-10-2017, 17ª Câmara do TJRJ, v.u., rel. Des. Marcia Ferreira Aluarenga (Apelação Cível 0241254-05.2016.8.19.0001).

em país estrangeiro, do qual, obviamente, a pessoa retratada não participou) chega-se à seguinte conclusão decisória:

> (...) 4 – Com relação à utilização da imagem do autor na charge satírica, ela não se apresenta desarrazoada ou desconectada da realidade, porque é fato público e notório que o mesmo tem posições políticas marcadamente conservadoras e, sobre esta questão, já se pronunciou diversas vezes como cidadão que reprova políticas públicas favoráveis a esta parcela específica da população. Sem qualquer juízo de valor sobre tais posições, que são dignas de tutelas porque também representam exercício de liberdade de expressão a favor do demandante, não se pode negar que tal político é marcado, se beneficia politicamente disso, por opiniões contrárias a diversos temas sobre diversidade sexual e de gênero.
>
> 5 – Logo, a honra do demandante não foi violada porque, na sua perspectiva individual, a associação de sua imagem ao chamado crítico sobre as ideias contrárias à diversidade de gênero (naturalmente exageradas pela natureza do meio empregado – charge, mas dentro do limite esperado para tal instrumento satírico) não afeta de modo relevante, de maneira a prevalecer sobre a liberdade artística e de expressão, a sua vida em sociedade e as suas relações sociais e comunitárias.
>
> 6 – Inexistente, portanto, dano moral indenizável[87].

A questão que remanesce, nesse caso, é se não se trataria de violação grave a direito de personalidade – *ofensa grave à sua honra* – a associação da pessoa retratada a crime hediondo em que não teve nenhuma participação, direta ou indireta.

Na Bélgica, recorda Alain Berenboom um caso no qual um sítio eletrônico chamado *Tintin Parodies* utilizava-se do revestimento como paródia e do meio eletrônico para reproduzir e adaptar obras criadas por Hergé. O Tribunal belga, porém, ressaltou que o simples título como "paródia" – quando se tratava de mero uso não autorizado, por meio de uma cópia deformada da obra original – e, principalmente, o meio de sua divulgação, não afetavam a caracterização da obra como plágio[88].

Situação análoga aconteceu com a chamada "Carreta Furacão", um grupo de animadores em trenzinhos direcionados ao público infantil, no qual personagens conhecidas atuam (Mario e Luighi criados pela Nintendo, Fofão do programa *Balão Mágico*). Os detentores de direitos sobre a

---

87. Ementa (parte final) acórdão citado.
88. Op. cit., 2022, p. 253.

personagem Fofão, então, ingressaram com ação, decidida em pelo Tribunal de Justiça de São Paulo, na apelação n. 1012022-44.2022.8.26.0506, j. e p. em 15 de julho de 2024, relatado pelo Des. José Carlos Ferreira da 2ª Câmara de Direito Privado, com o seguinte teor:

> APELAÇÃO CÍVEL – DIREITOS AUTORAIS – Ação julgada parcialmente procedente – Vedação ao uso da imagem do personagem "FONFON" pela "Carreta Furacão" além de indenizações por danos morais e materiais – Alegação de que se trata de paródia e não de violação a direitos autorais, sendo possível o uso do personagem em suas apresentações – Autor do personagem "Fofão" que, em vida, manifestou o desejo de que o personagem fosse utilizado apenas para o entretenimento do público juvenil – Ação anterior vedando a utilização da imagem do personagem pela ré, que criou um novo personagem, à imagem e semelhança do anterior, em aparente tentativa de burlar o quanto determinado anteriormente – Danos morais configurados e bem fixados – Termo inicial dos juros da mora sobre os danos morais bem fixados – Publicidade já conferida ao uso indevido do personagem, sendo desnecessária nova publicação – Recursos não providos.

Enfim, são esses limites que, harmonizando direitos constitucionais muitas vezes colidentes, cabe ao Judiciário sopesar.

CAPÍTULO 3

A evolução histórica no mundo e no Brasil

3.1. EVOLUÇÃO INTERNACIONAL DA MATÉRIA

3.1.1. A Antiguidade e os primeiros precedentes

Os direitos morais de autor antecederam aos patrimoniais na consciência de seus titulares, mas, no atinente à tutela jurídica, essa ordem pode ter sido inversa[1].

Desde a Grécia clássica e o período de dominação romana, a criação intelectual integra a órbita de interesse do seu autor, mesmo que o foco principal da reivindicação não se localizasse no plano econômico, mas, sim, no reconhecimento público da paternidade das alocuções e escritos e consequente incremento de fama e prestígio intelectual.

Nesse caminho, João Henrique da Rocha Fragoso anota:

> temos notícia pela mais antiga obra de arte assinada conhecida, um vaso, assinada por seu autor Aristonotos, por volta de 650 a.C., onde a indivi-

---

1. O escritor e jurista Plínio Cabral comenta que "Na Roma antiga e escravagista o autor tinha o privilégio do reconhecimento público, mesmo que ele fosse escravo e, portanto, apenas um instrumento de trabalho. A obra, então, pertencia ao senhor. Mas a autoria – e consequentemente a glória do feito – era do artista, como tal reconhecido e festejado" (*A nova Lei de Direitos Autorais*. Porto Alegre: Sagra Luzzato, 1998, p. 13). Sobre a existência, no plano jurídico, do direito de autor, Eduardo Salles Pimenta cita o jurista argentino Isidro Satanowski para consignar que "o direito de autor existe na esfera jurídica desde a antiguidade, apenas não legislado nem protegido juridicamente de forma orgânica" (*Princípios de direitos autorais*: um século de proteção de direitos autorais no Brasil – 1898 –1998. Livro I. Rio de Janeiro: Lumen Juris, 2004, p. 1).

71

dualidade do artista é por este reivindicada, desde logo, pela oposição de sua assinatura, ou da inscrição correspondente a denotar a sua autoria, como Aristonotos Epoiesen ("feito por Aristonotos"). Posteriormente, artistas outros, como Exekias, Eutimedes, Euphiletos ou Euphonios (século VI a.C.) e outros, puderam nos dar a conhecer a autoria de suas obras pela oposição da mesma insígnia, permitindo-nos a sua identificação automática, sem necessidade de maiores análises estilísticas[2].

Refere, ainda, o autor, que, segundo Rodolfo Antonio Iribarne e Hilda Retondo[3]: "No século V a.C., em Roma, vários participantes de um concurso de poesia foram acusados de 'ladrões' por terem apresentado como suas obras pertencentes à biblioteca de Alexandria"[4].

É curioso observar que, na história do direito de autor, uma das mais antigas regras oficiais conhecidas surgiu do inconformismo – *que existe até hoje* – dos autores de peças teatrais em relação à improvisação dos atores em cena, incluindo os vulgarmente denominados "cacos" (falas improvisadas) aos textos originais das obras representadas. Nesse sentido, Michaelides Novaros destaca, no âmbito do direito moral de autor relativo ao respeito à integridade da obra (nesse caso teatral), uma lei ateniense, de 330 a.C., que ordenou que cópias exatas das obras de três grandes clássicos haviam sido depositadas nos arquivos do Estado e que, constituindo texto oficial, deveriam ser respeitados pelos atores em suas representações[5].

Os gregos Sócrates e Platão, ou os romanos, como César e Cícero, os primeiros na qualidade de professores, o terceiro como político e o último advogado, consideravam-se e eram autores. Segundo Stewart, muitos deles escreviam mais para adquirir fama e reconhecimento do que para ganhar a vida[6].

Claude Colombet conclui, citando exemplos de Povillet, Olagnier e M.C. Dock, pela descoberta, na Antiguidade, da singularidade dos manuscritos, que, além de bens econômicos, eram ligados à pessoa do seu criador, daí não só a materialidade, mas a espiritualidade da criação[7]. No mesmo

---

2. *Direito autoral*: da Antiguidade à internet. São Paulo: Quartier Latin, 2009, p. 58.
3. Plágio de obras intelectuales. *Revista Interamericana de Direito Intelectual*, São Paulo, v. 4, n. 12, p. 117, 1981.
4. Conforme João Henrique da Rocha Fragoso, ob. cit., p. 59.
5. *Le droit moral de l'auteur*. Paris: Librairie Rousseau, 1935, p. 11-12.
6. STEWART, Stephen M. *Internacional copyright and neighbouring rights*. London: Butterworths, 1983, p. 13.
7. *Propriété litteraire et artistique*. 12. ed. Paris: Dalloz, 1980, p. 1-2.

3 | A evolução histórica no mundo e no Brasil

sentido, Piola Casellii comenta que seria possível que o direito de autor em seus aspectos morais já fosse amparado pelo direito romano, tendo em vista o *actio injuriarium*[8].

A respeito, Wilson Melo da Silva, após lembrar que a reparação do dano moral é – até – anterior aos romanos (conforme os Códigos de *Manu* e de *Hamurabi*, da Índia e Babilônia), ensina que "injúria" (etimologicamente: *in* = não + *jus, juris* = direito e, portanto, significa "não direito") para os romanos era considerada, em sentido amplo, tudo aquilo que se faria sem direito e, em sentido restrito, todo o ato voluntário, ofensivo da honra ou boa reputação do indivíduo[9].

Mediante a *actio injuriarium*, considera Pedro Ismael Medina Perez, podem se reprimir todos os atentados contra o direito moral dos nossos dias[10]. E entre os direitos morais de autor tutelados pelo direito positivo encontra-se o atributo do criador intelectual de assegurar a integridade de sua obra, "opondo-se a quaisquer modificações, ou à prática de atos que, de qualquer forma, possam prejudicá-la, ou atingi-lo, como autor em sua reputação ou honra"[11].

Embora pareça ser esse o entendimento adequado sobre a origem dos direitos de autor, praticamente pacífico na doutrina – *que possivelmente a tutela dos direitos morais foi anterior à dos patrimoniais (ou econômicos)* –, há orientações divergentes.

Pierre Recht, por exemplo, não discute que tenha nascido aos poucos a consciência dos autores relativa ao direito subjetivo sobre suas obras, mas pondera que estes não reclamavam seus direitos, a não ser acidentalmente, uma vez que se contentavam em vender seus manuscritos[12], situação também observada por outros doutrinadores como Marie Claude Dock, que destaca, também, a existência do relacionamento dos autores com os "bibliopolas" (vendedores de livros: "biblion", "epuro" e "polein", vender)[13], conforme anota Delia Lipszyc.

André Lucas, Agnès Lucas-Schloetter e Caroline Bernault indicam ainda a consciência, pelos jurisconsulto romano Gaio e pelo imperador

---

8. *Codigue del diritto di auttore*: commentario. Torino: Unione Tipografico Editrice Torinese, 1943, p. 1.
9. *O dano moral e sua reparação*. 3. ed. Rio de Janeiro: Forense, 1983, p. 11 e 19.
10. *El derecho de autor en la cinematografia*. Madrid: Reus, 1952, p. 4.
11. Art. 24, IV, da Lei n. 9.610, de 19-2-1998 (lei brasileira sobre direitos autorais em vigor), que reedita a regra da lei anterior (art. 25, IV, da Lei n. 5.988/73).
12. *Le droit d' auter, une nouvelle forme de propriété*. Editions J. Gembloux, 1969, p. 20.
13. *Derecho de autor y derechos conexos*. Buenos Aires: Ediciones Unesco, 1993, p. 29.

Justiniano, responsáveis pelas mais famosas coletâneas de direito romano atualmente acessíveis na integra, que distinguiam a proteção concedida à pintura em relação à obra literária. Porém, conforme dizem os autores, a solução dada por eles ainda era bem distante da noção moderna de "propriedade intelectual", contrariando a hipótese de um autêntico "direito autoral antigo"[14].

Antonio Chaves descreve essa atividade como "os editores no mundo de hoje":

> Roma já dispunha de uma rudimentar indústria livreira, pois havia organizações que se incumbiam de fornecer numerosas cópias manuscritas ("bibliopolas"), mediante licença dos autores, valendo-se principalmente do trabalho de escravos ou de religiosos. As cópias, em papiros, uma vez corrigidas, eram entregues aos "glutinatores", que costuravam as folhas, colocando-as em condições de serem vendidas[15].

Assim, mesmo nos primórdios da civilização, não é correto desvincular inteiramente a criação intelectual da existência de interesse econômico por parte do seu autor. Nesse sentido, como em outros exemplos, é notório o benefício pecuniário que desfrutavam os poetas Horácio e Virgílio, algumas décadas antes do nascimento de Cristo, entre 74 a.C. e 8 d.C. junto ao Ministro Caius Mecenas, do período de Caio Julio Augusto, nome que passou a indicar os incentivadores das artes e – até – essa modalidade de atividade (*Mecenato*), como observa Fábio de Sá Cesnik[16].

De qualquer forma, como anotou Eugene Pouillet, o direito dos autores existiu em todo tempo, apesar de não ter ingressado no direito positivo desde suas origens[17]. No plano do direito patrimonial, a proteção das obras

---

14. Op. cit., 2017, p. 3-4.
15. *Criador na obra intelectual*. São Paulo: LTr, 1995, p. 40. O mesmo autor observa que: "Marie-Claude Dock estuda minuciosamente a matéria, fazendo ver que Ático teria sido o primeiro a dar algum impulso a esse gênero de negócios. 'O que se explica, por outro lado, facilmente: se a escrita apareceu em muito boa hora em Roma, o material de que ela dispunha originariamente – tábuas de madeira, peles – era pouco próprio a uma multiplicação de exemplares. Foi, portanto, necessário esperar pela introdução no comércio do ocidente do papiro egípcio sob os primeiros Ptolomeus e em seguida a do pergaminho para ver a edição se desenvolver'" (CHAVES, Antonio. *Direito de autor*: princípios fundamentais. Rio de Janeiro: Forense, 1987, p. 23).
16. *Guia do incentivo à cultura*. Barueri: Manole, 2007, p. 1.
17. *Traité de la proprieté litteraire et artistique*. Paris: Librairie Générale, 1908, p. 2. Apesar dessa insuficiência de positivação, nas legislações remotas, do direito de autor, não seria insensato concluir pela inexistência de questões específicas no plano casuístico das previsíveis pretensões jurídicas no direito romano, no ambiente do sistema mais completo e abrangente das ações pretorianas (*actiones praetoriae*) que, a partir da *Lex Aebutia de formulis*, de 149 a.C., restavam dispensadas de previsão legal, tornando-se, assim, a dinâmica jurisprudência dos pretores uma fonte de direito com autonomia em relação à legislação

intelectuais se inseria nas regras genéricas do direito de propriedade, em específico a tutela de bens móveis materiais, características bem distantes do tratamento jurídico da matéria em nossos dias.

Nesse sentido, a lição de João Carlos de Camargo Éboli de que

> o fato de o Direito Romano, fonte maior do nosso Direito positivo, não possuir qualquer disposição legal específica sobre as prerrogativas dos criadores intelectuais, não significa que os direitos dos artistas plásticos, dramaturgos e escritores não fossem amparados dentro da lei geral, dispensando uma legislação especial[18].

3.1.2. Da Idade Média ao sistema dos privilégios editoriais

Anota Henry Jessen que, com a queda de Roma, em 476 d.C., a Europa mergulhou em um período difícil para as artes, com distúrbios e invasões que assolaram as populações. As coisas do espírito, salvo a religião, assumem caráter secundário. Por toda a Idade Média, pois, ocupar-se-ão os artistas em desenvolver quase exclusivamente temas religiosos em todos os ramos da criação intelectual[19].

Efetivamente, a preocupação com a disseminação de temas religiosos, principalmente no que concerne aos manuscritos duplicados em monastérios, implicou a dificuldade de identificação de autoria (*direito moral*) e provável ausência de interesse econômico. Também cabe destacar a existência de escritos de natureza semipolítica e o interesse de seus criadores estar direcionado, mais acentuadamente, à divulgação de ideias do que à comercialização das obras que as contivessem. Nesse aspecto, evidente o interesse dos autores na preservação dos seus direitos morais. Dignos de menção, também, além da reprodução de manuscritos religiosos ou semipolíticos, como consigna Stewart, os caracteres representativos das leituras públicas de poesias ou contos, praticadas na Idade Média, um verdadeiro prenúncio das dificuldades que iriam surgir, mais tarde, nas iniciativas de normatização e controle do que se denominou direitos de representação[20].

Acrescente-se à observação de Stewart, entre outras prováveis manifestações artísticas relevantes da Idade Média – mesmo ainda no período de seu

---

arcaica da época (*Lei das XII Tábuas, de V a.C. até mesmo as leis votadas nos comícios no último período da república nos Séculos I e II a.C.*).

18. *Pequeno mosaico do direito autoral*. São Paulo: Irmãos Vitalle, 2006, p. 19.

19. *Direitos intelectuais*. Rio de Janeiro: Edições Itaipu, 1967, p. 15.

20. Ob. cit., p. 14.

início, denominada Alta Idade Média ou Idade Média Antiga (*Séculos V ao X*) –, a difusão da poesia pela tradição oral também no mundo árabe:

> As mais antigas inscrições árabes, em escrita aramaica, remontam ao século IV, e depois evoluiu para uma escrita árabe; além das inscrições, a escrita bem pode ter sido usada no comércio entre longas distâncias. Os poemas, porém, eram compostos para recitação em público, seja pelo próprio poeta, seja por um rawi, ou declamador. Isso tinha algumas implicações: o sentido precisava ser transmitido em um verso, uma unidade única de palavras cujo sentido fosse captado pelos ouvintes, e toda apresentação era única e diferente das outras. O poeta ou rawi tinha margem para improvisações, dentro de um esquema de formas e modelos verbais comumente aceitos, de uso de certas palavras ou combinações de palavras para expressar certas ideias e sentimentos. Assim, talvez não tenha havido uma versão autêntica única de um poema. Como nos chegaram, as versões foram produzidas mais tarde por filósofos ou críticos literários, à luz das normas linguísticas ou poéticas de sua própria época[21].

---

21. Conforme Albert Hourani em *Uma história dos povos árabes* (*A history of the Arab peoples*. Trad. Marcos Santarrita. São Paulo: Companhia das Letras, 1994, p. 30). Ainda na Idade Média, já nos Séculos XII e XII, ressalve-se nesse quadro de exceções a temática unicamente religiosa ainda predominante, também a cena cultural – *e valorização do livro* – no mundo árabe, evidente na descrição de *"como deveria ser o estudioso" professado pelo sábio legal e médico de Bagdá ABD AL Latif (1162/3-1231):* "Quando leres um livro, faz todo esforço para aprendê-lo de cor e dominar o seu sentido. Imagina que o livro desapareceu e podes passar sem ele, não sendo afetado pela perda (...). A pessoa deve ler histórias, estudar biografias e as experiências das nações. Fazendo isso, será como se em seu curto espaço de vida, tivesse vivido contemporaneamente com pessoas do passado, privado com elas, e conhecido os bons e os maus entre elas" (HOURANI, Albert. *Uma história dos povos árabes* [*A history of the Arab peoples*]. Trad. Marcos Santarrita. São Paulo: Companhia das Letras, 1994, p. 14 e 176).
Na segunda edição de *Direito autoral no Brasil*, lançada em 2008, já destacamos a relevância da historiografia de Albert Hourani na informação sobre a matéria em relação aos povos árabes, especialmente na Idade Média, época em que a notícia de fatos se tornou rara e dispersa. Rocha Fragoso retoma, em sua obra, que já citamos (*Direito autoral*: da Antiguidade à internet. São Paulo: Quartier Latin, 2009), o autor e sua alentada obra *Uma história dos povos árabes* para, com propriedade, lembrar seus apontamentos sobre a existência de um sistema de autenticação de obras literárias – e sua transmissão – no mundo islâmico a partir do Século IX: "A partir do século IX, a utilização do papel acarretou uma cada vez maior facilidade de reprodução e difusão de obras intelectuais; os livros eram ditados para escribas por seu autor ou por algum sábio de renome; terminada a cópia, o autor – na maior parte das vezes, analfabeto – fazia a revisão, e, em seguida, autenticava-a. A autenticação se dava através de um 'atestado de autenticidade' denominado ijaza, pelo qual garantia-se que a transmissão oral do conteúdo da obra, feita pelo autor, ou pelo sábio, para o escriba ou copista, era autêntica, como ensina Albert Hourani, que também acresce: 'Esse processo se propagou, à medida que os que tinham copiado um livro autorizavam outro a copiá-lo', e os exemplares assim copiados eram vendidos por livreiros e muitos deles vendidos nas bibliotecas. Ou seja, os copistas no mundo Islâmico, assim como os livreiros ingleses, arrogavam para si um verdadeiro direito de reprodução" (ob. cit., p. 61 e 62). Complementa: "Observa-se, assim, a partir do século IX um procedimento em todo o mundo islâmico – o de garantir a autenticidade da cópia de textos, em especial de textos sagrados ensinados nas madrasas, o que resultava em dois efeitos: (i) o de garantir a autenticidade da origem da obra, vale dizer, de seu autor, refletindo a sua paternidade; (ii) o de garantir a autenticidade do conteúdo da obra, oralmente transmitida para o escriba, refletindo assim a preocupação com a sua integridade" (Ob. cit., p. 63).

3 | A evolução histórica no mundo e no Brasil

A Idade Média é caracterizada pela coexistência de direitos distintos, especialmente o dos germanos, de natureza consuetudinária[22], que separam o Estado em Estados independentes entre si e o romano. Ensina Antonio Chaves que, à medida que o povo germano foi se fundindo com o romano, também os respectivos direitos se uniram:

> Formou-se, assim, na Idade Média, um grande número de legislações particulares de direitos nacionais, ao mesmo tempo que permanecia, como direito geral, comum, o Direito Romano, codificado por Justiniano, que passou a ser chamado de Direito Civil, mas persistindo como fonte de inspiração ainda em nossos dias[23].

Comenta Hespanha que, a partir do Século XIII, o direito romano passa a estar integrado no sistema de fontes de direito da maior parte dos reinos europeus, sendo a recepção na Alemanha mais tardia (Séculos XV e XVI)[24].

> O artista do renascimento era pago. Um agregado da corte. Era honrado e dignificado. Mas sua obra pertencia ao encomendante. O nome do artista, porém, ali ficava. E, como sabemos, fica para sempre. A paternidade da obra dos renascentistas – um ponto alto nos direitos morais do autor – chegou até nós. Seus patronos e pagantes desapareceram[25].

Na Alemanha, em 1436, Hans Gutenberg inventou a imprensa em tipos móveis, revolucionando o sistema de extração de cópias, em grandes quantidades e com baixo custo, de obras literárias e outros escritos que, durante os vinte séculos anteriores (de V a.C.), eram manuscritos. Essa data consiste em um marco na conscientização sobre a necessidade de estabelecimento de uma forma de proteção diferenciada do regime comum e genérico próprio aos bens materiais móveis. As várias cópias extraídas de

---

22. Relata Hespanha que os direitos das várias "Nações" ou tribos germânicas que invadem e percorrem a Europa entre os Séculos III a VIII, embora de natureza consuetudinária, foram "frequentemente coligidos em compilações que imitavam as codificações imperiais romanas do Baixo Império (séculos IV e V). Chamou-se, mais tarde, a essas compilações de "leis dos bárbaros" (*leges barbarorum*) (HESPANHA, António Manuel. *Cultura jurídica europeia*: síntese de um milênio. Sintra: Fórum da História, Publicações Europa-América, 2003, p. 104).

23. *Tratado de direito civil*: parte geral. São Paulo: Revista dos Tribunais, 1982. t. 1, p. 159.

24. Ob. cit., p. 105.

25. Ob. cit., p. 14 e 15. Como precedente histórico (1443) e exercício prático de direito patrimonial de autor, segundo Oswaldo Santiago, em sua obra *Aquarela do direito autoral* (p. 13), citada por Eduardo Salles Pimenta: "O poeta Gringoire recebeu a primeira paga, de que se tem notícia, por uma criação intelectual. Segundo Jean Bayet, ele escreveu uma obra sobre a vida de Monseigneva Saint-Loys de France para a Confraria dos Carpinteiros de Paris, que lhe pagou o trabalho" (ob. cit., p. 3).

um único livro não consistiam apenas na reprodução de um objeto qualquer, pois, ao contrário, continham um bem imaterial dissociado do suporte físico dos exemplares e ligado à personalidade do autor: a obra intelectual.

Todavia, mesmo nessa época, a identificação do titular da proteção ainda não seria direcionada ao autor da obra. Como indica Frédéric Pollaud-Dulian, o privilégio real é um direito de cópia concedido pelo monarca absoluto a determinados sujeitos:

> O soberano pode, se julgar bom, conceder privilégios por meio de "cartas-patente", ou seja, monopólios temporários de exploração sobre certas obras, sem que isso seja realizado de forma sistemática. Além do favor é de revelo o seu "bel prazer". Ele vai outorgar tais privilégios essencialmente aos livreiros, e às companhias de teatro, que obtêm, assim, uns e outros, o monopólio de impressão de tal obra, e os segundos, monopólio de representação da obra[26].

Era mais visível a atividade técnica tipográfica e dos impressores e evidente a necessidade de proteção do seu investimento e atividades comerciais, para justificar a tutela jurídica no regime da concessão estatal de privilégios e consequentes penalizações a quem os desrespeitasse. Destaque-se três concessões nesse caminho: (1) a de 1495, do Senado de Veneza, em favor de Aldo Munucci, para exclusividade de uso de sua invenção (caracteres tipográficos nomeados como *itálicos*), com fixação de sanções; (2) a de 1496, pela república de Veneza a Giovanni Spira, que introduziu a imprensa em Veneza; e (3) a de 1507, no reinado de Luís XII, na França, para Antoine Geerasol, relativa à impressão das epístolas de São Paulo. Note-se que essa proteção não se coadunaria com o regime vigente nos dias atuais por se tratar – *já naquela época* – de autores há muito tempo falecidos. Assim, é irônico constatar que uma das primeiras proteções conhecidas sobre as obras intelectuais incidiram justamente sobre obras que atualmente não poderiam ser objeto de tutela autoral, em decorrência do regime da temporalidade de proteção legal mundialmente vigente. De qualquer forma, é inegável o benefício, mesmo que indireto, sob o aspecto econômico, que o regime de privilégios de impressão trouxe também para os autores, apesar de existirem concessões, como foi o caso do célebre escritor espanhol Miguel de Cervantes (1547-1616), que, para garantir o privilégio de imprimir (*e vender nos reinos de Castela pelo espaço de dez*

---

26. POLLAUD-DULIAN, Frédéric. *Propriété intellectuelle*: Le droit d'auteur. Paris: Economica, 2014, p. 21.

anos) a sua memorável obra *Don Quixote de La Mancha*, dedicou-a "a DON ALONSO DIEGO LOPES DE ZUNIGA Y SOTOMAYOR, duque de Bejar, Marquês de Gibraleon"[27].

No tocante aos direitos de reprodução, Antonio Chaves ensina que, com a descoberta da imprensa e a consequente facilidade na obtenção da reprodução dos trabalhos literários, surgiu também a concorrência das edições abusivas. Daí o interesse em reprimi-las, pois o autor, ou seu sub-rogado em direito, que antes tinha pelo menos um controle sobre a reprodução das obras, decorrente da posse do manuscrito original, passou a perdê-lo, uma vez que cada possuidor de uma cópia impressa podia, com toda facilidade, reproduzi-la[28]. A respeito, Hildebrando Pontes Neto comenta:

> Já vai longe o tempo em que a cultura foi se alojar nos nichos sagrados dos mosteiros, e as cópias eram produzidas artisticamente de forma manual (manuscritos), exigindo trabalho insano e tempo considerável dos copistas: foram vinte séculos. Com o tipo móvel, Gutenberg revolucionou o mundo; possibilitou a reprodução dos livros em quantidades até então inimagináveis[29].

Realmente, a partir dessa época, a mudança da situação no campo literário foi radical, em virtude da facilitação da reprodução de livros, do desenvolvimento cultural europeu e do crescente acesso da população à alfabetização.

Em face desse estado de coisas, originou-se o que se pode considerar a primeira categoria organizada de comerciantes de obras intelectuais na área literária: os impressores e vendedores de livros. Anota Pierre Masse que Giovanni Spira, em 1496, obteve o primeiro privilégio editorial de que se tem conhecimento. Foi-lhe outorgado em Veneza para a edição de cartas de Cícero e Plinio[30].

---

27. Conforme Eduardo Salles Pimenta, ob. cit., p. 3, citando Alcides Darra.
28. *Direito autoral de radiodifusão*. São Paulo: Max Limonad, 1952, p. 15.
29. *Cópia ou crime*. *Presença Pedagógica*, v. 2, n. 12, p. 81, nov./dez. 1996. Plínio Cabral, sob o mesmo prisma, comenta: "O livro era imenso, copiado em peles de carneiro ou tábuas de madeira, enormes e de transporte difícil. O papiro – papel – veio facilitar muito esse trabalho. Mas ele continuava sendo uma cópia manual, demorada e pouco confiável. O copista confundia-se com o autor. Mesmo assim, o livro copiado teve longa duração: cerca de vinte séculos. O desenvolvimento da técnica facilitou a difusão das obras de arte, especialmente as manifestações escritas. Os tipos móveis de Gutenberg, que apareceram em 1455, tornaram possível a composição de livros e sua difusão em grande escala. Foi uma revolução. E o nascimento de uma nova indústria" (ob. cit., p. 15).
30. MASSE, Pierre. *Le droit moral de l' auteur sur son oeuvre litteraire ou artistique*, 1906, p. 34. Masse desconsidera o privilégio obtido por Aldo Municci em 1495, em Veneza, tendo em vista não se tratar de direitos sobre obra literária e sim sobre caracteres tipográficos.

A respeito, relata Stewart que o autor não poderia alcançar esse novo público sem a intervenção de um intermediário que estava preparado para fazer o investimento inicial – "um novo comércio emergia: gráficas e vendedores de livros, na Inglaterra denominados *stationers*, que eram os precursores dos editores modernos".

Complementa ainda Stewart que esses primeiros intermediários entre o autor da obra intelectual e o público, interessados visceralmente no resultado econômico que viesse a lhes favorecer a edição daquela, certamente impulsionaram sobremaneira o fortalecimento dos direitos patrimoniais decorrentes da exploração econômica da obra. Contudo, naturalmente, tais intermediários reivindicavam para si a titularidade desses direitos. Por isso, os "privilégios" obtidos naquela ocasião devem ser considerados mais propriamente "editoriais" do que "autorais". E suas características essenciais atestam essa conclusão:

(a) garantiam (aos *stationers*) a exclusividade de direitos de reprodução e distribuição;

(b) fixavam um período de duração do privilégio; e

(c) previam sanções aos infratores do privilégio, como apreensão das cópias contrafactadas e pagamento de indenização[31].

Diversos problemas vinham do sistema de privilégios, conforme pontua Pollaud-Dulian. Um dos mais perversos era a implicação de que, como os privilégios eram concedidos de forma aleatória e assistemática de acordo com a vontade da Corte, incidia sobre todo e qualquer impresso uma censura prévia pelo monarca.

3.1.3. Da primeira lei de direitos autorais às inovações da Revolução Francesa e do Código de Napoleão

Esse sistema de privilégios, no entanto, seria, no Século XVIII, substituído pelo direito de autor nos moldes existentes até hoje. Em 1710, se

---

31. Ob. cit., p. 16. A respeito, anota Leonardo Machado Pontes que, "Em 1556, por decreto real, a Coroa inglesa havia concedido monopólio legal a todas as impressões licenciadas pelo Estado à Stationer's Company, composta pelo núcleo dos principais livreiros de Londres. A Stationer's Company era subordinada à jurisdição da royal Star chamber Court, que possuía sua própria court of Assinants, com poderes para censurar livreiros que não haviam registrado o trabalho ou impresso um trabalho registrado em nome de outro. Além disso, a Stationer's Company tinha o poder de paralisar e destruir boletins e livros ilegais" (*Creative commons*: problemas jurídicos e estruturais. Belo Horizonte: Arraes Editor, 2013, p. 21).

3 | A evolução histórica no mundo e no Brasil

converteu em lei um projeto[32] apresentado um ano antes na Câmara dos Comuns, em Londres, o denominado "Estatuto da Rainha Ana", que estabelecia aos autores o direito exclusivo de imprimir e dispor das cópias de quaisquer livros. Instituía-se o *copyright* (expressão utilizada até hoje para denominar o direito de autor nos países de origem britânica), derrogando-se, assim, o privilégio feudal, vigente desde 1552, em favor da *Stationers Company*, ou seja, a corporação dos impressores e livreiros ingleses, que assegurava a esta o monopólio de publicação de livros no país.

Ensina Leonardo Machado Pontes que esse primeiro diploma legal no campo de direitos de autor, além de ter sido influenciado pela *"Labor Theory of Property"* do filósofo inglês John Locke, teve, ainda, o seu ativismo pessoal direto, junto à Câmara dos Comuns britânica, na defesa do direito de propriedade dos autores. Nesse sentido, relata:

> John Locke teria exercido uma enorme influência para a ocorrência desses acontecimentos do século XVIII. Em 1694, Locke propôs que o monopólio dos membros da Stationer's Company, na votação da renovação da Licensing Act, que daria aos mesmos o contínuo controle da publicação dos livros, desde a abolição da Star Chamber, fosse impedido. Ele escreveu um memorando para Edward Clarke, membro do Parlamento, opondo-se à renovação direta de seus direitos. Locke se referiu àqueles sujeitos como "ignorantes e preguiçosos". Contra o monopólio dos stationers, Locke irá contrapor o direito dos autores de controlar seus próprios trabalhos por meio do direito de propriedade: "pode ser razoável limitar a propriedade deles a um certo número de anos após a morte do autor, ou da primeira impressão do livro, como, suponhamos, cinquenta ou setenta anos". Surpreendentemente, o próprio John Locke, em pleno século XVII, sugeriu a proteção ao *copyright* por toda a vida do autor, mais cinquenta ou setenta anos após a sua morte, o que indica que ele tinha noções e pensamentos relativos à propriedade literária e que a linguagem desse século e do próximo seria investida na noção de propriedade[33].

Essa primeira lei de direitos autorais, também denominada *Copyright Act*, estabeleceu, entre os demais dispositivos relevantes à inauguração do novo sistema jurídico de tutela do autor, o prazo de proteção do direito

---

32. Anota Rocha Fragoso que o projeto que originou o Estatuto da Rainha Ana era do deputado Edward Wortley Montagre, membro do partido dos Wigs, com maioria na Câmara dos Comuns.
33. Ob. cit., p. 22 e 23.

exclusivo de proteção por 14 anos, contados da publicação, e prorrogados, se o autor ainda vivesse, por um prazo adicional de igual período. Outro mandamento fundamental na precursora lei inglesa foi a adoção de sanção, que, além da perda dos livros contrafactados encontrados em seu poder, punia os infratores com o pagamento de "multa de um *penny* para cada folha, sendo metade desta destinada à Coroa britânica e a outra metade ao autor da ação"[34].

Note-se, portanto, que a natureza da violação objeto de reparação aos titulares do direito, tanto no sistema de privilégios "editoriais" como no autoral que o sucedeu, era patrimonial econômica, gerando pagamento de indenização ou multa. A violação a direitos morais (*ou pessoais*) dos autores ainda não tinha sido objeto de normatização.

O precursor direito de autor europeu começou a seguir o exemplo inglês, mas somente meio século depois, em 1763, Carlos III, na Espanha, cancelou o sistema de privilégios aos impressores e livreiros, similar ao ainda vigente na França e ao anteriormente vigente na Inglaterra (até 1710), decretando, por ordenamento real, que o privilégio exclusivo de imprimir uma obra somente poderia ser outorgado ao seu autor[35].

A França, antes mesmo da revolução que se avizinhava, em 1777, ainda no reinado de Luís XVI, promulgou

> seis decretos em que se reconheceu ao autor o direito de editar e vender suas obras e foram criadas duas categorias diferentes de privilégios: o dos editores, que era por tempo limitado e proporcional ao montante do investimento, e o reservado aos autores, que tinha como fundamento a atividade criadora e que, em razão disso, era perpétuo[36].

Conforme menciona Pollaud-Dulian, essa série de atos do Conseil d'État du roi (Arrêts de règlement) distinguem pela primeira vez os direitos do editor e do autor, concedendo a estes um privilégio perpétuo e presumido de utilização de suas obras. Esses casos darão azo a reações e contrarreações, culminando na formação da gestão coletiva de autor por

---

34. STEWART, Stephen. *International copyright and neighbouring rights*. London: Butterworths, 1983, p. 22.

35. No ano seguinte (1764), Carlos III inovou o sistema autoral da época ao adotar a regra vigente até nossos dias, de que o direito (entendido como "privilégio" na época) do autor, quando da sua morte, é transmissível aos seus herdeiros (Conforme LIPSZYC, Delia. *Derecho de autor y derechos conexos*. Buenos Ayres: Unesco, 1993).

36. Conforme Delia Lipszyc, ob. cit., p. 33, que complementa observando que as disposições desses decretos só eram aplicáveis "aos escritores, não aos autores de obras teatrais ou musicais". Destaque-se, como importante característica dessa regulação, o reconhecimento – existente até hoje – da perpetuidade do direito de autor.

3 | A evolução histórica no mundo e no Brasil

Beaumarchais e outros, assim como no novo direito de autor nascido na Revolução Francesa[37].

A partir desses precedentes legais, o direito de autor – denominação adotada na França – e o *copyright* – na Inglaterra e nos Estados Unidos – se consolidariam a partir de mudanças políticas radicais ocorridas no continente americano e europeu: a independência colonial norte-americana e a Revolução Francesa. No curso de dez anos, de 1783 a 1793, os dois regimes jurídicos: o denominado "objetivo", com enfoque principal na proteção da "obra" (o *copyright*), de um lado e, de outro, o "subjetivo", dirigido à tutela do autor (o "direito de autor"). O primeiro, "objetivo", era fundamentado na *common law* e o segundo, "subjetivo", que evoluiu para ser adotado modernamente em todo o mundo, partiu da tradição jurídica continental europeia e latina[38].

O regime europeu continental inovava, assim, o regime jurídico da matéria com dois decretos da Assembleia Constituinte da Revolução Francesa: o 13, de 19 de janeiro de 1791, e o 19, de 24 de julho de 1793; o primeiro, assegurando aos autores o direito sobre a representação de suas obras e o segundo, ampliando-o para a reprodução de obras literárias, musicais e artísticas[39]. Abrigava, assim, a tutela autoral as duas principais vertentes da utilização de obras intelectuais até nossos dias: a reprodução e a representação. Relevante destacar, já nessa ocasião, a adoção de critério reparatório para a violação de direito patrimonial de autor aplicado até hoje: a reversão integral do resultado econômico do uso não autorizado (no caso a representação) de obra intelectual ao autor[40].

---

37. Op. cit., p. 25-27.

38. Nos termos, ainda, do relato de Delia Lipszyc, nos Estados Unidos – que seguiram o modelo inglês – vários estados sancionaram leis específicas sobre *copyright*. A Constituição de 1787 (art. 1, Sec. 8) deu ao Congresso a faculdade "de promover o progresso da ciência e das artes úteis, garantindo por um tempo limitado aos autores e aos inventores um direito exclusivo sobre seus respectivos escritos e descobrimentos", e, sobre essa base, foi editada, em 1790, a primeira lei federal sobre a matéria, protegendo os livros, os mapas e as cartas marítimas, mantendo o mesmo prazo de proteção do "*Copyright Act*" inglês, de 1710 (ob. cit., p. 33 e 34).

39. Reporta Leonardo Machado Pontes que "Os relatórios de Le Chapier e Lakanal, que precedem à criação das leis revolucionárias de 1791 e 1793, proclamam a ideia de um direito natural dos autores, uma propriedade, na forma da ideologia e da hierarquia das normas cíveis da época. Proclamou Lakanal: "De todas as propriedades, a menos suscetível de contestação, aquela cujo reconhecimento não pode ferir a igualdade republicana, tampouco obscurecer a liberdade, sem contradições, é a produção do gênio; e se qualquer coisa deve ser entoada, é que falta reconhecer esta propriedade por uma lei objetiva" (ob. cit., p. 41). Destaca também, a importância de Diderot nessa conquista, registrando ter o renomado filósofo francês escrito, entre 1763 e 1764, a "Carta sobre o comércio do livro (*Lettre sur le commerce des livres*), aproximando a propriedade literária das demais propriedades imobiliárias (ob. cit., p. 40) e lembra a atribuição a Le Chapelier da célebre frase: "a mais sagrada, a mais legítima, a mais intacável e, se posso dizer assim, a mais pessoal das propriedades, é a obra do fruto do pensamento de um escritor" (ob. cit., p. 42).

40. Esses dois decretos fundamentais da Assembleia Constituinte da Revolução, basilares para o regime autoral tal como é hoje, continham, principalmente, as seguintes regras: (a) Decreto 13, de 19-1-1791:

83

A exemplo dos referidos diplomas legais do final do Século XVIII, ainda no âmbito da Revolução Francesa, que regulavam o direito de autor (e que serviram de modelo para as legislações atuais), a codificação que se seguiu no curso do Século XIX, no campo amplo do direito civil, inaugurado pelo Código Civil francês de 1804, fundou-se nos "direitos subjetivos", também denominados "direitos naturais", que, na concepção jusracionalista, são aqueles atribuídos pela natureza a cada homem de dar livre curso aos seus impulsos instintivos ou racionais e, assim, ligados à personalidade, à sua defesa, à sua conservação e ao seu desenvolvimento[41].

No plano da evolução dos direitos de autor, ensina Delia Lipszyc que o *copyright* anglo-americano, de orientação comercial, nascido no "Estatuto da Rainha Ana", de um lado, e, de outro lado, o "direito de autor", de orientação individualista, nascido nos decretos da Revolução Francesa, constituíram a origem da moderna legislação sobre direito de autor nos países de tradição jurídica baseada na *common law*, no primeiro caso, e de tradição jurídica continental europeia ou latina, no segundo[42].

A construção dos fundamentos do direito de autor na concepção europeia, por se distinguir da adotada pela *common law* anglo-norte-americana, de índole objetiva, repousa, em parte substancial, na vertente humanística – *e não mercantil* – da sua proteção jurídica. Nessa trilha, a consagração paulatina do direito moral de autor, fundamental no primeiro sistema (*continental europeu*) e incipiente no segundo (*common law*), é evidente, sendo a sedimentação jurisprudencial francesa decisiva a partir de 1849, como relata Leonardo Machado Pontes[43]. Acrescenta, também,

---

"as obras dos autores vivos não poderão ser representadas em nenhum teatro público, dentro de todo o território da França, sem o consentimento formal e por escrito dos autores, sob pena de confisco do produto total das representações em benefício do autor" (art. 2); e (b) Decreto 19, de 24-7-1793: "os autores de escritos de qualquer gênero, os compositores, os pintores e os desenhistas fruirão, por toda a vida, do direito exclusivo de vender, fazer vender, distribuir suas obras no território da república e de ceder a sua propriedade no todo ou em parte" (art. 1). O período de proteção, em ambas as leis, durava a vida inteira dos autores, sendo, no primeiro caso (representação), transferido para os seus herdeiros ou cessionários por cinco anos e, no segundo (reprodução), por dez anos após a morte do autor.

41. António Manuel Hespanha (ob. cit., p. 219-220) complementa observando que a teoria dos direitos subjetivos ou naturais, que começa por ter aplicações importantes nos domínios do direito público, era, na sua natureza íntima, uma teoria de direito privado, pois dizia respeito, originariamente, ao modo de ser das relações entre os indivíduos e foi, de fato, no domínio do direito privado que ela teve consequências mais duradouras, favorecendo a base para a construção de doutrinas efetuada pela "pandectística" alemã do Século XIX.

42. Ob. cit., p. 35.

43. Registra Machado Pontes que: "O primeiro julgado que reconheceu o direito moral do autor, que ocorreu em 1849, pelo Tribunal correctionnel de La Seine, demonstrou que: 'qu'indépendamment de l'intérêt pécuniaire, il existe, pour l'artiste, un intérêt plus précieux, celui de as réputation'. Nesse julgado, o Tribunal francês considerou que o escultor Clésinger tinha o direito de instituir procedimentos

3 | A evolução histórica no mundo e no Brasil

sobre a evolução, no Século XIX, do prazo de proteção legal do direito de autor que:

> A primeira lei revolucionária que desse cenário se originou limitou o direito de propriedade do autor em 10 anos *post mortem*; a segunda lei, em 5 anos *post mortem* (embora a proposta de Condorcet/Sieyès tenha sido rejeitada pela Assembleia). Mais do que o interesse público, o prazo exíguo dessa proteção talvez seja explicado pela vontade dos legisladores franceses de tornar acessíveis, no domínio público, as obras de Rousseau, Voltaire, Racine e Molière, que já estavam mortos.
>
> (...)
>
> O prazo de proteção *post mortem* saltou de 10 para 20 anos em 1810, depois para 30 anos em 1854, e finalmente para 50 anos em 1866. O posicionamento de alguns intelectuais de renome contribuiu fortemente para essa expansão. Sobre essa participação, convém citar a Carta endereçada aos escritores franceses do século XIX (Lettre adressée aux écrivans français du XIX siècle), escrita por Balzac (1834), na qual se reivindica a perpetuidade do direito dos autores, claramente qualificado como um direito de propriedade, e se considera bárbara e iníqua qualquer limitação a esse direito natural. Seguindo essa trilha, para além do século XIX, a lei autoral francesa de 11 de março de 1957 consagrou definitivamente a ideia de um direito natural dos autores, decorrente de sua personalidade. Trata-se de uma lei repleta de humanismo, que acentua fortemente a dimensão moral do direito do autor[44].

Concomitantemente com a evolução do regime jurídico francês de proteção ao direito de autor, outras leis foram surgindo no continente europeu, destacando João Henrique Rocha Fragoso a da Alemanha, Rússia, Espanha, Bélgica e de Portugal:

> Na Alemanha, o reconhecimento aos direitos de autores e editores, com amplitude legislativa, deu-se pelo Código Civil alemão, de 1794, culminando com a lei especial de 1837. Na Itália, o direito do autor não era reconhecido, garantindo-se privilégios somente ao editor, desde 1603, e apenas tendo em seus territórios sido reconhecido os direitos dos autores já no limiar do século XVIII. Finalmente, a então Rússia czarista, em

---

criminais contra a transferência de uma estátua criada por ele, sob a alegação de que a transferência havia mutilado a própria estátua. Em grau de recurso, foi julgado que o autor não teria direito a instituir procedimentos criminais, mas teria direito de mover uma ação no âmbito da justiça cível. Em 1901, no caso Cinquin C. Lecocq, a jurisprudência francesa finalmente unificou-se no sentido de reconhecer a doutrina do direito moral" (ob. cit., p. 47).

44. Ob. cit., p. 46-47.

1830, edita sua primeira lei autoral, reconhecendo direitos aos autores literários. Na Espanha, a primeira lei autoral data de 10 de janeiro de 1879; na Bélgica, de 22 de março de 1886.

(...)

Somente com o advento do Decreto Régio de 18 de julho de 1851 inseriu-se o Direito de Autor na ordem jurídica deste país, sob inspiração de Almeida Garret, autor do projeto que resultou no referido Decreto[45].

Em decorrência, portanto, da abrangente influência territorial do sistema francês e do pioneirismo de suas concepções teóricas, as normas que surgiram da primeira Convenção Internacional sobre o tema, em Berna, em 1886, tiveram vinculações estreitas com seus fundamentos.

3.1.4. A era das Convenções Internacionais de Direito de Autor

3.1.4.1. O Século XIX e a primeira Convenção Internacional da matéria

A primeira metade do Século XIX primou pela consolidação do reconhecimento do direito de autor nos moldes consagrados pela Revolução Francesa, evoluindo, inclusive, do aspecto patrimonialista (direito de propriedade) para o direito da personalidade do criador intelectual (direito moral)[46].

Aprofundaram-se, também, nesse período, as relações entre os países europeus pelo regime de convênios bilaterais, para proteção internacional de direito de autor, como os que a Prússia e outros 32 Estados germânicos celebraram entre 1827 e 1829; o tratado de 1840 entre a Áustria e Sardenha (este com a inovação da abertura para outros Estados que vieram, posteriormente, aderir ao convênio, como a Alemanha, sistema que foi seguido pela Convenção anglo-prussiana de 1846) e muitos outros que se seguiram, por toda a Europa, a partir de 1847[47].

---

45. Ob. cit., p. 68-69.

46. Segundo Delia Lipszyc, os estudos realizados na Alemanha a partir do pensamento filosófico de Kant sobre o direito da personalidade do criador importaram em decisiva contribuição para o desenvolvimento do direito de autor na Europa continental, especialmente do direito moral, que, na França, se originou como doutrina judicial durante a primeira metade do Século XIX (ob. cit., p. 37).

47. Conforme Delia Lipszyc (ob. cit., p. 600 e 601). É relevante destacar que, paralelamente à evolução do direito de autor na Europa, precedentes legislativos importantes ocorreram, também, na América Latina, como é o caso dos dispositivos legais brasileiros que citamos a seguir (item 3.2.1. deste capítulo), de 1827 e 1830; da lei de propriedade literária e artística do Chile, de 24-7-1834, e do Peru, de 3-11-1849 e, ainda anteriores à Convenção de Berna, de 1886, dos capítulos especiais no Código Civil da Argentina (1869) e México (1871), do Decreto 246 da Guatemala, de 29-10-1879, e da lei boliviana do mesmo ano, bem como colombiana, do mesmo ano da Convenção (conforme relata EDWIN R. HARVEY em *Derecho de Autor*. Buenos Aires: Ediciones Depalma, 1997, p. 16-17).

3 | A evolução histórica no mundo e no Brasil

A primeira minuta do que seria conhecido como "Convenção de Berna"[48] foi produzida por um congresso internacional (que decidiu, também, formar uma união internacional para o direito de autor) realizado em Roma, em 1882, pela iniciativa da "Societé des gens de lettres" e da Association Literaire et Artistique Internationale (ALAI), presidida pelo escritor francês Victor Hugo[49]. Quatro anos mais tarde, após três convenções diplomáticas realizadas em Genebra entre 1884 e 1886, com a liderança de França, Alemanha, Itália e Grã-Bretanha, a própria suíça, país-sede da Convenção, Bélgica e Espanha também firmaram originariamente a convenção, a exemplo de três países não europeus: Haiti, Libéria e Tunísia[50].

3.1.4.2. O Século XX e as Revisões da Convenção de Berna (droit d'auteur), a Convenção Universal (copyright) e a Convenção de Roma para os direitos conexos aos de autor

A Convenção de Berna, em 1886, consagrou de forma ampla e definitiva os direitos de autor em todo o mundo. Em vigência desde 5 de dezembro de 1887 até hoje, foi objeto de dois aditamentos e cinco revisões:

Aditamentos:

(a) em 4 de maio de 1896, em Paris; e

(b) em 20 de março de 1914, em Berna.

Revisões:

(a) em 13 de novembro de 1908, em Berlim;

(b) em 2 de junho de 1928, em Roma;

(c) em 26 de junho de 1948, em Bruxelas;

(d) em 14 de julho de 1967, em Estocolmo; e

(e) em 24 de junho de 1971, em Paris.

---

48. Henri Desbois, André Françon e Andre Herever destacam que a denominação originária da "Convenção de Berna" era "convenção de Berna concernente à criação de uma União Internacional para a proteção internacional de obras literárias e artísticas" (*Les conventions internacionales du droit d'auteur e des droits voisins.* Paris: Dalloz, 1976, p. 10).

49. Noticia Alexandra Bensamoun que Victor Hugo, na sua incansável defesa do direito de autor, abriu o Congresso Internacional Literário realizado em Paris, em 1878, com as seguintes palavras: "Cavalheiros, sua missão é importante. Vocês são, em uma forma de dizer, a Assembleia Constituinte da literatura. (...) Vocês irão criar uma fundação, propriedade literária há o direito para isso, vocês vão inseri-la no Código. Eu insisto, suas soluções e suas recomendações serão levadas em conta" (From Les Miserables to cloud computing... In: COSTA NETTO, José Carlos; EGEA, Maria Luiza de Freitas Valle; CARASSO, Larissa Andrea; MATTES, Anita; PONTES, Leonardo Machado. *Direito autoral atual.* Rio de Janeiro: Elsevier, Campus Jurídico, 2015, p. XI).

50. Conforme Stephen M. Stewart, ob. cit., p. 88. Ainda no Século XIX, aderiram à Convenção de Berna: Luxemburgo (1888), Mônaco (1889), Noruega (1896) e Japão (1899).

Dessa forma, naturalmente, o texto da Convenção de Berna em vigor nos dias atuais é o correspondente à sua última revisão (1971), com as modificações inseridas em 28 de setembro de 1979[51]. Apesar desses aperfeiçoamentos periódicos, os Estados Unidos e a União Soviética não haviam, originariamente, integrado a denominada União de Berna e, em iniciativa de estabelecer regras internacionais mais adequadas ao regime anglo-americano de *copyright*, vieram a se juntar aos demais países na Convenção Universal, realizada em 1952, em Genebra, revista na mesma época da revisão de 1971 da Convenção de Berna, em Paris.

A Convenção de Berna se diferenciava da Convenção Universal pela distinção já referida existente entre o sistema do direito de autor, originado com a Revolução Francesa e de natureza subjetiva (fundado na proteção da personalidade do autor), e o sistema do *copyright* ou "objetivo" (*baseado na proteção da obra*), originado na Lei da Rainha Ana, em 1710, e na Constituição dos Estados Unidos da América, de 1787. Esse antagonismo entre os dois sistemas foi se evidenciando com o desenvolvimento internacional – *e revisões* – da Convenção de Berna. Tanto que somente se realizou a Convenção Universal em 1952, ou seja, mais de 60 anos após o início da vigência do diploma de Berna. Como já relatamos, o texto da Revisão de Paris, de 1971, da Convenção Universal é o que se encontra vigente em nosso país, assimilado pelo nosso direito positivo interno pelo Decreto Legislativo n. 55, de 28-6-1975 (*DOU* de 29-6-1975) e promulgado pelo Decreto n. 76.905, de 24-12-1975 (*DOU* de 26-12-1975), em que, reconhecendo a prevalência do regime de Berna ("direito de autor") sobre o da Convenção Universal (*copyright*), estabelece que:

> A Convenção Universal sobre o Direito de Autor não será aplicável, nas relações entre os países vinculados pela Convenção de Berna, no que se refere à proteção das obras que, nos termos da referida Convenção de Berna, tenham como país de origem um dos países da União de Berna (alínea *c* da declaração anexa relativa ao art. 17 – *que dispõe que a Convenção Universal "em nada afeta" a de Berna* – da Convenção Universal).

Portanto, no campo dos direitos de autor, duas convenções regulam Internacionalmente a matéria: a de Berna e a Universal, embora, como já

---

51. O Brasil, de forma precursora, aderiu originariamente à Convenção de Berna em 9-2-1922, seis anos antes do Canadá, que aderiu em 1928, e mais de quatro décadas antes dos demais países do continente americano; Argentina, Uruguai e México somente aderiram em 1967; o Chile em 1970, seguindo-se os outros países do nosso continente. Os Estados Unidos da América, mentores da Convenção Universal de 1952, somente aderiram à Convenção de Berna em 1º-3-1989, 67 anos depois do Brasil.

3 | A evolução histórica no mundo e no Brasil

observamos, com amplo domínio da primeira, com a integração de 184 países. Na área dos direitos conexos aos de autor, o diploma internacionalmente regulador é a Convenção de Roma, de 1961[52].

Assim, a partir de 1886, as legislações internas dos países que aderiram à Convenção de Berna, que, a partir de 1922, incluiu o Brasil, foram se aproximando umas das outras no caminho da orientação jurídica francesa, com a agilidade necessária ao adequado acompanhamento do desenvolvimento da tecnologia e, especialmente, dos meios de comunicação.

Nesse sentido, relevante é a observação de Stewart de que é impressionante a aceleração da evolução dos direitos de autor através da história: há mais de dois mil anos de civilização ocidental sem essa modalidade de direito se seguiram 176 anos (1710-1886) desde a primeira lei sobre o assunto até a primeira Convenção Internacional. Depois, após mais sessenta anos sob a égide da Convenção de Berna (1886-1952) se seguiram trinta anos sob a égide da Convenção de Berna revista, a Convenção Universal e a Convenção de Roma (1952-1982)[53].

3.1.4.3. A convergência mundial da matéria e os tratados internacionais de direito de autor da última década do Século XX

Nas últimas décadas – a partir dos anos 1960 – do Século XX operou-se uma acentuada convergência mundial nos regimes jurídicos de direitos de autor em função das revisões da Convenção de Roma de 1961 e da de Berna e Universal, ambas revistas em 1971.

Assim, até o início da década de 1970 – *a exemplo da brasileira de 1973* –, muitas leis internas foram sendo editadas, ou modificadas, de forma a se ajustar à orientação internacional. Até os Estados Unidos – *que buscavam difundir mundialmente o seu regime especial do* copyright – acabaram se filiando ao regime de Berna em 1º de março de 1989, e a China, Rússia e Cuba ainda depois, em 15 de outubro de 1992[54], 13 de março de 1995 e 20 de fevereiro de 1997, respectivamente.

---

52. Aprovada para vigência no Brasil pelo Decreto Legislativo n. 26, de 5-8-1964 *(DOU* de 7-8-1964) e promulgada pelo Decreto n. 57.125, de 19-10-1965 *(DOU* de 28-10-1965), servindo como fundamento da primeira lei que regulou os direitos conexos aos de autor no Brasil, a de n. 4.944, de 6-5-1966, que dispôs sobre a proteção a artistas produtores de fonogramas e organismos de radiodifusão.

53. Ob. cit. (editada em 1983), p. 27. Atualmente (2018), já são 66 anos sob a égide das Convenções de Berna revista, Universal e a de Roma.

54. Entre os últimos países a aderir à Convenção de Berna, cinco são sul-americanos: Venezuela, em 30-12-1982, Colômbia, em 7-3-1988, Peru, em 20-8-1988, Equador, em 9-10-1991, Paraguai em 2-1-1992, Bolívia, em 4-11-1993, e, finalmente, a Guiana, em 15-10-1994.

Nesse panorama, apesar de iniciativas isoladas e parciais, especialmente para a adequação do regime jurídico (muitas vezes apenas terminológica) a algumas das evoluções tecnológicas e dos meios de comunicação, das décadas de 1970 e 1980, não sofreram – *a orientação internacional e, consequentemente, as legislações internas nacionais* – modificações significativas.

Na década passada, contudo, como resultado de duas importantes iniciativas de âmbito internacional, em 1994 e 1996[55] foram aprovados três diplomas fundamentais para o direito de autor:

(a) no âmbito da Organização Mundial do Comércio (OMC), o Acordo sobre Aspectos dos Direitos da Propriedade Intelectual relacionados ao Comércio – *conhecido como ADPIC ou TRIPS (Agreement on Trade-Related Aspects of Intellectual Property Rights)* de 15-4-1994; e

(b) no âmbito da Organização Mundial da Propriedade Intelectual (OMPI), ambos de 20-12-1996: (b) 1. o tratado da OMPI sobre Direito de Autor e (b) 2. o tratado da OMPI sobre Interpretação ou Execução e Fonogramas.

3.1.4.4. O Acordo TRIPS (OMC) de 1994 e o direito de autor

No âmbito do General Agreement on Tariffs and Trade (GATT), ao tratado multilateral firmado originariamente por 23 países em 1947 (*o Brasil foi um dos signatários*) e integrado, atualmente, por 125 países, foi incorporado, formalmente, na sua "rodada", no Uruguai, em 1993, principalmente por pressão dos Estados Unidos – *empenhado na adoção internacional de sanções de natureza comercial como instrumento eficaz no combate da prática ilícita no terreno da propriedade intelectual* – o denominado TRIPS

---

55. Rodadas de Negociações Comerciais Multilaterais do General Agreement on Tariffs and Trade (GATT), sendo a última a que inclui normas para a propriedade intelectual no Anexo 1-C, realizada no Uruguai, em 1993, e consubstanciada na Ata Final que incorpora os seus resultados, firmada em Maraqueche, em 15-4-1994 (essa ata final foi promulgada no Brasil pelo Decreto n. 1.355, de 30-12-1994, editado após a sua aprovação pelo Decreto Legislativo n. 30, de 15-12-1994) e Conferência Diplomática da Organização Mundial da Propriedade Intelectual (OMPI), realizada em Genebra em 20-12-1996. É relevante observar que, na órbita judiciária brasileira, foi adotada a posição de que os tratados internacionais firmados por nosso país equivalem à lei nacional. Nesse sentido, por exemplo, o STJ, no acórdão de 9-10-1995, por votação unânime da Terceira Turma (Recurso Especial 1995/0046406-3, rel. Min. Eduardo Ribeiro), com a seguinte Ementa: "Tratado internacional. Lei ordinária. Hierarquia. O tratado internacional situa-se formalmente no mesmo nível hierárquico da lei, a ela se equiparando. A prevalência de um ou outro regula-se pela sucessão no tempo. Direito de autor. A obrigação assumida pelo Brasil de proteção do direito autoral, no campo internacional, não significa que deva ser outorgada aquela que tem o autor em seu país, mas que será dispensado o mesmo tratamento concedido sob sua jurisdição".

ou ADPIC (Acordo sobre Aspectos dos Direitos da Propriedade Intelectual Relacionados com o Comércio), na esfera da Organização Mundial do Comércio (OMC), válido a partir de 1994 e composto de 73 artigos.

A respeito do real objetivo do Acordo TRIPS (OMC), pondera Carlos Fernando Mathias de Souza que "não se trata, agora, de convenção, acordo ou ajuste, tendo por escopo a proteção dos criadores intelectuais (como no caso dos direitos autorais ou dos inventores, como na hipótese de direito industrial, marcas e patentes em especial), mas a revelação de um novo e nítido interesse, objetivando a proteção também, repita-se, de empresários envolvidos no comércio internacional". Complementa, em seguida, o jurista que

> Logo no preâmbulo do acordo está consignado o desejo de reduzir distorções e obstáculos ao comércio internacional e levando em consideração a necessidade de promover uma proteção eficaz e adequada dos direitos de propriedade intelectual e assegurar que as medidas e procedimentos destinados a fazê-lo respeitar não se tornem, por sua vez, obstáculos no comércio legítimo. Essa parte propedêutica, ainda diz muito mais, como se verá adiante. Todavia, desde logo, pode-se destacar o objetivo precípuo de conciliar a necessidade de 'promoção eficaz e adequada dos direitos de propriedade intelectual' com os interesses empresariais, isto é, sob a condição de não se tornarem, tais direitos de propriedade intelectual, repita-se, "obstáculos ao comércio legítimo"[56].

Os fundamentos e pressupostos – em que a OMC firmou esse acordo com a OMPI – são, em apertada e lúcida síntese, trazidos por Mathias, que, após destacar o objetivo precípuo de conciliar a necessidade da promoção eficaz e adequada dos direitos de propriedade intelectual (que inclui os direitos de autor e direitos conexos) com interesses empresariais, elenca:

> a) à aplicabilidade dos já mencionados princípios básicos do GATT de 1994 e dos acordos e convenções internacionais, relevantes em matéria de propriedade intelectual; b) ao estabelecimento de padrões e princípios adequados relativos à existência, abrangência e exercício de direitos de propriedade intelectual relacionados ao comércio; c) ao estabelecimento de meios eficazes e apropriados para a aplicação de proteção de direitos de propriedade intelectual relacionados ao comércio, levando em consi-

---

56. Direitos Conexos no Tratado WPTT e algumas considerações sobre o acordo TRIPS. In: *Estudos de direito autoral em homenagem a José Carlos Costa Netto*. Salvador: editora EDUFBA – editora da Universidade Federal da Bahia, 2017, p. 86.

deração as diferenças existentes entre os sistemas jurídicos de diferentes países (consigne aqui o óbvio); d) ao estabelecimento de procedimentos eficazes para prevenção e solução de caráter multilateral entre governos; e e) às disposições transitórias voltadas à plena participação nos resultados das negociações.

Acrescente-se que parte ainda de pressupostos como; 1) os direitos de propriedade intelectual são direitos privados; 2) devem ser considerados os objetivos básicos de políticas públicas dos sistemas nacionais para a proteção da propriedade, inclusive os objetivos de desenvolvimento e tecnologia; 3) as necessidades especiais de países de menor desenvolvimento relativo, o que deve conduzir à implementação interna de leis e regulamentos com a máxima flexibilidade, de forma a habilitá-los a criar uma base tecnológica sólida e viável; e 4) deve ser ressaltada a importância de reduzir tensões mediante a obtenção de compromissos firmes para a solução de controvérsias sobre questões de propriedade intelectual, relacionadas ao comércio, por meio de procedimentos multilaterais[57].

3.1.4.5. Os Tratados da OMPI de 1996[58]

(a) Sobre direito de autor

Os países integrantes da União de Berna, tendo em vista que o texto da Convenção – *mesmo com a revisão* (1971) *e a modificação* (1979) – necessitava da introdução de novas normas internacionais (e classificação da interpretação de certas normas vigentes) para proporcionar soluções econômicas, sociais, culturais e tecnológicas – *reconhecendo, nesse aspecto, o profundo impacto trazido pelo desenvolvimento e pela convergência das tecnologias de informação e comunicação na criação e utilização de obras intelectuais* –, reuniram-se, em Genebra, em Conferência Diplomática para

---

57. Direitos conexos no Tratado WPTT e algumas considerações sobre o acordo TRIPS. In: *Estudos de direito autoral em homenagem a José Carlos Costa Netto*. Salvador: editora EDUFBA – Editora da Universidade Federal da Bahia, 2017, p. 86-87.

58. Os objetivos desses dois primeiros "Tratados de Internet" são esclarecidos por Mihaly Ficsor: "os dois primeiros 'tratados Internet' – o Tratado da OMPI sobre Direito de Autor (WCT) e o Tratado da OMPI sobre Interpretação Execução e Fonogramas (WPPT) – foram adotados em dezembro de 1996, menos de dois anos depois da adoção do Acordo sobre os ADCPIC. As razões pelas quais a comunidade internacional decidiu entrar novamente e negociar normas de direito de autor tão relativamente curto são bem conhecidas: Internet iniciou seu desenvolvimento na época do fechamento das negociações do acordo sobre ADPIC sobre direitos de propriedade Intelectual e se evidenciou que existia a necessidade urgente de interpretar as normas internacionais existentes e como deveriam ser aplicadas no ambiente digital on-line, onde fosse necessário, adaptá-las para responder aos novos desafios" (Los trés "tratados Internet" de la OMPI para la protección de los derechos de los autores. In: *El derecho de autor y los derechos conexos ante las nuevas tecnologías*: homenagem a Carlos Alberto Villalba. Lima: edição APDAYC/IIDA/AISGE, 2012, p. 266).

aprovar, em 20 de dezembro de 1996, o "Tratado da OMPI sobre Direito de Autor" (WCT).

Integrado por 25 artigos, estabelece normas principalmente nos seguintes itens: programas de computador (art. 4), compilações – *ou bases – de dados* (art. 5), direito de distribuição, de locação e comunicação ao público (arts. 6, 7 e 8), limitações e exceções (art. 10) e obrigações relativas às medidas tecnológicas (art. 11).

(b) Sobre direitos conexos

Na área dos direitos conexos de autor, a abrangência do novo tratado da OMPI (WPPT) não envolveu, de forma integral, a Convenção de Roma de 1961[59], uma vez que só regulou a "Interpretação ou Execução e Fonogramas". Dividido em cinco capítulos[60], reeditou, como preâmbulo, as mesmas justificativas – *com foco nas recentes transformações das tecnologias de informação e comunicação* – do Tratado de Direito de Autor.

Rapidamente a orientação desse tratado foi seguida pelo direito positivo brasileiro (Lei n. 9.610, de 19-2-1998), pelo "Digital Millenium Copyright Act" (EUA), aprovado pelo Congresso em 12 de outubro de 1998, e promulgado 16 dias depois, e, posteriormente, pelas Diretivas da União Europeia de 21 de maio de 2001 e 30 de abril de 2004[61].

3.1.4.6. O Tratado da OMPI de 2012

A Conferência Diplomática da OMPI sobre a Proteção das Interpretações e Execuções Audiovisuais foi realizada em Beijing (China) de 20 a 26 de junho de 2012 e adotou um tratado sobre Direitos dos Artistas Intérpretes e executantes em suas Interpretações e Execuções Audiovisuais – *considerado o Terceiro "tratado Internet"* – para entrar em vigor três

---

59. A Convenção de Roma de 1961 tratou da íntegra dos denominados direitos conexos aos de autor, de titularidade dos Artistas, Intérpretes ou Executantes, Produtores de Fonogramas e Organismos de Radiodifusão.

60. Disposições Gerais, Direitos dos Artistas, Intérpretes ou Executantes, Direitos dos Produtores de Fonogramas, Disposições Comuns e Cláusulas Administrativas e Finais.

61. Esses três primeiros diplomas legais – o brasileiro e o norte-americano, este editado alguns meses depois do brasileiro, ambos de 1998, e a Diretiva da União Europeia de 2001 – entraram em vigor antes mesmo do início da vigência dos Tratados da OMPI de 1996, em 6-3-2002 (*o WCT, relativo a direitos de autor*) e em 20-5-2002 (*o WPPT, relativo a direitos conexos aos de autor: interpretações e execuções artísticas e produtores de fonogramas*). Finalmente, registre-se, também, que a relevante Diretiva 2004/48/CE – do Parlamento Europeu e do Conselho da União Europeia de 29-4-2004 – é relativa ao "respeito dos direitos de propriedade intelectual" e, em razão disso, destacamos seus principais fundamentos e regras inibitórias e reparatórias nas violações dos direitos autorais no Capítulo 15, "Danos autorais e sua reparação".

meses após trinta partes contratantes depositarem seus instrumentos de ratificação ou adesão ao Tratado (BTPA). Anota Victor Vázquez Lópes que:

> O tratado de Beijing outorga aos artistas intérpretes quatro tipos de direitos patrimoniais no tocante a suas interpretações e execuções fixadas em fixações audiovisuais:
>
> direito de reprodução
>
> direito de distribuição
>
> direito de locação
>
> e direito de colocar a disposição
>
> O tratado concede três tipos de direitos patrimoniais aos artistas no concernente às suas interpretações não fixadas (diretamente);
>
> direito de radiofusão (exceto no caso de retransmissão),
>
> direito de comunicação ao público (exceto quando se trata de uma interpretação radiofundida) e direito de fixação[62].

3.2. EVOLUÇÃO LEGISLATIVA DA MATÉRIA NO BRASIL

3.2.1. Precedentes legais do Século XIX e a primeira lei brasileira de direito de autor

A primeira Constituição Brasileira, promulgada dois anos após a declaração de nossa independência colonial (1824), não fazia nenhuma referência ao direito de autor, embora do art. 17 da então Carta Magna constasse: "os inventores terão a propriedade de suas descobertas ou das suas produções. A lei lhes assegurará um privilégio exclusivo temporário, ou lhes remunerará um ressarcimento da perda que hajam de sofrer pela vulgarização".

Assim, o primeiro vestígio no direito positivo brasileiro de proteção dos direitos de autor foi, efetivamente, em 1827, na Lei Imperial que criou as duas primeiras Faculdades de Direito do nosso país, em São Paulo e em Olinda, que dispunha:

> Art. 7 – Os lentes farão a escolha dos compêndios da sua profissão, outros arranjarão, não existindo já feitos, constando que as doutrinas estejam de acordo com o sistema jurado pela nação. Esses compêndios, depois

---

62. La proteccion internacional de las interpretaciones y ejecuciones audiovisuales. In: *El derecho de autor y los derechos conexos ante las nuevas tecnologias*: homenagem a Carlos Alberto Villalba. Lima: edição APDAYC/IIDA/AISGE, 2012, p. 308.

3 | A evolução histórica no mundo e no Brasil

de aprovados pela Congregação, servirão interinamente, submetendo-se, porém, à aprovação da Assembleia Geral; o Governo fará imprimir e fornecer às escolas, competindo aos seus autores o privilégio exclusivo da obra por dez anos[63].

Três anos depois, o Código Criminal (Lei de 16-12-1830) estatui pioneiramente na América Latina:

> Art. 261 – Imprimir, gravar, litografar ou introduzir quaisquer escritos ou estampas, que tiverem sido feitos, compostos ou traduzidos por cidadãos brasileiros, enquanto estes viverem, e dez anos depois de sua morte se deixarem herdeiros. Penas – Perda de todos os exemplares para o autor ou tradutor, ou seus herdeiros, ou, na falta deles, do seu valor e outro tanto, e de multa igual ao dobro do valor dos exemplares. Se os escritos ou estampas pertencerem a corporações, a proibição de imprimir, gravar, litografar ou introduzir durará somente por espaço de dez anos.

Na última década do Século XIX, além do Código Penal de 1890, que pouco altera o diploma anterior, de 1830, o direito de autor recebeu duas inovações legais fundamentais:

(a) apesar de, no plano constitucional, a Carta de 1824 e o Ato Institucional de 1834 não mencionarem o direito de autor, a primeira Constituição da República instituiria, em 1891, em seu art. 72, parágrafo 26, o direito exclusivo dos autores sobre a reprodução de suas obras literárias e artísticas; e

(b) embora não tenham se transformado em lei os projetos de Gavião Peixoto e Aprígio Guimarães, em 1856, e do renomado escritor José de Alencar, em 1875, foi, afinal, promulgada, em 10 de agosto de 1898, a Lei n. 496, denominada Medeiros de Albuquerque (deputado e escritor), primeira lei regente civil brasileira de direitos autorais[64].

---

63. É relevante destacar o pioneirismo da Faculdade de Direito de São Paulo em relação ao direito de autor no Brasil: além de o primeiro dispositivo legal que dispôs sobre a matéria ter integrado a lei imperial que a criou, foi, também, a mesma faculdade que, com a iniciativa e sob a coordenação do saudoso Professor Antonio Chaves, catedrático do departamento de Direito Civil e diretor da Faculdade no período de 1978 a 1982, instalou o primeiro curso de graduação e pós-graduação na matéria no Brasil, formando, a partir da década de 1970, renomados autoralistas como os saudosos Walter Moraes e Carlos Alberto Bittar, Fábio Maria de Mattia (falecido), os atuantes professores da Faculdade de Direito da USP, Fábio Maria de Mattia (falecido), Newton Silveira e Silmara Juny de Abreu Chinellato, Antonio Carlos Morato e muitos outros.

64. A Lei n. 496, de 1898, estabelecia, entre outros dispositivos, a extensão da duração da proteção ao direito de autor (*50 anos contados de 1º de janeiro do ano da publicação da obra – art. 3º*) e vedou alterações

3.2.2. Do Código Civil de 1916 à Lei Autoral de 1973

Ainda na área civil, a partir do ano da Proclamação da República até as vésperas do Código Civil de 1916, registraram-se algumas leis e decretos que aprovaram documentos e convenções internacionais para vigência interna, reforçando, no contexto brasileiro, a moderna conceituação da matéria:

(a) Declaração entre Brasil e Portugal (9-9-1889) – prevê a igualdade dos direitos nacionais e dos dois países em matéria de obras literárias e artísticas;

(b) Decreto n. 10.353 (14-9-1889) – manda executar o ajuste entre Brasil e Portugal sobre a propriedade das obras literárias e artísticas;

(c) Decretos n. 2.393 (31-12-1910) e 9.190 (6-12-1911) – o primeiro aprova e o segundo promulga a Convenção concluída no Rio de Janeiro, em 23 de agosto de 1906, pela III Conferência Nacional Americana, relativa a Patentes de Invenção, Desenhos e Modelos Industriais, Marcas de Fábrica e Comércio de Propriedade Literária e Artística;

(d) Lei n. 2.577 (17-1-1912) – tornam-se extensivas a todas as obras científicas, literárias e artísticas editadas em países estrangeiros que tenham aderido às convenções internacionais sobre o assunto, ou assinado tratados com o Brasil, as disposições da Lei n. 496, de 1º de agosto de 1889 (Medeiros de Albuquerque), salvo as do art. 13, e dá outras providências;

(e) Lei n. 2.738 (4-1-1913), art. 25 – autoriza o Governo a aderir à Convenção Internacional de Berlim;

(f) Decretos n. 2.881 (9-11-1914) e 11.588 (19-5-1915) – o primeiro aprova e o segundo promulga as resoluções e convenções assinadas pelos delegados brasileiros na IV Conferência Internacional Americana, realizada em julho e agosto de 1910, em Buenos Aires; e

(g) Decreto n. 2.966 (5-2-1915) – aprova a Convenção Literária, Científica e Artística entre o Brasil e a França, assinada no Rio de Janeiro em 15 de dezembro de 1913.

---

não autorizadas, mesmo aquelas realizadas em obras caídas em domínio público ou não abrangidas pela proteção legal, além de outras importantes inovações.

3 | A evolução histórica no mundo e no Brasil

Essa tendência evolutiva vai se manifestar no Código Civil de 1916: o direito de autor é tratado, também, na Parte Geral[65], mas, principalmente, na Parte Especial do Código Civil de 1916, no Capítulo VI (*Da Propriedade literária, científica e artística*), que integra o Título II (*Da Propriedade*), arts. 649 a 673, Capítulos IX (Da Edição), arts. 1.346 a 1.358, e X (Da Representação Dramática), arts. 1.359 a 1.362, ambos do Título V (*Das Várias Espécies de Contrato*).

Aprimorando, em alguns aspectos, a Lei n. 496, de 1º de agosto de 1898 (Medeiros de Albuquerque), o Código filia-se à orientação de tratados e convenções internacionais pertinentes à matéria endossados pelo Brasil[66].

A partir do Código Civil, acumulou-se a legislação que, direta ou indiretamente, influenciou o regime autoral regulado em 1916. Entre os principais textos legais, destacamos:

(a) Decreto n. 47.900, de 2 de janeiro de 1924, que define os direitos autorais e dá outras providências;

(b) Decreto n. 5.492, de 16 de julho de 1928, conhecido na época como "Lei Getúlio Vargas", que regula a organização das empresas de diversão e locação de serviços teatrais, tem como objetivo atualizar textos anteriores em sintonia com a evolução tecnológica. O art. 133 do Decreto n. 20.493, de 24 de janeiro de 1946, revoga-o parcialmente;

(c) Decreto n. 18.527, de 10 de dezembro de 1932, que dá normatividade à execução dos serviços de radiocomunicação em todo o território nacional, previstos no Decreto-lei n. 20.047, de 27 de maio de 1931;

(d) Constituição Federal de 1934 reafirmou os direitos de autor (art. 113, § 20);

---

65. O art. 48, III, classifica o direito de autor como bem móvel, e fixa, no art. 178, § 10, em cinco anos a ação civil por ofensa a direitos de autor, contados da data da contrafação.

66. Nesse sentido, aponta Clóvis Beviláqua em seus *Comentários* (Rio de Janeiro: Livraria Francisco Alves, 1917. v. III, p. 183) os três diplomas internacionais assimilados pelo Código Civil: depois da lei de 17 de janeiro de 1912, o Brasil celebrou com a França a Convenção de 15 de dezembro de 1913 para assegurar aos autores brasileiros e franceses as garantias da lei nos dois países. O Brasil aderiu à Convenção de Berna, de 9 de setembro de 1886, revista pelo ato adicional de Paris, de 4 de maio de 1896. A quarta Conferência internacional americana, reunida em Buenos Aires, no ano de 1910, votou o texto de uma convenção sobre a propriedade literária e artística, para o fim de ser reconhecido, em todos os países da América, o direito de autor, obtido em qualquer deles, na conformidade das suas leis, independentemente de qualquer outra formalidade, sempre que apareça, na obra, qualquer manifestação que indique a reserva da propriedade.

Direito Autoral no Brasil | José Carlos Costa Netto

(e) Constituição Federal de 1937 se omite em relação à matéria[67];

(f) Código Penal (Decreto-lei n. 2.848, de 7-2-1940), em vigor até os dias atuais, que condensou a regulação da matéria êm apenas três dispositivos, integrantes do Título III – Dos Crimes contra a Propriedade Imaterial – Capítulo I – Dos Crimes contra a Propriedade Intelectual;

(g) Decreto n. 20.493, de 24 de janeiro de 1946, que aprovou o Regulamento do Serviço de Censura e Diversões Públicas do Departamento Federal de Segurança Pública. Esse texto foi ampliado pelo Decreto n. 1.023, de 17 de maio de 1962;

(h) Constituição Federal de 1946, em seu art. 141, § 19, que assegurava, em relação ao atributo do autor sobre sua obra, o "direito exclusivo de reproduzi-las". A conceituação de utilização, visto que mais ampla do que de reprodução, mostraria, posteriormente, o caminho adequado para orientar a legislação ordinária no tratamento da matéria;

(i) Lei n. 2.415, de 9 de fevereiro de 1955, que dispõe sobre outorga de licença autoral para a realização de representações e execuções públicas e para transmissões pelo rádio ou televisão, acrescentou pertencer ao autor o direito de outorgar licença, em todo território nacional, para a realização de representações públicas e transmissões pelo rádio e pela televisão, direito esse que tanto pode ser exercido pelo autor pessoalmente quanto pelas associações legalmente constituídas para a defesa de direitos autorais às quais for filiado;

(j) Lei n. 3.347, de 23 de outubro de 1958, que modificou o art. 649 do Código Civil de 1916, em relação ao domínio público (ou "domínio comum", como constava do Código)[68];

---

67. A respeito, observa Claudio de Souza Amaral: "Todas as Constituições da República – à exceção da elaborada em 1937 – jamais olvidaram-se da matéria e sem qualquer equívoco declaram proteção" (Os direitos autorais nas Constituições Brasileiras. *Revista de Direito Autoral*, São Paulo, publicação ABDA – Associação Brasileira de Direito Autoral/Lumen Juris, p. 59, fev. 2005).

68. Essa modificação foi tratada em acórdão de 17-4-1964 do Supremo Tribunal Federal: "Direitos autorais, no Brasil, relativos a obras de Eça de Queiroz. Aplicação da lei brasileira, em face do disposto da Convenção de Berna e na Convenção especial entre Brasil e Portugal. Em face da vigente Lei 3.347, de 23 de Outubro de 1958, que modificou o art. 649 do Código Civil, a obra só cai no domínio comum: 1) se o autor morre sem deixar herdeiros ou sucessores até o segundo grau; 2) sessenta anos após a morte do autor sem deixar tais herdeiros ou sucessores mas que não sejam filhos, pais ou cônjuge; 3) deixando um ou mais destes, quando morrer o último. Ora, existem dois filhos vivos de Eça de Queiroz e é indubitável a aplicação da Lei 3.347, e os benefícios, pois as obras do escritor, pelo Código Civil, só cairiam

3 | A evolução histórica no mundo e no Brasil

(k) Decreto Legislativo n. 26, de 5 de agosto de 1964, e Decreto n. 57.125, de 19 de outubro de 1965, que, respectivamente, aprovou e promulgou a Convenção de Roma (*direitos conexos aos de autor*);

(l) Lei n. 4.944, de 6 de maio de 1966, que dispõe sobre a proteção a artistas, produtores de fonogramas e organismos da radiodifusão (direitos conexos aos direitos de autor), foi regulamentada pelo Decreto n. 61.123, de 18 de agosto de 1967;

(m) Decreto n. 1.023, de 17 de maio de 1967, que estende aos Estados e Territórios a legislação em vigor no Distrito Federal de proteção e fiscalização do direito de autor. Tal texto foi em parte revogado pelo Decreto-lei n. 980, de 20 de outubro de 1969, art. 4º;

(n) Tanto o texto constitucional de 1967, em seu art. 150, § 25, quanto a Emenda Constitucional n. 1, de 17 de outubro de 1969, reafirmam o direito exclusivo de "utilização" (*e não somente reprodução*) do autor sobre sua obra intelectual, dispondo esta última, no § 25 do art. 153: "Aos autores de obra literária, artística e científica pertence o direito exclusivo de utilizá-las. Esse direito é transmissível por herança, pelo tempo que a lei fixar";

(o) Decreto-lei n. 980, de 20 de outubro de 1969, que dispõe sobre a cobrança do direito autoral nas exibições cinematográficas.

3.2.3. A Lei Autoral Brasileira de 1973

Em virtude da acentuada evolução da matéria, refletida no progresso tecnológico, nas convenções internacionais firmadas pelo Brasil[69], na significativa ampliação inserida na Carta Constitucional de 1967 (e mantida na emenda de 1969), da abrangência do direito exclusivo de titularidade do autor para a acepção genérica "utilização" e não mais apenas "reprodução" de obra intelectual, bem como da profusão de textos legais esparsos promulgados entre o início da vigência do Código Civil de 1916 e os cinquenta anos que se seguiram sob a sua égide, surgiu a ideia de elaboração de um Código de Direito de Autor e Conexos, resultando seu Anteprojeto,

---

no domínio comum em 1960 (Eça faleceu em 1900) e aquela lei veio antes, em 1958" (Recurso Extraordinário 55.183, Tribunal Pleno, rel. Min. Luis Galotti, transcrição da parte inicial da ementa, *DJ* 2-7-1964, p. 02140).

69. A Convenção de Berna, seus aditamentos (de 1896, em Paris e 1914, em Berna) e revisões de 1908 (Berlim), 1928 (Roma), 1948 (Bruxelas), 1967 (Estocolmo) e 1971 (Paris), a Convenção Universal de 1952 e sua revisão de 1971 e a Convenção de Roma, de 1961, relativa aos direitos conexos de autor.

constituído de 351 artigos, dividido em 16 títulos, precedido por minuciosa exposição de motivos, que foi publicado em separata no *Diário Oficial da União* de 16 de junho de 1967, gerando, contudo, mais duas propostas legislativas distintas.

O então Ministro da Justiça, Luiz Antonio Gama e Silva, nomeou, em maio de 1967, uma comissão encarregada de proceder à revisão do Anteprojeto de Código, havendo, porém, divergência de opiniões. O presidente da comissão, antigo Ministro do Supremo Tribunal Federal, Candido da Mota Filho, ofereceu um substitutivo de 98 artigos, preferindo conservar os critérios tradicionais. Os demais membros, o Desembargador Milton Sebastião Barbosa e um dos maiores juristas brasileiros especializados na matéria, Antonio Chaves, ofereceram um projeto que procurava consubstanciar as conquistas das legislações mais modernas em 198 artigos, distribuídos em três partes: Direito do Autor, Transmissão e Defesa. Esse projeto foi denominado Barbosa-Chaves, mas, também, não prosperou.

Diante do impasse criado, o governo incumbiu de elaborar um novo projeto o renomado jurista José Carlos Moreira Alves, então Procurador-Geral da República e, posteriormente, Ministro do Supremo Tribunal Federal, transformado, com a inserção de algumas poucas emendas, na Lei n. 5.988, de 14 de dezembro de 1973, que permaneceu em vigor durante os 25 anos seguintes à sua promulgação. Apresentava 134 artigos divididos em nove títulos[70]:

1 – disposições preliminares;

2 – das obras Intelectuais (*das obras intelectuais protegidas; da autoria das obras intelectuais*);

3 – dos Direitos do Autor (*disposições preliminares; dos direitos morais do autor; dos direitos patrimoniais do autor e de sua duração; das limitações ao direito de autor*);

4 – da Utilização de obras Intelectuais (*da edição; da representação e execução; da utilização de obra de arte plástica; de obra fotográfica; de fonograma; de obra cinematográfica; de obra publicada em diários ou periódicos; de obra pertencente ao domínio público*);

---

70. Deveria esse novo texto legal, por sua ampla abordagem, suplantar os obsoletos dispositivos do Código Civil de 1916, ainda sob a epígrafe "Da Propriedade Literária, Científica e Artística" e de dezenas de diplomas legais que procuram acomodá-los às conquistas dos modernos meios de comunicação. Entretanto, a polêmica se instaurou uma vez que o art. 134 ressalvava a vigência da "legislação especial que com ela for compatível", gerando sempre a incerteza de identificar quais os dispositivos que estariam e quais os que não estariam mais em vigor.

3 | A evolução histórica no mundo e no Brasil

5 – dos Direitos Conexos (*disposição preliminar, dos direitos de artistas, intérpretes ou executantes e dos produtores de fonogramas; dos direitos das empresas de radiodifusão; do direito de arena; da duração*);

6 – das associações de titulares de direitos de autor e direitos que lhe são conexos (*disposição preliminar; das sanções civis e administrativas; da prescrição*);

7 – do Conselho nacional de Direito Autoral;

8 – das sanções à violação dos direitos do autor e direitos que lhe são conexos;

9 – disposições finais e transitórias.

3.2.4. A legislação posterior a 1973 e as inovações do Regime Constitucional de 1988, Lei de Direito Autoral de 1988 e do Código Civil de 2002

3.2.4.1. *Antecedentes legislativos – em relação à matéria – à Lei Autoral de 1998*

A partir da Lei n. 5.988, de 14 de dezembro de 1973, praticamente inalterada até 1998, após quase 25 anos de vigência, poderíamos destacar os seguintes textos legais:

(a) Decreto Legislativo n. 94, de 4 de dezembro de 1974, e Decreto n. 75.699, de 6 de maio de 1975, que, respectivamente, aprovou e promulgou a Convenção de Berna (revisão de Paris de 1971);

(b) Decreto Legislativo n. 55, de 28 de junho de 1975, e Decreto n. 76.905, de 24 de dezembro de 1975, que, respectivamente, aprovou e promulgou a Convenção Universal sobre Direito de Autor (*copyright*);

(c) a Lei n. 6.533, de 24 de maio de 1978, que, regulando profissões de Artista e Técnico em Espetáculo de Diversões, introduziu pioneiramente em nosso Direito a proibição de cessão e promessa de cessão de "direitos autorais conexos decorrentes da prestação de serviços profissionais"[71];

(d) a Lei n. 6.800, de 25 de junho de 1980, que alterou os arts. 83 e 117 da Lei n. 5.988/73, sobre a utilização de fonograma e fiscalização,

---

71. Art. 13 e seu parágrafo único, este estabelecendo que os direitos de autor e conexos dos profissionais são devidos em decorrência de cada exibição da obra. Esse assunto é examinado no Capítulo 11, item 11.4.2.

101

principalmente no que tange à reprodução e venda dessa modalidade de suporte material;

(e) a Lei n. 6.895, de 17 de dezembro de 1980, que deu nova redação aos arts. 184 e 186 do Código Penal, tornando as penas mais rigorosas e caracterizando, entre outras disposições, como crime de ação pública a violação de direito autoral, quando praticada em prejuízo de entidade de direito público, sociedade de economia mista ou fundação instituída pelo Poder Público e, também, em outras utilizações não autorizadas de obra intelectual. Além da expressão genérica "obra intelectual", consignou, expressamente, "fonograma" e "videofonograma", tipificando a ação delituosa de reproduzi-los "sem autorização do produtor ou de quem o represente". Posteriormente, foi modificada, novamente, a redação do mesmo art. 184, pela Lei n. 8.635, de 16 de março de 1993, incluindo o "aluguel", "empréstimo" ou "troca", com intuito de lucro, de obra intelectual, fonograma ou videofonograma, produzidos com violação de direito autoral, como forma de uso ilícito;

(f) a Lei n. 7.123, de 12 de setembro de 1983, que, revogando o art. 93 da Lei n. 5.988, de 14 de dezembro de 1973, implicou a abolição do sistema do domínio público remunerado, que anteriormente era aplicado às utilizações de obra intelectual (*caídas em domínio público*) que tivessem fins lucrativos e cujos resultados consistiam, entre outros benefícios, em receita para as atividades do Fundo de Direito Autoral[72-73];

(g) a Lei n. 7.646, de 18 de dezembro de 1987, que dispõe sobre a proteção da propriedade intelectual de programas de computador, revogada pela Lei n. 9.609, de 19 de fevereiro de 1998, específica para a mesma matéria;

(h) a Constituição Federal de 1988, que será objeto de exame destacado a seguir;

(i) a Lei n. 8.028, de 12 de abril de 1990, que desativa o Conselho Nacional de Direito Autoral, órgão do Ministério da Cultura criado pela Lei n. 5.988, de 14 de dezembro de 1973, extinguindo

---

72. O Fundo de Direito Autoral foi criado pela Lei n. 5.988, de 14-12-1973, em seus arts. 119 e 120.

73. Na Itália, foi instituído algo semelhante, com o estabelecimento de uma taxa pela exploração do patrimônio cultural italiano caído em domínio público. Isso inclui o controle estrito, pelo Estado italiano, de usos de obras de arte famosas, inclusive fora das fronteiras. Outros países, como Alemanha e Suécia, adotaram medidas semelhantes.*Vide* notícia sobre disputa envolvendo uso comercial do famoso esboço "O Homem Vitruviano", de Leonardo da Vinci: https://oglobo.globo.com/cultura/noticia/2024/04/12/governo-italiano-e-marca-de-quebra-cabecas-disputam-direitos-do-homem-vitruviano-de-da-vinci.ghtml. Acesso em: 19 nov. 2024.

esse Ministério (art. 27, V) e substituindo-o pela Secretaria de Cultura sem os órgãos que lhe eram subordinados (art. 10);

(j) a Lei n. 8.635, de 16 de março de 1993, que dá nova redação ao art. 184 do Código Penal (*vide* letra *e*, *supra*, *in fine*);

(k) o Decreto n. 1.355, de 30 de dezembro de 1994, que promulga a Ata final que incorpora os Resultados da Rodada Uruguai de negociações Comerciais Multilaterais do GATT, que incluiu no "Anexo-C" o Acordo sobre Aspectos dos Direitos de propriedade Intelectual Relacionados ao Comércio (Organização Mundial do Comércio – OMC); e

(l) a Lei n. 9.045, de 18 de maio de 1995, que estabeleceu que "desde que haja concordância dos autores" as editoras deverão a permitir que sobre as reproduções de obras feitas em caracteres *braille* (para uso exclusivo de cegos) não incida qualquer remuneração, uma vez realizadas por centros de produção *braille* credenciados e não haja finalidade lucrativa (art. 2º), regra reeditada, com alteração, pela alínea *d* do inciso I do art. 46 da Lei n. 9.610/98.

3.2.4.2. A influência das inovações do regime constitucional de 1988 no direito de autor

No patamar das cláusulas pétreas constitucionais da Carta de 1988 e, assim, no plano dos direitos fundamentais, localizam-se os direitos e as garantias individuais em um único artigo, o 5º, que contém, no entanto, 77 parágrafos, sendo 67 de natureza preventiva e os demais denominados remédios jurídicos constitucionais, como o *habeas corpus* e o mandado de segurança.

O direito exclusivo do autor sobre sua obra intelectual, como já consignamos, foi originariamente incluído nesse elenco na primeira Constituição do regime republicano, em 1891: os direitos e as garantias individuais encontram-se dispostos em apenas 24 parágrafos e já incluíam o direito exclusivo dos autores, não ainda a acepção ampla da utilização, mas, sim, reprodução de suas obras literárias e artísticas. A Constituição seguinte, de 1934, reeditou a disposição anterior, mas a Carta de 1937, notoriamente restritiva (*os direitos e as garantias individuais foram reduzidos para 17 itens*) e centralizadora – *para servir ao governo ditatorial de Getúlio Vargas* –, omitiu-se em relação ao direito de autor[74].

---

74. Conforme Cláudio de Souza Amaral, artigo citado, p. 59.

O diploma liberal que se seguiu, em 1946, ampliou as garantias individuais para 38 parágrafos com o mesmo texto ("reprodução") em relação aos direitos dos autores, expressão esta que foi, afinal, ampliada para "utilização" na Carta de 1967 e mantida, apesar do recrudescimento do governo militar até na malfadada Emenda Constitucional de 1969, embora o artigo correspondente aos "direitos e garantias individuais" compreendesse o incrível número de 368 parágrafos.

Com o advento do regime constitucional de 1988, atualmente vigente, ampliou-se e diversificou-se, de fato, apesar da redução do número de parágrafos (368) da Carta de 1969 para apenas 78 parágrafos, o elenco de direitos e garantias individuais, que consistem, da mesma forma, cláusulas pétreas, e que, nessa condição, convivem com o direito exclusivo (*de titularidade do autor*) sobre a obra intelectual, no mesmo patamar constitucional (art. 5º), dos quais destacamos os seguintes:

- a liberdade de manifestação do pensamento (inciso IV);
- conjugado com o direito de resposta e indenização por dano material, moral e à imagem (inciso V);
- a liberdade de expressão da atividade intelectual, artística, científica e de comunicação, independentemente de censura ou licença (inciso IX);
- a inviolabilidade da intimidade, a vida privada, a honra e a imagem das pessoas, assegurado o direito de indenização pelo dano material ou moral decorrente de sua violação (inciso X);
- o direito de propriedade (inciso XXII), e o atendimento desta à sua função social (inciso XXIII), e a consequente possibilidade de desapropriação indenizável (inciso XXIV);
- nesse quadro, convive o direito de autor, como exclusivo (inciso XXVII). Encontra-se inserido, também, o direito de propriedade industrial (*inventos, criações industriais, marcas e nomes de empresas*) (inciso XXIX); e
- a proteção das participações individuais nas obras coletivas, inclusive nas atividades desportivas, e o direito de fiscalização do aproveitamento econômico das obras que criarem aos criadores, aos intérpretes e às respectivas representações sindicais e associativas (inciso XXVIII, *a* e *b*).

3 | A evolução histórica no mundo e no Brasil

Em complemento, embora não integrado às garantias individuais elencadas no referido art. 5º, inafastável, também, a relevância do disposto no art. 215 da Constituição, que estabelece a garantia do Estado a todos do pleno exercício dos direitos culturais e acesso às fontes da cultura nacional, que apoiará e incentivará a valorização e a difusão das manifestações culturais[75].

Portanto, desses 12 princípios expressos na Carta Magna vigente observa-se, em relação aos regimes constitucionais anteriores:

– a manutenção, em bases semelhantes, de quatro princípios (*o direito de propriedade, a desapropriação indenizável, o direito exclusivo do autor sobre a utilização de suas obras e o direito de propriedade industrial*);

– a ampliação significativa de três princípios constitucionais (*a liberdade de manifestação do pensamento, a liberdade de expressão da atividade intelectual, artística, científica e de comunicação e o direito de acesso a bens culturais*); e

– a inovação constitucional com o advento de cinco princípios (*direito de resposta e indenização por dano material, moral e à imagem, inviolabilidade da intimidade, à honra e à imagem das pessoas com as repercussões indenizatórias, o atendimento da propriedade à sua função social, a proteção das participações individuais nas obras coletivas e o direito de fiscalização do aproveitamento das obras pelos seus criadores, intérpretes e representações sindicais e associativas*).

Após o amplo debate gerado, no campo do direito de autor, em face da nova realidade constitucional, discussão que, estendendo-se pelo período de dez anos, somou-se às necessidades de atualização legislativa decorrente da evolução tecnológica, especialmente com o surgimento e incremento mundial, na década de 1990, das novas mídias digitais e da rede de computadores (*internet*) – *que, conforme já referimos, resultaram, principalmente, nos Tratados da OMPI de 1996* –, foi promulgada, em 1998, a nova lei reguladora da matéria (9.610).

---

75. Emenda Constitucional n. 48, de 10-8-2005, acrescenta o § 3º ao art. 215 da Constituição "instituindo o Plano Nacional de Cultura": "§ 3º A lei estabelecerá o Plano Nacional de Cultura, de duração plurianual, visando ao desenvolvimento cultural do país e à integração das ações do poder público que conduzem a: I – defesa e valorização do patrimônio cultural brasileiro; II – produção, promoção e difusão de bens culturais; III – formação de pessoal qualificado para a gestão da cultura em suas múltiplas dimensões; IV – democratização do acesso aos bens de cultura; V – valorização da diversidade étnica e regional".

3.2.4.3. A Lei n. 9.610, de 1998, e a sua assimilação da nova orientação constitucional

3.2.4.3.1. Antecedentes históricos ao Projeto da Lei Autoral Brasileira de 1998

No início da década de 1990, já no âmbito da nova realidade constitucional, a necessidade de revisão de alguns aspectos da legislação vigente – *cujo diploma básico, a Lei n. 5.988, já durava quase duas décadas* – gerou vários projetos de lei, discutidos no Congresso nacional.

Com a finalidade de reunir essas propostas legislativas para propiciar o seu exame de forma integrada, foi instalada, na Câmara dos Deputados, uma "Comissão destinada a apreciar e proferir parecer sobre o Projeto de Lei n. 5.430, de 1990, do Senado Federal, que altera, atualiza e consolida a legislação sobre direitos autorais e dá outras providências e seus apensos".

A Comissão, presidida pelo Deputado Roberto Brant, tendo como relator o Deputado Aloysio Nunes Ferreira, optou por oferecer – *através do parecer emitido em 10 de setembro de 1997* – sob o título de "substitutivo" ao referido Projeto de Lei n. 5.430, de 1990, do Senado Federal e seus apensos, Projeto de Lei inteiramente calcado no formato organizativo da Lei n. 5.988, de 1973, e que, modificando, em trechos significativos, o conteúdo desse diploma de regência, "altera, atualiza e consolida a legislação sobre direitos autorais e dá outras providências", consignando, em seu desfecho (art. 119), que:

> Ficam revogados os artigos 649 a 673 e 1.346 a 1.362 do Código Civil e as Leis 4.944, de 6 de abril de 1966; 5.988, de 14 de dezembro de 1973; excetuando-se o art. 17 e seus §§ 1º e 2º; 6.800, de 25 de junho de 1980; 7.123, de 12 de setembro de 1983; 9.045, de 18 de maio de 1995; e demais disposições em contrário, mantidas em vigor as Leis 6.533, de 24 de maio de 1978; e 6.615, de 16 de dezembro de 1978.

Acolhido o projeto pela Comissão de Constituição e Justiça do Senado, a nova Lei de Direitos Autorais foi, afinal, votada e aprovada no início de fevereiro de 1998 pelo Senado Federal e encaminhada à sanção do presidente da República, Fernando Henrique Cardoso, o que se efetivou em 19 de fevereiro de 1998, recebendo a nova lei o número 9.610, com início de vigência em 120 dias após sua publicação (*no Diário Oficial de 20-2-1998*), ou seja, em 21 de junho de 1998.

Concomitantemente à publicação da nova Lei de Direitos Autorais, no *Diário oficial* de 20 de fevereiro de 1998, constou a Lei n. 9.609, também

3 | A evolução histórica no mundo e no Brasil

de 19 de fevereiro de 1998, que "dispõe sobre a proteção da propriedade intelectual de programa de computador, sua comercialização no país e dá outras providências", que entrou em vigor na data de sua publicação (art. 15), revogando a lei anterior sobre a matéria (7.646, de 18-12-1987). Na primeira década do ano 2000, a única complementação, a título de regulamentação, posterior à promulgação da Lei n. 9.610/98 decorre do Decreto n. 4.533, de 19 de dezembro de 2002, que regulamenta o art. 113 da lei autoral vigente, relativamente à identificação dos exemplares "do suporte material" que contenha fonograma com "identificação do lote e a respectiva quantidade de exemplares nele mandada reproduzir" (art. 1º, II, *d*), (*inclusive com a inserção de um código digital, o International Standard Recording Code – ISRC – art. 1º, III, § 2º*) e outras regras de controle da reprodução de fonogramas.

Finalmente, com alteração da lei regente de direito autoral no País, foi promulgada a Lei n. 12.853/2013 e, para sua regulamentação, editado pelo Poder Executivo o Decreto n. 8.469, de 22 de junho de 2015, especialmente direcionados à recriação da supervisão estatal para o setor de gestão coletiva de direitos autorais (basicamente os arts. 97 a 100 da Lei n. 9.610/98), tema a ser tratado com mais detalhamento no Capítulo 13 desta obra.

3.2.4.3.2. A Lei de Direitos Autorais vigente

Além de abordarmos a orientação geral e vários dispositivos específicos – *conforme sua pertinência com cada tema em exame* – ao longo desta obra, o texto integral da Lei n. 9.610, de 19 de fevereiro de 1998, encontra--se transcrito ao final do livro[76-77].

3.2.4.4. *O Código Civil de 2002 e as regras aplicáveis ao direito autoral*

Diversamente do Código Civil de 1916, que continha capítulo especial para o direito de autor[78], o novo diploma, consubstanciado na Lei n. 10.406, de 10 de janeiro de 2002, com início de vigência para um ano após a sua

---

76. P. 651 a 679.
77. Foi regulamentado o art. 113 dessa Lei pelo Decreto n. 4.533, de 19-12-2002, sobre fonogramas (veja texto completo ao artigo correspondente na Lei n. 9.610, de 1998, reproduzida ao final do livro).
78. Capítulo IV da sua Parte Especial, intitulado "Da Propriedade Literária, Científica e Artística" (arts. 649 a 673), além de outros dispositivos relacionados à matéria (arts. 48, III, 178, § 10, 1.346 a 1.348 e 1.259 a 1.362).

107

publicação, não tratou do direito de autor, matéria versada por lei especial (*9.610/98, principalmente*).

Cabe destacar, de qualquer forma, que, como já expusemos, o novo Código teve o mérito de regular os direitos da personalidade, como o direito ao nome e à imagem da pessoa[79].

3.2.4.5. Alteração, em 2003, do Código Penal e do Código de Processo Penal em relação às violações de direito autoral

Adaptando-se, a exemplo da lei autoral de 1998, ao terreno das novas tecnologias e tornando-se mais rigoroso em relação às penas para certas modalidades de violação de direito autoral, especialmente para fortalecer o combate à denominada "pirataria" (*reprodução e comercialização não autorizada, normalmente em longa escala, com fins de lucro, de produtos que contenham obras ou bens protegidos no campo da propriedade intelectual*), a Lei n. 10.695, de 10 de julho de 2003, alterou o *caput* e os §§ 1º, 2º e 3º e acrescentou o § 4º ao art. 184, revogou o art. 185 e alterou a redação do art. 186 do Código Penal[80] (*Decreto-Lei n. 2.848, de 7-12-1949, que já havia sido alterado, com relação aos arts. 184 e 186, pela Lei n. 6.895, de 17-12-1980, e pela Lei n. 8.635, de 16-3-1993, que havia dado nova redação ao art. 184 do Código Penal*).

---

79. Arts. 11 a 21, que compõem o Capítulo II ("Dos Direitos da Personalidade") do Título I ("Das Pessoas Naturais") do Livro I ("Das Pessoas") da Parte Geral do Código Civil de 2002.

80. Nos termos das alterações da lei penal de 2003 referida, a redação em vigor do art. 184 passou a ser a seguinte: "Violar direitos de autor e os que lhes são conexos: Pena – detenção, de três meses a um ano, ou multa. § 1º Se a violação consistir em reprodução total ou parcial, com intuito de lucro direto ou indireto, por qualquer meio ou processo, de obra intelectual, interpretação, execução ou fonograma, sem autorização expressa do autor, do artista intérprete ou executante, do produtor, conforme o caso, ou de quem o represente: Pena – reclusão, de dois a quatro anos, e multa. § 2º Na mesma pena do § 1º incorre quem, com o intuito de lucro direto ou indireto, distribui, vende, expõe à venda, aluga, introduz no País, adquire, oculta, tem em depósito, original ou cópia de obra intelectual ou fonograma reproduzido com violação do direito de autor, do direito de artista intérprete ou executante ou do direito do produtor de fonograma, ou, ainda, aluga original ou cópia de obra intelectual ou fonograma reproduzido com violação do direito de autor, do direito de artista intérprete ou executante ou do direito do produtor de fonograma, ou, ainda, aluga original ou cópia de obra intelectual ou fonograma, sem a expressa autorização dos titulares dos direitos ou de quem os represente. § 3º Se a violação consistir no oferecimento ao público, mediante cabo, fibra óptica, satélite, ondas ou qualquer outro sistema que permita ao usuário realizar a seleção da obra ou produção para recebê-la em um tempo e lugar previamente determinados por quem formula a demanda, com intuito de lucro, direto ou indireto, sem autorização expressa, conforme o caso, do autor, do artista intérprete ou executante, do produtor de fonograma, ou de quem os represente: Pena – reclusão, de 2 (dois) a 4 (quatro) anos, e multa. § 4º O disposto nos §§ 1º, 2º e 3º não se aplica quando se tratar de exceção ou limitação ao direito de autor ou os que lhe são conexos, em conformidade com o previsto na Lei 9.610, de 19 de fevereiro de 1998, nem a cópia de obra intelectual ou fonograma, em um só exemplar, para uso privado do copista, sem intuito de lucro direto ou indireto".

3 | A evolução histórica no mundo e no Brasil

É interessante, a respeito da evolução recente do direito autoral na esfera penal, a observação de João Carlos de Camargo Éboli de que

> até a promulgação das Leis 6.896, de 1980; 8.635, de 1993 e 10.695, de 2003, o nosso Código Penal, de 1940, punia, por exemplo, de forma bem mais rigorosa o furto de simples lápis do que a usurpação de todo o vasto e rico repertório literomusical de Roberto Carlos ou de Chico Buarque[81].

Cabe-nos destacar, complementarmente, que a mesma lei, de 1993, alterou, também, o Código de Processo Penal (Decreto-lei n. 3.689, de 3-10-1941) acrescentado aos arts. 524 a 530 originários de nove novos artigos (530-A a 530-I), basicamente sobre a busca e apreensão e suas repercussões dos crimes em que caiba ação penal pública (§§ 1º a 3º do art. 184 do Código Penal).

Finalmente, registre-se que no ano seguinte foi editado o Decreto n. 5.244, de 14 de outubro de 2004[82], que dispôs sobre "a composição e funcionamento do Conselho Nacional de Combate à Pirataria e Delitos Contra a Propriedade Intelectual"[83].

---

81. Ob. cit., p. 54.

82. Revogou decreto anterior, de 2001, que havia instituído um "Comitê Interministerial de Combate à Pirataria" (Decreto de 13-3-2001, sem número).

83. A finalidade do Conselho, órgão colegiado consultivo, integrante da estrutura básica do Ministério da Justiça, é "elaborar as diretrizes para a formulação e proposição de plano nacional para o combate à pirataria, à sonegação fiscal dela decorrente e aos delitos contra a propriedade intelectual" (art. 1º do Decreto n. 5.244 de 2004). Sua composição integra a representação pública (do Ministério da Justiça, que o preside, e Ministérios da Fazenda, das Relações Exteriores, do Desenvolvimento, Indústria e Comércio Exterior, Cultura, Ciência e Tecnologia, Trabalho e Emprego, e, ainda, Departamento de Polícia Federal, Departamento de Polícia Rodoviária Federal, Secretaria da Receita Federal incluída pelo Decreto n. 5.387, de 7-3-2005 – e Secretaria Nacional de Segurança Pública – incluída pelo Decreto n. 5.634, de 22-12-2005) e a privada: "sete representantes da sociedade civil, escolhidos pelo Ministro de Estado da Justiça, após indicação de entidades, organizações ou associações civis reconhecidas" (art. 3º do Decreto 5.244, de 2004. *Observe-se que o inciso II desse dispositivo, que estabelece a representação da sociedade civil no Conselho, foi alterado pelo Decreto n. 5.634, de 2005 para aumentar o número de representantes civis de seis para sete*).

4

Natureza jurídica, conceito, terminologia e autonomia científica

4.1. BREVE HISTÓRICO

A maioria dos juristas que já se debruçaram sobre o tema procurou trazer ao "direito de autor" uma noção especial: seria um ramo do direito de natureza *sui generis*.

A peculiaridade seria decorrente, basicamente, da fusão – em seus elementos constitutivos essenciais – de características pessoais e patrimoniais.

Se, por exemplo, o direito à intimidade, à liberdade de expressão, à vida, à educação, não contém vínculo de ordem patrimonial, o mesmo não ocorre em relação à criação intelectual: juntamente com o direito moral de autor (que é um dos ramos dos direitos da personalidade), nasce um bem (a obra intelectual) que entra para o campo da propriedade exclusiva do seu autor.

O jurista belga Pierre Recht examinou, na minúcia e profundidade de mais de 300 páginas, esses elementos em sua obra *Le droit d' auteur, une nouvelle forme de propriété*[1].

Destaca a evolução das teorias doutrinárias que buscaram localizar o efetivo fundamento do direito de autor, de autoria de célebres autoralistas precursores como Saleilles, Berard, Palmade, Colin, Pierre Masse, do início

---

1. Paris: Librairie Générale de Droit e de Jurisprudence, 1969.

do século passado e, posteriormente, Vaunois, Piola Casellii, Henry Desbois, René Savatier e outros.

E quais seriam essas teorias?

Henry Jessen, jurista que, no Brasil, além da importante contribuição no aprimoramento teórico da matéria e dos sistemas de proteção, teve atuante participação na organização do mercado fonográfico brasileiro no contexto da afirmação dos direitos autorais em nosso país[2], observou que existem várias teorias – como a das *obrigações*, da *quase propriedade*, dos *direitos de clientela*, do *direito absoluto*, do *usufruto*, *laborista*, *monopolística* e outras – que constituem variantes de cinco principais, que são: *(a) teoria da propriedade (concepção clássica dos direitos reais) – a obra seria um bem móvel, e o seu autor seria titular de um direito real sobre aquela; (b) a teoria da personalidade – a obra é uma extensão da pessoa do autor, cuja personalidade não pode ser dissociada do produto de sua inteligência; (c) a teoria dos bens jurídicos imateriais – reconhece ao autor um direito absoluto* sui generis *sobre sua obra, de natureza real, existindo – paralelamente – o direito de personalidade, independente, que consiste na relação jurídica de natureza pessoal entre o autor e a obra; (d) a teoria dos direitos sobre bens intelectuais – o direito das coisas incorpóreas (obras literárias, artísticas e científicas, patentes de invenção e marcas de comércio)"*, e, finalizando, a teoria dualista – que, segundo Jessen, teria, de certa forma, conciliado as teses anteriores[3].

Nesse caminho, anteriormente, Pierre Recht já alinhavava as duas teorias que se sobressaíram com o tempo: a teoria do "direito duplo" e a "teoria dualista". A primeira considera que dois direitos, derivados de duas fontes, coexistiriam de forma paralela. Essas duas fontes seriam o "bem imaterial", de um lado, e a "personalidade do autor", do outro[4].

4.2. A INADEQUAÇÃO AO DIREITO DE AUTOR DA TEORIA DA PROPRIEDADE

A "teoria da propriedade" encontra-se majoritariamente superada na concepção da natureza jurídica do direito de autor. Entre outras relevantes manifestações doutrinárias nesse caminho[5], José de Oliveira Ascensão

---

2. Henry Jessen, entre várias outras atuações relevantes, em organizações brasileiras e internacionais relacionadas à defesa de direitos autorais, foi presidente brasileiro da gravadora inglesa EMI-ODEON.

3. *Direitos intelectuais*. Rio de Janeiro: Edições Itaipu, 1967, p. 26.

4. Ob. cit., p. 103.

5. A respeito da distinção da propriedade "material" e do direito de autor, Antonio Chaves ensina: "A diferença essencial, que existe entre o direito de autor e o da propriedade material, revela-se tanto pelo

chegou a intitular judicioso artigo como "A pretensa 'propriedade' intelectual"[6]. Destaca, em primeiro plano, os aspectos históricos:

> A propriedade foi atribuída primeiro sobre os escritos e mais tarde generalizada a outros tipos de obras. Só então nasce a propriedade literária, artística, científica, como por largos anos foi designada.
>
> (...)
>
> No domínio do direito industrial, a qualificação como propriedade está generalizada. A Lei n. 9.279/96 "regula direitos e obrigações relativos à propriedade industrial". O Código da Propriedade Industrial (CPI) português de 2003 consagra-a também na própria designação; e vários preceitos qualificam os direitos singulares como propriedade. Já no que respeita ao direito de autor as referências à propriedade foram abolidas, como dissemos, falando-se sempre só em direito de autor. A este se acrescentaram os direitos conexos[7].

Em seguida, aduz a sua lúcida reflexão crítica:

> Historicamente, o objeto da propriedade são coisas corpóreas. As leis civis respiram esse ambiente, ao prever apenas a propriedade de coisas corpóreas. Há uma coincidência no objeto da posse e da propriedade, uma vez que a propriedade das leis civis recai somente sobre as coisas susceptíveis de posse (que são as coisas corpóreas). Para a propriedade se estender a coisas incorpóreas terá de se indagar se essa extensão é admissível.
>
> (...)
>
> A obra tem uma característica fundamental, que a diferencia das coisas corpóreas; a ubiquidade. A obra literária e artística não é aprisionável num dado continente. Comunica-se naturalmente a todos, desde que expressa ou revelada pelo seu autor. Não se desgasta com o uso, por mais

---

modo de aquisição originário (único título: criação da obra), como pelos modos de aquisição derivados, lembrando Bluntschli que no direito autoral uma perfeita transferência não existe, não saindo completamente uma obra intelectual da esfera de influência da personalidade que a criou. Distinguindo-se, ainda, quanto à duração, quanto à sua extensão, posse, comunhão, formas de extinção. No que porém mais se distancia o direito autoral da propriedade material é na separação perfeitamente nítida que se estabelece no período anterior e posterior à publicação da obra, sendo absoluto, na primeira, e constituindo-se, na segunda, de faculdades relativas, limitadas e determinadas: patrimoniais exclusivas de publicação, reprodução, etc., que recaem sobre algumas formas de aproveitamento econômico da obra, e de natureza pessoal, referentes à defesa da paternidade e da integridade intelectual da obra" (*Direito de autor*: princípios fundamentais. Rio de Janeiro: Forense, 1987, p. 16).

6. *Revista do Instituto dos Advogados de São Paulo*, São Paulo, Nova Série, ano 10, v. 20, p. 243-261, jul.-dez. 2007.

7. Ob. cit., p. 249 e 252.

extenso que ele seja. A poesia de Fernando Pessoa não se ressentiu com a globalização de que beneficiou. E com isto surge uma diferença radical da propriedade comum. O autor pode naturalmente usar sempre sua obra. Em nada essa faculdade é diminuída pelo fato de terceiros a usarem também, ainda que sem autorização. Inversamente, um proprietário deixa de poder usar se um terceiro se apodera da coisa[8].

E conclui:

De fato, de há longo tempo se procura fundar a propriedade intelectual numa identidade de regime com a propriedade comum. Mas a posição é equivocada. Uma coisa é a aplicação subsidiária de preceitos gerais ou de outros paralelos, outra a identidade de natureza.

É claro que são aplicáveis as regras gerais relativas aos direitos subjetivos, como as que respeitam à autodefesa, ou as próprias de todos os direitos patrimoniais, como as que estabelecem a "garantia constitucional da propriedade". Mas isso nada diz quanto à natureza dos direitos intelectuais se a da propriedade, ou seja, um concreto direito real[9].

Nessa linha, proficiente crítica aos adeptos da teoria da propriedade para conceituar a natureza jurídica do direito de autor, Silmara Juny de Abreu Chinellato ressalta:

Atualmente, verifica-se que a tese da natureza jurídica lastreada na propriedade é defendida por estudiosos da propriedade industrial que pretendem abranger o direito de autor, de especificidades a serem consideradas. O próprio Ascarelli defendeu tal natureza muito mais atrelada à propriedade industrial, como se comprova pela leitura de sua obra *Teoría de la concurrencia e de los bienes imateriales.*

De caráter utilitário, com predominância de direitos patrimoniais, a propriedade industrial ou direito industrial não se confunde com a cria-

---

8. Ob. cit., p. 253 e 254.

9. Ob. cit., p. 255. Ascensão defende que o direito, como surge com caráter geral, não é um privilégio, mas sim, "um exclusivo" (p. 257). Complementa distinguindo o que denomina "técnica do exclusivo". "Procede-se tecnicamente através de regras proibitivas, que excluem a generalidade das pessoas do exercício daquela atividade. Todos, menos aqueles que se quer beneficiar. Como todos os outros são afastados, este passa a usufruir de um círculo em que pode atuar sem concorrência. Esta é a técnica do exclusivo. Consiste em rarificar atividades que naturalmente seriam livres – o que é muito nítido em sociedades dominadas pelo princípio da liberdade de iniciativa econômica. Tornada rara, a atividade fica reservada para a pessoa beneficiada. Mas o exclusivo tem ainda outra característica singular. Dissemos que a atribuição de direitos se faz através de regras positivas e negativas. Mas os exclusivos resultam apenas de regras negativas. Ao beneficiário não é atribuído positivamente nada. Não recebe o direito de exercer, porque esse estava já compreendido na sua liberdade natural. O seu direito é assim um reflexo das proibições que foram dirigidas a todos os outros" (ob. cit., p. 258).

4 | Natureza jurídica, conceito, terminologia e autonomia científica

ção literária, artística e científica. Os direitos morais de inventor, se aceitos, têm conotação de menor abrangência em confronto com os de autor que, no nosso modo de ver, são de inequívoca importância.

Sem pretender refutar, neste trabalho, a alegada natureza de propriedade à industrial, apresentamos os argumentos pelos quais o direito de autor não tem essa natureza, lembrando que, mesmo os que defendem tal tese, acentuam tratar-se de "propriedade especial", com tantas especificidades que nos parece inaceitável que as exceções definam essa pretensa natureza jurídica[10].

Em complemento, entre outras considerações, fundamenta, com inegável pertinência, a jurista:

a natureza jurídica híbrida, com predominância dos direitos da personalidade, do direito de autor como direito especial, *sui generis*, terá como consequência não serem aplicáveis regras da propriedade quando a ele se referirem, nas múltiplas considerações das relações jurídicas.

Entre elas, incluem-se as seguintes que já foram analisadas quando afastamos e contestamos a pretensa natureza jurídica de propriedade.

Distinção entre corpo mecânico e corpo místico, sendo apenas o primeiro suscetível de propriedade e posse.

Aquisição da titularidade do direito de autor.

Prazo de duração limitado para direitos patrimoniais e ilimitado para direitos morais.

Não cabe usucapião quanto a nenhum dos direitos morais, aplicando-se, em tese, ao corpo mecânico.

Perda do direito patrimonial depois de certo prazo, quando a obra cai em domínio público.

Inalienabilidade de direitos morais.

Ubiquidade da criação intelectual.

Diferente tratamento no regime de bens no casamento, entre a propriedade e o direito de autor.

Acresçam-se ainda, diferentes regimes para a desapropriação de direito de autor, aos quais se aplicam outras normas que não são as de propriedade; interpretação restritiva em favor do autor; e a inaplicabilidade da tutela processual possessória[11].

---

10. *Direito de autor e direitos da personalidade*: reflexões à luz do Código Civil (Tese para concurso de Professor titular da Faculdade de Direito da Universidade de São Paulo), São Paulo, 2008, p. 79.

11. Ob. cit., p. 99.

Realmente, não há como refutar esse entendimento em razão da adoção majoritária da teoria dualista e da monista, defendida por diversos juristas, como a própria Silmara Chinellato, como veremos a seguir.

4.3. A PREVALÊNCIA DA TEORIA DUALISTA

A *teoria dualista* estabelece a mesma coexistência de dois direitos de natureza diferente, mas derivados de uma única fonte: a obra intelectual[12].

Embora a teoria dualista tenha encontrado maior ressonância entre os juristas atuais, na linha precursora do grande autoralista francês Henri Desbois (autor do precioso e volumoso "clássico" sobre a matéria *Le droit d' autor en France*: a 12ª edição dessa obra, publicada em 1966 pela editora Dalloz, chega a quase mil páginas), é importante, também, trazer à discussão a relevância da teoria do "direito duplo", defendida por René Savatier.

Em indiscutível evolução em relação às teorias que a antecederam, Savatier, em 1953[13], iniciou e em 1959[14] aprofundou e aperfeiçoou seu entendimento. Conforme comenta Recht, na obra citada, Savatier enumera quatro fases na vida de uma obra:

(a) a fase íntima – a concepção da obra e sua transposição para o suporte material (como o manuscrito, o objeto de arte etc.);

(b) a fase da oferta – é inaugurada por um contrato. O autor concede licença ou transfere os direitos patrimoniais para a utilização de sua obra;

(c) a fase do desligamento – a morte separa o autor ou artista da sua obra, que não poderá mais ser modificada (atributo exclusivo e intransferível do autor); e

(d) a fase de independência da obra – esta cai, definitivamente, em domínio público.

Nota-se, portanto, que a tese de Savatier se aproxima da "teoria da personalidade", embora, como comenta Recht em seu estudo, não vá tão

---

12. Pierre Recht, ob. cit., p. 103.
13. *Le droit de L' art e des lettres*. Les travaux des muses dans les balances de la justice. Paris, 1953, citado por Recht na obra referida, p. 128.
14. *Les Métamorphoses Économiques et Sociales du Droit Privé d' Aujourd' Hui*. Paris: Dalloz, 1959, segundo Recht, na obra citada, p. 128.

longe quanto esta, uma vez que ele separa a obra e a personalidade do autor a partir de um certo momento: a *aparição* do direito patrimonial ou pecuniário:

> O direito pecuniário não é a criação de um novo direito, porque, mesmo no plano pecuniário, a propriedade do artista decorre de suas origens. É porque há uma mutação pecuniária de seu direito moral, quando o artista deixa o campo da arte para entrar no econômico (seria "a patrimonialização de um direito pessoal")[15].

Se, por um lado, Savatier não explica a "aparição" do direito pecuniário, Debois, nesse aspecto, é claro, segundo Recht – "a experiência e a razão nos permitem dissociar os dois direitos, suas espécies de aplicações são distintas: sua coexistência é certa mas sua simultaneidade não é constante"[16].

Com efeito, a *teoria dualista, que* foi apresentada por Desbois em 1950, parte do ponto de vista de que o autor que decide publicar sua obra se insere em uma dupla condição: ele engaja de uma vez os seus interesses pecuniários e espirituais aqui entendidos como suas *concepções literárias* e sua *reputação*. A dificuldade reside em organizar a conexão entre os atributos de ordem espiritual e patrimonial[17].

Considera, ainda, Desbois que a partir do momento em que o autor decide publicar sua obra, um direito patrimonial aparece e vai ter uma vida própria, porque o fato mesmo da publicação dá ao autor e ao artista a possibilidade de se entregar a uma exploração pecuniária, pela via da reprodução ou execução, conforme o caso. Assim é o princípio da *concepção dualista*, em que essas prerrogativas pecuniárias e morais se desenvolvem separadamente, mas não sem que as segundas se oponham, às vezes, ao curso das primeiras, para que seja assegurada a salvaguarda dos interesses espirituais do autor[18].

A solução pela *teoria dualista*, defendida pelo jurista Henri Desbois[19], não é pacífica, mas tem sido considerada a mais adequada à conceituação do direito de autor na localização de sua natureza jurídica *sui generis* ou "híbrida", como considerou Alain Le Tarnec:

---

15. Ob. cit., p. 137.
16. Henri Desbois, conforme citação de Pierre Recht na obra citada, p. 138.
17. Segundo Pierre Recht, ob. cit., p. 124.
18. Conforme, ainda, Recht, ob. cit., p. 124.
19. *Le droit d'auter en France*. 2. ed. Paris: Dalloz, 1966, p. 238 ss.

Contudo, se a ideia de propriedade parece suficiente para explicar a natureza dos direitos patrimoniais do autor, e se o termo "propriedade imaterial" tem sido bastante utilizado pelo legislador de 1957 (artigo 1), a noção não parece levar em conta o direito moral, enquanto direito inalienável e imprescritível[20].

Prevaleceria, assim, a *teoria dualista* como a mais apropriada na conceituação da natureza jurídica do direito de autor. Essa conclusão constou tanto na primeira edição (de 1998) quanto na segunda (de 2008) desta obra. Todavia, relevante se faz ressalvar a procedência dos fundamentos de Silmara Chinellato, escudada principalmente por juristas franceses, na defesa da Teoria monista, como veremos a seguir.

4.4. CONSIDERAÇÕES SOBRE A TEORIA MONISTA

Na alentada tese em que Silmara Chinellato conquistou a cátedra de professora titular de direito civil da Universidade de São Paulo, mostra-se a seguir a judiciosa defesa da teoria monista como a que melhor conceituaria a natureza jurídica do direito de autor. Pondera a jurista:

> É controversa a natureza jurídica do Direito de autor, embora haja três correntes predominantes. A primeira sustenta ser um direito de propriedade; a segunda é a corrente monista que repudia a tese da propriedade; sustentando ser direito uno, embora com duas vertentes, pois além de direitos pessoais – direitos morais – há a do direito patrimonial; a terceira corrente, denominada dualista, sustenta tratar-se de direito híbrido, misto ou dúplice, com duas origens ou naturezas: a de direitos morais e a de direitos patrimoniais[21].

Conclui, após proficiente fundamentação, pela adoção da teoria monista:

> Considerando a finalidade dos direitos morais e a precariedade e restrições da licença do exercício de direitos patrimoniais, consideramos mais

---

20. *Manuel de la proprieté litteraire et artistique*. 2. ed. Paris: Dalloz, 1966, p. 16. Pertinente, também, a judiciosa orientação de Antonio Chaves sobre esse tema: "No que, porém, mais se distancia o direito autoral da propriedade material é na separação perfeitamente nítida que estabelece entre o período anterior e o posterior à publicação da obra, sendo absoluto, no primeiro, e constituindo-se, no segundo, de faculdades relativas, limitadas e determinadas: patrimoniais exclusivas de publicação, reprodução, etc., que recaem sobre algumas formas de aproveitamento econômico da obra; e de natureza pessoal, relativa à defesa da paternidade e da integridade intelectual da obra" (*Proteção internacional do direito autoral de radiodifusão*. São Paulo: Max Limonad, 1952, p. 19).

21. Ob. cit., p. 67.

própria a teoria monista. Ademais não há compartimentação entre direitos morais e patrimoniais, pois um repercute no outro.

A falta de compartimentação é uma das características do direito contemporâneo e demonstra a interpenetração entre Direito público e o Direito privado, conforme bem o demonstra Michele Giorgianni.

Essa imbricação é anotada por autores como Lucas e Lucas, bem como por civilistas de escol como Planiol, Ripert e Boulanger, que afirmam a dificuldade de traçar fronteiras entre direitos morais e patrimoniais.

Os autores aludem a um "jogo de influências recíprocas" a revelar que a dissociação dos dois feixes de direitos tem caráter arbitrário.

Também Saleilles, ao comentar o caso Lecoq – que trata de regime de bens e direito de autor – observa a falta de compartimentação.

O direito de autor nasce uno e depois pode, eventualmente, bipartir-se a titularidade dos direitos morais – sempre ao autor – e a titularidade do exercício de direitos patrimoniais[22].

E acrescenta:

> A teoria dualista teve e tem importante função ao mostrar a hibridez do direito de autor, composto de direitos morais e patrimoniais e seu grande mérito foi apresentar o duplo aspecto, pois até então só os direitos patrimoniais eram enfatizados. Desvendada a duplicidade de vertentes, ficou mais claro o distanciamento com o direito de propriedade.

> Parece-nos, no entanto, que dada a interpenetração ou simbiose entre direitos patrimoniais e morais, melhor define a natureza jurídica a teoria monista.

> Em regra, quando se viola um direito moral se autor, há conotação patrimonial e, quando se viola um direito patrimonial, há violação de direito moral[23].

De qualquer forma, ressalva a jurista, nesse confronto doutrinário das teorias dualista e monista, que, "na atualidade, os autores contemporâneos que defendem a teoria dualista são aparentemente muitos. Entre os franceses, anote-se a importância de André Lucas e Henri-Jacques Lucas, Pierre Yves Gautier, Pollaud-Dullian, Claude Colombet, P. Kayser"[24].

Nesse contexto, destaca a opção de Henri Desbois pela concepção dualista:

---

22. Ob. cit., p. 96-97.
23. Ob. cit., p. 101-102.
24. Ob. cit., p. 93.

Desbois critica a concepção unitária ou teoria monista do Direito de autor procurando demonstrar que direito moral e direitos pecuniários não se confundem, apesar da interdependência.

Direitos morais e direitos patrimoniais, no seu modo de ver, não nascem e não morrem ao mesmo tempo. O direito moral surge desde os primeiros golpes do pincel ou do lápis, desde a primeira versão de um plano ainda rudimentar. A principal prova do dualismo seria a independência dos direitos patrimoniais e morais da obra caída em domínio público, hipótese em que não existiam direitos patrimoniais, continuando os morais, o que impediria o sepultamento daquela (...).

Segundo Henri Desbois, desde a publicação inicial da obra, ela entra na comunhão, mas a exploração econômica será submetida à influência, à supremacia do direito moral[25].

Conclui, afinal, a renomada jurista, pela aproximação dos dois conceitos – *monista e dualista* – da natureza jurídica do direito de autor (*ambos se distanciando da tese da propriedade*):

Embora, aparentemente, como se afirmou no início desta Parte, os autoralistas brasileiros como Walter Moraes, Antonio chaves e Carlos Alberto Bittar sejam partidários da teoria dualista, por várias vezes se referem à recíproca influência de direitos patrimoniais e morais, o que também foi afirmado por André Lucas e Henri – Jacques Lucas.

Lembre-se que também Henri Desbois, embora refute a teoria monista, admite expressamente que há "influência e supremacia do direito moral".

Quanto ao conteúdo do direito e a refutação da teoria da propriedade aplicada ao Direito de autor, não vemos discordância fundamental entre monistas e dualistas – embora quanto a isto não se tenham dado conta –, pois ambos sustentam a duplicidade de direitos que caracterizam o direito de autor e afastam, por isso, a natureza de direito de propriedade[26].

4.5. A TEORIA DUALISTA COMO BASE DO DIREITO POSITIVO BRASILEIRO E A TERMINOLOGIA

A pertinência da *concepção dualista – que, como vimos, mantém estreita ligação com a concepção monista* – como uma "verdadeira evolução" de todas as teorias é defendida, a exemplo da maioria dos autoralistas, por

---

25. Ob. cit. p. 88-89.
26. Ob. cit., p. 103-104.

4 | Natureza jurídica, conceito, terminologia e autonomia científica

Henry Jessen, concluindo que esta conciliaria as teses anteriores, pois veria na proteção à criação intelectual um instituto autônomo que enfeixa dois direitos diversos, interdependentes, porém distintos um do outro: o patrimonial, transferível, e o pessoal, insub-rogável. Remata relatando que, como derivação dessa tese, surgiu modernamente a chamada "teoria unitária", que, em contraposição, apresenta o direito de autor como um *direito único*, que contém prerrogativas de ordem pessoal (*direito moral*) e prerrogativas de ordem patrimonial (*direito pecuniário*), ambas indissoluvelmente ligadas entre si[27].

Apenas uma complementação é fundamental observar nesse conceito (*dualista*): os direitos morais de autor se sobrepõem aos econômicos. Nesse sentido, por exemplo, o "direito moral de arrependimento", que estabelece que o autor pode determinar a retirada de circulação de obra – *mesmo já publicada* – uma vez que, naturalmente, indenize as partes prejudicadas, princípio abrigado pela lei brasileira[28].

Nesse passo, se a primeira definição legal brasileira, consignada na lei "Medeiros de Albuquerque" de 1898, mostrou-se imprecisa ao levar em conta somente o aspecto patrimonial do direito (*embora consagrando a condição de exclusividade do exercício desse direito ao autor*)[29], já Clóvis Beviláqua, o autor do nosso Código Civil de 1916, em vigor até janeiro de 2003, com as alterações parciais efetivadas por leis posteriores (como é o caso específico dos "direitos autorais", objeto, entre as várias outras já citadas, da Lei especial – n. 5.988, de 14 de dezembro de 1973, e da lei autoral vigente, de 1998), entendia como "direito autoral":

> O que tem o autor de obra literária, científica ou artística, de ligar o seu nome às produções do seu espírito e de reproduzi-las, ou transmiti-las. Na primeira relação, é manifestação da personalidade do autor; na segunda, é de natureza real, econômica[30].

Embora não contivesse ainda, a conceituação de Clóvis (*incorporada ao regime legal brasileiro há mais de cem anos*), todos os elementos da teo-

---

27. Ob. cit., p. 27.
28. A norma do art. 25, VI, da Lei n. 5.988, de 14-12-1973, foi reeditada pelo art. 24, VI, da Lei n. 9.610, de 19-2-1998, com o acréscimo da condição: "quando a circulação ou utilização implicarem afronta à sua reputação e imagem".
29. Art. 1º da Lei n. 496, de 1º-8-1898: "Os direitos de autor de qualquer obra literária, científica ou artística consistem na faculdade, que só ele tem de reproduzir ou autorizar a reprodução do seu trabalho pela publicação, tradução, representação, execução ou de qualquer outro modo".
30. *Direitos das coisas*. 2. ed. Rio de Janeiro, conforme citação de Dirceu de Oliveira e Silva, em *Direito de autor* (Rio de Janeiro: Editora Nacional de Direito, 1956, p. 15).

121

ria dualista (observe-se que utilizou a expressão "propriedade imaterial"), teve, inegavelmente, o mérito de sedimentar o caminho do entendimento pátrio sobre o assunto.

A legislação brasileira em vigor, a exemplo da Lei n. 5.988/73, embora não defina especificamente "direitos de autor", adotou, conforme pode se avaliar tendo em vista o seu conjunto de orientação normativa, a concepção dualista, ou seja, nos direitos de autor coexistem, distintamente (*embora interdependentes*), direitos *morais* e direitos *patrimoniais*, sendo que o primeiro prevaleceria sobre o segundo, em virtude de aquele "estar relacionado à defesa dos interesses espirituais do criador (intelectual)"[31].

Assim, é inegável a efetiva absorção – *pelo direito brasileiro* – da noção de "existência paralela" de dois direitos de natureza diversa: um pessoal (*intransferível e irrenunciável*) e outro patrimonial (*negociável*), que nascem, simultaneamente, de um mesmo bem (*a obra intelectual*) –, o que acarretaria a "hibridez" do direito de autor – se tornou consagrado, em definitivo, com o advento da Lei n. 5.988, de 14 de dezembro de 1973, que regulou os direitos autorais no Brasil, princípio reeditado pela Lei n. 9.610, de 19 de fevereiro de 1998[32].

Da mesma forma, a prevalência dos direitos morais de autor em relação aos direitos patrimoniais. Apesar de algumas contradições que o texto legal brasileiro encerra, a adoção do princípio da impossibilidade de transferência ou renúncia dos direitos morais de autor (art. 27) indica – *textualmente* – essa sua predominância às relações negociais ou econômicas que envolvem a utilização da obra intelectual, chegando, o nosso direito positivo, mesmo a proibir a cessão de direitos autorais (*em alguns casos*) – *aqui se entenda como direitos autorais de natureza patrimonial* – e a estabelecer, influenciado pelo regime legal francês de 1957, em seu art. 39:

> O autor, que alienar obra de arte ou manuscrito, sendo originais os direitos patrimoniais sobre a obra intelectual, tem direito irrenunciável e inalienável a participar na mais valia que a eles advirem, em benefício do vendedor, quando novamente alienados.

---

31. Henri Desbois, ob. cit., p. 239.
32. Nessa orientação, a concepção adotada por Antonio Chaves: "Podemos defini-lo como o conjunto de prerrogativas que a lei reconhece a todo criador intelectual sobre suas produções literárias, artísticas ou científicas, de alguma originalidade: de ordem extrapecuniária, em princípio, sem limitação de tempo; e de ordem patrimonial, ao autor, durante toda a sua vida, com o acréscimo, para os sucessores indicados na lei, do prazo por ela fixado" (ob. cit., p. 17).

4 | Natureza jurídica, conceito, terminologia e autonomia científica

Esse dispositivo da lei autoral brasileira de 1973, reeditado, com alteração, pelo art. 38 da Lei n. 9.610, de 1998, que estabelece o "direito de sequência" no campo das obras de arte ou manuscritos originais, consiste em condição – inalienável e irrenunciável (que é característica própria do *direito moral*) – de participação econômica do autor em relação à valorização pecuniária (que é característica própria do *direito patrimonial*) de sua obra.

Portanto, inequívoco, no conceito *sui generis* da comentada "existência paralela" de direitos pessoais e econômicos no campo dos direitos de autor, que, em algumas condições de encontro (*às vezes contendo interesses conflitantes*) entre essas duas vertentes, os direitos morais de autor (*na essencialidade própria aos direitos da personalidade*) deverão, em muitos casos, condicionar o exercício, por terceiros, de direitos patrimoniais de autor, mesmo nas transferências (*concessões ou cessões*) regulares.

Enfim, o direito de autor ou "autoral", expressão que, segundo José de Oliveira Ascensão, é um neologismo introduzido por Tobias Barreto para corresponder à palavra alemã *urheberrecht*, ou seja, "direito de autor", vai integrar, basicamente, o campo do direito civil, e, conforme argumentam alguns juristas pátrios[33], em face de suas características particulares "deveria" – *a exemplo dos direitos da personalidade* – ser incluído, como examinaremos a seguir, ao final deste capítulo, autonomamente, como o *sexto ramo* especializado[34].

Além da expressão "direito autoral", adotada, em várias oportunidades, no curso desta obra, também a expressão "direitos autorais" sem refutar, contudo, a propriedade da crítica que poderá advir dessa decisão. Nesse

---

33. Nesse sentido, por exemplo, ainda José de Oliveira Ascensão, ob. cit., p. 30.
34. Os *quatro ramos* do direito civil já codificados no Brasil: das coisas, das obrigações, de família e das sucessões. O *quinto ramo* especializado seria o dos direitos da personalidade, finalmente regulado em nosso país pelo Código Civil de 2002 (arts. 11 a 21). Edmond Picard, célebre professor da Universidade Nova de Bruxelas, há mais de cem anos já propagava sua classificação jurídica precursora, com fundamento no objeto do direito. Preleciona: "Disse que esse objeto abrangia quatro categorias pondo provisoriamente de lado as Universidades como grupo distinto): o Envólucro pessoal do Eu – os outros sujeitos de direitos – as coisas materiais – as coisas intelectuais. A cada uma destas categorias corresponde um grupo de direitos que denominei por qualificações e assonantes, todas tiradas do objeto, base da divisão: para complemento dou agora indicações latinas, mostrando mais claramente que em dois desses grupos a incidência é sobre a pessoa, e nos outros dois é sobre as coisas. Direitos pessoais: *jura in PERSONA ipsa*; DIREITOS OBRIGACIONAIS: *jura in PERSONA aliena*; DIREITOS REAIS: *jura in RE material*; DIREITOS INTELECTUAIS: *jura in RE intellectuali*" (*O direito puro*. Barcelona: Editora Ibero-Americana, 1932, p. 58). Segundo Carlos Alberto Bittar (em "Autonomia Científica do Direito de Autor", aula magna proferida no concurso em que Bittar obteve o grau de Professor Titular da Faculdade de Direito da Universidade de São Paulo, artigo publicado na *Revista da Faculdade de Direito da Universidade de São Paulo*, São Paulo, v. 89, p. 87-98, 1994), essa obra de Picard, na versão originária em idioma francês (*Le Droit Pure*) data de 1877, anterior, portanto, à primeira Convenção de Berna (de 1886).

123

sentido, não cabe colocar em discussão a recomendação de Ascensão de que essa terminologia seja evitada por não ter precisão, ponderando:

> Da destrinça entre Direito Autoral e Direito de Autor como ramos da ordem jurídica, se passa à destrinça entre direitos autorais e direitos de autor, para designar os direitos subjetivos concedidos por esses ramos da ordem jurídica. Assim procede a Lei n. 5.988, art. 1ª, ao proclamar que regula os direitos autorais, entendendo-se por tal os direitos de autor e os direitos que lhe (deveria ser "lhes" porque se refere aos direitos de autor, e não ao autor) são conexos. Já não tem, porém, sentido, quando se querem referir ramos da ordem jurídica, falar em Direitos de Autor ou em Direitos Autorais, porque o plural se adequa à multiplicidade dos direitos subjetivos, mas não já à singularidade de um ramo da ordem jurídica. (Pela mesma razão por que se fala em Direito das Obrigações ou Direito Tributário, por exemplo, e não em Direitos das Obrigações ou Direitos Tributários.)[35].

A justificativa, portanto, da adoção da expressão "direitos autorais"[36] em alguns momentos da presente exposição (*que abrange não só "o" ou "os" direito(s) de autor, como, também, "os direitos conexos aos de autor"*) se prende exclusivamente à adequação à terminologia legal brasileira vigente, e não à qualquer tentativa de inovação na designação de um ramo da ordem jurídica[37].

4.6. A AUTONOMIA CIENTÍFICA DO DIREITO DE AUTOR

Ensinam as civilistas Silmara Juny de Abreu Chinellato e Giselda Maria Fernandes Novaes Hironaka em judicioso artigo elaborado em conjunto[38] que a autonomia científica do direito de autor é examinada por Carlos Alberto Bittar, que, de modo convincente, demonstra que:

---

35. Ob. cit., p. 7.
36. Expressão utilizada, também, por Antonio Chaves em sua monografia intitulada *Direitos autorais na computação de dados* (São Paulo: LTr, 1996).
37. A Lei n. 5.988, de 14-12-973, que adotou a expressão "direitos autorais" (termo reeditado pela Lei n. 9.610/98, também em seu art. 1ª), foi baseada no projeto de autoria do insigne jurista José Carlos Moreira Alves, ministro do Supremo Tribunal Federal. Relevante, também, a adoção da expressão "direitos autorais" na orientação de Carlos Alberto Bittar: "Exatamente por que se bipartem nos dois citados feixes de direitos (patrimoniais e morais) – mas que, em análise de fundo, estão, por sua natureza e sua finalidade, intimamente ligados, em conjunto incindível – não podem os direitos autorais se enquadrar nesta ou naquela das categorias citadas, mas constituem nova modalidade de direitos privados" (*Direito de autor*. 2. ed. rev. e atual.; Rio de Janeiro: Forense Universitária, 1994, p. 11).
38. Propriedade e posse: uma releitura dos ancestrais institutos. Reflexos no direito autoral. *Revista do Direito Autoral da ABDA – Associação Brasileira de Direito Autoral*, São Paulo: Lumen Juris, n. I, p. 35-72, ago. 2004.

4 | Natureza jurídica, conceito, terminologia e autonomia científica

tem o Direito de Autor as características que sustentam a autonomia científica de um ramo do Direito, aplicando as lições de Alfredo Rocco (*Principii di diritto commerciale*, p. 161): são quatro os requisitos para autonomia científica de um ramo do Direito: objeto, princípios específicos, normas especiais e conceitos e figuras próprias[39].

Nesse caminho, após demonstrarem que tais elementos se inserem perfeitamente no direito de autor, e, assim, constatada a sua autonomia científica como um ramo do Direito, concluem, em endosso a Bittar, que

a importância crescente do direito de autor, oriunda das novas formas de utilização das obras, na pós-moderna era da comunicação, na qual os respectivos meios se multiplicam, se aperfeiçoam e se popularizam: a quarta era dos direitos, na visão de Norberto Bobbio[40].

Em sua aula magna, em que Carlos Alberto Bittar conquistou sua cátedra (professor titular) de direito civil na USP, em 1993, intitulada justamente de "Autonomia Científica do Direito de Autor", assevera:

Na demonstração dessa autonomia, lembramos, com Alfredo Rocco (*Principie di Diritto Comerciale*, p. 61) – que procurava assentar a independência do Direito Comercial (primeira vergôntea a separar-se do Direito civil) – que, para que determinado ramo do Direito seja conceituado como autônomo, faz-se necessária a existência de: objeto próprio; princípios específicos; normas especiais e conceitos e figuras próprias. Ora, enquadra-se, perfeitamente, o Direito de Autor a esse raciocínio.

Em seguida, esmiúça:

De início, conta com objeto próprio, que, como anotamos, se consubstancia na regulamentação das relações jurídicas oriundas da criação e da utilização econômica das obras do engenho. Vários princípios particulares inspiram, por sua vez, a respectiva textura, como, dentre outros, os de: limitação, no tempo, dos direitos de cunho patrimonial (no Brasil, basicamente pela vida do autor e de certos sucessores; em outros países, com prazos menores, como os de cinquenta, ou de vinte e cinco anos, e assim por diante); de intransmissibilidade e de perenidade dos direitos de caráter moral (que fazem dos direitos autorais os únicos direitos perpétuos:

---

39. Artigo citado, p. 68-69.
40. Artigo citado, p. 69-70. Sobre a citação de Bobbio, informam que foi extraída de *A quarta era dos direitos* (Rio de Janeiro: Campus, 1997). Complementando: "Frise-se que essa é a era da comunicação e da biogenética".

125

assim, quanto à paternidade; obras de talentos e de figuras geniais, como as de Aristóteles, Santo Tomás, Camões, Shakespeare, Michelangelo, permanecerão, indelevelmente, relacionados a seus titulares, embora desaparecidos do mundo físico há séculos); da exclusividade de exploração do autor (que faz depender de sua prévia anuência qualquer uso público da obra com objeto econômico); da reserva ao autor de direitos não compreendidos em contratos firmados (com a qual ficam na esfera do criador direitos não negociados, bem como direitos não existentes à época do contrato, como se decidiu em França, consoante J. G. Renauld, (*Droit d'Auteur et Contrat d'Adoption*, 1955), quanto à ausência de autorização para sonorização de romance filmado em língua diversa, e, no Brasil, em disputa entre editores e herdeiros do célebre romancista Eça de Queiroz, quanto a não inclusão em contratos de cessão assinados antes de nova forma de comunicação de obras); e o da consequente interpretação restritiva das convenções sobre direitos autorais, quanto ao alcance, prazo, forma, modo de utilização e outros elementos do negócio[41].

Nesse caminho, José de Oliveira Ascensão observa: "a impressão inegável de especificidade deste ramo do direito resulta, não da demarcação de princípios próprios, mas tão somente da índole do objeto. É por força desta particular índole, nomeadamente do caráter imaterial do bem, que se aceita que represente um ramo autônomo do Direito", concluindo a seguir, o jurista que "De fato, o Direito de autor representa um ramo autônomo. As suas fronteiras são delimitadas com precisão muito superior à dos demais ramos de direito, pois abrange tudo o que respeita à disciplina da obra literária ou artística"[42].

---

41. Aula (publicada) citada, p. 95-96.
42. *Direito autoral*. 2. ed. Rio de Janeiro: Renovar, 1997, p. 18. Complementa Ascensão asseverando representar o direito de autor "um novo ramo de Direito Civil, a juntar àqueles que foram delimitados por Savigny", devendo ser incluído como "o sexto ramo especializado do Direito Civil" em razão de ocupar-se, o direito de autor, "de um setor da atividade normal dos particulares, centrado na criação literária e artística", finalizando: "Tem uma unidade tão grande como a do Direito de Família, que se funda na instituição familiar, ou o Direito das Sucessões, que se funda no fenômeno sucessório. Por outro lado, respeita a direitos que se distinguem profundamente dos direitos reais ou das obrigações, como veremos, ou até dos direitos de personalidade. A especialidade evidente que apontáramos ao Direito de Autor implica a abertura de um novo termo na classificação do Direito Civil. O Direito de Autor regula, pois, um setor diferenciado da vida dos particulares. Tem assegurada a sua autonomia como ramo do Direito Civil" (ob. cit., p. 20).

CAPÍTULO 5

O objeto do direito e sua titularidade

5.1. O EMBATE TEÓRICO ENTRE A "IDEIA" E A "OBRA" COMO OBJETO DE PROTEÇÃO

O objeto de proteção do direito de autor é a obra intelectual, confundida, no início, com o seu suporte material (*corpus mechanicus*)[1]. Com o passar do tempo, o conceito foi evoluindo para, em vez de, restritivamente, considerar a obra intelectual a sua própria "fixação em suporte material", entendê-la, corretamente, sob a concepção mais ampla da "exteriorização sob qualquer forma", como é o caso da obra oral, por exemplo, que elencamos no capítulo seguinte[2].

De qualquer maneira a maioria dos juristas que se dedicaram ao estudo da matéria procurou deixar claro que objeto da proteção não deve ser a ideia (*que originou a obra*), mas, sim a sua concepção estética – *a sua forma de expressão* – materializada como "obra intelectual".

Nesse caminho, destaque-se, de início, a lúcida orientação – *anterior à lei autoral vigente, de 1998, que examinaremos, sob esse aspecto, adiante*

---

1. A respeito, Antonio Chaves cita J. Pereira, que, invocando Jules Borchave, relata: "Não admitiam (no direito romano) que o pensamento por si mesmo pudesse ser suscetível de proteção legal e só consideravam a propriedade da sua realização em um corpo material (manuscrito, quadro, estátua e outros tipos de trabalhos)", complementando que não havia nascido ainda "a distinção entre o direito de propriedade sobre o *corpus mechanicum* e o direito sobre a criação intelectual nele incorporada" (*Criador da obra intelectual*. São Paulo: LTr, 1995, p. 41).

2. A Lei n. 9.610, de 1998, define, em seu art. 7º, *caput*, como "obras intelectuais protegidas" as "criações do espírito, expressas por qualquer meio ou fixadas em qualquer suporte, tangível ou intangível, conhecido ou que se invente no futuro".

– no contexto evolutivo de nossa jurisprudência. Em primeiro lugar, mais de dez anos antes da Lei n. 5.988, de 1973, o precursor aresto do Supremo Tribunal Federal de 1961, com a seguinte ementa:

> Direito Autoral. Obra que expõe sistema taquigráfico. Professor autorizado a divulgar, em seus cursos, determinado método, não está impedido de redigir apostilas, que não plagiam, nem repetem a obra original, para distribuição onerosa ou gratuita pelos alunos dos referidos cursos.

Em sua judiciosa razão de decidir, consigna:

> O direito autoral do criador, ou sistematizador, ou adaptador do questionado sistema taquigráfico não pode ir ao ponto de impedir o uso e o ensino desse sistema. Caso contrário, todos aqueles que se formaram profissionais por tal método ficariam obrigados, segundo o capricho do autor, seja ao abandono da profissão, depois de muitos anos de exercício, seja a um longo e penoso aprendizado de outro método. O direito autoral, no caso, cobre a obra literária que expõe o método, que explica, divulga e ensina. Não pode cobrir o próprio método, a ponto de lhe impedir o uso ou o ensino, porque ele, por sua natureza, se destina a ser aprendido e utilizado pelo maior número. Foi o autor mesmo quem tomou a iniciativa de o vulgarizar, por interesse profissional e comercial[3].

Posteriormente, já sob a vigência da Lei n. 5.988, de 14 de dezembro de 1973, as duas outras decisões que complementaram e ampliaram o conceito da inexistência de proteção jurídica, de natureza autoral, às "conclusões científicas ou seus ensinamentos" e à "ideia em si":

– ainda do Supremo Tribunal Federal, de 1979:

> O Direito autoral protege forma de expressão, e não as conclusões científicas ou seus ensinamentos, que pertencem a todos, no interesse do bem comum. Ação proibitória cujos resultados já tinham sido alcançados pela notificação prévia. RE conhecido e provido para julgar improcedente a ação proibitória.

– do Tribunal de Justiça do Rio de Janeiro, de 1992:

> Propriedade Intelectual. Proteção do invento, obra literária ou qualquer obra intelectual. Forma ou expressão da ideia pura. A ideia em si, ou uma

---

3. Acórdão de 8-8-1961, proferido no Recurso Extraordinário 46.742/PR, por votação unânime de sua Segunda Turma, rel. Min. Victor Nunes (trecho final de seu voto, p. 6, *RTJ*, vol. 19-1, p. 190).

5 | O objeto do direito e sua titularidade

simples concepção ideal, não constitui trabalho intelectual protegível. Fundamentação da sentença com base na informação ou na opinião do perito em matéria de Direito Autoral. Prova insuficiente da violação de obra intelectual[4].

A jurisprudência francesa, que se harmoniza com os princípios da proteção "subjetiva", próprios ao regime continental europeu adotado pela Convenção de Berna e, assim, similar ao brasileiro, dá-nos exemplos interessantes, como:

(a) sobre ausência de proteção autoral da denominada "ideia publicitária":

> Uma empresa utiliza publicidade contínua e famosa para apresentar seu produto branqueador com tema publicitário, dito de brancura comparada, que consiste em representar simultaneamente duas ou mais peças de roupa branca para fazer aparecer a similitude, ou diferença de sua brancura. O litígio consistiu em reprovar uma empresa concorrente de ter indevidamente repetido este tema nos seus anúncios publicitários, sustentando que se a ideia não é protegível, a exposição da ideia é: alegou que a brancura é uma ideia, mas a comparação das brancuras é um modo de exploração da ideia da brancura. A Corte de Apelação pronunciou-se pela improcedência da demanda, pois "o fato de comparar a brancura obtida por um produto com as brancuras obtidas com outros produtos constitui um argumento publicitário e a concepção assim como a escolha deste argumento encontra-se no domínio da ideia"[5].

(b) ainda sobre a ausência de proteção da "ideia publicitária" (*desta feita entendida como "banal"*):

---

4. Do STF: acórdão de 25-5-1979, proferido no Recurso Extraordinário 88.705/RJ, Segunda Turma, por maioria de votos, rel. Min. Cordeiro Guerra (*RTJ*, vol. 91-02, p. 640). Do TJ/RJ: acórdão de 11-2-1992, proferido na Apelação Cível 946/91, por votação unânime de sua Quarta Câmara Cível, rel. Des. Décio Xavier Gama (*Direito Autoral – Série jurisprudência*, já citada, p. 68). O mesmo Tribunal de Justiça do Rio de Janeiro decidiu, quinze anos depois, desta vez já com base na lei autoral vigente a partir de 1998, no mesmo sentido: "Ainda que a obra da autora e o projeto da ré tenham como objetivo comum a educação de adolescentes e jovens especificamente no sentido da formação dos mesmos como futuros cidadãos, nos termos do art. 8º da Lei 9.610/98, as ideias não são objeto de proteção como direito autoral" (trecho final do acórdão de 24-10-2007 da Sexta Câmara Cível, por votação unânime, na Apelação Cível 47.623/2007, rel. Des. Gilberto Rego).

5. Corte de Apelação de Paris, 22 de abril 1969 (Dalloz 1970, 214, Nota Mousseron: ICP '970 II, 14059). Essa transcrição, bem como os demais relatos e citações jurisprudenciais das Cortes francesas a seguir – itens "a" a "f" – foram extraídos da obra *Notion Fondamentales du Droit d'Auteur – recueil de Jurisprudence*, do Professor Pierre Sirinelli (Genebra: Publicação Organização Mundial da Propriedade Intelectual – OMPI, 2002, p. 178-228).

129

O editor Gallimard encomendou a uma agência publicitária de organizar uma campanha publicitária para promover as obras duma coleção "série negra"; a agência publicitária submeteu ao editor quatro projetos de encartes publicitários representando os livros da coleção dispostos em torno de uma fotografia de mulher, e compreendendo uma citação famosa do autor, assim como um *slogan*. O editor não deu seguimento a esses projetos, contudo publicou publicidade prosseguindo o tema apresentado pela agência de publicidade notadamente uma fotografia das obras da coleção dispostas em leque e uma citação famosa do autor. A agência publicitária sustentou que as publicidades realizadas pelo editor constituíram contrafação ou pelo menos uma apropriação dos temas que ela havia concebido para a campanha publicitária que o editor havia encomendado.

O Tribunal de Grande Instância de Paris julgou improcedente ação, lembrando que

> uma simples ideia não será susceptível de apropriação e que somente pode ser protegida a forma na qual ela se expressa o que importa, consequentemente, procurar dentro daquela medida os diversos elementos, quais expressões artísticas (*maquetes*) elaboradas pela agência publicitária podem ser consideradas como sua propriedade e se elas foram reproduzidas na publicidade realizada pelo editor.

O Tribunal, após comparação entre os projetos da agência e a publicidade litigiosa, concluiu, pela ausência de contrafação, que as fotografias não foram emanadas do mesmo autor e que são fundamentalmente diferentes, e que o alinhamento original das obras da coleção não foi reproduzido na publicidade litigiosa, que fez apenas uma apresentação banal[6].

(c) utilização de ideia de obra preexistente (*a proteção autoral se limita "à forma original sob a que são apresentadas"*):

> As ideias, sendo de livre percurso, escapam a toda apropriação. Assim, admite-se que um autor não pode pretender monopolizar um tema literário, uma ideia artística, conhecimentos científicos, fatos históricos, ideias políticas ou publicitárias. O Código da Propriedade Intelectual não protege as ideias expressas mas somente a forma original sob a qual são apresentadas. Consequentemente, a referência a uma obra preexistente não está subordinada ao consentimento do autor desde que esteja assentado somente sobre os elementos desprovidos de originalidade e convém

---

6. Tribunal de Grande Instância de Paris, 4-11-1980 (*RIDA*, janeiro de 1981, p. 177).

5 | O objeto do direito e sua titularidade

antes de tudo procurar cuidadosamente se a referência contém elementos característicos pelos quais o autor da obra personalizou o tema[7].

(d) sobre a inexistência de proteção autoral às "receitas de cozinha" em si:

Se as receitas de cozinha podem ser objeto de proteção nas suas expressões literárias elas não são, por si mesmas, obra do espírito: são analisadas, com efeito em uma sucessão de instruções, um método; elas operam no campo de uma habilidade, arte, destreza, que não é protegida[8].

(e) existência de proteção autoral de obra de comentários a Bíblia:

O abade Auzou é autor de uma obra de exegese bíblica publicada em seis volumes. Ele reprova o autor de uma obra de vulgarização da Bíblia e numerosos empréstimos à sua obra. Este último sustenta em defesa que a semelhança de planos e de textos da obra litigiosa é apenas aparente e se deve à identidade do tema comum: a Bíblia.

O Tribunal de Grande Instância de Paris decretou a procedência da ação, depois de ter procedido a uma comparação das duas obras, realçando que

a obra do espírito é legalmente protegível do momento em que as ideias expressas, novas ou não, são modeladas numa forma portando o selo da personalidade do autor original a este título e protege dentro da plenitude desta originalidade que concerne, de uma parte, o dinamismo da composição ordenatória de movimentos e vocabulário, de outra parte o equilíbrio da expressão concluída na forma definitiva.

Depois acrescenta que

a exegese bíblica mobiliza uma multidão de conhecimentos filosóficos, históricos, teológicos, invocados, associados, combinados num movimento pensante onde a subjetividade, a fineza perfeição e a sutileza requerem para serem inteligíveis, tanto da propriedade verbal quanto das expressões de concisão; que esta obra é incontestavelmente marcada com a personalidade do autor...[9].

---

7. Corte de Cassação, Primeira Câmara Civil, 25-5-1992 (*RIDA*, outubro 1992, 156; Recueil Dalloz 1993, Jurisprudence, p. 184). Decisão da Corte de Apelação de Douai, 20-9-1996: *RIDA*, outubro de 1996, p. 278).

8. Tribunal de Grande Instância de Paris, 30-9-1997 (*RIDA*, julho de 1998, 273; confirmação pela Corte de Apelação de Paris).

9. Tribunal de Grande Instância de Paris, 9-3-1970 (*RIDA*, outubro 1970, p. 100).

(f) "empacotamento" ou criação de "embalagens para árvore ou monumentos": a discussão sobre a possibilidade jurídica de proteção autoral:

– primeira decisão: procedência da reivindicação de proteção autoral pela embalagem – ou "enviroment" – de árvore, e monumentos (*reconhecimento como obra intelectual ou artística original*):

Pronunciando-se num litígio entre Christo, autor da "emballage" da Ponte Neves, e duas empresas que queriam reproduzir e difundir filmes e fotografias da ponte assim transformada, a corte de apelação concluiu que: a ideia de colocar em relevo a pureza das linhas da ponte e seus lampiões no meio de uma teia sedosa tecida em *polyamide*, cor da pedra da Ilha de France, ornada de cabos (*cordages*) colocando em evidência, especialmente visto de longe, tanto de dia como de noite, o relevo ligado à pureza de linhas desta ponte constitui uma obra original susceptível de se beneficiar, a este título, da proteção de sua propriedade literária e artística[10].

– segunda decisão: negativa de proteção autoral (anteriormente concedida pela Corte de Apelação de Paris) pelo Tribunal de Grande Instância de Paris:

O artista Christo, após reconhecimento da proteção de direito de autor para a "emballage" da Pont Neuf enquanto criação de forma original, intenta um novo processo a fim de obter a condenação, por contrafação, do presidente de uma agência publicitária que concebeu e difundiu uma campanha publicitária baseada nas fotografias em que as árvores e pontes são apresentadas "embaladas" à maneira do artista. O Tribunal de Grande Instância pronunciou-se pela improcedência: "a lei de 11 de março de 1957, sobre propriedade literária e artística, apenas protege as criações de objetos determinados, individualizados e perfeitamente identificáveis, e não um gênero ou uma família de formas que não apresentam entre elas caracteres comuns porque elas, correspondendo todas a um estilo ou a um procedimento decorrente de uma ideia, como aquela de envelopar os objetos que não têm necessidade de tais cuidados"; portanto Christo não poderá

> pretender deter monopólio de exploração deste gênero de "emballage" e não pode, pelo motivo de ter concebido um projeto de "emballage" de árvores de uma avenida célebre, pretender o monopólio de todas as ár-

---

10. Corte de Apelação de Paris, 14ª Câmara, 13-3-1986 (Dalloz, 1986, comentários sumários, 1987, p. 150, obs. Colombet).

5 | O objeto do direito e sua titularidade

vores, especialmente destas que têm um formato em globo e são alinhadas num jardim público ou uma quadra, nem ainda do envolvimento de todos os pontos com arco que apresentem qualquer semelhança com a Ponte Neuf de Paris...[11].

Assim, conforme seguro caminho da melhor doutrina e jurisprudência, por mais original que possa ter sido a ideia e mesmo que tenha sido elemento decisivo na composição de determinada obra, somente esta (*a obra concretizada*) será objeto de proteção.

A questão pode não acarretar maiores dificuldades se o autor da ideia e da obra – *como acaba ocorrendo, na maior parte das vezes* – for o mesmo.

Contudo, nas hipóteses – *que não são raras* – de um autor que cria sua obra baseada na ideia de outrem, a solução pode, dependendo do caso, ser mais complexa do que – *simplesmente* – negar-lhe (*ao autor da ideia*) a proteção.

Antes de enfocar esse ponto é necessário afastar, preliminarmente, as hipóteses de obra derivada, que, uma vez regularmente autorizada pelo autor da obra originária, é criação intelectual protegida, de forma autônoma, sem que a tutela jurídica resulte em qualquer restrição à proteção da obra originária.

Por exemplo, um livro que tenha sido autorizado para adaptação para o cinema. Tanto a obra literária, de um lado, como a cinematográfica, de outro, são protegidas como obras intelectuais autônomas (*uma vez, naturalmente, que o autor da obra primígena tenha autorizado e estejam sendo respeitadas as suas condições na adaptação cinematográfica*), independentemente, naturalmente, da proteção dos direitos de terceiros coexistentes na obra cinematográfica.

Mas tal situação, atualmente já abrigada pelo direito positivo, não significa que a "ideia" tenha sido objeto de proteção, mas, sim, a obra intelectual originária: o livro (*ou mais precisamente: a obra literária*)[12].

---

11. Tribunal de Grande Instância de Paris, 26-5-1987 (Dalloz, 1988, comentários sumários, 201, obs. Colombet).

12. Parte final da ementa: REsp 906.269/BA, Terceira Turma, votação unânime, rel. Min. Humberto Gomes de Barros, *DJ* 29-10-2007, p. 228). É interessante observar, especialmente em relação ao desfecho desta ementa (*que, apesar de não haver proteção autoral dos estilos, métodos e técnicas, não deixa de haver a proteção das obras resultantes de sua utilização*), a existência de disposição semelhante no último parágrafo do art. 1º da lei autoral argentina n. 25.036, de 6-11-1998, que estabelece: "A proteção do direito de autor abarcará a expressão das ideias, procedimentos, métodos de operação e conceitos matemáticos porém não essas ideias, procedimentos, métodos e conceitos em si" (VILLALBA, Carlos Alberto; LIPSZYC, Delia. *El derecho de autor en la Argentina*. Buenos Aires: La Ley, 2001, p. 10).

Mas, ainda a título de exemplificação, vamos imaginar que um roteirista de cinema tenha ouvido, de uma determinada pessoa, uma história original, criada pela pessoa que a transmitiu, e resolva utilizá-la como enredo para o seu roteiro e que este, depois, seja transformado em obra cinematográfica.

Entendo que nesse caso – *uma vez que a situação esteja devidamente comprovada* – o autor da história original, mesmo que transmitida verbalmente, deverá ser considerado argumentista (*autor do argumento*) e, assim, receber a proteção legal na qualidade de coautor da obra cinematográfica.

Contudo, também aqui, ainda não chegamos na validação jurídica da proteção da ideia e sim da obra intelectual originária (*no caso uma narrativa original*) transmitida verbalmente.

A ideia, nesse caso, seria, por exemplo, a abordagem original de determinado tema – a aventura de um albatroz no centro da cidade (será que mesmo essa história já não teria sido objeto de desenho animado?), um esportista que passa a viver como uma bola de futebol – por mais original que possa ser, segundo a doutrina dominante e legislação aplicável, não resultará na proteção autoral se a obra intelectual com a mesma temática (*intencionalmente ou não*) não tiver incorporado, também, elementos suficientes a caracterizar o uso, mesmo que parcial, mesmo que disfarçado (*aqui o elemento intenção é essencial*) de uma obra em relação à anterior (*uma vez que esta possa ser considerada também como obra*).

Concretamente, e sempre considerando as dificuldades no campo prático de se estabelecer uma prova segura a respeito, cada hipótese trará características peculiares a serem examinadas à luz dessas linhas básicas, não raras vezes polêmicas, no plano teórico, mesmo entre os maiores especialistas na matéria.

A respeito, Luciana Freire Rangel, examinando as nuances de um caso concreto, observa:

> O direito de autor é uníssono em assegurar proteção à obra já materializada não à ideia que a originou. Como já vimos as razões são bastantes claras e objetivas. O entendimento é de que não se pode privar uma pessoa de criar sobre uma ideia, porque outra pessoa o fez anteriormente caso contrário teríamos toda a produção intelectual impedida de ser realizada. Outro ponto muito importante é que cada criador tem um modo distinto de decodificar a ideia, ou seja, quando a materializa o faz colocando suas características pessoais. E é exatamente o resultado materializado desta "decodificação" que o direito de autor protege.

Embora, em seguida, ressalve:

> Entendo que em muitos casos a ideia é tão original que este conceito poderia ficar abalado, mas como o parâmetro que se deve adotar é exatamente o que define a legislação e a jurisprudência, esta tese pessoal não teria o condão de refletir na conclusão da análise do caso concreto[13].

Em relação à possibilidade de proteção da ideia, por exemplo, no campo dos programas de computador, que, uma vez dotados de originalidade, consistem em obra intelectual tutelada pelo direito de autor, Marcelo Dias Varella comenta um precedente jurisprudencial internacional importante: "o caso Whelon constituiu um marco nos julgamentos referentes a programas de computador. Até então, observam-se tão somente cópias da estrutura do programa, de expressões originais, nunca se atentando para o fluxo de ideias..."[14].

A orientação de não ser "ideia" objeto de proteção no campo do direito de autor foi consolidada no direito positivo brasileiro pela Lei n. 9.610, de 19 de fevereiro de 1998, que "altera, atualiza e consolida a legislação sobre direitos autorais", como já referido no desfecho do Capítulo 3 ("Evolução histórica no mundo e no Brasil"), que, em seu art. 8º, dispõe que não são objeto de proteção no campo dos direitos autorais: "as ideias" (inciso I) ou "o aproveitamento industrial ou comercial das ideias contidas nas obras" (inciso VI). Por outro lado, o mesmo diploma legal confere acepção ampla ao bem tutelado pelo direito de autor: "São obras intelectuais as criações de espírito, expressas por qualquer meio ou suporte, tangível ou intangível, conhecido ou que se invente no futuro" (art. 7º). Além da orientação legal de não ser a ideia objeto de proteção autoral, o mesmo dispo-

---

13. Em parecer de 23-1-1995, sobre questão de plágio em método técnico-musical, p. 7. A respeito, observa Otávio Afonso que "O conceito de originalidade, com sua acepção de individualidade, pode não estar limitado à expressão, ou forma externa, mas sim à estrutura ou composição do conteúdo, ou seja, a forma como é precisada a manifestação pessoal do autor" (*Direito autoral*: conceitos essenciais. Barueri: Manole, 2008, p. 15).

14. Ob. cit., p. 202, sobre sentença proferida na demanda entre um fabricante de *software* (Whelan) e o adquirente do produto por ele fabricado (Denatl Laboratory), que deu ganho de causa ao primeiro, reconhecendo a violação de direitos autorais em decorrência da apropriação indevida, pelo segundo, de "expressão da ideia" contida em programa de computador. No plano da obra científica, José Joaquim Gomes Canotilho preleciona que "Deve-se distinguir, na realidade, entre ideias e conhecimentos científicos como tais, e exposição e tratamento conformadores de ideais ou de conhecimentos. A concepção trabalhada de um princípio científico é uma verdadeira obra, convencional e legalmente protegida em sede de direito de autor e de direito de invenção, e não uma simples ideia juridicamente irrelevante. Além disso, as obras literárias, artísticas e científicas começam a ser obras a partir do acto de criação, mesmo que não estejam publicadas" (*Estudos sobre direitos fundamentais*. São Paulo: Revista dos Tribunais/Coimbra Editora, [Portugal, 2ª edição, 2008, p. 230-231]).

sitivo legal citado (art. 8º da Lei n. 9.610/98) dispõe que também não são protegíveis como direitos autorais:

> I – (...) procedimentos normativos, sistemas, métodos, projetos ou conceitos matemáticos como tais; II – os esquemas, planos ou regras para realizar atos mentais, jogos ou negócios; III – os formulários em branco para serem preenchidos por qualquer tipo de informação, científica ou não, e suas instruções; IV – os textos de tratados ou convenções, leis, decretos, regulamentos, decisões judiciais e demais atos oficiais; V – as informações de uso comum tais como calendários, agendas, cadastros ou legendas; VI – os nomes e títulos isolados; VII – o aproveitamento industrial ou comercial das ideias contidas na obras.

Essa orientação legal tem sido confirmada pela jurisprudência, como, por exemplo, o acórdão do STJ, que, em 16 de outubro de 2007, decidiu: "(...) 4. Estilos, métodos ou técnicas não são objeto de proteção intelectual (art. 8º, I e II, da Lei n. 9.610/98). O que se tem sob guarida legal são as obras resultantes da utilização de estilos, métodos ou técnicas"[15].

Mais recentemente ainda, em 2014, o STJ destacou que:

> (...) O art. 8º da Lei n. 9.610/98 veda, de forma taxativa, a proteção como direitos autorais de ideias, métodos, planos ou regras para realizar negócios. Nessa linha, o fato de uma idéia ser materializada não a torna automaticamente passível de proteção autoral. Um plano, estratégia, método de negócio, ainda que posto em prática, não é o que o direito do autor visa proteger. Assim, não merece proteção autoral ideias/métodos/ planos para otimização de comercialização de títulos de capitalização destinados à aquisição de motos.

Em caso de 2023, o Tribunal de Justiça do Rio de Janeiro entendeu que determinada ideia arquitetônica não é passível de proteção por direitos autorais, ao não apresentar traços distintivos de projetos utilizados de forma reiterada na construção civil. Segue trecho da ementa:

> Apelação cível. Direito empresarial. Propriedade intelectual. Ação de obrigação de não fazer c/c indenização por danos materiais e morais. Alegação de utilização indevida de projeto criado pelo autor, denominado utilex 2003. Sentença de improcedência do pedido.

---

15. REsp 906.269/BA, rel. Min. Humberto Gomes de Barros, 3ª T., julgado em 16-10-2007, *DJ* 29-10-2007, p. 228.

5 | O objeto do direito e sua titularidade

(...) Ao contrário do que acontece com a propriedade industrial, no direito autoral as ideias, como regra, não gozam de proteção legal, por mais inovadoras, úteis ou valiosas que sejam. Exegese do artigo 8º, inciso I, da Lei 9.610/98. Proteção que se garante à exteriorização da ideia, desde que se trate de forma única e distinta. Requisitos de novidade e originalidade que devem ser comprovados por quem se diz criador da ideia original. Projeto do autor que não apresenta forma suficientemente distintiva a atrair a proteção da exclusividade de sua "ideia". Existência de inúmeros outros empreendimentos com características semelhantes, que partem da mesma premissa de aglutinação de diferentes mercados de consumo a fim de atrair o maior número possível de consumidores. Projetos de arquitetura que não apresentam qualquer traço de distintividade ou originalidade capaz de atrair a proteção da LDA. Fotografias trazidas pelo apelante com o objetivo de expor os empreendimentos das rés que demonstram a ausência de identidade entre eles e os esboços do seu projeto. Proteção legal que não existe para o que é comum ou já praticado no mercado, mas sim para aquilo que é novo e único, sob pena de se tolher a criatividade, a livre iniciativa e o avanço das relações comerciais, que ficariam estagnadas acaso se consagrasse o direito de exclusividade a toda e qualquer grande ideia. Orientação pacífica do superior Tribunal de Justiça. Sentença de improcedência que se mantém por seus próprios fundamentos. Recurso conhecido e desprovido[16].

Cabe o registro, ainda, de quatro acórdãos (o primeiro de 2007, os dois intermediários de 2008, e o último já de 2024), do Tribunal de Justiça do Estado de São Paulo, que consignam:

(a) Suposta violação por aproveitamento de monografia de conclusão de curso. Descabimento. Comprovação, pela agência de publicidade ré, da autoria e da titularidade da campanha publicitária, sem qualquer vínculo com a monografia do autor. Desenvolvimento de linha de produtos voltados ao público infantil. Aproveitamento de ideia de obra não goza de proteção autoral (art. 8º, VII, da Lei n. 9.610/98). Inexistência de relação direta com o objeto da monografia (marketing esportivo). Ausência de originalidade[17].

---

16. TJRJ, Ap. 0041547-13.2003.8.19.0001, Des. Lucia Regina Esteves Magalhães, j. 12-12-2023, 18ª Câmara de Direito Privado (antiga 15ª Câmara Cível).

17. Ementa; transcrição parcial do acórdão confirmando a improcedência da ação de 6-3-2007. Proferido na Apelação Cível 235.807-4/SP, por votação unânime de sua Segunda Câmara de Direito Privado, relator o Desembargador Ariovaldo Santini Teodoro.

(b) Aproveitar, comercialmente, de um princípio que se desenvolve de acordo com os costumes ou necessidades da sociedade ou de empresa, não representa utilizar-se parasitariamente de qualquer ideia alheia, posto que o progresso de um método é sua constante mutação, conforme interpretação do trecho de Antonio Chaves, transcrito às fls. 1836 e s., e, assim, não configurada a hipótese de enriquecimento sem causa, prevista no art. 884, do CC, nem infrações à Lei de Direitos Autorais[18].

(c) Suposta violação da Lei n. 9.610/98. Descabimento. Inexistência de proteção legal à ideia (art. 8º, I, da Lei n. 9.610/98...). Plágio e contrafação. Não ocorrência. Simples coincidência de formato televisivo[19].

(d) Acusação de plágio de programa televisivo. Inocorrência. Ausência de proteção legal à ideia. Conduta ilícita não caracterizada[20].

(e) Ação de indenização por danos materiais e morais – Direitos autorais de fotógrafa – Fotografia utilizada pela ré, para ilustrar matéria sobre culinária, em sua página na internet, cuja autoria não pode ser atribuída à demandante – Imagem, ademais, comum, sem qualquer traço de especificidade, presumindo-se pertencer ao domínio público – Pedidos improcedentes – Sentença mantida – Recurso desprovido[21].

Por fim, podemos ver o contraste entre um caso em que uma expressão popularizada em música foi usada para denominar um bar, segundo o Superior Tribunal de Justiça, sem suscitar proteção por direitos autorais:

> 4. O gênero propriedade intelectual abrange a proteção ao direito autoral (direitos de autor, direitos conexos e programas de computador), a proteção à propriedade industrial (patentes de invenção e de modelos de utilidade, marcas, desenho industrial, indicação geográfica e repressão

---

18. Acórdão de 13-2-2008, proferido na Apelação Cível 464.316-4/SP, por votação unânime de sua Oitava Câmara de Direito Privado, rel. Des. Caetano Lagrasta.

19. Ementa; transcrição parcial do acórdão de 11-3-2008, proferido na Apelação Cível 329.457-4, por maioria de votos de sua Segunda Câmara de Direito Privado, rel. Des. Ariovaldo Santini Teodoro.

20. Ementa; transcrição parcial do acórdão de 26-5-2015, proferido na Apelação Cível 0041703-50.2006.8.26.0405, pela 5ª Câmara de Direito Privado, rel. Des. Edson Gavazza Marques.

21. Ementa; transcrição da Apelação Cível 1008295-91.2022.8.26.0566; rel. Des. Carlos Castilho Aguiar França; 4ª Câmara de Direito Privado; Foro de São Carlos, 2ª Vara Cível; Data do Julgamento: 30-7-2024; Data de Registro: 30-7-2024

à concorrência desleal) e a proteção *sui generis* (cultivares, topografia de circuito integrado e conhecimento tradicional). Cada uma dessas categorias tem seus próprios institutos e bens jurídicos protegidos, assim como suas respectivas formas de tutela, de modo que seus conceitos e abrangência não se confundem. Na hipótese, a proteção da marca deferida pelo INPI aos recorrentes não se confunde e nem se estende à proteção dada pelo direito autoral à obra musical.

5. A expressão "do Leme ao Pontal", muito antes de dar título à obra musical dos recorrentes, refere-se ao trecho da área litorânea do município do Rio de Janeiro/RJ.

6. Conforme dispõe a lei, os nomes e títulos, tomados isoladamente, não são objeto de proteção como direitos autorais, haja vista que a garantia se estende à integralidade da obra intelectual (no caso, a música), considerada em seu conjunto. Desse modo, o título "do Leme ao Pontal", por si só, não é objeto de proteção intelectual (art. 8º, VI, da Lei nº 9.610/98).

7. Da mesma forma, a marca mista "do Leme ao Pontal", registrada pelos recorrentes nos termos da Lei nº 9.279/96, não lhes confere exclusividade de uso da parte nominativa "do Leme ao Pontal". Assim, nada impede que o recorrido se utilize de referida expressão para dar nome ao seu estabelecimento comercial[22].

Houve outro caso envolvendo a mesma música, "Do Leme ao Pontal" (REsp 2.121.497/RJ, relator Ministro Marco Aurélio Bellizze, Terceira Turma, julgado em 10/9/2024), no qual estavam sendo comercializadas camisas contendo um dos versos da letra. Nesse caso, ficou claro que houve a utilização não da ideia ou de expressão similar à usada pelo autor, mas a exploração comercial, por meio de referência, da própria obra intelectual protegida:

> RECURSOS ESPECIAIS. PROPRIEDADE INTELECTUAL. DIREITO AUTORAL. NEGATIVA DE PRESTAÇÃO JURISDICIONAL. NÃO OCORRÊNCIA. CAMISETAS ESTAMPADAS COM LETRAS DE MÚSICAS. AUSÊNCIA DE AUTORIZAÇÃO DO AUTOR. VIOLAÇÃO. OCORRÊNCIA. DANOS MATERIAIS. INDENIZAÇÃO. DUPLO CARÁTER. COMPENSATÓRIO E SANCIONATÓRIO. MAJORAÇÃO. NECESSIDADE. SUCUMBÊNCIA RECÍPROCA. INEXISTÊNCIA. RECURSO ESPECIAL DA RÉ CONHECIDO E DESPROVIDO. RECURSO ESPECIAL DO AUTOR CONHECIDO E PROVIDO.

---

22. REsp 2.152.321/SP, rel. Min. Ricardo Villas Bôas Cueva, 3ª Turma, julgado em 1-10-2024, *DJe* 4-10-2024.

1. Os propósitos recursais consistem em definir: i) se houve negativa de prestação jurisdicional; ii) se ficou demonstrada a ofensa a direitos autorais ante a utilização de palavras de uso ordinário e aplicadas em paráfrases nas estampas de camisetas; iii) qual o valor da condenação por uso não autorizado de direitos autorais; e iv) se houve sucumbência recíproca.

2. Verifica-se que o Tribunal de origem analisou todas as questões relevantes para a solução da lide de forma fundamentada, não havendo falar em negativa de prestação jurisdicional.

3. A finalidade dos direitos autorais é a de servir de incentivo à produção artística, científica e cultural, fomentando o desenvolvimento cultural, mas, ao mesmo tempo, encorajar os autores à produção criativa e original reconhecendo ao autor direitos exclusivos sobre sua criação intelectual, conferindo-lhe o monopólio da exploração da obra e exigindo a prévia e expressa autorização para qualquer forma de sua utilização 4. Em seu aspecto patrimonial, confere-se ao autor o direito exclusivo de utilizar, fruir e dispor da obra literária, artística ou científica, dependendo de autorização prévia e expressa do titular do direito a utilização da obra, por quaisquer modalidades, tais como a sua reprodução parcial ou integral e sua utilização, direta ou indireta, conforme preveem os arts. 28 e 29 da LDA.

5. A utilização da obra intelectual, mediante sua reprodução ou representação, não configura intertextualidade, que é comum na atividade criativa, mas está sujeita a princípios que distinguem o reaproveitamento lícito do ilícito, de modo que a relação entre a criação preexistente e a nova é apenas de referência, sem que se caracterize o plágio. Um exemplo de intertextualidade lícita é a paródia, expressamente autorizada pelo art. 47 da LDA.

6. No caso dos autos, houve afronta ao direito de autor em razão da comercialização indevida de camisetas com reprodução de obras musicais do cantor e compositor Tim Maia pelo grupo empresarial detentor da grife "Reserva". As estampas ultrapassam a mera referência às obras do autor, tratando-se de cópia das letras de suas músicas com o simplório acréscimo do conectivo "&", o que configura a apropriação indevida da obra para exploração comercial.

7. Também não prospera o argumento de que as palavras estampadas nas camisetas são de uso ordinário e aplicadas em paráfrases, pois foram dispostas expressando sons, ritmo e melodia, da mesma forma em que

combinadas harmoniosamente na obra do autor, o que apenas corrobora a originalidade e a criatividade empregada pelo autor na composição da obra, a qual, repita-se, foi indevidamente aplicada pela ré.

8. A legislação de regência não prevê critérios específicos para o arbitramento da indenização.

No âmbito da responsabilidade civil há a regra geral de que a indenização mede-se pela extensão do dano (art. 944 do CC), a qual também deve ser estendida às violações aos direitos autorais, observando-se, ainda, o duplo caráter indenizatório das ofensas, isto é, abrangendo tanto a finalidade ressarcitória como também a punitiva, de modo que haja o desencorajamento do infrator, inibindo novas práticas semelhantes.

9. O arbitramento da indenização por danos materiais no montante apenas do lucro auferido com a vendas das camisetas não se compatibiliza com esse duplo caráter indenizatório. A vinculação do artista a uma determinada marca sem a devida autorização é conduta preocupante, pois pode representar um endosso do autor a um pensamento que não se compactua com sua convicção pessoal, tornando-o praticamente um sócio da grife, mas sem o seu aval, podendo implicar uma vantagem muito maior para o infrator, como a valorização de sua marca e o incremento na venda de outros produtos.

10. Para que haja a adequada remuneração do autor que teve seu direito preterido, considerando as consequências econômicas negativas sofridas pelo artista e os lucros indevidamente obtidos pelo infrator, a indenização por perdas e danos abarcará o montante total auferido ilicitamente e todos os prejuízos suportados pelo titular do direito.

11. A sucumbência é analisada sob a perspectiva do princípio da causalidade, o qual permite afirmar que quem deu causa à propositura da ação deve arcar com os ônus sucumbenciais dela advindos.

Ademais, o art. 86, parágrafo único, do CPC/2015 prevê que aquela parte que sucumbir em parte mínima do pedido não responderá pelas despesas e honorários, cabendo à parte contrária o pagamento de sua integralidade. Ônus sucumbenciais corretamente arbitrados na origem.

12. Recurso especial de Tiferet Comércio de Roupas Ltda. conhecido e desprovido. Recurso especial de Sebastião Rodrigues Maia (Espólio) conhecido e provido.

A tendência evolutiva, no meu entender, deverá ser direcionada a aproximar – *cada vez mais* – a norma tutelar da criação intelectual sem quaisquer formalismos. O direito, principalmente no campo da propriedade ou do direito intelectual, deve buscar a vinculação essencial com o núcleo criativo da manifestação intelectual e não deixar que o seu autor possa ficar, dependendo da peculiaridade do caso concreto, alijado da justa proteção.

5.2. O OBJETO DO DIREITO: A OBRA INTELECTUAL

O objeto do direito de autor – ou o bem jurídico protegido – é a criação ou obra intelectual, "qualquer que seja seu gênero, a forma de expressão, o mérito ou destinação". Ainda segundo Henry Jessen, deverá preencher os seguintes requisitos: "a) pertencer ao domínio das letras, das artes ou das ciências; b) ter originalidade; c) achar-se no período de proteção fixado pela lei"[23].

Desses *três* elementos, o que mais tem ocupado a atenção dos juristas concerne à originalidade[24], que deve ser tomada como uma característica respeitante à forma de exteriorização da ideia, e não em relação à ideia em si, que, como visto, não é considerada objeto dos direitos de autor. A expressão utilizada por Henri Desbois é a "originalidade da forma", que explica: "A forma, sob a qual a ideia é apresentada, confere uma exclusividade, uma condição de ser original"[25].

Mas, como se infere do entendimento desse célebre jurista francês[26], não se deve confundir originalidade[27] com novidade. O termo "originali-

---

23. Ob. cit., p. 53.
24. A respeito, Leonardo Machado Pontes destaca a distinção do tratamento desse tema – originalidade – entre os regimes do *copyright* e direito de autor: o primeiro, de origem anglo-americana, que se baseia no *Sweat of the brow* (suor do rosto), e o segundo, de origem europeia continental, na doutrina da criatividade. Expõe: "O que é a doutrina do *sweat of the brow*? A *sweat of the brow doctrine* (doutrina do suor da testa) ou *industrious collection doctrine* (doutrina da coleção industrial), nas palavras de Drassinower, defende que o trabalho e a indústria, mesmo na ausência de qualquer criatividade, podem ser suficientes para determinar o requisito de originalidade na proteção do *copyright*. A *section* 5, do *Canadian Copyright Act.*, 1985, segundo essa doutrina, não requer que a expressão seja criativa, apenas que o trabalho não seja *cópia* de outro, em outras palavras, que se origine do autor, por seu próprio esforço. A *creativity doctrine* (doutrina da criatividade), por outro lado, estabelece que o *standard* de proteção pelo *copyright* exige pelo menos um *quantum* de criatividade, ainda que esse *quantum* de criatividade, seja módico o mínimo, além de exigir que o trabalho não seja cópia de outro" (*Direito de autor*: a teoria da dicotomia entre ideia e a expressão. Belo Horizonte: Arraes Editores, 2012, p. 44-45).
25. Ob. cit., p. 4.
26. Ob. cit., p. 5-8.
27. Vide que tal requisito, originalmente característico do direito francês, mas estranho a outros países europeus, agora tem sido adotado de forma homogênea pela UE como critério definidor de proteção, desde o caso "*Infopaq*". Neste caso, a Corte de Justiça da União Europeia definiu que o conceito de originalidade deveria seguir as diretivas europeias, não ficando ao arbítrio dos países-membro definir livremente o escopo do direito autoral. Cf. Berenboom, Alain, op. cit, 2022, p. 29.

5 | O objeto do direito e sua titularidade

dade da forma" deve ser entendido de maneira subjetiva, tendo em vista as características próprias à modalidade da obra intelectual em questão. Já a "novidade", requisito, principalmente, para obtenção de privilégios no campo da propriedade industrial, em que um modelo, desenho ou invenção tem que, necessariamente, trazer uma característica inovadora, é uma concepção de natureza objetiva.

Finalmente, sobre o caráter subjetivo da originalidade no campo das obras literárias, artísticas e científicas, Henri Desbois cita um exemplo esclarecedor:

> Há dois pintores, que sem estarem combinados e sem apoio mútuo, fixam, um depois do outro, sobre suas telas, a mesma paisagem, dentro da mesma perspectiva e sob a mesma claridade. A segunda dessas paisagens não é nova no sentido objetivo da palavra, já que, por hipótese, a primeira teve por tema a mesma paisagem. Mas a ausência de novidade não coloca obstáculo à constatação da originalidade: os dois pintores, efetivamente, desenvolveram uma atividade criativa, tanto um como outro, tratando, independentemente, o mesmo tema. Pouco importa que, se eles pertencem à mesma escola (estilo), que suas respectivas telas apresentem semelhanças entre si. Ambas se constituirão obras absolutamente originais[28].

Entendido esse fundamento[29], poderíamos dizer que as obras intelectuais podem ser absoluta ou relativamente originais. No primeiro caso, quando a criação não foi derivada de outra obra intelectual, e no segundo quando a derivação efetivamente ocorreu (traduções, adaptações, transformações de gênero de obra intelectual etc., que possam ser consideradas "criação intelectual nova")[30], quando, então, deverá ser respeitado o direito de autor da obra preexistente. Cabe reafirmar, aqui, que, a exemplo do autor da obra preexistente, o autor da obra derivada adquire a titularidade originária dos direitos de autor correspondentes a essa nova obra[31].

---

28. Ob. cit., p. 5.

29. Em reforço, a lúcida conclusão sobre o tema de Leonardo Machado Pontes: "fica claro que o direito de autor não exige *genuinidade, destinação ou mérito estético* para a proteção do trabalho, mas apenas um módico ou um mínimo de criatividade, que o autor tenha exercido o controle subjetivo do trabalho, isto é, sob sua autonomia, vale dizer, possua *originalidade*, de modo que não seja cópia de outro trabalho" (ob. cit., p. 75).

30. Regra – *e expressão* – adotada pelo inciso XI do art. 7º da Lei n. 9.610/98. Reedita a orientação do dispositivo legal anterior (inciso XII do art. 6º da Lei n. 5.988/73).

31. Esse tema foi abordado com muita proficiência por José Mauro Gnaspini em *Derivação não consentida e proteção ao acréscimo criativo no direito autoral*, em tese que lhe conferiu, em 2008, o título de doutor em

A partir dessas noções fundamentais, é relevante a enunciação das obras efetivamente integrantes da área literária, artística e científica, que delimita o campo de abrangência do direito de autor. Deve-se ter em conta, contudo, que tal catalogação é sempre de cunho exemplificativo e nunca exaustivo, por mais completa que possa parecer.

Algumas legislações estrangeiras contêm a definição das obras protegidas (*por exemplo, Alemanha, Estados Unidos*), outras não (*como a Grã-Bretanha*)[32]. A Convenção de Berna, que com a última atualização (1971) utiliza apenas a expressão "obras literárias e artísticas"[33], esclarece, em seguida, quais as obras que estariam abrangidas por essa denominação: toda a produção no domínio literário, artístico e científico, qualquer que seja a maneira ou forma dessa expressão, como livros, panfletos e outros escritos, conferências, discursos, sermões e outras obras da mesma natureza, obras dramáticas e dramático-musicais, obras coreográficas e pantomímicas, composições musicais tenham ou não letra, obras cinematográficas ou as expressadas por processo análogo à cinematografia, obras de desenho, pintura, arquitetura, escultura, gravura e litografia, obras fotográficas ou expressadas por processos análogos à fotografia, obras de arte aplicada, ilustrações, mapas, planos, *sketches* e obras tridimensionais relativas à geografia, topografia, arquitetura ou ciência.

Em seguida, dispondo, a referida convenção internacional, que as leis nacionais deverão estabelecer que tais obras não serão protegidas a menos que tenham sido fixadas em suporte material, complementam o elenco de obras protegidas (derivadas) as traduções, adaptações, arranjos musicais ou outra alteração de obra literária ou artística, que deverão ser protegidas como

---

direito civil na Faculdade de Direito da Universidade de São Paulo, sendo professor orientador o jurista Fábio Maria De Mattia (São Paulo: Biblioteca FADUSP, Largo São Francisco, 2008), em que observa que: "A noção de originalidade absoluta, compreendida como delimitação de uma ideia e a atribuição de sua materialização ao indivíduo, é ficção necessária ao modo de produção emergente na era industrial, e fundamenta de certa forma o direito de exclusivo. Em contrapartida, como bem se sustenta através da ideia de acervo comum e de progresso cultural coletivo, a ideia de originalidade absoluta carece de sustentação". Complementa ressalvando a proteção jurídica da "originalidade relativa" quando, a despeito de sempre se apoiar em ideia pregressa, o esforço criativo resultou em obra autônoma e conclui que "Todo o sistema autoral e o regime de proteção jurídica se apoia na verificação do acréscimo, na experiência da transformação levada adiante e que resulta em obra diversa, uma vez que sua autonomia não se prende à supressão de similaridades, mas à adição de aspectos e novas leituras" (ob. cit., p. 109-110).

32. Stephen M. Stewart, ob. cit., p. 57.

33. Art. 2, subdividido em 8 itens: 1. – "obras literárias e artísticas", 2. – "possíveis exigências de fixação", 3. – "obras derivadas", 4. – "textos oficiais", 5. – "Coleções", 6. – "Obrigação de proteção e seus beneficiários", 7. – "Obras de arte aplicada e desenhos industriais" e 8. – "Notícias".

as obras originárias, sem prejuízo aos direitos de autor relativos a estas.

Esclarece, finalmente, o mesmo diploma, que fica ao arbítrio das legislações nacionais a definição da proteção para textos de natureza administrativa e legal das traduções oficiais desses textos e, em seguida, estabelece que as coletâneas de obras artísticas e literárias, bem como enciclopédias e antologias, em razão da seleção e disposição de seus componentes, constituem criações intelectuais, e devem ser protegidas, sem prejuízo do direito de autor de cada uma das obras integrantes dessas coletâneas, não se aplicando a proteção autoral às notícias do dia ou ao apanhado de fatos com caráter meramente informativo.

No tocante ao tratamento da questão do grau de originalidade que a Convenção de Berna exigiria para caracterização de uma obra intelectual, Leonardo Machado Pontes se reporta à orientação de Claude Masouyé:

> O fato de a Convenção de Berna não determinar o *quantum* de criatividade permite aos países da União adotar diferentes interpretações sobre aquilo que constituiria o *mínimo de criação intelectual*. Todavia, essa interpretação não pode ser ampla, sob pena de arriscar conflitos internacionais. Exemplo desse problema foi a fotografia, na qual a delegação alemã se opôs duramente, durante muito tempo, a sua inclusão na provisão geral de proteção da Convenção...
>
> Berna, portanto, segundo Masouyé, deixa inteiramente à disposição de apreciação do poder judiciário a latitude dessa concepção[34].

A Lei brasileira n. 5.988, de 14 de dezembro de 1973, promulgada, assim, após a última revisão da Convenção de Berna, ocorrida em 1971 (embora anteriormente às modificações inseridas em 28-9-1979), adotou – *com pequenas modificações* – a mesma relação de obras intelectuais, valendo-se do critério exemplificativo (utilizando a expressão "tais como")[35].

Apesar de o critério ser exemplificativo, não significa que não deva haver limitações em adequar a criação intelectual à efetiva proteção legal. A respeito, alerta Eliane Y. Abrão:

---

34. *Direito de autor:* a teoria da dicotomia entre a ideia e a expressão. Belo Horizonte: Arraes, 2012, p. 28.
35. Art. 6º, I a XII. A mesma expressão "tais como" e, portanto, o mesmo critério exemplificativo, é adotado pela Lei de Direitos Autorais brasileira vigente (9.610/98), que, em seu art. 7º, relaciona em 13 incisos as obras protegidas.

Preocupam-me essas tentativas de enquadramento na categoria de obras protegidas de tudo aquilo que se conceitue como "obra do espírito" ou "criação", porque tudo o que emana da cabeça, da imaginação do ser humano é, afinal, obra do espírito. Daí a se conferir *status* de obra protegida pelo direito de autor a qualquer produção intelectual, vai uma grande distância. A obra reconhecida juridicamente como autoral confere a seu titular verdadeiro monopólio de uso, um direito real oponível *erga omnes*, um escudo contra qualquer tentativa de apropriação indevida desse direito por terceiro. Exatamente pela força e importância que apresenta deve ser invocado com prudência. Por isso, fundamental o seu conhecimento e sua adequação à lei especial e às comunicações e tratados internacionais ratificados pelo Brasil, quando submetido à análise do intérprete[36].

Procuramos elencar, no capítulo seguinte, as obras intelectuais protegidas pelo direito de autor, embora ressalvando que se trata de um rol exemplificativo e não exaustivo. A ampliação dessa relação de obras deve ser criteriosa, atendendo, como expressamos, à sua integração ao domínio das letras, das artes ou das ciências e à sua originalidade, labor constante, próprio à melhor legislação, doutrina e jurisprudência[37].

Muitas vezes, a originalidade é referida por outras palavras, mas sua aplicação tem sido protagonista de casos emblemáticos de Tribunais de Justiça de todo o Brasil. O Tribunal de Justiça do Rio Grande do Sul, em acórdão da apelação 70045823044, proferido pela Sexta Câmara Cível, sob relatoria do Des. Ney Wiedemann Neto, referiu-se, em caso sobre meca-

---

36. Proteção ao direito autoral tem limites. *Tribuna do Direito*, p. 6, nov. 1995. Posteriormente, Eliane Y. Abrão, em sua obra *Direitos de autor e direitos conexos* (São Paulo: Editora do Brasil, 2002, p. 95), retoma esse pensamento, considerando: "Como a lei não requisita a originalidade como condição de proteção, deixando esta ao resultado tangível de uma criação, basta que basta que uma obra passível de proteção legal seja criada e publicada para que seja protegida contra cópias não autorizadas. Esse o sentido da proteção: não um monopólio sobre a criação abstratamente considerada, mas um privilégio, uma exclusividade, na reprodução do suporte, ou na utilização pública da obra".

37. Respectivamente acórdãos de 28-12-2005, 28-8-2004 e 18-5-2005, todos do Tribunal de Justiça do Rio Grande do Sul, Nona Câmara Cível, Quinto Grupo de Câmaras Cíveis e Segunda Turma Recursal Cível dos Juizados Especiais Cíveis, rel. Des. Odone Sanguiné, Mara Larson Chedi e Klétin Carla Pasa Casagrande, proferidos na Apelação Cível 70012488995, nos Embargos Infringentes 70005218722 e no Recurso Inominado 71000650721.
Para considerar a colaboração verdadeira coautoria, é necessário atentarmos para a noção de "obra em colaboração", como a preconizada por Claude Colombet: "Se entende geralmente por obra em colaboração, aquela em cuja criação hajam cooperado várias pessoas físicas e cujas partes componentes estão ligadas por uma comunidade de destino e inspiração" (*Grandes princípios del derecho de autor y los derechos conexos en el mundo*. 3. ed. Trad. Petite Almeida. Madrid: Edições UNESCO/CINDOC, 1997, p. 32).

5 | O objeto do direito e sua titularidade

nismo de pesquisa "Roda Viva" apropriado pela "Google", ao contributo mínimo, "que consiste no mínimo grau criativo protegido por direito de autor, devido sua qualidade de elemento presente no cerne do balanceamento – entre o exclusivo autoral e o acesso à cultura – justificador do direito do autor".

Já o Tribunal de Justiça do Rio de Janeiro, em acórdão de 2011 proferido pela Décima Segunda Câmara Cível, rel. Des. Lúcia Maria Miguel da Silva Lima, na apelação 0102850-18.2009.8.26.0001, ponderou que:

> A Lei n. 9.610/98, ao não proteger a ideia da obra, não o faz de forma absoluta, devendo ser analisada casuisticamente as situações que influenciam a sua reprodução, visto que outros elementos fazem com que haja a individualização da obra. Desta forma, deve-se analisar o conjunto de caracteres dos produtos envolvidos, seus traços primordiais, as referências que os individualizam para saber se houve ou não o uso indevido da criação. A titularidade da obra, diferentemente do que ocorre na propriedade industrial, independe do registro, bastando, para sua prova, a notoriedade de sua exploração.

No caso, dada a similaridade de programas televisivos desenvolvidos inicialmente pela autora da ação e aquele transmitido pela ré – algo não verificado dos acórdãos similares do TJSP mais acima –, o referido acórdão reconheceu a violação a direitos autorais, determinando a liquidação do dano com base no art. 210 da Lei n. 9.610/98.

Nesse sentido, relevante que se destaque, desde já, a inovação legislativa brasileira de 1998, em harmonia com a orientação internacional, em introduzir no elenco de obras intelectuais protegidas no campo do direito de autor "os programas de computador" e as "bases de dados" (art. 7º da Lei n. 9.610/98, XII e XIII, respectivamente). Quanto à inovação jurisprudencial recente, dignos de menção, por sua originalidade, a concessão de proteção autoral para "projeto arquitetônico de sofá para ambiente de hotel", "de trabalho artístico em joias" e "projeto técnico, referente à suinocultura"[38-39].

---

38. Respectivamente, acórdãos de 28-12-2005, 28-8-2004 e 18-5-2005, todos do Tribunal de Justiça do Rio Grande do Sul, Nona Câmara Cível, Quinto Grupo de Câmaras Cíveis e Segunda Turma Recursal Cível dos Juizados Especiais Cíveis, rel. Des. Odone Sanguiné, Mara Larson Chedi e Klétin Carla Pasa Casagrande, proferidos na Apelação Cível 70012488995, nos Embargos Infringentes 70005218722 e no Recurso Inominado 71000650721.

39. Acórdão recente revalidou a caracterização de trabalho artístico em joias como obra a ser protegida: Agravo de instrumento. Direito Autoral. Ação de obrigação de não fazer c.c indenização por danos morais.

Ainda nesse contexto de inovação, interessante a decisão de 2007 do Tribunal de Justiça de São Paulo quanto à proteção autoral de "criação artística aposta em paredes de velho casarão", que teria servido de "pano de fundo" de filmes e fotografias publicitárias de relógio[40].

Embora não seja recente como as demais decisões, e ainda no âmbito do regime legal autoral anterior, relevante consignar, também, o acórdão de 25 de agosto de 1997 do Superior Tribunal de Justiça, confirmando a sentença de primeiro grau de jurisdição, bem como o aresto do Tribunal de Justiça de São Paulo que havia concedido proteção autoral a "trabalho artístico... consistente em técnicas de marmorização de papel", que teria sido "veiculado indevidamente em capas de cadernos e blocos".

Conforme consta do relatório do acórdão, a ré alegou que

> Na parede em que estava a obra do autor somente restava a cor vermelha, praticamente, não mais o trabalho. Tintas outras tinham sido sobrepostas. Não se podia dizer que o que aparecia na propaganda era o sítio em que fora aposta a criação, já desfigurada na ocasião das tomadas. O que tinha importado nas tomadas feitas no local fora a beleza arquitetônica e histórica do prédio do antigo matadouro de São Paulo, não a obra do autor.

Afastando esse argumento, na sua parte decisória, como fundamento para decreto da procedência da ação, consignou o acórdão que:

> No dia em que feitas as filmagens e fotografias em causa, no prédio do antigo matadouro, cerca de um mês já tinha se passado, desde o encerramento do evento que abrigara, em certo espaço, a produção artística do autor da ação. Não se tornou possível se definir, com certeza, a partir de então, a extensão de alterações na obra, mas elas tinham se dado, confor-

---

Decisão que deferiu liminar para determinar a imediata abstenção pela parte agravante de produzir, adquirir, manter em depósito/estoque ou comercializar as joias identificadas na petição inicial, bem como quaisquer outras que, em violação aos direitos de autor, sejam assemelhadas às produzidas e comercializadas pela autora. Insurgência. Alegações que necessitam de melhores elementos de convicção. Necessidade de realização de prova pericial específica. Astreintes mantidas. Recurso parcialmente provido para fins de limitar a decisão recorrida às peças discriminadas e identificadas na inicial, especialmente às fls. 03 e 04 da origem, determinando, ao MM. Juiz a quo, a realização de prova pericial. (TJSP; Agravo de Instrumento 2130851-98.2020.8.26.0000; Relator(a): Costa Netto; Órgão Julgador: 6ª Câmara de Direito Privado; Foro Central Cível – 27ª Vara Cível; Data do julgamento: 18-8-2020; Data de registro: 18-8-2020).

40. TJSP; Apelação Cível 9117019-06.2002.8.26.0000; Relator(a): J. G. Jacobina Rabello; Órgão Julgador: 4ª Câmara de Direito Privado; Foro Central Cível – 29ª Vara Cível; Data do julgamento: 29-11-2007; Data de registro: 18-12-2007.

me manifestação da CINEMATECA. Como exemplo, a supressão de algumas janelas desenhadas na parede, janelas que foram chamadas de "virtuais". No documento da entidade da assunção de responsabilidade por atividades no imóvel, redigido quando não se cogitava de demanda nenhuma, se lê que serviços de restauração se desenvolviam nele (fl. 172). Todavia, a obra não podia ser considerada em abandono e pouco importava que o autor estivesse a esperar que viesse a ser apagada. De acordo com o contrato, o Estado podia mantê-la nas paredes do imóvel por um ano e os direitos de autor sobre sua criação sempre continuavam em mãos de Marco Giannotti, pelo tempo previsto na norma legal competente[41].

Ainda no âmbito do regime legal autoral anterior, relevante consignar, também, o aresto do Tribunal de Justiça de São Paulo que havia concedido proteção autoral a "trabalho artístico... consistente em técnicas de marmorização de papel", que teria sido "veiculado indevidamente em capas de cadernos e blocos".

Por outro lado, o Tribunal paulista não concedeu proteção à seleção de questões de concurso, que não se confunde, segundo voto do rel. Des. Carlos Alberto Salles, com a proteção angariada pelos bancos de dados *pela originalidade no critério de organização ou compilação – ausente no caso*"[42].

Em linhas gerais, a obra intelectual pode ser:

(i) quanto ao número de autores:

- individual – (*um só autor*);
- em regime de coautoria ou em colaboração (*dois ou mais autores*);
- coletiva (*vários autores, organizados por pessoa física ou jurídica, com participações criativas indefinidas e fundidas em uma criação autônoma*)[43];

---

41. Acórdão de 29-11-2007, proferido na Apelação Cível 282.224-4/SP, por votação unânime de sua Quarta Câmara de Direito Privado, rel. Des. José Geraldo de Jacobina Rabello.

42. TJSP; Apelação Cível 1112376-68.2021.8.26.0100; Órgão Julgador: 3ª Câmara de Direito Privado; Foro Central Cível – 4ª Vara Cível; Data do Julgamento: 26-3-2024; Data de Registro: 28-3-2024.

43. A lei autoral vigente define a obra coletiva como "a criada por iniciativa, organização e responsabilidade de uma pessoa física ou jurídica, que a publica sob seu nome ou marca e que é constituída pela participação de diferentes autores, cujas contribuições se fundem numa criação autônoma" (art. 4º, VIII, *h*, da Lei n. 9.610/98). Observe-se que essa fusão das colaborações (*em uma criação autônoma*) é condição essencial para a caracterização da obra coletiva. Nesse sentido pronunciou-se o Tribunal de Justiça de São Paulo: "a obra coletiva com partes perfeitamente identificáveis não vem sendo contemplada pelo legislador pátrio, mas tida pela doutrina, como obra em colaboração conferindo aos coautores direitos distintos amparados pelo direito autoral" (trecho da ementa do acórdão de 23-5-2001, proferido na Apelação Cível 113.563-4/

(ii) quanto ao processo de criação:

- originária (*obra baseada em criação original*);
- derivada (*obra baseada em outra preexistente*)[44];

(iii) quanto à proteção:

- obra protegida (*obra intelectual com prazo de proteção legal em curso*);
- obra caída em domínio público (*obra cujo prazo de proteção legal tenha decorrido*).

5.3. A TITULARIDADE ORIGINÁRIA: O AUTOR, PESSOA FÍSICA

5.3.1. O titular originário

O titular originário do direito de autor não pode ser outro senão o criador da obra intelectual, ou seja, o autor, "pessoa física"[45]. Esse entendimento é pacífico. Nesse caminho, vale mencionar a assertiva de Carlos Alberto Bittar:

> De nossa parte, parece-nos irrefutável essa orientação: se se construiu todo um sistema para a proteção dos autores, o qual repousa na criação da obra – e só esse fato pode definir a sua paternidade – não se justifica se possa originariamente conferir o direito a quem dela não tenha participado[46].

E quem é o autor da obra intelectual? Antonio Chaves cita Stromholm para concluir: "O autor é o sujeito cuja personalidade está imprimida na obra de um modo indestrutível"[47].

Assim, é nítido: o autor somente pode ser a pessoa física, que cria obra

---

SP, por unanimidade de votos de sua Sétima Câmara de Direito Privado, rel. Des. Júlio Vidal).

44. A obra derivada pode ser denominada "obra compósita", como ocorre, por exemplo, no direito francês ("*oeuvre composite*"), elencada no art. 112-3 da Lei 92-597 (modificado pelas Leis 94-361 e 95-4) como: as traduções, adaptações, transformações ou arranjos de obras do espírito preexistentes. José de Oliveira Ascensão prestigia a denominação ensinando que "obra compósita é aquela que incorpora obra preexistente, sem a colaboração do autor desta", complementando que "A criação do conjunto é então daquele que utiliza a obra preexistente. Por isso, os direitos do conjunto pertencem exclusivamente ao criador dessa obra global" (*Direito autoral*. 2. ed. Rio de Janeiro: Renovar, 1997, p. 98).

45. O art. 11 da Lei n. 9.610, de 1998 (Lei brasileira de Direitos Autorais vigente), estabelece que "Autor é a pessoa física criadora de obra literária, artística ou científica". O mesmo princípio foi reeditado posteriormente pela Lei n. 10.753, de 30-10-2003 (alterada pela Lei n. 10.833, de 29-12-2003), que institui a "Política Nacional do Livro" e estabelece, em seu art. 5º, I, que, "Para os efeitos desta lei é considerado: autor: a pessoa física criadora de livros".

46. *Direito de autor na obra feita sob encomenda*. São Paulo: Revista dos Tribunais, 1977, p. 81.

47. *Criador da obra intelectual*. São Paulo: LTr, 1995, p. 87.

5 | O objeto do direito e sua titularidade

intelectual individualmente ou em regime de coautoria (*ou colaboração*).

Ao direito de autor interessa não a posição social ou a condição financeira, não a inteligência ou a erudição literária, artística ou científica, mas, sim, a criatividade.

E esse é atributo indissociável da pessoa humana, e não depende, necessariamente, de seu grau de acesso mesmo ao acervo cultural de obras anteriores, do mesmo gênero que a sua, ou a recursos sofisticados de ordem material ou técnica. O requisito essencial da criação intelectual é a originalidade. Somente o seu atingimento trará à pessoa que a encontrou a condição de autor de obra intelectual.

A que ponto essa "criatividade" pode ser levada em conta para caracterizar uma obra protegida? Newton P. Teixeira dos Santos chega a asseverar:

> Naturalmente, a única solução possível é a de que ao Juiz não é dado avaliar o mérito do autor. Isso significa que toda obra original é protegida, mesmo que ela seja banal, horrível, chocante ou sem significação. Mesmo se for incompreensível[48].

No respeitante à titularidade originária do direito de autor, a jurista argentina Delia Lipzyc consigna categoricamente:

> o autor é o sujeito originário do direito de autor e o direito de autor nasce da criação intelectual. Uma vez que esta somente pode ser realizada pelas pessoas físicas, a consequência natural é que a titularidade originária corresponda a pessoa física que cria a obra[49].

Tanto a Convenção de Berna, conforme sua última revisão, em 1971, e sua modificação, em 1979, quanto a legislação brasileira vigente[50] estabeleceram que, salvo prova em contrário, deve ser considerado autor da obra intelectual aquele que, por uma das modalidades de identificação (*nome civil, completo ou abreviado, até por suas iniciais, de pseudônimo ou*

---

48. *A fotografia e o direito de autor.* 2. ed. rev. e atual. São Paulo: Livraria e Editora Universitária de Direito, 1990, p. 10-11. De qualquer forma, Newton P. Teixeira deixa claro que a obra, para ser protegida, precisa ser original. Sobre este tema – originalidade da obra –, *vide*, neste capítulo, no item 5.2: – O objeto do direito: a obra intelectual.

49. *Direitos Autorais*: Aspecto Subjetivo. Criador e Titular de Direito. Pluralidade de Autores (doc. OMPI/PI/JU/96/5 – outubro/96, p. 2).

50. Art. 13 da Lei n. 9.610, de 19-2-1998.

151

de qualquer sinal convencional), tiver, em conformidade com o uso, indicada ou anunciada essa qualidade na sua utilização.

A respeito, pondera Leonardo Machado Pontes:

> Assim, basta que na obra conste o nome do autor ou seu pseudônimo (desde que o pseudônimo não deixe lugar à dúvida sobre sua verdadeira identidade). Satisfeito esse requisito, não caberá o ônus ao autor, sob qualquer hipótese, de provar que é o criador. Pela presunção *iuris tantum*, criada pela lei (a convenção de Berna tem *status* de lei ordinária), o ônus da prova é invertido de modo a ser provado pelo réu, que deve fornecer a contraprova de que o demandante da ação não é verdadeiramente o autor.

Confira-se, a respeito, recente acórdão do TJSP, Terceira Câmara de Direito Privado, julgado em 23 de agosto de 2018, de relatoria do Desembargador Egidio Giacoia, que reafirma a pessoa física como autora, sendo parte legítima para defender obra individual e, "ainda que assim não fosse, de natureza audiovisual coletiva", como "criador da obra intelectual". Entendeu o tribunal que, "ainda que a pessoa jurídica seja titular dos direitos patrimoniais de autor sobre o conjunto da obra coletiva, assegura-se a proteção autoral às participações individuais".

5.3.1.1. A distinção dos regimes jurídicos de coautoria e colaboração em obra intelectual

Atualmente, está assentada a distinção jurídica entre a coautoria e a colaboração em obra intelectual. Conforme o art. 5º, VIII, *a*, da Lei n. 9.610/98, consiste obra "em coautoria" a "criada em comum, por dois ou mais autores". Observe-se que denominação "obra em colaboração" se confunde com a "obra em coautoria", sendo que a da lei autoral de 1973 utilizava, em seu art. 4º, VI, *a*, praticamente a mesma definição que a lei vigente confere à "obra em coautoria": estabelecia o diploma anterior que obra em colaboração é a "produzida em comum, por dois ou mais autores". A respeito, anote-se o acerto da mudança terminológica tendo em vista que o termo "colaboração" não é tão preciso como "coautoria", já que aquela terá que se adequar à condição de coautoria de obra intelectual. Com efeito, não é qualquer "colaboração" que vai consistir em "coautoria", como dispõe o § 1º do art. 15 da Lei n. 9.610/98: "Não se considera coautor quem simplesmente auxilia o autor na produção da obra literária, ar-

5 | O objeto do direito e sua titularidade

tística ou científica, revendo-a, atualizando-a, bem como fiscalizando ou dirigindo sua edição ou apresentação por qualquer meio".

5.3.2. A titularidade originária de pessoa jurídica

Além da titularidade derivada de direitos de autor e os que lhes são conexos, adquirida por via contratual, em relação à parcela patrimonial desses direitos, pela pessoa jurídica, relevante destacar as três hipóteses em que sua aquisição é originária:

(a) uma de direitos de autor: quando a pessoa jurídica for organizadora de obra coletiva, cabendo-lhe, neste caso, a titularidade originária dos direitos patrimoniais sobre o conjunto da obra coletiva[51]; e

(b) duas de direitos conexos dos de autor:

– o produtor fonográfico[52];

– empresa (ao organismo) de radiodifusão[53].

Conclui-se, portanto, em relação a programas de computador, não se tratar de titularidade originária da empresa empregadora (do autor) e sim de titularidade derivada obrigatória, em face do referido caderno legal[54]. Nesse sentido, é a própria lei em questão, que assegura

> o direito do autor de reivindicar a paternidade do programa de computador e o direito do autor de opor-se a alterações não autorizadas, quando estas impliquem deformação, mutilação ou outra modificação do programa de computador, que prejudique a sua honra ou a sua reputação[55].

---

51. Art. 17, § 2º, da Lei n. 9.610/98. *Vide* o próximo item deste capítulo, em que analisaremos em detalhe o regime aplicável à obra coletiva.

52. Arts. 93 e 94 da Lei n. 9.610/98, quando a pessoa jurídica "toma a iniciativa e tem a responsabilidade econômica da primeira fixação do fonograma ou da obra audiovisual, qualquer que seja a natureza do suporte utilizado" (art. 5º, XI, da Lei n. 9.610/98).

53. Art. 95 da Lei n. 9.610/98, que estabelece que "Cabe às empresas de radiodifusão o direito exclusivo de autorizar ou proibir a retransmissão, fixação e reprodução de suas emissões, bem como a comunicação ao público, pela televisão, em locais de frequência coletiva, sem prejuízo dos direitos dos titulares de bens intelectuais incluídos na programação".

54. Ressalva, inclusive, o § 2º do mesmo dispositivo legal (art. 4º da Lei n. 9.609/98) que "Pertencerão, com exclusividade, do empregado, contratado de serviço ou servidor os direitos concernentes a programa de computador gerado sem relação com o contrato de trabalho, prestação de serviços ou vínculo estatutário, e sem a utilização de recursos, informações tecnológicas, segredos industriais e de negócios, materiais, instalações ou equipamentos do empregador, da empresa ou entidade com a qual o empregador mantenha contrato de prestação de serviços ou assemelhados, do contratante de serviços ou órgão público".

55. Art. 2º, § 1º, da Lei n. 9.609/98.

153

Cabe observar a excepcionalidade do tratamento legal vigente a programas de computadores – ou *software* –, que estabelece, no art. 4º da Lei n. 9.609, de 19 de fevereiro de 1998 (dispõe sobre a proteção da propriedade intelectual de programa de computador), que – apesar de essa lei especial não retirar a autoria do criador do programa e sua consequente titularidade originária sobre o *software*:

> Salvo estipulação em contrário, pertencerão exclusivamente ao empregador, contratante de serviços ou órgão público, os direitos relativos ao programa de computador, desenvolvido e elaborado durante a vigência de contrato ou de vínculo estatutário, expressamente destinado à pesquisa e desenvolvimento, ou em que a atividade do empregado, contratado de serviço ou servidor seja prevista, ou ainda, que decorra da própria natureza dos encargos concernentes a esses vínculos.

Um caso recente, julgado em 15 de dezembro de 2016 pela Sexta Câmara Cível do Tribunal de Justiça do Rio Grande do Sul, de relatoria do Des. Luís Augusto Coelho Braga, demandou a aplicação deste princípio:

> Não havendo disposição contratual expressa em contrário, a titularidade do *software* pertence à contratante, conforme prevê o art. 4º da Lei n. 9.609/98. Caso em que o trabalho foi inteiramente custeado pela contratante, que participou ativamente do desenvolvimento, testes e aprimoramento do produto, trabalho que dependeu fortemente da expertise da apelante na área de aplicação do sistema contratado.

5.3.2.1. Regime jurídico da obra coletiva

5.3.2.1.1. Tratamento internacional da matéria: o direito francês contemporâneo

Nesse aspecto, cabe consignar preliminarmente que as considerações feitas a seguir, no plano internacional, foram extraídas de parecer[56] de autoria dos juristas mineiros Hildebrando Pontes Neto e Leonardo Ma-

---

56. Parecer de março de 2011 juntado nos autos da ação ordinária movida por Millôr Fernandes contra a Editora Abril perante a 29ª Vara Cível de São Paulo (Processo n. 2009.214.684-0). O item 5.3.2.1.1.1 do presente capítulo, na forma consignada na fundamentação do recurso de apelação do autor Millôr Fernandes, foi extraído do referido parecer, tanto o texto expositivo quanto as notas de rodapé com as fontes bibliográficas, doutrinárias e jurisprudenciais.

5 | O objeto do direito e sua titularidade

chado Pontes, que trazem, em seu início, pertinentes destaques doutrinários e jurisprudenciais estrangeiros sobre o tema.

Dois dos juristas franceses merecidamente mais festejados na atualidade no campo dos direitos intelectuais – *Andre Lucas e Henri-Jacques Lucas* – ensinam que "inúmeras decisões não evitam retirar um argumento de tal individualização para subtrair ao regime da obra coletiva os componentes do todo, tais como as fotografias e os desenhos, ou mesmo de erigir um princípio que é incompatível com essa qualificação"[57].

Segundo Hildebrando e Leonardo Pontes, é majoritária na França a visão de que obras divisíveis e identificáveis, no corpo da obra coletiva, não podem integrá-la no sentido jurídico, permanecendo, com seus autores, a plenitude do direito autoral. Esse é o caso das contribuições singulares. Assim, são as decisões citadas pelos autores da Corte de Apelação de Versailles em 20 de maio 1988, em 1º abril de 1999, em 23 de setembro de 1999 e em 24 de março de 2004; pelo Tribunal da Grande Instância de Paris, em 22 de fevereiro de 1993, em 8 de setembro de 1998, em 13 de setembro de 1999 e em 15 de março de 2002; pelo Tribunal da Grande Instância de Lyon, em 21 de julho de 1999; pela Corte de apelação de Paris, em 6 de janeiro de 1994, em 2 de junho de 1995, em 4 de fevereiro de 1998 e em 12 de dezembro de 2001[58].

Conforme admitem os renomados – *e atuais* – juristas franceses, a jurisprudência majoritária francesa e, inclusive, a Suprema Corte (*Cour de cassation*) têm se manifestado no sentido de que não integrariam a obra coletiva no sentido jurídico os trabalhos divisíveis e identificáveis, mas apenas aqueles que se fundem em um todo *pro indiviso*, sem ser possível visualizar cada aporte criativo.

Escrevem os autores Lucas que *"pour définir l'oeuvre collective comme celle dans laquelle il est impossible de démêler les apports des participants"*[59]. *Démêler* em francês significa *desembaraçar*, isto é, "obra coletiva é definida como aquela na qual é impossível desembaraçar os aportes dos participantes".

---

57. LUCAS, André; LUCAS, Henri-Jacques. *Traité de la propriété littéraire et artisique*. 3. ed. Paris: Litec, 2006, p. 173. *"De nombreuses décisions n'hésitent pas toutefois à tirer argument d'une telle individualisation pour soustraire au régime de l'oeuvre collective des composantes de l'ensemble telles que des photographies ou des dessins, voire pour ériger en principe qu'elle est incompatible avec la qualification."*

58. LUCAS, André; LUCAS, Henri-Jacques. *Traité de la propriété littéraire et artisique*. 3. ed. Paris: Litec, 2006, p. 173, notas 195, 196 e 197.

59. Ibid., p. 174.

155

Portanto, para ser uma obra coletiva, ainda conforme a doutrina francesa reportada por Hildebrando e Leonardo Pontes, é necessário o caráter indissociável das contribuições (*caractère indissociable des contributions*), não ser possível determinar o papel e a parte de cada participante (*determiner le rôle et la part de chaque participant*) ou de não participante da equipe de criadores (*l'impossibilité d'attribuer la paternité à tel ou tel membre de l'équipe de createurs*)[60].

Assim, concluem Hildebrando e Leonardo Pontes, tais lições doutrinárias são relevantes ao regime jurídico pátrio, pois nossa legislação sofreu a influência do direito francês, fato que é inclusive reconhecido pela própria doutrina nacional: "o *droit d'auteur* (...) é o sistema francês ou continental. Esse sistema preocupa-se com a criatividade da obra a ser copiada (...) o direito brasileiro, por força de sua filiação ao direito da tradição *romanística*, adotou o sistema do *droit d'auteur*"[61].

Consigna, ainda, o referido parecer que, conforme Gobain, os artigos de fundo, ao contrário dos artigos informativos, são protegidos de uma maneira completa pelos direitos de autor (*protection complète*), conforme julgou a Corte de Nice, já em 1967[62]. O jornal, assim, em seu todo, como obra coletiva, seria protegido em relação a sua topografia, *independentemente* dos direitos autorais dos artigos de fundo (*articles de fonde*), que pertenceriam aos seus autores, conforme julgou a *Cour d'appel de Paris*, em 1981[63]. Explicita o emérito professor de Sorbonne, Frédéric Pollaud-Dulian:

> Não há qualquer obra coletiva quando as contribuições são individualizadas, marcadas pela personalidade de seus autores como aquelas que tiverem sido realizadas por um modelo criado por um artista sem qualquer direção e em toda a liberdade, de esculturas executadas por um escultor sobre a direção de um pintor, mas com uma certa liberdade de criação ou de um simpósio médico cujo organizador se limitou a escolher os interventores e os temas[64].

---

60. Ibid., p. 174.
61. SANTOS, Manuella. *Direito autoral na era digital*: impactos, controvérsias e possíveis soluções. São Paulo: Saraiva, 2009, p. 39.
62. GOBIN, Alain. *Le droit des auteurs, des artistes et des Gens du Spectacle*. Paris: Moderne, 1986, p. 37.
63. Ibid., p. 38.
64. POLLAUD-DULIAN, Frédéric. *Le droit d'auteur*. Paris: Economica, 2005, p 256. "*Il n'y a pas non plus d'oeuvre collective, lorsque les contributions sont individualisées, marquées de la personnalité de leurs auteurs et qu'elles ont été réalisées d'un modèle créé par un artiste sans aucune directive et en toute liberté, de scultures executes par un sculpteur sous la direction d'un peintre mais avec une certaine liberté de creation ou d'un colloque medical, dont l'organisateur s'est borné à choisir les intervenants et les themes.*"

5 | O objeto do direito e sua titularidade

Os juristas franceses André Lucas e Henri-Jacques Lucas, ainda conforme Pontes e Pontes, no referido parecer noticiam que o primeiro caso decidido na França sobre a transferência de obras coletivas jornalísticas para o meio eletrônico foi aquele de 3 de fevereiro de 1998, também do Tribunal da Grande Instância de Strasbourg. O jornal *Les dernières nouvelles d'Alsace* foi condenado, na medida em que, mesmo se tratando de contribuições não individualizadas (*matérias e notícias*), os jornalistas limitam a cessão de seus direitos de autor a uma *primeira publicação*. Sendo a internet um novo modelo de comunicação, e em razão de sua especificidade tecnológica, o editor deve requisitar uma nova autorização dos autores para a exploração[65].

Com efeito, várias decisões francesas seguiram a mesma linha, conforme anotam os autores Lucas, como aquelas pronunciadas pela Corte de Apelação de Lyon, em 9 de dezembro de 1999; pela Corte de Apelação de Paris, em 10 de maio de 2000 e 28 de janeiro de 2002; pelo Tribunal da Grande Instância de Paris, em 9 de janeiro de 2002 e em março de 2003[66].

A primeira decisão da Suprema Corte Francesa sobre o tema foi em 21 de outubro de 1997, por meio da qual julgou que a assinatura de um contrato de trabalho não importava em derrogação automática dos direitos de propriedade, muito menos na hipótese de inexistir um contrato entre as partes. Nesse sentido, a fotografia que estava sendo discutida no caso somente teria sido cedida para a *primeira publicação* pelo jornal, pois, conforme decidiu a Corte, novas explorações dependeriam de *novas autorizações*[67].

Em janeiro de 2001, deixou claro que a transferência deve se condicionar a uma convenção expressa com o jornalista, estipulando especificamente as condições da referida transferência, mesmo para os casos em que ela é feita para jornais que integram o mesmo grupo econômico[68]. No mesmo sentido, foi a decisão de 12 de junho de 2001 da Suprema Corte.

Hildebrando e Leonardo Pontes escreveram esse judicioso relato da doutrina francesa, advertindo que, conforme explica Pollaud-Dulian, o mesmo raciocínio vale para o caso de transferência da obra coletiva (*matérias e notícias*) para a internet, pois, constituindo um novo modelo de exploração e dirigido a outro tipo de público, é necessária a autorização expressa do jornalista, que não pode ser considerada tácita ou implícita[69]. Além disso, eventuais valores negociados não podem ser fixados com base

---

65. LUCAS, André; LUCAS, Henri-Jacques. *Traité de la propriété littéraire et artisique*. 3. ed. Paris: Litec, 2006, p. 458.
66. LUCAS, André; LUCAS, Henri-Jacques. *Traité de la propriété littéraire et artisique*. 3. ed. Paris: Litec, p. 458.
67. POLLAUD-DULIAN, Frédéric. *Le droit d'auteur*. Paris: Economica, 2005, p. 204.
68. Ibid., p. 205.
69. Ibid., p. 206.

157

no salário antigo do jornalista, mas devem levar em conta o novo meio e suas peculiaridades.

5.3.2.1.2. Regime jurídico pátrio

A – O direito positivo brasileiro

Partindo-se da regra categórica do art. 11 da Lei de Direito Autoral em vigor (9.610/98) de que "autor é a pessoa física criadora de obra literária, artística e científica", já chegamos à inexorável conclusão de que a pessoa jurídica não pode ser considerada autora de obra intelectual, de nenhum gênero.

Com efeito, nossa legislação apenas ressalva, no parágrafo único do próprio art. 11, que "a proteção concedida ao autor", apenas esta, "poderá aplicar-se às pessoas jurídicas nos casos previstos em lei". E quais seriam esses casos? Seriam:

(a) diretamente: os casos em que a pessoa jurídica é titular originária da obra, neste caso apenas no que se refere aos direitos patrimoniais do conjunto da obra coletiva[70], tendo em vista que as demais titularidades originárias que podem ser atribuídas à pessoa jurídica correspondem aos direitos conexos aos de autor – e não a direito de autor – em relação a bens intelectuais, como produção de fonogramas[71] e emissões de radiodifusão[72] e não obras intelectuais propriamente; e

(b) indiretamente: nas hipóteses em que a pessoa jurídica adquire, por contrato ou disposição legal[73], a titularidade derivada de direitos de autor – sempre apesar da natureza patrimonial e não moral – sobre obra intelectual.

Nesse cenário, a obra coletiva encontra-se na primeira hipótese, ou seja, de titularidade originária em relação a direitos patrimoniais de autor sobre o seu conjunto. Sua definição consta expressamente do art. 5º, VIII, *h*, da Lei n. 9.610/98, que dispõe ser a obra coletiva "a criada por iniciativa, organização e responsabilidade de uma pessoa física ou jurídica, que a publica em seu nome ou marca e que é constituída pela participação de diferentes autores, cujas contribuições se fundem numa

---

70. Art. 17, § 2º, da Lei n. 9.610/98, que dispõe: "cabe ao organizador a titularidade dos direitos patrimoniais sobre o conjunto da obra coletiva".

71. Arts. 93 da Lei n. 9.610/98.

72. Art. 95 da Lei n. 9.610/98.

73. Como a regra excepcional para programa de computador (*software*), em que o art. 4º da Lei n. 9.609/98 estabelece que, salvo estipulação em contrário, pertence ao empregador os direitos – patrimoniais de autor – relativos ao programa de computador desenvolvido e elaborado pelo empregado.

criação autônoma", sendo "assegurada" a proteção às participações individuais em obras coletivas"[74].

Nesse sentido, em relevente caso julgado em 12 de fevereiro de 2019 pela Nona Câmara de Direito Privado do Tribunal de Justiça de São Paulo, de relatoria da Des. Mariella Ferraz de Arruda Pollice Nogueira, foi considerada válida a divulgação de imagens de obra arquitetônica pela organizadora sem autorização de um dos coautores, mas ressalvando a violação do direito moral da coautora à sua devida identificação[75].

Atentando-se para as regras expostas, podem situar-se no campo das obras coletivas, por exemplo, e, uma vez atendendo às características destas (pluralidade de participantes, fusão de participações e organização por pessoa física ou jurídica), o conjunto de verbetes dos dicionários e a estrutura, quanto à sua forma de expressões, da base de dados.

B – A obra audiovisual, os jornais e as revistas não são obras coletivas

A obra audiovisual, muitas vezes confundida com obra coletiva é, na verdade, obra em regime de coautoria por expressa disposição legal, que preceitua: "são coautores da obra audiovisual o autor do assunto ou argumento literário, musical ou literomusical e o diretor".

Adotando como exemplo emblemático para a matéria os "jornais e revistas", que, muitas vezes, têm sido – no nosso entender, inadequadamente – considerados "obras coletivas", observa-se, de plano, que o elenco de especificação das obras intelectuais protegidas da lei brasileira vigente (art. 7º da Lei n. 9.610/98) não contém "publicações periódicas". Não há em nenhum ponto da lei regente brasileira para direitos de autor essa referência. Muito pelo contrário.

Com efeito, vejamos:

(a) os livros, as revistas – *como discos de áudio (CDs) e de áudio e vídeo (DVDs)* – são os suportes físicos de obras intelectuais, e não as obras em si[76];

---

74. Art. 17, *caput*, da Lei n. 9.610/98. Essa regra já constava da Constituição Federal de 1988, que, em seu art. 5º, XXVIII, *a*, estabelece que é assegurada, nos termos da lei, a proteção às participações individuais em obras coletivas. Observa-se que tanto a lei autoral de 1998 quanto a Constituição Federal utilizam a expressão "participações individuais" e não "obras individuais", pois estas, uma vez identificáveis, seriam incompatíveis quanto à sujeição às "obras coletivas" por não haver a fusão característica da fragmentação de participações diversas, que constituem a natureza indivisível da obra coletiva. O termo "participantes" (e não autores) é utilizado, também, no art. 88, II, e parágrafo único, da Lei n. 9.610/98.

6 – Art. 16 da Lei n. 9.610/98, que acrescenta, em seu parágrafo único: "Consideram-se coautores de desenhos animados os que criam os desenhos utilizados na obra audiovisual".

75. Apelação n. 1011970-42.2015.8.26.0261.

76. O direito de autor, a lei autoral, protege a obra intelectual e não o seu suporte físico (art. 7º da Lei n. 9.610/98). Observe-se, assim, que livros, jornais, revistas e outros suportes que possam conter obras

(b) esses suportes físicos podem conter diversos tipos de obras intelectuais como as obras literárias (*contidas nos livros*), musicais (*contidas nos CDs*), audiovisuais (*contidas nos DVDs*), de desenho, fotográficas, literárias ou jornalísticas (*contidas em revistas*);

(c) o direito positivo brasileiro vigente trata os suportes "livros, jornais e revistas" como *meios de comunicação, e não como obras intelectuais*[77];

(d) as publicações periódicas, especialmente as focadas em notícias e atualidades, como jornais (*normalmente com periodicidade diária*) e revistas (*normalmente mensais ou semanais*) – *na qualidade de "meios de comunicação" (conforme a definição legal vigente)* – podem conter tanto obras coletivas[78] – *cuja autoria não é individualizada para identificação na publicação* – quanto individuais ou em regime de coautoria com a(s) respectiva(s) autoria(s) devidamente identificada(s);

(e) assim, mesmo que convivam em um mesmo suporte físico (*meio de comunicação*) – *um jornal ou uma revista* –, não se confundem as obras coletivas – *de titularidade de seu organizador*[79] – com as obras individuais ou em coautoria (*assim identificados na publicação e assinados*) de titularidade exclusiva de seu(s) respectivo(s) autor(es): obedecem a regimes jurídicos diferentes;

(f) com efeito, se a exploração econômica da obra coletiva pertence ao seu organizador[80], o mesmo não ocorre em relação às obras

---

intelectuais não constam do extenso elenco de obras intelectuais protegidas pela lei autoral vigente (incisos I a XIII do art. 7º da Lei n. 9.610/98).

77. Nesse sentido o inciso III do art. 46 da Lei n. 9.610/98, que dispõe: "a citação em **livros**, jornais, revistas ou outro meio de comunicação…" (grifamos).

78. A obra coletiva é a "criada pela iniciativa e sob a coordenação de uma pessoa natural ou jurídica que a edita sob seu nome e está constituída pela reunião de aportes de diferentes autores cuja contribuição pessoal se funda em uma criação única e autônoma, para a qual tenha sido concebida, sem que seja possível atribuir separadamente a qualquer dos mesmos um direito sobre o conjunto da obra realizada" (Parecer anexo, p. 50, citação VEGA-VEGA, José Antonio). A lei autoral brasileira vigente fala em "contribuições" que "se fundem numa criação autônoma" (art. 5º, VIII, *h*, da Lei n. 9.610/98).

79. Tanto a Constituição Federal (art. 5º, XXVIII, *a*) quanto a Lei n. 9.610/98 (art. 17, *caput*) contêm a previsão de que é assegurada a proteção às "participações individuais" em obras coletivas. E o que seriam tais "participações individuais"? Naturalmente essa expressão não é própria para abranger uma obra intelectual autônoma (individual ou em coautoria) porque esta – obviamente – não é nem integra uma obra coletiva (não se encontra fundida a esta, sem individualização e sem identificação de autoria) e não foi essa a intenção do legislador constituinte ou ordinário. Essas "participações individuais" identificáveis em "obras coletivas" seriam, por exemplo, a dos atores de um filme ou novela de televisão (se considerarmos estes "obra coletiva", como pretendem muitos dos produtores desses gêneros de obras) que consistem em participações individualizáveis no contexto coletivo, mas não chegam, naturalmente, a consistir "obras intelectuais autônomas" nos termos legais pertinentes. Daí a terminologia utilizada pelo legislador: "participações" e não "obras".

80. Essa **regra geral** encontra-se estabelecida no art. 17, § 2º, da Lei n. 9.610/98. No campo dos "escritos publicados pela imprensa", **a regra é específica**: "O direito de utilização econômica dos escritos publi-

individuais ou em regime de coautoria, cujo direito exclusivo de sua utilização pertence ao(s) seu(s) respectivo(s) autor(es)[81];

(g) a mesma regra é aplicada à "**compilação**", que, constituída de obras individuais autônomas justapostas – *acondicionadas em um livro ou revista, por exemplo* – por um ou mais organizadores, confere a estes direitos tão somente sobre a **estruturação** da compilação, **e não sobre as obras que a compõem**[82].

C – Um precedente jurisprudencial relevante do E. Tribunal de Justiça de São Paulo

Não há como classificar os jornais e as revistas como "obra coletiva". Isso porque a lei autoral vigente define a obra coletiva como "a criada por iniciativa, organização e responsabilidade de uma pessoa física ou jurídica, que a publica sob seu nome ou marca e que é constituída pela participação de diferentes autores, cujas contribuições se fundem numa criação autônoma" (art. 5º, VIII, *h*, da Lei n. 9.610/98).

Observe-se que essa fusão das colaborações (*em uma criação autônoma*) é condição essencial para a caracterização da obra coletiva. Nesse sentido pronunciou-se o Tribunal de Justiça de São Paulo: "a obra coletiva com partes perfeitamente identificáveis não vem sendo contemplada pelo legislador pátrio, mas tida pela doutrina, como obra em colaboração conferindo aos coautores direitos distintos amparados pelo direito autoral"[83].

5.4. A TITULARIDADE DERIVADA

A concepção simples e lógica de que o autor é o titular exclusivo de direitos de autor sobre a obra, na qualidade de criador intelectual desta, vai enfrentar duas situações que, segundo alguns precedentes legais, podem

---

cados pela imprensa, diária ou periódica, **com exceção dos assinados ou que apresentem sinal de reserva,** pertence ao editor, salvo convenção em contrário" (art. 36 da Lei n. 9.610/98 – grifamos).

81. Essa regra geral encontra-se estabelecida no art. 5º, XXVII, da Constituição Federal vigente e nos arts. 28 e 29 da Lei n. 9.610/98. Em relação à "publicação em diários e periódicos", a **regra específica** é: "A autorização para utilização econômica de **artigos assinado**s, para publicação em diários ou periódicos, **não produz efeito além do prazo de periodicidade acrescido de vinte dias, a contar de sua publicação, findo o qual recobra o autor o seu direito**" (parágrafo único do art. 36 da Lei n. 9.610/98 – grifamos).

82. É o mesmo regime jurídico da "base de dados", ambas elencadas no inciso XIII do art. 7º da Lei n. 9.610/98. A delimitação do direito – seu(s) organizador(es)encontra-se estabelecida no art. 87, *caput*, da mesma lei, que é: tão somente *"a forma de expressão da estrutura da referida base"* (destacamos) **e não as obras que a integram**. Esse tema específico é judiciosamente tratado nas páginas 54 a 59 do parecer dos juristas Hildebrando Pontes Neto e Leonardo Machado Pontes juntado aos autos.

83. Trecho da ementa do acórdão de 23-5-2001, proferido na Apelação Cível 113.563-4/SP, por unanimidade de votos de sua Sétima Câmara de Direito Privado, rel. Des. Júlio Vidal.

alterá-la em sua essência: nos casos de obras coletivas ou nos casos de obras realizadas sob encomenda (*com ou sem relação de emprego*).

Portanto, existe o entendimento – *que criticarei, a seguir* – de que o comitente (aquele que encomenda e custeia a obra) ou o empregador pode utilizar livremente e – até – em alguns casos divulgar as obras intelectuais, criadas, respectivamente, pelo comissário (*autor da obra encomendada*) ou empregado, no próprio nome daqueles, como se fossem – *o comitente ou o empregador* – os seus autores. Assumiriam, nessa situação, não somente a titularidade dos direitos patrimoniais de autor, mas, também, chegando à onírica hipótese de serem investidos na titularidade originária do direito de autor[84], valendo-se, consequentemente, de suas prerrogativas de natureza moral ou personalíssima, inerentes à condição de autoria de obra intelectual.

A Lei n. 5.988, de 14 de dezembro de 1973, que regulou a matéria no Brasil até 20 de junho de 1998, dispôs sobre esse assunto em dois artigos:

> Art. 15. Quando se tratar de obra realizada por diferentes pessoas, mas organizada por empresa singular ou coletiva e em seu nome utilizada, a esta caberá sua autoria.
>
> Art. 36. Se a obra intelectual for produzida em cumprimento a dever funcional ou a contrato de trabalho ou de prestação de serviços, os direitos de autor, salvo convenção em contrário, pertencerão a ambas as partes, conforme for estabelecido pelo Conselho Nacional de Direito Autoral.

Torna-se evidente que tanto uma quanto a outra solução legal mostram-se inadequadas à orientação doutrinária exposta até aqui – e abrigada, solidamente, pelo regime legal brasileiro vigente –, principalmente tendo em

---

84. Referimo-nos a "direito de autor" e não a "direito autoral" tendo em vista que esta expressão engloba também os "direitos conexos aos de autor" (art. 1º da Lei n. 9.610/98), e, em relação a estes – *embora sem descartar a juridicidade da crítica de renomados autoralistas a respeito* –, a lei autoral vigente, a exemplo do anterior (ambas fundadas na Convenção de Roma, de 1961, para Proteção aos Artistas Intérpretes ou Executantes, Produtores de Fonogramas e aos Organismos de Radiodifusão promulgada pelo Decreto n. 57.125, de 19-10-1965), consagra, como já me referi com enfoque na lei brasileira vigente, no item anterior deste capítulo, a possibilidade jurídica de atribuição de titularidade originária de direitos autorais (*especificamente direitos conexos aos de autor*) às pessoas jurídicas: os organismos de radiodifusão (art. 95) e o produtor fonográfico (art. 93), este podendo ser pessoa física ou jurídica (conforme o inciso XI do art. 5º), a quem pertence "o direito exclusivo" originário de autorizar a utilização de suas emissões (de radiodifusão) e fonogramas respectivamente. Registre-se, também – *da mesma forma criticável* –, a atribuição legal ao empregador ou contratante dos direitos exclusivos relativos ao programa de computador desenvolvido ou elaborado por empregado ou contratado para esse fim (art. 4º da Lei n. 9.609, de 19-2-1998). Destaque-se, todavia, que se encontra claro nesse dispositivo legal a condição jurídica de empregador ou contratante da pessoa jurídica em relação ao criador intelectual que é a pessoa (*ou pessoas*) física empregada ou contratada. Não há, portanto, como vimos – e está como no regime legal vigente –, nenhuma conotação de que a autoria do programa seria conferida a pessoa jurídica, mas, apenas, "os direitos relativos ao programa de computador".

5 | O objeto do direito e sua titularidade

vista a assimilação pelo nosso direito positivo, conforme já vimos, da natureza jurídica do direito do autor em sua concepção dualista, de cunho patrimonial e moral, este com ligação estreita à personalidade do autor[85].

Embora examinando esse tema sob o enfoque dos direitos autorais incidentes nos programas de computador, a observação de André Bertrand é de largo alcance:

> Mesmo que haja transferência dos direitos por contrato, essa transferência não pode causar dano ao direito de paternidade dos autores. Por isso, os programadores sempre podem fazer valer sua qualidade de autor e exigir, por exemplo, que essa qualidade figure em uma tela ou na documentação.
>
> O encomendante, que apenas comunica exigências e intenções (principalmente através do fornecimento de um manual de especificações), não participa diretamente da "elaboração do programa" e não pode assim requerer a qualidade de coautor do programa realizado no quadro do contrato de encomenda (TGI Melun, 2 de março de 1988, OCI x Informática, DIT, 1988, n. 4, p. 56, nota F. Toubol)[86].

A única hipótese em que poderiam ser interpretadas tais atribuições legais de autoria, ressalvada, sempre, a nossa oposição em relação a esse critério, seria na de obra coletiva (*e não em colaboração*), em que, seguindo a orientação do empregador ou do comitente, participassem várias pessoas na criação de uma obra intelectual e não fosse possível a identificação da contribuição de cada participante nessa elaboração e nessas condições – e somente assim – o empregador ou comitente utilizasse a obra em seu nome. Mesmo nessa hipótese, reafirmo meu entendimento de que somente poderia ser admitida uma discussão no atinente ao exercício do direito de

---

85. No substitutivo ao Projeto de Lei n. 5.430/90, que gerou a Lei brasileira de Direitos Autorais vigente (9.610/98), constavam três artigos que regulavam: no art. 36 – o regime da obra produzida em cumprimento de contrato de trabalho ou de prestação de serviços (em que "os direitos patrimoniais de autor, salvo convenção em contrário, pertencerão ao empregador ou comitente exclusivamente para as finalidades pactuadas ou, na omissão do contrato, para as finalidades que constituam objeto de suas atividades"); no art. 37 – o regime da obra produzida sob encomenda (em que, "salvo convenção em contrário, pertencerão ao comitente, exclusivamente para as finalidades pactuadas ou, na omissão do contrato, para as finalidades que constituam o objeto de suas atividades"); e no art. 38 – a presunção de transferência ao produtor, nos contratos de produção audiovisual, salvo convenção em contrário, dos direitos patrimoniais sobre as obras audiovisuais. Na edição final da Lei n. 9.610, de 1998, esses três dispositivos legais foram suprimidos. Consequentemente, como a lei autoral brasileira vigente revogou, na íntegra (com exceção do art. 17, §§ 1º e 2º, que tratam de registro de obras intelectuais), o diploma legal anterior (a Lei n. 5.988, de 1973), deixa de haver previsão legal específica para o regime da obra produzida sob encomenda, em cumprimento a dever funcional ou a contrato de trabalho ou de prestação de serviços, prevalecendo, portanto, para esses casos, a regra geral de que cabe ao autor o direito exclusivo de utilizar sua obra.

86. *A proteção jurídica dos programas de computador.* Trad. Vanise Pereira Dresch. Porto Alegre: Livraria do Advogado, 1996, p. 86.

autor em seus aspectos patrimoniais ou econômicos, nunca em relação aos morais, em qualquer caso, especialmente no que concerne à esdrúxula atribuição de paternidade ou autoria à pessoa jurídica[87].

Acrescente-se que, de qualquer forma, para que a obra possa ser considerada "coletiva", deverá consistir em criação autônoma, e não simples conjunto formado por justaposição de obras, integral ou parcialmente aproveitadas. A respeito, a lição de Manoel Joaquim Pereira dos Santos:

> Duas são as condições básicas para se determinar a existência da obra coletiva: de um lado, que o conjunto seja uma criação autônoma em relação às obras que o compõem, e, de outro lado, que a atividade de que resulta a criação do conjunto distinga-se da atividade de que resulta cada obra individualmente considerada[88].

Nesse âmbito, em especial no cenário da obra jornalística gráfica, pertinente a lição de Andrea Hototian, de que, "ainda que a empresa jornalística organize, coordene e remunere os jornalistas como sua empregadora, o mentor do texto é o jornalista"[89].

Em relação à titularidade derivada, não deve ser confundida com os atributos do autor de obra derivada (*adaptações, traduções etc.*) ou obras justapostas (*uma poesia musicada, por exemplo*). Como já visto, uma vez regularmente autorizadas pelos autores das obras preexistentes, e respeitando as exigências que eventualmente lhes sejam feitas por estes, os autores das obras derivadas – *uma vez presentes nestas o requisito da originalidade* – podem assumir verdadeira titularidade originária do direito de autor sobre sua criação intelectual, independentemente dos direitos de autor dos criadores intelectuais das obras preexistentes, que continuam íntegros.

A titularidade derivada, na verdade, diferencia-se da originária uma vez que – *na maior parte apenas referente aos aspectos patrimoniais dos di-*

---

87. Essa imprecisão da Lei n. 5.988/73 (art. 15) é corrigida pelo art. 11 e seu parágrafo único da Lei brasileira de Direitos Autorais vigente (9.610/98), que, além de dispor que o autor é pessoa física, estabelece que: "a proteção concedida ao autor" (e não atribuição de autoria) "poderá estender-se às pessoas jurídicas" nos casos previstos na lei. Adiante, no § 2º de seu art. 17, deixa claro que essa *proteção* extensiva às pessoas jurídicas – no caso o "organizador" da obra coletiva – limita-se "à titularidade dos direitos patrimoniais, embora a lei autoral faculte ao organizador publicar a obra coletiva "sob seu nome ou marca" (letra *h* do inciso VIII do art. 5º da Lei n. 9.610/98, o que, de qualquer forma, não ilide a obrigação do organizador de mencionar "em cada exemplar"... "a relação de todos os participantes, em ordem alfabética, se outra não houver sido convencionada" (art. 88, II, da Lei n. 9.610/98).

88. *O direito de autor na obra jornalística gráfica*. São Paulo: Revista dos Tribunais, 1981, p. 56.

89. *Tutela autoral da obra jornalística gráfica*. Dissertação de Mestrado defendida perante a Faculdade de Direito – Universidade de São Paulo – USP, sob a orientação da Professora Silmara Chinellato, São Paulo, 2011, p. 122.

reitos de autor – depende da transmissão desses direitos, principalmente por meio de cessão ou sucessão. No primeiro caso somente vai abranger aspectos patrimoniais, e no segundo pode corresponder, também, a alguns dos atributos morais de autor que, por lei, são transferidos aos herdeiros do criador intelectual da obra protegida[90].

5.4.1. A questão da titularidade da pessoa jurídica

5.4.1.1. As diversas modalidades de relacionamento entre os autores e intérpretes e as empresas usuárias de obras intelectuais

A dependência do autor e sua obra dos veículos de comunicação é inegável. A recíproca também é verdadeira: os veículos de comunicação – *ressalvando-se as atividades puramente informativas ou noticiosas* – não teriam nenhuma consistência sem a criação intelectual, em qualquer nível.

Realmente, como pensar, por exemplo, em emissoras de rádio e televisão sem música e demais atividades criativas?

Por outro lado, como poderia o autor sobreviver da receita gerada pela utilização de sua obra se não tiver os meios mais adequados de atingir o público interessado?

A primeira preocupação consiste em examinar quais as restrições – *se é que existem* – podem sofrer a titularidade ou o exercício dos "direitos exclusivos" atribuídos ao autor pelo regime legal vigente. Nesse sentido, é fundamental enfocar, basicamente, a questão da criação intelectual produzida no regime de prestação de serviços, com ou sem vínculo empregatício.

A questão da titularidade originária ou derivada (como já examinamos) e do exercício dos direitos de autor e os que lhe são conexos na relação de trabalho adquire crescente importância à medida que – *com o ágil desenvolvimento dos veículos de comunicação de massa* – proliferam empresas e conglomerados de empresas com atuação nessa área.

É o caso, por exemplo, das grandes editoras – que publicam em grandes tiragens livros, revistas etc. –, das grandes empresas jornalísticas, das redes de rádio e televisão, produtoras fonográficas, cinematográficas e videofonográficas e outras, com suas diversas ramificações de distribuição nacional e internacional, de produção industrial e atividades comerciais próprias à especificidade da natureza de cada produto cultural. Também

---

90. Examinamos este assunto – *da transferência de direitos morais de autor* causa mortis – em capítulo próprio, "Direitos morais".

é o caso de novas empresas que, inicialmente, eram apenas *streamings* de vídeos produzidos por terceiros, e passam a contratar pessoas para produzir suas próprias obras intelectuais (desde Netflix a "canais" do Youtube), entrando nas mesmas considerações aqui relacionadas.

Assim, os autores e demais titulares de "direitos autorais", denominação utilizada na legislação brasileira para abranger tanto os direitos de autor quanto aqueles que lhes são conexos, necessitam se relacionar contratualmente com tais empresas para publicação, difusão e exploração de suas respectivas obras.

A questão que se impõe é a seguinte: como é, ou como deve ser, esse relacionamento ante o regime legal vigente? Os direitos autorais permaneceriam na órbita exclusiva do titular originário (*que é o autor, intérprete etc.*)? Ou, ao contrário, excluindo-se a hipótese de autoria ou paternidade de obra intelectual, que – *como já vimos* – somente pode ser da pessoa física, seriam atribuídos – *por lei* – ou transferidos – *por força de relação contratual ou prestação de serviços* – para a órbita da titularidade dessas empresas?

Essas questões emergentes acabam gerando posicionamentos corporativistas dissociados do regime de proteção legal em vigor, como relata – e critica, de forma irrefutável – Samuel Macdowell de Figueiredo:

> Como era previsível, a complexidade dessas relações jurídicas estabeleceu um sério conflito entre as partes interessadas. Produtoras, anunciantes e, muitas vezes, agências de publicidade reivindicam, cada um para si, a paternidade da obra e a exclusividade dos seus direitos autorais.
>
> Essa disputa, inócua e certamente infrutífera, se reflete na constante expedição de "circulares", divulgadas no mercado pelas associações de classe de uns e de outros, cujo intuito, marcadamente corporativo, peca, de início, pela flagrante desconsideração da disciplina legal da matéria. Exemplo disso reside nas manifestações das associações de anunciantes, das produtoras e das agências de publicidade, que declaram a propriedade dos seus respectivos associados sobre os direitos autorais e os concitam a incluir, nos contratos de produção, cláusulas que lhes reservem o exercício exclusivo desses direitos.
>
> Nessa reivindicação predomina o sentido corporativista que ignora direitos de terceiros e procura alcançar, por via oblíqua, o controle sobre a exploração econômica de obras[91].

---

91. "Contratos em matéria de direito autoral e obra publicitária", texto de conferência proferida em 12-10-1996, no "Seminário Nacional da OMPI sobre Propriedade Intelectual para Magistrados e Membros do Ministério Público", em São Paulo, p. 4.

5 | O objeto do direito e sua titularidade

A relação do titular originário de direito de autor e conexos com tais empresas poderá se realizar, principalmente, de três formas:

(1ª) de forma desvinculada, sem participação do usuário na elaboração da obra, em que o titular, mediante certas condições de aproveitamento da obra e remuneração, autoriza a utilização de sua obra sem cessão ou transferência de direito (*por exemplo, o compositor de determinada obra musical autoriza sua utilização em determinado programa de televisão*);

(2ª) sob o regime de prestação de serviços, sem vínculo empregatício, quando o usuário encomenda e remunera o autor para criação de uma obra que será utilizada por aquele (*por exemplo, uma agência de publicidade encomenda a determinado autor um filme ou uma música, ou uma fotografia sobre determinado tema, e remunera-o para tanto*);

(3ª) sob o regime de prestação de serviços com vínculo empregatício, quando o usuário contrata empregado para as funções de criação ou interpretação de obra intelectual (*por exemplo, um jornalista é contratado, sob regime de emprego, para redação de matérias de sua especialidade, ou um ator é contratado, com vínculo empregatício, por uma emissora de televisão para atuar em determinada novela*).

Poderíamos até encontrar outras modalidades de relação entre o titular originário do direito e o usuário de suas obras, mas, a partir dessas, podemos examinar o tema enfocado.

5.4.1.2. O regime de proteção legal do autor e demais titulares de direitos autorais no seu relacionamento com as empresas usuárias de obras intelectuais: primeira hipótese, a questão da cessão de direitos

Na primeira das três hipóteses de relacionamento em exame, que é a forma desvinculada, não pode ser admitida nenhuma restrição em relação ao exercício dos direitos exclusivos de utilização de suas obras atribuídos aos seus autores.

Nessa hipótese, o autor autoriza – *ou não* – a utilização de sua obra nas condições que considere adequadas. Não havendo tal autorização, a utilização de sua obra resultará na prática de ato ilícito, sujeito à reparação indenizatória – *de natureza moral e patrimonial* –, além das demais sanções, inclusive penais, previstas em lei[92].

---

92. Além do mandamento constitucional que estabelece ao autor o direito exclusivo de utilização de sua obra intelectual (art. 5º, XXVII), aplicáveis os arts. 29, 30 e outros aos quais já nos referimos da Lei n.

Nas duas demais hipóteses mencionadas, a lei brasileira prevê regras especiais que merecem ser observadas com cuidado e reserva.

5.4.1.2.1. Noções gerais sobre o regime jurídico da criação de obra intelectual mediante a prestação de serviços

Conforme já me pronunciei em parecer[93], há, basicamente, três situações de prestação de serviços que podem resultar em criação de obra e bens intelectuais, quais sejam:

– No plano do direito comum:

a prestação de serviço regulada pelo Direito Civil.

– No plano da legislação especial:

a prestação de serviço como relação de trabalho; e

a prestação de serviço decorrente de encomenda de obra (*ou criação*) intelectual.

A primeira hipótese contém, ressalvadas as regras gerais dos arts. 593 a 609 do Código Civil, o princípio da autonomia da vontade das partes contratantes em sua maior amplitude[94].

9.610/98 e, no âmbito penal, a repressão à "violação de direito autoral" prevista nos arts. 184 e 186 do Código Penal (alterado, em relação a esses dispositivos, pela Lei n. 10.695, de 1º-7-2003).

93. *Estudos e pareceres de direito autoral*. Rio de Janeiro: Forense, 2015, p. 91-119.

94. Nesse sentido, destacamos as regras gerais relevantes inseridas no Código Civil vigente: "A prestação de serviço, que não estiver sujeita às leis trabalhistas ou a lei especial, reger-se-á pelas disposições deste Capítulo" (art. 593); "Toda a espécie de serviço ou trabalho lícito, material ou imaterial, pode ser contratada mediante retribuição" (art. 594); "Não se tendo estipulado, nem chegado a acordo as partes, fixar-se-á por arbitramento a retribuição, segundo o costume do lugar, o tempo de serviço e sua qualidade" (art. 596); "A retribuição pagar-se-á depois de prestado o serviço, se, por convenção, ou costume, não houver de ser adiantada, ou paga em prestações" (art. 597); "A prestação de serviço não se poderá convencionar por mais de quatro anos, embora o contrato tenha por causa o pagamento de dívida de quem o presta, ou se destine à execução de certa e determinada obra. Neste caso, decorridos quatro anos, dar-se-á por findo o contrato, ainda que não concluída a obra" (art. 598); "Não sendo o prestador de serviço contratado para certo e determinado trabalho, entender-se-á que se obrigou a todo e qualquer serviço compatível com as suas forças e condições" (art. 601); "O prestador de serviço contratado por tempo certo, ou por obra determinada, não se pode ausentar, ou despedir, sem justa causa, antes de preenchido o tempo, ou concluída a obra" (art. 602); "Se o prestador de serviço foi despedido sem justa causa, a outra parte será obrigada a pagar-lhe por inteiro a retribuição vencida, e por metade a que lhe tocaria de então ao termo legal do contrato" (art. 603); "Nem aquele a quem os serviços são prestados, poderá transferir a outrem o direito aos serviços ajustados, nem o prestador de serviços, sem aprazimento da outra parte, dar substituto que os preste" (art. 605); "O contrato de prestação de serviço acaba com a morte de qualquer das partes. Termina, ainda, pelo escoamento do prazo, pela conclusão da obra, pela rescisão do contrato mediante aviso prévio, por inadimplemento de qualquer das partes ou pela impossibilidade da continuação do contrato, motivada por força maior" (art. 607) (*Estudos e pareceres de direito autoral*. Rio de Janeiro: Forense, 2015, p. 91-119).

5 | O objeto do direito e sua titularidade

A segunda (contrato de trabalho) encerra a natureza protecionista própria da legislação trabalhista na figura do empregado (prestador de serviço) e empregador (tomador do serviço), implicando em restrições legais à ampla autonomia da vontade entre as partes[95].

A terceira (encomenda de obra ou criação intelectual) submete-se à legislação especial reguladora dos direitos autorais[96].

Trata-se, portanto, de relações jurídicas distintas que podem até nascer concomitantemente: no caso do prestador de serviço que – com ou sem relação de emprego – realiza uma criação ou obra intelectual.

Após essas noções preliminares, passamos a examinar as duas hipóteses referidas no item anterior atinentes ao regime de prestação de serviços para criação de obra intelectual, sem e com vínculo empregatício.

5.4.1.2.2. A segunda hipótese – a criação de obras intelectuais sob o regime de prestação de serviços sem vínculo empregatício

Sofreria, por exemplo, alguma restrição o direito de autor do diretor cinematográfico, do compositor ou do fotógrafo em benefício da agência de publicidade (*ou produtora intermediária*) que encomendasse filme (*ou obra audiovisual*), música ou fotografia sobre determinado tema – *ou em relação a algum produto* – remunerando-os para esse efeito?

Como já mencionado, a Lei brasileira de Direitos Autorais anterior previa em um único dispositivo (art. 36) essas duas situações, estabelecendo que, "se a obra for produzida em cumprimento a dever funcional ou a contrato de trabalho ou de prestação de serviços, os direitos de autor, salvo convenção em contrário, pertencerão a ambas as partes, conforme for estabelecido pelo Conselho Nacional de Direito Autoral". Não há, contudo, na lei autoral vigente, nenhuma regra a respeito.

Esse "exercício comum" de direitos de autor – *princípio criticável em face do categórico mandamento constitucional que prevê a exclusividade de utilização da obra pelo seu autor* – nunca foi regulado, o que traz, no campo de aplicação prática, sérias dúvidas.

---

95. Ao princípio de proteção (concretizado nas ideais de *in dubio pro operario*, na regra da aplicação da norma mais favorável e na regra da condição mais benéfica a este) acrescem-se os demais princípios da relação de trabalho propostos por Américo Plá Rodriguez: "princípio da irrenunciabilidade dos direitos; princípio da continuidade da relação de emprego; princípio da primazia da realidade; princípio da razoabilidade; princípio da boa-fé; e princípio de não discriminação" (*Princípios de direito do trabalho*. 3. ed. Trad. Wagner D. Giglio e Edilson Alkmin Cunha. São Paulo: LTr, 2004, p. 61).

96. Lei n. 9.610, de 19-2-1998.

O Tribunal de Justiça do Rio de Janeiro, em acórdão proferido em 1º de outubro de 1992 na Apelação Cível 3.118/92, por votação unânime de sua Sexta Câmara Cível, relator o Desembargador Sérgio Cavalieri Filho, decidiu que essa previsão legal (da Lei n. 5.988, de 1973, revogada em 1998) de "exercício comum" de direitos de autor de obra produzida em cumprimento a contrato de trabalho ou a dever funcional significaria ter, o autor – empregado "o direito de receber a metade do seu valor artístico"[97].

Essa orientação jurisprudencial, manifestada no âmbito da vigência da lei autoral de 1973, merece ser reapreciada, tendo em vista que na Lei n. 9.610, de 1998, que revogou o diploma anterior, como já consignamos, não há previsão legal específica para essa situação. Nesse quadro, de inegável relevância o posicionamento do STJ, em acórdão de 17 de março de 2005 (*que faz referência expressa à lei autoral vigente*), proferido por unanimidade de sua Terceira Turma, rel. Min. Antônio de Pádua Ribeiro:

> II – A propriedade exclusiva da obra artística a que se refere o artigo 30 da Lei n. 5.988/73, com a redação dada ao art. 28 da Lei n. 9.610/98, impede a cessão não expressa dos direitos do autor advinda pela simples existência do contrato de trabalho, havendo necessidade, assim, de autorização explícita por parte do criador da obra[98].

O Tribunal de Justiça de São Paulo, em acórdão registrado em 12 de setembro de 2024, relatado pelo Des. Márcio Boscaro, da 4ª Câmara de Direito Privado, em julgamento da Apelação 1083265-05.2022.8.26.0100, que reconheceu a exigência de específica cessão de direitos autorais, não sendo logicamente derivada a titularidade do vínculo hierárquico com empregador ou empresa supervisora de estágio – pois, no caso, se tratava de pretensão veiculada por antigo estagiário. O caso foi julgado improcedente apenas porque a autoria da obra não poderia ser atribuída ao estagiário, uma vez que toda a criação foi mediada pelo supervisor, sob o comando de cliente. Para o que interessa aqui, porém, há o reconhecimento da independência entre cessão de direitos autorais e vínculo empregatício, uma relação não podendo derivar automaticamente da outra.

Qualquer que seja a interpretação dessa norma legal ou, mais propriamente, da sua orientação como eventual princípio permanente, visto que já revogada formalmente (*sem que a lei revogadora regulasse esse tema em sua especificidade*), não deve ser ultrapassado o limite dos direitos patri-

---

97. Extraído de ementa transcrita em *Direito Autoral – Série Jurisprudência*, já citada, p. 128.
98. Transcrição parcial da ementa do REsp 617.130, *DJ* 2-5-2005, p. 344, e *RSTJ*, vol. 192, p. 382. No mesmo sentido já decidia o STJ em acórdão de 26-10-1999, por votação unânime de sua Quarta Turma, rel. Min. Sálvio de Figueiredo Teixeira (REsp 121.757/RJ, *DJ* 8-3-2000, p. 117, *RSTJ*, vol. 135, p. 384).

moniais (*econômicos*) de exploração da obra e jamais colocar em discussão a titularidade dos direitos morais de autor (*indissociáveis da pessoa de seu autor e inalienáveis e irrenunciáveis por imperativo legal*).

Em segundo lugar, entendo, na inexistência de contrato válido entre as partes de concessão (*autorização ou licenciamento*) ou cessão de direitos patrimoniais de autor, que o "exercício comum" de direitos de autor como restrição à exclusividade constitucional consagrada ao autor da obra somente poderá ser considerado na hipótese em que haja uma participação efetiva e relevante do comitente na execução da obra, interagindo diretamente em sua criação[99]. Em caso contrário, o interesse econômico comum entre autor e comitente (*ou encomendante*) – ou mesmo a atuação deste apenas auxiliando, revendo, atualizando, fiscalizando ou dirigindo na produção da obra – não poderá resultar em enfraquecimento da sólida tutela constitucional da exclusividade de direitos atribuída ao autor da obra intelectual.

Ainda de maior gravidade, como já referido neste capítulo, é a atribuição à empresa organizadora da autoria de obra coletiva. Significa atribuir indevidamente à pessoa jurídica um direito essencial à pessoa humana, uma reconhecida ramificação dos denominados "direitos da personalidade", atribuição essa totalmente inaceitável, no meu entender, adotando a linha dos grandes juristas que se dedicaram ao tema, como é o caso de Antonio Chaves.

A esse respeito, considera o jurista, com indiscutível precisão, que:

> ainda quando a obra se realiza às expensas e graças à organização de uma empresa, a criatividade, expressada numa obra, não pode ser relacionada a não ser a uma pessoa física, ou a um grupo de pessoas[100].

Em relação a esse tema, a Carta Magna de 1998 trouxe outro enfoque legislativo à questão, na alínea *a* do inciso XXVIII do seu art. 5º, que admite a existência do conceito de "obra coletiva", mas não atribui a sua

---

99. Nesse caso, a hipótese somente poderia ser de comprovada coautoria, uma vez que a mera colaboração não atribui direito de autor nos termos expressos do art. 15, § 1º, da Lei n. 9.610, de 1998, que estabelece: "Não se considera coautor quem simplesmente auxiliou o autor na produção da obra literária, artística ou científica, revendo-a, atualizando-a, bem como fiscalizando ou dirigindo sua edição ou apresentação por qualquer meio". Nesse sentido, também, a doutrina de Leonardo Esteves de Assis Zanini: "Não é admissível a autoria daqueles que não contribuíram com sua criatividade para a concepção da obra, bem como daqueles que apenas sugeriram um tema, deram uma ideia, financiaram um trabalho ou simplesmente atuaram como mero auxiliar. Por isso, entendemos que para se figurar entre os autores de uma obra é necessária a efetiva participação na criação" (*Direito de autor*. São Paulo: Saraiva, 2015, p. 435-436).

100. *Software brasileiro sem mistério*. Campinas: Julex Livros, 1988, p. 97.

autoria à empresa que a organizou. Ao contrário, garante o dispositivo constitucional expressamente a proteção às *participações individuais* em obras coletivas.

Essa visão constitucional invalidou, consequentemente, o extravagante posicionamento que havia sido adotado pela revogada Lei de Direitos Autorais de 1973 (art. 15) de concessão de autoria de "obra realizada por diferentes pessoas mas organizada por empresa singular ou coletiva", hoje, entendemos, completamente superado[101] com a regra do art. 11 da Lei n. 9.610, de 1998, que estabelece que "autor é pessoa física criadora de obra literária, artística ou científica".

Essa conclusão se fortalece pelo tratamento legal vigente conferido à natureza jurídica da titularidade da obra coletiva, conforme se depreende da Lei n. 9.610/98, basicamente, em dois dispositivos: (a) o parágrafo único do art. 11 (que em seu *caput* estabelece que "autor é pessoa física"): "A proteção concedida ao autor poderá aplicar-se às pessoas jurídicas nos casos previstos nesta Lei" e, especificamente em relação à obra coletiva: (b) o art. 17, que estabelece, em seu *caput*, ser assegurada a proteção às participações individuais em obras coletivas" (reproduzindo, assim, o mandamento constitucional de 1988 – art. 5º, XXVIII, *a*, a que nos referimos), complementando, a seguir, em seu § 1º, que "Qualquer dos participantes, no exercício de seus direitos morais, poderá proibir que se indique ou anuncie seu nome na obra coletiva, sem prejuízo de haver a remuneração contratada" (destacando, portanto, a qualidade dos participantes da obra

---

101. É importante ressalvar que, apesar dessa conclusão que aqui manifestamos, não desconhecemos a existência de doutrina dissidente, nem temos intenção de desmerecê-la, em especial a consignada, em publicação recente, por Antonio Carlos Morato em *Direito de autor em obra coletiva* (São Paulo: Saraiva, 2007), em que defende, com inegável qualidade e conhecimento jurídico, a possibilidade de ser conferida, à pessoa jurídica, a condição de autoria de obra intelectual. A respeito, cumpre registrar a fundamentada crítica à posição adotada por Morato, consubstanciada no judicioso artigo, do mesmo ano (2007), de Hildebrando Pontes intitulado "Autoria da obra coletiva", em que o jurista mineiro refuta a possibilidade jurídica defendida por Morato – *de atribuição de autoria à pessoa jurídica, na qualidade de organizadora de obra coletiva* – com inegável acerto, concluindo: "O fenômeno da criação (*de obra intelectual*) só se dá como um fenômeno humano, portanto original, sensível e inteligente. Organizar não é criar" (*Direitos autorais*: estudos em homenagem a Otávio Afonso dos Santos. Coordenação de Eduardo Salles Pimenta. São Paulo: Revista dos Tribunais, 2007, p. 147). Também em sintonia com Hildebrando Pontes e com a orientação a que nos filiamos, a categórica posição manifestada por Guilherme C. Carboni, com seguro enfoque no regime legal vigente: "Para nós, a Lei 9.610/98 não deixa dúvidas: a pessoa jurídica não pode ser titular de direitos morais de autor, já que (a) o art. 11, parágrafo único, da Lei 9.610/98 dispõe que é a 'proteção concedida ao autor' e não a 'atribuição de autoria' que pode aplicar-se à pessoa jurídica; e (b) a interpretação do referido art. 11, parágrafo único, deve ser feita em face do art. 17, § 2º, da Lei n. 9.610/98, que dispõe que 'cabe ao organizador a titularidade dos direitos patrimoniais sobre o conjunto da obra coletiva'. Esse dispositivo legal limita, portanto, aos direitos patrimoniais, a titularidade do organizador da obra coletiva. Como a única hipótese prevista em lei, que seria aplicável à pessoa jurídica, é a da organização de obra coletiva, infere-se que a regra do art. 17, § 2º, deve prevalecer sobre a regra geral do art. 11, parágrafo único, ambos da Lei 9.610/98" (*O direito de autor na multimídia*. São Paulo: Quartier Latin, 2003, p. 179).

5 | O objeto do direito e sua titularidade

coletiva como legítimos titulares de direito moral de autor) e, em seguida, em seu § 2º, restringindo a titularidade do "organizador" da obra coletiva a direitos patrimoniais de autor: "Cabe ao organizador a titularidade dos direitos patrimoniais sobre o conjunto da obra coletiva".

A exemplo do direito positivo pátrio, o regime legal francês adota essa posição: A respeito, relatou Marie-Françoise Marais e Thibault Lachancinsky que o fato de que, na legislação francesa, os direitos de exploração da obra coletiva pertencerem ao seu financiador, tal não significa, contudo, que essa pessoa física ou jurídica se beneficie da qualidade de autor (*observe-se aqui a dicotomia autor/titular de direitos*). Em consequência, nenhuma prerrogativa de ordem moral será reconhecida ao organizador (*promoteur*) sob o nome do qual a obra é divulgada. Cada colaborador é investido das prerrogativas de direito moral sobre um aporte individual e pode agir isoladamente em sua defesa. Essa faculdade, naturalmente, tem seus limites em função da necessária harmonização da obra e da fusão das contribuições, e, assim, a exploração dessa contribuição individual, uma vez que possa se destacar do conjunto, não pode implicar concorrência irregular ou prejudicar a obra coletiva[102].

André Bertrand, sobre o tema, ainda aponta para a circunstância de que, apesar de o artigo que define o autor, na França, não defini-lo como uma pessoa física – *o que destoa da atual lei brasileira, que contém tal expressão literal* –, tal conclusão pode ser retirada da leitura dos mais diversos dispositivos legais, inclusive por ser definida a obra como expressão da personalidade do autor. Por isso, é impossível que uma pessoa jurídica fosse autora, sendo possível apenas a titularidade – sempre derivada – dos direitos autorais[103].

Lucas, Lucas-Schloetter, e Bernault ainda adicionam que "estando ela atrelada ao ato de criação, a qualidade de autor não é abandonada à vontade das partes". Em outras palavras, não pode ser objeto de qualquer tipo de contrato[104].

Especificidade do direito belga, naquele país há a possibilidade – *bastante curiosa, uma vez que a legislação, a exemplo do direito comparado, também prevê que o direito moral é inalienável* – de o autor ceder a terceiros ou mesmo renunciar, temporariamente, aos direitos morais de autor[105]. Pode, como explica Alain Berenboom, encerrar a cessão a qualquer momento, uma vez que "a lei belga (em contraste com a lei francesa) distingue a alienação do direito de sua cessibilidade". Mesmo em tal contexto pecu-

---

102. *L'Application des droits de propriété intellectuelle*. Genebra: Publicação OMPI, 2008, p. 210.

103. BERTRAND, André. *Droit d'auteur*. Paris: Dalloz, 2012.

104. Ibid., p. 167.

105. BERENBOOM, Alain. Op. cit., 2022, p. 293-294.

liar, Alain Berenboom distingue o autor do empregador, afirmando que essas duas figuras nunca se sobrepõem:

> Nem o poder de iniciativa daquele que dá ordens e os limites que ele impõe à liberdade (ou à verve) criativa do autor, nem seu direito de controle e aprovação da encomenda, nem mesmo o fato de que o autor siga suas sugestões não o transforma em autor, não mais do que o futuro proprietário de uma mansão por querer um ambiente redondo, uma escada caracol, uma piscina no teto entre duas torres e que escolha as ferragens. Salvo se eles realmente participaram na criação da obra ao fazer aportes criativos, o empregador e o comitente não são coautores[106].

Ou, na expressão mais simplificada de Pollaud-Dulian, "somente uma ou mais pessoas físicas podem criar uma obra no seio de uma pessoa jurídica ou em seu nome; a pessoa jurídica, por ela própria, é radicalmente incapaz de criar"[107].

A partir dessas considerações, voltemos à questão inicial: sofreria alguma restrição o direito de autor do diretor cinematográfico, do compositor ou do fotógrafo em benefício de quem encomendasse filme, música ou obra fotográfica? Acredito ser negativa a resposta. Deve-se examinar, aqui, apenas os aspectos econômicos da questão. É natural que, se o autor ou o intérprete contratou com o comitente[108] determinada remuneração, o valor desta deverá ser cumprido por ambas as partes: o autor ou o intérprete não poderá pretender mais do que acordaram, e o comitente não poderá pagar menos do que contratou. Mas não há implicação de cessão de direitos. A utilização, portanto, da obra ou interpretação pelo comitente se limitará ao tempo e às condições autorizadas – *prévia e expressamente por escrito* – pelos respectivos titulares originários, que, assim, não sofrem nenhuma restrição quanto à titularidade e quanto ao exercício dos seus direitos exclusivos consagrados constitucionalmente.

De qualquer forma, mesmo atendendo à noção de que poderia haver uma autorização implícita do titular, esta somente pode ser entendida a título temporário e limitada ao objetivo imediato da encomenda, no campo restrito das atividades diretas do comitente, nos termos do art. 4º Lei de Direitos Autorais brasileira vigente (9.610/98)[109], que estabelece a interpretação restritiva aos negócios jurídicos sobre direitos autorais.

Nesse sentido – *da condição temporária e limitada de exercício, pelo comitente ou mesmo empregador, de direitos patrimoniais de autor sobre a*

---

106. Ibid., p. 303.

107. POLLAUD-DULIAN, Frédéric. *Propriété Intellectuelle*: Le droit d'auteur. Paris: Econômica, 2014, p. 282.

108. Termo adotado para designar aquele que encomenda (a obra intelectual).

109. Reproduz textualmente o art. 3º da Lei n. 5.988/73.

5 | O objeto do direito e sua titularidade

obra realizada sob encomenda ou decorrente de prestação de serviços –, resulta do próprio texto legal vigente brasileiro a orientação mais equilibrada: o parágrafo único do art. 36 da Lei n. 9.610/98, relativo à "utilização da obra publicada em diários ou periódicos", que estabelece:

> A autorização para utilização econômica de artigos assinados, para publicação em diários ou periódicos, não produz efeito além do prazo de periodicidade acrescido de vinte dias, a contar de sua publicação, findo o qual recobra o autor o seu direito[110].

5.4.1.2.3. Terceira hipótese – a criação ou interpretação de obras intelectuais sob o regime de prestação de serviços com vínculo empregatício

O dispositivo legal que acabamos de transcrever fornece um exemplo relevante: o da relação do jornalista com a empresa jornalística (que é uma hipótese de direito de autor).

A primeira conclusão que se impõe é a de que a simples subordinação hierárquica, o caráter de continuidade ou mesmo o recebimento de salário não interferem na criação intelectual e, por isso, não propiciam titularidade originária de direitos de autor ou conexos ao empregador.

Ressalve-se, primeiramente, a possibilidade de a obra intelectual ser criada pelo autor-empregado fora do âmbito de suas funções laborais. Nesse caso, naturalmente, nada pode reivindicar o empregador em relação a direitos patrimoniais de autor. Nesse sentido, a exemplo de outros arestos, a decisão, ainda no âmbito do regime legal anterior (Lei n. 5.988/73), do Tribunal de Justiça de São Paulo, em acórdão proferido em 23 de abril de 1996 na Apelação Cível 244.450-1, por votação unânime de sua Primeira Câmara de Férias "A" de Direito Privado, relator o Desembargador Luis de Macedo, com a seguinte ementa:

> Direito do Autor – Desenho de personagem registrado em nome de empregado, independente de sua relação com a empregadora. Utilização pela empregadora para caracterizar seus produtos. Indenização devida. Recurso a que se dá provimento para julgar procedente a ação.

A respeito da criação intelectual do artista assalariado, há mais de sessenta anos, ainda soa a eloquente doutrina do jurista Marcôs René Savativa:

---

110. Embora com redação alterada, a regra é semelhante à contida no parágrafo único do art. 92 da Lei n. 5.988/73, revogado, que estabelecia que: "A cessão de artigos assinados, para publicação em diários ou periódicos, não produz efeito, salvo convenção em contrário, além do prazo de vinte dias, a contar de sua publicação, findo o qual recobra o autor em toda a plenitude o seu direito".

As variedades jurídicas dos salários do artista são as de qualquer assalariado. Pode ser feito a tempo ou por trabalho, na linha ou mediante cachê. E, na prisão mediocremente dourada, onde lhe prende seu contrato de emprego, é natural que às vezes se arrependa da liberdade. Não é este o arrependimento inseparável da fidelidade que ele dedicou às Musas, e de que o empregador não se importa, exceto para seu benefício? Um grande apelo à justiça é, portanto, removido do fundo da guarida onde a arte assalariada está funcionando. Mesmo na servidão do contrato de trabalho, o artista pede ao direito civil pelo ar e as questões essenciais à dignidade da sua arte. E o Direito vem e ajuda[111].

E o Direito veio realmente ajudar. Na verdade, os princípios expostos em relação à prestação de serviços de forma autônoma vão se aplicar, também, àqueles realizados sob o regime de emprego. A diferença principal se reduz, no meu entender, além do aspecto hierárquico próprio a qualquer relação de emprego, na característica da disponibilidade, no atendimento de determinados horários para cumprimento das funções de responsabilidade do empregado.

Portanto, o fato de o autor ou intérprete ter que se sujeitar à tarefa de criar ou atuar dentro de determinado horário e sob certas condições funcionais não subtrai sua autoria ou titularidade originária de sua interpretação. O empregador não é o autor ou intérprete e, assim, não pode ser detentor originário de direitos de autor ou conexos, a não ser, como já dissemos, em relação à pessoa física do empregador, o que somente pode ocorrer em casos excepcionais – *e, mesmo assim, devidamente comprovados* – que atue pessoal, direta e efetivamente nessa criação ou interpretação, dirigindo-a e colaborando efetivamente – sob o aspecto da criação intelectual – na sua elaboração para atingimento dos objetivos desejados à obra intelectual em questão. Mesmo assim, entendemos que o resultado seria a coautoria de obra em regime de coautoria.

Por via de consequência, salvo as raras exceções que comentamos, não há falar em atribuição de titularidade originária ou autoria – *ou, mesmo, coautoria* – ao empregador, mas somente em direito de exploração econômica, que, nos casos de obras que puderem ser objeto de individualização no contexto da obra coletiva, deverá ser sempre limitada a determinado período e restrita ao objeto imediato próprio à natureza da atividade do empregador.

Nesse sentido já se pronunciou o Tribunal de Justiça do Estado de São Paulo, quando julgou uma ação proposta por desenhista (*empregado*) contra a agência de publicidade (*empregadora*), reivindicando seu direito de autor

---

111. *Le droit de L'Art et des letteis.* Paris: Librarie Générale de Droit et de Jurisprudence, 1953, p. 37-38.

5 | O objeto do direito e sua titularidade

sobre obra produzida no curso de relação de emprego, exatamente na função de criação de desenho para publicidade. O Tribunal considerou que

> os estímulos resultantes das exigências do serviço podem dar nascimento a verdadeiras obras intelectuais, nada tendo a ver a obra com a natureza do vínculo jurídico existente entre o preposto e o preponente[112].

No caso de intérpretes (*atores, dubladores etc.*) e artistas – *e até autores de obras intelectuais abrangidas no setor* – aplica-se ainda a legislação que regulamentou a profissão, que proíbe expressamente a cessão de direitos autorais no cumprimento de suas funções e determina que a remuneração respectiva seja devida em relação a cada utilização da interpretação. Trata-se do art. 13 e seu parágrafo único da Lei n. 6.533, de 24 de maio de 1978 (*regra reproduzida no art. 17 da Lei n. 6.615, de 16-12-1978, que regula a profissão de radialista*).

Embora levantada a suposta inconstitucionalidade desse dispositivo legal, o pronunciamento do Supremo Tribunal Federal, em sessão plenária, sendo relator o Ministro Xavier de Albuquerque, acompanhado à unanimidade, foi pela confirmação da sua efetiva constitucionalidade (Representação 1.031-7/DF, Tribunal Pleno do STF, conforme acórdão publicado integralmente na *JSTF*, 32/50), consagrando, em definitivo, essa importante evolução jurídica da proteção ao titular originário de direitos autorais (*nesse caso, basicamente de direitos conexos aos de autor, embora possa a regra alcançar algumas hipóteses de direitos de autor*), orientação que prevalece mesmo após a promulgação da nova Carta Magna[113].

---

112. Acórdão proferido, em 19-3-1986, em votação unânime, pela Sétima Câmara Civil do Tribunal de Justiça de São Paulo (Apelação Cível 42.969-1, rel. Des. Kazuo Watanabe). Em reforço a esse entendimento, reportamo-nos ao acórdão de 17-3-2005, já no âmbito da lei autoral vigente, do STJ, a que nos referimos neste capítulo.

113. Essa importante disposição de proteção dos atores, dubladores e demais intérpretes ou artistas abrangidos pela Lei n. 6.533, de 24-5-1978, consolidada com o acórdão referido, do Supremo Tribunal Federal, permanece em vigor mesmo a partir da vigência da nova Lei brasileira de Direitos Autorais (9.610/98) em face da ressalva expressa consignada no seu art. 115. Examinamos esse tema mais detalhadamente no Capítulo 12 quando abordamos, em especial, "o regime legal da proibição de cessão ou transferência de direitos autorais".

CAPÍTULO 6

As várias modalidades de obras intelectuais protegidas

6.1. O ELENCO LEGAL EXEMPLIFICATIVO – E NÃO EXAUSTIVO – DE OBRAS INTELECTUAIS PROTEGIDAS

A regra geral – *tanto em relação à legislação interna brasileira quanto às normas internacionais* – é que não deve haver um elenco que inclua as diversas modalidades de obras intelectuais protegidas em caráter restritivo.

Assim, na órbita das "obras intelectuais" ou "obras literárias e artísticas", como dispõe a Convenção de Berna – *ressalvando encontrar-se embutidas, nessa expressão, também as obras científicas*[1] –, deverão estar contidas todas as "criações de espírito" ou criações intelectuais sem que qualquer especificação – em relações extensas ou não – represente exclusão de qualquer manifestação intelectual, de natureza literária ou artística[2], que contenha o requisito da originalidade.

Com essa ressalva, passaremos a relacionar as obras intelectuais já individualizadas pelo direito positivo.

Nesse caminho, cabe adotar as regras difundidas internacionalmente pela Organização Mundial da Propriedade Intelectual (OMPI), órgão da Organização das Nações Unidas (ONU), com sede em Genebra[3], que, ressalve-se, tem duas funções de alta relevância na matéria:

---

1. Art. 2 da Convenção de Berna, relativa à proteção das obras literárias e artísticas.
2. A esse respeito reportamo-nos ao Capítulo 5, em especial ao seu item 5.2.
3. A sigla OMPI é utilizada em português, francês e espanhol, mudando para WIPO em inglês: World

(a) promover a proteção da propriedade intelectual em todo o mundo pela cooperação dos Estados, em colaboração, se for o caso, com qualquer outra organização internacional; e

(b) assegurar a cooperação administrativa entre as "Uniões" criadas pelas Convenções de Paris e de Berna e por vários subtratados concluídos pelos membros da União de Paris.

No cumprimento de sua finalidade, a OMPI publicou, em 1980, o seu *Glossário*, elucidativo e didático, no qual relaciona e define, com base nas convenções internacionais vigentes, as mais importantes expressões utilizadas no meio jurídico para o campo dos direitos autorais.

Dessas definições, que serão referidas a partir de agora com a significação mais próxima possível do padrão internacional adotado pelo referido glossário e pelas publicações mais recentes (*da própria OMPI e outras*), em harmonia com as expressões consagradas pela doutrina, jurisprudência e legislação brasileira, poderíamos destacar – *para breves definições e sem nenhuma pretensão de exaurir o elenco*[4] – 50 modalidades de obras intelectuais consideradas – nominalmente – objeto de proteção no campo dos direitos de autor.

6.1.1. A relação de obras do direito positivo brasileiro vigente

Com intuito de melhor relacionar as obras intelectuais protegidas e suas definições, serão consignadas na ordem adotada pela lei brasileira[5]. Assim, após considerar, genericamente, que "são obras intelectuais as cria-

---

Intelectual Property Organization. Originada e consolidada em 1883 e 1886, anos das duas primeiras convenções internacionais sobre propriedade industrial, a primeira (Convenção de Paris); e sobre direitos de autor, a segunda (Convenção de Berna) foi criada, formalmente, apenas em 14-7-1967 através da "Convenção que institui a Organização Mundial da Propriedade Intelectual", assinada em Estocolmo e que entrou em vigor em 1970.

4. A amplitude objetiva da proteção, contanto que provado o requisito da originalidade, é virtualmente infinita, como exemplifica o seguinte caso de proteção autoral concedida a concurso de musas de beleza em campeonato de futebol, copiado por site da internet após a realização por federação desportiva: "Ação de Indenização por dano material e moral. Concurso Gata paulistão 2011. Reprodução divulgação e transmissão de imagens e informação do concurso, sem autorização do autor. Indevido compartilhamento do banco de dados do concurso. Violação aos direitos autorais. Contrafação perpetrada pela ré. Danos material e moral devidos. Apuração em liquidação. Recurso parcialmente provido, nos termos expostos" (TJSP; Apelação 0142549-44.2011.8.26.0100; Relator(a): Costa Netto; Órgão Julgador: 9ª Câmara de Direito Privado; Foro Central Cível – 2ª Vara Cível; Data do julgamento: 19-3-2019). Também será citado, mais à frente, o caso dos *non-fungible tokens*, que podem vir a ser focalizados tanto como meio de armazenamento de obras como obra de arte em si.

5. Art. 7º, I a XIII, da Lei n. 9.610/98 (que reproduz, com as alterações anotadas a seguir, o rol anterior, constante do art. 6º, I a XII, da Lei n. 5.988/73).

6 | As várias modalidades de obras intelectuais protegidas

ções de espírito, de qualquer modo exteriorizadas", nossa lei usa a expressão "tais como" para deixar claro que a especificação de obras é adotada apenas a título exemplificativo[6]:

(a) os textos de obras literárias, artísticas ou científicas[7]:

Obra literária – Todas as formas de obras escritas originais, sejam de caráter literário, científico, técnico ou meramente prático, qualquer que seja seu valor e finalidade.

Escritos – Obras expressadas na forma escrita, qualquer que sejam os sinais utilizados na sua fixação, tanto em relação às formas legíveis pelo homem quanto por máquina (*computadores, por exemplo*).

Cartas ou Missivas – Obras escritas, normalmente de caráter privado e interpessoal, que podem ou não ser objeto de publicação.

Artigos publicados em jornais ou periódicos – Os escritos independentes publicados pela imprensa.

(b) as conferências, alocuções, sermões e outras obras da mesma natureza[8]:

Obra oral – Obra constituída e divulgada pela palavra.

Discursos – Todos os tipos de dissertações públicas, preparadas por escrito ou pronunciadas improvisadamente.

Conferência – Dissertação sobre um tema determinado, pronunciada com fins de ensino a um grupo de estudantes ou a outras pessoas interessadas com caráter instrutivo.

A proteção dessas modalidades de obra intelectual já é abrigada expressamente pela jurisprudência brasileira. Como exemplo relevante, destacamos a decisão de 1982, do Tribunal de Justiça de São Paulo:

A Comissão Organizadora do IV Congresso Brasileiro de Psiquiatria, realizada em Fortaleza, no Ceará, no ano de 1976, havia autorizado a MEDISOM a gravar as palestras.

Por outro lado, o autor Mauro Salomão Weintraub, diante das circunstâncias apuradas nos autos, tinha conhecimento dessa gravação e não se opôs.

---

6. Art. 7º, *caput*, da Lei n. 9.610/98 (princípio que já era adotado pela Lei n. 5.988/73, no *caput* do seu art. 6º).

7. Inciso I do referido art. 7º da Lei n. 9.610, de 1998 (o inciso I do art. 6º da Lei n. 5.988/73 dispunha: "os livros, brochuras, folhetos, cartas missivas e outros escritos").

8. Inciso II do artigo citado, da lei vigente, que reproduziu o inciso II do art. 6º da lei anterior.

Mas gravação apenas e tão somente para divulgação de caráter científico.

Exploração industrial ou comercial da opinião dos autores, esta não ficou em nenhum momento autorizada. E foi isso que aconteceu, como está cabalmente provado nos autos. A r. sentença, nesse ponto, merece confirmação, por seus fundamentos e pelos das contrarrazões dos autores a fls. 1.458 e segs.[9]

(c) as obras dramáticas e dramático-musicais[10]:

Obra dramática – Conjunto de ações, monólogos ou diálogos relacionados com aquelas, destinados à encenação que reflita a realidade através da representação.

Obra dramático-musical – É uma obra dramática que compreenda, também, como elemento essencial, a obra musical.

Libreto – Texto escrito para uma obra dramático-musical.

(d) as obras coreográficas e pantomímicas, cuja execução cênica se fixe por escrito ou por qualquer forma[11]:

Obra coreográfica – Composição de movimentos para fins de dança ou qualquer outra sucessão de gestos criados, na maioria dos casos, para acompanhar uma música.

Pantomima – Representação de uma composição que expressa emoções ou uma ação dramática mediante gestos, posturas e mímica sem palavras.

(e) as composições musicais, tenham ou não letra[12]:

Obra musical – Obra que compreende toda classe de combinações de sons – composições com ou sem texto, letra ou libreto – para sua execução ou interpretação por instrumentos musicais ou pela voz humana.

Letra de obras musicais – Textos de canções, normalmente breves e com métrica, que são criadas para serem musicados ou para melodias preexistentes.

Arranjo musical – O ajuste – e às vezes adaptação – da forma de

---

9. Extraído da parte decisória do acórdão de 2-2-1981 – que confirmou procedência de ação indenizatória decorrente de violação de direito de autor –, proferido na Apelação Cível 19.920-1, com votação unânime de sua Segunda Câmara Civil, rel. Des. Sidney Sanches (*RJTJSP – Revista de Jurisprudência do Tribunal de Justiça do Estado de São Paulo*, São Paulo, Lex Editora, v. 77, p. 88, jul./ago. 1982).

10. Inciso III do artigo citado, que reproduz o inciso III do art. 6º da Lei n. 5.988/73.

11. Inciso IV do artigo citado, que reedita o inciso IV do art. 6º da lei anterior.

12. Inciso V do artigo citado, que reedita o inciso V do art. 6º da Lei n. 5.988/73.

expressão de uma obra musical para fins especiais.

Improvisação – Criação de uma obra ao mesmo tempo de sua reprodução ou execução.

(f) as obras audiovisuais, sonorizadas ou não, inclusive as cinematográficas[13]:

Obra audiovisual – Obra que consiste em uma série de imagens relacionadas e de sons concomitantes fixados – ou gravados – no suporte próprio – como o videofonograma, por exemplo – para ser executada através dos meios adequados[14].

Obra cinematográfica – Qualquer sequência de imagens fixada sucessivamente em material sensível adequado, habitualmente acompanhado de som para fins de projeção como filme em movimento.

Adaptação cinematográfica – A criação de obra cinematográfica a partir de uma obra preexistente de outro gênero.

Roteiro – Forma escrita mais completa de uma obra cinematográfica – ou similar.

(g) as obras fotográficas e as produzidas por qualquer processo análogo ao da fotografia[15]:

Obra fotográfica – Imagem de objetos da realidade, produzida por uma superfície sensível à luz ou outra radiação. É considerada obra

---

13. Inciso VI do artigo citado, que reproduz, com alterações, o inciso VI do art. 6º da Lei n. 5.988/73, que especificava: "as obras cinematográficas e as produzidas por qualquer processo análogo ao da cinematografia".

14. V.: "Reprodução indevida da personagem 'Valéria' do programa Zorra Total. Direitos morais sobre a obra que pertencem apenas ao seu autor, Rodrigo José Sant'anna, não podendo ser transferidos. Impossibilidade de condenação da ré ao pagamento de indenização por danos morais à Globo, mera Licenciada. Art. 27 da Lei n. 9.610/98.
1. Caso concreto no qual ficou reconhecida pelo Tribunal de origem a reprodução indevida da personagem 'Valéria', criada por Rodrigo José Sant'anna e veiculada no programa Zorra Total da Globo Comunicação e Participações S.A., pela TV Ômega LTDA Rede TV, tendo a ré sido condenada ao pagamento de indenização por danos morais a ambos os autores da ação.
2. Os direitos morais sobre a obra autoral pertencem exclusivamente ao seu autor, não podendo ser cedidos, uma vez que são, nos termos do art. 27 da Lei n. 9.610/98 (Lei de Direitos Autorais) intransmissíveis e irrenunciáveis.
3. Danos morais que não podem ser reconhecidos à Globo Comunicação e Participações S.A. em decorrência da violação de direitos autorais por não ser ela a autora da obra reproduzida indevidamente, mas apenas sua licenciada exclusiva. REsp provido" (STJ, REsp 1.615.980/RJ, 3ª T., rel. Min. Paulo de Tarso Sanseverino, julgado em 13-6-2017).

15. Inciso VII do artigo citado. O dispositivo legal anterior (inciso VII do art. 6º da Lei n. 5.988/73) submetia a proteção à obra fotográfica à seguinte condição: "desde que, pela escolha de seu objeto e pelas condições de sua execução, possam ser consideradas criação artística".

intelectual protegida sempre que sua composição, seleção ou modo de captação do objeto escolhido mostrar originalidade.

A respeito, confira-se acórdão que reconheceu violação aos direitos autorais do fotógrafo determinando a divulgação da verdadeira autoria das fotografias[16]. Também o acórdão que reconheceu a violação dos direitos autorais do fotógrafo independentemente da concepção das partes sobre sua qualidade estética, caso relevante em uma era de profusão de imagens[17]. Ou ainda o caso do Tribunal de Justiça do Rio de Janeiro reconhecendo a proteção, por direitos autorais, de fotografias, devendo ser indenizado o fotógrafo, uma vez constatada por perícia a autoria[18].

Vale a referência expressa de trecho da ementa de acórdão mais recente, do Superior Tribunal de Justiça, proferido no REsp 1.831.080/SP, relator Ministro Ricardo Villas Bôas Cueva, Terceira Turma, julgado em 17 de outubro de 2023:

> A obra artística representada pela fotografia é protegida pela Lei de Direitos Autorais, sendo que eventual exposição em rede social sem consentimento, remuneração e identificação por meio dos devidos créditos, lesionam os direitos patrimoniais e morais do autor (art. 79, *caput*, e § 1º, da Lei nº 9.610/1988).

(h) as obras de desenho, pintura, gravura, escultura e litografia e arte cinética[19]:

---

16. TJSP, 9ª Câmara de Direito Privado, julgado em 6-2-2018, rel. Des. Piva Rodrigues. Confira-se também: "Utilização de imagens produzidas pela autora na revista 'TAM nas nuvens', distribuída no meio físico e também disponibilizada digitalmente pela empresa aérea. Ausência de autorização e de créditos. Preliminares afastadas: ILEGITIMIDADE PASSIVA – Irrelevância do fato da companhia aérea ter contratado empresa de publicidade para elaboração do material – Responsabilidade objetiva e solidária. (...) FALTA DE INTERESSE DE AGIR – Ausência de prévia notificação da empresa para correção do erro não poderia configurar óbice ao acesso à Justiça pela autora. MÉRITO. De rigor o reconhecimento dos prejuízos materiais e morais sofridos pela autora em decorrência da publicação de obra de sua autoria (fotografias), sem a autorização e sem os devidos créditos. (...)" (TJSP, Apelação 1011870-31.2014.8.26.0003, rel. Silvia Maria Facchina Esposito Martinez, 7ª Câmara de Direito Privado, julgado em 24-2-2016).
17. TJSP, 6ª Câmara de Direito Privado, rel. Des. Costa Netto, julgado em 5-2-2021.
18. TJRJ, Ap. 0069202-03.2016.8.19.0001, 12ª Câmara de Direito Privado, Des. Cleber Ghelfenstein, j. 13-9-2023.
19. Inciso VIII do artigo citado, que acrescentou ao dispositivo legal anterior (inciso VIII do art. 6º da Lei n. 5.988/73) a expressão "arte cinética". Sobre esse acréscimo comenta Carlos Fernando Mathias de Souza: "há expressa referência também à arte cinética, é dizer-se arte com movimento. O conceito de cinética está inteiramente ligado ao de cinemática (parte da mecânica que estuda os movimentos sem se referir às forças que os produzem ou às massas dos corpos em movimento). Na arte cinética, há composição com movimento, obviamente resultante de criação intelectual" (*Direito autoral*: legislação básica. Brasília: Livraria e Editora Brasília Jurídica, 1998, p. 45). Em complemento, relevante destacar

Obra artística – Expressão genérica da criação "que visa atingir o sentido estético da pessoa que a contempla"[20], como pintura, escultura e até obras fotográficas, de arquitetura, musicais e outras.

Obra de desenho – Obra artística em que todo tipo de objetos ou elementos imaginativos se representem por meio de linhas.

Obra de pintura – Obra artística criada em linhas e cores sobre uma superfície, mediante a aplicação de substâncias corantes.

Obra de gravura – Obra artística criada por incisão sobre algum material, principalmente metal, pedra, madeira ou linóleo.

Escultura – Obra artística expressada em forma de figuras tridimensionais realistas ou abstratas.

Obra gráfica – Obra artística criada por delineação e coloração sobre uma superfície plana.

Obra de litografia – Obra artística criada mediante o desenho traçado sobre um tipo especial de pedra ou metal, que servirá de molde para reprodução desta em série[21].

(i) as ilustrações, cartas geográficas e outras obras da mesma natureza[22]:

---

que, embora não tenha sido objeto de especificação nesse inciso VII, decidiu o Superior Tribunal de Justiça pela proteção autoral da "logomarca" (ou "símbolo-marca", como também consignado no aresto): "I – Todo ato físico literário, artístico ou científico resultante da produção intelectual do homem, criado pelo exercício do intelecto, merece a proteção legal, o logotipo, sinal, criado para ser o meio divulgador do produto, por demanar esforço de imaginação, com criação de cores, formato e modo de veiculação, caracteriza-se como obra intelectual. II – Sendo a logomarca tutelada pela lei de direitos autorais, são devidos direitos respectivos ao seu criador, mesmo ligada a sua produção a obrigação decorrente de contrato de trabalho" (Transcrição parcial da ementa do acórdão de 24-6-1997, proferido no Recurso Especial 57.449/RJ, por votação unânime de sua Quarta Turma, rel. Min. Sálvio de Figueiredo Teixeira, *RSTJ*, vol. 100, p. 186).

20. Conceituação adotada no citado *Glossário da OMPI*, publicação própria, Genebra, 1980, p. 13.

21. Em espectro mais amplo do que a litografia, Newton Silveira discute o conceito de reprodução em série de obras originárias, denominando-as "obras artísticas multiplicadas", e observa que: "Embora o múltiplo seja tirado em quantidade certa e seus diversos 'originais' sejam realmente assinados, tais artifícios são feitos simplesmente com a finalidade de, apesar da redução do custo, manter um certo preço no mercado de arte... O múltiplo é criado pelo artista já prevendo a sua reprodução em grande escala, através de processos mecânicos ou não". Conclui, o jurista, citando Edla Van Steen: "O múltiplo se generalizou através de processos mecânicos de reprodução "quer de serigrafias em papel, tecido ou outros materiais, quer de objetos executados em plástico prendido ou colado, alumínio, aço inoxidável, bronze, madeira, assim por diante. Não havia limites quanto ao material a ser empregado. A intenção primordial é que o preço da criação fosse diluído na tiragem. Conforme a concepção do projeto, a numeração e a assinatura passaram a ser feitas inclusive mecanicamente" (*Direito de autor no direito industrial*. São Paulo: Revista dos Tribunais, 1982, p. 94-95 – a citação de Edla Van Steen foi extraída de seu artigo "Obra de arte em série", publicado na *Revista Interamericana de Direito Intelectual*, São Paulo, v. I, n. 1, p. 73-74, 1978).

22. Inciso IX do artigo citado, que reproduz o inciso IX do art. 6º da lei anterior. A respeito das obras intelectuais relacionadas no item (*i*) e nos dois anteriores (*g* e *h*), correspondentes, respectivamente, aos

Cartas geográficas – Obra que representa o aspecto superficial de uma região cósmica em uma superfície plana e que é protegida como obra intelectual quando contiver originalidade.

Ilustração – Desenhos, imagens e demais criações não literais que elucidam ou ornamentam obras escritas.

No que tange aos desenhos, recente acórdão do TJSP que tratou de violação aos direitos autorais em "obra de grafite" em caso no qual se discutiu "a lesão pelo aproveitamento, como imagem de fundo grafitada em local público, de ensaio fotográfico (moda)":

> Sentido de acessoriedade que retira a ilicitude do emprego da obra para finalidade específica. Rejeição do dano moral que se preserva. Direito moral do autor. A atribuição da paternidade da obra artística a outrem é modalidade de dano moral *in re ipsa*. A ausência de citação do nome do autor pode ser relevada em determinadas circunstâncias, sendo, contudo, inadmissível que se atribua a outrem a produção própria. Testemunhar o seu trabalho como obra de terceiro perturba o íntimo do artista (inclusive Michelangelo passou pela experiência), o que permite qualificar o episódio como sentimento ruim e indutor da lesão compensatória. (...)[23].

(j) os projetos, esboços e obras plásticas concernentes a geografia, engenharia, topografia, arquitetura, paisagismo, cenografia e ciência[24]:

Plano (ou projeto) – A representação gráfica de um objeto que deverá ser construído em forma tridimensional, por exemplo, projetos de edifícios, jardins, máquinas etc. Se contiver originalidade, consistirá obra intelectual protegida.

Esboço (ou "croquis") – Primeira versão de um desenho, pintura, plana, mapa, obra literária, dramática, artística ou musical.

Obras plásticas relativas a geografia, topografia, arquitetura ("maquetes") e ciências – Criações originais em forma material tridi-

---

incisos IX, VII e VIII do art. 7º da Lei n. 9.610/78, ensina Maria Luiza Freitas Valle Egea que as obras integrante desse elenco "São conceituadas em quase todo o mundo ou mais propriamente nos países que subscreveram a Convenção de Berna, pelas expressões 'criações visuais' ou 'artes visuais', definindo, assim o campo criativo desenvolvido pelos criadores de obras de artes plásticas, criação gráfica e obras fotográficas" (Direitos do artista plástico. In: PIMENTA, Eduardo Salles (coord.). *Direitos autorais*: estudos em homenagem a Otávio Afonso dos Santos. São Paulo: Revista dos Tribunais, 2007, p. 246).

23. TJSP, 30ª Câmara Extraordinária de Direito Privado, rel. Des. Enio Zuliani, julgado em 27-2-2018.

24. Inciso X do artigo citado, que acrescentou ao dispositivo legal anterior (inciso X do art. 6º da Lei n. 5.988/73) a expressão "paisagismo". Observe-se a possibilidade jurídica de extensão da proteção autoral ao "anteprojeto" como foi admitida pelo Tribunal de Justiça do Rio Grande do Sul em relação a "anteprojeto arquitetônico" (acórdão de 18-3-2004, proferido na Apelação Cível 70007766983, Décima Terceira Câmara Cível, rel. Des. Bueno Pereira da Costa Vasconcellos).

mensional que, normalmente, servem como modelos ou outras finalidades para essas atividades.

Confira-se, a esse respeito, precedente do STJ que, além de reconhecer a violação do direito autoral de artista plástica pela reprodução de presépio artesanal em selos postais sem autorização prévia e expressa, traz interessante estudo sobre o Direito da Arte e da aquisição derivada:

(...) O Direito da Arte é, atualmente, uma disciplina com estatuto epistemológico próprio. A obra de arte é protegida pelo direito brasileiro desde o ato de sua criação, prescindindo do cumprimento de demais formalidades. (...)

(...) 6. A aquisição derivada de direitos autorais somente ocorre por contrato escrito ou pelo falecimento do autor. 6.1. Os direitos patrimoniais do autor transferem-se por contratos escritos, comutativos e onerosos. Como os negócios jurídicos autorais devem ser interpretados restritivamente, considera-se não convencionado o que não constar expressamente do contrato celebrado entre as partes. 6.2. Quando o autor falecer, existindo herdeiros e sucessores, a estes serão transmitidos os direitos econômicos da produção intelectual; porém, não existindo herdeiros e sucessores, a obra cairá em domínio público automaticamente.

7. O fato de a obra ser vendida à pessoa física ou jurídica (de direito público ou privado) não retira do autor a prerrogativa de defender a sua criação, de auferir os proventos patrimoniais que a exposição de seu trabalho ao público venha a proporcionar, bem como de evitar possível utilização por terceiros, sob quaisquer modalidades, sem sua autorização prévia e expressa. (...)[25].

Essas modalidades de produções geram, algumas vezes, dúvidas em sua caracterização como obra intelectual e, assim, como objeto da proteção no campo do direito de autor. É necessário que, caso a caso, seja examinada a efetiva originalidade do bem enfocado. A respeito, a lição de um dos maiores juristas brasileiros na matéria, o Desembargador Walter Moraes, em seu voto, como relator, no acórdão de 30 de outubro de 1990, proferido na Apelação Cível 123.500-1, por unanimidade de votos da Segunda Câmara Civil do Tribunal de Justiça de São Paulo, de cuja ementa constou:

Um projeto de engenharia é, em tese, suscetível de proteção autoral naquilo de original e novo que introduz nas especificações oficiais, não

---

25. STJ, REsp 1.422.699/SP, 2ª Turma, rel. Min. Humberto Martins, julgado em 1º-9-2015.

podendo ser recusadas a inevitabilidade da margem de semelhança resultante de obediência ao modelo geral e a limitação do campo das originalidades técnicas[26].

Outros precedentes são no mesmo sentido, demandando frequentemente a realização de perícia para avaliar a originalidade da obra[27].

Assim, a tutela autoral é inegavelmente reconhecida, desde que presente o requisito da originalidade. A proteção é inequívoca, também, em relação a "projetos arquitetônicos", conforme assentado pela jurisprudência:

> Projeto arquitetônico. Construção de edifício. Utilização da planta do autor, que se achava registrada e aprovada. Alteração das fachadas externas e internas, figurando o nome da construtora como criadora do projeto. Prejuízo causado ao autor pela ação das Rés. Indenização devida. Apelação provida para esse fim. Voto vencedor e vencido.

---

26. *Revista dos Tribunais*, publicação oficial do Tribunal de Justiça de São Paulo e outros Tribunais, maio de 1991, São Paulo, v. 661, p. 82.

27. Cf. TJSP, Apelação cível 0005063-49.2007.8.26.0361, 6ª Câmara de Direito Privado, rel. Des. Costa Netto, julgado em 4-11-2022, no qual o projeto arquitetônico de autor foi utilizado substancialmente para a padronização das franquiadas da empresa de fabricação e venda de chocolates, também desafiando perícia que concluiu pela ocorrência de plágio. TJSP, Apelação cível 1003380.19.2018.8.26.0152, 6ª Câmara de Direito Privado, rel. Des. Costa Netto, julgado em 04-11-2021, no curso da qual foi realizada perícia para constatar que não houve adaptação, mas cópia fiel do projeto arquitetônico elaborado pelo autor em outros empreendimentos, configurando plágio; e STJ, REsp 1.562.617/SP, 3ª T., rel. Min. Marco Aurélio Belizze, julgado em 22-11-2016, no qual se estabeleceu: "1. Especificamente em relação às obras arquitetônicas, o projeto e o esboço, elaborados por profissionais legalmente habilitados para tanto, e a edificação são formas de expressão daquelas. A construção consiste no meio físico em que a obra arquitetônica, concebida previamente no respectivo projeto, veio a se plasmar. A utilização (no caso, com finalidade lucrativa) da imagem da obra arquitetônica, representada, por fotografias, em propagandas e latas de tintas fabricadas pela demandada encontra-se, inarredavelmente, dentro do espectro de proteção da Lei de Proteção dos Direitos Autorais. 2. A aquisição, em si, de uma obra intelectual não transfere automaticamente os direitos autorais, salvo disposição expressa em contrário e ressalvado, naturalmente, o modo de utilização intrínseco à finalidade da aquisição. Na hipótese dos autos, ante o silêncio do contrato, o proprietário da casa, adquirente da obra arquitetônica, não incorporou em seu patrimônio jurídico o direito autoral de representá-la por meio de fotografias, com fins comerciais, tampouco o de cedê-lo a outrem, já que, em regra, a forma não lhe pertence e o aludido modo de utilização refoge da finalidade de aquisição. Assim, a autorização por ele dada não infirma os direitos do arquiteto, titular do direito sob comento. 3. Em razão de as obras situadas permanentemente em logradouros públicos integrarem de modo indissociável o meio ambiente, a compor a paisagem como um todo, sua representação (por meio de pinturas, desenhos, fotografias e procedimentos audiovisuais), por qualquer observador, não configura, em princípio, violação ao direito autoral. A obra arquitetônica, ainda que situada permanentemente em propriedade privada, sendo possível visualizá-la a partir de um local público, integra, de igual modo, o meio ambiente e a paisagem como um todo, a viabilizar, nesse contexto (paisagístico) a sua representação, o que, também, não conduziria à violação do direito do autor. A hipótese, todavia, não é de mera representação da paisagem, em que inserida a obra arquitetônica, mas sim de representação unicamente da obra arquitetônica, com a finalidade lucrativa. Refoge, em absoluto, do âmbito de aplicação do art. 48 da Lei n. 9.610/98, a representação por terceiro de obra arquitetônica com finalidade comercial, que, como detidamente demonstrado, consubstancia direito exclusivo de seu autor".

6 | As várias modalidades de obras intelectuais protegidas

Projeto arquitetônico. Construção de edifício. Utilização de planta do autor com o acréscimo de um subsolo para garagem. Irrelevância da falta de registro do projeto. Indenização devida. Sentença confirmada[28].

(k) as adaptações, traduções e outras transformações de obras originais, apresentadas como criação intelectual nova[29]:

Obra derivada – Obra baseada em outra preexistente.

Adaptação – Modificação de obra preexistente[30].

Tradução – Obras escritas ou orais em idioma distinto da versão original, que, para serem protegidas pelo direito de autor, deverão importar em tratamento criativo na elaboração da tradução, sem prejuízo, no entanto, dos direitos de autor da obra objeto da tradução[31].

---

28. Ambos os acórdãos foram proferidos no mesmo ano (1982) pelo Tribunal de Justiça de São Paulo, o primeiro em 3 de junho, na Apelação Cível 20.741-1 (Sexta Câmara Civil) e o segundo em 11 de novembro, na Apelação Cível 25.605/1 (Terceira Câmara Civil) e foram compilados em *Jurisprudência Brasileira*, 95, por José Ernani de Carvalho Pacheco, Emilio Sabatovski, José Carlos Cal Garcia, Ronaldo Antonio Botelho, Moacir Antonio Bordignon, Ivo Valente Fortes, Fausto Pereira de Lacerda, Hermindo Duarte Filho e Luiz Penteado de Carvalho (Curitiba: Juruá, 1985, p. 175 e 180).

29. Inciso XI do artigo citado. O dispositivo legal anterior (inciso XII do art. 6º da Lei n. 5.988/73) consigna a seguinte condição à proteção dessas obras derivadas (que não deixa de valer, de qualquer forma, para o novo regime legal): "desde que, previamente autorizadas, e não lhes causando dano" (a menção ao dano é relativa às obras originárias).

30. Sobre o direito de autor do adaptador de obra intelectual, pronunciou-se o Supremo Tribunal Federal em 1984: "Direito autoral. Desenho. O autor de adaptação de obra original devidamente autorizada somente pode impedir a exata reprodução do seu trabalho; não tem legitimidade para opor-se a outras adaptações, visto que tal faculdade é reservada exclusivamente ao criador da obra original. Interpretação razoável do art. 6º, XII, da Lei n. 5.988/73 (Súmula 400). Recurso extraordinário não conhecido" (ementa do acórdão de 8-6-1984, Primeira Turma, proferido no Recurso Extraordinário 102.086/SP, rel. Min. Soares Munõs, *RTJ*, v. 110-03, p. 01268). Relevante, também, o reconhecimento, em 1992, pelo Tribunal de Justiça de São paulo, do direito de autor sobre adaptação de obra de folclore: "Direito autoral – Indenização – Uso indevido de obra intelectual – Falta de autorização para utilização de cena de peça teatral na televisão – Obra baseada em elemento folclórico – Irrelevância – Transformação do folclore e arte através da pesquisa e criação. – Indenização devida – Recurso não provido. O folclore é a base ou o ponto de partida da investigação criativa. O autor pesquisa e cria uma obra de dramaturgia, encenada com êxito, dando-lhe dimensão estética com um estilo personalíssimo" (ementa do acórdão de 25-9-1992, proferido na Apelação Cível 167.084-1/SP, rel. Des. Marcos Andrade).

31. Sobre a autonomia da tradução como obra intelectual protegível pelo direito de autor já se pronunciava o Supremo Tribunal Federal em 1965, decisão que preserva, também, o direito de autor do "comentador" da obra: "Para efeito de direito autoral, a tradução é obra autônoma. Sua proteção jurídica não desaparece por ter caído no domínio público a obra original, de que poderão se fazer outras traduções (C.CIV., art. 652). 2) Na tradução anotada e comentada, por outrem, o silêncio do tradutor quanto à reimpressão não acarreta nem dispensa o consentimento do comentador (C.CIV., art. 653). 3) O comentador, que não consentiu na reimpressão, tem direito à indenização do valor de toda a edição, ficando obrigado perante o parceiro (C.CIV., arts. 892 e 893), pois o art. 669 do C.CIV. não tem caráter puramente reparatório, mas também visa a reprimir a fraude. 4) Entretanto, o pedido parcial não pode ser aditado na execução (C.CIV., art. 891)" (acórdão de 6-12-1965, proferido no Recurso Extraordinário 56.904/SP, Primeira Turma, rel. Min. Victor Nunes, *RTJ*, v. 38-03, p. 267). Sobre a tradução de obra de domínio público, ensina Fábio Maria de Mattia: "Caso a obra esteja em domínio público é evidente

189

Paráfrase – Versão livre de um texto.

Paródia – Imitação burlesca de obra originária[32].

Sobre a diferença entre *paráfrase* e *paródia*, anota Eduardo Vieira Manso: "enquanto na paráfrase a forma, necessariamente, há de ser outra (*tanto no que concerne à forma externa como quanto à forma interna, o que justifica a condição de não ser "verdadeira reprodução da obra originária"*), na paródia ela somente sofre mudança na forma interna, porquanto a paródia é mesmo antítese da obra parodiada". Complementa, observando que, em relação à obra parodiada, a paródia "é uma imitação muito próxima, que, contudo, adquire individualidade própria, exatamente em razão dessa transformação burlesca"[33].

Ensina Carlos Fernando Mathias de Souza[34] que "paráfrase" vem do grego *paráphasis* (desenvolvimento) e a define como "o desenvolvimento do texto de um livro ou de um documento, conservando-se as ideias originais. Em direito autoral é o desenvolvimento de parte de uma obra, como se fosse uma ilustração, a partir do que se desenvolve o tema", e, sobre "paródia", acrescenta o jurista que se origina "do grego *parodia*, pelo latim *parodia*. Conto ao lado do outro. Imitação cômica de uma composição literária ou literomusical. Por extensão, imitação burlesca".

(l) *Programas de computador*[35] – Uma vez que seja original, é obra intelectual protegida, que consiste em um conjunto de instruções que, quando incorporado a um suporte legível por máquina, faz que se obtenha uma função que traga determinados resultados[36].

Embora objeto de polêmica a partir da década de 1960, anota Delia Lipszyc que, em princípio de 1988, já havia o reconhecimento – através de

---

que apenas o editor e o tradutor se beneficiarão com a publicação da tradução" (*Estudos de direito de autor*. São Paulo: Saraiva, 1975, p. 10).

32. A Lei brasileira de Direitos Autorais (9.610/98) estabelece, em seu art. 47, em reprodução textual do anterior art. 50 da Lei n. 5.988/73, que "são livres as paráfrases e paródias que não forem verdadeiras reproduções da obra originária nem lhe implicarem descrédito".

33. *Direito autoral*. São Paulo: José Bushatsky, 1980, p. 329.

34. Ob. cit., p. 75.

35. Inciso XII do art. 7º da Lei n. 9.610/98, em inovação à lei autoral anterior (5.988, de 1973) em que não constavam especificamente os programas de computador do elenco exemplificativo de obras protegidas.

36. No Brasil, além do diploma legal sobre direitos autorais (Lei n. 9.610/98), a matéria é regulada pela Lei n. 9.609, de 19-2-1998 (que revogou a Lei n. 7.646, de 1987), que dispõe sobre a proteção da propriedade intelectual sobre programas de computador, definindo, como tal, "a expressão de um conjunto organizado de instruções em linguagem natural ou codificada, contida em suporte físico de qualquer natureza, de emprego necessário em máquinas automáticas de tratamento da informação, dispositivos, instrumentos ou equipamentos periféricos baseados em técnica digital, para fazê-los funcionar de modo e para fins determinados" (art. 1º).

disposições legais ou sentenças judiciais – da proteção dos "programas de computador" no campo dos direitos de autor em aproximadamente cinquenta países. Complementa a jurista que, em 14 de maio de 1991, o Conselho da Comunidade Econômica Europeia adotou uma diretiva sobre a proteção legal dos programas de computador como obras literárias tal como se encontram definidas pela Convenção de Berna. Destacam-se duas regras principais: (a) o programa de computador será protegido desde que original (*importe em criação intelectual do seu autor*); e (b) a proteção se aplicará à "forma de expressão" do programa de computador e não em relação às ideias e aos princípios em que se baseiam[37].

O requisito da originalidade, como observa, também, Marcelo Dias Varella[38], é imprescindível na caracterização de proteção, no campo dos direitos de autor, aos programas de computador. A respeito, Manoel Joaquim Pereira dos Santos ensina que, sobre a proteção autoral de programas de computador, "o enfoque deve ser na originalidade expressiva (ou seja, naquilo que nosso legislador designou como 'forma literária ou artística') e não na qualidade das soluções técnicas que o programa implementa (ou seja, naquilo que o nosso legislador denominou 'conteúdo científico ou técnico'")[39].

A respeito, Antonio Chaves destaca, entre outros, dois precedentes jurisprudenciais pertinentes:

(a) nos Estados Unidos:

> A Corte do Direito de Massachusetts, tribunal de primeira instância dos Estados Unidos, no caso Lotus Development Corp. x Paperback Software Int., em que esta havia reproduzido os anúncios da tela e certos elementos da interface do usuário, principalmente os valores dados aos

---

37. Ob. cit., p. 111. A denominação "bens informáticos" é utilizada por Marcos Wachowicz, consignando que estes, em virtude de suas características, podem ser tutelados pelo direito autoral ou pelo direito industrial. Complementa: "Vale dizer que serão tutelados pelo direito autoral os programas de computador, os bancos de dados e compiladoras de textos, digitalizadoras de músicas, dentre outros. Por sua vez, o direito industrial encarrega-se dos equipamentos informáticos, computadores, circuitos, placas dentre outros" (Revolução tecnológica e propriedade intelectual. In: PIMENTA, Eduardo Salles (coord.). *Direitos autorais*: estudos em homenagem a Otávio Afonso dos Santos. São Paulo: Revista dos Tribunais, 2007, p. 239).

38. Ob. cit., p. 194.

39. Tese de doutorado em direito civil (Faculdade de Direito da USP – Universidade de São Paulo) intitulada *Objeto e limites da proteção autoral de programas de computador* (Orientador o Professor Fábio Maria De Mattia), São Paulo, 2003, p. 387. Tratando sobre o mesmo tema, o jurista Denis Borges Barbosa consigna: "Original é – nesse sentido – o *que foi criado pelo autor, sem nenhuma avaliação de estado de arte ou de uso e registro prévio*". E complementa: "*Mas um terceiro sentido existe para a palavra em DA (direito de autor). Por exemplo, a da inexistência de um conteúdo mínimo de doação pessoal, que faça de um trabalho uma obra de espírito e não simplesmente o resultado do tempo e do suor despendido*" (A noção de originalidade e os títulos de obra, em particular, de *software*. Revista de Direito Autoral, São Paulo, ABDA/Lumen Juris Editora, n. 4, p. 179, fev. 2006).

toques de funções da concorrente, mas sem copiar as sequências de instruções, entendeu, aos 28-6-1990, *Revue Internationale du Droit d' Auteur,* n. 149, julho de 1991, pags. 163/184 (extratos), que de acordo com o art. 101, da lei norte-americana de 1988, o caráter não "literal" não constituía obstáculo à proteção das interfaces pelo direito de autor, sob ressalva da originalidade da estrutura, de vez que esta não pode ser reduzida a uma simples ideia.

(b) na França:

Acentuando a solenidade de ter acórdãos de 7-3-1986 atestada pelo fato de provirem de sessão plenária da Corte de Cassação, relativos à noção de originalidade, anota André Françon, *Le Droit d'Auteur,* dez. 1991, pág. 296, que, no caso Pachot, a Corte se afastou da concepção subjetiva clássica da originalidade, aprovando a declaração na espécie de que os programas eram originais.

Considerou que "seu autor havia demonstrado um esforço personalizado indo além da simples realização de uma computação automática e constrangente e que a materialização deste esforço consistia numa estrutura individualizada". Isto, segundo a Corte Suprema, significava que os *softwares* em causa "traziam uma marca da contribuição intelectual do programador" (*RIDA,* 129/130)[40].

No Brasil, digno de destaque um dos primeiros precedentes jurisprudenciais importantes, do Tribunal de Justiça de São Paulo, anteriormente à primeira lei brasileira sobre a matéria, de 1987. Trata-se do acórdão, de 22 de maio de 1986, proferido em votação unânime de sua Primeira Câmara Civil, na Apelação Cível 68.945-1, relator o Desembargador Luís de Macedo, que, apesar de confirmar a sentença de improcedência da ação – *que reivindicava proteção do* hardware *e não do* software –, tratou-se de autêntico *leading case* (como observou o Desembargador Rangel Dinamarco em seu voto vencedor). Em sua ementa cuidou-se de deixar consignada a ressalva de que na hipótese de *software* este "recebe tutela legal"[41].

---

40. *Direitos autorais na computação de dados.* São Paulo: LTr, 1996, p. 280-281. Ainda sobre a jurisprudência francesa, André Bertrand, em *A proteção jurídica dos programas de computador* (Trad. Vanise Pereira Dresch. Porto Alegre: Livraria do Advogado, 1996, p. 61), antes de concluir que "todos os diferentes elementos que constituem um programa (programa-fonte, arquitetura do programa, organogramas, etc.), marcados pela personalidade de seu autor, podem, consequentemente, requerer a proteção do direito autoral", registra decisões judiciais que consideram que é original o programa-fonte que: "Não tiver anterioridade e cuja elaboração, longe de se limitar à expressão de uma lógica automática e obrigatória, supôs uma escolha subjetiva dentre diversos modos de apresentação e de expressão" (CA Paris, 4ª Câm., 5 de março de 1987, D., 1988, som. 204, obs. Cl. Colombet; no mesmo sentido, CA Grenoble, 19 de setembro de 1989, PIBD, 1989, III-613, e CA Paris, 4ª Câm., 2 de nov. de 1982, Babolat x Pachot, Gaz. Pal., 1983, 1, 117, nota J.-R. Bonneau).

41. Acórdão compilado e destacado como *leading case* por José Cretella Junior, em *O direito autoral na jurisprudência* (Rio de Janeiro: Forense, 1987, p. 104-114).

6 | As várias modalidades de obras intelectuais protegidas

A inclusão do *software* – ou, mais precisamente, dos "programas de computador" – no regime de proteção autoral, já abrigada pelo direito positivo brasileiro[42], consiste em tendência mundial, como bem observado por Tarcísio Queiroz Cerqueira:

> Hoje, dezenas de países protegem o *software* pelo Direito Autoral, partindo de um consenso a que chegaram as reuniões da OMPI – Organização Mundial da Propriedade Intelectual, da qual o Brasil também é signatário.
>
> Ao ser inserido no regime dos Direitos Autorais o *software* passa a ter as características de um bem objeto de criação de espírito e, com isso, submete-se às mesmas condições impostas às obras da criação do espírito e reguladas na Lei n. 5.988/73, tais como o conceito de obra derivada ou originária, contrafação (*reprodução não autorizada de obra*), edição, obra em colaboração e, até os de direito moral do autor e outras diferenças conceituais existentes, por exemplo, entre cessão e licença de direitos, que possuem alguma influência no âmbito dos contratos comerciais relativos a *software*[43].

Mesmo no exterior, muitos acham estranha a inclusão, no rol de direitos autorais, da proteção de programas de computador. Alguns, na esteira de Lucas, Lucas-Schloetter, e Bernault, apontam para as inúmeras adaptações que a lei francesa precisou fazer, incluindo limitações novas e direcionadas aos programas de computador, para se amoldar às suas especificidades. Frédéric Pollaud-Dulian, por outro lado, elogia a legislação francesa, apontando para compatibilidade do texto – que menciona a necessidade de adimplemento de originalidade pelo *software* para angariar proteção – com o sistema de direitos autorais[44]. A grande questão, porém, que apontam é sobre qual o nível de originalidade necessária para o programa.

A Corte de Justiça europeia, em caso envolvendo a discussão sobre a proteção concedida a *softwares*, chamado "caso BSA" (de Bezpečnostní Softwarová associace, julgado em dezembro de 2010), adotou um critério para a avaliação da originalidade de programas de computador: "este critério não pode ser preenchido pelos componentes da interface gráfica do utilizador que se caracterizam unicamente pela sua função técnica"[45]. Portanto, é necessário discutir a interface gráfica (não exatamente o códi-

---

42. Art. 7º, XII, já citado, da Lei n. 9.610, de 19-2-1998. Na mesma data foi aprovada pelo Congresso Nacional a Lei n. 9.609, de 19-2-1998, que revogou a Lei n. 7.646, de 28-10-1987.

43. *Software*: direito autoral e contratos. Rio de Janeiro: Fotomática Editora, 1993, p. 140.

44. Ibid., p. 244.

45. Disponível em: https://curia.europa.eu/juris/document/document.jsf?docid=83458&doclang=PT. Acesso em 14 nov. 2024.

go de programação) e avaliar se aquela interface é original – por exemplo, no caso de boa parte dos jogos de *videogame*.

Mais recentemente, tem sido objeto de discussão a veiculação como obra de arte das chamadas "fichas não fungíveis", ou *non-fungible tokens* (NFTs), que consistem em imagens comercializáveis, protegidos por técnicas de criptografia, como o *blockchain*, e visualizáveis apenas pelo adquirente. Há algumas discussões envolvendo o direito do autor e NFTs, ainda sem muitos casos práticos: sobre sua originalidade em relação às obras muitas vezes retratadas, se a titularidade dos direitos de autor se transfere com a compra, e outras questões, algumas mais pertinentes no direito estrangeiro, uma vez que abarcadas pela Lei n. 9.610/98.

Um caso nos Estados Unidos que mobilizou recentemente o mundo jurídico é relacionado às famosas bolsas Birkin, da Hermès[46]. Elas foram retratadas em NFTs de autoria de Mason Rothschild, que chamou suas fichas de "Metabirkins". Após ter sido acionado pela Hermès, o autor dos NFTs alegou que se aplicaria ao caso o precedente relacionado à utilização das sopas Campbell por Andy Warhol, para sustentar a originalidade das Metabirkins em relação às bolsas fabricadas pela empresa francesa. Tal argumento não impediu a continuidade da ação, que foi julgada em definitivo em junho de 2023. O Tribunal Distrital de Nova York, por meio de veredito realizado por júri, considerou que houve violação do direito de marca da Hermès, proibiu a comercialização das MetaBirkins, e ainda impôs uma condenação de US$ 133.000,00 à artista visual[47].

Outro caso paradigmático foi o Imovision *vs.* Tarantino. A autora da ação pedia indenização por danos materiais, alegando ter adquirido a exclusividade da divulgação de todos os materiais envolvendo o filme *Pulp Fiction*, dirigido por Quentin Tarantino. Assim, alegou violação do contrato de cessão de direitos autorias quando este lançou uma série de NFTs contendo cenas do filme. Porém, em setembro de 2022, as partes sinalizaram com uma composição amigável, suspendendo a ação em curso na Corte da Califórnia.

Apesar de um *frisson* inicial, o mercado de NFTs logo minguou a um ponto de quase desaparecimento: Neymar, por exemplo, perdeu R$ 5,5 milhões pela desvalorização de uma série de NFTs da "Bored Ape Yatch

---

46. Hermès International and Hermès of Paris, Inc. v. Mason Rothschild, 22-cv-00384-JSR, at *1 (S.D.N.Y. May 18, 2022).

47. Disponível em: https://fingfx.thomsonreuters.com/gfx/legaldocs/akpeqbebbpr/HERMES%20NFTS%20 LAWSUIT%20pi.pdf. Acesso em: 12 dez. 2024.

Club". A empresa responsável pela produção, a Yuga Labs, inclusive, demitiu boa parte de sua equipe em razão do rápido congelamento do mercado de NFTs[48]. No seu site, a linha do tempo da história da Yuga Labs se inicia em abril de 2021, quando vendidos os primeiros NFTs, e se interrompe em dezembro de 2022[49].

Entretanto, fica o registro da maior utilidade dos NFTs em relação à proteção dos direitos autorais. Por sua tecnologia de criptografia e pela possibilidade de alienação de um objeto único (o NFT) ao invés da divulgação, obras de arte digitais ganham um suporte novo, em substituição a outros que foram caindo em desuso – como os CDs e DVDs. Alguns autores que se utilizaram da tecnologia, como o francês coletivo Obvious, pontuavam que o sistema permitiria o exercício de direito de sequência da obra intelectual (previsto também no art. 38 da LDA brasileira)[50]. Com a ressalva, de acordo com Thierry Maillard, de que esse direito de sequência se aplica apenas a NFTs contendo obras intelectuais protegidas, e que se adequem, ademais, a esse tipo de proteção (essencialmente, imagens, não música)[51].

Finalmente, ainda no campo relacionado às obras passíveis de manipulação por computação, cabe a menção da observação de Henrique Gandelman sobre o advento do denominado "livro eletrônico":

> Já temos bastante difundido no mercado o chamado "livro eletrônico". Este novo produto multimídia mescla texto (escrito) com imagens (fotos, vídeos, filmes cinematográficos), além de música, narração e interpretações dramatizadas.
>
> Algumas obras multimídia se compõem de livro (texto impresso), combinado com um disco CD-ROM, outras estão armazenadas somente em CD-ROM ou outro suporte magnético.
>
> Um *software* está também incorporado, para permitir ao usuário a manipulação de todo o material envolvido no conteúdo da obra, ou "livro eletrônico"[52].

(m) as coletâneas ou compilações, antologias, enciclopédias, dicionários, base de dados e outras obras, que, por sua seleção, or-

---

48. Disponível em: https://www.terra.com.br/esportes/futebol/prejuizo-de-neymar-com-nfts-supera-r-55-milhoes-pecas-estao-a-venda,2fbc923b2f0328e82ac43c1f174f6bee3lrbbx5w.html. Acesso em 14 nov. 2024.
49. Disponível em: https://yuga.com/about. Acesso em: 14 nov. 2024.
50. *Les NFT vus par Obvious*. Dalloz IP/IT, fevereiro de 2023, p. 74.
51. *Droit de suite et NFT*. Dalloz IP/IT, fevereiro de 2023, p. 94.
52. *De Gutemberg à internet*: direitos autorais na era digital. Rio de Janeiro: Record, 1997, p. 141.

ganização ou disposição de seu conteúdo, constituam criação intelectual[53]:

Obra composta (compilação ou coleção) – Uma compilação de obras preexistentes sem a participação dos autores das obras selecionadas[54].

Antologia – Compilação de peças ou passagens literárias.

Crestomatia – Coleção de passagens selecionadas de diversos escritos, geralmente com fins didáticos.

6.1.2. As demais obras intelectuais protegidas

Além das obras intelectuais e suas definições, a que já nos referimos, conforme os padrões internacionais difundidos mais aceitos, merecem, ainda, embora não se encontrem especificadas no direito positivo brasileiro vigente, nossa alusão e alguns comentários, em especial sobre o seu efetivo enquadramento no regime de proteção autoral (que, também, não têm pretensão de exaurir o elenco de obras protegidas) as seguintes[55]:

Obra científica – Obra que trata dos problemas de uma maneira adaptada aos requisitos do método científico.

A proteção autoral da "obra científica" já foi objeto de precedente jurisprudencial, que, embora se refira especificamente a "bula de remédio", contém elementos relevantes sobre as condições em que se dá a tutela jurídica dessa modalidade de obra. Trata-se do acórdão de 25 de maio de 1979, proferido no Recurso Extraordinário 88.705/RJ, com maioria de

---

53. Inciso XIII do art. 7º da Lei n. 9.610/98, que suprimiu do texto legal anterior (art. 7º da Lei n. 5.988/73) as seguintes especificações: "seletas", "compêndios", "jornais", "revistas", "coletâneas de textos legais", "de despachos", "de decisões ou de pareceres administrativos, parlamentares ou judiciais" e acrescentou a expressão "base de dados e outras obras".

54. A necessidade de autorização autoral das obras compiladas nesses casos, além de imperativo legal, foi consagrada, também no plano constitucional, pelo Supremo Tribunal Federal em 1977: "Direito Autoral. Interpretação do art. 666, I, do Cód. Civil, diante do art. 153, parág. 25, da Constituição. Derrogação da regra de direito substantivo, no tocante às compilações, por contrariar o preceito constitucional, que assegura aos autores de obras literárias o direito exclusivo de utilizá-la. Recurso extraordinário conhecido e provido parcialmente" (acórdão de 31-5-1977, proferido no Recurso Extraordinário 83.294/RJ, Primeira Turma, rel. Min. Bilac Pinto, *RTJ*, v. 81-03, p. 865). Observe-se que, mesmo que se trate de compilação de textos legais, por exemplo, os comentários respectivos receberão a proteção autoral. Nesse sentido o acórdão de 11-4-1966 do Supremo Tribunal Federal: "1) o anotador de leis, mesmo sem originalidade doutrinária, tem a proteção do direito autoral. 2) não há nulidade, se resulta da sentença, implícita mas necessariamente, que a reconvenção foi julgada improcedente, em consequência da procedência da ação" (Recurso Extraordinário 30.406/GB, Primeira Turma, rel. Min. Victor Nunes).

55. Definições consignadas nas páginas 236, 214, 53, 54 e 121, respectivamente, do citado *Glossário OMPI*.

votos da Segunda Turma do Supremo Tribunal Federal, relator, com voto vencedor, o Ministro Cordeiro Guerra, constando em sua ementa:

> Bula de remédios. Reconhecida a sua natureza científica, pois destinada à classe médica e farmacêutica e fiscalizada pelas autoridades competentes, legitima-se a simples referência ou citação de uma pesquisa científica sem ofensa ao direito de autor, face ao Código Civil e à lei especial. Aplicação dos arts. 666, I, do Código Civil e art. 49, I e II, da Lei n. 5.988, de 14-12-73 e não incidência, na espécie, do art. 25, IV, da mesma lei. Nos trabalhos científicos o direito autoral protege a forma de expressão, e não as conclusões científicas ou seus ensinamentos que pertencem a todos, no interesse do bem comum[56].

Cumpre notar que a proteção não se estende a normas, ainda que acadêmicas ou científicas, questão dirimida por acórdão do STJ de 16-6-2018, da Quarta Turma, relatoria do Min. Lázaro Guimarães, REsp 1.631.370/SP, no qual ficou estabelecido que "no procedimento de elaboração de normas técnicas não existe manifestação da individualidade intelectual, pois os especialistas participantes se restringem a captar informações técnicas já propagadas ao longo dos anos, com estabilidade suficiente para consubstanciar uma padronização".

---

56. Cumpre, em relação a esse mesmo julgado, a título de judiciosa complementação, consignar também parte esclarecedora da declaração de voto vencedor do Ministro Moreira Alves, autor do projeto que resultou na Lei n. 5.988/73, que regula os direitos autorais no Brasil, em vigor até junho de 1998: "A bula não se me afigura reclame comercial. Se fosse, eu não conheceria do presente recurso, porque entendo que não estaria em jogo norma de direito autoral, mas, sim, a utilização indevida do nome de alguém, para propiciar a outrem lucros de natureza comercial. Como, porém, entendo que a bula se destina à informação científica – o que, aliás, é corroborado pela nossa legislação, tanto assim que se exige a aprovação dela por um órgão técnico competente, o que, evidentemente, não teria sentido se se tratasse de mera propaganda comercial –, não posso deixar de reconhecer que não se aplica a ela o disposto no art. 25, inc. IV, da Lei 5.988, que assegura o direito moral de autora, à integridade da obra para impedir que seja ela modificada ou atingida pela prática de atos que, de qualquer forma, possam prejudicá-la ou ao autor, como tal, em sua reputação ou honra. Não é o que ocorre. O que se verifica, na espécie, é mera referência a trabalho científico, o que, como estabelece o art. 49, inc. I, dessa mesma lei – que é texto pertinente –, pode ser feito em obra de natureza didática, científica ou religiosa". A respeito da efetiva proteção autoral da obra científica, dois anos após, mesmo na sua utilização em obra com fins didáticos, pronunciou-se o Tribunal de Justiça de São Paulo, em confirmação à sentença que reconheceu a ilicitude do uso: "O Magistrado, ao dar pela procedência da ação, o fez com base na prova produzida. Na realidade, a perícia não deixa qualquer dúvida a respeito da reprodução, por parte da ré, da obra cujos direitos autorais de exploração pertencem à autora. Irrelevante as alegações de que uma obra se destina a fins didáticos e outra tem objetivos científicos. Para os fins da ação, pouco importa a distinção procurada pela apte. Embora tal ocorresse, o que não está satisfatoriamente apurado, o resultado pela procedência da ação era inquestionável" (Trecho extraído da parte decisória do acórdão de 26-3-1981, proferido na Apelação Cível 11.421-1, com votação unânime de sua Sexta Câmara Civil, rel. Des. Gonçalves Santana, *Revista de Jurisprudência do Tribunal de Justiça do Estado de São Paulo – RJTSP*, São Paulo, LEX Editora, v. 71, p. 66, jul./ago. 1981), orientação que já havia sido adotada no mês anterior em outro caso por acórdão – que já citamos neste capítulo – do mesmo Tribunal que considerou indevida a "exploração industrial e comercial" de gravação de palestras científicas.

Por outro lado, acórdão do TJSP na apelação 1011890-21.2015.8.26.0477, proferido em 29-01-2019 pela Terceira Câmara de Direito Privado, sob relatoria do Des. Viviani Nicolau, reconheceu no estilo e autenticidade dos elementos que compunham dicionário de libras os requisitos para a proteção de direito autoral à referida obra.

Obra radiofônica – Obra criada para fins de sua radiodifusão sonora, por exemplo, uma novela de rádio.

Obra criada por computador – Obra gerada por um programa de computador em que se dão instruções a uma máquina de processamento de informações para fazer, seguindo certas normas, uma determinada seleção de dados armazenados na máquina e que compreende, assim, uma nova obra como: tradução, um novo texto, um desenho, uma obra musical ou um novo programa de computador.

E, na "obra criada por computador" – uma vez que possa ser considerada uma "criação intelectual nova" –, a quem caberia a autoria: ao criador do programa (ou *software*) utilizado na realização da obra ou ao operador que utilizou o programa e produziu a obra?

Aplicando-se os princípios já examinados, é indiscutível que, uma vez que o resultado seja – *efetivamente* – uma criação intelectual nova, o "operador" será, na verdade, autor dessa obra, se tiver atuado criativamente na utilização do computador criando uma obra intelectual original.

A possibilidade de existência de coautoria – *em relação a essa nova obra* – do criador do programa (ou *software*) utilizado para esse fim vai depender de consistir, essa nova obra, em uma transformação da obra originária contida no programa (possivelmente a hipótese mais adequada seria adotar o regime jurídico próprio à coexistência dos direitos de autor sobre obra preexistente – o *software* originário – com os da obra derivada). Ao contrário, se o *software* se constituiu, apenas, no instrumento técnico utilizado na criação – pelo "operador" do computador – de obra nova, não pode o autor do programa reivindicar coautoria daquela.

A respeito, Eduardo Vieira Manso observa que caberá examinar, concretamente, a especificidade de cada caso, e ressalva, em primeiro lugar, que não se deve confundir o "programa de computador" – como produto intelectual autônomo – com a obra intelectual que pode resultar de sua aplicação em computador eletrônico. Observa, em seguida: "se nele se contém as instruções necessárias e suficientes para a criação de outra obra intelectual, será sempre preciso indagar se, para elaboração dessas instruções, o programador ofereceu uma colaboração estética, além de sua atuação meramente técnica"[57].

Obra de multimídia – Obras criadas mediante a conjugação de "diferentes linguagens que, isoladamente, recebem específica proteção do legislador".

Conforme Elizângela Dias Menezes, que complementa:

> Assim, embora reunidos em um mesmo suporte material, tal como um CD-ROM (Disco Compacto não regravável) ou um *site*, cada uma das obras ali incluídas terá a proteção individual, tendo em vista o tipo de arte que representa. Da mesma maneira, o conjunto dessas obras, enquanto produto multimídia, será protegido em seus aspectos estéticos, diante de outros, do mesmo gênero[58].

Quanto à classificação e à consequente titularidade de direito de autor sobre a "obra de multimídia", Guilherme C. Carboni, em sua monografia *O direito de autor na multimídia*, que já citamos, ensina:

> Exceptuando-se os casos de autoria diluída, se a multimídia é criada apenas por uma pessoa física, esta é detentora dos direitos autorais sobre a obra. Se, no entanto, mais de uma pessoa participa do processo criativo da multimídia, esta pode ser classificada como obra em coautoria ou obra coletiva, dependendo do caso. A pessoa física ou jurídica responsável pela organização de multimídia criada por diversos autores jamais será detentora de direitos morais de autor sobre o resultado dessa criação autônoma, já que, por expressa determinação do artigo 17, § 2º, da Lei n. 9.610/98, somente poderá ser titular de direitos patrimoniais sobre o conjunto da obra[59].

Obra publicitária – Obras "que se espraiam por formas e suportes múltiplos" e que "assumem feições de obras literárias, artísticas ou científicas, e mesmo complexas, contando em sua elaboração, produção e veiculação, com uma gama de intelectuais e técnicos

---

57. *A informática e os direitos intelectuais*. São Paulo: Revista dos Tribunais, 1985, p. 23-24.
58. *Curso de direito autoral*. Belo Horizonte: Del Rey, 2007, p. 191-192.
59. Ob. cit., p. 203.

de prol, sob a égide da agência de publicidade, que coordena as atividades do setor"[60].

Folclore – Obras pertencentes ao patrimônio cultural de uma nação, criadas, conservadas e difundidas em *comunidades primitivas*[61], ou grupos étnicos de geração em geração, por pessoas não identificadas.

É comum o equívoco de ser considerado o folclore "obra de domínio público". Na verdade, as "expressões" ou "produções" de folclore consistem em bens susceptíveis à tutela, dentro de seu contexto peculiar de pertencerem ao patrimônio artístico de uma comunidade ou uma nação. Aproxima-se, portanto, mais do conceito de "obra coletiva", de titularidade da comunidade em que foi criada, do que de obra caída em domínio público.

A respeito, observa Carlos Alberto Bittar que,

> com base na revisão da Convenção de Berna, realizada em Paris (1971) (art. 15.4), vem ocorrendo a propagação da ideia da instituição de regime *sui generis* de proteção, mas com apoio na estruturação autoral, para as obras de folclore, tendo, inclusive, como se verifica com outras criações estéticas, sido proposta lei-tipo (Tunis, 1976, e Bangui, 1977) para servir de modelo às legislações nacionais, integrada à inserção do folclore no patrimônio cultural da nação[62].

---

60. Conforme Carlos Alberto Bittar em sua alentada monografia *Direitos de autor na obra publicitária* (São Paulo: Revista dos Tribunais, 1981, p. 203). Em sua judiciosa e prestigiada tese pela inclusão da "obra publicitária" no elenco das obras intelectuais protegidas no campo do direito de autor (na época o art. 6º da Lei n. 5.988, de 1973, e atualmente o art. 7º da Lei n. 9.610, de 1998), consigna, a título de conclusão: "A obra publicitária é, pois, obra protegível, tanto no plano conceitual, em face da esteticidade que carrega em si, bem como a nível do Direito Positivo, eis que se enquadra perfeitamente aos respectivos sistemas – internacional e interno – existindo, mesmo, textos de lei expressos quanto à inserção. A titularidade dos direitos define-se pelo estatuto da encomenda, que preside os diferentes relações que envolvem a sua criação" (ob. cit., p. 203).

61. A expressão adotada no *Glossário da OMPI* é "comunidades indígenas" (p. 119). Sobre o conceito de titularidade e proteção jurídica, do folclore, Roberto Senise Lisboa leciona: "Embora o conceito de folclore não seja jurídico, as obras oriundas da tradição cultural de um povo ou grupo étnico devem ser protegidas como direitos intelectuais. No sistema do ordenamento jurídico brasileiro, é mais apropriado considerar a obra de folclore objeto de um direito autoral cujo titular é desconhecido. A defesa da obra de folclore, no entanto, é de titularidade da sociedade de sua origem. Tudo que for folclore nacional deve ser protegido, bastando a existência da criação de epírito, tornando-se desnecessário o suporte mecânico, dadas as peculiaridades do direito em questão" (A obra de folclore e sua proteção. In: BITTAR, Eduardo C. B.; CHINELATO, Silmara Juny (orgs.). *Estudos de direito de autor, direito da personalidade, direito do consumidor e danos morais*. São Paulo: Forense Universitária, 2002, p. 73).

62. *Direito de autor*, já citada, p. 115. Observa, também, Bittar, no mesmo estudo ("A posição das obras de folclore"), que, no Brasil, a Lei n. 7.347, de 24-7-1985, em seu art. 1º, III, "prevê ação de responsabilização por danos, na defesa de vários interesses denominados difusos". Acrescente-se que a Constituição Federal de 1988, em vigor, dispõe em seu art. 216 sobre a proteção do patrimônio cultural brasileiro, considerado este como "os bens de natureza material e imaterial, tomados individualmente ou em conjunto, portadores de referência à identidade, à ação, à memória dos diferentes grupos formadores da sociedade brasileira, nos quais se incluem: I – as formas de expressão; II – os modos de criar, fazer e

6 | As várias modalidades de obras intelectuais protegidas

A regra geral é da livre utilização, com ou sem finalidade de lucro, uma vez que esta seja realizada no seu contexto tradicional ou pelos membros da comunidade em questão na difusão de sua arte. Fora dessas condições, admite-se as utilizações excepcionais, sempre com indicação da fonte, com fins didáticos, ilustrativos, as citações, a utilização de elementos do folclore como inspiração para criação de obras intelectuais originais. Em caso contrário, as utilizações deverão ser precedidas da autorização emitida por autoridade competente, que represente os interesses e direitos da comunidade respectiva.

Finalmente, cabe observar que no elenco das obras protegidas do diploma legal brasileiro vigente para a matéria (art. 7º da Lei n. 9.610/98) não foram especificadas (o que não implica ausência de proteção, pois a relação é exemplificativa, e não exaustiva) as "obras de arte aplicada, desde que seu valor artístico possa dissociar-se do caráter industrial do objeto a que estiverem sobrepostas"[63]:

> *Obra de arte aplicada* – Obra artística aplicada a objetos de uso prático, como obras de artesanato ou obras produzidas em escala industrial.

Caso paradigmático foi o decidido pelo TJSP em relação às bolsas Hermès (sem relação direta com o já referido conflito sobre NFTs, apesar de também envolver contrafação das bolsas Birkin), na apelação 0187707-59.2010. 8.26.0100, pela Nona Câmara de Direito Privado[64]. Nesse, ficou consignado que o "diferencial criativo de sua forma de expressão encontra-se, fundamentalmente, na comunhão de traçados e cores que conferem às bolsas (obra final) características ímpares, que as transformaram em objeto de desejo no mercado da moda" e que tal estética as faz não apenas um objeto industrialmente reprodutível, mas uma obra de arte dotada de autonomia e originalidade.

> *Artesanato* – Obra realizada através de arte manual, praticada principalmente no campo da arte folclórica e arte aplicada.

---

viver; III – as criações científicas, artísticas e tecnológicas; IV – as obras, objetos, documentos, edificações e demais espaços destinados às manifestações artístico-culturais; V – os conjuntos urbanos e sítios de valor histórico, paisagístico, artístico, arqueológico, paleontológico, ecológico e científico". Em seguida, em seu § 1º, complementa o mesmo dispositivo constitucional: "O Poder Público, com a colaboração da comunidade, promoverá e protegerá o patrimônio cultural brasileiro, por meio de inventários, registros, vigilância, tombamento e desapropriação, e de outras formas de acautelamento e preservação".

63. Texto que constava do inciso XI do art. 6º da Lei n. 5.988/73, não reeditado pela Lei n. 9.610, de 1998. A respeito, Newton Silveira ensina que "o caráter industrial da criação não pode servir de elemento diferenciador entre as criações industriais e as artísticas, nem a industrialização pode desnaturar o caráter artístico de uma obra" (ob. cit., p. 95).

64. A ementa está referida no Capítulo 15, item 15.7.3, ementa 9. O acórdão transitou em julgado, após a interposição do Recurso Especial n. 1.725.052/SP, inadmitido conforme acórdão proferido em Agravo Interno pela Quarta Turma do STJ, sob relatoria do Min. Antonio Carlos Ferreira, e publicado em 15 de agosto de 2022.

6.2. A OBRA MUSICAL

6.2.1. A terminologia

A terminologia internacional inclui na denominação genérica "obra ou composição musical" também a literomusical e, apesar dessa conceituação abrangente, exclui desse gênero a obra dramático-musical. Vejamos, preliminarmente, a generalidade que envolve a definição: "se entende geralmente que obra musical (ou seu sinônimo: 'composição musical') é uma obra artística protegida pelo direito de autor". Essas obras compreendem toda a classe de combinações de sons (*composições*) com ou sem texto (*letra*)[65].

Apesar de situar a "obra musical" em uma área tão abrangente ("obra artística"), trata de forma isolada a "obra dramático-musical"[66]. Nesse ponto reside a dúvida. Dever-se-ia interpretar o referido critério no sentido de estar a obra dramático-musical destacada do gênero "obra musical", levando aquela para o terreno das obras dramáticas? Ou seria o contrário? Ou ocuparia aquela uma posição independente, não integrando o campo musical nem o dramático, e sim formando um gênero novo: o das obras dramático-musicais?

A orientação mais adotada consiste em ser a obra dramático-musical uma obra dramática que contém, também, a música[67]. Assim, parece clara a tendência normativa internacional de integrar aquela ao gênero dramático. A mesma linha é adotada pela legislação brasileira[68].

A prevalecer esse critério, o autor da obra dramático-musical seria um *dramaturgo* ou um *compositor*? Admitindo-se ter sido o criador dessa obra

---

65. *Glossário OMPI*, já citado, p. 160.
66. Conforme Vittorio M. de Sanctis, a união da música, dança e texto literário na representação tem uma longíssima história, que teve início na civilização grega e romana, uma evolução na Idade Média no sentido religioso (*com o cântico dialogado e a representação Sacra*) e, depois de 1500, encontrou sua forma moderna com a récita musical (*cantante*) primeiro e com as duas vertentes da "ópera séria" e da "ópera bufa", que começaram em 1700. Complementa o jurista italiano que do ponto de vista técnico-artístico, união da música à ópera dramática pode ser parcial, isto é, reservada a uma determinada parte, como ocorre na opereta (*ou comédia musical*) e na revista musical, ou pode se referir a qualquer representação que, embora seja apenas recitada, pode haver determinado momento em que a música será somente instrumental, como no prelúdio e na *ouverture* (*La protezione delle opere dell'ingegno*. Milano: Giuffrè, 2003, p. 392).
67. *Glossário OMPI*, p. 88.
68. A exemplo do texto legal anterior (inciso III do art. 6º da Lei n. 5.988/73), o diploma autoral brasileiro vigente (Lei n. 9.610/98) no inciso III do seu art. 7º exemplifica como obras intelectuais protegidas a dramática e dramático-musical e, separadamente, no inciso V do mesmo artigo (que corresponde ao inciso V do art. 6º da lei anterior), especifica "as composições musicais, tenham ou não letra".

6 | As várias modalidades de obras intelectuais protegidas

uma só pessoa, qual dessas duas condições prevaleceria? Se admitirmos que tais características se equivalem, o autor da "obra dramático-musical" deveria ser designado como "dramaturgo-compositor" ou "compositor teatral"? Ou apenas dramaturgo ou autor teatral, tendo em vista que, consoante a conceituação vigente, essa obra integra o campo dramático? Nesse passo, poderia um autor teatral, que não fosse compositor criar uma obra "dramático-musical" ou seria mais fácil um compositor (entendendo-se incluído nessa designação o "compositor letrista") que não fosse autor teatral criá-la? Mais lógica seria a segunda situação, não a primeira.

Procura-se resolver o impasse asseverando-se que "geralmente o elemento musical é integrado ao libreto[69] para formar uma obra em colaboração"[70]. Pressupõe-se, portanto, que a "obra dramático-musical" é normalmente realizada por – ao menos – dois autores: o compositor e o "libretista".

Assim, por que não considerar o "libretista", apenas, um compositor-letrista na realização de uma obra sob encomenda? Nesse passo teríamos, se a obra fosse elaborada em regime de coautoria, o compositor (*da música*) de um lado e o compositor-letrista do outro e, portanto, o resultado seria a composição ou obra literomusical ou, simplesmente, "composição musical", nos parâmetros conceituais já referidos, quais sejam toda a classe de combinações de sons, com ou sem texto. Essa seria a regra geral.

Poder-se-ia admitir, apenas, a adequação da designação "obra dramático-musical" nos casos específicos de – *por exemplo* – simples sonorização de diálogos teatrais quando fosse impraticável – *por não haver condição de subsistência de forma autônoma* – a utilização desses trechos musicais (*acompanhados ou não da letra*) fora do âmbito da representação da peça teatral. Mesmo assim, de qualquer forma, seria necessário dar tratamento semelhante às demais modalidades de obras intelectuais: quando a mesma situação ocorresse em relação às obras cinematográficas ou publicitárias. Deveriam ser, por exemplo, criadas as denominações "obras cinematográfico-musicais" ou "obras publicitário-musicais", no caso de um poema vir a ser musicado, *obra literário-musical* etc., pois tais modalidades de obras intelectuais não foram suscitadas até hoje, no plano jurídico[71].

---

69. Conforme o *Glossário OMPI*, p. 141, "libretto", "livret", "libreto" é um texto escrito para uma obra dramático-musical. O autor do libreto recebe também o nome de libretista. O libreto e a música correspondente constituem, na maioria dos casos, obras em colaboração.

70. *Glossário OMPI*, p. 88.

71. A obra musical na área publicitária recebe a denominação de "*jingle*", ainda não catalogada, de forma individualizada, permanecendo, naturalmente, como objeto da tutela legal sob a denominação genérica de "obra musical".

203

Consequentemente, não haverá tal subdivisão nesta obra, entendendo-se que a denominação genérica "obra musical", além de englobar a expressão "obra literomusical", conforme a orientação legal citada, abrangerá, também, a "obra dramático-musical". Portanto, procurar-se-á analisar a integração da obra musical em vários setores da criação intelectual sem, contudo, atribuir-lhe diferentes títulos para corresponder à sua participação em cada obra que possa contê-la.

6.2.2. A obra musical originária

A orientação doutrinária predominante consigna serem três os elementos constitutivos da obra musical: a melodia, a harmonia e o ritmo[72].

Nesse sentido, conforme Henry Desbois, a melodia seria a emissão de um número indeterminado de sons sucessivos: "É o que comumente se chama 'l' air'"[73], o tema sobre o qual se edifica a composição musical. Ela consiste nos sons que se engrenam uns após outros"[74].

Complementa ponderando que a harmonia forneceria a "roupagem", o "estofo" e o "adorno" da melodia – note-se a adjetivação do jurista na definição de "harmonia" em contraposição ao tratamento da "melodia" como substância, como essência da composição musical –, que Le Tarnec define como o resultado da emissão simultânea de vários sons: os acordes[75]. E, finalmente, o ritmo seria "uma sensação determinada seja por diferentes sons consecutivos, seja por diversas repetições periódicas de um mesmo som"[76], normalmente marcando o andamento da melodia.

Fica claro, portanto, a orientação doutrinária de qual – *ou quais* – desses três elementos seriam essenciais na caracterização da criação intelectual e da consequente condição indispensável de originalidade da obra intelectual.

Nesse raciocínio, dois elementos se destacam: a melodia e a harmonia. A exclusão da variação rítmica como criação intelectual tem sido justificada pelo fato de serem praticamente similares na maioria dos gêneros musicais, embora não se possa desconsiderar a possibilidade de localizar nesse elemento (o *ritmo*), em certos casos, características originais.

---

72. DESBOIS, Henry. *Le droit d'Auteur em France.* 10. ed. Paris: Dalloz, p. 118; LE TARNEC, Alain. *Manuel de la proprieté litteraire et artistique.* 2. ed. Paris: Dalloz, 1966, p. 60.
73. O significado, em português, é "canto" ou "melodia".
74. Ob. cit., p. 118.
75. Definição de "harmonia" (*como elemento da obra musical*) de LE TARNEC (ob. cit., p. 61).
76. Conforme, ainda, DESBOIS, Henry. Ob. cit., p. 118.

De qualquer forma, mesmo dos dois elementos em destaque, a *melodia*, mais do que a *harmonia*, sobrepõe-se no campo da originalidade, embora não se possa descartar exceções nesse sentido. Se a harmonia de duas músicas diferentes pode ser coincidente até na íntegra, o mesmo não pode ocorrer em relação a duas melodias, mesmo parcialmente (*em trechos originais significativos*).

Fundamentando, concretamente, esse princípio, poderíamos lembrar que – *até* – algumas canções podem ser interpretadas ou executadas, do princípio ao fim, ao som de uma mesma harmonia (*e, naturalmente, no mesmo ritmo*). A diferença entre uma e outra, portanto, é apenas a melodia (*e, na hipótese de composição literomusical, também a letra, que será abordada posteriormente*). A título de exemplificação, poderíamos citar duas composições famosas na música popular brasileira: "Esse teu olhar", e "Promessas", do renomado compositor brasileiro Tom Jobim, que foram, inclusive, gravadas simultaneamente e popularizadas também dessa forma. Apesar de idênticas em sua harmonia e ritmo, ocorre perfeita distinção no plano melódico – *e, naturalmente, em relação à letra* –, o que as caracteriza como obras originárias autônomas, cada qual absolutamente original.

Assim, é inegável que, dos três elementos constitutivos da obra musical, a melodia é o essencial. É esta, justamente, a característica mais peculiar no processo de criação da obra musical em relação às demais obras intelectuais: mais acentuadamente na criação melódica incide a sensibilidade, a inspiração, e não a reflexão ou comparação. Assim, estaria afeta a melodia menos à inteligência do que à sensibilidade[77].

Portanto, a melodia, principalmente, no campo do direito de autor, norteará a tutela jurídica da obra originária exclusivamente musical.

Além dos elementos expostos – *de caráter constitutivo* –, outros poderão vir a integrar a obra musical: o título e a letra.

O título, que integra praticamente todas as obras intelectuais, é uma palavra ou expressão utilizada para identificar a obra. Sua proteção, portanto, submete-se à regra geral consignada na legislação brasileira: "A proteção à obra intelectual abrange o seu título se original e inconfundível com o de obra do mesmo gênero, divulgada anteriormente por outro autor"[78].

A respeito, a doutrina dominante considera, também, ser o título parte integrante da obra e acrescenta que sua omissão poderá resultar em

---

77. Ver, ainda, DESBOIS, Henry. Ob. cit., p. 125.
78. Art. 10 da Lei n. 9.610/98, que reproduz, literalmente, o texto legal anterior (art. 10 da Lei n. 5.988, de 14-12-1973).

sua mutilação. Por outro lado, o título é protegido contra o plágio na maioria das legislações de direito de autor, uma vez original[79].

Embora contida no gênero "obra musical", a obra musical *com letra* ou *obra literomusical* merece exame em separado.

A conclusão de que a *melodia* é o elemento criativo essencial na obra musical deve receber outro enfoque no estudo da obra *literomusical*: a originalidade da letra – *e sua integração à composição musical* – também consistirá, a exemplo da melodia, em elemento essencial à caracterização da criação intelectual.

Assim, na obra literomusical, melodia e letra têm a mesma importância para o conteúdo constitutivo da obra intelectual e sua consequente proteção tanto em conjunto (*música e letra integradas como uma obra*) quanto de forma independente (*música, de um lado, e letra, de outro, ambas com proteção autônoma*).

Simplificando esse conceito, poderíamos considerar que, por exemplo, quando a melodia e letra de determinada composição são aproveitadas – *em conjunto* – por terceiros, sem autorização, apenas um trecho mínimo já conterá os elementos originais caracterizadores da utilização (*parcial*) indevida da obra intelectual, pois a hipótese de mera coincidência se reduz na medida em que se trata da utilização combinada – *mesmo que em pequeno trecho* – de duas criações intelectuais integradas[80].

Por outro lado, a utilização de parte da melodia isoladamente (*sem a letra*) ou vice-versa (*parte da letra apenas*) poderá – *dependendo do caso* –

---

79. *Glossário OMPI*, p. 250.
80. Nesse sentido, em relação à utilização de "parcela ou refrão de obra musical", pronunciou-se o Tribunal de Justiça de São Paulo, com a seguinte ementa: "Direito autoral. Utilização de refrão de obra musical, sem autorização do autor, em comercial veiculado pela televisão aberta. Sentença de improcedência. Utilização indevida demonstrada, inocorrendo qualquer causa excludente da responsabilidade pela infração. Procedência dos pedidos, fixada a indenização, acolhida a lide secundária para reconhecer a responsabilidade da denunciada à lide pelo ressarcimento da ré. Recurso provido". Em sua fundamentação pela reforma da sentença recorrida e consequente decreto de procedência da ação, o aresto consignou: "Sem dúvida, o refrão 'porque parou, parou porque' caiu no uso popular, o que não retira a proteção da obra, e não há qualquer prova ou indício de que esse refrão já era de utilização pública anteriormente a 1989, data em que foi criada pelo apelante e seu parceiro. Não basta, para afastar a autoria do refrão, ser crível a afirmação feita na contestação, sendo necessário demonstrar esse fato, se não for de conhecimento geral. Também não afasta a responsabilidade imputada ao réu o disposto no art. 47 da Lei n. 9.610/98. A paráfrase é um modo diverso de expressar uma frase ou texto, sem alterar o significado, e a paródia é a imitação cômica de uma obra, não se aplicando qualquer dessas hipóteses à dos autos, em que houve reprodução de dois versos da obra músico-literária. Era de rigor, portanto, a procedência da ação com a condenação da ré em abster-se de utilizar o comercial, como também de indenizar o autor da obra (Lei 9.610/98, art. 102)" (acórdão de 31-5-2005, proferido na Apelação Cível 367.432-4/SP, por votação unânime de sua Segunda Câmara de Direito Privado, rel. Des. Boris Kauffmann).

6 | As várias modalidades de obras intelectuais protegidas

gerar, se o uso for de trecho muito reduzido – *e, mesmo assim, uma vez que não seja identificativo de originalidade –*, a dúvida quanto ao efetivo aproveitamento da obra.

Essa questão demanda, assim, algumas reflexões, não havendo – *contudo* – muitos estudos doutrinários a respeito. Pedro Vicente Bobbio, sobre o assunto, faz referência à questão da musicalização de texto poético e à "parceria", expondo que, no primeiro caso, existe uma justaposição de obras divisíveis e, no segundo, obra em colaboração[81]. A mesma linha de raciocínio é seguida por Antonio Chaves[82].

Entendo ser correta tal orientação. Contudo, é imprescindível que se tenham em vista, também, outras formas de coexistência – em uma mesma obra – de música e letra. No primeiro caso, deve ser considerada, também, a justaposição de forma inversa: a incorporação de uma letra a uma música preexistente. Da mesma forma, também nessa situação poderá ser aplicada a lição de Chaves:

> Coexistem, portanto, um direito comum ao musicista e ao poeta sobre a peça em si e no conjunto de suas partes, mas o musicista, de um lado, e o escritor, do outro, conservam o seu direito individual sobre a sua criação, separadamente[83].

Em relação à "parceria", explica Bobbio que, no campo da música popular brasileira, surgiu a praxe desse procedimento, entre dois ou mais autores, que se apresentam como criadores, em colaboração, de letra e música, sem maiores especificações. E complementa: "do ponto de vista jurídico, essa colaboração me afigura bastante frágil para resistir a qualquer divergência que insurgir entre os pseudocolaboradores, quando, a obra, mesmo feita em colaboração, for indivisível"[84].

Talvez a assertiva de Bobbio possa refletir um problema que era vivido mais acentuadamente na época em que foi escrita a sua obra *O direito de autor na criação musical* (1951), que consistia na proliferação de "parcerias" falsas, quando os verdadeiros autores dividiam irregularmente a paternidade de suas obras para atender a interesses patrimoniais imediatos. Contudo, atualmente, apesar de não podermos descartar a ocorrência desse tipo de artifício, tal situação não tem sido frequente, pois, juridicamente,

---

81. *O direito de autor na criação musical*. São Paulo: Editora Lex, 1951, p. 21 e 23.
82. Artigo publicado na *Revista dos Tribunais*, São Paulo, n. 457, p. 17-18, nov. 1973.
83. Artigo citado, p. 17 e 18.
84. Ob. cit., p. 23.

ficou mais difícil essa prática uma vez que a legislação brasileira de 1973 previu especificamente o direito moral do autor de reivindicar, a qualquer tempo, a paternidade de sua obra, atributo inalienável e irrenunciável, disposição reeditada, também, pela lei autoral vigente[85]. Com efeito, existem, hoje, compositores que se dedicam basicamente à criação musical, e seus parceiros, à criação das letras.

Enfim, a "letra" integrante da obra musical (ou "literomusical") é de natureza *sui generis*, pois não se trata exatamente de um poema ou prosa, no aspecto literário, nem propriamente consiste em melodia (*emissão de sons sucessivos*), no campo musical. Não encerra apenas uma ideia, mas dá forma a esta em ligação estreita à sonoridade, ao tema melódico: reportando-se ao exposto em relação ao processo criativo musical estaria entre o plano da inteligência e o da sensibilidade (talvez por isso seja mais adequado denominar o "letrista" "compositor letrista" do que "poeta", em sua acepção literária convencional).

Daí ocorrer, com certa constância, o fato de um belíssimo poema competentemente musicado não resultar em uma obra literomusical consistente e, ao contrário, uma letra simples, mas bem conciliada a uma bela melodia, formar, pelo conjunto, uma obra de alta qualidade e grande aceitação até nos setores culturais mais qualificados.

Nada obsta, entretanto, que o compositor acumule a atividade de letrista ou que, em caso contrário, utilize sua música separadamente da letra, bem como que o compositor-letrista possa agir da mesma forma em relação à sua criação. Contudo, a vida conjunta dessas duas obras incorporadas, via de regra, será mais habitual – *e mais intensa* – se tiver ocorrido uma perfeita combinação e, assim, uma criação se acrescerá à outra na assimilação pública da obra, se fundindo como um todo harmonioso indissociável.

6.2.3. As obras musicais derivadas

Ensina Antonio Chaves que a obra musical, com mais facilidade do que outra qualquer, pode ser objeto de elaborações secundárias[86].

Distinguindo as obras musicais originárias das derivadas como "obras de primeira mão e de segunda mão", Alain Le Tarnec complementa que a

---

85. Art. 24, I, e art. 27 da Lei n. 9.610/98, que reproduz, com apenas a modificação da expressão de "paternidade" para "autoria", o art. 25, I, e art. 28 da Lei n. 5.988/73.
86. Artigo citado, p. 16.

Convenção de Berna emprega a expressão "arranjos musicais" em um sentido global, mas que "a linguagem técnica musical distingue do arranjo a 'variação' e o jurista é convidado a seguir esse exemplo porque as duas modalidades de obras musicais derivadas não contêm os mesmos problemas". Finalmente evoca como obra musical derivada os "empréstimos" no campo do folclore[87].

No entender de Henry Desbois, o arranjo evoca a tradução, que se esforça por fazer passar todas as nuances da língua originária na versão. Assim, numerosos autores qualificam as transposições de um instrumento a outro de "traduções musicais"[88]. Antonio Chaves, a respeito dessa observação do grande jurista francês, complementa que este faz ver que semelhante evocação tem a vantagem de caracterizar, se não os métodos, ao menos o estado de espírito do autor do arranjo, que "realiza um ato de submissão[89]".

No tocante à variação musical, segundo Le Tarnec:

> Implica mais independência por parte de seu autor do que há no arranjo; a uma obra preexistente, um compositor acrescenta elementos melódicos, modifica, às vezes, a harmonia e o ritmo. Assim, adquire (a variação) mais "personalidade" do que o arranjo[90].

Portanto, a principal observação a respeito dessas duas modalidades de obras musicais derivadas é que a liberdade para exercício do elemento criativo é mais presente na *variação* do que no *arranjo*, em virtude da natureza dessas criações, ambas calcadas na obra musical originária.

Finalmente, além destas, relevante citar a posição de Bobbio, que – após ponderar que, para melhor compreensão, denomina "elaboração" todo e qualquer trabalho artístico musical em que o autor não cria *ex novo*, com originalidade formal e substancial, uma obra musical, mas manipula criação alheia, dando vida a algo, que embora com aquela não se confunda, todavia lhe conserva características individualizadoras – afirma que "a elaboração possui uma casuística praticamente infinita, cujos exemplos mais comuns e salientes são representados por: variações, adaptações ou arranjos – transcrições – reduções – combinações – estudos – rapsódias – 'pot-pourris'", e que "a todas são comuns os mesmos requisitos e os mesmos efeitos[91]".

---

87. Ob. cit., p. 62-63.
88. Ob. cit., p. 125.
89. Artigo citado, p. 17.
90. Ob. cit., p. 63.
91. Ob. cit., p. 144.

Direito Autoral no Brasil | José Carlos Costa Netto

A conclusão que emerge dessas considerações acaba se dirigindo à existência – *ou não* – do requisito da originalidade: somente o caso concreto – *de arranjo, variação ou elaboração musical* – será, efetivamente, definidor da sua tutela no campo do direito de autor.

6.2.4. A titularidade de direito

6.2.4.1. A titularidade originária do direito de autor na obra musical

6.2.4.1.1. O compositor da música e o letrista

Entendendo, como exposto, ser a obra – *como criação intelectual* – o objeto do direito de autor, sua titularidade originária caberá ao seu respectivo autor (*ou autores*).

A titularidade originária nasce com a criação intelectual e independe de fixação (*gravação sonora*), da formalização por meio do registro nos órgãos competentes ou de qualquer outro procedimento (*a edição, por exemplo*). Com efeito, nenhum desses procedimentos possui caráter constitutivo de direito de autor. Poderão, tão somente, servir como meio de prova de autoria: a utilização de uma obra musical deverá ser protegida mesmo que a obra não tenha – *ainda* – sido objeto de fixação ou gravação sonora, o registro legal apenas pressupõe autoria, admitindo prova em contrário[92] e a edição consiste apenas em um dos elementos comprobatórios de autoria existentes.

Cabe reafirmar, também, que a titularidade originária não significa somente o atributo pertencente ao autor de obra originária, mas, também, é a condição inerente ao criador da obra derivada, uma vez regularmente autorizado pelo compositor da obra preexistente. Deve-se, apenas, entender como titularidade derivada aquela adquirida em razão da cessão e transferência de direitos autorais (*que, obrigatoriamente, só podem atingir os aspectos pecuniários desses direitos*) ou da sucessão (*que poderá envolver, também, como já vimos no Capítulo 5, parte final, os direitos morais de autor*

---

92. O registro de obras intelectuais que é tratado no direito positivo brasileiro na Lei n. 5.988/73, Capítulo III, especialmente no artigo 17, §§ 1º e 2º; não consiste em obrigação do titular, pois dispõe que, "para segurança de seus direitos, o autor da obra intelectual poderá registrá-la, conforme sua natureza". O órgão competente para registro de obras musicais é a Escola de Música da Universidade Federal do Rio de Janeiro. Esses dispositivos (art. 17 e §§ 1º e 2º da Lei n. 5.988/73) têm a continuidade de sua vigência expressamente ressalvada pela Lei brasileira de Direitos Autorais vigente (art. 115 da Lei n. 9.610, de 19-2-1998), que reedita, em seu art. 18, o caráter meramente facultativo do registro: "A proteção aos direitos de que trata esta lei independe de registro".

em caso de a titularidade ser transmitida, por sucessão, aos herdeiros).

Assim, os titulares originários de direitos de autor de obra musical serão: (a) o compositor da música e o autor-compositor da letra (*no concernente às obras originárias*) e (b) o arranjador (*quando houver originalidade*) e o compositor da variação (*no tocante às obras derivadas*). Como examinado, em relação à "elaboração musical", é mais raro incidir o requisito da originalidade.

O compositor da música pode, também, ser o autor-compositor da letra, resultando em obra musical (*ou literomusical*) individual. Por outro lado, no caso de dois ou mais autores, existe o entendimento de que a obra só será em colaboração (*regime de coautoria*) se não ocorrer apenas uma incorporação ou justaposição de obra nova em obra preexistente (*nas hipóteses, portanto, de nítida distinção entre a autoria da música, de um lado, e da letra de outro*).

A opinião de Bobbio nos fornece essa orientação:

> Doutrina e jurisprudência andaram um tanto incertas sobre se deviam de prevalecer as normas que regem a colaboração ou coautoria, ou se deveriam de considerar como separados e autônomos os direitos do compositor e do escritor, ou se, finalmente, havia de se conceder ao musicista um quê de superioridade. Creio que a hipótese não se enquadra nos princípios da colaboração. Esta pressupõe, até no seu próprio sentido gramatical, que a obra seja o produto de um labor comum a duas ou mais pessoas, de tal maneira entrosado que se não possa separar a contribuição individual, no todo que resultou[93].

A criação de obras musicais originárias está afeta, normalmente, a um ou dois titulares originários (*criação individual ou criação em colaboração, reunindo o compositor da música com a da letra*). No primeiro caso, a titularidade originária integral caberá ao compositor da obra, em sua acepção moral e patrimonial. No segundo, a titularidade originária, em relação aos direitos patrimoniais, será dividida, em partes iguais, na utilização econômica da obra como um todo, e, em relação aos direitos morais, cada qual será detentor da íntegra de suas respectivas obras (*divididas em música e letra*), podendo utilizá-las separadamente.

Mas, ressalve-se, não é incomum o fato de, na criação musical popular, não haver uma divisão precisa entre "parceiros", definindo exatamente o

---

93. Ob. cit., p. 21.

compositor da música, de um lado, e o da letra, do outro. Mesmo que a participação de um na criação da música seja maior que a do outro, ou o mesmo acontecendo em relação à letra, nesse caso, há na criação conjunta da obra a ocorrência de influências mútuas na composição da música e da letra. Resulta em um entrelaçamento indissociável das respectivas criações. Nessa situação, apesar de não haver alteração com referência à divisão dos direitos patrimoniais em partes iguais, já mencionada, não haverá possibilidade de utilização em separado da criação de cada compositor, uma vez fundidas, de forma definitiva, em uma obra comum. Quanto aos direitos morais, nesse caso, é pertinente concluir que serão exercidos, em sua integridade, em relação à obra musical como um todo.

Embora seja mais habitual a titularidade originária de obra musical originária pertencer a um ou dois compositores, esse número pode ser ampliado, existindo mais de um compositor para a música e mais de um também para letra, ou três ou mais compositores criando juntos a obra como um todo, sem a possibilidade de se identificar com exatidão a participação de cada um.

Na hipótese de um texto poético vir a ser musicado, naturalmente, aplicar-se-ão as disposições atinentes à obra musical em que a titularidade originária é perfeitamente distinguida entre o compositor da música, de um lado, e o da letra, de outro, embora, nesse caso, o autor do texto poético preexistente não deve ser considerado como compositor – letrista. Nesse sentido, Bobbio argumenta que no fato de alguém escrever música sobre texto poético alheio não se vislumbra uma colaboração, porque em caso algum o resultado é a fusão dos dois elementos, o musical e o poético. Continuam eles com individualidade própria, embora associados e justapostos[94]. Não é raro, no entanto, ocorrer, mesmo nesses casos, uma nítida sensação dessa "fusão" entre as duas obras distintas, tal é a identificação da música criada para o texto preexistente.

6.2.4.1.2. O arranjador e o compositor das variações

No que tange ao arranjador, este pode ou não ser considerado, na elaboração do arranjo, compositor.

Analisando essa questão na área da música popular brasileira, João Máximo observou:

---

94. Ob. cit., p. 21.

6 | As várias modalidades de obras intelectuais protegidas

Como **RADAMÉS**, excelente compositor, também **PERACCHI, PANI-CALLI, GAYA, RENATO, CIRO, SIMONETTI**, eram capazes de criar suas próprias canções. E quando, por dever de ofício (em alguns casos até por sobrevivência), tinham de orquestrar, punham ali muito amor e esmero, já que existia em suas almas um compositor fazendo força para ser ouvido hoje em dia, qualquer mesa eletrônica (os tais teclados), qualquer meia dúzia de músicos menores, qualquer improviso barato pode criar acompanhamento para os cantores, que de resto não estão muito preocupados com isso[95].

É relevante ressalvar, contudo, que o elemento essencial à tutela pelos direitos de autor é – independentemente do grau de competência ou prestígio do arranjador – o fato de ter havido, efetivamente, uma criação intelectual nova. O que é certo, portanto, é que essa atividade – mesmo exercida por um compositor notório – não vai resultar, necessariamente, na criação de uma obra derivada, requisito essencial para atribuição da titularidade de direitos de autor. Os arranjos só poderão ser protegidos se contiverem as características de verdadeira adaptação[96].

A respeito desse aspecto, leciona Ascensão que os arranjos podem representar modificações de obras preexistentes, ou podem, ao contrário, representar transformações; tudo depende de trazerem ou não uma obra nova, que se afasta da obra originária pelas exigências da sua forma de expressão[97].

Nesse ponto, importante repassar a lição de Le Tarnec de que, na hierarquia das obras derivadas, o arranjo representa a forma mais elementar de adaptação suscetível de ser protegida: consiste em adaptar a obra escrita para um instrumento determinado a outro instrumento, ou significa a orquestração de uma composição musical, ou ainda transportar uma sinfonia para um número menor de instrumentos ou mesmo para um só[98].

Consequentemente, a titularidade originária de direito de autor só dependerá da atuação criativa do arranjador no sentido da realização de obra nova que, embora derivada da obra musical originária, terá a autonomia indispensável para gerar direitos independentes aos dos composi-

---

95. "Panorama – Críticas e Comentários", seção pertencente à revista *Ele/Ela*, n. 178, de março de 84, Editora Bloch, Rio de Janeiro, p. 36, em artigo intitulado "Música Popular Eletrônica x Orquestras".
96. Nesse sentido a orientação internacional, conforme registra o *Glossário OMPI*, p. 11.
97. *Direito autoral*. Rio de Janeiro: Forense, 1980, p. 171.
98. Ob. cit., p. 209.

213

tores da música e da letra. Por outro lado, o compositor das variações assume a titularidade originária de obra derivada com mais facilidade, uma vez considerada esta empréstimo do tema de uma composição anterior combinada com novos desenvolvimentos, servindo a obra anterior apenas como base à variação, que o compositor da obra nova imagina e inova[99] .

A variação musical não é especificada na legislação brasileira, e, conforme lembra Henrique Gandelman, no tocante ao arranjo, a lei se refere somente a arranjo de obra caída em domínio público[100]. Todavia, tanto uma quanto outra modalidade de obra derivada encontram-se protegidas no contexto geral das "adaptações", traduções e outras transformações de obras originárias catalogadas como obras tuteladas pelo direito positivo *com a ressalva de que "constituam uma criação intelectual[101]"*.

6.2.4.2. *A titularidade derivada de direito de autor na obra musical*

Uma vez admitido que a titularidade de direitos de autor possa ser transmitida pelo criador a terceiros (*cessão*) e, em decorrência de falecimento, aos seus sucessores, os beneficiários assumirão a titularidade derivada, que não se restringirá aos direitos patrimoniais, no caso de sucessão, mas poderá abranger também os direitos morais, previstos na lei[102].

Na área musical, existe a prática de que a cessão de direitos – *embora ressalve a participação percentual do compositor na exploração da obra* – conste de negócios de edição musical.

A respeito dessas duas modalidades de contrato, reportamo-nos ao Capítulo 12 adiante intitulado: "Contratos típicos de direitos autorais: a edição de obra intelectual e a cessão e transferência de direitos autorais".

No que concerne especificamente aos negócios dessa natureza, é importante destacar a peculiaridade das relações jurídicas no terreno da obra musical, em decorrência da natureza e da diversidade de sua utilização.

---

99. Conforme, ainda, TARNEC, Alain. Ob. cit., p. 209.

100. *Guia básico de direitos autorais*. Rio de Janeiro: Globo, 1982, p. 12.

101. Inciso XIII do art. 7º da Lei n. 9.610/98, que reedita a orientação do art. 6º, XII, da Lei n. 5.988/73.

102. Os direitos morais que são transmitidos aos sucessores em decorrência da morte do autor são os estabelecidos nos incisos I a IV do art. 24 da Lei n. 9.610/98: reivindicação de autoria (I), indicação do nome na utilização da obra (II), conservar a obra inédita (III) e assegurar a integridade da obra, opondo-se a quaisquer modificações ou à prática de atos que, de qualquer forma, possam prejudicá-lo ou atingi-lo, como autor, em sua reputação ou honra (IV). Ressalve-se também, por outro lado, os casos em que é proibida a cessão de direitos autorais, mesmo de natureza patrimonial (art. 13 e seu parágrafo único da Lei n. 6.533, de 24-5-1978, que continua com sua vigência ressalvada pelo art. 115 da Lei n. 9.610/98), conforme examinamos na parte final do Capítulo 5 e no Capítulo 12.

6 | As várias modalidades de obras intelectuais protegidas

Habitualmente, os contratos de edição musical não contêm apenas as relações de edição gráfica (*a impressão, publicação e divulgação da partitura correspondente à obra musical editada*). E a condição *sui generis* da edição musical está justamente nesse aspecto: a obrigação da edição gráfica, em geral, quase se dissipa em relação aos demais encargos do editor musical no vasto e complexo campo de utilização da obra musical (*sincronização ou inclusão, reprodução fonomecânica, distribuição e execução pública, principalmente*).

Nesse passo, o editor musical é mais um mandatário ou administrador dos direitos patrimoniais da obra do que, propriamente, um editor, se considerado o termo restritivamente. Em grande parte das negociações nesse terreno, o editor procura adquirir, às vezes abusivamente, sem contrapartidas equilibradas, a condição de verdadeiro cessionário dos direitos patrimoniais de autor, durante a íntegra do período legal de proteção da obra musical. Pretende, assim, praticamente, substituir o autor, no que tange à exclusividade na exploração econômica da obra, isolando este da sua disposição e controle. Daí a titularidade derivada de direitos de autor ser assumida pelo "editor", que, como já se expôs, só pode se referir aos direitos patrimoniais e – *mesmo assim* – restritivamente aos direitos específica e expressamente constantes do contrato[103].

Assim, as partes contratantes normalmente constituídas nos "contratos de edição musical" serão as de:

Editor	Autor
Administrador	Administrado
Mandatário	Mandante
Cessionário	Cedente

A primeira questão que surge: como é possível o cessionário da integralidade dos direitos patrimoniais de autor ser, também, editor, administrador e mandatário? Isso porque, na qualidade de cessionário, o "editor" se investiu, sob o aspecto econômico, na titularidade derivada dos direitos de autor em relação à utilização da obra. Quais seriam, portanto, os direitos sujeitos à administração?

---

103. Essa orientação é adotada por Henry Jessen (ob. cit., p. 79): "Já no caso da cessão parcial há que examinar com cuidado os direitos alienados pelo autor, verificando se o novo meio de exploração da obra está ou não enquadrado neles. A dúvida resolverá em favor do autor, pois, os termos do instrumento de cessão não são interpretados extensivamente".

215

Efetivamente, é relevante reafirmar, não pode, de forma alguma, ser presumida, na edição musical, a cessão de direito de autor. Na verdade, se não estiver adequadamente expressa, não deve, de forma alguma, ser considerada. Vejamos, nesse sentido, a orientação de Bobbio:

> O contrato de edição confere ao editor, única e exclusivamente, o direito de realizar a publicação e explorar a publicação, não a obra.

> Não há, no contrato de edição propriamente dito, nenhuma "cessão de direito do autor", a não ser que o próprio contrato o estipule expressamente[104].

Essa distinção entre edição e cessão é importante, também, no respeitante à obrigatoriedade de sua averbação (*para validade contra terceiros*) à margem do registro de obras intelectuais previsto na legislação brasileira[105]. A regra é que a cessão de direitos pode ser averbada, mas não há essa previsão para o negócio de edição. Nesse caminho, embora no âmbito do regime legal anterior em que a averbação da cessão era obrigatória para validade contra terceiros[106], o Supremo Tribunal Federal, no acórdão de 25 de março de 1980, proferido no Recurso Extraordinário 92.351-9/SP, por unanimidade de sua Primeira Turma, rel. Min. Cunha Peixoto, consignou que "[n]ão viola o parágrafo 1º do art. 53 da Lei 5.988/73 a decisão que entende não estar sujeito ao registro previsto na Lei de Direitos Autorais o contrato de edição"[107].

Mesmo no caso de cessão integral de direitos autorais, deve-se ressaltar, como já visto, a impossibilidade jurídica de transmissão dos direitos morais de autor[108]. A exemplo de vários juristas estrangeiros, Piola Caselli também se coloca nessa orientação:

> O contrato de edição não pode, portanto, mais ter por objeto a transmissão integral do direito de autor mas somente a transferência ao editor do

---

104. Ob. cit., p. 29.

105. § 1º do art. 50 da Lei n. 9.610/98.

106. § 1º do art. 53 da Lei n. 5.988/73.

107. Cf. nesse sentido: "Direito autoral – Edição de obra estrangeira – Reconhecendo o acórdão recorrido que se publicara uma 2ª edição não numerada e uma 3ª edição sem autorização e infringente do contrato, caracteriza-se a ofensa ao art. 153, parágrafo 25, da CF e aos arts. 21, 29, 30 e 64 da Lei n. 5.988, de 14-12-73. Recurso conhecido e provido em parte". Acórdão do STF referido em *Direito autoral – Série Jurisprudência*, já citada, p. 87.

108. Nesse sentido, também, a posição de Henry Jessen (ob. cit., p. 79), ressalvando-se o disposto na nova Lei brasileira de Direitos Autorais vigente (§ 1º do art. 24 da Lei n. 9.610/98) sobre transmissão, por sucessão, de alguns dos direitos morais de autor (os contidos nos incisos I a IV do referido dispositivo legal).

exercício do direito de utilização econômica, permanecendo com o autor, mesmo após o contrato, o exercício de seus direitos pessoais sobre a obra[109].

E a jurisprudência tem se mostrado rigorosa nas utilizações extracontratuais da obra editada, caracterizando-as como ato ilícito, com violação, inclusive, de norma constitucional.

Enfim, a cessão de direitos, total ou parcial, incrustada no contrato de edição e sempre abrangendo somente os aspectos pecuniários dos direitos de autor, é a forma mais habitual de aquisição, por terceiros, da titularidade derivada de obras musicais.

Como, normalmente, dispõem expressamente que a validade da cessão se estenderá até a extinção do prazo de proteção da obra, o "editor-cessionário" continua no exercício dos direitos patrimoniais de autor mesmo após o falecimento do autor, embora a manutenção da condição de cessionário, durante esse longo período, pelo "editor-cessionário", dependa do cumprimento regular de suas obrigações contratuais assumidas perante o autor-cedente (*o inadimplemento do contrato resultará, naturalmente, na possibilidade de sua rescisão*). Quando o autor da obra musical não tiver cedido seus direitos patrimoniais, estes se transmitirão aos herdeiros, consoante as normas sucessórias regulares[110].

---

109. Ob. cit., p. 546.

110. No Brasil, além da legislação especial citada, de acordo com o Código Civil de 2002, ora vigente, arts. 1.784 a 2.027 (correspondentes aos arts. 1.572 a 1.805 do diploma anterior).

CAPÍTULO 7

Direitos morais

7.1. NATUREZA JURÍDICA: A INTEGRAÇÃO DO DIREITO MORAL DE AUTOR COMO DIREITO DA PERSONALIDADE

Consoante se expôs, em relação à teoria dualista, a mais apropriada para conceituar a natureza jurídica *sui generis* dos direitos de autor, os direitos morais ("pessoais" ou "de personalidade") de autor devem prevalecer sobre os patrimoniais. Essa conclusão resulta de serem aqueles modalidade dos direitos da personalidade, uma vez que a obra intelectual, como criação de espírito, vincula-se essencialmente à personalidade do seu autor.

Ao adentrarmos nas noções de direitos da personalidade, conforme leciona Pontes de Miranda, deve-se advertir que:

> a) no suporte fáctico de qualquer fato jurídico de que surge o direito, há necessariamente alguma pessoa como elemento do suporte; b) no suporte fáctico do fato jurídico de que surge direito de personalidade, o elemento subjetivo é ser humano, e não ainda pessoa: a personalidade resulta da entrada do ser humano no mundo jurídico[1].

Complementando, o grande jurista brasileiro destaca a importância desse ramo do direito civil:

> Com a teoria dos direitos de personalidade, começou, para o mundo, nova manhã do direito. Alcança-se um dos cimos da dimensão jurídica.

---

1. *Tratado de direito privado*: parte especial. 4. ed. São Paulo: Revista dos Tribunais, 1974. t. VII, p. 5.

A princípio, obscura, esgarçando-se em direitos sem nitidez, com certa construtividade de protoplasma, como lhe arguiu Karl Gareis (Das juristische Wesen der Autorrechte, Buchs Archiv fur Theorie und Praxis des Handels – und Wechselrechts, 35, 188), mas já permitindo a BLUNTS-CHLI, em 1853, nela fundar o direito de autor, teve a servi-la dezenas de escritores que acuradamente procuraram definir os "direitos da personalidade", em discussão e material assoberbantes (cf. F. M. MUTZENBE-CHER, Zur Lehre vom Personlichkeitsrecht, 63)[2].

Assim, o direito moral de autor, a exemplo dos demais direitos da personalidade, é considerado indisponível, intransmissível e irrenunciável, devido ao seu caráter de "essencialidade":

> De fato, qualquer valor concreto seria subtraído à personalidade jurídica, se fosse consentido à pessoa pôr fim a tais direitos por acto de vontade. Na verdade, a personalidade jurídica não pode ser esvaziada, por acto de renúncia, da parte mais importante do próprio conteúdo, pois que a norma jurídica, ao atribuir os direitos da personalidade, tem caráter de norma de ordem pública, irrevogável[3].

Sobre a integração os direitos morais do autor aos direitos da personalidade, ensina, ainda, Pontes de Miranda que o que se tutela no que denomina "direito autoral de personalidade" é a identificação pessoal da obra, a sua autenticidade, a sua autoria: "essa identificação pessoal, essa ligação do agente à obra, essa relação de autoria, é vínculo psíquico, fáctico, inabluível, portanto indissolúvel, como toda relação causal fáctica, e entra no mundo jurídico, como criação, como ato-fato jurídico"[4].

No mesmo sentido, Piola Caselli:

> Se a personalidade do autor acompanha o exercício do direito de autor, é a qualidade da obra – diferentemente de um bem patrimonial comum – que é representativa da personalidade do autor na sociedade. O autor como tanto já se escreveu, vive na obra. Tendo em vista que a sociedade identifica a natureza e o valor da obra com o dom pessoal e o mérito do

---

2. *Tratado de direito privado*: parte especial. 4. ed. São Paulo: Revista dos Tribunais, 1974. t. VII, p. 6.

3. DE CUPIS, Adriano. *Os direitos de personalidade*. Trad. Adriano Vera Jardim e Antonio Miguel Caeiro. Lisboa: Livraria Morais Editora, 1961, p. 53. Relaciona, como direitos da personalidade, além dos direitos morais de autor, também o direito à vida e à integridade física, o direito à liberdade, o direito à honra, o direito à identidade pessoal, o direito sobre as partes destacadas do corpo e o direito sobre o cadáver.

4. Ob. cit., p. 143.

7 | Direitos morais

autor sua personalidade tanto se engrandecerá em decorrência da obra como, ao contrário, poderá ser – por esta – diminuída ou obscurecida[5].

A matéria é, realmente, apaixonante. A sua evolução e complexidade têm sido objeto de exame acurado de inúmeros juristas, destacando-se, como um exemplo desse interesse, pela sua riqueza informativa, basicamente no contexto do direito alemão, francês e escandinavo, a obra *Le droit moral de' l auteur*, de Stig Stromholm, desenvolvida em três volumes e 1.500 páginas[6].

A respeito do tema, que já foi, também, abordado nesta obra no estudo relativo à evolução histórica[7] e aos direitos de personalidade e será tratado, também, oportunamente, no desenvolvimento dos próximos capítulos, cabe resumir o tratamento jurídico consolidado no direito positivo brasileiro.

Conceitua Rodrigo Moraes o direito moral de autor como

a pluralidade de prerrogativas extrapatrimoniais que visam a salvaguardar tanto a personalidade do autor quanto a obra intelectual em si mesma, por ser essa uma projeção do espírito de quem a criou. Em outras palavras, definiu-se como uma série de direitos de ordem não patrimonial que visem a proteger criador e criação. Esta constitui um reflexo da per-

---

5. *Codice del diritto di autore, Commentario*. Torino: Unione, Tipografico Editrice Torinense, 1943, p. 326.

6. Edição da P.A. Norstedt & Somers Forlag, Estocolmo, 1967. Sobre o tema publicamos "Les droits Moraux de l'anteur" na revista jurídica *Les Cahiers de Proprieté*, volience 25, número 1, janeiro 2013, Editions Yvon Blais, Montreal, p. 127-139.

7. A respeito, cabe acrescentar a impropriedade destacada por Rodrigo Moraes, que constou do Código Civil Brasileiro de 1916 por iniciativa do Legislativo então existente na República e ao arrepio de seu célebre autor, o consagrado jurista Clóvis Bevilàqua: "O abominável art. 667 do Código Civil de 1916 permitia a cessão do direito moral à paternidade. O projeto original de Clóvis Bevilaqua, com acerto, previa exatamente o reverso, proibindo a cessão desse elemento extrapatrimonial. A permanência do art. 667, no estatuto civil, por quase seis décadas, deixou um ranço no campo da criação intelectual. Sem dúvida, trouxe inúmeras consequências maléficas. Não é pequena a extensão dos efeitos negativos. A proliferação, no Brasil, na prática de 'comprositores' amparou-se na inaceitável cessão do direito moral disposta no aludido artigo" (*Os direitos morais do autor*: repersonalizando o direito autoral. Rio de Janeiro: Lumen Juris, 2008, p. 259). No plano histórico internacional, Leonardo Estevam de Assis Zanini expõe: "O mérito do desenvolvimento da primeira teoria que realmente considerou o direito de autor como um direito de personalidade deve ser atribuído ao suíço Johann Caspar Bluntschli (1808-1881), o que ocorreu em uma época em que essa categoria de direitos ainda não tinha sido reconhecida pela doutrina civilista. Após rejeitar a doutrina da propriedade espiritual, Bluntschli qualificou o direito de autor como um direito essencialmente pessoal, dentro do qual a dimensão patrimonial seria apenas secundária. Para ele a obra pertence ao autor não como uma coisa corporal, mas sim como 'uma manifestação e uma expressão de seu espírito individual'. Nessa linha, esclareceu que 'entre o autor e a obra existe um liame natural, como entre criador e criação, e aquele que tem direito natural a que esta relação seja respeitada'. Até por isso, o criador tem o direito de decidir sobre o modo e o momento de comunicar sua obra ao público" (*Direito de autor*. São Paulo: Saraiva, 2015, p. 119).

221

Direito Autoral no Brasil | José Carlos Costa Netto

sonalidade daquele, e, consequentemente, uma emanação de sua própria dignidade como pessoa humana[8].

7.2. CLASSIFICAÇÃO DOS DIREITOS MORAIS DE AUTOR: PRECEDENTES JURISPRUDENCIAIS

Em decorrência de sua natureza, portanto, o direito moral de autor é perpétuo[9], inalienável e imprescritível[10]. Nossa legislação acrescenta, ainda, a característica da irrenunciabilidade[11], catalogando-o, de acordo com os parâmetros internacionais sobre a matéria, como os atributos do autor de[12]:

---

8. Ob. cit., p. 257. Defende a teoria dualista como mais apropriada para conceituar a natureza jurídica do direito de autor, constituindo-se, o direito moral de autor, como um dos lados de uma "face dupla", que descreve com clareza e precisão: "Em se tratando da natureza jurídica do Direito Autoral, a teoria defendida no presente estudo foi a do direito pessoal-patrimonial (corrente dualista). Esse direito, portanto, é dúplice, bifronte, formado por dois elementos de natureza diversa: o moral e o patrimonial. O primeiro representa um prolongamento da personalidade do homem-criador. O segundo, o direito que ele tem de participar dos lucros obtidos pela exploração econômica da obra. Esses elementos estão intimamente ligados. Integram-se e completam-se. Os direitos morais, juntamente com os patrimoniais, formam o caráter híbrido do Direito Autoral, considerado um direito de natureza mista, de face dupla" (ob. cit., p. 258).

9. Nesse aspecto, conclui Leonardo Estevam de Assis Zanini: "Sustentamos que os direitos da personalidade, aí incluídos os direitos morais de autor, perduram durante toda a vida da pessoa, bem como que deve ser admitida a sua proteção depois do falecimento do seu titular. Não há na legislação nenhum dispositivo que limite essa proteção, que estará sempre a depender do caso concreto, da avaliação do juiz, que deverá verificar se a personalidade do *de cujus* continua presente no mundo jurídico. Nesse sentido, asseveramos que os direitos morais do autor são perpétuos ou perenes, já que não encontram nenhum limite temporal no ordenamento jurídico, mas sempre dependem da análise do caso concreto, da verificação da permanência da personalidade da pessoa falecida no mundo jurídico, que eventualmente pode até mesmo se perpetuar" (ob. cit., p. 435).

10. Conforme CHAVES, Antonio. O direito moral de autor na legislação brasileira. *Il diritto di autore*, volume celebrativo do cinquentenário da revista, Giuffré Editore, Milão, 1979, p. 74.

11. Art. 27 da Lei n. 9.610/98, que reproduziu textualmente o art. 28 da Lei n. 5.988, de 14-12-1973. Além desse dispositivo, em se tratando o direito moral de autor de direito da personalidade, aplica-se, também, o art. 11 do Código Civil de 2002, em vigor, que estabelece: "Com exceção dos casos previstos em lei, os direitos da personalidade são intransmissíveis e irrenunciáveis, não podendo o seu exercício sofrer limitação voluntária". A respeito da irrenunciabilidade dos direitos morais de autor, Silmara Chinellato consigna: "A maioria dos juristas brasileiros reconhece a natureza de direitos da personalidade aos direitos morais de autor. Entre eles citamos Carlos Alberto Bittar, Walter Moraes, Rubens Limongi França, Fabio Maria de Mattia, José Carlos Costa Netto, tese com a qual concordamos e desenvolvida em obra própria. O art. 27 da Lei n. 9.610/98 expressamente confere características de direitos de personalidade aos direitos morais considerados inalienáveis e irrenunciáveis. Assim, eles não poderão ser objeto de cessão nem de renúncia em regra. Em certos casos pode haver restrição ao exercício dos direitos morais. A Lei n. 9.610/98 admite restrição do direito de imodificabilidade da obra de arquitetura, quando o proprietário do imóvel faz alterações no projeto original, hipótese em que o arquiteto pode repudiar a autoria (art. 26). Segundo nosso entendimento o autor assalariado não pode invocar direito de inédito ou de arrependimento sob pena de comprometer o objeto principal do contrato de trabalho" (O caráter mutável do direito moral na era da informação superabundante – Questionário da ALAI. Bruxelas, 2014. In: *Estudos de direito autoral em homenagem a José Carlos Costa Netto*. Salvador: Editora EDUFBA, 2017, p. 512).

12. A lei vigente de direitos autorais (9.610/98) reproduz, em seu art. 24, I a VII, o que já constava no art. 25, I a VI, da Lei n. 5.988/73, com dois acréscimos: a ressalva da condição em que o autor poderá retirar

222

7 | Direitos morais

(a) Incisos de I a IV:

(I) – reivindicar, a qualquer tempo, a paternidade da obra;

(II) – ter seu nome, pseudônimo ou sinal convencional indicado ou anunciado como sendo o do autor, na utilização de sua obra[13];

Apesar do direito do autor de reivindicar paternidade e ter seu nome indicado na utilização da obra serem aparentemente bastante claros, vêm se proliferando casos nos quais músicas são disponibilizadas à reprodução pública em *streamings* e outros sítios eletrônicos, sem que o autor seja devidamente nomeado, gerando uma profusão de casos entre quais se destacam os seguintes, a título exemplificativo:

(a) Autor que propôs a demanda narrando haver composto 13 (treze) obras musicais, que estariam sendo disponibilizadas no serviço operado pelas rés Vagalume e Record sem que fossem conferidos os créditos de criação devidos ao requerente. (...) Direitos de autor que encerram conteúdo dúplice, de natureza moral e patrimonial: estes, relacionados à exploração econômica da obra; aqueles, à proteção da criação intelectual como emanação da própria personalidade do autor, englobando direitos de paternidade (reclamar a autoria da obra), nominação da obra (dar-lhe nome), integridade da criação, retirada de circulação, dentre outros. Direitos morais de autor que, uma vez violados, ensejam danos morais indenizáveis, consoante prescreve, de modo expresso, o art. 108 da Lei n. 9.610/1998[14].

(b) "A ausência de atribuição de autoria em plataforma de *streaming* configura violação de direitos autorais e gera direito à indenização por danos morais."[15]

---

de circulação ou suspender a utilização de sua obra: apenas "quando a circulação ou utilização implicarem afronta à sua reputação ou imagem" (inciso VI), e o inciso VII, importante conquista que se soma às prerrogativas do autor de obra intelectual.

13. Apesar de não haver previsões específicas a respeito dos direitos morais de autor no Código Civil de 1916, a não ser o malfadado art. 667, que permitia a cessão do direito moral de paternidade (*vide* nota de rodapé n. 7 deste capítulo), o Supremo Tribunal Federal, já em 1950, ou seja, 23 anos antes da Lei n. 5. 988, de 1973, que incorporou a matéria ao direito positivo brasileiro, decidia: "Composição musical. De dizer a lei que o compositor pode autorizar a reprodução do seu trabalho, sem autorização do autor do texto poético, não se segue que ao segundo se suprima também o direito de ter mencionado o seu nome" (Ementa do acórdão de 14-8-1950, proferido no Recurso Extraordinário 17.378/DF, Primeira Turma, votação unânime, rel. Min. Luiz Gallotti).

14. TJSP; Apelação Cível 1018383-63.2024.8.26.0100; Desembargador Relator: Vito Guglielmi; Órgão Julgador: 6ª Câmara de Direito Privado; Foro Central Cível - 40ª Vara Cível; Data do Julgamento: 19-9-2024; Data de Registro: 19-9-2024.

15. TJSP; Apelação Cível 1150078-77.2023.8.26.0100; Desembargador Relator: Pastorelo Kfouri; Órgão Julgador: 7ª Câmara de Direito Privado; Foro Central Cível - 13ª Vara Cível; Data do Julgamento: 23-10-2024; Data de Registro: 23-10-2024.

(c) DIREITO AUTORAL – Exploração econômica de fonogramas – Disponibilização em serviço de *streaming* sem a indicação da autoria da composição – Obrigação de fazer para atribuir ao requerente a autoria[16].

(d) Divulgação de músicas compostas pelo autor sem a indicação dos créditos na plataforma de *streaming* da ré – Dano moral caracterizado – Inteligência do artigo 24, inciso II da Lei nº 9.610/98 (Lei dos Direitos Autorais)[17].

(III) – conservar a obra inédita[18];

(IV) – assegurar a "integridade" da obra, opondo-se a quaisquer modificações, ou à prática de atos que, de qualquer forma, possam prejudicá-la, ou atingi-lo, como autor, em sua reputação ou honra[19];

Sobre o direito moral de autor de assegurar a integridade da obra, observa, com inegável pertinência, Carlos Fernando Mathias de Souza, a sua preservação – ao lado do direito de paternidade – no que tange a programa de computador pela Lei n. 9.609, de 19 de fevereiro de 1998, e a criticável omissão, em relação a essa obra, da previsão naquele diploma legal em relação aos demais direitos morais de autor elencados nos incisos

---

16. TJSP; Apelação Cível 1045719-42.2024.8.26.0100; Desembargador Relator: Elcio Trujillo; Órgão Julgador: 10ª Câmara de Direito Privado; Foro Central Cível - 40ª Vara Cível; Data do Julgamento: 8-10-2024; Data de Registro: 9-10-2024.

17. TJSP; Apelação Cível 1050879-82.2023.8.26.0100; Desembargador Relator: Marcia Dalla Déa Barone; Órgão Julgador: 4ª Câmara de Direito Privado; Foro Central Cível - 23ª Vara Cível; Data do Julgamento: 8-10-2024; Data de Registro: 8-10-2024.

18. O direito moral de autor de conservação do ineditismo da obra intelectual mereceu reconhecimento jurisprudencial importante pelo STJ, com a seguinte ementa: "Direito Autoral. Dano Moral. Ineditismo. Honorários. Nos termos do art. 25, III, da Lei 5.988/73, o autor de obra intelectual tem o direito de conservá-la inédita, e a ofensa a esse direito leva à indenização do dano moral sofrido. Recurso do autor conhecido e provido parcialmente, para deferir a indenização pelo dano moral. Recurso do réu julgado prejudicado" (acórdão de 26-2-2002 da Quarta Turma do STJ, votação unânime, rel. Min. Ruy Rosado de Aguiar, REsp 327.000/RJ, *DJ* 4-8-2003, p. 306).

19. Na proteção à integridade da obra, especificamente "à prática de atos que, de qualquer forma, possam prejudicá-la ou atingi-lo como autor, em sua reputação" relevante, embora relativa ao "revisor" e não, diretamente, ao autor da obra, a recente decisão do Tribunal de Justiça de São Paulo: "Dano moral. Alegado o abalo na credibilidade profissional de revisor de obra literária. Livro publicado com vários erros. Demonstrada a publicação de texto com a revisão inacabada e com erros de digitação. Constrangimento evidente para o revisor. Indenização devida, apenas reduzido o valor da mesma. Recurso parcialmente provido" (acórdão de 6-11-2007, proferido na Apelação Cível 517.964-4/SP, por unanimidade de votos de sua segunda Câmara de Direito Privado, rel. Des. Boris Kauffmann). A respeito, ainda, do exercício pelo autor, seus herdeiros, ou pelo Estado, do direito à integridade da obra, relevante a lúcida visão de Leonardo Estevam de Assis Zanini: "O direito à integridade da obra abrange as intervenções corporais, sejam elas positivas ou negativas, que atinjam a substância da obra ou qualquer outro tipo de atuação sobre o trabalho que venha a atingi-lo, prejudicá-lo ou depreciá-lo. Para a sua tutela não é necessário, a nosso ver, qualquer relação com a honra ou reputação do autor" (ob. cit., p. 437).

II, III, V, VI, e VI da Lei n. 9.610, da mesma data. Complementa, em lúcida crítica, o jurista que o direito de autor de programa de computador de opor-se a alterações não autorizadas, na preservação da integridade da obra, foi tratado na Lei n. 9.609/98 (art. 2º, § 1º) de forma mitigada em razão de o exercício de seu direito estar condicionado à "deformação, mutilação ou outra modificação do programa, que acarretem prejuízo para sua honra ou reputação"[20].

Uma rara decisão sobre o tema a foi tomada na França pelo Tribunal Judiciaire de Paris, em 9 de julho de 2023. A causa concernia à utilização de uma música romântica, a "Ballade pour Adeline", em uma cena de extrema violência – um assassinato cometido com taco de beisebol – na série de televisão *Narcos-México*. Segundo o autor da música, a utilização descontextualizada feria seus direitos à paternidade e à integridade da obra.

O Tribunal parisiense, porém, só reconheceu uma "*leve*" violação ao direito de paternidade, e rejeitou a alegação de violação à integridade, indicando que a música já tinha sido utilizada em outras cenas de violência em séries anteriores.

Como comentou Julie Goffre-Charrier, a solução do Tribunal é equivocada, uma vez que os direitos morais são imprescritíveis, e não convalescem pela falta de uso. Ademais, cabe ao autor avaliar e, se o caso, permitir o uso da obra em determinado contexto[21].

(b) Inciso V:

(V) – modificar a obra, antes ou depois de utilizada[22];

(c) Incisos VI e VII:

(VI) – retirar de circulação a obra ou suspender qualquer forma de utilização já autorizada, quando a circulação ou utilização implicarem afronta à sua reputação e imagem;

---

20. *Direito autoral*: legislação básica. Brasília: Brasília Jurídica, 1998, p. 62.
21. Comentário publicado na sessão "Textes et Décision", da revista *Dalloz IP/IT*, em novembro de 2023, p. 585-587.
22. O direito moral do autor de "modificar a obra, antes ou depois de utilizada", ainda no regime da Lei n. 5.988, de 14-12-1973, foi reconhecido pelo Supremo Tribunal Federal em 1984, em decisão conjunta com violação do direito moral de indicação do nome do autor na utilização de sua obra (neste caso fotográfica). Nesse sentido, a ementa: "Direito autoral. Fotografia. Modificação da obra e omissão do nome do autor, nos termos do art. 126 da Lei 5.988, de 1973, o autor tem direito a ser indenizado por danos morais e a ver divulgada sua identidade, independentemente da prova tópica de haver sofrido prejuízo econômico, hipótese de não conhecimento do recurso da agência de publicidade, e de provimento do recurso do autor" (acórdão de 28-2-1984, proferido no Recurso Extraordinário 99.501/SP, Segunda Turma, rel. Min. Francisco Rezek, *RTJ*, v. 109-02, p. 744).

(VII) – o de ter acesso a exemplar único e raro da obra, quando se encontre legitimamente em poder de outrem, para o fim de, por meio de processo fotográfico ou assemelhado, ou audiovisual, preservar sua memória, de forma que cause o menor inconveniente possível a seu detentor, que, em todo o caso, será indenizado de qualquer dano ou prejuízo que lhe seja causado.

Possivelmente, no contexto dessas regras tutelares dos direitos morais de autor, uma das questões mais importantes seja reprimir o uso depreciativo da obra intelectual, em todas as nuances que possa resultar. A respeito, a decisão do Superior Tribunal de Justiça que condenou uma galeria de arte a indenizar artista plástico pela realização de exposição de suas obras "em detrimento do respeito ao seu autor":

> Embora não se possa negar ao adquirente de uma obra de arte, especialmente em se tratando de galeria de arte, o direito de expô-la, não se pode deixar sem proteção outros direitos decorrentes da produção artística ou intelectual, tais como o da titularidade da autoria e o da intangibilidade da obra. A teleologia da Lei n. 5.988/73, ao garantir a integridade da obra artística ou intelectual, veda a utilização desta em detrimento do respeito ao seu autor, ensejando reparação do dano causado[23].

Essa orientação, na verdade, confirmou a que já havia sido adotada pelo Tribunal de Justiça de São Paulo, exatamente, no mesmo caso, e o judicioso – *e inovador* – voto do Desembargador Luís de Macedo, relator do acórdão de 1º de dezembro de 1987, proferido na Apelação Cível 93.985-1 por votação unânime da sua Primeira Câmara Cível, que consignou:

> Dificilmente haverá quem possa negar ao adquirente, com efeito, especialmente se ele é uma empresa comumente denominada de "galeria de arte", o direito de expor obra adquirida, presume-se que a aquisição terá sido feita para venda a terceiro e essa só se faz possível com sua prévia exposição ao público. Trata-se de um comércio, como outro qualquer.
>
> No entanto, o mesmo Pontes de Miranda adverte que o parágrafo 25 somente se referiu ao que ele denomina de "direito de propriedade intelectual", não devendo entender-se hajam sido deixados sem proteção outros direitos ligados à criação intelectual, tais como o da titularidade da autoria, a intangibilidade da obra por alterações ou correções não consentidas e outros (obra citada, p. 547 e ss.).

---

23. Ementa do acórdão proferido em 29-10-1991 no Recurso Especial 7.550/SP (91.0001018-9), por votação unânime de sua Quarta Turma, rel. Min. Sálvio de Figueiredo Teixeira.

7 | Direitos morais

Entre esses outros direitos, que, no Direito Positivo, se encontram em parte enunciados no art. 25 da Lei n. 5.988/73, sob a denominação de "direitos morais de autor", se há de incluir sem dúvida o de exigir que só se promovam exposições de suas obras com seu consentimento. Não a exposição, portanto, de uma ou um grupo de obras com vistas à venda direta, como se faz com qualquer produto que possa ser comerciado. Mas, sim, exposição no sentido de mostra aberta ao público, em lugar apropriado, de pinturas, esculturas, gravuras, fotografias e obras congêneres, frequentemente com finalidade de venda – conforme citado parecer do Prof. Antonio Chaves, fls. 65 – e sempre se pede vênia para acrescentar, com colorido cultural. Nesse aspecto cultural da exposição, ou mostra, é que se insere em grande parte o direito do autor, que ele não transfere ao adquirente das obras, por isso que é um direito moral, inalienável e irrenunciável (art. 28 da Lei n. 5.988/73).

Assim é que a ré não tinha o direito, absolutamente, de utilizar-se, na capa do catálogo da exposição, da assinatura que o artista demandante apõe em seus quadros (cfr. alto de fls. 35). E tampouco de inscrever, logo abaixo, a data "84", como a indicar, entre outras possíveis interpretações por parte do público, que se trata de uma exposição anual, ou de obras daquele período ou fase de produção artística do pintor. Ainda que, pelo seu conteúdo, se verifique no próprio catálogo que as obras expostas são de período muito mais longo, a opção pela capa tal qual produzida está a revelar, no mínimo, desencontro entre o título e o acervo da mostra. Ainda, a prova deixou claro que alguns quadros não tinham seus nomes gravados, ao menos na parte da frente das obras, optando o expositor por denominações próprias, ou que estavam lançadas no verso dos quadros, em evidente e indevida interferência na identidade das peças. Igualmente, não há dúvida de que um tríptico foi desmembrado (fls. 38).

Ora, todos esses fatos são afrontas aos direitos morais do autor, verdadeiros desvirtuamentos de sua obra, que ninguém, se não ele próprio, poderia autorizar. De resto, ainda que não configuradas tais afrontas, a mostra não poderia ter sido patrocinada pela ré sem autorização do artista, numa demonstração cultural que implica avaliações sobre a obra no seu conjunto e naquilo que, com a venda pura e simples das telas, não obstante o artista, até por força da lei, reservou para si, como integrante de seu patrimônio, de forma, como já se frisou, permanente e inalienável.

Assim, como demonstra com nitidez o aresto citado, repousa na lúcida construção jurisprudencial de exame cuidadoso das peculiaridades do caso concreto – aliada da melhor orientação doutrinária e das normas já incorporadas ao direito positivo pátrio – a evolução efetiva da tutela da personalidade do autor em todas as nuances inerentes à utilização de sua criação intelectual.

7.3. REGRAS SUCESSÓRIAS

Finalmente, em relação às normas de sucessão dos direitos morais de autor, estabelece a lei brasileira a transmissão aos herdeiros do autor dos direitos especificados nos incisos I a IV do dispositivo legal transcrito neste capítulo (art. 24 da Lei n. 9.610/98) e atribui ao Estado a defesa da integridade e autoria de obra caída em domínio público[24], o que objetiva dar efetividade à condição de perpetuidade e imprescritibilidade dos direitos morais de autor, no que concerne à tutela da integridade da obra intelectual.

A respeito, a orientação de Leonardo Estevam de Assis Zanini de que

em caso de falecimento do autor, qualquer atuação do cônjuge ou dos parentes próximos deverá, como regra, seguir os parâmetros estabelecidos pelo *de cujus*. Eventuais demandas que envolvam a alteração da situação jurídica construída pelo falecido devem ser analisadas com muito cuidado, uma vez que os legitimados não são titulares do direito de paternidade, fazendo-se necessária a comprovação de sua consonância com a vontade do *de cujus*[25].

Um caso relevante do TJRS, apelação 70011230414, julgado sob a relatoria da des. Maria Berenice Dias em 8-7-2005, ainda ilumina a peculiari-

---

24. §§ 1º e 2º do referido art. 24, conforme orientação do texto legal anterior (§§ 1º e 2º do art. 25 da Lei n. 5.988/73).

25. Ob. cit., p. 436. A respeito do tema, prossegue, ainda, Zanini: "caso o autor não tenha em vida manifestado sua intenção de não divulgar a obra ou de sujeitar sua divulgação a um termo, deve-se entender que a obra pode ser divulgada, pois nessa situação, milita em favor da divulgação uma presunção, visto que os criadores, como regra, não se ocupam de uma obra para deixá-la oculta ao público. O mesmo não ocorre quando a obra é deixada incompleta, pois se houver dúvida quanto à vontade do falecido, não poderão os seus parentes próximos, muitas vezes imbuídos por interesses escusos, publicá-la, visto que, nessa situação se presume que o autor somente desejaria levar a público aqueles trabalhos devidamente concluídos" (ob. cit., p. 437). Antonio Chaves, apesar de seu comentário ser anterior ao regime legal da Lei n. 9.610, de 1998, considerava, o que pode ser ainda atual e pertinente perante a legislação vigente, que: "Embora não se refira a nossa lei expressamente ao executor testamentário não resta dúvida ser este a pessoa mais indicada para o cumprimento das determinações do autor falecido, que, em vida, tem inteira liberdade de escolha, motivadamente ou não. A ele deve ser equiparada qualquer pessoa a quem, por escrito, independentemente de qualquer formalidade, tenha o criador da obra dado a incumbência de velar por ela. Incumbir-lhe-á, seguindo rigorosamente as instruções que lhe tiverem sido ministradas, divulgar as obras póstumas, exercendo pois o direito de decidir se o momento é oportuno para fazê-lo, procurando sempre seguir as intenções do defunto, expressas ou a seu ver presumidas, e estabelecendo as cláusulas inerentes a cada contrato" (O direito moral após a morte do autor. *Revista Forense*, Rio de Janeiro, Editora Forense, v. 298, p. 425, abr./maio/jun. 1987).

dade dos direitos do autor em caso de divórcio ou dissolução de união estável, sendo intransferíveis ao ex-cônjuge não só os direitos morais de autor, mas também os direitos patrimoniais, independentemente do regime de bens adotado, sendo, porém, permitido dispor diversamente em pacto antenupcial com relação aos direitos patrimoniais:

> SEPARAÇÃO JUDICIAL. PARTILHA DE BENS. DIREITOS AUTORAIS. INCOMUNICABILIDADE. ACERVO FOTOGRÁFICO. DESCABIMEN-TO DA AVALIAÇÃO. 1. As fotografias tiradas pelo cônjuge, fotógrafo profissional, são obras intelectuais protegidas, havendo sobre elas direitos morais e patrimoniais. 2. Direitos patrimoniais são a face econômica da obra ou criação, enquanto os direitos morais permanecem investidos, tão-só e permanentemente, na pessoa do criador. 3. Exercício do direito patrimonial é exclusivo do criador (CF art. 5º, XXVII Lei n. 9.610/98, art. 28), não admitindo concomitância com pessoa diversa e de forma contrária à sua vontade. 4. Os direitos patrimoniais são incomunicáveis na ausência de pacto antenupcial nesse sentido. 5. Descabimento da avaliação judicial do acervo fotográfico. AGRAVO DESPROVIDO.

CAPÍTULO 8

Direitos patrimoniais

8.1. NOÇÕES PRELIMINARES

Conforme a teoria dualista, relativa à natureza de direitos de autor, diferentemente da parcela moral – *a estreita vinculação entre a pessoa do autor e sua criação intelectual* –, a parcela patrimonial se refere à exploração econômica que o autor pode fazer de sua obra.

A expressão "pode" não é acidental, mas proposital, porque é atributo exclusivo do autor a autorização – ou não (*e em que condições*) – do uso de sua obra[1].

Assim, uma noção é relevante antes da indicação das várias modalidades de utilização – *e controle, pelo autor* – de obras intelectuais e da retribuição pecuniária advinda desse uso: se considerarmos o direito patrimonial de autor separadamente, ou seja, dissociado dos direitos morais chegaríamos a uma relação de direito real?

Vamos supor, por exemplo, uma escultura, de um lado, e um programa de computador (*software*), de outro, presentes nos dois casos o requisito da originalidade. Os dois são considerados obras intelectuais tuteladas pelo direito de autor.

---

1. A Constituição Federal vigente estabelece em seu art. 5º, XXVII, que "aos autores pertence o direito exclusivo de utilização, publicação ou reprodução de suas obras, transmissível aos herdeiros pelo tempo que a lei fixar". A Lei n. 9.610/98 regula as condições de exercício desse direito exclusivo.

No pleno e regular exercício de seus direitos de autor, o escultor – *ou artista plástico* – vende sua escultura a uma instituição bancária, e o criador do programa de computador cede seus direitos patrimoniais, de forma integral, a uma empresa prestadora de serviços.

Estaria inaugurada uma relação de direito real entre o adquirente (*a instituição bancária no primeiro caso e a empresa prestadora de serviços, no segundo*) e o "objeto"[2] adquirido? Ou seja, poderia ser adotado o mesmo tratamento que o banco possa dar a outros objetos de sua propriedade, como uma poltrona ou que a empresa de serviços a um móvel de arquivo?

Óbvio que não. Mas por quê?

Sem desmerecer o ofício de quem confeccionou a poltrona ou fabricou o arquivo de aço, quando se trata de obra intelectual o exercício do direito de uso recebe tratamento distinto.

Mesmo no regular exercício de direitos patrimoniais, o cessionário de direitos autorais não tem a autonomia de "proprietário" do bem adquirido em decorrência da impossibilidade de rompimento da ligação existente entre a obra e o seu autor, em todos os momentos – *e diferentes formas* – de utilização daquela.

Os exemplos de "escultura" e de "programa de computador" dão a dimensão e a diversidade de uso que uma obra intelectual pode ter, conforme sua natureza[3].

As duas merecem proteção. As duas mantêm ligação com seus criadores intelectuais. Contudo, essa tutela deverá atender às suas características peculiares.

8.2. OS DIREITOS PATRIMONIAIS DE AUTOR: DIREITOS DE REPRODUÇÃO E REPRESENTAÇÃO

Os direitos patrimoniais de autor baseiam-se nos atributos – *exclusivos* – do criador intelectual de utilizar, fruir e dispor de sua obra, bem como o de autorizar sua utilização ou fruição por terceiros[4].

---

2. A lei brasileira considera a obra intelectual, "para os efeitos legais", como "bem móvel" (art. 3º da Lei n. 9.610/98, que reproduz, textualmente, o art. 2º da Lei n. 5.988/73).

3. Apesar de a escultura e o programa de computador serem ambos titulados pelo direito de autor, a primeira é regulada pela lei autoral regente (9.610/98) e o segundo, pela Lei n. 9.609/98, específica para regulação de programa de computador.

4. Arts. 28 e 29 da Lei n. 9.610/98, que suprimiu do texto legal anterior (art. 29 da Lei n. 5.988/73) a expressão "no todo ou em parte" aplicável à obra dependente de autorização do seu autor.

8 | Direitos patrimoniais

Na defesa de seu direito exclusivo conferido por lei – constitucional e infraconstitucional – do criador intelectual, Vanisa Santiago:

> O elemento essencial do direito de autor é o poder absoluto que tem o criador sobre sua obra. Só a ele compete decidir seu destino, autorizar ou proibir seu uso por terceiros, cobrar o preço que lhe parece adequado por esse uso ou renunciar a essa cobrança. Em virtude da atribuição de faculdades de dupla natureza, classificados como direitos morais e patrimoniais, ficam assegurados aos autores, por um lado, direitos personalíssimos como os de paternidade e integridade e, por outro, o direito exclusivo de exploração de um bem móvel que é a obra intelectual, seja qual for a modalidade de utilização, existente ou por existir[5].

Esse princípio geral – *norteador da natureza privada dos direitos de autor* – está consignado na Constituição Federal brasileira, conferindo a exclusividade de utilização da obra intelectual ao seu autor[6].

Assim, temos, em primeiro plano, os dois elementos essenciais:

(a) a obrigatoriedade de autorização ou licença (*concessão*) ou cessão de direitos;

(b) a delimitação das condições de uso – *nos dois casos: de concessão ou cessão* – da obra pelo licenciado ou cessionário dos direitos autorais correspondentes[7].

Observe-se que essa autorização é necessária mesmo que se trate de utilização sem fins lucrativos (*ressalvando-se as limitações dos arts. 46 a 48 da Lei n. 9.610/98*) ou que o usuário seja o Poder Público. Nesse sentido tem se

---

5. O direito de autor e o direito de remuneração. In: PIMENTA, Eduardo Salles (org.). *Direitos autorais*: estudos em homenagem a Otávio Afonso dos Santos. São Paulo: Revista dos Tribunais, 2007, p. 346.

6. Como já referido, a previsão encontra-se no art. 5º, XXVII, da Constituição Federal brasileira, promulgada em 1988. É interessante observar que o diploma constitucional vigente acrescentou a expressão "reprodução" ao termo genérico "Utilização", que começa a ser consignado na Carta Magna de 1967, justamente em judiciosa substituição ao termo "reprodução", mais restrito. Assim, do texto constitucional vigente a partir de 1988, consta que ao autor pertence o direito exclusivo de "utilização, publicação e reprodução" de suas obras quando apenas "utilização" (como já vinha sendo consignado anteriormente) já seria suficiente. A crítica é merecida, ainda mais tendo em vista que, já em 1977, ou seja, onze anos antes da Carta de 1988, o Supremo Tribunal Federal já orientava: "1. Connstituição de 1946, art. 141, par. 19. Constituição de 1967 com a Emenda n. 1/89, art. 153, par. 25. A obra literária e o direito de o autor utilizá-la. Esse direito abrange o de reproduzi-la. A segunda norma supracitada alterou a redação da primeira" (Ementa – transcrição parcial – do acórdão de 31-5-1977, proferido no Recurso Extraordinário 75.889/RJ, por maioria de votos de sua Primeira Turma, rel. Min. Antonio Neder, *RTJ*, v. 83-01, p. 100).

7. A Lei n. 9.610, de 19-2-1998, em seu art. 31, em reedição, com alterações, da regra geral anterior (art. 35 da Lei n. 5.988, de 1973), estabeleceu que "As diversas modalidades de utilização de obras literárias, artísticas ou científicas ou de fonogramas são independentes entre si, e a autorização concedida pelo autor, ou pelo produtor, respectivamente, não se estende a quaisquer dos demais".

233

manifestado o o Superior Tribunal de Justiça, como, por exemplo, o acórdão de 26 de junho de 2003, proferido no Recurso Especial 468.097/MG, por unanimidade de sua Terceira Turma, rel. Min. Carlos Alberto Menezes Direito (*DJ* 1º-9-2003, p. 281), com a seguinte ementa:

> Direitos autorais. Festa popular de carnaval realizada em logradouro público, promovida pelo Município. Precedente da Corte. 1. Precedente da Corte assentou que o Poder Público não pode escapar do pagamento de direitos autorais quando organiza espetáculos públicos, salvo se de caráter beneficente, com a colaboração espontânea dos respectivos titulares, o que não ocorre neste feito. 2. Recurso especial conhecido e provido.

E, mais recentemente, os Embargos de Declaração em Recurso Especial n. 1.797.700/DF, com acórdão relatado pelo Min. João Otávio de Noronha, da Quarta Turma do Superior Tribunal de Justiça, julgado em 12 de setembro de 2023 e publicado em 14 de setembro de 2023, afirmando a solidariedade do Município, ainda que terceirize totalmente a organização do evento, por responder pelo recolhimento dos direitos autorais:

> 6. A obrigação do ente público de recolher os valores relativos aos direitos autorais decorre de sua condição de idealizador e executor da festividade na qual executadas obras musicais em logradouros públicos, nos termos do art. 68, § 3º, da Lei n. 9.610/1998.
>
> 7. Ainda que terceirizada a execução de shows e apresentações musicais, subsiste a responsabilidade solidária do ente público idealizador do evento pelas sanções decorrentes da violação dos direitos autorais, nos termos do art. 110 da Lei n. 9.610/1998.

E, ainda, o julgado relatado pela Min. Nancy Andrighi, da Terceira Turma do Superior Tribunal de Justiça, no REsp 2.098.063/SP, julgado em 7/11/2023, que ressalta também como a proteção e remuneração do autor se refere diretamente *à função social do direito autoral* (e não o contrário):

> 5. Na hipótese dos autos, ressalta a legitimidade passiva *ad causam* da parte recorrente na medida em que, conforme se extrai do acórdão recorrido, todos os eventos públicos relacionados com a presente demanda foram realizados, incontroversamente, pelo Município réu.
>
> 6. O sistema erigido para a tutela dos direitos autorais no Brasil, filiado ao chamado sistema francês, tem por escopo incentivar a produção intelectual, transformando a proteção do autor em instrumento para a promoção de uma sociedade culturalmente diversificada e rica. Nesse

contexto, se por um lado é fundamental incentivar a atividade criativa, por outro, é igualmente importante garantir o acesso da sociedade às fontes de cultura.

7. À luz da Lei n. 9.610/1998, a cobrança de direitos autorais em virtude da execução de obras musicais protegidas em eventos públicos não está condicionada ao objetivo ou obtenção de lucro.

Também é possível citar precedentes do TJSP[8] e do TJBA[9] que privilegiam o mesmo princípio.

Portanto, se o licenciado ou cessionário ultrapassa, no uso da obra autorizada, os limites contratados, estará não só descumprindo os termos do acordo (*inadimplemento contratual*), mas, principalmente, praticando ato ilícito pela inexistência da autorização para o uso extracontratual[10], o que é muito mais grave, uma vez que a violação de direitos autorais consiste não só em ilícito civil (*de consequência indenizatória, como ocorre na órbita do direito civil*), mas em ilícito penal[11].

Em razão disso, é fundamental que as condições de uso da obra intelectual e a consequente remuneração do autor a título de direitos patrimoniais de autor constem adequadamente do contrato de licenciamento – *ou termo de autorização* – e, mesmo no caso da cessão de direitos, que conste do instrumento, detalhadamente, qual o seu alcance, pois a interpretação

---

8. TJSP. Apelação Cível 1000151-81.2020.8.26.0281; Relator(a): Costa Netto; Órgão Julgador: 6ª Câmara de Direito Privado; Foro de Itatiba – 1ª Vara Cível; Data do julgamento: 21-1-2021; Data de registro: 21-1-2021: "Festas promovidas pela municipalidade de Morungaba (...) Irrelevância de lucro direto ou indireto no evento".

9. TJBA. Ap. 0365636-65.2013.8.05.0001. PRIMEIRA CAMARA CÍVEL. Publ. 3-5-2021: "Apelação cível. Responsabilidade civil. Ação de indenização por danos materiais e moral. Direito autoral. Música 'vem meu amor'. Publicação em CD promocional (gratuito), e em site, de gravação de show da banda Axerife, que tocou a música de composição dos autores, visando a divulgação do trabalho da banda, e, portanto, o lucro, ainda que indireto. Ausência de autorização e identificação do autor da obra. Inocorrência de excludentes de responsabilidade".

10. Na orientação de que a utilização extracontratual (*ou que venha a infringir contrato*) de obra intelectual importa em ato ilícito com repercussão de ofensa constitucional, já se pronunciou o Supremo Tribunal Federal: "Civil. Direito autoral. Edição de obra estrangeira. Reconhecendo o acórdão recorrido que se publicara uma segunda edição não numerada e uma terceira edição sem autorização e infringente de contrato, caracteriza-se a ofensa ao art. 153, § 25, da Constituição Federal e aos artigos 21, 29, 30 e 64 da Lei 5.988, de 14-12-1973. Recurso conhecido e provido em parte" (acórdão de 4-9-1984, proferido no Recurso Extraordinário 102.563/SP, por unanimidade de votos de sua Segunda Turma, rel. Min. Décio Miranda). Digno de registro é que compunha a Turma, com participação decisiva neste julgamento, o Ministro José Carlos Moreira Alves, autor da lei regente autoral de 1973.

11. Arts. 184 e 186 do Código Penal brasileiro, com a redação aprovada pela Lei n. 6.895, de 17-12-1980, que tipifica como crime a "violação de direito autoral" e modificações incorporadas – *ao mesmo art. 184 e seus parágrafos* – pela Lei n. 8.635, de 16-3-1993, e, posteriormente, pela Lei n. 10.695, de 1º-7-2003, que alterou a expressão "violar direito autoral" para "violar direitos de autor e os que lhes são conexos".

de suas cláusulas será sempre restritiva[12], ou seja, as condições de uso que não estiverem abrangidas pela licença ou cessão serão consideradas não autorizadas e, portanto, importarão em violação aos direitos de autor.

Assim, além do referido princípio de que a interpretação seja sempre restritiva (*em benefício do autor*) e – *até* – da impossibilidade jurídica de cessão de direitos autorais no tocante aos atributos personalíssimos ou morais do criador intelectual, e, ainda, dos impedimentos legais vigentes, como é o caso do ator, artista e demais titulares abrangidos pela regulamentação profissional disposta na Lei n. 6.533, de 24 de maio de 1978[13], a legislação brasileira em vigor estabelece, em capítulo próprio[14], as condições em que a cessão de direitos patrimoniais de autor poderá ocorrer:

(a) os direitos do autor podem ser, total ou parcialmente, transferidos a terceiros por ele ou por seus sucessores, a título universal ou singular, pessoalmente ou por meio de representante com poderes especiais, por meio de licenciamento, concessão, cessão ou outros meios admitidos em Direito;

(b) somente se admitirá transmissão total ou definitiva dos direitos (de autor) "mediante estipulação contratual escrita"[15];

(c) poderá a cessão ser averbada à margem do registro a que se refere o art. 19 da Lei n. 9.610/98 (*registro de obras intelectuais, de natureza presuntiva e não constitutiva de autoria*)[16];

---

12. Conforme o art. 4º da Lei n. 9.610/98, que estabelece que "interpretam-se restritivamente os negócios jurídicos sobre direitos autorais" (anterior art. 3º da Lei n. 5.988/73).

13. Desenvolvemos este tema – *regime legal da proibição de cessão ou transferência de direitos autorais* – no Capítulo 12.

14. Capítulo V. "Da Transferência dos Direitos do Autor" integrado pelos arts. 49 a 52 da Lei n. 9.610/98 (reedita, com modificações, o anterior Capítulo V, arts. 52 a 56, da Lei n. 5.988/73: "Da Cessão dos Direitos de Autor").

15. A exigência legal de "estipulação contratual escrita" para admissão da "transmissão total ou definitiva" de direito de autor não se aplica às hipóteses de concessão de autorização de utilização de obra intelectual. Com efeito, a lei autoral vigente estipula que "Depende de autorização prévia e expressa do autor a utilização da obra, por quaisquer modalidades..." (art. 29, *caput*), ou seja, a autorização deve ser anterior ao uso da obra e, também, clara, inconfundível, categórica e específica – *e não implícita* – para determinado uso, mas não necessariamente, por escrito. Nesse caminho, a decisão do Tribunal de Justiça de São Paulo com a seguinte ementa: "Direitos autorais – violação – trabalho música – e reprodução de imagem em disco (lp) – obra encomendada pelo réu e na qual se faz evidente alusão à sua imagem e ao seu nome, a fim de promoção política. Prova testemunhal a corroborar a tese de que o autor concordou com a utilização da obra – ação de indenização julgada improcedente – recurso improvido" (acórdão de 19-2-2002, proferido na Apelação Cível 120.282-4, por votação unânime de sua Primeira Câmara de Direito Privado, rel. Des. Elliot Akel). A respeito, ressalve-se, apenas, o disposto no art. 78 da Lei n. 9.610/98, que estabelece a obrigatoriedade da forma escrita para a autorização para reprodução da obra plástica.

16. No regime legal anterior (Lei n. 5.988/73), a averbação era obrigatória sob pena de ineficácia, contra terceiros, da cessão de direitos. A Lei brasileira de Direitos Autorais vigente (9.610/98) no § 1º de seu

(d) constarão do instrumento de cessão, como elementos essenciais, seu objeto e as condições de exercício do direito quanto a tempo, lugar e preço;

(e) a cessão de direitos de autor sobre obras futuras abrangerá, no máximo, o período de cinco anos.

O regime legal brasileiro vigente inovou o anterior ao estabelecer, principalmente, quatro regras de proteção ao titular originário (incisos III, IV, V e VI do art. 49 da Lei n. 9.610/98);

(a) na hipótese de não haver estipulação contratual escrita, o prazo máximo (da cessão ou transferência de direitos de autor) será de cinco anos;

(b) a cessão, caso não haja estipulação em contrário, será válida unicamente para o país onde se firmou o contrato;

(c) a cessão só se operará para modalidades de utilização já existentes à data do contrato; e

(d) não havendo especificações quanto à modalidade de utilização, o contrato será interpretado restritivamente, entendendo-se como limitada apenas a uma que seja aquela indispensável ao cumprimento da finalidade do contrato[17].

Nesse contexto, quais seriam as possibilidades de utilização de obras intelectuais? A doutrina clássica ensina que são, basicamente, duas: a reprodução e a representação.

Consideradas em sua origem, não é difícil entender porque do termo genérico e abrangente "utilização" extraem-se apenas essas duas espécies, uma vez que o direito de reprodução (*copyright*) consistiu na origem conhecida de proteção legal aos direitos de autor[18] e o direito de representação, instituído legislativamente na França em 1791, se referia às obras

---

art. 50, considera-a facultativa e deixa, como opção de registro de averbação ("não estando a obra registrada"), o Cartório de Títulos e Documentos.

17. Outros pontos de evolução da proteção ao autor – *sob o aspecto da cessão de direitos patrimoniais de autor* – dignos de destaque consistem: (a) na supressão do art. 56 da Lei n. 5.988/73, que dispunha que "a tradição do negativo, ou meio de reprodução análogo, induz à presunção de que foram cedidos os direitos de autor sobre a fotografia", e (b) na modificação do texto legal anterior (art. 80 da Lei n. 5.988/73), que estabelecia que (*salvo convenção em contrário*) "o autor da obra de arte plástica, ao alienar o objeto em que ela se materializa, transmite ao adquirente o direito de reproduzi-la, ou de expô-la ao público" para: "Salvo convenção em contrário, o autor de obra de arte plástica, ao alienar o objeto em que ela se materializa, transmite o direito de expô-la, mas não transmite ao adquirente o direito de reproduzi-la" (art. 77 da Lei n. 9.610/98).

18. A lei que instituiu o *copyright* no campo literário, na Inglaterra, em 1710.

dramáticas (*ou teatrais*)[19], cuja proteção ou arrecadação de direitos patrimoniais motivou as primeiras iniciativas associativas entre autores[20].

Assim, embora justificadas essas duas abrangentes vertentes como espécies do gênero "utilização", é necessário que se dê aos termos "reprodução" e "representação" uma elasticidade improvável para que possam conter não só as várias espécies de utilização de obras intelectuais que emergiram do início do século até agora, mas, também, o que ainda está para surgir com o incremento da evolução tecnológica e dos meios de comunicação.

Existe, na doutrina, influenciada pelo sistema adotado pelo direito positivo francês, o entendimento de que reprodução seria a comunicação "indireta" ao público da obra intelectual; a representação, a comunicação "direta".

A comunicação indireta decorreria de estar a obra intelectual incorporada em um suporte material: um livro, por exemplo (uma "reprodução" da obra), e a comunicação direta resultaria da representação (ou interpretação) da obra, o que não chega a justificar o critério: por que seria, por exemplo, "direta" a audição da leitura (interpretada) de uma história e "indireta" a sua leitura pelo próprio destinatário final? Não seria o contrário: a leitura da obra consiste na sua comunicação direta ao leitor e sua dramatização uma comunicação indireta do texto e direta da obra dramática ou da interpretação? A diferenciação não resultaria – nesse caso – mais da natureza da obra (*literária, de um lado, e dramática ou teatral, do outro*) do que da forma de comunicação ao público?

Com essa ressalva, examinemos as acepções correspondentes a essas duas modalidades de uso de obra intelectual[21]:

(a) direitos de reprodução: decorrem da reprodução, em qualquer suporte, de obra intelectual; e

(b) direitos de representação: decorrem da "interpretação (ou execução) de uma obra mediante ações tais como a encenação, recitação,

---

19. Decreto n. 13, de 19-1-1791, da Assembleia Constituinte da Revolução Francesa, que mencionamos no Capítulo 3 (item 3.1.3).

20. No Brasil, por exemplo, como relatamos no Capítulo 13, a primeira "sociedade de autores" foi a Sociedade Brasileira de Autores Teatrais (SBAT), fundada no Rio de Janeiro em 27-9-1917, que visava contratar condições (*emitir licenças*) para representação de obras dramáticas e promover a consequente arrecadação das remunerações autorais (*normalmente um percentual da receita*) junto às bilheterias dos teatros cariocas.

21. No regime jurídico francês, essas duas modalidades de utilização de obra intelectual integram o gênero "comunicação de obras ao público" e "toda a forma de exploração (de obras intelectuais) estão contidas necessariamente nessas duas prerrogativas" (conforme MARAIS, Marie-Françoise; LACHACINSKY, Thibault. *L'aplications des droits de propriété intellectuelle – Recueil de Jurisprudence*. Genebra: Publicação OMPI, 2008, p. 212).

8 | Direitos patrimoniais

canto, dança ou projeção, realizados na presença do espectador ou transmitindo a interpretação através de mecanismos ou processos técnicos tais como microfones, radiodifusão ou televisão por cabo"[22].

Mesmo no contexto dessas definições, vamos imaginar duas situações, retiradas de possibilidades concretas – e atuais – de utilização de obras intelectuais:

(a) um determinado verso original retirado de um poema é utilizado em campanha publicitária de um produto, um refrigerante, por exemplo, que envolve filme publicitário para TV, *outdoors*, anúncios em emissoras de rádio, revistas e jornais; e

(b) uma obra musical, registrada em partitura, é "lida" e executada por um computador.

Quais seriam os direitos de reprodução e quais os direitos de representação?

Possivelmente, uma primeira conclusão nos levasse a considerar que os dois estariam presentes na primeira hipótese, e o segundo (*representação*) na segunda hipótese, tendo em vista, nesse caso, que a execução musical está contida, junto com a interpretação, no conceito de representação.

Nos dois casos a conclusão seria passível de dúvida. A questão é: quando a utilização da obra, total ou parcialmente, deixa de ser "reprodução" e passa a ser uma "representação"?

O verso transcrito em um anúncio de revista, jornal ou *outdoor* gera direito de reprodução. E se for "lido" (sem que seja "interpretado") ao fundo de um filme publicitário – *com imagens do produto anunciado* – ou um anúncio de rádio? Geraria, nesse caso, "direito de representação" ou continuaria a ser ainda reprodução da obra utilizada consoante o interesse comercial do anunciante, que, possivelmente, não seria coincidente com a representação (*ao menos em relação à sua finalidade artística*) da obra?

A questão é pertinente. Mais evidente, ainda, é a segunda hipótese: seria "representação" a mera leitura e execução mecânica de uma partitura musical por um computador? É, realmente muito difícil concordar com tal conclusão, sendo mais viável considerá-la "reprodução", na acepção ampla do termo, mas, certamente, mais adequada a se aproximar da hipótese.

Além desses, muitos outros exemplos poderiam ser lembrados para resultar na conclusão de que as duas vertentes ou espécies de direitos pa-

---

22. *Glossário da OMPI*, p. 178.

239

trimoniais de autor comentadas podem não dar vazão ao imenso rol de possibilidades de utilização de obras intelectuais do mundo atual.

Por isso, em face das imprecisões dessas diferenciações, mais apropriado seria considerar os direitos patrimoniais de autor em seu significado genérico: a faculdade do autor de autorizar, mediante a remuneração e condições que este estabeleça, a utilização de sua obra através de sua comunicação (distribuição ou transmissão) ao público por qualquer meio ou processo como reproduções, adaptações, representações, execuções por radiodifusão ou qualquer outra modalidade de comunicação.

Portanto, no contexto dessas duas principais ramificações dos direitos patrimoniais de autor convive um variado conjunto de atividades, que passaremos a examinar, ressalvando, preliminarmente, que a Lei brasileira de Direitos Autorais vigente (9.610/98) estabelece, ao final (inciso X) do seu art. 29, a regra geral de que são dependentes de autorização do titular "quaisquer outras modalidades de utilização existentes ou que venham a ser inventadas", exemplificadas, com destaque, em nove incisos e dez subitens.

Além dessas especificações do art. 29 da Lei n. 9.610/98, acrescente-se a modalidade de direito patrimonial de autor, denominada "direito de sequência", que constitui atributo do autor, "irrenunciável e inalienável, de perceber, no mínimo, cinco por cento sobre o aumento do preço eventualmente verificável em cada revenda de obra de arte ou manuscrito, sendo originais, que houver alienado[23]".

Nos termos da lição de Fábio Maria de Mattia, historicamente,

> a ideia do instituto surgiu em decorrência de um episódio ligado a um quadro de Millet, o "Angelus"; alguns dos seus amigos reunidos num bar comentavam, pesarosos, a penúria em que viviam a viúva e filhos do pintor, e o valor dos lances que a obra havia alcançado. Falava-se que a primeira venda deste quadro fora por 1.200 francos, em seguida foi revendido por 70.000 francos a Secrétan, depois por 550.000 para a Fine Arts Association e, finalmente, alienado por 1.000.000 de francos para Chauchard[24].

---

23. Art. 38, *caput*, da Lei n. 9.610, de 1998. Anote-se que o parágrafo único desse dispositivo legal dispõe que, "Caso o autor não perceba o seu direito de sequência no ato da revenda, o vendedor é considerado depositário da quantia a ele devida, salvo se a operação for realizada por leiloeiro, quando será este o depositário", regra que foi adotada pelo Tribunal de Justiça de São Paulo no acórdão de 24-10-2004, proferido na Apelação Cível 298.942/4/SP, por unanimidade de votos de sua Sexta Câmara de Direito Privado, rel. Des. Isabela Gema de Magalhães, que confirmou a responsabilidade do leiloeiro como depositário da quantia correspondente a direito de sequência.

24. *Estudos de direito de autor*. São Paulo: Saraiva, 1975, p. 92.

8 | Direitos patrimoniais

Essa interessante exposição histórica é medida da defesa da juridicidade do instituto pelo mesmo jurista:

> O Direito de sequência sobre as obras intelectuais é um tema da mais alta relevância. Torna-se uma necessidade que o instituto apareça na legislação brasileira. Exatamente porque não é justo que o autor ou seus herdeiros fiquem compulsoriamente alheios quando da transferência de uma obra de arte. Os autores vendem as obras de arte por um preço muito baixo e não seria certo que da valorização econômica da obra apenas os proprietários venham a se beneficiar[25].

Finalmente, cabe ressalvar a crítica, que entendemos procedente, em relação ao tratamento da lei autoral vigente, de 1998, para o tema, que, apesar de inovar positivamente o regime legal anterior ao considerar o "vendedor" ou "leiloeiro" depositário da remuneração correspondente ao direito de sequência (parágrafo único do art. 38), por outro lado, minorou substancialmente a participação do autor ou titular do direito de autor em relação ao que previa o art. 39 da Lei n. 5.988, de 1973. Nesse sentido o jurista, atualmente Desembargador do Tribunal de Justiça de São Paulo, Luiz Fernando Gama Pellegrini: "Com a devida vênia, 'trocou-se seis por meia dúzia', ou melhor, nem mesmo os reclamos da doutrina de há muito fez com que o legislador adotasse, *v.g.* a lei francesa em que a incidência se dava pura e simplesmente sobre cada venda[26]".

No tocante à duração, a legislação brasileira vigente estabelece que o prazo de proteção dos direitos patrimoniais de autor vigorará por toda sua vida, sendo exercidos, por sucessão *causa mortis*, pelos seus sucessores, perdurando por setenta anos, contados de 1º de janeiro do ano subsequente do falecimento do autor, "obedecida a ordem sucessória da lei civil"[27].

---

25. Ob. cit., p. 91. Prossegue, fundamentando: "Porque a obra intelectual não passa de uma emanação da própria personalidade, razão pela qual mesmo após a transferência do chamado 'direito pecuniário da obra intelectual', permanece aí o chamado 'direito moral de autor sobre a sua obra'. Então vemos que há uma vinculação constante entre o autor e a sua obra". Complementa o jurista ponderando que, mesmo após a transferência do direito patrimonial, deve se manter um vínculo que seria "o único remanescente de direito pecuniário a favorecer o autor ou seus herdeiros e legatários" (ob. cit., p. 91-92).

26. *Direito autoral do artista plástico*. São Paulo: Oliveira Mendes, 1998, p. 90. Prossegue o jurista com sua justificada crítica: "Essa nova relação apenas diminuiu o percentual de 20% para 5%, mantendo-se quanto ao resto a mesma estrutura da lei revogada" (ob. cit., p. 90).

27. Art. 41 da Lei n. 9.610/98, que alterou o exercício vitalício (vigente no regime da Lei n. 5.988/73) de direitos patrimoniais de autor pelos herdeiros do autor. O regime legal aplica a forma padronizada para todos os casos de sucessão ou transmissão, no caminho da recente Diretiva Europeia de harmonização dos prazos de proteção de direito de autor – de setenta anos, contados de 1º de janeiro do ano subsequente ao do falecimento do autor, sendo que, em relação às "obras audiovisuais e fotográficas", os mesmos setenta anos serão contados a partir de "de 1º de janeiro do ano subsequente ao de sua divulgação" (art. 44). Estabelece, também a lei autoral vigente que a obra já caída em domínio público (por força da

8.3. A DIVERSIDADE DE FORMAS DE UTILIZAÇÃO DE OBRAS INTELECTUAIS E O EXERCÍCIO DO DIREITO PATRIMONIAL DE AUTOR

8.3.1. As formas de utilização lícita de obras intelectuais

Conforme já abordado, as utilizações lícitas de obras intelectuais, em suma, serão aquelas regularmente autorizadas pelo seu autor (*e demais titulares de direitos autorais*) e que estejam cumprindo os limites e as condições estabelecidas no licenciamento[28] e não estejam sendo violadas, nessa utilização, quaisquer dos direitos morais de autor.

Caso contrário, consistirá utilização ilícita, com graves sanções de ordem civil[29] e penal[30].

A respeito das modalidades dessas utilizações, reportamo-nos ao item 8.2 deste capítulo em seu binômio "reprodução e representação", originário do direito francês e sua predominância nas normas internacionais, especialmente os da Europa Continental, e o trinômio "reprodução, distribuição e comunicação ao público" adotado em nosso país, especialmente com o advento da lei autoral de 1998[31].

No amplo contexto dessas acepções genéricas, portanto, as possibilidades de utilização regular de obras intelectuais são inúmeras. Preliminarmente, destacamos as seguintes:

(a) a gravação ou fixação de obra intelectual ou de sua interpretação ou execução;

---

aplicação do regime legal anterior) não terá o prazo de proteção de direitos patrimoniais ampliado, por força do art. 41 (art. 112 da Lei n. 9.610/98). Em relação a programas de computador, a Lei aplicável é a 9.609, de 19-2-1998, que estabelece em seu art. 2º, § 2º, que a proteção legal se dará pelo prazo de cinquenta anos, "contados a partir de 1º de janeiro do ano subsequente ao da sua publicação ou, na ausência desta, da sua criação".

28. É necessário observar, com rigor, os limites da autorização de uso de obra intelectual tendo em vista que as condições do licenciamento (*ou autorização*) devem ter interpretação restritiva (*favorável ao titular do direito*), nos termos do art. 4º da Lei n. 9.610/98, que reeditou o art. 3º da Lei n. 5.988, de 14-12-1973.

29. A Lei n. 9.610/1998 reserva um capítulo para as "sanções civis" aplicáveis à utilização indevida de obras intelectuais (arts. 102 a 110). Examinamos este tema mais detalhadamente nos dois últimos capítulos (14 e 15) deste livro (violações, danos autorais e reparações).

30. Os arts. 184 e 186 do Código Penal brasileiro, com a redação da Lei n. 10.695, de 1º-7-2003. Tratamos das violações, de natureza criminal, e respectivas sanções penais, no Capítulo 14, item 14.4.

31. Art. 5º da Lei n. 9.610, de 19-2-1998, basicamente, incisos IV, V e VI. Destaque-se, também, a "publicação", que no regime legal da Lei n. 5.988, de 1973, encontrava-se inserida no gênero "comunicação da obra ao público, por qualquer forma ou processo" (art. 4º, I), foi alterada pela lei autoral vigente para "oferecimento de obra literária, artística ou científica ao conhecimento do público" (art. 5º, I, da Lei n. 9.610/98 – transcrição parcial).

8 | Direitos patrimoniais

(b) a transcrição, sincronização e inclusão de obra intelectual em outra obra ou produto;

(c) a tradução ou adaptação;

(d) a extração de cópias por qualquer forma ou processo, para fins de venda, locação e outros usos, com ou sem fins lucrativos;

(e) a distribuição;

(f) representação ou execução, comunicadas diretamente ao público ("ao vivo");

(g) a execução através da comunicação indireta: por radiodifusão, por cabo, a transmissão por satélite e pelo sistema de computadores.

Nesse passo, examinaremos essas possibilidades de utilização e seus sistemas de controle.

8.3.2. A gravação ou fixação de obra intelectual

Não é raro que esta modalidade de utilização – *a gravação ou fixação de obra intelectual* – seja desconsiderada como possibilidade de utilização passível – *por si só* – de, além de necessitar a autorização do autor, também gerar remuneração a título de direitos patrimoniais de autor.

Não é difícil de entender por quê. Vamos supor a situação de um espectador tomando nota (*até quase literalmente de determinados trechos*) de uma determinada conferência. Seria uma "utilização indevida" de obra intelectual?

É claro que, se dessas notas fossem, depois, extraídas cópias e vendidas, restaria evidente a necessidade de autorização do autor da conferência (*remunerada ou não*). Mas, e se forem as notas – *como normalmente o são* – apenas para uso pessoal e particular do espectador, que é, afinal, o destinatário imediato da obra oral? Normalmente não dependeria de autorização do autor (*conferencista*)[32].

Assim, por que a mera "fixação" de obra intelectual – *antes de serem extraídas cópias ou outra forma de utilização pública* – poderia ser conside-

---

32. Mesmo em relação a este exemplo (*das anotações de uma conferência*), a legislação somente excepciona na obrigatoriedade de autorização "o apanhado de lições em estabelecimentos de ensino por aqueles a quem elas se dirigem, vedada, porém, sua publicação, integral ou parcial, sem autorização prévia e expressa de quem as ministrou" (art. 46, IV, da Lei n. 9.610/98, que reproduziu o inciso IV do art. 49, IV, da Lei n. 5.988/73, com o acréscimo da expressão "prévia" à autorização expressa).

rada utilização dependente de autorização do autor e ter características remuneratórias em benefício deste?

Essa necessidade de autorização decorreria do "direito ao inédito" que o autor tem de impedir a publicação da obra[33]? Não necessariamente. No exemplo mencionado, a obra foi comunicada ao público pela via oral e, assim, não seria mais inédita.

Então, vamos imaginar outro exemplo. Um determinado cantor (intérprete) deseja, através de um produtor de fonogramas (*uma gravadora*), fixar fonograficamente uma determinada composição literomusical que ouviu em uma apresentação pública (um *show*) ser interpretada pelo próprio compositor.

Contudo, o compositor nega – *a princípio* – a autorização para esse fim, uma vez que este irá incluí-la em seu próximo disco e pretende ser o primeiro a publicá-la dessa forma (fixada em fonograma).

Ocorre que o produtor de fonogramas (*cessionário dos direitos de interpretação do cantor que solicitou a autorização*) acredita que a gravação, por este, deverá gerar substanciais benefícios econômicos e, consequentemente, propõe uma remuneração ao compositor para que este autorize a fixação fonográfica desejada.

Dessa forma, estará evidente a obrigatoriedade de haver autorização (*que, nesse caso, será remunerada*) para fixação fonográfica, independentemente dos valores que serão recebidos pelo compositor a título de direito de autor (*habitualmente uma remuneração percentual sobre as vendas do disco que incluir a obra, além dos direitos de execução pública*) que receberá *a posteriori*.

E é essa a regra geral. Mesmo que não haja a praxe da remuneração exclusivamente para o ato de gravar ou fixar obra intelectual (ou sua interpretação ou execução), não deixa de ser uma forma de uso da obra e, assim, não prescinde de autorização do autor.

Caso análogo foi decidido pelo Tribunal de Justiça do Ceará, apelação n. 0877822-02.2014.8.06.0001, julgado em 17-2-2017 pela 5ª Câmara Cível, rel. Des. Alberto Mendes Forte, no qual a música "Ei, teu namorado é feio" foi gravada por um grupo de forró sem autorização expressa dos compositores, conforme exigido pelo art. 49 da Lei n. 9.610/98. Entendendo-se suficiente a prova da autoria da música, foi determinada a suspensão de todas

---

33. Além de consagrado internacionalmente, o "direito ao inédito" consiste numa das modalidades de direitos morais de autor abrigados pela lei brasileira (art. 24, III, da Lei n. 9.610/98, que reproduziu o inciso III do art. 25 da Lei n. 5.988/73).

8 | Direitos patrimoniais

as execuções pela banda e deferidas indenizações por danos materiais e morais aos compositores.

Já na apelação n. 0014636-50.2007.8.05.0150, o Tribunal de Justiça da Bahia estipulou que pouco importa se houve cessão de direitos autorais à gravadora, sendo ainda assim resguardada a exigência de autorização prévia, invocando referido acórdão, porém, o direito ao inédito (não necessariamente presente em outros casos de violação):

> Expresso no art. 27 da Lei n. 9.610/98 serem inalienáveis e irrenunciáveis os direitos morais do autor sobre sua obra, o contrato de cessão de direitos firmado entre a Editora Bichinho Edições Musicais LTDA o Autor não retira deste a legitimidade para postular indenização por danos morais, tanto mais quando a abrangência aos aspectos meramente patrimoniais do direito autoral está expressamente ressalvada na cláusula IX do contrato. Preliminares de deserção e de ilegitimidade de parte afastadas. A gravação das músicas "Um mundo de amor" e "Lábios de mel" em primeira mão, sem a devida autorização e sem indicação do nome do Autor viola o direito de "paternidade" e ao ineditismo, desrespeitando os incisos II e III do art. 24 da Lei n. 9.610/98, que prescreve os direitos morais do Autor sobre sua obra.

É o caso, também, das atualmente corriqueiras captações sonoras ou audiovisuais de apresentações públicas (*como os* shows *musicais*) por espectadores mesmo em seus pequenos gravadores, câmeras ou até telefones portáteis (celulares) que contenham esse recurso de gravação, normalmente de natureza audiovisual: dependem, da mesma forma, de autorização dos titulares de direitos autorais envolvidos.

8.3.3. A transcrição, sincronização ou inclusão de obra intelectual em outra obra ou produto

Alguns dos princípios expostos no item anterior (*gravação ou fixação*) não deixam de valer, também, para este. A necessidade de autorização do autor da obra transcrita, sincronizada ou incluída, total ou parcialmente, em outra obra ou produto é, também, a regra geral[34].

---

34. Art. 29 da Lei n. 9.610, de 1988. Nesse sentido a orientação do Superior Tribunal de Justiça: "Civil. Direitos autorais, composição musical incluída em obra cinematográfica. Direitos devidos ao autor da música, seja ela preexistente ao filme, seja resultado de encomenda. Recurso especial conhecido e provido" (acórdão de 21-9-2000, proferido no Recurso Especial 189.045/SP, por votação unânime de sua Terceira Turma, rel. Min. Ari Pargendler, *DJ* 13-11-2000, p. 142).

Diferentemente, contudo, já há, em alguns casos, a praxe de que a autorização possa ser concedida mediante remuneração específica para esse uso, independentemente das demais receitas decorrentes da comercialização da obra ou produto que contenha a transcrição, sincronização ou inclusão autorizada.

Examinemos um exemplo de cada.

Em primeiro lugar, cabe observar que o termo "transcrição", embora possa ter uma conotação de "adaptação" quando usado para significar a mudança da instrumentação em relação à versão original de uma obra musical[35], aqui será considerado, como exemplo, a citação literal de trecho de escrito.

Nesses casos, e uma vez respeitados os direitos morais de autor (*especialmente o da indicação do nome do autor e do título da obra e informações sobre a sua publicação*), o princípio da obrigatoriedade da autorização do autor somente não será adotado quando se tratar de citação, em livros, jornais, revistas ou quaisquer outros meios de comunicação, de passagens de qualquer obra, para fins de estudo, crítica ou polêmica[36] na medida justificada para o fim a atingir, indicando-se o nome do autor e a origem da obra e nas demais hipóteses legalmente admitidas. Nos demais casos a autorização é indispensável.

Em segundo lugar, examinemos a "sincronização". Nesse caso, embora não haja a transformação da obra originária, ocorre uma espécie de adaptação em relação à outra obra ou produto: não se trata, propriamente, de uma adaptação convencional, na sua natureza intrínseca de transformação da obra originária (*adaptada*), mas costuma gerar uma sensação de fusão entre a obra sincronizada (*habitualmente de natureza musical*) e o objeto da sincronização (*habitualmente de natureza audiovisual*), além

---

35. Conforme o *Novo Dicionário Aurélio da Língua Portuguesa*, de Aurélio Buarque de Holanda Ferreira (2. ed. Rio de Janeiro: Nova Fronteira, 1986, p. 1.700), que exemplifica: "Bach fez transcrições para o órgão dos concertos para violino de Vivaldi".

36. Art. 46, III, da Lei n. 9.610/98, que reeditou, basicamente, orientação do inciso III do art. 49 da Lei n. 5.988, de 14-12-1973. As demais hipóteses são as constantes do mesmo dispositivo legal vigente, incisos I – a) na imprensa diária ou periódica, de notícia ou de artigo informativo, publicado em diários ou periódicos, com a menção do nome do autor, se assinados, e da publicação de onde foram transcritos; b) em diários ou periódicos, de discursos pronunciados em reuniões públicas de qualquer natureza; e VIII – a reprodução, em quaisquer obras, de pequenos trechos de obras preexistentes, de qualquer natureza, ou de obra integral, quando de artes plásticas, sempre que a reprodução em si não seja o objetivo principal da obra nova e que não prejudique a exploração normal da obra reproduzida nem cause um prejuízo injustificado aos legítimos interesses dos autores. (Examinamos esse tema [*limitação de direito autoral*] no Capítulo 9.)

8 | Direitos patrimoniais

de o termo poder significar, também, a integração de som dos diálogos (*e outros sons*) com as imagens do filme ou outra obra audiovisual[37].

Portanto, a autorização prévia também é imprescindível e, normalmente, o objeto dessa modalidade de utilização é um fonograma e este irá integrar, habitualmente, uma obra ou produto audiovisual.

Tomemos como exemplo um filme publicitário que exiba apenas um produto comercial sendo manipulado: uma furadeira elétrica acionada e um "fundo musical" de uma canção no estilo agitado de "rock", com ou sem uma locução simultânea (*um "locutor" ressaltando, em voz grave, as vantagens operacionais do equipamento*).

Trata-se, no caso, de uma "sincronização" sonora em relação a determinada imagem, e não em relação a uma outra obra intelectual. Não é difícil concluir quanto à obrigatoriedade de haver autorização prévia do autor (*e demais titulares de direitos envolvidos*) pois, em muitos casos, a autorização – *mesmo que envolva uma remuneração atraente* – poderá não ser concedida pelo autor e pelos demais titulares de direitos autorais envolvidos.

Nas hipóteses de publicidade com finalidade política, ideológica ou religiosa, a utilização não autorizada poderá ser ainda mais grave, pois pode representar (*mesmo que indiretamente*) o endosso do autor a posicionamento político, ideológico ou religioso diverso da sua convicção pessoal.

Tem se proliferado, nos últimos anos, pelo Brasil, casos de utilização indevida de músicas e obras artísticas em geral em campanhas políticas, algo que tem desafiado os Tribunais Estaduais a condenar na devida indenização pelos direitos patrimoniais e morais do autor violados, por exemplo[38]:

> VIOLAÇÃO DE DIREITOS AUTORAIS. Indenização por danos morais e materiais. Utilização indevida de obra musical, "Jingle" em campanha

---

37. Ressalve-se que o termo "sincronização" significa "a adição de palavras faladas ou outros efeitos sonoros a uma fixação audiovisual (*dublagem*) de maneira que sejam exatamente simultâneos com os correspondentes movimentos dos lábios e demais ações apresentadas. Um tipo especial de sincronização é o que consiste em dotar uma obra audiovisual de diálogos traduzidos, pronunciados por pessoas distintas dos atores participantes da obra" (*Glossário OMPI*, p. 251). Conforme a orientação de Nehemias Gueiros Junior, "sincronização é a definição técnica da junção de sons com imagens em um único produto audiovisual", complementando que "a origem do termo se assenta na necessidade de sincronia entre os quadros que passam na frente da lente e da luz (no cinema atual a velocidade é de 24 fps – *frames per second*, ou 24 quadros por segundo) e os sons das falas dos atores e dos músicos que fazem parte da trilha sonora do filme" (*Direito autoral no show business*. Rio de Janeiro: Gryphus, 1999, p. 203-204).

38. Lamentavelmente, acórdão bastante recente, de 11-10-2022, no EREsp 1.810.440, autorizou o uso, ainda que não autorizado, de paródias com finalidade político-eleitoral, ainda mencionando que se trataria da conformação "do direito de propriedade com a preservação de valores do Estado de Direito" (*sic*), ainda que a propriedade tenha natureza jurídica, como visto, totalmente diversa dos direitos do autor.

247

eleitoral. Responsabilidade do réu pela contraprestação pecuniária, sob pena de enriquecimento sem causa. Réu que não se desincumbiu de demonstrar o fato impeditivo alegado; expressa autorização do autor da obra musical. Recurso desprovido[39].

APELAÇÃO CÍVEL. CIVIL, PROCESSO CIVIL E DIREITO AUTORAL. PRELIMINARES. JULGAMENTO ULTRA PETITA E DE ILEGITIMI-DADE PASSIVA AD CAUSAM REJEITADAS. CAMPANHA ELEITORAL. OBRA MUSICAL E IMAGEM. COMPOSIÇÃO E INTERPRETAÇÃO. "JINGLE" ELEITORAL. DIVULGAÇÃO POR DIVERSOS MEIOS MI-DIÁTICOS. AUSÊNCIA DE AUTORIZAÇÃO. VIOLAÇÃO AO DIREITO DO AUTOR. RESPONSABILIDADE SOLIDÁRIA DO PARTIDO E DO CANDIDATO. MULTA. ART. 109 DA LEI N. 9.610/1998. POSSIBILIDA-DE. DANO MORAL E MATERIAL. OCORRÊNCIA. QUANTUM IN-DENIZATÓRIO. ADEQUAÇÃO E RAZOABILIDADE. SENTENÇA MANTIDA. (...) 3. A tutela do direito autoral está consagrada no art. 5º, incisos XXVII e XXVIII, da Constituição Federal de 1988 e foi concreti-zada com a edição da Lei n. 9.610/98 (Lei de Direitos Autorais), que consolida e disciplina a tutela infraconstitucional dos direitos dos auto-res e põe sob sua proteção, dentre outras produções artísticas, literárias e científicas, as composições musicais. 4. Pertencem ao criador da obra literária, artística ou científica os direitos morais e patrimoniais sobre a obra que criou, ou seja, cabe somente ao autor utilizar, fruir e dispor de sua obra (artigo 22 da Lei n. 9.610/98). Assim, qualquer utilização alheia sempre dependerá de sua autorização prévia (art. 29), ainda que a repro-dução seja parcial (inciso I). 5. Os direitos tratados sob a rubrica de au-torais e deferidos ao criador, prevê prerrogativas de direitos de duas or-dens, morais e patrimoniais, os quais revelam-se como duas facetas de um único e mesmo direito: o primeiro se destina a resguardar a perso-nalidade do autor, garantindo a perene ligação com sua obra; e o segun-do objetiva assegurar remuneração ao autor, por força de qualquer uti-lização econômica de sua obra, seja por meio de representação, seja por meio de reprodução. 6. Por se tratar de direito personalíssimo, ocorrerá violação, a ensejar o dano moral, quando houver a execução pública indevida de obra musical de sua autoria, mormente quando há vincula-ção com algo que ele não coaduna, não acredita, ou mesmo não quer associar-se, de forma a macular a sua honra e imagem. 7. No caso, o uso indevido de obra musical consubstancia violação direito de personali-

---

39. TJSP; Apelação Cível 0007918-97.2008.8.26.0156; Relator(a): Teixeira Leite; Órgão Julgador: 4ª Câma-ra de Direito Privado; Foro de Cruzeiro – 2ª Vara Judicial; Data do julgamento: 13-12-2012; Data de registro: 17-12-2012.

dade do autor, causando danos a seus direitos de imagem, tanto de autor como de intérprete, especialmente quando o noticiário contemporâneo à época das eleições apresentava notícias negativas contra tal partido político ou candidato, possibilitando uma vinculação involuntária e indesejada da autora às mensagens políticas divulgadas, bem como ferindo sua imagem perante os apoiadores dos demais candidatos[40].

(...) Direitos autorais – Obra musical – Letra alterada para utilização em jingle eleitoral – Responsabilidade solidária do candidato – Inteligência do art. 17 da Lei n. 9.504/97 – Tese de paródia afastada – Violação legal ante a ausência de autorização do autor para adaptação da obra – Situação que enseja reparação por danos morais – Quantum indenizatório – Valor que se mostra excessivo – Minoração do montante para fins de adequação ao critério de razoabilidade e proporcionalidade – Reforma tópica da sentença – Recurso de apelação 01 conhecido e provido – Recurso de apelação 02 conhecido e parcialmente provido[41].

"3. A tutela do direito autoral está consagrada no art. 5º, incisos XXVII e XXVIII, da Constituição Federal de 1988 e foi concretizada com a edição da Lei n. 9.610/98 (Lei de Direitos Autorais), que consolida e disciplina a tutela infraconstitucional dos direitos dos autores e põe sob sua proteção, dentre outras produções artísticas, literárias e científicas, as composições musicais. 4. Pertencem ao criador da obra literária, artística ou científica os direitos morais e patrimoniais sobre a obra que criou, ou seja, cabe somente ao autor utilizar, fruir e dispor de sua obra (artigo 22 da Lei n. 9.610/98). Assim, qualquer utilização alheia sempre dependerá de sua autorização prévia (art. 29), ainda que a reprodução seja parcial (inciso I). 5. Os direitos tratados sob a rubrica de autorais e deferidos ao criador, prevê prerrogativas de direitos de duas ordens, morais e patrimoniais, os quais revelam-se como duas facetas de um único e mesmo direito: o primeiro se destina a resguardar a personalidade do autor, garantindo a perene ligação com sua obra; e o segundo objetiva assegurar remuneração ao autor, por força de qualquer utilização econômica de sua obra, seja por meio de representação, seja por meio de reprodução. 6. Por se tratar de direito personalíssimo, ocorrerá violação, a ensejar o dano moral, quando houver a execução pública inde-

---

40. TJDFT, Apelação Cível 0715585-47.2021.8.07.0001, rel. Des. Soníria Campos d'Assunção. 4ª Turma Cível, julgado em 31-8-2022.

41. TJPR, Apelação Cível 0031817-58.2010.8.16.0019, rel. Des. Joeci Machado Camargo, 7ª Câmara Cível, julgado em 10-3-2020.

vida de obra musical de sua autoria, mormente quando há vinculação com algo que ele não coaduna, não acredita, ou mesmo não quer associar-se, de forma a macular a sua honra e imagem. 7. No caso, o uso indevido de obra musical consubstancia violação direito de personalidade do autor, causando danos a seus direitos de imagem, tanto de autor como de intérprete, especialmente quando o noticiário contemporâneo à época das eleições apresentava notícias negativas contra tal partido político ou candidato, possibilitando uma vinculação involuntária e indesejada da autora às mensagens políticas divulgadas, bem como ferindo sua imagem perante os apoiadores dos demais candidatos. 8. O STJ, sobre o tema, entende que "o ressarcimento devido ao autor haverá de superar o que seria normalmente cobrado pela publicação consentida" (REsp 150467/RJ, Rel. Min. Eduardo Ribeiro, 3ª Turma, julgado em 11-11-1997, DJ 24-8-1998, p. 77)[42].

Apelação cível. Ação indenizatória por danos morais e patrimoniais. Sentença de procedência parcial. Condenação da ré em indenizar à primeira requerente por danos patrimoniais a ser apurado em liquidação e ao segundo requerente a título de danos morais no valor de R$ 20.000,00 (vinte mil reais). Alegação de ilegitimidade ativa do primeiro autor não acolhida. Reconhecimento de co-autoria da música "Mila" pela recorrente nas razões do recurso e em sua contestação. Incidência do § 3º art. 32 da lei de nº 9.610/1998. Possibilidade de defesa do direito contra violações causadas por terceiro pelo co-autor de forma individual e sem aquiescência dos demais. Litisconsórcio ativo necessário. Afastamento. Permissão apenas em situações excepcionais. Precedentes do STJ. Não caracterização. Atuação individual permitida por lei. Vídeo divulgado no Youtube pela parlamentar federal no Youtube em apoio ao ex-presidente da república. Finalidade informativa. Inocorrência. Nítida atividade político-partidária. Violação do direito autoral dos apelados. Art. 7º da lei de nº 9.610/1998. Proteção das composições musicais. Reprodução parcial de obra musical em execução pública sem autorização prévia e expressa do autor. Manutenção do video mesmo após notificação extrajudicial para retirada. Invocação da exceção à violação à lei de direitos autorais constante em seu art. 46, VIII. Inaplicabilidade. Existência de prejuízo injustificado aos legítimos interesses do autor. Reprodução e associação não autorizada da sua obra musical à corrente ideo-

---

42. TJDFT, Acórdão 1609368, 07155854720218070001, Desembargadora Relatora: Soníria Rocha Campos D'assunção, 4ª Turma Cível, data de julgamento: 31-8-2022, publicado no *DJe*: 8-9-2022.

lógica política, com a qual não se vincula. Alegação de juntada de provas tardias. Co-autoria reconhecida pela ré. Incidência do princípio do *pas de nullité sans grief* (não há nulidade, sem prejuízo). Incidência do parágrafo único do art. 435 do CPC/2015 quanto à declaração de titularidade de direitos patrimoniais e à notícia jornalística. Permissivo legal para juntada posterior de documentos formados após a petição inicial ou a contestação. Reconhecimento de violação de direito autoral. Dano moral. Presunção. Precedente do STJ. Insurgência quanto ao montante arbitrado de R$ 20.000,00 (vinte mil reais). Adequação ao caráter pedagógico e desestimulante da condenação indenizatória por dano extrapatrimonial. Manutenção. Condenação por dano moral em montante inferior ao postulado na inicial. Sucumbência recíproca. Inexistência. Incidência do enunciado de nº 326 da súmula do STJ. Insurgência contra a base de cálculo dos honorários de sucumbência. Valor atualizado da causa. Aplicação do § 2º do art. 85 do CPC/2015. Existência de condenação da parte ré ao pagamento de danos patrimoniais em valor a ser apurado em sede de liquidação de sentença. Impossibilidade de mensurar o valor total da condenação. Manutenção. Sentença mantida. Apelo não provido[43].

Na contramão da jurisprudência já então existente, lamentavelmente, o E. STJ, em acórdão bastante recente, de 11 de outubro de 2022, no EREsp 1.810.440, autorizou o uso *não autorizado* de paródias com finalidade político-eleitoral, mencionando que se trataria da conformação "do direito de propriedade com a preservação de valores do Estado de Direito" (*sic*), ainda que a propriedade tenha natureza jurídica, como visto, totalmente diversa dos direitos do autor.

No caso, o então candidato a deputado estadual Tiririca falava: "não foram só as pessoas simples que votaram em mim, até você votou em mim, bicho?", cortando para o próprio candidato, vestido de Roberto Carlos e cantando uma paródia da famosa música "O Portão".

O resultado do Recurso Especial gerou forte repercussão negativa, a ponto de o Tribunal Superior Eleitoral ter confeccionado a Resolução n. 23.743, de 27 de fevereiro de 2024[44]:

---

43. TJBA; Apelação 8046837-27.2021.8.05.0001, Desembargador Relator: Manuel Carneiro Bahia de Araujo, Publicado em: 2-6-2023.

44. A reunião para discussão e aprovação da Resolução teve participação de autores, intérpretes e outros profissionais renomados do meio musical, contando, inclusive, com a significativa contribuição da cantora Marisa Monte.

"Art. 23-A. A autora ou o autor de obra artística ou audiovisual utiliza-da sem autorização para a produção de jingle, ainda que sob forma de paródia, ou de outra peça de propaganda eleitoral poderá requerer a cessação da conduta, por petição dirigida às juízas e aos juízes mencionados no art. 8º desta Resolução.

§ 1º A candidata ou o candidato será imediatamente notificado para se manifestar no prazo de dois dias (Lei nº 9.504/1997, art. 96, § 5º).

§ 2º Para o deferimento do pedido, é suficiente a ausência de autorização expressa para uso eleitoral da obra artística ou audiovisual, sendo irre-levante a demonstração da ocorrência de dano ou a existência de culpa ou dolo (Código de Processo Civil, art. 497, parágrafo único).

§ 3º A tutela poderá abranger a proibição de divulgação de material ainda não veiculado, a ordem de remoção de conteúdo já divulgado e a proibição de reiteração do uso desautorizado da obra artística (Código de Processo Civil, art. 497, parágrafo único).

§ 4º Demonstrada a plausibilidade do direito e o risco de dano, é cabível a antecipação da tutela, podendo a eficácia da decisão ser assegurada por meios coercitivos, inclusive cominação de multa processual."

Felizmente, acórdãos posteriores, até mesmo do próprio Superior Tribunal de Justiça, já vêm decidindo em sentido contrário, total ou parcialmente, para reconhecer que a proteção dos direitos autorais e dos direitos de imagem são incompatíveis com o uso de paródias em campanhas políticas:

RECURSO ESPECIAL. DIREITO AUTORAL. PRELIMINAR DE INÉP-CIA DO RECURSO. REJEIÇÃO. LEGITIMIDADE PASSIVA VERIFI-CADA. TEORIA DA ASSERÇÃO. USO DE OBRA MUSICAL E IMAGEM EM CAMPANHA ELEITORAL. JINGLE. NECESSIDADE DE AUTO-RIZAÇÃO. VIOLAÇÃO AOS DIREITOS DO AUTOR. RESPONSABI-LIDADE SOLIDÁRIA DO PARTIDO E DO CANDIDATO POR ATOS DE SEUS ADEPTOS. IMPOSSIBILIDADE. RECURSO ESPECIAL CONHECIDO E PROVIDO.

5. Os jingles utilizados para fins eleitorais também se enquadram na proteção ao direito autoral, sendo imprescindível a prévia e expressa autorização dos titulares do direito para sua utilização, o que não se confunde com a paráfrase ou a paródia da obra musical, pois estas são permitidas e independem de autorização.

6. A proteção do direito do autor e a regularidade da propaganda eleito-ral atualmente devem ser apreciadas sob a perspectiva da expansão das

8 | Direitos patrimoniais

ferramentas de produção e compartilhamento de conteúdo na internet, o que dificulta o controle sobre o uso de obras protegidas por direitos autorais, haja vista a dinamicidade dos mecanismos de interação social, e indubitavelmente afeta o processo eleitoral.

7. A legislação de regência também protege os direitos morais do autor, de modo que se mostra legítima a pretensão do titular do direito autoral de buscar a desvinculação de sua obra ou de sua imagem de determinada campanha eleitoral, a fim de que sua reputação não seja sequestrada pela política e associada a determinada posição ideológica, sobretudo em um momento histórico de notória polarização política como o atualmente vivenciado pela sociedade, não só brasileira, mas mundial.

8. Aplica-se às propagandas eleitorais o princípio da responsabilidade pela propaganda, que será sempre atribuída a alguém, que, inicialmente, será o candidato, partido e coligação, ou eventualmente o veículo e o agente da comunicação[45].

Finalmente, a "inclusão"[46] de obra intelectual em outra obra ou produto vai merecer tratamento jurídico semelhante ao da sincronização. Nesses casos não há, propriamente, uma "sincronização" (*de sons e imagens, por exemplo*), mas, sim, o ato de a obra intelectual ser incluída, no todo ou em parte, em determinado contexto: como música de abertura de um programa de rádio[47], por exemplo, como um verso ou estrofe de um poema em um *outdoor* publicitário, uma obra fotográfica que ilustre um artigo escrito para uma revista e outras situações do gênero ou reproduzida em *site* da internet[48]. Naturalmente, a exemplo das outras modalidades de utilização de obra intelectual, não prescindirão de autorização prévia e expressa dos respectivos titulares de direitos autorais.

---

45. REsp 2.093.520/DF, rel. Ministro Marco Aurélio Bellizze, Terceira Turma, julgado em 14-5-2024, *DJe* de 17-5-2024.

46. A Lei n. 9.610, de 1998, prevê como modalidade de utilização de obra intelectual "a inclusão em fonograma ou produção audiovisual" (art. 29, V).

47. REsp 1.704.189/RJ, rel. Min. Ricardo Villas Bôas Cueva, 3ª T., julgado em 13-10-2020, *DJe* 19-10-2020: "(...) 9. No caso, a escolha do trecho de maior sucesso da obra musical como título de programa televisivo e seu uso em conjunto com o fonograma, gerou uma associação inadequada do autor da obra musical com a emissora, que utilizou o sucesso da música como título em sua programação semanal também como forma de atrair audiência. 10. Na espécie, a utilização da expressão 'Se ela dança, eu danço', na espécie, configura ofensa ao direito do autor e não um mero uso acessório de trecho de obra musical, não estando acobertada pelo art. 46, VIII, da LDA".

48. TJRS. Apelação Cível, 70007924681, Sexta Câmara Cível, Tribunal de Justiça do RS, rel. Artur Arnildo Ludwig, julgado em: 14-4-2004: "considerando que a requerida utilizou, com objetivo promocional e comercial as fotografias, recebendo vantagens econômicas, pois evidente o conteúdo comercial do material, surge inconteste a obrigação de indenizar materialmente".

Cabe ressaltar, ainda, sobre a necessidade de a autorização ser prévia e *expressa*, que o fato de autor postar sua obra na internet para acesso público – algo que tem sido frequente principalmente no caso de fotografias – não implica renúncia aos seus direitos de autor ou autorização tácita para o uso indiscriminado da obra, conforme já decidiu o STJ no acórdão de 18-2-2020, de lavra da Terceira Turma, relatoria da Min. Nancy Andrighi, no REsp 1.822.619.

Também indiferente se a fotografia utilizada foi divulgada amplamente em outros meios – o que importa é que não há renúncia ao direito do autor, seja qual for o uso anteriormente autorizado dela. No voto da apelação 0169664-36.2014.8.19.0001 pelo rel. Des. Marcelo Lima Buhatem, a Vigésima Segunda Câmara Cível do Tribunal de Justiça do Rio de Janeiro decidiu sobre a divulgação reiterada de fotografia clássica de Pelé durante a Copa de 1970, na qual o atleta dá seu famoso "soco no ar". Nesta, consignou que "a alegação de que a fotografia é veiculada de forma indiscriminada, por diversos veículos de comunicação, tendo sido reproduzida até mesmo em selos e utilizada pela Embratur em pôsteres, não tem o condão de afastar a autoria do apelado, nem mesmo o dever de indenizar". Ainda, sobre o conflito entre interesse público na informação e direito do autor, observou que "os meios de comunicação têm o direito e mesmo o dever social de manter a sociedade informada e atualizada sobre os fatos que ocorrem no país e no mundo, não sendo lícito, porém, a ilustração de matérias jornalísticas com fotografia sem a devida indicação e autorização do autor".

8.3.4. A tradução, adaptação e outras transformações da obra intelectual originária

Embora tratada em um mesmo inciso na lei brasileira[49] como modalidades de "transformação" da obra intelectual originária, essas duas formas de utilização de obras intelectuais são diferentes em sua essência.

A tradução, que é "o processo de converter uma linguagem em outra"[50], mesmo que não seja literal e seja "livre" (*não se atenha às palavras do texto original*), não alcança a amplitude das possibilidades criativas de uma "adaptação".

---

49. Inciso XI do art. 7º da Lei n. 9.610/98, que reeditou a orientação do inciso XII do art. 6º da Lei n. 5.988, de 14-12-1973.
50. Conforme o *Novo Dicionário Aurélio da Língua Portuguesa*, p. 1.696.

8 | Direitos patrimoniais

Portanto, a tradução, para que consista "obra derivada", ou seja, criação autônoma resultante da transformação de uma obra originária e, assim, possa ser considerada obra intelectual passível de proteção no campo dos direitos de autor, deverá atender aos requisitos estabelecidos na lei brasileira: "(...) desde que, previamente autorizadas e não lhes causando dano, se apresentarem como criação intelectual nova"[51].

Por outro lado, a "adaptação" poderá não consistir – *necessariamente* – uma "criação intelectual nova", como é o caso do arranjo musical, por exemplo, na hipótese de não conter elementos criativos originais (*distintos da composição musical objeto do "arranjo"*).

É importante frisar que transformação não significa "modificação" (*um dos atributos de natureza moral – e, portanto, intransferíveis – de titularidade do autor*) da obra originária.

Nesse sentido, José de Oliveira Ascensão orienta:

> A transformação distingue-se assim da modificação. Esta visa substituir a obra existente por uma nova versão, que contém diferenças da original, mas não representa por si uma criação. A transformação coloca ao lado da obra primitiva outra obra, que representa a obra primitiva adaptada a um novo meio de expressão[52].

De qualquer forma, tanto na hipótese de tradução quanto na de adaptação (*ou outras transformações*) é indispensável a autorização do autor da obra originária, que – *também* – poderá ou não ser remunerada.

E aqui se impõe a mesma questão: o simples ato de traduzir ou adaptar implica ser remunerado o autor da obra originária ou a remuneração em benefício deste só se concretizará a partir da publicação dessas "transformações" da sua obra?

A situação é mais evidente em relação ao tradutor ou adaptador (*arranjador, versionista, roteirista, em caso de adaptação cinematográfica de obra literária* etc.), que, normalmente, já recebe remuneração para realização da tradução ou adaptação independentemente de sua publicação, que poderá – *ou não* – ocorrer, gerando, em caso positivo, nova remuneração ao autor da obra derivada. Muitas vezes, trata-se de remuneração fixa para quitação do trabalho efetivado ou a título de cessão definitiva de direitos de autor (*esta na hipótese de consistir, realmente, criação intelectual autônoma*).

---

51. Ainda o inciso XI do art. 7º citado.
52. Ob. cit., p. 170.

255

Mas e o autor da obra originária? Ora, se é indispensável sua autorização, a remuneração poderá ser uma das condições para sua concessão[53].

Acrescente-se, finalmente, que o fato de o autor da obra originária autorizar a sua adaptação não representa – *uma vez que não sejam utilizados elementos criativos (originais) desta* – que outras adaptações possam ser, também, autorizadas em relação à mesma obra intelectual já adaptada. Nesse sentido, é categórica a orientação do Supremo Tribunal Federal no acórdão proferido em 8 de junho de 1984 no Recurso Extraordinário 102.086/SP, por votação unânime de sua Primeira Turma, rel. Min. Soares Muñoz:

> Ementa: Direito Autoral. Desenho. – O autor de adaptação de obra original devidamente autorizada somente pode impedir a exata reprodução do seu trabalho; não tem legitimidade para se opor a outras adaptações, visto que tal faculdade é reservada exclusivamente ao criador da obra original. Interpretação razoável do art. 6º, XII, da Lei n. 5.988/73 (Súmula 400). Recurso extraordinário não conhecido[54].

8.3.5. A reprodução de obras intelectuais

Nos termos da legislação autoral vigente, reprodução é

> a cópia de um ou vários exemplares de uma obra literária, artística ou científica ou de um fonograma, de qualquer forma tangível, incluindo qualquer armazenamento permanente ou temporário por meios eletrônicos ou qualquer outro meio de fixação que venha a ser desenvolvido[55].

Em síntese, a definição legal de "reprodução" abrange a cópia física e o armazenamento por meios eletrônicos (*arquivos digitais que costumam ser constituídos pela prática de* downloads *de conteúdos disponibilizados na rede de computadores, a internet*), que vai depender, sendo essa reprodução de obra intelectual integral ou parcial, de prévia e expressa autorização do autor[56].

Como já visto, a extração de cópias (*ou o* copyright, *na sua acepção primígena, na Inglaterra do Século XVIII*) consiste na utilização de obra intelectual que primeiro mereceu tratamento legal (*a lei da Rainha Ana, de 1710*), no campo de direito de autor.

---

53. Por exemplo no caso do escritor que autoriza a adaptação cinematográfica de sua obra, e recebe remuneração para esse fim, independentemente de estabelecer, também, nova remuneração para a hipótese de se concretizar a efetiva publicação e comercialização do filme.

54. *Direito autoral – Série Jurisprudência*, já citada, p. 70.

55. Art. 5º, VI, da Lei n. 9.610/98.

56. Art. 29, I, da Lei n. 9.610/98.

8 | Direitos patrimoniais

A respeito da inquietante questão atual – *para a proteção dos direitos de autor* – do desenvolvimento tecnológico no campo da extração de cópias pela via da reprografia, acrescida às possibilidades trazidas pelo sistema de computação e sua popularização, Hildebrando Pontes Neto alerta:

> Se a cultura da disseminação das cópias reprográficas já impossibilitava o controle dos autores sobre as obras de sua criação e afetava seus respectivos investidores, o que pensar hoje dos reflexos da digitalização? Não é mais possível deter a proliferação das fotocopiadoras digitais integradas em redes de computadores, responsáveis pelo incessante processo de reprodução eletrônica das mais diferentes produções literárias[57].

A mesma apreensão é manifestada por Henrique Gandelman:

> A propriedade intelectual, por suas características eminentemente imateriais, vem sofrendo um grande desafio na Internet, o que provoca comentários de especialistas preocupados com a sobrevivência do "copyright".
>
> São vários os aspectos do ciberespaço ("bits") que atingem frontalmente os conceitos básicos do direito autoral:
>
> – a extrema facilidade de se produzir e distribuir cópias não autorizadas de textos, música, imagens;
>
> – a execução pública de obras protegidas, sem prévia autorização dos titulares;
>
> – a manipulação não autorizada de obras originais digitalizadas "criando-se" verdadeiras obras derivadas;
>
> – apropriação indevida de textos e imagens oferecidos por serviços "on-line" para distribuição de material informativo para clientes[58].

Tal preocupação – de controle de direitos autorais – na utilização de obras intelectuais pela "internet" é plenamente justificada. Basta atentarmos para as esclarecedoras considerações sobre esse sistema, fornecidas por Antonio Chaves:

> A melhor imagem para descrevê-la é a de uma infovia, uma estrada digital por onde trafegam riquezas devidamente transformadas em bits. Transformar átomos em bits significa digitalizar, reescrever a informação contida na voz, na cor, nas luzes, nas letras, nos filmes e nas formas, colocando tudo isso para viajar de uma tela para outra. O membro da Internet é o radioamador dos anos 90, falando com o mundo todo de um

---

57. Cópia ou crime. *Presença Pedagógica*, v. 2, n. 12, p. 82, nov./dez. 1996.
58. *De Gutemberg à internet*: direitos autorais na era digital. Rio de Janeiro: Record, 1997, p. 158.

257

Direito Autoral no Brasil | José Carlos Costa Netto

escritório no fundo de casa, só que seu instrumento de comunicação está para o radiotransmissor assim como o Boeing está para a carroça. Viaja-se em ambos, claro. Canções podem ser digitalizadas – como já são nos CDs musicais –, e assim passeiam pela Internet; jornais inteiros são igualmente transformados em bits e postos à disposição de assinantes. Dinheiro pode também trafegar como mensagem cibernética, na forma de números de cartão de crédito. Os bits são a maior riqueza deste fim de século ou sua mais completa tradução.

As possibilidades de se exibir são infinitas. De repente, qualquer um pode ser um *best-seller* mundial. Uma página de texto colocada por qualquer membro da Internet pode ser lida por milhões de pessoas[59].

A respeito da extrema facilidade – também – de reprodução de programas de computador, observa Marcelo Dias Varella:

Ao contrário das máquinas ou dos livros, é possível copiar um programa de computador com milhões de letras e números em poucos segundos, o que se dá graças à própria evolução tecnológica. Para tanto, transfere-se o conteúdo do suporte físico em que se encontra para outro, que pode ser ou não da mesma natureza do primeiro. Assim, copia-se de uma memória interna para um disquete, entre disquetes, entre memórias fixas por via de conexão em rede, etc[60].

Em relação aos direitos de reprodução, relevante a ressalva de Thierry Piette-Coudol e André Bertrand, que examinam a fundo – sob o prisma da atual legislação francesa – o sistema da "internet", de que o uso estritamente pessoal de obra intelectual não necessitará de autorização do seu autor somente se não permitir o acesso ao público "via internet" e, assim, de maneira geral, toda reprodução de obras intelectuais protegidas e colocadas à disposição de pessoas conectadas com a "internet" deve estar "expressamente autorizada pelo titular ou cessionários desses direitos"[61].

A título de formas atuais de uso de obras intelectuais, Eduardo Vieira Manso destaca, também, a utilização pela via peculiar do *merchandising*[62],

---

59. *Direitos autorais na computação de dados*. São Paulo: LTr, 1996, p. 240.
60. *Propriedade intelectual de setores emergentes*. São Paulo: Atlas, 1996, p. 181.
61. *Internet et la loi*. Paris: Dalloz, 1997, p. 144.
62. "Designação corrente da propaganda não declarada feita através da menção ou aparição de um produto, serviço ou marca durante um programa de televisão ou de rádio, filme, espetáculo teatral, etc." (HOLANDA FERREIRA, Aurélio Buarque de. *Novo Dicionário da Língua Portuguesa*. 2. ed. rev. e aum. Rio de Janeiro: Nova Fronteira, 1986, p. 1.121). Eduardo Vieira Manso, na p. 147 da sua obra a seguir especificada, observa que o *merchandising* pode se relacionar com o direito de propriedade industrial (como na hipótese de artes aplicadas), direito à imagem (como quando um artista recomenda determinado produto ou serviço) ou direito autoral (quando se vale de uma obra intelectual ou de uma atuação artística).

258

8 | Direitos patrimoniais

que, em qualquer hipótese de sua realização, mediante a utilização de obras intelectuais, ou de qualquer elemento delas, "sempre ocorre reprodução de suas formas: ou se reproduz sua forma intrínseca, ou sua forma extrínseca". Prossegue o jurista:

> É a forma – e isso é um truísmo em Direito Autoral – que merece e recebe toda proteção, com que se conferem, ao autor e demais titulares de direitos autorais, prerrogativas jurídicas envolvendo faculdades positivas e negativas, que lhes reservam todos os poderes para utilização econômica de obra intelectual[63].

Não há como negar as dificuldades que essas novas modalidades de utilização (*reprografia, internet e outras novas tecnologias e estratégias de comunicação*) de obras intelectuais vêm causar ao efetivo controle de direitos autorais. A proteção legal, no entanto, permanece sólida, e sua implementação eficiente deverá demandar a criação de sistemas de controle adequados a esses novos meios e processos de uso desses bens.

No tocante, especificamente, à reprodução de obras musicais fixadas em fonograma, incluídas ou não em obras audiovisuais fixadas em videofonogramas ou outros suportes, Bobbio subdivide as reproduções de obras musicais em duas modalidades: a edição gráfica e a fonomecânica. Define como as reproduções da obra *per corpora mechanica* os processos preparatórios da realização sonora da criação musical. Dentre eles, o mais antigo seria o da edição gráfica, que consiste na publicação de transcrições da obra nos sinais convencionais representativos do som e se destina à realização sonora por meio de instrumentos musicais acionados pelo homem, ou da voz humana. Complementa esclarecendo que a edição gráfica pode ser realizada diretamente, pelo autor, ao encomendar, por conta própria, a reprodução do manuscrito por ele preparado ou mandado preparar e que a publicação assim feita, em que figure o nome do autor e o distintivo da obra, poderá ser posta em comércio pelas formas usuais[64].

A respeito da acepção de "edição" e "reprodução" da obra musical, Hermano Duval professa o entendimento de que

> a reprodução de obra musical em disco constitui edição porque a gravação e a exposição e venda de exemplares do disco colocam a obra à dis-

---

63. *Contratos de direito autoral*. São Paulo: Revista dos Tribunais, 1989, p. 148. Interessante observar que no âmbito da "internet" ou qualquer outro, não tem direito à reprodução de "obra de arte plástica" o seu adquirente, a não ser por expressa disposição do autor nesse sentido. Nesse caminho, é categórico o art. 77 da Lei n. 9.610/98: "Salvo convenção em contrário, o autor de obra de arte plástica, ao alienar o objeto em que ela se materializa, transmite o direito de expô-la, mas não transmite ao adquirente o direito de reproduzi-la". Essa autorização do autor deve ser por escrito e presume-se onerosa (art. 78).

64. Ob. cit., p. 25.

posição do público (Cód. Civil. art. 657). É a colocação da obra à disposição do público e não sua execução pública que caracteriza a edição da obra musical gravada na matriz e multiplicada em discos[65].

A despeito da observação terminológica de Duval – atualmente a expressão "reprodução fonográfica" é mais utilizada –, é relevante observar que, no âmbito dos direitos de reprodução de obra musical, consiste essa a utilização que costuma gerar uma retribuição mais satisfatória aos titulares de direitos autorais.

Assim, terá o titular um percentual no preço de vendagem de exemplares. Tais participações vão atingir números muito mais significativos do que a comercialização de partituras musicais, principal atividade inerente à reprodução eminentemente gráfica da obra musical.

Deve-se considerar – em complemento – que, atualmente, já começa a ter expressão a remuneração autoral decorrente não só da reprodução e comercialização de fonogramas (*englobadas nessa expressão não só os discos, mas, também, as fitas "cassetes" e os novos suportes sonoros desenvolvidos pela tecnologia*), mas, também, da obra audiovisual, definida na nova legislação brasileira como a que resulta da fixação de imagem, com ou sem som, que tenha a finalidade de criar, por meio de sua reprodução, a impressão de movimento, independentemente dos processos de sua captação, do suporte usado inicial ou posteriormente para fixá-lo, bem como dos meios utilizados para sua veiculação[66].

Cabe ressalvar, contudo, as limitações legais – e, também, expressadas por alguns doutrinadores – ao "direito exclusivo" outorgado ao autor e demais titulares de direitos autorais em algumas situações especiais. É o caso, por exemplo, do tratamento que a legislação brasileira dá à "reprodução, em só exemplar, de pequenos trechos, para uso privado do copista. Essa reprodução, desde que feita por este sem intuito de lucro", não constitui ofensa ao direito de autor[67].

Por outro lado, quanto à reprodução fonomecânica, dois aspectos devem ser considerados: o da gravação efêmera e o da reprodução para uso privado. A primeira questão é examinada por Eduardo Vieira Manso no sentido de que, não obstante a Lei n. 5.988/73 a tenha incluído na parte

---

65. Ob. cit., p. 181.
66. Art. 5º, VIII, *i*, da Lei n. 9.610/98. A lei anterior, n. 5.988/73, estabelece em seu art. 4º, VIII, simplesmente: "videofonograma – a fixação de imagem e som em suporte material".
67. Art. 46, II, da Lei n. 9.610/98, que reedita a orientação do inciso II do art. 49 da Lei n. 5.988/73 com o acréscimo da expressão "pequenos trechos" e que a reprodução tenha sido "feita por este" (o copista). Examinamos esse tema (*limitações ao direito autoral*) mais detalhadamente no capítulo seguinte.

8 | Direitos patrimoniais

reservada aos direitos conexos, a gravação efêmera das interpretações artísticas seria uma hipótese de reprodução de obra intelectual que, como verdadeira limitação do direito autoral, escaparia do poder que o autor tem de impedir a fixação sem sua prévia e expressa autorização. Mas, em seguida, é o mesmo jurista que pondera que a França, por exemplo, não admite que a gravação efêmera se faça sem o consentimento dos titulares do direito de reprodução e aconselha que:

> As empresas de radiodifusão façam constar dos contratos que firmarem com os autores condições expressas a respeito dessa fixação. Isso porque, a rigor, um contrato que autorize apenas a representação da obra, pela radiodifusão, ainda que efêmera, em razão da total independência existente entre as diversas formas de utilização econômica da obra intelectual (segundo um princípio de direito intelectual que o artigo 35 da Lei n. 5.988/73 consagrou), e especialmente porque, pelo menos formalmente, a gravação efêmera, na Lei n. 5.988/73, refere-se apenas à interpretação e, pois, aos direitos conexos[68].

Finalmente, a respeito da reprodução para uso privado ou pessoal, Taddeo Collová, admitindo que o conceito de uso pessoal nesse caso é determinado na fronteira que delimita o uso lícito do ilícito da obra intelectual, pondera que a utilização, como realização de um meio substitutivo ao industrial, deverá ser levada em conta se envolver o interesse do autor e o prejuízo que pode ser causado a este[69].

A questão da reprodução sonora privada e, atualmente, também a de natureza audiovisual, assume dimensões incalculáveis, atingindo – *indiretamente* – os interesses pecuniários dos titulares dos direitos autorais das obras copiadas, reduzindo-lhes, sensivelmente, a remuneração que adviria da comercialização regular de fonogramas e videofonogramas. Nesse passo, J. Pereira lembra que a reprodução parcial ou total de obras com a utilização dos equipamentos atuais causa, com efeito, prejuízo a seus autores. É que não se trata mais de uma ou de duas cópias. São milhões de pessoas apertando botões e copiando, em poucos minutos, obras musicais, literárias ou cinematográficas. Ressalta que a solução estaria na decisão do Supremo Tribunal Federal, no caso da norma do inciso I do art. 666 do

---

68. Ob. cit., p. 50. O princípio referido por Vieira Manso, constante do art. 35 da Lei n. 5.988/73, da independência entre as diversas formas de utilização de obras intelectuais foi reeditado pelo art. 31 da nova Lei brasileira de Direitos Autorais vigente (9.610/98).

69. Em artigo intitulado "Reproduzione Sonora e Visiva de Opere Dell' Ingegno per Uso Personale", publicado no volume celebrativo do Cinquentenário da Revista *Il Diritto di Autore*, Editora Giuffrè, 1979, p. 111-112.

261

Código Civil: a reprodução é consentida como uma espécie de licença legal, mas o autor tem direito à remuneração por tal uso[70].

O sistema de remuneração autoral, de natureza compensatória, a esse quadro generalizado de extração de cópias no ambiente privado foi equacionado pelo legislador no curso da evolução, no Congresso Nacional, do projeto da Lei n. 9.610, de 1998. No entanto, os dispositivos que continham essa salutar previsão infelizmente não vingaram. Embora constasse essa matéria na versão original do Substitutivo de Projeto de Lei, que se constituiu na Lei brasileira vigente de Direitos Autorais (9.610/98), infelizmente foram os dispositivos rejeitados na votação, em sessão plenária, da Câmara dos Deputados, postergando, assim, essa importante conquista na defesa dos direitos autorais em nosso país. Consignava o projeto que

> os titulares de direitos de autor e dos que lhes são conexos domiciliados no país, cujas obras, produções, interpretações e execuções hajam sido publicadas em fonogramas e videofonogramas terão direito a remuneração de natureza autoral, como compensação à possibilidade de sua reprodução privada na forma do inciso II do art. 49 da presente lei, mediante o uso de aparelhos reprodutores e de suportes materiais virgens.

Nesse conceito, estabelecia, principalmente, que:

> (a) a remuneração será devida pelo fabricante ou importador, no ato da saída do estabelecimento, à razão de 5% (cinco por cento) sobre o preço de venda dos aparelhos reprodutores e 10% (dez por cento) sobre o preço de venda das fitas magnéticas, ou quaisquer outros suportes materiais virgens, (b) a cobrança da remuneração será feita coletivamente, por entidade organizada para este fim, pelas associações a que se refere o art. 100, ou mediante mandato por elas outorgado ao escritório a que se refere o art. 102 desta Lei, (c) caberá às associações de titulares de direitos autorais decidir os critérios de distribuição aos titulares das quan-

---

70. A respeito desse instituto – *cópia privada* –, que resultaria em licença compulsória nos atrelando à remuneração compensatória ao titular de direito autoral, Vanisa Santiago comenta: "O sistema de remuneração pela cópia única para uso do copista, que resulta de uma limitação ao direito de reprodução, foi criado para compensar o fator acumulativo e multiplicador dessa limitação, que, com o avanço da tecnologia, se havia convertido em uma ofensa ao art. 9.2. do Convênio de Berna, conhecido como a '*regra dos três passos*'. Criado na Alemanha em 1965 e introduzido paulatinamente na legislação dos países europeus, o sistema da cópia privada representa uma expressiva fonte de riqueza para o autor e para a própria indústria, funcionando por meio de fixação de um cânon compensatório pago pelos fabricantes de suportes (*fitas, CDs virgens e similares*) e recebido por meio do exercício obrigatório e conjunto, por associações de gestão coletiva" (O direito de autor e o direito de remuneração. In: PIMENTA, Eduardo Salles (org.). *Direitos autorais*: estudos em homenagem a Otávio Afonso dos Santos. São Paulo: Revista dos Tribunais, 2007, p. 347).

8 | Direitos patrimoniais

tias arrecadadas, respeitados os direitos de cada um, (d) na falta de acordo entre as associações, quanto à distribuição da remuneração correspondente às fixações exclusivamente sonoras, essa será somada ao montante da execução pública a distribuir, cabendo metade do valor aos titulares de direito de autor e a outra metade aos de direitos conexos, e (e) à falta de acordo entre as associações quanto à distribuição da remuneração correspondente às fixações audiovisuais, caberá a metade ao produtor, e a outra será repartida, em partes iguais, aos demais coautores, ou autor da obra adaptada e aos intérpretes nominados nos letreiros[71].

8.3.6. A distribuição de obras intelectuais

A conceituação de distribuição encontra-se, principalmente, em dois dispositivos da Lei n. 9.610/98: (a) no inciso IV do art. 5º: a colocação à disposição do público do original ou cópia de obras literárias, artísticas ou científicas, interpretações ou execuções fixadas em fonogramas, mediante a venda, locação ou qualquer outra forma de transferência ou posse; e (b) no inciso VII do art. 29, que dispõe sobre a necessidade de autorização prévia expressa do autor a modalidade de utilização consistente em

> distribuição para oferta de obras ou produções mediante cabo, fibra ótica, satélite, ondas ou qualquer outro sistema que permita ao usuário realizar a seleção da obra ou produção para percebê-la em um tempo e lugar previamente determinados por quem formula a demanda, e nos casos em que o acesso às obras ou produções se faça por qualquer sistema que importe em pagamento pelo usuário[72].

---

71. §§ 1º e 3º a 6º do art. 104 do Substitutivo do Projeto de Lei n. 9.610, de 19-2-1998, que foram suprimidos do texto legal definitivo.

72. Em sua alentada e elucidativa monografia *Direito da internet e da sociedade de informação* (Rio de Janeiro: Forense, 2002), o jurista português José de Oliveira Ascensão elogia a solução legislativa brasileira sobre a acepção adotada para a "distribuição" de obra intelectual, para adequá-la ao campo informático: "No Substitutivo do Projeto de Lei dos Direitos Autorais do Deputado Aloysio Nunes Ferreira que está na base da Lei n. 9.610, a redação do art. 29, VII, era a seguinte 'a transmissão de uma reprodução consiste na distribuição por qualquer meio técnico ou processo digital mediante o qual uma cópia de obra ou produção, é fixada fora do lugar de onde foi enviada'. Era, claramente, a 'distribuição informática' que se tinha em vista: por isso se fala até na fixação da cópia, fora do local para onde a obra ou prestação foi enviada. Continua a ser este o problema de que se ocupa o mesmo inciso, embora com redação alterada. Há uma verdadeira distribuição, que se estende aos casos em que a própria produção do exemplar é realizada no terminal do utente. Essa situação não podia deixar de ser integrada na distribuição verdadeira e própria – ainda que implicasse em ajustamento no conceito de distribuição. Por isso se aplaude a posição da lei brasileira" (ob. cit., p. 11). Ainda no terreno da informática, Newton Silveira ressalva a distinção entre o tratamento da lei autoral vigente para "distribuição" e "armazenamento", os seus reflexos jurídicos quanto ao licenciamento do respectivo uso de obra intelectual, consignando que "a autorização para 'inclusão em base de dados, e armazenamento em computador, a microfilmagem e as demais formas de arquivamento do gênero' (art. 29, IX) não compreendem a dis-

A norma geral – *para as utilizações lícitas, ou seja, regularmente autorizadas* – é que a remuneração do autor seja condicionada a um percentual sobre as receitas decorrentes da comercialização da obra.

A base média percentual gira em torno de 10% (*é assim, normalmente, em relação aos livros – sobre o preço de capa. Em relação a obras musicais esse percentual – atualmente 9, 17% – é aplicado sobre o preço de faturamento da gravadora ao revendedor*).

Fábio Maria de Mattia, ao examinar a remuneração do escritor, fornece elementos importantes para o entendimento da regra em sua acepção genérica:

> O sistema do pagamento de direito do autor baseado numa porcentagem sobre o preço de venda é suscetível das modalidades as mais diversas. Pode ser estipulada uma remuneração simplesmente proporcional, mas, também, pode ser incluído na convenção o princípio da progressão, ou seja, a porcentagem atribuída ao autor aumentará à medida que as tiragens alcançarem cifras mais elevadas[73].

Embora essa seja a regra geral de remuneração na utilização da obra intelectual por meio da distribuição e comercialização de cópias, naturalmente não é a única.

A remuneração poderá seguir o critério do valor fixo na hipótese, por exemplo, de distribuição de determinado número de cópias como brindes promocionais ou outros sistemas similares.

Essas regras gerais, contudo, somente poderão ser aplicadas na hipótese de reprodução devidamente autorizada. Com o advento da evolução tecnológica, torna-se indispensável certificar-se de que a modalidade de reprodução pretendida está, efetivamente, abrigada no instrumento de autorização ou licença concedida pelo titular do direito. A respeito, pronunciou-se o Tribunal de Justiça do Rio de Janeiro em acórdão de 27 de fevereiro de 1992,

---

tribuição (art. 29, VI), nem a distribuição para oferta (art. 29, VII), nem qualquer outra forma de comunicação ao público, como execução musical, radiodifusão, emprego de satélites artificiais, sistemas óticos, fios telefônicos ou não, cabos de qualquer tipo e meios de comunicação similares (art. 29, VIII, *b, d, h, i*)", concluindo o jurista, que: "Assim, se um provedor de conteúdo contrata tão somente o direito de armazenamento (o qual constitui uma reprodução conforme definição do inc. VI do art. 5º não está automaticamente autorizado à comunicação ao público, exceto se *intrínseca ao contrato firmado*" (Os direitos autorais e as novas tecnologias da informação conforme a Lei 9.610/98. In: PIMENTA, Eduardo Salles (org.). *Direitos autorais*: estudos em homenagem a Otávio Afonso dos Santos. São Paulo: Revista dos Tribunais, 2007, p. 273).

73. Ob. cit., p. 247.

na Apelação Cível 3.819/91, por votação unânime de sua Segunda Câmara Cível, rel. Des. Thiago Ribas Filho, com a seguinte ementa:

> Obra cinematográfica – Direito autoral e direito de imagem – Acerto da sentença que entendeu como não autorizada a exploração, em videocassetes, de película cinematográfica, quando, à época do contrato com a artista, era incomum a reprodução através de tal instrumento e o pacto só previa seu uso em cinema, admitindo reproduções fotográficas ou cinematográficas em televisões, jornais, revistas ou semelhantes com a finalidade exclusiva de angariar publicidade para o filme – As diversas formas de utilização da obra intelectual são independentes entre si, e os negócios referentes a elas devem ser interpretados restritivamente[74].

Nas últimas décadas, têm se sucedido formas distintas de utilização que já passaram pela já pouco difundida locação de cópias (atividade habitual das antigas "videolocadoras", por exemplo, normalmente em relação às obras cinematográficas fixadas em videofonogramas ou "CDs" – *Compact Discs* no campo fonográfico) e pela reprografia (*extração de fotocópias ou xerocópias*), agora digitais e disponibilizadas na internet – regular ou irregularmente –, alcançando as novas plataformas digitais, de reprodução de obras, como filmes e séries (Netflix, Amazon Prime Video, HBO Max, MUBI, e até de cinemas tradicionais como o Petra Belas Artes À La Carte), música (Apple Music, Deezer, Spotify) e vídeos curtos (YouTube, Vimeo, Dailymotion). Todos esses meios podem, também, provocar busca por variantes do sistema tradicional de remuneração percentual, dependendo do caso.

Outrora já ensinava Eduardo Vieira Manso sobre a questão da obrigatoriedade de autorização do autor (*e, eventualmente, demais titulares de direitos autorais*) na locação:

> Não pode haver dúvida de que a utilização da obra intelectual, que se fizer mediante empréstimo remunerado ou locação, será uma "utilização econômica", que, não estando expressamente excluída da exclusividade autoral, seja por derrogação, seja por limitação do direito (art. 49 da Lei n. 5.988/73), apenas pode ser realizada pelo autor, ou seus sucessores,

---

74. *Direito autoral – Série Jurisprudência*, citada, p. 35. As regras de independência de formas de utilização de obras intelectuais e de interpretação restritiva dos negócios referentes a elas encontram-se, atualmente, disciplinadas nos arts. 31 e 4º da Lei n. 9.610/98, respectivamente.

por todo o tempo em que a lei conservar na sua titularidade essas prerrogativas, ou mediante autorização desses titulares[75].

No Capítulo 11, tal assunto será melhor enfocado, mas é indispensável adiantar a menção, nesse momento ao acórdão paradigmático sobre *streamings* proferido pela Terceira Turma do STJ no julgamento do REsp 1.559.264/RJ, sob relatoria do Min. Ricardo Villas Bôas Cueva, autorizando a cobrança de direitos autorais pelo Escritório de Arrecadação e Distribuição de Direitos Autorais (ECAD) em *simulcastings* e *webcastings*.

Em outro julgamento, também de relatoria do Min. Ricardo Villas Bôas Cueva, no REsp 1.567.780/RJ, de 8-2-2017, ainda adicionou que "o critério utilizado pelo legislador para determinar a autorização de uso pelo titular do direito autoral previsto no art. 31 da Lei n. 9.610/98 está relacionado com a modalidade de utilização e não com o conteúdo em si considerado. Assim, no caso do *simulcasting*, a despeito de o conteúdo transmitido ser o mesmo, os canais de transmissão são distintos e, portanto, independentes entre si, tornando exigível novo consentimento para utilização e criando novo fato gerador de cobrança de direitos autorais pelo ECAD". Em outras palavras, nos *simulcastings*, cada transmissão é contada como novo fato gerador para cobrança de direitos autorais, independentemente de se referir ao mesmo canal.

Por tais precedentes, é possível visualizar como o uso de novas tecnologias desafia novas formas de cobrança dos direitos autorais, de acordo com as características da sua transmissão.

Em consequência das mutações dos meios de divulgação de obras (e das formas cada vez mais criativas de violação de direitos autorais), o Código Penal Brasileiro foi alterado algumas vezes, na área de direitos autorais. A Lei n. 8.635, de 16 de março de 1993, introduzira na tipificação como crime (art. 184, § 2º), também, o "aluguel" (*ou locação*), com intuito de lucro, de "original ou cópia de obra intelectual, fonograma ou videofonograma, produzidos ou reproduzidos com violação de direito autoral". A mesma lei introduz na tipificação do delito o "empréstimo" ou "troca", com intuito de lucro, de original ou cópia de obra intelectual, fonograma ou videofonograma produzidos ou reproduzidos com violação de direito autoral[76].

---

75. *Direito autoral – Série Jurisprudência*, citada, p. 35.
76. A respeito do delito de "troca", Paulo José da Costa Jr., em seus *Comentários ao Código Penal* (4. ed. ref. e atual. São Paulo: Saraiva, 1996, p. 629), pondera: "Com relação à troca, quer-nos parecer dúbio o acréscimo. Isto porque dificilmente se comprovará o intuito de lucro numa simples troca".

8 | Direitos patrimoniais

Em 2003, a Lei n. 10.695/2003, que aumentou penalidades para as violações de direitos autorais, prevendo como qualificadora o "oferecimento ao público mediante cabo, satélite, fibra ótica ou qualquer outro sistema" (...) "sem autorização expressa, conforme o caso, do autor, do artista intérprete ou executante, do produtor de fonograma, ou de quem os represente". Tal disposição, que visava à época impedir distribuição de ilegal de sinal de TV a cabo, também serve hoje para a proteção dos *streamings* oficiais, que são detentores e/ou pagam regularmente os direitos autorais.

Não há como negar as dificuldades que essas novas modalidades de utilização (*reprografia, internet e outras novas tecnologias e estratégias de comunicação*) de obras intelectuais vêm causar ao efetivo controle de direitos autorais. A proteção legal, no entanto, permanece sólida, e sua implementação eficiente deverá demandar a criação de sistemas de controle adequados a esses novos meios e processos de uso desses bens[77].

8.3.7. A comunicação (ao público) de obras intelectuais

Conceitua a nossa lei como "comunicação ao público de obras intelectuais o "ato mediante o qual a obra é colocada ao alcance do público,

---

77. A respeito, relevantes observações de Silvia Gandelmann de que "A boa notícia, nesse *imbróglio* de conceitos e de diversos tipos de direitos em jogo ou ameaçados é que, a cada nova modalidade de utilização proporcionada pelas novas tecnologias, surge mais uma oportunidade para os autores/artistas comercializarem suas obras e divulgá-las a baixo custo. O exemplo maior é a comercialização dos chamados *ringtones* ou toques de campainha dos celulares, um mercado estimado em muitos milhões de reais, que vem gerando receita adicional para os autores e seus editores" (Convergência de mídias e os *ringtones*: direito de inclusão e distribuição. In: PIMENTA, Eduardo Salles (coord.). *Direitos autorais*: estudos em homenagem a Otávio Afonso dos Santos. São Paulo: Revista dos Tribunais, 2007, p. 345). Eliane Jundi complementa que "Outras formas de utilização de obras musicais também foram criadas, tais como os chamados *caller tones* ou *ring back tones*. Trata-se do toque de chamada que o assinante poderá disponibilizar em seu aparelho, para a pessoa que o está chamando escutar uma música, substituindo o toque tradicional de telefone. Nesse caso também são necessárias as imprescindíveis autorizações dos titulares dos direitos autorais e dos direitos conexos aos do autor". Conclui, adiante, que: "Nos *ring tones, true tones* e *ring back tones*, acontece a distribuição da obra musical para o telefone móvel privativo do usuário" (*Ringtones* gera direitos de execução pública? Direitos de Distribuição. *Revista de Direito Autoral*, São Paulo, n. III, Edição ABDA/Lumen Juris, p. 32 e 35, respectivamente, 2005). Interessante, também, a observação de Michel Nicolau Netto sobre a distribuição "gratuita" de música pela Internet, que qualifica como de simples lógica: "a música gravada distribuída gratuitamente é o modo de negócio em que as empresas de tecnologia e fonográfica conseguem um grau de concordância; são estas empresas que possuem a exclusividade na oferta de música gravada; tal oferta precisa ser financiada, pois faz parte de uma lógica de mercado; tal financiamento deve se dar por anunciantes; tais anunciantes, por fim, determinarão as músicas que lhes interessam ofertar. Se todas as etapas de nosso pensamento estão corretas, podemos concluir que quanto mais este tipo de negócio se fortalece, mais condicionada aos interesses dos anunciantes a oferta de música estará" (Quanto custa o gratuito? Problematizações sobre os novos modelos de negócio na música. *ArtCultura: Revista de História, Cultura e Arte*, Uberlândia, Edufu/Fapemig/CNPq, v. 10, n. 16, jan.-jun. 2008).

Direito Autoral no Brasil | José Carlos Costa Netto

por qualquer meio ou procedimento e que não consista na distribuição de exemplares"[78]. No contexto desse amplo espectro, examinemos as principais utilizações de obras intelectuais consideradas "comunicação ao público".

8.3.7.1. A representação ou execução pública direta ("ao vivo") ou indireta (radiodifusão, cabo, satélite, computador)

A obra intelectual representada, exibida ou executada em apresentações "ao vivo" (quando os intérpretes ou executantes estão atuando pessoalmente, normalmente sobre um palco) exige a autorização do autor.

Da mesma forma em relação aos autores (*e demais titulares de direitos de autor e conexos*) na representação, exibição ou execução de obras em comunicação indireta ao público: por radiodifusão, por cabo, transmissão por satélite, pelo sistema de computadores ou outros meios.

Essa obrigação, sob o prisma internacional, é estabelecida no artigo *11, 11bis* e *11 ter* da Convenção de Berna, em relação ao termo amplo "obras literárias e artísticas", destacando, como sujeitos ao controle, neste item, as seguintes utilizações:

> 1.) a radiodifusão ou a comunicação pública dessas obras por qualquer outro meio que sirva à difusão sem fios dos sinais, sons ou imagens; e
>
> 2.) qualquer comunicação pública, quer por fio, quer sem fio, da obra radiodifundida, quando essa comunicação seja feita por outro organismo que não o de origem; a comunicação pública, por alto-falantes ou por qualquer outro instrumento análogo transmissor de sinais, sons ou imagens, da obra radiodifundida[79].

Especificamente, também em relação à obrigatoriedade de autorização do autor, estipula a mesma Convenção[80]:

> (i) em relação às obras dramáticas, dramático-musicais e musicais:
>
> 1.) a representação e a execução pública dessas obras, por todos os meios ou processos; e
>
> 2.) a transmissão pública por todos os meios da representação e execução das suas obras.

---

78. Tanto a "comunicação ao público" quanto a "distribuição" são espécies do gênero "publicação" de obra intelectual que a lei autoral vigente define como "o oferecimento de obra literária, artística ou científica ao conhecimento público, com o consentimento do autor, ou de qualquer outro titular de direito de autor, por qualquer forma ou processo" (art. 5º, I, da Lei n. 9.610/98).

79. Art. 11 *bis*.

80. Art. 11 e 11 *ter*.

8 | Direitos patrimoniais

(ii) em relação às obras literárias:

1.) a recitação pública por todos os meios ou processos; e

2.) a transmissão pública, por qualquer meio, dessas recitações.

8.3.7.2. O regime legal brasileiro de representação e execução pública direta ("ao vivo") ou indireta (radiodifusão, cabo, satélite, computador)

Na esteira da orientação normativa internacional, o direito positivo brasileiro dispõe: "Sem prévia e expressa autorização do autor ou titular, não poderão ser utilizadas obras teatrais, composições musicais ou lítero--musicais e fonogramas, em representações e execuções públicas"[81].

Prossegue o mesmo dispositivo legal considerando representação pública "a utilização de obras teatrais no gênero drama, tragédia, comédia, ópera, opereta, balé, pantominas e assemelhadas, musicadas ou não, em locais de frequência coletiva ou pela radiodifusão, transmissão e exibição cinematográfica", e execução pública "a utilização de composições musicais ou literomusicais, mediante a participação de artistas, remunerados ou não, ou a utilização de fonogramas e obras audiovisuais, em locais de frequência coletiva, por quaisquer processos, inclusive a radiodifusão ou transmissão por qualquer modalidade, e a exibição cinematográfica"[82].

Complementa, ainda, o mesmo dispositivo exemplificando "locais de frequência coletiva":

> os teatros, cinemas, salões de baile ou concertos, boates, bares, clubes ou associações de qualquer natureza, lojas, estabelecimentos comerciais e industriais, estádios, circos, feiras, restaurantes, hotéis, motéis, clínicas, hospitais, órgãos públicos da administração direta ou indireta, fundacionais e estatais, meios de transporte de passageiros terrestre, marítimo, fluvial ou aéreo, ou onde quer que se representem, executem ou transmitam obras literárias, artísticas ou científicas[83].

---

81. Art. 68, *caput*, da Lei n. 9.610/98. Tratamos a gestão coletiva de direitos autorais, regime habitualmente empregado no controle dessa modalidade de utilização de obra intelectual, no Capítulo 13.

82. §§ 1º e 2º do art. 68 da Lei n. 9.610/98. A respeito da exibição pública cinematográfica como modalidade independente das demais utilizações de obra cinematográfica e, portanto, condicionada à autorização distinta por parte dos titulares de direitos autorais, já se pronunciou o Supremo Tribunal Federal anteriormente, ainda, à lei autoral de 1973, com a seguinte ementa: "Obra cinematográfica. Cópia adquirida em leilão da alfândega. Direito a projeção no âmbito privado, que não se confunde com o direito de exibição pública" (acórdão de 30-8-1971, proferido no Recurso Extraordinário 71.594/DF, Segunda Turma, rel. Min. Bilac Pinto, *RTJ*, v. 59-01, p. 234).

83. § 3º do art. 68 da Lei n. 9.610/98.

269

Observe-se a louvável supressão na nova lei brasileira da condição do "lucro direto ou indireto" e nas apresentações públicas "com participação de artistas" que estejam sendo "remunerados" para caracterizar a obrigatoriedade de autorização (essas expressões constam do texto legal anterior: art. 73, *caput* e seu § 1º, da Lei n. 9.988/73).

A jurisprudência, contudo, mesmo no período de vigência da Lei n. 5.988/73, já vinha aplicando essa disposição legal de forma a evitar o desatendimento da norma constitucional de direito exclusivo de uso, pelo autor, de sua obra intelectual. O Superior Tribunal de Justiça, em acórdão de 20 de fevereiro de 1990, de sua Quarta Turma, rel. Min. Sálvio de Figueiredo Teixeira, consignou, didaticamente, que "a utilização de música em estabelecimento comercial captada de emissoras de rádio sujeita-se, nos termos da lei, ao pagamento dos direitos autorais", não decorrendo do fato da atividade ser lucrativa.

Esse posicionamento foi sintetizado na Súmula 63 do mesmo Tribunal, que consignou serem "devidos direitos autorais pela retransmissão radiofônica de músicas em estabelecimentos comerciais".

Em acórdão mais recente, de 9-3-2021, julgado pela Terceira Turma do STJ, rel. Min. Paulo de Tarso Sanseverino, ficou consignado que a retransmissão de obras musicais em veículos de transporte coletivo (ônibus e congêneres), por serem locais de frequência coletiva, gerariam o dever de repasse de valores ao ECAD, segundo as regras de arrecadação dessa instituição coletiva.

Por fim, o STJ também fixou tese, no julgamento do tema 1.066 dos REsp repetitivos, no sentido de que:

a) A disponibilização de equipamentos em quarto de hotel, motel ou afins para a transmissão de obras musicais, literomusicais e audiovisuais permite a cobrança de direitos autorais pelo ECAD.

b) A contratação por empreendimento hoteleiro de serviços de TV por assinatura não impede a cobrança de direitos autorais pelo ECAD, inexistindo *bis in idem*[84].

Ainda no campo da execução pública de obras musicais, é relevante destacar a argumentação lançada por alguns usuários de que, para utiliza-

---

84. Anteriormente, tinha sido publicada Medida Provisória n. 907/19 que altera o § 3º do art. 68 da Lei n. 9.610/98 com redação restritiva que falava apenas em "espaços públicos e comuns de meios de hospedagens". Essa MP também caducou sem votação pelo Congresso.

ção (mesmo que pela via de execução pública em televisões abertas ou a cabo) de obras cinematográficas, novelas ou programas de televisão, consideradas "obra coletiva" e, assim, aplicáveis os termos do art. 15 da Lei n. 5.988/73, que atribui à "empresa singular ou coletiva" a sua "autoria" (ou, se organizadora, a sua titularidade de direitos patrimoniais de autor, a partir da Lei n. 9.610/98 – § 2º do art. 17), bastaria a autorização desta para que a execução pública das obras musicais contidas na obra coletiva estivesse regularmente liberada.

Contudo, além de ser imprópria a caracterização de coletiva para as obras referidas (especialmente as audiovisuais, conforme já comentamos), essa posição não merece prevalecer em face do regime constitucional vigente desde 1988, que, em seu art. 5º, XXVIII, *a*, estabelece que é assegurada "a proteção às participações individuais em obras coletivas"[85], e, no mesmo dispositivo, na letra *b*, dispõe que pertence "o direito de fiscalização do aproveitamento econômico das obras que criarem ou de que participarem aos criadores, aos intérpretes e às respectivas representações sindicais ou associativas".

A mesma linha de argumentação conduz à assertiva de que consistiria, a norma constitucional de proteção do "direito de fiscalização do aproveitamento econômico", em enfraquecimento ou – *até* – derrogação do direito exclusivo, do autor, de utilização de sua obra consagrado no texto constitucional vigente, em reafirmação aos anteriores[86].

É nítida a improcedência do argumento. A ressalva da proteção da "participação individual" em obra coletiva reforça – *e não restringe* – o direito exclusivo do autor sobre sua obra. O fato de a obra poder ou não ser denominada "coletiva" não pode – *por si só* – resultar na expropriação dos direitos autorais sobre a obra – *ou participação* –, passível de individualização nesse contexto.

Por outro lado, a titularidade de direitos patrimoniais do "produtor da obra audiovisual" não é considerada autonomamente na lei, mas, sim, vinculada à existência de "contrato de produção", o que a caracteriza – *a titularidade do produtor* – como derivada e não originária. Assim, a atribuição desses direitos pecuniários ao produtor (*no que tange à obra audiovisual como um todo*), estes, sim, dependerão de contrato, diferentemente dos direitos, não só de natureza patrimonial, mas, também, moral, cuja titularidade – *originária* – do autor nasce com a criação da obra, sem a

---

85. Esse princípio é reeditado na nova Lei de Direitos Autorais (art. 17, *caput*, da Lei n. 9.610/98).
86. Art. 5º, XXVII, da Carta Magna de 1988, art. 153, § 25, da Constituição Federal de 1967 e art. 149, § 19, da Constituição de 1946.

271

Direito Autoral no Brasil | José Carlos Costa Netto

sujeição do autor à prática de qualquer outro ato formal constitutivo de direito (*como é exigido no campo da propriedade industrial*).

Fora do âmbito contratual, o direito positivo anterior (de 1973) brasileiro considerava – *regra revogada pela lei autoral vigente* – o produtor coautor da obra cinematográfica, em conjunto com os demais coautores: o autor do assunto ou argumento literário, musical ou literomusical e o diretor, este titular exclusivo dos direitos morais sobre a obra[87].

No tocante às obras musicais incluídas em filme, inclusive, os direitos autorais devidos pela sua execução pública – *especialmente pela via de exibição cinematográfica* – são ressalvados por expresso dispositivo legal:

> Os direitos autorais de execução musical relativos a obras musicais, literomusicais e fonogramas incluídos em obras audiovisuais serão devidos aos seus titulares pelos responsáveis dos locais ou estabelecimentos a que alude o parágrafo 3º do artigo 68 desta lei, que a exibirem, ou pelas emissoras de televisão que as transmitirem[88].

Em reforço a essa orientação, tanto a anterior Lei n. 5.988/73 (art. 115) quanto o texto legal vigente (art. 99 da Lei n. 9.610/98) estabelecem que o "o escritório central de arrecadação e distribuição" deverá controlar os direitos autorais decorrentes da execução pública de obras musicais, "inclusive" através da "radiodifusão e da exibição cinematográfica" (Lei n. 5.988/73) ou "por meio de radiodifusão e transmissão por qualquer modalidade, e da exibição de obras audiovisuais" (Lei n. 9.610/98).

É imprescindível, assim, que o usuário de direitos autorais pela via da execução pública cumpra as exigências legais, tendo em vista, inclusive, que

---

87. O art. 16 da Lei n. 5.988 consignava expressamente o "produtor" como um dos coautores da obra cinematográfica. Essa imprecisão foi corrigida pelo art. 16 da nova Lei de Direitos Autorais vigente (9.610/98), que considera coautores da obra audiovisual apenas: o autor do assunto ou argumento literário, musical ou literomusical e o diretor. Acrescente-se, ainda, que, a exemplo do diploma anterior (Lei n. 5.988/73), a Lei n. 9.610/98 consigna no parágrafo único do art. 16 a existência também da coautoria dos que "criam os desenhos" nos desenhos animados utilizados na obra audiovisual e que "cabe exclusivamente ao diretor o exercício dos direitos morais sobre a obra audiovisual" (art. 25 da Lei n. 9.610/98, que reedita a orientação do art. 26 da Lei n. 5.988/73).

88. Art. 86 da Lei n. 9.610/98. O § 3º do art. 68 mencionado no dispositivo legal transcrito especifica, como já referido, os seguintes locais e estabelecimentos: "teatros, cinemas, salões de baile ou concertos, boates, bares, clubes ou associações de qualquer natureza, lojas, estabelecimentos comerciais e industriais, estádio, circos, feiras, restaurantes, hotéis, motéis, clínicas, hospitais, órgãos públicos da administração direta ou indireta, fundacionais ou estatais, meios de transporte de passageiros terrestre, marítimo, fluvial ou aéreo, ou onde quer que se representem, executem, recitem, interpretem ou transmitam obras literárias, artísticas ou científicas". No mesmo sentido da orientação legal anterior: "Os direitos autorais relativos a obras musicais, literomusicais e fonogramas incluídos em filmes serão devidos a seus titulares pelos responsáveis dos locais ou estabelecimentos a que alude o § 1º do art. 73, ou pelas emissoras de televisão que o exibirem" (art. 89 da Lei n. 5.988, de 14-12-1978).

272

8 | Direitos patrimoniais

– *além das normas de direito civil* – é aplicável, também, a tutela penal pois, conforme observa Eduardo Salles Pimenta: "a execução pública com fins lucrativos de tais obras intelectuais, sem o prévio pagamento pela utilização dos direitos autorais, tipificará a ação criminosa de violação de direito autoral", orientação que se consolida no precedente jurisprudencial que indica:

> Violação de direito autoral – Estabelecimento comercial que, por meio de disco fonográfico, executa música sem autorização do titular de direito autoral – Delito, em tese, configurado – Voto vencido.
>
> Configura, em tese, infração do artigo 184 do CP a execução pública de música por meio de disco fonográfico em estabelecimento comercial, sem autorização do titular do direito autoral (Recurso 42.033 – Santos – 2ª Câmara Criminal – Por maioria em Rel. Mattos Faria – Rolo 25, flash, 18, do serviço de microfilmagem do T. de Alçada Criminal de São Paulo)[89].

Embora as especificações das diversas formas de comunicação de obras intelectuais, tanto na regra internacional como na do direito interno brasileiro citados, sejam apenas exemplificativas e não de caráter restritivo, cabe anotar que há, no regime legal vigente, referência expressa à comunicação por satélites e utilização de sistemas de computação[90].

Nesses casos não só em relação à representação ou execução de obras, como, também no que se refere à reprodução – armazenamento por meios eletrônicos – de obras intelectuais, como já visto, como se exemplifica no seguinte caso do Tribunal de Justiça de São Paulo:

> TUTELA DE URGÊNCIA – Ação de obrigação de fazer – Desativação de pastas do google drive, utilizadas para armazenar e distribuir arquivos com gravações clandestinas de aulas e de livros cujos direitos autorais pertencem à autora – Medida deferida considerando a prova inequívoca de que se trata de cópia de conteúdo que lhe pertence, além de se mostrar reversível, pois podem eventualmente ser reinstauradas – Ampliação da tutela para incluir outras pastas com mais material, em princípio, comprovadamente pirateado, recém-descobertas – Possibilidade – Pretensão que não se volta ao cumprimento de decisão judicial, a ensejar a instauração de incidente de cumprimento provisório de sentença – Necessidade deste para deliberar sobre o requerimento de aumento do valor da multa já arbitrada, de modo a forçar a agravada ao cumprimento integral

---

89. *Dos crimes contra a propriedade intelectual*. São Paulo: Revista dos Tribunais, 1994, p. 132 e 179.
90. No relativo a satélites: art. 5º, II e XII, e art. 29, VIII, *h*, da Lei n. 9.610/98 e, no atinente a computadores ou meios eletrônicos: art. 5º, VI, e art. 29, VII e IX, do mesmo diploma legal.

da decisão judicial – Providência necessária, inclusive, para evitar tumulto processual – Encerramento da instrução do feito por não haver requerimento das partes à produção de provas enquanto ainda se encontrava em curso o prazo dado para a sua especificação – Equívoco, no entanto, que não leva à nulidade da decisão – Caso em que a agravante sequer especificou a prova que pretendia produzir – Documentos já juntados aos autos suficientes para embasar o convencimento do Juízo, que, nos termos do art. 370 do CPC, possui poder instrutório e poderia ter determinado a produção de provas que entendesse necessárias antes do encerramento da instrução, conforme art. 437 do CPC - Agravo de instrumento provido em parte[91].

Dessa época até hoje, os estudos e as conclusões a respeito das utilizações de obras intelectuais por esses novos meios de comunicação se avolumaram no campo dos direitos de autor.

A questão da tecnologia de satélite – quando, conforme Bittar, "na emissão originária deve ser, previamente, colhida a autorização autoral, para a remuneração devida ao titular dos Direitos"[92] – deve ser abordada em relação aos tipos de transmissão de programas:

(a) satélites "ponto a ponto";

(b) satélites de distribuição; e

(c) satélites de radiodifusão direta[93].

O jurista inglês S. M. Stewart explica que o primeiro tipo é utilizado em comunicações "ponto a ponto" entre longas distâncias, normalmente entre dois pontos, mas também entre um ponto transmissor e vários pontos receptores. Nas duas extremidades, é necessário haver poderosas estações receptoras em terra.

No segundo caso, "satélites de distribuição", a recepção pode ser realizada por equipamentos menores e menos poderosos do que o tipo "ponto a ponto". O aspecto comum entre esses dois sistemas é que ambos necessitam de duas estações em terra: a estação originária (que emite o sinal que carrega o programa) e a estação que recebe o sinal e faz seu transporte para transmissores em terra, que, por sua vez, fazem a transmissão na forma habitual.

---

91. TJSP; Agravo de Instrumento 2257627-07.2024.8.26.0000; Des. Rel.: Rui Cascaldi; Órgão Julgador: 1ª Câmara Reservada de Direito Empresarial; Foro Central Cível – 45ª Vara Cível; Data do Julgamento: 21-10-2024; Data de Registro: 21-10-2024.

92. *O direito de autor nos meios modernos de comunicação.* São Paulo: Revista dos Tribunais, 1989, p. 93.

93. STEWART, S. M. Ob. cit., p. 250.

8 | Direitos patrimoniais

A questão mais delicada na defesa de direitos autorais é advinda do sistema de "satélites de radiodifusão direta", pois, nesse caso, a emissão por satélite de sinais – que transportam os programas – pode ser captada diretamente pelo público interessado (*em suas casas, por exemplo*)[94].

A respeito da comunicação por satélites – *e abordando, em seguida, pelo sistema de televisão a cabo* –, Carlos Alberto Bittar enfatiza o reconhecimento e "a sagração prática" dos direitos autorais "em todos os países em que se discutiu o assunto, como, aliás, de preceito (então no regime de cabo, ou 'cabovisão')". Prossegue o jurista:

> Ora, o raciocínio então desenvolvido aplica-se perfeitamente à "TVA", em que o uso novo representa processo autônomo e distinto de utilização de obra intelectual (Lei n. 5.988/73, art. 35)[95], de sorte que se encarta, perfeitamente, ao regime autoral e da correspondente remuneração do criador, incluída também a defesa dos sinais quanto aos direitos da empresa emissora[96].

A distribuição por cabo – embora no âmbito das transmissões geradas em estúdio de rádio e não de televisão – já em 1985 era considerada, pelo Tribunal de Justiça de São Paulo, passível de pagamento de direitos autorais decorrentes das obras musicais utilizadas: "Música – Transmissão gerada pela ré, em seus estúdios, e levada à central telefônica por cabo, sendo através deste distribuído com intuito de lucro – Ação do ECAD procedente – Recurso não provido"[97].

O mesmo Tribunal, mais de dez anos depois, reiterava esse entendimento na transmissão, dessa feita especificamente pelo sistema de televisão a cabo:

> Direito Autoral – transmissão – aos assinantes de obras musicais, lítero-musicais e fonogramas, por programação musical ou películas cinematográficas – Utilização não autorizada – Concessão do interdito proibitório ajuizado pelo ECAD mantida – Preliminares de ilegitimidade de

---

94. Ob. cit., p. 250-251.
95. O art. 35 da lei brasileira, referido, estabelece que "as diversas formas de utilização da obra intelectual são independentes entre si". A mesma orientação consta do texto legal vigente sobre a matéria (art. 31 da Lei n. 9.610/98), que acrescenta, ainda, em reforço à tutela autoral: "e a autorização concedida pelo autor, ou pelo produtor, respectivamente, não se estende a qualquer das demais (utilizações)".
96. *Contornos atuais do direito do autor*. São Paulo: Revista dos Tribunais, 1992, p. 174.
97. Acórdão de 11-9-1985, proferido na Apelação Cível 40.969-1, com unanimidade de votos de sua Sétima Câmara Civil, rel. Des. Nelson Harada (compilado por Carlos Alberto Bittar: *A Lei dos Direitos Autorais na jurisprudência*. São Paulo: Revista dos Tribunais, 1988, p. 79).

Direito Autoral no Brasil | José Carlos Costa Netto

parte e ausência de representação ou mandato legal rejeitadas – Lei n. 5.988/73 – Recurso da ré improvido[98].

Outra questão de crucial importância para a proteção aos direitos de autor, que já abordamos anteriormente, é a utilização de obras intelectuais através dos sistemas de computação, cuja evolução tecnológica é de rapidez – *e amplitude* – vertiginosa, e envolve, além da reprodução, também a execução pública (*principalmente de obras musicais*), reprodução de obras literárias e exibição de obras audiovisuais, além do armazenamento por meios eletrônicos dessas obras.

Antonio Chaves, explicando "como é que a nova tecnologia digital entra no mundo da propriedade intelectual", cita Mario Fabiani para concluir que "a informação digital permite separar o conteúdo da obra do suporte que tradicionalmente constitui seu meio de comunicação: a música, a obra visual, ou literária não têm mais necessidade de um *corpus* específico", e complementa:

> A tecnologia digital permite, assim, influir sobre reprodução e distribuição de obras já existentes, utilizá-las para criar outras ou para retirar informações, a serem acrescentadas a outras informações e constituir dados temáticos de amplo espectro. O acesso a essas tecnologias será cada vez mais facilitado ao grande público graças aos novos achados com a realização de aparelhos mais sofisticados, mais potentes e de menor custo[99].

---

98. Ementa do acórdão de 2-5-1996, proferido na Apelação Cível 260.772-1/3, com unanimidade de votos de sua Quinta Câmara de Direito Privado, rel. Des. Jorge Tannus.

99. Conforme, ainda, Mario Fabiani, citado por Antonio Chaves em *Direitos autorais na computação de dados* (São Paulo: LTr, 1996, p. 84-85), conclusões que podem, também, abranger a utilização de obras intelectuais pela via de representação ou execução pública.

CAPÍTULO 9

As limitações ao direito autoral

9.1. O PRINCÍPIO CONSTITUCIONAL DE PROTEÇÃO JURÍDICA AO DIREITO AUTORAL: AMPLITUDE E TEMPERAMENTOS

9.1.1. O regime da Carta Constitucional de 1988 em relação ao direito de autor

A exemplo da emenda constitucional que se seguiu ao diploma de 1967, promulgada em 1969, a Constituição de 1988 reeditou, no Título "Dos Direitos e Garantias Fundamentais", Capítulo I "Dos Direitos e Deveres Individuais e Coletivos", a regra ampla de proteção autoral[1], da mesma forma que, em harmonia com a regra constitucional, a Lei Autoral de 1998 reeditou a regra da lei anterior[2].

Consagra-se, portanto, no regime constitucional vigente, na órbita de "cláusula pétrea", ou seja, imutável, o direito exclusivo do autor na utilização de sua obra intelectual. Esse direito fundamental deverá harmonizar-se com outros elencados no mesmo dispositivo constitucional – o art. 5º –, especialmente os seguintes:

---

1. Inciso XXVII do art. 5º da Constituição Federal: "aos autores pertence o direito exclusivo de utilização, publicação ou reprodução de suas obras, transmissível aos herdeiros pelo tempo que a lei fixar".
2. Art. 29 da Lei n. 9.610/98, que consignou: "Cabe ao autor o direito exclusivo de utilizar, fruir e dispor da obra literária, artística ou científica".

- a liberdade de manifestação do pensamento e a liberdade de expressão da atividade intelectual, artística, científica e de comunicação, independentemente de censura ou licença[3];
- a inviolabilidade da intimidade, a vida privada, a honra e a imagem das pessoas, assegurado o direito à indenização pelo dano material ou moral decorrente de sua violação[4]; e
- é garantido o direito de propriedade e esta atenderá a sua função social, com a consequente possibilidade de desapropriação indenizável[5].

Nesse quadro convive o direito de autor, como exclusivo, a exemplo do direito de propriedade industrial (inventos, criações industriais, marcas e nomes de empresas)[6], a proteção das participações individuais nas obras coletivas, e a reprodução da imagem e voz humana, inclusive nas atividades desportivas, e o direito de fiscalização do aproveitamento econômico das obras que criarem ou de que participarem aos criadores, aos intérpretes e às respectivas representações sindicais e associativas[7].

Observe-se, também, a regra constitucional com esses direitos fundamentais, que deverá ser compatibilizada com estes, da atribuição conferida ao Estado de garantia a todos do "pleno exercício dos direitos culturais e acesso às fontes da cultura nacional, e apoiará e incentivará a valorização e a difusão das manifestações culturais", cabendo ao Estado, também, proteger "as manifestações das culturas populares, indígenas e afro-brasileiras, e das de outros grupos participantes do processo civilizatório nacional"[8].

---

3. Incisos IV e IX do art. 5º da Constituição Federal. Observe-se que no mesmo inciso – IV – em que se assegura a liberdade de manifestação de pensamento, veda-se o anonimato, e que, no inciso seguinte – V – do mesmo dispositivo constitucional é "assegurado o direito de resposta, proporcional ao agravo, além da indenização por dano material, moral ou à imagem".
4. Inciso X do art. 5º da Constituição Federal.
5. Incisos XXII, XXIII e XXIV do art. 5º da Constituição Federal. No tocante à possibilidade de desapropriação, conforme dispõe textualmente o inciso XXIV, deverá se justificar por necessidade ou utilidade pública, ou por interesse social, mediante "justa e prévia indenização em dinheiro".
6. Inciso XXIX do art. 5º da Constituição Federal.
7. Alíneas *a* e *b* do inciso XXVIII do art. 5º da Constituição Federal.
8. Conforme art. 215 (e seu § 1º) da Constituição Federal. Em 11-8-2005, a Emenda Constitucional n. 48 acrescentou um § 3º ao dispositivo com a seguinte determinação: "A lei estabelecerá o Plano Nacional de Cultura, de duração plurianual, visando ao desenvolvimento cultural do País e à integração das ações do poder público que conduzem à: I – defesa e valorização do patrimônio cultural brasileiro; II – produção, promoção e difusão de bens culturais; III – formação de pessoal qualificado para a gestão da cultura em suas múltiplas dimensões; IV – democratização do acesso aos bens de cultura; V – valorização da diversidade étnica e regional".

9.1.2. A compatibilização das normas constitucionais sobre a matéria

É nítida a necessidade de que as regras constitucionais sejam consideradas de forma harmoniosa[9]. Nesse passo,

– a liberdade de manifestação do pensamento e a liberdade de expressão da atividade intelectual, artística, científica e de comunicação não poderão ser exercidas com violação de direitos autorais de terceiros;

– por outro lado, os autores, criadores de obras intelectuais, não poderão exercer seus direitos autorais publicando obras intelectuais que violem a intimidade, vida privada, a honra e a imagem das pessoas;

– a "democratização do acesso aos bens da cultura" e a função social da propriedade deverão ser aplicadas à propriedade intelectual de forma ampla e equilibrada, ou seja, não somente enfocando o legítimo interesse público de acesso à cultura ou dever – que a Constituição expressamente atribui ao Estado (art. 215) –, mas, principalmente, a garantia de renovação da criação cultural e sustentação econômica da imensa coletividade de autores e demais titulares de direitos autorais que constroem diretamente a identidade cultural do País.

É natural que a colidência desses princípios e direitos fundamentais crie uma região fronteiriça em que o amplo espectro da incidência do direito exclusivo de utilização de obra intelectual pelo seu autor seja conflitante com:

---

9. A respeito da forma para a solução harmoniosa de conflitos decorrentes de colidências de princípios fundamentais, ensina Ivana Có Galdino Crivelli, após ressalvar que "É sabido que não se estabelece entre princípios, do ponto de vista estritamente jurídico, uma hierarquia rígida entre eles. E não podemos falar em autonomia diante de princípios constitucionais, uma vez que não se pode simplesmente afastar a aplicação de um deles", consigna sua orientação de que duas soluções costumam ser aplicadas aos casos concretos de colidências desses princípios: (a) como solução prioritária, a concordância prática ou harmonização – "processo de ponderação que busca a compatibilização das normas, mesmo que para isso haja a atenuação de uma delas" e (b) como solução alternativa (caso não se consiga aplicar satisfatoriamente a prioritária), a dimensão de peso e importância das regras colidentes. A partir desses fundamentos, conclui, com pertinência, a doutrinadora: "Assim, não há que se falar em preponderância de princípio ou valores, mas sim e somente diante do caso concreto será possível se exercer por meio da proporcionalidade a busca da harmonização dos princípios e/ou ponderação dos valores em questão para obtenção da máxima efetividade de cada um dos princípios" (Direito de imagem no NCC e a relação com as obras de arte. *Revista de Direito Autoral*, São Paulo, Edição ABDA/Lumen Juris, n. IV, p. 236-237, fev. 2006).

(a) a liberdade de manifestação do pensamento: quando, por exemplo, sem desrespeito aos direitos morais de autor, é publicado um posicionamento analítico e crítico sobre determinada obra intelectual protegida, com reprodução elucidativa de trechos dessa obra;

(b) a liberdade de expressão da atividade intelectual, artística, científica e de comunicação: quando, por exemplo, sem violação dos direitos morais de autor, insira-se trechos de obra intelectual protegida ou em comentário a respeito desta, a título de citação, em outra obra intelectual, ou a título de informação, difundida por um veículo de comunicação (rádio, TV, internet etc.);

(c) a intimidade, a vida privada, a honra e a imagem das pessoas: quando, por exemplo, a obra intelectual for injustificadamente invasiva da intimidade e/ou vida privada de determinada pessoa ou importe em sua difamação ou aproveitamento indevido de seu nome ou imagem; e

(d) a sua função social e a democratização do acesso aos bens de cultura: quando, por exemplo, o sucessor de determinado escritor, apesar de existirem condições favoráveis para a publicação da obra culturalmente relevante e com edições esgotadas e haver oferecimento de retribuição econômica condizente, recusa-se a conceder autorização para uma nova edição.

Assim, estes, entre outros inúmeros exemplos que poderão emergir dessa colidência de direitos fundamentais, provocam a necessidade de que haja uma delimitação dessa região fronteiriça, mister que, sendo desenvolvido no âmbito das convenções internacionais e respectivas legislações internas – basicamente infraconstitucionais – dos países signatários que, consequentemente, endossam essas regras jurídicas no campo internacional, como ocorre, como veremos a seguir, em relação ao direito positivo pátrio.

9.2. A DELIMITAÇÃO DA REGIÃO FRONTEIRIÇA DE COLIDÊNCIA DO DIREITO AUTORAL E DEMAIS DIREITOS FUNDAMENTAIS

9.2.1. Delimitação da abrangência do direito autoral no plano genérico

Examinemos, a título preliminar e genérico, o campo de abrangência – e, consequentemente, de não incidência – do direito autoral. Nesse caminho, vejamos:

9 | As limitações ao direito autoral

(a) quanto à delimitação decorrente da natureza do direito autoral: para que haja incidência de direito autoral, é essencial que o bem jurídico protegido seja uma obra intelectual, ou seja, que pertença ao domínio das letras ou das artes e que tenha originalidade. A proteção legal é conferida à originalidade da forma, e não à ideia contida na obra[10];

(b) quanto à delimitação decorrente da prevalência de direitos de personalidade de terceiros: o direito exclusivo de utilização, pelo autor, de sua obra intelectual não poderá ser exercido com violação da intimidade, vida privada, honra e imagem de terceiros[11];

(c) quanto à delimitação decorrente da inexistência de identificação do sujeito do direito: pertencem ao domínio público as obras intelectuais de autor desconhecido, ressalvada "a proteção legal aos conhecimentos étnicos e tradicionais"[12];

(d) quanto à delimitação temporal: diferentemente do direito de propriedade convencional, a propriedade intelectual é temporária. Se não deixar sucessores ou se deixar passados setenta anos do falecimento do autor, a obra cai em domínio público, permitindo a sua livre utilização[13], cabendo ao Estado a defesa da integridade e a autoria da obra[14];

(e) quanto à delimitação territorial: da criação intelectual, que independe de registro para obtenção da proteção jurídica, nasce a titularidade originária de direito de autor exercido tanto no território nacional quanto em todos os países que assegurem a reciprocidade da proteção legal[15].

---

10. Art. 8º da Lei n. 9.610/98: Além da desconsideração das ideias como objeto de proteção como direitos autorais elenca, também, na mesma condição, este dispositivo, em seus incisos, os procedimentos normativos, sistemas, métodos, projetos ou conceitos matemáticos como tais (I); os esquemas, planos ou regras para realizar atos mentais, jogos ou negócios (II); os formulários em branco para serem preenchidos por qualquer tipo de informação, científica ou não, e suas instruções (III); os textos de tratados ou convenções, leis, decretos, regulamentos, decisões judiciais e demais atos oficiais (IV); as informações de uso comum tais como calendários, agendas, cadastros ou legendas (V); os nomes e títulos isolados (VI); e o aproveitamento industrial ou comercial das ideias contidas nas obras (VII).

11. Inciso X do art. 5º da Constituição Federal.

12. Inciso II do art. 45 da Lei n. 9.610/98.

13. Art. 45, I (sobre autores falecidos que não tenham deixado sucessores), e art. 41 da Lei n. 9.610/98, que dispõe: "Os direitos patrimoniais do autor perduram por setenta anos contados de 1º de janeiro do ano subsequente ao de seu falecimento, obedecida a ordem sucessória da lei civil".

14. § 2º do art. 24 da Lei n. 9.610/98.

15. Nesse sentido a Convenção de Berna relativa à proteção das obras literárias e artísticas, que, no art. 5º, em sua última revisão, de 24-7-1971, e modificação, em 28-9-1979, estabelece, como regra geral, que os autores gozam, nos países integrados à convenção que não sejam os países de origem da obra, dos di-

281

A partir dessas cinco modalidades de delimitação apontadas, de natureza genérica, fica mais evidente a perfeita harmonização das regras constitucionais aparentemente colidentes, pois:

– o direito autoral, em decorrência de sua própria natureza, não conflita com a liberdade de manifestação de pensamento ou de expressão da atividade intelectual, artística, científica e de comunicação que utilizem ideias – contidas ou não em obras intelectuais protegidas –, informações ou quaisquer outros elementos que não se constituam em aproveitamento de obra intelectual alheia, considerada esta em seus aspectos originais de forma de expressão;

– o direito autoral não poderá ser exercido em detrimento do direito de personalidade de terceiros;

– o exercício regular do direito autoral cumpre a sua função social em razão de, entre outros benefícios sociais que poderão ser elencados, resultar em incentivo à criação intelectual e, portanto, no atendimento fundamental do interesse público pelo desenvolvimento cultural das civilizações com a justa retribuição – pessoal e econômica – de imensa coletividade, representando criadores das obras e demais titulares de bens intelectuais protegidos (como interpretação artística e outros) e com a limitação temporal da propriedade intelectual, restrição que não ocorre em relação ao direito de propriedade convencional, e que resulta no inegável benefício social trazido pelo domínio público, ou seja, a livre utilização da obra intelectual[16].

---

reitos que as leis respectivas concedem aos nacionais, regulando-se, portanto, esses direitos exclusivamente pela legislação do país onde a proteção é reclamada. A Lei n. 9.610/98 consagra essa orientação em seu art. 2º, *caput*, e parágrafo único, que dispõem, respectivamente: "Os estrangeiros domiciliados no exterior gozarão da proteção assegurada nos acordos, convenções e tratados em vigor no Brasil" e "Aplica-se o disposto nesta Lei aos nacionais ou pessoas domiciliadas em país que assegure aos brasileiros ou pessoas domiciliadas no Brasil a reciprocidade na proteção aos direitos autorais ou equivalentes".

16. Um interessante caso é exemplificativo da pertinência do prazo de proteção de direitos patrimoniais, caindo em seguida a obra em domínio público, para a difusão cultural. Os herdeiros de Alexandre Benois, coreógrafo que trabalhou na primeira apresentação de balé do Bolero de Ravel, ingressaram com ação contra a Sociedade de Autores, Compositores e Editores Musicais da França (Sacem), alegando que a obra musical estaria ligada umbilicalmente à coreografia preparada por Benois, uma vez que foi pensada originalmente para apresentações de balé. Como consequência, a obra não cairia em domínio público senão 70 anos após a morte de Benois, morto após Ravel. O Tribunal francês, porém, acolheu a tese defensiva de que se trata de proteções distintas, uma concedida ao músico, outra ao coreógrafo, tendo já naquele momento o Bolero, portanto, caído em domínio público.
Disponível em: https://www.lemonde.fr/en/france/article/2024/06/28/french-court-rules-that-ravel-is--the-sole-author-of-bolero_6676089_7.html. Acesso em: 19 nov. 2024.

9.2.2. Delimitação da abrangência do direito autoral no plano específico: as limitações legais no exercício, pelo autor, de direitos exclusivos de utilização de sua obra intelectual

A função social do direito autoral envolve, também, o interesse público resultante da evidente relevância da democratização do acesso aos bens culturais. A região fronteiriça de delimitação do direito autoral se instala, portanto, de forma a atender determinadas demandas de fruição pública de obras intelectuais, bem como a interação entre os criadores intelectuais, necessárias ao desenvolvimento cultural da sociedade como um todo, na medida equilibrada que não venha a acarretar um esvaziamento ou fragilização à proteção jurídica do direito autoral[17].

O caminho nessa direção vem sendo trilhado pelo direito positivo especialmente com especificações normativas de limitação do direito autoral em face das determinadas utilizações social e culturalmente justificadas, sempre sob o crivo hermenêutico do Judiciário, fundamental no exame cuidadoso da matéria, especialmente nas hipóteses situadas nas regiões fronteiriças entre o permitido e o coibido legalmente[18]. Consideramos, assim, essas regras, integrantes do campo de delimitação da abrangência do direito autoral no plano específico, conforme examinaremos a seguir.

9.2.3. Evolução legislativa

A primeira lei autoral brasileira, de 1898, já se utilizava do recurso de elencar, a título exaustivo (não utilizando, portanto, a expressão "tais como" ou similar), as modalidades de utilização de obra intelectual que não seriam consideradas ofensa aos direitos de autor. Da mesma forma, o nosso pri-

---

17. A respeito, ensina José de Oliveira Ascensão: "Os limites permitem conciliar o exclusivo atribuído ao autor com o interesse público e as posições de outros titulares. São fundamentais para a obtenção justa das finalidades do direito de autor" (Direito de autor e desenvolvimento tecnológico: controvérsias e estratégias. *Revista de Direito Autoral*, São Paulo, Edição ABDA/Lumen Juris, n. 1, p. 21, ago. 2004).

18. A necessidade de que conflitos dessa natureza sejam examinados com razoabilidade foi destacada – *neste caso a fronteira entre o uso permitido e a contrafação* – pelo Tribunal de Justiça do Rio de Janeiro em judiciosa decisão recente: "Direito Autoral. Reprodução não autorizada de trechos de obras literárias em apostilas, com lições de linguagem, português, inglês e literatura, para comercialização. A citação de passagens de qualquer obra, para fins de estudo, prevista no art. 46, III, da Lei 9.610/98, deve ser interpretada com razoabilidade, eis que a Constituição Federal e a legislação infraconstitucional dão ampla proteção ao direito do autor, visando estimular a atividade criadora dos homens. A preservação da obra intelectual interessa à própria sociedade. Contrafação caracterizada, dando ensejo à reparação por danos patrimoniais e morais. Violação dos artigos 5º, XXVII, da CF, 5º VII e 24, II, da Lei 9.610/98" (ementa – transcrição parcial – do acórdão de 16-4-2008, proferido na Apelação Cível 2008.001.04094, por votação unânime de sua Sétima Câmara Cível, rel. Des. Carlos C. Lavigne de Lemos.

meiro Código Civil, de 1916, adotou a mesma sistemática legal[19], com as seguintes limitações:

- a reprodução de passagens ou trechos de obras já publicadas, e a inserção, ainda que integral, de pequenas composições alheias no corpo de obra maior, contando que esta apresente caráter científico, ou seja compilação destinada a fim literário, didático ou religioso, indicando-se, porém, a origem, de onde se tomaram os enxertos, bem como o nome do autor[20];

- a reprodução, em diários e periódicos, de notícias ou artigos sem caráter literário ou científico, publicados em outros periódicos, mencionando-se os nomes dos autores, os dos periódicos ou jornais, de onde foram transcritos (II);

- a reprodução, em diários e periódicos, de discursos pronunciados em reuniões públicas, de qualquer natureza (III);

- a reprodução de todos os atos públicos e documentos oficiais da União, dos Estados e dos Municípios (IV);

- a citação, em livros, jornais ou revistas, de passagens de qualquer obra, com intuito de crítica ou polêmica (V);

- a cópia, feita à mão, de uma obra qualquer, contando que não se destine à venda (VI)[21];

- a reprodução, no corpo de um escrito, de obras de artes figurativas, contando que o escrito seja o principal, e as figuras sirvam, somen-

---

19. O art. 666 do Código Civil de 1916, integrado por dez incisos, limitou-se a introduzir alguns acréscimos e modificações ao elenco do art. 22 da Lei n. 496, de 1º-8-1898, mantendo, portanto, a mesma orientação legal. Anota o jurista autor do Código, Clóvis Beviláqua, como fonte legislativa estrangeira, em relação a esse dispositivo, a lei alemã de 1901, arts. 19 a 24, a austríaca de 1895, arts. 25, 26, 33 e 39, o Código Civil mexicano de 1884, art. 1.207, a lei russa de 1911, arts. 37 a 40, e a japonesa de 1889, art. 30 (ob. cit., p. 205).

20. Destacamos a decisão (de 1960) do Supremo Tribunal Federal referendando o "direito de citação" previsto no art. 666, I, do Código Civil de 1916: "Não se considera ofensa aos direitos de autor a reprodução de trecho de obra já publicada, em revista destinada a fim literário, didático ou religioso, desde que feita a indicação da origem e do nome do autor" (acórdão de 20-12-1960, proferido no Recurso Extraordinário 44.754, Segunda Turma, rel. Min. Ribeiro da Costa, *RTJ*, v. 16-01, p. 172).

21. Observe-se que mesmo a permissão legal de cópia de obra feita à mão não incluía a possibilidade de venda. O Supremo Tribunal Federal, em 1964, ao se pronunciar sobre essa limitação ao direito de autor, ampliou-a para abranger a cópia "datilografada", mas, nesse caso, restrita ao "uso parcial do copista". Direitos autorais relativos à obra de Euclides da Cunha, art. 666, VI, do Código, que não considera ofensa aos direitos do autor a cópia feita à mão de obra qualquer, contando que se não destine a venda. Esse preceito visa à reprodução manuscrita, ou datilografada, que é lícita quando feita para uso pessoal do copista" (acórdão de 18-6-1964, proferido no Recurso Extraordinário 29.284, Primeira Turma, rel. Min. Luis Galotti, *DJ* 10-9-1964). É interessante notar que a expressão "uso pessoal do copista", que não existia no Código Civil de 1916 (art. 666, VI) e utilizada no acórdão do STF de 1964, foi, 34 anos depois, adotada (*com pequena alteração: "uso privado do copista"*) pela Lei n. 9.610, de 1998 (art. 46, II).

9 | As limitações ao direito autoral

te, para explicar o texto, não podendo, porém, deixar de indicar o nome dos autores, ou as fontes utilizadas (VII);

– a utilização de um trabalho de arte figurativa, para se obter uma obra nova (VIII);

– a reprodução de obra de arte existente nas ruas e praças (IX); e

– a reprodução de retratos ou bustos de encomenda particular, quando feita pelo proprietário dos objetos encomendados. A pessoa representada e seus sucessores imediatos podem opor-se à reprodução ou pública exposição do retrato ou busto (X).

Em outros dispositivos esparsos, o Código Civil de 1916 consigna: a liberação da representação da obra teatral e a execução da obra musical, uma vez que essas obras já tenham sido publicadas e não haja finalidade de lucro (art. 657); a transmissão à União, aos Estados e Municípios, da propriedade dos manuscritos de seus arquivos, bibliotecas e repartições e das "obras encomendadas pelos respectivos governos, e publicadas à custa dos cofres públicos" (art. 661, I e II)[22], bem como a possibilidade de desapropriação por utilidade pública, pela União e os Estados, mediante indenização prévia, de "qualquer obra publicada, cujo dono não a quiser publicar" (art. 660); que são livres as paráfrases "que não forem verdadeira reprodução da obra original" (parágrafo único do art. 665) e que "não firam direito de autor, para desfrutar a garantia da lei, os escritos por esta defesos, que foram por sentença mandados retirar de circulação" (art. 668).

A exemplo dos dois textos legislativos autorais anteriores – *da Lei n. 496, de 1898, e do Código Civil de 1916* –, a Lei n. 5.988, de 1973, que regulou os direitos autorais no País, manteve – *a título exaustivo* – uma listagem de possibilidades de utilização livre de obras intelectuais, reunidas em um "Capítulo IV" (*do Título III – Dos Direitos de autor*), denominado "Das Limitações aos Direitos de Autor" e composto dos arts. 49, 50 e 51. Reeditando os incisos do art. 666 do Código Civil de 1916, os principais acréscimos da lei de 1973, neste elenco de utilizações livres, foram:

– a reprodução, em um só exemplar, de qualquer obra, contanto que não se destine à utilização com intuito de lucro (art. 49, II)[23];

---

22. Ressalva, porém, o parágrafo único do mesmo dispositivo (art. 661 do Código Civil de 1916), que "Não caem, porém, no domínio da União, do Estado, ou do Município, as obras simplesmente por elas subvencionadas".

23. Ampliaram-se, substancialmente, os limites dessa modalidade de utilização permitida, tendo em vista que o Código Civil de 1916 apenas liberava a cópia, feita a mão, de uma obra qualquer, contanto que

285

- o apanhado de lições em estabelecimentos de ensino por aqueles a quem elas se dirigem, vedada, porém, sua publicação, integral ou parcial, sem autorização expressa de quem a ministrou (art. 49, IV);
- a execução de fonogramas e transmissões de rádio ou televisão em estabelecimentos comerciais, para demonstração à clientela (art. 49, V);
- a representação teatral e execução musical, quando realizadas no recesso familiar ou para fins exclusivamente didáticos, nos locais de ensino, não havendo, em qualquer caso, intuito de lucro (art. 49, VI)[24];
- a utilização de obras intelectuais, quando indispensáveis à prova judiciária ou administrativa (art. 49, VII);
- as paráfrases e paródias que não forem verdadeiras reproduções das obras originárias, nem lhe implicarem descrédito (art. 50)[25]; e
- a reprodução de fotografias em obras científicas ou didáticas, com a indicação do nome do autor e mediante o pagamento a este de retribuição equitativa, a ser fixada pelo Conselho Nacional de Direito Autoral (art. 51)[26].

Além desses acréscimos e modificações ao texto legal anterior, destaque-se, também, que – diferentemente das previsões do Código Civil de 1916 – a lei de 1973 não dispôs sobre a transmissão à União, aos Estados e Municípios da propriedade dos manuscritos em suas dependências nem das obras encomendadas e custeadas por estes[27], não se referindo, também, a quaisquer hipóteses de desapropriação de obra intelectual.

---

não se destinasse à venda (art. 666, VI). No dispositivo de 1973 essa exigência de que a cópia deveria ser "feita a mão" não foi reeditada.

24. Restringiu-se, nesse caso, a abrangência das possibilidades de livre representação teatral e execução musical – que o texto legal anterior liberava, uma vez que já tivessem sido publicados e não houvesse finalidade de lucro (art. 657 do Código Civil de 1916) – para, apenas, além de condicional, também, a inexistência de intuito de lucro, quando tais representações ou execuções se dessem "no recesso familiar ou para fins exclusivamente didáticos, nos locais de ensino". Cabe observar, contudo, que em outro dispositivo da lei de 1973 – art. 73 –, ao condicionar à autorização do autor apenas às representações teatrais e execuções musicais "que visam o lucro direto ou indireto", acaba, na verdade, mantendo a orientação do dispositivo da lei anterior.

25. O texto legal anterior não incluía as paródias, apenas as paráfrases que não fossem "verdadeira reprodução da obra original" e não "[implicassem] descrédito" à obra parafraseada.

26. Diversamente da permissão legal de uso livre, como as demais hipóteses elencadas a título de limitação aos direitos de autor, nesse caso existe propriamente ou regime de licença compulsória remunerada. Anote-se que o Conselho Nacional de Direito Autoral referido no dispositivo foi criado pela lei autoral de 1973, instalado em 1976, desativado em 1990 e formalmente extinto com a lei autoral vigente, de 1998.

27. O regime legal de encomenda de obra intelectual, no que tange à titularidade dos direitos patrimoniais de autor sobre esta, é regulado no art. 36 da Lei n. 5.988/73, prevendo que, nesses casos, "os direitos do autor, salvo convenção em contrário, pertencerão a ambas as partes, conforme for estabelecido pelo Conselho Nacional de Direito Autoral". O prazo de proteção legal, contudo, nos casos de obras encomendadas pela União, Estados, Municípios e Distrito Federal, foi reduzido para apenas 15 anos contados da publicação ou da reedição dessas obras (art. 46).

9 | As limitações ao direito autoral

A manutenção, pela Lei Autoral de 1973, da quase totalidade das limitações inseridas no Código Civil de 1916 – que, por sua vez, já incorporava basicamente a íntegra das regras da lei de 1898 – refletia, principalmente, a linha evolutiva do direito positivo internacional com a maturidade crescente trazida nas periódicas revisões da Convenção de Berna e outras convenções internacionais, bem como nas legislações internas dos países signatários – estas, em sua grande maioria, adotando o sistema de relacionar, a título exaustivo e não exemplificativo, as hipóteses de uso livre de obras intelectuais – com o objetivo de harmonização da proteção à criação intelectual com o inegável benefício social de expansão cultural no plano mundial[28].

9.3. O REGIME LEGAL VIGENTE

9.3.1. A regra internacional

Os dispositivos atualmente em vigor da Convenção de Berna relativa à proteção das obras literárias e artísticas[29], na qual é adotada a orientação de elencar as hipóteses de utilizações livres de obras intelectuais, são os seus arts. "10" e "10bis", que estabelecem que:

(a) em relação ao direito de citação:

– são lícitas as citações tiradas de uma obra já licitamente tornada acessível ao público, com a condição de que sejam conformes aos bons usos e na medida justificada (pela finalidade a ser atingida) inclusive as citações de artigos de jornais e coleções periódicos sob a forma de resumos de imprensa;

(b) em relação à finalidade de ensino:

– os países da União reservam-se a faculdade de regular, nas leis nacionais e acordos particulares já celebrados ou a celebrar

---

28. Nesse sentido, a lei alemã de 1901, com as modificações das leis de 1910 e 1934 (arts. 19 a 24), a austríaca de 1936, com as modificações das leis de 1949 e 1953 (arts. 41 a 50), a lei mexicana de 1956 (arts. 70 a 79), a japonesa de 1889, com as modificações das leis de 1910, 1920, 1931, 1934, 1941, 1950, 1952 e 1956 (arts. 30 e seus 9 incisos), a lei canadense de 1921, com as modificações das leis de 1927, 1931 e 1952 (art. 17, inciso 2, alíneas "a" a "g", e inciso 3), a lei italiana de 1941, com as modificações do decreto-lei de 1946 (arts. 65 a 71), a lei inglesa (Reino Unido) de 1956 (arts. 6º a 10), a lei egípcia de 1954 (arts. 11 a 17) e a lei suíça de 1922, com as modificações da lei de 1955 (arts. 22 a 33), entre outras.

29. Conforme a Revisão de Paris, de 24-7-1971, com a modificação de 28-9-1979. A Convenção, na forma adquirida com o Ato de Paris (revisão) de 1971, foi formalmente adotada pelo direito positivo interno brasileiro de 1975 (anteriormente, portanto, à sua modificação de 1979) pelo Decreto Legislativo n. 94, de 4-12-1974, que a aprovou, seguido do Decreto n. 75.699, de 6-5-1975, que a promulgou. Tal modificação, contudo, não atingiu os textos originários da Convenção, na forma final da Revisão de Paris de 1971, que transcrevemos a seguir neste capítulo.

287

Direito Autoral no Brasil | José Carlos Costa Netto

entre si, as condições em que podem ser utilizadas licitamente, na medida justificada pelo fim a atingir, obras literárias ou artísticas a título de ilustração do ensino em publicações, emissões radiofônicas ou gravações sonoras ou visuais, sob a condição de que tal utilização seja conforme aos bons usos;

– as citações e utilizações referidas nos parágrafos antecedentes serão acompanhadas pela menção da fonte e do nome do autor, se esse nome figurar na fonte[30];

(c) em relação ao direito à informação:

– os países da União reservam-se a faculdade de regular nas suas leis internas as condições em que se pode proceder à reprodução na imprensa, ou a radiodifusão ou a transmissão por fio ao público, dos artigos de atualidade de discussão econômica, política, religiosa, publicados em jornais ou revistas periódicas ou das obras radiofônicas do mesmo caráter, nos casos em que a reprodução, a radiodifusão, ou a referida transmissão não sejam expressamente reservadas. Entretanto, a fonte deve sempre ser claramente indicada; a sanção desta obrigação é determinada pela legislação do país em que a proteção é reclamada; e

– os países da União reservam-se igualmente a faculdade de regular nas suas legislações as condições nas quais, por ocasião de relatos de acontecimentos da atualidade por meio de fotografia, cinematografia ou transmissão por fio ao público, as obras literárias ou artísticas, vistas ou ouvidas no decurso do acontecimento podem, na medida justificada pela finalidade de informação a atingir, ser reproduzidas e tornadas acessíveis ao público[31];

---

30. Inciso "3" do art. 10 da Convenção de Berna. Logo acima, os incisos "1" e "2" do mesmo artigo. Observe-se que na tradução para o português adotou-se, no Decreto n. 75.699/75, a expressão "bons usos" para as expressões inglesas *fair use* ou *fair practice*, a francesa *bons usages* e espanhola *usos honrados*. Comentaremos a respeito adiante, ao final deste capítulo.

31. Incisos "1" e "2", respectivamente, do art. 10 bis da Convenção de Berna. É relevante observar que, inexplicavelmente, o Decreto n. 75.699/75, que promulgou a Convenção de Berna com as modificações da revisão de Paris de 1971, omitiu, no inciso "2" do art. 10 bis, o meio "radiodifusão", que, juntamente com "a fotografia, a cinematografia e a transcrição por fio ao público", poderiam reproduzir e tornar acessíveis ao público, para fim de informação, as obras literárias, ou artísticas vistas ou ouvidas em acontecimentos de atualidade. Essa supressão poderia, apenas, se justificar na hipótese de que o texto aprovado no Ato de Paris, em 1971, não contivesse o meio "radiodifusão" neste dispositivo, sendo apenas incluído na ocasião da modificação inserida em 28-9-1979. Assim, como o Decreto promulgado da Convenção data de 1975, reproduzindo o texto originário de 1971 sem essa modificação (de 1979). No entanto, tal não ocorreu pois o meio radiodifusão já constava neste dispositivo na reunião

9 | As limitações ao direito autoral

(d) em relação às "gravações efêmeras":

- é reservado às legislações dos países da União o regime das gravações efêmeras realizadas por um organismo de radiodifusão pelos seus próprios meios e para as suas emissões. Essas legislações poderão autorizar a conservação de tais gravações em arquivos oficiais atendendo ao seu caráter excepcional de documentação[32].

Além dessas possibilidades de utilização livre de obras intelectuais, a Convenção de Berna prevê, também, hipóteses do que denomina "licenças obrigatórias" (ou compulsórias) em relação à radiodifusão de quaisquer obras[33] e à gravação de obras musicais[34].

Finalmente, cabe registrar a existência, a título de "anexo" ao texto principal da Convenção de Berna, o que foi assimilado, também, pelo Decreto de 1975, que a promulgou para a vigência no território nacional, de disposições particulares relativas aos países em vias de desenvolvimento, que contêm outras possibilidades de uso livre de obras intelectuais. Contudo, para fazer jus a tais condições especiais, prevê o referido anexo que essa condição – de país em vias de desenvolvimento – encontre-se

---

de Paris, em 1971 (*vide*, nesse sentido, o texto oficial da Convenção de Berna, conforme o Ato de Paris, de 1971, reproduzido em *Lois et traités sur Le droit d' auteur* (Paris: UNESCO/OMPI, Librarie Générale de Droit et Jurisprudence, 1975, p. 951). Daí ser, efetivamente, inexplicável essa supressão. Cabe anotar, também, que, além dessas regras, em alguns acréscimos esparsos nesse diploma, outras possibilidades de uso livre de obras intelectuais encontram-se inseridas como o art. 2 bis, que dispõe que fica ressalvada às legislações dos países da União a faculdade de excluir parcial ou totalmente da proteção os discursos políticos e os discursos pronunciados nos debates judiciários; fica igualmente reservada às legislações dos países da União a faculdade de estabelecer as condições em que as conferências, elocuções, sermões e outras obras da mesma natureza, pronunciadas em público, poderão ser reproduzidas pela imprensa, transmitidas pelo rádio, por telégrafo para o público, e constituir objeto das comunicações públicas mencionadas no art. 11 bis – 1) da Convenção, quando tal utilização for justificada pela finalidade da: informação a ser atingida.

32. Inciso "3" do art. 11 bis da Convenção de Berna: "gravação (ou fixação) efêmera", para aplicação das normas da Convenção, significa uma fixação sonora ou audiovisual de uma representação ou execução ou de uma emissão de radiodifusão realizada para um período transitório por um organismo de radiodifusão, utilizando seus próprios meios, e utilizadas suas próprias emissões de radiodifusão (*Glossário da OMPI de Direito de Autor e Direitos Conexos*. Genebra: Publicação própria, 1980, p. 102).

33. Art. 11 bis, inciso "2", da Convenção de Berna, que condiciona as hipóteses de licença obrigatória de radiodifusão de obras intelectuais ao respeito ao direito moral de autor e ao direito deste de "perceber remuneração equitativa, fixada, na falta de acordo amigável, pela autoridade competente".

34. Art. 13, inciso "1", da Convenção de Berna, que estabelece: "Cada país da União pode, no que lhe diz respeito, estabelecer reservas e condições relativas ao direito de autor de uma obra musical e do autor da letra cuja gravação juntamente com a obra musical já foi autorizada, por este último, de autorizar a gravação sonora da referida obra musical, eventualmente com a letra; mas todas as reservas e condições desta natureza só terão um efeito estritamente limitado ao país que as tiver estabelecido e não poderão em caso algum afetar o direito que tem o autor de receber remuneração equitativa, fixada, na falta de acordo amigável, pela autoridade competente".

289

em "conformidade com a prática estabelecida na Assembleia Geral das Nações Unidas".

Apesar da relevância dessas especificações, nos arts. 10 e 10 *bis* da Convenção de Berna, das condições para livre utilização, nos casos indicados, de obras intelectuais, o princípio fundamental para delimitação da abrangência do direito exclusivo do autor sobre a utilização de sua obra – *com a denominação "Direito de Reprodução: em geral e Exceções Possíveis"* – consta do dispositivo anterior do mesmo diploma internacional, art. 9, que, ao mesmo tempo em que dispõe que: "os autores de obras literárias e artísticas protegidas pela presente Convenção gozam o direito exclusivo de autorizar a reprodução de suas obras, de qualquer maneira e por qualquer forma (inciso '1')", ressalva, a seguir: "fica reservada às legislações dos países da União a faculdade de permitir a reprodução das referidas obras em determinados casos especiais, de maneira que essa reprodução não interfira na exploração normal da obra nem cause um prejuízo injustificado aos legítimos interesses do autor".

9.3.2. O regime legal brasileiro vigente: as principais inovações – no campo das limitações dos direitos de autor – da Lei n. 9.610/98

Na esteira das mudanças constitucionais – *e necessidades advindas da evolução tecnológica* –, o regime jurídico brasileiro consagrou, no campo da sua nova lei regente para o setor autoral, no capítulo das limitações ao direito de autor – *justamente o terreno em que com mais frequência podem ocorrer colidências de princípios constitucionais*[35] –, duas inovações significativas[36]:

---

35. Essas colidências de princípios constitucionais, como já examinamos, podem surgir, principalmente, no exercício do direito exclusivo do autor de utilização de sua obra (art. 5º, XXVII) em face da liberdade de expressão da atividade intelectual, artística, científica e de comunicação (art. 5º, IX) – *quando a obra intelectual de outrem for utilizada nessas atividades – violação da intimidade, vida privada, honra e imagem das pessoas (art. 5º, X) – quando a obra intelectual viola algum desses direitos da personalidade – e função social da propriedade (art. 5º, XXIII) e direito de acesso à cultura (art. 215) – que implicam certas limitações, legalmente estabelecidas, ao exercício do direito autoral.*

36. Ressalve-se que nosso critério para esse destaque decorre da amplitude da inovação legal de 1998 – *no campo das limitações de direito autoral* –, por abranger também, em razão da mudança de paradigma em relação ao regime legal anterior, de 1973. Além dessas duas que, sob esse enfoque, entendemos como inovações mais significativas da Lei n. 9.610/98 nesse campo e que trataremos a seguir, evidente, também, a relevância de outras alterações: (a) em relação à situação especial das obras de arte "situadas permanentemente em logradouros públicos", que examinaremos na parte final deste capítulo; (b) a incorporação na lei autoral de 1998 da regra consagrada, três anos antes, no direito positivo brasileiro pela Lei n. 9.045, de 18-5-1995, sem que no texto de 1998 constasse a ressalva de 1995, de que "haja concor-

9 | As limitações ao direito autoral

9.3.2.1. A restrição da "cópia privada"

No regime legal anterior (de 1º-1-1974 a 20-6-1998), era permitida a reprodução de qualquer obra intelectual em um só exemplar, contanto que não se destinasse à utilização com intuito de lucro (inciso II do art. 49 da Lei n. 5.988, de 14-12-1973).

Contudo, se essa permissão pudesse fazer algum sentido há três décadas, tal amplitude não seria razoável no estágio tecnológico atual, com as facilidades trazidas e com o desenvolvimento da reprografia (*xerocópias*), meios digitais de reprodução de texto e imagens, reproduções e transmissão sonoras e audiovisuais e outras inovações que, inegavelmente, provocaram uma verdadeira revolução nos meios de comunicação em escala mundial (*possibilitada principalmente com a expansão – até no âmbito domiciliar – da rede de computadores – e outras facilidades tecnológicas*).

Consequentemente, o regime legal de 1998 inseriu condições mais restritivas à extração da "cópia privada", liberando apenas "a reprodução, em um só exemplar, de pequenos trechos, para uso privado do copista, desde que feita por este, sem intuito de lucro" (inciso II do art. 46 da Lei n. 9.610/98).

Portanto, substancialmente mais restrita a permissão legal vigente: no lugar da reprodução, sem fins lucrativos, em um só exemplar (*mas integral*) de qualquer obra (*regime anterior*) ficou a reprodução, também sem intuito de lucro, restrita, contudo, a "pequenos trechos" em um só exemplar e, ainda, desde que feita pelo próprio copista para seu uso privado[37].

---

dância dos autores" (*condição inibidora do efetivo exercício da limitação, que, justamente, serve par legitimar utilizações de obras intelectuais sem a necessidade de autorização do seu autor*): Referimo-nos, assim, à inovação legal disposta na alínea *d* do inciso I do art. 46 da Lei n. 9.610/98 de que não constitui ofensa aos direitos autorais a reprodução "de obras literárias, artísticas ou científicas, para uso de deficientes visuais, sempre que a reprodução, sem fins comerciais, seja feita mediante o sistema *braille* ou outro procedimento em qualquer suporte para esses destinatários"; e (c) a última alteração importante resultou da assimilação pelo direito positivo de regra já consagrada na jurisprudência, qual seja: o inciso III (art. 46) sobre o direito de citação que, corretamente, acrescentou aos meios de publicação especificados na lei anterior (livros, jornais e revistas) "ou qualquer outro meio de comunicação" além da ressalva, ao final do dispositivo de que a citação da obra deverá ser "na medida justificada para o fim a atingir, indicando-se o nome do autor e a origem da obra". O judicioso alargamento das fronteiras do direito de citação para qualquer meio de comunicação já havia sido decidido pelo Supremo Tribunal Federal em 1989, como comentamos no final deste capítulo.

37. É fundamental que se destaque, contudo, a respeito dessa inovação legal o fato de que a violação do permissivo de reprodução ("cópia privada") unicamente de "pequenos trechos" de obra intelectual importa apenas em ilícito de natureza civil e não penal (no que se refere à aplicabilidade da pena agravada prevista nos §§ 1º a 3º do art. 184 do Código Penal). Essa diferenciação resulta do próprio direito positivo pátrio vigente a partir da Lei n. 10.695, de 1º-7-2003, que acrescentou ao art. 184 do Código Penal vigente o § 4º, com a seguinte redação: "o disposto nos §§ 1º, 2º e 3º não se aplica quando se tratar de exceção ou limitação ao direito de autor ou aos que lhe são conexos, em conformidade com o

291

A respeito dos critérios de duração desse "pequeno trecho" de obra intelectual (*no caso, a musical*), cuja utilização é permitida, nos termos legais a que nos referimos, relata Maria Eliane Jundi:

> Na prática, os titulares dos direitos de autor de obras musicais já vêm permitindo há muito tempo a reprodução de pequenos trechos de obras musicais na Internet e em outros meios de comunicação, limitada a sua reprodução a 30 segundos de utilização, como uma forma de promoção da obra musical[38].

Há uma questão, também, pertinente à reprodução da obra por meio de *download* e digitalização. A lei francesa passou a expressamente tolerar, recentemente, a veiculação de trechos de obras em ambiente digital para fins educacionais ou didáticos. Parece uma extensão correta da exceção, pois respeita à mesma lógica da cópia privada aqui vista, apenas a transpondo, de forma cuidadosa, para a internet.

Ao contrário, caso a obra seja integralmente reproduzida e oferecida ao público, o mero fato de ser *na internet* não modifica a contrafação realizada.

Ainda mais quando houver *comercialização* por meio de aplicativos ou sítios eletrônicos, como no caso julgado pelo Tribunal de Justiça do Distrito Federal e Territórios, na apelação n. 07042518220228070000, relatada pela Desembargadora Ana Maria Ferreira da Silva, da 3ª Turma Cível, em 11 de outubro de 2023:

> 3. No caso, verifico que a Ata Notarial afixada junto à inicial dos autos de origem (ID. 110946968) revela a probabilidade do direito da autora/agravante, pois indica que a agravada tem comercializado, por meio de aplicativos de WhatsApp, os cursos produzidos da empresa Gran Tecnologia e Educação S.A, possivelmente violando seus direitos autorais e causando-lhe lesão patrimonial, o que justifica a cessação da atividade imediatamente, por meio da tutela de urgência.

---

previsto na Lei n. 9.610, de 19 de fevereiro de 1998, nem a cópia de obra intelectual ou fonograma, em um só exemplar, para uso privado do copista, sem intuito de lucro direto ou indireto". Observe-se que os parágrafos mencionados (1º a 3º do art. 184 do Código Penal) referem-se às violações correspondentes, basicamente, à reprodução, comercialização e oferecimento ao público de obra intelectual de forma a permitir sua seleção pelo usuário de redes digitais e outros sistemas de comunicação e distribuição, nos termos definidos pelo inciso VII do art. 29 da Lei n. 9.610/98.

38. Das limitações aos direitos autorais. *Revista de Direito Autoral*, São Paulo, Edição ABDA/Lumen Juris, n. I, p. 177, ago. 2004. Complementa a autoralista observando que "as mesmas normas legais deverão ser aplicadas no ambiente digital, na inclusão em base de dados, em qualquer outra forma de armazenamento e na transmissão pela Internet" (artigo citado, p. 177), inclusive em relação às "lojas digitais" (JUNDI, Maria Eliane Rise. *Ringtones* gera direitos de execução pública? Direito de distribuição? *Revista de Direito Autoral*, São Paulo, Edição ABDA/Lumen Juris, n. III, p. 35, ago. 2005).

9 | As limitações ao direito autoral

9.3.2.2. A utilização, em obra intelectual, de obra intelectual preexistente e a manutenção, pela lei de 1998, das limitações já existentes no regime legal brasileiro

O sistema legal anterior para a matéria, posterior à referida Ata de Estocolmo (1967) e à revisão de Paris (1971) da Convenção de Berna, ambas firmadas pelo Brasil, mas, como já exposto, anterior ao regime constitucional de 1988, condicionava a utilização, em obra intelectual de obra preexistente, a finalidades científicas ou didáticas, principalmente, ou religiosas. A única exceção a essa restrição de finalidade consistiu na liberação da reprodução dos retratos feitos sob encomenda, uma vez realizada pelo "proprietário do objeto encomendado" (disposição mantida pela lei atual – art. 46, I, *c*).

Assim, com essa pequena ressalva, a finalidade científica, didática ou religiosa (e ainda, de "crítica ou polêmica") constituía condição essencial para que uma obra intelectual nova pudesse utilizar obra anterior. Nesse sentido o art. 49, I, *a* e *d*, e III, e art. 51 da Lei n. 5.988/73:

> Art. 49. Não constitui ofensa aos direitos do autor:
>
> I – a reprodução:
>
> *a*) – de trechos de obras já publicadas, ou ainda que integral, de pequenas composições alheias no contexto de obra maior, desde que esta apresente caráter científico, didático ou religioso, e haja a indicação da origem e do nome do autor;
>
> (...)
>
> *d*) – no corpo de um escrito, de obras de arte, que sirvam, como acessório, para explicar o texto, mencionados o nome do autor e a fonte de que provieram;
>
> (...)
>
> III – a citação, em livros, jornais e revistas, de passagens de qualquer obra, para fins de estudo, crítica ou polêmica;
>
> (...)
>
> Art. 51. É lícita a reprodução de fotografia em obras científicas ou didáticas, com a indicação do nome do autor, e mediante o pagamento a este de retribuição equitativa, a ser fixada pelo Conselho Nacional de Direito Autoral.

O regime legal vigente (a partir de 20-6-1998) altera significativamente esse paradigma.

Além de reforçar todas as permissões inseridas na lei anterior, em relação aos casos de utilização, em obra nova, de obra preexistente com

Direito Autoral no Brasil | José Carlos Costa Netto

finalidades científicas e didáticas (ou de "crítica ou polêmica"), reeditando-as textualmente, e ampliar, como já referimos, o direito de citação, antes permitida apenas em "livros, jornais e revistas" (art. 49, III, da Lei n. 5.988/73), para "qualquer outro meio de comunicação" (art. 46, III, da Lei n. 9.610/98), inseriu uma fundamental inovação: o inciso VIII do seu art. 46, que dispõe:

> Art. 46. Não constitui ofensa aos direitos autorais:
>
> (...)
>
> VIII – a reprodução, em quaisquer obras, de pequenos trechos de obras preexistentes, de qualquer natureza, ou de obra integral, quando de artes plásticas, sempre que a reprodução em si não seja o objetivo principal da obra nova e que não prejudique a exploração normal da obra reproduzida nem cause um prejuízo injustificado aos legítimos interesses dos autores.

Esse dispositivo representou uma radical mudança no regime de utilização, por obra nova, de obra preexistente, pois, além de não restringir o meio ou a forma de reprodução ou modalidade da obra nova ou preexistente, não a condiciona, como era essencial no regime legal anterior, a finalidade científica, didática ou religiosa (ou mesmo de "crítica ou polêmica"), ressalvando, apenas, que deverão estar presentes as seguintes condições:

– que a reprodução (*na obra nova*) seja de pequenos trechos (*de obras preexistentes de qualquer natureza*) ou de obra integral, quando de artes plásticas;

– que a reprodução em si não seja o objetivo principal da obra nova;

– que não prejudique a exploração normal da obra reproduzida; e

– que não cause um prejuízo injustificado aos legítimos interesses dos autores.

De plano, observa-se que essas duas últimas ressalvas foram transcritas a partir do já referido art. 9, parágrafo 2, da Convenção de Berna (*texto atualmente vigente*)[39].

---

39. Após dispor o art. 9, § 1º, da Convenção de Berna (revisão de Paris de 1971, vigente, promulgada pelo Decreto n. 75.699, de 6-5-1975) que: "Os autores de obras literárias e artísticas protegidas pela presente Convenção gozam do direito exclusivo de autorizar a reprodução destas obras, de qualquer modo ou sob qualquer forma que seja", ressalva, no parágrafo 2 do mesmo dispositivo, que: "Às legislações dos países da União reserva-se a faculdade de permitir a reprodução das referidas obras em certos casos especiais, contanto que tal reprodução não afete a exploração normal da obra nem cause prejuízo injus-

9 | As limitações ao direito autoral

Portanto, além da harmonização com a orientação normativa internacional vigente, adequa-se a inovação legal de 1998, em perfeita sintonia, com a realidade constitucional inaugurada há duas décadas, harmonizando o direito exclusivo do autor sobre a utilização de sua obra intelectual (*nesse caso preexistente*) com o interesse público do acesso à cultura e a liberdade de expressão da atividade intelectual e artística (*em relação à obra nova*).

O caminhar jurisprudencial – em face da extensão do campo fértil em possibilidades hermenêuticas quanto à adequada aplicação dessa inovação legal – parece exigir, ainda, um longo percurso. Apenas a título de exemplo, nesse sentido, interessante verificar a disparidade entre dois acórdãos recentes sobre esse tema, coincidentemente da mesma data, 10 de junho de 2008, um do Tribunal de Justiça do Rio de Janeiro – que entendemos correto – e outro do Tribunal de Justiça de São Paulo – que entendemos criticável –, a seguir referidos:

(a) do Superior Tribunal de Justiça:

– em questão envolvendo a reprodução de poema integral em material escolar, com finalidade didática:

RECURSO ESPECIAL – AÇÃO DE OBRIGAÇÃO DE FAZER C/C PEDIDO CONDENATÓRIO – ALEGAÇÃO DE VIOLAÇÃO DE DIREITO AUTORAL EM RAZÃO DA PUBLICAÇÃO DA INTEGRALIDADE DO POEMA "O LAGARTO MEDROSO" DA ESCRITORA CECÍLIA MEIRELES NO BOJO DE LIVRO DIDÁTICO DESTINADO AO ENSINO FUNDAMENTAL – INSTÂNCIAS ORDINÁRIAS QUE REPUTARAM INOCORRENTE A APONTADA VIOLAÇÃO ANTE A INCIDÊNCIA

---

tificado aos interesses legítimos do autor". Observe-se, assim, que, embora não seja razoável que se descarte a influência no regime jurídico pátrio do "fair use", limitação de caráter geral ao direito exclusivo do titular de direito de autor, instituto que, evoluindo da doutrina jurídica, recebeu o reconhecimento legal nos arts. 107 e 108 da Lei Norte-Americana (*Copyright Law of the United States of America*) de 1976, a recepção efetiva e formal do nosso direito interno é centrada no regime europeu consolidado na orientação convencional de Berna. Conforme Delia Lipszyc, em *Derecho de autor y derechos conexos* (Paris: Ediciones UNESCO, 1993, p. 225), o "fair use" consiste na autorização livre e gratuita de uma obra protegida com fins de crítica, comentário, notícia de atualidade, apostilas, instrução ou investigações. Complementa a jurista argentina: "Com o fim de determinar se, em um caso concreto, a utilização, de uma obra encontra-se inserida no *fair use*, deverá se tomar em consideração, especialmente, circunstâncias como: se tem um caráter comercial ou é para fins didáticos e não lucrativos, a natureza da obra protegida, o volume e a importância da parte utilizada em comparação com o conjunto da obra protegida e a influência da utilização no mercado potencial da obra protegida ou em seu valor" (p. 225). Maristela Basso ressalta a expressão oposta: "unfair use" ou "uso não" e justifica explicando ser aquele que "fere os direitos protegidos pelo direito de autor", ou seja, "todo uso que não preencher os estágios do *three-step test*, isto é: (a) não se caracteriza como uso especial/excepcional; (b) interfere na exploração comercial normal da obra; e (c) causa prejuízo injustificado aos interesses legítimos do titular do direito" (As exceções e limitações aos direitos de autor e a observância da regra do teste dos três passos (*Three Step Test*) (*Direitos autorais*: estudos em homenagem a Otavio dos Santos, já citado, p. 260).

295

AO CASO DA EXCEÇÃO LEGAL CONSTANTE DO ARTIGO 46, INCISO III, DA LEI N. 9.610/98 – INSURGÊNCIA DO DEMANDANTE – RECLAMO DESPROVIDO.

Hipótese: Discussão afeta à aventada violação de direito autoral pela citação/reprodução, sem prévia autorização, da integralidade de um poema no bojo de determinado livro didático. (...)

2.1 Apesar do poema ser parte integrante do livro, goza de proteção autoral nos termos da legislação de regência, pois consoante disposto no art. 7º, *caput* e inciso I, da Lei n. 9.610/98, "são obras intelectuais protegidas as criações de espírito, expressas por qualquer meio ou fixadas em qualquer suporte, tangível ou intangível", tais como os "textos de obras literárias". A poesia se constitui em uma criação do espírito expressa em forma de poema (gênero textual dividido em estrofes e versos), ou seja, é um texto de obra literária e a circunstância de ter sido publicado conjuntamente com outros não desnatura a sua qualificação, haja vista ser viável a coexistência da obra literária singular (poema) e da obra literária global (livro).

2.2 A despeito disso, a inadequação classificatória expressa pelas instâncias ordinárias não enseja o acolhimento da apontada violação ao direito autoral, ainda que tenha havido a reprodução, na íntegra, do texto "O lagarto medroso", porquanto além de ter sido indicado o nome do autor e a fonte bibliográfica, o legislador estabeleceu no art. 46, inciso III, da Lei n. 9.610/98, não constituir ofensa ao direito autoral a citação de "passagens de qualquer obra para fins de estudo, crítica ou polêmica, na medida justificada para o fim a atingir".

2.3 No caso, é incontroverso dos autos que o contexto de citação do poema no livro didático está revestido de padrões ligados à difusão educacional (ensino) e a "medida justificada para o fim a atingir", constitui e exige o estudo integral do poema, dele extraindo a análise ortográfica e semântica, procedimentos específicos para o ensino da língua portuguesa, mas também vislumbradas diversas outras análises interdisciplinares relacionadas à botânica, biologia, geografia, matemática (quantidade de estrofes, versos, repetições de palavras e rimas) entre outros.

2.4 A citação apenas parcial de trechos/excertos/passagens da poesia certamente prejudicaria a compreensão da criação intelectual da célebre poetisa Cecília Meireles e poderia gerar uma deturpação semântica do escrito, o que causaria a violação da integridade da obra literária e, consequentemente, ocasionaria atentado ao direito moral do autor consoante previsto no artigo 24, inciso IV, da Lei n. 9.610/98[40].

---

40. STJ, REsp 1.450.302/RJ, rel. Min. Marco Buzzi, 4ª T., julgado em 11-2-2020, *DJe* 14-2-2020.

9 | As limitações ao direito autoral

3. Recurso especial conhecido em parte e, na extensão, desprovido.

– em questão envolvendo serviços de seleção e encaminhamento de notícias a subscritores (*"clipping"*, ou *"mailing"*):

10. Nos termos do art. 36 da Lei 9.610/98, a utilização econômica de escritos publicados pela imprensa diária ou periódica constitui direito pertencente exclusivamente ao respectivo titular da obra.

11. O serviço de clipagem, em hipóteses como a dos autos, não se enquadra na moldura fática da norma do art. 10.1 da Convenção de Berna, pois as matérias jornalísticas da recorrente são utilizadas como insumo do produto comercializado pela recorrida, e não como meras citações[41].

(b) do Tribunal de Justiça do Rio de Janeiro:

– em questão envolvendo exibição de imagens (obra audiovisual) por "emissora concorrente", a limitação de direito autoral estabelecida no art. 46, VIII, da Lei n. 9.610/98 não foi admitida pois:

(...) Logicamente, as empresas televisivas merecem proteção em sua liberdade de informação e de publicação de notícias e dados do interesse da população. Isto, no entanto, não lhe dá o direito de se valer de produto ou obra alheia para com isso obter lucro.

Não pode ser admitido que a agravante, sob a alegação do caráter informativo e de entretenimento do programa, se utilize de imagens de exclusividade da empresa concorrente para, com isso, aumentar a sua audiência em prejuízo da agravada que realizou altos investimentos para a aquisição e promoção do programa de sua titularidade.

Entendo inaplicável à hipótese o art. 46 VIII da Lei n. 9.610/98, como pretendido pelo agravante. A parte final do dispositivo prevê que a reprodução de pequenos trechos da obra será admitida desde que não cause prejuízo injustificado aos interesses do autor. No caso, em que tratando do ramo televisivo, onde a disputa pela audiência se mostra demasiadamente acirrada, é patente o prejuízo provocado aos interesses do titular da obra[42].

---

41. STJ, REsp 2.008.122/SP, rel. Min. Nancy Andrighi, Terceira Turma, julgado em 22-8-2023, *DJe* 28-8-2023.

42. Desfecho decisório do acórdão de 10-6-2008, proferido no Agravo de Instrumento 2007.002.30274, por votação unânime de sua Décima Sexta Câmara Cível, rel. Des. Marcos Alcino de Azevedo Torres. Como referido, entendemos pelo acerto do aresto, pois, além do seu judicioso fundamento (*de evidente prejuízo injustificado acarretado à emissora demandante*), não resta claro que se trata de reprodução (de trecho de obra audiovisual) em uma outra obra intelectual (*ao que parece, trata-se de mera transmissão pela emissora-ré, de parte de obra audiovisual alheia sem, portanto, estar presente no caso concreto a condição*

(c) do Tribunal de Justiça de São Paulo:

– em questão envolvendo a reprodução de "pequenos trechos" (*sic*) de composições musicais "em campanha publicitária", a limitação de direito autoral estabelecida no art. 46, VIII, da Lei n. 9.610/98 foi aplicada pois:

O objeto da ação é a indenização por desrespeito a direito autoral pois, segundo consta da exordial, a ré utilizou em campanha publicitária, sem prévia autorização, as músicas "TA-HI", "ALLA-LA-Ô", MARCHA DA CUECA", "SACA-ROLHA", "AI QUE SAUDADE DA AMÉLIA" e "ME DÁ UM DINHEIRO AÍ", das quais a autora é titular de direitos materiais de exploração.

As conclusões apresentadas com a gravação da fita demonstram que todas as obras veiculadas na propaganda comercial aparecem no filme como fundo musical e são "apenas propagandas sem vínculo com as obras reclamadas" (fls. 123).

(...) A utilização das composições musicais não se deu por longo período, já que seguida de informações sobre o produto à venda, fato que autoriza a aplicação do disposto no artigo 46, VIII, da Lei n. 9.610/98, para o fim de excluir o direito indenizatório, porque não houve ofensa a direitos autorais.

Depreendo do conjunto probatório que os pequenos trechos das composições musicais foram utilizados como fundo e com o intuito de fazer uma paródia, em período carnavalesco.

A reprodução das composições musicais não foi o objetivo do comercial, não prejudicou sua exploração normal e sequer causou prejuízo à autora, no tocante aos direitos materiais de exploração.

É incontendível para mim que, no caso sob foco, não houve ofensa aos direitos autorais da apelante, razão pela qual, mantenho a r. sentença por seus próprios fundamentos[43].

---

essencial prevista no inciso VIII do art. 46 da lei autoral vigente de se tratar do uso de uma obra (trecho) preexistente por outra obra.

43. Desfecho decisório do acórdão de 10-6-2008, proferido na Apelação Cível com Revisão 480.378-4/SP, por votação unânime de sua Nona Câmara de Direito Privado, rel. Des. Carlos Stroppa. Também como já referimos, entendemos criticável a fundamentação do aresto, pois: (a) consigna o acórdão tratar-se de utilização de trechos de obras musicais em "campanha publicitária" e não em outra obra intelectual, como exige o dispositivo legal enfocado; (b) considera o acórdão como "pequenos trechos" o que o demandante apurou tratar-se de "parte substancial das obras protegidas, já que uma delas foi utilizada, somando-se os períodos de tempo, por quatro minutos e vinte e quatro segundos, ou seja, três vezes e meia o tempo de sua execução completa" (conforme parte expositiva do acórdão, p. 2) e que o acórdão justificou (*sua orientação de que se trataria apenas de "pequenos trechos"*) com o entendimento de que "A utilização das composições não se deu por longo período, já que seguida de informações sobre o produto à venda, fato

9 | As limitações ao direito autoral

– em questão envolvendo a reprodução de uma obra mural do estilo "grafitti", presente em um muro virado para a rua em São Paulo, em videoclipe da cantora Anitta, a limitação de direito autoral estabelecida no art. 48 da Lei n. 9.610/98 não foi aplicada, em razão da importância de sua utilização na segunda obra:

> APELAÇÃO – DIREITO AUTORAL. GRAFITE – Artista grafiteiro que teve sua obra utilizada como parte de cenário de videoclipe, sem a devida autorização e contraprestação. Obra em logradouro público que preserva direitos autorais. Créditos de autoria da obra, contudo, exibidos, preservados os demais direitos morais de autor (art. 24, da Lei 9.610/98). Violação de direitos patrimoniais de autor caracterizada. Montante a ser apurado em sede de liquidação. Sentença reformada. Recurso parcialmente provido[44].

Apesar da necessidade de algum tempo, ainda, para que se consolide, nesse terreno, uma orientação jurisprudencial mais definida, pelas razões já expostas até aqui, entendemos que se deve receber com reserva a crítica, muitas vezes veemente, de alguns doutrinadores de que o regime legal de limitações de direitos autorais brasileiro seria mais desfavorável ao interesse público do acesso à cultura e integração entre os criadores intelectuais – e, portanto, mais restritivo – do que o regime do *fair use* que comentamos. A respeito, interessante a ressalva de Laurence Lessig (*Free Culture – How Big Media Uses Technology and the Law of Lock Culture and Control Criativity*. New York: The Penguin Press, 2004, p. 99), citado por Sergio Vieira Branco Júnior, de que

> na teoria, *fair use* significa a possibilidade de uso sem permissão do titular. A teoria, assim, ajuda a liberdade de expressão e protege contra a

---

que autoriza a aplicação do disposto no art. 46, VIII, da Lei n. 9.610/98, para o fim de excluir o direito indenizatório, porque não houve ofensa a direitos autorais". Ora, embora, ressalve-se, não consista a ausência de intuito de lucro na modalidade de utilização permitida exigência do art. 46, VIII, como justificar esse fundamento – *de inexistência de intuito de lucro* – em uma atividade dessa natureza (não se trata, afinal, de utilização de obras musicais de natureza pedagógica em ambiente de ensino, por exemplo, mas, sim, de "campanha publicitária" de venda de automóveis), e, finalmente (c) a assertiva do acórdão de que haveria "o intuito de fazer paródia" não concede ao demandado o benefício do art. 47 da Lei n. 9.610/98 ("são livres as paráfrases e paródias que não forem verdadeiras reproduções da obra originária nem lhe implicarem descrédito"). Ora, no caso *sub judice* não ocorre – *exatamente* – a "verdadeira" reprodução de trechos das obras musicais originárias em campanha publicitária? Evidente que não se trata de paródia, em sua acepção jurídica, de imitação burlesca de obra originária que adquire individualidade própria (reportando-nos a respeito desse tema ao Capítulo 6, verbete "Paródia" e comentários).

44. TJSP; Apelação Cível 1115599-97.2019.8.26.0100; Relator: Costa Netto; Órgão Julgador: 6ª Câmara de Direito Privado; Foro Central Cível – 36ª Vara Cível; Data do Julgamento: 27-4-2023; Data de Registro: 2-6-2023.

cultura da necessidade de permissão. Mas, na prática, o *fair use* funciona de maneira bem distinta. Os contornos embaçados da lei resultam em poucas possibilidades reais de se arguir *fair use*.

Desse modo, a lei teria um objetivo correto, mas que não seria alcançado na prática[45].

A título de exemplo, Sergio Vieira Branco Júnior, ainda citando Lessig, relata o episódio de um documentarista que captou em sua obra audiovisual – *um documentário sobre óperas de Wagner* – "*no canto dos bastidores*" um aparelho de televisão em que era transmitido um episódio da famosa obra de animação (*desenho*) "Os Simpsons". Pretendendo deixar a cena inalterada – *em que o uso do desenho animado referido durava apenas 4,5 segundos* –, teve a autorização condicionada pela produtora norte-americana Fox ao pagamento de 10 mil dólares, fazendo o documentarista desistir da utilização sem arriscar o recurso do *fair use* em face das dificuldades que poderia ter para exibição do filme, além da provável demanda judicial que teria de responder em face de acusação de uso não autorizado da referida obra[46].

Como seria o tratamento jurídico da mesma situação se ocorrida no Brasil?

No nosso entendimento, tendo em vista o inegável conteúdo crítico cultural da cena inusitada relatada e a natureza da obra audiovisual (*documentário*) em que foi inserido o pequeno trecho da obra de desenho animado, seria aplicável tanto o inciso III (*direito de citação para fins de estudo, crítica ou polêmica*) quanto o VIII (*reprodução de pequeno trecho de obra preexistente em obra nova*) do art. 46 da Lei n. 9.610, de 1998, atualmente vigente. Mais do que isso, tal utilização seria considerada legítima também no regime legal brasileiro anterior, de 1973, pois o Supremo Tribunal Federal já decidia, em 1989:

> Direito Autoral. Fixação, em "videocassete" e, depois, em "videotape", por uma empresa de televisão, de programas de outra, para posterior utilização de pequenos trechos dessa fixação a título de ilustração em programa de crítica para premiação, falta de prequestionamento da questão concernente à necessidade da autorização da emissora quanto à fixação de seu programa por outra. Tendo em vista a natureza do direito de autor, a interpretação extensiva da exceção em que se traduz o direito de

---

45. *Direitos autorais na internet e o uso de obras alheias*. Rio de Janeiro: Lumen Juris, 2007, p. 76-77.
46. Ob. cit., p. 75-76.

9 | As limitações ao direito autoral

citação é admitida pela doutrina. Essa admissão tanto mais se justifica quanto é certo que o inciso III do artigo 49 da Lei n. 5.988/73 é reprodução quase literal do inciso V do artigo 666 do Código Civil, redigido este numa época em que não havia organismos de radiodifusão, e que, na atualidade, não tem sentido que o que é lícito, em matéria de citação para a imprensa escrita, não o seja para a falada ou televisionada. A mesma justificativa que existe para o direito de citação na obra (informativa ou crítica) publicada em jornais ou revistas de feição gráfica se aplica, evidentemente, aos programas informativos, ilustrativos ou críticos do rádio e da televisão. Recurso Extraordinário não conhecido[47].

Finalmente, em complemento às duas inovações fundamentais que comentamos, trazidas com a lei autoral vigente, não deixa de ser, também, relevante a modificação da regra concernente aos direitos de autor sobre as obras situadas permanentemente em logradouros públicos: o regime legal de 1973 consignava que "Não constitui ofensa aos direitos de autor a reprodução de obras de arte existentes em logradouros públicos", o que foi alterado, pela lei autoral n. 9.610, de 1998, para "As obras situadas permanentemente em logradouros públicos podem ser representadas livremente, por meio de pinturas, desenhos, fotografias e procedimentos audiovisuais"[48].

---

47. Acórdão de 28-2-1989, proferido no Recurso Extraordinário 113.505/RJ, por votação unânime de sua Primeira Turma, rel. Min. José Carlos Moreira Alves, *DJ* 12-5-1989, p. 07795. Destaque-se que o Ministro Moreira Alves, relator do acórdão, foi o autor do projeto que resultou na Lei n. 5.988, de 14-12-1973, que regulou os direitos autorais no País.

48. Art. 48 da Lei n. 9.610, de 19-2-1998. O dispositivo anterior referido, da Lei n. 5.988, de 14-12-1973, era a alínea *e* do inciso I do art. 49. Observe-se que a aparente proximidade da condição da obra situada em logradouro público e a obra caída em domínio público não resulta em igualdade de tratamento jurídico no campo do direito de autor. Ao contrário, as distinções são claras: o domínio público diz respeito à inexistência ou cessação da titularidade patrimonial privada (*do autor*) do direito de autor sobre a obra – *a sua utilização é livre* –, o mesmo não ocorrendo com a titularidade de direitos patrimoniais de autor da obra situada (permanentemente) em logradouro público, que permanece com o autor e, apenas, sofre as limitações legais quanto ao seu exercício. Não permite, portanto, "utilização livre", mas, sim, algumas utilizações previstas em lei. O domínio público se instala em relação a determinada obra intelectual em duas situações: (a) quando o autor é desconhecido (*inexiste, destarte, a titularidade de direito autoral*), e (b) a partir do falecimento do autor, quando não deixa sucessores, ou quando deixa, vencido o prazo de 70 anos contados de 1º de janeiro do ano subsequente ao de sua morte (*cessa, assim, a titularidade patrimonial privada*) (arts. 41 e 45 da Lei n. 9.610/98). A instalação de obra intelectual protegida em logradouro público obriga – *diferentemente* – obtenção de prévia e expressa autorização – *onerosa ou não* – do seu autor ou sucessores. É, portanto, o titular em pleno exercício de seu direito patrimonial e não uma titularidade patrimonial que inexiste ou cessou. A partir dessa instalação, conforme orienta Plínio Cabral, a obra integrará "um patrimônio público, sem dúvida. Mas um patrimônio sobre o qual existem direitos morais e patrimoniais do autor" (*Direito autoral*: dúvidas e controvérsias. São Paulo: Harbbra, 2000, p. 97). Nesse sentido, também Luiz Fernando Gama Pellegrini (citado por Plínio Cabral) "de que não há a menor relação entre logradouro público e domínio público, por mais incrível que pareça, não obstante haver uma grande confusão a respeito, pois é comum dizer, *e.g.*, que um monumento ou um painel, pelo simples fato de se encontrarem na praça, no prédio ou mesmo em museus e estabelecimentos similares, são de domínio público" (*Direito autoral do artista plástico*. São Paulo: Oliveira Mendes, 1998, p. 97).

É nítido que a legislação brasileira vigente, ao alterar a expressão anterior "reprodução" para "representação", visou suprimir das utilizações permitidas para obras intelectuais situadas permanentemente em logradouro público a modalidade ("reprodução") anteriormente liberada.

Assim, apenas a representação da obra – *pelos meios indicados* – estaria retirada da órbita dos direitos autorais a serem regularmente exercidos pelo autor: em outras palavras, a ninguém estaria vedado representar em uma pintura ou em um desenho a obra de escultura protegida e a ninguém estaria vedado a sua representação, também, por meio fotográfico ou audiovisual.

No entanto, qualquer reprodução dessas representações permanece como atributo exclusivo do titular do direito autoral correspondente, ou seja, originariamente, o autor da obra representada.

Com efeito, trata-se de regra basilar na matéria de que cada modalidade de utilização de obra intelectual é independente e exige a autorização do autor. Nesse sentido o art. 31 da Lei n. 9.610, de 1998: "As diversas modalidades de utilização de obras literárias, artísticas ou científicas ou de fonogramas são independentes entre si, e a autorização concedida pelo autor, ou pelo produtor, respectivamente, não se estende a quaisquer das demais". Consequentemente, a modalidade de utilização: "representação" autorizada pela lei não se estende à modalidade de utilização: "reprodução", que, nos termos do art. 5º, VI, da Lei n. 9.610/98, significa: "a cópia de um ou vários exemplares de uma obra literária, artística ou científica ou de um fonograma, de qualquer forma tangível, incluindo qualquer armazenamento permanente ou temporário por meios eletrônicos ou qualquer outro meio de fixação que venha a ser desenvolvido".

Há também questões importantes no que concerne à internet. Como visto em relação aos programas com inteligência artificial, estes utilizam um método que, na linguagem da tecnologia da informação, chama-se de "*scrapping*". A IA é "treinada" e/ou alimentada com obras e trechos de obras intelectuais protegidos inteiros. A finalidade lucrativa, em geral, é bastante clara, mesmo quando os aplicativos não são pagos pelo usuário. Como visto, isso resultou em reação de editores e entidades de gestão coletiva de direitos autorais, mas, ao que sabemos, até o momento, não há uma posição jurisprudencial, no Brasil ou no exterior, sobre isso. De toda forma, parece claro que, de acordo com a legislação brasileira, esse não é um uso lícito dos direitos autorais, a não ser que haja prévia autorização dos autores – até pelo risco elevado de as obras utilizadas pela IA acabarem plagiadas por meio do programa de computador.

9 | As limitações ao direito autoral

Mas ferramentas de busca em geral, mesmo aquelas que não são tipicamente classificadas como "IA", também geram questões semelhantes: seria possível, sem autorização dos autores, a divulgação de trechos das obras na página da busca? No caso Microfor, a Corte de Cassação francesa entendeu que a cópia seria lícita, desde que o resumo apresentado pelo buscador não dispense o acesso à obra original, devendo ser analisada a "substancialidade do resumo"[49].

Em outro caso, envolvendo o chamado "Google News", o mesmo critério foi adotado em sentido inverso. A Corte entendeu que a reprodução de notícias pela ferramenta excluía a leitura da própria matéria jornalística reproduzida, violando os direitos dos jornais e dos jornalistas[50].

Em sentido diverso, uma decisão eximiu buscadores de imagens – que em geral reproduzem a integralidade da imagem e permitem até o *download* delas sem sequer ingressar nas páginas onde abrigadas originalmente. Por outro lado, a jurisprudência acabou sendo ultrapassada, na França, pela aprovação da lei, de 7 de julho de 2016, que obrigou os provedores de busca de imagens a recolher direitos às entidades de gestão coletiva[51].

Além das limitações comentadas (arts. 46, I, *d*, II, III e VIII, e 48), que consistem, como examinamos, nas cinco inovações da lei autoral de 1998 sobre o tema tratado neste capítulo, destaque-se as mantidas em vigor pelo mesmo diploma legal, com algumas adequações, e que já existiam no regime legal de 1973, quais sejam os incisos I, *a, b* e *c*, IV, V, VI e VII, do art. 46[52] e o art. 47[53].

---

49. cf. Alain Berenboom, op. cit., p. 152.
50. ibid., p. 153.
51. cf. Lucas, Lucas-Schloetter, e Bernault, op. cit., p. 1.011.
52. "Art. 46 (...) I – a reprodução: *a*) na imprensa diária ou periódico, de notícia ou de artigo informativo, publicado em diários ou periódica, com a menção do nome do autor, se assinados, e da publicação de onde foram transcritos; *b*) em diários ou periódicos, de discursos pronunciados em reuniões públicas de qualquer natureza; *c*) de retratos, ou de outra forma de representação da imagem, feitos sob encomenda, quando realizada pelo proprietário do objeto encomendado, não havendo a oposição da pessoa neles representada ou de seus herdeiros; (...) IV – o apanhado de lições em estabelecimentos de ensino por aqueles a quem elas se dirigem, vedada sua publicação, integral ou parcial, sem autorização prévia e expressa de quem as ministrou; V – a utilização de obras literárias, artísticas ou científicas, fonogramas e transmissão de rádio e televisão em estabelecimentos comerciais, exclusivamente para demonstração à clientela, desde que esses estabelecimentos comercializem os suportes ou equipamentos que permitam a sua utilização; VI – a representação teatral e a execução musical, quando realizadas no recesso familiar ou, para fins exclusivamente didáticos, nos estabelecimentos de ensino, não havendo em qualquer caso intuito de lucro; VII – a utilização de obras literárias, artísticas ou científicas para produzir prova judiciária ou administrativa".
53. "Art. 47. São livres as paráfrases e paródias que não forem verdadeiras reproduções da obra originária nem lhe implicarem descrédito." Tratamos da definição de "paráfrase" e "paródia" no Capítulo 6.

303

A título de encerramento deste capítulo, relevante registrar as quatro limitações de direito de autor que não constam do elenco que examinamos, integrantes da lei autoral regente (arts. 46 a 48), mas, sim, da Lei n. 9.609, de 19 de fevereiro de 1998, que "Dispõe sobre a proteção da propriedade intelectual de programa de computador, sua comercialização no País, e dá outras providências". Quais sejam:

(a) cópia (ou original) de salvaguarda: é permitida a reprodução, em um só exemplar, de cópia de programa de computador legitimamente adquirida, "desde que se destine à cópia de salvaguarda ou armazenamento eletrônico, hipótese em que o exemplar original servirá de salvaguarda";

(b) limite de citação: é permitida "a citação parcial do programa, para fins didáticos, desde que identificados o programa e o titular dos direitos respectivos";

(c) semelhanças admitidas com programa de computador preexistente: não constitui ofensa ao direito autoral do programa de computador "a ocorrência de semelhança de programa a outro, preexistente, quando se lhe der por força das características funcionais de sua aplicação, da observância de preceitos normativos e técnicos, ou de limitação de forma alternativa para sua expressão"; e

(d) integração de programa a sistema aplicativo ou operacional: não constitui ofensa a direito autoral "a integração de um programa, mantendo-se suas características essenciais, a um sistema aplicativo ou operacional, tecnicamente indispensável às necessidades do usuário, desde que para uso exclusivo de quem a promoveu"[54].

---

54. Art. 6º, I a IV, da Lei n. 9.609, de 19-2-1998.

CAPÍTULO 10

Os direitos conexos aos de autor

10.1. NOÇÕES GERAIS E TITULARIDADE DE DIREITOS CONEXOS

Hermano Duval, a exemplo de Antonio Chaves, há mais de cinquenta anos, portanto anteriormente à primeira convenção internacional que trataria do tema (*em Roma, em 1961*), já fornecia elementos sobre os direitos conexos ou vizinhos aos direitos de autor. Explicou tratar-se de uma categoria que, se de um lado decorreu da natural evolução da doutrina – *notadamente da doutrina germânica* –, de outro lado teve a sua aceitação aumentada pela valorização das invenções modernas, que, incontestavelmente, vieram dar às obras artísticas, literárias, científicas e musicais uma repercussão até então desconhecida[1].

O jurista chileno Santiago L. Savala considerou que os direitos conexos "se definem como direitos vizinhos ao direito de autor, porém independentes dele"[2].

O jurista brasileiro que, possivelmente, mais tenha se dedicado à matéria, o saudoso Desembargador do Tribunal de Justiça de São Paulo Walter Moraes, em sua alentada obra *Artistas intérpretes e executantes*[3], relaciona, com muita propriedade, a preocupação, em relação à matéria, em face da crescente evolução da tecnologia, considerando:

---

1. *Direitos autorais nas invenções modernas*. Rio de Janeiro: Andes, 1956, p. 271.
2. *Derecho de autor y propiedad industrial*. Santiago: Editorial Jurídica de Chile, 1979, p. 31-32.
3. São Paulo: Revista dos Tribunais, 1976.

Afinal, as aventuras da técnica superaram todas as expectativas, atingiram graus de perfeição jamais suspeitados, alcançaram padrões de qualidade sonora e visual frequentemente superiores ao produto da acústica e da ótica natural, e aí estava a "nova res" de contornos bem definidos, a obra do desempenho artístico, outra espécie de obra do espírito, reconhecida como tal numa área privilegiada de juristas de boa estirpe[4].

Antonio Chaves, em sua derradeira obra no campo do direito autoral, publicada em 1999, já no âmbito da vigência da Lei n. 9.610, de 19 de fevereiro de 1998, considerou:

Ao lado das autorais surgiram, aproximadamente nos anos vinte, outras prerrogativas àquelas relacionadas por determinados laços de similitude, e que se foram definindo e firmando com o correr do tempo, devido, em grande parte, às gravações e aos meios de comunicação eletrônica que lhes deram um realce nem sequer suspeitado anteriormente. São, em primeiro lugar, os direitos dos artistas de interpretação musical ou dramática (em termos amplos), como elaboradores já não, evidentemente, de obras originárias (as literárias e as musicais que executam), mas de obras "conexas", isto é, que criam a partir daquelas preexistentes, adquirindo, quando meritoriamente desempenhadas, sua própria individualidade, como obras interpretadas, através de execuções "ao vivo" ou mediante gravações sonoras. Dão, assim, vida e cor a elaborações que de outra forma não sairiam do papel, inacessíveis ao grande público, exercendo função decisiva para que o compositor seja compreendido e divulgado, aquém e além das fronteiras de seu país, e oferecem, assim, similitudes e compatibilidades com o direito de autor, a tal ponto que, vencidas as resistências iniciais, a lei não mais hesita em protegê-las em sentido análogo[5].

A Convenção de Roma, regulamentando a matéria, em 1961, no plano internacional, ressalvou que a proteção prevista por aquele diploma deixaria intacta e não afetaria, de qualquer modo, a proteção do direito de autor sobre as obras literárias e artísticas. Desse modo, nenhuma disposição da convenção poderia ser interpretada em prejuízo dessa proteção[6].

---

4. Ob. cit., p. 25.
5. *Direitos conexos*. São Paulo: LTr, 1999, p. 22. Ao lado da obra de Walter Moraes, de 1976, que citamos, e da própria obra anterior (*Direito autoral de radiodifusão*), de 1952, também já citada, é o mais importante tratado brasileiro na matéria, desenvolvido com a costumeira riqueza informativa e proficiência analítica do jurista em 831 páginas.
6. Art. 1º da Convenção Internacional para Proteção aos Artistas, Intérpretes, Produtores de Fonogramas e Organismos de Radiodifusão (Convenção de Roma, 1961), aprovada no Brasil pelo Decreto Legisla-

A lei brasileira vigente dispõe especificamente sobre a matéria em seu Título V, composto por cinco capítulos.

Dispondo, preliminarmente, que as normas relativas aos direitos de autor aplicam-se, no que couber, aos direitos dos artistas intérpretes ou executantes, dos produtores fonográficos e das empresas de radiodifusão[7], prevê o prazo de setenta anos para proteção[8], individualiza os respectivos titulares originários destes, como: (a) artista intérprete ou executante, (b) produtores de fonogramas, (c) as empresas de radiodifusão, e suprime do texto legal anterior (arts. 100 e 101 da Lei n. 5.988/73) o "direito de arena", em que a entidade à que esteja vinculado o atleta pertence o direito de autorizar, ou proibir, a fixação, transmissão ou retransmissão, por quaisquer meios ou processos de espetáculo desportivo público, com entrada paga.

Com o objetivo de melhor compreensão e exemplificação dessa matéria, entendo que cabe examiná-la, em plano básico, especificamente no campo musical, no qual as discussões – *e consequentemente evolução prática e teórica* – se avolumaram, gerando conclusões valiosas para aplicação nas demais vertentes do tema em exame.

Diversamente do que ocorre em relação ao direito de autor, que nasce sempre com a criação intelectual, a titularidade originária dos direitos conexos aos de autor, no campo musical, pode surgir somente a partir da fixação sonora da obra intelectual: é o que ocorre na produção fonográfica, ao contrário da interpretação ou execução musical, estas com características mais próximas à criação intelectual.

Portanto, se for seguida a orientação legal – *nacional e internacional* –, os titulares originários de direitos conexos aos de autor na interpretação ou execução de obra musical e sua fixação fonográfica deveriam ser: os

---

tivo n. 26, de 5-8-1964, e promulgada pelo Decreto n. 57.125, de 19-10-1965. No campo internacional relativamente a direitos conexos aos de autor, seguiu-se a Convenção de Roma, de 1961, a "Convenção para Proteção dos Produtores de Fonogramas contra a Reprodução não Autorizada de seus Fonogramas", de 29-10-1971, em Genebra (focada, basicamente, na proteção dos produtores de fonogramas contra a reprodução, importação e distribuição de cópias não autorizadas de seus fonogramas e promulgada no Brasil pelo Decreto n. 76.906, de 24-12-1975), a "Convenção relativa à Distribuição de Sinais Portadores de Programas Transmitidos por Satélites", firmada em Bruxelas em 21-5-1974, e o Tratado da Organização Mundial da Propriedade Intelectual (OMPI), sobre Interpretação, Execução e Fonogramas firmado em Genebra em 20-12-1996 com início de vigência somente em 20-9-2002.

7. Art. 89 da Lei n. 9.610/98. O texto legal anterior (arts. 94 a 102 da Lei n. 5.988, de 14-12-1973) consignava o mesmo princípio, com a expressão "direitos que lhes são conexos".

8. Art. 96 da Lei n. 9.610/98: os setenta anos deverão ser contados a partir de 1º de janeiro do ano subsequente à fixação, para os fonogramas; a transmissão das empresas de radiodifusão e a execução e a representação pública para os demais casos. O prazo legal de proteção anterior era de sessenta anos (art. 102 da Lei n. 5.988/73).

intérpretes (*cantores ou instrumentistas solistas e regentes*), os músicos executantes e os produtores de fonogramas.

Embora o ponto de partida de nossa explanação do tema para exame dessa titularidade originária decorra da área musical, é necessário observar que tanto a Convenção de Roma quanto a legislação brasileira, na utilização dessas expressões "artistas intérpretes e executantes", fazem-no de forma conjunta, sem distinção: a Convenção de Roma define – conjuntamente – como "artistas, intérpretes e executantes" os atores, cantores, músicos, dançarinos e outras pessoas que representem, cantem, recitem, declamem, interpretem ou executem, por qualquer forma, obras literárias ou artísticas[9]. Portanto, não distingue separadamente os titulares de direitos conexos aos de autor na esfera musical.

Da mesma forma a lei brasileira anterior estabelecia, nos arts. 95 a 97 (da Lei n. 5.988/73), como expressão genérica para "artistas intérpretes e executantes" a denominação "artistas" (conforme a definição constante do art. 4º, XII, do referido diploma legal, seria o "ator, locutor, narrador, declamador, cantor, bailarino, músico, ou outro qualquer intérprete ou executante de obra literária, artística ou científica")[10].

Comentando a atividade do intérprete no campo musical, Henry Jessen entende que a designação de "intérprete" só cabe ao artista que dê à execução o cunho de sua personalidade. Essa designação, ao seu ver, aplicar-se-ia automaticamente ao cantor. Conclui no sentido de que também poderá intitular-se "intérprete" o músico solista que execute a totalidade ou maior parte da obra[11]. Sobre essas considerações, Walter Moraes observa que a conceituação é das melhores, mas merece reparo no sentido de que o cantor nem sempre é "automaticamente" intérprete: o membro do coro, por exemplo[12].

Entende, ainda, Jessen – *ingressando no terreno da execução musical* – que, excluindo o intérprete (*cantor*), os demais titulares de direitos conexos aos de autor, que apenas atuam no acompanhamento, executando breves

---

9. Art. 3º, *a*.
10. A Lei n. 9.610/98, nessa definição, não se utiliza isoladamente da denominação "artistas", mas, sim, "artistas intérpretes ou executantes", que são "todos os atores, cantores, músicos, bailarinos ou outras pessoas que representem um papel, cantem, recitem, declarem, interpretem ou executem em qualquer forma obras literárias ou artísticas ou expressões de folclore" (art. 5º, XIII). Em virtude de essa lei ter revogado a anterior (5.988/73), passaram a valer, assim, para o direito positivo vigente, essas concepções terminológicas.
11. Ob. cit., p. 151.
12. *Artistas intérpretes e executantes*. São Paulo: Revista dos Tribunais, 1976, p. 43.

10 | Os direitos conexos aos de autor

solos ou fazendo as harmonias, deveriam ser denominados "acompanhantes". Em seguida, argumenta que o músico acompanhante limita a sua ação à correta leitura de uma parte da orquestração que tem sob os olhos e à correspondente emissão dos sons nela representados. Remata asseverando que sua atuação interpretativa é nula e, assim, considera que, nas execuções exclusivamente orquestrais – *salvo na eventualidade de um solo instrumental que por sua extensão e liberdade de execução mereça a denominação de interpretação* –, a designação "intérprete" deverá ser dada ao regente que, pela sua direção, imprime à execução o cunho de sua personalidade[13]. Nesse aspecto, Moraes oferece a crítica de que – *nessas considerações de Jessen* – falta a conceituação de executante, que não coincide exatamente com a de acompanhante[14].

Sinteticamente, Walter Moraes conceitua a interpretação e execução de forma genérica (*e não exclusivamente musical*):

> (a) a execução artística é coisa incorpórea reservada à disposição exclusiva da pessoa que a produza. A norma jurídica que assegura este direito contra todos impõe dever geral de preservação, incidindo, destarte, sobre uma relação jurídica de direito real. Esta é a natureza do direito da execução artística, compreendido na sua generalidade; e
>
> (b) a interpretação é o produto da elaboração intelectual do intérprete e, como tal, reflexo de sua personalidade indissoluvelmente ligado a ela. É bem que se coloca como objeto de um direito de personalidade de alcance absoluto, cuja disponibilidade é limitada pela impossibilidade de privar-se dele o sujeito. A norma que rege a relação jurídica, daí emergente, situa-se na esfera do direito da personalidade[15].

Assim, pela sua natureza, conforme a linha de orientação doutrinária citada, a titularidade originária atinente à interpretação ou execução musical deverá ser atribuída às seguintes categorias:

(a) ao cantor solista, componente de um conjunto ou membro de um coro;

(b) ao músico solista, componente de um conjunto ou membro de orquestra; e

(c) ao regente de orquestra ou coral.

---

13. Ob. cit., p. 151-152 (anote-se que Jessen ressalva que tais observações "em nada alteram a proteção de que é merecedor o músico acompanhante").

14. Ob. cit., p. 43.

15. Ob. cit., p. 291-292.

Tanto Jessen[16] quanto Moraes[17] consideram, a meu ver acertadamente, o regente verdadeiro intérprete (*e não executante*) de obra musical executada por orquestra ou coral. A lei brasileira que regulou, anteriormente ao diploma regente de 1973 (*reeditado, nesse aspecto, pela Lei n. 9.610, de 1998*)[18], especificamente a matéria (Lei n. 4.944, de 6-4-1966), não menciona o termo "regente" (ou maestro), designando-o "diretor" (art. 6º, §§ 3º e 4º). Já a Convenção de Roma, a exemplo da lei brasileira, não fez distinção a essa categoria de intérprete musical, englobando-a na denominação genérica "músico".

10.2. A TITULARIDADE DE DIREITOS CONEXOS DAS PESSOAS JURÍDICAS: O PRODUTOR DE FONOGRAMAS

A atividade de produção fonográfica, a exemplo da produção cinematográfica ou videofonográfica, envolve – *e deve organizar e respeitar* – uma série de direitos de autor e conexos para realização do produto final: o fonograma.

O fonograma, segundo a definição legal, é "toda fixação de sons de uma execução ou interpretação, ou de outros sons, ou de uma representação de sons que não seja uma fixação incluída em uma obra audiovisual"[19].

Não é correto afirmar que o titular exclusivo do fonograma é seu produtor. Na verdade, a titularidade do produtor de fonograma limita-se aos direitos conexos aos de autor de produção fonográfica.

Convivem com esses direitos, portanto, na esfera musical, basicamente, os seguintes titulares:

---

16. Ob. cit., p. 152.
17. Ob. cit., p. 151 e 152.
18. O conteúdo do parágrafo único do art. 95 da Lei n. 5.988/73 é o mesmo do § 1º do art. 90 da Lei n. 9.610/98: "Quando na interpretação ou na execução participarem vários artistas, seus direitos serão exercidos pelo diretor do conjunto".
19. Inciso IX do art. 5º da Lei n. 9.610/98. O texto legal anterior (inciso VII do art. 4º da Lei n. 5.988/73) definia fonograma simplesmente como: "a fixação, exclusivamente sonora, em suporte material".

Esses "titulares" detêm os seguintes direitos:

Direitos Autorais	
Direitos Morais	**Direitos Patrimoniais**
– paternidade do autor ou intérprete sobre a sua obra ou interpretação	– a gravação ou fixação
– indicação do nome do autor (ou intérprete) na utilização de sua obra ou interpretação	– a extração de cópias para comercialização (venda) de discos, fitas etc.
– conservar a obra inédita	– sincronização ou inclusão em filmes (cinema, vídeo, publicidade) etc.
– assegurar a integridade da obra	– a tradução, adaptação e outras transformações
– modificar a obra	
– retirar a obra de circulação ou suspender utilização já autorizada	– distribuição física e armazenamento por meios eletrônicos
– ter acesso a exemplar único e raro da obra que esteja, legitimamente, em poder de outrem[20]	– execução pública (por emissoras de rádio, TV, shows etc.)

Normalmente, é o produtor de fonogramas, além das atividades artísticas e musicais que possa vir a exercer, quem organiza – *operacional e tecnicamente* – as criações intelectuais e demais atividades que irão constituir o fonograma. A partir daí – *em relação a direito de terceiros* –, o produtor deverá estar munido documentalmente – *de contratos ou termos de concessão ou cessão de direitos autorais de todos os titulares envolvidos na fixação fonográfica* – para poder utilizá-lo, regularmente, como um todo integrado, e controlar a sua reprodução, distribuição e, em sentido amplo, sua utilização por terceiros.

Como a legislação autoral estabelece que as cessões de direito só terão validade se formalizadas por escrito[21] e que se interpretam restritivamente os negócios que envolvam direitos autorais[22], dependerá dessa documentação – *além das obrigatórias licenças autorais das obras musicais incluídas* – e, como os direitos morais são intransferíveis[23], da consequente harmonia

---

20. O "direito moral" de acesso do autor a exemplar ("único e raro") de sua obra em poder de outrem consiste inovação da Lei n. 9.610, de 19-2-1998.
21. Art. 49, II, da Lei n. 9.610/98, que reeditou a orientação do art. 53 da Lei n. 5.988/73.
22. Art. 4º da Lei n. 9.610/98, que reproduziu textualmente o art. 3º da Lei n. 5.988/73.
23. Art. 27 da Lei n. 9.610/98, que reeditou literalmente o art. 28 da Lei n. 5.988/73, que dispõe: "Os direitos morais do autor são inalienáveis e irrenunciáveis". O Código Civil de 2002, atualmente vigente, reforça essa condição de intransmissibilidade ao dispor que: "Com exceção dos casos previstos em lei, os direitos da personalidade são intransmissíveis e irrenunciáveis, não podendo o seu exercício sofrer limitação voluntária" (art. 11).

entre o produtor e os demais titulares de direitos de autor e os que lhes são conexos, a amplitude do espectro da titularidade e o fortalecimento – *sob o aspecto jurídico e prático* – do produtor de fonogramas ante os usuários das diversificadas formas de utilização dos fonogramas[24].

10.2.1. A orientação internacional

O diploma precursor e fundamentalmente norteador da proteção internacional da atividade fonográfica é a Convenção Internacional sobre a Proteção dos Artistas, Intérpretes e Executantes, Produtores de Fonogramas e Organismos de Radiodifusão, aprovada em 26 de outubro de 1961, na cidade de Roma.

A "Convenção de Roma" entrou em vigor em 18 de maio de 1964, e, como já observamos, foi seguida, em 29 de outubro de 1971, pela "Convenção para Proteção dos Produtores de Fonogramas contra a Reprodução não Autorizada de seus Fonogramas", ambas promulgados no Brasil, como já consignamos, por Decretos, de 1971 e 1975, respectivamente.

Consolidou-se, assim, a proteção aos artistas intérpretes, executantes, com a faculdade de impedir:

(a) a radiodifusão e comunicação ao público de suas interpretações sem seu consentimento;

(b) a fixação sobre uma base material sem seu consentimento, de sua interpretação ou execução;

(c) a reprodução, sem seu conhecimento, da fixação de sua interpretação ou execução (se a fixação original não foi autorizada ou tratar-se de reprodução para fins distintos aos autorizados)[25].

---

24. "(...) ILEGITIMIDADE PASSIVA. Alegação de que empresa diversa do mesmo grupo econômico seria a detentora do domínio SOMLIVRE.COM. Ausência de comprovação da alegação por meio de documentos. Afastada. (...) Artigos 5º, XIII, e 89, *caput*, ambos da Lei n. 9.610/98, que conferem proteção aos direitos do intérprete, não apenas ao autor de obra artística. CONTRAFAÇÃO VERIFICADA. Banda que teve atuação em dois momentos distintos, com integrantes diferentes, atuando o autor apenas na primeira fase. Contratos celebrados com a banda que se referiram exclusivamente a período posterior à atuação do autor como intérprete, não podendo alcançar a reprodução musical quanto ao período antecedente, assim como de sua imagem, sem sua autorização. Corrés WARNER e ATRAÇÃO FONOGRÁFICA que se valeram de contratos que não contavam com a participação do autor, e, portanto, ao reproduzir, sem autorização do intérprete, obras artísticas de que fez parte, incorrem na prática de contrafação, prevista no art. 5º, VII, da Lei n. 9.610/98. RESPONSABILIDADE SOLIDÁRIA. Corré SIGLA que deve ser responsabilizada pela distribuição do produto contrafeito, ainda que não tenha agido de má-fé, por força da solidariedade estabelecida nos termos do art. 104, da Lei n. 9.610/98. Indenização (...)" (TJSP, 9ª Câmara de Direito Privado, rel. Des. Mariella Ferraz de Arruda Pollice Nogueira, julgado em 20-3-2018).

25. Art. 7º da Convenção de Roma.

E, também, em relação aos produtores de fonogramas, "(...) gozam do direito de autorizar ou proibir a reprodução direta ou indireta de seus fonogramas"[26].

A conceituação da expressão "produtor de fonogramas" constou da letra *b* do artigo primeiro do Convênio para Proteção dos Produtores de Fonogramas Contra a Reprodução não Autorizada de seus Fonogramas: "produtor de fonogramas é a pessoa natural ou jurídica que fixa pela primeira vez os sons de uma execução ou outros sons".

10.2.2. Consolidação legislativa no Brasil e a questão da titularidade originária de direitos conexos do produtor de fonogramas

Anteriormente à Lei Federal n. 5.988, de 14 de dezembro de 1973, a Lei n. 4.944, de 6 de abril de 1966, já regulava a proteção a artistas, produtores de fonogramas e organismos de radiodifusão.

Na verdade, foram apenas absorvidos para o campo da legislação interna brasileira os princípios adotados internacionalmente, no caminho traçado alguns anos antes (em 1961) pelos países signatários da Convenção de Roma.

Nesse passo, seu artigo primeiro dispunha sobre a proteção dos artistas:

> Art. 1º Cabe exclusivamente ao artista, seu mandatário, herdeiro ou sucessor, a título oneroso ou gratuito impedir a gravação, reprodução, transmissão ou retransmissão, pelos organismos de radiodifusão, ou qualquer outra forma, de suas interpretações e execuções públicas para as quais não haja dado seu prévio e expresso consentimento.

Consideram-se abrangidos na expressão "artista" o ator, locutor, narrador, declamador, cantor, coreógrafo, bailarino, músico ou qualquer outra pessoa que interprete ou execute obra literária, artística ou científica (art. 2º), estabeleceu a mesma Lei n. 4.944/66:

> Art. 4º Cabe, exclusivamente, ao produtor de fonogramas autorizar ou proibir-lhes a reprodução, direta ou indireta, a transmissão, a retransmissão pelos organismos de radiodifusão e execução pública por qualquer meio.

---

26. Art. 10 da Convenção de Roma.

(...)

Art. 6º O artista e o produtor fonográfico têm direito à percepção de proventos pecuniários por motivo da utilização de seus fonogramas pelos organismos de radiodifusão, bares, sociedades recreativas e beneficentes, boates, casas de diversões e quaisquer estabelecimentos que obtenham benefício direto ou indireto pela sua execução pública.

Como meio de viabilizar operacionalmente a atividade de arrecadação de direitos patrimoniais – *e organizar a possibilidade de controle de direitos –*, a mesma lei adotou, para o produtor fonográfico, a figura do "mandatário tácito do artista" e, investido nessa condição, recebe do usuário os "proventos pecuniários resultantes da execução pública de fonogramas"[27].

Estabeleceu, também, o mesmo dispositivo legal que, na falta de convenção em contrário entre as partes, a metade do produto arrecadado, deduzidas as despesas, caberia ao artista que haja participado da fixação do fonograma, e a outra metade ao produtor fonográfico[28], acrescentando que, quando houver "a participação de mais de um artista", as normas de distribuição da parcela da arrecadação correspondente ao artista (*50% do total*) devem ser as seguintes:

I – dois terços serão creditados ao intérprete, entendendo-se como tal o cantor, o conjunto vocal ou o artista que figurar em primeiro plano na etiqueta do fonograma ou, ainda, quando a gravação for instrumental, o diretor da orquestra;

II – um terço será creditado, em partes iguais, aos músicos acompanhantes e membros do coro;

III – quando o intérprete for conjunto vocal, a parte a ele devida, nos termos do n. I, será dividida entre os componentes em parcelas iguais, entregues ao diretor do conjunto[29].

---

27. § 1º do art. 6º da Lei n. 4.944, de 6-4-1966.

28. Conforme o § 2º do mesmo artigo.

29. § 3º do mesmo dispositivo legal, que acrescenta, em seu § 4º, que as orquestras e conjuntos vocais serão representados pelos respectivos diretores (norma reeditada posteriormente pelo parágrafo único do art. 95 da Lei n. 5.988/73: "quando na interpretação ou execução participarem vários artistas, seus direitos serão exercidos pelo diretor do conjunto"), regra reproduzida textualmente, como já observamos, pela Lei brasileira vigente de Direitos Autorais (§ 1º do art. 90 da Lei n. 9.610/98), que acrescenta, em seu art. 94: "Cabe ao produtor fonográfico perceber dos usuários a que se refere o art. 68, e parágrafos, desta Lei, os proventos pecuniários resultantes da execução pública dos fonogramas e reparti-los com os artistas, na forma convencionada entre eles ou suas associações".

10 | Os direitos conexos aos de autor

10.2.3. A polêmica doutrinária em relação à possibilidade de atribuição de titularidade originária de direitos conexos ao produtor de fonogramas

A discussão doutrinária se instaura na dúvida de poder ou não – *em decorrência de sua natureza* – ser o produtor de fonogramas considerado titular originário de direitos conexos aos de autor. Preliminarmente, como anota Jessen, o relatório oficial da Conferência Diplomática de Roma, de outubro de 1961, sobre os direitos conexos, estabelece que não seriam as pessoas físicas, que atuam como prepostos da empresa produtora, que adquirem o título ou o direito, e sim a organização (*a empresa fonográfica*)[30].

Nesse ponto já reside a primeira contradição: a titularidade originária do direito seria atribuída a uma pessoa jurídica e não física, sendo que o resultado final da gravação fonográfica não é coletivo, e sim, normalmente, uma colaboração, com as respectivas participações perfeitamente identificáveis, o que não exclui a possibilidade de obra individual (*quando o cantor ou instrumentista não se acompanha de outros músicos, e, inclusive, é o compositor das obras musicais utilizadas*). Destarte, se atendidos os requisitos indispensáveis para atribuição de titularidade ao comitente ou empregador, a empresa fonográfica, vulgarmente conhecida como "gravadora", não poderia ser titular originária de direitos autorais.

Nesse caso, poderia ser até defensável – ao contrário das conclusões do referido *relatório oficial da Convenção de Roma* – que a titularidade originária de direitos conexos aos de autor, relativa à "produção fonográfica", fosse atribuída ao coordenador ou organizador da produção, também designado como "produtor artístico" ou "produtor executivo" ou – até – apenas como "produtor", uma vez que sua participação efetiva influencia diretamente o direcionamento artístico e musical em todos os detalhes necessários à materialização da gravação, contribuindo, de forma criativa, para o resultado final da fixação da obra musical.

Outra questão que se impõe é o fato de a proteção à produção fonográfica poder – *até* – extrapolar o próprio campo de abrangência dos direitos de autor: assim, como poderia ser uma das modalidades dos direitos conexos aos de autor? Exemplificando, poderíamos citar Jessen, ainda, que assevera que, evidentemente, o fonograma não incorpora necessariamente uma obra literária, artística ou científica, pois pode ser produzido à base

---

30. Ob. cit., p. 129.

de quaisquer outros sons, como: cantos de aves, ruídos de máquinas, de sons da selva e outros[31].

Trata-se, portanto, de flagrante incoerência diante dos fundamentos orientadores dos direitos conexos aos de autor. Nessa linha crítica, José de Oliveira Ascensão frisa que têm os produtores fonográficos (as "gravadoras") defendido que a sua atividade tem caráter criador, de tal modo que o que lhes cabe é ainda um verdadeiro direito de autor: "o refinamento dos processos utilizados permitiria chegar a uma obra nova, pelo que o produtor de fonogramas participaria da criação. Reconhece-se, porém, que não há criação artística. Há uma técnica, extremamente complexa e valiosa, mas em todo o caso industrial"[32].

Apesar dessas restrições teóricas – *indiscutivelmente pertinentes em relação à pessoa jurídica* –, resta incontroverso que a produção fonográfica é reconhecida e largamente abrigada no direito positivo, nacional e internacional, como uma modalidade dos direitos conexos aos de autor, cuja titularidade originária pertence, por força de lei, portanto, ao produtor de fonogramas[33], sendo, também, inegável sua relevância no desenvolvimento do cenário musical mundial, em harmonia – *e até convergência* – de interesses com compositores, intérpretes e músicos. Nesse aspecto, plenamente válida a posição de João Carlos Müller Chaves:

> Quanto à relação entre os direitos do produtor e o direito de autor, pensamos que não procede o temor, manifestado por alguns autoralistas, de que eles estejam permanentemente em rota de colisão. Pelo contrário, há muito mais convergência que divergência. Se podemos dizer que não há programa sem obra (esqueçamos os "outros sons") ou, biblicamente, "no princípio era a obra", é também verdade que a obra musical depende do fonograma para tornar-se conhecida, na grande maioria dos casos. Vale aqui lembrar o lema da Federação Latino-Americana de Produtores Fonográficos, criado por seu ex-Presidente e Presidente de Honra José Bustillos: "O fonograma dá à música presença no mundo e permanência no tempo"[34].

Contudo, entendemos que tal proteção legal seria mais adequada atendendo-se à condição do produtor de fonogramas (*ou, no sentido amplo,*

---

31. Ob. cit., p. 129.
32. *Direito autoral*. Rio de Janeiro: Forense, 1980, p. 278.
33. Convenção de Roma (art. 2º, *b*), no plano internacional, e, internamente, a Lei n. 4.944, de 6-4-1966 (art. 4º), a Lei n. 5.988, de 14-12-1973 (art. 98) e a Lei n. 9.610, de 19-2-1998 (arts. 93 e 94).
34. Os produtores de fonogramas. In: PROENÇA, Cristina (org.). *Num novo mundo do direito de autor?* Lisboa: Edições Cosmos, 1994. t. II, p. 581.

316

a empresa produtora) como titular derivado (*cessionário de direitos*), e não titular originário.

Essa titularidade (*derivada e não originária*) decorreria, basicamente, da atuação de natureza operacional e econômica que resulta na realização da fixação fonográfica, a exemplo do que ocorre no regime legal da obra sob encomenda, mas somente – *com a mesma ressalva da possibilidade tanto do encomendante (ou comitente) quanto do produtor de fonogramas, quando pessoas físicas, poderem atuar também artisticamente* – em relação aos aspectos patrimoniais envolvidos no exercício de direitos, estes adquiridos – *por força da encomenda, e, mesmo assim, nos limites das cláusulas e condições formalizadas em contrato válido* – pelo comitente e sempre com as restrições inerentes à proteção dos direitos de autor e os que lhes são conexos de titularidade de terceiros envolvidos na respectiva fixação.

Essa discussão foi mais aprofundada, na relação ator (*intérprete*) *versus* organismos de radiodifusão (*emissoras de televisão*), que resultou na proibição legal inovadora da cessão de direitos conexos aos de autor decorrentes da prestação de serviços profissionais[35].

10.3. O REGIME LEGAL VIGENTE – DE NATUREZA CIVIL E PENAL – DOS DIREITOS CONEXOS AOS DE AUTOR

A partir dessas considerações, deve-se deixar consignado que, em relação a direitos conexos aos de autor, na trilha das normas de direito internacional mencionadas (*com exceção do especificado no item "d" abaixo – "direito de arena" – que consistia em uma inovação da legislação brasileira de 1973, atualmente afastada do âmbito do direito autoral*), o direito positivo pátrio – *na órbita civil* – abriga, textualmente, os seguintes princípios:

(a) as normas relativas a direitos de autor aplicam-se, no que couber, aos direitos que lhes são conexos[36];

---

35. O art. 13 e seu parágrafo único da Lei n. 6.533, de 24-5-1978. Comentaremos este tema no próximo capítulo.

36. Regra do art. 94 da Lei n. 5.988, de 14-12-1973, reeditada pelo art. 89 da Lei n. 9.610/98. Observe-se, portanto, a aplicabilidade aos titulares de direitos conexos também de algumas modalidades dos direitos morais (o que for *juridicamente válido e apropriado*) atribuídos aos autores, como estabelece o art. 92 da Lei n. 9.610/98: "Aos intérpretes cabem os direitos morais de integridade e paternidade de suas interpretações, inclusive depois da cessão de direitos patrimoniais, sem prejuízo da redução, compactação, edição ou dublagem da obra de que tenham participado, sob a responsabilidade do produtor, que não poderá desfigurar a interpretação do artista". Em relação ao direito moral do artista intérprete ou executante, relevante consignar o precedente jurisprudencial consistente no acórdão de 2-9-2004 do Superior Tribunal de Justiça, proferido no Recurso Especial 148.781/SP, em votação unânime de sua Quarta

Direito Autoral no Brasil | José Carlos Costa Netto

(b) a proteção legal aos direitos conexos "deixa intactas e não afeta as garantias asseguradas aos autores das obras literárias, artísticas ou científicas"[37];

(c) tanto o intérprete ou executante como as empresas de radiodifusão (como se verá a seguir) e produtores de fonogramas têm o direito de autorizar ou proibir a utilização de fonogramas ou videofonogramas em que participarem (os primeiros) ou forem titulares (os últimos)[38];

(d) (suprimido) cabe à entidade a que esteja vinculado o atleta o direito de autorizar ou proibir a fixação, transmissão ou retransmissão de espetáculo desportivo público, com entrada paga, sendo que – salvo convenção em contrário – 20% do preço da autorização serão distribuídos, em partes iguais, aos atletas participantes do espetáculo[39];

(e) é de setenta anos o prazo de proteção aos direitos conexos, contado: a partir de 1º de janeiro do ano subsequente à fixação para os fonogramas, à transmissão, para as emissões das empresas de radiodifusão, e à execução e representação pública, para os demais casos[40].

Essa proteção – *tanto em relação a direitos conexos aos de autor quanto aos direitos de autor* – é aplicável em todas as formas de utilização.

No campo do direito penal brasileiro, prevalecia o entendimento doutrinário de que, apesar da denominação "direitos autorais" ser consi-

---

Turma, rel. Min. Barros Monteiro, com a seguinte ementa: "Responsabilidade civil. Direito moral de artista, intérprete ou executante em obra cinematográfica, direito conexo ao do direito de autor. Comercialização de discos e de fitas cassetes com a omissão dos nomes dos artistas executantes, dano moral devido. – (...) Os direitos de autor, reconhecidos em lei, não são excludentes dos direitos conexos de que são titulares os artistas, intérpretes e executantes, partícipes da obra cinematográfica. Antes, estes são por ela também protegidos. – Omissão nos suportes materiais, dos nomes dos demandantes, circunstância que lhes fere o direito moral previsto nos arts. 97 e 126 da Lei n. 5.988, de 14-12-1973. Recursos especiais não conhecidos" (*DJ* 20-9-2004, p. 294).

37. Art. 89, parágrafo único, da Lei n. 9.610/98. Esse princípio, originário das normas internacionais, vem sendo consagrado na jurisprudência. A título de exemplo, o acórdão de 22-6-2002 do Superior Tribunal de Justiça, proferido no Recurso Especial 363.641/SC, em votação unânime de sua Terceira Turma, rel. Min. Carlos Alberto Menezes Direito, *DJ* 30-9-2002, p. 256.

38. Orientação dos arts. 95 a 98 da Lei n. 5.988/73, reafirmada pelos arts. 90 a 95 da Lei n. 9.610/98, que inovam o texto legal anterior ao conferir a condição de exclusividade ao direito de autorizar aos titulares de direitos conexos aos de autor.

39. Trata-se do "direito de arena", preceituado no art. 100 e seu parágrafo único da Lei n. 5.988/73, ambos revogados pela Lei n. 9.610/98, e, assim, embora mantida sua proteção legal, encontra-se esta suprimida do âmbito do direito autoral, conforme examinaremos no final deste capítulo.

40. O art. 96 da Lei n. 9.610/98, que ampliou o prazo de proteção dos direitos conexos aos de autor, que era de sessenta anos pelo regime legal anterior (art. 102 da Lei n. 5.988/73).

10 | Os direitos conexos aos de autor

derada – pelo disposto no art. 1º da Lei n. 5.988/73 (terminologia reeditada pelo art. 1º da Lei n. 9.610/98) – como abrangendo tanto os direitos de autor quanto os direitos que lhes são conexos, não iria alcançar – *no referente aos direitos conexos* – a tipificação de "violar direito autoral" prevista no art. 184 do Código Penal. A respeito, a lição de Walter Moraes:

> O Código Penal prevê duas infrações contra o direito de autor: violação de direito autoral (art. 184) e usurpação de nome ou pseudônimo alheio (art. 185). As modalidades delituosas concernem especificamente ao autor e à obra autoral. Em tese, a aplicabilidade destes dispositivos aos casos relacionados com o direito do executante depende da definição da natureza deste: se puder definir-se como direito de autor, a tutela penal alcança-o, caso contrário, a aplicação analógica daquelas normas é impossível e, por conseguinte, não há que falar em tutela penal da execução artística[41].

A respeito dessa conclusão, deve ser ressalvado o fato de que o ano de publicação da obra consagrada de Walter Moraes, *Artistas intérpretes e executantes*, 1976, é anterior – *a exemplo da de Ascensão, que data do início de 1980* – à modificação do comentado dispositivo legal pela Lei n. 6.895, de 17 de dezembro de 1980 ("que dá nova redação aos arts. 184 e 186 do Código Penal, aprovado pelo Decreto-lei n. 2.848, de 7-12-1940"): acrescentou-se a tipificação do delito de "reprodução de fonograma e videofonograma, sem autorização do produtor ou de quem o represente"[42]. Nesse sentido, a orientação de Paulo José da Costa Jr., que, após consignar que a expressão normativa "passou a abranger a violação de todo e qualquer direito autoral, inclusive os ditos conexos", leciona que:

> Para reprimir penalmente semelhante conduta criminosa, anexou-se, na parte final do parágrafo 1º do artigo 184: "... a reprodução de fonograma e videofonograma, sem autorização do produtor ou de quem o represente". Tal se deveu à multiplicação dos casos de pirataria fonográfica e às pressões das associações da categoria.
>
> Passou-se a reprimir penalmente a reprodução de fonogramas, que são os sons gravados em fitas ou cassetes. Ou a reprodução de videofonogramas, que são a imagem e o som gravados em videoteipe ou videocassete[43].

---

41. Ob. cit., p. 237. Nesse mesmo sentido, Eduardo Salles Pimenta em *Dos crimes contra a propriedade intelectual* (São Paulo: Revista dos Tribunais, 1994, p. 76-77) e José de Oliveira Ascensão, citado por aquele, nas mesmas páginas, sobre a tutela penal: "não parece possível estender os seus preceitos à matéria dos direitos conexos" por exigir uma previsão mais específica.

42. O produtor de fonogramas, como já examinado, era considerado titular de direitos conexos aos de autor, nos termos do art. 98 da Lei n. 5.988/73, condição reeditada pelo art. 93 da Lei n. 9.610/98.

43. *Comentários ao Código Penal*. 4. ed. ref. e atual. São Paulo: Saraiva, 1996, p. 624, 627 e 628.

319

A terminologia penal somente restou, realmente, definitiva com o advento da Lei n. 10.695, de 1º de julho de 2003, que alterou o *caput* do art. 184 do Código Penal de "Violar direito autoral" para "Violar direitos de autor e os que lhe são conexos" (*sic* – o correto não é "lhe", no singular, mas "lhes", no plural, pois se refere à expressão "direitos de autor" e não "direito de autor").

10.4. OS DIREITOS CONEXOS AOS DE AUTOR DAS EMPRESAS DE RADIODIFUSÃO

Os mesmos princípios – *expostos em relação às empresas produtoras de fonogramas* – podem ser adotados em relação à titularidade de direitos conexos aos de autor das empresas de radiodifusão[44].

Segundo Delia Lipszyc, citando Desbois: "As atividades dos organismos de radiodifusão, a exemplo que as dos produtores de fonogramas, são técnico-organizativas"[45].

A legislação brasileira estabelece que: "Cabe às empresas de radiodifusão autorizar ou proibir a retransmissão, fixação e reprodução de suas emissões, bem como a comunicação ao público, pela televisão, em locais de frequência coletiva, com entrada paga, de suas transmissões"[46].

Portanto, no direito positivo brasileiro, o objeto protegido é a "emissão" (ou "transmissão") de sons ou de sons e imagens, "por meio de ondas radioelétricas, sinais de satélite, fio, cabo ou outro condutor, meios óticos ou qualquer outro processo eletromagnético"[47].

---

44. A primeira transmissão de ondas radioelétricas, em 1895, conforme nos relata Marcelo de Lima Brasil (*Aspectos legais e históricos do rádio*. Campinas/SP: LZN, 2007, p. 10), é atribuída ao engenheiro italiano Guglielmo Marconi, que a realizou na Vila de Pontecchio, na Itália, entre dois pontos distanciados de 100 metros, distância que passou a 13 quilômetros em 1897, e, no início do Século XX, "o Atlântico Norte já era atravessado por sinais de ondas radioelétricas". Complementa Lima Brasil que a primeira emissora de rádio a entrar em atividade no Brasil foi a Rádio Sociedade Rio de Janeiro, em amplitude modulada (AM), fundada por Roquete Pinto e Henri Morize em 20-4-1923, chegando, as emissoras de rádio, ao seu apogeu em nosso país na década de 1930 (ob. cit., p. 16-17). A radiodifusão de sons e imagens iniciou-se no Brasil em 1950, em São Paulo, com a inauguração da TV Tupi, empresa integrante dos Diários Associados pertencente a Francisco de Assis Chateaubriand Bandeira de Mello. No campo da literatura jurídica sobre o tema direitos conexos aos de autor de titularidade dos Organismos de Radiodifusão sobre suas emissões ou transmissões, destaque-se, além da precursora e antológica obra de Antonio Chaves *Direito autoral de radiodifusão* (São Paulo: Max Limonad, 1952), também a relevante monografia *Direito conexo da empresa de radiodifusão*, de Eduardo Salles Pimenta, já atualizada com a Lei n. 9.610, de 19-2-1998, sobre direitos autorais, e 9.612, de 19-2-1998, que institui, com as Leis n. 9.472, de 16-7-1997, sobre a organização dos serviços de telecomunicações e temas correlatos (nos termos da Emenda Constitucional n. 8, de 1995), o serviço de Radiodifusão Comunitária (São Paulo: Lejus, 1999).

45. *Derecho de autor y derechos conexos*. Buenos Aires: Edição UNESCO, 1993, p. 38.

46. Art. 95 da Lei n. 9.610/98, que manteve a orientação do art. 99 da Lei n. 5.988/73 de proteção aos "direitos de empresas de radiodifusão" com dois acréscimos importantes: (a) foi suprimida a expressão "com entrada paga", e (b) incluiu-se o princípio de que esses direitos serão exercidos, com exclusividade, pelas empresas de radiodifusão, mas "sem prejuízo dos direitos dos titulares de bens intelectuais incluídos na programação".

47. Inciso II do art. 5º da Lei n. 9.610/98.

Assim essa proteção – *no contexto da expressão "comunicação ao público"* – deve ser estendida, como já examinado, de forma a evitar que a evolução tecnológica não venha a dificultar ou, até, inviabilizar o seu exercício. A inexistência – *ou fragilidade* – desse controle irá prejudicar, também, todos os demais titulares de direitos autorais cujas obras ou bens intelectuais se encontram contidas nessas emissões.

Na proteção legal das empresas de radiodifusão em relação às suas emissões ou transmissões (*ou qualquer comunicação ao público*) serão aplicadas as regras gerais válidas para o direito de autor, por exemplo, a liberdade de citação (*reprodução de trechos de programas, por exemplo*), desde que esta apresente caráter científico, didático ou religioso e não ofenda os direitos morais do titular. Nessa linha, o Supremo Tribunal Federal, no acórdão de 28 de fevereiro de 1989, proferido no Recurso Extraordinário 113.505/RJ, com votação unânime de sua Primeira Turma, rel. Min. Moreira Alves (*autor do projeto que resultou na Lei n. 5.988/73, que regulou até 1998 os direitos autorais em nosso País*), aresto a que nos referimos no capítulo anterior, relativo às limitações de direito autoral.

10.5. O DIREITO DE ARENA

Entendeu a lei brasileira de 1975 abrigar, entre os direitos conexos aos de autor, o "direito de arena"[48], da seguinte forma: "À entidade a que esteja vinculado o atleta, pertence o direito de autorizar, ou proibir, a fixação, transmissão ou retransmissão, por quaisquer meios ou processos de espetáculo desportivo, com entrada paga"[49].

Fixou, o mesmo dispositivo legal, em seu parágrafo único que, "salvo convenção em contrário", 20% do preço da autorização será distribuído,

---

48. Ensina Henrique Gandelman que o nome desse direito é explicado "por ser a arena ou anfiteatro, construção em círculo, recinto fechado para contendas, onde antigos gladiadores, lutadores e toureiros se exibiam bem como circos e espetáculos esportivos em geral. Local público, com entrada paga e exibição ao vivo" (*De Gutemberg à internet*. 5. ed. Rio de Janeiro: Record, 2007 p. 45). Embora não estivesse consignada a revogação expressa dos dispositivos legais sobre o tema da lei autoral de 1973, a Lei n. 8.672, de 6-7-1993 (conhecida como "Lei Zico"), que instituiu "normas gerais sobre o desporto", regulou, em seu art. 24 (*caput* e dois parágrafos), o direito de arena, sem, contudo, denominá-lo como tal. A "Lei Zico" foi revogada pela "Lei Pelé" (n. 9.615, de 24-3-1998), a que faremos referência ainda no final deste item. Sobre a inclusão originária do direito de arena como direito conexo ao de autor, a jurista Silmara Juny Chinelato pondera: "Parece ser compreensível que o país do futebol tenha criado um direito peculiar para a proteção dos atletas. Refiro-me ao direito de arena, estranhamente previsto, pela primeira vez, na Lei de Direitos Autorais de 1973 (Lei n. 5.988, de 14-12-1973) entre os direitos conexos, os que se referem a artistas, intérpretes e executantes. A inserção do direito de arena na LDA provocou polêmica entre autoralistas como Walter Moraes e José de Oliveira Ascensão, já que atletas não são autores, artistas, intérpretes ou executantes" (*Direitos autorais*: estudos em homenagem a Otávio Afonso dos Santos. Coordenação de Eduardo Salles Pimenta. São Paulo: Revista dos Tribunais, 2007, p. 335).

49. Art. 100 da Lei n. 5.988/73.

em partes iguais, aos atletas participantes do espetáculo. Complementa, a seguir, que: "O disposto no artigo anterior não se aplica à fixação de partes do espetáculo, cuja duração, no conjunto, não exceda a três minutos para fins exclusivamente informativos, na imprensa, cinema ou televisão"[50].

O direito de arena deixou de ser regulado pela Lei n. 9.610/98, sendo abrigado, atualmente, pela Lei n. 9.615/98, a chamada "Lei Pelé", que trata especificamente sobre atividades desportivas. O art. 42 da referida lei, que trata sobre o tema, estabelece que "[p]ertence às entidades de prática desportiva o direito de arena, consistente na prerrogativa exclusiva de negociar, autorizar ou proibir a captação, a fixação, a emissão, a transmissão, a retransmissão ou a reprodução de imagens, por qualquer meio ou processo, de espetáculo desportivo de que participem".

O percentual a ser distribuído em partes iguais aos atletas alterou-se consideravelmente em relação ao dispositivo de 1975, cabendo agora o repasse de 5% da receita aos sindicatos, que em seguida realizam o repasse aos atletas.

Os parágrafos seguintes tratam da relação com terceiros sobre a transmissão, permitindo a "exibição de flagrantes de espetáculo" para fins jornalísticos, desportivos ou educacionais (§ 2º), e equiparando o espectador pagante ao consumidor (§ 3º).

Nesse sentido, continua atual a observação de Carlos Alberto Bittar de que, embora a lei brasileira atribua o direito de autorizar à "entidade a que esteja vinculado o atleta", "eventuais fixações particularizadas podem, se não autorizadas e em função de uso posterior, constituir violação *à imagem do atleta...*". Complementa, lembrando que a Constituição Federal vigente a partir de 1988 assegura a proteção da imagem e voz humanas, "inclusive nas atividades desportivas (art. 5º, XXVIII, *a*)"[51].

---

50. Art. 101 da Lei n. 5.988/73.

51. *Direito de autor*, já citada, p. 163. Como referido, a Lei brasileira vigente de Direitos Autorais (n. 9.610/98) exclui o "direito de arena" do âmbito dos direitos autorais (*em específico, dos direitos conexos aos de autor*). Atualmente o direito de arena (*embora sem se encontrar denominado como tal no texto legal*), como já mencionamos, é previsto na Lei n. 9.615, de 24-3-1998 (conhecida como "Lei Pelé"), que "Institui normas gerais sobre desporto e dá outras providências", nos seguintes termos: "Art. 42. Às entidades de prática desportiva pertence o direito de negociar, autorizar e proibir a fixação, a transmissão e a retransmissão de imagem de espetáculo ou eventos desportivos de que participem. § 1º Salvo convenção em contrário, vinte por cento do preço total da autorização, como mínimo, será distribuído, em partes iguais, aos atletas profissionais participantes do espetáculo ou evento. § 2º O disposto neste artigo não se aplica a flagrantes de espetáculo ou evento desportivo para fins, exclusivamente, jornalísticos ou educativos, cuja duração, no conjunto, não exceda três por cento do total do tempo previsto para o espetáculo".

CAPÍTULO 11

Proteção dos direitos autorais nos meios digitais de comunicação

11.1. AS NOVAS MODALIDADES DE UTILIZAÇÃO DE OBRAS INTELECTUAIS SURGIDAS COM A EVOLUÇÃO TECNOLÓGICA E SUA PROTEÇÃO JURÍDICA

11.1.1. A revolução digital das últimas décadas e sua influência no campo dos direitos autorais

11.1.1.1. Breve histórico internacional

11.1.1.1.1. O advento da tecnologia digital e da rede mundial de computadores (internet)

A evolução tecnológica dos meios de comunicação sempre impulsionou a concomitante adaptação – *a cada salto evolutivo* – do regime de proteção de direitos autorais em relação a cada nova modalidade de utilização de obras intelectuais surgidas nesse processo.

Sem desconsiderar a Antiguidade e a Idade Média, quando os meios de comunicação das obras intelectuais se limitavam à tradição oral – *de textos declamados ou encenados em teatro ou músicas executadas ou canções cantadas em apresentações "ao vivo"* – ou à exposição de obras de arte plástica, como pinturas e esculturas, em locais públicos, como igrejas, e sua circulação de alcance limitado – *dos textos, músicas (em partituras), pinturas, desenhos, esculturas* – em cópias artesanais, foi, efetivamente, a partir da invenção dos tipos móveis de imprensa, em 1436, na Alemanha, por Hans Gutemberg, que os meios de comunicação social se aceleraram. Até meados do século passado (*fase analógica ou pré-digital*), tínhamos o seguinte cenário:

– fase da comunicação visual e escrita: das cópias artesanais para o processo mecanizado de impressão em grandes tiragens de cartazes, livros, jornais e revistas;

– fase da comunicação sonora: das declamações públicas, exibições teatrais e apresentações musicais "ao vivo" para a circulação de cópias fonográficas (*discos*), telefone, rádio (radiodifusão sonora); e

– fase da comunicação audiovisual: a integração das imagens com os sons, como o cinema e a televisão (radiodifusão audiovisual).

No apagar das luzes da década de 1960 teve início uma nova fase da comunicação social: a era digital[1], difundida com maior ênfase, no mundo inteiro, a partir do início da década de 1990[2], no fenômeno que foi a criação e difusão da rede mundial de computadores, denominada "internet"[3]. Assim, às fases de comunicação social que elencamos acima, acresça-se, a partir da última década do Século XX:

– fase das multimídias: consequência de múltiplos meios de comunicação de informações (textos, sons, imagens e, consequentemente, de obras intelectuais diversas (obras literárias, obras visuais – como desenhos, fotos, pinturas –, músicas, obras audiovisuais etc[4].); e

---

1. Em 29 de outubro de 1969 ocorreu a transmissão do que pode ser considerado o primeiro e-mail da história. O texto desse primeiro e-mail seria "LOGIN", conforme desejava o Professor Leonard Kleinrock da Universidade da Califórnia, em Los Angeles (UCLA). O computador no Stanford Research Institute recebeu a mensagem. (https://www.oficinadanet.com.br).

2. Foi somente em 1990 que a internet começou a alcançar a população em geral, quando o engenheiro inglês Tim Bernes-Lee desenvolveu a World Wide Web, o famoso padrão www, possibilitando a utilização de uma interface gráfica e a criação de sites mais dinâmicos e visualmente interessantes. A partir de então, a internet cresceria em ritmo acelerado. Depois disso, a empresa norte-americana Netscape criaria o protocolo HTTPS (HyperText Transfer Protocol Secure), que possibilitaria o envio de dados criptografados para transações comerciais pela internet e promoveria o *boom* das compras *on-line*. (https://www.oficinadanet.com.br).

3. A rede mundial de computadores, ou internet, surgiu em plena Guerra Fria (a primeira transmissão foi em 29-10-1969, conforme consignado na nota de rodapé anterior de n.1) e foi criada para interligar as bases militares dos Estados Unidos e com isso garantir que as comunicações norte-americanas seriam mantidas mesmo em caso de ataques inimigos que destruíssem os meios convencionais de telecomunicações. A ARPANET – primeira versão da internet – funcionava através de um sistema conhecido como chaveamento de pacotes, que é a transmissão de dados em rede de computadores na qual as informações são divididas em pequenos pacotes. O ataque soviético nunca veio, mas o que o Departamento de Defesa dos EUA não sabia era que estavam dando início ao maior fenômeno midiático do Século XX, o único meio de comunicação que em apenas quatro anos conseguiria atingir cerca de 50 milhões de pessoas (https://www.oficinadanet.com.br).

4. As tecnologias digitais permitiram a criação de novas obras intelectuais, a exemplo da obra multimídia, categoria que pode compreender uma gama diversa de obras pertencentes a distintos gêneros, como

11 | Proteção dos direitos autorais nos meios digitais de comunicação

– fase das hipermídias: fusão dos meios de comunicação através de sistemas eletrônicos de comunicação, como a internet (e também a televisão digital, o DVD, o CD-ROM etc.).

A tecnologia digital se desenvolveu, também, evidentemente, em paralelo, mas fora do ambiente da rede mundial de computadores, especialmente no que tange à produção e duplicação de obras intelectuais em suportes com conteúdos sonoros como CDs ("Compact Discs") – *introduzidos* no mercado em 1980 pelas companhias fonográficas Philips e Sony como alternativa para os discos de vinil e das fitas cassete – e com conteúdos audiovisuais DVDs ("Digital Video Discs") lançados no Japão, nos Estados Unidos e na Europa no final da década de 1990, e suas versões em CD-ROM ou DVD-ROM para obras "multimídia" (*que reproduzem, em conjunto, textos, desenhos, fotos, obras musicais, audiovisuais etc.*).

Em virtude da tecnologia digital de produção e armazenamento de obras intelectuais operou-se a sua viabilidade de inclusão (*upload*) em arquivos digitais de computadores e suas transmissões (*streaming*) e reprodução (*download*) pela rede (*internet*).

Como ensina Daniel Nagao Menezes, em trecho que sintetiza as grandes inovações que alteraram a velocidade (hoje instantânea) e a escala (hoje global) da troca de informações nas últimas décadas, assim como a sucessão criativa de novas tecnologias da informação em si:

> As comunicações e a computação (...) são o motor da globalização e foram seus facilitadores; componentes eletrônicos miniaturizados com alta capacidade operacional permitiram o desenvolvimento de todos os tipos de equipamentos, instrumentos, dispositivos, ferramentas e sistemas, que fazem parte dos desenvolvimentos tecnológicos e inovações que transitem o mundo e impulsionam fortemente a economia global; finalmente, mencionemos que a automação mudou a produção industrial para sempre e facilitou a redução de custos e, consequentemente, o acesso de mais pessoas a mais produtos, em todo o mundo[5].

---

musicais, audiovisuais, videojogos, fotografias, periódicos, entre outros, que interagem por meio de um ou mais programas de computador para alcançar a interatividade. As obras multimídia podem ser apresentadas sob a forma desmaterializada, *on-line*, em que a difusão se dá em redes digitais, ou pela forma materializada, *off-line* (CD Rom, DVD e outros suportes), ou pela forma mista, em que são usados suportes com atualização *on-line* (EGEA, Maria Luiza de Freitas Valle. As novas formas de expressão das obras intelectuais nas tecnologias digitais de comunicação e os direitos autorais. In: COSTA NETTO, José Carlos; EGEA, Maria Luiza de Freitas; CARASSO, Larissa Andréa (coords. parte nacional). *Direito autoral atual*. Rio de Janeiro: ABDA/Campus Jurídico/Elsevier, 2015, p. 53).

5. MENEZES, Daniel Francisco Nagao. Tecnoglobalização e impactos da globalização na inovação tecnológica. *R. Jur. FA7*, Fortaleza, v. 17, n. 3, p. 45-62, set./dez. 2020. p. 51.

11.1.1.1.2. A resposta jurídica internacional para proteção do direito autoral na internet

11.1.1.1.2.1. Os três Tratados Internet da OMPI

Os dois primeiros Tratados da Organização Mundial da Propriedade Intelectual (OMPI) com vistas à internet foram aprovados em 1996 e entraram em vigência em 2002[6], contando, atualmente, com 89 Partes Contratantes[7]. Ambos datados de 20 de dezembro de 1996, intitularam-se:

(a) Tratado da OMPI sobre Direito de Autor (WCT – World Coryright Treaty); e

(b) Tratado da OMPI sobre Interpretação, Execução e Fonogramas (WPPT – World Performance Phonograms Treaty).

O terceiro Tratado Internet da OMPI, intitulado Tratado de Beijing sobre Interpretações e Execuções Audiovisuais (BTAP), foi adotado em 26 de junho de 2012[8].

11.1.1.1.2.1.1. O Tratado Internet OMPI relativo ao Direito de Autor (WCT)

Integrado por 25 artigos, o referido Tratado deixa claros os seus objetivos já em seu preâmbulo ("considerandos"), ao consignar quais os interesses das Partes Contratantes:

> Desejosos de desenvolver e manter a proteção dos direitos dos autores sobre suas obras literárias e artísticas de maneira mais eficaz e uniforme possível.

---

6. Estabeleciam, esses dois Tratados, que sua entrada em vigor se daria em três meses após 30 Estados terem depositado sua ratificação ou adesão junto ao Diretor Geral da OMPI (conforme art. 20 do WCT e 29 do WPPT).

7. O Brasil, inexplicavelmente, ainda não aderiu a nenhum dos dois Tratados até esta data (março de 2018). Apesar disso, como veremos a seguir, incorporou, dois anos depois, na Lei de Direitos Autorais de 1998, as principais regras adotadas nesses diplomas internacionais em relação à proteção do direito autoral no entorno digital.

8. Conforme expõe Mihály Ficsor, mediante a adoção desse novo Tratado, "o *status* legal dos artistas executantes ou intérpretes audiovisuais tem sido fundamentalmente melhorado a nível internacional. O art. 19 da Convenção de Roma estabelece que 'uma vez que um artista intérprete ou executante haja consentido no que se incorpore sua atuação em uma fixação visual ou audiovisual, sairá aplicada no art. 7 (sobre os direitos dos artistas intérpretes ou executantes)'. O Acordo sobre os ADPIC e o Tratado da OMPI sobre Interpretações e Execuções e Fonogramas (adotados em 1994 e 1996, respectivamente) introduzem certas melhoras nas normas internacionais sobre os direitos de artistas intérpretes ou executantes, mas não neste respeito; simplesmente não abordam a proteção de interpretação e execuções incorporadas em fixações audiovisuais (embora a Proposta Básica para o Tratado que se converteu em WPPT incluía disposições alternativas para também cobrir tais interpretações e execuções)" (Los três Tratados de la OMPI para la protección de los derechos de los autores. In: *El derecho de autor y derechos conexos ante las nuevas tecnologias:* homenaje a Carlos Alberto Villalba. Lima: APDAYC/IIDA/AISGE, 2012, p. 288).

11 | Proteção dos direitos autorais nos meios digitais de comunicação

Reconhecendo a necessidade de introduzir novas normas internacionais e classificar a interpretação de certas normas vigentes a fim de proporcionar soluções adequadas para questões emergidas em função de novos acontecimentos econômicos, sociais, culturais e tecnológicos.

Reconhecendo o profundo impacto do desenvolvimento e a convergência das tecnologias de informação e comunicação em sua criação e utilização de suas obras literárias e artísticas.

Destacando o notável significado de sua proteção do direito de autor como incentivo para a criação literária e artística.

Reconhecendo a necessidade de manter um equilíbrio entre os direitos dos autores e os interesses do público em geral, em particular na educação, na investigação e no acesso a informação, como se reflete na Convenção de Berna.

A partir dessa significativa introdução, destaco, principalmente (em síntese), as seguintes regras do Tratado (WCT):

– que a proteção do direito de autor abarca as expressões, mas não as ideias, procedimentos, métodos de operação ou conceitos matemáticos em si (art. 2);

– que os programas de computador – *qualquer que seja o seu modo de expressão* – estão protegidos como obras literárias (art. 4);

– protegem-se as compilações de dados (ou bases de dados) que "em razão da seleção ou disposição de seus conteúdos constituam criações de caráter intelectual", sendo que essa proteção "não abarca os dados ou materiais em si mesmos e se entende sem prejuízo de qualquer direito de autor que subsista aos dados ou materiais contidos na compilação" (art. 5);

– direito de distribuição: os autores gozarão do direito exclusivo de autorizar a colocação à disposição do público do original e dos exemplares de suas obras mediante venda ou outra transferência de propriedade (art. 6);

– direito de locação ou aluguel: os autores de (i) programas de computador, (ii) obras cinematográficas e (iii) obras incorporadas em fonogramas gozarão do direito exclusivo de autorizar o aluguel comercial ao público do original e dos exemplares de suas obras (art. 7);

– direito de comunicação ao público: sem prejuízo do previsto nos arts. 11.1) ii), 11 bis.1) i) y ii), 11 ter, 1) ii), 14.1) ii) y 14 bis.1) do

Convênio de Berna[9], os autores de obras literárias e artísticas gozarão do direito exclusivo de autorizar qualquer comunicação ao público de suas obras, por fios ou sem fios, compreendida a colocação à disposição do público de suas obras, de tal forma que os membros do público possam aceder a estas obras no lugar e no momento que cada um deles escolher (art. 8);

– limitações e exceções: as Partes Contratantes poderão prever, em suas legislações nacionais, limitações e exceções impostas aos direitos concedidos aos autores das obras literárias e artísticas em virtude do presente Tratado em certos casos especiais que não atentem à exploração normal da obra nem causar prejuízo injustificado aos interesses legítimos do autor (art. 10);

– obrigações relativas às medidas tecnológicas: as Partes Contratantes proporcionarão proteção jurídica adequada e recursos jurídicos contra a ação de eludir as medidas tecnológicas efetivas que sejam utilizadas pelos autores em relação com o exercício de seus direitos em virtude do presente Tratado ou do Convênio de Berna que, sobre suas obras, restrinjam atos que não estejam autorizados pelos autores respectivos ou permitidos pela lei (art. 11);

– obrigações relativas à informação sobre a gestão de direitos: as Partes Contratantes proporcionarão recursos jurídicos efetivos contra qualquer pessoa que, com conhecimento de causa, realize qualquer dos seguintes atos sabendo, com respeito a recursos civis, tendo motivos razoáveis para saber que induz, permite, facilita ou oculta uma infração de qualquer dos direitos previstos em seu presente Tratado ou o Convênio de Berna:

---

9. "Art. 11 – 1) Os autores de obras dramáticas, dramático-musicais e musicais gozam do direito exclusivo de autorizar: 1º a representação e a execução públicas das suas obras, inclusive a representação e a execução públicas por todos os meios e processos; 2º a transmissão pública por todos os meios da representação e da execução das suas obras. Art. 11 bis – 1) Os autores de obras literárias e artísticas gozam do direito exclusivo de autorizar: 1º – a radiodifusão de suas obras ou a comunicação pública das mesmas obras por qualquer outro meio que sirva para transmitir sem fio os sinais, os sons ou as imagens; 2º – qualquer comunicação pública, quer por fio, quer sem fio, da obra radiodifundida, quando a referida comunicação é feita por um outro organismo que não o da origem. Art. 11 ter – 1) Os autores de obras literárias gozam do direito exclusivo de autorizar: 1º – a recitação pública de suas obras, inclusive a recitação pública por todos os meios ou processos; 2º – a transmissão pública por todos os meios da recitação de suas obras. Art. 14 – 1) Os autores de obras literárias ou artísticas têm o direito exclusivo de autorizar: 1º – a adaptação e reprodução cinematográfica dessa obra e a distribuição das obras assim adaptadas ou reproduzidas; 2º – a representação e a execução públicas e a transmissão por fio ao público das obras assim adaptadas ou reproduzidas. Art. 14 bis – 1) Sem prejuízo dos direitos do autor de qualquer obra que poderia ter sido adaptada ou reproduzida, a obra cinematográfica é protegida como uma obra original. O titular do direito de autor sobre a obra cinematográfica goza dos mesmos direitos que o autor de uma obra original, inclusive os direitos mencionados no artigo precedente".

11 | Proteção dos direitos autorais nos meios digitais de comunicação

(i) suprima a alteração sem autorização qualquer informação eletrônica sobre a gestão de direitos;

(ii) distribua, importe para sua distribuição, emita, ou comunique ao público, sem autorização, exemplares de obras sabendo que a informação eletrônica sobre a gestão de direitos haja sido suprimida ou alterada sem autorização (art. 12)[10].

11.1.1.1.2.1.2. O Tratado Internet OMPI relativo a Direitos Conexos (WPPT)

Integrado por 33 artigos, reedita o World Performance Phonograms Treaty de 1996 (WPPT) o mesmo preâmbulo do respeitante ao direito de autor (WCT), da mesma data, além de outras regras que, por serem idênticas nos dois Tratados, não serão referidas novamente. Vejamos, assim, quais os elementos significativos (que sintetizamos) a seguir:

– ressalva que nenhuma das disposições do Tratado WPPT irão em detrimento da Convenção de Roma, de 1961 e, também, não afetarão a proteção do direito de autor de obras literárias e artísticas (art. 1);

– direitos morais dos artistas intérpretes e executantes: com independência dos direitos patrimoniais do artista intérprete ou executante, e inclusive depois da cessão de seus direitos, o artista intérprete ou executante conservará, em relação a suas interpretações e execuções sonoras, seu direito e suas interpretações e execuções fixadas em fonogramas, o direito a reivindicar ser identificado como o artista intérprete e executante de suas interpretações e execuções exceto quando a omissão venha direta pela maneira de utilizar a interpretação e execução, e o direito à oposição a qualquer deformação, mutilação ou outra modificação de suas interpretações e execuções que cause prejuízo à sua reputação[11];

– direito de colocar à disposição interpretações ou execuções fixadas e fonogramas: tanto os artistas intérpretes ou executantes (art. 10) quanto os produtores de fonogramas (art. 14) gozarão do direito

---

10. Consigna, ainda, o art. 12 do WCT OMPI que, para fins desse artigo, se entenderá por "informação sobre a gestão de direitos" a informação que identifica a obra, o autor da obra, o titular de qualquer direito sobre a obra, a informação sobre o término e condição de utilização das obras, e todo número e código que represente tal informação, quando qualquer destes elementos de informação estiverem adjuntos a um exemplar de uma obra que figure em relação à comunicação do público de uma obra.

11. Complementa o mesmo dispositivo, em sua segunda parte, que esses direitos morais reconhecidos ao artista intérprete ou executante serão mantidos depois de sua morte pelo menos até a extinção de seus direitos patrimoniais e exercidos pelas pessoas ou instituições autorizadas pela legislação da Parte Contratante em que se reivindique a proteção.

329

exclusivo de autorizar a colocação à disposição do público de suas interpretações ou execuções fixadas em fonogramas, no primeiro caso, e de seus fonogramas, no segundo, seja por fio ou sem fio, de tal maneira que os membros do público possam ter acesso a eles no lugar e no momento que cada um escolha;

– os direitos de reprodução, distribuição e locação de interpretações ou execuções e fonogramas são iguais aos do Tratado WCT, já transcritos neste capítulo, tanto em relação aos artistas intérpretes ou executantes (arts. 7, 8 e 9, respectivamente) quanto aos produtores de fonogramas (arts. 11, 12 e 13, respectivamente);

– direito à remuneração por radiodifusão e comunicação do público: os artistas intérpretes ou executantes e os produtores de fonogramas gozarão do direito de uma remuneração equitativa e única pela utilização direta e indireta para radiodifusão ou para qualquer comunicação ao público dos fonogramas publicados com fins comerciais (art. 15)[12];

– duração da proteção: não poderá ser inferior a 50 anos, contados a partir do final do ano em que se tenha fixado a interpretação ou execução, em relação aos artistas intérpretes ou executantes (art. 17, 1) e, em relação ao produtor de fonogramas, a partir do final do ano em que tenha sido publicado o fonograma (art. 17, 2); e

– tanto as obrigações relativas às medidas tecnológicas quanto as relativas à informação sobre a questão de direitos são idênticas aos dispositivos correspondentes ao Tratado de Direito de Autor (WCT) no referente aos artistas intérpretes ou executantes e aos produtores de fonogramas (arts. 18 e 19).

11.1.1.1.2.1.3. O Tratado Internet OMPI de Beijing de 2012, relativo a Interpretações e Execuções Audiovisuais

O Tratado de Beijing (Beijing Treaty on Audiovisual Performances – BTAP), considerado o terceiro tratado de internet da OMPI, foi adotado em 24 de junho de 2012, ou seja, 16 anos após os dois tratados de internet anteriores. Limitou-se ao âmbito dos direitos conexos de autor nas obras audiovisuais, destacando, em seu preâmbulo, a necessidade de introduzir novas normas internacionais que ofereçam soluções adequadas às questões

---

12. Dispõe, também, esse mesmo dispositivo, em sua quarta parte, que, para os fins desse artigo, os fonogramas colocados à disposição do público, por fio ou sem fio, de tal maneira que os membros do público possam ter acesso a eles no lugar e no momento que cada um deles escolha, serão considerados como se houvessem publicado com fins comerciais.

11 | Proteção dos direitos autorais nos meios digitais de comunicação

criadas pela evolução econômica, social, cultural e tecnológica e o "profundo impacto" do desenvolvimento e convergência das tecnologias da informação e a comunicação na produção e utilização de interpretações e execuções audiovisuais, com as seguintes disposições principais:

– relação com outros convênios, convenções ou tratados (art. 1):

1. Nenhuma disposição do presente Tratado irá em detrimento das obrigações que as Partes Contratantes tenham entre si em virtude da WPPT, ou da Convenção Internacional sobre a Proteção dos Artistas Intérpretes e Executantes, dos Produtores de Fonogramas e dos Organismos de Radiodifusão, realizada em Roma de 26 de outubro de 1961.

2. A proteção concedida em virtude do presente Tratado deixará intacta e não afetará em modo algum a proteção do direito de autor das obras literárias e artísticas. Portanto, nenhuma disposição do presente Tratado poderá interpretar em prejuízo dessa proteção.

3. O presente Tratado não terá conexão alguma com outros tratados, a exceção do WPPT, não prejudicará direito ou obrigação alguma em virtude de qualquer outro tratado.

– beneficiários da proteção: artistas intérpretes ou executantes nacionais das Partes Contratantes ou que tenham sua residência habitual em alguma delas (art. 3).

Os dispositivos sobre direitos morais (art. 5), direitos de reprodução (art. 7), direitos de distribuição (art. 8), direito de locação (art. 9), direito de colocar à disposição (art. 10), direito de radiodifusão e comunicação do público (art. 11), limitações e exceções (art. 13), duração da proteção (art. 14), obrigações relativas a medidas tecnológicas (art. 15) e obrigações relativas à informação sobre a gestão de direitos (art. 16) são iguais aos consignados nos Tratados da OMPI de 1996 (WCT e WPPT).

11.1.1.1.2.2. Digital Millenium Copyright Act dos Estados Unidos, a Diretiva Europeia voltada à Era da Informação, e a experiência francesa da HADOPI

11.1.1.1.2.2.1. O Digital Millenium Copyright Act de 1998, dos Estados Unidos

A legislação norte-americana para o entorno digital, o Digital Millenium Copyright Act (DMCA), foi promulgada pelo então presidente Bill

331

Clinton em 28 de outubro de 1998 com o objetivo de proteger os titulares de propriedade intelectual sem, contudo, deixar de encorajar os provedores de serviços de internet na criação de novas tecnologias. A respeito, consignam Anita Mattes, Jaqueline San Galo e Leonardo Machado Pontes que

> atingir esse tênue equilíbrio foi então a missão da nova lei, entre outros objetivos, como traçar os limites da prática de engenharia reversa e impedir que os usuários empreguem ou tornem acessíveis tecnologias para contornar (*circumvention*) as proteções técnicas empregadas pelos titulares em seus trabalhos (*descrambling, decrypting* ou qualquer outra medida utilizada para desativar a segurança)[13].

11.1.1.1.2.2.2. As Diretivas Europeias de 2000 e 2019

No plano digital, em 8 de julho de 2000, a Comunidade Europeia aprovou a Diretiva 2000/31 CE do Parlamento Europeu, que, embora voltada principalmente para o comércio eletrônico, não deixou de traçar regras importantes e responsabilização dos provedores de internet, da seguinte forma:

– para responsabilização civil ou penal dos provedores de acesso e de serviços na internet é necessária a prova de culpa[14]; e

– não deverá ser imposta pelos Estados-Membros da Diretiva aos provedores de serviços uma obrigação geral de vigilância sobre as informações que transmitiram ou armazenaram ou mesmo uma obrigação geral de procurar ativamente fatos ou circunstâncias com indícios de ilicitudes[15].

---

13. Responsabilidade civil dos provedores. In: *Direito autoral atual*. Rio de Janeiro: ABDA/Campus Jurídico/Elsevier, 2015, p. 377. Acrescentam que "O DMCA especifica determinados provedores que se qualificam para as defesas de responsabilidade vicária, contributória e direta. Além disso, para se qualificarem para a proteção, nos termos da *section* 512, (i) os provedores devem, além de obedecer aos demais requisitos do ato, cumprir duas condições gerais: (a) adotar e razoavelmente programar uma política de terminação das contas de subscritores que são repetidamente infratores; (b) acomodar e não interferir nas medidas técnicas *standards (standard technical mesures* (STM). Explica o sumário redigido pelo *Copyright Office* sobre o DMCA que as STM são definidas como medidas que os titulares do direito de autor usam para identificar e proteger seus trabalhos, que tenham sido desenvolvidas por meio de uma aceitação geral entre os titulares e os provedores, por um processo justo e voluntário, acessível a qualquer um em termos não discriminatórios, sem que imponham custos substanciais aos provedores" (ob. cit., p. 377).
14. Item 42 do "Considerando" introdutório da Diretiva Europeia 2000/31/CE. Acrescenta o "Considerando" 46 da Diretiva que, se o prestador de serviços na internet tem conhecimento de determinada ilicitude, deve proceder com diligência para remover ou impossibilitar a sua prática (acesso à informação ilícita). Essa regra é reiterada pelo art. 14.1. da Diretiva.
15. Art. 15 da Diretiva Europeia 2000/31/CE.

11 | Proteção dos direitos autorais nos meios digitais de comunicação

Porém, a Diretiva de 2000 acabou recentemente modificada em 17 de abril de 2019, pela Diretiva (UE) 2019/790, aprovada pelo Parlamento Europeu, também voltada ao chamado Mercado Único Digital, definindo regras de proteção aos direitos do autor e conexos na internet. A regra de responsabilização dos provedores foi alterada significativamente pelos arts. 16 e 17 da referida Diretiva[16], impondo aos provedores o dever de se certificarem que os conteúdos postados em suas plataformas não violem direitos do autor ou conexos. Isso os responsabiliza independentemente de notificação prévia pelo autor lesado.

A Diretiva 2000/31/CE ainda teve concreção na Corte Europeia em alguns casos emblemáticos. O primeiro foi "Macfadden *vs*. Sony Music", em que questionado se aquele que coloca à disposição suas redes Wi-fi seria corresponsável pela prática de pirataria na internet. O entendimento da Corte europeia foi no sentido de que, assim que tome consciência do ilícito, o fornecedor de rede Wi-fi deve retirar prontamente o acesso e impedir a prática do crime, do contrário seria corresponsável pela reparação dos danos autorais.

Mais do que isso, houve discussão acalorada em Tribunais europeus sobre a possibilidade de banimento de determinados *sites*, e os níveis de responsabilidade a depender da atividade dos provedores. A Buma Stemra, entidade de gestão coletiva neerlandesa, ingressou com demanda buscando o banimento do site KaZaA, por sua atividade estar ligada diretamente a atividades ilícitas como *upload* sem autorização de obras intelectuais protegidas. A Corte neerlandesa não aceitou a retirada do ar do *site*, mas condenou a ré a realizar providências para fazer cessar as violações de direitos de autor.

Por outro lado, houve decisões importantes na Suécia[17] e na Alemanha[18] banindo definitivamente ou alterando o domínio do *site* The Pirate Bay, cujo nome já sugere as atividades ilícitas na internet, para evitar novas violações a direitos autorais.

---

16. Art. 16 da Diretiva Europeia 2019/790: "Tendo em conta o número potencialmente elevado de pedidos de acesso e descarregamento das suas obras ou outro material protegido, os titulares de direitos deverão ter a possibilidade de aplicar medidas sempre que exista um risco de que a segurança e a integridade dos respetivos sistemas ou das bases de dados possam ficar comprometidas." Art. 17 da Diretiva Europeia 2019/790 "Tendo em conta a natureza e o âmbito da exceção, que se limita às entidades que realizam investigação científica, qualquer potencial prejuízo para os titulares de direitos criado através desta exceção deveria ser mínimo. Por conseguinte, os Estados-Membros não deverão prever uma compensação para aos titulares de direitos no que se refere a utilizações ao abrigo das exceções de prospeção de textos e dados introduzidas pela presente diretiva".

17. Disponível em: https://web.archive.org/web/20091014090753/http://svt.se/content/1/c8/01/44/72/36/Pirate_ataletNY2.pdf. Acesso em: 12 dez. 2024.

18. Disponível em: https://torrentfreak.com/the-pirate-bay-cyberbunker-mpa-injunction-in-full-100516/. Acesso em: 12 dez. 2024.

Já no caso Youtube *vs.* Cyando, de junho de 2021, a Corte de Justiça da União Europeia decidiu que o Youtube não seria responsabilizado pela violação de direitos autorais do álbum "A Winter Symphony", pois cumpriu com a responsabilidade de prontamente excluir o conteúdo, independentemente de notificação, assim que identificou o ato ilícito. Ainda fez uma distinção quanto ao caso de sites como The Pirate Bay, que são desenhados *para* possibilitar a violação a direitos autorais, enquanto o YouTube mantém certos níveis mínimos de verificação do conteúdo gerado[19].

Como será discorrido a seguir, apesar de ter trazido discussão acalorada, a nova posição do direito europeu é a mais correta, por prestigiar a regra geral de responsabilidade objetiva quanto aos danos autorais. Os provedores exercem, possibilitando a postagem de material por terceiros, atividade altamente lucrativa, e isso lhes impõe a assunção dos riscos inerentes à atividade que desempenham. Ressalte-se que há técnicas atualmente à disposição dos provedores para monitorar e reprimir as violações a direito autoral e conexos, atitude, aliás, adotada por plataformas como o YouTube.

11.1.1.1.2.2.3. A experiência francesa da Haute Autorité pour la Diffusion des Ouvres et la Protection des Droits sur l'internet (HADOPI)

Uma das mais proativas atitudes governamentais para contenção da proliferação de utilização não autorizada, pela internet, de obras protegidas foi a do governo francês ao patrocinar – *e, posteriormente, implementar o seu efetivo cumprimento* – a "lei da criação e internet" (n. 2009-669, de 12-6-2009), denominada Haute Autorité pour la Diffusion des Ouvres et la Protection des Droits sur l'internet (HADOPI), com o objetivo de promover a difusão e a proteção da criação intelectual na internet. Anita Mattes, Jaqueline San Galo e Leornardo Machado Pontes comentam que

> o objetivo principal do projeto é impedir os usuários de realizarem o *download* ilegal de obras na internet, estabelecendo, em caso de infração, um sistema de "resposta gradual", que se inicia com uma advertência por e-mail simples, finalizando com multa e suspensão da conexão do usuário a internet[20].

Essa "alta autoridade" – HADOPI –, criada pelo governo francês como uma autoridade pública independente, foi encarregada das seguintes funções: (a) promover o desenvolvimento da oferta legal e monitorar a utilização de

---

19. Disponível em: https://curia.europa.eu/juris/document/document.jsf?docid=243241&doclang=en. Acesso em: 12 dez. 2024.
20. Ob. cit., p. 397.

obras legais e ilegais na internet; e (b) agir contra os abusos dos direitos que lhes são inerentes e regulamentar o uso de medidas técnicas de proteção; sua atuação não seria *sponte própria*, mas, sim, dar-se-ia apenas mediante solicitação dos titulares de direitos autorais e seus representantes, como agências ou sociedades de questão coletiva. Segundo Mattes, San Galo e Pontes,

> o objetivo principal da HADOPI é proteger as obras que estão vinculadas a um direito de autor ou direitos conexos. A adoção do mecanismo denominado *réponse graduée* ou resposta gradual é o coração desta missão. Trata-se de sistema introduzido pela lei que visa uma conscientização progressiva dos titulares de uma conta de acesso à internet mediante o dever de monitoramento do acesso[21].

A HADOPI se valia de mensagens de texto (e-mail) – recomendações, em um primeiro momento – aos infratores e, em caso de reincidência, a "recomendação" seguia via carta registrada; caso persistisse o uso indevido, dar-se-ia início ao procedimento judicial. Como resultado, noticiam Mattes, San Galo e Pontes que

> em 29 de setembro de 2011 a HADOPI publicou seu primeiro relatório anual de atividades, apresentando uma avaliação quantitativa da "resposta gradual" contra o *download* ilegal de obras protegidas pelo direito autoral. De aproximadamente 38 milhões de usuários franceses de internet, 650.000 receberam o primeiro aviso de infração pela utilização da rede *peer-to-peer*. Outros 44.000 receberam um segundo aviso por meio de carta e cerca de sessenta pessoas chegaram a ser condenadas por um tribunal, incorrendo em uma multa de 1.500 e suspensão de um mês do seu acesso à internet[22].

11.2. A LEI BRASILEIRA DE 1998 E A CONSEQUENTE PROTEÇÃO DOS DIREITOS AUTORAIS NA ERA DIGITAL

11.2.1. Breve histórico

As iniciativas precursoras de controle se deram já a partir da década de 1990 de forma incipiente uma vez que, para fazer frente à extrema facilidade de utilização gratuita de obras intelectuais na internet – *e, na maior parte dos casos, à evidente insensibilidade para a questão da proteção a direitos autorais pelos "provedores de internet", de qualquer natureza, em face da crescente lucratividade que esse quadro caótico lhes proporcionava –*, os titu-

---

21. Ob. cit., p. 398.
22. Ob. cit., p. 398.

lares de direitos autorais prejudicados, normalmente empresas cessionárias com condições financeiras para custear essas medidas (*como grandes produtores fonográficos ou "gravadoras", por exemplo*), recorreram ao ajuizamento de demandas para proibição das utilizações ilícitas, focando, principalmente, na denominada "indústria da internet", ou seja, nas empresas – normalmente provedores – que obtinham, direta ou indiretamente, uma grande lucratividade nesse cenário.

O conflito se acirrou, principalmente, no final da década de 1990 e década seguinte, com iniciativas isoladas – *mas que tiveram um grande suporte midiático na época* – na tentativa – *muitas vezes dissimulada* – de manutenção do ambiente permissivo[23], de um lado, e, de, outro, da presença que foi se revelando firme e segura em todo o mundo, com o passar dos anos, dos tribunais, prestigiando a proteção dos direitos autorais das obras intelectuais que circulavam na rede[24].

---

23. Como exemplo registre-se o "Creative Commons", site mantido por organização norte-americana do mesmo nome representada no Brasil pela Fundação Getulio Vargas (FGV) Direito Rio, que "permite o compartilhamento e o uso da criatividade e do conhecimento através de licenças jurídicas gratuitas" (texto de abertura do site https://br.creativecommons.org/). No item "sobre", o site esclarece que: "Nossas licenças de direitos autorais livres e fáceis de usar fornecem uma maneira simples e padronizada para dar ao público permissão para compartilhar e utilizar o seu trabalho criativo – sob condições de sua escolha. As licenças CC permitem você alterar facilmente os seus termos de direitos autorais do padrão de 'todos os direitos reservados' para 'alguns direitos reservados'". O principal problema, detectado desde o início desses serviços (sua fundação foi em 2001, por Larry Lessig, Hal Abelson e Eric Eldred, e seu primeiro conjunto de licenças foi lançado em 2001), é que os serviços se limitavam à emissão de licenças para a internet sem oferecer nenhum controle de que seus atendimentos pelos usuários aos seus termos seriam controlados. Ou seja, na prática o site gerava verdadeira, genérica e desmedida abdicação – em caráter perpétuo na rede mundial de computadores (internet) – de direitos autorais aos titulares licenciantes, mesmo que outorgassem licenças – com a ilusão de que fossem devidamente cumpridas – com "alguns dos direitos reservados", entre eles, por exemplo, a de comercialização das obras intelectuais, situação permissiva ideal para a crescente lucratividade da "indústria da internet" (especialmente os provedores). Nesse sentido, a alentada doutrina de Leonardo Machado Pontes de que "o uso de licenças CC reduz consideravelmente os incentivos econômicos aos autores, que se veem forçados e impedidos de retirar de circulação os trabalhos licenciados, de modificar a forma de licenciamento e de exercerem a exclusividade sobre seus trabalhos. Esse modelo, por ser exportado, é cheio de incompatibilidades jurídicas que causam mais problemas do que soluções, além de ser manifestamente desproporcional, nos âmbitos nacional e internacional. A tentativa do *Creative Commons* de resolver esses problemas acabou por gerar inúmeros outros, pela incompatibilidade das versões das licenças (1.0; 2.0; 2.5 e 3.0), que circulam infinita e perpetuamente, sem possibilidade de modificação. Um governo que adote esse modelo como plataforma política para o setor privado, e não o público pode estar comprometendo sensivelmente a estrutura da propriedade intelectual, prejudicando autores desinformados e causando um impacto econômico negativo sobre o futuro da produção intelectual" (*Creative commons*: problemas jurídicos e estruturais. Belo Horizonte: Arraes Editores, 2013, p. 232-233).

24. Um exemplo emblemático de difusão ilícita de reprodução (*download*) de obras intelectuais na internet (nesse caso, obras musicais e fonogramas) foi o Napster: lançado em 1999, tratava-se de um programa de compartilhamento de arquivos digitais em formato (MP3) e rede P2P (Peer to Peer), ou seja, viabilizava que os usuários (ou internautas) realizassem, gratuitamente e sem nenhum controle, o *download* (reprodução) de um determinado arquivo diretamente do computador de outro(s) usuário(s) de forma descentralizada. Não havia, portanto, nessa circulação indiscriminada de obras musicais e fonogramas pela rede mundial de computadores, cumprimento mínimo das normas protetivas de direitos autorais.

11 | Proteção dos direitos autorais nos meios digitais de comunicação

À medida que os autores e demais titulares conseguiam a consolidação da tutela de seus direitos, surgia a importante questão: como exercê-los adequadamente no gigantesco – e complexo – terreno tecnológico da rede mundial de computadores?

11.2.2. A pluralidade de utilizações de obras intelectuais no âmbito digital e o tratamento jurídico na Lei n. 9.610/98

Como já examinamos no Capítulo 8, nos termos adotados pela lei brasileira de 1998 (n. 9.610) – portanto, promulgada dois anos após os dois primeiros tratados "internet" da OMPI (WCT e WPPT, de 1996) –, a utilização de obras intelectuais encontra-se, basicamente, inserida em três campos fundamentais: o da reprodução, o da distribuição e o da comunicação (*ao público*). A rede mundial de computadores (*internet*) engloba esses três campos de utilização de obras intelectuais. Com efeito, vejamos:

(a) a reprodução de obras intelectuais: nos meios digitais, nos termos do inciso VI do art. 5º da Lei n. 9.610/98, consiste em "qualquer armazenamento permanente ou temporário por meios eletrônicos". Em linguagem técnica da "internet" seria, basicamente, o *download*, que, na lição Henrique Gandelman, é "a transferência de um computador para o outro – estando ambos conectados a um sistema *on-line*, como, por exemplo, Internet – de banco de dados, *software*, sons, imagens ou qualquer outra informação"[25];

(b) a distribuição de obras intelectuais: nos meios digitais, nos termos do inciso IV do art. 5º da Lei n. 9.610/1988, consiste na "colocação à disposição do público do original ou cópia de obras literárias, artísticas ou científicas, interpretações ou execuções fixadas em fonogramas, mediante a venda, locação ou qualquer outra forma

---

A ilicitude era patente e, consequentemente, em fevereiro de 2001, a 9ª Corte de Apelação dos Estados Unidos decidiu que o serviço infringia os direitos autorais das gravadoras e dos artistas. Na fase indenizatória e consolidadora da ilicitude do Napster, em corte distrital, reporta Leonardo Machado Pontes que foi entendido que "havia conhecimento construtivo do ato ilícito", na medida em que foi descoberto: "um documento autorizado pelo cofundador do Napster, Sean Parker, mencionando a necessidade de permanecer ignorante dos nomes reais dos usuários e seus endereços de IP, uma vez que eles estavam trocando músicas piratas". E complementa: "O clássico exemplo da aplicação da teoria da responsabilidade vicária é o famoso caso Napster, que foi considerado responsável nas bases dessa teoria, uma vez que a sua receita era diretamente proporcional ao número de materiais infringidos, bem como foi descoberto que o mesmo tinha capacidade de pesquisar o conteúdo ilícito e a habilidade de supervisionar a atividade" (ob. cit., p. 376).

25. *De Gutemberg à internet*: direitos autorais na era digital. Rio de Janeiro: Record, 2001, p. 210.

de transferência ou posse" e, nos termos do inciso VII do art. 29 do mesmo diploma legal, a:

> (...) distribuição para oferta de obras ou produções mediante cabo, fibra ótica, satélite, ondas ou qualquer outro sistema que permita o usuário realizar a seleção da obra ou produção para percebê-la em um tempo e lugar previamente determinados por quem formula a demanda, e nos casos em que o acesso às obras ou produções se faça por qualquer sistema que importe em pagamento pelo usuário.

Observe-se, portanto, as características essenciais para configuração das duas hipóteses legais de distribuição digital:

> Primeira: que haja "venda, locação ou qualquer outra forma de transferência ou posse" dos bens intelectuais disponibilizados ao público (art. 5º, IV, da Lei n. 9.610/1998); e
>
> Segunda: que a oferta de obras ou produções distribuídas permita ao usuário realizar: (i) a "seleção da obra ou produção"; para percebê-la: (ii) "em um tempo ou lugar previamente determinados por quem formula a demanda"; e (iii) "nos casos em que o acesso às obras ou produções se faça por qualquer sistema que importe em pagamento pelo usuário" (art. 29, VII, da Lei n. 9.610/1998).

(c) comunicação de obras intelectuais: nos meios digitais, nos termos do inciso V do art. 5º da Lei n. 9.610/98, consiste no ato mediante o qual a obra é colocada ao alcance do público, por qualquer meio ou procedimento e que não consista na distribuição de exemplares.

11.2.3. O regime jurídico brasileiro de controle de direitos autorais no ambiente digital

11.2.3.1. Modalidades de controle

Conforme sintetizamos no item anterior, a rede mundial de computadores encerra um leque de modalidades de utilização de obras intelectuais de amplitude indiscutível. Assim, o controle dos direitos correspondentes a essa multiplicidade de usos de obra intelectual deverá, necessariamente, envolver três possibilidades:

(a) a do controle direto: o exercício do direito autoral devido é feito diretamente pelo seu titular: o autor, nas hipóteses de direitos de

11 | Proteção dos direitos autorais nos meios digitais de comunicação

autor, e os artistas intérpretes ou executantes, produtores fonográficos e organismos de radiodifusão, nas hipóteses de direitos conexos aos de autor;

(b) a do controle indireto: o exercício do direito autoral não é feito diretamente pelo seu titular originário, mas, sim, por titulares derivados (*cessionários desses direitos*) ou por representantes ou administradores. Trata-se, nestes casos, do controle de direitos autorais realizados por editores (*cessionários ou administradores de obras*) ou gravadoras (*produtores fonográficos e cessionários ou licenciados de direitos conexos de autor*); e

(c) a do controle coletivo: o exercício do direito autoral é exercido por entidade de gestão coletiva que representa todo o universo de titulares em relação a determinado uso de um gênero específico de obras e bens intelectuais.

Desse quadro teremos como resultante os seguintes regimes jurídicos de exercício de direitos autorais:

– o regime originário de controle: é o próprio autor, artista intérprete ou executante (*músicos, regentes etc.*), produtor fonográfico ou organismo de radiodifusão que diretamente exerce o controle de seus direitos autorais (*correspondente a suas obras, interpretações e execuções artísticas, fonogramas e emissões de radiodifusão*) e, assim, em face de sua titularidade originária de direitos autorais que nasce da criação intelectual, sem formalidades, torna-se desnecessária a demonstração de qualquer documentação aquisitiva desses direitos;

– regime condicionado à comprovação documental: o exercício do direito autoral é condicionado à comprovação documental, caso a caso, de que o cessionário (*titular derivado*) ou representante (*licenciado*) desses direitos possua legitimidade para essa finalidade; e

– regime legal de gestão coletiva: o exercício do direito autoral em determinada modalidade de uso de obra ou bens intelectuais pré--estabelecidos é regulado em lei para ser realizado, obrigatoriamente, de forma unificada. Destarte, neste caso, o regime de substituição legal de todos os titulares de direitos autorais envolvidos em determinadas utilizações independe de comprovação (*cessões, licenças*

339

etc.) de representação de quaisquer destes titulares (*autores, artistas, intérpretes e músicos executantes, produtores fonográficos, organismos de radiodifusão, editores, cessionários ou licenciadas etc.*).

Consequentemente, no plano musical, que é o âmbito do presente estudo, em específico no ambiente digital, temos essas três formas de comunicação, ressaltando, como expusemos, que, nas hipóteses de "controle indireto", diferentemente do "controle direto" e do "controle coletivo", estará aquele, para obter a competente legitimação, condicionado à comprovação documental da efetiva titularidade derivada ou representação.

No ambiente da rede mundial de computadores, houve, especialmente na última década, o acirrado debate sobre a região fronteiriça de controle de direitos autorais: quais modalidades de utilização permaneceriam na órbita direta dos titulares (*originários ou derivados – controle direto ou indireto, respectivamente, como vimos*) e quais deveriam ser exercidas pelo regime de gestão coletiva.

Apesar de a poderosa "indústria da internet", especialmente os grandes provedores, ter tentado de todas as formas se esquivar de sua inescusável responsabilidade quanto à indiscriminada utilização ilícita de obras intelectuais na internet, os autores e demais titulares de direitos autorais foram obtendo, paulatinamente, algumas conquistas isoladas no exercício de um controle direto, especialmente no que tange a reproduções[26] e distribuições[27] indevidas de suas obras intelectuais[28].

Todavia, o embate mais significativo se deu, no âmbito digital, em relação à gestão coletiva de direitos autorais sobre obras e fonogramas musicais[29], como veremos a seguir.

---

26. Conforme o art. 5º da Lei n. 9.610/98, consiste em "qualquer armazenamento permanente ou temporário por meios eletrônicos" (*download*).

27. Nos meios digitais, conforme a Lei n. 9.610/98, podem ser: (a) art. 5º, IV: "colocação à disposição do público do original ou cópia de obras literárias, artísticas ou científicas, interpretações ou execuções fixadas e fonogramas, mediante a venda, locação ou qualquer outra forma de transferência de propriedade ou posse"; ou (b) art. 29, VII: "a distribuição para oferta de obras ou produções mediante cabo, fibra ótica, satélite, ondas ou qualquer outro sistema que permita ao usuário realizar a seleção da obra ou produção para percebê-la em um tempo e lugar previamente determinados por quem formula a demanda, e nos casos em que o acesso às obras ou produções se faça por qualquer sistema que importe em pagamento pelo usuário".

28. Cumpre notar nesse ponto que foi editada pela presidência a Medida Provisória n. 1.068/2021, que alterava o Marco Civil da Internet e a Lei n. 9.610/98, com a suposta intenção de proteção dos "autores" de conteúdo *on-line*, restringindo a possibilidade de exclusão de conteúdos a algumas poucas hipóteses – que incluía incitação a "atos terroristas" –, sob pena de advertência, multa, ou até suspensão de atividades. A Medida decaiu sem ser votada pelas casas legislativas.

29. A respeito, em 2011, tive oportunidade de elaborar parecer que se encontra publicado em *Estudos e pareceres* (Rio de Janeiro: GEN/Forense, 2015, p. 261-297).

11 | Proteção dos direitos autorais nos meios digitais de comunicação

11.2.4. A gestão coletiva de direitos autorais de obras musicais e fonogramas na internet: a decisão precursora do Superior Tribunal de Justiça

11.2.4.1. Sistema da regra geral aplicável à gestão coletiva de direitos autorais: a transmissão de obras e bens intelectuais

11.2.4.1.1. A regra geral

Esse tema será tratado, com todas as suas relevantes especificidades, no Capítulo 13, mas, apenas para melhor localizar esse tema no plano específico do entorno digital, vale ressaltar, à guisa de introdução, alguns elementos legais orientadores.

Como já vimos, a obra intelectual representada, exibida ou executada em apresentações "ao vivo" (*quando os intérpretes ou executantes estão atuando pessoalmente, normalmente sobre um palco*) exige a autorização do autor.

Da mesma forma em relação aos autores (*e demais titulares de direitos de autor e conexos*) na representação, exibição ou execução de obras em comunicação indireta ao público: por radiodifusão, por cabo, transmissão por satélite, pelo sistema de computadores ou outros meios.

Essa obrigação, sob o prisma internacional, é estabelecida no art. 11, 11bis e 11 ter da Convenção de Berna, em relação ao termo amplo "obras literárias e artísticas", destacando, como sujeitos ao controle, neste item, as seguintes utilizações:

> 1.) a radiodifusão ou a comunicação pública dessas obras por qualquer outro meio que sirva à difusão sem fios dos sinais, sons ou imagens; e
>
> 2.) qualquer comunicação pública, quer por fio, quer sem fio, da obra radiodifundida, quando essa comunicação seja feita por outro organismo que não o de origem; a comunicação pública, por alto-falantes ou por qualquer outro instrumento análogo transmissor de sinais, sons ou imagens, da obra radiodifundida[30].

Especificamente, também em relação à obrigatoriedade de autorização do autor, estipula a mesma Convenção[31]:

> (i) em relação às obras dramáticas, dramático-musicais e musicais:
>
> 1.) a representação e a execução pública dessas obras, por todos os meios ou processos; e

---

30. Art. 11 *bis.*
31. Arts. 11 e 11 *ter.*

341

2.) a transmissão pública por todos os meios da representação e execução das suas obras.

(ii) em relação às obras literárias:

1.) a recitação pública por todos os meios ou processos; e

2.) a transmissão pública, por qualquer meio, dessas recitações.

Na esteira da orientação normativa internacional, o direito positivo brasileiro dispõe: "Sem prévia e expressa autorização do autor ou titular, não poderão ser utilizadas obras teatrais, composições musicais ou lítero--musicais e fonogramas, em representações e execuções públicas"[32].

Prossegue o mesmo dispositivo legal considerando representação pública

> "(...) a utilização de obras teatrais no gênero drama, tragédia, comédia, ópera, opereta, balé, pantominas e assemelhadas, musicadas ou não, em locais de frequência coletiva ou pela radiodifusão, transmissão e exibição cinematográfica" [e execução pública] "a utilização de composições musicais ou literomusicais, mediante a participação de artistas, remunerados ou não, ou a utilização de fonogramas e obras audiovisuais, em locais de frequência coletiva, por quaisquer processos, inclusive a radiodifusão ou transmissão por qualquer modalidade, e a exibição cinematográfica"[33].

Complementa, ainda, o mesmo dispositivo exemplificando "locais de frequência coletiva":

> (...) os teatros, cinemas, salões de baile ou concertos, boates, bares, clubes ou associações de qualquer natureza, lojas, estabelecimentos comerciais e industriais, estádios, circos, feiras, restaurantes, hotéis, motéis, clínicas, hospitais, órgãos públicos da administração direta ou indireta, fundacionais e estatais, meios de transporte de passageiros terrestre, marítimo, fluvial ou aéreo, ou onde quer que se representem, executem ou transmitam obras literárias, artísticas ou científicas[34].

Tanto a anterior Lei n. 5.988/1973 (art. 115) quanto o texto legal vigente (art. 99 da Lei n. 9.610/98) estabelecem que o "o escritório central de arrecadação e distribuição" deverá controlar os direitos autorais decorren-

---

32. Art. 68, *caput*, da Lei n. 9.610/98.

33. §§ 1º e 2º do art. 68 da Lei n. 9.610/98.

34. § 3º do art. 68 da Lei n. 9.610/98.

11 | Proteção dos direitos autorais nos meios digitais de comunicação

tes da execução pública de obras musicais, "inclusive" através da "radiodifusão e da exibição cinematográfica" (Lei n. 5.988/1973), ou "por meio de radiodifusão e transmissão por qualquer modalidade, e da exibição de obras audiovisuais" (Lei n. 9.610/98).

Na esteira dessa regra legal, observa-se que a "transmissão" de uma determinada fonte, que pode ser uma emissora de rádio ou televisão, por sistema de radiodifusão, a cabo, e "outras modalidades" que resultarem em "comunicação de obras intelectuais" ao público, consiste em uma modalidade de utilização (execução pública originária).

Quando essa "transmissão" é reutilizada, pode – ou não – resultar em uma nova execução pública. Ou seja, essa reutilização pode ser pública (*quando realizada nos locais de frequência coletiva previstos no art. 68, § 3º, da Lei n. 9.610/98*) ou privada (*como na residência do usuário, por exemplo*).

11.2.4.2. A transmissão de obras musicais e fonogramas na internet: a gestão coletiva exercida pelo Escritório de Arrecadação e Distribuição de Direitos Autorais (ECAD)

Tendo em vista a regra legal de que as diversas modalidades de utilização de obras intelectuais são independentes entre si[35], há:

(a) no caso de transmissão e retransmissão em local de frequência coletiva, a obrigatoriedade legal de outorga de duas autorizações e cobranças distintas do ECAD (uma para a emissora da transmissão originária e outra para o empresário responsável pelo local de frequência coletiva); e

(b) no caso de transmissão e captação pelo público no ambiente privado ou doméstico, o ECAD deverá emitir apenas autorização para a legitimidade da transmissão originária.

E quando essa "transmissão originária" de obras intelectuais deverá ser considerada "execução pública" (para estar, assim, enquadrada na obrigatoriedade legal de obtenção de licença prévia do ECAD)?

A resposta é simples: quando essa transmissão se tratar de ato de "comunicação ao público", que significa "o ato mediante o qual a obra é colo-

---

35. Art. 31 da Lei n. 9.610/1998, que estabelece: "As diversas modalidades de utilização de obras literárias, artísticas ou científicas ou de fonogramas são independentes entre si, e a autorização concedida pelo autor, ou pelo produtor, respectivamente, não se estende a quaisquer dos demais".

cada ao alcance do público, por qualquer meio ou procedimento e que não consista na distribuição de exemplares"[36].

E o que seria "público", nesse caso: o indefinido (*quando a transmissão pode ser captada indistintamente, dentro do espectro de abrangência da transmissão, como a denominada "TV aberta", por exemplo*) ou o definido (*transmissão restrita aos assinantes de determinado serviço de comunicação, por exemplo as "TVs a cabo ou por assinatura" e, atualmente, os* streamings)?

A resposta também se evidencia: a execução pública – *ou comunicação ao público* – encontra-se presente nos dois casos. Nesse sentido, já em 1985, o Tribunal de Justiça decidia:

> Música – Transmissão gerada pela ré, em seus estúdios, e levada à central telefônica por cabo, sendo através deste distribuído com intuito de lucro – Ação do ECAD procedente – Recurso não provido[37].

O mesmo Tribunal, mais de dez anos depois, reiterava esse entendimento na transmissão, dessa feita especificamente pelo sistema de televisão a cabo:

> Direito Autoral – transmissão – aos assinantes de obras musicais, lítero--musicais e fonogramas, por programação musical ou películas cinematográficas – Utilização não autorizada – Concessão do interdito proibitório ajuizado pelo ECAD mantida – Preliminares de ilegitimidade de parte e ausência de representação ou mandato legal rejeitadas – Lei n. 5.988/73 – Recurso da ré improvido[38].

Já no âmbito da lei autoral vigente, destaque-se sobre o tema duas decisões relevantes:

(a) de 1º de novembro de 2006, do Tribunal de Justiça do Paraná, sobre a legitimidade de cobrança do ECAD em relação às transmissões por "TV a cabo":

> Apelação cível. Ação de cobrança ajuizada pelo ECAD. Direitos autorais sobre as obras musicais, literomusicais e fonogramas inseridas em filmes

---

36. Definição do art. 5º, V, da Lei n. 9.620/98.

37. Acórdão de 11-9-1985, proferido na Apelação Cível 40.969-1, com unanimidade de votos de sua Sétima Câmara Civil, rel. Des. Nelson Harada (compilado por Carlos Alberto Bittar em *A Lei dos Direitos Autorais na Jurisprudência*. São Paulo: Revista dos Tribunais, 1988, p. 79).

38. Ementa do acórdão de 2-5-1996, proferido na Apelação Cível 260.772-1/3, com unanimidade de votos de sua Quinta Câmara de Direito Privado, rel. Des. Jorge Tannus.

11 | Proteção dos direitos autorais nos meios digitais de comunicação

e outras obras audiovisuais transmitidas por TV a cabo. Obrigação de pagamento devida[39].

(b) de 30 de agosto de 2007, do Superior Tribunal de Justiça[40], que não conheceu o recurso especial interposto contra acórdão do Tribunal de Justiça do Distrito Federal e Territórios, este com a seguinte ementa sobre a legitimidade de cobrança do ECAD em relação a transmissões por "televisão fechada":

ECAD. Direitos autorais. Transmissão de obras audiovisuais (filmes) que inseridas obras musicais e destas por televisão fechada. Cumulação de interdito proibitório e perdas e danos. Prosseguimento quanto a estes, com carência da possessória. Legitimidade *ad causam*. Rejeição das preliminares. Direitos autorais devidos pela transmissão. Valores fixados pelo ECAD. Prevalência[41].

(c) de 8 de setembro de 2020, do Superior Tribunal de Justiça[42], que reconheceu a legitimidade da cobrança de direitos autorais pelo ECAD ainda que não sejam identificados os autores de quem as obras foram transmitidas pela "TV por assinatura":

Recurso Especial. Ação declaratória. Reconvenção. Direitos autorais. ECAD. Execuções públicas. Comunicação ao público de acesso restrito. 1. Prescrição. Sucessão de leis no tempo. 2. Ônus da prova. Utilização por usuário permanente. Presunção de utilização das obras. Dever legal do usuário de informar as obras utilizadas. 3. Tabela de preços. Legalidade. Legitimidade do ECAD para cobrança. 4. Recurso especial do ECAD provido. Recurso especial de Way TV Belo Horizonte S.A. desprovido. (...) 4. A presente demanda exige o pagamento de contribuição ao Ecad em razão de ato de comunicação ao público consistente em emissão, transmissão e recepção de imagens, acompanhadas ou não de sons, que resulta na entrega de conteúdo audiovisual exclusivamente a assinantes da TV por assinatura, de modo que a comunicação ao público é, portanto, presumida.

---

39. Ementa (transcrição parcial) do acórdão proferido em 1º-11-2006 na Apelação Cível 354.648-7 pela 17ª Câmara Cível do Tribunal de Justiça do Estado do Paraná, votação unânime, rel. Des. Lauri Caetano da Silva.
40. Despacho de 30-8-2007, proferido no Recurso Especial 752.812/DF, rel. Min Massami Uyeda.
41. Ementa, transcrita e referendada na decisão do STJ de 30-8-2007 (nota de rodapé anterior), do acórdão da Quarta Turma Cível do Tribunal de Justiça do Estado do Paraná.
42. Proferido no Recurso Especial 1.418.695/RJ, rel. Min. Marco Aurélio Bellizze.

345

5. A Lei n. 9.610/98 estabelece para o usuário de obras protegidas o dever de comunicar quais obras foram utilizadas, além de manter acessível todos os contratos, ajustes e acordos acerca da autorização e remuneração devidas.

À evidência, nos cinco precedentes jurisprudenciais citados (de 1985, 1996, 2006, 2007 e 2020), trata-se da consagração da efetiva legitimidade do ECAD de licenciamento e arrecadação de direitos autorais quanto à transmissão originária basicamente para captação ou execução musical em ambientes privados ou domésticos.

Fica nítida, portanto, a analogia dessas regras às transmissões (*disponibilização ou comunicação ao público*) de obras musicais e fonogramas musicais para o ambiente digital, bem como a consequente legitimidade de controle de direitos autorais pelo ECAD. Tendo em vista restar a posição legal de que o controle e a arrecadação de direitos autorais decorrentes da transmissão, disponibilização ou comunicação ao público – *público este definido (no caso das transmissões "abertas") ou indefinido (no caso das transmissões em sistemas "fechados", por assinatura, por exemplo)* – de obras musicais ou fonogramas sejam atribuição exclusiva do ECAD, aplica-se a **qualquer modalidade**[43] de transmissão, consequentemente, é evidente a aplicabilidade dessa regra aos meios digitais de comunicação, em especial a notória rede mundial de computadores, denominada "internet".

Nesse passo, qualquer utilização de obras musicais ou fonogramas que consista em sua colocação, em redes digitais, ao alcance do público – definido ou indefinido – "por qualquer meio ou procedimento e que não consista na distribuição de exemplares"[44] – resultará em "comunicação ao público" e, assim, acarretará a obrigatoriedade de obtenção, pelo realizador dessa utilização, de autorização prévia do ECAD, responsável, por expresso comando legal, como já examinamos, pela gestão coletiva dos direitos autorais de todos os titulares das obras musicais e dos fonogramas respectivos.

11.2.4.3. A distribuição, nos meios digitais, como modalidade independente de utilização de obras musicais e fonogramas: a necessidade de autorizações distintas

Nos meios digitais, não há que se confundir a autonomia do regime de gestão coletiva em relação à "comunicação ao público" de obras musicais

---

43. Arts. 68, § 2º, e 99 da Lei n. 9.610/98.
44. Conforme definição legal de "comunicação ao público" (art. 5º, V, da Lei n. 9.610/98).

11 | Proteção dos direitos autorais nos meios digitais de comunicação

e fonogramas com o controle direto exercido pelos autores e demais titulares – originários ou derivados – de direitos autorais (como produtores fonográficos ou editoras musicais) no que se refere à "distribuição" dessas obras. Trata-se de modalidades independentes de utilização e, portanto, dependem de autorização distintas, concedidas na forma legal.

Não deve restar dúvidas a respeito. Com efeito, como já expusemos, há preceito legal inafastável nesse sentido, que é o art. 31 da Lei n. 9.610/98, que dispõe categoricamente que: "As diversas modalidades de utilização de obras literárias, artísticas ou científicas ou de fonogramas são independentes entre si, e a autorização concedida pelo autor, ou pelo produtor, respectivamente, não se estende a quaisquer das demais".

No meu entendimento, essa conclusão não sofre qualquer fragilização frente à definição legal vigente de "distribuição" de obras intelectuais aplicável no ambiente digital, qual seja:

(a) inciso IV do art. 5º – ("Para os efeitos desta lei considera-se":) distribuição – a colocação à disposição do público do original ou cópia de obras literárias, artísticas ou científicas, interpretações ou execuções fixadas em fonogramas, mediante venda, locação ou qualquer outra forma de transferência de propriedade ou posse; e

(b) inciso VII do art. 29 – ("Depende de autorização prévia e expressa do autor a utilização da obra, por quaisquer modalidades, tais como:") – a distribuição para oferta de obras mediante cabo, fibra ótica, satélite, ondas ou qualquer outro sistema que permita ao usuário realizar a seleção da obra ou produção para percebê-la em um tempo e lugar previamente determinados por quem formula a demanda, e nos casos em que o acesso às obras ou produções se faça por qualquer sistema que importe em pagamento pelo usuário.

Nítido está, portanto, que a modalidade de utilização "comunicação ao público", nos termos da definição legal[45] – por excepcionar apenas as hipóteses de "distribuição de exemplares" –, não se encontra presente no primeiro caso de distribuição de obras (inciso IV do art. 5º da Lei n. 9.610/98), mas, ao contrário, é plenamente compatível com a segunda hipótese legal de "distribuição" (inciso VII do art. 29) por não envolver a "distribuição de exemplares".

---

45. Art. 5º, V, da Lei n. 9.610/98: "Comunicação ao público – ato mediante o qual a obra é colocada ao alcance do público, por qualquer meio ou procedimento e que não consista na distribuição de exemplares".

Nesse passo, nessa segunda hipótese legal de distribuição (art. 29, VII), haverá, também, como modalidade de utilização de obra ou fonograma a ser obrigatoriamente autorizada (*pelo ECAD, como já vimos*), a transmissão, disponibilização ou comunicação ao público, que, nos termos do inciso V do art. 5º da Lei n. 9.610/98, encontra-se perfeitamente configurada.

Nesses casos (*da distribuição prevista no art. 29, VI, da Lei n. 9.610/98*), portanto, no atendimento do comando do art. 31 do mesmo diploma legal *– que preceitua que as modalidades de utilização de obras são independentes entre si e exigem autorizações específicas –*, é necessária a obtenção de dupla autorização: (a) do ECAD, para a transmissão, disponibilização ou comunicação do conjunto de obras e fonogramas "colocados ao alcance do público"[46] na internet; e (b) dos respectivos titulares em relação a cada obra/fonograma efetivamente selecionado pelo usuário/consumidor para sua audição (*streaming* interativo) ou para armazenamento ou reprodução em seu computador pessoal (*download*), uma vez que esse ato configure uma nova modalidade de utilização de obra ou fonograma musical, o que demandará, conforme previsão legal, autorização específica[47].

De qualquer forma, é relevante destacar que a hipótese de distribuição prevista no art. 29, VI, da Lei de Direito Autoral vigente somente configurará nova modalidade de utilização e, portanto, exigirá nova autorização *– complementar à autorização necessariamente emitida pelo ECAD –* quando a seleção do usuário "internauta" for individualizada – relativamente a determinada "obra ou produção" que pretenda destacar da totalidade do conteúdo disponibilizado pelo "site" na "internet".

Nesse sentido, como não representa uma nova modalidade de utilização o usuário "selecionar" livremente *– para sua audição privada –* uma determinada emissora de radiodifusão (*ou a cabo*) ou um conjunto *– amplo ou reduzido –* de obras ou fonogramas musicais transmitidos ou disponibilizados gratuitamente, organizados por estilo, nacionalidade, tipo de instrumentação etc., ou mesmo aleatoriamente por *sites* que estejam – legal e regularmente (*devidamente licenciados pelo ECAD para essa finali-*

---

46. Terminologia adotada pelo inciso V do art. 5º da Lei n. 9.610/98 para a definição da expressão "comunicação ao público".

47. Naturalmente essa nova e adicional autorização *– independente e complementar à emitida pelo ECAD –*, obrigatória para cada modalidade de utilização, restará ainda mais evidenciada quando, a partir desse destacamento ("ou seleção") individualizado de obra ou produção musical pelo usuário "internauta", este promover o seu armazenamento em seu computador ou outro suporte, por consistir ato de "reprodução", nos termos legais (art. 5º, VI, da Lei n. 9.610/98).

dade) – presentes na *internet*, não haverá, nesses casos, obrigatoriedade de obtenção, pelos responsáveis por essas disponibilizações (não interativas), de nova autorização dos titulares de direitos autorais respectivos por não consistirem, legalmente, tais utilizações atos de distribuição ou reprodução de obras ou fonogramas musicais.

11.2.4.4. O decisivo precedente jurisprudencial sobre streaming de obras musicais e fonogramas na internet: a função construtiva do Superior Tribunal de Justiça

Embora o equacionamento jurídico dessa matéria – *direcionando o controle dos direitos autorais decorrentes da utilização de obras musicais e fonogramas pela via do* streaming *na internet ao regime de gestão coletiva* – estivesse evidenciado pelo regime legal vigente, conforme expressamos nos itens anteriores, iniciou-se a formação de jurisprudência em sentido contrário, especialmente no âmbito do Tribunal de Justiça do Rio de Janeiro.

A Segunda Seção[48] do Superior Tribunal de Justiça julgou, em 8 de fevereiro de 2017, o Recurso Especial 1.559.264/RJ (2013), em que o ECAD era o recorrente e a Oi Móvel S.A., a recorrida. A questão, em judicioso acórdão, de relatoria do Ministro Ricardo Villas Bôas Cueva, que, mesmo por maioria de votos (vencido apenas um dos seus oito componentes, o Ministro Marco Aurélio Bellizze), jogou uma pá de cal na polêmica, consagrando o *streaming* na internet como execução pública. Destaque-se, de sua incerta, os seguintes trechos autoexplicativos:

(a) resumo da controvérsia:

1. Cinge-se a controvérsia a saber: (i) se é devida a cobrança de direitos autorais decorrentes de execução musical via internet de programação da rádio OI FM nas modalidades *webcasting* e *simulcasting* (tecnologia *streaming*); (ii) se tais transmissões configuram execução pública de obras musicais apta a gerar pagamento ao ECAD; e (iii) se a transmissão de músicas por meio da rede mundial de computadores mediante o emprego da tecnologia *streaming* constitui meio autônomo de uso de obra intelectual, caracterizando novo fato gerador de cobrança de direitos autorais. 2. *Streaming* é a tecnologia que permite a transmissão de dados e informações, utilizando a rede de computadores, de modo contínuo.

---

48. Composição que reúne as duas Turmas – 3ª e 4ª – do STJ, que congregam toda a matéria relativa a direito privado (a 1ª e a 2ª Turmas – Primeira Seção – são de direito público; a 5ª e 6ª – Terceira Sessão –, de direito penal).

Esse mecanismo é caracterizado pelo envio de dados por meio de pacotes, sem a necessidade de que o usuário realize *download* dos arquivos a serem executados. 3. O *streaming* é gênero que se subdivide em várias espécies, dentre as quais estão o *simulcasting* e o *webcasting*. Enquanto na primeira espécie há transmissão simultânea de determinado conteúdo por meio de canais de comunicação diferentes, na segunda, o conteúdo oferecido pelo provedor é transmitido pela internet, existindo a possibilidade ou não de intervenção do usuário na ordem de execução. 4. À luz do art. 29, incisos VII, VIII, "i", IX e X, da Lei n. 9.610/1998, verifica-se que a tecnologia *streaming* enquadra-se nos requisitos de incidência normativa, configurando-se, portanto, modalidade de exploração econômica das obras musicais a demandar autorização prévia e expressa pelos titulares de direito.

(b) a caracterização legal do *streaming* como execução pública:

5. De acordo com os arts. 5º, inciso II, e 68, §§ 2º e 3º, da Lei Autoral, é possível afirmar que o *streaming* é uma das modalidades previstas em lei, pela qual as obras musicais e fonogramas são transmitidos e que a internet é local de frequência coletiva, caracterizando-se, desse modo, a execução como pública. 6. Depreende-se da Lei n. 9.610/1998 que é irrelevante a quantidade de pessoas que se encontram no ambiente de execução musical para a configuração de um local como de frequência coletiva. Relevante, assim, é a colocação das obras ao alcance de uma coletividade frequentadora do ambiente digital, que poderá, a qualquer momento, acessar o acervo ali disponibilizado. Logo, o que caracteriza a execução pública de obra musical pela internet é a sua disponibilização decorrente da transmissão em si considerada, tendo em vista o potencial alcance de número indeterminado de pessoas. 7. O ordenamento jurídico pátrio consagrou o reconhecimento de um amplo direito de comunicação ao público, no qual a simples disponibilização da obra já qualifica o seu uso como uma execução pública, abrangendo, portanto, a transmissão digital interativa (art. 29, VII, da Lei n. 9.610/1998) ou qualquer outra forma de transmissão imaterial a ensejar a cobrança de direitos autorais pelo ECAD.

(c) e, finalmente, a questão do *simulcasting*[49] e a legitimidade do ECAD para cobrança (e distribuição) de direitos autorais decorrentes do *streaming* na internet:

---

49. *Simulcasting* é a transmissão simultânea e inalterada de emissões de rádio e/ou televisão (aberta, via cabo ou outra tecnologia) através da internet. Tal denominação é feita por analogia ao *broadcasting*, expressão, em inglês, utilizada para denominar a radiodifusão convencional.

8. O critério utilizado pelo legislador para determinar a autorização de uso pelo titular do direito autoral previsto no art. 31 da Lei n. 9.610/1998 está relacionado à modalidade de utilização e não ao conteúdo em si considerado. Assim, no caso do *simulcasting*, a despeito do conteúdo transmitido ser o mesmo, os canais de transmissão são distintos e, portanto, independentes entre si, tornando exigível novo consentimento para utilização e criando novo fato gerador de cobrança de direitos autorais pelo ECAD. 9. Está no âmbito de atuação do ECAD a fixação de critérios para a cobrança dos direitos autorais, que serão definidos no regulamento de arrecadação elaboração e aprovado em Assembleia Geral, composta pelos representantes das associações que o integram, e que contém uma tabela especificada de preços. Inteligência do art. 98 da Lei n. 9.610/1998.

Esse posicionamento paradigmático representou um verdadeiro divisor de águas para o tema, e obteve, pela segunda vez, já no mês seguinte, a confirmação, desta feita por unanimidade (o Ministro Bellizze, que divergira no julgamento anterior, modificou o seu entendimento), da Terceira Turma do STJ:

Ementa:

(...) 3. O critério utilizado pelo legislador para determinar a autorização de uso pelo titular do direito autoral previsto no art. 31 da Lei n. 9.610/1998 está relacionado com a modalidade de utilização e não com o conteúdo em si considerado. Assim, no caso do *simulcasting*, a despeito de o conteúdo transmitido ser o mesmo, os canais de transmissão são distintos e, portanto, independentes entre si, tomando exigível novo consentimento para utilização e criando novo fato gerador de cobrança de direitos autorais pelo ECAD.

4. As alterações promovidas pela Lei n. 12.853/2013 à Lei n. 9.610/1998 não modificaram o âmbito de atuação do ECAD, que permanece competente para fixar preços e efetuar a cobrança e a distribuição dos direitos autorais.

5. O início da vigência do Regulamento de Arrecadação e das tabelas de preços em conformidade com os novos critérios a serem observados para a formação do valor a ser cobrado para a utilização das obras e fonogramas, previstos na Lei n. 12.853/2013 e no Decreto n. 8.469/2015, ocorre em 21-9-2015, de modo que consideram-se válidas as tabelas anteriores até tal data.

(...)

10. Recurso especial provido[50].

---

50. Íntegra da ementa do acórdão de 14-3-2017, proferido por votação unânime da Terceira Turma do STJ no Recurso Especial 1.567.780/RJ, rel. Min. Ricardo Villas Bôas Cueva.

11.3. A RESPONSABILIDADE DOS PROVEDORES NAS VIOLAÇÕES DE DIREITOS AUTORAIS NA INTERNET

11.3.1. Modalidades de provedores nas redes digitais

Embora tenha excluído, textualmente, as infrações – e consequente responsabilização – "a direitos de autor ou a direitos conexos"[51], o "Marco Civil da Internet" (Lei n. 12.965, de 23-4-2014, que estabelece princípios, garantias, direitos e deveres para o uso da internet no Brasil) e, também, não tenha incluído definição dos provedores, é certo que subdividiu essa atividade em dois tipos básicos: os de conexão e os de aplicação de internet, sendo:

(a) a conexão à internet: a habilitação de um terminal para envio e recebimento de pacotes de dados pela internet, mediante a atribuição ou autenticação de um endereço IP (art. 5º, V); e

(b) aplicações de internet: o conjunto de funcionalidades que podem ser acessadas por meio de um terminal conectado à internet (art. 5º, VII).

Consequentemente, o primeiro grande grupo (provedores de conexão) são, em outras palavras, os denominados provedores de serviço de acesso, ou seja, sua função consiste em viabilizar o acesso de seus clientes à internet, como as empresas operadores de telefonia, por exemplo[52]. O segundo (provedores de aplicação) subdivide-se, principalmente, em:

– provedor de correio eletrônico, que opera o sistema de envio e recebimento de mensagens pela internet (como e-mail)[53];

– provedor de hospedagem, que propicia o armazenamento de arquivos em um servidor que viabiliza o seu acesso por terceiros[54], ou, também, como observa Frederico Meinberg Ceroy, podem oferecer

---

51. Arts. 19, § 2º, e 31 da Lei n. 12.965/2014, que dispõem: § 2º (do art. 19): "A aplicação do disposto neste artigo para infrações a direitos de autor ou a direitos conexos depende de previsão legal específica, que deverá respeitar a liberdade de expressão e demais garantias previstas no art. 5º da Constituição Federal", e "Art. 31. Até a entrada em vigor da lei específica prevista no § 2º do art. 19, a responsabilidade do provedor de aplicações de internet por danos decorrentes de conteúdo gerado por terceiros, quando se tratar de infração a direitos de autor ou a direitos conexos, continuará a ser disciplinada pela legislação autoral vigente aplicável na data da entrada em vigor desta Lei".

52. No Brasil, atualmente, os principais exemplos de provedores de conexão (ou de acesso) são a TIM, VIVO, CLARO, NET e outras.

53. No Brasil, atualmente, os principais exemplos de provedores de correio eletrônico são o Gmail (Google), Hotmail (Microsoft), UOL e Yahoo.

54. No Brasil, atualmente, os principais exemplos de provedores de hospedagem são o UOL, o Host e a Localweb.

11 | Proteção dos direitos autorais nos meios digitais de comunicação

plataformas prontas para seus usuários, objetivando acessar *websites* (Google, Yahoo, Bing etc.), *blogs* (WordPress), publicação de vídeos (YouTube, Vimeo, Dailymotion etc.), acesso a músicas (Spotify, Deezer, Apple Music etc.), criação de *websites* (Wix) e redes sociais (Facebook, Twitter, Instagram, Tiktok etc.)[55]; e

- provedor de conteúdo, que disponibiliza na internet as informações criadas ou desenvolvidas pelos provedores de informação (ou autores), utilizando servidores próprios ou os serviços de um provedor de hospedagem para armazená-las. São diversos os exemplos de provedores de conteúdo, já que englobam desde pessoas naturais que mantêm um *website* ou *blog* pessoal a grandes portais de imprensa[56].

11.3.2. A responsabilidade dos provedores de internet nas violações a direitos autorais

11.3.2.1. A responsabilidade dos provedores de internet sob o aspecto genérico

Resta claro que, sob a ótica do Marco Civil da Internet (Lei n. 12.695/2014), no âmbito do grande espectro da rede mundial de computadores, mais que as dos provedores de conexão, são as atividades, obrigadas pelos provedores de aplicação (hospedagem, busca e conteúdo) que envolvem a responsabilização quanto às infrações legais de qualquer gênero. Nesse contexto, encontra-se evidenciado no diploma legal da internet que:

(a) não há nenhuma ressalva em relação à efetiva responsabilização dos provedores de conteúdo (ou seja, que operam conteúdo gerado pelo próprio provedor), cabendo-lhes, portanto, sem restrições, as normas gerais de responsabilidade civil e penal;

(b) diversamente, no que tange aos provedores de hospedagem (que operam conteúdo gerado por terceiros), impõe a Lei n. 12.965/2014 a responsabilidade subjetiva – ou seja, dependente da apuração de culpa ou dolo – ao estabelecer, em seu art. 19, que:

---

55. CEROY, Frederico Meinberg. Os conceitos de provedores no Marco Civil da Internet. *Migalhas*. Brasília, 25 nov. 2014. Disponível em: https://www.migalhas.com.br/depeso/211753/os-conceitos-de-provedores-no-marco-civil-da-internet. Acesso em: 26 out. 2022. Acrescente-se que há precedentes jurisprudenciais que atribuem a essa modalidade de provedor também a denominação "provedor de busca na internet", como consignado – referindo-se ao Google – na ementa do acórdão do STJ relativo ao Agravo Regimental em Recurso Especial 681.413/PR, de 8-3-2016, votação unânime, rel. Min. Raul Araújo.

56. Conforme Frederico Meinberg Ceroy, artigo citado.

Art. 19. Com o intuito de assegurar a liberdade de expressão e impedir a censura, o provedor de aplicações de internet somente poderá ser responsabilizado civilmente por danos decorrentes de conteúdo gerado por terceiros se, após ordem judicial específica, não tomar as providências para, no âmbito e nos limites técnicos do seu serviço e dentro do prazo assinalado, tornar indisponível o conteúdo apontado como infringente, ressalvadas as disposições legais em contrário.

Consequentemente, encontra-se expresso na lei especial que se trata de uma benesse concedida ao "provedor de aplicações da internet" em relação a "conteúdo gerado por terceiros" e, portanto, apenas recai sobre os denominados "provedores de hospedagem" (ou de busca), por exemplo, Google, Facebook, Youtube e outros provedores do mesmo gênero[57].

Mas, indaga-se, seria essa condição especial – *no contexto do ordenamento jurídico de responsabilização civil e penal* – um privilégio justificável? Entendo ser negativa a resposta, pois a Lei n. 12.965, de 2014, não é a "constituição da internet", como alardeado por alguns. Não constrói do zero o ordenamento jurídico, mas sim se integra a este. Nunca é demais ressaltar ser o "Marco Civil da Internet" regra infraconstitucional e, portanto, sua aplicação deve se harmonizar com o ordenamento jurídico vigente[58]. A esse respeito, ensina Claudio Luiz Bueno de Godoy que:

> (...) a lei especial contraria, em primeiro lugar, preceito comum e histórico, no Código Civil brasileiro, de responsabilidade solidária em caso de ilícitos contratuais. É o que, no atual CC, se contém no art. 942 e que já estava no

---

57. Como visto, essa era a posição da Diretiva Europeia de 2000 sobre direitos do autor e conexos no mercado único digital, mas foi reconsiderada quando da sua revisão pela Diretiva Europeia de 2019, já referida, que impõe a responsabilização independentemente de prévia notificação.

58. *Vide* que o dispositivo legal, demasiadamente abrangente, leva pessoas, físicas e jurídicas, exercendo as mais variadas atividades na internet a alegarem que se trataria, na realidade, de provedores de aplicação, para se desresponsabilizar pelas violações praticadas em seus sítios eletrônicos. Em caso recente julgado pelo Tribunal de Justiça do Rio de Janeiro, foi necessário expressamente refutar a tese, pela ré Record (dona do portal de notícias "R7"), de ilegitimidade passiva por plágio praticado por contratado seu: "A Autora, ora Apelada, que é jornalista e professora, comprovou ter sido vítima de plágio de um artigo de sua autoria, intitulado 'A gente morre todos os dias, mas se esquece e levanta', através da revista eletrônica 'Obvious', cujas publicações são hospedadas pela R7, mantido pela Ré, ora Apelada 1 (Rádio Record). (...) O Portal R7, pertencente à Ré, e que hospeda as publicações da revista eletrônica onde se deu a obra plagiada, constitui-se em um 'portal de notícias', que desenvolve atividade jornalística e visa disseminar notícias, não sendo um mero provedor de conteúdo como ocorre com o Google e Microsoft, por exemplo, que são da área de informática e não tem como controlar o conteúdo das informações que são postadas por seus usuários. Precedente STJ" (Ap. 0062698-15.2015.8.19.0001; Desembargadora Maria Regina Fonseca Nova Alves; Julgamento 12-12-2023; 18ª Câmara de Direito Privado (antiga 15ª Câmara Cível).

11 | Proteção dos direitos autorais nos meios digitais de comunicação

art. 1.518 do CC/16[59]. Depois, contraria-se ainda a responsabilidade solidária que se impôs, no CDC (art. 7º)[60], para mais ampla tutela do consumidor, aí incluído aquele assim considerado por equiparação, justamente o terceiro vítima (*bystander*) de acidente de consumo, portanto de fato do serviço, de falha da segurança razoavelmente esperada[61].

Já a Lei n. 13.709/2018, ou "Lei Geral de Proteção de Dados Pessoais", alterando o "Marco Civil da Internet", previu modalidade de responsabilização para violações ao acesso de dados pessoais disponibilizados na internet. No art. 42, § 1º[62], cria modalidades diferentes de responsabilização segundo a condição de operadou ou controlador, e o art. 43 da lei cria hipóteses de exclusão de responsabilidade[63].

O mesmo raciocínio válido para o "Marco Civil da Internet" também é válido para tal disposição. A proteção de direitos de autor e conexos são independentes das modalidades de responsabilidade e das hipóteses de exclusão criadas pela "Lei Geral de Proteção de Dados Pessoais", constituindo subsistema próprio não derrogado nem revogado pela referida lei, seja qual for o *meio* pelo qual a obra foi veiculada pelo autor. Ademais, vale recordar, dados pessoais e direito de autor não são equivalentes, apesar das violações referentes àqueles terem às vezes impacto nesse também.

---

59. "Art. 942. Os bens do responsável pela ofensa ou violação do direito de outrem ficam sujeitos à reparação do dano causado; e, se a ofensa tiver mais de um autor, todos responderão solidariamente pela reparação. Parágrafo único. São solidariamente responsáveis com os autores os coautores e as pessoas designadas no art. 932."
"Art. 1.518. Os bens do responsável pela ofensa ou violação do direito de outrem ficam sujeitos à reparação do dano causado, e, se tiver mais de um autor a ofensa, todos responderão solidariamente pela reparação. Parágrafo único. São solidariamente responsáveis com os autores os cúmplices e as pessoas designadas no art. 1.521."

60. "Art. 7º Os direitos previstos neste código não excluem outros decorrentes de tratados ou convenções internacionais de que o Brasil seja signatário, da legislação interna ordinária, de regulamentos expedidos pelas autoridades administrativas competentes, bem como dos que derivem dos princípios gerais do direito, analogia, costumes e equidade. Parágrafo único. Tendo mais de um autor a ofensa, todos responderão solidariamente pela reparação dos danos previstos nas normas de consumo."

61. Uma análise crítica da responsabilidade civil dos provedores na Lei n. 12.965/14 – Marco Civil da Internet. In: LUCCA, Newton de; SIMÃO FILHO, Adalberto; LIMA, Cíntia Rosa Pereira de (coords.). *Direito & internet III*. São Paulo: Quartier Latin, 2015, p. 315.

62. I – o operador responde solidariamente pelos danos causados pelo tratamento quando descumprir as obrigações da legislação de proteção de dados ou quando não tiver seguido as instruções lícitas do controlador, hipótese em que o operador equipara-se ao controlador, salvo nos casos de exclusão previstos no art. 43 desta Lei; II – os controladores que estiverem diretamente envolvidos no tratamento do qual decorreram danos ao titular dos dados respondem solidariamente, salvo nos casos de exclusão previstos no art. 43 desta Lei.

63. Art. 43. Os agentes de tratamento só não serão responsabilizados quando provarem: I – que não realizaram o tratamento de dados pessoais que lhes é atribuído; II – que, embora tenham realizado o tratamento de dados pessoais que lhes é atribuído, não houve violação à legislação de proteção de dados; ou III – que o dano é decorrente de culpa exclusiva do titular dos dados ou de terceiro.

355

11.3.2.2. As violações de direitos autorais na internet e a responsabilidade dos provedores no Brasil: legislação e precedentes jurisprudenciais

11.3.2.2.1. A responsabilidade objetiva nas violações a direitos autorais como regra geral

Tendo em vista que a Constituição Federal protege o direito autoral como cláusula pétrea, estabelecendo em seu art. 5º, XXVII, que aos autores pertence o direito exclusivo de utilização, mandamento reeditado na Lei n. 9.610/98, que prevê que as autorizações dos titulares de direitos autorais para utilização de obras intelectuais devem ser sempre prévias e expressas, as sanções civis, como consequência do seu descumprimento, são rigorosas e encontram-se expressas, basicamente, em dois dispositivos da lei vigente para a matéria:

> Art. 102. O titular cuja obra seja fraudulentamente reproduzida, divulgada ou de qualquer forma utilizada, poderá requerer a apreensão dos exemplares reproduzidos ou a suspensão da divulgação, sem prejuízo da indenização cabível.
>
> Art. 104. Quem vender, expuser a venda, ocultar, adquirir, distribuir, tiver em depósito ou utilizar obra ou fonograma reproduzidos com fraude, com a finalidade de vender, obter ganho, vantagem, proveito, lucro direto ou indireto, para si ou para outrem, será solidariamente responsável com o contrafator, nos termos dos artigos precedentes, respondendo como contrafatores o importador e o distribuidor em caso de reprodução no exterior.

Assim, resta patente a desnecessidade de constatação de culpa ou dolo na caracterização do ato ilícito.

Com efeito, o art. 104 da Lei n. 9.610/98 estabelece a responsabilidade objetiva, por meio da qual não cabe indagar da presença de culpa ou não do terceiro interveniente na relação com o contrafator direto. Se esse terceiro reproduz ou não põe fim ao ciclo econômico da obra ilícita, obtém lucro nesse desiderato, sendo o que basta para responder com os demais corréus no ressarcimento *in integrum* dos danos gerados. Esse entendimento foi fixado no julgamento do REsp 1.123.456/RS (2009/0125078-0), rel. Min. Massami Uyeda:

> 1. É objetiva a responsabilidade do agente que reproduz obra de arte sem a prévia e expressa autorização do seu autor.
>
> 2. Reconhecida a responsabilidade do contrafator, aquele que adquiriu a obra fraudulenta e obteve alguma vantagem com ela, material ou ima-

terial, também responde pela violação do direito do autor, sem espaço para discussão acerca da sua culpa pelo evento danoso.

Em acórdão mais recente, a Quinta Câmara Cível do Tribunal de Justiça do Rio Grande do Sul, ao julgar a apelação 70073433427, rel. Des. Isabel Dias Almeida, reconheceu a responsabilidade pela violação de direito do autor *"ainda que por equívoco da ré"* (fls. 10 da fundamentação do voto), tendo direito o autor de fazer cessar o ilícito (com a exclusão do vídeo) e ver seus direitos patrimoniais e morais indenizados.

A Quarta Turma do Superior Tribunal de Justiça, no REsp 1.736.786/SP, rel. Ministro Antonio Carlos Ferreira, julgado em 27 de abril de 2023, também reconheceu a responsabilidade do contratante pela contrafação consistente na inclusão, sem autorização do autor, de poema em campanha publicitária produzida por publicitário por ela contratado:

> CIVIL E PROCESSO CIVIL. RECURSO ESPECIAL. AÇÃO DE INDENIZAÇÃO POR DANOS MATERIAIS E MORAIS. VIOLAÇÃO DE DIREITOS AUTORAIS. SOLIDARIEDADE PASSIVA. CAUTELAR. INTERRUPÇÃO. PRAZO PRESCRICIONAL. RECURSO DESPROVIDO.
>
> 1. Nos termos do art. 104 da Lei n. 9.610/1998, responde solidariamente com o contrafator quem utiliza obra reproduzida com fraude, com a finalidade de obter ganho, vantagem, proveito, lucro direto ou indireto, para si ou para outrem.
>
> 2. No caso dos autos, a contratante responde solidariamente com a empresa de publicidade contrafatora, por utilizar poema em campanha publicitária, veiculada em canais de televisão sem autorização do autor.
>
> 3. Ajuizada ação cautelar preparatória contra um dos réus solidários, a interrupção do prazo prescricional prejudica ambos, conforme dispõe o art. 204, § 1º, do CC/2002.
>
> 4. Recurso especial a que se nega provimento.

11.3.2.2.2. A responsabilização dos provedores em violação de direitos autorais na internet

Como vimos, o "Marco Civil da Internet" (Lei n. 12.965/2014) criou a modalidade de responsabilidade subjetiva para o provedor de aplicação de internet quando se tratar de "conteúdo gerado por terceiros" (art. 19), o que se aplica, portanto, especialmente, aos provedores de hospedagem, espécie do denominado "provedor ou aplicações" previsto no referido diploma legal.

No entanto, conforme já examinamos, encontra-se destacando no art. 19, § 2º, e art. 31 do referido "Marco Civil" que este não se aplica a infrações de direitos de autor e direitos conexos, "continuando a ser disciplinada pela legislação autoral vigente"[64]. Consequentemente, vale a regra geral do Código Civil brasileiro e, mais especificamente, a regra da responsabilidade objetiva prevista para violação de direito autoral, como reportamos no item anterior deste capítulo. A respeito, acrescente-se a orientação de Anita Mattes, Jaqueline San Galo e Leonardo Pontes Machado:

> Não há qualquer razão para não se aplicar a responsabilidade objetiva e a teoria do risco aos provedores de hospedagem, estando presentes todos os elementos caracterizadores. Não há por que os provedores também não se sujeitaram à teoria do risco: ao contrário, há mais razão para isso, em virtude da ampliação dos fatores de expansão do risco; grande dificuldade de se provar a culpa; anonimato; dano imediato, massificado e com grande possibilidade de repercussão. Regredir à ideia infeliz de prova diabólica (*probatio diabolica*), portanto, seria injustificável em um projeto moderno de direitos autorais[65].

A crítica de Mattes, San Galo e Pontes é válida, pois, caso tivesse sido adotada a regra do "Marco Civil da Internet" para o campo dos direitos autorais, cumprir com a notificação exigida na referida lei deveria ser um elemento somente para reduzir o montante da indenização devida aos

---

64. Texto final do art. 31 da Lei n. 12.965, de 23-4-2014, que estabelece princípios, garantias, direitos e deveres para o uso da internet no Brasil. Consigna, o texto integral do dispositivo legal: "Art. 31. Até a entrada em vigor da lei específica prevista no § 2º do art. 19, a responsabilidade do provedor de aplicações de internet por danos decorrentes de conteúdo gerado por terceiros, quando se tratar de infração a direitos de autor ou a direitos conexos, continuará a ser disciplinada pela legislação autoral vigente aplicável na data da entrada em vigor desta Lei".

65. Ob. cit., p. 411. Acrescente-se, também, a lúcida doutrina dos mesmos autores, sobre o mesmo tema: "A teoria do risco se justifica pela mudança do estado de fato e do estado de consciência das sociedades modernas. Mudança de um estado de fato porque de atividades individuais evoluímos para atividades coletivas de natureza anônima; do prejuízo individual ao prejuízo *difuso*; de uma sociedade simples a uma sociedade industrial de massa, amorfa e disforme, que gera a diluição da responsabilidade em função de uma desumanização criada pela *gestão de riscos assumidos*. De outro lado, temos uma mudança do estado de consciência pela socialização do risco – a vítima deve ser indenizada mesmo que seu ofensor não seja identificado e mesmo que não tenha lastro financeiro. Mudança do estado de consciência também pela valorização da pessoa humana e da solidariedade – o ator central da responsabilidade não é mais o causador do prejuízo, mas a vítima que deve ser indenizada. Todavia, o paradigma da responsabilidade objetiva em relação aos provedores de hospedagem é questionado principalmente pela influência desses novos atores sobre a jurisprudência. A vítima é novamente colocada em segundo ou em terceiro plano e todo o ônus de prova, mesmo que a prova seja diabólica, é a ela novamente imposto. O quadro da responsabilidade objetiva é fracionado, regredido à era anterior a Seleilles, à primeira metade do século XIX. A culpa baseada em uma moral religiosa deveria ser demonstrada em relação aos provedores de hospedagem, criaturas estranhas que não são pessoas físicas, mas, antes, grandes empresas que dominam a tecnologia" (ob. cit., p. 362).

11 | Proteção dos direitos autorais nos meios digitais de comunicação

titulares, amenizado o *quantum* que deveria ser pago pelo provedor, mas não para isentar a responsabilidade dos provedores pelo período de ilegalidade que antecede a notificação. E a regra da responsabilidade objetiva da lei especial – *que regula direitos autorais*[66] – harmoniza-se com a regra geral do Código Civil de 2002, que estabelece no parágrafo único do seu art. 927 que: "Haverá obrigação de reparar o dano, independentemente de culpa, nos casos especificados em lei, ou quando a atividade normalmente desenvolvida pelo autor do dano implicar, por sua natureza, risco para os direitos de outrem".

Ora, é inegável o risco de práticas ilícitas que um provedor de aplicação da internet propicia – *em enormes proporções – com um uso indiscriminado de conteúdo, que deveria estar protegido, deixando ao alcance de qualquer um a possibilidade de colocação de obras intelectuais – como uma música, um vídeo, um texto, uma foto* – sem autorização prévia dos titulares de direitos autorais para livre utilização na rede mundial de computadores. Nesse passo, como negar que tal – *extremamente lucrativa* – atividade "normalmente desenvolvida" pelo provedor de internet "implicaria, por sua natureza, risco para os direitos de outrem" e, consequentemente, nos termos literais do parágrafo único do art. 927 do Código Civil de 2002 citados, deverá "reparar o dano independentemente de culpa"?

Apesar de parecer clara essa conclusão de responsabilização objetiva em face do ordenamento jurídico vigente em nosso país, os provedores da internet têm conseguido – *muitas vezes alegando discutíveis fragilizações tecnológicas ou operacionais que inviabilizariam a prevenção de práticas ilícitas* – obter decisões judiciais para que sua responsabilização seja de natureza subjetiva, ou seja, dependa da comprovação de culpa ou dolo.

Nesse caminho, só seriam responsabilizados os provedores quando – *notificados pelas vítimas* – se omitissem em retirar material ilícito da rede, passando, só então, a responder solidariamente com o autor direto do dano.

Contrariamente a esse pleito dos provedores de internet – *em matéria relativa a ofensa a direitos da personalidade* – já se manifestou, em 9 de março de 2010, o STJ, em judicioso acórdão unânime da sua Segunda Turma, rel. Min. Herman Benjamin, com a seguinte ementa (*transcrição parcial*):

> (...). 7. Quem viabiliza tecnicamente, quem se beneficia economicamente e, ativamente, estimula a criação de comunidades e páginas de rela-

---

66. Arts. 102 e 104 da Lei n. 9.610/98.

359

cionamento na internet é tão responsável pelo controle de eventuais abusos e pela garantia dos *direitos da personalidade* de internautas e terceiros como os próprios internautas que geram e disseminam informações ofensivas aos valores mais comezinhos da vida em comunidade, seja ela real, seja virtual.

8. Essa corresponsabilidade – parte do compromisso social da empresa moderna com a sociedade, sob o manto da excelência dos serviços que presta e da merecida admiração que conta em todo mundo – é aceita pelo Google, tanto que atuou, de forma decisiva, no sentido de excluir páginas e identificar os gângsteres virtuais. Tais medidas, por óbvio, são insuficientes, já que reprimir certas páginas ofensivas já criadas, mas nada fazer para impedir o surgimento de outras tantas, com conteúdo igual ou assemelhado, é, em tese, estimular um jogo de Tom e Jerry, que em nada remedia, mas só prolonga, a situação de exposição, de angústia e de impotência das vítimas das ofensas[67].

Mais recentemente, o STJ ainda responsabilizou o MercadoLivre por violações de direitos autorais por anunciantes, em virtude de o art. 104 da Lei de Direitos Autorais responsabilizar, entre outros, aquele que "expõe à venda" pela reparação dos danos autorais. O acórdão do REsp 2.057.908/SC, relatado pela Min. Nancy Andrighi, da Terceira Turma, julgado em 2 de abril de 2024, é assim ementado:

RECURSO ESPECIAL. AÇÃO DE REPARAÇÃO CIVIL POR DANOS MORAIS E MATERIAIS. MARCO CIVIL DA INTERNET. PLATAFORMA DE COMÉRCIO ELETRÔNICO. RESPONSABILIDADE. ANÚNCIO. CONTEÚDO PROTEGIDO POR DIREITO AUTORAL. LEI DE DIREITO AUTORAL.

1. Ação de reparação civil por danos morais e materiais, ajuizada em 05/10/2018, da qual foi extraído o presente recurso especial, interposto em 20/08/2022 e concluso ao gabinete em 25/09/2023.

2. O propósito recursal é decidir se a responsabilidade da plataforma de comércio eletrônico de retirar anúncio que viole direitos autorais se inicia após a notificação do titular da obra ou após a ordem judicial específica.

3. *Diante da ausência da legislação específica tratando de infrações a direito do autor e a direitos conexos cometidos por provedores de aplicação de internet a que se refere o art. 19, § 2º, do Marco Civil da Internet, aplica-se a Lei de Direitos Autorais.*

---

67. Transcrição dos itens 7 e 8 da ementa do acórdão do STJ (2ª Turma) de 9-3-2010, votação unânime, rel. Min. Herman Benjamin, no Recurso Especial 1.117.633/RO.

4. *No que diz respeito às plataformas de comércio eletrônico que disponibilizam a sua estrutura para divulgar anúncios de vendas, o art. 104 da Lei de Direitos Autorais determina que expor a venda de obra protegida por direito autoral é ato que enseja a responsabilidade solidária daquele que a expõe com o contrafator.*

5. A Lei dos Direitos Autorais não prevê a responsabilização daquele que não fiscaliza previamente os conteúdos vendidos.

6. *Nos termos do art. 104 da LDA, deve-se responsabilizar aquele que expõe a venda de conteúdo protegido, não importando se houve ou como foi o lucro obtido pela plataforma de comércio eletrônico, haja vista que a finalidade da plataforma, por si só, é facilitar a venda que ensejará lucro de outrem.*

7. Nos termos do art. 102 da LDA, é direito do titular da obra que esteja sendo fraudulentamente vendida requerer a suspensão desse ato.

8. A exposição de venda de conteúdo protegido pela Lei dos Direitos Autorais se revela um ato manifestamente ilícito, que exige que haja pronta suspensão das vendas, sendo desnecessário aguardar ordem judicial específica.

9. Na plataforma de comércio eletrônico, a retirada de um anúncio de venda que viole a LDA, após a notificação do titular do direito autoral não viola de qualquer forma o direito de liberdade de expressão ou as demais garantias previstas no art. 5º da Constituição Federal.

10. Se é inequívoco que o titular da obra protegida por direito autoral notificou a plataforma de comércio eletrônico que divulgava o anúncio de venda do conteúdo protegido, isto é o suficiente para que surja a responsabilização solidária da plataforma de comércio eletrônico de indenizar o titular da obra pelos danos sofridos, sendo desnecessário que a notificação ocorra por meio específico.

11. Na espécie, o Mercado Livre não retirou anúncio de venda de um curso protegido pelo direito do autor que estava sendo divulgado em sua plataforma, mesmo após a notificação do titular da obra, o que atrai a sua responsabilidade pelos danos sofridos.

12. Recurso especial conhecido em parte e desprovido, com majoração de honorários.

Noutro acórdão de 26-9-2019, proferido nos autos da apelação 70082153362, esse da Décima Segunda Câmara Cível do TJRS, o rel. Des. Umberto Guaspari Sudbrack assentou que "*em detrimento de apresentar escusas para o cumprimento da obrigação – apenas diante da ausência de indicação do URL – cabia-lhe, isto sim, diligenciar visando ao atendimento do comando respectivo, sobretudo diante da gravidade do conteúdo divulgado em seu site"*, consignando que a ré – Google –, assim que sentenciada a demanda, e mesmo sem a indicação correta da URL, o fez prontamente.

Ainda, em decisões recentes de outros Tribunais de Justiça estaduais:

Apelação. "Ação de obrigação de fazer c/c indenização por uso indevido de imagem exclusiva da autora". Demanda ajuizada em face de responsável pelo gerenciamento de plataforma de comércio eletrônico (Mercado Livre), objetivando a apuração da responsabilidade pela veiculação e manutenção de anúncio de venda de produtos contrafeitos. Sentença que, com esteio no art. 19, *caput*, do Marco Civil da Internet (Lei n. 12.965/2014), entendeu ser necessária ordem judicial prévia e seu descumprimento para a responsabilização do intermediário por conteúdo (anúncio) veiculado em sua plataforma, além da legalidade do anúncio pelo exaurimento/esgotamento da marca em decorrência da prévia inserção do produto no mercado de consumo, julgando improcedente a demanda. Recurso da sociedade autora. (...) Lei dos direitos autorais atualmente em vigor (Lei n. 9.610/98) que, embora não contemple disposição específica sobre a responsabilização do provedor de aplicações de internet, prevê, no seu art. 104, a obrigação solidária de quem "expõe a venda" produto objeto de infração marcária juntamente com o contrafator. (...) Sentença reformada para julgar procedente a Actio[68].

APELAÇÃO CÍVEL – AÇÃO ORDINÁRIA – Sentença de extinção da ação, sem julgamento do mérito – Reconhecida a ilegitimidade passiva "ad causam" da requerida TELEGRAM – Recurso do autor – Pretensão de que sejam removidos os canais de terceiro, usuário da plataforma requerida que se apropriou indevidamente de conteúdo de sua autoria, sem consentimento – Encaminhada notificação extrajudicial à requerida, que deixou de tomar as efetivas providências – Violação de direito autoral, inclusive reconhecida pela requerida Incidência do disposto nos art 19, § 2º, e 31 da Lei n. 12.965/2014, bem como no art. 102 da Lei

---

68. Tribunal de Justiça de Santa Catarina. Apelação n. 5028304-55.2022.8.24.0018, do Tribunal de Justiça de Santa Catarina, rel. Tulio Pinheiro, Quarta Câmara de Direito Comercial, j. 5-11-2024.

11 | Proteção dos direitos autorais nos meios digitais de comunicação

n. 9.610/98 – Afastada a extinção da ação para reconhecer a legitimidade da requerida (...)[69].

DIREITOS AUTORAIS – DISPONIBILIZAÇÃO DE MÚSICA EM SERVIÇO DE *STREAMING* SEM ATRIBUIÇÃO DE AUTORIA AO COMPOSITOR – RESPONSABILIZAÇÃO CIVIL DA TITULAR DA PLATAFORMA EM VIRTUDE DA TEORIA DO RISCO – Autor que pretende a indenização por danos morais e a obrigação de correta identificação de sua condição de compositor de obras musicais – Sentença de parcial procedência – Recurso da ré – Rejeição das preliminares de cerceamento de defesa, decisão-surpresa e falta de fundamentação – Magistrado que havia determinado a produção de prova pericial e, posteriormente, reconsiderou a necessidade da prova e prolatou sentença – Possibilidade de reexaminar a imprescindibilidade dos meios probatórios a qualquer tempo com base em melhor compreensão do mérito da causa, sobre o qual as partes já se manifestaram – Justificação da sentença idônea e suficiente para rebater as teses defensivas – Legitimidade passiva da ré Apple Brasil evidenciada – Representação processual pela ré da pessoa jurídica estrangeira titular das plataformas digitais (Apple Latam) decorrente do pertencimento ao mesmo grupo econômico, nos termos do art. 75, X, do CPC – Mérito – Comprovação da criação das canções sub judice pelo autor e da existência de três faixas sem a atribuição de autoria, embora as partes divirjam sobre se há outras músicas incorretas – Configuração de violação de direitos morais do autor (art. 24, II, da Lei 9.610/98) pela sociedade que disponibiliza o conteúdo *online* para acesso aos usuários do serviço – Rejeição da tese defensiva de fato exclusivo de empresas terceiras, que são responsáveis pela obtenção dos dados sobre direitos autorais – Dever de correção dos dados constantes da plataforma que constitui risco intrínseco à atividade empresarial desenvolvida pela titular do *streaming* (art. 927, parágrafo único, do Código Civil) – Inaplicabilidade do marco civil da internet às violações de direitos autorais (art. 19, § 2º, da Lei 12.965/14) – Orientação jurisprudencial consolidada por este TJSP sobre a responsabilidade da titular do *streaming* em casos análogos – Danos morais *in re ipsa* devido à violação dos direitos morais de autor – Descabimento de redução da indenização fixada

---

69. TJSP; Apelação Cível 1087536-23.2023.8.26.0100; Relator: Benedito Antonio Okuno; Órgão Julgador: 8ª Câmara de Direito Privado; Foro Central Cível; Data do Julgamento: 2-10-2024.

em R$ 10.000,00, à luz da capacidade econômica da ré e dos parâmetros jurisprudenciais para hipóteses similares – Pedido de revisão de ofício do termo inicial dos juros de mora, formulado em contrarrazões – Acolhimento – Matéria de ordem pública, inexistindo *reformatio in pejus* – Responsabilidade extracontratual que enseja juros desde a data do evento lesivo – Sentença reformada apenas para correção, de ofício, do termo inicial dos juros de mora – Honorários recursais devidos – RECURSO DESPROVIDO, COM OBSERVAÇÃO[70].

APELAÇÃO – AÇÃO DE OBRIGAÇÃO DE FAZER C/C INDENIZAÇÃO POR DANOS MORAIS E MATERIAIS – Direitos autorais – Aulas em curso que eram comercializados pela plataforma Hotmart, publicadas gratuitamente e sem autorização pela ré Telegram – Sentença de parcial procedência – Inconformismo das partes – Preliminares afastadas – Não aplicação do artigo 18 e/ou 19 da Lei 12.965/2014 – Marco Civil da Internet – Aplicação da Lei 9.610/98 (Lei dos Direitos Autorais) – Incontroversa a disponibilização do curso do autor pela plataforma da ré – Responsabilidade da ré – Precedente desta C. Câmara – Danos materiais devidos e arbitrados em R$20.000,00 – Danos morais – Ocorrência – Fixação de R$10.000,00 – Manutenção – Multa diária aplicada de R$1.000,00 sem limitação – Manutenção – Suficiente para evitar a valorização da desídia, sem provocar enriquecimento ilícito – Sucumbência integral da ré – Sentença parcialmente reformada. RECURSO DO AUTOR PARCIALMENTE PROVIDO E RECURSO DA RÉ, NÃO PROVIDO[71].

Por fim, note-se que o dever de exclusão dos conteúdos – nos casos em que os danos se concretizem no Brasil –, extrapola domínios eletrônicos situados em território nacional, em especial quanto a sítios com sede no exterior, mas com atuação em caráter transnacional. Ao questionamento natural da eficácia da decisão em outros países, cabe observar que elas detém eficácia e que ordens judiciais podem ser cumpridas por meio de carta rogatória – como acontece em qualquer outro, como no caso de ações de alimentos no qual o alimentante viva no exterior, por exemplo, ou em

---

70. TJSP; Apelação Cível 1128895-84.2022.8.26.0100; Desembargadora Relatora: Angela Moreno Pacheco de Rezende Lopes; Órgão Julgador: 10ª Câmara de Direito Privado; Foro Central Cível - 32ª Vara Cível; Data do Julgamento: 24-9-2024; Data de Registro: 25-9-2024.

71. TJSP; Apelação Cível 1008325-45.2023.8.26.0032; Desembargador Relator: Benedito Antonio Okuno; Órgão Julgador: 8ª Câmara de Direito Privado; Foro de Araçatuba - 5ª Vara Cível; Data do Julgamento: 23-10-2024; Data de Registro: 24-10-2024.

pedidos de extradição –, além da existência de tratados de cooperação internacional. Nesse sentido o julgado do Tribunal de Justiça de São Paulo:

APELAÇÕES. RESPONSABILIDADE CIVIL. Ação fundada no Marco Civil da Internet apenas em face da Google. Conteúdo difamatório à empresa autora pelo usuário "Mark Macconery". Sentença de parcial procedência. Inconformismo de ambas as partes. Autora suscita preliminar de cerceamento de defesa; no mérito, alega que a remoção deve ocorrer não apenas no Brasil, por inexistir violação à soberania de outros países. Defende a ocorrência de dano moral *in re ipsa*, pois nítida a relação de consumo entre as partes. Ré que argumenta não poder ser compelida a fornecer os dados de seus usuários, pois possui apenas aqueles de IP. Remoção devida não apenas no Brasil. Não se pode invocar limites territoriais para obstar conteúdo acessível através de simples digitação na ferramenta de busca. Inexistência de violação ao princípio da territorialidade ou à soberania nacional de outros países. Precedentes deste Egrégio Tribunal e do STJ. Mantença da obrigação de fornecer dados que permitam a identificação do usuário, o que inclui portas lógicas de origem e outros pertinentes. Possibilidade. Precedentes do STJ e desta Câmara. Solução técnica adotada pela ANATEL que enseja a utilização do mesmo IP por mais de um usuário, tendo em vista a transição dos sistemas IPv4 e IPv6 por meio da porta lógica de origem. Obrigação de guarda dos dados atribuível ao provedor de aplicação, nos termos do relatório da mencionada agência reguladora. Inteligência dos artigos 5º e 10, § 1º, da Lei de n. 12.965/2014. Interpretação teleológica da legislação respectiva. Precedentes do C. STJ. Sentença reformada em parte. Malgrado não esteja disponível o conteúdo em pesquisas atuais, deve restar consignada a extensão da remoção de conteúdo em nível mundial. Recurso da autora parcialmente provido. Desprovido o apelo da ré[72].

11.4. INTELIGÊNCIA ARTIFICIAL E DIREITOS AUTORAIS

A inteligência artificial (IA) constitui, além de uma forma (não tão) nova de utilizar meios digitais, um novo problema aos direitos autorais, por algumas razões. Principalmente na atualidade, quando apareceram ferramentas mais populares de produção de textos e imagens por IA, uma

---

72. TJSP, 6ª Câmara de Direito Privado, Apelação Cível 0004464-05.2015.8.26.0176, j. 11-12-2022, rel. Des. Ana Zomer.

série de teorias surgiram desmerecendo a proteção legal dos direitos autorais, alegando que ela precisaria de readequação ou que atrapalharia o "desenvolvimento econômico". Também apareceram questões envolvendo a autoria de eventuais resultados da utilização de IA, alguns alegando que a máquina poderia ser autora, outros que geraria obras que seriam automaticamente de domínio público. Por debaixo dessas questões, há a discussão – pouco cabível – mais geral que compara inteligência natural humana e "inteligência" artificial. Muitos compartilham da visão (enviesada) de Ray Kurzweil, CEO da Google, defensor de uma visão otimista daquilo que se convencionou chamar de "singularidade":

> [Entrevistador:] Chegaremos a um tempo, então, que a inteligência dos computadores superará a nossa?
>
> [R.K.:] Não tenha dúvida disso. O cérebro humano possui uma capacidade de cerca de 1.026 cálculos por segundo (CPS), e isso não mudará muito ao longo dos próximos cinquenta anos. Nosso cérebro usa o sistema eletroquímico de transmissão de dados que viajam por entre os neurônios milhões de vezes mais lento que nos computadores. Comunicamos nosso conhecimento e idiomas usando nossa linguagem um milhão de vezes mais devagar que os computadores podem transmitir suas informações. Veremos uma grande disparidade por volta de 2040, quando a inteligência não biológica que criamos será um bilhão de vezes mais rápida que os 1.026 cálculos por segundo do nosso cérebro. A palavra "singularidade" é uma metáfora para explicar este fenômeno. Emprestei o termo da Física e seus estudos sobre os buracos negros[73].

O próprio Kurzweil admite, porém, que as ferramentas de inteligência artificial criam riscos pouco controláveis em vários aspectos. A notícia de que trabalhadores seriam demitidos ou deixariam de ser contratados em razão de sua substituição por ferramentas tecnológicas gerou uma grande greve em Hollywood. Como resultado, um acordo assinado com estúdios Disney e Netflix abarcou uma série de proteções adicionais a artistas, como a proibição de substituição da contratação pela utilização de réplicas digitais. Tais réplicas podem ser usadas, mas não se impedirem a contratação de um coadjuvante[74].

---

73. Disponível em: https://www.ihu.unisinos.br/categorias/175-noticias-2006/573884-seremos-todos--cyborgs-entrevista-com-raymond-kurzweil. Acesso em: 4 nov. 2024.
74. Disponível em: https://g1.globo.com/pop-arte/cinema/noticia/2023/11/12/acordo-apos-greve-de-ato-res-de-hollywood-poe-limites-a-inteligencia-artificial-de-filmes-e-series.ghtml. Acesso em: 25 nov. 2023.

Posteriormente, a pressão dos artistas ainda se converteu em uma lei que proibiria a substituição do trabalho humano pelos chamados "clones digitais", criados por IA[75].

A regulação veio em bom tempo, pois recentemente a OpenAI, desenvolvedora do ChatGPT, lançou a "Sora", *software* que cria vídeos a partir de comandos textuais – sempre se alimentando de resultados disponíveis na internet, nem sempre de forma lícita[76].

Na mesma esteira da greve dos produtores audiovisuais, a associação para direitos de artistas (Artist Rights Alliance) publicou uma carta aberta exigindo remuneração aos autores pela utilização de suas obras pelos *softwares* de IA.

No Brasil, recentemente, uma réplica digital da cantora Elis Regina foi utilizada em um comercial de veículo automotivo, o que também gerou controvérsias semelhantes. Esses questionamentos envolvem preocupações com os impactos a direitos trabalhistas, a direitos de imagem, além da constituição de uma nova fronteira, no plano tecnológico e, consequentemente, no jurídico, entre vida e morte. O próprio Congresso Nacional reagiu com um projeto de lei que regularia a utilização de imagens de pessoas mortas (PL 3.592/23)[77].

As questões éticas da utilização de Inteligência Artificial podem ser múltiplas e vêm preocupando, na realidade há muitas décadas, uma míriade de autores de todas as áreas do conhecimento, da física à literatura, da filosofia ao direito.

No livro de contos de ficção científica *Eu, Robô*, Isaac Asimov imaginou máquinas adquirindo a capacidade de ter sentimentos humanos e explorou as fronteiras éticas da relação humano-robô. No seguinte trecho do conto "Andando em círculos", a personagem principal, Gregory Powell, formula as famosas leis da robótica, que acabaram incorporadas nas discussões sobre ética e inteligência artificial:

> – Agora veja, vamos começar com as três Leis da Robótica, as três regras fundamentais que estão mais profundamente arraigadas no cérebro positrônico de um robô. – A voz de Powell, transmitida pelo rádio, soou tensa aos ouvidos de Donovan.

---

75. Disponível em: https://veja.abril.com.br/mundo/california-aprova-leis-para-proteger-artistas-contra--uso-nao-autorizado-de-ia. Acesso em: 11 nov. 2024.

76. Disponível em: https://openai.com/sora#research. Acesso em: 7 abr. 2024.

77. Disponível em: https://www12.senado.leg.br/noticias/materias/2023/07/20/elis-regina-recriada-por-ia--motiva-projeto-para-uso-de-imagem-de-pessoas-mortas. Acesso em: 25 nov. 23.

Na escuridão, seus dedos enluvados assinalavam cada item.

– Temos o seguinte. A primeira: um robô não pode ferir um ser humano ou, por inação, permitir que um ser humano venha a ser ferido.

– Certo!

– A segunda – continuou Powell –: um robô deve obedecer às ordens dadas por seres humanos, exceto nos casos em que tais ordens entrem em conflito com a Primeira Lei.

– Certo!

– E a terceira: um robô deve proteger sua própria existência, desde que tal proteção não entre em conflito com a Primeira ou com a Segunda Lei[78].

Além de considerações éticas desse tipo, há decorrências diretamente ligadas ao direito de autor. A começar porque diversas tecnologias já foram usadas na tentativa de gerar obras artísticas. Um dos casos mais emblemáticos é o de The next Rembrandt. Andres Guadamuz, na Revista da OMPI, descreve assim esse projeto:

> The Next Rembrandt é uma pintura 3D criada por computador utilizando um algoritmo de reconhecimento facial. Foram necessários dezoito meses de trabalho para criar esta pintura, depois de terem sido digitalizadas 346 obras conhecidas do pintor holandês. Composto por 148 milhões de pixels, o retrato foi criado a partir de 168.263 fragmentos retirados das obras do artista e armazenados numa base de dados especialmente concebida para o efeito. O projeto foi patrocinado pelo grupo bancário holandês ING, em colaboração com a Microsoft, a consultora de marketing J. Walter Thompson e consultores da Universidade de Tecnologia de Delft, do Mauritshuis e do Museu Casa de Rembrandt[79].

Outros exemplos podem ser citados, como a produção de um poema pela Google[80], ou Iamus, computador da Universidade de Málaga, na Espanha, que é "autor" da primeira música de complexidade suficiente para ser reconhecida e executada por profissionais[81].

Mas a discussão se reacendeu recentemente pelo advento do "ChatGPT". Esta ferramenta, de propriedade da empresa OpenAI, gera respos-

---

78. ASIMOV, Isaac. *Eu, Robô*. Trad. Aline Storto Pereira. São Paulo: Aleph, 2015 [1950]. Edição do Kindle, Locais do Kindle 693-690.

79. Disponível em: https://www.wipo.int/wipo_magazine/fr/2017/05/article_0003.html. Acesso em: 25 nov. 23.

80. Disponível em: https://www.wired.co.uk/article/google-artificial-intelligence-poetry. Acesso em: 25 nov. 23.

81. Disponível em: https://www.theguardian.com/music/2012/jul/01/iamus-computer-composes-classical--music. Acesso em: 25 nov. 23.

tas textuais por meio de inteligência artificial. Dentre as possibilidades de uso, muitos se preocupam com a possibilidade de usuários utilizarem essa tecnologia para escrever romances, poemas, peças de teatro e até petições jurídicas – frequentemente gerando obras plagiadas.

O jornal *The New York Times* ingressou com ação, que já se tornou potencial caso de precedente sobre o tema, contra a OpenIA, reclamando do uso indevido de matérias jornalísticas suas, protegidas por direitos autorais, como forma de treinamento de novos aplicativos de inteligência artificial[82]. Segundo a autora da ação, o uso é feito sem autorização e sem qualquer remuneração, mesmo moldando de forma significativa os *softwares* desenvolvidos pela OpenIA.

No mesmo sentido, aplicando uma diretiva europeia, abaixo mencionada, que protege direitos morais de autor, a Penguin Random House, maior editora do mundo, atualizou seus avisos, incluindo em todos os livros publicados por ela, físicos ou digitais, o aviso de que "nenhuma parte deste livro poderá ser usada ou reproduzida de maneira alguma com o propósito de treinamento de sistemas ou tecnologias de inteligência artificial"[83].

Após o sucesso do ChatGPT e dos *softwares* da Microsoft, outras empresas passaram a desenvolver as mais diversas ferramentas de IA. É o caso da chinesa Baidu, da Apple, da Google com o Gemini, além do uso de IA na Internet das Coisas por Amazon (Alexa, a assistente virtual que obedece a comandos de voz), Samsung (Ballie, o robô doméstico com capacidade de controlar os equipamentos da casa), e LG (Imprintu, espécie de carimbo que cria tatuagens temporárias).

Apenas para dar um indício sobre o aporte econômico que a IA gera aos desenvolvedores de *software*, a Microsoft voltou à liderança mundial entre as chamadas "BigTechs", ultrapassando a Apple, em virtude dos lucros gerados com ferramentas de IA[84].

Com graus diferentes de intervenção humana, a geração de produtos de inteligência artificial (PIA) é uma realidade emergente, que, mesmo quando não possam ser alçados à condição de "obras intelectuais", cada

---

82. Disponível em: https://www.nytimes.com/2024/02/27/technology/openai-new-york-times-lawsuit.html Acesso em: 29 dez. 2023.

83. Disponível em: https://www.digitalmusicnews.com/2024/10/21/penguin-random-house-takes-strong--stance-against-ai/. Acesso em: 11 nov. 2024.

84. Disponível em: https://gizmodo.uol.com.br/microsoft-ultrapassa-apple-e-se-torna-empresa-mais-va-liosa-do-mundo/. Acesso em: 10 mar. 24.

vez mais desafia as fronteiras da proteção aos direitos do autor. A inteligência artificial gera ao menos questões relevantes ao direito autoral, que vêm sendo discutidas à medida que a intervenção da máquina se revela mais significativa.

Para responder essas perguntas, porém, devemos nos valer do ordenamento jurídico brasileiro, referindo-nos eventualmente ao direito estrangeiro, e a a partir daí pensar em dificuldades e possibilidades que podem surgir para regular essas questões.

Nesse caminho, é possível derivar cinco regiões fronteiriças entre proteção a obras intelectuais e inteligência artificial:

1. A criatividade, fundamento da obra intelectual protegida;
2. A atribuição de autoria, em particular nos casos nos quais a tecnologia é preponderante na construção da obra;
3. O conceito de obra coletiva;
4. O conceito e a alta probabilidade de configuração, no uso de IA, do ilícito de plágio.

Esses serão os aspectos tratados, de forma principiológica e genérica, no presente capítulo, que é um texto de sobrevoo sobre os inúmeros desafios que a inteligência artificial impõe ao direito de autor, à luz da legislação vigente.

11.4.1 IA autora?

Em dissertação de mestrado, Marcelo Frullani Lopes[85] sistematiza a questão da autoria das aplicações de produtos resultantes de IA de forma bastante interessante. O autor de "Obras geradas por inteligência artificial" aponta quatro teorias ou hipóteses majoritárias sobre a atribuição de autoria:

> A partir da análise de vasta bibliografia sobre o tema, foi possível classificar quatro propostas principais: a) A autoria dos outputs deve caber sempre a um humano, seja ele programador ou usuário, pois as obras geradas necessariamente refletiriam suas escolhas criativas, independentemente do nível de autonomia do sistema; b) Admite-se que não há autor humano, mas atribui-se uma autoria fictícia a um humano por

---

85. LOPES, Marcelo Frullani. *Obras geradas por inteligência artificial*: desafios ao conceito jurídico de autoria. São Paulo: Dialética, 2023.

11 | Proteção dos direitos autorais nos meios digitais de comunicação

razões utilitárias; c) O próprio agente artificial deve ser considerado autor dos outputs; d) O quarto caminho defende que o conceito de autoria não se aplica a obras criadas por inteligência artificial com elevado nível de autonomia, sendo que elas entrariam automaticamente em domínio público, ou seriam protegidas por algum outro tipo de instituto jurídico, como um direito conexo ou sui generis". (2023, p. 181)

Sobre a primeira corrente, cita um artigo de Jane Ginsburg e Luke Ali Budiardjo, que advogam pela atribuição de autoria a um humano, seja aquele que constrói a tecnologia (o desenvolvedor), seja aquele que a maneja (o usuário). Esses defenderiam que o reconhecimento da autoria depende da verificação da concepção e da direção da execução da obra, atribuindo-se então autoria a um, a outro, ou aos dois em coautoria (2023, p. 202).

Na segunda concepção se encontram aqueles que alegam não ser possível a atribuição de autoria com base nas categorias existentes nas legislações vigentes, mas que essa atribuição deve ser realizada por meio de uma ficção jurídica para garantia do "bem-estar social" (2023, p. 209). Cita, nesse sentido, a cláusula 9ª (3) do Copyright, Designs and Paterns Act da Inglaterra e País de Gales – sem desconsiderar as diferenças entre "common law" e "civil law" –, que adota teoria próxima à *civil law*, ao atribuir autoria à "pessoa por quem o arranjo necessário para a criação da obra é realizado"[86].

Na terceira, autores como o sociólogo jurídico Gunther Teubner advogam que seria possível, e até necessário, o reconhecimento da própria inteligência artificial como autora da obra. Isso significaria uma abertura a atores não humanos, descentrando o direito de categorias ocidentais que estão sendo desafiadas por processos de emergência climática e revolução digital (2023, p. 229).

Por fim, a quarta perspectiva, sinalizada à OMPI pelo escritório estadunidense de direito de autor[87], mas também propugnada por José de Oliveira Ascenção, defenderia que, na impossibilidade de atribuir autoria a processos aleatórios e indeterminados, a obra gerada por inteligência artificial deveria cair em domínio público (2023, p. 237). Alternativamen-

---

86. Em tradução livre de: "In the case of a literary, dramatic, musical or artistic work is computer-generated, the author should be taken to be the person by whom the arrangements necessary for the creation of the work are undertaken".

87. U.S. Copyright Office.

371

te, alguns autores dessa última perspectiva também trariam a proposta da proteção por meio da positivação desses tipos de obra como direito conexo ao de autor.

Também cumpre, desde já, rapidamente esclarecer o que é a Inteligência Artificial, e de que tipo de IA se discute, para analisar a pertinência das citadas teses. Professor da Universidade de Viena e relevante voz das políticas públicas europeias sobre inteligência artificial, Mark Coeckelberg define assim a Inteligência artificial:

> A IA pode ser definida como inteligência exibida ou simulada por código (algoritmos) ou máquinas. Essa definição levanta a questão de como definir inteligência. Filosoficamente falando, é um conceito vago. (...)
>
> A IA pode ser definida tanto como ciência quanto como tecnologia. Seu objetivo pode ser uma melhor explicação científica da inteligência e das funções cognitivas mencionadas. Pode nos ajudar a entender melhor os seres humanos e outros seres que possuem inteligência natural. (...) Mas a IA também pode ter como objetivo desenvolver tecnologias para diversos propósitos práticos, "para fazer coisas úteis" como Boden coloca: pode assumir a forma de ferramentas, projetadas por seres humanos, que criam a aparência de inteligência e comportamento inteligente para propósitos práticos[88].

Outra pesquisadora da Inteligência Artificial, a britânica Margaret A. Boden, também ressalta que se trata de "máquinas virtuais". Ou seja, não é "uma máquina representada na realidade virtual, nem algo parecido com um motor de carro simulado para ensinar mecânica. Pelo contrário, ela é o sistema de processamento de informações que o programador tem em mente quando cria um programa, e que as pessoas têm em mente quando o utilizam"[89].

A IA que mais afeta o direito autoral no presente é a segunda espécie mencionada por Coeckelberg, citando a mesma Boden, como tecnologia que mimetiza as capacidades cognitivas humanas, por sua potencialidade de ajudar na confecção de obras, e, também, pelos riscos implicados em sua confecção e utilização.

Como já explicado *supra*, apenas a pessoa física do criador pode ser autor de obra intelectual protegida, segundo a legislação brasileira e da

---

88. COECKELBERG, Mark. *Ética na inteligência artificial*. Trad. Clarisse de Souza et. al. São Paulo/Rio de Janeiro: Ubu, Editora PUC-Rio, 2023, p. 25.
89. *Inteligência Artificial*: uma brevíssima introdução. Editora Unesp: 2020, p. 16.

maior parte dos países ocidentais. Além disso, a proteção da obra não prescinde da demonstração de aportes criativos pelo seu criador, sob pena de plágio, contrafação ou, ao menos, de ausência de relevância jurídica.

Particularmente interessante à questão envolvendo inteligência artificial é a dispensa de um suporte específico para que a obra seja protegida. Assim, a obra, seja a utilizada pela IA, seja a gerada por IA, é protegida ainda que não seja transposta a um suporte material específico (quadro no caso de uma pintura, papel especial no caso da fotografia, etc.).

Pode-se dizer até que, na maior parte dos casos em que se aplica a IA, a obra não é gerada aleatoriamente, mas com alto grau de intervenção humana. Os exemplos da primeira parte, como The next Rembrandt, Magenta ou Iamus são contundentes: humanos alimentaram intencionalmente uma base de dados e programaram a inteligência artificial para gerar um quadro de estilo parecido. Assim acontece com a maior parte dos experimentos existentes.

Um primeiro exemplo é o da capa de uma edição de Frankenstein, publicado pela editora Clube de Literatura Clássica. A ilustração foi indicada para a recepção do prêmio Jabuti de 2023, mas, diante da informação de que teria sido criada com utilização do *software* Midjourney, que contém Inteligência Artificial, foi excluída do concurso[90].

Acontece que o editor, em coluna do jornal *O Globo*[91], explicou que o processo de confecção da imagem foi totalmente transparente e o resultado em nada se assemelhava com obras anteriores. O autor, segundo a entrevista, "definiu um conjunto de modificadores bastante específicos a partir da sua própria concepção artística para as imagens que queria ver geradas – paradoxos geométricos de Escher, tons de Doré, formato de filme 35 mm, sobreposições de formas, etc., etc., etc.. E teve de insistir bastante até vê-las executadas a contento: de quatro mil imagens que gerou, cinquenta funcionaram e foram para o livro". Destacou dois princípios bastante úteis para pensar na regulação da IA em relação a direitos autorais:

1. A técnica de execução não pode ser tão simples quanto comandos digitados no computador.

2. O empréstimo de trabalhos alheios deve ser individualmente identificado e, se aplicável, remunerado.

---

90. Disponível em: https://gizmodo.uol.com.br/frankenstein-livro-finalista-do-premio-jabuti-e-desclassificado-por-uso-de-ia/. Acesso em: 14 dez. 2023.

91. Disponível em: https://oglobo.globo.com/cultura/livros/noticia/2023/11/16/artigo-o-frankenstein-criado-pelo-premio-jabuti.ghtml. Acesso em: 14 dez. 2023.

O comentário ao mesmo jornal feito por Gisele Beiguelman é preciso quanto às contribuições que se devem atribuir ao humano e à máquina em um contexto desses:

> É uma desqualificação e uma incompreensão do fazer artístico, que é sempre mediado. Não é produzido do nada, mas é uma confluência entre pensamento, conceito e trabalho físico. Desqualificar uma ilustração feita por IA me parece tão absurdo quanto rejeitar uma imagem feita em um programa qualquer da Adobe[92].

Mesmo com a repercussão negativa – e tendo os próprios organizadores da edição de 2023 garantido que obras com IA seriam permitidas em futuras edições, após definição de regras claras de utilização –, a Câmara Brasileira do Livro anunciou recentemente a proibição de participação nos seus concursos (especialmente o prêmio Jabuti) de quaisquer obras que utilizem ferramentas de IA[93].

Outro caso como esse é o da autora japonesa Rie Kudan, que se valeu do auxílio de IA para produzir cerca de 5% do texto de seu romance Tokyo-to Dojo-to, recipiente do prêmio Akutagawa[94]. Até pelo percentual de participação da IA, vê-se que a originalidade, como um todo, pode não ser abalada pela ferramenta, desde que utilizada sem aproveitamento de parte significativa de obras alheias, a ponto de configurar contrafação ou plágio.

A filosofia cognitiva, estudando IA, aponta com maior precisão este fato: a IA (de qualquer modo, as tecnologias até hoje existentes), por si só, nada realiza. Como enfatiza Margaret A. Boden:

> Motores de busca como o do Google e programas PLN [como as IAs] em geral podem descobrir associações entre palavras e/ou textos – mas não existe nenhuma compreensão nisso. Não se trata de uma questão filosófica, mas de uma questão empírica – além de outro obstáculo para alcançar a AGI [Inteligência Artificial Geral, igual à capacidade cognitiva humana]. Apesar de alguns exemplos irresistivelmente enganadores

---

92. Disponível em: https://oglobo.globo.com/cultura/livros/noticia/2023/11/11/apos-desclassificacao-no--jabuti-especialistas-defendem-que-nao-faz-sentido-criar-premios-especificos-para-ia.ghtml. Acesso em: 7 abr. 2023.

93. Jabuti veta livros que usam IA e deixa de premiar ciências - 25/04/2024 - Ilustrada - Folha (uol.com.br). Disponível em: https://www1.folha.uol.com.br/ilustrada/2024/04/jabuti-veta-livros-que-usam-inteligencia-artificial-e-deixa-de-premiar-obras-de-ciencias.shtml. Acesso em: 29 abr. 2024.

94. Disponível em: https://gizmodo.uol.com.br/chatgpt-romance-premiado/. Acesso em: 12 mar. 2024.

11 | Proteção dos direitos autorais nos meios digitais de comunicação

– como Watson, Siri e a tradução automática –, os atuais computadores não entendem o significado daquilo que "lêem" ou dizem[95].

Entre outras razões, aponta a autora para a falta de capacidade dos programas de computador de qualquer nível de compreensão em níveis simbólico, imagético ou visual. Mesmo que "aprendam" a reconhecer uma face, não possuem a capacidade de entender aquela face como um rosto de alguém etc.

Mais importante para os fins do direito de autor, há o problema do "*frame*": este aparece "sempre que implicações tacitamente presumidas pelos pensadores humanos são ignoradas pelo computador por não terem sido explicitadas"[96]. Em outras palavras, a utilidade do programa (inclusive das IAs) dependem de um determinado *input* humano, pelo programador ou usuário, sempre incompleto.

E isso acontece mesmo no chamado "aprendizado de máquina". A mais avançada tecnologia nesse sentido é a aprendizagem profunda, que nada mais é, porém, do que um mecanismo que gera *feedbacks* ao sistema (em termos de correto/incorreto) a partir da interface com o usuário, e que vai se aperfeiçoando (ou não) quanto mais é usado. Porém, tal capacidade ainda está longe do aprendizado humano ou animal.

Disso tudo resulta que não é possível à máquina alcançar um nível mínimo de originalidade, por ela própria, uma vez que ela não tem capacidade de criar, por si só, arte no sentido do termo:

> É verdade que romances e enredos de novela que são criados por computador – mas eles não ganham nenhum prêmio de sutileza. (Traduções/ resumos de IA de textos criados por seres humanos podem ser muito mais ricos, mas isso se deve aos autores *humanos*) (...)[97].

Os autoralistas estão atentos a tal circunstância; por exemplo, segundo a expressão de Alain Berenboom, "o papel preponderante da máquina conduz certos autores a refutar a proteção de direito autoral a essas obras, pretendendo que apenas o acaso lhes dá origem. Não partilhamos dessa opinião. O computador é comandado e controlado por um ser humano, e as possibilidades de escolha da máquina se inscrevem de maneira limitada no programa informático"[98]. Também Pollaud-Dulian ressalta que,

---

95. Ibid., p. 59.
96. Ibid., p. 64.
97. Ibid., p. 84.
98. Ibid., p. 125.

375

ainda que aparentementemente aleatória, "esse resultado será apenas em parte aleatório, pois a aleatoriedade é será ainda desejado pelo homem que utiliza a máquina"[99]. O que resta saber, nesse caso, não é se a PIA é fruto da intervenção humana, mas se é dotada de originalidade de forma a se tornar obra intelectual protegida.

Por isso mesmo que, conforme relata Margaret A. Boden, durante um "Retiro Robótico" em 2010, dois Conselhos de Pesquisa ingleses redigiram cinco princípios básicos para regulação dos robôs e da IA, entre eles constando que a responsabilidade deve ser sempre imputada *ao humano* por danos gerados por esses programas.

Além disso, as pessoas físicas ou jurídicas do usuário e do desenvolvedor serão em geral identificáveis. Assim, consideramos pertinente a conclusão, equivalente àquela adotada na Inglaterra, da *IX Jornada de Direito Civil do Conselho da Justiça Federal*, que editou o seguinte enunciado:

> ENUNCIADO 670 – Art. 11 da Lei n. 9610/1998: Independentemente do grau de autonomia de um sistema de inteligência artificial, a condição de autor é restrita a seres humanos[100].

Veja que o enunciado já trata de algumas consequências incompatíveis com o ordenamento jurídico da atribuição de personalidade diretamente à inteligência artificial. Mas, além dessas, é necessário recordar que, a um sujeito de direito é necessário atribuir direitos e deveres. Uma pessoa fictícia só é criada com a atribuição de um determinado patrimônio, que

---

99. Pollaud-Dulian, op. cit., p. 124-125.

100. A Justificativa apresentada também é de interesse: "Justificativa: A recente decisão do Copyright Office Norte-Americano em Fev/2022 em afirmar que a autoria humana é requisito essencial para a proteção autoral apenas ressoa entendimentos doutrinários e até mesmo debates que já vem ocorrendo em Tribunais, como é o caso da disputa Feilin v. Baidu na China.
Sob a legislação vigente, um sistema de IA não pode ser considerado autor, uma vez que esta é condição necessariamente humana, de acordo com o art. 11 da LDA (Lei n. 9.610/1998). No que diz respeito aos fundamentos dos direitos autorais, a centralidade da figura do criador humano não é nova, como afirma o saudoso Prof. Denis Borges Barbosa: "A partir de 1710, apareceram as primeiras leis destinadas a estimular as criações literárias, artísticas e científicas, [...] o propósito [...] era, em primeiro lugar, proteger os autores do excesso de poder econômico (e técnico) dos empresários gráficos, e, em segundo lugar, promover a criatividade intelectual". (BARBOSA, D. B.. Direito Autoral[...]. 1999. pp. 1-2)
Assim, atribuir autoria a um sistema de IA (i) não o incentiva a continuar criando, (ii) vai de encontro com o texto legal vigente, (iii) e contraria toda a estrutura teórica, filosófica e normativa sobre as quais foram erguidas regras amplas e compreensivas destinadas a proteger o criador humano e sua obra original. (SOUZA, A. R.; SCHIRRU, L. *A nova fronteira tecnológica do direito autoral*. In: Manoel Joaquim Pereira dos Santos, Flavia Mansur Murad Schaal, Rubeny Goulart (Orgs.) A Propriedade Intelectual e o Mundo da Inteligência Artificial. 1ed. PI e NewTech Ed., 2021.)"

responde por eventuais danos ocasionados a terceiros, e que incorpora e defende os direitos que lhes são atribuídos. Por si só, robôs e máquinas não são dotados de tais atributos – ao menos não de forma frequente[101].

Opinião parecida é esposada por Alexandre Dumery, mestre de conferências no Institut Catholique de Lille, pesquisador de direito da responsabilidade civil. Segundo ele, a proposição de personalidade jurídica ao robô é das mais discutíveis, não apenas porque o robô não tem a mesma capacidade cognitiva humana, mas também porque não possui patrimônio para responder pelos danos que eventualmente sejam por seu funcionamento gerados. Do ponto de vista do direito civil, propõe então que seja imposta a responsabilidade pelo fato do produto, e ou pela posse da coisa, com as devidas adaptações e adequações caso a caso[102].

Já do ponto de vista do direito autoral, como visto, não faria sentido sequer indicar como autora de obra intelectual protegida uma pessoa jurídica, mas a observação também vale para afastar qualquer pretensão que algum pleito de direito patrimonial por titularidade derivada fosse pleiteado em favor do robô.

Na França, uma proposta de lei vai ainda um pouco além. Dispõe que, se a obra é gerada por inteligência artificial praticamente sem intervenção humana, o titular dos direitos de autor será a pessoa física responsável pelo desenvolvimento. Além disso, prevê a cobrança dos direitos de autor por meio da gestão coletiva. As implicações em casos mais limítrofes, principalmente naqueles em que a inteligência artificial é produzida por pessoa jurídica ou coletivamente, serão examinados adiante[103].

Também no Brasil há projeto de lei em trâmite na Câmara dos Deputados que visa à cobrança, por meio da gestão coletiva de direitos autorais, dos desenvolvedores de ferramentas de inteligência artificial[104].

---

101. Um caso recente demonstra que ao menos a observação de que não conseguem pleitear direitos não pode ser tomada como absoluta. A Inteligência artificial chamada Autopilot, criada pela empresa britânica Luminance, demonstrou a capacidade de negociar um contrato de forma autônoma. De qualquer forma, há um enquadramento da inteligência artificial, no qual ela seria utilizada para representar os interesses do usuário que quer assinar o contrato. Notícia disponível em: https://www-cnbc-com.cdn. ampproject.org/c/s/www.cnbc.com/amp/2023/11/07/ai-negotiates-legal-contract-without-humans-involved-for-first-time.html. Acesso em: 23 nov. 2023.

102. *La Digitalisation du Droit de la Responsabilité Civile à la Rencontre de la Logique Indemnitaire*. Dalloz IP/IT, janeiro de 2024, p. 20-22.

103. *Vide*: https://www.lemondeinformatique.fr/actualites/lire-une-proposition-de-loi-veut-soumettre-l-ia--au-droit-d-auteur-91709.html. Acesso em: 23 nov. 2023.

104. *Vide*: https://www1.folha.uol.com.br/poder/2023/08/projeto-na-camara-sobre-direitos-autorais-pode--incluir-cobranca-ao-chatgpt.shtml. Acesso em 23 nov. 2023.

É verdade que ao direito de autor interessa não a posição social ou a condição financeira, não a inteligência ou a erudição literária, artística ou científica, mas, sim, a criatividade.

E, como já dito acima, esse é atributo indissociável da pessoa humana, e não depende, necessariamente, de seu grau de acesso mesmo ao acervo cultural de obras anteriores, do mesmo gênero que a sua, ou a recursos sofisticados de ordem material ou técnica. O requisito essencial da criação intelectual é a originalidade. Somente o seu atingimento trará à pessoa que a encontrou a condição de autor de obra intelectual.

11.4.2. O produto de inteligência artificial (PIA) é uma obra em coautoria?

É importante recordar que não é qualquer "colaboração" que vai consistir em "coautoria", em conformidade com o já citado § 1º do art. 15 da Lei n. 9.610/98: "Não se considera coautor quem simplesmente auxilia o autor na produção da obra literária, artística ou científica, revendo-a, atualizando-a, bem como fiscalizando ou dirigindo sua edição ou apresentação por qualquer meio".

Essa é uma disposição altamente relevante para a inteligência artificial, à medida que afasta a colaboração da inteligência artificial ou de seu desenvolvedor em todos os casos nos quais a máquina não é preponderante para a obra criativa, mas mero instrumento. *É o caso majoritário, uma vez que ferramentas de IA não têm acesso aos signos em si, apenas os seleciona e os reordena sem conseguir efetuar qualquer julgamento estético ou moral sobre aquilo que fazem.*

Em entrevista a Domenico Agasso, do *La Stampa*, o teólogo Paolo Benanti, referência no Vaticano e na Itália sobre IA, alertou sobre a possibilidade de julgamento moral pelas máquinas:

> Devemos começar dizendo que a IA não pode ser educada moralmente, porque não é uma subjetividade pessoal. Os valores em que se baseia são numéricos. Mas podem ser em certa medida adequados, controlados por algoritmos que podem ser utilizados como uma espécie de guarda-corpo ético. Torna-se, portanto, fundamental uma nova e renovada educação moral daqueles usuários, isto é, dos cidadãos, que não só farão interface com a IA, mas que darão à IA os limites ou os campos de aplicação (...) [É preciso] dar prioridade ao ser humano. Entre o objetivo da máquina e o propósito do ser humano, o projeto do humano deve vir primeiro.

11 | Proteção dos direitos autorais nos meios digitais de comunicação

A IA deve dar ao homem a possibilidade de poder definir as suas prioridades e, portanto, a sua autodeterminação social[105].

À mesma conclusão, de forma mais científica, chegara já em 1986 o ganhador do Prêmio Nobel da Física Roger Penrose. Parte do trabalho de Penrose passou, entre outras coisas, por demonstrar que a consciência (tanto em humanos quanto em animais) não pode ser descrita a partir da física quântica ou da teoria da relatividade, estando em um lugar no meio[106]. Têm os cérebros características como a plasticidade e a de atuar numa temporalidade distinta da linear, na qual nos acostumamos a *narrar* acontecimentos da vida. Como consequência, a consciência não pode ser descrita como um processo algorítmico, muito menos replicada por meio de um computador.

John Searle era da mesma opinião. Por meio de uma metáfora que ficou conhecida como a da "Sala Chinesa", a computação simbólica só é uma etapa do pensamento, sendo necessária a produção de certa intencionalidade para dotar aquele procedimento específico de sentido. Essa intencionalidade só poderia vir de usuários e programadores humanos. Programas de IA, por consequência, seriam meros "calculadores de impostos ou uma coreografia"[107].

É o caso emblemático do ChatGPT, que apenas gera respostas a partir dos elementos inseridos pelo humano. A observação, no entanto, quanto a essa tecnologia, é que o uso dessa ferramenta pode muito facilmente provocar plágios e contrafação de obras existentes, à medida que a inteligência artificial, para elaborar as respostas, as adapta ou copia textos de sua base de dados – muitas vezes sem atribuir crédito à obra da qual a informação foi copiada.

Essa preocupação, inclusive em relação a ferramentas similares, já foi expressa por diversos artistas que não gostariam de ter suas obras incluídas em bancos de dados utilizados pelas ferramentas que usam inteligência artificial. Os artistas temem um número considerável de violações a seus direitos autorais, a ponto de já ter sido desenvolvida uma ferramenta, chamada Nightshade, que altera a imagem de forma invisível, impedindo a sua utilização por inteligência artificial[108].

---

105. A dúvida que a Inteligência Artificial precisa. Entrevista com Paolo Benanti. Disponível em: https://www.ihu.unisinos.br/categorias/635666-a-duvida-que-a-ia-precisa-entrevista-com-paolo-benanti. Acesso em: 5 jan. 2024.

106. Nos termos de Penrose, "a estranha maneira como a TGQC deve agir ao resolver o conflito entre os dois processos quantum-mecânicos U e R". A mente nova do imperador: Sobre computadores, mentes e as leis da física. Editora Unesp: 2023 [1986], p. 582.

107. *Apud* Margaret A. Boden, *op. cit.*, p. 184.

108. *Vide*: https://www.technologyreview.com/2023/10/23/1082189/data-poisoning-artists-fight-generative--ai/. Acesso em: 23 nov. 2023.

A União Europeia está atenta a essa reivindicação, tendo aprovado recentemente uma diretiva sobre Inteligência Artificial cuja norma primordial é a proteção dos autores contra tecnologias que coloquem em risco os mais variados direitos. Dentre as regras previstas está, para as tecnologias de inteligência artificial generativa (como o ChatGPT), a imposição de geração de modelos que evitem a geração de conteúdo ilegal, e de indicação nos textos de que o conteúdo foi gerado por inteligência artificial. Além disso, a diretiva exige dos fornecedores a assunção dos riscos inerentes à sua atividade, uma série de medidas para evitar o estímulo à utilização maléfica dos *softwares* desenvolvidos, além de transparência no desenvolvimento e no uso, governança de dados, e supervisão obrigatória por humanos[109].

Em consonância com a Diretiva Europeia, as grandes empresas de fotografia Nikon, Sony e Canon passaram a diferenciar nas especificações das imagens criadas se elas são produzidas pelas câmeras ou se manipuladas com IA[110]. Atitudes como essa aumentam a transparência do uso de ferramentas de IA, reduzindo riscos de manipulação mal-intencionada e violação a direitos, inclusive de autor.

No Brasil, iniciativa parecida nasceu com o Projeto de Lei do Senado 2.338/23, proposto pelo Senador Rodrigo Pacheco[111]. Apesar de não incluir expressamente disposições concernentes a direitos autorais, adota a classificação de riscos da diretiva da UE, além de estabelecer uma série de princípios, dos quais o primeiro é o da "centralidade da pessoa humana" (art. 2º, I).

Deve-se ainda destacar mecanismos voltados à não discriminação, à proteção da privacidade, e à garantia do "direito à determinação e à participação humana em decisões de sistemas de inteligência artificial" (art. 5º, IV, do referido PL).

Parece haver sintonia com o Poder Executivo sobre a questão da necessidade do uso e desenvolvimento de IA, pois a Presidência da República e o Ministério da Ciência e da Tecnologia também elaboram um plano nacional, em consonância com o referido PL[112].

---

109. Texto integral da regulamentação disponível em: https://eur-lex.europa.eu/legal-content/PT/TXT/HTML/?uri=CELEX:52021PC0206. Acesso em: 21 dez. 2023.

110. *Vide*: https://www1.folha.uol.com.br/tec/2024/01/nikon-sony-e-canon-correm-para-diferenciar-fotos--de-imagens-geradas-por-ia.shtml. Acesso em: 12 mar. 2023.

111. Em trâmite no Senado: https://www25.senado.leg.br/web/atividade/materias/-/materia/157233. Acesso em: 15 jan. 2024.

112. *Vide*: https://www1.folha.uol.com.br/mercado/2024/03/lula-pede-elaboracao-de-plano-ate-junho-para-uso-de-inteligencia-artificial.shtml. Acesso em: 10 mar. 2024.

11 | Proteção dos direitos autorais nos meios digitais de comunicação

Observe-se que, em casos de inteligência artificial generativa, como o ChatGPT, por maior que seja a contribuição da máquina, as pessoas físicas e jurídicas já possuem proteção própria, que é atribuída ao *software*[113].

O *software* serviria, nos casos de obras protegidas com utilização de inteligência artificial, como instrumento do autor (pessoa física) dessas obras, adquirindo este usuário (do *software*/IA) os direitos autorais exclusivos sobre as obras protegidas com a utilização desse sistema.

11.4.3 O PIA é dotado de originalidade?

A inteligência artificial, como visto, se efetiva interação do usuário (pessoa física) e pode gerar obras dotadas de criatividade, criadas de forma individual ou em regime de coautoria, ou também mera compilação de recortes de outras obras. Apenas a análise de cada caso pode demonstrar se se trata de um produto resultante de IA (PIA) ou, em inglês, *artificial intelligence product* (AIP), ou se, ao contrário, dependendo da interação com aporte criativo do usuário, se chegará a ser protegida. Ainda, em caso positivo, a quem se atribui a autoria.

Como exemplo de mera compilação, pode-se citar a agência de notícias, criada pela Google, que gera conteúdo jornalístico exclusivamente por meio de inteligência artificial[114].

Mais especificamente sobre possível tratamento como obras derivadas ou não, obras desenvolvidas a partir de outra preexistente pela Inteligência Artificial será dotada de originalidade suficiente para gerar proteção, ao invés de simplesmente violar o direito do autor da obra originária?

São os casos citados na introdução, de tecnologias que geram música ou poesia quase sem intervenção humana. Nessas condições, há criatividade? Em caso positivo, quem seria o titular dos direitos?

---

113. Vinícius Gomes de Vasconscellos, em editorial da *Revista Brasileira de Direito Processual Penal*, faz uma recomendação interessante aos autores, sobre atribuir ao ChatGPT coautoria de artigos científicos: "Diante do exposto, considerando o cenário atual, pensa-se que as revistas científicas devem inserir normas em suas políticas editoriais e de integridade científica para regular questões de coautoria relacionadas ao uso de inteligência artificial, recomendando-se que: 1. mecanismos de inteligência artificial (como ChatGPT) não cumprem os requisitos para coautoria; 2. autore/as devem declarar (na metodologia ou nos agradecimentos) a utilização de mecanismos de inteligência artificial na redação do artigo e/ou nas demais fases da pesquisa científica; 3. autore/as são responsáveis por erros, plágios e outras más-práticas que eventualmente ocorram em suas pesquisas em razão da utilização de mecanismos de inteligência artificial". VASCONCELLOS, V. G. DE. Editorial – Inteligência artificial e coautoria de trabalhos científicos: discussões sobre utilização de ChatGPT em pesquisa e redação científicas. *Revista Brasileira de Direito Processual Penal*, v. 9, n. 3, p. 1047–1057, set. 2023.

114. *Vide*: https://www.theguardian.com/technology/2017/jul/06/press-association-wins-google-grant-to--run-news-service-written-by-computers. Acesso em: 27 nov. 2023.

381

Outro exemplo, mais invocativo, é o das inteligências artificiais de geração de imagens. O mais famoso é o "Bing Image Creator", que vem sendo utilizado para transformar imagens preexistentes, além de gerar novas a partir de descrições.

Em um caso da internet, uma pessoa anônima postou em sua rede social alegando que o quadro "The Nightwalks", de Edward Hopper, seria "muito triste". Então, "refez" o quadro por meio da citada ferramenta, para parecer mais "feliz", com o bar de dia, pessoas brincando na rua, as pessoas do balcão conversando animadamente e rindo. Outra "adaptação" do quadro de Edward Hopper[115] mostrava apenas a mulher pensativa da obra, numa janela, e foi veiculada por uma empresa de IA para promover suas vendas. Inclusive, antes de ser excluída, tal PIA aparecia nas pesquisas do Google, antes mesmo do quadro original[116]. É evidente que, em casos desses, há violação de direitos autorais. Tal pode ser replicado em um sem-número de exemplos, como Noite Estrelada, de Van Gogh – esta sem incidência de direito autoral por estar em domínio público –, ou obras de artistas contemporâneos, ainda protegidas, como com as famosas tranças do Tunga.

Mas há a possibilidade de experimentações como a do francês Marcel Duchamp, que produziu o quadro L.H.O.O.Q., basicamente composto de uma cópia da Gioconda, de Da Vinci, com adição apenas de um bigode. Dividir casos como esses desafia, principalmente, uma perícia apta a avaliar linguística, simbólica e artisticamente a originalidade das obras derivadas.

11.4.4. O PIA e o plágio

Conforme se verá, seguindo a linha de entendimento de Edman Ayres de Abreu, para a verificação dos fatores subjetivos (a constatação da segura e efetiva ocorrência da intenção do agente) e da materialização desses fatores, resultando na prática – concreta – do plágio, é necessário examinar, ao menos, cinco aspectos objetivos básicos (além, naturalmente, de que a obra tida como plagiada seja considerada "obra intelectual" e, portanto, tutelada no campo dos direitos de autor), quais sejam:

(a) o grau de originalidade da obra supostamente plagiada[117];

---

115. O pintor faleceu em 1967 e, portanto, suas obras ainda não caíram em domínio público.

116. O primeiro resultado de busca por Edward Hopper no Google mostrava obra gerada por IA – Canaltech. Acesso em: 29 abr. 2024.

117. Esse requisito – grau de originalidade da obra supostamente plagiada – tem sido considerando decisivo para a procedência de ações relativas a plágio. Nesse sentido, destacamos quatro arestos, relativamente

11 | Proteção dos direitos autorais nos meios digitais de comunicação

(b) a anterioridade de sua criação (*e publicação*) em relação à obra supostamente plagiaria;

(c) o conhecimento efetivo, ou, ao menos, o grau de possibilidade de o autor supostamente plagiário ter tido conhecimento da obra usurpada, anteriormente à criação da sua obra;

(d) as vantagens – *econômicas ou de prestígio intelectual ou artístico* – que o plagiário estaria obtendo com a usurpação; e

(e) o grau de identidade ou semelhança (*em relação aos elementos criativos originais*) entre as duas obras[118].

Naturalmente, o segundo e o terceiro aspectos objetivos supracitados (a anterioridade da criação da obra supostamente plagiada em relação à plagiária e o conhecimento – ou grande possibilidade de o autor supostamente plagiário ter tido conhecimento – da obra usurpada anteriormente à criação da sua) caracterizam, de plano, elementos essenciais à caracterização do plágio.

Retornando ao tema da Inteligência artificial e aos PIA, há uma distinção entre dois conceitos, segundo o nível de mimetização da consciência humana que a máquina conseguiria alcançar: nesse critério existiria uma IA "forte" e uma IA "fraca".

---

recentes: a) acórdão de 15-7-2005 do Tribunal de Justiça do Rio de Janeiro (Primeira Câmara Cível, votação unânime, rel. Des. Orlando Secco – Apelação Cível 2004.0001. 33.559); (b) acórdão de 7-8-2007 do Tribunal de Justiça de São Paulo (Nona Câmara de Direito Privado, votação unânime, rel. Des. Sergio Gomes – Apelação Cível 355.481-4/SP), e (c) acórdão de 28-8-2007 do Tribunal de Justiça de São Paulo (Primeira Câmara de Direito Privado, votação unânime, rel. Des. Elliot Akel – Apelação Cível 172.679-4).

118. A respeito, Eduardo Lycurgo Leite em seu artigo *Um breve ensaio sobre plágio* (Revista de Direito Autoral, São Paulo, Edição da Associação Brasileira de Direito Autoral – ABDA e Lumen Juris, n. III, p. 122, ago. 2005) cita o "Teste das Semelhanças de Hermano Duval", que apontaria, segundo o jurista citado, "a ocorrência ou não de plágio" que seria "revelado através dos seguintes e convincentes indícios": "a) repetição dos erros ou erros comuns; b) traços isolados de cópia literal; c) traços isolados de semelhanças através de secundárias alterações de fatos comuns, embora insignificantes; d) qualidade e valor das semelhanças com índice superior ao da respectiva quantidade, especialmente se consideradas à luz do teste de imaginação e da habilidade literária dos autores em conflito; e e) comparação da habilidade literária e do poder de imaginação do autor original às do pseudoinfrator e, finalmente aí se indagar se a semelhança de tratamento entre as duas obras em conflito é devida à cópia de uma pela outra, ou se provém de uma criação independente" (DUVAL, Hermano. Violações dos direitos autorais. Rio de Janeiro: Editor Borsoi, 1985, p. 120). Interessante constatar que 40 anos após a publicação da obra de Duval, o primeiro dos "convincentes indícios" de seu "Teste de Semelhança" foi dotado pelo Tribunal de Justiça de São Paulo como elemento decisivo para caracterização do ilícito de plágio em intrincada questão envolvendo dicionários: "De início, cabe registrar que os dicionários são expressamente reconhecidos como obras intelectuais protegidas pela lei, nos termos do art. 7º, XIII, da Lei n. 9.610/98. E, no caso, vindo aos autos prova pericial, restou confirmada a semelhança entre as obras (fls. 1564/1590), que apresentam coincidências tanto nos acertos como nas falhas, o que leva à conclusão de que a obra dos autores foi utilizada para a realização da obra dos réus" (trecho decisório – fls. 4 – do acórdão de 6-3-2008, proferido na Apelação Cível com Revisão 551.230-8/SP, por unanimidade de votos de sua Sexta Câmara de Direito Privado, rel. Des. Vito Gugliemmi).

A IA "forte" (termo cunhado pelo citado John Searle para designar uma corrente de pensamento), ou IA "geral" mimetizaria todas as capacidades criativas humanas, sendo até o momento um mero projeto para pesquisa e desenvolvimento futuro. A maior parte dos cientistas de renome, como visto acima, incluindo Margaret A. Boden, Roger Penrose, Mark Coeckelberg, Adela Cortina, Gisele Beiguelman, e outros tantos, negam a possibilidade de ser criada uma IA "forte" propriamente dita, ou ao menos se opõem eticamente ao seu desenvolvimento.

Na atualidade, temos apenas a chamada IA "fraca", que se restringe a um ou outro aspecto da inteligência humana – e por aí se vê a extrema importância de mitigar a discussão sobre atribuição de personalidade jurídica à IA.

Mesmo a IA "fraca", porém, pode ser instrumentalizada para fins equívocos – e até pela sua incapacidade de julgamento moral ou estético os riscos de plágio e outros tipos de violação a direitos pelo manejo malicioso ou pouco cuidadoso da IA são consideráveis.

Neste diapasão, há notícias de uma invasão de biografias produzidas por inteligência artificial, com conteúdo ou acréscimos um tanto quanto impróprios: as IA geram, além do mero texto informativo, eventos falsos, erros gramaticais crassos e decepção aos leitores enganados. Grande parte dessas biografias surgem em meio às ondas consumistas geradas pela morte de celebridades, vendendo a preços módicos biografias falsas, sem qualquer base fática, sobre os recém-falecidos[119].

Bernard Cassar, do Institut Catholique de Paris e da Université de Strasbourg, fala sobre duas possibilidades de focalizar a utilização de obras para desenvolvimento do *software* e geração de textos na IA. Explica o autor:

> A título preliminar e sem entrar tanto no debate, a coleta de informações coloca o problema do "*scraping*", ou seja, do uso de algoritmos em um ou mais sítios da internet, a fim de coletar as informações exibidas na leitura. Esses dados, servindo ao treinamento do modelo, geralmente compreendem dados protegidos por direitos de propriedade intelectual e, especialmente, direitos do autor. Portanto, quando uma SIAG [sistema de IA generativa] gera uma imagem, um texto, um som, ou qualquer outro formato, ele se apoiará em uma multidão de obras protegidas[120].

---

119. *Vide*: https://www1.folha.uol.com.br/ilustrada/2024/02/como-a-inteligencia-artificial-tem-acelerado--producao-de-biografias-duvidosas.shtml. Acesso em: 13 mar. 2024

120. Tradução livre de: *L'importance de la gouvernance des données dans l'usage de systèmes d'IA générative*. Dalloz IP/IT, n. 10, Paris, outubro de 2023, p. 513-518.

11 | Proteção dos direitos autorais nos meios digitais de comunicação

O autor destaca, então, que se pode focalizar essa utilização dos dados (dita "*scraping*") como integralmente componente da obra original, ou como utilização de trechos esparsos sem proteção *per se*. De uma forma ou de outra, esclarece, há a questão da retribuição aos autores das obras utilizadas para treinamento da IA, questão ainda em aberto.

Essa metodologia de "*scraping*", como se vê, gera um PIA que não é mais do que uma colcha de retalhos composta de obras protegidas contidas em determinado banco de dados. Em geral, o resultado é plágio, não uma obra dotada de originalidade, segundo os critérios acima acentuados.

Aí mora uma questão grave para a proteção dos direitos autorais: muitas vezes, a cópia realizada por meio da IA é bastante sutil, não deixando, porém, de ser uma cópia não autorizada. Por isso, a associação mais natural é a de que, se foi gerado por IA, determinado produto não violará direitos de autor ou conexos. Esta conclusão, porém, como tive a oportunidade de notar no julgamento da apelação nº 1119021-41.2023.8.26.0100, julgada pela 6ª Câmara de Direito Privado do Tribunal de Justiça de São Paulo, em 31 de outubro de 2024, com a seguinte ementa:

> APELAÇÃO – AÇÃO INDENIZATÓRIA – USO NÃO AUTORIZADO DE VOZ – INTELIGÊNCIA ARTIFICIAL – Sentença que julgou improcedente a demanda – Insurgência do autor – Cerceamento de defesa constatado – Demanda que pede a remoção de conteúdo publicitário produzido com uso indevido da voz do autor, que é locutor – Apelada que comprovou ter utilizado voz gerada por Inteligência Artificial – Tecnologias de IA generativa que se servem de bancos de dados prévios – Possibilidade de cometimento de plágio e violação a direitos da personalidade ao utilizar-se de IA generativa – Dever de cuidado – Responsabilidade do usuário do *software* de IA, bem como do desenvolvedor – Recorrência das ações que apenas comprova que a IA está gerando voz similar à do autor, não afastando a probabilidade de se tratar rigorosamente da mesma voz – Necessidade de realização de prova pericial – Sentença anulada – Recurso provido.

Sobre o elemento subjetivo, ademais, a consciência do usuário sobre o fato de estar violando direitos autorais não exclui a possibilidade de enquadramento de sua conduta como dolo eventual. Há a consciência, senão do resultado (pois muitas vezes a cópia é evidente desde que o usuário enviou o comando executado pela IA), ao menos da (alta) probabilidade de causá-lo ao usar a IA sem controle muito cuidadoso e verificação dos PIA gerados.

385

Aqui, remete-se aos requisitos acima explanados para verificar se houve realmente plágio, que se conformam a essas hipóteses de utilização de obras por "scraping" para gerar o PIA: o grau de originalidade desses PIAs é inexistente ou muito baixo; o usuário que gerou o PIA poderia ter acesso a essas obras por ferramentas de pesquisa como o próprio *software* utilizado para geração do texto, som, imagem ou vídeo; e, no mais das vezes, há cópia de trechos inteiros, não mera semelhança, entre o PIA e a obra plagiada. O único requisito que fica em aberto é dimensionar o grau de ilicitude da vantagem, em termos monetários ou de prestígio artístico, de quem veicula um PIA desprovido de originalidade, que necessita de verificação caso a caso.

A mesma consideração, veja, se aplica tanto ao usuário que gera a PIA sem se atentar para os direitos autorais atribuídos às obras intelectuais que estão necessariamente no banco de dados, mas também às desenvolvedoras quando criam o *software* com base em obras alheias, sem autorização. Até porque, como já se viu acima, é possível às desenvolvedoras identificar as incluídas no banco de dados e remunerar os autores, inclusive por meio dos mecanismos de gestão coletiva existentes.

Além dessa observação, de primeira ordem, há outros riscos inerentes ao uso de IA – que são muitos, alguns exemplos afetando inclusive direitos conexos. É o caso dos áudios construídos no chamado *"deepfake"*, pelo qual se mimetiza a voz de alguém – geralmente uma personalidade pública – para gerar conteúdo falso. As finalidades podem ser as mais diversas, como jogos de futebol, locuções de rádio, TV, ou gerar influência em eleições por meio de factoides[121].

Caso bastante recente se deu com a cantora estadunidense Taylor Swift. Após o anúncio de lançamento de um novo álbum, começou a circular pela internet uma música que, pretensamente, seria lançada no disco. Porém, a música tinha sido gerada por IA, e não era da cantora[122]. A cantora já tinha sido alvo de escândalo anterior envolvendo *"deepfakes"*, quando sua imagem foi utilizada para material pornográfico falso[123].

A Copyleaks, empresa que oferece escaneamentos de textos e obras para verificar a ocorrência de plágio, estimou recentemente – investigando espe-

---

121. *Vide*: https://www1.folha.uol.com.br/poder/2024/02/uso-mundial-de-deepfakes-para-manipular-elei-coes-avanca-e-audio-e-maior-risco.shtml. Acesso em 12 mar. 2024.

122. Taylor Swift é vítima de IA em novo álbum e evidencia riscos na criação musical (bloomberglinea.com.br). Acesso em: 23 abr. 2024.

123. Taylor Swift, IA e deep fake: entenda a polêmica com imagens falsas da cantora | Inteligência Artificial | Época NEGÓCIOS (globo.com). Acesso em: 24 abr. 2024.

cificamente a GPT 3.5 – que a incidência de plágio em produtos de inteligência artificial (PIA) seria em torno de 60% do total do conteúdo gerado com uso de plataformas inteligentes[124]. Visualizando os relatórios separados por matéria, é perceptível que praticamente qualquer conteúdo é vulnerável à cópia: os artigos científicos investigados pela Copyleaks tratavam sobre música, arte, direito, engenharia, biologia, etc. Todos com números parecidos de ocorrência de plágio. Cerca de 45,7% dos conteúdos gerados não apenas plagiavam texto, como incluíam trechos idênticos, sem qualquer paráfrase.

Em resposta a esse risco de plágio, a Autoridade de Concorrência da França multou a Google, em março de 2024, em 250 milhões (cerca de 1,3 bilhões de reais) por descumprir acordo anterior pelo qual se comprometia a respeitar direitos conexos, principalmente matérias jornalísticas, ao alimentar suas ferramentas de IA[125].

Já no Brasil, há projeto de lei (PL 262/24) em trâmite no Congresso que prevê aumento de pena para plágio, se este for gerado com auxílio de IA[126].

Em suma, a Inteligência Artificial incorpora todos os aspectos do que o economista Joseph Schumpeter[127] chamava, ainda nos primórdios do século passado, de destruição criativa, por meio de inovação disruptiva: oportunidades para desenvolvimento econômico, obsolescência de tecnologias anteriores, mudanças sociais profundas etc. E, também, os riscos de violação de direitos – que devem ser previstos e assumidos pelo desenvolvedor e pelo usuário, conforme o caso.

Essa capacidade disruptiva, como ressalta a filósofa Adela Cortina, demanda atenção a todos os aspectos do uso e desenvolvimento da IA:

> Uma das consequências muito ruins que o uso da IA pode ter é a de transformar as máquinas em protagonistas da vida. É preciso ter muito cuidado porque temos tendência ao comodismo, e quando um resultado já vem dado, você pode ter a tentação de simplesmente adotá-lo.

Nos termos do direito autoral, isso significa ter cada vez mais cuidado para que os casos de utilização de IA não gerem não só violações a direitos autorais e direitos da personalidade, mas que não provoquem a desumanização da produção intelectual como um todo.

---

124. Copyleaks AI Plagiarism Analysis Report – Copyleaks. Acesso em: 26 abr. 2024.

125. *Vide*: https://noticias.uol.com.br/ultimas-noticias/rfi/2024/03/20/franca-impoe-multa-de--250-milhoes--a-google-por-usar-conteudos-de-midias.htm. Acesso em: 7 abr. 2024.

126. *Vide*: https://www.migalhas.com.br/quentes/403177/pl-aumenta-pena-para-violacao-de-direito-autoral-se-houver-uso-de-ia. Acesso em: 7 abr. 2024.

127. *Teoria do desenvolvimento econômico*. São Paulo: Abril Cultural, 1982.

Mas, para isso, seria necessário primeiro perguntar: onde estaria a fronteira entre violação de direitos autorais e criação de obra original na utilização de IA por um usuário/autor?

Até pelos exemplos acima, entendo que é possível chegar à conclusão de que a Lei n. 9.610/98 já é apta a oferecer soluções que mesclam a primeira, a segunda e a quarta perspectivas, apenas afastando a perspectiva que dota a IA de personalidade jurídica. O enquadramento atual existe, mas depende do caso a ser analisado – segundo o grau de participação humana na geração da "obra", quando não se trate de mera PIA desenvolvida mecanicamente por robôs sem participação humana –, dando a lei enfática (e justificada) proeminência à proteção da pessoa física. Para entender isso, é importante retomar os conceitos principais, já tratados neste estudo, ligados à autoria, à criatividade, à obra coletiva, e à obra derivada.

11.4.5. Algumas considerações conclusivas sobre o PIA

O direito brasileiro possui normas que solucionam os principais problemas envolvidos na questão da proteção de produtos gerados por inteligência artificial (PIA). É importante manter esse edifício jurídico mais do que reformulá-lo desde suas bases, recordando sempre que a sua finalidade precípua é a proteção do autor de obra intelectual[128]. Minar os direitos do autor pode gerar graves consequências, como a de impossibilitar a produção, ao mesmo tempo, profissional e autônoma – inclusive em relação aos interesses econômicos e políticos, de editoras, jornais, produtoras audiovisuais, entre outros.

Daí decorre, em primeiro lugar, que nos parece a opção mais acertada aquela que diz que a autoria em si não pode ser atribuída a não humanos. Apenas humanos são capazes de criatividade propriamente dita. Por mais autônomas as tecnologias existentes de inteligência artificial, elas derivam seus produtos, total ou parcialmente, de obras presentes em uma determinada base de dados e conteúdo de diversas naturezas construído por humanos, além de depender que um humano as desenvolva. Também de-

---

128. Conclusão semelhante já foi dada por Anne-Sarah Skrebers para o direito francês. A autora menciona: "sous l'angle du droit d'auteur et des droits voisins, le cadre législatif en vigueur semble adéquat pour protéger les « œuvres » créées par ou avec l'assistance d'une intelligence artificielle. Il apparaît dès lors prématuré de concevoir de nouveaux droits pour couvrir les créations réalisées par une IA de manière autonome." Skrebers, Anna. Intelligence artificielle et droit d'auteur. In Mendoza-Caminade, A. (Ed.), L'entreprise et l'intelligence artificielle – Les réponses du droit. Université Toulouse 1 Capitole: Presses de l'Université Toulouse Capitole, 2022. doi :10.4000/books.putc.15415

11 | Proteção dos direitos autorais nos meios digitais de comunicação

pendem de um estímulo humano, mesmo que mínimo, para gerar uma obra intelectual.

Mark Coeckelberg alerta para os riscos trazidos por perspectivas que focam demais em exercícios de futurologia:

> Mas a questão não é só o que realmente acontecerá no futuro. Outra preocupação é que essa discussão sobre os impactos futuros (distantes) da IA nos distrai dos riscos reais e atuais de sistemas já disponíveis. Parece haver um risco real de que, em um futuro próximo, os sistemas não sejam inteligentes o bastante e que nós não entendamos suficientemente suas implicações éticas e sociais e, apesar disso, venhamos a utilizá-los amplamente[129].

Podemos dizer isso também dos direitos autorais. Ao invés de imaginarmos um futuro utópico ou distópico, em que a inteligência artificial por si só seja considerada criadora de uma obra original, deveríamos entender quais os riscos que o uso dessas ferramentas traz para os direitos autorais, e já são significativas nos dias atuais.

Geram plágios, contrafação de obra anteriores, distorções de conteúdo relacionado a obras originais. Além disso, há problemas atuais e prementes de licenciamento das obras protegidas e eventualmente utilizadas pela IA, arrecadação – coletiva e individual – de direitos autorais, formas de utilização e responsabilização efetiva. E, principalmente, há a questão sobre se o resultado obtido com a aplicação de IA recebeu a interação criativa humana suficiente para criar uma obra intelectual, e, por isso, é protegida – ou seja, tenha originalidade – ou não. Todas essas questões são parcamente respondidas pela hipótese da atribuição de personalidade ao *software* dito "inteligente".

Mais adequado seria denominar o resultado da aplicação de sistemas de IA, especialmente os de caráter "generativo", não de "obra intelectual", cuja criação é exclusivamente humana, mas, sim, de "produto de inteligência artificial" (PIA) ou, em inglês, *artificial intelligence product* (AIP). Conforme visto, a PIA, quando resultante apenas do robô, sem intervenção humana, nada mais é do que uma colcha organizada de retalhos de arquivos digitais preexistentes (CORADIP) ou, em inglês, *organized artificial intelligence patchwork* (OAIP) – sem qualquer originalidade.

---

129. Op. Cit., p. 25.

Acresça-se o fato de que essas tecnologias não possuem um patrimônio para responder por violações, ou uma subjetividade para defender seus direitos em Juízo. Do ponto de vista do direito estatal convencional, ao menos, elas não podem ser pessoas, físicas ou jurídicas, sem que isso gere um enorme vazio regulatório.

Também há de se conferir proteção distinta a desenvolvedores e usuários das ferramentas de IA. De um lado, as pessoas que desenvolvem essas ferramentas digitais possuem a proteção sobre o *software* desenvolvido. De outro, a pessoa física do usuário – desde que, a partir de sua interação com a ferramenta, haja originalidade na criação – possui a proteção pela obra gerada a partir da inteligência artificial. Cada participante, então, possui direitos à parte sobre os quais seu espírito, sua subjetividade, incide.

Por outro lado, no caso das obras coletivas propriamente ditas, há a possibilidade de atribuição de direitos exclusivamente patrimoniais à pessoa jurídica responsável pela sua organização, como já abordamos neste estudo. Já as obras de autor desconhecido, a teor do art. 45, II, da Lei n. 9.610/98, pertencem ao domínio público. Por fim, qualquer produção com intuito meramente mecânico – como no exemplo de fotografias geradas para documentos oficiais – não recebem a proteção no contexto dos direitos de autor.

Toda essa gradação, já existente na lei brasileira, pode ajudar no enquadramento das situações limítrofes que envolvem a discussão sobre inteligência artificial. E os casos devem ser analisados, a partir daí, criteriosamente e de forma individualizada.

Ainda assim, é relevante que algumas questões sejam no futuro reguladas, como no caso de a intervenção da máquina ser muito mais representativa do que a do usuário humano. Casos em que a criatividade humana do desenvolvedor, inscrita na máquina, seja muito superior ao do(s) usuário(s) do mecanismo de IA, tomados individualmente. Então, devem ficar claras as responsabilidades e direitos do desenvolvedor, como titular dos direitos e deveres sobre o sistema desenvolvido, que gera mecanicamente obras protegidas – ou violações a obras protegidas[130]. A questão em si da atribuição de autoria, repise-se, é resolvida pela lei vigente.

---

130. Wolfgang Hoffman-Riem, ex-juiz do Tribunal Constitucional da Alemanha, ressalta pontos negativos e positivos da utilização de inteligência artificial, aconselhando uma "boa governança digital" que parta de princípios legais e éticos bem estabelecidos, de forma a minimizar os riscos inerentes às máquinas.

CAPÍTULO 12

Contratos típicos de direitos autorais: a edição de obra intelectual e a cessão ou transferência de direitos autorais

12.1. CONSIDERAÇÕES PRELIMINARES: A SÓLIDA PROTEÇÃO LEGAL AOS NEGÓCIOS DE LICENCIAMENTO DE USO DE OBRA INTELECTUAL E CONCESSÃO DE DIREITOS AUTORAIS

A título preliminar, cabe-nos ressalvar que a tendência da melhor doutrina no campo do direito de autor – *ou direito autoral, como denomina a nossa legislação* – é orientar o seu titular originário (*o autor, o compositor e outros*) que não ceda ou transfira essa titularidade a terceiros (*editores, produtores ou outras empresas que são investidas, assim, na condição de titulares derivados*) mas que procure mantê-la, negociando, apenas, a concessão de licença temporária para utilização da obra ou, no caso de edição para exploração econômica da obra, habitualmente realizada de forma direta, pelo editor, quando se tratar de obra literária ou indiretamente, quando o editor se limita principalmente à administração (*controle e cobrança*) dos direitos autorais decorrentes da exploração econômica da obra por terceiros, como é praxe em relação a edição musical.

Trata-se, assim, apenas de um aconselhamento porque as duas formas de negociação – *edição e cessão (ou transferência) de direitos*[1] – são legítimas

---

1. A distinção fundamental entre esses dois negócios jurídicos – *cessão de direitos e edição* – consiste, como examinaremos mais detalhadamente a seguir, em dois aspectos: (a) <u>natureza jurídica</u>: na cessão os direitos autorais patrimoniais são transferidos ao editor cessionário (*que passa a controlar, como titular derivado, a exploração da obra, repassando ao autor a sua participação percentual sobre as receitas respectivas*) e na edição os direitos patrimoniais de autor permanecem na esfera da titularidade (*originária*) do autor e ao editor é concedida licença para, com exclusividade, nas condições pactuadas, explorar

conforme expressas disposições legais que as consagram como contratos típicos (*nominados e regulados em dispositivos legais próprios*) de direitos autorais: na verdade encontram-se nominados e dispostos em dois capítulos, em títulos distintos na legislação autoral (*o Capítulo V, Da Transferência dos Direitos de Autor – arts. 49 a 52 – integra o Título III – Dos Direitos de Autor, e o Capítulo I, Da Edição – arts. 53 a 67 – integra o Título IV – Da Utilização de Obras Intelectuais e dos Fonogramas, todos da Lei n. 9.610/98, que regula os direitos autorais no País*).

Portanto, ao optar – *o autor ou outro titular originário* – por uma relação contratual que envolva cessão ou transferência desses direitos, especialmente quando esta for "total e definitiva dos direitos mediante estipulação contratual escrita", conforme expressamente admitido na lei[2], o negócio jurídico estará abrigado pelo regime legal vigente e, assim, deverá ter sua obrigatoriedade reconhecida, como é próprio dos contratos válidos, em observância ao princípio constitucional da segurança jurídica[3].

Nesse passo, embora não tenha a lei regente de direitos autorais tratado o contrato de licenciamento (*de utilização de obra intelectual*) ou concessão – *parcial ou temporária* – de direitos autorais como contratos típicos, diferentemente do que ocorre, como mencionado, em relação aos contratos de edição ou cessão e transferência de direitos autorais, sua proteção é, inegavelmente, ampla e sólida em nosso direito positivo.

Além de embasada no mandamento constitucional que atribui ao autor o direito exclusivo de utilização de sua obra (art. 5º, XXVII), observe-se, também, os arts. 28, 29, 31 e vários outros da Lei n. 9.610/98, que, ao estabelecerem a obrigatoriedade de obtenção de concessão, junto ao autor ou titular do direito, de licença ou autorização para utilização de obra intelectual, direta ou indiretamente, referem-se ao regime de licenciamento de uso ou concessão – que, também, pode ser temporária e limitada

---

economicamente a(s) obra(s) editada(s). Assim, na cessão ocorre a aquisição, pelo cessionário da titularidade (derivada) de direitos autorais e na edição tal não ocorre, e (b) <u>natureza negocial</u>: a quantia recebida pelo autor-cedente, mesmo que a título de adiantamento de sua participação na exploração econômica da(s) obra(s), costuma ser substancialmente mais elevada do que na hipótese de edição (*o que, naturalmente, eleva sobremaneira o risco do cessionário de recuperar o investimento realizado*).

2. Art. 49, I e II, da Lei n. 9.610/98.

3. O princípio constitucional da segurança jurídica aplicável às relações contratuais revestidas de legalidade tem sido consagrado na jurisprudência, com a ressalva da interpretação restritiva dos contratos de direito autoral. Nesse sentido, o acórdão do STJ, de 9-6-2016, no REsp 1.290.112/PR, julgado pela Quarta Turma sob relatoria do Min. Luis Felipe Salomão, que consigna "Quando a obra de arquitetura nasce sob encomenda, caberá às partes contratantes a especificação quanto à cessão dos direitos patrimoniais, que, então, se circunscreverá aos limites do ajuste, tornando, outrossim, ilícitos usos que extrapolem a referida cessão".

12 | Contratos típicos de direitos autorais: a edição de obra intelectual e...

quanto às modalidades de utilização permitidas – de direitos autorais (Ementa do v. acórdão de 12-6-2007 (*DJ* 2-8-2007, p. 450) proferido no Recurso Especial 929.631/PR – 2007/0023987-6, por votação unânime de sua Segunda Turma, rel. Min. João Otávio de Noronha).

Quanto ao tratamento legal do regime contratual dos negócios jurídicos de licenciamento e concessão de direitos autorais, entendo ser discutível se o termo "transferência" de direitos autorais de uso de obra intelectual estaria correto quando se tratar de simples autorização ou licença e, assim, mais propriamente de "concessão" (de direitos de uso temporário) do que de "transferência" de direitos, expressão mais adequada quando se tratar de cessão de direitos, como utilizamos nesta obra.

Nesse caminho, discordamos da forma em que o termo foi consignado no título ("Da Transferência dos Direitos de Autor") do Capítulo V do Título III da Lei n. 9.610/98 – que no diploma anterior, de 1973, era "Da Cessão dos Direito de Autor" – e no dispositivo de abertura, art. 49, que trata como modalidades de transferência de direitos o licenciamento e a concessão (além, é claro, da cessão) diversamente do artigo similar (52) da Lei n. 5.988/73, que tratava, corretamente, no meu entender, exclusivamente da cessão.

A respeito do processo legislativo que resultou nessa redação final que inseriu o termo "transferência" para substituir a expressão "cessão" – no título do capítulo e dispositivo legal referidos – para, a partir dessa substituição, introduzir os negócios jurídicos de licenciamento ou concessão de direitos, não deixa de ser curioso observar que o texto correto – ou seja, somente utilizando o termo "cessão" e sem consignar "licenciamento" ou "concessão" – constava do projeto originário da Lei n. 9.610/98 (tanto do Projeto de Lei n. 249189), de 30 de agosto de 1989, quanto do substitutivo da Comissão Especial da Câmara dos Deputados de 6 de novembro de 1997 que o alterava) sendo somente modificado, para resultar na redação definitiva que criticamos, no momento da sua apreciação pelo Plenário da Câmara dos Deputados. Apenas nessa etapa final – que, convenhamos, não seria própria a uma revisão de conceitos jurídicos dessa natureza – o texto legal aprovado passou de "Da Cessão dos Direitos de Autor" para "Da Transferência dos Direitos de Autor" (título do Capítulo referido) e o texto "podem ser total ou parcialmente cedidos" do projeto originário passou a ser "poderão ser total ou parcialmente transferidos (...) por meio de licenciamento, concessão, cessão ou por outros meios admitidos em Direito..." (art. 49 da lei autoral vigente). Anote-se, ainda, que o termo "trans-

393

ferência", bem como "licenciamento" ou "concessão", só existem no título do capítulo e seu dispositivo inaugural.

Dos demais dispositivos legais – que deveriam dispor do tema com maior detalhamento e abrangência – somente constam os termos do projeto de lei originário (e da lei autoral anterior) "transmissão" e "cessão". Entendemos inadequada, portanto, a improvisada tentativa de aproveitamento da mesma regulação contratual (de cessão de direitos) para negócios jurídicos essencialmente distintos, como são o licenciamento e a concessão de direito.

Nesse sentido lembramos, finalmente, a lição de Plácido e Silva de que "transferência" – do latim *transferens*, de *transfere* (transferência, transportar, levar de um lugar para outro) – significa

> (...) o ato por que a posse, ou a propriedade das coisas, mudam de titular. Transferir, genericamente, é passar adiante, é substituir, é transmitir. Por essa razão, não integra a expressão transferência, na linguagem jurídica, sentido técnico (...). Consequentemente, na linguagem jurídica, a transferência designa o ato pelo qual a pessoa, como cedente, alienante, ou renunciante, transmite a outrem direitos, ou coisas, que lhe pertenciam[4].

12.2. NATUREZA JURÍDICA E DISTINÇÃO ENTRE OS NEGÓCIOS DE EDIÇÃO E CESSÃO DE DIREITOS AUTORAIS

12.2.1. Breve introdução histórica legislativa

Tanto a primeira lei que regulou o direito de autor no Brasil, do final do Século XIX[5], quanto o Código Civil de 1916 não vedaram a cessão de direitos autorais, estabelecendo, este diploma legal, em seu art. 659, a ressalva de que a cessão de direitos de autor não transmite o direito de modificar a obra, mas permitindo – em seu art. 667 – a cessão do "direito, que assiste ao autor, de ligar o nome a todos os seus produtos intelectuais"[6].

---

4. *Vocabulário jurídico*. 4. ed. Rio de Janeiro: Forense, 1975. v. IV, p. 1.584.
5. Lei n. 496, de 1º-8-1898, intitulada "Medeiros de Albuquerque".
6. Apesar dessa permissão do art. 667 do Código Civil de 1916, o seu renomado autor, o jurista Clóvis Beviláqua, esclarece: "O que se transfere, na obra, é a parte real do direito, a face econômica da relação jurídica. A parte pessoal e íntima é, em rigor, intransferível, por alienação ou herança, porque é uma expressão da própria personalidade do autor, da qual não se desprende" (*Código Civil dos Estados Unidos do Brasil comentado por Clóvis Beviláqua*. Rio de Janeiro: Livraria Francisco Alves, 1917. v. III, p. 197). Interessante destacar a orientação do Superior Tribunal de Justiça, apesar de ser de 2001, de que o regime do Código Civil de 1916 estatuía a cessão verbal de direitos autorais, o que passou a ser vedado a partir da lei autoral de 1973 (art. 53): "Civil e Processual. Direitos autorais. Cessão verbal ocorrida antes

12 | Contratos típicos de direitos autorais: a edição de obra intelectual e...

Os negócios jurídicos de edição eram tratados, separadamente, nos arts. 1.346 a 1.358 do referido diploma[7].

Em 1973, a Lei n. 5.988, de 14 de dezembro de 1973, também ordenou a matéria em capítulos – e títulos – distintos: o Capítulo V – A Cessão dos Direitos de Autor (arts. 52 a 56) – fez parte do Título III – Dos Direitos do Autor – e o Capítulo I – Da Edição (arts. 57 a 72) – fez parte do Título IV – Da Utilização de Obras Intelectuais[8].

Finalmente, a lei vigente em nossos dias, n. 9.610, de 19 de fevereiro de 1998, reeditou o tratamento legal dos dois negócios jurídicos de forma distinta, a exemplo do diploma anterior, de 1973, ou seja, em capítulos e títulos separados: (a) Da Transferência dos Direitos de Autor (Capítulo V do Título III – arts. 49 a 52) e (b) Da Edição (Capítulo I do Título IV – arts. 53 a 67).

12.2.2. Distinção entre os negócios jurídicos de cessão de direitos e edição de obra intelectual

Os negócios de cessão ou transferência dos direitos de autor são regulados, principalmente nos seguintes dispositivos legais (da Lei n. 9.610/98):

> Art. 49. Os direitos de autor poderão ser total ou parcialmente transferidos a terceiros, por ele ou por seus sucessores, a título universal ou singular, pessoalmente ou por meio de representantes com poderes especiais, por meio de licenciamento, concessão, cessão ou por outros meios admitidos em Direito, obedecidas as seguintes limitações:
>
> I – a transmissão total compreende todos os direitos de autor, salvo os de natureza moral e os expressamente excluídos por lei;
>
> II – somente se admitirá transmissão total e definitiva dos direitos mediante estipulação contratual escrita;

---

da vigência da Lei 5.988/73. Inaplicabilidade do diploma específico. Incidência do Código Civil. Recurso Especial. Matéria de fato. Revisão. Impossibilidade. Súmula n. 7-STJ. Prequestionamento. Ausência. Súmulas ns. 282 e 356-STF. 1. Firmado pelo acórdão estadual, na interpretação da prova, que houve efetiva cessão dos direitos autorais sobre a obra musical, ocorrida em tempo anterior à vigência da Lei 5.988/73, improcede discutir-se a questão à luz do mencionado diploma legal, por impossível a retroatividade em sua aplicação" (ementa – transcrição parcial do acórdão de 13-11-2001, proferido no Recurso Especial 58.639/SP, por votação unânime de sua Quarta Turma, rel. Min. Aldir Passarinho Junior, DJ 1º-7-2002, p. 342).

7. Conforme se observa do disposto nesses dispositivos legais do Código Civil de 1916, a natureza jurídica da edição: (a) não difere, fundamente, da regulada pela legislação autoral vigente e (b) recebe tratamento legal que confere, a exemplo também da legislação vigente, nítida distinção em relação ao negócio jurídico de cessão de direitos autorais.

8. O diploma legal de 1973 permitia a cessão total ou parcial dos direitos de autor, a título universal ou singular, abrangendo – *na hipótese de transmissão total* – "todos os direitos de autor, salvo os de natureza personalíssima, como o de introduzir modificações na obra, e os expressamente excluídos por lei" (art. 52 e seu parágrafo único).

395

III – na hipótese de não haver estipulação contratual escrita, o prazo máximo será de cinco anos;

IV – a cessão será válida unicamente para o país em que se firmou o contrato, salvo estipulação em contrário;

V – a cessão só operará para modalidades de utilização já existentes à data do contrato;

VI – não havendo especificações quanto à modalidade de utilização, o contrato será interpretado restritivamente, estendendo-se como limitada apenas a uma que seja aquela indispensável ao cumprimento da finalidade do contrato.

Art. 50. A cessão total ou parcial dos direitos de autor, que se fará sempre por escrito, presume-se onerosa.

Art. 51. A cessão dos direitos de autor sobre obras futuras abrangerá, no máximo, o período de cinco anos.

Parágrafo único. O prazo será reduzido a cinco anos sempre que indeterminado ou superior, diminuindo-se, na devida proporção, o preço estipulado.

Por outro lado, os negócios de edição são tratados, basicamente, nos seguintes artigos (*da mesma lei*):

Art. 53. Mediante contrato de edição, o editor, obrigando-se a reproduzir e a divulgar a obra literária, artística ou científica, fica autorizado, em caráter de exclusividade, a publicá-la e a explorá-la pelo prazo e nas condições pactuadas com o autor.

(...)

Art. 56. Entende-se que o contrato versa apenas sobre uma edição, se não houver cláusula expressa em contrário.

Art. 57. O preço da retribuição será arbitrado, com base nos usos e costumes, sempre que no contrato não a tiver estipulado expressamente o autor.

(...)

Art. 61. O editor será obrigado a prestar contas mensais ao autor sempre que a retribuição deste estiver condicionada à venda da obra, salvo se prazo diferente houver sido convencionado.

Art. 62. A obra deverá ser editada em dois anos da celebração do contrato, salvo prazo diverso estipulado em convenção.

12 | Contratos típicos de direitos autorais: a edição de obra intelectual e...

Parágrafo único. Não havendo edição da obra no prazo legal ou contratual, poderá ser rescindido o contrato, respondendo o editor por danos causados.

Art. 63. Enquanto não se esgotarem as edições a que tiver direito o editor, não poderá o autor dispor de sua obra, cabendo ao editor o ônus da prova.

§ 1º Na vigência do contrato de edição, assiste ao editor o direito de exigir que se retire de circulação edição da mesma obra feita por outrem.

§ 2º Considera-se esgotada a edição quando restarem em estoque, em poder do editor, exemplares em número inferior a dez por cento do total da edição.

Art. 64. Somente decorrido um ano de lançamento da edição, o editor poderá vender, como saldo, os exemplares restantes, desde que o autor seja notificado de que, no prazo de trinta dias, terá prioridade na aquisição dos referidos exemplares pelo preço de saldo.

Art. 65. Esgotada a edição, e o editor, com direito a outra, não a publicar, poderá o autor notificá-lo a que o faça em certo prazo, sob pena de perder aquele direito, além de responder por danos.

Art. 66. O autor tem o direito de fazer, nas edições sucessivas de suas obras, as emendas e alterações que bem lhe aprouver.

Art. 67. Se, em virtude de sua natureza, for imprescindível a atualização da obra em novas edições, o editor, negando-se o autor a fazê-la, dela poderá encarregar outrem, mencionando o fato na edição.

Evidente está, pela simples leitura dos dispositivos legais supratranscritos, que o negócio jurídico da cessão ou transferência de direitos autorais não se confunde com o negócio jurídico de edição.

Antes de passarmos ao exame dos fundamentos e das características desses dois contratos típicos de direitos autorais, é pertinente observar que, apesar do tratamento legal diferenciado entre os dois institutos jurídicos – *cessão de direitos e edição* –, é justificável, em alguns casos (*como no campo musical, por exemplo*), a habitual confusão na correta identificação do efetivo titular dos direitos patrimoniais de autor nas atividades de controle e cobrança, exercidos pelo editor, respeitantes à utilização econômica de obras musicais ou literomusicais.

Essa distorção se dá, primeiramente, em face de o mesmo tipo de empresa – *nesse caso, editora musical* – poder estar investida na condição

397

de titular do direito patrimonial de autor (*titularidade derivada, naturalmente, visto que adquirida pela via da cessão ou transferência de direitos pelo titular originário, o autor*) em relação a determinadas obras musicais e na condição de editora convencional, ou seja, não como titular direta (*derivada*), mas agindo apenas – *e temporariamente* – como mandatária ou administradora em nome do autor dos direitos patrimoniais de autor.

Em suma: nos dois institutos, é a mesma empresa operando a mesma atividade econômica. É natural, portanto, que o público externo (*usuário das obras musicais*), principalmente, não identifique a diferença.

Em segundo lugar, no âmbito interno da relação contratual, tanto o comportamento do editor-cessionário ante o autor-cedente quanto o do editor convencional (*mandatário*) ante o autor-mandante não costumam sofrer uma diferenciação, também sob o aspecto prático operacional, nessas atividades pois:

(a) ressalvando-se o recebimento, pelo autor (*compositor*), de quantia substancial na outorga da cessão de seus direitos autorais sobre a(s) obra(s) musical(is) em questão, a participação econômica (*remuneratória*) percentual deste (*normalmente 75% – ou mais – sobre as receitas advindas da exploração de sua obra*) costuma ser idêntica nos dois casos; e

(b) como o que é passível de transferência é apenas a titularidade patrimonial – *ou econômica* – dos direitos de autor sobre a obra, o autor (*ou seus herdeiros*) permanece – *em qualquer hipótese* – no pleno exercício dos direitos morais de autor e, assim, as suas obras – *mesmo com os direitos patrimoniais de autor cedidos ou transferidos* – somente poderão ser utilizadas com a correta indicação de autoria, sem deturpação do seu conteúdo e sem modificações[9], o que deverá ser prioritariamente respeitado em qualquer hipótese de utilização da obra, o que resulta na necessidade de reiteradas consultas prévias aos autores (*ou seus sucessores*) pelos editores, sejam estes titulares ou não dos direitos patrimoniais de autor sobre as composições musicais respectivas.

---

9. Nesse sentido, os incisos II, IV e V do art. 24 da Lei n. 9.610/98. Observe-se que os direitos morais de autor estabelecidos nos incisos II – *de indicação do nome do autor na utilização de sua obra* – e IV – *o de assegurar a integridade da obra com a oposição a quaisquer modificações ou à prática de atos que, de qualquer forma, possam prejudicá-la ou atingir o autor em sua reputação ou honra* – transmitem-se, por morte do autor, a seus sucessores, a exemplo dos previstos nos incisos I (*reivindicação de paternidade*) e III (*de conservar a obra inédita*) do mesmo dispositivo legal (§ 1º do art. 24 da Lei n. 9.610/98).

12 | Contratos típicos de direitos autorais: a edição de obra intelectual e...

Essas similitudes operacionais – *e a evidente possibilidade de confusão prática que possam acarretar* – não significam, contudo, que a natureza jurídica dos dois institutos – *cessão de direitos autorais e edição de obra intelectual* – seja a mesma, como examinaremos a seguir.

12.3. A EDIÇÃO

O principal estudo brasileiro sobre a natureza jurídica da edição de obras intelectuais – *com enfoque especial no campo literário* – pertence ao renomado jurista Fábio Maria De Mattia, professor titular em direito civil da Universidade de São Paulo, que em sua monografia *O autor e o editor na obra gráfica*[10] examinou com profundidade, ao longo de quase 400 páginas, esse tema. Nesse caminho, destacaremos alguns trechos pertinentes ao adequado esclarecimento das peculiaridades dessa modalidade de negócio jurídico.

A respeito do conceito técnico do contrato de edição, observa De Mattia:

> O contrato de edição, pois, tem um duplo escopo: como resultado imediato, visa-se a edição e como resultado mediato a difusão da edição ou do conteúdo do livro objeto do contrato.
>
> Miguel Maria de Serpa Lopes distingue o conceito comum do conceito técnico de contrato de edição. Na linguagem comum, por edição entende-se a publicação de um escrito científico, literário ou artístico por meio de impressão, denominando-se editor o incumbido de efetuar a publicação de um livro de outrem.
>
> Do ponto de vista técnico, ao contrário, a edição é reprodução, mediante qualquer meio mecânico, dos escritos científicos, literários ou artísticos e ainda de produtos de artes figurativas: editor é quem se obriga a uma tal reprodução e a vender os exemplares produzidos[11].

Opondo-se à teoria de que a edição criaria, em benefício do editor-contratante, um direito real, De Mattia cita, nesse sentido, a lição de Hassan Matine:

> Hessan Matine também se manifesta contra a ideia de que o contrato de edição cria a favor do editor um direito real, e abordou o assunto quan-

---

10. São Paulo: Saraiva, 1975.
11. Ob. cit., p. 2.

to ao problema da entrega do original. Isso porque mesmo após a entrega de sua obra, o autor não cessa de ser o proprietário e o direito do editor não é senão um simples direito de uso com a finalidade de publicar a obra com o plano de realizar, criar benefícios[12].

A noção de que a edição não se encontra no campo da cessão ou transferência de direitos autorais, mas, sim, das concessões do exercício desse direito, é tratada por De Mattia da seguinte forma:

> Na lição de Paolo Greco e Paolo Vercellone, o direito concedido ao editor não é um tipo real, mas uma relação meramente obrigatória, com eficácia limitada entre as partes.
>
> O contrato enquadra-se no gênero das concessões de uso a favor de terceiros por parte do titular de um direito exclusivo, com a advertência que, justamente por tratar-se de bem imaterial, o uso por parte do concessionário não impede, mas torna menos lucrativo o concorrente uso por parte do próprio concedente ou por outros concessionários por ele autorizados (quanto, por exemplo, aos direitos subsidiários).
>
> Mas, não estamos no campo das cessões, mas sim das concessões, concessões de exercício[13].

Relevante, também, a orientação a respeito da distinção entre as relações contratuais de edição e cessão de direitos autorais de Washington de Barros Monteiro:

> A análise do contrato de edição revela a presença de elementos peculiares a outras convenções: a) – da compra e venda (a aquisição do manuscrito ou do exemplar da edição anterior); b) – cessão de direitos do autor; c) – da locação de serviços (por exemplo, quando a obra é fruto de encomenda, ou colaboração para jornais, revistas, dicionários e outras publicações semelhantes).
>
> Mas é com a cessão de direitos autorais que se mostram mais sensíveis os pontos de contato, já que numa e noutra relação contratual existe a translação de direitos de um titular para outro sobre determinada obra intelectual. Distinguem-se, no entanto, porque a cessão transmite defi-

---

12. Ob. cit., p. 13. A obra de Hassan Martine citada por De Mattia é *Le Contrat d'Edition em Matière Littéraire, en droit Suisse et en droit Français* (Genève: Imprimerie Genevoise, 1951, p. 143-144).

13. Ob. cit., p. 23. A citação de Paolo Greco e Paolo Vescellone foi extraída da obra *I diritti solle opere dell' ingegno* (Torino: Unione Tipografico Editrice Torinese, 1974, p. 300). Alude, também, o jurista brasileiro ao artigo "Radioscopie del droit d'auteur contemporain", de Marie-Claude Dock, publicado em *Il diritto di autor*, ano XLV, vol. 4, p. 419, out./dez. 1974.

12 | Contratos típicos de direitos autorais: a edição de obra intelectual e...

nitivamente o direito cedido, ao passo que o contrato de edição apenas assegura ao editor o direito de publicação por uma ou mais vezes, contendo cada publicação determinado número de exemplares[14].

Essa distinção é ressaltada, também, por Miguel Maria de Serpa Lopes ao elencar as semelhanças e diferenças entre o contrato de edição e outros contratos:

> O contrato de edição mantém pontos de semelhança com outras espécies contratuais, razão pela qual muitos o consideram como sendo um contrato *sui generis*, por isso que, nada obstante as afinidades, guarda até certo ponto uma fisionomia própria. Enquanto para alguns juristas o contrato de edição é uma locação de coisa, o código civil austríaco o qualificou como uma locação de serviços, ao prescrever no art. 1.172: "*Par le contrat d'édition, l'auteur d'un ouvrage de littérature, de musique ou de beaux-arts, ou son successeur juridique, s'éngage à la remettre pour sa reproduction et sa difusion à un tiers qui, de son côté s'engage à le reproduire et à le diffuser*".
>
> Outros (Esmein e Gangi) pretendem que o contrato de edição seja uma relação de compra e venda. A realidade é que tudo depende das condições estabelecidas no contrato. O contrato de edição distingue-se, em princípio, da compra e venda, por isso que o autor não aliena definitivamente seus direitos em favor do editor; transfere-lhe apenas o uso por um certo tempo e sob determinadas condições. A venda só pode ocorrer, se o autor transferir definitivamente seus direitos em favor do editor, com o que desaparece a figura de um contrato de edição, porque este exige a transferência de um uso, por um certo e determinado tempo. Muito menos o contrato de edição pode ser equiparado ao de locação, que dele difere pela circunstância da coisa entregue destinar-se a ser utilizada ela própria, ao passo que, na edição, o manuscrito é transferido para se atingir o objetivo visado – a sua publicação. Além disso, de acordo com a orientação dada ao contrato, o contrato de edição pode assumir vários aspectos. Assim, pode ter um caráter societário, quando convencionam autor e editor – participarem ambos dos lucros e prejuízos da reprodução da obra; pode apresentar-se com a figura da empreitada ou do mandato combinados, quando uma pessoa se obriga a fazer imprimir e a divulgar uma obra, sem adquirir o direito de edição, e recebe, no caso de venda, uma comissão determinada[15].

---

14. *Curso de direito civil.* 32. ed. São Paulo: Saraiva, 2000. 5º v., p. 294.
15. *Curso de direito civil.* 5. ed. Rio de Janeiro: Biblioteca Jurídica Freitas Bastos, 1999. v. IV, p. 275.

401

Sobre a distinção, ainda, da cessão de direitos autorais e a relação negocial de edição, conclui De Mattia:

> Quando há transferência do direito patrimonial ao editor sem que o autor possa mais ser quem tem o direito de utilizar economicamente a obra, estamos diante da cessão. Esta não impede que o autor receba direitos autorais, mas não terá mais prerrogativas de disposição sobre a obra que terá o editor como titular tanto do direito de dispor destes direitos como de utilizá-los com fins econômicos. Portanto, a cessão difere da concessão ou da autorização para utilizar economicamente a obra, prerrogativas estas do contrato de edição[16].

Ainda sobre o tema, dois casos retirados da Jurisprudência iluminam outras particularidades do regime jurídico de edição. O primeiro caso foi julgado pela Terceira Turma do Superior Tribunal de Justiça em 18 de setembro de 2020, sob relatoria da Min. Nancy Andrighi, no REsp 1.877.336/RJ, e resguardou ao autor direitos morais referentes à sua obra apesar da transferência por contrato de edição do direito de divulgação (e não ao ineditismo):

> (...) 4. Pertencem ao autor os direitos morais e patrimoniais sobre a obra que criou (art. 22 da LDA). A proteção do aspecto patrimonial confere ao autor o direito exclusivo de utilizar, fruir e dispor da obra literária, artística ou científica, dependendo de autorização prévia e expressa do titular do direito a utilização da obra, por quaisquer modalidades (arts. 28 e 29 da LDA).
>
> 5. O art. 53 da lei em questão permite que seja firmado contrato de edição para o fim de reprodução e divulgação de obra literária, artística ou científica, devendo o editor observar estritamente as condições pactuadas e mencionar, em cada exemplar, o título e o nome do autor da obra.
>
> 6. Daí que, na exata medida dessa regra, não se pode entender que a autorização contratual, concedida para o fim específico de edição e publicação de obra inédita, seja compreendida como autorização genérica e irrestrita, sob pena de se extrapolar os limites da avença e de violar a própria norma do art. 53 da LDA.
>
> 7. No particular, assentado pelos juízos de origem que o recorrente é o autor de criação literária reproduzida em obra de terceiro pela editora recorrida sem autorização específica, impõe-se reconhecer o malferimento às normas dos arts. 22, 28, 29 e 53 da LDA, aplicando-se a consequência jurídica direta advinda de sua conduta: dever de reparar os danos causados.

---

16. Ob. cit., p. 29.

Por outro lado, a edição permite, até pressupõe, que haja por parte do editor um trabalho de sugestão de correções ou alterações pontuais na obra. Porém, conforme acórdão do Tribunal de Justiça de São Paulo na apelação 1011360-52.2013.8.26.0100, julgada em 27 de junho de 2019 pela Quarta Câmara de Direito Privado, sob relatoria do Des. Natan Zelinschi de Arruda, isso não importa em coautoria ou colaboração, não detendo o editor direitos patrimoniais ou morais independentes daqueles detidos pelo autor da obra. Faltaria ao editor, ao contrário do tradutor, o requisito da criatividade[17].

12.4. A CESSÃO OU TRANSFERÊNCIA DE DIREITOS AUTORAIS

Diversamente do negócio jurídico de edição, em que há o ato de concessão do exercício de direitos autorais sobre determinada(s) obra(s), normalmente em caráter temporário, na cessão opera-se a transferência dos direitos patrimoniais de autor, adquirindo, assim, o cessionário a titularidade (*derivada*) desses direitos. Ou seja, no primeiro caso (*edição*) o editor representa o titular (*originário*) dos direitos patrimoniais de autor, exercendo, em nome e a título de representação do autor (*ou seus sucessores legais*), esses direitos perante terceiros, e, no segundo caso (*cessão ou transferência*), o cessionário (*às vezes denominado contratualmente editor-cessionário*) é o próprio titular (*derivado*) dos direitos patrimoniais de autor, exercendo-os, assim, em seu próprio nome.

Nesse raciocínio, novamente, a lição de De Mattia:

> Aceitamos a distinção entre cessão e concessão reservando a primeira expressão para as eventualidades em que há a transferência do direito patrimonial e a segunda para os casos em que o autor transfere, de modo limitado ou não, o direito de utilização econômica da obra intelectual. Nesta última hipótese o autor transforma-se em um titular de direito patrimonial limitado[18].

---

17. Segundo a ementa completa do acórdão, "Indenização por danos materiais e morais. Apelante contratada por editora para o cargo de editora-assistente. Autor das obras apresentou material de sua criatividade, cabendo à apelante complementar ou alterar itens, auxiliando o autor. Criatividade é do escritor, e não da editora-assistente. Pretensão de que seja reconhecida a coautoria nas obras não pode sobressair. Prova técnica analisou questões estritamente de âmbito de complementação ou alterações não significativas. Criatividade do escritor/autor deve prevalecer com exclusividade. Prova oral não teve repercussão efetiva para o desfecho da lide. Caberia à própria recorrente comprovar, de forma clara e precisa, o que alega, porém não demonstrou o necessário. Sentença que se apresenta adequada, observando o devido processo legal. Improcedência da ação em condições de prevalecer. Apelo desprovido".

18. Ob. cit., p. 386. Nessa orientação também Ivana Có Galdino Crivelli, conceituando "concessão" como "autorização ou licença – locação – uso e gozo de direitos durante certo tempo e em determinado território" e "cessão" como "transferência de domínio" (A regulação da contratação de direitos autorais.

Além de Fábio Maria De Mattia, vários outros juristas – *brasileiros e estrangeiros* – aprofundaram o exame dessa questão. Dentre as orientações relevantes que poderíamos destacar, uma delas certamente é a de Plínio Cabral ao comentar o instituto da cessão de direitos autorais na forma regulada pela lei regente brasileira em vigor:

> Neste capítulo a Lei n. 9.610 trata da transferência dos direitos do autor. Ao utilizar o termo transferência, o legislador o toma em sentido abrangente, envolvendo várias formas e meios de alienação que a lei especifica: "licenciamento, concessão, cessão ou por outros meios admitidos em direito." A lei, porém, não trata dessas formas de transferência, limitando-se, apenas, a estabelecer condições para o ato, referindo-se, basicamente, à cessão. A cessão de direitos implica, evidentemente, em sua transferência. Isabel Spín Alba leciona com precisão: Pode-se definir cessão *latu censo* como a renúncia de alguma coisa, possessão, ação ou direito que uma pessoa faz em favor de outra (Op. cit., p. 38). Em direito autoral a ideia de cessão é mais restrita. Refere-se, unicamente, à propriedade do autor sobre sua obra[19].

Conclui Plínio Cabral, citando Eduardo Vieira Manso:

> O *contrato de cessão de direitos autorais* é típico, no direito brasileiro, representando, a cessão, um autônomo negócio jurídico, gerador de direitos e de obrigações patrimoniais específicos do direito autoral, em que se opera a substituição subjetiva do titular de tais direitos. Sabe-se que, no sistema geral do direito das obrigações, a cessão não é, em si mesma, um negócio jurídico. Ela apenas constitui um indicador de certo modo de cumprir determinadas obrigações. Assim, quem se obriga a vender, quando cumpre essa obrigação, cede ao comprador o direito de propriedade, quase sempre transmitindo simultaneamente a posse da coisa vendida. Por isso é que Gondin Netto, em monografia à qual ele mesmo se refere em parecer publicado na *RT 274/63*, disse que a *cessão não é um ato constitutivo da obrigação, mas um ato de disposição, pelo qual se dá*

In: PIMENTA, Eduardo Salles (coord.). *Direitos autorais*: estudos em homenagem a Otávio Afonso dos Santos. São Paulo: Revista dos Tribunais, 2007, p. 155).

19. *A nova Lei de Direitos Autorais*. Porto Alegre: Sagra Luzzatto, 1998, p. 130. A obra citada por Plínio Cabral de Isabel Spin Alba é *Contrato de edicion literária* (Barcelona: Editorial Camares, 1944). Andréa Cervi Francez e Guilherme Chaves Sant'Anna registram o seguinte conceito de "cessão" sob o enfoque genérico: "entende-se a transferência negocial, a título gratuito ou oneroso, de um direito, um dever, de uma ação ou de um complexo de direitos, deveres e bens, com conteúdo predominantemente obrigatório, de modo que o adquirente (cessionário) exerça posição jurídica idêntica à do antecessor (cedente)" (Contrato de cessão de direitos: tempo, prazo e institutos afins. In: ABRÃO, Eliane Yachouh. *Propriedade imaterial*. São Paulo: Editora Senac, 2006, p. 224).

12 | Contratos típicos de direitos autorais: a edição de obra intelectual e...

cumprimento a uma obrigação de transferir para outrem um direito de nosso patrimônio, um crédito, um objeto incorpóreo. A seguir esse autoralista acentua que "em tema de direito autoral, contudo, a cessão representa, por si mesma, um negócio jurídico típico. Ela é, em si mesma, causa de obrigações que, em verdade, se resumem na transferência da titularidade dos direitos que são objeto do respectivo contrato"[20].

Nessa linha, Hércoles Tecino Sanches:

> A propriedade e a posse contêm direitos intrínsecos fundamentais quanto à liberdade de dispor da coisa sob variadas formas, como pelo comodato, legado, anticrese, enfiteuse, direito de uso e outras. Obviamente, algumas formas somente são aplicáveis segundo a natureza dos bens, se móveis ou imóveis. Os direitos autorais são bens móveis para os efeitos legais (art. 3º). Por eufemismo, a alienação onerosa da propriedade autoral não é qualificada como inerente ao contrato de compra e venda: "Pelo contrato de compra e venda, um dos contratantes se obriga a transferir o domínio de certa coisa, e o outro, a pagar-lhe certo preço em dinheiro" (Código Civil, art. 1.122). (...) As cessões trazem consigo a ideia de mudança da titularidade sobre um direito mediante apropriada outorga. O licenciamento indica ato de autorização ou permissão para fazer ou usar, não expressando a vontade de despojamento temporário ou definitivo, da titularidade do autorizador[21].

Nessa temática, o eminente jurista português José de Oliveira Ascensão, examinando, especialmente, o direito autoral no ordenamento jurídico brasileiro, ressalva que:

> I – A transmissão do direito de autor só se verifica verdadeiramente no caso a que a lei chama de transmissão total; também se fala em cessão global. Dá-se esta quando as várias faculdades que compõem o direito são transmitidas em globo, *uti universi*, cessão global é assim compatível com a reserva de faculdades determinadas, ou com a alienação prévia a terceiro de certos poderes: o que interessa é que o conjunto seja transferido, de modo que tudo o que não é especificado entre na alienação. II – A alienação global do direito de autor é admitida, pelos direitos latinos, mas não por ordens jurídicas como a alemã[22].

---

20. Ob. cit., p. 131. O trecho de citação, por Plínio Cabral, da lição de Vieira Manso, foi extraído de sua obra *Contratos de direito autoral* (São Paulo: Revista dos Tribunais, 1989, p. 22).

21. *Legislação autoral*. São Paulo: LTr, 1999, p. 150. Observe-se que o artigo citado do Código Civil (1.122) é do diploma de 1916, vigente até o início de janeiro de 2003. De qualquer forma, o mesmo texto foi reeditado no art. 481 do Código Civil vigente (apenas substituindo o termo "contraentes" por "contratantes").

22. *Direito autoral*. 2. ed. Rio de Janeiro: Renovar, 1997, p. 293. A respeito do que denomina "cessão generalizada", o jurista Eduardo Vieira Manso pondera: "É voz comum entre os doutrinadores e as reais

Em conclusão, cabe-nos destacar, não descaracteriza o negócio jurídico de cessão ou transferência de direitos autorais a participação remuneratória, mesmo que majoritária, do autor-cedente nos resultados, advindos, posteriormente à celebração do negócio, da exploração econômica da obra (*cujos direitos autorais foram transferidos*) promovida diretamente pelo cessionário ou por terceiros licenciados por este. Nesse caminho, a didática orientação de Eduardo Vieira Manso:

> 22. A cessão de direitos autorais tanto pode ser total como parcial, diz o art. 53 da LDA, *caput*, dispondo que ela "se fará sempre por escrito" e que se presume ser onerosa, o que reclama alguma ponderação... Assim, a cessão de direitos autorais é um contrato oneroso por excelência, por ser bilateral. Porém, tanto pode ser comutativo, como aleatório. Será comutativo quando a remuneração autoral for paga à fortait, como se fosse um verdadeiro preço fixo e irreajustável, supondo-se que o seu valor corresponda à exata vantagem que o cessionário obterá com a exploração da obra, em tese. Na verdade, tal modalidade de pagamento não corresponde ao valor da cessão, não somente porque não se trata, mesmo de um preço, como porque não é ele fixado com base em cálculo que preveja uma efetiva equivalência entre esse preço e a vantagem alcançada pelo cessionário com a exploração da obra. Daí por que, na França, na hipótese em que a remuneração autoral pode ser paga forfetariamente, sempre será possível a revisão do preço pago, quando o "autor tenha sofrido um prejuízo de mais de sete doze avos dos produtos da obra, seja por lesão ou por previsão insuficiente", conforme autoriza o art. 37 da Lei n. 1957. O contrato de cessão será aleatório quando a remuneração autoral for proporcional ao resultado da exploração econômica da obra.

E, mais adiante, o célebre jurista salienta, ainda sobre os contratos de cessão, o seguinte: "é bilateral, consensual, presumivelmente oneroso para ambas as partes, comutativo ou aleatório, podendo ser de execução diferida, instantânea ou continuada"[23].

Cumpre destacar, na linha acima delineada, uma recente decisão do Superior Tribunal de Justiça, em caso envolvendo música de autoria de Erasmo e Roberto Carlos. Os músicos cederam os direitos autorais de diversas músicas à "Editora e Importadora Musical Fermata do Brasil Ltda."

---

variadas legislações que o autor conserva para si todos os direitos que não tenham sido expressamente cedidos. De modo que, na verdade, é inócua a cessão generalizada de todos os direitos autorais, porque um contrato que assim estipular somente será entendido com restrição e a cessão valerá apenas para permitir a sua execução, tendo em vista o seu objetivo mais próximo" (ob. cit., p. 131).

23. *Contratos de direito autoral*. São Paulo: Revista dos Tribunais, 1989, p. 28.

entre as décadas de 60 a 80. A empresa, quando apareceu a nova tecnologia de *streamings*, passou a comercializar os direitos cedidos também por meio das plataformas digitais, o que despertou a dúvida se tal uso seria ou não abarcado pelo contrato de cessão. Pela natureza do contrato de cessão, a Terceira Turma do STJ, sob relatoria da Min. Nancy Andrighi, entendeu por maioria que sim, que pela sua amplitude a cessão permitiria a exploração por meio de novas tecnologias. Vide a ementa:

> RECURSO ESPECIAL. PROPRIEDADE INTELECTUAL. RESCISÃO CONTRATUAL, INEXISTÊNCIA DE DIREITOS AUTORAIS PATRIMONIAIS E INDENIZAÇÃO. NEGATIVA DE PRESTAÇÃO JURISDICIONAL. NÃO OCORRÊNCIA. CERCEAMENTO DE DEFESA. NÃO CARACTERIZAÇÃO. CONTRATOS DE CESSÃO DE DIREITOS AUTORAIS PATRIMONIAIS. CONFIGURAÇÃO. UTILIZAÇÃO DAS OBRAS MUSICAIS EM FORMATO DIGITAL. *STREAMING*. POSSIBILIDADE. LEI 9.610/98. IRRETROATIVIDADE. MULTA DO ART. 1.026, § 2º, DO CPC. AFASTAMENTO.
>
> 1. Ação ajuizada em 11/4/2019. Recurso especial interposto em 14/2/2022. Autos conclusos ao Gabinete em 21/8/2023.
>
> 2. O propósito recursal, além de verificar a caracterização de negativa de prestação jurisdicional, consiste em definir (i) a ocorrência ou não de cerceamento de defesa; (ii) a natureza jurídica dos contratos objeto da demanda; (iii) a necessidade ou não de autorização específica para exploração econômica das obras musicais dos recorrentes via *streaming*; e (iv) a higidez Documento eletrônico VDA44459695 assinado eletronicamente nos termos do Art.1º §2º inciso III da Lei 11.419/2006. Signatário(a): FÁTIMA NANCY ANDRIGHI Assinado em: 13/11/2024 17:33:56 Código de Controle do Documento: f1f4e675-3f86-4d4d-898c- -79a67189758d da aplicação da multa do art. 1.026, § 2º, do CPC.
>
> 3. Ausentes os vícios do art. 1.022 do CPC, devem ser rejeitados os embargos de declaração.
>
> 4. Devidamente analisadas e discutidas as questões de mérito, e fundamentado corretamente o acórdão recorrido, de modo a esgotar a prestação jurisdicional, não há que se falar em violação do art. 489 do CPC.
>
> 5. Não há cerceamento de defesa nas hipóteses em que o julgador resolve a questão controvertida, de forma fundamentada, sem a produção da prova requerida pela parte, em virtude de considerar suficientes os elementos que integram os autos. Precedentes.
>
> 6. Os contratos usualmente celebrados por titulares de direitos autorais

são os de cessão e os de edição. Enquanto os primeiros se caracterizam por implicar a transferência dos direitos patrimoniais do autor (definitiva ou temporária, total ou parcial), os segundos são aqueles pelos quais o contratante (editor) assume a obrigação de publicar ou fazer publicar obra artística, tendo como principal característica a sua duração limitada (seja quanto ao tempo de vigência seja quanto ao número de edições que serão objeto de publicação). A diferença fundamental entre contratos de cessão e de edição, portanto, é que, "Na cessão, os direitos patrimoniais do autor são transferidos com poucas reservas, na edição, o autor autoriza o editor a publicar a obra com tiragem de exemplares e tempo definidos no contrato" (REsp 2.148.396/RJ, *DJe* 6/9/2024).

7. No particular, considerando a vontade declarada pelos recorrentes quando da celebração dos contratos de transferir total e definitivamente os direitos patrimoniais de autor sobre suas obras artísticas, é de se concluir que as avenças caracterizam-se como contratos de cessão.

8. A proteção específica conferida aos autores, constante no art. 49, V, da Lei 9.610/98, não estava presente no ordenamento jurídico anteriormente à edição desse diploma legal, de modo que, em razão do princípio da irretroatividade da lei, afigura-se inviável a aplicação de suas disposições a contratos celebrados antes de sua vigência, como no particular. Assim, deve-se admitir a utilização das obras cedidas à recorrida na modalidade *streaming*[24].

Apesar de o instituto da transferência de direitos autorais ser admitido e regulado pela legislação autoral, há hipóteses – *no contexto da prestação de serviços* – em que a cessão é expressamente vedada por força de legislação trabalhista, como examinaremos a seguir.

12.4.1. O regime jurídico da prestação de serviço

Na lição de Plácido e Silva, a palavra "prestação" se origina do latim *praestatio*, de *prestare* (fornecer, dar, contribuir), e "exprime, geralmente, a ação de dar, de satisfazer ou de cumprir alguma coisa"[25].

---

24. STJ. REsp 2029976/SP, Min. Rel. Nancy Andrighi, Terceira Turma, julgado em 13 de novembro de 2024.

25. *Vocabulário jurídico*. 4. ed. Rio de Janeiro: Forense, 1975, p. 1.213. Complementa o jurista: "Juridicamente, na terminologia das obrigações, prestação entende-se o *objeto da obrigação*, ou seja, *aquilo* que o devedor está obrigado a cumprir, a fim de que se libere da obrigação assumida. E a prestação tanto pode consistir na *entrega de uma coisa*, como na *prática* ou *execução de um ato*. Na linguagem técnica do Direito Romano, *praestatio*, de *praestare*, significava propriamente o fornecimento que o devedor deveria fazer ao credor de certa coisa, sem que esta mesma coisa entrasse no patrimônio dele devedor. *Praestare* tinha

12 | Contratos típicos de direitos autorais: a edição de obra intelectual e...

Assim, a prestação de serviço consiste na obrigação de fazer, assumida pelo prestador de serviço em relação ao contratante ou empregador que, em troca, obriga-se a pagar àquele determinada remuneração.

No regime do Código Civil de 1916, adotou-se a expressão "locação de serviço", aperfeiçoada pelo diploma vigente, de 2002, para "prestação de serviço", regida pelos arts. 593 a 609 quando "não estiver sujeita às leis trabalhistas ou a lei especial"[26].

Orlando Gomes inclui na categoria geral da prestação de serviço as atividades de: (a) prestação de serviço *stricto sensu*[27]; (b) de trabalho eventual; (c) de trabalho desinteressado; e (d) de trabalho doméstico. Complementa ressalvando que "a expressão contrato de trabalho deve ser reservada para designar a forma jurídica de prestação de serviço regulada por lei trabalhista[28]".

Destacam-se, assim, três situações:

– No plano do direito comum:

(a) a prestação de serviço regulada pelo direito civil.

– No plano da legislação especial:

(a) a prestação de serviço como relação de trabalho; e
(b) a prestação de serviço decorrente de encomenda de obra (*ou criação*) intelectual.

A primeira hipótese contém, ressalvadas as regras gerais dos arts. 593 a 609 do Código Civil, o princípio da autonomia da vontade das partes contratantes em sua maior amplitude[29].

---

o sentido de *facere*. Mas, prestação, no sentido jurídico moderno, tanto se refere à *prestação de coisas*, nas obrigações de dar, como à *prestação de fato*, nas obrigações de fazer ou não fazer, E, em ambos os casos, a *prestação* exprime necessariamente o *fornecimento* a ser feito pelo devedor ao credor, seja dando uma coisa ou realizando um fato, concernente ao objeto da obrigação" (ob. cit., p. 1.213).

26. Art. 593 do Código Civil vigente.

27. Sobre essa modalidade de relação contratual, ensina Orlando Gomes que, "sob essa denominação, designa-se o contrato mediante o qual uma pessoa se obriga a prestar serviço a outra, eventualmente, em troca de determinada remuneração, executando-os com independência e sem subordinação hierárquica. A parte que presta o serviço estipulado não o executa sob a direção de quem se obriga a remunerá-lo e utiliza os métodos e processos que julga convenientes, traçando, ela própria, a orientação técnica a seguir, e assim exercendo sua atividade profissional com liberdade. Na realização do trabalho, não está subordinada a critérios estabelecidos pela outra parte. Enfim, é juiz do modo por que o serviço deve ser prestado" (*Contratos*. 10. ed. Rio de Janeiro: Forense, 1984, p. 325).

28. Ob. cit., p. 323.

29. Nesse sentido, destacamos as regras gerais relevantes inseridas no Código Civil (de 2002) vigente: "A prestação de serviço, que não estiver sujeita às leis trabalhistas ou a lei especial, reger-se-á pelas dispo-

A segunda (*contrato de trabalho*) encerra a natureza protecionista própria da legislação trabalhista na figura do empregado (*prestador de serviço*) e empregador (*tomador do serviço*), implicando restrições legais à ampla autonomia da vontade entre as partes

Ao princípio de proteção (concretizado nas ideias de: *in dubio pro operario*, na regra da aplicação da norma mais favorável e na regra da condição mais benéfica a este) acrescem-se os demais princípios da relação de trabalho propostas por Américo Plá Rodriguez: "princípio da irrenunciabilidade dos direitos; princípio da continuidade da relação de emprego; princípio da primazia da realidade; princípio da razoabilidade; princípio da boa-fé; e princípio de não discriminação"[30].

A terceira (*encomenda de obra ou criação intelectual*) submete-se à legislação especial reguladora dos direitos autorais[31].

Trata-se, portanto, de relações jurídicas distintas que podem – até – nascer concomitantemente: no caso do prestador de serviço que – *com ou sem relação de emprego* – realiza uma criação ou obra intelectual. Cabe, nesse passo, o exame desse aspecto.

Justificamos a utilização da passagem "encomenda de criação ou obra intelectual" para evidenciar que o "direito autoral" resultante dessa atividade não se limita à autoria da obra intelectual – *como é o caso do escritor, do compositor, do diretor cinematográfico* –, mas pode abranger, também, a criação intelectual geradora de direitos conexos aos de autor, como é o

---

sições deste Capítulo" (art. 593); "Toda a espécie de serviço ou trabalho lícito, material ou imaterial, pode ser contratada mediante retribuição" (art. 594); "Não se tendo estipulado, nem chegado a acordo as partes, fixar-se-á por arbitramento a retribuição, segundo o costume do lugar, o tempo de serviço e sua qualidade" (art. 596); "A retribuição pagar-se-á depois de prestado o serviço, se, por convenção, ou costume, não houver de ser adiantada, ou paga em prestações" (art. 597); "A prestação de serviço não se poderá convencionar por mais de quatro anos, embora o contrato tenha por causa o pagamento de dívida de quem o presta, ou se destine à execução de certa e determinada obra. Neste caso, decorridos quatro anos, dar-se-á por findo o contrato, ainda que não concluída a obra" (art. 598); "Não sendo o prestador de serviço contratado para certo e determinado trabalho, entender-se-á que se obrigou a todo e qualquer serviço compatível com as suas forças e condições" (art. 601); "O prestador de serviço contratado por tempo certo, ou por obra determinada, não se pode ausentar, ou despedir, sem justa causa, antes de preenchido o tempo, ou concluída a obra" (art. 602); "Se o prestador de serviço foi despedido sem justa causa, a outra parte será obrigada a pagar-lhe por inteiro a retribuição vencida, e por metade a que lhe tocaria de então ao termo legal do contrato" (art. 603); "Nem aquele a quem os serviços são prestados, poderá transferir a outrem o direito aos serviços ajustados, nem o prestador de serviços, sem aprazimento da outra parte, dar substituto que os preste" (art. 605); "O contrato de prestação de serviço acaba com a morte de qualquer das partes. Termina, ainda, pelo escoamento do prazo, pela conclusão da obra, pela rescisão do contrato mediante aviso prévio, por inadimplemento de qualquer das partes ou pela impossibilidade da continuação do contrato, motivada por força maior" (art. 607).

30. *Princípios de direito do trabalho*. 3. ed. Trad. Wagner D. Giglio e Edilson Alkmin Cunha. São Paulo: LTr, 2004, p. 61.

31. Lei n. 9.610, de 19-2-1998.

12 | Contratos típicos de direitos autorais: a edição de obra intelectual e...

caso, em especial, do intérprete (*ator, cantor, músico solista etc.*), criador de sua interpretação artística.

Esse tema foi ampla e profundamente versado por Carlos Alberto Bittar em sua monografia *Direito de autor na obra feita sob encomenda*[32], em que conclui, basicamente, que:

> o título (aquisitivo) originário é a criação intelectual,
>
> os direitos morais permanecem na esfera do autor,
>
> admite-se a comunhão (pluralidade de sujeitos) na encomenda,
>
> a obra de encomenda alcança todas as criações possíveis, sujeitando-se a formas contratuais diversas, em que se destaca o contrato específico, reconhecido pelo direito brasileiro[33],
>
> as partes podem relacionar-se através da contratação autônoma de serviço ou por vínculo trabalhista ou funcional[34],
>
> adquire o encomendante, a título derivado, certos direitos patrimoniais, conforme a espécie, mas com fundamento também na criação, permanecendo na esfera do autor os direitos não colhidos expressamente no contrato, segundo a natureza da obra[35].

Assim, nessa complexa relação de encomenda de obra ou bem intelectual – *textos, imagens, direções e interpretações artísticas etc.* – deve ser regulada entre as partes – *encomendante e titulares de direitos autorais* – a melhor forma de compensação econômica (*remuneração do criador intelectual*) em face das várias vertentes de exploração da obra intelectual: o exercício dos direitos autorais de natureza patrimonial se dará com maior ou menor amplitude – *e, consequentemente, com maior ou menor expressão*

---

32. São Paulo: Revista dos Tribunais, 1977.

33. Tendo em vista ser a edição datada de 1977, a obra de Bittar encontra-se no âmbito da Lei n. 5.988, de 1973, revogada pela Lei n. 9.610, de 1998. O dispositivo legal citado, em primeiro lugar, é o art. 58 da lei de 1973, que se limitou a reeditar literalmente o art. 1.347 do Código Civil de 1916, que dispunha: "Pelo mesmo contrato (refere-se à edição) pode o autor obrigar-se à feitura de uma obra literária, científica ou artística, em cuja publicação e divulgação se empenha o editor". Observe-se que o mesmo texto consta, também, da lei revogadora atualmente vigente (art. 54 da Lei n. 9.610/98). O mesmo não ocorre, no entanto, em relação ao art. 36 do diploma de 1973, que estabelecia: "Se a obra intelectual for produzida em cumprimento a dever funcional ou a contrato de trabalho ou de prestação de serviços, os direitos de autor, salvo convenção em contrário, pertencerão a ambas as partes, conforme for estabelecido pelo Conselho Nacional de Direito Autoral" (e parágrafos), disposições que foram revogadas pela lei regente vigente.

34. Complementa Bittar que "a obra de encomenda pode ser pura e simples, quando decorrente de prestação autônoma de serviços, ou vinculada a contrato de trabalho ou relação funcional", distinguindo, na primeira classe, conforme a natureza das relações entre as partes, a participação do comitente (ou encomendante da obra) e a natureza da obra: a obra de produção livre e a obra dirigida ou em colaboração, "com diferentes nuances e sujeitas a regimes jurídicos diversos, afastando-se de sua regência a obra futura" (ob. cit., p. 161).

35. Ob. cit., p. 161.

411

econômica – em face dos resultados obtidos com as diversas formas de utilização da obra intelectual respectiva.

12.4.1.1. Regimes remuneratórios da prestação de serviço geradora de direito autoral

A simultaneidade do nascimento de direitos pecuniários distintos – *remuneração do serviço autônomo ou laboral/salarial e remuneração autoral* – vai demandar das partes – *encomendante da obra ou bem intelectual/tomador do serviço e autor/intérprete/prestador do serviço* – a necessidade de, previamente à fixação das condições contratuais remuneratórias, examinar quais os direitos que estarão sendo abrangidos na pactuação. Nesse passo:

(a) a remuneração da prestação de serviço, sem vínculo empregatício entre o prestador e o tomador do serviço, pode ser negociada entre estes – *nos termos dos já comentados arts. 593 a 609 do Código Civil vigente e, naturalmente, atendendo-se a orientação legal da boa-fé objetiva (art. 113 do Código Civil)* – com toda a amplitude inerente ao princípio da autonomia da vontade das partes contratantes;

(b) a remuneração advinda do contrato de trabalho é basicamente salarial e sujeita-se à legislação especial[36]. Por via de consequência, deverá atender às normas de proteção ao trabalhador e se nortear com base nos seguintes requisitos:

(i) o período em que o empregado deverá estar à disposição do empregador "aguardando ou executando ordens"[37];

(ii) equiparação salarial ("a todo trabalho de igual valor corresponderá salário igual, sem distinção de sexo")[38];

(iii) benefícios legais próprios à remuneração salarial[39];

---

36. Consolidação das Leis do Trabalho (CLT – Decreto-Lei n. 5.452, de 1º de maio de 1943) e Legislação Complementar, com aplicação subsidiária do direito comum. Registre-se os dispositivos legais alterados pela Lei n. 13.467, de 13-7-2017 (Reforma Trabalhista).

37. Art. 4º da CLT.

38. Art. 5º da CLT. O mesmo diploma legal, em seu art. 461, fornece mais elementos, inclusive conceituais, para a denominação "trabalho de igual valor" (*equiparação salarial*): "Art. 461. Sendo idêntica a função, a todo trabalho de igual valor, prestado ao mesmo empregador, no mesmo estabelecimento empresarial, corresponderá igual salário, sem distinção de sexo, etnia, nacionalidade ou idade. (*Redação dada pela Lei n. 13.467, de 2017*) § 1º Trabalho de igual valor, para os fins deste Capítulo, será o que for feito com igual produtividade e com a mesma perfeição técnica, entre pessoas cuja diferença de tempo de serviço para o mesmo empregador não seja superior a quatro anos e a diferença de tempo na função não seja superior a dois anos". Cabe observar, contudo, que essa regra não se aplica nas relações de encomenda (*e consequente prestação de serviços*) de obras intelectuais, quando os critérios remuneratórios são de natureza diversa da trabalhista.

39. A regra geral relativa a tais benefícios encontra-se prevista na CLT: "Art. 457. Compreende-se na remuneração do empregado, para todos os efeitos legais, além do salário devido e pago diretamente pelo

12 | Contratos típicos de direitos autorais: a edição de obra intelectual e...

(c) a remuneração do titular do direito autoral – *determinação que abrange tanto o direito de autor como os que lhe são conexos*[40] – deverá representar – *concretamente* – o exercício dos direitos autorais de natureza patrimonial ou econômica do titular respectivo.

A regra geral é que essa negociação – *que, uma vez acordada entre as partes, resultará na competente autorização para utilização da obra ou bem intelectual* – seja realizada (*e expressamente formalizada*) previamente a qualquer utilização[41]. Essa contratação poderá representar, em linhas gerais, um licenciamento de uso – *com ou sem exclusividade* – ou uma cessão (*transferência*) total ou parcial de direitos patrimoniais, que se presume seja onerosa[42].

A lei autoral vigente – *diferentemente do diploma regente anterior, de 1973* – não regula, especificamente, a hipótese da obra criada no regime de encomenda. Assim, uma vez que essa atividade ocorra no contexto da prestação de serviço, especialmente quando contiver características próprias às relações de emprego, o que interessará ao encomendante, tomador do serviço ou empregador será:

---

empregador, como contraprestação do serviço, as gorjetas que receber. § 1º Integram o salário a importância fixa estipulada, as gratificações legais e as comissões pagas pelo empregador. § 2º As importâncias, ainda que habituais, pagas a título de ajuda de custo, auxílio-alimentação, vedado seu pagamento em dinheiro, diárias para viagem, prêmios e abonos não integram a remuneração do empregado, não se incorporam ao contrato de trabalho e não constituem base de incidência de qualquer encargo trabalhista e previdenciário. (*Redação dada pela Lei n. 13.467, de 2017*) § 3º Considera-se gorjeta não só a importância espontaneamente dada pelo cliente ao empregado, como também o valor cobrado pela empresa, como serviço ou adicional, a qualquer título, e destinado à distribuição aos empregados. § 4º Consideram-se prêmios as liberalidades concedidas pelo empregador em forma de bens, serviços ou valor em dinheiro a empregado ou a grupo de empregados, em razão de desempenho superior ao ordinariamente esperado no exercício de suas atividades".

40. Conforme estabelece o art. 1º da Lei n. 9.610/98 (em reedição ao art. 1º da Lei n. 5.988/73), que regula os direitos autorais: "Esta lei regula os direitos autorais, entendendo-se sob essa denominação os direitos de autor e os que lhes são conexos".

41. Nesse sentido a determinação do art. 29 da lei autoral vigente (n. 9.610/98): "Depende de autorização prévia e expressa do autor a utilização da obra, por quaisquer modalidades (...)".

42. Nos termos do art. 50 da Lei n. 9.610/98 (que reedita literalmente o art. 53 da lei autoral anterior, 5.988/73), que dispõe: "A cessão total ou parcial dos direitos de autor, que se fará sempre por escrito, presume-se onerosa". Sobre a cessão de direitos de autor de obras futuras (referindo-se, na verdade, ao dispositivo legal de 1973 – *art. 54 que reproduz o atualmente vigente* – art. 51 da Lei 9.610/98), José de Oliveira Ascensão observa: "Dispondo que é admissível a cessão de direitos de autor sobre obras futuras ainda prevê na realidade uma forma de aquisição derivada... A hipótese é normal: o direito é adquirido pelo criador intelectual logo que se der a criação da obra. O que acontece é que há um instrumento validamente estabelecido para provocar *ipso facto*, portanto independentemente de novo acordo, aquisição de direito pelo outro contraente. Mas essa aquisição não abrange o núcleo personalíssimo do direito de autor, nos termos gerais, pelo que se configura que a outra parte não realiza nenhuma aquisição originária" (*Direito autoral*. 2. ed. Rio de Janeiro: Renovar, 1997, p. 111).

413

(a) o cumprimento – *pelo autor/artista, prestador do serviço ou empregado* – da atividade contratada (*com subordinação, disponibilidade qualificação profissional etc.*); e

(b) o resultado dessa atividade: a obra (*ou bem*) intelectual[43], ou seja, a aquisição dos direitos necessários ao exercício de todas as modalidades de sua utilização que o encomendante, tomador do serviço ou empregador tenha interesse.

Em contrapartida, o autor/artista, prestador de serviço ou empregado deverá receber as competentes remunerações decorrentes:

(a) da prestação de serviço, com ou sem relação empregatícia; e

(b) do exercício de seus direitos autorais, de natureza patrimonial, sobre a exploração econômica das obras ou bens intelectuais resultantes.

Nesse quadro, considerando que a lei autoral vigente não regulou especificamente a relação jurídica – *entre o encomendante e o autor* – advinda do regime de encomenda de obra intelectual, relevante se faz o exame da doutrina e jurisprudência dominante sobre o tema que consagrou os seguintes princípios:

– a relação entre as partes – *no pleno e recíproco exercício da sua autonomia de vontade* – deverá ser objeto de contratação que estabeleça as condições remuneratórias do autor tanto pela prestação de serviço quanto pelos seus direitos patrimoniais autorais; e

– na falta ou nas omissões contratuais, o encomendante terá adquirido o direito de utilização da obra ou bem intelectual resultante limitado e destinado ao cumprimento da finalidade imediata da encomenda, no campo restrito da atividade do tomador do serviço ou empregador e, consequentemente, permanecerão na órbita exclusiva de titularidade do autor os direitos autorais correspondentes às demais utilizações da sua obra[44].

---

43. Cabe aqui a observação de José de Oliveira Ascensão, que identifica a "obra sob encomenda em sentido estrito" em analogia a "um contrato de empreitada ou análogo, em sentido próprio, e não um contrato de prestação de serviços". Complementa o jurista: "Quer dizer, o que se pretende então é o resultado da atividade, a obra, e não a atividade em si. Quando se visa a atividade em si o contrato é então tecnicamente de prestação de serviços" (ob. cit., p. 104).

44. Como precedente jurisprudencial, merece destaque o acórdão de 7-6-1995 do STJ em que ficou decidido que, na inexistência de contrato, mesmo depois da extinção da relação laboral – relativa ao autor de

12 | Contratos típicos de direitos autorais: a edição de obra intelectual e...

Ressalve-se que a autonomia da vontade contratual deverá ser exercida apenas em relação aos direitos autorais de natureza patrimonial, uma vez que os de natureza moral, previstos na lei autoral vigente (arts. 24 a 26), não são passíveis de alienação ou renúncia (art. 27 da Lei n. 9.610/98). Deverão, em qualquer hipótese, as partes contratantes atender, principalmente, aos princípios da "boa-fé objetiva", da finalidade social dos contratos, da inexistência de violação de normas de ordem pública e do equilíbrio de obrigações recíprocas (*comutatividade*) ajustadas. Nesse contexto, o princípio da autonomia da vontade, concretizado na formação legítima do contrato (*sem vícios de consentimento – arts. 138 a 157 do Código Civil – e sem vício social, basicamente a fraude contra credores – arts. 158 a 165 do Código Civil*), será regularmente exercido e respeitado pelas partes, por terceiros que venham, eventualmente, a sofrer os efeitos do contrato e pelo Estado.

Tratando-se, assim, o contrato legítimo, de "ato jurídico perfeito", encontra expressa proteção constitucional (art. 5º, XXXVI) que vem sendo reiteradamente aplicada – em relação aos efeitos jurídicos das relações contratuais regulares – pelo STF –, como é o caso, por exemplo, do recente acórdão de 22 de maio de 2007, proferido por unanimidade da sua Segunda Turma no Agravo Regimental (em Recurso Extraordinário) 563.636/RS, rel. Min. Eros Grau, publicado no *DJ* de 15 de junho de 2007, que se reporta à decisão do Plenário do STF pelo efetivo reconhecimento da proteção constitucional ao "instituto do ato jurídico perfeito".

12.4.1.2. A obra audiovisual como exemplo da diversidade de direitos e consequentes relações contratuais e remuneratórias envolvidas

A Lei Autoral vigente define como obras intelectuais protegidas "as criações de espírito, expressas por qualquer meio ou fixadas em qualquer suporte, tangível ou intangível, conhecido ou que se invente no futuro (...)", especificando, no mesmo dispositivo que entre estas estariam incluídas: "as obras audiovisuais, sonorizadas ou não, inclusive as cinematográficas"[45].

Na hipótese de a obra audiovisual ser considerada "obra coletiva"[46], o seu organizador, que poderá ser pessoa jurídica, será o titular dos direitos

---

obra intelectual criada mediante relação de emprego –, persiste o direito patrimonial de autor sobre a obra (denominada "copropriedade" no aresto) (Primeira Turma, rel. Min. Cesar Asfor Rocha, votação unânime nos Embargos de Declaração no Recurso Especial 1991/0001452-4, *DJ* 11-9-1995, p. 287-288).

45. Art. 7º, *caput* e inciso VI, da Lei n. 9.610/98.

46. Definida na legislação autoral vigente como a obra "criada por iniciativa, organização e responsabilidade de uma pessoa física ou jurídica, que a publica sob seu nome e marca e que é constituída pela participação

415

patrimoniais de autor sobre o conjunto da obra coletiva[47], assegurando-se a proteção autoral às "participações individuais[48].

Tais participações individuais protegidas na obra audiovisual coletiva serão basicamente:

(1) o diretor[49];

(2) o autor do "assunto ou argumento literário, musical ou literomusical", que, a exemplo do diretor, é considerado coautor da obra audiovisual[50];

(3) os criadores dos desenhos utilizados na obra audiovisual[51];

(4) os "artistas intérpretes e executantes"[52] que são os "atores, cantores, músicos, bailarinos ou outras pessoas que representem um papel, cantem, recitem, declamem, interpretem ou executem em qualquer forma obras literárias ou artísticas ou expressões de folclore"[53].

Todas essas participações, portanto, resultam na atribuição legal de titularidade de direito autoral: direitos de autor os três primeiros – *itens (1) (2) e (3), supra* – e direitos conexos aos de autor os últimos (*incluídos no item (4), supra*). Embora estas sejam as principais, não se deve descartar as demais titularidades de direitos autorais como a do coreógrafo, do cenógrafo, do autor e diretor de fotografia e outras.

No campo remuneratório, pode ser relevante, em relação à obra audiovisual, o exercício do direito de imagem, especialmente a destinada a "fins comerciais", constando, inclusive, da Lei autoral vigente a norma de que: "A proteção aos artistas intérpretes ou executantes estende-se à repro-

---

de diferentes autores, cujas contribuições se fundem numa criação autônoma" (art. 5º, VIII, *h*, da Lei n. 9.610/98).

47. Nesse sentido, o parágrafo único do art. 11 ("A proteção concedida ao autor poderá aplicar-se às pessoas jurídicas nos casos previstos nesta lei") e o § 2º do art. 17, ambos da Lei n. 9.610/98.

48. Inciso XXVIII do art. 5º da Constituição Federal vigente, que dispõe que são assegurados, nos termos da lei: "a proteção às participações individuais nas obras coletivas e à reprodução das imagens e voz humanas, inclusive nas atividades desportivas". Esse princípio, reeditado pelo art. 17, *caput*, da Lei n. 9.610/98, encontra abrigo na jurisprudência, destacando-se, entre os arestos mais recentes, o acórdão de 7-4-2005 do STJ, que decidiu ser a remuneração devida ao titular de direito autoral – no caso locutor/apresentador de programas – "não obstante tratar-se de obra coletiva" (Quarta Turma, rel. Min. Barros Monteiro, votação unânime no Recurso Especial 1997/0074916-9, *DJ* 30-5-2005, p. 378).

49. A quem caberá, com exclusividade, o exercício dos direitos morais (de autor) sobre a obra audiovisual (art. 25 da Lei n. 9.610/98).

50. Art. 16 da Lei n. 9.610/98.

51. Parágrafo único do art. 16 da Lei n. 9.610/98, denominando-os "coautores de desenhos animados".

52. Terminologia adotada pelo art. 82, I, da Lei n. 9.610/98 ao identificar os principais participantes – *para efeito de titularidade de direitos conexos aos de autor* – da produção audiovisual.

53. Art. 5º, XIII, da Lei n. 9.610/98.

12 | Contratos típicos de direitos autorais: a edição de obra intelectual e...

dução da voz e imagem, quando associadas às suas atuações"[54]. Serão principalmente esses os titulares (*artistas, intérpretes e executantes*) do direito de imagem a serem considerados em relação à obra audiovisual. A utilização desta deverá, consequentemente, ser precedida de autorização – *normalmente remunerada* – dos titulares respectivos.

No âmbito remuneratório, a jurisprudência brasileira recente tem reconhecido a distinção da natureza jurídica entre o salário e a retribuição econômica decorrente do uso de imagem no setor desportivo, o que, sem dúvida, serve como analogia importante a casos semelhantes que envolvam salário e remuneração decorrentes de direitos autorais. Nesse caminho, destacamos as seguintes conclusões jurisprudenciais:

> DIREITO DE ARENA. NATUREZA JURÍDICA. I – O direito de arena não se confunde com o direito à imagem. II – Com efeito, o direito à imagem é assegurado constitucionalmente (art. 5º, incisos V, X e XXVIII), é personalíssimo, imprescritível, oponível *erga omnes* e indisponível. O Direito de Arena está previsto no artigo 42 da Lei n. 9.615/98, o qual estabelece a titularidade da entidade de prática desportiva. III – Por determinação legal, vinte por cento do preço total da autorização deve ser distribuído aos atletas profissionais que participarem do evento esportivo. IV – Assim sendo, não se trata de contrato individual para autorização da utilização da imagem do atleta, este sim de natureza civil, mas de decorrência do contrato de trabalho firmado com o clube. Ou seja, o clube por determinação legal paga aos seus atletas participantes um percentual do preço estipulado para a transmissão do evento esportivo. Daí vir a doutrina e a jurisprudência majoritária nacional comparando o direito de arena à gorjeta, reconhecendo-lhe a natureza remuneratória. V – recurso conhecido e provido[55].
>
> O chamado direito de arena, valor que é pago por terceiros, detentores dos meios de comunicação, aos atletas, como remuneração pela transmissão dos jogos dos quais eles são os principais atores catalisadores da motivação popular para angariar audiências, não constitui salário, direto ou indireto, no sentido técnico do instituto, sobre quaisquer de suas modalidades, eis que não se destina, nem mesmo remota ou indireta-

---

54. Art. 90, § 2º, da Lei n. 9.610/98. Observe-se que à tutela da reprodução da imagem encontra-se acrescida a proteção "à reprodução da voz".

55. Ementa de acórdão de 28-2-2007, da Quarta Turma do Tribunal Superior do Trabalho, rel. Min. Barros Levenhagen, proferido por unanimidade de votos no Recurso de Revista 1.210/2004-025-03-00, *DJ* 16-3-2007).

417

mente, ao custeio do trabalho prestado ao clube contratante, nem tem relação alguma com a execução do contrato de trabalho. Tratando-se de pagamento originário, pelos compradores dos direitos dos espetáculos, aos seus astros, sob a forma de negócios comerciais distintos e paralelos aos contratos de trabalho. Da mesma forma os demais direitos conexos pagos pelo uso do nome ou imagem do atleta profissional em campanhas publicitárias, institucionais e licenciamento de produtos e serviços diversos, que se referem sempre à pessoa do jogador, nos seus atributos intrínsecos da personalidade, não se vinculando ao contrato de trabalho, nem se restringindo ao tempo de duração dele, pois como apanágios do ser humano, acompanham-no do berço ao túmulo e deitam memória no tempo posterior ao da duração da sua vida, o que está conforme a moderna perspectiva de que tudo tem valor comercial para uma gama tão infindável quanto diversificada de negócios mercantis que se valem de toda sorte de apelos ao consumidor para viabilizar mercados. Ainda que recebidos em bloco pelo clube empregador e distribuído por este a cada atleta, segundo a quantidade que lhe caiba, não perde a natureza de ganho extrassalarial. Não caracterizando, pois, fraude ao salário o fato de serem pagos fora da folha de pagamento e até mesmo por intermédio de cômodas empresas constituídas para gerenciar tais atividades. Não servindo de base para cálculo dos demais direitos trabalhistas que se fundam no salário contratado[56].

EMENTA: Atleta de futebol. Direito de arena. Natureza jurídica. Fraude. A Lei n. 9.615/98 trata do direito de arena sob a ótica da imagem do espetáculo ou evento desportivo, e, de acordo com a atual doutrina, o direito de arena é uma espécie do direito de imagem, pois nada mais representa que o direito, individual, do partícipe, no que toca à representação de uma obra ou evento coletivo. Os direitos de imagem não são direitos propriamente trabalhistas, mas decorrentes da personalidade, e a paga que lhes corresponde não pode ser considerada integrante da remuneração do atleta empregado. A fraude não se presume, muito menos pelo mero pagamento de importância a título de direito de arena, ainda que na vigência de contrato de trabalho e desportivo, se assim determina a própria lei[57].

EMENTA: Atleta profissional. Direito de imagem. Natureza jurídica. Não tem natureza salarial a retribuição econômica, a cargo das emissoras

---

56. Acórdão de 6-2-2003 da Terceira Turma do Tribunal Regional do Trabalho, 3ª Região, rel. Juiz Paulo Araújo, proferido por maioria de votos no Recurso Ordinário 16.695/2001, *DJMG* 19-3-2002, p. 18.

57. Ementa de acórdão de 4-3-2002 da Sexta Turma do Tribunal Regional do Trabalho, 3ª Região, rel. Juíza Maria de Lourdes Gonçalves Chaves, proferido por unanimidade no Recurso Ordinário 101/2002, *DJMG*15-3-2002, p. 11.

12 | Contratos típicos de direitos autorais: a edição de obra intelectual e...

de televisão, resultante da cessão a elas, pelo Atleta Profissional, através do empregador, do uso de sua imagem[58].

Além do amplo e diverso espectro de titularidades, conforme abordamos, a obra audiovisual, entre as obras intelectuais, encontra-se entre as que mais permitem uma grande diversidade de utilizações, especialmente no campo da tecnologia e dos meios de comunicação contemporâneos.

Examinando essa possibilidade de utilizações de obras audiovisuais, apenas em função do elenco exemplificativo do art. 29 da Lei Autoral vigente, teríamos:

> I – a reprodução parcial ou integral; II – a edição; III – a adaptação (...) e quaisquer outras transformações; IV – a tradução para qualquer idioma; V – (...) produção audiovisual; VI – a distribuição, quando não intrínseca ao contrato firmado pelo autor com terceiros para uso ou exploração da obra; VII – a distribuição para oferta de obras ou produções mediante cabo, fibra ótica, satélite, ondas ou qualquer outro sistema que permita ao usuário realizar a seleção da obra ou produção para percebê--la em um tempo e lugar previamente determinados por quem formula a demanda, e nos casos em que o acesso às obras ou produções se faça por qualquer sistema que importe em pagamento pelo usuário; VIII – a utilização, direta ou indireta (...) mediante: (...) *d*) radiodifusão (...) televisiva; *e*) captação de transmissão de radiodifusão em locais de frequência coletiva; (...) *h*) emprego de satélites artificiais; *i*) emprego de sistemas óticos, fios telefônicos ou não, cabos de qualquer tipo e meios de comunicação similares que venham a ser adotados; (...) IX – a inclusão em base de dados, o armazenamento em computador, a microfilmagem e as demais formas de arquivamento do gênero; X – quaisquer outras modalidades de utilização existentes ou que venham a ser inventadas.

---

58. Ementa de acórdão de 13-8-2001 da Primeira Turma do Tribunal Regional do Trabalho, 3ª Região, rel. Juiz Maurilio Brasil, proferido por unanimidade no Recurso Ordinário 8.879/2001, *DJMG* 31-8-2001). Acrescente-se a estas conclusões as seguintes, na mesma trilha decisória, também do TRT, 2ª e 4ª Regiões, respectivamente SP e RS: (**1**) "Jogador de futebol. Cessão de direito de Uso de Imagem. Inadimplemento Contratual. Rescisão Indireta do Contrato de Trabalho. Indevida. Contratos Distintos. Não comete falta grave que justifique a rescisão indireta do contrato de trabalho, o empregador que deixa de cumprir obrigações inerentes ao contrato de imagem com o atleta, porquanto o referido pacto é autônomo e distinto do contrato de emprego, sendo inaplicável, desse modo, à espécie, a regra prevista no art. 483, *d*, da CLT" (RO 01520.2004.060.02.00, Primeira Turma, TRT 2ª Região, rel. Des. Luiz Carlos Norberto), e (**2**) "Nesse contexto, nada impede que o jogador pactue outra forma de ressarcimento pelo 'uso de imagem', em observância à garantia prevista no art. 5º, XXVIII, *a*, da Constituição Federal. *In casu* o próprio reclamante transacionou o direito de imagem por meio de pagamento de parcelas fixas, independentemente da renda obtida com os jogos e com as transmissões, o que confere caráter de verba de natureza civil, já que não se trata de contraprestação pelo trabalho prestado, mas de permissão uso de um direito personalíssimo, consoante se depreende dos termos do contrato assinado entre o Grêmio e o atleta (...)" (RO 01278.2005.201.04.00-8, TRT 4ª Região, rel. Des. Flavio Portinho Sirangelo).

419

É visível a complexidade das relações contratuais e consequentes remunerações – *de todos os titulares de direitos autorais (e de imagem) criadores e participantes da obra audiovisual em todas as suas formas de utilização, ainda mais se tais relações envolverem a prestação de serviço (com ou sem vínculo empregatício)* – abrangidas na produção e utilização da obra audiovisual.

A cumulação contratual de negócios de natureza jurídica diversa como prestação de serviço, direitos autorais e direito de imagem, mais do que uma possibilidade, consiste, efetivamente, em uma necessidade de uma empresa que congregue atividades de criação (*como encomendante e/ou organizadora*), produção e exibição de obra audiovisual, sendo que nada obsta que as remunerações dos participantes das atividades de criação e produção possam ser conciliadas e reunidas em pagamentos unificados que englobem, além da retribuição econômica relativa aos direitos autorais e direito de imagem correspondentes, também a remuneração laboral – *na existência de vínculo empregatício* – ou a retribuição decorrente da prestação de serviço, de natureza civil, sem vínculo empregatício.

Essa questão específica já foi, inclusive, examinada pelo Tribunal de Justiça do Rio de Janeiro, destacando-se na parte decisória do acórdão que "Não há empecilho legal para que sejam pagos englobadamente as remunerações devidas pela representação da artista e pela exibição da obra"[59].

E qual a proporção entre as remunerações correspondentes à prestação de serviço, ao direito autoral e ao direito de imagem? Entendemos que a orientação adequada para atingimento de uma proporcionalidade remuneratória condizente deverá atentar para a natureza das atividades correspondentes:

(a) à prestação de serviço sem vínculo empregatício encerrará plena liberdade de contratação remuneratória entre as partes; com vínculo empregatício, deverá atender às restrições da legislação especial;

(b) as geradoras de direitos autorais devem ter em conta as peculiaridades de sua natureza jurídica, do regime jurídico da encomenda de criação ou bens intelectuais, da diversidade de utilização de obras e bens intelectuais, do exercício de direitos autorais de natureza econômica, mais propriamente as formas de remuneração e, em relação à obra audiovisual, a diversidade de direitos e consequentes relações envolvidas; e

---

59. Item 5 do acórdão de 3-9-1985 da 7ª Câmara Cível, rel. Des. Graccho Aurélio, proferido por votação unânime na Apelação Cível 37.620, *RT* 602, p. 185.

12 | Contratos típicos de direitos autorais: a edição de obra intelectual e...

(c) às geradoras de direitos de imagem que se assemelham, em relação às possibilidades e aos processos – *especialmente no que se refere às fixações audiovisuais* – às remunerações autorais[60].

Assim, é aconselhável que a justa proporcionalidade da íntegra dessas atividades e direitos deva ser objeto de negociação prévia entre as partes e devidamente instrumentada contratualmente, atendendo-se, sempre, aos princípios da boa-fé objetiva concernentes aos negócios jurídicos em geral (art. 113 do Código Civil vigente) e à condição de que, no estabelecimento do equilíbrio das relações contratuais, o exercício da autonomia da vontade das partes – *tomador do serviço, encomendante ou empregador, de um lado, e prestador do serviço (autônomo ou sob regime de emprego) autor ou artista intérprete ou executante, de outro* – respeite, principalmente:

– os limites advindos dos princípios e das regras remuneratórias obrigatórias da legislação trabalhista, quando a relação for de emprego;

– a razoabilidade de fixação remuneratória para o atendimento da prestação de serviço em si (*disponibilidade pessoal, número de horas trabalhadas, grau de capacitação profissional do prestador do serviço, regime – exclusivo ou não exclusivo – do exercício profissional etc.*); e

– a razoabilidade de aferição – *sobre a obra ou bem intelectual gerador*: (a) do grau de importância da criação do autor ou participação do artista e sua expressão econômica (*dessa criação ou participação*); (b) das formas de utilização – *em sua diversidade e amplitude* – a serem realizadas (*ou que sejam presumíveis*) e avaliação de sua potencialidade econômica.

---

60. Embora raros os precedentes jurisprudenciais sobre essa proporcionalidade, cabe-nos destacar duas decisões que – *apesar de se referirem à área do direito desportivo* – merecem aplicação analógica à matéria aqui tratada: (a) sobre o princípio de equivalência da verba laboral e do direito de imagem: "Nessas condições, estamos falando de uma verba paga acessoriamente a título de direito de imagem, de arena, de exibição de partidas de futebol, porquanto a principal é a remuneração auferida pela própria arte de jogar futebol, das habilidades com a bola. Enfim, a imagem é refletida no estádio, na mídia, no coração e mente do torcedor etc., na medida do talento o atleta. Logo, regra geral, o ganho pela cessão de uso de imagem, não pode ser superior à remuneração para jogar futebol, entrar em campo" (RO 00564.2004.092.15.00-0, Sexta Turma, 11ª Câmara, TRT 15ª Região, 20-1-2006, rel. Des. José Adilson de Barros), e (b) sobre a contenção de exageros na atribuição dessa proporcionalidade e suas consequências punitivas que chegam ao ponto (*criticável, nesse aspecto*) de desconsiderar – *no intuito de penalizar o exagero da proporcionalidade remuneratória* – a natureza jurídica do direito de imagem: "Parcela paga a atleta profissional de futebol (jogador), a título de direito de imagem ou arena, possui natureza jurídica salarial, cabendo integração remuneratória para fins trabalhista, previdenciário e fiscal, mormente se o valor pago é de 157% superior ao salário para jogar futebol, entrar em campo (...). *In casu*, aflora evidência de dissimulação no salário pago ao reclamante, uma vez que auferia R$ 7.000,00, de salários, e mais R$ 18.000,00 por cessão de direito de imagem, totalizando R$ 25.000,00" (TRT 15ª Região, Campinas, outubro 1997).

A partir dessas regras gerais passamos a examinar as hipóteses legais de restrição nos negócios de cessão de direitos autorais decorrentes de determinadas modalidades de prestação de serviço.

12.4.2. Regime legal da proibição de cessão ou transferência de direitos autorais

12.4.2.1. Evolução legislativa

Anteriormente ao advento da Lei n. 5.988, de 14 de dezembro de 1973, e quase vinte anos após a primeira lei regente para a matéria no âmbito do direito civil[61], o Código de Beviláqua, de 1916, previa a cessão de direitos autorais – que denominava "propriedade literária, científica e artística"– limitada aos seus aspectos econômicos[62], admitindo, contudo, exceção[63].

A Lei Autoral de 1973, ao adotar a teoria dualista[64], permitiu, apenas, a possibilidade de cessão de direitos autorais de natureza patrimonial, ao dispor, expressamente, em seu art. 25, que "os direitos morais de autor são inalienáveis e irrenunciáveis", e ao ressalvar, mesmo nas hipóteses de transmissão total dos direitos de autor, os de "natureza personalíssima" (parágrafo único do art. 52).

Embora determinasse a obrigatoriedade da especificação, no "instrumento do negócio jurídico", dos direitos objeto de cessão, as condições de seu exercício quanto ao tempo e ao lugar (*e, se fosse a título oneroso, quanto ao preço ou retribuição*), permitia, por outro lado, a "transmissão" total, nela se compreendendo "todos os direitos de autor" (*dispositivo legal citado*).

---

61. Lei n. 496, de 1º-8-1898, denominada "Medeiros de Albuquerque" em homenagem ao seu autor, deputado e escritor. Na esfera penal, o Código de 1830 e o de 1890 já dispunham sobre a matéria, bem como a primeira Constituição do regime republicano, de 1891.

62. Observa Clóvis Beviláqua que o fato de o Código Civil tratar o direito autoral como propriedade imaterial ou intelectual, situando-o entre "o domínio e os direitos reais sobre coisa alheia", não significa desconhecer que haja nesse direito, além de um aspecto real, outro pessoal, que não se desprende da personalidade do autor. Complementa: "O que, normalmente, se transfere, na obra, é a parte real do direito, a face econômica da relação jurídica. A parte pessoal e íntima é, em rigor, intransferível, por alienação ou herança, porque é uma expressão da própria personalidade do autor, da qual não se desprende" (*Código Civil dos Estados Unidos do Brasil comentado*. Rio de Janeiro: Livraria Francisco Alves, 1917. v. III, p. 184 e 197).

63. Embora o Código Civil de 1916 vedasse a cessão do direito de modificação da obra "de arte, literatura ou ciência" (art. 659), admitia, por outro lado, a cessão pelo autor de seu direito de "ligar o nome a todos os seus produtos intelectuais" (art. 667). Recebe, neste item, como já consignamos, a crítica do próprio Clóvis Beviláqua, observando este um projeto primitivo (art. 774) estatuíra precisamente o contrário do que, afinal, prevaleceu na votação do Congresso (ob. cit., p. 207).

64. Teoria apresentada, em 1950, pelo jurista francês Henry Desbois, que estabelece a coexistência no direito de autor de dois direitos de natureza diferente (*pessoal e patrimonial*) derivados de uma única fonte: a obra intelectual.

12 | Contratos típicos de direitos autorais: a edição de obra intelectual e...

Estabelecia, também, o mesmo diploma legal que sob a denominação "direitos autorais" estariam englobados os direitos de autor e os direitos que lhes são conexos (art. 1º), e que as normas relativas aos direitos de autor aplicar-se-iam, no que coubessem, aos direitos que lhes são conexos[65].

De qualquer forma, especialmente a partir do regime legal de 1973, não pode prevalecer dúvida quanto à impossibilidade jurídica da cessão de direitos morais de autor, sem exceção. Essa conclusão resulta não apenas do direito positivo, mas, também, da jurisprudência. Nessa trilha, no concernente a uma das vertentes principais da matéria em exame – *direitos dos Artistas de dublagem* –, O Tribunal de Justiça de São Paulo, em hipótese anterior à vigência da Lei n. 6.533, de 1978, que examinaremos a seguir, distinguiu – *com exatidão* – quais os bens que poderiam e os que não poderiam ser objeto de cessão de direitos autorais:

> Direito Autoral. Indenização. Artistas de dublagem em película de cinema. Cessão expressa da totalidade dos direitos patrimoniais emergentes da utilização da obra. Hipótese anterior à vigência da Lei n. 6.533/78. Não abrangência, contudo, dos direitos morais, inalienáveis e irrenunciáveis. Indenização devida sob esse ângulo ante a não indicação do nome ou pseudônimo dos autores da obra. Sujeição às sanções previstas no artigo 126 da Lei n. 5.988/73. Valor a ser apurado em liquidação por arbitramento. Recurso dos autores parcialmente provido. Recurso da Ré prejudicado[66].

Embora a lei que regulamentou, em 1960, o exercício da profissão do músico[67], em vigor até hoje, não tivesse tratado de matéria autoral, o mesmo não ocorreu em relação aos artistas e radialistas.

Com efeito, em 24 de maio de 1978, por iniciativa da classe artística[68], foi promulgada a Lei n. 6.533, que "dispõe sobre a regulamentação das

---

65. Art. 94 da Lei n. 5.988/73. Os titulares dos direitos conexos aos de autor são: os artistas, intérpretes ou executantes, os produtores de fonograma e as empresas de radiodifusão (arts. 95 a 99 da referida lei). Consignava, também, a lei de 1973, em seus arts. 100 e 101, a proteção do "direito de arena" como direito conexo ao de autor, o que foi suprimido do texto legal autoral vigente, passando a ser regulado pelo art. 42 da Lei n. 9.615, de 24-3-1998, denominada "Lei Pelé", que "institui normas gerais sobre desporto e dá outras providências".

66. Acórdão de 22-10-1996, proferido na Apelação Cível 265.491-1/SP, por votação unânime da 2ª Câmara de Férias "B" de Direito Privado do Tribunal de Justiça de São Paulo, rel. Des. Vasconcellos Pereira.

67. Lei n. 3.857, de 22-12-1960, que "Cria a Ordem dos Músicos do Brasil e dispõe sobre a regulamentação do exercício da profissão do músico e dá outras providências". Classifica, em seu art. 29, os "músicos profissionais, para os efeitos desta lei": a) compositores de música erudita e popular; b) regentes de orquestras sinfônicas, ópera, bailados, operetas, orquestras mistas, de salão, ciganas, jazz-sinfônico, conjuntos, corais e bandas de música; c) diretores de orquestras ou conjuntos populares; d) instrumentistas de todos os gêneros e especialidades; e) cantores de todos os gêneros e especialidades; f) professores particulares de música; e g) copistas de música.

68. Essa reivindicação da classe artística brasileira foi, na verdade, encampada pelo Poder Executivo na Mensagem 129, encaminhada ao Congresso Nacional em 13 de abril de 1978, acompanhada da Exposição de Motivos n. 13/78 dos Ministros de Estado da Justiça, do Trabalho, das Comunicações e da Educação e Cultura. A inserção, no corpo da lei especial trabalhista da regra proibitiva de cessão de

423

profissões de Artista e de Técnico em Espetáculos de Diversões, e dá outras providências", regulamentada pelo Decreto n. 82.385, de 5 de outubro de 1978, que, além de reproduzir, em seus arts. 33 e 34, o art. 13 e seu parágrafo único da Lei n. 6.533/78, consignava, em "quadro anexo", os "títulos e a descrição das funções em que se desdobram as atividades de Artista e Técnico em Espetáculos de Diversões"[69], relacionadas – de forma taxativa e não e exemplificativa – em quatro atividades: artes cênicas[70], cinema[71], fotonovela[72] e radiodifusão[73].

Estabeleceu, a denominada "Lei dos Artistas":

> Art. 13. Não será permitida a cessão ou promessa de cessão de direitos autorais decorrentes da prestação de serviços profissionais.

---

direitos autorais decorrentes de prestação de serviços foi conquistada em virtude da decisiva atuação – *ao lado das organizações sindicais de artistas – da ASA* – Associação dos Atores, presidida na época pelo combativo Artista de dublagem Jorge Ramos, com a finalidade de, em regime de gestão coletiva, arrecadar e distribuir os direitos conexos aos de autor nas utilizações de interpretações artísticas não musicais.

69. O seu art. 2º define como artista "o profissional que cria, interpreta ou executa obra de caráter cultural de qualquer natureza, para efeito de exibição ou divulgação pública, através de meios de comunicação de massa ou em locais onde se realizam espetáculos de diversão pública", e, como técnico em espetáculos de diversões, "o profissional que, mesmo em caráter auxiliar participa, individualmente ou em grupo, de atividade profissional ligada diretamente à elaboração, registro, apresentação ou conservação de programas, espetáculos e produções".

70. Acrobata, aderecista, amestrador, assistente de direção, ator, bailarino ou dançarino, barreira, cabeleireiro de espetáculos, camarada, camareira, capataz, caracterizador, cenógrafo, cenotécnico, comedor de fogo, contorcionista, contrarregra, coreógrafo, cortineiro, costureira de espetáculos, diretor, diretor circense, diretor de cena, diretor de produção, domador, eletricista de circo, eletricista de espetáculos, ensaiador circense, ensaiador de dança, equilibrista, excêntrico musical, faquir, figurante, figurinista, homem-bala, homem do globo da morte, icarista, iluminador, mágico, "*maitre de ballet*", malabarista, manequim, maquilador de espetáculos, maquinista, maquinista auxiliar, mestre de pista, operador de luz, operador de som, palhaço, secretário de frente, secretário teatral, sonoplasta, "*strip-tease*", técnico de som.

71. Aderecista, animador, arquivista de filmes, assistente de animação, assistente de animador, assistente de câmara de cinema, assistente de cenografia, assistente do diretor cinematográfico, assistente de montador cinematográfico, assistente de montador de negativo, assistente de operador de câmara de animação, assistente de produtor cinematográfico, assistente de revisor e limpador, assistente de trucador, ator, auxiliar de tráfego, cenarista de animação, cenógrafo, cenotécnico, chefe de arte de animação, colador-marcador de sincronismo, colorista de animação, conferente de animação, continuísta de cinema, contrarregra de cena, cortador-colador de anéis, diretor de animação, diretor de arte, diretor de arte de animação, diretor cinematográfico, diretor de dublagem, diretor de fotografia, diretor de produção cinematográfica, editor de áudio, eletricista de cinema, figurante, figurinista, fotógrafo de cena, guarda roupeiro, letrista de animação, maquilador de cinema, maquinista de cinema, marcador de anéis, microfonista, montador do filme cinematográfico, montador de negativo, operador de câmera, operador de câmera de animação, operador de gerador, pesquisador cinematográfico, projecionista de laboratório, revisor de filme, roteirista de animação, roteirista cinematográfico, técnico em efeitos especiais cênicos, técnico em efeitos especiais óticos, técnico de finalização cinematográfica, técnico de manutenção eletrônica, técnico-operador de "mixagem", técnico de som, técnico em transferência sonora, trucador cinematográfico.

72. Arte-finalista de fotonovela, assistente de fotografia de fotonovela, continuísta de fotonovela, coordenador de elenco, diagramador de fotonovela, diretor de fotonovela, diretor de produção de fotonovela, redator final de fotonovela.

73. Ator, figurante.

12 | Contratos típicos de direitos autorais: a edição de obra intelectual e...

Parágrafo único. Os direitos autorais e conexos dos profissionais serão devidos em decorrência de cada exibição das obras.

A mesma fórmula, com alteração de redação, foi reproduzida na Lei n. 6.615, de 16 de dezembro de 1978, que regulou a profissão de radialista[74]:

> Art. 17. Não será permitida a cessão ou promessa de cessão dos direitos de autor e dos que lhes são conexos, de que trata a Lei n. 5.988, de 14 de dezembro de 1973, decorrentes da prestação de serviços profissionais.
>
> Parágrafo único. Os direitos autorais e conexos dos profissionais serão devidos em decorrência de cada exibição da obra[75].

Em 1980, o Procurador-Geral da República, mediante o requerimento do ator Jece Valadão, ofereceu, em sintonia com os interesses defendidos publicamente, à época, pelas principais emissoras de televisão brasileiras, representação ao Supremo Tribunal Federal (n. 1.031-7/DF) arguindo a inconstitucionalidade da regra de vedação à cessão de direitos autorais contida no art. 13 da "Lei dos Artistas".

O Pretório Excelso, em sessão plenária realizada em 10 de dezembro de 1980, sendo relator o Ministro Xavier de Albuquerque, decidiu, em votação unânime, afastar a pretensão com a seguinte ementa: "Direitos autorais e conexos de artistas e intérpretes. A proibição legal da respectiva cessão (art. 13 da Lei n. 6.533, de 1978) não é inconstitucional. Representação improcedente".

Na fundamentação de seu voto, acompanhando o relator, consignou o Ministro Moreira Alves[76]:

> Não se retirou o direito exclusivo de utilização da obra ou da representação, o que a Constituição garante, na parte inicial do § 25 do artigo 153. Disciplinou-se essa utilização de maneira que ficassem protegidos o autor e o artista em face do seu empregador. E a limitação necessária a

---

74. O art. 2º define como radialista o empregado da empresa de radiodifusão que exerça "uma das funções que se desdobrasse das atividades mencionadas no art. 4º", que, excluindo-se as atividades administrativas, são: a) autoria; b) direção; c) produção; d) interpretação; e) dublagem; f) locução; g) caracterização e h) cenografia. Nas denominadas "atividades técnicas": a) direção; b) tratamento e registros sonoros; c) tratamento e registros visuais; d) montagem e equipamento; e) transmissão de sons e imagens; f) revelação e copiagem de filmes; g) artes plásticas e animação de desenhos e objetos; e h) manutenção técnica.

75. Observe-se a incoerência da terminologia confusa "direitos autorais e conexos" (que também havia sido adotada no parágrafo único do art. 13 da Lei n. 6.533, de maio do mesmo ano), que foi consignada corretamente no próprio art. 17: "(cessão de) direitos de autor e dos que lhes são conexos".

76. Torna-se relevante destacar o posicionamento do Ministro Moreira Alves pois, além de renomado jurista, foi, na condição de Procurador-Geral da República, o autor do projeto que resultou na Lei n. 5.988/73, que regulou os direitos autorais no país.

425

essa disciplina, a qual visa exatamente a permitir o exato cumprimento da garantia constitucional (que sem ela, seria ilusória, pela desigualdade econômica entre as partes contratantes), não viola, evidentemente, a garantia que, por meio dela, efetivamente se assegura.

Aplica-se, aqui, o que universalmente tem sido admitido e que, em teoria, se denominou dirigismo contratual. É a atuação do Estado a impedir que, pelo respeito à igualdade meramente jurídica que a autonomia da vontade estabelece, uma das partes contratantes perca a liberdade de contratar com quem deveria fazê-lo em prol de seus interesses, pelo poder econômico da outra, que se aproveita da necessidade que tem a primeira da celebração do contrato.

Menos de dois anos após a decisão referida do STF, em 14 de abril de 1982, o Conselho Nacional de Direito Autoral (CNDA), órgão do Ministério da Educação e Cultura, decidiu, por maioria de sua 3ª Câmara, não homologar 18 contratos de cessão de serviços artísticos, 24 contratos de trabalho por tempo determinado, 47 aditamentos a contratos dessa espécie e 60 aditamentos a contrato de trabalho por tempo indeterminado, todos apresentados, para esse efeito, por importante empresa de radiodifusão. A decisão, que foi confirmada pelo Plenário do Conselho, relator o seu Vice-Presidente, Antonio Chaves, baseava-se na proibição de cessão de direitos autorais determinada pelo art. 13 da Lei n. 6.533/78, cessão essa que se encontrava inserida em todos os contratos apresentados para homologação[77].

Embora a Constituição Federal de 1988 e o Decreto n. 95.971, do mesmo ano, tratassem do regime legal das atividades de gestão coletiva de cobrança e fiscalização de direitos autorais[78], nada houve, no campo do direito positivo brasileiro, que alterasse as regras ora examinadas.

No plano jurisprudencial, digno de registro o acórdão proferido em 8 de abril de 1991 pela Terceira Turma do Superior Tribunal de Justiça, em votação unânime, relator o Ministro Dias Trindade[79], com a seguinte ementa:

---

77. É o próprio Antonio Chaves que relata essa decisão histórica do CNDA em sua obra *Direitos conexos* (São Paulo: LTr, 1999, p. 336).

78. Nesse sentido, a alínea *b* do inciso XXVIII do art. 5º da Constituição Federal, que estabelece que são assegurados, nos termos da lei: "o direito de fiscalização do aproveitamento econômico das obras que criassem ou de que participassem aos criadores, aos intérpretes e às respectivas representações sindicais e associativas", e o Decreto n. 95.971, de 27-4-1988, que reafirma a possibilidade de representação dos artistas, nos ajustes relativos a direitos autorais, pelas "associações autorizadas a funcionar pelo Conselho Nacional de Direito Autoral" (art. 1º).

79. Recurso Especial 4.875/RJ, sendo recorrente a Associação dos Atores em Dublagem, Cinema, Rádio, Televisão, Propaganda e Imprensa (ASA) e Recorrida a TV Globo Ltda.

12 | Contratos típicos de direitos autorais: a edição de obra intelectual e...

Civil. Direito autoral. Obra coletiva. Direitos conexos. A declaração da existência de relação jurídica de uso, gozo e disposição de produção artística coletiva, pela empresa detentora do direito autoral (art. 15 Lei n. 5.988/73), não nega vigência ao art. 13 e seu parágrafo único da Lei n. 6.633/78, tanto mais quando ressalva os chamados direitos conexos, dos que participam da execução da referida obra artística.

Em suma, a ação tinha como objeto a declaração de que a demandante, na qualidade de realizadora de obra coletiva (*rede de televisão*), pudesse utilizar e fruir da obra artística que produzisse, nos termos da legislação então vigente, em especial o art. 15 da Lei n. 5.988/73, que conferia a autoria da obra coletiva à empresa organizadora. Em oposição, defendia a Associação dos Atores a tese de que essa regra negava vigência ao art. 13 da Lei n. 6.533/78. Entendeu o STJ não serem as regras conflitantes, decidindo que:

> A rigor, não havia o que declarar, tanto que o sentenciante se limitou a reconhecer o direito de propriedade da autora da obra coletiva – sua produtora, em convivência com o direito conexo dos que dela participam, como intérpretes. E, assim declarando, não negou vigência ao art. 13 e seu parágrafo único da Lei n. 6.533, de 24-5-78...
>
> Assim, resultou claro da sentença, confirmada pelo acórdão recorrido que, em função da propriedade da produtora lhe são inerentes o uso, o gozo e a disposição da obra coletiva, preservados, no entanto, os direitos conexos das que participam da feitura da obra, nos termos da legislação em vigor...
>
> É que ambas as partes sustentam a existência de seus direitos sem interferir nos da adversa. Assim, a autora pugna pela declaração do seu direito de usar, fruir e dispor da obra, como detentora do direito autoral sobre a mesma, mas sem negar o dos associados da ré; enquanto que esta, sustenta esses direitos conexos dos participantes, sem negar o direito autoral da produtora, tudo a demonstrar que inexistiria a lide, não fora a dúvida reconhecida pelo Tribunal que determinou o prosseguimento da ação, ao reformar aquela decisão que indeferira liminarmente a inicial.

Essa orientação jurisprudencial de 1991 – *já no contexto, portanto, da Constituição vigente* – é relevante na caracterização do regime de exercício dos direitos patrimoniais sobre a obra intelectual coletiva: situa, de um lado, a autonomia do seu titular (o organizador) sob o aspecto externo – *o controle da exploração econômica da obra, por terceiros usuários, nas diversificadas formas protegidas de sua utilização* –, e, de outro lado, localiza o direito do titular beneficiado pela regra do art. 13 da Lei n. 6.533/78 no âmbito interno da sua relação jurídica com o organizador da obra coletiva, recebendo deste, "em decorrência de cada exibição da obra", obrigatoria-

427

mente, a remuneração pactuada ou se – *apesar da regular prestação de serviços pelo artista ao organizador* – inexistir acordo entre as partes sobre os valores e as condições de remuneração decorrentes de cada exibição da obra coletiva, os que forem arbitrados para esse efeito, nos termos legais.

O sistema de gestão coletiva para a arrecadação e distribuição dos direitos autorais (*ou conexos aos de autor*) de titularidade dos artistas, que foi, na prática, consolidado apenas a partir da lei que regulamentou a sua profissão, foi reconhecido, em 1992, pelo Superior Tribunal de Justiça, outorgando à Associação dos Atores (ASA) legitimidade *ad causam* para essa cobrança em regime de substituição processual dos titulares:

> Direitos autorais. Ação de cobrança ajuizada por associação de atores contra empresa de televisão. Legitimidade ativa *ad causam*. Artigos 103 e 104 da Lei n. 5.988/73. À associação constituída nos termos do artigo 103 da Lei n. 5.988/73 assiste legitimidade *ad causam* para, em substituição processual, defender em juízo direitos de seus associados. Assim não fosse, estaria já agora legitimada, nos termos do artigo 5º, XXI, da Constituição Federal, face à expressa autorização constante da lei ordinária. Recurso Especial conhecido pela alínea *c*, mas não provido[80].

12.4.2.2. O regime jurídico vigente

A lei vigente para o campo dos direitos autorais em nosso país, n. 9.610, de 19 de fevereiro de 1998[81], tratou em capítulo especial ("V") a

---

80. Acórdão de 5-5-1992, proferido no Recurso Especial 9867/RJ, por unanimidade da Quarta Turma do Superior Tribunal de Justiça, rel. Min. Athos Carneiro. Posteriormente, em julgado de 30-5-2000, o Tribunal de Justiça do Rio de Janeiro reconheceu, também, a legitimidade *ad causam* do Sindicato dos Artistas e Técnicos de Espetáculos de Diversões do Estado do Rio de Janeiro (SATED-RJ) para representação – em nome próprio (substituição processual) – de seus filiados, "com base no art. 5º, XXI, e 8º da Constituição Federal e 98 da Lei n. 9.610/98 pelos quais as entidades podem representar seus associados, cabendo-lhes a prática dos atos necessários à sua defesa" (acórdão proferido na Apelação Cível 5.554/2000, por votação unânime da Décima Oitava Câmara Cível do TJ/RJ, rel. Des. Otávio Rodrigues). Ressalve-se, ainda, que, apesar da legitimidade da adoção do regime de gestão coletiva nesses casos, não fica suprimida a possibilidade de o titular reivindicar direta – e individualmente – a sua remuneração de natureza autoral, no atendimento do princípio constitucional de que cabe ao autor o direito exclusivo de utilização de sua obra (art. 5º, XXVII). Essa legitimidade de atuação direta e pessoal do titular é confirmada, expressamente, pelo parágrafo único do art. 98 da Lei n. 9.610/98, que reproduziu, com pequenas modificações, a regra do art. 104 da Lei n. 5.988, de 14-12-1973. No âmbito específico das obras audiovisuais, o Tribunal de Justiça do Rio de Janeiro, em acórdão de 15-4-1988, proferido nos Embargos Infringentes 1997.005.241, por unanimidade do seu Quinto Grupo de Câmaras Cíveis, rel. Des. Sylvio Capanema, condenou emissora de televisão ao pagamento por reexibição de novela, determinando que, quanto à sua venda ao exterior, fossem devidos "os mesmos direitos autorais incidentes sobre a exibição em território nacional".

81. Anote-se que a Lei n. 9.609, da mesma data, dispôs – *em separado* – sobre a "proteção da propriedade intelectual de programa de computador, sua comercialização no país e dá outras providências", revogando a lei anterior sobre a matéria (n. 7.646, de 18-12-1987).

"Transferência dos Direitos de Autor" – arts. 49 a 52 –, e, em relação aos direitos conexos, com a ressalva do art. 89 quanto à aplicabilidade em relação a estes das normas relativas ao direito de autor, no que couber, refere-se, especificamente, à possibilidade de cessão de direitos apenas em seu art. 92, admitindo-a no que tange à sua parcela patrimonial[82].

Essa permissão legal de transmissão de direitos patrimoniais de autor e conexos merece reflexão cuidadosa, tendo em vista que o mesmo diploma, em seu desfecho (art. 115), dispõe que ficam mantidas em vigor as Leis n. 6.533, de 24 de maio de 1978, e 6.615, de 16 de dezembro de 1978, sendo os pontos de interferência direta no terreno do direito autoral – *uma vez que se trata de leis regulamentadoras profissionais e, assim, integradas por regras especiais de direito do trabalho e não propriamente das regras gerais do direito civil* – justamente a proibição da cessão ou promessa de cessão de direitos autorais decorrentes de serviços profissionais.

Como resolver essas colidências?

O tema mereceu destacadas apreciações doutrinárias, sendo, inclusive, objeto da recente obra *Princípios de direitos autorais – os direitos autorais do trabalhador* (*Estudo sobre a obra intelectual criada em cumprimento de dever funcional*), de Eduardo Salles Pimenta[83], que concluiu, em síntese, que nada é mais justo do que o direito autoral patrimonial sobre a obra criada pelo trabalhador pertencer ao empregador, "desde que seja consoante ao fim da sua atividade empresarial", e que "o exercício deste direito seja limitado a um tipo de uso, e no mínimo em uma vez"[84]. Em complemento, confere hermenêutica de amplo espectro à regra do art. 13 da Lei n. 6.533/78:

> Implica na proibição por qualquer empregador, inclusive o próprio Estado, de ter a titularidade total, por contrato de cessão, dos direitos autorais patrimoniais sobre a criação intelectual (onde incluímos todas as obras intelectuais, inclusive o *software*) realizada em cumprimento de dever funcional, pelo trabalhador[85].

---

82. Observe-se, em complemento, que o regime de aquisição de titularidade originária de direitos patrimoniais de autor na relação de prestação de serviços adotado pela Lei n. 9.609, também de 19-2-1998, sobre a propriedade intelectual de programas de computador, difere do da Lei n. 9.610/98 ao conferir ao empregador – diretamente, sem necessidade de cessão pelo empregado ou prestador de serviços – os "direitos relativos ao programa de computador" (art. 4º).

83. Rio de Janeiro: Lumen Juris, 2005.

84. Ob. cit., p. 172.

85. Ob. cit., p. 173.

A impossibilidade jurídica de cessão ou transferência de direitos autorais, segundo o autoralista, aplicar-se-ia à titularidade de direito de autor ou conexos relativa a todas as vertentes da criação intelectual, contrapondo-se, nesse aspecto, à visão de José de Oliveira Ascensão, que, ao manifestar o seu pensamento de que "a transmissão em vida do direito de autor devia ser proibida por lei", aponta o art. 13 da Lei n. 6.533/98 como uma "consagração, ao menos parcial, desse ponto de vista"[86]. Complementa o autor: "É um fato, em qualquer caso, que a cessão total de direitos dos artistas está excluída. O que cria uma anomalia, uma vez que não se compreende que se exclua a cessão total do direito do artista e se admita do autor"[87].

Em seguida, após indagar se a repercussão dessa regra não seria mais profunda, apresenta as seguintes reflexões iniciais:

(a) comenta que a redação do dispositivo legal em questão (art. 13 da Lei n. 6.533/98) parece atribuir "direitos autorais aos artistas", mas "simultaneamente mencionam-se os técnicos de diversões"; e

(b) complementa com a observação de que esses técnicos são profissionais que, mesmo com caráter auxiliar, participam de uma atividade ligada diretamente a elaboração, registro, apresentação ou conservação de programas, espetáculos e produções, ponderando, em seguida, que: "não se vê como o técnico de espetáculos pode ser também titular de direitos autorais"[88].

Segue, Ascensão, o seu raciocínio apresentando objeção ao entendimento de que a possibilidade de cessão de direitos autorais admitida na Lei Autoral estaria derrogada pelo referido art. 13 da Lei dos Artistas quando houvesse criação de obra no desempenho de serviços profissionais dessa ordem, e ponderando:

> Mas não é assim. A referência deverá ser interpretada à luz do art. 2º da mesma lei, para o qual é artista: "o profissional que cria, interpreta ou executa obra de caráter cultural de qualquer natureza, para efeito de

---

86. *Direito autoral*. 2. ed. Rio de Janeiro: Renovar, 1997, p. 294.

87. Ob. cit., p. 294.

88. Ob. cit., p. 295. Crítica, a seguir, o jurista, a expressão "direitos autorais e conexos" do art. 13, por não se entender, então, "onde fica espaço para haver ainda direitos conexos, além dos autorais". Admite a possibilidade de aplicação da distinção "à diversidade entre artistas e técnicos de diversões", pois "os artistas teriam, segundo a lei, direitos autorais; os técnicos, direitos conexos. Por mais gritante que seja falar de direitos conexos de meros técnicos" (ob. cit., p. 295).

12 | Contratos típicos de direitos autorais: a edição de obra intelectual e...

exibição ou divulgação pública...". Portanto, relaciona-se a atividade do artista como uma criação cultural. Com fundamento nesta qualificação ambígua, fala-se num direito autoral do artista[89].

Sobre a abrangência da proibição de cessão de "direitos autorais e conexos" do art. 13 da Lei n. 6.533/78, finaliza, o jurista, o seu entendimento, aduzindo que "os pretensos 'direitos autorais' dos artistas não se confundem com o verdadeiro direito de autor", pois "tudo se reduz a uma qualificação específica desta lei, mas visando apenas às prestações dos artistas intérpretes ou executantes". Conclui: "Nestes termos, o referido art. 13 em nada atinge o direito de autor em sentido próprio. Pelo que deixa intocada a regra da LDA (Lei de Direito Autoral) que permite a cessão total de direitos autorais"[90].

Ao enfocarmos essas duas linhas doutrinárias – *que examinaram o tema com profundidade* –, resta nítida a colidência em aspectos essenciais: se, por um lado, a obra de Eduardo Pimenta fundamenta o seu entendimento de que a proibição da cessão abrange os direitos autorais – *considerados na sua totalidade* – sobre a criação intelectual (incluindo-se todas as obras intelectuais, até os programas de computador) realizada "em cumprimento de dever funcional, pelo trabalhador", José de Oliveira Ascensão, de outro lado, professa que se encontra intocada a regra da Lei Autoral que permite a cessão total de direitos patrimoniais de autor.

Como nos situarmos nesse impasse?

12.4.2.2.1. A regra proibitiva de cessão de direitos autorais decorrentes da prestação de serviços: extensão e forma de aplicação

Embora o regime legal trabalhista seja baseado em princípios sociais e proteja prioritariamente o trabalhador, e o direito civil tenha, principalmente, tendência individualista, o direito autoral – *mesmo na sua concepção como ramificação do direito civil* – contém nítidas regras de favorecimento legal aos autores e demais titulares de direito autoral.

---

89. Ob. cit., p. 295. Ressalva, em seguida, o doutrinador, ser errôneo extrapolar da Lei n. 6.533 a proibição da transmissão do direito de autor, pois "tem o âmbito perfeitamente demarcado aos profissionais artistas e técnicos em espetáculos de diversões (ementa e art. 1º)", e conclui: "Apesar de alguma flutuação linguística, visível nomeadamente no art. 2º, dela não poderia retirar o resultado surpreendente de uma alteração proferida no campo diverso do direito de autor".

90. Ob. cit., p. 295-296. A respeito, observe-se que, apesar de terem sido apresentados comentários por Ascensão, anteriormente à edição da Lei n. 9.610/98 – a segunda edição de sua obra *Direito autoral*, ora citada, data de 1997 –, não há alteração relevante entre o regime desta e o da anterior (Lei n. 5.988/73) em relação à admissão – contida *nos dois diplomas* – da possibilidade jurídica de cessão ou transmissão do direito patrimonial de autor.

431

Diversamente do princípio de direito comum fundado na igualdade jurídica, a justificativa do protecionismo – *tanto do trabalhador como do autor* – decorre da situação de desequilíbrio entre estes – *a parte economicamente mais fragilizada* – e o empregador ou empresa cessionária/usuária de obras ou bens intelectuais, economicamente mais fortes.

Ambos os sistemas, portanto, são fundados na proteção da pessoa que trabalha[91] e na pessoa que cria, interpreta ou executa obra intelectual[92].

Nesse passo, aos três princípios basilares do direito do trabalho[93]:

- de aplicação da norma mais favorável;
- de aplicação da condição benéfica; e
- da irrenunciabilidade de direitos.

responde o direito autoral, entre outras, com as normas:

- interpretam-se restritivamente os negócios jurídicos sobre os direitos autorais[94];
- a transferência de direitos de autor a terceiros, "por meio de licenciamento, concessão, cessão ou por outros meios admitidos em direito", deverá obedecer a limitações[95]; e
- aos autores pertence o direito exclusivo de utilização de suas obras, sendo os seus direitos morais – *bem como o direito patrimonial do*

---

91. Conforme estabelece o art. 3º da CLT (Decreto-Lei n. 5.452, de 1º-5-1943): "Considera-se empregado toda pessoa física que prestar serviços de natureza não eventual a empregador, sob a dependência deste e mediante salário".

92. Conforme estabelece o art. 11 da Lei n. 9.610/98: "Autor é pessoa física criadora de obra literária, artística e científica". Define, ainda, o mesmo diploma legal "artistas, intérpretes ou executantes" como: "todos os atores, cantores, músicos, bailarinos ou outras pessoas que representem um papel, cantem, recitem, declamem, interpretem ou executem em qualquer forma obras literárias ou artísticas ou expressões de folclore" (inciso XIII do art. 5º).

93. Extraímos esses três princípios como os principais no contexto da matéria enfocada. O jurista uruguaio Américo Plá Rodrigues relaciona, além desses, mais seis princípios: a) *in dubio pro operario*; b) princípio da continuidade da relação de emprego; c) princípio da primazia da realidade; d) princípio da razoabilidade; e) princípio da boa-fé; e (f) princípio da não discriminação (*Princípios de direito de trabalho*. 3. ed. Trad. Wagner D. Giglio. São Paulo: LTr, 2004, p. 61).

94. Art. 4º da Lei n. 9.610/98.

95. Arts. 49, I a VI, 50 e 51 da Lei n. 9.610/98. Eduardo Vieira Manso, a respeito – *mesmo ainda na órbita da Lei n. 5.988/73* – pondera que "é inócua a cessão generalizada de todos os direitos autorais, porque em contrato que assim estipula somente será entendido com restrição e a cessão valerá apenas para permitir a sua execução, tendo em vista o seu objetivo mais próximo" (*Contratos de direito autoral*. São Paulo: Revista dos Tribunais, 1989, p. 133). No âmbito internacional dos negócios envolvendo direitos patrimoniais de autor, Delia Lipszyc orienta sobre a aplicação restritiva do princípio da autonomia da vontade, razão pela qual "as normas que regulam as relações contratuais, como regra geral, devem ter caráter obrigatório" (*Derecho de autor y derechos conexos*. Buenos Aires: Ediciones UNESCO, 1993, p. 274).

12 | Contratos típicos de direitos autorais: a edição de obra intelectual e...

autor na participação sobre o aumento de preço em cada revenda do original de obra de arte ou manuscrita (direito de sequência) – inalienáveis e irrenunciáveis[96].

É inegável que, *se o autor e o artista intérprete ou executante merecem um regime jurídico que os proteja em face do poder econômico*, mais necessária ainda é a elevação do grau de favorecimento legal destes quando estiverem na condição de prestadores de serviços, especialmente na qualidade de empregados, quando a margem de negociação de seus direitos restará, na maioria dos casos, extremamente diminuída.

É frequente o equívoco de se confundir, nesses casos, a propriedade material do bem produzido com o direito autoral sobre este e, em consequência, remunerações de natureza diversa como salário[97] com retribuições decorrentes do exercício de direitos patrimoniais de autor ou conexos sobre a utilização da obra ou bens intelectuais criados pelo empregado.

Sem descartar regras isoladas na legislação autoral vigente sensíveis a essa realidade[98], justifica-se o tratamento jurídico diferenciado para essas hipóteses a que denominamos "a proteção dentro da proteção", quando à

---

96. Respectivamente, o inciso XXVII do art. 5º da Constituição Federal, o art. 38 (a participação obrigatória do autor sobre cada revenda corresponde ao mínimo de 5% sobre o respectivo aumento do preço da obra de arte ou manuscrito, sendo originais, que houver alienado) e o art. 27 da Lei n. 9.610/98.

97. Entendem-se, sob essa denominação, todos os sistemas de retribuição laboral como: todas as formas de salário por peças ou por tarefas, a remuneração por empreitada e as com a finalidade de incentivo do incremento da produção. Sem descartar a regra do art. 4º da Lei n. 9.609, de 19-2-1998, que estabelece – *como verdadeira exceção aos princípios gerais adotados no campo do direito de autor* – que, salvo estipulação em contrário, pertencerão ao empregador os direitos relativos a programa de computador criado por empregado, a relação de emprego não representa, por si só, cessão dos direitos de autor sobre as obras intelectuais criadas pelo trabalhador. Nesse sentido, categórico o acórdão, a que já nos referimos, de 17-3-2005, do STF, proferido por unanimidade de sua Terceira Turma, rel. Min. Antônio de Pádua Ribeiro: "II – A propriedade exclusiva da obra artística a que se refere o art. 30, da Lei 5.988/73, com a redação dada ao art. 28 da 9.610/98, impede a cessão não expressa dos direitos do autor advinda pela simples existência do contrato de trabalho, havendo necessidade, assim, de autorização explícita por parte do criador da obra" (transcrição parcial da ementa do REsp 617.130/DF, *DJ* 2-5-2005, p. 344, e *RSTJ*, v. 192, p. 382).

98. Como é o caso, por exemplo, além da preservação legal das participações individuais (normalmente de autores ou artistas intérpretes empregados) nas obras coletivas, também da autorização para utilização econômica de artigos assinados para publicação em "diários ou periódicos": estabelece o parágrafo único do art. 36 da Lei n. 9.610/98 que essa autorização "não produz efeito além do prazo da periodicidade acrescido de vinte dias, a contar de sua publicação, findo o qual recobra o autor o seu direito". O novo Código Civil (Lei n. 10.406, de 10-1-2002) traz, também, mesmo que indiretamente, em relação à proteção do nome e imagem das pessoas, regras de consolidação dessa tutela, ao regular os direitos da personalidade: considera-nos "intransmissíveis e irrenunciáveis" não podendo o seu exercício sofrer limitação voluntária (art. 11) e condiciona à autorização do titular o uso do seu nome em "propaganda comercial" (art. 18), bem como "a transmissão da palavra, ou a publicação, a exposição ou a utilização da imagem de uma pessoa poderão ser proibidos, sem prejuízo da indenização que couber, se lhe atingirem a honra, a boa fama, a respeitabilidade, ou se destinarem a fins comerciais" (art. 20).

proteção da lei regente autoral é acrescida, ainda, a originada na legislação trabalhista.

Nesse contexto, inserem-se na órbita do direito positivo de natureza autoral as regras oriundas dos arts. 13 da Lei n. 6.533/78 e 17 da Lei n. 6.615/78, bem como seus respectivos parágrafos únicos, que estabelecem:

- quanto à titularidade originária de direito autoral e possibilidade de sua transferência ao contratante da prestação do serviço ou empregador: a vedação da cessão de direitos autorais decorrentes da prestação de serviços profissionais; e
- quanto à modalidade de participação (obrigatória) econômica do autor (*como examinaremos a seguir*) ou do artista intérprete ou executante na utilização da obra, interpretação ou execução: será devida em decorrência de cada exibição da obra[99]. Essa obrigatoriedade de participação – *em específico de locutor em relação "a cada reexibição ou retransmissão de programas de que participa"* – foi reconhecida recentemente pelo Superior Tribunal de Justiça em acórdão de 7 de abril de 2005, proferido no Recurso Especial 152.231/SP, por votação unânime de sua Quarta Turma, rel. Min. Barros Monteiro.

Como situar, adequadamente, qual o âmbito dessa proteção superlativa? A solução estaria na acepção ampla de que englobaria toda a criação intelectual realizada em cumprimento de dever funcional, pelo trabalhador, ou, diferentemente, estaria restrita às prestações dos artistas intérpretes ou executantes, não atingindo, assim, a regra da lei autoral que permite – *com as ressalvas já examinadas* – a cessão total de direitos de autor de natureza patrimonial?

12.4.2.2.2 As "licenças livres", "abertas" e a lei

Antes de encerrar as observações sobre cessão de direitos autorais, é importante tratar, com base no que acima se observou, sobre as "licenças

---

99. Observe-se que a referida "proteção dentro da proteção" é mais evidenciada – *como verdadeira exceção ao regime de direito autoral vigente* – em relação à regra de vedação da cessão de direitos autorais (*caput* do art. 13 e do art. 17 das leis trabalhistas citadas) do que em relação à obrigação, contida em ambos os parágrafos únicos desses dispositivos, de pagamento de direitos autorais em decorrência de cada exibição da obra. Nesse sentido, no Capítulo dos Direitos dos Artistas Intérpretes ou Executantes, a Lei Autoral regente estabelece regra semelhante (e até de caráter mais amplo ao adotar o termo genérico "utilização" em vez de "exibição", que é mais restrito): que seja "devida uma remuneração adicional aos titulares para cada nova utilização" (parágrafo único do art. 91 – *refere-se às fixações de interpretação ou execução de artistas por empresas de radiodifusão*). A respeito, ainda, no regime legal anterior, Antonio Chaves já ensinava: a renovação do primeiro aproveitamento de toda e qualquer obra, independentemente do fato de ter surgido sob relação de emprego, não autoriza utilizações ulteriores não recompensadas" (*Criador da obra intelectual*. São Paulo: LTr, 1995, p. 237).

livres" ou "licenças abertas" (assim como o chamado "selo" "creative commons") – cada uma dessas significando um grau maior ou menor de renúncia pelo autor a seus direitos.

Tal assunto merece uma referência, pois cada vez mais são utilizados, principalmente na internet, indicativos de que o autor teria "permitido" o acesso livre, e algumas vezes até a modificação e o uso indiscriminado de suas obras por meio da oposição de um "selo" no site onde se encontra publicada a obra.

Nada obstante, principalmente à medida que os direitos morais são irrenunciáveis, a mera aposição de um "selo" em um sítio eletrônico *não altera a proteção legal concedida ao autor*. Em outras palavras, como afirma Frédéric Pollaud-Dulian, as licenças abertas só são válidas na medida em que coincidam com a proteção legal deferida ao autor.

Conforme alerta o autor, por outro lado, com razão, que "os ideais de gratuidade e de abertura nem sempre estão eximmes de segundas intenções, e a gratuidade pode às vezes desvalorizar o objeto em questão"[100].

Algumas decisões vêm utilizando – com algum grau de risco – os *creative commons* como fundamento. Porém, tal fundamento só é válido, repete-se, quando a "licença" não tiver por objeto a renúncia a algum direito autoral conferido pela lei[101]. Mesmo a cessão de direitos não é perpé-

---

100. Ibid., p. 973.

101. Por exemplo, decisão do Tribunal de Justiça do Rio Grande do Sul, que compatibilizou a licença aberta sobre uma utilização específica à legislação: "III. No ordenamento jurídico brasileiro, a livre expressão e os direitos autorais recebem proteção constitucional (art. 5º, IV, IX e XXVII, da Constituição Federal) e infraconstitucional (Lei nº 9.610/98), sendo que, no caso específico, a utilização da fotografia é expressamente protegida na referida Lei dos Direitos Autorais, *in verbis*: Art. 7º São obras intelectuais protegidas as criações do espírito, expressas por qualquer meio ou fixadas em qualquer suporte, tangível ou intangível, conhecido ou que se invente no futuro, tais como: '(...) VII - as obras fotográficas e as produzidas por qualquer processo análogo ao da fotografia; (...) Art. 79. O autor de obra fotográfica tem direito a reproduzi-la e colocá-la à venda, observadas as restrições à exposição, reprodução e venda de retratos, e sem prejuízo dos direitos de autor sobre a obra fotografada, se de artes plásticas protegidas. § 1º A fotografia, quando utilizada por terceiros, indicará de forma legível o nome do seu autor. § 2º É vedada a reprodução de obra fotográfica que não esteja em absoluta consonância com o original, salvo prévia autorização do autor.' IV. Acrescenta-se que a proteção dos direitos autorais independe de registro obra, configurando este ato mera faculdade assegurada ao seu autor, conforme artigos 18 e 19 da Lei 9.610/98. V. Compulsando detidamente o feito, verifica-se que a fotografia objeto dos autos encontra-se disponibilizada no site www.flickr.com, conforme link que segue:https://flickr.com/photos/sesai/33404719494. Na referida página são disponibilizadas as fotos da Secretaria de Saúde Indígena – SESAI, bem como todos os dados da imagem. Dentre as diversas informações, consta como autores e detentores dos direitos autorais Luis Oliveira/Sesai-MS. VI. Também é disponibilizado os termos da licença e permissões de uso (Creative Commons – Attribution-NonCommercial 2.0 Generic), na qual informa que o compartilhamento e adaptação da imagem são gratuitos, sendo vedado o seu uso comercial. VII. Dessa forma, considerando que a parte ré utilizou a imagem para ilustrar matéria jornalista de divulgação de documentário indígena (...)portanto, sem fins lucrativos e indicou a sua fonte FLICKR/SESAI, verifico que não houve violação dos termos de uso o que afasta o dever de indenização". Na realidade, no caso, o uso não deveria ser permitido mesmo segundo as regras da licença aberta, pois, por mais que o jornalista o negue, há intuito lucrativo na veiculação de matérias jornalísticas.

tua e incondicional, e apenas incide, no direito brasileiro, sobre direitos patrimoniais de autor.

12.4.2.2.3. Conclusões

(a) Terminologia

Em primeiro plano, examinaremos a terminologia adotada nos arts. 13 e 17 das Leis n. 6.533 e 6.615, respectivamente, e seus parágrafos únicos:

– a dos Artistas e Técnicos (6.533/78) consigna "direitos autorais" em seu art. 13 (*caput*), e "direitos autorais e conexos" em seu parágrafo único; e

– a dos Radialistas (6.615/78) consigna "direitos de autor e dos que lhes são conexos" em seu art. 17 (*caput*), e "direitos autorais e conexos" em seu parágrafo único.

Embora a expressão "direito de autor" aplique-se apenas ao autor e "direitos conexos aos de autor" aos artistas intérpretes ou executantes, determina a Lei Autoral vigente – *a exemplo da anterior, de 1973* – de forma simplista que o termo "direitos autorais" denomina o conjunto dos "direitos de autor e os que lhes são conexos[102].

Assim, procedente a crítica de que se encontra incorreta a expressão "direitos autorais e conexos", que, diferentemente do *caput* dos próprios dispositivos legais enfocados, foi consignada por seus respectivos parágrafos únicos, mas não a ponto de entender que a legislação trabalhista estaria criando uma nova modalidade de "direitos conexos" de titularidade de técnicos (*em espetáculo de diversões*). Por outro lado, não há como restringir os beneficiários da proibição da cessão de direitos autorais decorrentes da prestação de serviços apenas aos artistas intérpretes e executantes (*titulares de direitos conexos aos de autor*), não incluindo os autores (*titulares de direito de autor*).

Entendemos que essa conclusão não se enfraquece com a imprecisão terminológica constante, também, do art. 2º da Lei n. 6.533/78, que define, para efeitos desta lei: "artista, o profissional que cria, interpreta ou executa obra de caráter cultural...". Ora, resta evidente que o mais adequado seria a adoção da terminologia legal autoral que considera:

---

102. Art. 1º da Lei n. 9.610/98, que reeditou literalmente o anterior art. 1º da Lei n. 5.988, de 1973.

12 | Contratos típicos de direitos autorais: a edição de obra intelectual e...

– "autor" quem cria a obra[103];

– "artista intérprete" ou, simplesmente, "intérprete" quem a interpreta; e

– "executante" (*que, às vezes, encontra-se consignado na lei como espécie do gênero "artista"*) quem a executa[104].

Embora inegável a inadequação do dispositivo de natureza trabalhista ante o critério terminológico das Leis n. 5.988/73 e 9.610/98 – *da atribuição da atividade de criação (de obra intelectual) ao artista e não ao autor* –, entendemos estar nítida a intenção de incluir na órbita de proteção pretendida, também, o criador intelectual, seja ele denominado autor ou artista.

A questão que se impõe é: quais os artistas intérpretes ou executantes e autores são os beneficiários da regra legal em exame e em que condições?

(b) Fundamentos, sujeitos e alcance normativo da "proteção dentro da proteção"

O fundamento jurídico da norma excepcional – *advinda do regime legal trabalhista e que prevalece sobre o regime de direito autoral vigente*[105] – lastreia-se, como condição geral, na extrema vulnerabilidade do trabalhador perante o empregador e, como condição especial, em determinados setores profissionais relacionados à criação, interpretação e execução de obras intelectuais.

Nesse caminho, esses dois fatores encontram-se mais presentes na atividade das empresas de comunicação[106], principalmente aquelas com

---

103. Essa concepção não sofreu alterações significativas entre o regime legal autoral de 1973 (Lei n. 5.988) e o vigente a partir de 1998. Assim, conforme o art. 11 da Lei n. 9.610/98, observa-se a opção terminológica da lei vigente autoral por "autor" (para denominar o criador intelectual) e não "artista", como comumente se designa, por exemplo, o artista plástico, que, obviamente, é o autor e não o intérprete de suas pinturas, esculturas e demais obras de artes plásticas. Nesse sentido, a lei autoral evita a utilização da expressão "artista" até para denominar o "artista plástico", utilizando-se da expressão "autor", simplesmente, ou "autor de obra plástica", conforme podemos conferir, respectivamente, nos seus arts. 38 (direito de sequência) e 77 (sobre a utilização da obra de arte plástica).

104. Nessa linha, o art. 81 – que utiliza a expressão "intérprete" em seu *caput* (a exemplo do art. 92) e "artistas intérpretes" no inciso IV do seu § 2º – e o *Título do Capítulo II (do Título V – "Dos Direitos Conexos"*), bem como o art. 90 que o integra, que utiliza: "artista intérprete ou executante". A expressão "artista", quando aparece consignada de forma isolada no texto legal comentado – a exemplo do que ocorre no diploma anterior, de 1973 –, não deixa, contudo, de ser acompanhada com atribuições concernentes a direitos conexos aos de autor, como ocorre no art. 91: "(...) interpretação ou execução de artistas...".

105. A vigência – *e consequente prevalência nas condições a seguir expostas em relação ao diploma legal autoral vigente* – dos arts. 13 e 17 das Leis n. 6.533 e 6.515, de 1978, respectivamente, é inequívoca em face de o art. 115 da Lei n. 9.610/98 tê-la ressalvado expressamente.

106. Optamos aqui pela denominação genérica "empresas de comunicação" para abranger tanto os "meios de comunicação de massa", expressão utilizada no art. 2º, I, da Lei n. 6.533/78, quanto "empresa de radiodifusão", definida pelo art. 3º da Lei n. 6.615/78 como: "aquela que explora serviços de transmissão

437

forte atuação na área de produção audiovisual – *exercida diretamente ou por terceiros* – e empreendimentos similares promovidos por grandes corporações que assumem a função de empregadores ou contratantes de serviços de uma enorme quantidade e diversidade de potenciais titulares originários de direitos autorais, especialmente direitos conexos aos de autor, em sua grande parte atores, narradores, dubladores e locutores que participem de obras audiovisuais.

Nesse quadro se justifica que a "proteção dentro da proteção" – *a proibição da cessão de direitos autorais patrimoniais* – a que nos referimos tenha se originado no final da década de 1970 desse setor laboral e não da área musical, por exemplo, em que o vínculo empregatício, embora pudesse ocorrer em alguns casos, não chegava a ser tão expressivo, principalmente quase duas décadas antes, quando foi regulamentada a profissão de músico[107].

Assim, apesar de, como expressamos, entendermos que se encontram englobados tanto autores quanto artistas intérpretes e executantes no âmbito da proibição de cessão de direitos autorais patrimoniais fundada na legislação especial trabalhista comentada, restringe-se essa vedação às funções *exercidas sob o regime de emprego ou de prestação de serviços* – reguladas nos diplomas legais em questão, quais sejam, basicamente:

(a) no respeitante a direito de autor: o empregado – *ou prestador de serviços (principalmente de empresas de comunicação e produtoras de obras audiovisuais)* – que exerça atividades de "autoria", o diretor *(especialmente em artes cênicas e o cinematográfico – ou de obra audiovisual[108] – e ainda o de arte, de fotografia, e de animação)*,

---

de programas e mensagens, destinada a ser recebida livre e gratuitamente pelo público em geral compreendendo a radiodifusão sonora (rádio) e radiodifusão de sons e imagens (televisão)". Acrescente-se que a Lei n. 9.610/98, que regula os direitos autorais, define como "comunicação ao público" o ato mediante o qual a obra é colocada ao alcance do público por qualquer meio ou procedimento que não consista na distribuição de exemplares (art. 5º, V), e como "radiodifusão" a transmissão sem fio, inclusive por satélites, de sons ou imagens e sons ou das representações destes, para recepção ao público e a transmissão de sinais codificados, quando os meios de decodificação sejam oferecidos ao público pelo organismo de radiodifusão ou com seu consentimento (art. 5º, XII).

107. Diversamente das Leis n. 6.533/78 e 6.615/78, a Lei n. 3.857, de 22-12-1960, que dispõe sobre a regulamentação profissional do músico, não contém regras de direito autoral. Esse fato não significa, contudo, que não disponha, atualmente, o titular de direito autoral na área musical de sólida proteção legal, como, entre outros, o art. 86 da Lei n. 9.610/98, que estabelece: "Os direitos autorais de execução musical relativos a obras musicais, literomusicais e fonogramas incluídos em obras audiovisuais serão devidos aos seus titulares pelos responsáveis dos locais ou estabelecimentos a que alude o § 3º do art. 68 desta lei, que as exibirem, ou pelas emissoras de televisão que as transmitirem".

108. A expressão "obra cinematográfica" consignada nos arts. 6º, VI, 26, na denominação do Capítulo VI do Título IV e outros dispositivos da Lei n. 5.988, de 1973, foi substituída por "obra audiovisual" – *expressão com acepção mais ampla e que inclui a obra cinematográfica* – nos artigos correspondentes (7º, VI, 25) na denominação do Capítulo VI do Título IV e outros dispositivos da Lei n. 9.610, de 1998.

12 | Contratos típicos de direitos autorais: a edição de obra intelectual e...

o roteirista, o coreógrafo, o cenógrafo, o diretor e o redator de fotonovela; e

(b) no respeitante a direitos conexos aos de autor: o ator, o narrador, o dublador e o locutor[109].

Estes são, portanto, em linhas gerais, segundo a nossa visão, os sujeitos da "proteção dentro da proteção" referida, que, atendendo-se aos princípios que regem o direito do trabalho, é irrenunciável. Essa condição de irrenunciabilidade, ou seja, a impossibilidade jurídica de o trabalhador, voluntariamente, desistir de direito que lhe seja concedido pelas leis trabalhistas, não é, contudo, especialmente em relação ao benefício de caráter econômico gerado ao trabalhador, imprescritível[110], sendo, portanto, essa tutela necessária em face da posição desfavorável do trabalhador na relação empregador-empregado, no contexto dos "princípios fundamentais do Direito do Trabalho", que, segundo Valentin Carrion, são: "os que norteiam e propiciam a sua existência, tendo como pressuposto a constatação da desigualdade das partes, no momento do contrato e durante o seu desenvolvimento"[111].

Portanto, é nesse momento – *do contrato de trabalho (ou de prestação de serviços) e seu desenvolvimento* – que a proteção trabalhista (irrenunciável) – *no caso em exame, a proibição da cessão de direitos autorais (expressão que inclui os direitos conexos aos de autor) patrimoniais* – é inafastável,

---

109. Funções (referimo-nos às contidas nesta letra "b" e na letra "a" supra) – *com qualificação própria à geração de titularidade de direitos de autor e conexos* – extraídas das relações constantes do "quadro anexo" ao Decreto n. 82.385, de 5-10-1978, que regulamentou a Lei n. 6.533/78, com os títulos e as descrições de funções em que se desdobram as atividades de Artistas e de Técnicos em Espetáculos de Diversões – e, também, da indicação de atividades consignada no art. 4º da Lei n. 6.515/78. É relevante destacar, a título de observação, que os próprios dispositivos legais que vedam a cessão de direitos autorais condicionam a proibição à hipótese de que sejam os direitos decorrentes da "prestação de serviços profissionais". O acréscimo, portanto, do termo "profissionais" à prestação de serviços indica claramente que a regra legal deve ser aplicada às profissões efetivamente reguladas pelas leis trabalhistas em exame, expressamente mencionadas na relação – de caráter exaustivo e não exemplificativo – integrante do Decreto mencionado e, no respeitante aos radialistas, nas profissões englobadas nas indicações constantes do art. 4º da Lei n. 6.515/78. A respeito, Martha Macruz de Sá consigna que "somente quando os artistas elencados no Decreto 82.385/78 forem contratados com vínculo trabalhista é que a cessão dos direitos conexos não será permitida, devendo o explorador da obra de caráter cultural pagar-lhes remuneração a esse título por cada utilização" (Cessão de direitos conexos dos artistas intérpretes e executantes: permissão ou proibição? In: ABRÃO, Eliane Y. (org.). *Propriedade imaterial*. São Paulo: Senac, 2006, p. 134).

110. A cobrança de créditos resultantes de relações trabalhistas, por exemplo, prescreve em cinco anos para o trabalhador urbano e rural até o limite de dois anos após a extinção do contrato ("Art. 11. A pretensão quanto a créditos resultantes das relações de trabalho prescreve em cinco anos para os trabalhadores urbanos e rurais, até o limite de dois anos após a extinção do contrato de trabalho").

111. *Comentários à Consolidação das Leis do Trabalho*. 30. ed. atual. São Paulo: Saraiva, 2005, p. 68.

importando, consequentemente, em justificada e benéfica restrição da autonomia contratual do titular do direito, o trabalhador. Consideramos indiscutível, assim, a juridicidade dessa rigorosa tutela legal, uma vez presentes essas condições, em favorecimento dos autores e artistas intérpretes ou executantes aos quais nos referimos.

Resta lógica a conclusão, também, de que – *uma vez vencido esse vínculo empregatício e de prestação de serviços que agrava o quadro de desigualdade das partes* – retome, o titular do direito autoral, a sua autonomia de negociação patrimonial, passando-se, assim, do sistema excepcional da "proteção dentro da proteção" mencionado, à adoção do regime geral de proteção jurídica autoral vigente para os demais autores e artistas intérpretes ou executantes de obras intelectuais.

CAPÍTULO 13

A gestão coletiva e o controle do aproveitamento de obras intelectuais nas suas diversas formas de utilização

13.1. A GESTÃO COLETIVA E SUA EVOLUÇÃO NO BRASIL: ANTECEDENTES, CRIAÇÃO LEGAL, INÍCIO DE ATIVIDADES E CONSOLIDAÇÃO DO ECAD

13.1.1. Histórico

Um autor cria e recita um poema a um amigo. Esse amigo anota o poema e o encaminha, com a anuência do autor, a uma revista literária, consultando-a sobre a possibilidade de inclusão na seção "novos poetas brasileiros". O poema gera grande interesse e acaba alcançando muitas modalidades de comunicação ao público: é reproduzido em jornais, revistas, cartazes, em locuções – *ou interpretações* – em rádio e televisão. Sua tradução, em diversas línguas, atinge vários países por sistema de televisão a cabo, satélites, computadores.

Como poderá o autor autorizar, controlar o uso e receber as remunerações decorrentes do aproveitamento de sua obra?

Desde sua exteriorização – *mesmo pela via oral* –, a sua criação intelectual entra no mundo jurídico como obra protegível e, assim, gera, em benefício dele, o autor, direitos de autor de exercício exclusivo. Portanto, são necessárias ações, individuais ou conjuntas, para que esse controle se efetive adequadamente.

Cuidamos aqui, naturalmente, das utilizações lícitas (*autorizadas*), pois em relação às ilícitas caberá a sua repressão pelo Poder Judiciário, tanto na órbita civil quanto na penal, com o apoio das autoridades administrativas, policiais e do Ministério Público.

A regra geral é do licenciamento (*concessão de autorização mediante a contraprestação remuneratória e outras condições*), mas, dependendo da obra, poderá ser a edição ou a (*praticada*) "cessão" de direitos condicionada à remuneração fixa ou percentual.

Assim, em face das dificuldades de controle das diversas modalidades de uso de obra intelectual, a tendência é que o autor – *ou titular de direitos autorais* – transfira essa administração de direitos patrimoniais de autor a pessoas ou empresas especializadas: os agentes literários, empresários artísticos, editores, agências de licenciamento etc., ou, então, associe-se com outros autores para licenciar e receber, de forma conjunta, as remunerações devidas pela utilização de suas obras (*gestão coletiva*).

Essa última modalidade de controle – *a gestão coletiva* – vem evoluindo internacionalmente como um dos principais instrumentos de controle e arrecadação de direitos autorais das obras – *sua reprodução, distribuição ou comunicação (como representação ou execução pública)* – nas mais variadas formas de utilização.

A respeito, Antonio Chaves é esclarecedor:

> Dada a rapidez com que se organizam e movimentam os modernos meios de comunicação é-lhes praticamente impossível pedir, de cada vez, a permissão de quantos tomaram parte, por exemplo, na confecção de um disco: autores da letra e da música, da adaptação, músicos acompanhantes, eventualmente chefe e componentes de uma orquestra, complicando-se ainda mais a situação quando sejam vários os participantes, como no caso de uma orquestra ou de um coro, e tornando-se verdadeiramente insolúvel o problema quando alguns deles tenham falecido sem que se saiba ao certo se, quantos e onde deixaram herdeiros.
>
> Por isso mesmo é que nos países mais adiantados autores e artistas se reúnem em associações que a todos representam e defendem, organismos indispensáveis – já tivemos oportunidade de consignar – para o exercício do direito de execução e de representação, suprindo as inevitáveis deficiências dos interessados no que diz respeito ao controle e cobrança das públicas execuções e representações de trabalhos protegidos, especialmente musicais. A complexidade das relações da vida moderna impõe aos titulares dos direitos de autor, nacionais e estrangeiros, que se façam representar por uma entidade encarregada de conceder as respectivas licenças.

13 | A gestão coletiva e o controle do aproveitamento de obras intelectuais...

Historicamente, a gestão coletiva de direito de autor surge em 3 de julho de 1777 em razão da iniciativa do autor francês Pierre-Augustin Caron de Beaumarchais (1732-1799)[1], criando, com 22 autores, O *"Bureau de Legislation Dramatique"*, que serviu de inspiração para a Societé des Autors et Compositeurs Dramatiques (SACD) –, *primeira sociedade de gestão coletiva de direitos autorais* – criada em 7 de março de 1829 a partir do agrupamento de dois escritórios com essa finalidade, criados em 1791 e 1793[2].

No campo musical, também se originou, em 31 de janeiro de 1851, na França a primeira sociedade de gestão coletiva de direitos autorais, a Société des Auteurs, Compositeurs et Editeurs de Musique (SACEM)[3], que sucedeu a Societé de Gens de Lettre (SGDL) criada, em 1837, pelo jornalista e escritor francês Louis Desnoyers (1802-1868) para "proteger as reproduções das obras já conhecidas, cujos lucros se tenham tornado incertos e difíceis"[4].

Após essas iniciativas precursoras, a gestão coletiva de direitos autorais se desenvolveu no mundo inteiro. Nesse quadro, o nosso país teve uma história peculiar, que merece ser reportada.

A fundação da primeira sociedade de autores brasileira data de 1917 e foi criada para atuar na área teatral. Tratava-se da Sociedade Brasileira

---

1. Autor de peças teatrais antológicas como "O Barbeiro de Sevilha" (1775), transformada em ópera por Rossini, e "As Bodas de Fígaro" (1784), transformada em ópera por Mozart.

2. Registra Oswaldo Santiago que, a partir da Revolução Francesa, surge, em 1791, pelas mãos "de um agente, de nome Framery", em torno de quem agruparam-se autores do "Bureau Dramatique", " um escritório de cobrança de direitos" (*Aquarela do direito autoral*. Rio de Janeiro: Mangione, 1946, p. 97). Observe-se que, denominada a entidade fundada por Beaumarchais "Bureau de Legisllation Dramatique", a experiência efetiva de gestão coletiva – cobrança e arrecadação – de direitos autorais, possivelmente, possa ter realmente surgido a partir de 1791, como indica Santiago, sem desmerecer a relevância histórica da fundamental atuação precursora de Beaumarchais na organização e no fortalecimento da proteção ao direito de autor.

3. Sobre a sua fundação, consigna a própria SACEM: "Um homem, Ernest Bourget, sozinho e contra todos, impôs, em 1847 a remuneração de sua obra no café-concerto mais concorrido da época: 'Les Ambassadeurs'. Ele conseguiu o reconhecimento pelos tribunais deste direito legítimo fundado nos textos revolucionários. O sindicato provisório de autores, compositores e editores de música é assim criado em 1850. Foi um ano mais tarde que a estrutura do sindicato toma a forma de uma sociedade civil composta de associados: autores, compositores e editores que repartem os direitos arrecadados de forma igualitária, regra conservada até nossos dias. Assim nasceu a Sacem: (www.sacem.fr). Esse acontecimento, considerado marco da gestão coletiva de direitos autorais de obra musical, inspirou outras iniciativas como, por exemplo, a da fundação, em 1914, da primeira sociedade congênere nos Estados Unidos, a American Society of Composers Authors and Publishers (ASCAP), conforme relata Oswaldo Santiago: "Conta-se que para fundar a 'ASCAP', Victor Herbert serviu-se do mesmo processo usado em Paris... jantaram, beberam vinho (em um local onde havia execução musical) e recusaram a pagar as despesas alegando que nada deviam a um estabelecimento que também não pagava para tocar sua música" (ob. cit., p. 104).

4. Oswaldo Santiago, ob. cit., p. 101.

de Autores Teatrais (SBAT), tema que examinaremos, com maior detalhamento, no final deste capítulo.

A finalidade dessa primeira sociedade, sediada na cidade do Rio de Janeiro, então capital federal, consistia em contratar as condições de pagamento de direitos autorais decorrentes de representações dramáticas e prover a consequente arrecadação junto às bilheterias dos teatros cariocas. Por serem as casas teatrais também locais que executavam músicas e por ser a SBAT a única *sociedade arrecadadora* existente, a ela foram-se agregando, também, compositores. Contudo, acirraram-se, dentro do seu quadro social, sérias disputas entre compositores e autores teatrais, ocasionando, assim, a formação, em 1938, da Associação Brasileira de Compositores e Autores (ABCA), presidida pelo compositor Oswaldo Santiago[5]. É o próprio compositor que relata que "um grupo formado pelos editores E.S. Mangione, Vitale e Wallace Downey, e pelos compositores Alberto Ribeiro, Oswaldo Santiago e João de Barro, três dos poucos que se tinham tornado 'sócios efetivos e remidos' da 'SBAT', decidiram fundar a Associação Brasileira de Compositores e Autores (ABCA) o que se tornou realidade em 20 de outubro de 1935"[6].

Em 1942, por questões relativas à representação de associações congêneres estrangeiras[7], sério dissídio surgiu. Desligando-se da SBAT, o seu departamento de compositores fundiu-se com a ABCA, surgindo, naquele ano, a atual União Brasileira de Compositores (UBC), sob o comando do renomado compositor Ary Barroso. A UBC foi declarada de utilidade pública pelo Decreto n. 26.811, de 23 de junho de 1949.

Mas, a partir de então, a desagregação entre os titulares de direitos autorais se instalou: da desavença entre editores e compositores, dentro da UBC, resultou a criação da Sociedade Brasileira de Autores, Compositores

---

5. O renomado compositor Oswaldo Santiago (Oswaldo Néri Santiago – 1902-1976) foi, sem dúvida, com uma atividade precursora e incessante, um dos maiores articuladores da gestão coletiva de obras musicais no Brasil. Além do repertório musical, integrado por consagradas canções como "Pedro, Antonio e João" (com Benedito Lacerda), *"Lig-lig-lig-lé"* (com Paulo Barbosa) e outras, escreveu obras importantes sobre direito autoral e, entre elas, a preciosa *Aquarela do direito autoral* (Rio de Janeiro: Mangione, 1946), em que relata a fundação da ABCA e os fatos que a antecederam.

6. Ob. cit., p. 109. Noticia, ainda, Oswaldo Santiago, que a ABCA foi "dissolvida definitivamente em 1 de setembro de 1945" (ob. cit., p. 112).

7. O desentendimento decorreu do questionamento de compositores associados em relação a contrato de representação da American Society of Composers Authors and Publishers (ASCAP – fundada em 1914) a outra sociedade congênere norte-americana em atuação até hoje, a Broadcasting Music Inc. (BMI – fundada em 1939), "que a SBAT cancelara para ligar-se à Performing Right Society" (SANTIAGO, Oswaldo, ob. cit., p. 111).

13 | A gestão coletiva e o controle do aproveitamento de obras intelectuais...

e Editores (*depois Escritores*) de Música (SBACEM), em 9 de abril de 1946, dirigida por Arlindo Marques Junior.

Depois, em 1956, surgiu a Sociedade Arrecadadora de Direitos de Execução Musical no Brasil (SADEMBRA). Em razão da dificuldade para concessão de autorizações para execução pública de obras musicais, sua complexidade em face do repertório comum e os prejuízos econômicos decorrentes, SBACEM e SADEMBRA, às quais se reuniu a SBAT, deram origem à formação de uma nova associação, com personalidade jurídica distinta, a que denominaram Coligação das Sociedades de Autores, Compositores e Editores.

Em São Paulo, no dia 7 de agosto de 1960, foi fundada a Sociedade Independente de Compositores e Autores Musicais (SICAM), que se havia insurgido contra os métodos – *principalmente de distribuição* – adotados pelas associações cariocas.

A partir desse ano ficou patente a desorganização do panorama autoral brasileiro. Além da SBAT, única para a arrecadação de direitos autorais em representações teatrais, quatro sociedades arrecadadoras disputavam a cobrança e arrecadação de direitos autorais decorrentes da execução pública de obras musicais, confundindo e desgastando tanto os usuários dos direitos quanto os próprios titulares destes.

Tais usuários eram – *e são* – aqueles que transmitiam obras intelectuais pelo rádio, serviço de alto-falantes, televisão ou outro meio análogo ou se utilizavam delas em representações ou execuções em espetáculos e audições públicas, visando ao lucro direto ou indireto. Portanto, suas justificadas queixas alcançavam grande repercussão. Esse estado de coisas se agravava sensivelmente quando se enfrentavam as dificuldades decorrentes da extensão do território nacional.

Uma vez insustentável a situação, reuniram-se SBAT, UBC, SADEMBRA E SBACEM e, em 2 de junho de 1966, criaram o Serviço de Defesa do Direito Autoral (SDDA), que consistia em um escritório central de arrecadação controlado por essas quatro associações. No entanto, a SICAM não concordava em participar desse serviço, e o impasse estava armado.

Anteriormente, sob a presidência do cantor Carlos Galhardo, em 2 de janeiro de 1962, unindo-se posteriormente ao SDDA, havia surgido uma nova associação, a Sociedade de Intérpretes e Produtores de Fonograma (SOCINPRO), sob os princípios da Convenção de Roma, de 1960, adotada internamente em 1965, e, posteriormente, na Lei n. 4.944, de 6 de maio de 1966, que dispôs sobre a "proteção dos artistas, produtores dos fonogramas e organismos de radiodifusão"[8].

13.1.2. A criação legal do Conselho Nacional de Direito Autoral (CNDA) e do Escritório Central de Arrecadação e Distribuição (ECAD)

A situação conflituosa reinante na época e sua contribuição para modificação do regime legal – *vigente, em grande parte, até hoje* – são historiadas, com precisão, por Vera Lucia Teixeira e Maria Luiza Freitas Valle Egea:

> A proliferação de sociedades, em número de seis, concorrendo com a arrecadação e distribuição dos direitos autorais, estabeleceu quadro caótico, trazendo problemas não só para os titulares de direito como também gerando insegurança aos usuários.
>
> Começam, assim, os estudos para reforma da legislação autoral, em 1961, através de um grupo de trabalho inicialmente formado pela SBAT, UBC, SBACEM, SADEMBRA e SICAM, mas que não progrediu, diante do regime militar que se estabeleceu. Por volta de 1969, novas comissões formaram-se para as reformas da legislação em vigência.
>
> Surgiu, então, um movimento de criadores musicais simplesmente conhecido por SOMBRAS (Associação de Autores de Música), em 1970, que contribuiu para a definição do sistema que vinha sendo discutido, resultando na promulgação da Lei n. 5.988 de 14 de dezembro de 1973, que, por sua vez, criou o Conselho Nacional de Direito Autoral – CNDA e o Escritório Central de Arrecadação e Distribuição – ECAD[9].

Com efeito, a Lei n. 5.988, de 14 de dezembro de 1973, veio modificar essa situação. Nesse sentido, conclui José de Oliveira Ascensão:

> Já antes se concluíra que o direito de autor era matéria importante e complexa, que não poderia merecer dos órgãos públicos uma atitude meramente passiva. Para além dos grandes problemas que a cada dia se levantavam e que já por si exigiam uma entidade com competência es-

---

8. Conforme o histórico da evolução das associações de titulares de direitos autorais no Brasil constante de "A reorganização do Conselho Nacional de Direito Autoral", texto que escrevi com a colaboração de Antonio Chaves, Milton Sebastião Barbosa e J. Pereira, especificamente em relação à parte histórica brasileira, e, genericamente, com a colaboração de Dad Abi Chahine Squarisi e Otávio Afonso Santos (3. ed. Brasília: CNDA/MEC, 1983, p. 17-19).

9. Na monografia *Administração coletiva de direitos autorais*, ganhadora, em maio de 1994, do Prêmio Jurídico da Confederação Internacional das Sociedades de Autores e Compositores (CISAC), p. 6.

13 | A gestão coletiva e o controle do aproveitamento de obras intelectuais...

pecífica, também no plano interno se reclamava um órgão com capacidade para atender à totalidade das implicações desta matéria, e que desempenhasse função impulsionadora. A esse órgão poderiam então caber as funções que a lei não atribuísse o órgão especial. A Lei n. 5.988 trouxe toda uma orgânica.

Complementando, apontou, o jurista, a divisão dessa *orgânica* em *pública* e *privada*:

"*a) Pública*

CNDA – Conselho Nacional de Direito Autoral

Fundo de Direito Autoral

Centro Brasileiro de Informações sobre Direitos Autorais

Museu do CNDA

b) Privada

Associação de Titulares

ECAD – Escritório Central de Arrecadação e Distribuição"[10].

13.1.2.1. O CNDA – início, reorganização, consolidação, desativação e extinção

O Conselho Nacional de Direito Autoral (CNDA), criado pela Lei n. 5.988, de 1973, e organizado pelo Decreto n. 76.275, de 15 de setembro de 1975, só veio a se constituir no princípio de 1976. Essa constituição foi formalizada pela Portaria MEC (Ministério da Educação e Cultura) n. 248, de 9 de abril de 1976, que estabeleceu o Regimento Interno do CNDA. A partir dessa época o Conselho, órgão integrante do Ministério da Educação e Cultura, começou a se organizar para atender às suas atribuições legais de fiscalizar, dar consulta e assistência respeitantes a direitos de autor e àqueles que lhes são conexos[11].

O primeiro presidente do Conselho foi o Ministro do Supremo Tribunal Federal, Carlos Alberto Menezes Direito, que, na ocasião da inauguração das atividades do CNDA, era chefe de gabinete do então Ministro da Educação e Cultura, Ney Braga. O representante do Ministério da Justiça foi Ari Sant'Anna Ávila, e do Ministério do Trabalho, Adonias Aguiar Filho

---

10. Ob. cit., p. 41.
11. Art. 116 da Lei n. 5.988, de 14-12-1973, art. 1º do Decreto n. 76.275, de 15-9-1975, e art. 1º do Decreto n. 84.252, de 28-11-1979.

447

e os dois outros Conselheiros foram Roberto Carlos Braga (*cantor/compositor*) e Fernando Lôbo (*compositor*). Como Conselheiros *ad hoc*, foram designados Carlos Fernando Mathias de Souza, que veio a ocupar, dois anos mais tarde, o cargo de segundo presidente do Conselho Nacional de Direito Autoral, e Sérgio Filippe Sambiase. Como Secretário-Executivo do Órgão assumiu Noel Edmar Samways.

Após as respectivas posses, na solenidade de 12 de fevereiro de 1976, foi baixada, em 6 de abril seguinte, a Resolução n. 1 do CNDA, que organizava o Escritório Central de Arrecadação e Distribuição (ECAD) para atuar na execução pública das composições musicais ou literomusicais e fonogramas. Três dias depois, por meio da Portaria do MEC n. 248, era aprovado o primeiro regimento interno do Conselho, que estabelecia, para funcionamento do órgão, a instalação do Plenário, constituído de cinco Conselheiros nomeados pelo Presidente da República; da Presidência; Secretaria Executiva; Centro Brasileiro de Informações sobre Direitos Autorais (CBI) e Museu de Direito Autoral.

Da atuação do CNDA nesse período, um ponto estava claro: como o maior impulso que resultou na sua criação decorreu da premente necessidade de organização da coleta e distribuição dos direitos autorais resultantes da utilização de música, a instalação do CNDA revestiu-se de estrutura provisória que, com muita dificuldade, poderia atender à área musical, mas dificilmente estender sua atuação para as demais áreas no vasto campo da tutela dos direitos de autor e conexos.

Com efeito, das 17 resoluções que baixou de 1976 ao final de 1978, dez se referiam especificamente ao campo musical e apenas sete extrapolaram esses limites.

Além da atividade regulamentadora (*resoluções*), o CNDA tem, na esfera administrativa, a de árbitro (*pareceres*), na qual o órgão pôde cuidar mais acentuadamente das outras áreas da criação intelectual, além da musical. Contudo, à época, os pareceres tratavam de assuntos específicos trazidos à apreciação do colegiado por interessados. Destarte, não tinham aplicabilidade geral, mas restringiam-se a decidir questões interpartes.

Tais pareceres resultaram em 118 ementas, que versavam sobre os mais diversificados assuntos, dentro da competência do Conselho.

Além das resoluções e dos pareceres exarados, outras ações – *no campo da fiscalização, consulta e assistência* – foram exercidas. Por outro lado, no tocante às instituições administradas pelo CNDA, não foram conseguidos os resultados planejados pelo legislador de 1973. Tais instituições (*o*

13 | A gestão coletiva e o controle do aproveitamento de obras intelectuais...

Fundo de Direito Autoral, o Centro Brasileiro de Informações sobre Direito Autoral, que engloba o Museu de Direito Autoral) não conseguiram desenvolver-se na forma pretendida.

O único que conseguiu alguns resultados foi o CBI, que procurou – *precária e heroicamente* – desenvolver os trabalhos de informação. O Museu não foi instalado.

O Fundo de Direito Autoral, integrado, principalmente, pelo produto da autorização para utilização de obras pertencentes ao domínio público, iria começar a arrecadar somente em 1980.

Enfim, passados três anos a partir de sua efetiva instalação (1976), até o final de 1979, muito se melhorara na área autoral, mas, efetivamente, a maior parte dos problemas não tinha podido, ainda, ser atendida de forma objetiva.

A própria estrutura do Conselho, definida em seu Regimento Interno de 1976, foi-se mostrando extremamente frágil em face da vastidão da matéria a ser abordada. Tanto que as atenções do Colegiado nesse período, como exposto, foram quase integralmente absorvidas pela área musical, que envolve uma complexidade já tão conhecida em termos de arrecadação e distribuição desenvolvida pelo ECAD, com referência ao direito de autor (*compositores*) e conexos (*intérpretes e outros*) decorrentes da execução pública de obras musicais. Mesmo assim, embora a situação dos compositores e intérpretes tivesse obtido sensível progresso organizativo, ainda havia muito a fazer. Da mesma forma, nos demais setores da criação intelectual.

Em face desse panorama, ventilou-se a reforma do CNDA. Tornava-se imprescindível que tivesse uma estrutura mais adequada aos inúmeros encargos que acumulava. A sua ampliação e readaptação tornava-se uma questão de sobrevivência.

Para tanto, em fins do primeiro semestre de 1979, o Ministro de Estado da Educação e Cultura, Eduardo Portella, nomeou uma comissão entre intelectuais versados em direitos de autor e os que lhes são conexos. Pouco tempo depois, o grupo já apresentava ao Ministro o Projeto de Decreto para a reformulação do CNDA, que, em linhas gerais, trazia a composição ampla e funcional desejada para fortalecer o órgão. Apenas necessitava ser um pouco burilado, conforme clamava a imprensa e especialistas no assunto.

Nesse contexto, em 1º de outubro, de 1979, o Ministro Eduardo Portella empossou o novo Presidente do Conselho, autor destas linhas (mandato que se estendeu até março de 1983). A partir daí, reiniciaram-se os

449

estudos sobre o Decreto, sendo consultadas inúmeras áreas ligadas ao direito intelectual, adotando-se, sempre, como base, o Projeto de Decreto elaborado pela Comissão nomeada pela Portaria MEC n. 575, de 12 de junho de 1979, presidida pelo jurista Dirceu de Oliveira e Silva e com a fundamental supervisão do então Consultor-Geral da República, depois Ministro do Supremo Tribunal Federal, Clóvis Ramalhete.

Finalmente, em 28 de novembro de 1979, foi promulgado o Decreto n. 84.252, que reorganizou o CNDA. Suas características fundamentais permaneciam: sediado na Capital da República e diretamente subordinado ao Ministério da Educação e Cultura, sua incumbência era a de fiscalizar, responder a consultas e prestar assistência no campo dos direitos de autor e conexos. Cumprir-lhe-ia, portanto, basicamente, determinar, orientar, coordenar e fiscalizar as providências necessárias à exata aplicação das leis, tratados e convenções internacionais sobre direitos autorais.

Contudo, sua estrutura orgânica se modificava integralmente. Entre outras profundas reformulações operacionais, o CNDA teve o número de seus conselheiros duplicado, com maior representatividade, uma vez que alguns são indicados pelas próprias associações de titulares de direitos autorais. Foram criadas câmaras específicas para julgamento de cada natureza de obra intelectual e dos direitos conexos decorrentes de sua utilização:

– Primeira Câmara: aprecia e julga questões relativas às obras intelectuais não específicas da Segunda e Terceira Câmaras.

– Segunda Câmara: aprecia e julga as questões relativas às composições musicais, tenham ou não letra, suas adaptações, traduções ou outras transformações, além dos conflitos decorrentes de interpretações e execuções musicais e produções de fonogramas.

– Terceira Câmara: aprecia e julga as questões relativas aos direitos conexos aos de autor.

Após essa reorganização, em abril de 1980, os onze novos Conselheiros foram nomeados. Foram eles: José Carlos Costa Netto (*presidente*), Antonio Chaves (vice-presidente), Embaixador Guy Brandão (*representante do Ministério das Relações Exteriores*), Desembargador Milton Sebastião Barbosa (*representante do Ministério da Justiça*), José Oliveira Sandrin (*representante do Ministério do Trabalho*), Carlos Alberto Bittar, Dirceu de Oliveira e Silva, Fábio Maria De Mattia, Daniel da Silva Rocha, Henry Francis Jessen e J. Pereira. Como Conselheiros Suplentes foram designados: Cláudio de Souza Amaral, Jair Amorim e Hildebrando Pontes Neto. Como

13 | A gestão coletiva e o controle do aproveitamento de obras intelectuais...

Secretário Executivo assumiu o advogado Otávio Augusto de Almeida Toledo, pelo período de dois anos, sucedido por Maria Salete de Carvalho Nastari.

Presidido, a partir de abril de 1983, por Joaquim Justino Ribeiro, ex-Ministro do Tribunal Federal de Recursos (*quando, após o Ministro Rubens Ludwig, ocuparia o Ministério da Educação e Cultura Esther de Figueiredo Ferraz*), o CNDA passou a ter a sua presidência formalmente exercida pelo Ministro da Cultura: primeiro Aloisio Pimenta, depois Celso Furtado e no final José Aparecido de Oliveira. Na qualidade de vice-presidente do órgão (*na verdade, presidente de fato*), a partir do final de 1984, o CNDA passou a ser dirigido pelo dinâmico especialista na matéria, o advogado Hildebrando Pontes Neto, substituído, a partir de 1987, pelo cineasta Gustavo Dahl.

Em 1990, o CNDA foi desativado – *com a extinção do Ministério da Cultura pelo recém-empossado Presidente da República, Fernando Collor de Mello* – e durante o período da sua existência ativa (de 1976 a 1990), o importante órgão do poder executivo federal, além das outras funções desempenhadas na implementação administrativa da proteção dos direitos autorais e outras contribuições relevantes, deixou inúmeras resoluções – *algumas que comentaremos, ainda, no curso deste capítulo* –, deliberações e pareceres que consistiram peças fundamentais na consolidação da matéria em nosso País[12]. Sua extinção legal foi, afinal, formalizada em 1998, com a revogação da Lei n. 5.988, de 1973, que o criara.

13.1.2.2. O ECAD e a unificação da arrecadação e distribuição de direitos autorais decorrentes da execução pública de obras musicais

Sob o aspecto jurídico, o ECAD substituiu as associações – tanto as já existentes à época de sua instalação quanto as surgidas

---

12. A Lei vigente de Direitos Autorais, n. 9.610, de 19-2-1998, não abriga, infelizmente, o CNDA. Sobre o assunto, registre-se, entre outras iniciativas, a recomendação favorável à sua reinstalação, formalizada em 16-9-1994, ocasião do I Congresso Internacional de Direitos Autorais, realizado pela Secretaria de Estado da Cultura de São Paulo e Organização Mundial da Propriedade Intelectual (OMPI), presidida por Ricardo Ohtake, que tive a oportunidade de coordenar, firmada por eminentes especialistas brasileiros, como Antonio Chaves, Walter Moraes, Carlos Alberto Bittar, Luciana Freire Rangel, Fernando Fortes, Roberto Correa de Mello, Jair Bittencourt, Paulo Oliver, Eliane Y. Abrão e mais de sessenta participantes do referido Congresso. No mesmo sentido, a "Carta de Bauru – Recomendação do I Encontro de Compositores Letristas para a Comissão Especial de Direitos Autorais da Câmara dos Deputados" de 27-9-1997, que citei no Capítulo 3, que consignou, como item 4: "que seja discutida a oportunidade de reinstalação do Conselho Nacional de Direito Autoral ou órgão similar com a função básica de auxiliar o efetivo cumprimento da lei". Firmamos essa carta com os compositores Fernando Brant, Juca Novaes, Marcio Borges, Murilo Antunes, Sergio Natureza e Gilberto Gil (então Ministro da Cultura).

451

posteriormente[13] – como mandatário legal dos titulares de direitos autorais decorrentes de utilização, pela via da execução pública, de obras musicais.

A figura da "substituição processual", em que alguém – *em virtude de autorização legal* (que, no caso do ECAD, decorria do art. 115 da Lei n. 5.988/73) – está legitimado a agir judicialmente, em nome próprio, para reivindicar direito alheio está prevista no art. 6º do Código de Processo Civil vigente (Lei n. 5.869, de 11-1-1973). A lei brasileira de direitos autorais vigente, n. 9.610/98, é ainda mais categórica ao adotar exatamente essa expressão no § 2º do seu art. 99: "O escritório central e as associações a que se refere este Título atuarão em juízo e fora dele em seus próprios nomes como substitutos processuais dos titulares a eles vinculados".

Aliás, essa discussão teve duas etapas: a primeira consistiu na batalha judicial das antigas sociedades arrecadadoras para poderem postular em nome próprio, uma vez que seria impraticável que – *como mandatárias regulares* – agissem formalmente em nome das centenas – *e até milhares* – de mandantes[14]. A segunda se refere à mesma situação, ocupando o ECAD a figura do mandatário legal.

---

13. Em 1978: a Associação de Intérpretes e Músicos (ASSIM), presidida pela renomada intérprete Elis Regina, e a Associação de Autores Brasileiros e Escritores de Música (SABEM), presidida por Luiz Freitas Valle e no início dos anos 80, a Associação Nacional de Autores, Compositores e Intérpretes de Música (ANACIM), presidida por Walter Levita, e a Associação de Músicos, Arranjadores e Regentes (AMAR), presidida por Nelson de Macedo. Fora do âmbito dos titulares musicais, surgiu, também, em 1978, a Associação dos Atores (ASA), presidida por Jorge Ramos, com o objetivo precursor de arrecadar e distribuir os direitos conexos aos de autor dos artistas (basicamente atores, dubladores e demais titulares congêneres) junto às emissoras de rádio, televisão e outros veículos. A Lei vigente de Direitos Autorais, ao regular o tema de seu Título VI, "Das Associações de Titulares de Direito de Autor e dos que lhes são conexos", não utiliza essa mesma terminologia em seu art. 97 (modifica "titulares de direitos de autor" para, simplesmente, "autores") ao estabelecer: "Para o exercício e defesa de seus direitos, podem os autores e os titulares de direitos conexos associar-se sem intuito de lucro" (*o art. 103 da lei anterior, 5.988/73, utiliza a expressão "titular de direitos autorais", que, nos termos de seu art. 1º, inclui tanto os titulares de direito de autor quanto os que lhes são conexos*). Encontram-se desatendidos, assim, por este novo dispositivo legal, os editores e demais titulares derivados de direitos de autor, uma vez que estabelece a possibilidade de associação, "para o exercício e defesa" de direitos autorais, apenas para "os autores e os titulares de direitos conexos".

14. Ementa – transcrição parcial – Recurso Extraordinário 18.901/SP, Segunda Turma, rel. Min. Afranio Costa. Outras dificuldades que as entidades arrecadadoras sofriam na realização de suas atividades eram: (a) do ponto de vista da representatividade: comprovar o repertório de obras musicais controlado e sua efetiva titularidade para legitimar a cobrança; e (b) do ponto de vista da utilização musical: comprovar a ocorrência efetiva da execução pública. Nesses dois temas pronunciou-se também o Supremo Tribunal Federal, no mesmo ano de 1952, negando, com fundamento na suposta ausência dessas comprovações, às sociedades de autores a legitimidade ativa *ad causam*: (i) acórdão de 14-11-1952, com a seguinte ementa: "Proteção a direitos do autor: (C. C. Art. 657; Dec. 4.790, de 2 de janeiro de 1924; Decreto 20.493, de 24 de janeiro de 1946; Decreto 1.949, de 30 de dezembro de 1949): ela se exerce como dignificação do trabalho; o que não é lícito é anunciar a execução de músicas determinadas ou de certo autor; em casos tais, não só o programa deve ser submetido a censura oficial como pagos os emolumentos e taxas. Quem expõe músicas a venda, não lhes pode impedir a execução por quem as adquire; quem

13 | A gestão coletiva e o controle do aproveitamento de obras intelectuais...

Apenas como exemplo do tratamento jurisprudencial dessa questão, negando a possibilidade de que as associações de titulares postulassem, em nome próprio, direitos autorais de seus associados, o acórdão de 14 de novembro de 1952 do Supremo Tribunal Federal: "A lei não taxa festas ou reuniões em que haja música e sim a execução de músicas determinadas, em nome de cujo autor possam e devam agir a união brasileira dos compositores e a sociedade brasileira de autores Teatrais".

A possibilidade dessas associações – e depois do ECAD – de agirem em nome próprio, única forma de viabilizar o controle dos direitos autorais relativos às utilizações de obra musical pela representação e execução pública, apesar da resistência inicial, firmou-se, no Brasil, pela via jurisprudencial.

A título de exemplificação dessa orientação de nossos Tribunais, poderíamos citar cinco acórdãos, dois correspondendo à legitimidade das associações de titulares de direitos autorais de postularem em nome próprio (*antes da instalação definitiva do ECAD*) e os outros três posteriores – *embora anteriormente à nova Carta Constitucional (1988) e à desativação do CNDA (1990)* – sobre essa mesma questão jurídica, mas já se referindo ao ECAD:

(i) antes da instalação do ECAD, sobre as associações de titulares:

(a) – acórdão proferido em 22 de abril de 1976 pela Quarta Câmara Civil do Tribunal de Justiça de São Paulo, na Apelação Cível 245.924 (*apelante SICAM, apelado Club Transatlântico*): decidiu ser a SICAM a única autora por invocar direito próprio, oriundo das suas disposições estatutárias; e

(b) – acórdão proferido em 9 de maio de 1977 pela Quarta Câmara Cível do Tribunal de Justiça do Rio de Janeiro, na Apelação Cível 3.314 (*apelante Arzina Teixeira – Churrascaria Cinderela, apelada*

---

contrata orquestras ou indivíduo que ao sabor da ocasião executa músicas para diversão de associados ou convivas, sem programa, indicação ou preferência previamente estabelecidos, não está promovendo 'audição'; no sentido hoje vulgarizado do vocábulo, a lei não taxa festas ou reuniões em que haja música e sim a execução de músicas determinadas, em nome de cujo autor possam e devam agir a união brasileira dos compositores e a sociedade brasileira de autores teatrais" (Recurso Extraordinário 18.901/ SP, Segunda Turma, rel. Min. Afranio Costa, *DJ* 1º-10-1953); e (ii) acórdão de 23-9-1952 com a seguinte ementa: "Direitos de autor. Art. 211 do CPC. Fatos notórios. Inocorrência de vulneração da lei. Desprovimento do agravo" (Agravo de Instrumento AI 15.627, Segunda Turma, rel. Min. Orosimbo Nonato). Consignou o aresto a falta de prova de "ter uma estação de rádio reproduzido obras do autor sujeitas a pagamento pela execução" e que, "se se pode ter como notória a irradiação, o mesmo não passa com respeito à natureza e condição dos trabalhos reproduzidos", acatou, o Tribunal, defesa da emissora-ré de que esta apenas "reproduzia, com fins puramente culturais, obras que caíram no domínio público" (acórdão referido, desfecho decisório, p. 5).

453

SICAM): decidiu que a sociedade arrecadadora é mera projeção dos seus associados, tendo legitimidade para promover, em nome próprio, a cobrança judicial dos direitos a eles devidos[15]; e

(ii) sobre o ECAD:

(a) – acórdão proferido em 24 de agosto de 1980 pela Sétima Câmara Cível do Primeiro Tribunal de Alçada do Rio de Janeiro, na Apelação Cível 51.534 (*apelante SDDA, apelada Floresta Atlético Clube*), que, embora decidindo contrariamente à questão do mandato legal do ECAD, resultou no esclarecedor voto vencido do Juiz Paulo Roberto de Freitas, que concluiu:

As associações de titulares de direitos autorais e a entidade central de arrecadação e distribuição desses direitos, previstos nos artigos 104 e 115 da Lei n. 5.988/73, têm legitimidade para reclamar em juízo o pagamento desses direitos. São substitutos processuais, de acordo com o Código de Processo Civil. A entidade não é um simples escritório de cobrança. Mandato Legal significa poder legal, e não a relação jurídica mandato em seu sentido clássico.

(b) – acórdão publicado no Diário de Justiça (*Distrito Federal*) em 3 de junho de 1981, p. 5.284, proferido pelo Tribunal de Justiça do Distrito Federal no Agravo de Instrumento 550 (*agravante Supermercados Pão de Açúcar S.A., agravado ECAD*), que decidiu que o ECAD tem legitimidade para arrecadar as importâncias correspondentes a direitos autorais;

(c) – acórdão de 10 de dezembro de 1981 do Tribunal de Justiça de São Paulo, por maioria de votos da Sexta Câmara Cível (Apelação Cível 19.069-1), relator, com voto vencedor, o Desembargador Gonçalves Santana, com a seguinte ementa:

ECAD. Ação movida em nome próprio e também em nome dos titulares dos quais é mandatária e representante. Cláusulas estatutárias garantindo-lhe parcela dos direitos autorais arrecadados e dando-lhe poderes para propor ação em nome próprio. Legitimidade de parte da autora. Recurso provido, afastada a carência, para que o julgador aprecie o mérito. Votos vencedor e vencido.

---

15. Observe-se que essas duas decisões concedidas pelos Tribunais de São Paulo (22-4-1976) e do Rio de Janeiro (9-5-1977) conflitaram com a orientação do Supremo Tribunal Federal ainda adotada até aquela época, por exemplo: os acórdãos de 23-8-1974 e 30-3-1976, proferidos, respectivamente, nos Recursos Extraordinários 81.561/RJ e 78.778/PR, ambos da Primeira Turma, relatores os Ministros Bilac Pinto e Oswaldo Trigueiro, no sentido de que as "sociedades" constituídas para defesa de direitos autorais atuam como mandatárias de seus associados, não podendo agir em nome próprio.

13 | A gestão coletiva e o controle do aproveitamento de obras intelectuais...

A questão da legitimidade do ECAD de postular em Juízo, em nome próprio, direitos autorais decorrentes da execução pública de obras musicais foi, afinal, reconhecida pelo Supremo Tribunal Federal, em 1987[16], mas voltou a ser discutida com o advento da Constituição Federal, em 1988, polêmica que se acentuou com a malfadada desativação do CNDA em 1990[17].

A partir de então, surgiu a argumentação – *na maior parte decorrente de fundamentação de defesa de usuários de obras musicais em ações judiciais de cobrança propostas pelo ECAD* – de que:

(a) o novo regime constitucional (art. 5º, XXI) traria a exigência de autorização expressa, caso a caso, dos titulares de direitos autorais filiados às associações, para sua representação judicial ou extrajudicial; e

(b) com a desativação do CNDA, órgão com função normativa e fiscalizadora sobre o ECAD, faltaria legitimidade a este para arrecadar e distribuir direitos autorais.

Nenhuma dessas objeções mereceu acolhida. Nesse sentido, o didático acórdão de 1996 (*anterior, portanto, à lei autoral de 1998*) do Tribunal de Justiça de São Paulo, com a seguinte ementa:

> Direito Autoral. Transmissão – aos assinantes de obras musicais e fonogramas, por programação musical ou películas cinematográficas. Utilização não autorizada. Concessão do interdito proibitório ajuizado pelo ECAD mantida. Preliminares de ilegitimidade de parte e ausência de representação ou mandato legal rejeitadas. Lei n. 5.988/73. Recurso da ré improvido[18].

O mesmo aresto, em sua parte decisória, afasta categoricamente as duas objeções já referidas, levantadas pelos usuários de obras musicais (*a*

---

16. Acórdão de 5-6-1987, proferido no Recurso Extraordinário 113.471/SP, Segunda Turma, rel. Min. Carlos Madeira, com a seguinte ementa: "Direito Autoral. Legitimação do Escritório Central de Arrecadação e Distribuição, para autorizar a execução pública de obras musicais, bem como arrecadar e distribuir as respectivas retribuições. Poderes para atuar judicial ou extrajudicialmente em nome próprio para consecução de suas finalidades. Lei 5.985, de 1973, arts. 104 e 115. Recurso não conhecido" (*DJ* 26-6-1987, p. 13.251).

17. Conforme o art. 27, V, que extinguiu o Ministério da Cultura, transferindo suas funções à Secretaria de Cultura, sem que, entre os órgãos subordinados a esta, constasse o CNDA, nos termos do art. 10, ambos os dispositivos da Lei n. 8.028, de 12-4-1990, sancionada pelo então Presidente da República, Fernando Collor. Como expusemos, a extinção legal do CNDA decorreu, posteriormente, com a revogação da Lei n. 5.988, de 14-12-1973, pela lei autoral vigente (9.610, de 19-2-1998).

18. Acórdão de 2-5-1996, proferido na Apelação Cível 260.772-1/3, por votação unânime da sua Quinta Câmara de Direito Privado, rel. Des. Jorge Tannus.

455

exemplo dos réus-apelantes neste caso), sobre a pretensa ilegitimidade de parte do ECAD, em face do "novo regime constitucional" e da desativação do CNDA:

> As preliminares arguidas pela requerida de ilegitimidade de parte e ausência de representação ou mandato legal não se sustentam porquanto, diversamente do que sustentou no item 11, a extinção do CNDA juntamente com o Ministério da Cultura em 1990 não atingiu o autor que é órgão associativo privado e tem sua existência garantida pelos termos do inciso XVIII, do artigo 5º da Constituição Federal.
>
> O mecanismo estabelecido pela Lei n. 5.988/73 impõe aos usuários das obras artísticas a obtenção da prévia autorização do órgão representativo dos autores, sob pena da interdição expressamente prevista em seu artigo 127, parágrafo único[19].

Essa iniciativa, adotada pelo regime legal brasileiro – a exemplo dos demais países –, de conferir à associação arrecadadora de direitos autorais decorrente da execução pública de obras musicais verdadeiro "mandato legal" e, consequentemente, a condição de postular em nome próprio o direito de seus associados evidencia-se, também, ante o indispensável controle dos direitos de titulares estrangeiros de obras musicais com execução pública no território nacional[20].

A necessidade – *e as peculiaridades* – dessa modalidade de gestão coletiva é relatada, com indiscutível precisão, por Delia Lipszyc:

> Se adverte então que quando se trata de obras como as musicais, sobre as quais habitualmente concorre uma pluralidade de titularidades (do compositor, do autor da letra, do arranjo musical, do versionista, do editor e do subeditor) e que são objeto de utilizações múltiplas, simultâneas, fugazes e dispersas, sua exploração e seu controle, o exercício efetivo dos direitos que as leis reconhecem dos autores somente podem ser obtidos através da gestão coletiva, sistema que presta serviço tanto ao criador como ao difusor. Este sistema beneficia o autor, que não tem

---

19. Acórdão citado, do Tribunal de Justiça de São Paulo, p. 3.
20. Art. 5, item 2, da Convenção de Berna (de que o Brasil é signatário – promulgada para vigência interna pelo Decreto n. 75.699, de 6-5-1975), relativa à proteção das obras literárias e artísticas, estabelece o princípio da proteção automática do direito de autor de titulares estrangeiros no país em que se dê a utilização de sua obra sem a subordinação a qualquer formalidade, e "os meios de recurso garantidos do autor para salvaguardar os seus direitos regulam-se exclusivamente pela legislação do país onde a proteção é reclamada". Aplica-se, assim, o parágrafo único do art. 105 da Lei n. 5.988/73, que estabelece: "as associações com sede no exterior far-se-ão representar, no País, por associações nacionais previstas nesta Lei", regra reeditada pelo § 3º do art. 97 da Lei n. 9.610/98.

13 | A gestão coletiva e o controle do aproveitamento de obras intelectuais...

possibilidade real alguma de realizar a administração individual de seus direitos com um mínimo de eficácia, pois lhe demandaria enormes gastos, e nem assim conseguiria igualar os resultados que, na fiscalização de semelhante dispersão espacial e temporal de utilizações, se obtém através do sistema de gestão coletiva e do regime de contratos de representação recíproca entre sociedades de autores de diferentes países. Beneficia o difusor porque lhe permite o acesso lícito a uma enorme quantidade de obras diferentes – nacionais e estrangeiras – constantemente incrementada, negociar sua utilização com um mínimo de pessoas – sobre a base de tarifas uniformes – e realizar seus pagamentos com a certeza de cumprir suas obrigações[21].

Assim, é nítido que esse sistema de controle age em proteção aos autores – nacionais e estrangeiros –, possibilitando que venham a obter os justos benefícios econômicos que a utilização de suas obras possa lhes proporcionar. É essa a finalidade das normas integrantes das convenções internacionais, em harmonia com o regime jurídico adotado pelas legislações nacionais dos países – *hoje praticamente todos, como já vimos* – que reconhecem os direitos autorais. Não se trata, portanto, a gestão coletiva, de um sistema de derrogação ou enfraquecimento do sólido princípio do "direito exclusivo" do autor sobre a utilização de sua obra, mas, sim, do instrumento apto ao seu efetivo exercício. A respeito, ainda Delia Lipszyc, observando que "a gestão coletiva se pratica diária e regularmente nos cinco continentes", conclui:

> É inegável que, com a administração coletiva, o controle exercido pelos titulares de direitos sobre certos aspectos de seu exercício se torna mais ou menos indireto; mas, se o sistema de administração coletiva funciona adequadamente, esses direitos manterão seu caráter exclusivo e – mesmo que por vias coletivas – subsistirão na forma mais completa que permitem as circunstâncias[22].

A respeito da representação, no Brasil, das associações congêneres estrangeiras, mais uma vez exemplar a orientação do Tribunal de Justiça de São Paulo, no acórdão de 7 de fevereiro de 1992 (*também posterior, portanto, à promulgação da Constituição Federal vigente e à desativação do CNDA*), proferido na Apelação Cível 160.647-1/4, com votação unânime de sua Quinta Câmara Civil de Férias "C", relator o Desembargador Campos Mello, com a seguinte ementa:

---

21. Ob. cit., p. 409.
22. Ob. cit., p. 411.

Direito autoral. Ação de Cobrança. Existência de medida cautelar e ação declaratória em outro juízo. Fato que não impede o julgamento da cobrança. Sociedades arrecadadoras estrangeiras. Representação destas, no Brasil, pelo ECAD.

Função de simples arrecadador. Repasse posterior às sociedades de direitos autorais nacionais mandatárias das estrangeiras. Legitimidade. Ação procedente. Apelação para excluir uma das rés provida para esse fim. O que a lei brasileira exige é que as sociedades arrecadadoras estrangeiras estejam representadas no Brasil por associações nacionais. Em nosso sistema positivo, cabe ao ECAD a arrecadação. Posteriormente, o produto é repassado às associações nacionais que atuam como mandatárias das estrangeiras. Finalmente, estas deverão receber a parte que lhes cabe, para então, rateá-la entre seus associados[23].

O mesmo judicioso acórdão, de 1996, do Tribunal de Justiça de São Paulo que citamos anteriormente também reafirmou essa posição do acórdão que acabamos de referir acima (do TJSP, de 1992) em relação à representação de sociedades autorais estrangeiras:

Ainda, porém, que pendente estivesse, a existência legal do autor resultou amplamente comprovada pelos documentos de fls. 251/297, pelos quais se verifica a outorga de poderes pelas associações congêneres norte-americanas às antecessoras do autor. A contestação da apelante teve sua metodologia comprometida pela confusão inevitável, aliás, entre as matérias relativas ao processo e ao merecimento, sendo também inevitável na prestação jurisdicional. (...) Diga-se, por fim, que a proteção dos direitos incorpóreos torna-se, a cada momento, mais necessária, devendo submeterem-se às normas internacionais, tratados e convenções, todas as nações civilizadas, não somente para assegurar aos autores o que lhes é devido por Direito e Justiça, como também para que a criatividade humana não se desacoroçoe.

13.1.3. As questões surgidas com o advento do regime constitucional de 1988

13.1.3.1. *A excepcionalidade legal do controle individualizado de direitos autorais decorrentes de execução pública de obras musicais*

O regime legal de unificação de gestão coletiva para arrecadação e distribuição de direitos autorais decorrentes da execução pública de obras

---

23. Revista dos Tribunais, publicação oficial do Tribunal de Justiça de São Paulo e outros Tribunais, São Paulo, v. 681, p. 107, jul. 1992.

13 | A gestão coletiva e o controle do aproveitamento de obras intelectuais...

musicais harmonizou-se, como já exposto, com o princípio constitucional, vigente na época da promulgação da Lei n. 5.988/73, do "direito exclusivo" do autor na utilização de sua obra intelectual[24].

Essa compatibilização foi manifestada no diploma legal de 1973, inclusive, pela expressa ressalva da possibilidade, na hipótese do interesse do titular, de que este optasse pelo controle individual de utilização de sua obra, mesmo no regime de gestão coletiva adotado para a arrecadação e distribuição de direitos autorais decorrentes da execução pública de obras musicais:

> Art. 104. Com o ato de filiação, as associações se tornam mandatárias de seus associados para a prática de todos os atos necessários à defesa judicial ou extrajudicial de seus direitos autorais, bem como para sua cobrança.
>
> Parágrafo único. Sem prejuízo desse mandato, os titulares de direitos autorais poderão praticar pessoalmente os atos referidos neste artigo[25].

Embora não sejam publicamente conhecidas, no curso dos já vinte anos de existência do ECAD, é possível que haja algumas raras hipóteses em que iniciativas de controle individual – *ou pessoal* – tenham sido promovidas por autores (*ou demais titulares*) na execução pública de obras musicais, o que é, ainda, mais improvável nas utilizações pelo sistema de radiodifusão (*emissoras de rádio e TV*), exibições cinematográficas e outras em que seja dificultoso – *e excessivamente oneroso* – ao titular exercer diretamente o controle de seus direitos autorais.

A possibilidade desse exercício pessoal da atividade de controle é mais factível – *embora não sejam frequentes os casos concretos* – nas apresentações públicas "ao vivo", nas quais o artista é, ao mesmo tempo, intérprete e compositor de todas as obras musicais que utilize e que não haja a coexistência de direitos de terceiros (*como coautores, editores ou cessionários dessas obras*) sem que estes, da mesma forma, manifestem sua anuência sobre a adoção desse procedimento excepcional. De qualquer forma, não poderá o ECAD se isentar de exercer a fiscalização, prevendo a hipótese – *apesar da declaração do responsável pelo recolhimento de que esta não ocor-*

---

24. Art. 150, § 25, da Constituição Federal de 1967, posteriormente reeditado como § 25 do art. 153 pela Emenda Constitucional n. 1, de 17-10-1969.

25. A Lei brasileira de Direitos Autorais vigente, n. 9.610/98, no *caput* de seu art. 98, reproduz, textualmente, o *caput* do art. 104 da Lei n. 5.988/73 e reedita, também, o parágrafo único desse dispositivo, apenas alterando a forma de redação: "Os titulares de direitos autorais poderão praticar, pessoalmente, os atos referidos neste artigo, mediante comunicação prévia à associação a que estiverem filiados" (parágrafo único do art. 98 da Lei n. 9.610/98).

rerá – de que as obras musicais pertencentes a quaisquer outros titulares (*que permaneçam vinculados à regra geral de sua representação pelo ECAD*) sejam, efetivamente, utilizadas nessa apresentação[26].

De qualquer forma, fica nítido que – *harmonizando-se com o regime constitucional do "direito exclusivo" do autor* – a excepcionalidade permitida à regra geral não tem o intuito de descaracterizar – *ou mesmo enfraquecer* – o mandato legal conferido ao ECAD no indispensável exercício de arrecadação e distribuição de direitos autorais pela consagrada – *nacional e internacionalmente* – via da gestão coletiva, sob pena de frustrar a legítima proteção de todos os autores (*e demais titulares*) no amplo – *e complexo* – campo da execução pública de obras musicais.

13.1.3.2. A compatibilidade do sistema de gestão coletiva de responsabilidade do ECAD instituído pela Lei n. 5.988, de 1973, com o regime constitucional vigente e com a nova Lei Brasileira de Direitos Autorais de 1998

13.1.3.2.1. A harmonia das normas constitucionais de 1988 com a Lei n. 5.988, de 1973

A Constituição Federal vigente a partir de 1988 reafirma os textos constitucionais anteriores (de 1946 e 1967) na consolidação do princípio de caber ao autor o direito exclusivo de autorizar a utilização de sua obra (art. 5º, XXVII), e inova – na matéria relativa, direta ou indiretamente, a direitos autorais – a Carta Magna anterior ao estabelecer, expressamente, que:

- é livre a expressão da atividade intelectual, artística, científica e de comunicação, independentemente de censura ou licença (art. 5º, IX);

---

26. Exatamente essa situação foi objeto, em 2004, de exame pelo Judiciário paulista, com a confirmação, pelo Tribunal de Justiça de São Paulo, de sentença que condenou estabelecimento (*bar*) que, ao justificar a falta de recolhimento de direitos autorais (*relativos à execução pública de obras musicais*), "assevera que as músicas executadas ao vivo, no estabelecimento dele apelante, sem exceção, tinham prévia autorização de seus autores, legítimos detentores de direitos autorais, e assim, porque, aos artistas pagaram diretamente, os direitos a título de direito autoral" (relatório do acórdão, p. 2). Contudo, esse fundamento da defesa foi afastado pelo Tribunal com a seguinte síntese decisória: "Direito Autoral – ECAD – Ação de cobrança de direitos autorais – Comprovação de execução de músicas em show ao vivo e por reprodução mecânica sem pagamento dos direitos autorais – Falta de comprovação de autorização expressa e prévia para liberação daquele pagamento – Artistas que além de interpretar músicas próprias, interpretaram também de outros autores, ou deles com parceiros – Valores devidos – Rejeição da preliminar de nulidade da sentença – Desprovido o recurso do réu, provido o da autora, para acolhimento do pedido inicial da ação" (ementa do acórdão de 14-4-2004, proferido na Apelação Cível 245.081-4/SP, por votação unânime da Sétima Câmara de Direito Privado, rel. Des. Oswaldo Breviglieri).

13 | A gestão coletiva e o controle do aproveitamento de obras intelectuais...

– são invioláveis a intimidade, a vida privada, a honra e a imagem das pessoas, assegurado o direito à indenização pelo dano material ou moral decorrente de sua violação (art. 5º, X); e

– é assegurada a proteção às participações individuais em obras coletivas e à reprodução da imagem e voz humanas, inclusive nas atividades desportivas (art. 5º, XXVIII, *a*).

No tocante ao efetivo controle de direitos autorais e às regras associativas para esse fim ou de ordem genérica, consigna a Constituição vigente:

– é plena a liberdade de associação para fins lícitos, vedada a de caráter paramilitar (art. 5º, XVII);

– a criação de associações e, na forma da lei, a de cooperativas independem de autorização, sendo vedada a interferência estatal em seu funcionamento (art. 5º, XVIII);

– as associações só poderão ser compulsoriamente dissolvidas ou ter suas atividades suspensas por decisão judicial, exigindo-se, no primeiro caso, o trânsito em julgado (art. 5º, XIX);

– ninguém poderá ser compelido a associar-se ou a permanecer associado (art. 5º, XX);

– as entidades associativas, quando expressamente autorizadas, têm legitimidade para representar seus filiados judicial ou extrajudicialmente; e

– é assegurado o direito de fiscalização do aproveitamento econômico das obras que criarem ou de que participarem aos criadores, aos intérpretes e às respectivas representações sindicais e associativas (art. 5º, XXVIII, *b*).

O princípio da liberdade de associação para fins lícitos e as condições de sua dissolução já constavam expressamente do texto constitucional anterior (art. 153, § 28), e o direito dos titulares originários de direito autoral (o dispositivo especifica os "criadores" e intérpretes), e respectivas associações, de "fiscalização do aproveitamento econômico de suas obras ou participações" apenas alça ao nível constitucional normas que já constavam da sistemática de controle adotada pela Lei n. 5.988/73, a exemplo do mandamento de que "ninguém poderá ser compelido a associar-se ou a permanecer associado" e de que as associações devem ser autorizadas pelos seus filiados para representá-los judicial ou extrajudicialmente[27].

---

27. Art. 104 da Lei n. 5.988/73, *caput* (*sobre o ato de filiação associativa para a finalidade específica de representação e defesa judicial e extrajudicial, dos direitos autorais do associado*), e seu parágrafo único (*que*

Da mesma forma, a proibição de interferência estatal no funcionamento e a regra de que a criação de associações independe de autorização na área da arrecadação de direitos autorais aqui abordada se tornam inócuas com a desativação do CNDA, que se constituía no órgão normativo e de fiscalização do ECAD, este "associação de associações" de caráter privado, em pleno funcionamento e evolução gradativa há mais de quarenta anos (desde 1976) e sem qualquer "interferência" estatal desde 1990.

Todos esses dispositivos, como resta óbvio, somente consolidam a efetiva legitimidade do ECAD e suas atribuições legais.

Qual a inovação, portanto, do regime constitucional de 1988 que poderia repercutir nas atribuições legais do ECAD?

A questão se torna relevante com a possibilidade de interpretação da norma constitucional vigente de que "ninguém poderá ser compelido a associar-se ou permanecer associado" (art. 5º, XX) como ampliação da abrangência da regra que já constava da Lei n. 5.988/73 (e reeditada pela Lei n. 9.610/98), que permite ao titular controlar "pessoalmente" seus direitos autorais decorrentes da execução pública de obras musicais. A expressão "ninguém" adotada no texto constitucional significaria não só a pessoa do titular, mas, também, qualquer das associações de titulares integradas legalmente no regime de arrecadação e distribuição unificada, realizada pelo ECAD, preceituada pelo art. 115 da Lei n. 5.988/73[28].

Esse foi o entendimento do Tribunal de Justiça do Rio de Janeiro, nos termos do acórdão de 23 de agosto de 1994, proferido na Apelação Cível 1.773/94, com unanimidade de votos de sua Primeira Câmara Cível, relator o Desembargador Carlos Alberto Menezes Direito, que, há trinta anos, como já relatamos, havia sido o eminente primeiro presidente do Conselho Nacional de Direito Autoral (de 1976 a 1978)[29], com as seguintes razões de mérito consignadas na ementa:

---

ressalva a possibilidade de o titular exercer pessoalmente esse controle), orientação que foi reeditada pelo art. 98 e seu parágrafo único da Lei n. 9.610/98.

28. O mesmo sistema unificado de arrecadação de direitos autorais decorrentes de execução pública de obras musicais (art. 115 da Lei n. 5.988/73) foi mantido pela Lei de Direitos Autorais vigente.

29. Atuou, posteriormente, como Ministro do Supremo Tribunal Federal, tendo sido, anteriormente (sua nomeação para o Supremo se deu em 2007), além de proficiente Desembargador do Tribunal de Justiça do Rio de Janeiro, durante vários anos também Ministro do Superior Tribunal de Justiça e, nessas funções judicantes, na qualidade de relator ou, de qualquer forma, com participação decisiva em julgados de natureza autoral de sua Câmara ou Turma, muitos dos quais se encontram destacados nesta obra, pode ser considerado um dos maiores arquitetos da judiciosa recente construção jurisprudencial, concernente à consolidação da proteção aos direitos de autor e os que lhes são conexos, no País.

13 | A gestão coletiva e o controle do aproveitamento de obras intelectuais...

Direito Autoral na regência da Lei n. 5.988/73. Ação declaratória com coadjuvante pedido condenatório. ECAD e associação integrante que manifesta a vontade de retirar-se dos quadros associativos. Liberdade de assim agir sob o influxo da nova ordem constitucional que rege e sacramenta o roteiro jurídico do país.

....

O art. 115 do Estatuto Autoral (Lei n. 5.988/73) encontra-se em vigência naquilo que não adversar os dispositivos da Carta Fundamental de 1988, no que dizem respeito aos princípios da "livre-iniciativa", da "liberdade de desligamento" de qualquer associação; e, por fim, à preservação de "livre concorrência".

O ECAD continua senhor das atribuições de arrecadação e distribuição dos direitos autorais, tão só e unicamente, frise-se bem, perante seus associados que não retirarem-se da associação, posto que constitucionalmente voluntária.

Plena juridicidade do ato de retirada pretendido ser ineficaz e inválido, cassando-se, por consequência óbvia, a liminar dantes concedida, e confirmada na decisão monocrática ora revisionada, retornando as partes do estado anterior.

Exatamente sobre esse tema, o jurista Celso Bastos, após observar que "o ECAD conta atualmente com uma estrutura administrativa de vinte e uma filiais em todo o território nacional, e mais de mil funcionários dentre agentes operadores, cadastradores e inspetores, que administram atualmente mais de quinhentas mil obras", e ressalvar que "não há lesão à livre-iniciativa, nem se trata de um monopólio, em virtude de o ECAD não cuidar precisamente de uma atividade econômica e sim de um serviço de proteção a um interesse coletivo que só pode ser defendido de forma unificada"[30], manifesta sua visão de constitucionalista em lúcido endosso à orientação a que nos referimos, de Carlos Alberto Menezes Direito:

> Por outro lado, não se pode dizer que a referida Lei esbarre com outros princípios constitucionais, como o da livre associação, ou o da abolição dos monopólios. A eventual ofensa a outros princípios encontra-se excluída e alijada pelo simples fato de, como já vimos, esta Lei manter uma perfeita relação de afinidade com um preceito específico da Constituição, qual seja o da proteção dos direitos autorais. Sem dúvida alguma, não

---

30. Esses dados são de 1994, data do citado parecer de Celso Bastos.

463

cabe invocar o princípio da vedação dos monopólios, ou do livre direito de associação, princípios estes, indubitavelmente, amplos, quando está em jogo um princípio bem mais específico e concreto, qual seja, o da proteção dos direitos autorais. É esta uma das razões que nos permite concluir que não houve qualquer revogação da Lei n. 5.988. Pelo contrário, ela se apresenta como uma norma que dá aplicação ao artigo 5º, inc. XXVIII, da Constituição Federal. Admitir qualquer revogação sua equivaleria a destituir a nova Constituição de uma aplicabilidade que já possui, tornando ineficaz o preceito da Lei Maior.

Em síntese, o que ocorre, no caso em exame, é a deslocada tentativa de aplicação de diretrizes não acolhidas pela Constituição. Sem dúvida que é lícito a qualquer um filiar-se ou não a uma entidade. Aliás, procedimento que a própria Lei n. 5.988 não nega e nem pretendemos neste estudo concluir em sentido contrário. A qualquer autor é lícito desvincular-se da entidade existente, se pretender, por conta própria, exercer uma fiscalização e arrecadação sobre as suas obras. É perfeitamente lícito que o faça nos termos da lei existente. O que não é lícito é permitir que grupos pequenos de pessoas, movidos por uma distorção de seus próprios interesses, comecem a dar lugar a uma série de novas entidades arrecadadoras que disputariam acirradamente este mesmo mercado, o que certamente redundaria em seu desmantelamento, pois, como vimos, só é viável tal atividade se desempenhada por uma única entidade[31].

Quais seriam as consequências jurídicas e práticas da legitimação de uma dissidência no âmbito do regime unificado – *exercido pelo ECAD* – de gestão coletiva de arrecadação e distribuição de direitos autorais decorrentes da execução pública de obras musicais, literomusicais e fonogramas?

A prosperar uma dissidência – *de um ou mais grupos de titulares* – dessa natureza, entendo que deixaria, a associação ou as associações dissidentes, de integrar o sistema legal de gestão coletiva unificado para realizar, diretamente, apenas para o seu restrito grupo de associados, o controle dos direitos autorais de titularidade destes, note-se que não só em relação à execução pública de obras musicais (*é apenas essa utilização que é objeto da gestão coletiva unificada*), mas, nos termos amplos do art. 104 da Lei n. 5.988/73 (*reeditados pelo art. 98 da Lei n. 9.610/98*), em relação a qualquer outra modalidade de utilização autorizada por seus filiados.

---

31. Parecer emitido em 10-10-1994 em resposta à consulta formulada pelo ECAD sobre o tema, p. 5, 15, 16, 36 e 43.

13 | A gestão coletiva e o controle do aproveitamento de obras intelectuais...

Naturalmente, rejeitando o benefício legal organizativo[32], a efetiva execução pública (*a exemplo de qualquer outra utilização que venha a gerar direitos autorais*) de obras cujos titulares de direitos representem deverá ser devidamente comprovada pela associação divergente (*como na hipótese já comentada do controle realizado direta e pessoalmente pelo titular*) junto ao usuário e não apenas presumida, como próprio do universo de titulares (*nacionais e estrangeiros*) que continuam legitimamente – *com a consolidação das normas constitucionais vigentes* – representadas pelo ECAD.

Enfim, é inegável a importância da atuação das associações de autores – de forma harmoniosa e organizada – no controle da utilização de suas obras, especialmente em face dos desafios da evolução tecnológica.

13.1.3.2.2. A compatibilização constitucional da Lei n. 9.610, de 1998, e a autonomia privada do ECAD, como entidade única para as atribuições previstas em lei

A Lei brasileira de Direitos Autorais, 9.610/98 – embora não deixe de ressalvar, a exemplo da lei anterior (5.988/73), a possibilidade de os "titulares de direitos autorais" praticarem pessoalmente a cobrança de seus direitos –, mantém o sistema organizativo do ECAD (*embora não se refira, especificamente, a essa denominação, e, sim, a "escritório central"*) com plena autonomia, no campo privado, consolidando o seu atributo de reunir a atividade de arrecadação, estabelecendo, categoricamente, que "As associações manterão um único escritório central para a arrecadação e distribuição, em comum, dos direitos relativos à execução pública das obras musicais e literomusicais e de fonogramas, inclusive por meio da radiodifusão e da transmissão por qualquer modalidade, e de exibição de obras audiovisuais" (art. 99 – observe-se o acréscimo, que não havia na lei anterior, da expressão "único" antes de "escritório central", o que reforça a obrigatoriedade legal do sistema unificado e coletivo da arrecadação de direitos autorais decorrentes da execução pública de obras musicais e literomusicais). Prevê, ainda, que caberá às associações que o integrem a sua direção e administração, que não terá finalidade de lucro, conferindo ao "escritório central" e às associações o poder de atuação em juízo ou fora dele em seus próprios nomes, na qualidade de "substitutos processuais dos titulares a eles vinculados" (§ 2º do mesmo dispositivo legal)[33].

---

32. Art. 115 da Lei n. 5.988/73, equivalente ao art. 99 da Lei n. 9.610/98, atualmente vigente.

33. O I Encontro de Compositores Letristas realizado na cidade de Bauru, São Paulo, em 27-9-1997, manifestou-se, em suas "recomendações" à Comissão Especial de Direitos Autorais da Câmara dos Deputa-

A compatibilização constitucional do regime legal do diploma vigente autoral de 1998, em especial o *caput* e § 1º do art. 99 da Lei n. 9.610/98, em relação à consolidação legal do ECAD, em sua natureza privada, foi expressamente reconhecida pelo Supremo Tribunal Federal em dois momentos:

(a) em 1999:

– em âmbito de medida cautelar, rejeitando a acusação de prática monopolista em "ameaça de dominação de mercados, eliminação de concorrência e aumento arbitrário de lucros":

Ação Direta de Inconstitucionalidade. ECAD. Art. 99 e § 1º da Lei n. 9.610/98. Arts. 5º, incs, XVII e XX, e 173, da Constituição Federal. Ente que não se dedica à exploração de atividade econômica, não podendo, por isso, representar ameaça de dominação dos mercados, de eliminação da concorrência e de aumento arbitrário de lucros, práticas vedadas pelo último dispositivo constitucional sob enfoque. De outra parte, a experiência demonstrou representar ele instrumento imprescindível à proteção dos direitos autorais, preconizada no inc. XXVIII e suas alíneas *a* e *b* do art. 5º da Constituição, garantia que, no caso, tem preferência sobre o princípio da livre associação (incs. XVII e XX do mesmo artigo) apontado como ofendido. Cautelar indeferida[34].

(b) em 2003:

– no âmbito da ação principal, afastando a acusação de violação ao princípio constitucional de liberdade de associação:

I – Liberdade de associação. 1. Liberdade negativa de associação: sua existência, nos textos constitucionais anteriores, como corolário da liberdade positiva de associação e seu alcance e inteligência, na Constituição, quando se cuide de entidade destinada a viabilizar a gestão coletiva de arrecadação e distribuição de direitos autorais e conexos, cuja forma e organização se remetera à lei. 2. Direitos autorais e conexos: sistema de gestão coletiva de arrecadação e distribuição por meio do ECAD (L. 9.610/98, art. 99), sem ofensa do art. 5º, XVII e XX, da Constituição, cuja

---

dos, que discutia o projeto que resultaria na nova lei: "3 – apoiando a regra de que haja um escritório central único para arrecadação e distribuição de direitos autorais de execução pública de obras musicais".

34. Ementa do acórdão de 17-11-1999, proferido na Medida Cautelar na Ação Direta de Inconstitucionalidade ADI 2.054 MC/DF por unanimidade de votos do Tribunal Pleno, rel. Min. Ilmar Galvão, *DJ* 10-3-2000, p. 00003).

13 | A gestão coletiva e o controle do aproveitamento de obras intelectuais...

aplicação, na esfera dos direitos autorais e conexos, hão de conciliar-se com o disposto no art. 5º, XXVIII, *b*, da própria Lei Fundamental[35].

No tocante ao reconhecimento da atuação exclusiva do ECAD para as atribuições estabelecidas no art. 99 da Lei n. 9.610/98, quais sejam de, na qualidade de "único escritório central", mantido pelas associações de titulares de direitos autorais competentes, arrecadar e distribuir "direitos relativos à execução pública das obras musicais, literomusicais e fonogramas, inclusive por meio de radiodifusão e transmissão por qualquer modalidade, e da exibição de obras audiovisuais", o Superior Tribunal de Justiça definiu categoricamente a questão ao afastar a pretensão de "entidade paralela de arrecadação e distribuição de direitos autorais", com a seguinte ementa:

> Ação de indenização. ECAD. Exclusão de associação de titulares de direitos autorais. Ausência de ato ilícito.
>
> 1. Não pode ser identificado como ilícito o ato praticado pela assembleia do ECAD excluindo a associação de titulares de direitos autorais que cria entidade paralela de arrecadação e distribuição de direitos autorais, o que é vedado pelo art. 99 da Lei n. 9.610/98.
>
> Recurso especial conhecido e provido[36].

Em sua didática razão de decidir, consignou o relator, Ministro Carlos Alberto Menezes Direito:

> O art. 99 da Lei n. 9.610/98 manteve a exigência de órgão central único de arrecadação e distribuição, em comum, de direitos autorais. Esse dispositivo foi considerado constitucional pelo Supremo Tribunal Federal (ADIN n. 2.054-a, relator para o acórdão o Ministro Sepúlveda Pertence, *DJ* de 9-4-2003).
>
> Ora, não é possível admitir que entidade integrante do ECAD, que é o órgão central único, criado por força do referido art. 99 e considerado constitucional pelo Supremo Tribunal Federal, integre outra entidade de arrecadação. Sem dúvida, até em virtude da necessidade de manter a integridade do sistema legal brasileiro de arrecadação e distribuição de direitos autorais, o ato praticado pelo ECAD não pode ser acoimado de ilícito porquanto representa essencialmente uma defesa da centralização determinada em lei[37].

---

35. Acórdão de 2-4-2003, proferido na Ação Direta de Inconstitucionalidade ADI 2.054, por unanimidade de votos do Tribunal Pleno, rel. Min. Sepúlveda Pertence, *DJ* 17-10-2003, p. 00013.

36. Acórdão de 14-3-2006, proferido no Recurso Especial 747.395/RJ por votação unânime de sua Terceira Turma, rel. Min. Carlos Alberto Menezes Direito.

37. Acórdão citado, parte decisória final (p. 6 e 7).

467

Por fim, o reconhecimento do interesse público da atividade de gestão coletiva fez a Terceira Turma do STJ, sob relatoria da Min. Nancy Andrighi, concluir, no acórdão de 11-6-2021 que decidiu o REsp 1.921.769/PR o seguinte:

> DIREITO AUTORAL. RECURSO ESPECIAL. AÇÃO DE OBRIGAÇÃO DE FAZER. INTERESSADO QUE PLEITEIA O ACESSO INTEGRAL ÀS INFORMAÇÕES RELATIVAS À PARTICIPAÇÃO INDIVIDUAL DE CADA ARTISTA NAS OBRAS MUSICAIS COLETIVAS. INFORMAÇÃO DE CARÁTER PÚBLICO. ACESSO QUE DEVE SER GRATUITAMEN-TE DISPONIBILIZADO POR MEIO ELETRÔNICO A QUALQUER INTERESSADO. ART. 98, § 6º E § 7º, DA LEI N. 9.610/98.
>
> (...) 4. As associações de gestão coletiva de direitos autorais, a despeito de possuírem natureza jurídica de direito privado, exercem, tal qual dispõe o art. 97, § 1º, da Lei 9.610/98, atividade de interesse público, devendo atender a sua função social.
>
> 5. Nos termos do art. 98, § 6º, da Lei n. 9.610/98, introduzido pela Lei n. 12.853/2013, as associações deverão manter um cadastro centralizado de todos os contratos, declarações ou documentos de qualquer natureza que comprovem a autoria e a titularidade das obras e dos fonogramas, bem como as participações individuais em cada obra e em cada fonograma, prevenindo o falseamento de dados e fraudes e promovendo a desambi-guação de títulos similares de obras. Ainda, nos moldes do que dispõe o § 7º do mencionado dispositivo legal, tais informações são de interesse público e o acesso a elas deverá ser disponibilizado por meio eletrônico a qualquer interessado, de forma gratuita.

13.1.4. O ECAD no âmbito da Lei n. 9.610, de 1998

13.1.4.1. *A consolidação legal e jurisprudencial quanto à legitimidade do ECAD em atuar em substituição processual dos titulares de direitos autorais no campo musical*

A Lei n. 9.610, de 1998, veio consagrar, em definitivo, a substituição processual do ECAD – *qualidade ampliada para as associações de titulares de direito de autor e os que lhes são conexos* – para atuar em nome próprio na representação de seus associados (*no caso do ECAD, irrestritamente de todos os titulares da área musical para fins de arrecadação e distribuição de direitos autorais decorrentes de execução pública*) e no das associações res-tritas a seus associados, representação, nesta hipótese, documentadamen-

13 | A gestão coletiva e o controle do aproveitamento de obras intelectuais...

te demonstrada[38]. A jurisprudência, que vinha evoluindo nesse caminho, atualmente praticamente se pacificou. Dentre os inúmeros existentes nessa direção, destacamos os seguintes arestos:

(a) do Supremo Tribunal Federal (de 1987 e 2002):

(a).1. – 1987:

Direito autoral. Legitimação do escritório central de arrecadação e distribuição, para autorizar a execução pública de obras musicais, bem como arrecadar e distribuir as respectivas retribuições. Poderes para atuar judicial ou extrajudicialmente em nome próprio para consecução de suas finalidades. Lei n. 5.988, de 1973, arts. 104 e 115. Recurso não conhecido[39].

(a).2. – 2002:

– examinando a questão da "legitimidade do ECAD para pleitear em juízo direitos dos associados sem provas de filiações" (decisão agravada),

– decidiu: "Subsistente os fundamentos da decisão agravada, nega-se provimento ao agravo"[40].

(b) do Superior Tribunal de Justiça (de 1997 a 2007):

(b).1. – 1997:

Direito autoral. ECAD. Legitimidade. Precedentes da Corte. 1. Na linha de precedentes da Corte, o ECAD tem legitimidade para efetuar cobrança de direitos autorais em nome próprio, sendo desnecessário "fazer prova de filiação do titular do direito quando esse fato não for diretamente negado". 2. Recurso especial conhecido e provido[41].

(b).2. – 1998:

Direitos autorais. ECAD. Legitimidade ativa. 1. Após o advento da Constituição de 1988, o ECAD tem legitimidade para propor ação de cobrança de contribuições devidas em razão de direito autoral, independente-

---

38. Art. 99, § 2º, da Lei n. 9.610/98, que estabelece: "O escritório central e as associações a que se refere este Título atuarão em juízo e fora dele em seus próprios nomes como substitutos processuais dos titulares a ele vinculados".

39. Ementa de acórdão de 5-6-1987, proferido no Recurso Extraordinário 113.471/SP, por votação unânime de sua Segunda Turma, rel. Min. Carlos Madeira.

40. Trecho final da ementa do acórdão de 4-6-2002, proferido no Agravo de Instrumento 359.793-4/RJ, por votação unânime de sua Segunda Turma, rel. Min. Nelson Jobim.

41. Ementa de acórdão de 16-9-1997, proferido no Recurso Especial 123.250/PR em votação unânime de sua Terceira Turma, rel. Min. Carlos Alberto Menezes Direito.

469

Direito Autoral no Brasil | José Carlos Costa Netto

mente da comprovação de filiação e de autorização dos autores das músicas executadas. II – Recurso Especial não conhecido[42].

(b).3. – 2002:

Direitos autorais. Legitimidade de parte ativa *ad causam* do ECAD. Possui o ECAD legitimidade para promover a ação de cobrança das contribuições devidas pela execução pública de composições musicais, independentemente da comprovação do ato de filiação feita pelos titulares dos direitos reclamados. Precedente do STJ. Recurso especial conhecido e provido[43].

(b). 4. – 2004:

"A Corte já assentou não ser necessária a comprovação da filiação dos autores para que o ECAD faça a cobrança de direitos autorais"[44].

(b). 5. – 2005:

Não é necessário que seja feita a indicação da entidade a que filiado o titular do direito autoral nem a identificação das músicas nem dos autores, sob pena de ser inviabilizado o sistema de arrecadação e distribuição causando evidentes prejuízos aos titulares[45].

(b). 6. – 2006:

"A legitimidade ativa do ECAD independe da prova de outorga de poderes por parte dos artistas, ou sequer de sua filiação junto ao órgão"[46].

---

42. Acórdão de 5-5-1998 – *observe-se que ainda vigia o regime legal anterior, de 1973, pois a Lei n. 9.610, embora promulgada em 19-2-1998, somente iria entrar em vigor em 21-6-1998 (art. 114), sendo, portanto, este aresto anterior à sua vigência* – proferido no Recurso Especial 140.317/MG em votação unânime de sua Terceira Turma, rel. Min. Waldemar Zveiter. Registre-se, nesse caso, a mudança de orientação do Ministro Zveiter, que no ano anterior subscrevia, também na qualidade de relator (*ambos os acórdãos, como visto, exarados no regime da Lei n. 5.988, de 1973*), a seguinte decisão: "Civil. Ação de cobrança – Direitos autorais – Legitimidade do ECAD. I – Na hipótese de cobrança judicial de direitos autorais pelo ECAD, deve este comprovar a filiação dos autores e compositores que criaram a obra musical, objeto da autuação, através de suas associações ao órgão arrecadador, precedentes do STJ. II – Recurso não conhecido" (ementa do acórdão de 8-9-1997, proferido no Recurso Especial 114.406/PR, em votação unânime de sua Terceira Turma).

43. Ementa do acórdão de 18-6-2002, proferido no Recurso Especial 142.627/RS em votação unânime de sua Quarta Turma, rel. Min. Barros Monteiro.

44. Ementa (transcrição parcial) do acórdão de 11-10-2004, proferido no Recurso Especial 556.340/MG, por votação unânime de sua Segunda Seção, rel. Min. Carlos Alberto Menezes Direito.

45. Ementa (transcrição parcial) do acórdão de 7-6-2005, proferido no Recurso Especial 590.138/RS, por votação unânime de sua Terceira Turma, rel. Min. Carlos Alberto Menezes Direito.

46. Ementa (transcrição parcial) do acórdão de 17-10-2006, proferido no Agravo Regimental no Agravo de Instrumento 623.094/RS, por votação unânime de sua Quarta Turma, rel. Min. Quaglia Barbosa.

13 | A gestão coletiva e o controle do aproveitamento de obras intelectuais...

(b). 7. – 2007:

"Não é necessário que seja feita identificação das músicas e dos respectivos autores para a cobrança dos direitos autorais devidos, sob pena de ser inviabilizado o sistema causando evidente prejuízo aos titulares" (REsp 526.540/RS), relatado pelo eminente Ministro Carlos Alberto Menezes Direito, *DJ* de 9-12-2003). O ECAD é parte legítima para cobrar direitos autorais de autores nacionais, independentemente da prova de filiação. Entendimento que se mantém diante da Lei n. 9.610/98[47].

(b). 8. – 2014:

7. Há uma clara distinção entre o cachê pago aos artistas, entendido como direito conexo devido ao intérprete da obra, e o direito autoral propriamente dito, entendido como a remuneração pela criação da obra artística e que é passível de cobrança pelo ECAD. 8. Privilegia-se a gestão coletiva dos recursos, exercida de forma centralizada pelo ECAD. E, na hipótese, não há qualquer evidência de que os titulares dos direitos autorais pretenderam e efetuaram sua cobrança diretamente dos organizadores do evento, fixando valores para essa utilização, cobrando-os e arrecadando-os, por meio da sua inclusão no valor do cachê cobrado pela execução do *show*[48].

(c) do Tribunal de Justiça de São Paulo:

(c). 1. – 2003:

"Direito autoral. ECAD. Parte legítima para promover ação de cobrança. Caracterização. Desnecessidade de comprovação de filiação e autorização dos compositores para seu ingresso em juízo. Questão pacífica no STJ. Ademais, essa orientação não foi alterada em razão da superveniência da Lei n. 9.610/98, que revogou a Lei n. 5.988/73 e prevê expressamente em seu art. 99, § 2º, a legitimidade concorrente do escritório central e das associações para atuarem em juízo e fora dele em seus próprios nomes como substitutos processuais dos titulares a eles vinculados – Preliminar afastada[49].

(c).2. – 2004:

Direito autoral. ECAD. Ação de cobrança de direitos autorais musicais. Extinção do processo sem julgamento do mérito por ilegitimidade *ad*

---

47. Ementa (transcrição parcial) do acórdão de 12-11-2007, proferido no Recurso Especial 439.881/RJ, por maioria de votos de sua Quarta Turma, rel. Min. Cesar Asfor Rocha.

48. Ementa (transcrição parcial) do acórdão de 8-5-2014, proferido no Recurso Especial 1.219.273/RJ, por maioria de votos de sua Terceira Turma, rel. Min. Nancy Andrighi.

49. Ementa (primeira parte) do acórdão de 19-3-2003, proferido na Apelação Cível 132.501-4/Pereira Barreto em votação unânime de sua Sétima Câmara de Direito Privado de Férias, rel. Des. Leite Cintra.

471

causam do polo ativo. Desobrigatoriedade de comprovação de filiação e autorização dos compositores de obras musicais em relação ao ECAD. Afastamento da carência. Recurso provido para possibilitar julgamento de mérito. (Voto 7452)[50].

Direito autoral. Cobrança ECAD. Legitimidade ativa *ad causam*. Utilização não autorizada de obra. Direito personalíssimo. Inexistência. Violação a direito patrimonial. Possibilidade de cobrança independentemente de autorização ou prova de filiação do titular do direito à entidade arrecadadora. Recursos não providos[51].

(c). 3. – 2005:

Apelação. Direito autoral. Processo extinto, sem julgamento do mérito. Inadmissibilidade. ECAD. Parte legítima para promover ação de cobrança. Desnecessidade de comprovação de filiação e autorização dos compositores para seu ingresso em juízo. Questão pacificada no Superior Tribunal de Justiça. Decreto de extinção afastado[52].

(c). 4. – 2007:

Ação de cobrança. Direitos autorais. ECAD. Legitimidade ativa evidenciada, porque *ex lege*. Violação comprovada. Ação procedente. Sentença mantida. Recurso improvido[53].

Direito Autoral. Tem o ECAD legitimidade para a propositura da ação, inexigível a formal representação de associados, entendido que atua automaticamente em nome dos autores, sem qualquer condição. Sentença afastada para prosseguimento do feito. Recurso provido[54].

---

50. Ementa do acórdão de 28-1-2004, proferido na Apelação Cível 145.041-4/Araraquara, em votação unânime de sua Oitava Câmara de Direito Privado, rel. Des. Ribeiro da Silva.

51. Ementa do acórdão de 30-3-2004, proferido na Apelação Cível 142.390-4/SP em votação unânime de sua Terceira Câmara de Direito Privado, rel. Des. Décio Notarangeli.

52. Ementa (trecho inicial, de natureza processual) do acórdão de 19-7-2005, proferido na Apelação Cível 193.257-4/Olímpia, por votação unânime de sua Nona Câmara de Direito Privado, rel. Des. Sergio Cortes.

53. Ementa do acórdão de 16-10-2007, proferido na Apelação Cível 197.831-4/Bebedouro em votação unânime de sua Décima Câmara de Direito Privado, rel. Des. Octavio Helene. Consignou, categoricamente, o aresto: "O apelo não procede. Mostra-se desnecessária a prova de filiação das entidades que integram o ECAD, que tem legitimidade, *ex lege*, para fiscalizar e cobrar direitos autorais, sendo dispensável, para o exercício dessa atribuição legal a prova de associação de cada autor ou intérprete da obra musical. O ECAD tem legitimidade para, em verdadeira substituição processual, defender em juízo direitos de associados, porque autorizado por lei ordinária. Estando assim autorizado a promover a arrecadação de direitos autorais de execução pública, ajuizou ação de cobrança como substituto processual dos autores e titulares de obras musicais" (p. 2 e 3).

54. Ementa do acórdão de 31-10-2007, proferido na Apelação Cível 254.060-4/Sumaré, em votação unânime de sua Sétima Câmara de Direito Privado, rel. Des. Gilberto de Souza Moreira. Ao reformar a decisão monocrática, refere-se o aresto à pacificação da jurisprudência da superior instância em relação ao

13 | A gestão coletiva e o controle do aproveitamento de obras intelectuais...

(c). 5. – 2008:

Direito autoral. Cobrança. Emissora comercial de rádio. Transmissão ou retransmissão de obras musicais sem autorização. Conduta ilegal. Legitimidade ativa do ECAD como substituto processual, independentemente de prova de filiação dos autores às associações integrantes daquela entidade ou de identificação das músicas e dos respectivos autores. Inteligência dos artigos 97, 98 e 99 da Lei n. 9.610/98. Precedentes do Superior Tribunal de Justiça[55].

(c). 5. – 2022:

(...) ILEGITIMIDADE ATIVA DO ECAD – pacificado entendimento de que o ECAD tem legitimidade, ainda que não haja prova da filiação do titular da obra, para cobrança de direitos autorais; ILEGALIDADE DOS CRITÉRIOS DE COBRANÇA – validade do valor dos direitos cobrados, estabelecidos em percentual contido na tabela própria do autor; COBRANÇA DECORRENTE DE TRANSMISSÃO NA MODALIDADE "SIMULCASTING" – *não bis in idem* – REsp 1.559.264/RJ, que reconheceu a legalidade da cobrança pelo ECAD referente a esta modalidade, tendo em vista a transmissão em canal diferente[56].

(TJSP; Apelação Cível 1017703-72.2020.8.26.0309; Relator(a): Vitor Frederico Kümpel; Órgão Julgador: 4ª Câmara de Direito Privado; Foro de Jundiaí – 2ª Vara Cível; Data do julgamento: 21-9-2022; Data de registro: 21-9-2022)

(d) do Tribunal de Justiça do Rio de Janeiro:

(d). 1. – 2006:

O ECAD tem legitimidade ativa para, como substituto processual, cobrar direitos autorais em nome dos titulares das composições literomusicais, inexigível a prova de filiação e autorização respectiva[57].

---

tema: "A tese da r. sentença não exprime a solução mais aceitável ao caso. Ao contrário do que aqui se defende, fortalece-se a jurisprudência tendente a pacificar-se no Superior Tribunal de Justiça sobre a legitimidade do ECAD, inexigível a formal representação de associados, entendido que atua automaticamente em nome dos autores, sem qualquer condição" (p. 2).

55. Ementa (transcrição parcial) do acórdão de 12-3-2008, proferido na Apelação com Revisão 4.977.374.900/Itápolis, por votação unânime de sua Décima Câmara "D" de Direito Privado, rel. Des. Guilherme Santini Teodoro.

56. Ementa (transcrição parcial) de acórdão de 21-9-2022, proferido na Apelação Cível 1017703-72.2020.8.26.0309, Quarta Câmara Cível, rel. Des. Vitor Frederico Kümpel.

57. Ementa (transcrição parcial) de acórdão de 7-12-2006, proferido na Apelação Cível 2005.001.17493, Terceira Câmara Cível, rel. Des. Ronaldo Rocha Passos.

473

Direito Autoral no Brasil | José Carlos Costa Netto

(d). 2. – 2007:

De acordo com pacífica jurisprudência do Egrégio Superior Tribunal de Justiça, o ECAD é parte legítima para ajuizar ação em defesa dos direitos de autores de obras musicais, independentemente de autorização ou prova de filiação destes[58].

Rejeita-se a preliminar de ilegitimidade ativa do demandante, uma vez que já se encontra sedimentado seja no âmbito desta Corte, seja no Superior Tribunal de Justiça, o entendimento de que o ECAD possui legitimidade para promover ação de cobrança das contribuições devidas pela execução pública de obras musicais, independentemente de comprovação de filiação dos titulares das obras[59].

Legitimidade ativa do ECAD para cobrança, independentemente de prova da filiação ou autorização dos autores das obras musicais[60].

(d). 3. – 2008:

Direitos autorais que não se confundem com outros, conexos, nem com os cachês; à luz de jurisprudência do Egrégio STJ; aqui referenciando-se decisórios monocráticos do Ministro Humberto Gomes de Barros, e aresto, em sede de recurso especial, relatado pelo Ministro Carlos Alberto Direito; ainda gizando ser o direito do ECAD independente de prova de filiação, e da existência do mencionado cachê[61].

13.1.4.2. A modificação, em 1998, do regime legal de remuneração autoral na execução pública de obras musicais: a exigibilidade da licença do ECAD também em utilizações sem finalidade de lucro

Tanto no regime autoral inserido no Código Civil de 1916[62] quanto no da Lei n. 5.988, de 1973[63], a finalidade de lucro, direto ou indireto, con-

---

58. Ementa (transcrição parcial) de acórdão de 6-2-2007, proferido na Apelação Cível 2006.001.60480, Décima Oitava Câmara Cível, rel. Des. Cassia Medeiros.

59. Ementa (transcrição parcial) de acórdão de 10-7-2007, proferido na Apelação Cível 2007.001.31721, Quinta Câmara Cível, rel. Des. Carlos Santos de Oliveira.

60. Ementa (transcrição parcial) de acórdão de 24-7-2007, proferido na Apelação Cível 2007.001.34003, Oitava Câmara Cível, rel. Des. Ana Maria Oliveira.

61. Ementa (transcrição parcial) de acórdão de 15-4-2008, proferido na Apelação Cível 2007.001.24612, Terceira Câmara Cível, rel. Des. Luiz Felipe Haddad.

62. "Art. 657. Publicada e exposta à venda uma obra teatral ou musical, entende-se ANUIR o autor a que se represente ou execute, onde quer que a sua audição não for retribuída." A respeito deste dispositivo, observou o jurista Clóvis Beviláqua, autor do Código Civil de 1916: "Para as audições retribuídas subsiste o direito de autor. Não há, porém, ofensa aos direitos de autor quando a receita do espetáculo ou do concerto é destinada a um fim de beneficência, e os artistas ou amadores não recebam remuneração" (*Código Civil dos Estados Unidos do Brasil.* Rio de Janeiro: Livraria Francisco Alves, 1917. v. III, p. 195).

63. "Art. 73. Sem autorização do autor, não poderão ser transmitidas pelo rádio, serviço de alto-falantes, televisão ou outro meio análogo, representados ou executados em espetáculos públicos e audições pú-

13 | A gestão coletiva e o controle do aproveitamento de obras intelectuais...

sistia em condição essencial para a obrigatoriedade de obtenção de licença (*e pagamento da consequente remuneração*) autoral decorrente da execução pública de obras musicais.

No entanto, com o advento da Lei n. 9.610 de 1998, esse quadro foi modificado substancialmente em razão do seu art. 68, que estabelece: "Sem prévia e expressa autorização do autor ou titular, não poderão ser utilizados obras teatrais, composições musicais ou literomusicais e fonogramas, em representações e execuções públicas".

Essa nova regra, ressalvando-se, naturalmente, as hipóteses legais de limitação de direitos autorais que examinamos no Capítulo 9[64], em relevante evolução na proteção do direito de autor e os que lhes são conexos, suprimiu, então, a obrigatoriedade dos regimes legais anteriores de que a execução pública de obras musicais, para que legitimasse a exigência de licença autoral prévia, visasse lucro. A jurisprudência, paulatinamente nos últimos dez anos, foi absorvendo essa orientação. Emblemática, nesse caminho, a orientação do Superior Tribunal de Justiça, sob o aspecto genérico, e, no plano específico, a do renomado autoralista Ministro Carlos Alberto Menezes Direito, que:

– em 1998 (*precisamente em 18-5-1998, cerca de um mês antes do início da vigência da Lei n. 9.610, que se daria em 21-6-1998*), relatou o seguinte acórdão:

> Direito autoral. Espetáculo realizado na rua, com subvenção da Prefeitura Municipal, inteiramente gratuito, em benefício da comunidade.
>
> Na linha dos precedentes da Corte, o pagamento dos direitos autorais cabe quando houver qualquer tipo de proveito, o que não ocorre naqueles casos nos quais não há cobrança de ingresso, não há pagamento aos artistas, o espetáculo é realizado nas ruas e a participação do ente municipal limita-se a uma determinada subvenção às escolas de samba, que, efetivamente respondem pelo espetáculo. Trata-se neste caso, da participação governamental em programa de desenvolvimento da cultura popular em exclusivo proveito da comunidade[65].

---

blicas, que visem lucro direto ou indireto, drama, tragédia, comédia, composição musical, com letra ou sem ela, ou obra de caráter assemelhado." Embora evoluindo, esse dispositivo de 1973 em relação ao de 1916, por ressalvar que também as finalidades de "lucro indireto" demandariam licença (*e consequente remuneração*) autoral, a obrigatoriedade de que a execução pública visasse a lucro representava também no regime legal de 1973 (*que se estendeu até 1998*) condição *sine qua non* à exigibilidade da licença.

64. Arts. 46 a 48 da Lei n. 9.610/98, p. 172-191.

65. Ementa de acórdão de 3-3-1998, proferido no Recurso Especial 123.067/SP, por votação unânime de sua Terceira Turma, rel. Min. Carlos Alberto Menezes Direito.

– e, em 2003, modificando a sua orientação anterior:

Direitos autorais. Prevalece, na Egrégia Segunda Seção, o entendimento de que os direitos autorais são devidos ainda que a execução de obras musicais seja promovida sem fins lucrativos. Recurso especial conhecido e provido[66].

Além desses arestos, destacamos os seguintes (*alguns acórdãos proferidos em demandas sujeitas, ainda, à aplicação do regime legal da Lei n. 5.988, de 1973, mas que já antecipam a juridicidade da nova visão do regime legal de 1998*):

(...) *Shows* promovidos pelo Serviço Social do Comércio – SESC. A situação do Serviço Social do Comércio – SESC, patrocinando, em suas dependências, apresentações musicais ao vivo, assemelha-se à dos clubes sociais, nada importando se cobra ou não ingressos. Embargos de divergência rejeitados[67].

Direito autoral. ECAD. (...) Utilização pública de obras musicais, com a remuneração dos artistas e sem autorização dos autores, em evento realizado em próprio público, mediante cobrança de ingresso, contando sua organização com o apoio da estrutura municipal e de terceiros. Existência de lucro. Não configurada a hipótese restrita de mera subvenção a festejo de caráter exclusivamente social. Evento revestido de cunho pecuniário. Art. 73 da Lei n. 5.988/73. Verba reclamada devida, impugnada genericamente, sem contrariedade específica. Ação procedente em parte. Reexame necessário e recurso voluntário da Municipalidade desprovidos[68].

(...) Pretensão de recebimento de importância relativa a direitos autorais de obras musicais veiculadas em evento público. Muito embora a Municipalidade seja pessoa jurídica de direito público, não está isenta do cumprimento do determinado no art. 73 e seus parágrafos da Lei n. 5.988, de 1973, a qual foi alterada, atualizada e consolidada pela Lei n. 9.610/98. Cobrança de ingressos e remuneração dos músicos, apontando para o

---

66. Ementa de acórdão de 20-3-2003, proferido no Recurso Especial 471.110/DF, por votação unânime de sua Terceira Turma, rel. Min. Ari Pargendler. Acompanhando o relator, o Ministro Carlos Alberto Menezes Direito ressaltou, já no período de vigência da Lei n. 9.610/98, didaticamente, em separado, em seu voto: "O direito autoral não se faz em função, apenas da obtenção do lucro, mas da proteção do criador do espírito. Para isso existe a lei. Não se pode forçar interpretação que contrarie a própria natureza da lei protetiva do direito autoral".

67. Ementa do acórdão de 9-6-1999, do Superior Tribunal de Justiça, exarado nos Embargos de Divergência no Recurso Especial 59.535/SP, por maioria de votos, rel. Min. Ari Pargendler.

68. Ementa do acórdão de 29-1-2003 do Tribunal de Justiça do Estado de São Paulo, proferido na Apelação Cível 135.123-4/Fernandópolis, por votação unânime da sua Sétima Câmara de Direito Privado, rel. Des. Leite Cintra.

13 | A gestão coletiva e o controle do aproveitamento de obras intelectuais...

fato de que o evento ocasionou arrecadação de impostos e afluência maior de turistas para a cidade, além da aferição de lucros por parte da organização. Quanto ao valor cobrado, foi apurado segundo "Regulamento de Arrecadação" e impugnado apenas genericamente. Recurso parcialmente provido (voto 5849)[69].

(...) Eventos promovidos em praça pública. Execução de obras musicais sem a devida e prévia autorização do ECAD. Documentos que comprovam a realização dos eventos. O fato de não auferir lucro direto com a reprodução musical não isenta o responsável pela mesma do pagamento dos direitos autorais. Inteligência do art. 68, da Lei n. 9.610/98. Sentença de improcedência que se reforma. Provimento do recurso[70].

Direitos autorais. Execução musical pública em *campus* universitário. Agravo retido. Cerceamento não caracterizado. Aferição de lucro direto ou indireto. Pressuposto não exigido para o pagamento ao ECAD. Precedentes jurisprudenciais. O indeferimento de prova testemunhal, quando dispensável para o deslinde da causa, não caracteriza cerceamento da parte. A execução musical pública em *campus* universitário não está isenta do pagamento dos direitos autorais, quando não se destina exclusivamente a fins didáticos e nem tem como pressuposto a obtenção de lucro, direto ou indireto, consoante precedentes jurisprudenciais dessa Corte e do STJ. Improvimento do agravo retido e do primeiro recurso e provimento do segundo[71].

A Lei n. 9.610/98 autoriza a cobrança pelo ECAD (art. 99). Sem desprimor para o entendimento exposto pela r. sentença, pode o ECAD receber os valores pleiteados, independentemente de a quermesse da apelada ter ou não fim lucrativo. Em seu art. 68 a única exigência feita pela supramencionada Lei é que "não poderão ser utilizadas obras teatrais, composições musicais ou literomusicais e fonograma, em representações e execuções públicas". A quermesse é uma festa franca, mas a Diocese não se enquadra em nenhum dos incisos do art. 46 da Lei, que trata de hipóteses que não implicam ofensa aos direitos autorais. Por isso, a Mitra Diocesana de Jales suportará o pagamento dos direitos autorais (valerão os valores

---

69. Ementa do acórdão de 25-4-2006 do Tribunal de Justiça de São Paulo, proferido na Apelação Cível 258.903-4/São José do Rio Preto, por votação unânime de sua Nona Câmara de Direito Privado, rel. Des. Sergio Gomes.

70. Ementa do acórdão de 6-2-2007 do Tribunal de Justiça do Rio de Janeiro, proferido na Apelação Cível 2006.001.57035, Quarta Câmara Cível, rel. Des. Paulo Maurício Pereira. Nesse sentido: acórdão de 27-3-2007 do Tribunal de Justiça do Rio de Janeiro, proferido na Apelação Cível 2007.001.3257, Décima Quinta Câmara Cível, rel. Des. Benedicto Abicair.

71. Ementa do acórdão de 18-4-2007 do Tribunal de Justiça do Rio de Janeiro, proferido na Apelação Cível 2006.001.60849, Sétima Câmara Cível, rel. Des. José Geraldo Antonio.

constantes das tabelas do ECAD, devidamente corrigidos desde a época em que deveriam ter sido pagos)[72].

ECAD. Cobrança de direitos autorais em *shows* artísticos realizados em estabelecimento universitário. Irrelevância de eventual finalidade lucrativa. Significado do art. 46, VI, da Lei n. 9.610/98. Rejeição das preliminares de inadmissibilidade dos embargos infringentes articuladas pelo embargado. Do exame da questão de fundo, verifica-se ser objeto da divergência o sentido e alcance da norma contida no art. 46, VI, da Lei n. 9.610/98. A douta maioria inclinou-se por não considerar como de caráter didático a realização de espetáculo musical em ambiente universitário, com participação de artistas de renome, independentemente de perquirição de lucro direto ou indireto. O respeitável voto vencido entendeu que não há lucro nem vantagem nos espetáculos gratuitos realizados no âmbito de universidade, pelo que a instituição de ensino se encontraria no exercício de suas atividades culturais em benefício da cidadania. Em que pese o substrato cultural da douta tese vencida, parece que o preceptivo em referência não permite interpretação dissociada de sua literal dicção, bem estruturada, aliás, com seu fundamento constitucional de proteção do direito imaterial de criação constante do art. 5º, XXVII, da Carta Magna, que atribui aos autores a exclusividade na utilização, publicação ou reprodução de suas obras. Ao autor compete dispor sobre seu patrimônio regulamentado no direito positivo pela Lei n. 9.610/98, que estabelece remuneração por terceiro que realize utilização, publicação ou reprodução de obras artísticas, não importando o objetivo do terceiro utilizador ou o proveito que obtenha nessa atividade, pois objeto de proteção no ordenamento jurídico é o direito autoral que deve permanecer no âmbito de disponibilidade de seu titular. O princípio de proteção não é absoluto e sofre alguns condicionamentos, mas tal se dá sempre em conexão com o sistema constitucional de acordo com as regras de ponderações de interesses. Uma das exceções reside na utilização de obras intelectuais para fins meramente didáticos, conforme estatui o art. 46, VI, da Lei n. 9.610/98, desde que a atividade se desenvolva em estabelecimentos de ensino e não vise ao lucro. Essa franquia na utilização não remunerada de obra de autor encontra justificação no dever legislativo (da União, dos Estados e Municípios) de proporcionar meio de acesso à educação (art. 23, V, da Constituição Federal). Mas a toda evidência o significado da educação se restringe ao processo de apren-

---

72. Ementa do acórdão de 23-10-2007 do Tribunal de Justiça de São Paulo, proferido na Apelação Cível 261.922-4/Conchas, por votação unânime de sua Décima Câmara de Direito Privado, rel. Des. Maurício Vidigal. Nesse sentido: Tribunal de Justiça de São Paulo, proferido na Apelação Cível 261.922-4/Conchas, por votação unânime de sua Décima Câmara de Direito Privado, rel. Des. Maurício Vidigal.

13 | A gestão coletiva e o controle do aproveitamento de obras intelectuais...

dizado, regido pelo princípio do didatismo, no qual aprender é visto como um processo de aquisição de conteúdo e domínio de uma técnica de aprendizagem, cabendo ao emissor (professor) o papel de facilitador do saber. Por isso, não pode o direito autoral proibir a utilização ou pretender remuneração no uso de obra intelectual no processo de aprendizado no âmbito escolar. No caso dos autos, não se pode admitir como se fossem atividades didáticas os diversos *shows* artísticos realizados na UERJ[73].

Espetáculo público promovido pela municipalidade local. Desnecessária a configuração do escopo lucrativo para a cobrança de direitos autorais. Exegese do art. 68 da Lei n. 9.610/98. Ademais, ente público que aufere lucros indiretos com a promoção do evento[74].

RECURSO ESPECIAL. DIREITO AUTORAL. NEGATIVA DE PRES-TAÇÃO JURISDICIONAL. SÚMULA 284 DO STF. MULTA PREVISTA EM REGULAMENTO DO ECAD. PREQUESTIONAMENTO. AUSÊN-CIA. EXECUÇÃO DE OBRAS MUSICAIS PROTEGIDAS EM EVENTOS PÚBLICOS. COBRANÇA DE DIREITO AUTORAIS. INTUITO DE LUCRO. PROVEITO ECONÔMICO. DESNECESSIDADE.

(...) À luz da Lei n. 9.610/1998, a cobrança de direitos autorais em virtu-de da execução de obras musicais protegidas em eventos públicos não está condicionada ao objetivo ou obtenção de lucro[75].

Em 14 de novembro de 2022, o E. STF, em plenário, sob a relatoria do Min. Luiz Edson Fachin, julgou procedente Ação Direta de Inconstitucionalidade n. 6.151, que questionava lei estadual de Santa Catarina que proibia a arrecadação de direitos autorais pelo ECAD, por ferir as garantias fundamentais do autor:

DIREITO CONSTITUCIONAL. AÇÃO DIRETA DE INCONSTITUCIO-NALIDADE. DIREITO CIVIL. DIREITOS AUTORAIS. LEI N. 17.724/2019 DO ESTADO DE SANTA CATARINA. LEGISLAÇÃO ESTADUAL QUE ESTABELECE ISENÇÃO DE PAGAMENTOS DE DIREITOS AUTORAIS NAS EXECUÇÕES PÚBLICAS DE OBRAS MUSICAIS REALIZADAS SEM FINS LUCRATIVOS. INCONSTITUCIONALIDADE FORMAL.

---

73. Ementa do acórdão de 28-11-2007 do Tribunal de Justiça do Rio de Janeiro, proferido na Apelação Cível 2007.005.00313, Décima Sétima Câmara Cível, rel. Des. Edson Vasconcelos. A transcrição integral da extensa ementa é relevante em face da insofismável juridicidade e lúcida didática do aresto.

74. Ementa (transcrição parcial) do acórdão de 1º-3-2008 do Tribunal de Justiça de São Paulo, proferido na Apelação com Revisão 1.983.254.900/Conchas, por unanimidade de votos (nessa parte transcrita da ementa) de sua Quinta Câmara de Direito Privado, rel. Des. Oscarlino Moeller.

75. Ementa (transcrição parcial) do acórdão do REsp 2.098.063/SP, rel. Min. Nancy Andrighi, Terceira Turma, julgado em 7-11-2023, *DJe* de 13-11-2023.

COMPETÊNCIA PRIVATIVA DA UNIÃO PARA DISPOR SOBRE MATÉRIA CÍVEL. AFRONTA AO ARTIGO 22, I, DA CRFB. INCONSTITUCIONALIDADE MATERIAL. VIOLAÇÃO AO DIREITO DE PROPRIEDADE INTELECTUAL. OFENSA AOS ARTIGOS 5º, XXII e XXVII, DA CRFB, e 46 DA LEI N. 9.610/98. PEDIDO JULGADO PROCEDENTE. 1. Compete privativamente à União legislar sobre direito civil, direito de propriedade, direito autoral, bem como estabelecer regras substantivas de intervenção no domínio econômico (artigo 22, I, da Constituição Federal). 2. O proveito econômico dos direitos autorias configura-se como de fruição particular do autor, sendo uma verdadeira contrapartida pela utilização de sua própria produção intelectual. 3. A legislação estadual, ao estipular hipóteses de isenção fora do rol previsto pelo artigo 46 da Lei Federal n. 9.610/1998, usurpou competência privativa da União e alijou os autores das obras musicais de seu direito exclusivo de utilização, publicação e reprodução das obras, bem como do reconhecimento por sua criação. 4. Pedido de declaração de inconstitucionalidade da Lei Estadual n. 17.724/2019, do Estado de Santa Catarina, julgado procedente.

13.1.4.3. O retorno da presença estatal na gestão coletiva de direitos autorais

13.1.4.3.1. O advento da Lei n. 12.853, de 2013

A sólida evolução e o fortalecimento inexorável, no âmbito eminentemente privado da gestão coletiva de direitos autorais no País, especialmente na área musical exercida pelo ECAD, e a consolidação jurisprudencial decorrentes das numerosas demandas que o Escritório foi compelido a promover para sustentação de suas atividades de cobrança, acabaram resultando em pressões perante órgãos do Poder Executivo e Legislativo, inclusive com a instalação de Comissão Parlamentar de Inquérito (CPI) no Congresso Nacional e oposições "comerciais" junto à Comissão Administrativa de Defesa Econômica (CADE), com resultados pífios ou inconclusivos, embora, naturalmente, os meios de comunicação – especialmente os veículos mais vinculados à obrigatoriedade de pagamento de direitos autorais – tenham se dedicado a promover uma cobertura midiática defendendo o contrário, visando interromper o sólido fortalecimento do ECAD.

A essa frente somou-se o Ministério da Cultura, interessado em retomar para o Estado a supervisão dessa modalidade de gestão então exercida (até 1990, quando foi desativado) pelo CNDA, órgão do então Ministério da Educação e Cultura.

13 | A gestão coletiva e o controle do aproveitamento de obras intelectuais...

Essa iniciativa resultou, em 2013, na aprovação da Lei n. 12.853 e, em consequência, do Decreto n. 8.469, de 21 de junho de 2015, "para dispor sobre a gestão coletiva de direitos autorais", criou uma Comissão Permanente", que – diferentemente da estrutura do CNDA (1976/1990) – trouxe para a sua composição "quatro representantes de associações representativas de usuários", com as seguintes atribuições:

I – monitorar o cumprimento dos princípios e regras estabelecidos na Lei n. 9.610, de 1998, e neste Decreto por associações de gestão coletiva, Escritório Central e usuários, podendo solicitar ao Ministério da Cultura as informações e documentos que se fizerem necessários;

II – recomendar ao Ministério da Cultura a adoção das providências cabíveis, como representação ao Ministério Público ou ao Conselho Administrativo de Defesa Econômica – CADE, quando verificada irregularidade cometida por associações de gestão coletiva, Escritório Central ou usuários;

III – pronunciar-se, mediante demanda do Ministério da Cultura, sobre os processos administrativos referentes a sanções às associações de gestão coletiva, ao Escritório Central ou aos usuários;

IV – pronunciar-se, mediante demanda do Ministério da Cultura, sobre os regulamentos de cobrança e distribuição das associações de gestão coletiva e do Escritório Central;

V – subsidiar o Ministério da Cultura, quando demandado, na elaboração de normas complementares voltadas à correta execução da Lei n. 9.610, de 1998, e deste Decreto;

VI – sugerir ao Ministério da Cultura a realização de estudos, pareceres, relatórios ou notas técnicas;

VII – monitorar os resultados da mediação e arbitragem promovida nos termos do art. 25;

VIII – pronunciar-se sobre outros assuntos relativos à gestão coletiva de direitos autorais, quando demandado pelo Ministério da Cultura; e

IX – propor alterações ao seu regimento interno[76].

Tendo em vista que essa nova lei abrange apenas o terreno da gestão coletiva de direitos autorais, seus dispositivos importaram em modificação parcial do Título VI (Das Associações de Titulares de Direitos Autorais e dos que lhes são Conexos) e, portanto, apenas dos arts. 97 a 100 da Lei n. 9.610/98.

Dentre as principais alterações, destacamos as seguintes:

---

76. Art. 27 do Decreto n. 8.469/2015.

Art. 97:

§ 5º Apenas os titulares originários de direitos de autor ou de direitos conexos filiados diretamente às associações nacionais poderão votar ou ser votados nas associações reguladas por este artigo.

Art. 98:

§ 1º O exercício da atividade de cobrança citada no *caput* somente será lícito para as associações que obtiverem habilitação em órgão da Administração Pública Federal, nos termos do art. 98-A.

§ 2º As associações deverão adotar os princípios da isonomia, eficiência e transparência na cobrança pela utilização de qualquer obra ou fonograma.

§ 3º Caberá às associações, no interesse dos seus associados, estabelecer os preços pela utilização de seus repertórios, considerando a razoabilidade, a boa-fé e os usos do local de utilização das obras.

§ 4º A cobrança será sempre proporcional ao grau de utilização das obras e fonogramas pelos usuários, considerando a importância da execução pública no exercício de suas atividades, e as particularidades de cada segmento, conforme disposto no regulamento desta Lei.

(...)

§ 7º As informações mencionadas no § 6º são de interesse público e o acesso a elas deverá ser disponibilizado por meio eletrônico a qualquer interessado, de forma gratuita, permitindo-se ainda ao Ministério da Cultura o acesso contínuo e integral a tais informações.

§ 8º Mediante comunicação do interessado e preservada a ampla defesa e o direito ao contraditório, o Ministério da Cultura poderá, no caso de inconsistência nas informações mencionadas no § 6º deste artigo, determinar sua retificação e demais medidas necessárias à sua regularização, conforme disposto em regulamento.

(...)

§ 10. Os créditos e valores não identificados deverão permanecer retidos e à disposição dos titulares pelo período de 5 (cinco) anos, devendo ser distribuídos à medida da sua identificação.

§ 11. Findo o período de 5 (cinco) anos previsto no § 10 sem que tenha ocorrido a identificação dos créditos e valores retidos, estes serão distribuídos aos titulares de direitos de autor e de direitos conexos dentro da mesma rubrica em que foram arrecadados e na proporção de suas respectivas arrecadações durante o período da retenção daqueles créditos e valores, sendo vedada a sua destinação para outro fim.

§ 12. A taxa de administração praticada pelas associações no exercício da cobrança e distribuição de direitos autorais deverá ser proporcional ao custo efetivo de suas operações, considerando as peculiaridades de cada uma delas.

13 | A gestão coletiva e o controle do aproveitamento de obras intelectuais...

§ 13. Os dirigentes das associações serão eleitos para mandato de 3 (três) anos, permitida uma única recondução precedida de nova eleição.

(...)

§ 16. As associações, por decisão do seu órgão máximo de deliberação e conforme previsto em seus estatutos, poderão destinar até 20% (vinte por cento) da totalidade ou de parte dos recursos oriundos de suas atividades para ações de natureza cultural e social que beneficiem seus associados de forma coletiva.

Art. 98-A:

O exercício da atividade de cobrança de que trata o art. 98 dependerá de habilitação prévia em órgão da Administração Pública Federal, conforme disposto em regulamento, cujo processo administrativo observará:

Art. 98-B:

I – dar publicidade e transparência, por meio de sítios eletrônicos próprios, às formas de cálculo e critérios de cobrança, discriminando, dentre outras informações, o tipo de usuário, tempo e lugar de utilização, bem como os critérios de distribuição dos valores dos direitos autorais arrecadados, incluídas as planilhas e demais registros de utilização das obras e fonogramas fornecidas pelos usuários, excetuando os valores distribuídos aos titulares individualmente;

II – dar publicidade e transparência, por meio de sítios eletrônicos próprios, aos estatutos, aos regulamentos de arrecadação e distribuição, às atas de suas reuniões deliberativas e aos cadastros das obras e titulares que representam, bem como ao montante arrecadado e distribuído e aos créditos eventualmente arrecadados e não distribuídos, sua origem e o motivo da sua retenção;

(...)

VII – garantir ao usuário o acesso às informações referentes às utilizações por ele realizadas.

Parágrafo único. As informações contidas nos incisos I e II devem ser atualizadas periodicamente, em intervalo nunca superior a 6 (seis) meses.

Art. 98-C:

As associações de gestão coletiva de direitos autorais deverão prestar contas dos valores devidos, em caráter regular e de modo direto, aos seus associados.

§ 1º O direito à prestação de contas poderá ser exercido diretamente pelo associado.

§ 2º Se as contas não forem prestadas na forma do § 1º, o pedido do associado poderá ser encaminhado ao Ministério da Cultura que, após sua apreciação, poderá determinar a prestação de contas pela associação, na forma do regulamento.

Art. 99:

A arrecadação e distribuição dos direitos relativos à execução pública de obras musicais e literomusicais e de fonogramas será feita por meio das associações de gestão coletiva criadas para este fim por seus titulares, as quais deverão unificar a cobrança em um único escritório central para arrecadação e distribuição, que funcionará como ente arrecadador com personalidade jurídica própria e observará os §§ 1º a 12 do art. 98 e os arts. 98-A, 98-B, 98-C, 99-B, 100, 100-A e 100-B.

§ 1º O ente arrecadador organizado na forma prevista no *caput* não terá finalidade de lucro e será dirigido e administrado por meio do voto unitário de cada associação que o integra.

(...)

§ 4º A parcela destinada à distribuição aos autores e demais titulares de direitos não poderá, em um ano da data de publicação desta Lei, ser inferior a 77,5% (setenta e sete inteiros e cinco décimos por cento) dos valores arrecadados, aumentando-se tal parcela à razão de 2,5% a.a. (dois inteiros e cinco décimos por cento ao ano), até que, em 4 (quatro) anos da data de publicação desta Lei, ela não seja inferior a 85% (oitenta e cinco por cento) dos valores arrecadados.

(...)

§ 8º Sem prejuízo do disposto no § 3º do art. 98, as associações devem estabelecer e unificar o preço de seus repertórios junto ao ente arrecadador para a sua cobrança, atuando este como mandatário das associações que o integram.

§ 9º O ente arrecadador cobrará do usuário de forma unificada, e se encarregará da devida distribuição da arrecadação às associações, observado o disposto nesta Lei, especialmente os critérios estabelecidos nos §§ 3º e 4º do art. 98.

Art. 99-A:

O ente arrecadador de que trata o *caput* do art. 99 deverá admitir em seus quadros, além das associações que o constituíram, as associações de titulares de direitos autorais que tenham pertinência com sua área de atuação e estejam habilitadas em órgão da Administração Pública Federal na forma do art. 98-A.

Parágrafo único. As deliberações quanto aos critérios de distribuição dos recursos arrecadados serão tomadas por meio do voto unitário de cada associação que integre o ente arrecadador.

Art. 99-B:

As associações referidas neste Título estão sujeitas às regras concorrenciais definidas em legislação específica que trate da prevenção e repressão às infrações contra a ordem econômica.

13 | A gestão coletiva e o controle do aproveitamento de obras intelectuais...

Art. 100-A:

Os dirigentes das associações de gestão coletiva de direitos autorais respondem solidariamente, com seus bens particulares, por desvio de finalidade ou quanto ao inadimplemento das obrigações para com os associados, por dolo ou culpa.

Art. 100-B:

Os litígios entre usuários e titulares de direitos autorais ou seus mandatários, em relação à falta de pagamento, aos critérios de cobrança, às formas de oferecimento de repertório e aos valores de arrecadação, e entre titulares e suas associações, em relação aos valores e critérios de distribuição, poderão ser objeto da atuação de órgão da Administração Pública Federal para a resolução de conflitos por meio de mediação ou arbitragem, na forma do regulamento, sem prejuízo da apreciação pelo Poder Judiciário e pelos órgãos do Sistema Brasileiro de Defesa da Concorrência, quando cabível[77].

13.1.4.3.2. O Decreto n. 8.469, de 2015

Dois anos após a Lei n. 12.853, foi publicado o Decreto n. 8.469 (de 22-6-2015) com o objetivo de regulamentar o diploma anterior – e a parte remanescente da Lei n. 9.610/98, em relação ao qual destacamos a relevância dos seguintes:

(a) O § 1º do art. 6º:

No caso das associações referidas no art. 99 da Lei n. 9.610, de 1998, os preços serão estabelecidos e unificados em assembleia geral do Escritório Central, nos termos de seu estatuto, considerados os parâmetros e as diretrizes aprovados anualmente pelas assembleias gerais das associações que o compõem.

(b) O art. 8º e seus incisos:

Será considerada proporcional ao grau de utilização das obras e fonogramas pelos usuários a cobrança que observe critérios como:

I – tempo de utilização de obras ou fonogramas protegidos;

II – número de utilizações das obras ou fonogramas protegidos; e

---

77. Além das novas regras relativas à gestão coletiva dos direitos autorais, consignadas nos arts. 97 a 100 da Lei n. 9.610/98, relevante, também, o acréscimo trazido pela Lei n. 12.853/2013, consubstanciado no art. 109-A da lei autoral vigente: "A. A falta de prestação ou a prestação de informações falsas no cumprimento do disposto no § 6º do art. 68 e no § 9º do art. 98 sujeitará os responsáveis, por determinação da autoridade competente e nos termos do regulamento desta Lei, a multa de 10 (dez) a 30% (trinta por cento) do valor que deveria ser originariamente pago, sem prejuízo das perdas e danos".

III – a proporção de obras e fonogramas utilizados que não estão em domínio público ou que não se encontram licenciados mediante gestão individual de direitos ou sob outro regime de licenças que não o da gestão coletiva da associação licenciante.

(c) O art. 9º e seus incisos e parágrafos:

A cobrança considerará a importância da utilização das obras e fonogramas no exercício das atividades dos usuários e as particularidades de cada segmento de usuários, observados critérios como:

I – importância ou relevância da utilização das obras e fonogramas para a atividade-fim do usuário;

II – limitação do poder de escolha do usuário, no todo ou em parte, sobre o repertório a ser utilizado;

III – região da utilização das obras e fonogramas;

IV – utilização feita por entidades beneficentes de assistência social certificadas nos termos da Lei n. 12.101, de 27 de novembro de 2009; e

V – utilização feita por emissoras de televisão ou rádio públicas, estatais, comunitárias, educativas ou universitárias.

§ 1º Na hipótese prevista no inciso V do *caput*, os critérios de cobrança deverão considerar se a emissora explora comercialmente em sua grade de programação a publicidade de produtos ou serviços, sendo vedada a utilização de critérios de cobrança que tenham como parâmetro um percentual de orçamento público.

§ 2º O Escritório Central de que trata o art. 99 da Lei n. 9.610, de 1998, e as associações que o integram observarão os critérios dispostos neste Capítulo e deverão classificar os usuários por segmentos, segundo suas particularidades, de forma objetiva e fundamentada.

(d) O art. 20:

As associações, por decisão do seu órgão máximo de deliberação e conforme previsto em seus estatutos, poderão destinar até vinte por cento da totalidade ou de parte dos recursos oriundos de suas atividades para ações de natureza cultural ou social que beneficiem seus associados de forma coletiva e com base em critérios não discriminatórios, tais como:

I – assistência social;

II – fomento à criação e divulgação de obras; e

III – capacitação ou qualificação de associados.

13 | A gestão coletiva e o controle do aproveitamento de obras intelectuais...

Complementa o regulamento com capítulos atinentes às obrigações dos usuários[78], à mediação e arbitragem[79], à Comissão Permanente[80], às Sanções[81], entrando em vigor na data de sua publicação, em 23 de junho de 2015.

13.1.4.4. *O ECAD e as demais questões jurídicas relacionadas às suas atividades e atualmente também pacificadas junto ao Superior Tribunal de Justiça*

O Superior Tribunal de Justiça, criado pela Constituição Federal de 1988[82], absorveu a competência de caráter federativo, que antes cabia ao Supremo Tribunal Federal – *este, a partir de então, basicamente Corte Cons-*

---

78. Arts. 22 a 24. Destaque-se neste capítulo o art. 22, que consigna: "O usuário entregará à entidade responsável pela arrecadação dos direitos autorais relativos à execução ou exibição pública, imediatamente após o ato de comunicação ao público, relação completa das obras, seus autores e fonogramas utilizados, e a tornará pública e de livre acesso, juntamente com os valores pagos, em seu sítio eletrônico ou, não havendo este, no local de comunicação e em sua sede. § 1º Ato do Ministério da Cultura estabelecerá a forma de cumprimento do disposto no *caput* sempre que o usuário final fizer uso de obras e fonogramas a partir de ato de comunicação ao público realizado por terceiros. § 2º Findo o prazo estabelecido no § 2º do art. 16 e mediante acordo entre as partes, o usuário poderá cumprir o disposto no *caput* por meio da indicação do endereço eletrônico do Escritório Central, onde deverá estar disponível a relação completa de obras musicais e fonogramas utilizados. § 3º Ato do Ministério da Cultura disporá sobre as obrigações dos usuários no que se refere à execução pública de obras e fonogramas inseridos em obras e outras produções audiovisuais, especialmente no que concerne ao fornecimento de informações que identifiquem essas obras e fonogramas e seus titulares".
79. Art. 25.
80. Arts. 26 a 28.
81. Arts. 29 a 33. Destaque-se neste capítulo o *caput*, I a IV e §§ 1º ao 3º. O art. 33 estabelece: "Para os efeitos da aplicação da multa prevista no *caput* do art. 109-A da Lei n. 9.610, de 1998, consideram-se infrações administrativas os seguintes atos praticados por usuários de direitos autorais:
    I – deixar de entregar ou entregar de forma incompleta à entidade responsável pela cobrança dos direitos relativos à execução ou à exibição pública, imediatamente após o ato de comunicação ao público, relação completa das obras e fonogramas utilizados, ressalvado o disposto no inciso II e no § 1º;
    II – para as empresas cinematográficas e de radiodifusão, deixar de entregar ou entregar de forma incompleta à entidade responsável pela cobrança dos direitos relativos à execução ou à exibição pública, até o décimo dia útil de cada mês, relação completa das obras e fonogramas utilizados no mês anterior, ressalvado o disposto no § 1º;
    III – não disponibilizar ou disponibilizar de forma incompleta ao público, em sítio eletrônico de livre acesso ou, em não havendo este, no local da comunicação ao público e em sua sede, a relação completa das obras e fonogramas utilizados, juntamente com os valores pagos, ressalvado o disposto no § 1º; e
    IV – prestar informações falsas à entidade responsável pela cobrança dos direitos relativos à execução ou à exibição pública ou disponibilizar informações falsas ao público sobre a utilização de obras e fonogramas e sobre os valores pagos.
    § 1º A aplicação do disposto nos incisos I a III do *caput* estará sujeita ao disposto nos §§ 1º e 3º do art. 22, na forma disciplinada em ato do Ministério da Cultura.
    § 2º Os valores das multas estarão sujeitos à atualização monetária desde a ciência pelo autuado da decisão que aplicou a penalidade até o seu efetivo pagamento, sem prejuízo da aplicação de juros de mora e demais encargos, conforme previsto em lei.
    § 3º Para a aplicação da multa, respeitados os limites impostos no *caput* do art. 109-A da Lei n. 9.610, de 1998, serão observados:
    I – a gravidade do fato, considerados os valores envolvidos, os motivos da infração e suas consequências;
    II – os antecedentes do infrator, em especial eventual reincidência ou boa-fé;
    III – a existência de dolo;
    IV – a possibilidade ou o grau de acesso e controle pelo usuário das obras por ele utilizadas; e
    V – a situação econômica do infrator".
82. Arts. 104 e 105.

487

titucional –, de julgar as causas decididas pelos Tribunais dos Estados, Distrito Federal e Territórios[83].

Nesse fundamental mister, ressalvando-se as questões jurídicas constitucionais, tornou-se o Superior Tribunal de Justiça, assim, o órgão de cúpula da Justiça comum[84], consistindo seus arestos – *especialmente os que contêm posicionamentos decisórios pacificados, sumulados ou não* – orientação jurisprudencial norteadora como instância final, e uniformizadora para os conflitos de interpretação legal infraconstitucional no terreno do direito autoral.

A – As súmulas e o Tema repetitivo n. 1.066, do STJ

Nesse passo, relevante destacar a definição, pelo Superior Tribunal de Justiça, de alguns conceitos recorrentes no âmbito autoral relativos à execução pública de obra musical com natureza de precedente qualificado, ou seja, aquele que, se mencionado pela parte, vincula o julgador a fundamentação específica sobre sua aplicabilidade ao caso. Em primeiro plano, vejamos o conteúdo das três únicas SÚMULAS já expedidas pelo Tribunal respeitantes a direito autoral, que se referem, basicamente, à atuação do ECAD:

> Súmula 63: São devidos direitos autorais pela retransmissão radiofônica de músicas em estabelecimentos comerciais[85].
>
> Súmula 228: É inadmissível o interdito proibitório para a proteção do direito autoral[86].

---

83. Compete ao Superior Tribunal de Justiça, entre outras atribuições recursais que anteriormente pertenciam ao Supremo Tribunal Federal, a de julgar, em recurso especial, as causas decididas, em única instância, pelos Tribunais Regionais Federais ou pelos tribunais dos Estados, do Distrito Federal e Territórios, quando a decisão recorrida: *a*) contrariar tratado ou lei federal, ou negar-lhes vigência; *b*) julgar válido ato de governo local contestado em face de lei federal (alínea alterada pela Emenda Constitucional n. 45, de 8-12-2004); e *c*) der à lei federal interpretação divergente da que lhe haja atribuído outro tribunal (inciso III do art. 105 da Constituição Federal vigente).

84. Sálvio de Figueiredo Teixeira, então Ministro do Superior Tribunal de Justiça, na apresentação de sua obra *O STJ e o processo civil* (Brasília: Livraria e Editora Brasília Jurídica, 1995, p. 7), consignou: "Criado pela Constituição de 1988, após inúmeras reivindicações da classe jurídica, insatisfeita com a chamada crise do recurso extraordinário, o STJ logo se impôs à admiração e ao respeito do País. E por várias razões. Além do impressionante número de seus julgados, e da qualidade dos mesmos, pelo menos dois outros fatores concorreram preponderantemente nesse sentido: a) o facilitado acesso à instância derradeira, no plano infraconstitucional, que o recurso especial veio a ensejar, afastada a maioria dos óbices regimentais e jurisprudenciais do sistema anterior...; b) as soluções dadas a inúmeros temas polêmicos através de recurso especial, a grande estrela do novo Tribunal, ao qual o constituinte atribuiu a missão de uniformizar a interpretação da lei federal e definir a sua exata exegese".

85. Sumula 63 (STJ), *DJ* 1º-12-1992, p. 22728, *RDDDT*, vol. 00058, p. 00187, *RSTJ*, vol. 00944, p. 00113, *RT*, vol. 00689, p. 00238. Restringe-se ao âmbito de atuação do ECAD.

86. Súmula 228 (STJ), *DJ* 8-10-1999, p. 00126, *JSTJ*, vol. 00012, p. 00309, *RSTJ*, vol. 00131, p. 00049, *RT*, vol. 00769, p. 00166. Embora não se restrinja ao âmbito de atuação do ECAD, consistia o interdito proibitório – *basicamente com a finalidade inibitória de uso não autorizado de obras musicais* – ação costumeiramente promovida pelo ECAD e, anteriormente à sua existência, pelas associações de titulares de direitos autorais congêneres.

13 | A gestão coletiva e o controle do aproveitamento de obras intelectuais...

Súmula 261: A cobrança de direitos autorais pela retransmissão radiofônica de músicas, em estabelecimentos hoteleiros, deve ser feita conforme a taxa média de utilização do equipamento, apurada em liquidação[87].

Outrossim, no julgamento do Tema repetitivo 1.066, o STJ fixou as seguintes teses:

a) "A disponibilização de equipamentos em quarto de hotel, motel ou afins para a transmissão de obras musicais, literomusicais e audiovisuais permite a cobrança de direitos autorais pelo Escritório Central de Arrecadação e Distribuição – ECAD.

b) A contratação por empreendimento hoteleiro de serviços de TV por assinatura não impede a cobrança de direitos autorais pelo Escritório Central de Arrecadação e Distribuição – ECAD, inexistindo *bis in idem.*"

B. A legitimidade de cobrança, pelo ECAD, da execução pública de obras musicais nas exibições cinematográficas

Além da jurisprudência sumulada, uma questão fundamental, que – *embora já tivesse sido objeto de importante precedente no Supremo Tribunal Federal*[88] – veio a se consolidar no Superior Tribunal de Justiça (*que havia sido, também, como comentaremos adiante, pacificada junto ao órgão juridicamente competente, anteriormente à existência do STJ, qual seja o Tribunal Federal de Recursos – discutia-se, no âmbito da Justiça Federal, o ato do CNDA, órgão público do executivo federal, de homologar a Tabela de Preços do ECAD*) consistiu na exigibilidade de licença e consequente legitimidade da cobrança, pelo ECAD, dos direitos autorais incidentes na execução pública de obras musicais e fonogramas, nas exibições cinematográficas.

---

87. Súmula 261 (STJ), *DJ* 19-3-2002, p. 00189, *RSTJ*, vol. 00155, p. 00261. Restringe-se ao âmbito de atuação do ECAD.

88. Há mais de quarenta anos, em 1965, o Supremo Tribunal Federal já se manifestou favoravelmente à exigibilidade da remuneração autoral ao compositor, cuja obra tivesse sido incluída em filmes, quando da exibição pública destes: "Direito de autor. Direito dos compositores em relação às suas músicas incluídas em filmes cinematográficos. O ato do compositor autorizar a inclusão da sua música, nos filmes, mesmo a título oneroso, não importa em renúncia de receber ele do exibidor remuneração cabível pela reprodução musical, em cada projeção-execução do filme sonoro. Ação dos exibidores, proposta contra a recorrida, representante dos compositores para anular o acordo sobre essa remuneração, sob fundamento de tratar-se de acordo fundado em erro de direito. Improcedência da ação. Recurso extraordinário julgado pelo Plenário. Não se conhece do recurso" (ementa do acórdão de 6-9-1965, proferido no Recurso Extraordinário 54.562/GB, Tribunal Pleno, rel. Min. Gonçalves de Oliveira, *DJ* 22-9-1965, *RTJ*, vol. 34-03, p. 332).

A distinção entre a exigibilidade de licença do ECAD para a execução pública de obras musicais e fonogramas incluídos em obras cinematográficas em exibições destas e a cobrança, pelo ECAD, de valores devidos a título dos direitos autorais por conta dessas execuções, foi equacionada pelo Superior Tribunal de Justiça em 2005 para chegar à seguinte orientação: quando se tratar de cobrança de valores já fixados e objeto da demanda e não da questão – *que antecederia a cobrança* – de inexistir autorização autoral, restaria inviabilizada a pretensão do Escritório de natureza inibitória da exibição, sendo, apenas, legítima a reivindicação de caráter ressarcitório, com as cominações legais aplicáveis[89].

Destacamos, no sentido do reconhecimento da legitimidade dessa modalidade de cobrança pelo ECAD, os seguintes arestos, todos do Superior Tribunal de Justiça:

---

89. Observe-se, contudo, que o fundamento da decisão apega-se à autorização implícita relativa à "inclusão da música na trilha sonora" (ato que foge à competência legal do ECAD) e não relativa à execução pública da obra musical: "No caso em exame, não resta pendente, propriamente, uma autorização de exibição, que foi implicitamente dada quando vendidos ao produtor do filme os direitos de inclusão da música na trilha sonora, mas, tão somente, o pagamento da taxa de 2,5% (dois e meio por cento) sobre o rendimento bruto da bilheteria, que pode ser e está sendo cobrada por outras vias. Por isso, não vejo como se aplicar a séria sanção pretendida, porque não me parece ferida a lei, no dispositivo mencionado" (parte final decisória do acórdão, p. 5). Para a modalidade de utilização "execução pública" – diversa da "inclusão" – como examinamos no Capítulo 8 ("Direitos patrimoniais") – itens 8.3.3., a inclusão (art. 29, V, da Lei n. 9.610/98) e 8.3.7, a comunicação ao público, que inclui "execução musical" (art. 29, VIII, *b*, da Lei n. 9.610/98), seria obrigatória autorização autônoma, nos termos do art. 31 da lei autoral vigente, que estabelece que "As diversas modalidades de utilização de obras literárias, artísticas ou científicas ou de fonogramas são independentes entre si, e a autorização concedida pelo autor, ou pelo produtor, respectivamente, não se estende a quaisquer das demais". Nesse passo, a juridicidade do voto vencido, neste acórdão ora destacado, do Ministro Carlos Alberto Menezes Direito: "A manter essa orientação teríamos a continuação da exibição da obra sem o pagamento dos direitos autorais, ficando o autor confinado aos meios ordinários de cobrança. Ouso divergir dessa compreensão limitada da lei. (...). No art. 68, *caput*, está dito que é imperativo obter a prévia autorização do autor ou titular, sem o que a exibição pública não é possível. Depois de conceituar o que seja exibição pública, incluindo por óbvio a exibição cinematográfica, o § 4º prescreve que antes da "realização da execução pública, o empresário deverá apresentar ao escritório central, previsto no art. 99, a comprovação dos recolhimentos relativos aos direitos autorais". Em seguida, o § 5º estabelece: "Quando a remuneração depender da frequência do público, poderá o empresário, por convênio com o escritório central, pagar o preço após a realização da execução pública". Supõe-se que a exibição cinematográfica funcione com a cobertura desse § 5º, considerando que o recolhimento é feito tomando por base a bilheteria. Ora, quando da utilização da obra, o autor concede a autorização recebendo o valor relativo aos direitos autorais antes da realização da execução pública (§ 4º). Assim, a autorização está enlaçada com o pagamento dos direitos autorais, reunindo a um só tempo os direitos morais e patrimoniais. Mas quando a autorização não é acompanhada do pagamento (§ 5º), o direito patrimonial fica destacado. Não efetuado o pagamento, tem-se a violação do direito patrimonial. Se o dispositivo menciona "violação aos direitos dos seus titulares", não há razão alguma para que seja excluído o direito patrimonial. Não se trata, portanto, de cobrar créditos, mas, sim, de impedir que prossiga a violação do direito do autor de auferir as vantagens econômicas derivadas da exploração da obra, o que quer dizer, impedir que a autorização dada seja usufruída com violação do direito patrimonial Fosse diferente, estar-se-ia estimulando a violação do direito do autor, no seu aspecto patrimonial" (voto dissidente, p. 4 e 5).

13 | A gestão coletiva e o controle do aproveitamento de obras intelectuais...

– 1999:

ECAD. Direitos autorais. Trilha sonora de filme.

De acordo com o que dispõe o art. 89 da Lei n. 5.988/73, os exibidores devem direitos autorais pelas obras musicais incluídas em trilhas sonoras de filmes, apresentados em cinemas[90].

– 2002:

Direitos autorais. Execução de obras musicais. Cinema. É exigível dos exibidores o pagamento do direito autoral correspondente à execução de música incluída em trilha sonora de filme. Arts. 73, § 1º, e 89 da Lei n. 5.988, de 14-12-1973, e 14 da Convenção de Berna. Precedentes do STJ. Recurso especial conhecido e provido[91].

– 2003:

É firme a jurisprudência da Corte no sentido de que os exibidores devem direitos autorais pelas obras musicais incluídas em trilhas sonoras de filmes apresentados em cinemas e o ECAD é parte legítima para cobrá-los[92].

Direitos autorais. Cinema. Legitimidade passiva dos exibidores. Identificação das músicas e autores. Trilhas sonoras sob encomenda. Autorização em se tratando de trilhas sonoras de autores estrangeiros. Precedentes da Corte.

Exibidores são responsáveis pelo pagamento de direitos autorais das trilhas sonoras dos filmes.

Não é necessário que seja feita indicação das músicas e dos respectivos autores para a cobrança dos direitos autorais devidos, sob pena de ser inviabilizado o sistema causando evidente prejuízo aos titulares.

A cobrança de direitos autorais relativos às trilhas sonoras de autores estrangeiros depende do cumprimento de requisitos legais, que, no caso, o acórdão recorrido afirma não terem sido cumpridos, deixando o interessado de provocar pela via dos embargos de declaração o exame da documentação que alega existir nos autos em sentido contrário.

Já decidiu a terceira Turma que não importa se as trilhas sonoras são

---

90. Ementa do acórdão de 13-4-1999, proferido no Recurso Especial 94.710/SP, por votação unânime de sua Terceira Turma, rel. Min. Eduardo Ribeiro.
91. Ementa do acórdão de 17-9-2002, proferido no Recurso Especial 440.172/SP, por votação unânime da sua Quarta Turma, rel. Min. Barros Monteiro.
92. Ementa (transcrição parcial) do acórdão de 20-3-2003, proferido no Agravo Regimental no Recurso Especial 403.544/RJ, por votação unânime da sua Terceira Turma, rel. Min. Castro Filho.

feitas especialmente para o filme ou se foram simplesmente aproveitadas. Recurso especial conhecido e provido, em parte[93].

– 2005:

Direito autoral. Cinema. Legitimidade passiva dos exibidores. Trilhas sonoras. Precedentes da Corte.

Está assentada jurisprudência da Corte no sentido de que exibidores são os responsáveis pelo pagamento de direitos autorais das trilhas sonoras dos filmes.

Não é necessário que seja feita a indicação da entidade a que filiado o titular do direito autoral nem a identificação das músicas nem dos autores, sob pena de ser inviabilizado o sistema de arrecadação e distribuição causando evidentes prejuízos aos titulares.

Recurso especial conhecido e provido[94].

– 2006:

Direitos autorais. Execução de obra cinematográfica, nela incluída composição musical. A jurisprudência do Superior Tribunal de Justiça consolidou-se no sentido de que são exigíveis do exibidor os direitos autorais decorrentes da execução de composição musical embutida em obra cinematográfica, preexista ou não ao filme. Agravo regimental não provido[95].

– 2007:

Direitos autorais. Cinema. Obras musicais e fonogramas inseridos em filmes. ECAD. Legitimidade ativa. Prova de filiação e autorização dos autores nacionais e estrangeiros. Lei n. 9.610/98. "Não é necessário que seja feita identificação das músicas e dos respectivos autores para a cobrança dos direitos autorais devidos, sob pena de ser inviabilizado o sistema causando evidente prejuízo aos titulares" (526.540/RS, relatado pelo eminente Ministro Carlos Alberto Menezes Direito, *DJ* de 9-12-2003).

O ECAD é parte legítima para cobrar direitos autorais de autores nacionais, independentemente da prova de filiação. Entendimento que se mantém diante da Lei n. 9.610/98.

---

93. Ementa do acórdão de 14-10-2003, proferido no recurso Especial 526.540/RS, por votação unânime de sua Terceira Turma, rel. Min. Carlos Alberto Menezes Direito.

94. Ementa do acórdão de 7-6-2005, proferido no Recurso Especial 590.138/RS, por votação unânime de sua Terceira Turma, rel. Min. Carlos Alberto Menezes Direito.

95. Ementa do acórdão de 10-10-2006, proferido no Agravo Regimental no Recurso Especial 209.805/SP, por votação unânime da sua Terceira Turma, rel. Min. Ari Pargendler.

13 | A gestão coletiva e o controle do aproveitamento de obras intelectuais...

O art. 97, § 3º, da Lei n. 9.610/98 manteve a exigência, devidamente atendida no caso, de que "As associações com sede no exterior far-se-ão representar, no País, por associações nacionais constituídas na forma prevista nesta Lei". Aplicação do direito à espécie.

Recurso especial parcialmente conhecido e, nessa extensão, provido[96].

– 2015:

AGRAVO REGIMENTAL. RECURSO ESPECIAL. DIREITOS AUTORAIS. COBRANÇA.

OBRAS MUSICAIS INSERIDAS EM TRILHAS SONORAS DE FILMES. CONTINUIDADE DE TRANSMISSÃO OU RETRANSMISSÃO. POSSIBILIDADE DE SUSPENSÃO. JURISPRUDÊNCIA DO STJ.

1. É possível a suspensão ou interrupção de transmissão ou retransmissão de obras musicais na programação de empresa quando não há o prévio pagamento dos direitos autorais devidos. Interpretação do art. 105 da Lei n. 9.610/98. Jurisprudência do STJ.

2. São devidos direitos autorais pela exibição pública de trilhas sonoras nos filmes.

3. Agravo regimental desprovido[97].

C – Outras questões decididas pelo STJ sobre modalidades de execução pública de obras musicais sujeitas à licença (e cobrança) do ECAD

C.1 – A presunção de execução pública

A desnecessidade de comprovação – *admitindo-se, naturalmente, como se trata de presunção relativa, prova em contrário* – da efetiva execução pública de obras musicais, pelo ECAD, para legitimar a obrigatoriedade de emissão de licença e cobrança de direitos autorais, em alguns casos, como, por exemplo, no das emissoras de rádio, foi reconhecida, em 2006, pelo Superior Tribunal de Justiça, nos seguintes termos:

Processo civil. Civil. Direitos autorais. Ação de cobrança radiodifusora. Notoriedade do fato gerador. Cadastro permanente. Presunção relativa a favor do ECAD. Identificação de obras. Prescindibilidade.

---

96. Ementa do acórdão de 10-10-2006, proferido no Agravo Regimental no Recurso Especial 209.805/SP, por votação unânime da sua Terceira Turma, rel. Min. Ari Pargendler.

97. Acórdão de 6-8-2015, proferido no Recurso Especial 1.484.566/SP, por maioria de votos de sua Terceira Turma, rel. Min. João Otávio de Noronha.

I. Nas hipóteses em que a cobrança de direitos autorais decorre de radiodifusão de obras musicais de forma contínua, permanente, por emissora de rádio em pleno funcionamento, configurando a notoriedade do fato gerador da obrigação de recolhimento dos direitos autorais junto ao Escritório Central de Arrecadação e Distribuição – CAD, é forçoso reconhecer a presunção relativa a este favorável, cabendo àquela o ônus de demonstrar a existência de fato impeditivo, modificativo ou extintivo da obrigação.

II. Não é necessária identificação das músicas e dos respectivos autores para a cobrança dos direitos autorais devidos, sob pena de ser inviabilizado o sistema, causando evidente prejuízo aos seus titulares. Precedentes. Recurso provido[98].

C.2 – A incidência de direitos autorais da sonorização ambiental e desnecessidade de discriminação, pelo ECAD, dos autores e das músicas utilizadas

A respeito da sonorização ambiental, pacificou-se no STJ a obrigatoriedade de recolhimento, junto ao ECAD, de direitos autorais sobre execução pública de obras musicais. Nesse sentido, o acórdão do Superior Tribunal de Justiça, com a seguinte ementa:

> Direito autoral. Sonorização ambiental. Prova da efetiva execução. Súmula n. 63 da Corte. Precedentes. 1. A Súmula n. 63 da Corte consolidou a jurisprudência no sentido de que cabível a cobrança de direitos autorais em virtude da sonorização ambiental. 2. Precedente da Corte assentou que a "cobrança de direitos autorais em caso de sonorização ambiental não exige a discriminação dos autores e das músicas tocadas, sob pena de inviabilizar-se o sistema, como bem assinalado em precedente da Corte" (REsp 255.387/SP, de minha relatoria, *DJ* 4-12-2000). 2. Recurso especial conhecido e provido[99].

C.3 – Legitimidade da cobrança do ECAD relativamente à disponibilização de aparelhos de rádio e televisão em quartos de hotel, motel, clínicas de saúde ou hospitais

Embora vacilante em algumas oportunidades, a jurisprudência, especialmente a oriunda do Superior Tribunal de Justiça, com ênfase nas demandas já sujeitas ao regime da Lei n. 9.610, de 1998, encontra-se há muito consolidada no tocante a considerar execução pública passível de

---

98. Acórdão de 20-6-2006, proferido no Recurso Especial 612.615/MG, por maioria de votos de sua Terceira Turma, rel. Min. Castro Filho.

99. Acórdão de 15-12-2005, proferido no Recurso Especial 633.490/RS, por votação unânime de sua Terceira Turma, rel. Min. Carlos Alberto Menezes Direito.

13 | A gestão coletiva e o controle do aproveitamento de obras intelectuais...

controle do ECAD mesmo nas hipóteses em que não haja, propriamente, a "sonorização ambiental", mas, sim, de disponibilização de aparelhos de rádio e televisão para uso de hóspedes, nos casos de hotéis ou motéis, de clientes, no caso de restaurantes, ou de pacientes, nos casos de casa de saúde ou hospitais, em seus quartos ou acomodações, considerados, assim, em todos esses casos, locais de frequência coletiva. Nessa orientação, destacamos acórdãos do STJ:

(a) hotéis e motéis:

– 2017:

> Direitos autorais. Quarto de hotel. Aparelhos televisores. TV por assinatura. Cobrança. Possibilidade. Lei n. 9.610/1998. Captação e transmissão de radiodifusão. Fatos geradores distintos. Inexistência de *bis in idem*. Prescrição. Prazo trienal.
>
> 1. À luz das disposições insertas na Lei n. 9.610/1998 e consoante a jurisprudência consolidada do Superior Tribunal de Justiça, a simples disponibilização de aparelhos radiofônicos e televisores em quartos de hotéis, motéis, clínicas e hospitais autoriza a cobrança, pelo Escritório Central de Arrecadação e Distribuição – ECAD –, dos direitos autorais de todos os titulares filiados às associações que o integram.
>
> 2. Para fins de reconhecimento da possibilidade da cobrança, é irrelevante que a execução não autorizada de obras musicais e audiovisuais em locais de frequência coletiva tenha se dado a partir da disponibilização de aparelho televisor com equipamento receptor do sinal de TV a cabo ou TV por assinatura.
>
> 3. Na cobrança de direitos autorais por suposta utilização não autorizada de obra artística, não se pode confundir a obrigação da empresa exploradora do serviço de hotelaria com a obrigação da empresa prestadora dos serviços de transmissão de sinal de TV por assinatura, pois resultam de fatos geradores distintos, a saber: (i) a captação de transmissão de radiodifusão em locais de frequência coletiva (quartos de hotel) e (ii) a radiodifusão sonora ou televisiva em si. Daí porque não há falar, em casos tais, na ocorrência de *bis in idem*.
>
> 4. Consoante a jurisprudência consolidada por ambas as Turmas julgadoras da Segunda Seção, em se tratando de pretensão de cobrança relativa a ilícito extracontratual, o prazo prescricional incidente no caso de violação de direitos do autor é de 3 (três) anos, a teor do que disposto pelo art. 206, § 3º, do Código Civil.

Direito Autoral no Brasil | José Carlos Costa Netto

5. Por ausência de previsão legal e ante a inexistência de relação contratual, é descabida a cobrança de multa moratória estabelecida unilateralmente em Regulamento de Arrecadação do ECAD. Precedentes.

6. Recurso especial provido[100].

– 2018:

Agravo interno no recurso especial. Direitos autorais. Quartos de hotel. TV por assinatura. Cobrança. Lei 9.610/98. Legalidade. Inexistência de *bis in idem*. Fatos geradores diversos.

1. De acordo com o entendimento consolidado nesta Corte, a disponibilização de aparelhos radiofônicos e televisores em quartos de hotéis, motéis, clínicas e hospitais autoriza a cobrança dos direitos autorais pelo ECAD das obras musicais, literomusicais e fonogramas por meio deles executadas. (...)[101-102].

– Em 2019, o TJRJ passou a adotar linha diferente da acima mencionada:

(...) Para fins de pagamento de direitos autorais, o alcance da norma § 3º do art. 68 da Lei n. 9610/98 (lei de direitos autorais), deve ser mitigado, em razão da norma do *caput* do artigo 23 da Lei n. 11.771/2008 (lei da política nacional de turismo), que estabelece a definição jurídica de quarto de hotel, como sendo unidade de frequência individual e de uso exclusivo do hóspede, não configurando fato gerador do pagamento de direito autoral a utilização de televisão e rádio pelo hóspede no recesso do quarto de hotel, de uso privado. o entendimento da Segunda Seção do STJ, firmado em 11-10-2004, com fundamento na Súmula 63 (de 19-2-1998) deve ser revisto em razão na nova definição da natureza jurídica do quarto de hotel. A programação que o hóspede acessa, eventual e aleatoriamente, através da utilização dos aparelhos de rádio e televisão, é transmitida diretamente pelas emissoras e sem qualquer interferência do estabelecimento hoteleiro, exaurindo o fato gerador do pagamento

---

100. REsp 1.589.598/MS, rel. Min. Ricardo Villas Bôas Cueva, 3ª Turma, julgado em 13-6-2017, *DJe* 22-6-2017.

101. AgInt no Recurso Especial 1.639.215/RS (2016/0209616-4), rel. Min. Lázaro Guimarães, Des. Convocado, TRF 5ª Região, julgado em 6-2-2018.

102. No mesmo sentido, relacionamos três acórdãos do STJ – de 2005, 2006 e 2008, quais sejam (a) acórdão de 1º-9-2005, proferido no Recurso Especial 542.122/RJ, por votação unânime de sua Quarta Turma, rel. Min. Barros Monteiro; (b) acórdão de 7-12-2006, proferido no Recurso Especial 740.358/MG, por maioria de votos de sua Quinta Turma, rel. Min. Aldir Passarinho Junior; e (c) acórdão de 18-3-2008, proferido no Agravo Regimental no Agravo de Instrumento 957.081/RJ, por votação unânime de sua Quarta Turma, rel. Min. Aldir Passarinho Junior, *DJ* 12-5-2008, p. 1.

13 | A gestão coletiva e o controle do aproveitamento de obras intelectuais...

do crédito correspondente ao direito autoral. Conhecimento dos recursos. Desprovimento do recurso do autor. Provimento do recurso da ré[103].

– Em 2021, esse acórdão do TJRJ foi modificado tendo em vista a solução por precedente qualificado do Tema repetitivo 1.066, já mencionado, autorizando a cobrança de direitos autorais, pelo ECAD, em caso de exibição de obras em quartos de hotel.

(b) restaurantes e eventos:

– 2010:

Civil. Direito autoral. Clube social. Baile de carnaval. Art. 73 da Lei 5.988/73. Lucro direto e indireto. Configuração. ECAD. Duplicidade de cobrança. Inocorrência. Fatos geradores diversos.

1. Os bailes de carnaval promovidos por clubes sociais (entidades privadas), ainda que somente para associados, não são gratuitos, tampouco se qualificam como beneficentes ou como "carnaval de rua", cujo patrocinador é, geralmente, a municipalidade (Poder Público).

Tais espetáculos carnavalescos, ao contrário, possuem o objetivo de lucro: o direto, com a venda de ingressos, mesas, bebidas e comidas; e o indireto, com a promoção e valorização da própria entidade recreativa, a qual se torna mais atrativa a novos associados.

2. É devido o pagamento de direitos autorais por utilização de obras musicais em espetáculos carnavalescos promovidos por entidades recreativas (Clubes), seja quando em vigor a Lei 5.988/73, a qual exigia o intuito de lucro direto ou indireto, seja na égide da Lei 9.610/98, a qual não mais prevê tal pressuposto.

3. Não há falar em duplicidade de cobrança de direitos autorais (*bis in idem*) se os fatos geradores são distintos: I) contribuição mensal despendida pelo clube que se refere à sonorização musical contínua de seus ambientes (como piscinas, bares e restaurantes); e II) contribuição sobre eventos especiais, não abrangidos pela mencionada mensalidade, como festas carnavalescas.

4. Recurso especial provido[104].

– 2008:

Direito civil. Agravo no Agravo de Instrumento. ECAD. Instalação de televisores em restaurante. Necessidade de remuneração pelos direitos

---

103. TJRJ, 0004192-39.2011.8.19.0081, Apelação. des(a). Luiz Henrique Oliveira Marques, julgamento: 18-9-2019, Décima Primeira Câmara Cível.

104. REsp 703.368/PR, rel. Min. Vasco Della Giustina, 3ª Turma, julgado em 4-3-2010, *DJe* 1º-7-2010.

autorais. Multa. Demonstração. Má-fé. Precedentes. Liquidação por arbitramento. – A Segunda Secção deste Tribunal já decidiu serem devidos direitos autorais pela instalação de televisores dentro de quartos de hotéis ou motéis (REsp 556.340/MG). – O que motivou esse julgamento foi o fato de que a Lei n. 9.610/98 não considera mais relevante aferir lucro direto ou indireto pela exibição de obra, mas tão somente a circunstância de se ter promovido sua exibição pública em local de frequência coletiva. – O mesmo raciocínio, portanto, deve ser estendido a restaurantes, já que nenhuma peculiaridade justificaria tratamento diferenciado para estas hipóteses. – A aplicação da multa prevista no artigo 109 da Lei n. 9.610/98 demanda a existência de má-fé e intenção ilícita de usurpar os direitos autorais. – A divulgação ao público de obra musical, sem prévia autorização, não pode ser equiparada a uma declaração de vontade segundo a qual o exibidor aceita pagar o que o ECAD estabelece ser devido. Trata-se de ilícito extracontratual e o valor da liquidação sujeita-se à liquidação por arbitramento. Negado provimento ao agravo no agravo de instrumento[105].

(c) clínicas de saúde e hospitais:

– 2012:

Direitos autorais. Recurso especial. ECAD. Clínica médica. Legitimidade de cobrança da contribuição autoral por exibição pública de obra artística.

1. A Lei de Direitos Autorais, regulando a matéria de forma extensiva e estrita, aboliu o auferimento de lucro direto ou indireto pela exibição da obra como critério indicador do dever de pagar retribuição autoral, erigindo como fato gerador da contribuição tão somente a circunstância de se ter promovido a exibição pública de obra artística em local de frequência coletiva, por quaisquer processos – inclusive a radiodifusão ou transmissão por qualquer modalidade (art. 68, § 2º, da Lei 9.610/98).

2. Por seu turno, o parágrafo 3º do mesmo dispositivo enumera uma série de locais considerados como de frequência coletiva, entre eles as clínicas e hospitais.

3. A cobrança da retribuição autoral, no caso sob análise, mostra-se legítima, uma vez que é fato incontroverso nos autos que a recorrida – clínica médica de ortopedia e fisioterapia – disponibiliza, em sua sala de espera, aparelhos de televisão como forma de entretenimento dos clien-

---

105. Acórdão de 23-5-2008, proferido no Agravo Regimental nos Embargos de Declaração no Agravo de Instrumento 2007/0180232-7, por votação unânime de sua Terceira Turma, rel. Min. Nancy Andrighi, *DJ* 23-5-2008, p. 1.

13 | A gestão coletiva e o controle do aproveitamento de obras intelectuais...

tes. Incidência da Súmula 63 do STJ: "São devidos direitos autorais pela retransmissão radiofônica de músicas em estabelecimentos comerciais". 4. Recurso especial provido[106-107].

(d) academias de ginástica:

– 2023:

1. Os artigos 5º, incisos XXVII e XXVIII, da Constituição Federal e 68, *caput* e §§ 3º e 4º, da Lei Federal 9.610/1998 tornam válida a cobrança dos direitos autorais relativos à utilização comercial de obras musicais ou literomusicais e fonogramas, em execuções públicas em locais de frequência coletiva (academias de ginástica). 2. Os elementos probatórios juntados pela parte autora/apelada evidenciaram que a academia de ginástica, no exercício de suas atividades e interesses empresariais, utiliza habitual e continuadamente obras musicais, sem efetivar o pagamento da retribuição pecuniária devida a título de direitos autorais ao Escritó-

---

106. REsp 1.067.706/RS, rel. Min. Luis Felipe Salomão, 4ª Turma, julgado em 8-5-2012, *DJe* 19-6-2012.

107. No mesmo sentido, acórdão de 15-8-2006, proferido no Recurso Especial 791.630/RJ, por votação unânime de sua Terceira Turma, rel. Min. Nancy Andrighi. Em sua judiciosa fundamentação, destaca o acórdão a mudança, nessa matéria, em relação à lei autoral anterior: "Tanto a sentença quanto o acórdão ora objeto de recurso invocaram, para fundamentar sua decisão, precedentes, inclusive desta Corte, relacionados à instalação de televisores dentro de quartos de hotéis, precedentes esses exarados à época em que a matéria era regulada pela Lei n. 5.988/73. Todavia, após a publicação da Lei 9.610/98, a matéria foi *reapreciada* e o posicionamento desta Casa inverte-se" (acórdão referido, p. 6). Continua, mais adiante, o mesmo aresto, ponderando: "Resta saber, portanto, se o entendimento manifestado nesses precedentes pode ser estendido às hipóteses de instalação de televisores no interior de clínicas de saúde, ou de hospitais". Em seguida, conclui, com inegável acerto, que: "Não há motivo para que a matéria seja julgada de maneira diferente. Com efeito, conforme observado pelo Min. Carlos Alberto Menezes Direito por ocasião do julgamento do EREsp n. 556.340/MG, a partir da Lei 9.610/98 impôs-se 'uma disciplina bem mais estrita para impedir que os titulares dos direitos autorais fossem prejudicados. Até mesmo o velho conceito de lucro direto ou indireto deixou de viger. O que importa na nova Lei é a vedação para que a comunicação ao público por qualquer meio ou processo, nos locais de frequência coletiva, pudesse ser feita sem o pagamento dos direitos autorais'. Disso decorre que cai por terra o principal argumento do acórdão recorrido, de que a instalação dos televisores 'não caracteriza captação de clientela' porque 'embora tal facilidade possa trazer mais conforto às pessoas que passam pelo local, o certo é que ninguém escolhe um hospital pelo fato de ter ou não televisão'. Na verdade, o que importa definir, atualmente, é se houve execução pública de obras em locais de *frequência coletiva*. O conceito de locais de *frequência coletiva* foi estabelecido de maneira expressa pelo art. 68, § 3º, da Lei n. 9.610/98, da seguinte forma: 'Art. 68 (...) § 3º *Consideram-se locais de frequência coletiva os teatros, cinemas, salões de baile ou concertos, boates, bares, clubes ou associações de qualquer natureza, lojas, estabelecimentos comerciais e industriais, estádios, circos, feiras, restaurantes, hotéis, motéis, clínicas, hospitais, órgãos públicos da administração direta ou indireta, fundacionais e estatais, meios de transporte de passageiros terrestre, marítimo, fluvial ou aéreo, ou onde quer que se representem, executem ou transmitam obras literárias, artísticas ou científicas'*. Assim, tendo em vista que a caracterização dos hospitais e clínicas como locais de *execução pública* decorre exatamente da mesma norma que qualifica como tais os *hotéis* e *motéis*, o precedente formado no âmbito do STJ por ocasião do julgamento do EREsp n. 556.340/MG deve ser estendido à hipótese dos autos. Não há nenhuma particularidade que o impeça. Forte em tais razões, conheço e dou provimento ao recurso especial para determinar a remuneração pela utilização de obras audiovisuais por parte da clínica ré, desde novembro de 1998 até o momento em que cessar (*ou em que cessou*) referida utilização" (acórdão referido, parte final, p. 7 e 8).

499

rio Central de Arrecadação e Distribuição – ECAD. 3. Incorreu a empresa ré em prática ilícita, pois comprovada a execução pública de composições musicais ou literomusicais e fonogramas no seu estabelecimento comercial, especialmente em razão da notória atividade econômica por ela exercida (academia de ginástica), devendo ser responsabilizada pelo pagamento da retribuição autoral. Ônus probatório atendido pelo autor, conforme disciplina posta no art. 373, I do CPC"[108].

(d) supermercados:

– 2023:

Apelação cível. Direito civil e processual civil. Cobrança de direitos autorais por reprodução de música ambiente em estabelecimento empresarial de supermercado. ECAD. Sentença de procedência. Recurso de apelação interposto pelo réu. Conjunto probatório que corrobora as alegações iniciais. Vídeo gravado no momento da vistoria que apresenta a fachada do estabelecimento, demonstrando claramente haver reprodução musical tanto no interior do supermercado, quanto no estacionamento. Verbete sumulado nº 63, do STJ: são devidos direitos autorais pela retransmissão radiofônica de músicas em estabelecimentos comerciais. Parte ré que expressamente renunciou à realização de perícia, desertando de apresentar contraprova passível de desconstituir o robusto acervo probatório exibido pelo ECAD. Conquanto as testemunhas ouvidas em sede de audiência de instrução e julgamento tenham asseverado a presença de ambulantes na calçada do estabelecimento, que utilizavam caixas de som, tal constatação não se mostra apta, por si só, a endossar a alegação de que o supermercado não reproduzia música em seus alto-falantes. Música ambiente em supermercado que justifica o pagamento de direitos autorais ao ECAD. Sentença que deve ser mantida. Desprovimento do recurso[109].

(d) e até casas destinadas ao público adulto:

– 2024:

APELAÇÃO. Direitos autorais. Ação de cobrança c.c. pedido cominatório. Sentença de procedência. Insurgência do requerido. Enquadramen-

---

108. TJDFT. Acórdão 1778978, 07178441520218070001, Relatora: DIVA LUCY DE FARIA PEREIRA, 1ª Turma Cível, data de julgamento: 8-11-2023, publicado no *DJe*: 14-11-2023.
109. TJRJ; Ap. 0044076-51.2017.8.19.0021; Des. Sandra Santarém Cardinali; j. 5-10-2023; 17ª Câmara de Direito Privado (antiga 26ª Câmara Cível).

13 | A gestão coletiva e o controle do aproveitamento de obras intelectuais...

to do requerido como casa de diversão, pelo ECAD, para fins de arrecadação, que se afigura correto. Estabelecimento comercial que conquanto seja "voltado à prática de *swing*", executa publicamente obras musicais, promovendo shows ao vivo regularmente. Requerido, ademais, que não se desincumbiu do ônus probatório de demonstrar qual seria o seu faturamento, o que se faz documentalmente, sem a necessidade de a realização de perícia contábil. Sentença mantida. Recurso desprovido[110].

(d) rádio educativa de fundação pública:

– 2023:

Apelação cível e recurso adesivo. Ação inibitória c/c cobrança de direitos autorais. Demanda ajuizada pelo ecad contra fundação pública. Sentença de parcial procedência.

Recurso da ré. Alegação de inviabilidade da cobrança por se tratar de rádio educativa e sem fins lucrativos. Insubsistência. Recolhimento relativo aos direitos autorais devido. Dicção dos arts. 29, inc. VIII, "d" e 68, da Lei n. 9.610/1998. Tese de que a cobrança relativa à modalidade de transmissão simulcasting é indevida. Inconsistência. Utilização de internet para disponibilização da programação considerada pela legislação como outro fator gerador de cobrança. Recurso desprovido[111].

13.1.5. O ECAD e as regras e os critérios vigentes na arrecadação e distribuição de direitos autorais decorrentes de execução pública de obras musicais

13.1.5.1. A arrecadação

Sem sombra de dúvida, encontram-se entre os maiores problemas surgidos das relações jurídicas decorrentes do controle de direitos autorais os das obras musicais utilizadas pela via da *execução pública*, entendendo-se como tal qualquer comunicação pública, direta ou indireta, de com-

---

110. Tribunal de Justiça de São Paulo; Apelação Cível 1138776-22.2021.8.26.0100; Rel. Maurício Velho; Órgão Julgador: 4ª Câmara de Direito Privado; Foro Central Cível – 34ª Vara Cível; Data do Julgamento: 19-9-2024; Data de Registro: 20-9-2024.
111. TJSC, Apelação 5004004-31.2019.8.24.0019, do Tribunal de Justiça de Santa Catarina, rel. Saul Steil, Terceira Câmara de Direito Civil, j. 8-3-2022.

posição musical, o que se distingue, assim, da sua reprodução ou distribuição, nos termos examinados no Capítulo 8.

O princípio a ser adotado é que as dificuldades de controle de direitos autorais, tanto nessas como nas demais formas que possam existir ou, ainda, ser criadas para utilização de obras intelectuais, não podem resultar no enfraquecimento da proteção legal.

Os desafios operacionais – *sem oposição à inevitável evolução tecnológica* – devem ser enfrentados na busca das condições necessárias para a defesa dos titulares, sejam estes pessoas físicas (*titulares originários*) ou jurídicas (*titulares derivados ou com titularidade legal originária, de natureza patrimonial, como é o caso do organizador de obra coletiva intelectual coletiva, do produtor de fonogramas e do organismo de radiodifusão*).

Possivelmente, como examinamos, o controle e a arrecadação de direitos pela via da "gestão coletiva" realizados pelos próprios titulares evoluem mais acentuadamente – *em todo o mundo* – em relação à utilização de obras musicais e literomusicais.

13.1.5.1.1. A autonomia do ECAD quanto aos critérios de cobrança e fixação de preços de direitos autorais

Nesse caminho, a atividade de arrecadação de direitos autorais realizada pelo ECAD na execução pública de obras musicais e fonogramas é embasada em critérios objetivos e consequentes valores consubstanciados em "tabela de preços", que deverão ser aplicados para outorga da licença – *prévia e expressa* – a ser emitida em cada utilização desse gênero em todo o território nacional.

A decisão respeitante a esses critérios e valores, embora deva ser norteada, objetivamente, pelo equilíbrio e bom senso em face das condições específicas inerentes a cada espécie de utilização a ser licenciada, é privativa das associações de titulares de direitos de autor e dos que lhes são conexos que dirigem o ECAD, que unifica a operação de arrecadação e distribuição de sua competência.

Essa legitimidade de fixação de critérios e preços de direito autoral tem supedâneo constitucional – o art. 5º, XXVII, *b*, e XXVIII, já referidos – e encontra base sólida na lei vigente de direitos autorais (*n. 9.610/98*), em especial nos seus arts. 28, 29, 68, 97 a 99, também já referidos.

13 | A gestão coletiva e o controle do aproveitamento de obras intelectuais...

Em sintonia com o regime legal vigente, a jurisprudência tem endossado a autonomia de fixação de critérios e preços do ECAD. Destacamos, a seguir, em ordem cronológica, acórdãos nesse sentido do Superior Tribunal de Justiça:

– 2006:

> Civil e processual civil. Agravo Regimental. Agravo de Instrumento. Direitos autorais. Execução de obras musicais. Valores. Tabela própria. Presunção legal. Ônus da prova. Agravo desprovido. I – Os valores cobrados pelo ECAD são aqueles fixados pela própria instituição, em face da natureza privada dos direitos reclamados, não sujeitos a tabela imposta por lei ou regulamentos administrativos. II – Nessa hipótese, o ônus de demonstrar a existência de fato impeditivo, modificativo ou extintivo do direito do autor é do réu. Incidência, no caso, do art. 333, II, do CPC. III – Agravo regimental desprovido[112].

– 2019:

> AGRAVO INTERNO NO RECURSO ESPECIAL. DIREITO AUTORAL. MÚSICAS DE FUNDO (BACKGROUND). COMPETÊNCIA PARA A VALORAÇÃO. ECAD. VALIDADE DAS ASSEMBLEIAS PARA DISTRIBUIR DIREITOS AUTORAIS. CRITÉRIO PARA A VALORAÇÃO DAS OBRAS.
> 1. Ao ECAD, órgão central para a arrecadação e a distribuição dos direitos autorais, mantido pelas associações mandatárias dos autores a ele filiados, compete, por meio de decisões assembleares, fixar os preços e formular os critérios para a arrecadação e a distribuição das músicas de fundo (background), não cabendo ao Judiciário, em regra, imiscuir-se em tais deliberações.
> 2. O critério de valoração das obras não leva em conta a música em si ou o próprio compositor, mas sim a preeminência do momento em que veiculada, podendo ser adotado peso inferior ou superior, a depender da circunstância em que exibida determinada música no contexto televisivo.
> 3. Agravo interno não provido[113].

– 2023:

> A transmissão e retransmissão de obras e de fonogramas musicais submetem as emissoras de rádio ao pagamento dos direitos autorais (art. 68

---

112. Ementa do acórdão de 7-12-2006, proferido no Agravo Regimental no Agravo de Instrumento 780.560/PR, por votação unânime de sua Quarta Turma, rel. Min. Aldir Passarinho Junior.

113. AgInt no REsp 1.561.200/RJ, rel. Min. Luis Felipe Salomão, 4ª Turma, julgado em 14-5-2019, *DJe* 23-5-2019.

da Lei 9.610/1998). 2. Na espécie, não há falar em irregularidade das cobranças dos direitos autorais, pois a metodologia utilizada adotou o regulamento da instituição. 3. A diferenciação de abrangência e quantidade populacional possibilita uma aferição econômica na comunicação das rádios transmissoras, o que privilegia a igualdade financeira entre rádios e transmissores de tamanhos distintos. 4. Apelação conhecida e não provida[114].

13.1.5.1.2. Regras e critérios adotados pelo ECAD para cobrança de direitos autorais

A – A regra fundamental da remuneração percentual sobre a receita em função da utilização de música na atividade do usuário. Antecedentes da consolidação dessa orientação

Como regra fundamental de fixação de preço para o direito autoral não se pode dar ao usuário de obras musicais como essência de sua atividade o mesmo tratamento em relação àquele que a utiliza apenas de maneira complementar. Assim, uma emissora de rádio ou televisão não pode prescindir da obra musical em suas transmissões, mas um restaurante, por exemplo, pode suprimir música ambiental de suas dependências sem comprometer ou desvirtuar a sua atividade principal. Da mesma forma um *show* musical ou de dança, um filme etc., não poderiam subsistir sem a utilização de obra musical, mas o mesmo não ocorreria em relação a um hotel, consultório médio e outros usuários potenciais do mesmo gênero.

Por isso, é adequado concluir – *como regra geral* – que, nos casos em que a utilização da obra intelectual seja condição essencial para as atividades do usuário, este deverá remunerar seus titulares com uma participação percentual da receita daquele em decorrência dessas atividades, o que seria, contudo, impróprio para a hipótese de quem faz uso dessa obra apenas de forma complementar – *e não fundamental* – às suas atividades.

Adotando esse princípio, estabeleceu a Resolução do CNDA, n. 24, de 11 de março de 1981, que fixou normas para unificação dos preços e sistemas de cobrança e distribuição de direitos autorais arrecadados pelo Escritório Central de Arrecadação e Distribuição (ECAD), que: "A cobran-

---

114. Tribunal de Justiça do Distrito Federal e Territórios. Acórdão 1720537, 07170569820218070001, Relator: Fábio Eduardo Marques, 5ª Turma Cível, data de julgamento: 22-6-2023, publicado no *DJe*: 27-7-2023.

13 | A gestão coletiva e o controle do aproveitamento de obras intelectuais...

ça dos direitos autorais deverá ser feita, sempre que possível, em função do lucro direto ou indireto proveniente, para o usuário, da utilização dos bens intelectuais protegidos".

Neste item se enquadram, por exemplo, a utilização radiofônica, televisiva, cinematográfica, por satélite (*que tenha na execução pública a sua finalidade*), utilizações em *shows* ao vivo, espetáculos de dança e teatrais, o aproveitamento complementar em restaurantes, hotéis e locais adequados à música ambiental e outros congêneres.

Poderíamos inserir, assim, nesta categoria a utilização de obra musical que, em decorrência da natureza da atuação do usuário, não possa ser dispensada por este. Nesse sentido é viável a catalogação, a título exemplificativo, das seguintes atividades:

- de emissoras de rádio e televisão (*inclusive por cabo*);
- promoções musicais ambulantes "ao vivo" (*tais como o trio elétrico*), por alto-falantes etc.;
- de utilização de música ao vivo ou dança, de forma permanente ou temporária;
- de *shows* "ao vivo" e espetáculos carnavalescos ou eventos essencialmente musicais;
- de exibições cinematográficas;
- de exploração de sonorização ambiental; e
- outras atividades assemelhadas.

A norma geral a ser adotada nessas utilizações, em face da sua essencialidade para as atividades do usuário, como já se expôs, deverá ser o pagamento, aos titulares dos direitos autorais correspondentes às obras utilizadas, de remuneração proporcional à receita daquele. Esse percentual, embora variável, tem-se mantido – *via de regra* – entre 5% e 10%.

Essas utilizações poderiam, ainda, ser subdivididas em dois gêneros de comunicação: direta e indireta. A indireta seria a realizada sem a presença do público, através de meios eletrônicos como rádio, televisão (*por cabo, inclusive, telefone etc.*). Sobre a comunicação direta, expôs Le Tarnec:

> Significa que o direito de autor poderá ser plenamente exercido seja quando a comunicação da obra ao público se realize diretamente por

contato imediato dos executantes e do público, seja quando ela tenha lugar com a intermediação de meios mecânicos ou outros[115].

Portanto, as utilizações – *como comunicação direta ao público* – de obras musicais como essência da atividade de usuário seriam, principalmente, as (i) de promoções musicais ambulantes "ao vivo" (tais como o "trio elétrico"), por alto-falantes etc.; (ii) relativas a apresentação de música "ao vivo" ou danças, de forma permanente ou temporária (aqui entendido que a essencialidade do uso só será caracterizada nos períodos de efetiva utilização); (iii) de *shows* "ao vivo", espetáculos carnavalescos ou eventos essencialmente musicais; e (iv) exibições cinematográficas.

As utilizações essenciais através da comunicação indireta, realizadas sem a presença de público, seriam, principalmente, as emissões de rádio e televisão (*inclusive por cabo*) e as transmissões de música ambiental (*por fios, cabos, multiplex, ondas hertezianas ou qualquer outro sistema, inclusive por computadores*).

As utilizações (*note-se que aqui só estão tratadas as principais*) como comunicação direta, pela sua natureza, pela sua quantidade e diversidade, trazem muitas dificuldades de controle para os titulares de direitos autorais. Daí a indispensabilidade de se constituírem associações para gestão coletiva desses bens intelectuais, como é o caso do ECAD. Vejamos, em Tabela elaborada pelo ECAD, seguindo essa regra geral, e homologada originalmente pelo CNDA em 1981[116], as utilizações essenciais por comunicação direta cobradas por porcentagem de receita no território nacional:

1. Funções com patrocinador ou subvenção, com participação de artistas contratados – MÚSICA AO VIVO – 10% calculados sobre o valor do patrocínio, da subvenção ou da remuneração contratada pela participação de cantores e músicos. Para efeito da aplicação desse percentual prevalecerá, sempre, o maior dos três valores (*cálculo por evento e por grupo de 25 mesas ou 50 metros quadrados ou 100 pessoas*)[117].

---

115. Alain Le Tarnec, ob. cit., p. 94. A lei francesa de 11-3-1957 estabeleceu, em seu art. 27, que a representação consiste na comunicação direta da obra ao público, notadamente por via de recitação pública, execução lírica, representação dramática, apresentação pública, difusão por qualquer processo de palavras, sons ou imagens, projeção pública, transmissão da obra radiodifundida por meio de alto-falante e eventualmente de uma tela de televisão localizada em um lugar público.

116. Tabela única, do ECAD, homologada pela Resolução n. 25, de 11-3-1981, do Conselho Nacional de Direito Autoral. O advento da Lei n. 12.853, de 2013, originou modificações no Regulamento de Arrecadação do ECAD, em especial o resultante das assembleias gerais nas reuniões 450ª (de 22-10-2015) e 482ª (de 21-9-2017), a ser tratado no item seguinte deste capítulo.

117. O ECAD mantém esse critério até hoje (junho/2018), majorando o percentual para 15% na hipótese de a música ser executada por aparelhos (e não "ao vivo").

13 | A gestão coletiva e o controle do aproveitamento de obras intelectuais...

2. Espetáculos circenses: com cobranças de ingressos, patrocínio ou subvenção. MÚSICA POR APARELHOS – 3,75% sobre a renda bruta da bilheteria, sobre o valor do patrocínio ou sobre o valor da subvenção.

3. Espetáculos musicais:

(a) com cobrança (*qualquer que seja a forma ou denominação dada à cobrança ao público para ingressar no local*), com patrocínio ou com subvenção – MÚSICA AO VIVO – 10% da renda da bilheteria, ou sobre o valor da subvenção. Para efeito da aplicação desse percentual prevalecerá, sempre, o maior dos três valores;

(b) com cobrança (*qualquer que seja a forma ou denominação dada à cobrança ao público para ingressar no local*), com patrocínio ou com subvenção – MÚSICA POR APARELHOS – 15% da renda bruta da bilheteria, ou sobre o valor da subvenção. Para efeito da aplicação desse percentual prevalecerá, sempre, o maior dos três valores (*por função*);

(c) com patrocínio ou subvenção, sem cobrança de qualquer natureza ao público – MÚSICA AO VIVO – 10% calculados sobre as remunerações contratadas pela participação de cantor e músicos, sobre o valor do patrocínio ou sobre o valor da subvenção. Para efeito da aplicação desse percentual prevalecerá, sempre, o maior dos três valores (*por função para as primeiras 500 localidades e o excedente em proporção*);

(d) com patrocínio ou subvenção, sem cobrança de qualquer natureza ao público – MÚSICA POR APARELHO – 15% calculados sobre o valor do patrocínio ou sobre o valor da subvenção. Para efeito da aplicação desse percentual prevalecerá sempre, o maior dos dois valores (*por função para as primeiras 500 localidades e o excedente em proporção*).

4. Manifestações carnavalescas, bailes, festas, exposições em feiras agropecuárias, industriais e festas de peão (*estes quatro últimos quando a música é essencial na atividade*), festa junina, *réveillon*, blocos carnavalescos, desfiles carnavalescos, carro de som.

(a) com cobrança (*qualquer que seja a forma ou denominação dada à cobrança ao público para ingressar no local*), com patrocínio ou com subvenção – MÚSICA AO VIVO – 10% da renda bruta da bilheteria ou equivalente sobre o valor do patrocínio ou sobre o valor da subvenção (*por função e/ou por local e/ou por veículo*);

(b) com cobrança (*qualquer que seja a forma ou denominação dada à cobrança ao público para ingressar no local*), com patrocínio ou com subvenção – MÚSICA POR APARELHO – 15% da renda bruta da bilheteria ou equivalente sobre o valor do patrocínio ou sobre o valor da subvenção (*por função e/ou por local e/ou por veículo*).

5. Exibições cinematográficas com cobrança de ingressos, com patrocínio ou com subvenção – 2,5% sobre a renda bruta da bilheteria, do patrocínio ou da subvenção (*por função*).

6. Exibições e concursos:

(a) com cobrança (*qualquer que seja a forma ou a denominação dada à cobrança ao público para ingressar no local*), com patrocínio ou com subvenção – MÚSICA AO VIVO – 2,5% da renda bruta da bilheteria, sobre o valor do patrocínio ou sobre o valor da subvenção (*por função*);

(b) com cobrança (*qualquer que seja a forma ou a denominação dada à cobrança ao público para ingressar no local*), com patrocínio ou com subvenção, MÚSICA POR APARELHOS – 3,75% da renda bruta da bilheteria, sobre o valor do patrocínio ou sobre o valor da subvenção.

Assim, no Brasil, a remuneração dos titulares de direitos autorais decorrentes da comunicação direta de obras musicais, quando implicar esta em utilização essencial às atividades do usuário (*mesmo que essa essencialidade seja apenas temporária*), segue o princípio da participação percentual aplicada sobre a receita do usuário.

Como já referido, a Resolução CNDA n. 24, de 11 de março de 1981 – *há mais de 25 anos, portanto* –, já abrigava, em seu art. 4º, esse princípio.

Contudo, por mais incrível que possa parecer, persistem as dificuldades de aplicação – *até hoje* – em relação à comunicação indireta, mormente nos casos dos organismos de radiodifusão (*rádio e TV*), que são os maiores usuários de obras musicais no território nacional, em utilização essencial, insubstituível.

Com efeito, homologada, através da Resolução n. 25, de 11 de março de 1981, do CNDA, a cobrança percentual a favor dos titulares de direitos

13 | A gestão coletiva e o controle do aproveitamento de obras intelectuais...

autorais musicais (*e ainda atores*) no importe de 3,5% (*três e meio por cento*) do faturamento publicitário dos organismos de radiodifusão (*rádio e TV*), surpreendentemente, em virtude de pressões das principais emissoras de rádio e telecomunicações, recebidos na Associação Brasileira de Emissoras de Rádio e Televisão (ABERT), as próprias associações de titulares de direitos autorais existentes à época e no comando do ECAD (*com exceção de duas, uma de atores (ASA) e outra de maestros, músicos e regentes – AMAR*), firmaram "convênio" transformando em "facultativo" tal recolhimento por percentual, retornando-se ao pagamento por quantia fixa, totalmente irreal e desproporcional em virtude da enorme receita publicitária auferida por esses usuários e da essencialidade da utilização de obras musicais, em específico, e intelectuais, em geral, em suas atividades[118].

A respeito da aguerrida oposição – por parte desses grandes usuários – em relação à adoção do critério de participação percentual de sua receita para pagamento de direitos autorais, Antonio Chaves oferece seu testemunho:

> Pelo que se deduz das atas das reuniões realizadas na sede do CNDA entre representantes do ECAD e da ABERT[119], a oposição desta, nas palavras de seu consultor, Dr. Waldemar Zweiter, assentaria numa conceituação filosófica, jurídica e econômica. Pela lei do Artista, o fato gerador do direito conexo do mesmo é a exibição da obra, critério este, segundo o procurador da ABERT, que não teria sido o adotado pelo ECAD, que o fixou sobre um valor potencial e presumido que denominou de faturamento bruto da empresa.
>
> Sem embargo de serem bem distintas as atividades desempenhadas pelo Rádio e pela Televisão, os direitos respectivos, no que diz respeito à forma de sua incidência para efeito do pagamento, foram considerados globalmente pelo ECAD, o que a ABERT não admite.

---

118. Observe-se que, posteriormente, a Associações de Atores (ASA) se retirou do ECAD e, assim, o percentual que lhe correspondia na arrecadação (1%) foi suprimido dos 3,5% originários, reduzindo-se, portanto, para 2,5% sobre o faturamento publicitário dos organismos de radiodifusão (*rádio e TV*) e exibições cinematográficas o valor cobrado a título de direitos autorais exclusivamente para execução pública de obras musicais, literomusicais e fonogramas (conforme a terminologia do art. 115 da Lei n. 5.988/73, reeditada pelo art. 99 da Lei n. 9.610/98). A regra assimilada pelo CNDA, e incorporada nas Resoluções n. 24 e 25, firmadas pelo autor destas linhas, que, na época, ocupava a presidência do órgão, ambas de 11-3-1981, sendo a segunda homologatória da "Tabela de Preços do ECAD", como examinamos, foi convalidada posteriormente, como veremos a seguir, e pacificada pela jurisprudência, permanecendo válida até hoje (*junho de 2008*): encontra-se, assim, legal e jurisprudencialmente consolidada a legitimidade de, além das remunerações autorais para música em exibições cinematográficas, também o regime de participação percentual sobre as receitas das emissoras de rádio comercial (*5%*), as televisões de sinal aberto (*2,5%*) e por assinatura (*2,55%*).

119. Associação Brasileira de Emissoras de Rádio e Televisão.

Independentemente dessa circunstância, o receio da ABERT e dos empresários é "que amanhã se chegue a uma situação de constrangimento econômico e de impossibilidade de atendimento à matéria, e que tanto empresas e artistas soçobrem".

Em conclusão, a ABERT ponderou que a cobrança deveria partir de outro critério, vinculado aos parâmetros da lei que condiciona a exigibilidade dos direitos autorais e conexos, gerados por cada exibição da obra. Como ideia para atender critérios práticos exigidos pelo ECAD alvitrou que se tomasse a folha de pagamento dos artistas e de execuções, como suporte econômico. Não pode aceitar, quanto às emissões musicais, a base da Tabela: potencial da receita publicitária presumida das emissoras[120].

Tal argumentação das emissoras, como já expressamos, não mereceu, contudo, aceitação pelo CNDA à época nem foi acolhida pela jurisprudência. Ao contrário dos princípios advogados por estas, a efetiva legalidade desses parâmetros para remuneração dos titulares de direitos autorais, embora no âmbito das exibições cinematográficas, foi reafirmada pelo Tribunal Federal de Recursos, em irrepreensíveis acórdãos (*por exemplo, o proferido em 28-11-1983 – que destaca a efetiva legalidade das Resoluções n. 24 e 25 do CNDA, ambas de 1981 – na Apelação em Mandado de Segurança 98.093, por votação unânime de sua Sexta Turma, rel. Min. Miguel Ferrante, em que foram apelantes o próprio CNDA e ECAD e apelados Empresa Cinematográfica São Luiz Ltda. e outros*), com a seguinte didática ementa:

Mandado de Segurança. Direito autoral. Lei n. 5.988/73. CNDA. Resolução 25. Venda de ingressos. Tabela única. A Lei n. 5.988/73, ajustando, no campo de sua previsão, a função do Estado aos parâmetros constitucionais, regulou a matéria relativa a direitos autorais de modo amplo e abrangente, inclusive aquela de que cuida o Decreto-Lei n. 980/69, pertinente a obras literomusicais e fonogramas incluídos em filmes e exibidos em cinemas ou executados nos intervalos das sessões cinematográficas. Ab-rogação do Decreto-Lei n. 980, de 1960, validade do ato impugnado expedido pelo Conselho Nacional de Direito Autoral no uso de atribuições específicas, ínsitas no art. 117, item IV, "de fixar normas para a unificação dos preços pagos e sistemas de cobrança e distribuição de direitos autorais". O objetivo legal é de unificar os preços relativos aos

---

120. Artigo citado, p. 447, que relata as principais razões, contra a reivindicação do ECAD, apresentadas pelas emissoras de rádio e televisão, na época representadas, como consigna Antonio Chaves, pelo então advogado Dr. Waldemar Zweiter, depois nomeado Ministro do Superior Tribunal de Justiça, cargo que exerceu por vários anos (*alguns dos acórdãos que relatou ou dos quais participou, com inegável qualidade jurídica, equilíbrio e isenção próprias à elevada função judicante, encontram-se destacados neste capítulo*).

13 | A gestão coletiva e o controle do aproveitamento de obras intelectuais...

direitos em comento, e, justamente, para concretizá-lo é que o ECAD elaborou a tabela única, seguindo as normas ditadas através da Resolução n. 24, de 1981, do CNDA, o sistema inaugurado pela Lei torna, assim, incompatível com ela qualquer legislação anterior que disponha sobre cobrança de segmentos de direitos autorais. Apelações providas.

Da mesma forma, o reconhecimento da legalidade do critério adotado nas Resoluções n. 24 e 25 do CNDA pelo Tribunal de Justiça do Rio de Janeiro, no acórdão de 26 de março de 1985, proferido na Apelação Cível 34.964, com unanimidade de votos de sua Primeira Câmara Cível, relator o Desembargador Pedro Américo Rios Gonçalves, que conclui, na parte final da ementa: "Indenização devida pela tabela aprovada pelo CNDA, mandado observar pela Resolução 25/81. Provimento parcial do recurso"[121].

Nesse caminho, também, trilhou o Tribunal de Justiça de São Paulo. Consignou, didaticamente, em sua fundamentação decisória, o acórdão de 14 de novembro de 1984, proferido na Apelação Cível 49.771-1, com maioria de votos de sua Sétima Câmara Civil, relator, com voto vencedor, o Desembargador Nelson Hanada:

> O art. 1º do Dec.-Lei n. 980, de 1969, fixava os direitos autorais em 0,5% "sobre o preço da venda ao público do ingresso padronizado fornecido pelo Instituto Nacional do Cinema".
>
> Todavia, o Conselho Nacional do Direito Autoral, através da Res. 25, de 11-3-81, e homologando a tabela única elaborada pelo Escritório Central de Arrecadação e Distribuição – ECAD, fixou os direitos autorais aqui questionados em "3,5% sobre a renda bruta da bilheteria, do Patrocínio ou da Subvenção" (fls. 82 e 86) (Resolução publicada no *DO* de 28-4-81 e Tabela Oficial de Preços publicada no *DO* de 19-10-81).
>
> Compete ao Conselho Nacional de Direito Autoral, entre outras atribuições: "fixar normas para a unificação dos preços e sistemas de cobrança e distribuição de direitos autorais" (art. 117, inc. IV, da Lei n. 5.988/73, de 1973).
>
> Não diz a lei de que forma o Conselho fixará normas para a unificação dos preços. Assim, nada impede que essa unificação seja feita através da homologação de uma tabela elaborada pelo Escritório Central de Arrecadação e Distribuição – ECAD, como fez na espécie (fls. 82).
>
> Outrossim, se ao Conselho cabe fixar as normas para a unificação dos preços, isso quer dizer que o percentual fixado anteriormente (especial

---

121. Acórdão compilado por Carlos Alberto Bittar em *A Lei de Direitos Autorais na jurisprudência* (São Paulo: Revista dos Tribunais, 1988, p. 201).

511

e especificamente, no caso, o percentual fixado no art. 1º do Dec.-Lei n. 980, de 1969) podia ser alterado, só não se podendo fugir da finalidade legal que é a unificação de preços.

Não se podendo vislumbrar ilegitimidade de origem no novo percentual fixado, a consignatória foi bem rejeitada, uma vez insuficientes a oferta e o depósito feitos[122].

Na mesma decisão, em declaração de voto vencedor, o Desembargador Geraldo Roberto fornece fundamentação insofismável:

> Nem é correto dizer que uma simples resolução está revogando um decreto-lei (equivalente de lei, no sentido próprio, nos momentos de supressão ou hipotrofia do Poder Legislativo). A força de sua resolução homologatória da Tabela Única elaborada pelo ECAD, o CNDA a extrai do poder que a Lei n. 5.988, de 1973, lhe dá, o que desarma completamente o argumento, pois só aparentemente ou indiretamente a Res. 25/81 torna sem eficácia o percentual do Dec.-Lei n. 980, de 1969. Ou mais apropriadamente, só formalmente a Res. 25/81 revoga o Dec.-lei quanto aos 0,5%. Substancialmente quem o faz é a Lei n. 5.899, de 1973.

> Cumpre, de resto, ressaltar que os considerandos do Dec.-Lei n. 980, de 1969, no sentido da conveniência de certa intervenção estatal, dado o notório dissídio entre os exibidores cinematográficos e as entidades interessadas na arrecadação de direitos autorais (principalmente quanto à inclusão de composições musicais em filmes), não deixam de ser atendidos pela homologação da Tabela Única do ECAD pelo CNDA, que é o "órgão administrativo normativo de fiscalização, consulta e assistência no que diz respeito a direitos do autor e direitos que lhes são conexos" (Dec. 76.275, de 15-9-75). Assim sendo, nem há o que temer em termos de limites razoáveis e equilíbrio dos interesses das partes, em terreno de diversão pública popular. Nem se deve considerar que a Res. n. 25, de 1981, esteja na mesma linha de resoluções governamentais em outros setores, que não ensejam oportunidade de livre discussão e defesa pessoal de direitos individuais. Sob esse aspecto, a imposição unilateral pelo Poder Executivo do percentual de 0,5% é que se identifica com tais resoluções, sempre criticadas, nos regimes políticos fortes. Destarte, não se pode nem politicamente concluir que a Lei n. 5.988, de 1973, conquanto anterior ao processo de abertura democrática mais recentemente instau-

---

122. *RJTJSP – Revista de Jurisprudência do Tribunal de Justiça de São Paulo*, São Paulo: Lex Editora, v. 94, p. 94, maio/jun. 1985.

13 | A gestão coletiva e o controle do aproveitamento de obras intelectuais...

rado tenha condenado os direitos autorais e os conexos, relativos a obras literomusicais e fonogramas incluídos em filmes e exibidos nos cinemas ou executados nos intervalos das sessões cinematográficas, à perpetuação do preço fixo de 0,5% do decreto-lei do período de excepcionalidade democrática da Junta Militar de 1969. É patente no conjunto da Lei n. 5.988, de 1973, o intuito da proteção dos direitos civis, mas sem qualquer sufocação ou, por assim dizer, desinvidualização absoluta. Um exemplo bom está no art. 5º, a dizer que não caem no domínio da União, do Estado, do Distrito Federal ou dos Municípios as obras simplesmente por eles subvencionadas. E nesse sentido a Lei n. 5.988, de 1973, se incompatibiliza inteiramente com o art. 1º do Dec.-Lei n. 980, de 1969, o qual, por isso, não se encontra, nem se põe na ressalva do art. 134 da Lei n. 5.988, de 1973. Isto posto, também neguei provimento à apelação, confirmando a r. sentença, de primorosa estrutura, recomendável à publicação nos repertórios de jurisprudência[123].

No ano seguinte (1985) a esse judicioso acórdão do Tribunal de Justiça de São Paulo, o Supremo Tribunal Federal se pronunciava em plena harmonia com aquela orientação, mediante acórdão com a seguinte ementa:

> Direitos autorais: Decreto-lei n. 980/69 e Lei n. 5.988/73. A Lei n. 5.988/73 revogou o Decreto-lei n. 980/69. Especialmente no que se refere a cobrança dos preços relativos aos direitos do autor e conexos. Não se inclui essa matéria na ressalva do artigo 134 da Lei n. 5.988/73, que regulou, com amplitude, esses direitos. Recurso extraordinário não conhecido[124].

E essa lúcida posição jurisprudencial vem se consolidando até hoje, conforme relatamos, em relação aos julgados posteriores à lei autoral vigente, de 1998, todos do Superior Tribunal de Justiça. Fundamental, nesse sentido, também, a orientação – em perfeita harmonia com as decisões anteriores a que nos referimos (*que prestigiaram as Resoluções n. 24 e 25, de 1981, do CNDA*) do Supremo Tribunal Federal, do Tribunal Federal de Recursos e dos Tribunais de Justiça de São Paulo e Rio de Janeiro – do Superior Tribunal de Justiça anteriores ao advento da lei autoral vigente, de 1998, que destacamos, inicialmente, em dois acórdãos:

---

123. Declaração de voto vencedor constante do mesmo acórdão, já referido, publicado na *RJTJSP*, v. 94, p. 95-96.

124. Acórdão de 26-11-1985, proferido no Recurso Extraordinário 105.223/DF – *indexação*: "(CNDA), HOMOLOGAÇÃO, TABELA, (ECAD)" (Primeira Turma, rel. Min. Oscar Correa, *DJ* 13-12-1985, p. 23.211).

513

– de 1992 – acórdão proferido em 20 de agosto de 1992 no Recurso Especial 13.230, com votação unânime da sua Primeira Turma, rel. Min. Humberto Gomes de Barros, com a seguinte ementa:

> Direito Intertemporal. Art. 1º. DL n. 980/69. Lei n. 5.988/73. Revogação. Competência do CNDA para aprovar tabela de remuneração de direitos autorais.
>
> O art. 1º do Decreto-lei n. 980/69, por ser incompatível com o sistema consagrado na Lei n. 5988/73, está revogado. O CNDA é competente para homologar tabelas de remuneração, baixadas pelas associações de titulares de direitos dos autos.

– de 1993 – acórdão proferido em 30 de agosto de 1993 no Recurso Especial 9.221, com votação unânime da sua Terceira Turma, rel. Min. Eduardo Ribeiro, com a seguinte ementa:

> Direitos autorais. A norma contida no Decreto-Lei n. 980/69, a estabelecer um percentual para cálculo da importância devida, a título de direitos autorais, "relativos a obras literomusicais e fonogramas incluídos em filmes e exibidos nos cinemas ou executados nos intervalos das sessões", não se compatibiliza com o disposto no artigo 117, IV, da Lei n. 5.988/73. Revogação que se reconhece.

Em 1996, ainda o Superior Tribunal de Justiça atestou a harmonização da orientação do Supremo Tribunal Federal com a do Tribunal Federal de Recursos nessa matéria:

> A jurisprudência que antes predominava no eg. STF e no extinto TFR, continuou prevalecendo neste STJ, no sentido de que o art. 1º do Dec.-Lei n. 980/69 foi revogado pelas novas disposições da Lei n. 5.988/73, cujo artigo 117 autorizou o CNDA fixar normas para a unificação de preços e sistema de cobranças de distribuição de direitos autorais.
>
> (...)
>
> Assim, conheço do recurso, por ambos os fundamentos, e lhe dou provimento, pois entendo que o disposto no art. 1º do DL 960/69, sobre o índice cobrável a título de direito autoral, foi revogado pela Lei n. 5.988/73, cujo artigo 117 autorizou o CNDA a fixar os critérios para a sua cobrança, de acordo com os precedentes citados[125].

---

125. Acórdão de 12-8-1996, proferido no Recurso Especial 86.460/PR, com votação unânime da sua Quarta Turma, rel. Min. Ruy Rosado de Aguiar.

13 | A gestão coletiva e o controle do aproveitamento de obras intelectuais...

Embora a diretiva jurisprudencial que citamos se insira no âmbito da exibição cinematográfica[126], o princípio de cobrança, a título de direitos autorais, baseada em percentual sobre a receita do usuário em que a utilização de obras intelectuais consista a essência de sua atividade, tem se consolidado internacionalmente, como é o exemplo da arrecadação calcada em participação percentual sobre a receita publicitária de emissoras de rádio e televisão.

Em 1983, Antonio Chaves já relatava:

> Na França, no tocante à rádio, os órgãos não comerciais, a Rádio France pagam anualmente às associações de Autores 4,446% sobre o produto (fora TVA) das rendas. Esta entidade não tem receita publicitária.
>
> A parte da SACEM é fixada em 50,50%. Em matéria de televisão, as três sociedades: TF1, Antenne 2, e RF3 pagam anualmente ao conjunto das associações de Autores franceses (SACEM/SDRM/SACD/SGDL): 4,50% do produto (fora TVA) das remunerações pagas pelos usuários de aparelhos receptores; 4,16% de suas receitas publicitárias.
>
> O produto dessas duas porcentagens cobre os repertórios das quatro associações em conjunto (direitos de execução pública, direito de reprodução mecânica dos repertórios musicais, dramáticos e literários). Há um entendimento entre elas para determinar a parte de competência de cada uma. Para os direitos de execução pública do seu repertório a parte da SACEM é fixada em 44,50%.
>
> (...)
>
> Na Itália, acordo da RAI, Radiotelevisione Italiana com a SIAE – Società Italiana degli Autori ed Editori, confirmado com carta da primeira de 6-11-1979, estabelece, como retribuição da autorização nela prevista, um pagamento à segunda de "uma quantia igual a 4,76% das próprias entradas brutas para taxa de assinatura, e relativos suplementos e sobrepreços a quaisquer títulos devidos, e por publicidade", ressalvando a SIAE que pelo acordo isentará a RAI de qualquer incômodo, pretensão ou turbação proveniente de quem quer que seja, com exceção das eventuais ações para a proteção do direito moral do autor.

---

126. As manifestações jurisprudenciais citadas foram provocadas pelos proprietários de salas de exibição de obras cinematográficas, mas o alcance dessas decisões tem, na prática, maior abrangência por convalidarem, expressamente, com fundamentação judiciosa e segura, o critério genérico (*sem nenhuma restrição em relação ao tipo de usuário ou modalidade de utilização*), contido no art. 4º da Resolução CNDA n. 24, de 11-3-1981, que estabeleceu que "a cobrança dos direitos autorais deverá ser feita, sempre que possível, em função do lucro direto ou indireto proveniente, para o usuário, da utilização dos bens intelectuais protegidos".

Com relação às empresas de difusão pela TV privada via éter, o sistema é mais complicado.

(...)

Também na Argentina as empresas de radiodifusão pagam cerca de 3% sobre os seus encaixes brutos, e as de TV 3,5% sobre o potencial de recebimentos, bem como os ingressos pagos, sendo que os órgãos oficiais, como a Rádio Nacional, pagam uma quantia fixa[127].

A respeito, o saudoso compositor (*letrista*) brasileiro Fernando Brant, autor de canções consagradas mundialmente, como personalidade atuante na defesa dos direitos autorais, tendo sido presidente da União Brasileira de Compositores (UBC)[128], ofereceu, em artigo publicado em 1996 no *Jornal do Brasil* (RJ), o seu lúcido depoimento, do qual destaco o seguinte trecho:

No mundo civilizado, na Europa e nos Estados Unidos, mais de oitenta por cento da arrecadação de direitos autorais vêm das emissoras de rádio e televisão. Nos Estados Unidos, estas empresas contribuem com dois por cento de seu faturamento bruto. Na Europa o percentual costuma ser maior. O entendimento generalizado no mundo é que o rádio e a televisão recebem autorização para executar todas as músicas de todos os músicos, cantores e compositores do mundo. E no intervalo elas vendem anúncios. A música é, pois, essencial para o funcionamento delas, é motivo preponderante para que elas obtenham seus lucros. É ponto pacífico este entendimento nos países em que a Sociedade e os empresários respeitam de verdade o direito de autor. Fica claro que a arrecadação dos direitos autorais nestes países é mais que respeitável e há muito para distribuir. No Brasil luta-se há décadas para que se respeite este princípio de justiça.

Consequentemente, a consolidação, na jurisprudência, dos dois princípios que acabamos de expor, quais sejam: (a) a autonomia de fixação, pelo ECAD, de critérios de cobrança e preços de direitos autorais; e (b) a regra fundamental da remuneração percentual sobre a receita em função da essencialidade da utilização de música na atividade do usuário, constitui o alicerce seguro da arrecadação na gestão coletiva de direitos autorais na execução pública de obras musicais e fonogramas.

---

127. Artigo citado, p. 448-449.
128. A respeito do histórico da UBC, fundada em 22-6-1942 sob o comando do renomado compositor Ary Barroso, e sua relevante participação na evolução do regime de gestão coletiva de direitos autorais, *vide* a parte inicial deste capítulo, item 13.1.1.

B – O regulamento vigente de arrecadação do ECAD

Com o advento da Lei n. 12.853, de 2013, e do Decreto n. 8.469, de 2015, o ECAD atualizou o seu regulamento de arrecadação. A sua consolidação concretizou-se a partir da 450ª reunião da Assembleia Geral do ECAD, de 22 de outubro de 2015, tendo sido pela última vez alterada pela 555ª reunião, de 15 de junho de 2022, fixando os seguintes "Princípios Gerais de Arrecadação", cujos trechos principais transcrevemos a seguir:

> Art. 3º. As diferentes formas de execução pública musical são independentes entre si, ainda que realizadas por um mesmo usuário, no mesmo local, e para cada uma delas será necessária a obtenção da correspondente licença, conforme artigo 31 da Lei 9.610/98.
>
> Art. 4º. A licença concedida pelo Ecad permite a utilização de obras musicais e fonogramas sem limitação do número de obras musicais e fonogramas a serem utilizados.
>
> Art. 5º. Os valores arrecadados serão distribuídos aos titulares de direitos de obras musicais e de fonogramas em conformidade com o Regulamento de Distribuição do Ecad e com o previsto no parágrafo 3º do artigo 6º do Decreto nº 9.574/18.
>
> Art. 6º O usuário ficará responsável por fornecer os dados necessários ao cálculo do preço da licença, assim como as informações para a distribuição dos valores arrecadados, de acordo com o artigo 68, parágrafo 6º, da Lei 9.610/98 e artigo 22 do Decreto 5.974/18.

Em função de tais princípios, foram consolidadas as seguintes normas gerais de arrecadação:

> Art. 9º A fixação dos preços da licença para a execução pública musical será baseada:
>
> I – Como regra, na receita bruta do usuário, conforme estabelecido pelo artigo 11 do presente regulamento ou;
>
> II – No custo musical, definido nos artigos 12 e 13 do presente regulamento ou;
>
> III – Na Unidade de Direito Autoral (UDA), quando a arrecadação não incidir sobre a receita bruta ou nos casos especificados neste regulamento ou;
>
> IV – Na "Tabela de preços para rádios", no caso de cobrança de rádios, quando cabível ou;
>
> V – Na "Tabela de preços para televisão pública com conteúdo de entretenimento" ou;
>
> VI – Na "Tabela de preços para clínicas e consultórios".

Parágrafo único. Observados os critérios previstos nos incisos acima, a assembleia geral poderá definir outro critério para a fixação de preços referentes à execução pública musical.

Art. 11. Para fins do presente regulamento, consideram-se como elementos formadores da receita bruta do usuário toda receita relacionada à execução pública musical, tais como, mas não limitados a: venda de ingressos, entradas, convites, *couvert* artístico, venda de mortalhas, abadás, camisetas, consumação obrigatória, aluguéis de mesa, comercialização de anúncios ou espaços publicitários, patrocínios, apoios, incentivos, venda de recipientes para festivais de bebidas, assinaturas, qualquer outra modalidade de receita, ainda que implícita, sempre que relacionadas com a execução pública musical.

§ 1º Nos eventos para os quais são vendidas assinaturas referentes a uma série de apresentações, a renda obtida com a venda das assinaturas também será considerada para composição da receita bruta. Para efeito de cálculo da receita bruta de cada apresentação, o valor total da assinatura será dividido pela quantidade de eventos.

§ 2º No caso de eventos em que houver cobrança de ingresso, o borderô oficial de bilheteria poderá ser aceito como fonte de comprovação da receita bruta. Para este fim, entende-se como borderô oficial o relatório idôneo, contendo necessariamente as seguintes informações: (i) ticketeira responsável pelas vendas online, (ii) nome, local e data de realização do evento, (iii) detalhamento da bilheteria apresentando a quantidade de ingressos vendidos, os lotes disponibilizados e seus respectivos valores e por setor, assim como a quantidade de cortesias oferecidas, (iv) data de extração do borderô na plataforma da ticketeira e (v) qualquer outra informação capaz de dar ainda mais veracidade ao documento.

§ 3º Nos eventos e espetáculos musicais para os quais são vendidas assinaturas referentes a uma série de apresentações, a renda obtida com a venda das assinaturas também será considerada para composição da receita bruta. Para efeito de cálculo da receita bruta de cada apresentação, o valor total da assinatura será dividido pela quantidade de eventos ou espetáculos musicais.

Art. 11. Tratando-se de espetáculos musicais para os quais não exista venda de ingresso, o preço da licença será fixado de acordo com os critérios descritos nos parágrafos que compõem este artigo.

§ 1º Para espetáculos musicais realizados em logradouros públicos e/ou em ambientes abertos, onde não há viabilidade de delimitação do espaço utilizado, bem como, na impossibilidade da cobrança por parâmetro

13 | A gestão coletiva e o controle do aproveitamento de obras intelectuais...

físico, o preço será definido com base no percentual sobre o custo musical, composto pelos valores contratados com cachês de artistas e músicos e despesas com equipamentos de áudio, vídeo, iluminação e montagem de palco.

§ 2º Quando o espetáculo musical for realizado em ambiente fechado ou quando há viabilidade de delimitação de área, o preço da licença será fixado em UDAs e apurado conforme o parâmetro físico. Porém, quando o preço da licença fixado de acordo com o parâmetro físico for menor do que o preço calculado com base em percentual sobre o custo musical, este deverá prevalecer.

§ 3º Para aplicação do custo musical, além do contrato do cachê com artistas e músicos, o usuário deverá apresentar os contratos firmados com as empresas fornecedoras dos demais custos do evento ou as respectivas notas fiscais de pagamento dos serviços, conforme parágrafo primeiro deste artigo. Para eventos promovidos por entes públicos, na falta dos documentos acima, poderão ser consideradas como comprovação do custo musical as publicações no Diário Oficial ou em nota de empenho.

Art. 13. O preço da licença para a execução pública em eventos e espetáculos musicais será fixado com base na quantidade de ingressos efetivamente vendidos, excluindo-se os ingressos de cortesia, se houver.

§ 1º Para efeito de cálculo do valor da licença, os ingressos de cortesia ficam limitados a 10% (dez por cento) do total dos ingressos vendidos.

§ 2º Consideram-se ingressos de cortesia aqueles cedidos gratuitamente ou cujo valor seja muito inferior, ou desproporcional, ao valor dos demais ingressos vendidos.

§ 3º Caso a quantidade de ingressos de cortesia exceda o limite de 10% (dez por cento) previsto no parágrafo primeiro deste artigo, o valor dos ingressos excedentes será calculado com base na média dos ingressos efetivamente vendidos.

§ 4º Para efeito do cálculo da receita do evento ou espetáculo musical serão considerados os valores dos ingressos efetivamente vendidos a preço normal e aqueles vendidos a preços diferenciados, tais como: setores diversos, descontos para estudantes/idosos/conveniados, filipetas, lotes, entre outros.

§ 5º Exclui-se do cálculo da receita todas as credenciais que permitam o acesso ao local do evento, tais como: credenciais de serviço, bombeiros, policiais ou outras entidades de controle de segurança.

Art. 14. Nas hipóteses em que a arrecadação de direitos autorais de execução pública musical não for baseada na receita bruta do usuário, com vistas a associar valor monetário à arrecadação, será utilizado o referencial denominado Unidade de Direito Autoral (UDA).

Parágrafo único. O valor da Unidade de Direito Autoral (UDA) é fixado pelas associações de gestão coletiva musical reunidas na assembleia geral do ECAD, no exercício do direito previsto no inciso XXVII do artigo 5º da Constituição Federal, e será objeto de reajustes periódicos.

Art. 15. A fixação do preço da licença de execução pública musical com base na quantidade de UDAs considerará os seguintes critérios:

I – Parâmetro físico – Para usuários que se utilizem de sonorização ambiental, tais como casas de espetáculo, lojas comerciais, *shoppings*, supermercados, academias de ginástica, restaurantes, lanchonetes entre outros; ou, nas hipóteses previstas nos artigos 12 e 13 acima, o valor referente à quantidade de UDAs, será apurado de acordo com a área sonorizada, que será calculada com base na metragem do espaço ou no número de pessoas que o ambiente comporta.

II – Taxa média de utilização – Para usuários do segmento de hotéis e motéis, em atenção à Súmula n. 261 do Superior Tribunal de Justiça, o valor referente à quantidade de UDAs será calculado conforme a taxa média de ocupação e utilização dos equipamentos disponibilizados, apurada por estudo estatístico, considerando ainda a quantidade de aposentos do usuário.

III – Quantidade de veículos, embarcações, composições ou voos – Para hipóteses em que a execução ocorra por meio de serviço de alto-falante ou em empresas de transporte aéreo, marítimo e terrestre, o valor referente à quantidade de UDAs será calculado de acordo com o número de veículos, embarcações, composições ou voos, conforme os critérios estabelecidos pela tabela de preços do ECAD. Excetuam-se os casos previstos nos itens 02 e 18 da tabela de preços/usuários eventuais, parte integrante deste regulamento.

IV – Grupo de aparelhos – Em relação à execução pública de fundo incidental na espera telefônica, o valor referente à quantidade de UDAs será calculado conforme a quantidade de aparelhos utilizados pelo usuário que disponibilizem tal serviço.

V – Outros – Nas hipóteses em que não é possível a utilização de um critério com vistas a definir o valor referente à quantidade de UDAs, a assembleia geral do ECAD fixará o valor da licença, observando os cri-

13 | A gestão coletiva e o controle do aproveitamento de obras intelectuais...

térios de isonomia e proporcionalidade estabelecidos por este regulamento, bem como a forma prevista no parágrafo primeiro do artigo 6º do Decreto n. 8.469/15.

Em seguida, trata o Regulamento da proporcionalidade da cobrança:

Art. 16. Com vistas a atender ao artigo 98, §4º, da Lei Federal n. 9.610/98, a fixação de preço para licença de execução pública musical observará os seguintes critérios de proporcionalidade, que serão aplicados conforme particularidades de cada usuário:

I – A importância da utilização de obras musicais, literomusicais e fonogramas para a atividade econômica (segmento) exercida pelo usuário;

II – O grau de utilização de música pelo usuário, assim classificado em alto, médio e baixo, conforme artigo 21 deste Regulamento;

III – Se o usuário se enquadra nos critérios de usuário permanente;

IV – Se a execução pública musical realizada pelo usuário se der exclusivamente pela forma "ao vivo";

V – Se o usuário, em espetáculos musicais, executar publicamente obras musicais e literomusicais (i) em domínio público; (ii) que se encontram licenciadas mediante gestão individual de direitos; ou (iii) sob outro regime de licença que não o da gestão coletiva;

VI – A categoria socioeconômica e nível populacional da região em que foi realizada a execução pública das obras e fonogramas;

VII – Se o usuário é entidade religiosa ou produz evento de caráter religioso;

VIII – Se o usuário é entidade beneficente ou produz evento de caráter beneficente;

IX – Se o usuário participa de convênios firmados pelo ECAD;

X – Se o usuário é emissora de televisão pública com conteúdo de entretenimento;

XI – Se usuário é emissora de televisão educativa, universitária, legislativa ou judiciária;

XII – Se o usuário é emissora de televisão publicitária com transmissão em UHF;

XIII – A frequência Hertziana e potência das emissoras de rádio;

XIV – Se o usuário é emissora de rádio comunitária;

XV – Se o usuário é emissora de rádio educativa e mantida ou subsidiada por entidades governamentais;

XVI – Se o usuário é emissora de rádio jornalística;

XVII – Se o usuário é uma rede de lojas;

XVIII – Se o *buffet* e/ou *open bar* estiverem incluídos no valor do ingresso do evento;

Parágrafo único. Os critérios previstos acima não serão necessariamente aplicados de forma cumulativa.

Art. 17. Os critérios, bem como as variações de índices e percentuais, estabelecidos na tabela de preços para cada segmento refletem o grau de importância das obras musicais e fonogramas na atividade econômica exercida pelo usuário.

Art. 18. Os usuários serão classificados também de acordo com o grau de utilização de música, apurado da seguinte forma:

Grau de utilização

Baixo até 25% do período total de seu funcionamento.

Médio acima de 25% e até 75% do período total de seu funcionamento.

Alto acima de 75% do período total de seu funcionamento.

§ 1º Não será aplicado o critério de grau de utilização de música disposto no *caput* deste artigo sempre que, para o segmento em questão, a execução musical for inerente ou essencial, tais como: shows, espetáculos musicais, desfiles de escolas de samba, blocos, bailes de carnaval, réveillon, juninos e similares, trios elétricos, micaretas, eventos sociais, bailes, rádios, televisões, cinemas, casas de diversão, serviços digitais, eventos esportivos em que a música seja fundamental.

§ 2º Não será aplicado o critério de grau de utilização de música disposto no *caput* deste artigo nas hipóteses em que não for possível a apuração do período diário de funcionamento do usuário.

Art. 19. A partir da data de publicação deste regulamento, os usuários cujo enquadramento já esteja cadastrado no banco de dados informatizado do Ecad serão classificados de acordo com o grau de utilização musical como "nível médio", salvo se o usuário se enquadrar na hipótese prevista pelo parágrafo primeiro do artigo 21 deste Regulamento.

Art. 20. O presente Regulamento protege os direitos de autor e dos que lhe são conexos, logo, caso o usuário execute publicamente obras musicais somente na forma "ao vivo", será aplicada redução de 1/3 (um terço) sobre o preço da licença para execução musical "mecânica". Essa redução se deve ao fato de não haver cobrança de direitos conexos em execuções musicais exclusivamente "ao vivo".

13 | A gestão coletiva e o controle do aproveitamento de obras intelectuais...

Art. 21. A fixação do preço da licença no caso de espetáculos musicais sofrerá redução proporcional à quantidade de obras musicais executadas publicamente que estejam em domínio público; que se encontrem licenciadas mediante gestão individual de direitos; ou estejam sob outro regime de licença que não o da gestão coletiva, conforme artigo 8º, inciso III, do Decreto n. 9.574/18.

§ 1º Tendo em vista o caráter indivisível da obra musical, a redução proporcional prevista no *caput* deste artigo refere-se à obra como um todo, não sendo permitido o seu fracionamento.

§ 2º A hipótese prevista no *caput* deste artigo está condicionada à apresentação de documentação comprobatória e do repertório musical contendo todas as obras que serão executadas, com antecedência mínima de 48 (quarenta e oito) horas úteis da realização do evento.

§ 3º Para o cálculo da redução proporcional prevista neste artigo, em casos de eventos únicos ou realizados em diversos palcos que tiverem show de abertura e/ou encerramento e show principal, deverão ser considerados os mesmos critérios previstos para distribuição dos valores arrecadados, conforme artigo 19, parágrafo 6º do Regulamento de Distribuição:

Tipo de show	Apenas um palco
Show único	100%
Show de abertura e/ou encerramento	20%
Show principal	80%

Tipo de show	Diversos palcos
	principal/secundário/outros/total
Show de abertura e/ou encerramento	20%/1,5%/0,5%/10%
Show principal	72%/13,5%/4,5%/90%
Show único	80%/15%/5%/100%

Caso haja apenas dois palcos, a proporção considerada será de 80% para o palco principal e 20% para o secundário.

I – Não possuírem débitos de direitos autorais com o Ecad.

II – Informarem ao Ecad o repertório musical e demais documentações solicitadas que se fizerem necessárias, como: alvará Prefeitura e/ou Corpo de Bombeiros, planta do evento, sinopse do evento ou demais documentos comprobatórios que possibilitem o entendimento e confirmação da configuração do evento.

III – Não tiver nenhuma pendência de documentação de eventos realizados anteriormente ao que estiver sendo licenciado.

IV – Permitirem o livre acesso dos representantes do Ecad nas dependências do evento, para aferição do público presente, configuração, coleta de repertório musical e possíveis gravações, tendo como objetivo a identificação das músicas executadas.

Art. 22. Tratando-se de espetáculos musicais e teatrais ou dança, será concedido 50% (cinquenta por cento) de desconto sobre o preço da licença de acordo com os critérios descritos nos parágrafos que compõem este artigo:

§ 1º Será concedido o desconto nos licenciamentos que considerem os percentuais sobre a receita bruta ou custo musical, passando de 10% (dez por cento) para 5% (cinco por cento) para música ao vivo e de 15% (quinze por cento) para 7,5% (sete e meio por cento) para música mecânica.

§ 2º O valor da retribuição autoral para espetáculos teatrais, balé e de dança, sendo calculado de forma proporcional à participação da execução ou do conjunto de execuções musicais no tempo do espetáculo, terá o percentual mínimo de 1% (um por cento) e o máximo será de 5% (cinco por cento) da receita bruta do espetáculo.

§ 3º Terão direito a redução descrita no parágrafo anterior os usuários que:

§ 4º O desconto poderá ser aplicado desde que o preço final da licença não seja inferior a 1 UDA por evento.

§ 5º O desconto previsto no caput deste artigo não poderá se acumular com demais reduções previstas em convênios.

Art. 23. As concessões previstas no artigo 22, não serão aplicadas aos festivais de música e congêneres, quando o preço fixado pela licença for igual ou superior a 30.000 (trinta mil) UDAs por evento.

Art. 24. Em caso de execução pública musical em evento de caráter religioso, produzido por entidade religiosa, os preços fixados para a concessão da licença sofrerão redução de 15% (quinze por cento), desde que o produtor encaminhe ao Ecad o requerimento e o repertório musical das obras que serão executadas, até a data do licenciamento.

Art. 25. Em caso de execução pública musical em evento comprovadamente de caráter beneficente, os preços fixados para a concessão da li-

13 | A gestão coletiva e o controle do aproveitamento de obras intelectuais...

cença sofrerão redução de 30% (trinta por cento), desde que o produtor do evento encaminhe ao Ecad o requerimento e o repertório musical das obras que serão executadas, até a data do licenciamento.

Parágrafo único. Para aplicação do desconto, o objetivo da realização do evento deve ser exclusivamente a causa filantrópica, bem como a comprovação da instituição que será beneficiada com toda a receita gerada pelo evento.

Art. 26. No caso de eventos, em que no valor do ingresso vendido estiverem incluídos os serviços de bufê ou open bar, durante todo o período do evento, para apuração da receita bruta de bilheteria, será admitida redução de 15% (quinze por cento) sobre o valor do referido ingresso para apuração da receita bruta de bilheteria.

Parágrafo único. Para aplicação do desconto, essa informação deve estar claramente publicada na divulgação do evento, bem como nos pontos de vendas dos ingressos.

Art. 27. No caso de eventos em que o promotor responsável conceda ao Ecad acesso online ao borderô de bilheteria via "ticketeira", com disponibilidade de acesso em tempo real ao detalhamento de vendas de ingressos até o seu fechamento, será admitida redução de 30% (trinta por cento) sobre o preço da licença.

Art. 28. Não serão acumulados para um mesmo licenciamento os descontos de eventos religiosos, bufê e/ou open bar e acesso online ao borderô de bilheteria via "ticketeira", descritos nos artigos 24, 26 e 27.

Art. 29. O usuário filiado a qualquer entidade que mantenha convênio com o Ecad fará jus ao benefício pactuado no convênio, desde que cumpra todos os requisitos ali estabelecidos.

Art. 30. Consideram-se redes de TV pública e/ou educativa com conteúdo de entretenimento e TV pública e/ou educativa com predominância de conteúdo informativo aqueles usuários que contam com a quantidade mínima de 36 emissoras e seus respectivos descontos são aplicados conforme tabela a seguir:

Quantidade de emissoras	Desconto de
A partir de 36 até 74	25%
A partir de 75 até 125	40%
A partir de 126	50%

Art. 31. Consideram-se redes os usuários que contam com o mínimo de 10 (dez) estabelecimentos ou a soma das áreas de circulação igual ou superior a 4.000 (quatro mil) metros quadrados, conforme previsto na tabela de preços nos itens 8.3.1. Redes de bares, restaurantes, lanchone-

tes e similares; 8.7.1. Redes de consultórios, clínicas e laboratórios e 8.9.1. Redes de lojas, escritórios, mini mercados e supermercados.

Após essas disposições, o Regulamento, em seus arts. 43 a 54, emite as regras de concessão da licença para execução pública musical e finaliza as normas gerais com quatro artigos.

A partir dessas normas gerais, consolida, no seu Capítulo VIII, um "enquadramento dos usuários e das utilizações musicais", já incluindo disposições específicas para cobrança de serviços digitais como o *streaming*, *webcasting* e *simulcasting* já referidos anteriormente[129].

13.1.5.2. A distribuição

O ECAD mantém um "Regulamento de Distribuição", que, votado pelas associações que o comandam[130], estabelece os critérios de distribuição entre os titulares dos direitos autorais da receita arrecadada no período. O referido regulamento é integrado por 59 artigos, divididos em 14 capítulos. O início do regulamento atual – até o Capítulo IV – de distribuição do ECAD, aprovado pela sua 500ª reunião da assembleia geral de 17 de outubro de 2018, é voltado às regras de cadastro, destacando-se as seguintes:

§ 4º Para efeitos deste Regulamento, considera-se:

I. Dos titulares

a) Titular: pessoa física ou jurídica participante da criação de obra musical e/ou gravação de fonograma.

b) Titular associado: pessoa física ou jurídica filiada a uma das Associações integrantes do ECAD ou suas representadas.

---

129. *Vide* detalhamento em www.ecad.org.br (regulamento de arrecadação).

130. Atualmente (2018) o ECAD é integrado por sete associações de titulares de direitos autorais: ABRAMUS – Associação Brasileira de Música e Artes; AMAR – Associação de Músicos, Arranjadores e Regentes; ASSIM – Associação de Intérpretes e Músicos; SBACEM – Sociedade Brasileira de Autores, Compositores e Escritores de Música; SICAM – Sociedade Independente de Compositores e Autores Musicais; SOCINPRO – Sociedade Brasileira de Administração e Proteção de Direitos Intelectuais; e UBC – União Brasileira de Compositores. No sistema de gestão coletiva de competência do ECAD, além de dirigi-lo, as funções operacionais das associações de titulares de direitos autorais que o compõem consistem em: (a) representar os seus associados em relação à arrecadação e distribuição promovida pelo ECAD, definindo critérios e dirigindo, em conjunto, todas as suas atividades; (b) repassar aos seus respectivos associados (*brasileiros e estrangeiros*) os valores arrecadados no território brasileiro e distribuídos pelo ECAD; e (c) repassar, uma vez que mantenham convênios com associações congêneres estrangeiras, os valores oriundos do exterior aos autores e demais titulares brasileiros de direitos autorais decorrentes da execução pública de obras musicais e fonogramas brasileiros no exterior, responsabilizando-se, também, pela ação recíproca: transferir aos titulares estrangeiros os valores – arrecadados e distribuídos pelo ECAD – provenientes da execução pública de obras musicais e fonogramas de titularidade destes no território nacional.

13 | A gestão coletiva e o controle do aproveitamento de obras intelectuais...

c) Titular associado sem representação: pessoa física ou jurídica filiada a uma das Associações extintas ou inativas no ECAD ou sem representação.

d) Titular pendente de identificação: pessoa física ou jurídica participante da criação de obra musical e/ou da gravação de fonograma, não filiada a nenhuma das Associações de gestão coletiva de direitos autorais de execução pública ou cuja filiação não foi identificada no ato do cadastro.

e) Titular autoral (titular de direitos de autor): pessoa física, detentora dos direitos morais e/ou patrimoniais da obra musical, e pessoa jurídica, detentora de direitos patrimoniais. Os titulares de direitos de autor estão organizados nas categorias:

e.1) Autor/compositor;

e.2) Editor.

f) Titular conexo (titular de direitos conexos): pessoa física detentora dos direitos morais e/ou patrimoniais do fonograma e pessoa jurídica detentora de direitos patrimoniais. Os titulares de direitos conexos estão organizados nas categorias:

f.1) Intérprete;

f.2) Produtor fonográfico;

f.3) Músico executante.

II. Do objeto da proteção

a) Obra musical e/ou literomusical: fruto de criação que possui como produto final letra e música ou simplesmente música. As regras para a composição do cadastro da obra musical estão descritas no Art. 5 deste regulamento.

b) Versão: obra musical derivada de uma obra musical original. As regras para a composição do cadastro da versão estão descritas no Art. 6 deste regulamento.

c) Pot-pourri: interpretação de várias músicas em sequência formando uma única execução musical. As regras para a composição do cadastro do pot-pourri estão descritas no Art. 7 deste regulamento.

d) Fonograma: fixação de som de uma execução musical. As regras para a composição do cadastro do fonograma estão descritas no Art. 8 deste Regulamento.

e) Obras audiovisuais: fixação de imagem e som que tenha a finalidade de criar, por meio de reprodução, a impressão de movimentos. A trilha sonora musical relacionada nas fichas técnicas (*cue-sheets*) das obras audiovisuais será utilizada para viabilizar a distribuição dos direitos autorais e conexos aos respectivos titulares. As regras para a composição do cadastro da obra audiovisual estão descritas no Art. 9 deste regulamento.

III. Da documentação

a) CAE (*Compositeur, Auteur and Editeur*): código internacional padrão para a identificação de titulares de direito de autor;

b) Ficha técnica (*cue-sheet*): Documento utilizado para registrar as informações técnicas da obra audiovisual (filme, seriado, desenho, novelas e minisséries) e da respectiva trilha sonora musical.

c) GRA: Documento de gravação, anterior a criação do ISRC, utilizado para identificar os titulares de direitos conexos.

d) IPI (*Interested Parties Information*): código internacional padrão para a identificação de titulares de direito de autor.

e) ISRC (*International Standard Recording Code*): código padrão internacional de gravação, utilizado como identificador básico de cada gravação fonográfica. Esta codificação é alfanumérica composta de 12 caracteres, divididos em quatro elementos que representam o país, o proprietário da gravação, o ano de gravação e um número sequencial.

f) ISWC (*International Standard Work Code*): Código padrão internacional atribuído aos cadastros de obras musicais liberados que atendem às regras estabelecidas pela Cisac – Confederação Internacional das Sociedades de Autores e Compositores.

IV. Dos cadastros

a) Cadastro de fonograma pendente de validação: cadastro realizado pela associação do titular participante do fonograma, cuja categoria seja intérprete ou músico executante e que não seja a representante do produtor fonográfico, responsável pelos dados cadastrais;

b) Cadastro de fonograma por publicação simultânea: fonograma publicado pela primeira vez num país não signatário da Convenção de Roma e que, dentro de trinta dias seguintes à publicação, também tenha sido publicado num país signatário;

c) Cadastro de obra musical pendente de validação: cadastro de obra musical derivada realizado por uma associação que não representa todos os titulares autorais participantes da obra original;

d) Cadastro em conflito ou bloqueado: cadastros de titular, obra musical, versão, pot-pourri, fonograma e obra audiovisual que estejam com duplicidade de informações e/ou apresentem divergências. Esses cadastros permanecerão bloqueados até que o conflito seja solucionado e/ou esclarecido;

13 | A gestão coletiva e o controle do aproveitamento de obras intelectuais...

e) Cadastro liberado: cadastro de titular, obra musical, versão, pot-pourri, fonograma e audiovisual que atenda respectivamente aos requisitos obrigatórios descritos nos artigos 5º a 10º deste regulamento, cuja situação cadastral esteja com o status de "liberada" no sistema de informações;

f) Cadastro pendente de documentação: cadastro de fonograma por rótulo e por publicação simultânea com pendência de documentação para viabilizar a validação e a consequente alteração da situação cadastral no sistema de informações para "liberada";

g) Cadastro pendente de identificação: cadastro provisório de titular, obra musical, versão, fonograma e obra audiovisual, que permanecerá com o *status* "pendente de identificação" no sistema de informações até a efetivação do cadastro pelas associações;

h) Cadastro por rótulo/encarte: cadastro parcial de fonograma realizado por meio de suporte material, gráfico ou digital, cujas informações são utilizadas para identificar e direcionar créditos para ao titular de categoria "intérprete". O cadastro por rótulo ficará pendente de documentação até serem validadas as informações, que serão utilizados para a distribuição;

i) Link de obra: codificação que informa a existência de relacionamento entre os titulares da obra.

V. Das captações/da amostragem/da distribuição

a) Amostragem estatística: entende-se como uma quantidade de execuções musicais que seja representativa de todas as execuções de obras musicais/fonogramas executados e suficiente para estabelecer o rateio proporcional da distribuição indireta;

b) Assembleia geral: a assembleia geral, órgão supremo do ECAD, é responsável pelas suas normas de direção e fiscalização e será composta pelas associações que o integram (artigo 21º do Estatuto do Ecad);

c) Crédito retido: valores preservados no Ecad por um período de até 05 anos, referentes às execuções participantes dos róis cujos cadastros de obra, fonograma ou titular estejam "pendentes de identificação" ou em conflito;

d) Direitos gerais: segmento que se caracteriza pelo repasse de valores de direitos autorais arrecadados da sonorização ambiental de estabelecimentos como clube social, hotel/motel, academia, bingo, hospitais, bancos comerciais, lojas comerciais, supermercados, terminais, shoppings, consultórios/clínicas, condomínios, entre outros estabelecimentos comerciais que são enquadrados pela área de arrecadação como "usuários gerais";

e) Execução pública musical: a utilização de obras musicais e literomusicais, mediante a participação de artistas, remunerados ou não, ou a utilização de fonogramas e obras audiovisuais, em locais de frequência

529

coletiva, por quaisquer processos, inclusive a radiodifusão ou transmissão por qualquer modalidade, e a exibição cinematográfica (artigo 68, § 2º, da Lei n. 9.610/98);

f) Planilhas de programação: planilha padronizada por meio da qual as emissoras de TV aberta enviam a relação completa de obras e fonogramas utilizados em sua programação;

g) Rol de créditos retidos: relação de titulares, obras musicais e fonogramas que participaram da distribuição, mas cujos créditos ficaram retidos por pendência de identificação ou conflito cadastral;

h) Rol de execuções musicais: relação de obras musicais e fonogramas executados que tenham sido captados e identificados para compor a distribuição de acordo com os critérios de cada rubrica;

i) Rol de obras audiovisuais: relação de obras áudiovisuais exibidas que tenham sido captadas e identificadas para compor a distribuição de acordo com os critérios de cada rubrica;

j) Roteiro musical: documento que relaciona todas as obras executadas no espetáculo musical;

k) TV audiovisual: nomenclatura atribuída à programação de novelas, minisséries, seriados, desenhos animados, filmes e demais programações que sejam documentadas por meio de ficha técnica e sempre que o rol for baseado na identificação da obra audiovisual;

l) TV planilha: nomenclatura atribuída aos programas de auditório, entrevistas, humorísticos, variedades, jornalismo e demais programações e sempre que o rol for baseado na identificação da obra musical/fonograma.

Art. 3º O Ecad manterá cadastros de titulares, obras musicais, versões, pot-pourri, fonogramas e obras audiovisuais, protegidos na forma da lei, com a finalidade de viabilizar a identificação e a correspondente distribuição dos direitos arrecadados.

§1º O Ecad manterá um sistema informatizado por meio do qual as associações efetuarão cadastros *on-line*, ou por meio de importação eletrônica de dados, sendo atribuído um código interno para cada cadastro realizado.

§2º O preenchimento dos cadastros de titulares, obras musicais, versões, fonogramas, obras audiovisuais estrangeiras e todos os filmes/desenhos nacionais será exclusivamente realizado pelas associações integrantes do Ecad na forma padronizada por sua assembleia geral.

§3º Na inexistência dos cadastros acima indicados, o Ecad poderá efetuá-los provisoriamente quando houver captação da execução pública. O cadastro provisório ficará pendente de identificação até ser efetivado pelas associações.

13 | A gestão coletiva e o controle do aproveitamento de obras intelectuais...

Art. 4º O cadastro do Ecad será composto de um rol de informações coletadas e organizadas nos seguintes padrões:

I. Cadastro de titular;

II. Cadastro de obra musical e literomusical;

III. Cadastro de versão;

IV. Cadastro de pot-pourri;

V. Cadastro de fonograma;

VI. Cadastro de obra audiovisual.

§1º Sempre que solicitadas, as associações deverão encaminhar ao Ecad cópias dos documentos relativos aos cadastros mencionados nos incisos I a VI deste artigo.

§2º Para possibilitar a proteção dos direitos de titulares filiados a associações estrangeiras, a associação nacional representante será identificada por meio do contrato de representação firmado com a associação de origem dos respectivos titulares, cuja cópia ficará arquivada no Ecad.

O Capítulo V cuida da Distribuição dos Direitos de Autor e Conexos:

Art. 19º A distribuição dos direitos de autor e dos que lhe são conexos, arrecadados pelo Ecad, será feita de forma direta ou indireta, obedecendo à proporção de 66,67% para a parte autoral e 33,33% para a parte conexa;

§1º De acordo com os segmentos de arrecadação e de execução musical, serão criadas rubricas específicas de distribuição dos valores para contemplar as obras musicais e fonogramas executados.

§2º Os valores advindos dos usuários gerais que utilizam programação de rádio, TV ou qualquer outro tipo de programação musical para sonorização de seus estabelecimentos comerciais, quando não forem distribuídos em rubrica específica, serão direcionados para as rubricas de rádio AM/FM e TV aberta, nas seguintes proporções:

I. 95% da verba de cada região do Brasil serão acrescidos às respectivas verbas das rubricas de rádios regionalizadas;

II. 5% da verba serão rateados e acrescidos proporcionalmente ao valor a ser distribuído de cada emissora de TV aberta em relação ao total arrecadado do segmento.

§3º O Ecad repassará os valores apurados em seus processos de distribuição às associações integrantes da gestão coletiva, que efetuarão o pagamento aos seus respectivos titulares associados.

§4º O repasse dos valores distribuídos às associações ocorrerá somente

531

se a situação cadastral das obras musicais, versões, pot-pourri, fonogramas, obras audiovisuais e titulares contemplados estiver "liberada". Caso contrário, os créditos ficarão retidos conforme descrito no Art. 57º deste regulamento.

§5º Farão jus aos direitos conexos todos os fonogramas nacionais e estrangeiros executados na programação musical das rubricas que contemplem esse tipo de direito, de acordo com as regras de distribuição de cada rubrica.

§6º A distribuição dos valores provenientes da utilização musical "ao vivo" contemplará somente a parte autoral, não havendo a divisão proporcional descrita no *caput* deste artigo.

Em seguida, o Capítulo VI regula a "Distribuição Direta":

Art. 20º A distribuição direta consiste na divisão da verba líquida arrecadada pelas músicas executadas, de acordo com a frequência e/ou tempo de duração da execução musical.

§1º A distribuição direta será realizada de forma a contemplar todas as execuções musicais informadas e/ou identificadas pelo Ecad, de acordo com cada rubrica distribuída nesse formato.

§2º A distribuição direta considerará as seguintes periodicidades e rubricas:

I. Mensal: rubricas de show e serviços digitais (internet show);

II. Trimestral: rubricas das emissoras de TV aberta e serviços digitais (streaming);

III. Semestral: rubrica de cinema.

Distribuição Direta Mensal

Show

Art. 21º A distribuição da rubrica show contemplará os titulares de direitos de autor e será realizada de forma individualizada, com base na verba líquida arrecadada de cada evento, rateada pelas execuções das obras musicais que compuseram a receita arrecadada em:

I. Espetáculos musicais;

II. Espetáculos circenses;

III. Espetáculos de natureza diversa (teatro, balé, variedades e assemelhados);

IV. Espetáculos carnavalescos;

V. Festejos regionais.

§1º Para os incisos I, IV e V do *caput* deste artigo, entende-se como show a apresentação musical cuja principal fonte de atração do público seja o artista que se apresenta.

13 | A gestão coletiva e o controle do aproveitamento de obras intelectuais...

§2º Para possibilitar a distribuição de forma direta, o registro das execuções musicais deverá constar em roteiro musical próprio e/ou gravação.

§3º A área de Arrecadação do Ecad encaminhará o roteiro musical e/ou gravação para a área de Distribuição, que será responsável pela identificação do repertório executado.

§4º A gravação de shows será realizada pelo Ecad sempre que houver viabilidade e disponibilidade. Essa gravação poderá substituir o roteiro musical.

§5º Caso não haja roteiro musical e/ou gravação de um show para a composição do rol, poderá ser utilizado um rol de outro show do mesmo artista, conforme regras descritas em procedimento interno.

§6º Nos eventos únicos ou realizados em diversos palcos, o valor a ser distribuído será rateado pela quantidade de execuções musicais, independentemente do seu tempo de duração, e levará em conta os pesos (percentuais), conforme tabela explicativa. As exceções serão analisadas e definidas pela assembleia geral. (...)

§ 7º Nos eventos em que se apresentarem diversos artistas e quando não houver diferenciação entre as atrações, o valor a ser distribuído será rateado em partes iguais de acordo com a quantidade de intérpretes.

§ 8º Após a apuração inicial descrita no parágrafo anterior, será realizado um novo rateio no qual o valor apurado correspondente a cada intérprete será rateado por suas respectivas execuções musicais.

(...)

§ 11. A parcela dos direitos conexos, referentes aos shows com execução de música mecânica, será incorporada mensalmente às verbas das rubricas de rádios regionalizadas e televisão aberta, atendendo à proporção de 95% e 5% respectivamente, e integrará a distribuição trimestral dessas rubricas.

§ 12. Nas cobranças de shows com apresentação de DJs ao vivo, a parcela dos direitos conexos será incorporada à verba da rubrica de Casas de Diversão.

(...)

Distribuição Direta Semestral

Cinema

Art. 22. A distribuição da rubrica Cinema contemplará os titulares de direitos de autor e conexos das execuções musicais participantes da trilha sonora musical de cada exibição cinematográfica, e será realizada com base nos borderôs liquidados e liberados para distribuição, conforme quadro abaixo (...)[131]

§ 1º A verba a ser distribuída de cada obra audiovisual será dividida pelo tempo total de duração da trilha sonora musical, levando-se em conta o peso da classificação por tipo de utilização de cada música descrito no Art. 45 deste regulamento.

§ 2º A área de Arrecadação utilizará as informações contidas no borderô de bilheteria fornecido pelos exibidores para individualizar o valor a ser distribuído para cada obra audiovisual exibida.

§ 3º Caso não conste o registro da obra audiovisual no sistema de informações, a área de Arrecadação solicitará à área de Distribuição que efetue um cadastro classificado como "Pendente de identificação".

§ 4º A área de Distribuição do ECAD encaminhará às Associações, mensalmente, a relação das obras audiovisuais classificadas como "pendente de identificação" para a realização do cadastro conforme estabelecido no Art. 9º deste regulamento.

Sobre a "Distribuição Indireta", prevê o regulamento que:

Art. 25. A distribuição indireta trimestral das rubricas de Rádio + Direitos Gerais, Música ao Vivo, Casas de Festas, Casas de Diversão, Sonorização Ambiental e Internet *Simulcasting*, obedecerá a seguinte periodicidade[132]:

§ 1º Os valores correspondentes a cada trimestre serão repassados às Associações, impreterivelmente, até cento e vinte dias corridos após seu fechamento, com os acréscimos resultantes das aplicações financeiras.

§ 2º Nos meses em que não houver distribuição trimestral das rubricas previstas neste artigo, o ECAD repassará às Associações antecipações referentes a essas distribuições. Os valores das antecipações serão calculados na base de 1/3 do total dos valores repassados na distribuição do trimestre imediatamente anterior e serão descontados no repasse da distribuição trimestral subsequente.

Rádios + Direitos Gerais

Art. 26. A distribuição das rubricas de Rádios + Direitos Gerais será realizada por região geográfica (Centro-Oeste, Nordeste, Norte, Sudeste e Sul) e contemplará os titulares de direitos de autor e conexos das exe-

---

131. Prevê o referido quadro que o "período de liberação" de setembro do ano anterior a fevereiro do "ano corrente" será distribuído em março e o de março do "ano corrente" a agosto do mesmo ano será em setembro.

132. O período de execuções musicais ocorrido no primeiro trimestre civil será distribuído em julho, do segundo em outubro, do terceiro e quarto em respectivamente em janeiro e abril do ano seguinte.

13 | A gestão coletiva e o controle do aproveitamento de obras intelectuais...

cuções musicais identificadas por meio das planilhas de programação fornecidas pelas emissoras e processo de identificação automática realizado pelo ECAD.

§ 1º Para fins deste artigo, o termo "Direitos Gerais" refere-se a valores arrecadados de Usuários Gerais cujos enquadramentos não tenham sido distribuídos em nenhuma rubrica específica, conforme descrito no Art. 17, § 2º, inciso I, deste regulamento.

§ 2º A verba a ser distribuída para as rubricas de Rádios + Direitos Gerais será composta pelo montante arrecadado das emissoras de cada região geográfica do país, acrescido de 95% dos valores arrecadados dos usuários gerais das respectivas regiões, descritos no § 1º deste artigo e de 95% provenientes do conexo de shows, conforme § 11 do Art. 19.

§ 3º Farão parte da amostragem para a distribuição somente as emissoras de rádios adimplentes, que serão selecionadas através de um sistema randômico. A composição da amostragem obedecerá aos seguintes critérios:

I. As execuções musicais provenientes das emissoras localizadas nas cidades cobertas por processo de gravação serão identificadas através de um sistema de identificação automática e, excepcionalmente, por meio de escuta;

II. A identificação das execuções musicais provenientes das emissoras localizadas nas cidades não cobertas pelo processo de gravação, levará em conta as informações discriminadas nas planilhas de programação encaminhadas ao ECAD;

III. A escala para a extração dos áudios gravados das emissoras de rádio será elaborada mensalmente, considerando a adimplência do mês anterior ao mês-base da sua elaboração;

IV. Para a utilização das planilhas de programação das emissoras não gravadas, será realizada a confirmação da adimplência referente ao mês da execução musical;

V. Para estabelecer a quantidade de execuções musicais a serem inseridas na amostragem, será considerada a arrecadação de cada UF no trimestre correspondente;

VI. Serão consideradas para a amostragem as execuções musicais identificadas das emissoras de rádio captadas no período de 24 horas diárias. Esse período poderá ser alterado pela Assembleia Geral, em caráter excepcional e transitório.

§ 4º Não serão consideradas para a amostragem as planilhas de programação das emissoras que apresentarem distorções, conforme procedimento interno.

535

Música ao Vivo

Art. 27. A distribuição da rubrica de Música ao Vivo será realizada com base no montante arrecadado mensalmente de estabelecimentos como bares, restaurantes, clubes, que utilizam música ao vivo sem dança, e contemplará somente os titulares de direitos de autor.

Parágrafo único. Para a composição da amostragem desta rubrica, serão realizadas gravações das execuções musicais nos estabelecimentos citados no *caput* deste artigo, conforme descrito nos § 1º e § 2º do Art. 24 deste regulamento.

Casas de Festas e Diversão

Art. 28. A distribuição da rubrica de casas de festas e diversão será realizada com base no montante arrecadado mensalmente de estabelecimentos que realizam festas comemorativas, que utilizam música ao vivo e mecânica com função dançante, acrescido da verba conexa proveniente de shows realizados por DJ ao vivo descrita no **§ 12 do Art. 21º deste regulamento**, e contemplará os titulares de direitos de autor e conexos.

Sonorização Ambiental

Art. 29. A distribuição da rubrica de sonorização ambiental será realizada com base no montante arrecadado mensalmente de usuários que utilizam música mecânica para sonorização de seus estabelecimentos comerciais e contemplará os titulares de direitos de autor e conexos.

Sobre a "distribuição indireta anual", dispõe o regulamento:

(...)

Carnaval e Festas de Fim de Ano

Art. 31. A distribuição da rubrica de carnaval e festas de fim de ano será realizada com base em amostragem coletada nos eventos especiais de fim de ano (festas natalinas, *réveillon,* confraternizações etc.) e carnavalescos (bailes, coretos, blocos etc.), por meio de gravação das execuções musicais, e contemplará os titulares de direitos de autor e conexo.

Parágrafo único: a verba a ser distribuída para a rubrica de carnaval e festas de fim de ano será composta pelo montante arrecadado dos usuários que realizam os eventos carnavalescos e especiais de fim de ano.

Festa Junina

Art. 32. A distribuição da rubrica de festa junina será realizada com base em amostragem coletada dos eventos juninos (festas, quermesses, etc.), por meio de gravação das execuções musicais, e contemplará os titulares de direitos de autor e conexo.

13 | A gestão coletiva e o controle do aproveitamento de obras intelectuais...

Parágrafo único: a verba a ser distribuída para a rubrica de festa junina será composta pelo montante arrecadado dos usuários que realizam esse tipo de evento.

MTG (Movimento Tradicionalista Gaúcho)

Art. 33. A distribuição da rubrica MTG (Movimento Tradicionalista Gaúcho) será realizada com base em amostragem coletada nos CTGs (Centros Tradicionalistas Gaúchos) por meio de gravação das execuções musicais e contemplará os titulares de direitos de autor.

Parágrafo único: a verba a ser distribuída para a rubrica MTG será composta pelo montante arrecadado dos CTGs no período.

Extra – Rádio

Art. 34. A distribuição da rubrica "extraordinária de rádio" será realizada com base nas verbas provenientes de acordos com emissoras de rádio, no período compreendido entre novembro do ano anterior e outubro do ano corrente e contemplará os titulares de direitos de autor e conexo.

Parágrafo único: o rol será composto pelos róis das quatro distribuições das rubricas regionalizadas de rádios + direitos gerais no ano correspondente, considerando somente as execuções musicais de obras e fonogramas com a situação cadastral "liberada" no momento do processamento. Haverá provisionamento de valores para titulares que apresentem pendência de cadastro ou bloqueio.

(...)

Extra – Show

Art. 36. A distribuição da rubrica "extraordinária de show" será realizada em dezembro com base nas verbas provenientes dos shows com valores arrecadados até R$ 500,00, no período compreendido entre julho do ano anterior e junho do ano corrente e contemplará os titulares de direito de autor.

§ 1º O rol será composto pelos róis das rubricas de show distribuídas entre julho do ano anterior e junho do ano corrente, considerando somente as execuções musicais de obras com a situação cadastral "liberada" no momento do processamento.

§ 2º Haverá provisionamento de valores para titulares que apresentem pendência de cadastro ou bloqueio.

§ 3º Serão excluídos dessa composição amostral, os shows cujos roteiros musicais tenham sido encaminhados no formulário padrão pelos pro-

537

motores dos eventos, por meio do sítio eletrônico do Ecad, conforme procedimento interno.

O Capítulo VII dispõe sobre a "Distribuição Indireta", que, nos termos do art. 23 do Regulamento, consiste na divisão da verba líquida arrecadada pelas obras musicais e dos fonogramas nacionais e estrangeiros protegidos captados pelo critério de amostragem estatística, estabelecendo que:

§1º O Ecad estabelecerá critérios de amostragem estatística com a finalidade de constatar o uso mais aproximado da realidade de obras musicais e fonogramas de em todo o território nacional.

§2º A adoção do critério de amostragem previsto neste regulamento justifica-se em razão da dimensão do país, da grande quantidade de usuários, da insuficiência, ausência ou incorreção das informações prestadas, que inviabiliza e torna impraticável a apuração exata da totalidade de músicas executadas para realizar a distribuição de forma direta.

Prossegue o Regulamento:

Art. 24. A distribuição indireta considerará as seguintes periodicidades e rubricas:

I. Trimestral: Rádio + Direitos Gerais; Música ao Vivo; Casas de Festas; Casas de Diversão, Sonorização Ambiental, Serviços Digitais (Internet Simulcasting) e TV por Assinatura;

II. Semestral: Serviços Digitais (Internet Demais);

III. Anual: Carnaval e Festas de Fim de Ano; Festa Junina; MTG (Movimento Tradicionalista Gaúcho), Extra Rádio AM/FM, Antecipação do Prescrito e Extra Show.

§ 1º Para viabilizar a composição da amostragem e a distribuição das rubricas de Música ao Vivo, Casas de Festas, Casas de Diversão, Sonorização Ambiental, MTG, Carnaval e Festa Junina, o ECAD, por meio de seus técnicos, realizará gravações das execuções musicais nos locais de execução pública.

§ 2º Em razão do que dispõe o parágrafo anterior, a gravação das execuções musicais será realizada com base em uma escala composta pelos usuários de cada segmento citado, conforme especificado em procedimentos internos.

O Capítulo VIII complementa a "Distribuição de Televisão por Assinatura (TV aberta e fechada)":

13 | A gestão coletiva e o controle do aproveitamento de obras intelectuais...

Televisão aberta + direitos gerais

Art. 37. A distribuição das rubricas das emissoras de televisão aberta + direitos gerais contemplará os titulares de direitos de autor e conexos e será realizada com base nas execuções musicais informadas nas planilhas de programação fornecidas pelas emissoras e escuta das gravações realizadas pelo Ecad, quando a emissora e/ou programação for selecionada para este processo.

§1º A verba a ser distribuída para as rubricas de televisão aberta + direitos gerais será composta pelo montante arrecadado de cada emissora, acrescido proporcionalmente de 5% dos valores arrecadados dos usuários gerais, conforme descrito no Art. 19º, §2º, inciso II deste regulamento e de 5% provenientes do conexo de shows, conforme Art. 21º, §11º, deste regulamento.

§2º O valor a ser distribuído será dividido pelo tempo total de duração ou pela frequência das execuções musicais, levando-se em conta o peso da classificação por tipo de utilização de cada música, definido no Art. 49º deste regulamento.

§3º Será atribuído a cada programa um peso equivalente à quantidade de emissoras integrantes da rede que o transmitem, constantes em seu contrato. Para as emissoras que não dispõem dessas informações em contrato, ou cujo número de retransmissoras gerem distorção na distribuição, será considerado o peso 1. (...)

Televisão por assinatura (TV fechada)

Art. 38. A distribuição da rubrica de televisão por assinatura será realizada com base no montante arrecadado mensalmente das respectivas operadoras, rateado pelos grupos de canais música, alternativo, audiovisual, jornalismo/esporte e variedades, de acordo com as características predominantes da programação.

Sobre os "Canais transmitidos do exterior", prevê o § 8º do art. 38 do Regulamento que

I. Parte autoral

a) 80% serão repassados para a Associação nacional representante da Associação do país de transmissão da programação;

b) 20% serão distribuídos proporcionalmente para os subeditores nacionais participantes dos róis dos grupos de TV por Assinatura;

c) Havendo duas ou mais Associações estrangeiras representadas, a verba destinada ao canal será dividida conforme acordado entre as Associações representantes envolvidas;

539

d) A verba destinada aos canais com transmissão ou produção em países estrangeiros sem representação por Associações nacionais e aos canais sem a identificação do país de transmissão será acrescida ao montante a ser distribuído para os canais nacionais dos respectivos grupos de TV por Assinatura.

II. Parte Conexa

a) 41,70% referentes à interpretação serão repassados para a Associação nacional representante da Associação do país de transmissão do canal;

b) 11,70%, referentes à participação dos produtores fonográficos serão repassados para a Associação nacional representante da Associação do país de transmissão do canal;

c) 30% serão distribuídos proporcionalmente para os produtores fonográficos nacionais participantes dos róis dos grupos de TV por Assinatura;

d) 16,60% serão distribuídos para os músicos executantes, relacionados nos fonogramas nacionais participantes dos róis dos grupos de TV por Assinatura;

e) No caso dos países em que existam duas ou mais Associações estrangeiras que representem titulares da mesma categoria, a verba será dividida conforme acordado entre as Associações representantes envolvidas;

f) Caso não haja contrato de representação da Associação do país de transmissão ou produção do canal para a categoria de intérprete, o valor apurado será acrescido ao montante a ser distribuído para os canais nacionais dos respectivos grupos de TV por Assinatura;

g) Caso não haja contrato de representação da Associação do país de transmissão ou produção do canal para a categoria de produtor fonográfico, o valor apurado será acrescido aos 30% mencionados na alínea "c" deste inciso para contemplar os produtores fonográficos nacionais participantes dos róis dos grupos de TV por Assinatura;

h) A verba destinada aos canais com transmissão ou produção em países estrangeiros sem representação por Associações nacionais e aos canais sem a identificação do país de transmissão será acrescida ao montante a ser distribuído para os canais nacionais dos respectivos grupos de TV por Assinatura.

§ 10. Caso não seja possível obter a identificação do país de transmissão do canal será utilizada, para fins de distribuição, a informação do país de produção.

§ 11. Os canais que não integrarem os grupos previstos no *caput* deste artigo não serão considerados para a composição da verba e distribuição das rubricas de TV por Assinatura.

13 | A gestão coletiva e o controle do aproveitamento de obras intelectuais...

O Capítulo IX do Regulamento dispõe sobre a "Distribuição de Serviços Digitais" nos seguintes termos:

Art. 39. A distribuição dos valores provenientes dos usuários que utilizam música na internet (serviços digitais) será realizada por meio das rubricas internet show, internet simulcasting, internet demais, streaming de música e streaming de audiovisual.

Internet Show

Art. 40. A distribuição da rubrica Internet Show, relativa à transmissão exclusiva ou simultânea de shows na internet, terá como base o roteiro musical de cada evento encaminhado pela área de Arrecadação ou a gravação realizada e contemplará os titulares de direitos de autor.

§ 1º A verba a ser distribuída de cada show transmitido será dividida pelo total de execuções musicais apresentadas no respectivo show.

§ 2º A distribuição da rubrica Internet Show será mensal.

Internet Simulcasting (distribuição com periodicidade trimestral)

Art. 39. A distribuição da rubrica de Internet Simulcasting será realizada com base nos róis da distribuição regionalizada de rádio AM/FM, provenientes de usuários que também possuam enquadramento simulcasting e contemplará os titulares de direito de autor e conexo.

§ 1º A verba a ser distribuída será composta pelo montante arrecadado mensalmente através dos enquadramentos de simulcasting rateada pelas execuções musicais participantes dos róis descritos no *caput* deste artigo.

(...)

Internet simulcasting

Art. 41. A distribuição da rubrica de internet simulcasting será realizada com base nos róis da distribuição regionalizada de rádio AM/FM, provenientes de usuários que também possuam enquadramento simulcasting e contemplará os titulares de direito de autor e conexo.

§1º A verba a ser distribuída será composta pelo montante arrecadado mensalmente para os enquadramentos de simulcasting rateada pelas execuções musicais participantes dos róis descritos no *caput* deste artigo.

Streaming

Art. 42. A distribuição das rubricas Streaming será realizada de forma direta, com base na programação musical encaminhada por cada usuário responsável, através de arquivo eletrônico e contemplará os titulares de direitos de autor.

§ 1º A identificação das execuções musicais será realizada através de um processo de identificação automática.

§ 2º A distribuição das rubricas streaming ocorrerá trimestralmente, nos meses de fevereiro, maio, agosto e novembro.

§3º A distribuição das rubricas de streaming de música obedecerá aos seguintes critérios:

I. A verba a ser distribuída será composta pelo montante arrecadado de cada usuário, que será agrupado de acordo com o plano contratado, e rateado pelas execuções musicais relativas às competências liquidadas;

II. Não serão gerados cadastros pendentes de identificação para as obras musicais não identificadas nos processos automáticos;

III. Os valores referentes às execuções das obras musicais não identificadas serão acumulados em uma reserva técnica para futuros pagamentos com as devidas correções monetárias, após a regularização dos cadastros.

§4º A distribuição das rubricas de streaming de audiovisual obedecerá aos seguintes critérios:

I. A verba a ser distribuída será composta pelo montante arrecadado de cada usuário, rateado pela quantidade de exibições de obras audiovisuais. Será atribuído a obra audiovisual o valor correspondente a quantidade de exibições do período considerado para cada distribuição;

II. O valor calculado para cada obra audiovisual será dividido pelo tempo total de duração da trilha sonora musical, levando-se em conta o peso da classificação por tipo de utilização de cada mú- sica descrito no Art. 49º deste regulamento;

III. O valor dos audiovisuais com exibições que estejam com a situação cadastral "pendente de identificação", ficarão retidos até a regularização dos cadastros;

IV. As execuções geradas que não possuírem o mínimo de informações necessárias para a identificação do audiovisual não serão passíveis de liberação de crédito.

Internet Demais

Art. 43. A distribuição da rubrica internet demais será realizada com base nas relações de fonogramas encaminhadas pelos usuários adimplentes, que utilizam música em ambientações de sites, webcasting e podcasting e contemplará os titulares de direitos de autor e conexo.

§ 1º A verba a ser distribuída será composta pelo montante arrecadado dos usuários responsáveis, rateado pelos fonogramas participantes da amostragem.

§ 2º Para a composição da amostragem, os fonogramas encaminhados pelos usuários serão selecionados por meio de um sistema randômico, conforme procedimento interno.

O Capítulo X regulamenta as "Disposições Comuns às Distribuições":

Art. 44. O ECAD confeccionará mensalmente o cronograma da distribuição, para acompanhamento interno e das Associações, relativos aos prazos de envio de documentação, processamento e repasse dos créditos.

Art. 45. As execuções musicais captadas e identificadas pelo ECAD serão incluídas nos róis de cada rubrica, de acordo com seus respectivos critérios.

(...)

§ 3º Excluem-se da composição das amostras e dos róis para a distribuição:

I. As execuções musicais com finalidade de propaganda, promoção comercial ou institucional de um produto, empresa, evento, veículo de comunicação, programa, partido político ou instituição com ou sem fins lucrativos, tenha sido a obra musical e/ou fonograma criado originalmente ou não para esse fim, tais como em jingles, vinhetas, spots, prefixos de emissoras e similares;

II. As execuções musicais realizadas nas programações compulsoriamente apresentadas pelos veículos de radiodifusão, por força de lei, tais como noticiosos, mensagens e programas educativos oficiais e programação política;

III. As músicas informadas na programação enviada pelos usuários que não forem constatadas por meio dos processos de escuta;

IV. Os efeitos sonoros utilizados como sonoplastia;

V. As execuções musicais liberadas de cobrança, ou seja, aquelas em domínio público ou que estejam sob regime de gestão pessoal.

Art. 44. Os valores provisionados para distribuições futuras serão atualizados monetariamente pelos mesmos índices financeiros obtidos pelo Ecad (...)[133]

Os demais critérios elencam disposições sobre "créditos retidos" (Capítulo XI), "comprovação dos pagamentos" (Capítulo XI), "Disposições Transitórias" (Capítulo XIII) e "Disposições Finais" (Capítulo XIV).

---

133. O Regulamento especifica, em seu art. 45, um "peso" diferente para cada tipo de utilização de obra musical ou fonograma, o que significa dizer que uma música de fundo (*background*), por exemplo, terá uma participação 12 vezes menor do que um tema de abertura ou encerramento (conferir em www.ecad.org.br).

13.1.6. A consolidação do ECAD e seu histórico de gestão coletiva no Brasil

Em conclusão, pelo que relatamos até aqui, é indiscutível a evolução e consolidação jurídica, institucional e operacional da gestão coletiva, desenvolvida pelas primeiras sociedades de autores, associações de titulares em esforços isolados ou coligados e, a partir de 1976, pelo ECAD, como forma de controle, arrecadação e distribuição de direitos autorais, de natureza patrimonial na execução pública de obras musicais, literomusicais e fonogramas, em nosso país, apesar, naturalmente, de haver, ainda, um longo caminho a seguir no aperfeiçoamento incessante do sistema.

A título de resultados atualizados, merecem ser transcritos os seguintes dados oficiais[134]:

– valor efetivamente destinado aos titulares em 2024: 1,6 bilhão de reais (em 2007 eram 250 milhões de reais, 1,1 bilhão em 2017)[135];

– número de titulares que receberam direitos autorais via ECAD em 2017: 323 mil (em 2007 eram 68.200, 259 mil em 2017).

A evolução – *na conquista de tão fundamentais direitos* – é evidente, embora, naturalmente, haja ainda muito a fazer. Nesse caminho irretocavelmente atuais as sábias palavras de Oswaldo Santiago, lançadas em sua obra de 1946:

> Celebrando Congressos Internacionais, movimentando as chancelarias, aperfeiçoando as legislações, contribuindo para que a vida se torne mais confortável para toda a classe, as Sociedades de Autores fazem jus, por mais defeituosas que sejam, à gratidão dos homens de arte e de inteligência.
>
> Elas têm evitado que os gênios, como Edgar Allan Poe, ou os medíocres, como tantos que proliferam em todo o mundo, terminem seus dias nas enxergas dos hospitais, como abandonados ou indigentes.
>
> Sem fazer milagres, com as falhas que a contingência humana torna inevitáveis, as Sociedades conseguiram que os escritores ou compositores

---

134. Conforme a publicação "Notícias do ECAD", de 15-11-2017 (ecad.org.br).

135. O crescimento da arrecadação e distribuição do ECAD é significativo. Na edição anterior desta obra já comentávamos que o montante total distribuído pelo ECAD aos titulares de direitos autorais em 2007 (*R$ 250 milhões*) obteve expressivo crescimento real (*em torno de 41%*): em 2002, era de R$ 84.145.079,43, sendo que, aplicados os índices oficiais de atualização monetária (IGP-M) para o período (janeiro de 2000 a dezembro de 2007), ou seja, 210%, chegaríamos ao resultado de R$ 176.704.660,00. Em 2017, esse montante anual alcançou a cifra de 1,150 bilhão de reais, como declarado oficialmente pelo ECAD (ecad.org/notícias/15.12.2017).

13 | A gestão coletiva e o controle do aproveitamento de obras intelectuais...

sejam respeitados, ao mesmo tempo que lhes impõe deveres que, não fosse o interesse econômico, eles jamais acatariam[136].

13.2. A GESTÃO COLETIVA DE DIREITOS AUTORAIS DE OBRAS DRAMÁTICAS, LITERÁRIAS E VISUAIS

Além da gestão coletiva de obras musicais na sua utilização pela via da execução pública, que tratamos com maior ênfase neste capítulo, a experiência brasileira já se faz, também, no campo teatral, literário e de criações visuais: trata-se da Sociedade Brasileira de Autores Teatrais (SBAT), fundada em 1917; e da Associação Brasileira de Direitos Reprográficos (ABDR), fundada em 1992 e da Associação Brasileira dos Direitos de Autores Visuais (AUTVIS), fundada em 2002.

Além das atribuições constitucionais de fiscalização, o mandato dos representados dessas associações decorre do simples ato de filiação daqueles a estas, nos termos do art. 98 da Lei n. 9.610/98[137], sendo admitida, a exemplo do ECAD, a atuação – *em juízo e fora dele* – em nome próprio (*das associações*) como substitutas processuais dos titulares a elas vinculados[138], além de exercerem o direito de fiscalização do aproveitamento econômico das obras de seus representados, conforme a atribuição constitucional nesse sentido[139].

A respeito, os seguintes precedentes:

(...) Retransmissão de obras musicais, literomusicais e fonogramas em hotéis, flats, apart-hotéis, hotéis-residência e equiparados, sem prévia e expressa autorização dos titulares dos direitos autorais, representados em regime de gestão coletiva e de substituição processual (art. 99, § 2º, da Lei n. 9.610/98) pelo ECAD Escritório Central de Arrecadação e Distribuição. Prescrição decenal e não trienal. (...) Aparelhos de TV e som disponibilizados aos hóspedes em quartos de flats. Ambiente de frequência coletiva diante da natureza jurídica do empreendimento imobiliário. Inteligência da Deliberação Normativa 433, de 30 de dezembro de 2002. TV por assinatura. Ausência de *bis in idem*. Precedente do STJ com en-

---

136. *Aquarela do direito autoral*. Rio de Janeiro: Mangione, 1946, p. 106.

137. Estabelece o citado dispositivo legal que: "Com o ato de filiação, as associações tornam-se mandatárias de seus associados para a prática de todos os atos necessários à defesa judicial ou extrajudicial de seus direitos autorais, bem como para sua cobrança".

138. Art. 99, § 2º, da Lei n. 9.610/98.

139. Art. 5º, XXVIII, *b*, da Constituição Federal vigente.

Direito Autoral no Brasil | José Carlos Costa Netto

tendimento de que "Não há *bis in idem* nas hipóteses de cobrança de direitos autorais tanto da empresa exploradora do serviço de hotelaria como da empresa prestadora dos serviços de transmissão de sinal de TV por assinatura" (REsp 589.598/MS, rel. Min. Ricardo Villas Bôas Cueva, julgado em 13-6-2017). Pagamento dos direitos patrimoniais devidos. Critérios adotados pelo ECAD. Legalidade. (...)[140].

(...) Os negócios jurídicos sobre os direitos autorais devem ser interpretados restritivamente (art. 4º, da LDA), razão pela qual não se confundem a utilização da obra intelectual mediante radiodifusão sonora ou televisiva com a captação de transmissão de radiodifusão em locais de frequência coletiva (art. 29, VIII, "d" e "e", da LDA)[141].

13.2.1. A SBAT e a gestão coletiva de obras dramáticas

Como já expusemos na abertura deste capítulo, a primeira associação de titulares de direitos autorais – nesse caso os autores de teatro – para gestão coletiva de direitos autorais foi a Sociedade de Autores Teatrais (SBAT), fundada no Rio de Janeiro, em 27 de setembro de 1917[142], e reconhecida como de utilidade pública pelo Decreto n. 4.092, de 4 de agosto de 1920.

---

140. TJSP, Apelação Cível 1030612-94.2015.8.26.0577, 9ª Câmara de Direito Privado, rel. Des. Costa Netto, julgado em 29-5-2018.

141. STJ, REsp 1.629.529/RS, 3ª Turma, rel. Min. Nancy Andrighi, julgado em 17-8-2017. Nesse sentido: "Ambiente de frequência coletiva. Natureza jurídica do estabelecimento predominantemente comercial. Ambiente que não pode ser considerado como 'recesso familiar'" (TJSP, 9ª Câmara de Direito Privado, Apelação Cível 066390-89.2013.8.26.0100, rel. Des. Costa Netto, julgado em 12-4-2016).

142. Na histórica reunião de fundação da SBAT estavam: Oscar Guanabarino (*primeiro presidente da entidade*), Viriato Corrêa, Gastão Tojeiro, Francisca Gonzaga, Euricles de Matos, Avelino de Andrade, Bastos Tigre, Raul Pederneiras, Oduvaldo Vianna e, embora ausentes, representados por procuração: José Nunes, Adalberto de Carvalho, Raul Martins, Carlos Cavaco, Domingos Roque, Luiz Peixoto, Paulino Sacramento e Mauro de Almeida (*www.sbat.com.br em "Sobre a Sbat"*). Registre-se que o renomado jornalista e cronista "João do Rio" (*pseudônimo mais constante de João Paulo Emílio Coelho Barreto*) (*1881/1921*) exerceu, na qualidade de autor teatral, a presidência da SBAT, também em seus anos iniciais de atividade. Personalidade fundamental na criação e consolidação da SBAT foi a renomada compositora Chiquinha Gonzaga (*nome artístico de Francisca Edwiges Neves Gonzaga*) (*1847-1935*): "Chiquinha Gonzaga com a ideia de fundar uma sociedade de autores, sensibilizou o autor Raul Pederneiras, caricaturista do Jornal do Brasil, e teve o apoio de seu parceiro Viriato Corrêa (A Sertaneja) e ainda despertou o interesse de Bastos Tigre, Gastão Tojeiro e vários outros promovendo a primeira reunião preparatória no dia 27 de setembro de 1917 – Quinta-Feira" (*site da SBAT referido, item "Sobre a SBAT"*). Acrescente-se que atualmente essa modalidade de arrecadação também é exercida, além da SBAT, pela Associação Brasileira de Música e Artes (ABRAMUS): "A cada representação teatral, o autor fará jus a uma nova remuneração, que deverá ser cobrada pela SBAT ou pela ABRAMUS, a seu critério" (MENEZES, Elisângela Dias. *Curso de direito autoral*. Belo Horizonte: Del Rey, 2007, p. 166).

13 | A gestão coletiva e o controle do aproveitamento de obras intelectuais...

A finalidade da entidade – *em atividade até hoje, ou seja, com mais de cem anos de existência* – era, na gestão dos direitos autorais de seus representados, os autores teatrais, realizar a arrecadação e distribuição proveniente das receitas de bilheteria de teatros.

Na conformidade de seus estatutos atualmente vigentes, a SBAT:

– destina-se a exercer, mediante simples ato de filiação dos interessados, a defesa dos direitos autorais de criadores de obras literárias, artísticas e audiovisuais, bem como os de seus herdeiros ou sucessores (art. 2º);

– por mandato expresso, também poderá ser constituída procuradora de: (a) autores, roteiristas, tradutores e adaptadores de obras artísticas, literárias, audiovisuais ou similares que não optarem pela filiação como associado; (b) editores, sucessores e demais titulares de direitos autorais; (c) agentes literários e sociedades congêneres do exterior (art. 3º);

– na qualidade de mandatária de seus sócios e representados, exercerá os seguintes poderes: (a) cobrar de seus associados e representados as anuidades e/ou taxas regularmente fixadas pela Diretoria; (b) cobrar os direitos de autor referentes a obras nacionais ou estrangeiras à sua administração, bem como o percentual administrativo a que faz jus sobre esses direitos; (c) exercer, em Juízo ou fora dele, no Brasil e no exterior – onde mantenha contrato de reciprocidade com a Sociedade local –, de acordo com o art. 7º e seus incisos do Capítulo I da Lei n. 9.610, de 19 de fevereiro de 1998, ou de algum dispositivo similar em qualquer outro normativo legal que vier a substituí-la, a defesa dos direitos autorais e da integridade das obras de criação artística entregues ao controle da Sociedade, representadas ou executadas publicamente, tais como: 1 – textos de artes cênicas, libretos de ópera, roteiro de *shows*; 2 – concepção, desenho ou redação de projetos culturais, amplos ou relacionados à coreografia, dança, direção cênica, cenografia; 3 – música e partituras musicais; 4 – mímica e pantomina; 5 – direção, roteiros, diálogos, versões e traduções de programas radiofônicos, televisivos ou cinematográficos; 6 – obras audiovisuais e qualquer outro tipo de criação artística gerada por meios eletrônicos e/ou digitais; (d) executar os serviços de apoio administrativo necessários à defesa dos direitos

547

autorais das obras intelectuais de seus associados e representados, inclusive a fiscalização dos borderôs de arrecadação dos espetáculos em cartaz, para comprovação do respeito devido a esses direitos; (e) celebrar, na forma destes Estatutos, contratos e convênios com outras entidades de pessoas física ou jurídica, do Brasil ou do exterior; e (f) prestar orientação, assessoramento jurídico e patrocínio judicial sempre que requerido pelo sócio ou representado e desde que sejam previamente ajustadas as custas judiciais, extrajudiciais e eventuais despesas de responsabilidade do interessado (art. 5º).

13.2.2. A ABDR e a gestão coletiva no campo da reprografia de obras literárias

A Associação Brasileira de Direitos Reprográficos (ABDR), fundada em São Paulo em 5 de junho de 1992, é constituída por escritores e pelas principais editoras literárias brasileiras (*mais de cem*) e tem como objetivos sociais, basicamente:

(a) a defesa dos direitos autorais e editoriais de seus associados em relação às reproduções não autorizadas de obras protegidas (*contrafação*) por qualquer meio ou processo de reprodução mecânico ou eletrônico, conhecido ou que se invente no futuro, seja mediante qualquer técnica de reprografia, seja mediante o processamentos eletrônico de banco e/ou base de dados, bem como a recuperação de tal banco e/ou base de dados com sua fixação em qualquer espécie de suporte físico, ou através da confecção de cópias parciais ou integrais do próprio banco e/ou base de dados;

(b) a gestão dos direitos autorais e reprográficos de seus associados, e a distribuição de suas arrecadações, observando-se as disposições específicas deste Estatuto e/ou determinações da Assembleia Geral Extraordinária baixadas para esse fim;

(c) a orientação social visando à educação do público em geral sobre a questão do direito autoral e da coibição a reproduções não autorizadas de obras protegidas; e

(d) a representação ativa ou passiva de seus associados, em juízo cível e criminal ou fora dele, no Brasil ou no exterior, patrocinando-lhes a defesa de seus interesses juridicamente protegidos, com o exercício do direito de atuar judicialmente em qualquer foro ou tri-

13 | A gestão coletiva e o controle do aproveitamento de obras intelectuais...

bunal, através de advogados regularmente constituídos por procurações que especificarão, em cada caso, os poderes conferidos ao profissional nomeado[143];

(e) dedica-se primordialmente ao combate à "pirataria editorial" e ao controle e à defesa de direitos editoriais e autorais relativos à utilização de obras literárias pela via da reprografia, ou seja, "o processo de reprodução que recorre a técnicas de fotocópias, eletrocópias, microfilmagem, xerografia, etc."[144].

13.2.3. A AUTVIS e a gestão coletiva dos autores visuais

A Associação Brasileira dos Direitos dos Autores Visuais (AUTVIS) tem como finalidade a administração dos direitos de autor dos criadores visuais que representa. Fundada em 2002, suas funções principais são:

– administrar os direitos autorais dos criadores visuais filiados;

– facilitar a negociação com grandes usuários de obras visuais;

– prover e difundir a informação sobre direitos autorais de forma eficiente;

– fiscalizar as explorações desautorizadas; e

– aumentar a visibilidade dos criadores visuais nacionais, dentro e fora do país[145].

Relevante, nessa fundamental modalidade de gestão coletiva de direitos autorais, a lição da autoralista Maria Luiza Freitas Valle Egea:

> O exercício individual desse direito pelo artista, na grande maioria das vezes, está fadado ao insucesso, pois o autor não tem a faculdade de autorizar ou desautorizar a revenda de suas obras, escapando do seu

---

143. Conforme o art. 3º de seu estatuto, que, em seu art. 12, dispõe sobre a categoria de titulares de direitos autorais representados (*mediante filiação à entidade*): "Poderão ser admitidos na ABDR titulares de direitos autorais e editoriais considerados como tais as pessoas físicas ou jurídicas às quais se atribui o direito exclusivo de reprodução de quaisquer das obras geradoras dos direitos que são objeto de gestão pela ABDR; seus sucessores; as pessoas físicas ou jurídicas que hajam se notabilizado na área e possam trazer relevante ajuda e *expertise* à consecução dos objetivos da associação; bem como os sindicatos patronais e entidades congêneres, nacionais ou estrangeiros".

144. MICHAELIS. *Moderno Dicionário da Língua Portuguesa*. São Paulo: Melhoramentos, 1998, p. 1822.

145. Conforme consignado em seu *site* oficial (www.autvis.org.br), que divulga como missão da entidade: administrar os direitos autorais dos associados nacionais e internacionais, facilitar a busca do criador visual a ser utilizado através de uma pesquisa mundial e esclarecer antecipadamente o usuário da quantia que será paga para utilização da obra.

549

controle o andamento de sua obra no mercado. Assim o demonstra a experiência europeia, especialmente da Espanha, França, Alemanha, Suíça que tem esse direito controlado por meio de gestão coletiva que controla a distribuição e venda de obras de arte que ocorrem mediante vendas em leilões, galerias de arte, ou mesmo particulares[146].

---

146. Direitos do artista plástico. In: PIMENTA, Eduardo Salles (coord.). *Direitos autorais*: estudos em homenagem a Otávio Afonso dos Santos. São Paulo: Revista dos Tribunais, 2007, p. 250.

CAPÍTULO 14

Violações de direitos autorais

14.1. O PLÁGIO, A CONTRAFAÇÃO E A UTILIZAÇÃO INDEVIDA

A *contrafação*, na acepção genérica, consiste em qualquer utilização não autorizada de obra intelectual[1]. O plágio, conforme a lição de Antonio Chaves, é mais sutil: "apresenta o trabalho alheio como próprio mediante o aproveitamento disfarçado, mascarado, diluído, oblíquo, de frases, ideias, personagens, situações, roteiros e demais elementos das criações alheias"[2].

O *plágio*, considerado por Zara Algardi "um problema essencial" na área do direito de autor[3], tem merecido tamanho repúdio entre os doutrinadores da matéria que, por exemplo, Dirceu de Oliveira e Silva chega a considerá-lo,

---

1. Na definição de "contrafação" contida no art. 4º, VII, da Lei n. 9.610/98, consta apenas a expressão "a reprodução não autorizada" (reproduz fielmente o texto do art. 4º, V, da Lei n. 5.988/73) e, por isso, segundo alguns especialistas encontra-se incompleta. Assim, adota-se a expressão ampla "utilização" em vez de somente "reprodução" indevida. Examinaremos esses temas – contrafação e utilização indevida – com maior detalhamento ao longo do capítulo seguinte: "Danos autorais e sua reparação".

2. Plágio. *Revista de Informação Legislativa do Senado Federal*, a. 20, n. 77, p. 406, jan./mar. 1983. É o próprio Antonio Chaves que em sua alentada obra *Criador da obra intelectual* (São Paulo: LTr, 1995, p. 39 e 40) relata que, na Grécia antiga, "o plágio era, sem dúvida, praticado e reconhecido, mas não encontrava outra sanção senão a verberação do prejudicado e a condenação da opinião pública", e complementa: "Lembra *György Boytha*, que no século IV a.C. *Platão* se queixava de que fariam circular transcrições de seus discursos, na Sicília". Nessa mesma linha histórica, Plínio Cabral se reporta à época romana, lembrando que, mesmo que o autor fosse escravo – e, assim, pertencendo a obra ao seu senhor –, a autoria e a "glória do feito" era do artista, e acrescenta: "Essa característica pessoal é que levou, em Roma, a condenação pública dos plagiários, que eram execrados. A própria palavra já é, em si, uma condenação. *Plagiarius* significa sequestrador, aquele que rouba algo muito pessoal, como se fora um ser humano" (*A nova Lei de Direitos Autorais*. Porto Alegre: Sagra Luzzatto, 1998, p. 13).

3. *Il plagio letterario e il carattere creativo dell'opera*. Milano: Giuffrè, 1966, p. 191.

possivelmente, "a modalidade de contrafação mais repulsiva" não só pelo furto intelectual, mas, principalmente pelo processo de dissimulação utilizado pelo plagiário. Em seguida, admite que, em tese, o plágio é de difícil verificação, "porque o plagiário procura sempre dissimular o seu crime, com a mudança do nome das personagens, com a introdução ou supressão de certos episódios, com a inversão na sucessão dos episódios, etc"[4].

Embora não haja dispositivos legais específicos no direito brasileiro, envolve matéria ("violação a direitos de autor"[5]) abrigada, sob aspecto genérico, na Constituição Federal (*tanto no atual diploma, art. 5º, XXVII, quanto no anterior, art. 153, § 25), na legislação civil e penal*[6].

Tanto a jurisprudência quanto a melhor doutrina aplicável consideram o "plágio", além de sério ilícito civil, verdadeiro crime.

Em vista da sua gravidade, o jurista Edman Ayres de Abreu não reluta em denominá-lo verdadeiro "assalto", destacando também, como essenciais, a conduta do infrator em seus aspectos morais:

> Depois, o elemento primordial do plágio é de ordem moral. Quem plagia sabe, perfeitamente, que está se apossando de algo que não é seu. Portanto, mesmo que ninguém perceba o plágio (o que é muito difícil, em música, pelo menos) êle, o plagiador, sabe que está agindo mal.
>
> ....
>
> Sempre que a obra em que o plágio é cometido não acusa originalidade bastante para a diferenciar inteiramente da obra lesada, o plágio existe e deve ser punível, embora o plagiário imprima aos seus atos um caráter pessoal e, de certa forma, original. Não esqueçamos do significado de original: "que foi feito pela primeira vez ou em primeiro lugar, que não foi feito à imitação ou por cópia de outra coisa" (*Dicionário Caldas-Aulete*, Ed. Delta). Essa é, justamente, a parte que o plagiador se esforça para disfarçar o assalto[7].

---

4. *O direito de autor*. Rio de Janeiro: Editora Nacional de Direito, 1956, p. 64.
5. Hermano Duval sintetiza as violações de direito autoral em quatro modalidades: "a) igualdade de forma de expressão = contrafação total ou parcial; b) semelhança de tratamento sob a mesma forma de expressão = plágio; c) semelhança de tratamento sob diversa forma de expressão = plágio ou adaptação; e d) semelhança de tratamento e de forma de expressão por força do assunto tratado = obra nova independente" (*Violações dos direitos autorais*. Rio de Janeiro: Editor Borsoi, 1985, p. 122). A respeito da última modalidade, Duval cita o precursor jurista francês Eugène Pouillet para esclarecer que quando o assunto tratado em duas obras pertence à mesma natureza técnica e existe uma impossibilidade de redação diferenciada, não resultaria a obra nova em contrafação da anterior (ob. cit., p. 122).
6. Arts. 101 a 110 da Lei n. 9.610, de 19-2-1998 (*campo civil*), e arts. 184 e 186 do Código Penal (conforme a redação da Lei n. 10.695, de 1º-7-2003, que revogou o art. 185).
7. *Plágio em música*. São Paulo: Revista dos Tribunais, 1968, p. 95.

14 | Violações de direitos autorais

Assim, certamente, o crime de plágio representa o tipo de usurpação intelectual mais repudiado por todos: por sua malícia, sua dissimulação, pela consciente e intencional má-fé do infrator em se apropriar – *como se de sua autoria fosse* – de obra intelectual (*normalmente já consagrada*) que sabe não ser sua.

Destarte, para que advenha a condenação decorrente do plágio, não pode restar a mínima sombra de dúvida de sua prática efetiva, em toda a malícia e até vilania que tal crime representa.

No crime de plágio, a avaliação dos aspectos subjetivos, especialmente no que concerne à efetiva intenção do agente, é primordial. Trata-se de ação dolosa de usurpação (convenientemente "camuflada") da obra alheia.

Trata-se, o plágio, portanto, de ato consciente, planejado. Nesse entendimento, entre vários outros juristas, alinha-se Antonio Chaves, que cita, ainda, outras orientações doutrinárias nesse sentido:

> Consagrando um capítulo inteiro ao "Valore della Normativa de Correttezza". págs. 149-187 (Zara Algardi) demonstra a ilicitude do comportamento do plagiário quando este adota sub-repticiamente a atitude de legítimo titular do direito de autor: "O procedimento levado a cabo pelo plagiário, que publica como própria a obra alheia, é procedimento anormal, no qual a regra de correção é violada seja frente ao autor como frente aos destinatários da obra e do cessionário do exercício do direito de publicação; semelhante violação se irmana com o dolo e interessa tanto à norma penal como a norma civil"[8].

Embora o plágio não esteja regulado, em sua especificidade, no direito positivo pátrio, esse aspecto subjetivo ("dolo") já se encontra incorporado como fundamental à caracterização do delito em legislações estrangeiras. Nesse sentido, é ainda Antonio Chaves quem transcreve o art. 124 da Lei n. 13.714, de 1º de setembro de 1961, do Peru:

> Art. 124. Também infringe a lei quem comete o delito de plágio, que consiste em difundir como própria, em todo ou em parte, uma obra alheia, seja textualmente, ou tratando de dissimular a apropriação mediante certas alterações[9].

---

8. Artigo citado, p. 22.
9. A lei autoral do Peru, n. 13.714, de 1º-9-1961, referida por Antonio Chaves em seu artigo de 1981, foi revogada pelo Decreto Legislativo (*sobre Direito de Autor*) n. 822, de 23-4-1996. No entanto, a regra do art. 24 do diploma legal peruano de 1961 foi reeditada como ilícito penal pelo art. 219 da referida lei de 1996 (*aliás, Decreto Legislativo*) atualmente vigente nos seguintes termos: "Será reprimido com pena privativa de liberdade não menor de dois nem maior de oito anos e sessenta a cento e oitenta dias-mul-

553

Portanto, o plágio consiste verdadeira fraude, uma vez que esta, conforme ensina Plácido e Silva, é o "engano malicioso" ou a "ação astuciosa" promovidos de má-fé e sempre se funda na prática de "ato lesivo a interesses de terceiros ou da coletividade". Conclui o insigne jurista: "A fraude firma-se na evidência do prejuízo causado intencionalmente, pela oculta maquinação"[10].

Assim, a constatação da existência efetiva da intenção de plagiar é fundamental na avaliação do caso concreto, para alcançar o justo veredicto. A respeito, Edman Ayres de Abreu considera a intenção um dos elementos fundamentais do plágio: "Versa (o plágio) sempre sobre as partes essenciais de uma obra ou as que imprimam originalidade e personalidade à obra. É a busca da validade artística e talento que o plagiador procura inescrupulosamente"[11].

O jurista Paulo José da Costa Jr. lembra a lição de Nelson Hungria, que alerta para a região fronteiriça entre "ética" e "ilicitude" que deve ser cuidadosamente examinada em cada caso concreto:

> Se a imitação for "remota ou fluida", como diz Nelson Hungria, se o plagiário "respinga na obra alheia, sem destacar-lhe a estrutura espiritual ou parte integrante desta, como a abelha que se restringe a sugar na flor, pode merecer censura sob o ponto de vista ético, mas não incorre na sanção penal (nem civil)[12].

Nas irrefutáveis razões dos juristas citados e, especificamente, consoante a linha de entendimento de Edman Ayres de Abreu, para a verificação dos fatores subjetivos (a constatação da segura e efetiva ocorrência da intenção do agente) e da materialização desses fatores, resultando na prática – concreta – do plágio, é necessário examinar, ao menos, cinco aspectos objetivos básicos (além, naturalmente, de que a obra tida como plagiada seja considerada "obra intelectual" e, portanto, tutelada no campo dos direitos de autor), quais sejam:

(a) o grau de originalidade da obra supostamente plagiada[13];

---

ta, aquele que com respeito a uma obra, a difunde como própria, em todo ou em parte, copiando-a ou reproduzindo-a textualmente, ou tratando de dissimular a cópia mediante certas alterações, atribuindo-se ou atribuindo a outro, a autorização ou titularidade alheia".

10. *Vocabulário jurídico*. 5. ed. Rio de Janeiro: Forense, 1961, p. 718.

11. Ob. cit., p. 124.

12. *Comentários ao Código Penal*. 4. ed. São Paulo: Saraiva, 1996, p. 625.

13. Esse requisito – *grau de originalidade da obra supostamente plagiada* – tem sido considerando decisivo para a procedência de ações relativas a plágio. Nesse sentido, destacamos quatro arestos, relativamente

14 | Violações de direitos autorais

(b) a anterioridade de sua criação (*e publicação*) em relação à obra supostamente plagiária;

(c) o conhecimento efetivo, ou, ao menos, o grau de possibilidade de o autor supostamente plagiário ter tido conhecimento da obra usurpada, anteriormente à criação da sua obra;

(d) as vantagens – *econômicas ou de prestígio intelectual ou artístico* – que o plagiário estaria obtendo com a usurpação; e

(e) o grau de identidade ou semelhança (*em relação aos elementos criativos originais*) entre as duas obras[14].

---

recentes: (a) acórdão de 15-7-2005 do Tribunal de Justiça do Rio de Janeiro (Primeira Câmara Cível, votação unânime, rel. Des. Orlando Secco – Apelação Cível 2004.0001. 33.559): "Existência de inúmeras imitações de diversos programas humorísticos utilizando figuras notórias. Imitações ou criações destes personagens que nada mais são do que adaptações de uma ideia, que não pode ser considerada como objeto de proteção a título de direitos autorais, como já determinava o art. 8º, I, da Lei 9.610/98. Ausência da originalidade necessária para caracterizar a personagem como passível de proteção pela referida lei" (ementa, transcrição parcial); (b) acórdão de 7-8-2007 do Tribunal de Justiça de São Paulo (Nona Câmara de Direito Privado, votação unânime, rel. Des. Sergio Gomes – Apelação Cível 355.481-4/SP), com a seguinte ementa: "Direito autoral – Utilização da ré em seu periódico da expressão 'o bicho vai pegar' – Pretensão do autor em receber direitos autorais relacionados à mencionada frase por ser refrão de uma música de sua autoria – Inadmissibilidade – É notório que a aludida expressão se trata de jargão de conhecimento geral e amplamente usada pela população, não podendo se afirmar que é de criação da apelante – ou seja, o recorrente ao compor a sua música inseriu uma expressão de uso comum, que já faz parte da linguagem popular, logo, não pode pretender ter direitos relacionados ao seu uso – Recurso Improvido"; e (c) acórdão de 28-8-2007 do Tribunal de Justiça de São Paulo (Primeira Câmara de Direito Privado, votação unânime, rel. Des. Elliot Akel – Apelação Cível 172.679-4) com a seguinte ementa: "Direito Autoral – Obra Musical – Alegação de Plágio – Hipótese em que ambas as músicas produzidas por ambas as partes decorreram de outra, mais antiga – impossibilidade de proteção, ainda que a título de obra derivada, em face da ausência de autorização do autor da obra originária em favor dos requerentes – Ação improcedente – Recurso improvido"; (d) acórdão de 14-4-2021 do Tribunal de Justiça de São Paulo (Sétima Câmara de Direito Privado, votação unânime, rel. Des. Costa Netto – Apelação Cível 1043717-78.2019.8.26.0002), com a seguinte ementa: "Direito Autoral. Plágio. Ação de indenização por danos morais. Aluna do curso de mestrado que teve seu trabalho copiado e alterado na instituição de ensino. Preliminares afastadas. Cerceamento de defesa inocorrência. Cópia grosseira do trabalho de conclusão de curso. Desnecessidade de perícia técnica. Julgamento antecipado. Prerrogativa do Juiz na medida em que o seu livre convencimento já está consumado e se dá por satisfeito com as provas colacionadas aos autos. Para a constatação de plágio deve ser observado: (a) o grau de originalidade da obra supostamente plagiada (b) a anterioridade de sua criação (e publicação) em relação à obra supostamente plagiária; (c) o conhecimento efetivo, ou, ao menos, o grau de possibilidade de ter o plagiador conhecimento da obra usurpada, anteriormente à criação da sua obra; (d) as vantagens – econômicas ou de prestígio intelectual ou artístico – que o plagiário estaria obtendo com a usurpação; e (e) o grau de identidade ou semelhança (em relação aos elementos criativos originais) entre as duas obras. Dano moral configurado também por ofensa aos direitos da personalidade – direitos morais de autor. Montante. Critérios de prudência e razoabilidade. Valor reduzido. Sentença parcialmente reformada. Recursos parcialmente providos".

14. A respeito, Eduardo Lycurgo Leite em seu artigo "Um breve ensaio sobre plágio" (*Revista de Direito Autoral*, São Paulo, Edição da Associação Brasileira de Direito Autoral – ABDA e Lumen Juris Editora, n. III, p. 122, ago. 2005) cita o "Teste das Semelhanças de Hermano Duval", que apontaria, segundo o jurista citado, "a ocorrência ou não de plágio" que seria "revelado através dos seguintes e convincentes indícios": "a) repetição dos erros ou erros comuns; b) traços isolados de cópia literal; c) traços isolados de semelhanças através de secundárias alterações de fatos comuns, embora insignificantes; d) qualidade

Naturalmente, o segundo e o terceiro aspecto objetivo supracitados (*a anterioridade da criação da obra supostamente plagiada em relação à plagiária e o conhecimento – ou grande possibilidade de o autor supostamente plagiário ter tido conhecimento – da obra usurpada anteriormente à criação da sua*) consistem, de plano, elementos essenciais à caracterização do plágio.

Com efeito, como considerar a ocorrência de plágio se a obra tida como plagiada não fosse anterior à obra acusada de plagiária? E, da mesma forma, como poderia alguém "plagiar" obra que não conhecesse?

Obviamente seria impossível que tal ocorresse. Por isso esses dois fatores são básicos na constatação do plágio.

Vencidos esses dois aspectos objetivos (*fundamentais*), o exame cuidadoso dos três elementos objetivos remanescentes supracitados (*aliados à verificação do item de natureza subjetiva: "intenção do agente"*) irá determinar a existência do plágio.

O exame desses três aspectos objetivos em conjunto com o aspecto subjetivo da intenção do agente em usurpar obra alheia é importante pois se, por exemplo, o plagiário tivesse confessado sua intenção de plagiar – *ou houver provas sólidas da existência efetiva de tal intenção* – e se ocorreu sua materialização, ou seja, há identidade – *em partes substanciais originais* – ou semelhanças relevantes (*sob o aspecto da criação intelectual*) entre as duas obras em questão, evidente está o aproveitamento ilícito: o plágio.

Contudo se, ao contrário, a intenção do agente não tiver sido confessada, ou não estiver devidamente comprovada, torna-se imprescindível que a avaliação desses três aspectos objetivos remanescentes (*grau de originalidade da obra tida como usurpada, as vantagens que o plagiário obteria com tal usurpação e o grau de identidade ou semelhança entre as duas obras*) torne inafastável a efetiva ocorrência da intenção de plagiar do agente.

---

e valor das semelhanças com índice superior ao da respectiva quantidade, especialmente se consideradas à luz do teste da imaginação e da habilidade literária dos autores em conflito; e e) comparação da habilidade literária e do poder de imaginação do autor original às do pseudoinfrator e, finalmente aí se indagar se a semelhança de tratamento entre as duas obras em conflito é devida à cópia de uma pela outra, ou se provém de uma criação independente" (DUVAL, Hermano. *Violações dos direitos autorais*. Rio de Janeiro: Editor Borsoi, 1985, p. 120). Interessante constatar que 40 anos após a publicação da obra de Duval, o primeiro dos "convincentes indícios" de seu "Teste de Semelhança" foi dotado pelo Tribunal de Justiça de São Paulo como elemento decisivo para caracterização do ilícito de plágio em intrincada questão envolvendo dicionários: "De início, cabe registrar que os dicionários são expressamente reconhecidos como obras intelectuais protegidas pela lei, nos termos do art. 7º, XIII, da Lei n. 9.610/98. E, no caso, vindo aos autos prova pericial, restou confirmada a semelhança entre as obras (fls. 1564/1590), que apresentam coincidências tanto nos acertos como nas falhas, o que leva à conclusão de que a obra dos autores foi utilizada para a realização da obra dos réus" (trecho decisório – fls. 4 – do acórdão de 6-3-2008, proferido na Apelação Cível com Revisão 551.230-8/SP, por unanimidade de votos de sua Sexta Câmara de Direito Privado, rel. Des. Vito Gugliemmi).

14 | Violações de direitos autorais

Assim, será inequívoco o plágio – *e as consequentes sanções civis e penais* – se a obra intelectual supostamente plagiada (*obviamente, portanto, anterior à plagiada e conhecida – ou com reais possibilidades de ter sido conhecida – pelo plagiário*):

- for, de tal forma – *por fortes características originais próprias* – diferenciada de outras obras do mesmo gênero que seja praticamente impossível ocorrer uma *coincidência criativa* (*acidental*) com obra posterior;
- tiver expressão econômica, intelectual ou artística a ponto de motivar o plagiário a usurpá-la para obtenção de vantagens pessoais ou materiais;
- for aproveitada a ponto de haver – *na obra plagiária* – identidade ou semelhanças (em relação à *criação intelectual*) de tal forma substanciais que afastariam – sem sombra de dúvida – qualquer hipótese de *coincidência criativa*[15].

Se o plágio envolve o titular de uma obra preexistente, de um lado, e um pretenso autor, de outro, já a utilização indevida, via de regra, vai envolver o titular e um usuário não autorizado.

Cumpre notar, aqui, uma forma de violação pela internet, que é o aparentemente simples compartilhamento e divulgação ao público de *hiperlinks* que levem a sítios eletrônicos onde se hospede conteúdo pirata.

---

15. Na aplicação dessa regra, relevante registrar os recentes três arestos a seguir: (a) acórdão de 12-12-2006 do Tribunal de Justiça do Estado de São Paulo (proferido na Apelação Cível 289.445-4/SP por votação unânime de sua Nona Câmara de Direito Privado, rel. Des. Sérgio Gomes), que reconheceu plágio de livro já publicado e disponibilizado gratuitamente na internet tendo em vista que "a obra foi plagiada "em mais de 90% pelos corréus" (trecho da ementa); (b) acórdão de 21-11-2007 do Tribunal de Justiça do Estado do Rio Grande do Sul (proferido na Apelação Cível 7002 1205489, por votação unânime de sua Nona Câmara Cível, rel. Des. Odone Sanguiné), com a seguinte judiciosa e didática síntese: "As semelhanças entre duas obras e a utilização de parte substancial de uma na outra podem comprovar um eventual plágio. Deve ser testado é se a cópia de uma obra original utilizou substancialmente a habilidade técnica e o labor intelectual da obra original. Ocorre o denominado plágio virtual ou ideológico quando alguém utiliza e/ou explora o labor intelectual alheio. Por mais que se considere o caráter de revisão bibliográfica de uma monografia, não houve o simples aproveitamento e coleta pela demandada de ideias, dados fáticos e históricos, levantados pelo autor na sua obra, alguns de manifesto domínio público. A ré não preservou a sua identidade na elaboração da monografia, usurpando de elementos da estrutura da obra do autor, empregando meios de disfarce na sua reprodução, tudo a evidenciar o seu dolo na perpetuação do plágio" (trecho da ementa); e (c) acórdão de 12-2-2008 do Tribunal de Justiça do Rio de Janeiro (proferido na Apelação Cível 2007.001.30719, por votação unânime de sua Décima Segunda Câmara Cível, rel. Des. Siro Darlon de Oliveira): a condenação de plágio de composição literomusical se deu em face de que, "tendo em conta o altíssimo grau de similitude da letra e da melodia não há como afastar a ciência da cópia feita pelos 2º e 3º réus" (trecho de parte decisória do acórdão que transcreve a sentença que confirmou).

557

A discussão não teve ressonância até o momento no Brasil, mas as violações desse gênero não deixam de ser recorrentes. Como alertam Lucas, Lucas--Schloetter e Bernault, "o fornecimento de um hiperlink, ainda que se trate de um buscador ou um cursor automatizado, é igualmente suscetível, em certas condições, de ser contrafator"[16].

A mesma observação vale para a venda, a compra, e o armazenamento de NFTs contendo conteúdo violador de direitos autorais[17].

A partir dessas noções, passaremos a examinar as sanções de natureza administrativa e as violações de direito autoral, de natureza civil e penal relativas não só à prática de plágio – *modalidade de ato ilícito que acabamos de destacar* –, mas, sob o plano genérico, a quaisquer utilizações indevidas de obras intelectuais.

14.2. CONTROLE, MEDIDAS E SANÇÕES DE NATUREZA ADMINISTRATIVA

O campo das sanções administrativas ainda não encontrou o desenvolvimento desejado, sendo, ainda, com poucas exceções, tímidas as iniciativas levadas a efeito a respeito.

Na Inglaterra, por exemplo, nesse item Stephen Stewart menciona apenas o controle alfandegário que auxiliaria no combate à "pirataria fonográfica"[18]. No Brasil, com a criação do Conselho Nacional de Direito Autoral – *por força da Lei n. 5.988, de 1973* –, implantado em 1976, já se divisava um início de proteção por essa via, uma vez que se trata de órgão vinculado à administração federal (*Ministério da Educação e Cultura*) encarregado da fiscalização, consulta e assistência na área de direitos autorais[19]. Reorganizado a partir do quarto ano de funcionamento[20], ao CNDA couberam as seguintes atribuições:

(a) determinar, orientar, coordenar e fiscalizar as providências necessárias à exata aplicação das leis, tratados e convenções internacionais ratificados pelo Brasil, sobre direitos do autor e direitos que lhes são conexos;

---

16. Ibid., p. 974.
17. Como ressalta Alain Berenboom, op. cit., p. 131, "a validação e a verificação da qualidade de titular dos direitos autorais deveria fazer parte do processo de emissão do NFT".
18. Ob. cit., publicada em 1983, p. 84.
19. Art. 116 da lei regente autoral de 1973, revogada pela Lei n. 9.610/98.
20. Pelo Decreto n. 84.252, de 28-11-1979, e, posteriormente, pela Portaria do Ministro da Educação e Cultura n. 603, de 11-11-1981.

14 | Violações de direitos autorais

(b) autorizar o funcionamento, no País, de associações de titulares de direitos autorais, desde que observadas as exigências legais e as que forem por ele estabelecidas; e, a seu critério, cassar-lhes a autorização após, no mínimo, três intervenções, na forma do inciso seguintes;

(c) fiscalizar essas associações e o Escritório Central de Arrecadação e Distribuição a que se refere o art. 115, podendo neles intervir quando descumprirem suas determinações ou disposições legais, ou lesarem, de qualquer modo, os interesses dos associados;

(d) fixar normas para a unificação dos preços e sistemas de cobrança e distribuição de direitos autorais;

(e) funcionar, como árbitro, em questões que versem sobre direitos autorais, entre autores, intérpretes ou executantes, e suas associações, tanto entre si, quanto entre uns e outros;

(f) gerir o Fundo de Direito Autoral, aplicando-lhe os recursos segundo as normas que estabelecer, deduzidos para a manutenção do Conselho, no máximo, vinte por cento anualmente;

(g) manifestar-se sobre a conveniência de alteração de normas de direito autoral, na ordem interna ou internacional, bem como sobre problemas a ele concernentes;

(h) manifestar-se sobre os pedidos de licenças compulsórias previstas em tratados e convenções internacionais;

(i) fiscalizar o exato e fiel cumprimento das obrigações dos produtores de videofonogramas e fonogramas, editores e associações de direitos do autor, para com os titulares de direitos autorais e artísticos, procedendo, a requerimento destes, a todas as verificações que se fizerem necessárias, inclusive auditorias e exames contábeis;

(j) impor normas de contabilidade às pessoas jurídicas referidas no inciso anterior, a fim de que os planos contábeis e a escrituração permitam a adequada verificação da quantidade de exemplares reproduzidos e vendidos; e

(k) tornar obrigatório que as etiquetas que distinguem as cópias de videofonogramas e fonogramas sejam autenticadas sempre pelo próprio Conselho Nacional de Direito Autoral, na forma das instruções que venha a baixar.

A esse vasto contexto de atribuições administrativas corresponderá a adoção das sanções necessárias a seu atingimento, cujo implemento, em decorrência de vários fatores – *inclusive os relativos à grande extensão do território nacional e da novidade da matéria* –, demandaria ainda algum tempo para se tornar satisfatório. Lamentavelmente, em 1990, como já referimos (*vide*, especialmente, o Capítulo 13, em que relatamos o período de atividade do Órgão), em pleno e profícuo funcionamento, foi "desativado" – a exemplo dos demais Conselhos vinculados ao Ministério da Cultura, e a Lei de Direitos Autorais de 1998, inexplicavelmente, não corrigiu a arbitrariedade cometida pelo precipitado ato do Presidente da República de então, Fernando Collor, afastado do cargo, posteriormente, por iniciativa do Congresso Nacional.

Na supressão, ao menos parcial, dessa lacuna, o Poder Executivo, em 2001[21] timidamente, e em 2004 de forma mais efetiva, criou o Conselho Nacional de Combate à Pirataria e Delitos contra a Propriedade Intelectual"[22]. Referido órgão foi extinto e recriado, sem grandes alterações, pelo Decreto n. 9.875/2019, com as seguintes competências:

> I – elaborar estudos e propor medidas e ações destinadas ao combate à pirataria, ao contrabando, à sonegação fiscal delas decorrentes e aos delitos contra a propriedade intelectual no País;
>
> II – efetuar levantamentos estatísticos, criar e manter, a partir de informações coletadas em âmbito nacional, banco de dados integrado ao Sistema Único de Segurança Pública, com o objetivo de estabelecer mecanismos eficazes de prevenção e repressão à pirataria, ao contrabando, à sonegação fiscal delas decorrentes e aos delitos contra a propriedade intelectual;
>
> III – apoiar as medidas necessárias ao combate à pirataria, ao contrabando, à sonegação fiscal delas decorrentes e aos delitos contra a propriedade intelectual junto aos Estados e ao Distrito Federal;
>
> IV – incentivar e auxiliar o planejamento de operações especiais e investigativas de prevenção e repressão à pirataria, ao contrabando, à sonegação fiscal delas decorrentes e aos delitos contra a propriedade intelectual;
>
> V – propor mecanismos de combate à entrada de produtos que violem direitos de propriedade intelectual e de controle do ingresso no País de

---

21. Decreto de 13-3-2001, sem número, que instituiu o "Comitê Interministerial de Combate à Pirataria".

22. Decreto n. 5.244, de 14-10-2004. Conforme o seu art. 1ª, o Conselho tem a finalidade de elaborar as diretrizes para a formulação e proposição de plano nacional de combate à pirataria, à sonegação fiscal dela decorrente e aos delitos contra a propriedade intelectual.

produtos cuja importação, ainda que regular, possam vir a se constituir em insumos para a prática de pirataria;

VI – sugerir fiscalizações específicas nos portos, nos aeroportos, nos postos de fronteiras e na malha rodoviária brasileira;

VII – estimular, auxiliar e fomentar o treinamento de agentes públicos envolvidos em operações e processamento de informações relativas à pirataria, ao contrabando, à sonegação fiscal delas decorrentes e aos delitos contra a propriedade intelectual;

VIII – fomentar ou coordenar campanhas educativas sobre o combate à pirataria, ao contrabando, à sonegação fiscal delas decorrentes e aos delitos contra a propriedade intelectual;

IX – acompanhar, por meio de relatórios enviados pelos órgãos competentes, a execução das atividades de prevenção e de repressão à violação de obras protegidas por direito autoral; e

X – estabelecer mecanismos de diálogo e colaboração com os Poderes Legislativo e Judiciário, com o propósito de promover ações efetivas de combate à pirataria, ao contrabando, à sonegação fiscal delas decorrentes e aos delitos contra a propriedade intelectual[23].

14.3. MEDIDAS JUDICIAIS DE NATUREZA CIVIL

Conforme leciona Antonio Chaves, sob a órbita do direito civil, as medidas ao alcance do autor são de três ordens: as preventivas, como o interdito proibitório, o registro, o depósito, a aprovação de programas; as preparatórias e conservatórias, como a busca e apreensão, a interdição de espetáculos, o exame de escrituração; e, finalmente, as reparatórias; inserção do verdadeiro nome do autor, quando postergado, a adjudicação à parte lesada ou destruição dos exemplares imprestáveis da contrafação da sua obra e a ação de perdas e danos[24].

A respeito, Roberto Corrêa de Mello relaciona quais as principais medidas praticadas, atualmente, na esfera judicial civil:

– ação indenizatória;

– ação declaratória;

---

23. Art. 3ª do Decreto n. 9.875, de 27-7-2019.
24. Direito de autor. *Revista dos Tribunais*, n . 387, seção "Consulta e Pareceres", p. 48.

– interdito proibitório;

– busca e apreensão civil[25].

Dessas ações, consiste o "interdito proibitório" a que tem gerado mais polêmica entre os juristas. Destacando-a como uma medida de "grande alcance prático", Carlos Alberto Bittar considera "o interdito proibitório (CPC, art. 932), perfeitamente compatível com os direitos autorais, em sua faceta patrimonial, como tem reiteradamente assentado a jurisprudência, para fins de elisão de práticas ameaçadoras a esses direitos"[26].

Nesse sentido, o acórdão do Tribunal de Justiça de São Paulo que, nas razões de decidir, consigna:

> o mecanismo estabelecido pela Lei n. 5.988/73 impõe aos usuários das obras artísticas a obtenção da prévia autorização do órgão representativo dos autores, sob pena de interdição expressamente prevista em seu artigo 127, parágrafo único. Esse dispositivo responde a arguição de impropriedade de ação de interdito, que não se aplica apenas aos casos de posse de bens corpóreos[27].

Anteriormente, o Supremo Tribunal Federal já decidira pela admissão do interdito proibitório "visando à proibição de irradiação de músicas sem o pagamento da contribuição devida aos compositores"[28].

Atualmente, contudo, essa possibilidade processual encontra-se afastada em face da Súmula 228 do Superior Tribunal de Justiça, de 1º de

---

25. Medidas administrativas e judiciais (*civis e criminais*) de proteção ao Direito Autoral, Tutela Antecipatória e Tutela específica", conferência ministrada no "Seminário Nacional da OMPI sobre Propriedade Intelectual para Magistrados e Membros do Ministério Público" em São Paulo (12-10-1996). Entre os procedimentos cautelares específicos, o de busca e apreensão mereceu, no Código de Processo Civil vigente (Lei n. 5.869, de 11-1-1973), regulação especial relativamente a questões de direito autoral: "Tratando-se de direito autoral ou direito conexo do artista, intérprete ou executante, produtores de fonogramas e organismos de radiodifusão, o juiz designará, para acompanharem os oficiais de justiça, dois peritos aos quais incumbirá confirmar a ocorrência da violação antes de ser efetivada a apreensão" (§ 3º do art. 842).

26. *Direito de autor*. 2. ed. São Paulo: Forense Universitária, 1994, p. 142-143. Destaca, ainda, Bittar, no mesmo capítulo, página 144, as "ações de concorrência desleal", que "podem, ainda, estar envolvidas questões referentes a direitos autorais, sempre que abrangerem debate a respeito de obra intelectual estética utilizada no meio empresarial...".

27. Acórdão de 2-5-1996, proferido na Apelação Cível 260.772-1/3, com unanimidade de votos de sua Quinta Câmara de Direito Privado, rel. Des. Jorge Tannus.

28. Acórdão de 11-9-1984, proferido no Recurso Extraordinário 103.058/DF, com votação unânime de sua Primeira Turma, rel. Min. Soares Munõz (decisão compilada por Carlos Alberto Bittar em *A Lei de Direitos Autorais na Jurisprudência* [São Paulo: Revista dos Tribunais, 1988, p. 220]).

dezembro de 1999, que consignou, categoricamente: "É inadmissível o interdito proibitório para a proteção do direito autoral"[29].

Ainda no tema dos instrumentos processuais cíveis de proteção dos direitos autorais, a Terceira Turma do Superior Tribunal de Justiça adotou importante posição no julgamento do REsp 1.833.567/RS, julgado sob relatoria do Min. Paulo de Tarso Sanseverino em 18-9-2020:

> (...) 3. A tutela inibitória é a proteção por excelência dos direitos de autor, devendo ser concedida quando evidenciada a ameaça de violação para que seu titular possa fazer valer seu direito de excluir terceiros da exploração não autorizada de obras protegidas. Inteligência do art. 497 do CPC e do art. 105 da Lei n. 9.610/98.
>
> 4. Apenas em casos excepcionalíssimos, nos quais outros direitos fundamentais, como o acesso à informação ou o acesso à cultura, justifiquem uma disponibilização imediata e incondicional da obra para utilização de terceiros, é que a tutela específica deve ceder lugar às perdas e danos, o que não ocorre no presente caso. (...)

A respeito da responsabilidade pela violação de direitos autorais, a lei autoral vigente estabelece ela que caberá a:

(a) quem editar obra literária, artística ou cinematográfica, sem autorização do titular;

(b) quem vender, expuser à venda, ocultar, adquirir, distribuir, tiver em depósito ou utilizar obra ou fonograma reproduzidos com fraude, com finalidade de vender, obter ganho, vantagem, proveito, lucro direto ou indireto, para si ou para outrem;

(c) o importador e o distribuidor em responsabilidade solidária com o contrafator, em caso de reprodução no exterior;

(d) quem realizar a transmissão ou retransmissão, por qualquer meio ou processo, e a comunicação ao público de obras artísticas, lite-

---

29. Apesar de inadmitido o interdito proibitório, atualmente, para a "proteção do direito autoral" (Súmula 228 do STJ) o mesmo Superior Tribunal de Justiça ressalva a pertinência processual do seu conteúdo reparatório na hipótese em que o interdito seja cumulado com perdas e danos: "Agravo regimental. Recurso Especial. Direitos autorais. Interdito proibitório cumulado com perdas e danos. 1. O descabimento, quanto aos direitos autorais, do interdito proibitório não afasta o direito à indenização postulado com base no mesmo fato, qual seja a utilização de obras musicais sem a devida contraprestação financeira. Assim, repelida a proteção possessória, pode a ação prosseguir no tocante ao pedido indenizatório, igualmente formulado. 2. Agravo regimental improvido" (ementa do acórdão de 25-9-2000, proferido no Agravo Regimental no Recurso Especial 256.132/RS, por unanimidade de votos de sua Terceira Turma, rel. Min. Carlos Alberto Menezes Direito, *DJ* 20-11-2000, p. 234).

rárias e científicas, de interpretações e de fonogramas, realizadas mediante violação aos direitos de seus titulares;

(e) quem:

– alterar, suprimir, modificar ou inutilizar, de qualquer maneira, dispositivos técnicos introduzidos nos exemplares das obras e produções protegidas para evitar ou restringir sua cópia;

– alterar, suprimir ou inutilizar, de qualquer maneira, os sinais codificados destinados a restringir a comunicação ao público de obras, produções ou emissões protegidas ou a evitar a sua cópia;

– suprimir ou alterar, sem autorização, qualquer informação sobre a gestão de direitos;

– distribuir, importar para distribuição, emitir, comunicar ou puser à disposição do público, sem autorização, obras, interpretações ou execuções, exemplares de interpretações fixadas em fonogramas e emissões, sabendo que a informação sobre a gestão de direitos, sinais codificações e dispositivos técnicos foi suprimida ou alterada sem autorização;

(f) quem, na utilização, por qualquer modalidade, de obra intelectual, deixar de indicar ou anunciar, como tal, o nome, sinal convencional do autor e do intérprete;

(g) quem realizar a execução pública de composições musicais ou literomusicais e fonogramas em desacordo com os arts. 68, 97, 98 e 99 da Lei n. 9.610/98; e

(h) os proprietários, diretores, gerentes, empresários e arrendatários dos locais e estabelecimentos a que alude o art. 68 da lei autoral (*teatros, cinemas, salões de baile ou concertos, boates, bares, clubes ou associações de qualquer natureza, lojas, estabelecimentos comerciais ou industriais, estádios, circos, feiras, restaurantes, hotéis, motéis, clínicas, hospitais, órgãos públicos da administração direta ou indireta, fundacionais ou estatais, meios de transporte de passageiros terrestre, marítimo, fluvial ou aéreo, ou onde quer que se representem, executem ou transmitam obras literárias, artísticas ou científicas*), em responsabilidade solidária com os organizadores dos espetáculos[30].

---

30. Respectivamente arts. 103, 104 parte inicial, 104 parte final, 105, 107, I, II, III e IV, 108, 109 e 110 da Lei n. 9.610, de 19-2-1998. No plano da responsabilização por infrações de direitos autorais, inteiramente

14 | Violações de direitos autorais

14.4. VIOLAÇÕES DE DIREITO AUTORAL DE NATUREZA PENAL

Em virtude da alteração no Código Penal brasileiro, transformando a prática de contrafação em crime de ação pública, e tipificando, de forma genérica, como crime, "a violação de direito autoral"[31], fortaleceu-se, no Brasil, essa modalidade de proteção ao autor e aos demais titulares de direitos autorais[32].

A norma penal "em branco" é complementada pela Lei n. 9.610/98, que regula os direitos autorais. A ação penal poderá ser *privada* ou *pública*[33]:

---

procedente a avaliação de José de Oliveira Ascensão sobre os "provedores de serviços em rede" (internet): "Resta sempre a grande questão o controle da licitude dos conteúdos. A volatilidade transfronteiriça torna a determinação das autorias fluídas, além do que resulta já de um certo anonimato nas regras. Há, porém, um elemento fixo e reconhecível, que é provedor de serviços em rede, sobretudo no que respeita ao provedor de armazenagem, porque ninguém coloca nada na rede por si, tem de recorrer sempre a um provedor. E pensou-se que esse controle poderia ser colocado a cargo dos provedores. Mas os provedores de serviços em rede emergem como uma categoria poderosa, que funciona como grupo de pressão. Afastaram qualquer imposição de dever de diligência ou vigilância em relação aos conteúdos da rede e conseguiram a limitação de responsabilidade civil, só podendo ser responsabilizado se conhecerem o conteúdo ilícito das mensagens. A eliminação da culpa (ética), consistente em *dever conhecer*, torna essa previsão quase inoperante. Os Estados se veem assim desarmados, diante da invasão de conteúdos ilícitos que vagueiam pela rede e que podem ser das mais variadas espécies: terroristas, pedófilos, difamatórios, violadores de direitos intelectuais, infratores de regras fundamentais do mercado etc." (*Sociedade da informação* e *propriedade intelectual e internet*. 1. ed. 4. tir. Coordenado por Marcos Wachowicz. Curitiba: Juruá, 2005, p. 28). A respeito da responsabilidade do provedor, ensina o Ministro do Superior Tribunal de Justiça Sebastião de Oliveira Castro Filho que o denominado "provedor de conteúdo" e "não o provedor, simplesmente, de e-mail ou de acesso" é responsável "por aquilo que registra em seus páginas na web", pois atua "como intermediário de venda, figurando como autêntico comerciante", respondendo, nessa condição, subsidiariamente com o "fabricante, produtor, importador ou prestador de serviços". Em seguida, ressalva ser diferente a posição do "provedor de hospedagem" que, segundo o jurista, somente "A partir do momento em que ele toma conhecimento do seu conteúdo, e permite ele o ser disponibilizado, passa também a ter responsabilidade subsidiária" (em "Internet – Responsabilidade do Provedor nas Relação de Consumo". Conferência proferida no Seminário "Aspectos Polêmicos na Atividade do Entretenimento" realizada em março de 2004 em Mangaratiba/RJ e transcrita nos Anais correspondentes com organização e edição da Academia Paulista dos Magistrados (APM), p. 122 e 123).

31. Lei n. 6.895, de 17-12-1980, que deu nova redação aos arts. 184 e 186 do Código Penal, e Lei n. 8.635, de 16-3-1993, que alterou, novamente, a redação do mesmo art. 184. Finalmente, a Lei n. 10.695, de 1º-7-2003, consignou a redação vigente para esses dispositivos, revogando, expressamente, o art. 185 do Código Penal. A atual redação do *caput* do art. 184 é: "Violar direitos de autor e os que lhe são conexos" (*sic*).

32. Em sua obra *Direito de autor*, já citada, p. 148, Carlos Alberto Bittar ensina que, na caracterização de delitos, o prejuízo não é componente essencial, pois "o núcleo da lesão repousa, exatamente, no exercício ilegítimo dos direitos exclusivos", e, adiante, consigna: "o elemento subjetivo exigido é o dolo genérico (ou seja, a ciência e a consciência de, com o próprio fato, violar o direito de outrem), mas em algumas hipóteses, cogita-se de dolo específico (em reproduções e em representações com o intuito de lucro)". Eduardo S. Pimenta orienta que a violação tem como objeto jurídico o direito autoral e como objeto material a obra intelectual, entende que o dolo é específico quando a violação é direcionada especificamente a um ou a outro direito do autor (direito moral ou direito patrimonial): "isto porque o ato é consequência da pretensão do violador, por um ou outro direito, seja por interesse econômico ou por ofensa moral" (*Dos crimes contra a propriedade intelectual*. São Paulo: Revista dos Tribunais, 1994, p. 79-84).

33. As modalidades de ação penal encontram-se estabelecidas no art. 186 do Código Penal, com a redação da Lei n. 10.695, de 1º-7-2003.

565

(i) *ação penal privada, procedendo-se mediante queixa*[34] (art. 184, *caput*, do Código Penal): a violação de direito autoral resultará em pena de detenção de três meses a um ano, ou multa; e

(ii) *ação penal pública incondicionada*[35] (§§ 1º e 2º do art. 184 do Código Penal), com penas de reclusão de dois a quatro anos e multa: a violação de direito autoral que consistir em:

– reprodução total ou parcial, com intuito de lucro direto ou indireto, por qualquer meio ou processo, de obra intelectual, interpretação, execução ou fonograma, sem autorização expressa do autor, do artista intérprete ou executante, do produtor, conforme o caso, ou de quem o represente;

– ato de quem, com o intuito de lucro direto ou indireto, distribuir, vender, expor à venda, alugar, introduzir no País, adquirir, ocultar, ter em depósito, original ou cópia de obra intelectual ou fonograma reproduzido com violação do direito de autor, do direito de artista intérprete ou executante ou de direito do produtor de fonograma, ou, ainda, alugar original ou cópia de obra intelectual ou fonograma, sem a expressa autorização dos titulares dos direitos ou de quem os represente;

(iii) ação penal pública incondicionada (*quaisquer violações de direito autoral tipificadas no art. 184 e seus quatro parágrafos*): quando os crimes forem cometidos em desfavor de entidades de direito público, autarquia, empresa pública, sociedade de economia mista ou fundação instituída pelo Poder Público[36];

(iv) ação penal pública condicionada à representação (§ 3º do art. 184 do Código Penal, com pena de reclusão de dois a quatro anos): a violação de direito autoral que consistir no oferecimento ao público, mediante cabo, fibra ótica, satélite, ondas ou qualquer outro sistema que permita ao usuário realizar a seleção da obra ou produção para recebê-la, em um tempo e lugar previamente determinados por quem formula a demanda, com intuito de lucro, direto ou indireto, sem autorização expressa, conforme o caso, do autor, do artista intérprete ou executante, do produtor de fonograma ou de quem os represente[37].

---

34. Art. 186, I, do Código Penal vigente.
35. Art. 186, II, do Código Penal vigente.
36. Art. 186, III, do Código Penal vigente.
37. Ressalve-se a não aplicabilidade da pena agravada consignada no § 4º do art. 184 do Código Penal vigente (com a redação da Lei n. 10.695, de 1º-7-2003), nos seguintes termos: "o disposto nos §§ 1º, 2º e 3º não se

14 | Violações de direitos autorais

A prisão preventiva, conforme anota Eduardo S. Pimenta,

> caberá nos crimes dolosos, punidos com reclusão (art. 184, §§ 1º e 2º, do Código Penal), e nos punidos com detenção, quando o agente for vadio (não tiver ocupação profissional) ou houver dúvidas sobre a sua identidade, ou se o réu já tiver sido condenado por outro crime doloso, em sentença transitada em julgado (art. 313 do Código de Processo Penal).

A respeito da "prova de acusação", ensina o mesmo jurista:

> A prova de acusação é completa quando juridicamente torna certos os fatos que motivam a aplicação da pena. Tem como objetos principais:
>
> 1. a constatação do fato, comprovado com a materialidade do ato;
>
> 2. a demonstração da participação culpada do acusado no crime;
>
> 3. a sua capacidade mental e sua intenção no momento do crime (culposo ou doloso);
>
> 4. a verificação da premeditação do ato criminoso;
>
> 5. a pesquisa da intenção do agente direcionada ao objeto do ato imputado (dolo);
>
> 6. a verificação da concordância entre a intenção do agente e os fatos imputados, por consequência[38].

Sobre o momento consumativo, Paulo José da Costa Jr. observa que ele vai variar de acordo com a modalidade criminosa, configurando-se a tentativa "por se tratar de crime plurissubsistente, cujo *iter criminis* admite fracionamento". Aponta, também, a modificação oportuna da lei penal brasileira:

> O parágrafo 1º foi alterado pela Lei n. 8.635, de 16 de março de 1993, que substituiu a locução "para fins de comércio" pela expressão normativa "com intuito de lucro". Isto porque o intuito de lucro é mais abrangente que o fim de comércio, abarcando inclusive a reprodução para locação[39].

Ainda no âmbito do direito penal, em relação às violações de direito autoral, cabe acrescentar as disposições dessa natureza inseridas na Lei n. 9.609, de 19 de fevereiro de 1998, sobre a proteção de programa de computador, quais sejam:

---

aplica quando se tratar de exceção ou limitação ao direito de autor ou os que lhe são conexos, em conformidade com o previsto na Lei 9.610, de 19 de fevereiro de 1998, nem a cópia de obra intelectual ou fonograma, em um só exemplar, para uso privado do copista, sem intuito de lucro direto ou indireto".

38. Ob. cit., p. 87 e 70.

39. Ob. cit., p. 628, 630 e 631. A Lei n. 10.695, de 1º-7-2003, reeditou essa mesma expressão ("com intuito de lucro" em vez de "para fins de comércio").

Art. 12. Violar direitos de autor de programa de computador;

Pena – Detenção de seis meses a dois anos ou multa.

§ 1º Se a violação consistir na reprodução, por qualquer meio, de programa de computador, no todo ou em parte, para fins de comércio, sem a autorização expressa do autor ou de quem o represente:

Pena – reclusão de um a quatro anos e multa.

§ 2º Na mesma pena do parágrafo anterior incorre quem vende, expõe à venda, introduz no País, adquire, oculta ou tem em depósito, para fins de comércio, original ou cópia de programa de computador, produzido com violação de direito autoral.

§ 3º Nos crimes previstos neste artigo, somente se procede mediante queixa, salvo:

I – quando praticados em prejuízo de entidade de direito público, autarquia, empresa pública, sociedade de economia mista ou fundação instituída pelo poder público;

II – quando, em decorrência de ato delituoso, resultar sonegação fiscal, perda de arrecadação tributária ou prática de qualquer dos crimes contra a ordem tributária ou contra as relações de consumo.

§ 4º No caso do inciso II do parágrafo anterior, a exigibilidade do tributo, ou contribuição social e qualquer acessório, processar-se-á independentemente de representação.

As ações mais apropriadas no campo criminal são, conforme a lição de Corrêa de Mello:

– a busca e apreensão criminal; e

– a ação penal.

Complementa observando que a primeira, na condição processual de medida cautelar (arts. 524 a 530 do Código de Processo Penal), visa trazer aos autos "elementos probatórios à formação da convicção do julgador"[40].

---

40. Conferência citada, ministrada em 12-10-1996. Observe-se que o Código de Processo Penal (Decreto-Lei n. 3.689, de 3-10-1941), no que se refere ao processo penal relativo aos "crimes contra a propriedade imaterial", foi alterado, também, pela mesma Lei n. 10.695, de 1º-7-2003, acrescentando-se, aos arts. 524 a 530, nove novos artigos, quais sejam 530-A a 530-I, que regulam, em especial (arts. 530-B a 530-I), os crimes contra direito autoral em que caiba a ação penal pública incondicionada (§§ 1º e 2º do art. 184 do Código Penal) e condicionada (§ 3º do mesmo dispositivo). Essas inovações do Código de Processo Penal dispõem, basicamente, sobre a apreensão, pela autoridade policial, "dos bens ilicitamente produzidos ou reproduzidos" juntamente com os "equipamentos, suportes e materiais que possibilitarem sua existência", desde que estes "se destinem precipuamente à prática do ilícito" (arts. 530-B e 530-C), a consequente perícia (art. 530-D), o depósito dos bens apreendidos pelos titulares dos direitos autorais (art. 530-E) e a possibilidade de destruição do material apreendido "a requerimento da última",

14 | Violações de direitos autorais

Assim, é inegável o rigor da sanção, no campo penal – com severas penas de detenção e reclusão do infrator, que se agravaram, como expusemos, com o advento da Lei n. 10.695, de 2003 –, para as violações ao direito autoral, com, inclusive, a possibilidade de decretação de prisão preventiva, conforme referido.

Aliás, muitas defesas acabam se fiando no princípio da adequação social – alegando que, por ser esta ou aquela atitude típica tolerada socialmente, não seria o ilícito de violação de direitos autorais punível senão na esfera cível. Porém, diante da lesão a direitos fundamentais e até a direitos difusos (acesso à cultura, função social do direito autoral), tal argumento não pode ser tolerado, colacionando-se nesse sentido dois acórdãos recentes do Tribunal de Justiça do Rio de Janeiro:

> APELAÇÃO. CRIMES CONTRA A PROPRIEDADE INTELECTUAL. ARTIGOS 184, § 2º, DO CÓDIGO PENAL. RECURSO DEFENSIVO, PUGNANDO PELA ABSOLVIÇÃO POR AUSÊNCIA DE MATERIALIDADE, FRAGILIDADE PROBATÓRIA, OU POR ATIPICIDADE MATERIAL DA CONDUTA, ANTE A APLICAÇÃO DO PRINCÍPIO DA ADEQUAÇÃO SOCIAL. GRATUIDADE DE JUSTIÇA. PREQUESTIONAMENTO. PARCIAL PROVIMENTO DO RECURSO.
>
> Do mérito: *In casu*, verifica-se que a materialidade e autoria delitivas foram suficientemente comprovadas nos autos, notadamente pelo firme depoimento da testemunha policial, em Juízo, assim como pelas demais provas do processo registro de ocorrência, termos de declarações, auto de apreensão e laudo de exame de material de contrafação –, que não deixam a menor dúvida acerca da procedência da acusação.
>
> Finda a instrução criminal restou incontroverso que, no dia 06/06/2015, por volta das 9h30, na Rua Alcebíades Mendes Linhares, nº 41, em Miracema, a apelante, com o intuito de lucro direto ou indireto, tinha em depósito e expunha à venda 1.120 DVDs e 260 CDs falsificados, contendo cópias de fonogramas reproduzidos com violação de direito ao autor, artista, intérprete ou executante, ou do direito do produtor de fonograma.

---

preservando-se o corpo de delito (art. 530-F), a possibilidade de doação dos materiais apreendidos "aos Estados, Municípios e Distrito Federal, a instituições públicas de ensino e pesquisa ou de assistência social", bem como a sua incorporação, por economia ou interesse público, ao "patrimônio da União, que não poderão retorná-los aos canais de comércio" (art. 530-G), e a possibilidade de as associações de titulares de direitos de autor e os que lhes são conexos de funcionarem, em seu próprio nome, como assistentes da acusação, quando o crime for praticado "em detrimento de qualquer de seus associados" (art. 530-H). Busca e apreensão também é prevista como "diligências preliminares" da ação penal no art. 13 da Lei n. 9.609/98 sobre a proteção de programa de computador.

(...) Rechaça-se, também, a tese de atipicidade material da conduta. Isso porque a aceitação, por parcela da população, da comercialização de produtos falsificados, "pirateados", não possui o condão de impedir a incidência da norma incriminadora, valendo destacar que a citada conduta delituosa traz enormes prejuízos patrimoniais à indústria e aos artistas, uma vez que lesiona a arte, a cultura e a economia do País.

Neste contexto, diante da tipicidade formal e material verificadas no caso concreto, não há se falar em atipicidade da conduta imputada à ré, sob o argumento de serem socialmente aceitas. (...)

RECURSO PARCIALMENTE PROVIDO para reconhecer a atenuante da confissão, na segunda fase do processo dosimétrico, sem reflexos na reprimenda final[41].

VIOLAÇÃO DE DIREITO AUTORAL. SENTENÇA QUE JULGOU PROCEDENTE A PRETENSÃO PUNITIVA ESTATAL, PARA CONDENAR O RÉU, PELA PRÁTICA DO CRIME PREVISTO NO ARTIGO 184, PARÁGRAFO 2º, DO CÓDIGO PENAL, ÀS PENAS DE 02 (DOIS) ANOS DE RECLUSÃO, NO REGIME INICIAL ABERTO, E 10 (DEZ) DIAS-MULTA, À RAZÃO DE 1/30 (UM TRIGÉSIMO) DO SALÁRIO MÍNIMO VIGENTE EM 2015, SUBSTITUINDO A PENA PRIVATIVA DE LIBERDADE POR DUAS RESTRITIVAS DE DIREITOS. APELO DEFENSIVO. SUSCITA, EM SEDE PRELIMINAR, A NULIDADE DO FEITO, EM RAZÃO DA INÉPCIA DA DENÚNCIA. NO MÉRITO, PLEITEIA A ABSOLVIÇÃO DO ACUSADO, PELA INCIDÊNCIA DOS PRINCÍPIOS DA ADEQUAÇÃO SOCIAL E DA PROPORCIONALIDADE OU POR INSUFICIÊNCIA DO CONJUNTO PROBATÓRIO.

A aceitação da venda de produtos falsificados por parte da população não afasta a incidência da norma penal incriminadora. Violação do direito autoral que provoca grande impacto econômico, uma vez que causa expressivos prejuízos à indústria fonográfica nacional, aos comerciantes regularmente constituídos e ao Fisco, pelo não recolhimento de impostos. Incidência da Súmula nº 502 do STJ. Jurisprudência pacífica do STF (...)[42].

Cabe destacar ainda a Súmula do STJ (de 22-6-2016), de número 574, que dispõe: "Para a configuração do delito de violação de direito autoral e

---

41. TJRJ, 8ª Câmara Criminal, Apelação 0003913-19.2019.8.19.0034, j. 25-10-2023, Des. Tavares de Oliveira Junior.

42. TJRJ, 2ª Câmara Criminal, Apelação 0008266-88.2017.8.19.0029, j. 11-4-2023, Des. José Acir Lessa Giordani.

a comprovação de sua materialidade, é suficiente a perícia realizada por amostragem do produto apreendido, nos aspectos externos do material, e é desnecessária a identificação dos titulares dos direitos autorais violados ou daqueles que os representem".

Por fim, com relação aos crimes transnacionais, cada vez mais comuns em razão da internet, o Supremo Tribunal Federal fixou tese no tema de Repercussão Geral nº 508, estabelecendo que "compete à Justiça Federal processar e julgar o crime de violação de direito autoral de caráter transnacional". A questão do RE 702362, julgado pelo Pleno sob relatoria do Min. Luiz Fux, em 19 de dezembro de 2023, questionava se a autoridade judiciária brasileira poderia julgar crime iniciado em outro país, e a qual instância e esfera seria cabível o julgamento desses crimes transnacionais:

> RECURSO EXTRAORDINÁRIO. TEMA 580 DA REPERCUSSÃO GE-RAL. DIREITO CONSTITUCIONAL, PENAL E PROCESSUAL PENAL. CRIME DE VIOLAÇÃO DE DIREITO AUTORAL DE CARÁTER TRANSNACIONAL. COMPETÊNCIA. ARTIGO 109, INCISO "V", DA CONSTITUIÇÃO FEDERAL. ALCANCE DA EXPRESSÃO "CRIMES PREVISTOS EM TRATADOS E CONVENÇÕES INTERNACIONAIS". OBRIGAÇÃO INTERNACIONAL ASSUMIDA PELO ESTADO BRA-SILEIRO DE PROTEGER A PROPRIEDADE INTELECTUAL. PRECE-DENTES. RECURSO EXTRAORDINÁRIO PROVIDO. 1. A proteção dos direitos autorais constitui obrigação assumida pela República brasi-leira perante a comunidade internacional, mediante ratificação e pro-mulgação das seguintes convenções: (a) Convenção de Berna de 1886, revista em Paris em 1971 e promulgada no Brasil pelo Decreto 75.699, de 06 de maio de 1975; (b) Convenção Interamericana sobre os Direitos do Autor em obras Literárias, Científicas e Artísticas, firmada em Washing-ton em 1946 e promulgada no Brasil pelo Decreto 26.675, de 18 de maio de 1949; (c) Convenção Universal sobre o Direito de Autor, assinada em Genebra, de 06 de setembro de 1952; (d) Convenção sobre Proteção de produtores de Fonogramas contra a Reprodução não Autorizada de seus Fonogramas, também concluída em Genebra, em 29 de outubro de 1971, ratificada pelo Decreto Legislativo nº 59, de 1975, em vigor no Brasil desde 24 de dezembro de 1975, e promulgada pelo Decreto 76.906/1975. 2. A interpretação do artigo 109, V, da Constituição, que compreende mandados de criminalização implícitos e mandados de proteção de bens jurídicos contidos em Tratados e Convenções Internacionais promulga-dos no Brasil deve prevalecer in casu. Precedentes: RE 628.624, Plenário, rel. p/ o ac. min. Edson Fachin, j. 29.10.2015, DJE de 6.4.2016, Tema 393;

RE 835.558, Plenário, rel. min. Luiz Fux, j. 09.02.2017, DJE de 16.02.2017, Tema 648. 3. Consectariamente, compete à Justiça Federal Assenta-se, assim, a competência da Justiça Federal, a ação delituosa que envolva bem jurídico objeto de mandados de proteção em Tratado ou Convenção internacional e, simultaneamente, seja caracterizada pela transnacionalidade. 4. *In casu*, o próprio investigado confessou que adquiriu o material apreendido no Paraguai e o havia transportado para o Brasil. 5. Recurso extraordinário provido, com a fixação da seguinte tese jurídica para o Tema 580 da Repercussão Geral: "Compete à Justiça Federal processar e julgar o crime de violação de direito autoral de caráter transnacional".

Sem dúvida, do atendimento dessa orientação legal – *sem prejuízo, naturalmente, das sanções reparatórias civis, que examinaremos no próximo capítulo* – com a amplitude necessária para se constituir em desestímulo à prática de ato ilícito resultará a conscientização da gravidade de infrações dessa natureza e o devido respeito aos atributos personalíssimos e patrimoniais dos autores e demais titulares de direitos autorais sobre obras intelectuais.

Registre-se recente precedente do Tribunal de Justiça do Estado de São Paulo que condenou a prática de violação de direitos autorais, como se depreende do acórdão inframencionado, da lavra do Desembargador Otávio de Almeida Toledo, em consonância com a Súmula 502 do STJ, a qual dispõe: "Presentes a materialidade e a autoria, afigura-se típica, em relação ao crime previsto no art. 184, § 2º, do CP, a conduta de expor à venda CDs e DVDs piratas"[43].

Também cumpre lembrar que, além de crime comum, a violação de direitos autorais também é causa de inelegibilidade, conforme decide o Tribunal Superior Eleitoral, por exemplo no seguinte caso julgado em 19 de dezembro de 2022:

> ELEIÇÕES 2022. REGISTRO DE CANDIDATURA. CANDIDATO AO CARGO DE DEPUTADO ESTADUAL. CONDENAÇÃO POR CRIME CONTRA A ORDEM TRIBUTÁRIA E CRIME CONTRA A PROPRIE-

---

43. Confira-se: "Violação de direito autoral. Artigo 184, § 2º, do CP. Conduta de expor à venda, com intuito de lucro direto, CDs e DVDs de shows/filmes, reproduzidos sem autorização do titular do direito autoral. Configuração. Materialidade e autoria demonstradas. Prova pericial e oral. Confissão judicial. Tipicidade da conduta. Análise por amostragem. Validade. Prova da autorização dos titulares para reprodução e venda das obras intelectuais. Ônus da defesa. Atipicidade material por aplicação dos princípios da adequação social e da insignificância. Inocorrência. Relevância da lesão ao bem jurídico tutelado. Vigência da lei penal incriminadora" (TJSP, Apelação Criminal 0019088-96.2015.8.26.0196, 16ª Câmara Criminal, rel. Des. Otavio de Almeida Toledo).

DADE INTELECTUAL. INELEGIBILIDADES PREVISTAS NOS ITENS 1 E 2 DA ALÍNEA E DO INCISO I DO ART. 1º DA LEI COMPLR N. 64/1990. RECURSO ORDINÁRIO AO QUAL SE NEGA PROVIMENTO.

1. O item 1 da al. e do inc. I da Lei Complementar n. 64/1990 dispõe que são inelegíveis os condenados, em decisão transitada em julgado ou proferida por órgão judicial colegiado, por crimes contra a economia popular, a fé pública, a administração pública e o patrimônio público, desde a condenação até o transcurso do prazo de 8 anos depois do cumprimento da pena.

2. Conforme a jurisprudência deste Tribunal Superior Eleitoral, a condenação pela prática de crime contra o patrimônio privado, consistente no delito de violação a direito autoral, configura causa de inelegibilidade prevista no item 2 da al. e do inc. I do art. 1º da Lei Complementar n. 64/1990.

3. "A regra alusiva à inelegibilidade do artigo 1º, inciso I, alínea e, da Lei Complementar 64/1990 alcança não apenas os tipos penais disciplinares no Código Penal como também os previstos na legislação esparsa" (AREspE n. 35096/RS, Relator o Ministro Henrique Neves da Silva, PSESS 10.11.2016)

4. A condenação por crime tributário atrai a inelegibilidade da Lei Complementar nº 64/1990.

5. Recurso ordinário ao qual se nega provimento[44].

14.5. PRESCRIÇÃO CIVIL NO DIREITO AUTORAL

14.5.1. Breve histórico

Embora o tema prescrição não constasse da primeira lei de direitos autorais promulgada no Brasil, intitulada "Medeiros de Albuquerque" (*Lei 496, de 1º de agosto de 1898*), o mesmo não ocorreu no Código Civil de 1916, de Clóvis Beviláqua: o prazo prescricional era de cinco anos para "a ação civil por ofensa a direitos de autor; contado o prazo da data da contrafacção"[45].

Apesar de delimitar, portanto, em cinco anos o direito de "ação civil" na matéria, cuidou de deixar claro o eminente precursor jurista, autor do nosso primeiro Código Civil, que "Não estão sujeitos á prescrição: os direitos, que

---

44. TSE, Recurso Ordinário Eleitoral 060097221/ES, acórdão de 19-12-2022, publ. 19-12-2022, rel. Min. Cármen Lúcia.

45. Art. 178, § 10, VII, da Lei n. 3.071, de 1º de janeiro de 1916 (Código Civil brasileiro).

são emanações imediatas da personalidade, como a vida, a honra, a liberdade, a parte pessoal do direito de autor e o nome ou firma comercial"[46].

Ou seja, há mais de cem anos já estava patente a natureza jurídica dos direitos de autor em sua subdivisão em pessoais (*imprescritíveis*) e patrimoniais (*com prescrição por período definido*).

Mais de meio século depois, com o advento da Lei n. 5.988, em 14 de dezembro de 1973, foi, afinal, regulada de forma ampla a matéria, consolidando-se no direito positivo brasileiro a teoria dualista da interdependência de direitos distintos: o pessoal, intransferível, ramificação dos "direitos da personalidade" (que a lei denominou "direito moral de autor"[47]) e o de natureza econômica ou pecuniária (que a lei denominou "direito patrimonial de autor"[48]). Quanto à prescrição, estipulou, em seu art. 131, o diploma legal de 1973: "Prescreve em cinco anos a ação civil por ofensa a direitos patrimoniais do autor ou conexos, contado o prazo da data em que se deu a violação".

Em relação às demais matérias, especialmente as relativas ao direito moral de autor, recém-regulado, não havia previsão na lei especial, adotando-se, assim, a regra geral do Código Civil então vigente, que estabelecia prescreverem – *tanto as ações pessoais, estas com exceção aos direitos da personalidade, como os direitos morais de autor, que são imprescritíveis, quanto os casos de prescrição não previstos no Código* – em vinte anos, contados da data em que poderiam ser propostas[49].

14.5.2. O regime legal vigente para prescrição das ações civis relativas a direito autoral

14.5.2.1. A lacuna legislativa

A lei atualmente vigente para a matéria, n. 9.610, promulgada em 19 de fevereiro de 1998[50], teve sua disposição sobre prescrição, que estabelecia

---

46. BEVILÁQUA, Clóvis. *Código Civil dos Estados Unidos do Brasil comentado*. Rio de Janeiro: Livraria Francisco Alves, 1916, v. I, p. 477.

47. Arts. 25 a 28 da Lei n. 5.988, de 14-12-1973.

48. Arts. 29 a 48 da Lei n. 5.988, de 14-12-1973.

49. Esse prazo era ainda mais extenso na fase inicial de vigência do Código Civil de 1916: era de trinta anos. A redução para vinte anos foi implementada quase que quarenta anos após o início de sua vigência, por força da nova redação desse dispositivo dada pela Lei n. 2.437, de 1955, sem outra alteração, nesse ponto, até a entrada em vigor do Código Civil de 2002.

50. Na mesma data foi promulgada a Lei n. 9.609, que "dispõe sobre a proteção da propriedade intelectual de programa de computador, sua comercialização no País, e dá outras providências". Nada consta nessa lei sobre o tema "prescrição".

14 | Violações de direitos autorais

o prazo de cinco anos para a ação civil por ofensa a direitos autorais[51] vetada pelo Poder Executivo em razão de divergir sobre a data de início da contagem do prazo prescricional: entendia ser correto o estabelecido no Código Civil então vigente (de 1916), ou seja, a data da violação e não do conhecimento da infração, como consignado no dispositivo legal vetado[52].

Assim, a justificativa do veto presidencial indicava, claramente, a repristinação da norma, opção legislativa imprópria em face do preceituado pelo § 3º do art. 2º da Lei de Introdução ao Código Civil, que exige expressa disposição para que se retome a vigência da lei já revogada.

Portanto, inafastável a ocorrência de lacuna legislativa para as hipóteses de violação de direitos autorais e é lamentável que, neste ano de 2018, quando a lei de direitos autorais completa 20 anos de vigência, não tenha sido ainda devidamente suprida pelo Poder Legislativo.

14.5.2.2. As três principais teorias surgidas para supressão da lacuna legislativa

Além da primeira teoria já comentada, que se mostrou inadequada, da repristinação do art. 178, § 10, VII, do Código Civil então vigente (de 1916), que previa o mesmo prazo de cinco anos do art. 131 da Lei n. 5.988/73, contado da data da violação do direito autoral, foram difundidas, antes da aplicação das regras do Código Civil de 2002, especialmente, duas outras teorias:

(a) a de que o direito de autor, por se tratar – *na parcela atinente a direitos patrimoniais* – de direito de propriedade, se sujeitaria, no tocante as ações decorrentes de sua violação, ao prazo de prescrição estabelecido no inciso IX do § 10 do art. 178 do Código Civil então vigente, de cinco anos contados da violação. Favoreceria esse entendimento o disposto na Lei n. 9.610, de 1998, que, a exemplo da lei especial revogada, considera o direito de autor como "bem móvel"[53]; e

---

51. Dispunha o diploma legal de 1998, em seu art. 111, o seguinte: "Prescreve em cinco anos a ação civil por ofensa a direitos autorais, contado o prazo da data da ciência da infração".

52. A justificativa do veto foi assim consignada: "O dispositivo modifica o art. 178, § 10, do Código Civil, já alterado anteriormente, pelo artigo 131 da Lei 5.988/73. A perda do direito de ação por ofensa a direitos de autor, por decurso de prazo, está melhor disciplinada na legislação vigente. O prazo prescricional de cinco anos deve ser contado da data em que se deu a violação, não da data do conhecimento da infração, como previsto na norma projetada".

53. O art. 3º da Lei n. 9.610, de 14-12-1998, que reproduz, textualmente, o art. 2º da Lei n. 5.988, de 1973, estabelece que: "Os direitos autorais reputam-se, para os efeitos legais, bens móveis".

575

Direito Autoral no Brasil | José Carlos Costa Netto

(b) a de que o direito de autor, por não ter norma prescritiva expressamente regulada, cairia na previsão genérica de vinte anos, do art. 177 do Código Civil de 1916.

A terceira visão doutrinária sagrou-se vencedora na jurisprudência. Como precedentes emblemáticos, vale destacar o do Tribunal de Justiça de São Paulo, de relatoria do Desembargador José Rodrigues de Carvalho Netto[54], e do Superior Tribunal de Justiça, de relatoria da Ministra Nancy Andrighi:

> ... 3. Revogada a Lei n. 5.988/73 pela Lei n. 9.610/98 e como o art.111 da lei revogadora (que dispunha sobre prazo prescricional) foi vetado, a matéria atinente à prescrição das ações relacionadas a direitos autorais patrimoniais passou a ser regida pelo art. 177 do CC/16, aplicando-se o prazo prescricional de 20 anos, visto que não houve previsão expressa de repristinação do art. 178, § 10º, VII, do CC/16, conforme exige o art. 2º, § 3º, da LICC...[55].

14.5.2.3. O Código Civil de 2002 e os prazos prescricionais vigentes para as violações de direito de autor

O Código Civil de 2002, vigente a partir de janeiro de 2003, não previu, expressamente, prazo prescricional relacionado, especificamente, à violação de direito de autor.

Contudo, estabeleceu:

(a) a redução de 20 para 10 anos o prazo de prescrição para as hipóteses não previstas em lei[56]; e

(b) o prazo prescricional de 3 anos para "a pretensão de reparação civil"[57].

No atual contexto, no nosso entendimento, restam patentes, de plano, as seguintes conclusões:

(a) como já referido *ab initio*, os direitos morais de autor, em si, especialmente os de paternidade (autoria) e integridade da obra inte-

---

54. Acórdão de 21-8-2003 da Quinta Câmara de Direito Privado do Tribunal de Justiça de São Paulo.
55. Trecho de ementa do acórdão proferido em 22-3-2011 por votação unânime da Terceira Turma do Superior Tribunal de Justiça no REsp 1.168.336/RJ.
56. Art. 205 do Código Civil 2002: "A prescrição ocorre em 10 (dez) anos, quando a lei não lhe haja fixado prazo menor".
57. Art. 206, § 3º, V, do Código Civil de 2002.

lectual[58], não são afetados por regras prescricionais por se tratar, como direitos da personalidade, de direitos indisponíveis por expressos mandamentos legais[59];

(b) as reivindicações relativas aos demais direitos de natureza pessoal ou cominatória, desvinculadas de reivindicações de natureza reparatória civil, no campo dos direitos de autor e conexos, e, também, quaisquer casos que não sejam englobados nas demais hipóteses especificamente previstas em lei, enquadram-se no prazo prescricional genérico de 10 anos fixado pelo art. 205 do Código Civil vigente;

(c) a cobrança de valores correspondentes a créditos de direitos autorais que consistem "dívidas líquidas e constantes de instrumento público ou particular" prescreve em cinco anos[60]; e

(d) as pretensões de "reparação civil" em matéria de direito autoral prescrevem em três anos. Nesses casos, tal regra geral deve ser adotada apenas às ações civis destinadas exclusivamente à apuração e quitação pecuniária de danos decorrentes de violações de direitos autorais, de natureza moral ou patrimonial, ou seja, estritamente de cunho indenizatório.

Em acórdão do REsp 1.947.652/GO, proferido em 28-3-2022, relatado pelo Min. Moura Ribeiro, a Terceira Turma do Superior Tribunal de Justiça acatou as duas primeiras teses acima defendidas, com a seguinte ementa:

> (...) 2. Cinge-se a controvérsia em dirimir a incidência do prazo decadencial ou prescricional às pretensões deduzidas em juízo, que digam respeito ao direito de reivindicar a autoria de obra musical e as pretensões indenizatórias e compensatórias decorrentes da relação contratual entabulada pelas partes.
>
> 3. O direito da personalidade é inato, absoluto, imprescritível, está amparado na Declaração Universal dos Diretos Humanos, na Constituição pátria e na Lei n. 9.610/98 (art. 27). Por serem os direitos morais do autor inerentes aos direitos da personalidade, não se exaurem pelo não

---

58. Art. 24, I, II e IV, da Lei n. 9.610/98.

59. Arts. 24, §§ 1º e 2º, e 27 da Lei n. 9.610/98 e art. 11 do Código Civil de 2002. O saudoso civilista Antonio Chaves, a respeito, já lecionava em 1982: "Embora a prescrição se aplique a toda espécie de ações, há direitos imprescritíveis, mesmo no campo privado, pois o objeto da prescrição são os direitos patrimoniais e alienáveis" (*Tratado de Direito Civil, Parte Geral 1*. São Paulo: Revista dos Tribunais, 1982, t. 2, p. 1.617).

60. Conforme o art. 206, § 3º, V, do Código Civil de 2002.

uso ou pelo decurso do tempo, sendo autorizado ao autor, a qualquer tempo, pretender a execução específica das obrigações de fazer ou não fazer decorrentes dos direitos elencados no art. 24, da Lei n. 9.610/98.

4. A legislação especial que rege a matéria, portanto, afasta o decurso do prazo decadencial quanto a pretensão de reivindicar a autoria da obra musical, razão por que não incidem as regras gerais do Código Civil na hipótese em exame (art. 178, II, do CC/2002).

5. A retribuição pecuniária por ofensa aos direitos patrimoniais do autor se submete ao prazo decenal, inseridos no contexto da relação contratual existente entre as partes.

6. Recurso especial não provido.

Essas quatro vertentes têm sido abrigadas em nossa jurisprudência com razoável segurança.

Por outro lado, necessário destacar – em matéria especialmente pertinente para o caso de obras veiculadas indevidamente pela internet – que, em caso de violação continuada, o prazo prescricional se renova integralmente dia a dia, até a cessação final da violação. Nesse sentido, destaca-se trecho de ementa do seguinte caso do Tribunal de Justiça de São Paulo:

> Prescrição afastada. Aplicação da tese da violação continuada, conforme precedentes do STJ e deste E. Tribunal. Violação de direito autoral renovada a cada dia em que a obra permanece disponível online, sem autorização. Termo inicial da prescrição que se renova diariamente até a retirada do conteúdo[61].

Destaca-se, apenas, a seguir, um ponto ainda não consolidado em relação à gestão coletiva de direitos autorais.

14.5.3. A dissidência jurisprudencial em relação ao prazo prescricional no campo da gestão coletiva de direitos autorais

Existe, recentemente, uma tendência bem pronunciada em atribuir às cobranças realizadas por entidades de gestão coletiva de direitos autorais, em especial o ECAD – Escritório Central de Arrecadação e Distribuição[62],

---

61. TJSP, 4ª Câmara de Direito Privado, Foro Regional III – Jabaquara – 2ª Vara Cível, Apelação Cível 1017502-91.2021.8.26.0003, j. 18-10-2024, registro 18-10-2024, rel. Des. Fatima Cristina Ruppert Mazzo.

62. O ECAD – Escritório Central de Arrecadação e Distribuição de Direitos Autorais foi criado em 1973, pela Lei n. 5.988, e consolidado pelo diploma legal vigente, Lei n. 9.610, de 1998 (art. 99), com a função

14 | Violações de direitos autorais

o reduzido prazo prescricional de três anos estabelecido no art. 206, § 3º, V, do Código Civil de 2002 para as hipóteses de "reparação civil"[63].

Sem desconsiderar as hipóteses – *que podem ocorrer excepcionalmente* – de o ECAD ajuizar demanda que possa ter o intuito de apurar danos sofridos, pleiteando sua reparação de cunho indenizatório, seria impróprio alargar a abrangência desse dispositivo legal, de natureza genérica, a ponto de enquadrar as cobranças de quantias decorrentes de direitos autorais não pagos por usuários de obras musicais e fonogramas protegidos.

Tive oportunidade de examinar, como registrado, essa questão[64] em que pondero que não há como confundir a inadimplência decorrente de obrigação de pagar, imposta por lei, ou por contrato, com ilícitos fundados no princípio geral de responsabilidade civil (*neminem laedere*).

Independentemente da existência de contrato escrito, a cobrança dos créditos unificados, predefinidos, líquidos e certos – em razão da utilização, em regime de execução pública, de obras musicais e fonogramas, perseguidos pelo ECAD, em regime padronizado (e "tabelado") de gestão coletiva, decorre de determinação legal expressa da Lei n. 9.610/98, não se podendo confundir com a reparação civil. A Lei n. 9.610/98, tanto originariamente quanto com as inclusões trazidas pela Lei n. 12.893, de 2013, é clara ao dispor sobre essa modalidade de atividade de cobrança[65].

---

de aglutinar as associações de titulares de direitos de autor e conexos na área musical. Funciona em todo o território nacional como ente arrecadador com personalidade jurídica própria e deve observar "os §§ 1º a 12 do art. 98 e os arts. 98-A, 98-B, 98-C, 99-B, 100, 100-A e 100-B" da Lei n. 9.610/98 (*redação dada pela Lei n. 12.853, de 2013*).

63. "4. Consoante a jurisprudência consolidada por ambas as Turmas julgadoras da Segunda Seção, em se tratando de pretensão de cobrança relativa a ilícito extracontratual, o prazo prescricional incidente no caso de violação de direitos do autor é de 3 (três) anos, a teor do que disposto pelo art. 206, § 3º, do Código Civil. (...) Recurso especial provido" (STJ, REsp 1.589.598/MS, ementa – transcrição parcial – do acórdão de 13-6-2017, v.u. da Terceira Turma, rel. Min. Ricardo Villas Bôas Cueva). "AGRAVO INTERNO NO AGRAVO EM RECURSO ESPECIAL. PROCESSUAL CIVIL (CPC/1973). DIREITO AUTORAL. ECAD. PRETENSÃO FUNDADA EM RESPONSABILIDADE CIVIL. PRESCRIÇÃO TRIENAL. ART. 206, § 3º, V, DO CÓDIGO CIVIL. 1. A cobrança em juízo dos direitos decorrentes da execução de obras musicais sem prévia e expressa autorização do autor envolve pretensão de reparação civil, a atrair a aplicação do prazo de prescrição de 3 (três) anos de que trata o art. 206, § 3º, V, do Código Civil, observadas as regras de transição previstas no art. 2.028 do mesmo diploma legal, não importando se proveniente de relações contratuais ou extracontratuais" (STJ, Agravo Interno no Agravo em Recurso Especial 893.943/SP, ementa do acórdão de 8-8-2017, v.u. da Terceira Turma, rel. Min. Paulo de Tarso Sanseverino).

64. *Vide* o acórdão de 29-5-2018, de minha relatoria, proferido por votação unânime da Nona Câmara de Direito Privado do Tribunal de Justiça de São Paulo, no Recurso de Apelação n. 1030612-94.2015.8.26.0577.

65. Confira-se: "Art. 97. Para o exercício e defesa de seus direitos, podem os autores e os titulares de direitos conexos associar-se sem intuito de lucro. (...) Art. 98. Com o ato de filiação, as associações de que trata

579

Nesse aspecto, cruciais foram as assertivas do Ministro Sidnei Beneti ao analisar a questão em sede de Recurso Especial perante o STJ:

> A pretensão de cobrança veiculada pelo ECAD não está de forma nenhuma, fundada no princípio do *neminem laedere*.
>
> Conquanto se possa afirmar que a transmissão dessa programação musical sem o pagamento da devida contraprestação em dinheiro constitui um ato ilícito, não é possível comparar esse ilícito ao ato ilícito tradicionalmente associado aos danos que dão causa à reparação civil.
>
> Com efeito, esse ato ilícito se aproxima muito mais de um ilícito contratual do que de um ilícito extracontratual. Insista-se em que há uma relação de negócio entre as rádios que repercutem obras musicais e os autores dessas obras, os quais são remunerados em razão disso.
>
> Considerando que o ECAD, ao exigir a cobrança de direitos autorais está tutelando, em última análise, o direito dos próprios artistas, que têm interesse patrimonial na veiculação de suas músicas no rádio, percebe-se que existe uma relação negocial, embora não contratual, entre esses artistas e as rádios. Assim, muito mais adequado concluir que o inadimplemento das parcelas devidas a título de direitos autorais (fixadas pelo ECAD) deve ser equiparado ao inadimplemento de uma obrigação e não a um ato ilícito clássico, capaz de dar azo à responsabilidade civil e, portanto, a uma "reparação de dano"[66].

Cumpre lembrar que, em razão do regime legal vigente, a arrecadação e distribuição dos direitos relativos à execução pública de obras musicais e literomusicais e de fonogramas é feita por meio das associações de gestão coletiva criadas para esse fim por seus titulares, as quais unificam a cobrança em um único escritório central para arrecadação e distribuição, que funciona como ente arrecadador com personalidade jurídica própria, e a representatividade da imensa coletividade de titulares de direitos autorais

---

o art. 97 tornam-se mandatárias de seus associados para a prática de todos os atos necessários à defesa judicial ou extrajudicial de seus direitos autorais, bem como para o exercício da atividade de cobrança desses direitos. § 1º O exercício da atividade de cobrança citada no *caput* somente será lícito para as associações que obtiverem habilitação em órgão da Administração Pública Federal, nos termos do art. 98-A. § 2º As associações deverão adotar os princípios da isonomia, eficiência e transparência na cobrança pela utilização de qualquer obra ou fonograma". (...) § 4º A cobrança será sempre proporcional ao grau de utilização das obras e fonogramas pelos usuários, considerando a importância da execução pública no exercício de suas atividades, e as particularidades de cada segmento, conforme disposto no regulamento desta Lei. (...) Art. 98-A. O exercício da atividade de cobrança de que trata o art. 98 dependerá de habilitação prévia em órgão da Administração Pública Federal (...)".

66. V. acórdão proferido, por v.u. da Terceira Turma do STJ, no REsp 1.159.317/SP – 2009/0194402-3, rel. Min. Sidnei Beneti, julgado em 11-3-2014.

14 | Violações de direitos autorais

decorrentes da execução pública de obras musicais e fonogramas é desenvolvida para a finalidade de cobrança unificada e coletiva desses direitos em todo o território nacional pelo ECAD de forma indireta: ou seja, os titulares (compositores, músicos, gravadoras, editoras que se contam às centenas de milhares em todo o país) não são filiados ou associados deste, mas sim de diversas associações de titulares que, por sua vez, e em conjunto indissociável, o integram.

Além da orientação nesse sentido do Ministro Sidnei Beneti (STJ), já referida, em recente decisão do Superior Tribunal de Justiça, REsp 1.474.832/SP, de 13 de dezembro de 2016, o Ministro Paulo de Tarso Sanseverino, Relator originário no recurso, mas que ficou vencido no acórdão, pontuou, judiciosamente, a diferença entre a cobrança efetivada pelo ECAD e reparação civil:

> Para melhor atender à finalidade social para a qual se destina, o escritório de arrecadação realiza acordos com usuários, tais como emissoras de rádio e de televisão, que fazem uso sistemático de obras musicais, para que procedam ao pagamento dos direitos autorais. Porém, o fato de a associação autorizada a proceder à cobrança de direitos autorais firmar com o usuário da obra acordo para melhor sistematizar o pagamento devido não tem o condão de afastar a proteção legal dada ao autor. Do mesmo modo, o fato de uma pessoa física diligente preocupar-se em, antes de realizar sua festa de casamento em clube esportivo, obter boleto para pagamento dos direitos autorais relativos às obras musicais que serão executadas, não afasta o caráter extracontratual da obrigatoriedade de pagamento, que, como direito absoluto, decorre da lei. Sendo assim, entendo que a discussão acerca da existência ou não de contrato se mostra despicienda, por não ser pertinente à determinação do prazo de prescrição de pretensão que decorre diretamente da lei. No máximo, referida discussão importaria para a determinação do termo inicial do lapso prescricional, mas não para o prazo de prescrição em si. Ademais, ressalto que a disposição do art. 206, § 3º, V, do CC não pode incidir sobre ação de cobrança de direitos autorais, porquanto eles não se confundem com as ações de reparação de dano (responsabilidade civil). A responsabilidade civil, como é cediço, pressupõe a inobservância de um dever – contratual ou legal – e a configuração de um dano, que pode ser patrimonial e extrapatrimonial.

Prossegue o Ministro em lúcida explanação:

> Embora a responsabilidade civil possa, às vezes, se assemelhar à cobrança de direitos autorais, especialmente quando a utilização da obra ocorre

sem a prévia autorização do autor, os dois institutos não podem ser confundidos. De um lado, a responsabilidade civil pressupõe a violação de um dever jurídico. No caso dos direitos autorais, porém, essa não é a regra, pois, mesmo que tenha havido prévia autorização, é sempre devida a retribuição pela utilização comercial ou em público da obra. De outro lado, a responsabilidade civil tem como pressuposto essencial a ocorrência de um dano. Na cobrança de direitos autorais, em contrapartida, busca-se a remuneração do autor pela utilização comercial ou em público de obra de sua autoria, não havendo necessariamente a configuração de um prejuízo. Por fim, a responsabilidade civil constitui dever jurídico sucessivo, que decorre da violação do dever jurídico originário. A cobrança dos direitos autorais, todavia, decorre do próprio dever jurídico originário violado, não se tratando de obrigação sucessiva. Portanto, a pretensão de cobrança de remuneração pelo uso de obras autorais não se confunde com a pretensão de reparação civil. É possível até mesmo que surja responsabilidade civil na violação de direitos autorais, o que não é o caso em discussão no presente recurso, em que se busca tão somente o pagamento dos direitos decorrentes da utilização de obra autoral sem a devida autorização. Portanto, não se mostra possível a aplicação do disposto no art. 206, § 3º, V, do CC a casos como o presente.

Portanto, ainda que se assemelhe a uma obrigação contratual, a existência de um contrato mostra-se irrelevante uma vez que a cobrança dos valores devidos a título de direitos patrimoniais de autor, pela utilização da obra, decorre de obrigação imposta por lei. Reforçando esse entendimento, a redação do parágrafo único do art. 109-A da Lei n. 9.610/98:

> Art. 109-A.
>
> (...) Parágrafo único. Aplicam-se as regras da legislação civil quanto ao inadimplemento das obrigações no caso de descumprimento, pelos usuários, dos seus deveres legais e contratuais junto às associações referidas neste Título. (*Incluído pela Lei n. 12.853, de 2013*)

Com efeito, não se trata, na grande maioria dos casos concretos levados ao Judiciário, de ausência de prestação pelo usuário de música, de informação ao ECAD, tampouco de informações falsas – *o que poderia conformar comando legal referido resultar em "perdas e danos" (ou seja, reparação civil)* – mas, sim, de cobrança de remuneração não paga, decorrente dos direitos autorais incidentes no mencionado uso – em execução pública de obras musicais e fonogramas.

Por tal razão, inexistindo prazo especial – *em razão de a Lei n. 9.610/98, que regula os direitos autorais, não conter prazos prescricionais –*, deve ser

14 | Violações de direitos autorais

aplicado o prazo geral de 10 anos estabelecido no art. 205, *caput*, do diploma civilista, não sendo a hipótese, como já exposto, de incidência do prazo trienal do art. 206, § 3º, V, por não se tratar as cobranças de objeto de gestão coletiva de direitos autorais de hipóteses de reparação civil.

Assim, a prescrição será de 10 anos, quando a lei não lhe haja fixado prazo menor, ou de cinco anos, nos casos de pretensão de cobrança de dívidas líquidas constantes de instrumento público ou particular (§ 5º, I, do art. 206). Embora haja pronunciamentos recentes, como já relatamos, contrários a esse entendimento – *inclusive em relação às cobranças realizadas pelo ECAD* –, já foi declarado pelo Superior Tribunal de Justiça[67]. No mesmo sentido há precedentes relevantes do Tribunal de Justiça de São Paulo[68].

As hipóteses de cobrança em sistemas de gestão coletiva de direitos autorais assemelham-se também a outras espécies de cobrança coletivas realizadas por diversos entes (como concessionárias, condomínios etc.) como, por exemplo, pela licença de uso/utilização de bens/serviços (serviço de água, esgoto, luz, telefonia etc.) pelo usuário que, uma vez inadimplente, é penalizado com a incidência da multa pelo atraso no pagamento, além da condenação ao pagamento da contraprestação devida pela utilização do referido bem, na hipótese dos autos, pelo uso não licenciado – e não pago – de obras musicais e fonogramas pela via da execução pública.

---

67. Confira-se: "(...) 2. O art. 131 da Lei n. 5.988/73 revogou o art. 178, § 10, VII, do CC/16, pois regulou inteiramente a matéria tratada neste. 3. Revogada a Lei n. 5.988/73 pela Lei n. 9.610/98 e como o art. 111 da lei revogadora (que dispunha sobre prazo prescricional) foi vetado, a matéria atinente à prescrição das ações relacionadas a direitos autorais patrimoniais passou a ser regida pelo art. 177 do CC/16, aplicando-se o prazo prescricional de 20 anos, visto que não houve previsão expressa de repristinação do art. 178, § 10, VII, do CC/16, conforme exige o art. 2º, § 3º, da LICC. ...)" (REsp 1.168.336/RJ, rel. Min. Nancy Andrighi, 3ª Turma, julgado em 22-3-2011, *DJe* 16-9-2011).
"O Código Civil de 2002 não trouxe previsão específica quanto ao prazo prescricional incidente em caso de violação de direitos do autor, sendo de se aplicar o prazo de 03 anos (artigo 206, § 3º, V) quando tiver havido ilícito extracontratual ou então o prazo de 10 anos (artigo 205), quando a ofensa ao direito autoral se assemelhar a um descumprimento contratual, como na hipótese. (...) 2. Jurisprudência do STJ no sentido de que os juros de mora, nas hipóteses de violação a direitos autorais, devem remontar à data em que cometida a infração ao direito. 3. Aplicação dessa orientação aos interesses perseguidos pelo ECAD, ante a clareza da Lei de Direitos Autorais (art. 68), prevendo que aquele que de obra autoral se utiliza deve providenciar a expressa e prévia autorização do titular, estando, em regra, em mora desde o momento em que a utiliza sem a autorização do autor" (REsp 1.313.786/MS, rel. Min. Paulo de Tarso Sanseverino, 3ª Turma, julgado em 28-4-2015, *DJe* 8-5-2015).
68. Confira-se, nesse sentido: TJSP, Apelação Cível 0210430-43.2008.8.26.0100, 6ª Câmara de Direito Privado, rel. Des. Francisco Loureiro, julgado em 22-3-2012; TJSO, Apelação 0197935-93.2010.8.26.0100, 4ª Câmara de Direito Privado, rel. Des. Carlos Henrique Miguel Trevisan, julgado em 30-8-2012; Apelação Cível 9103031-39.2017.8.26.0000, 5ª Câmara de Direito Privado, rel. Des. Erickson Gavazza Marques, julgado em 1º-2-2012; TJSP, Apelação Cível 0012244-82.2010.8.26.0010, 9ª Câmara de Direito Privado, rel. Des. Alexandre Lazarrini, julgado em 14-4-2015.

583

Nesses casos, a cobrança da contraprestação é realizada pelo ente legalmente autorizado para tanto e o inadimplente é condenado a pagar o débito pendente e não a que se apurem e se indenizem prejuízos. Não se trata, portanto, de pleito de reparação de danos, mas sim de cobrança de débitos não pagos, em valores coletivamente prefixados mediante padronização constante de "tabela de preços", formalmente aprovada em assembleia geral da entidade.

Observe-se, inclusive, que mesmo a aplicação de multa nas cobranças oriundas da gestão coletiva de direitos autorais expressamente prevista no art. 109 da Lei n. 9.610/98, o entendimento do Superior Tribunal de Justiça, tem sido condicioná-la à comprovada má-fé na ação do ofensor:

> A elevada multa prevista no art. 109 da novel Lei n. 9.610, equivalente a vinte vezes o valor devido originariamente, não é de ser aplicada a qualquer situação indistintamente, porquanto objetiva, por seu caráter punitivo e severa consequência, não propriamente penalizar atraso ou omissão do usuário, mas, sim, a ação de má-fé, ilícita, de usurpação do direito autoral (...) (REsp 439.411/MG, Quarta Turma, julgado em 26-11-2002)

Portanto, uma vez não comprovada "má-fé" ou "usurpações", mas, sim, quando se tratar, como na grande maioria dos casos, apenas de cobrança dos valores devidos pela utilização de obras musicais e fonogramas pela via da execução pública (*cobrança simples, portanto*). Nem chega a ser aplicável, portanto, penalização, muito menos perdas e danos a título de reparação civil.

Cumpre ressaltar que a aplicação da prescrição é medida extrema que, como salienta Silvio Venosa, ao ser efetivada "deve colocar uma pedra sobre a relação jurídica cujo direito não foi exercido". Não pode assim ser aplicada por interpretação extensiva. Deve estar claramente respaldada em lei.

Nessa senda, a mera cobrança em questão não pode ser confundida e tampouco ampliada às hipóteses de reparação civil, pois, nesses casos, não há pleito dessa natureza, não podendo ser aplicado o art. 206, § 3º, V, do Código Civil. Pensamento diverso acarretaria, no meu entender, a excepcionalidade de uma interpretação extensiva do art. 206, § 3º, V, do Código Civil, com ilegal liberação do devedor em prejuízo do credor, em patente violação ao preceito legal inserto no art. 205 do Código Civil, com subversão do mandamento legal.

Ressalvo, contudo, como exposto de início que, embora não tenha sido objeto de acórdão em sede de recurso repetitivo, neste momento,

14 | Violações de direitos autorais

não havendo, assim, eficácia vinculante, a tendência pronunciada do STJ, tem sido o reconhecimento do prazo de três anos (art. 206, § 3º, V, do Código Civil) – *e não dez (art. 205 do Código Civil) como é o meu entendimento* – para a cobrança de direitos autorais promovida pela entidade em gestão coletiva por se tratar de "pretensão de cobrança relativa a ilícito extracontratual".

15

CAPÍTULO

Danos autorais e sua reparação

15.1. EVOLUÇÃO INTERNACIONAL DA REPARAÇÃO DE DANOS NO CAMPO DO DIREITO DE AUTOR

15.1.1. Antecedentes reparatórios às convenções internacionais

Embora não possamos descartar a probabilidade da existência de incidentes autorais na Antiguidade, não são conhecidos, contudo, muitos fatos concretos – *e muito menos suas consequências punitivas ou ressarcitórias* – que possam ter ocorrido àquela época nesse âmbito, como, por exemplo, questões de falsa atribuição de autorias de obra (*plágio*) ou outras discussões do gênero.

No campo genérico da responsabilidade de ressarcimento de danos, é notória a evolução da matéria desde a reparação primitiva pela vingança privada, quando as vítimas faziam justiça com as próprias mãos, e, com o passar do tempo, por autoridade, conforme se depreende do texto legal mais antigo conhecido (*a Táboa de Nippur de 2.050 a.C., também conhecida como a Lei de Ur-Nammu, Rei de Ur, redigida em sumério, que já contém regras indenizatórias*) e do Código de Hamurábi de 1.750 a.C., com previsões reparatórias detalhadas, bem como, no âmbito do direito romano, com a pena de talião referida na Lei das XII Tábuas, do Século V a.C.: "*Si membrum rupsit, ni cum eo pacit, talio esto*" (se alguém fere a outrem, que sofra a pena de talião, salvo se existir acordo), sistema sucedido pela adoção da "*paena*", fixada pela autoridade como forma de compensação pelo dano causado, consistente em pagamento ao ofendido com entrega de coisa ou

587

dinheiro para obter o direito ao seu perdão[1] e, em 286 a.C., pela "*Lex Aquilia de damno iniuria dato*", que, segundo Neves Baptista, representou "a primeira tentativa de generalização dos preceitos delituais, introduzindo uma regulamentação nova aos danos sobre as coisas, em lugar das prescrições casuísticas da Lei das XII Tábuas"[2].

A distinção entre os conceitos de "pena" e "reparação", conforme anota Carlos Roberto Gonçalves, somente começou a ser esboçada ao tempo dos romanos, com a diferenciação "entre os delitos públicos (ofensas mais graves, de caráter perturbador da ordem) e os delitos privados. Nos delitos públicos, a pena econômica imposta ao réu deveria ser recolhida aos cofres públicos, e, nos delitos privados, a pena em dinheiro cabia à vítima"[3].

Assim, da época arcaica da civilização romana, de sua fundação em 753 a.C. (*dos costumes à Lei das XII Tábuas*) até 130 a.C., com o domínio, na época clássica, do direito pretório (*que permanece no auge até 230 d.C.*) à época pós-clássica (*de 230 d.C. a 530 d.C.*), o conceito jurídico – *aplicação e prática* – da reparação de danos teve sensível evolução, especialmente em Roma.

Com o advento da crise do império romano e a queda do império do ocidente em 476 d.C., reina a vulgarização do direito[4] até o reinado de Justiniano, no Século VI, que

---

1. Silvio Neves Baptista observa que "Da composição voluntária e espontânea, os sistemas da época introduziram a 'composição tarifada' prevista pela XII Tábuas, nas quais foram estabelecidas penas para casos concretos. O poder público assumiu a função de punir. Foram fixadas penas de 25 asses por lesões corporais graves e 25 asses pelo corte de árvores alheias" (*Teoria geral do dano*: de acordo com o novo Código Civil Brasileiro. São Paulo: Atlas 2003, p. 22). Conforme João Casillo, "para intentar a *actio legis Aquiliae*, eram necessários os seguintes pressupostos: a) um dano causado contra o direito (*iniuria*), b) uma falta positiva, ainda que levíssima (*culpa in commitendo*) e c) um dano causado diretamente por contato físico" (*Dano à pessoa e sua indenização*. 2. ed. São Paulo: Revista dos Tribunais, 1994, p. 36).
2. Ob. cit., p. 23. Segundo Alvino Lima, a Lei Aquília, embora se referisse, como a lei das XII Tábuas, a casos concretos, já encerrava um princípio de generalização, muito embora estivesse longe de fixar uma regra de conjunto, nos moldes dos preceitos do direito moderno. Complementa: "O Último capítulo da lei Aquília, ou seja o 'dannum injuria altum', constitui a parte mais importante da lei, porque foi na sua aplicação cada vez mais extensiva, que os jurisconsultos do período clássico, assim como os pretores, construíram a verdadeira doutrina romana da responsabilidade extracontratual" (o "*dannum injuria datum*" consistia, conforme ensina o jurista, na destruição ou deterioração da coisa alheia por fato ativo que tivesse atingido a coisa, sem direito ou escusa legal e que era concedida, a princípio, somente ao proprietário da coisa lesada, sendo, mais tarde, por influência da Jurisprudência, concedida aos titulares de direitos reais e aos possuidores, como a certos detentores, assim como aos peregrinos) (*Da culpa ao risco*. São Paulo: Revista dos Tribunais, 1938, p. 12-13).
3. *Responsabilidade civil*. São Paulo: Saraiva, 1995, p. 4.
4. António Manuel Hespanha comenta que fora de Roma o direito letrado e oficial romano tinha pouca aplicação: "Aí, pontificavam usos locais e formas tradicionais de resolver os litígios. Em alguma província de cultura mais específica, como o Egipto ou a Grécia, o direito local tinha particularidades muito importantes que resistiam aos padrões do direito romano clássico. Noutras, menos romanizadas (como a Germania, certas zonas da Galicia e da Hispania), o direito oficial de Roma mal chegava. Deste modo,

15 | Danos autorais e sua reparação

empreende uma tarefa de recolha de textos jurídicos da tradição literária romana, desde as obras dos juristas romanos, clássicos, que mandou reunir numa compilação a que chamou Digesto (i.e., resumo, seleção) ou Pandectas (i.e., obra enciclopédica), 533 d.C., até à legislação imperial dos seus antecessores, que foi recolhida no Código (i.e., livro), 529 d.C., e por uma compilação póstuma, as Novelas, 565 d.C., as "constituições novas" promulgadas pelo próprio Justiniano depois da saída do Código[5].

Se a reparação de danos, no plano genérico, remonta à Antiguidade e à Idade Média, como examinamos, no campo específico dos direitos autorais a primeira regra foi integrada ao direito positivo muito depois, com o advento da primeira lei de direitos autorais, o *Copyright Act, de 1710, que adotou a sanção de que, além da perda dos livros contrafactados encontrados em seu poder, seriam punidos os infratores com o pagamento de* "multa de um 'penny' para cada folha, sendo metade desta destinada à Coroa britânica e a outra metade ao autor da ação"[6]. Assim, a natureza da reparação aos infratores, tanto no sistema de privilégios "editoriais" como no autoral, que o sucedeu, era econômica: pagamento de indenização ou multa. A violação a direitos morais (*ou pessoais*) dos autores ainda não tinha sido objeto de normatização.

Com a inovação trazida pelo regime jurídico, no regime europeu continental, com dois decretos da Assembleia Constituinte da Revolução Francesa: o 13, de 19 de janeiro de 1791, e o 19, de 24 de julho de 1793, o primeiro assegurando aos autores o direito sobre a representação de suas obras e o segundo ampliando-o para a reprodução de obras literárias, musicais e artísticas, adotou-se o critério reparatório para a violação de direito patrimonial de autor aplicado até hoje: a reversão integral do resultado econômico do uso não autorizado (*no caso a representação*) de obra intelectual ao autor.

O período que se seguiu, no sistema jurídico francês, à época revolucionária – o Código de Napoleão – delineou a orientação moderna da reparação de danos, resultado do aperfeiçoamento paulatino das ideias românicas, com consequências inevitáveis, na qualidade de normas de

---

a jurisprudência romana clássica, se contribuiu para a unificação do direito europeu até aos dias de hoje, não foi por causa da sua difusão pelo Império, no período do seu maior brilho, mas porque constituiu um tesouro literário em que, mais tarde, se vieram a inspirar os juristas europeus" (*Cultura jurídica europeia*: síntese de um milênio Sintra: Fórum da História, Publicações Europa-América Ltda., 2003, p. 92).

5. HESPANHA, António Manuel. *Cultura jurídica europeia*: síntese de um milênio Sintra: Fórum da História, Publicações Europa-América Ltda., 2003, p. 93.

6. STEWART, Stephen. *International copyright and neighbooring rights*. London: Butterworths, 1983, p. 22.

589

direito civil, ao campo específico do direito de autor[7]. Na lição de Antonio Chaves, a conclusão de que, no Século XVIII, completa-se o ciclo evolutivo e o direito civil passou a contrapor-se ao direito público, isto é, àquelas relações que dizem respeito apenas aos Estados e demais comunidades políticas organizadas. A árvore do Direito Privado esgalha-se, em seguida, em outros ramos: direito do trabalho, direito agrário, direito de autor e assim por diante[8].

15.1.2. As convenções internacionais e a orientação para reparação de danos autorais

Em nenhum regime convencional internacional – *de Berna, Universal ou de Roma* – houve uma orientação para a adoção, pelos países signatários, de um sistema de reparação de danos – *os critérios indenizatórios* – oriundos de violação de direitos de autor e os que lhes são conexos, deixando-a, assim, ao livre-arbítrio do direito interno de cada país.

Nesse contexto, os únicos elementos dispersos que poderíamos destacar nos dispositivos convencionais seriam:

(a) Convenção de Berna (texto vigente – revisão de 1971):

Faz apenas algumas alusões de que não seja o autor prejudicado pela ausência de recebimento de "remuneração equitativa" pela utilização lícita de sua obra (art. 11 *bis*, alínea 2 e art. 13, alínea 3); e

Que a obra contrafeita deva ser apreendida nos países da União (de Berna) "onde a obra original tem direito à proteção legal", não prevendo, na sanção, normas para reparação de danos pela violação especificada;

---

7. Ensina Aguiar Dias que a legislação moderna tem no Código Civil francês "seu modelo e inspiração": "a responsabilidade civil se funda na culpa, foi a definição que partiu daí (*refere-se aos artigos 1.382 e 1.383 do Código de Napoleão*) para inserir-se na legislação de todo o mundo" (*Responsabilidade civil*. Rio de Janeiro: Revista Forense, 1954, p. 31). Era, segundo Carlos Roberto Gonçalves, "A generalização do princípio aquiliano: *In lege Aquilis et levissima culpa venit*, ou seja, o de que a culpa, ainda que levíssima, obriga a indenizar" (ob. cit., p. 5). Alvino Lima, já em 1938, observava que, "Ao lado dos Códigos que se influenciaram diretamente pelo Código Civil francês ou nele se inspiraram de preferência, como sejam as legislações latinas, os Códigos Civis alemão e suíço também proclamam, como fundamento da responsabilidade aquiliana, a culpa do autor do ato lesivo" (*Da culpa ao risco*. São Paulo: Revista dos Tribunais, 1938, p. 18). Anote-se que, em relação à influência do Código Civil francês de 1804 no Código Civil brasileiro de 1916, em especial ao seu art. 159, sobre atos ilícitos e sua reparação (vigente até 2003), Clóvis Beviláqua anota que "mais se aproximam da definição do nosso Código o federal suíço das obrigações e o japonês" (*Código dos Estados Unidos do Brasil comentado*. Rio de Janeiro: Livraria Francisco Alves, 1916. v. I, p. 465).

8. *Tratado de direito civil*. Parte geral. São Paulo: Revista dos Tribunais, 1982. t. I, p. 160.

15 | Danos autorais e sua reparação

(b) Convenção Universal (revisão de Paris, 1971):

Não estabelece sanções nem critérios reparatórios para as violações ao *copyright*; e

(c) Convenção de Roma (direitos conexos aos de autor):

Da mesma forma que a Universal, não estabelece sanções nem critérios reparatórios para a violação de direitos conexos aos de autor.

Tendo em vista que nenhum dos três diplomas convencionais internacionais básicos (*Berna, Universal e Roma*) dispunha sobre o tema da reparação de danos autorais, é relevante que se proceda a um exame comparativo do direito positivo interno de alguns países que, de alguma forma, já no período da era moderna dessas três convenções, incorporaram em sua legislação regras indenizatórias para as violações a direitos de autor.

Destacamos, assim, a seguir, como regimes jurídicos reparatórios estrangeiros relevantes na consolidação do regime brasileiro, a legislação autoral de 14 países: França, Alemanha, Grã-Bretanha, Itália, Suécia, Suíça, Portugal, União Soviética, Japão, Estados Unidos da América, Canadá, Argentina, Chile e Uruguai.

15.1.2.1. França

Considerada uma das mais modernas leis do regime autoral moderno, e embora tenha destinado um capítulo especial às sanções às violações a direitos de autor, a Lei Francesa n. 57.298, de 11 de março de 1957[9], tratou basicamente de estabelecer – *no plano indenizatório* – uma tarifação de pesadas multas para serem vinculadas à tipificação do Código Penal[10]. Nesse caminho, dignos de destaque os seguintes dispositivos:

---

9. A lei francesa atualmente vigente é a n. 92-597, de 1º-7-1992 (com as emendas das Leis n. 94-361, de 10-5-1994, e n. 95-4, de 4-1-1995), que regula as penalidades pela violação de direitos autorais no art. 335, integrado por 10 parágrafos, com previsões de pesadas multas, com valores entre 25.000 a 1.000.000 de francos.

10. Apesar de destacarmos – *especialmente em virtude do alto valor atribuído às multas* – a incorporação na lei autoral francesa de sanções pecuniárias com a titulação de penas de valor fixo (multas), cabe observar que essa penalização exemplar não prejudica a demanda de natureza reparatória civil que possa ser intentada pelo autor, conforme o art. 64 do mesmo diploma legal: "Todas as divergências relativas à aplicação das disposições da presente Lei que dependam da jurisdição civil serão submetidas aos Tribunais competentes, sem prejuízo do direito da parte lesada de apelar ante a jurisdição penal nos termos do 'direito comum' e, ainda, o seu art. 67, *in fine*: 'O Presidente do Tribunal Civil (...) poderá (...) ordenar (...) a consignação de uma quantidade que se destine a garantir os danos e prejuízos cuja indenização possa pretender o autor".

(a) o art. 70: "A falsificação, no território francês, de obras publicadas na França ou no estrangeiro se punirá com multa de 36.000 a 1.200.000 francos. "Serão punidos com a mesma pena a expedição, exportação e importação de obras falsificadas";

(b) o art. 72 (1ª parte): "A pena será de três meses a dois anos de prisão e de 80.000 a 2.000.000 de francos de multa, se se provar que o acusado realiza habitualmente os atos a que se referem os dois artigos precedentes";

(c) o art. 72 (segunda parte): "No caso de reincidência, após condenação ditada em virtude do parágrafo anterior, poderá decretar-se o encerramento provisório ou definitivo dos estabelecimentos explorados pelo falsificador habitual ou por seus cúmplices. Quando se houver decretado o encerramento, o empregado deverá receber indenização igual a seu salário, acrescida com todos os benefícios em espécie, enquanto dure o encerramento e até, no máximo, seis meses. Se os convênios coletivos ou privados preveem, após a despedida, indenização superior, será esta a que deve prevalecer. Toda infração às disposições dos parágrafos que antecedem será punida com pena de prisão de um a seis meses e com multa de 15.000 a 150.000 francos. Em caso de reincidência se duplicarão as penas"[11].

15.1.2.2. *Alemanha*

Tendo em vista que os diplomas legais autorais remontem à década de 1960 e início da década de 1970 passados[12], referimo-nos aqui, em face

---

11. Em complementação, cabe observar a regra da penalização decorrente do confisco de toda a receita ilícita, além do material utilizado para sua obtenção: "Art. 73. O art. 428 do Código Penal ficará modificado da seguinte forma: 'Em todos os casos previstos pelos artigos 425, 426, e 427, os culpados serão, mais, condenados ao confisco de somas iguais ao importe total da parte dos ingressos obtidos pela reprodução, representação ou difusão ilícita, assim como o confisco de todo o material especialmente instalado para os fins de dita reprodução ilícita, além de todos os exemplares e objetos falsificados'. E, ainda, a publicidade da condenação judicial: "O Tribunal poderá decretar, a petição da parte civil, a publicação das sentenças de condenação, integralmente ou em extrato, nos diários que aquele designe e a fixação das referidas sentenças nos lugares que indique, especialmente nas portas dos domicílios, em todos os estabelecimentos ou salas de espetáculos dos sancionados, todo ele a cargo destes, sem que os gastos desta publicidade possam exceder no máximo da multa em que hajam incorrido". "Se se ordenar a fixação, o Tribunal determinará as dimensões do anúncio e os caracteres tipográficos que deverão ser empregados para sua impressão".

12. Observe-se que até hoje o texto básico da lei autoral alemã é o de 1965 (*originária, portanto, do regime socialista então vigente*), mas com emendas, sendo a última datada de 16-7-1998. A reparação de danos é tratada nos arts. 97 a 100.

15 | Danos autorais e sua reparação

da relevância histórica, a dispositivos legais de conteúdo reparatório no terreno autoral, tanto da Alemanha do bloco capitalista quanto do socialista e a constatação de sua proximidade normativa nesse aspecto.

No bloco oriental, a orientação legal reparatória de danos decorrentes de violação a direitos de autor encontrava-se disposta, principalmente, no art. 91 da Lei da República Alemã, de 9 de setembro de 1965:

(1) abstenção da utilização ilícita:

– pagamento de remuneração pela utilização ilícita realizada;

(2) se a violação foi realizada "deliberadamente", o autor pode exigir, além da reparação da alínea (1), o adicional das perdas e danos pelo prejuízo material sofrido; e

(3) estas disposições não afetam as reivindicações gerais do direito civil e de acordos contratuais[13].

É interessante observar que o sistema adotado pela Lei Autoral de 10 de novembro de 1972 da República Federal da Alemanha não difere do regime reparatório da legislação – *promulgada sete anos antes* – da Alemanha Socialista: o seu art. 97 estabelece a cessação do ato ilícito (*abstenção do uso não autorizado*) por decisão judicial e, da mesma forma, condiciona o pagamento da indenização por perdas e danos ao autor lesado à constatação da intencionalidade do ato ilícito.

Todavia, abre outra possibilidade à fundamentação condenatória por perdas e danos: a negligência do infrator (§ 1º do art. 97). E mais: "A parte lesada pode exigir, no lugar de perdas e danos, a entrega do ganho obtido pela violação do direito assim como uma parcela exata desse ganho"[14].

Prevê, também, a Lei Alemã de 72 que, mesmo que não haja prejuízo pecuniário, o titular, nas hipóteses de ilícito praticado intencionalmente ou por negligência, poderá exigir uma "indenização em dinheiro, na medida em que exija a equidade"[15].

---

13. Anote-se que, apesar das notórias restrições a direitos privados próprios dos regimes políticos socialistas, a Alemanha Oriental preservava ao autor remuneração pelo uso ilícito de sua obra e, ainda, o recebimento de indenização para hipótese da ser intencional a ofensa. Assegurava, também, ao autor lesado, a possibilidade de reivindicação com base nas normas gerais do direito civil e sua versão de "acordos contratuais".

14. Esse dispositivo – *bem como as regras reparatórias que contém* – foi mantido na lei alemã, cuja última emenda, como referido, data de 1998.

15. Parágrafo (2) do art. 97 da Lei Autoral Alemã de 10-11-1972. Estabelece, também, esse diploma legal uma interessante alternativa para a destruição de exemplares ilícitos de obra intelectual: em vez da destruição das cópias, poderá o titular exigir que lhes sejam entregues no todo ou em parte a um preço

593

15.1.2.3. Grã-Bretanha

A Lei Autoral Britânica de 5 de novembro de 1956[16] focaliza, na sua Parte II, "Os Recursos por Infração do Direito de Autor" e, já no primeiro dispositivo dessa parte, estabelece que:

> As infrações ao direito de autor poderão ser objeto de uma ação promovida pelo titular respectivo e, em qualquer ação deste gênero, todos os meios de reparação – perdas e danos, injunções, prestação de contas, etc. – estarão à disposição do demandante, com todos os procedimentos judiciários correspondentes aos demais direitos de propriedade[17] (art. 17).

Embora preceitue regras atenuantes em face da possibilidade de comprovação da boa-fé do infrator[18], a lei de 1956 deixava ao arbítrio do judiciário, ao fixar as perdas e danos decorrentes da infração, a concessão ao autor ofendido de uma "indenização apropriada às circunstâncias" na hipótese de o Tribunal ter a convicção de que "de outra maneira não se obteria a compensação adequada" ao autor[19].

No campo dos direitos conexos aos de autor, a Grã-Bretanha, na lei de "Proteção dos Artistas, Intérpretes ou Executantes" de 23 de julho de 1958[20], estabeleceu as seguintes sanções:

(a) para a emissão radiodifundida sem o consentimento dos artistas, intérpretes ou executantes: multa de até 50 libras; e

---

equitativo que não deverá ultrapassar o custo de fabricação (art. 99). Essas regras reparatórias, a exemplo das demais a que nos referimos, permanecem válidas pela lei alemã atualmente vigente.

16. A lei atualmente vigente no Reino Unido (*United Kingdon*) é o Copyright, Designs and Patents Act de 15-11-1988, que regula a reparação de danos autorais nos arts. 96 a 103.

17. Regra reeditada pelo art. 96 da lei britânica vigente (de 1988).

18. Nesse sentido, estabelece o parágrafo 2) do art. 17 da Lei Autoral Inglesa que, se restar demonstrado que o infrator, ao cometer o ilícito autoral, "não sabia nem tinha razoáveis motivos para suspeitar que existia direito de autor sobre a obra ou qualquer outro objeto a que se refira a ação", o demandante "não terá direito à indenização por perdas e danos derivados da respectiva infração, mas apenas um rendimento no que concerne aos benefícios resultantes da infração, ainda quando lhe seja concedida ou não outra compensação de acordo com este artigo".

19. Conforme § 4 do art. 17 da Lei Inglesa de 1956. A lei autoral britânica de 1988, atualmente vigente, manteve essa regra de isentar da reparação de danos o infrator de boa-fé, apenas alterando a parte final do dispositivo para ressalvar uma outra reparação, decidida pelo juiz conforme as circunstâncias, em particular, uma vez configurada a natureza flagrante (*ou manifesta*) da violação e qualquer benefício angariado pelo infrator em razão da violação cometida (art. 97).

20. Destinava-se essa lei à unificação da lei anterior, de proteção dos artistas, intérpretes ou executantes de 1925 com as disposições da Lei de 1956 sobre direitos de autor. Nesse campo dos direitos conexos aos de autor – *e, também, em relação a certos temas de direitos de autor relacionados, principalmente com as novas tecnologias –*, o diploma legal é o The Copyright and Related Rights Regulation n. 2.967, de 26-11-1996, onde não há previsões penalizadoras de fixação de multas para determinadas violações de direitos conexos.

15 | Danos autorais e sua reparação

(b) para a fabricação ou posse de matrizes destinadas à fabricação de fonogramas em desconformidade com a lei: multa de até 50 libras para cada matriz ou dispositivo análogo[21].

15.1.2.4. Suécia e Suíça

Embora a lei autoral originária suíça date de 1922, sofreu uma substancial revisão sob a forma de emenda em 24 de junho de 1955[22], pouco mais de cinco anos antes da lei Sueca de 30 de dezembro de 1960[23].

Os dois diplomas condicionam à penalização do infrator a direitos de autor sua efetiva intenção de cometer o ato ilícito. A distinção, nesse aspecto, reside na estipulação – *da lei suíça* – de que "as infrações não serão objeto de punição a não ser que sejam cometidas intencionalmente", o que resulta na verdadeira isenção de obrigação indenizatória do infrator, o que não ocorre na lei sueca, ao preceituar a regra geral de que "aquele que utilizar uma obra contrariamente à presente lei pagará uma indenização que razoavelmente compense a utilização ilegal"[24].

No texto legal suíço de 1955, cabe destacar os §§ 1º, 2º, e 3º do art. 50 pelos acentuados valores pecuniários fixados, já àquela época, para a penalização (multas) decorrente de violações de direitos de autor:

(1) 5.000 francos – reprodução, venda, radiodifusão, exposição pública, comunicação pública, representação pública não autorizados;

(2) 2.000 francos – aquele que, de maneira a induzir outro em erro, coloca o nome do autor, seu sinal distintivo ou pseudônimo em exemplares de uma reprodução que não advém do autor ou em exemplar de obra original de outra pessoa; e

---

21. Arts. 3 e 4 da Lei Inglesa de Direitos Conexos de 23-7-1958. Esse limite foi posteriormente ampliado para 400 libras pela Tabela de Aumento de Multas de 29-6-1972 (*para servir de anexo a anterior lei sobre a Proteção dos Artistas, Intérpretes e Executantes de 29-6-1972*). Como já referimos, o regime das leis atualmente vigentes para a matéria não adota esse tipo de previsão (*multas prefixadas em lei*) para fins de reparação de danos.

22. A lei autoral suíça atualmente vigente abrange direitos de autor e conexos e data de 9-10-1992, tendo sido emendada em 6-12-1994.

23. A lei autoral sueca atualmente vigente é, ainda – basicamente –, a mesma (de 1960, Lei 729) com alterações inseridas por várias emendas, sendo a última de 26-5-2005.

24. Art. 46 da Lei Autoral Suíça de 7-12-1922, emendada pela Lei de 24-6-1955 e art. 54 da Lei Autoral Sueca de 30-12-1960. O elemento "intenção" entra na lei sueca não como condicionante à existência ou não da responsabilidade indenizatória (como ocorre na lei suíça), mas – a exemplo da culpa por negligência do infrator – como agravante da reparação do respectivo dano: "Se a violação for cometida intencionalmente ou por negligência, uma indenização será em compensação de uma perda e outra pela ausência de remuneração e em reparação de todo outro dano material ou moral" (art. 54, segunda parte, da lei sueca de 1960).

595

(3) 500 francos – a quem omite a indicação clara das suas fontes nos casos previstos na lei e utilização não autorizada de imagem.

Com o advento da lei autoral suíça de 1992, esses valores se tornaram bem mais substanciais tanto em relação às multas relativas às infrações a direitos de autor (art. 67) quanto a direitos conexos (art. 69): quaisquer dessas violações autorizam a justiça suíça a estabelecer multas de até 100.000 francos.

O atual regime legal sueco, que ainda adota a lei de 1960 como base, teve, contudo, em relação à reparação de danos, alterações relevantes recentemente (*emenda de 26-5-2005: Act 2005: 360*), introduzindo, principalmente, as seguintes regras: além das implicações penais, as violações de direitos autorais resultarão na perda da propriedade do material ilícito – *inclusive em relação aos equipamentos utilizados, ou que se evidencie a intenção de utilização, para a finalidade ilícita* – a, em vez disso, o valor correspondente adicionado dos lucros obtidos em razão da violação (art. 53 "a"), e, ainda, sujeita-se o infrator a pagamento de multa arbitrada, conforme o caso, pela Corte (art. 53 "b").

15.1.2.5. Itália, Portugal e União Soviética

Da Lei Autoral Italiana n. 633, de 22 de abril de 1941, promulgada, portanto, em pleno curso da Segunda Guerra Mundial, sob a influência estatizante fascista[25], por fonte própria originária e após a modificação de seu texto, operada, no ano seguinte ao término da Segunda Guerra Mundial[26], pode-se destacar a regra civil de seu art. 158, de que "quem tiver sido lesado no exercício de um direito de exploração econômica que lhe pertença, poderá ajuizar demanda para que se elimine ou suprima o ato infrator ou para obter o ressarcimento de danos"[27]. No mesmo diploma legal

---

25. Estabelecia, por exemplo, na esfera dos direitos patrimoniais de autor, o seu art. 11 que pertenciam "à Administração do Estado, ao Partido Nacional Fascista, às Províncias e aos Municípios ('*Comuni*') o direito de autor sobre as obras criadas e publicadas sob seu nome e por sua conta e encargo". E na esfera dos direitos morais de autor (*no concernente a obras de arquitetura*): se a autoridade estatal competente reconhecesse "um caráter artístico importante", competiria ao autor da obra o estudo e a execução de tais modificações (art. 20, *in fine*).

26. Decreto-lei n. 82, de 23-8-1946. A partir desse decreto-lei várias outras emendas ao diploma originário de 1941, relativas às matérias específicas no campo do direito autoral, foram promulgadas, sendo a mais recente o Decreto Legislativo n. 95, de 2-2-2001.

27. O sistema legal italiano de apreensão – com finalidade de destruição – de exemplares contrafeitos de obra intelectual previa duas situações: (1) se a obra tivesse "especial valor artístico ou científico", o Juiz, em relação às cópias ilícitas, poderia "ordenar de ofício seu depósito em um museu público", e (2) o

15 | Danos autorais e sua reparação

consta, também, seção sob a denominação "Proteções e Sanções de Tipo Penal" com atribuição de multas de valor substancial para a época[28].

Em relação à legislação portuguesa de direito de autor, apesar de datar de 1927[29], não sofreu modificações por várias décadas e chegou a influenciar o direito positivo brasileiro que se instauraria em 1973, com reedição, em sua maior e mais significativa parte, em 1998[30]. Nesse sentido, preceitua o art. 126 da Lei Autoral Portuguesa de 1927:

> (1) o autor da usurpação ou falsificação perderá em benefício do autor ou proprietário da obra todos os exemplares que forem recolhidos e lhe pagará, ademais, o valor de toda a edição, descontando o valor dos recolhidos, pelo preço em que estes estavam à venda ou forem avaliados;
>
> (2) não sendo conhecido o número de exemplares fraudulentamente reproduzidos, pagará o valor de 1.000 exemplares, incluindo os recolhidos;
>
> (3) a falta de autorização do verdadeiro autor é suficiente para constituir a fraude[31].

Ainda na primeira década de vigência do regime socialista, em 1928, e embora o direito de autor consista em ramificação do direito privado

---

titular prejudicado "poderá sempre pedir que os exemplares, as cópias e os aparatos sujeitos à destruição lhe sejam adjudicados por um determinado preço, a descontar do ressarcimento de danos que lhe for devido" (art. 159 da Lei n. 633, de 22-4-1941), com a modificação operada pelo Decreto-lei n. 82, de 23-8-1946. O Decreto Legislativo n. 95, de 2-2-2001, última emenda à lei autoral italiana de 1941, prevê a apreensão ou destruição do material que constitua a infração autoral (*sendo cópias ilegais da obra e equipamentos utilizados para essa reprodução*), bem como o pagamento dos danos (arts. 158 e 159). Estabeleceu, também, que o titular do direito violado poderá requerer que esse material lhe seja entregue, e seu valor estimado será considerado para compor os seus danos decorrentes da violação (art. 159 ainda).

28. O seu art. 171 estipulava, como penalização em relação a várias modalidades de utilizações não autorizadas de obra intelectual, multas, de valor entre 500 e 20.000 liras. Atualmente, o Decreto de 2001, já referido, estabeleceu multas entre 100 mil e 4 milhões de liras e, em violações consistentes em reproduções ilícitas de obras, de 2 milhões a 10 milhões de liras (art. 171), podendo chegar, quando se tratar de violação a direitos autorais relativos a programa de computador, à multa de 30 milhões de liras (art. 171 *bis*).

29. Decreto n. 13.725, de 27-5-1927, que "promulga e codifica disposições sobre a propriedade literária, científica e artística". O diploma legal português vigente é o Código de Direito de Autor e Direitos Conexos n. 63/85, de março de 1985, modificado, logo a seguir, pela Lei 45/85, de 17-9-1985, sendo a sua última emenda efetivada pela Lei n. 114/91, de 3-9-1991 (embora haja regulações em pontos específicos da matéria posteriormente, como o Decreto-lei n. 252/94, de outubro de 1994, o Decreto-lei n. 332, seguido do 333 e do 334/97, todos de novembro de 1997 (*assimilação pelo direito interno português da diretiva europeia*), e a Lei n. 62/98, de setembro de 1998, relativa à cópia privada.

30. Leis n. 5.988, de 14-12-1973, e 9.610, de 19-2-1998.

31. Em complemento ao regime português reparatório de danos por violação de direito de autor, destaque-se o § 3º de seu art. 132, que prevê a propositura de ação, pelo titular ofendido, por danos e prejuízos.

597

(*civil*), a legislação da União Soviética dispunha que "Os danos causados por uma infração de direito de autor devem ser reparados de conformidade com as leis das repúblicas federais"[32]. Nada se alteraria nesse dispositivo nas leis, sobre aspectos penais parciais do direito de autor, que se seguiram, como o Decreto do Soviet Supremo de 21 de fevereiro de 1973, que introduziu modificações e adições nas "Bases" da legislação de direito civil"[33] mais para adequar o tratamento de obras estrangeiras no território soviético, em face da adesão da União Soviética à Convenção Universal, do que por motivo de qualquer revisão do regime legal para a matéria, vigente a partir de 1928[34].

15.1.2.6. Japão

A Lei Autoral Japonesa n. 48, de 6 de maio de 1970[35], pautou-se, no campo da penalização indenizatória para as infrações, desde que intencionais ou culposas (por negligência do infrator), de direitos de autor, na presunção de que o benefício que o infrator tenha auferido com o seu ato ilícito consistiria na quantificação das perdas e danos a serem devidas por este ao titular lesado. Além disso, deixava a critério do autor o direito de "reclamar como perdas e danos o montante correspondente ao que normalmente receberia pelo exercício de seus direitos"[36].

No campo do direito criminal, a mesma lei estabelecia penalizações pecuniárias rigorosas para infrações não somente em relação a direito patrimonial, mas, também, a direitos morais de autor:

(a) pela ofensa a direitos morais, *copyright*, direito de edição ou direitos conexos: prisão até três anos e multa de até 200.000 yens; e

---

32. Art. 19 da resolução conjunta do Comitê Central Executivo da U.R. S.S. e do conselho dos comissários do Povo de 16-5-1928.

33. Essas normas gerais ("Bases") para o direito civil soviético haviam sido estabelecidas pela Lei de 8-12-1961. Atualmente, a lei de Direito de Autor e Conexos de julho de 1993 é a vigente para a Rússia.

34. A União Soviética depositou seu instrumento de adesão à Convenção Universal de Direito de Autor (de 1952) junto ao Diretor Geral da Unesco somente em 27-2-1973, ou seja, mais de vinte anos após a sua realização e dois anos após a sua revisão (em 1971, em Paris). Somente 22 anos depois da adesão à Convenção Universal, em 13-3-1995, é que a Rússia aderiu à Convenção de Berna para Proteção de Obras Literárias e Artísticas.

35. A lei autoral japonesa de 1970 consiste, ainda, a base do regime legal vigente com as modificações introduzidas por várias emendas consolidadas pela Lei n. 91, de 12-5-1995.

36. Art. 114, parágrafo (1), da Lei n. 48, de 1970. Essas regras reparatórias se aplicavam não só em favor de autor ou titular do *copyright*, mas, também, do titular do "direito de edição" ou dos direitos conexos aos de autor. Apesar das emendas que se sucederam, até sua consolidação em 1995, atualmente vigente no território japonês, a regra reparatória do art. 114 permanece inalterada.

15 | Danos autorais e sua reparação

(b) pela ofensa a direitos morais de autor caracterizada pela ausência da indicação do nome do autor na utilização de sua obra: multa de 10.000 yens[37].

15.1.2.7. Estados Unidos

A Lei Norte-Americana de Direito de Autor data de 30 de julho de 1947 com a função de introduzir no "U.S.Code" o título 17, específico sobre a matéria, sofrendo inúmeras modificações (até 1957 já havia nove), especialmente à época do depósito (em 18-9-1972) do seu instrumento de ratificação à revisão de 1971 da Convenção Universal sobre Direito de Autor[38].

O texto legal de 1957 para o art. 17 do Código Norte-Americano já continha previsões reparatórias rigorosas:

> Toda pessoa que infringir o direito de autor em qualquer obra protegida estará sujeita a: (...) (b) Perdas e danos: a reembolsar ao titular os danos e prejuízos que este tenha sofrido com a infração; assim como todos os benefícios que o referido infrator tenha obtido com a infração (venda menos gastos)[39].

Apenas para finalidade de avaliação da evolução das regras reparatórias autorais norte-americanas, relevante examinar, em complemento, as hipóteses consideradas pelo diploma legal de 1957 atenuantes dos ilícitos autorais não intencionais e sem finalidade de lucro, tendo em vista que estabelecia a lei dos Estados Unidos que o Tribunal, em lugar das perdas e danos efetivos, poderia estipular as perdas e danos que estimasse justas, e, ao fixá-los, poderia conceder as seguintes quantias:

(a) na hipótese de reprodução, porém, por um diário de uma fotografia protegida, tais danos e prejuízos não excederão a soma de US$

---

37. Arts. 119 e 122 da Lei autoral japonesa. Atualmente, com a consolidação das normas realizada pela Lei n. 91, de 12-5-1995, os valores máximos aplicáveis a título de multa s elevaram de 200.000 para 300.000 yens no primeiro caso (art. 199 – item "a" do presente) e 100.000 yens no segundo (art.122 – item "b" do presente).

38. Entre as diversas leis que resultaram em modificações do Título 17 do Código dos Estados Unidos, sobre direitos de autor, uma das mais abrangentes foi a Lei 92 140, de 15-10-1971. A redação atualmente vigente para o Título 17 do Código dos Estados Unidos ("U.S. Code") é a decorrente de sua última emenda, de 13-12-2003. Destaque-se que a adesão dos Estados Unidos à Convenção de Berna para Proteção de Obras Literárias e Artísticas somente se deu em 1º-3-1989.

39. Art. 101 da Lei Autoral Norte-Americana de 30-7-1947, com as nove modificações incorporadas até 7-7-1957. A reparação de danos encontra-se consignada no texto legal vigente, conforme consolidado na emenda de 13-12-2003, no art. 504, que, da mesma forma que o anterior, regula os danos efetivos (*actual damages*), danos legais (*statutory damages*) e danos adicionais (*addicional damages*).

599

200 nem serão inferiores a US$ 50, e nas infrações de obras não dramáticas ou que sejam encenadas, por meio de obras cinematográficas, se o infrator demonstrar que ignorava cometer tal infração ou quando esta não se podia prever, razoavelmente, os danos e prejuízos não poderão exceder a soma de US$ 100; e as infrações de obras protegidas dramáticas ou dramático-musicais por um produtor de obras cinematográficas e suas agências distribuidoras destas aos exploradores, se dito infrator demonstrar ignorar que cometia uma infração de obra protegida e não se poderia prever, razoavelmente, dita infração, a soma total dos danos e prejuízos que o titular do direito de autor pode recuperar do produtor infrator e suas agências pela distribuição aos exploradores da obra cinematográfica com a qual se a que cometeu a infração, não poderá exceder de US$ 5.000 nem ser inferior a US$ 250, e os mencionados danos e prejuízos não poderão em nenhum caso exceder da soma de US$ 5.000 nem serem inferiores a US$ 250[40];

(b) quando se trate de uma pintura, estátua ou escultura, US$ 10 por cada reprodução ilícita fabricada, vendida ou encontrada em poder do infrator, de seus agentes ou empregados;

(c) quando se trate de qualquer obra das que o art. 5º deste título enumera, exceto pinturas, estátuas ou esculturas, US$ 1 por cada reprodução ilícita fabricada, vendida ou encontrada em poder do infrator, seus agentes ou empregados;

(d) quando se trate de uma conferência, sermão ou discurso, US$ 50 por cada recitação ilícita;

(e) quando se trate de uma obra dramática ou dramático-musical, de uma composição coral ou instrumental, US$ 100 pela primeira e US$ 50 por cada subsequente representação ou execução; no caso de outras composições musicais, US$ 10 por cada execução ilícita[41].

A penalização do infrator se agravava se a violação de direito de autor fosse praticada "deliberadamente e com fins de lucro". Nesses casos, previa

---

40. Art. 101, segunda parte, da Lei de 1957. Dispunha o mesmo dispositivo legal que os valores estipulados para as infrações não deveriam ser considerados pena e que tais hipóteses (*exceções*) não intencionais não privariam o titular de direito de autor de qualquer outro recurso concedido pela Lei, e os limites da soma que se pode recuperar não se aplicarão às infrações cometidas após a notificação formal ao demandado.

41. §§ 1º a 4º do art. 101 da Lei Norte-Americana de 1957 para o art. 17 do "US Code".

15 | Danos autorais e sua reparação

a pena de prisão, de até um ano, e a multa não inferior a 100 dólares nem maior do que 1.000 dólares ou a ambas as sanções, a critério do Tribunal[42].

As sanções de conteúdo indenizatório ao titular do direito autoral violado tornaram-se mais rigorosas na legislação norte-americana vigente. Nesse sentido, destacamos, preliminarmente, a reedição, pela consolidação de 2003, art. 504, das regras atinentes à reparação dos danos efetivos (*actual damages*) nos seguintes termos: "O titular do direito autoral é legitimado a recuperar os danos efetivos que tenha sofrido como consequência da infração e qualquer lucro do infrator atribuível à infração e não levado em conta no cômputo dos danos efetivos". Complementa o dispositivo consignando que, para efeito de se estabelecer os lucros do infrator, o titular do direito autoral deverá apresentar prova apenas da receita bruta obtida pelo infrator e este, por sua vez, deverá provar suas despesas deduzíveis e os elementos de lucro atribuíveis a fatores alheios à obra intelectual objeto do uso indevido.

Paralelamente a essa regra geral preliminar, nítido o recrudescimento no mesmo dispositivo legal, alínea *c*, das sanções reparatórias a título de danos legais (*statutory damages*), que podem ser eleitos, pelo titular do direito autoral ofendido, a qualquer tempo antes do julgamento final da demanda, em substituição à reparação por danos efetivos, com valor de 750 a 30.000 dólares, conforme a Corte considerar justa, podendo ser majorada essa quantia para até 150.000 dólares se comprovado que a violação tenha sido intencional.

Finalmente, com a denominação "danos adicionais em certos casos", o mesmo dispositivo legal consigna em sua alínea *d* que o titular lesado poderá requerer suplementarmente, independentemente das demais reparações previstas, uma soma adicional correspondente ao dobro do valor da licença que o proprietário do estabelecimento em que tenha ocorrido a infração deveria pagar pela utilização da obra durante o período precedente até o limite de três anos.

A tendência de majoração das verbas reparatórias ficou evidente nos Estados Unidos com o advento do "Digital Millenium Copyright Act (DMCA)" promulgado pelo presidente Clinton em 28 de outubro de 1998 para implementar os dois tratados da OMI de 1996 (WCT e WPPT), que abordamos em relação ao seu conteúdo reparatório – especialmente no que tange às violações do direito autoral no ambiente digital, quais sejam

---

42. §§ 1º a 4º do art. 101 da Lei Norte-Americana de 1957 para o art. 17 do "US Code".

601

Direito Autoral no Brasil | José Carlos Costa Netto

de inutilizar medidas tecnológicas usadas pelos titulares de direito autoral para proteger suas obras ou suprimir ou alterar, sem autorização, qualquer informação eletrônica de gestão de direitos (Seções 1201 e 1202 do novo capítulo 12 do Título 17 do U.S. Code) ao dispor, no item "Remedies":

> Em complemento, é ofensa criminal violar as seções 1201 ou 1202 intencionalmente e com propósito de vantagem comercial ou ganho financeiro privado. De acordo com a seção 1204 penalidades se estenderão até 500.000 dólares de multa ou até cinco anos de prisão, para a primeira ofensa e até 1.000.000 dólares ou até 10 anos de prisão para ofensas subsequentes. Livrarias sem fins lucrativos, arquivos e instituições educacionais estão inteiramente isentas de reparabilidade criminal.

15.1.2.8. Canadá

A lei autoral canadense de 4 de junho de 1921, a exemplo da dos Estados Unidos, sofreu várias revisões até a de 23 de dezembro de 1971[43], e incorporou ao seu direito positivo interno, há mais de trinta anos, orientação reparatória – *para danos provenientes de violação de direitos de autor* – adequada à efetiva compensação do autor ou titular lesado.

Nesse caminho, após consignar a regra geral de que a violação de direito de autor geraria o pagamento de perdas e danos ao titular, estipulava que, além destas, poderia

> o Tribunal arbitrar uma proporção equitativa dos lucros que o contrafator tenha obtido com a violação: na determinação dos lucros o demandante não tem que estabelecer que as receitas ou produtos provenham da publicação, venda ou outra utilização ilícita da obra ou de uma representação, execução ou audição não autorizada da obra protegida e o demandado deverá provar cada elemento do custo que alegar[44].

---

43. Atualmente, o diploma legal vigente é o "Copyright Act" de 1985, com as emendas que se seguiram até a consolidação de 1997.

44. Art. 20, parágrafos (1) e (4), da Lei Autoral Canadense de 4-6-1921, estatutos revisados em 1952 com as modificações adotadas em 23-12-1971. Essa regra reparatória foi mantida na lei vigente (art. 35 da Lei de 1985, com a emenda de 1997). Estabelece, também, o "Copyright Act" canadense de 1985/1997, atualmente vigente, a exemplo da lei autoral dos Estados Unidos com os referidos danos legais ("*statutory dammages*", os danos "pré-estabelecidos", como denomina a lei canadense, que estabelece que o titular do direito autoral pode optar, anteriormente ao julgamento terminativo da ação, em receber, em vez das perdas e danos acrescidas dos lucros do infrator (como previsto no art. 35), por reparação (*perdas e danos*) arbitrados pelo Tribunal entre 500 e 20.000 dólares canadenses, conforme o seu entendimento de estimação equitativa para o caso. Interessante destacar, em complemento, que o mesmo dispositivo legal, em seu § 4º, dispõe que essa opção – *nesse caso de caráter evidentemente punitivo* – poderá ser, também, exercida por sociedades de gestão coletiva de direitos autorais, devendo, nestes

As normas de natureza penal contida no mesmo diploma legal complementavam – *nos casos que tipificava*[45] – a punição do infrator com o pagamento, após a declaração sumária de culpabilidade, de uma multa não excedente a dez dólares por exemplar que seja objeto da infração, porém não mais de duzentos dólares em relação à mesma operação, dispondo, ainda, que na reincidência será paga a mesma multa ou acarretará a prisão do infrator até dois meses no máximo, com ou sem trabalhos forçados[46].

No tocante às violações de direito moral de autor caracterizadas pela modificação ou supressão do título ou do nome do autor de obra dramática ou composição musical ou, também, pela modificação não autorizada da obra para, no todo ou em parte, representação ou execução pública com fins lucrativos, após a declaração sumária de culpabilidade do infrator, seria este condenado ao pagamento de multa de até 500 dólares, sendo a reincidência punida com a aplicação da mesma multa mais quatro meses de prisão[47].

---

casos, as perdas e danos respectivas serem arbitradas equitativamente pelo Tribunal entre três e dez vezes o valor dos débitos em cobrança. Aliás, esse efeito punitivo, como regra geral reparatória, com a finalidade de desestimular novas infrações, encontra-se consignado na alínea "c" do § 5º do art. 38 da lei canadense vigente: "(...) o tribunal terá em conta notadamente (...) a necessidade de criar um efeito dissuasivo em relação às violações eventuais de direito de autor em questão". Em reforço a esse princípio, o § 7º do mesmo dispositivo legal, sob título "Perdas e Danos Exemplares", estabelece que a opção, pelo titular do direito autoral, quanto aos "danos pré-estabelecidos" não terá o efeito de suprimir seu direito, se for o caso, "às perdas e danos exemplares ou punitivos". Acrescente-se, ainda, que o rigor reparatório já existente na legislação autoral canadense de 1921 (com as alterações incorporadas até 1971) evidencia-se, também, em seu artigo seguinte (21): "Todos os exemplares contrafeitos de uma obra protegida, ou de uma parte importante dela, além de todas as matrizes que serviram ou são destinadas a servir à confecção dos exemplares contrafeitos, são considerados como propriedade do titular do direito de autor". Essa disposição foi, também, reeditada pela lei autoral canadense vigente (art. 138 –1).

45. Com a ressalva de que a violação ao direito de autor deveria ter sido realizada "conscientemente", o art. 25 da lei autoral canadense tipifica como prática delituosa: (a) confeccionar para venda ou locação qualquer exemplar contrafeito de uma obra ainda protegida; (b) vender ou alugar ou colocar a venda ou para locação um exemplar contrafeito da obra; (c) colocar em circulação esses exemplares; (d) expor comercialmente em público um exemplar contrafeito, e (e) importar para venda ou locação, no Canadá, um exemplar contrafeito. A lei autoral canadense vigente (de 1985/1997) mantém essa mesma tipificação penal. Além das infrações previstas neste dispositivo legal, o § 2º e o artigo seguinte (26) da lei anterior (de 1921/1971), bem como o § 2º, alíneas "a" e "b" do art. 42 da lei vigente, acrescentaram, como ilícitos de natureza criminal: (a) confeccionar ou ter em posse equipamentos utilizados para a contrafação de uma obra ou outros bens protegidos pelo direito autoral, e (b) fazer, com finalidade de lucro, executar ou representar publicamente uma obra ou outro bem protegido pelo direito autoral sem o consentimento do titular do direito respectivo.

46. Parágrafo (2) do art. 25 da lei autoral canadense de 1921/1971. Observe-se que neste aspecto – *quantificação de multas penais* – a lei autoral canadense vigente majorou substancialmente os valores aplicáveis a violações de direito autoral que se caracterizem como ilícitos criminais, conforme tipificados no mesmo dispositivo legal (art. 42, §§ 1º e 2º): em todos os casos, o valor máximo anterior (de 200 dólares) foi majorado para até 1 milhão de dólares canadenses.

47. Art. 26 da Lei de 1921/1971. A mesma regra foi reeditada pela lei autoral canadense vigente e, também curiosamente (*tendo em vista a substancial majoração da multa máxima nos demais casos de ilícitos penais*),

15.1.2.9. *Argentina, Chile e Uruguai*

A Lei Autoral Argentina n. 11.723 data de 28 de setembro de 1933 e foi objeto de modificação pelo Decreto Legislativo n. 12.063, de 2 de outubro de 1957[48], e, posteriormente, por Decreto-lei (n. 1.224, de 3-2-1958) e nove leis que se seguiram. Embora não se possam descartar, no texto legal regente para matéria, algumas indicações de natureza reparatória civil[49], não regulam, esses textos legais autorais, a matéria com abrangência.

No campo penal, a legislação argentina estipula, principalmente, as seguintes sanções:

(a) em relação à violação aos direitos patrimoniais de autor: "Prisão de um mês a um ano ou multa de 1.000 a 30.000 pesos, destinada ao fundo de fomento criado por esta Lei: (a) a representação pública não autorizada de obras teatrais ou literárias, e (b) a execução pública não autorizada de obras musicais"; e

(b) em relação à violação a direito moral de autor: "Prisão de um mês a um ano ou multa de 1.000 a 30.000 pesos, destinada ao fundo de fomento criado por esta lei, para quem se autoatribuir, indevidamente a qualidade de autor"[50].

Em complemento, dignas de registro, também, as legislações do Chile e do Uruguai, a primeira de 28 de outubro de 1970 (*n. 17.336*)[51], e a segunda de 17 de dezembro de 1937 (*n. 9.739*) com as emendas de 15 e 25 de feve-

---

foi mantida, para estes casos de violação de direitos morais de autor, a mesma multa máxima (500 dólares).

48. As três leis autorais argentinas modificadoras do texto legal básico vigente (Lei n. 11.723, de 1933) mais recentes são: a Lei n. 24.870, de 11-9-1997 (*que amplia a proteção autoral sobre a obra intelectual para 70 anos a partir de primeiro de janeiro seguinte ao falecimento do seu autor*), a Lei n. 25.006, de 10-8-1998 (*relativa a certos aspectos do direito de autor sobre obras cinematográficas, inclusive o prazo legal para sua proteção*), e a Lei n. 25.036, de 14-10-1998 (*relativa, principalmente, à proteção autoral de programas de computador*).

49. Registre-se, por exemplo, a sanção do art. 46, *in fine*, da referida lei, que, no Capítulo "Da Representação", estabeleceu que "Toda obra (*objeto de contratação regular para sua representação pública*) aceita deve ser representada dentro do ano correspondente à sua apresentação. Não o sendo, o autor tem direito a exigir como indenização uma soma igual à remuneração autoral correspondente a vinte representações de uma obra análoga"; e, ainda: " O empresário é responsável pela destruição total ou parcial da obra e, se por sua negligência esta se perder, ou se for reproduzida ou representada sem autorização do autor ou seus concessionários, deverá indenizar as perdas e danos causados" (art. 48).

50. Arts. 73 e 74 do mesmo diploma legal (redação da Lei n. 11.723, de 1933, modificada – em relação ao valor das multas – pela Lei n. 24.286, de 1993).

51. A Lei n. 17.336, de 2-10-1970, permanece como base do regime autoral chileno, mas sofreu modificações em alguns aspectos em virtude das seguintes leis: n. 17.773, de outubro de 1972, n. 18.443, de outubro de 1985, n. 18.957, de março de 1990, e n. 19.166, de 17-9-1992.

15 | Danos autorais e sua reparação

reiro de 1938, permaneceram inalteradas por cinco décadas[52]. Apenas recentemente a lei básica uruguaia de 1937 sofreu alterações substanciais com o objetivo de atualizá-la em face das novas tecnologias vigentes: trata-se da Lei n. 17.616, de 10 de janeiro de 2003, regulamentada pelo Decreto de 3 de maio de 2004.

Destaque-se, em relação ao direito positivo chileno, a curiosa regra de incentivo financeiro ao denunciante de delitos autorais em ação popular[53] e a relevante orientação genérica reparatória para violação de direito de autor da legislação uruguaia de 1937: "A parte lesada (...) pode intentar uma ação civil a fim de obter perdas e danos, assim como a entrega de todos os benefícios ou direitos indevidamente auferidos pelo infrator"[54], dispositivo substituído pelo art. 18 da Lei n. 17.616, de 2003, nos seguintes termos: "A parte lesada (...) tem ação civil para conseguir que se cesse a atividade ilícita, a indenização por perdas e danos e uma multa de até dez vezes o valor do produto da infração".

15.2. A ORIENTAÇÃO DE REPARAÇÃO DE DANOS AUTORAIS E OS TRATADOS INTERNACIONAIS DA DÉCADA DE 1990 (OMC E OMPI) E DA DIRETIVA EUROPEIA DE 2004

15.2.1. O Acordo TRIPS (OMC) de 1994

No regime do General Agreement on Tariffs and Trade (GATT), tratado multilateral firmado originariamente por 23 países em 1947 (o *Brasil foi um dos signatários*) e integrado, atualmente, por 125 países, foi incorporado, formalmente, na sua "rodada" no Uruguai, em 1993, principalmente por pressão dos Estados Unidos – *empenhado na adoção internacional de sanções de natureza comercial como instrumento eficaz no combate da prática ilícita no terreno da propriedade intelectual* – o denominado Trips – Acordo sobre Aspectos dos Direitos da Propriedade Intelectual relacionados com o Comércio, na esfera da Organização Mundial do Comércio (OMC).

---

52. A Lei n. 9.739, de 17-12-1937, relativa aos Direitos de Autor sobre Obras Literárias e Artísticas, com a emenda que a modificou em 1938, sofreu, afinal, modificações pelas Leis n. 15.913, de dezembro de 1987, e 16.170, de dezembro de 1990. Assim, apesar das várias modificações, inclusive a que referimos, de 2003, permanece ainda a lei de 1937 como base do regime legal autoral do Uruguai.

53. Conforme consignado no art. 84 da Lei Autoral Chilena n. 17.336, de 28-10-1970: "Existirá a ação popular para denunciar os delitos sancionados por esta lei. O denunciante terá direito de receber a metade da multa respectiva".

54. Art. 51 da Lei Autoral Uruguaia de 17-12-1937, com as modificações de 15 e 25-2-1938.

Direito Autoral no Brasil | José Carlos Costa Netto

A reparação de danos, nesse contexto, consta principalmente de seu art. 45, sob a denominação "Indenizações", em dois parágrafos:

1. As autoridades judiciais terão o poder de determinar que o infrator pague ao titular do direito uma indenização adequada para compensar o dano que este tenha sofrido em virtude de uma violação de seu direito de propriedade intelectual cometido por um infrator que tenha efetuado a atividade infratora com ciência, ou com base razoável para ter ciência.

2. As autoridades judiciais terão também o poder de determinar que o infrator pague as despesas do titular do direito, que poderão incluir os honorários apropriados de advogado. Em casos apropriados, os Membros poderão autorizar as autoridades judiciais a determinar a reparação e/ ou pagamento de indenizações previamente estabelecidas, mesmo quando o infrator não tenha efetuado a atividade infratora com ciência, ou com base razoável para ter ciência.

15.2.2. Os Tratados da OMPI de 1996

No respeitante às sanções, da mesma forma que o texto da Convenção de Berna, em sua revisão de 1971, deixou, o novo Tratado da OMPI sobre Direito de Autor (*WCT – Wipo Copyright Treaty*), de 1996[55], para as respectivas legislações internas dos países signatários a orientação reparatória nas violações de direito autoral. Consignou, contudo, em seu art. 14, sob o título: "Disposições sobre a observância dos direitos":

(1) As partes contratantes se comprometem a adotar, de conformidade com os seus sistemas jurídicos, as medidas necessárias para assegurar a aplicação do presente Tratado.

(2) As partes contratantes asseguram que em sua legislação nacional se estabeleçam procedimentos de observância dos direitos que permitam a anulação de medidas eficazes contra qualquer ação infratora dos direitos a que se refere o presente Tratado, com inclusão de recursos hábeis para prevenir as infrações e de recursos que constituam um meio eficaz de dissuasão de novas infrações.

Na área dos direitos conexos aos de autor, o Tratado da OMPI correspondente, também de 1996[56] (*WPPT – Wipo Performance and Phonograms Treaty*), no contexto da reparação de danos para a matéria, transcreveu,

---

55. A entrada em vigor do Tratado da OMPI para Direito de Autor (WCT), de 1996, deu-se em 6-3-2002.
56. A entrada em vigor do Tratado da OMPI para Direitos Conexos (WPPT), de 1996, deu-se em 20-5-2002.

606

15 | Danos autorais e sua reparação

em seu art. 23, as mesmas disposições (2) sobre a observância dos direitos consignados no art. 14 do Tratado de Direito de Autor (*que orienta os países a adotar nas suas respectivas legislações nacionais "meio eficaz de dissuasão de novas infrações"*), dispondo, também, embora sem cogitar de sanções específicas, sobre os ilícitos de elisão de medidas tecnológicas de proteção e controle de direitos e de alteração ou supressão de informação sobre a gestão de direitos[57].

15.2.3. A Diretiva Europeia de 2004

Em 29 de abril de 2004 o Parlamento Europeu e o Conselho da União Europeia aprovaram o Diretiva 2004/48/CE, relativa ao "respeito dos direitos de propriedade intelectual", com a relevantes considerações introdutórias, das quais destacamos seis, quais sejam:

(32) Sem prejuízo de outras medidas, procedimentos e recursos disponíveis, os titulares do direito deverão ter a possibilidade de requerer uma injunção contra um intermediário cujos serviços estejam a ser utilizados por terceiros para violar os direitos de propriedade industrial do titular. As condições e regras relativas a tais injunções ficarão a cargo da legislação nacional dos Estados-Membros. No que diz respeito às violações de direitos de autor e direitos conexos, a Diretiva 2001/29/CE já prevê um nível global de harmonização. Por conseguinte, o disposto no n. 3 do artigo 8º da Diretiva 2001/29/CE não deve ser prejudicado pela presente diretiva.

(33) Consoante os casos e quando as circunstâncias o justifiquem, as medidas, procedimentos e recursos a prever deverão incluir medidas de proibição que visem impedir novas violações dos direitos de propriedade intelectual. Além disso, haverá que prever medidas corretivas, nos casos adequados a expensas do infrator, como a retirada do mercado, o afastamento definitivo dos circuitos comerciais ou a destruição dos bens litigiosos e, em determinados casos, dos materiais e instrumentos predominantemente utilizados na criação ou no fabrico desses mesmos bens. Estas medidas corretivas devem ter em conta os interesses de terceiros, nomeadamente os interesses dos consumidores e de particulares de boa-fé.

(34) Quando uma violação tenha sido efetuada sem dolo nem negligência e sempre que as medidas corretivas ou inibitórias previstas na pre-

---

57. Arts. 18 e 19 do Tratado de 20-12-1996 da OMPI sobre Interpretações, Execuções (*Performances*) e Fonogramas (WPPT).

607

sente diretiva sejam desproporcionais, os Estados-Membros deverão ter a possibilidade de prever a possibilidade de ser atribuída, como medida alternativa, uma compensação pecuniária à parte lesada. Todavia, sempre que a utilização comercial de bens de contrafação ou a prestação de serviços constituam uma violação de legislação não respeitante à propriedade intelectual ou possam causar danos aos consumidores, tal utilização ou prestação deverá continuar a ser proibida.

(35) Para reparar o prejuízo sofrido em virtude de uma violação praticada por um infrator que tenha desenvolvido determinada atividade, sabendo, ou tendo motivos razoáveis para saber que a mesma originaria essa violação, o montante das indenizações por perdas e danos a conceder ao titular deverá ter em conta todos os aspectos adequados, como os lucros cessantes para o titular, ou os lucros indevidamente obtidos pelo infrator, bem como, se for caso disso, os eventuais danos morais causados ao titular. Em alternativa, por exemplo, quando seja difícil determinar o montante do prejuízo realmente sofrido, o montante dos danos poderá ser determinado a partir dos elementos como as remunerações ou direitos que teriam sido auferidos se o infrator tivesse solicitado autorização para utilizar o direito de propriedade intelectual em questão; trata-se, não de introduzir a obrigação de prever indenizações punitivas, mas de permitir um ressarcimento fundado num critério objetivo que tenha em conta os encargos, tais como os de investigação e de identificação, suportados pelo titular.

(36) Como forma de dissuadir os futuros infratores e de contribuir para a sensibilização do público em geral, será também útil publicar as decisões proferidas nos casos de violação de propriedade intelectual.

(37) Para além das medidas e procedimentos cíveis e administrativos previstos na presente diretiva, as sanções penais constituem também, em determinados casos, um meio de garantir o respeito pelos direitos de propriedade intelectual.

A seguir, a partir dessas (e demais) considerações da referida diretiva (em número de 41, ao todo), transcrevemos as disposições relacionadas à reparação de danos autorais, basicamente quatro dos 22 artigos da referida Diretiva, quais sejam:

(a) sobre as "medidas corretivas" (art. 10):

> Sem prejuízo de quaisquer indenizações por perdas e danos devidas ao titular do direito em virtude da violação e sem qualquer compensação, os Estados-Membros devem assegurar que as autoridades judiciais com-

15 | Danos autorais e sua reparação

petentes possam, a pedido do requerente, ordenar medidas adequadas relativamente aos bens que se tenha verificado violarem o direito de propriedade intelectual, bem como, se for caso disso, relativamente aos materiais e instrumentos que tenham predominantemente servido para a criação ou o fabrico dos bens em causa. Essas medidas incluem:

a) A retirada dos circuitos comerciais,

b) A exclusão definitiva dos circuitos comerciais, ou

c) A destruição.

2. As autoridades judiciais devem ordenar que essas medidas sejam executadas às expensas do infrator, a não ser que sejam invocadas razões específicas que a tal se oponham.

3. Na análise dos pedidos de medidas corretivas, deve-se ter em conta a necessária proporcionalidade entre a gravidade da violação e as sanções ordenadas, bem como os interesses de terceiros.

(b) sobre as "medidas inibitórias" (art. 11):

Os Estados-Membros devem garantir que, nos casos em que tenha sido tomada uma decisão judicial que constate uma violação de um direito de propriedade intelectual, as autoridades judiciais competentes possam impor ao infrator uma medida inibitória da continuação dessa violação. Quando esteja previsto na legislação nacional o descumprimento de uma medida inibitória deve, se for caso disso, ficar sujeito à aplicação de uma sanção pecuniária compulsória, destinada a assegurar a respectiva execução. Os Estados-Membros devem garantir igualmente que os titulares dos direitos possam requerer uma medida inibitória contra intermediários cujos serviços sejam utilizados por terceiros para violar direitos de propriedade intelectual, sem prejuízo do n. 3 do artigo 8º da Diretiva 2001/29/CE.

(c) sobre as "medidas alternativas" (art. 12):

Os Estados-Membros podem estabelecer que, se for caso disso e a pedido da pessoa eventualmente afetada pelas medidas previstas na presente Seção, as autoridades judiciais competentes possam ordenar o pagamento à parte lesada de uma compensação pecuniária, em alternativa à aplicação das medidas previstas na presente Seção, se essa pessoa tiver atuado sem dolo nem negligência e a execução das medidas em questão implicar para ela um dano desproporcionado e a referida compensação pecuniária se afigurar razoavelmente satisfatória para a parte lesada.

(d) sobre as "indenizações por perdas e danos" (art. 13):

609

1. Os Estados-Membros devem assegurar que, a pedido da parte lesada, as autoridades judiciais competentes ordenem ao infrator que, sabendo-o ou tendo motivos razoáveis para o saber, tenha desenvolvido uma atividade ilícita, pague ao titular do direito uma indenização por perdas e danos adequada ao prejuízo por este efetivamente sofrido devido à violação.

Ao estabelecerem o montante das indenizações por perdas e danos, as autoridades judiciais:

(a) devem ter em conta todos os aspectos relevantes, como as consequências econômicas negativas, nomeadamente os lucros cessantes, sofridas pela parte lesada, quaisquer lucros indevidos obtidos pelo infrator e, se for caso disso, outros elementos para além dos fatores econômicos, como os danos morais causados pela violação ao titular do direito; ou

(b) em alternativa à alínea a), podem, se for caso disso, estabelecer a indenização por perdas e danos como uma quantia fixa, com base em elementos como, no mínimo, o montante das remunerações ou dos direitos que teriam sido auferidos se o infrator tivesse solicitado autorização para utilizar o direito de propriedade intelectual em questão.

2. Quando, sem o saber ou tendo motivos razoáveis para o saber, o infrator tenha desenvolvido uma atividade ilícita, os Estados-Membros podem prever a possibilidade de as autoridades judiciais ordenarem a recuperação dos lucros ou o pagamento das indenizações por perdas e danos, que podem ser preestabelecidos.

15.3. EVOLUÇÃO LEGISLATIVA DA MATÉRIA NO BRASIL

15.3.1. Precedentes à Lei Autoral de 1973

O Código Criminal (Lei de 16-12-1830), como já referimos, preceituou pioneiramente na América Latina:

> Art. 261. Imprimir, gravar, litografar ou introduzir quaisquer escritos ou estampas, que tiverem sido feitos, compostos ou traduzidos por cidadãos brasileiros, enquanto estes viverem, e dez anos depois de sua morte se deixarem herdeiros. Penas – Perda de todos os exemplares para o autor ou tradutor, ou seus herdeiros, ou, na falta deles, do seu valor e outro

15 | Danos autorais e sua reparação

tanto, e de multa igual ao dobro do valor dos exemplares. Se os escritos ou estampas pertencerem a corporações, a proibição de imprimir, gravar, litografar ou introduzir durará somente por espaço de dez anos.

Essa precursora penalização econômica exemplar da nossa primeira codificação – *multa igual ao dobro do valor dos exemplares ilícitos* – para a violação de direito de autor, por si só, demonstra o mérito do Código de 1830, que, segundo José de Aguiar Dias, antecipava-se, em linhas gerais, ao que até hoje domina o assunto, enfeixando, no Capítulo IV, intitulado "Da Satisfação", regras a que os tribunais brasileiros, mesmo nos nossos tempos, poderiam recorrer como orientação segura para apreciar os casos de responsabilidade civil[58].

A conclusão procede tendo em vista o grau de amplitude da reparação regulada em seu art. 21: "A satisfação será sempre a mais completa que for possível e, no caso de dúvida, a favor do ofendido. Para êsse fim, o mal que resulta à pessoa do ofendido será avaliado em todas as suas partes e consequências"[59].

A Lei n. 496, de 1º de agosto de 1898, denominada Medeiros de Albuquerque (*deputado e escritor*), primeira lei regente civil brasileira de direitos autorais[60], estabeleceu regras de perda, pelo infrator, dos exemplares da reprodução fraudulenta de obras intelectuais em seus arts. 23, 25 e 27.

No Código Civil a reparação de danos foi tratada em duas partes distintas: no Título II – Dos Atos Ilícitos, integrante do Livro III (*Dos Fatos Jurídicos*), Parte Geral, arts. 159 e 160[61], e, na Parte Especial, Livro III (*Do*

---

58. *Da responsabilidade civil*. 3. ed. Rio de Janeiro: Edição Revista Forense, 1954. t. I, p. 34.

59. Estabelecia, também, o Código Criminal brasileiro de 1830, a solidariedade obrigacional reparatória de todos os agentes do ilícito (art. 27) e que, "não tendo o delinquente meio para a satisfação, dentro em oito dias, que lhe serão assinados, será condenado à prisão com trabalhos, pelo tempo necessário para ganhar a quantia da satisfação" (art. 32, em parte). Sobre esse dispositivo, conforme Aguiar Dias (ob. cit., p. 36), observa Pimenta Bueno que essa conversão em prisão "só teria lugar quando houvesse condenação no crime, não nos casos de absolvição no crime ou de simples condenação unicamente no cível, por danos decorrentes de uma culpa civil".

60. A Lei n. 496, de 1898, estabelecia, entre outros dispositivos, a extensão da duração da proteção ao direito de autor (*para 50 anos após a publicação da obra*) e vedou alterações não autorizadas, mesmo aquelas realizadas em obras caídas em domínio público ou não abrangidas pela proteção legal, além de outras importantes inovações.

61. A orientação do art. 159, vigente por mais de oitenta anos (até o Código Civil de 2002), repousava em texto sintético: "Aquele que, por ação ou omissão voluntária, negligência, ou imprudência, violar direito ou causar prejuízo a outrem, fica obrigado a reparar o dano", complementando com a indicação de que "a verificação de culpa e a avaliação de responsabilidade regulam-se pelos artigos 1.518 a 1.532 e 1.537 a 1.553" do Código. O art. 160 estabelecia as hipóteses em que não haveria a caracterização do ato como ilícito (os praticados em legítima defesa ou no exercício regular de um direito reconhecido e a deterioração ou destruição de coisa alheia para remoção de perigo iminente).

Direito das Obrigações), Título VII – Das Obrigações por Atos Ilícitos[62], e Capítulo II do Título VIII – Da Liquidação das Obrigações Resultantes de Atos Ilícitos, arts. 1.537 a 1.553[63].

A regra geral trazida no art. 159 do Código Civil de 1916, conforme observa o próprio Clóvis Beviláqua, funda-se no conceito de que ato ilícito é "a violação do direito ou o dano causado a outrem por dolo ou culpa", sendo o dolo "a intenção de ofender o direito ou prejudicar o patrimônio por ação ou omissão", e a culpa "a negligência ou imprudência do agente, que determina violação do direito alheio ou causa prejuízo a outrem"[64]. A respeito da orientação genérica estabelecida no art. 1.553, do regime de arbitramento para avaliação indenizatória, o que é de direto interesse no terreno reparatório de ilícitos autorais, Clóvis anotou que: "O pensamento deste artigo é estabelecer uma regra geral para a avaliação do dano causado por atos ilícitos". Complementa:

> Nos casos destacados nos artigos anteriores a fixação do dano tem outras bases, além do arbitramento, e este obedece às normas, estabelecidas para cada caso. Nas hipóteses não previstas, o arbitramento é confiado ao critério dos peritos, que atenderão às circunstâncias do fato para avaliar com justiça o dano[65].

---

62. Estabelecem esses dispositivos: a solidariedade dos ofensores para a reparação, a ação regressiva contra terceiro responsável; as pessoas físicas e jurídicas responsáveis por atos ilícitos de terceiros (*estes se exercerem exploração industrial*), uma vez que tenham concorrido para o dano por culpa, ou negligência, a independência entre a responsabilidade civil e a criminal (*não se podendo, porém, questionar mais sobre a existência do fato, ou quem seja o seu autor, quando essas questões se acharem decididas no crime*), a transmissão, com a herança do direito ou obrigação reparatória; a responsabilidade por danos causados por animais, pela ruína de edifício ou construção, por coisas caídas ou lançadas de casas e pela cobrança antecipada de dívida ou por dívida já paga, no todo ou em parte, sem ressalvar as quantias recebidas.

63. Dispõem esses artigos sobre a indenização no caso de homicídio, ferimento ou outra ofensa à saúde, usurpação ou esbulho de coisa, estimando-se, na hipótese de inexistência da coisa, a indenização ao ofendido "pelo preço ordinário e pelo de afeição, contanto que este não se avantaje àquele" (art. 1.543), pagamento de juros, responsabilidade médica e farmacêutica, a indenização por injúria ou calúnia (consistente na "reparação do dano que delas resulte ao ofendido", sendo que, não sendo provado prejuízo material, pagará o ofensor ao ofendido "o dobro da multa no grau máximo da pena criminal respectiva" – art. 1.547 e seu parágrafo único); estupro (se o ofensor "não puder ou não quiser reparar o mal pelo casamento – art. 1.548) e "nos demais crimes de violência sexual ou ultraje ao pudor" (art. 1.549), ofensa à liberdade pessoal (como o cárcere privado, a prisão por queixa ou denúncia falsa e de má-fé e a prisão ilegal, sendo responsável pelo ressarcimento do dano "a autoridade que ordenou a prisão" – arts. 1.551 e 1.552). O capítulo tem seu desfecho dispondo que "nos casos não previstos neste capítulo, se fixará por arbitramento a indenização" (art. 1.553).

64. Ob. cit., p. 466. Complementa, nos seus "Comentários", publicados ainda em 1916, o jurista que "Na culpa há, sempre, a violação de um dever preexistente. Se esse dever se funda em um contrato, a culpa é contratual; se no princípio geral que manda respeitar a pessoa e os bens alheios, a culpa é extracontratual ou aquiliana" (cf. a mesma página indicada).

65. *Código Civil dos Estados Unidos do Brasil comentado.* Rio de Janeiro: Livraria Francisco Alves, 1919. v. V, p. 316.

15 | Danos autorais e sua reparação

No tocante, especificamente, aos direitos de autor, não deixa o Código de 1916 de estabelecer algumas previsões isoladas na seara da reparação de danos decorrentes da violação de direito de autor. São elas:

(a) dará lugar à indenização por perdas e danos a usurpação do nome de autor ou a sua substituição por outro, "não havendo convenção que a legitime" e "O autor da usurpação, ou substituição, será, outrossim, obrigado a inserir o nome do verdadeiro autor" (§§ 1º e 2º do art. 667);

(b) quem publicar obra inédita, ou reproduzir obra em via de publicação ou já publicada, pertencente a outrem, sem outorga ou aquiescência deste, além de perder, em benefício do autor ou proprietário os exemplares da reprodução fraudulenta, que se apreenderam, pagar-lhe-á o valor de toda a edição, menos esses exemplares, ao preço por que estiverem à venda os genuínos, ou em que forem avaliados. Parágrafo único. Não se conhecendo o número de exemplares fraudulentamente impressos e distribuídos, pagará o transgressor o valor de mil exemplares, além dos apreendidos (art. 669);

(c) quem vender ou expuser à venda ou à leitura pública remunerada uma obra impressa com fraude, será solidariamente responsável, com o editor, nos termos do artigo antecedente; e, se a obra for estampada no estrangeiro, responderá como o editor o vendedor ou o expositor (art. 670);

(d) quem publicar qualquer manuscrito, sem permissão do autor ou de seus herdeiros ou representantes, será responsável por perdas e danos (art. 671); e

(e) o autor, ou proprietário, cuja obra se reproduzir, fraudulentamente, poderá, tanto que o saiba, requerer a apreensão dos exemplares reproduzidos, subsistindo-lhe o direito à indenização por perdas e danos, ainda que nenhum exemplar se encontre (art. 672).

15.3.2. A reparação de danos autorais previstos na Lei de 1973

Embora tenha, a Lei n. 5.988, de 14 de dezembro de 1973, inovado ao criar título específico para sanções[66], no tocante, diretamente, à reparação em face dos danos decorrentes da violação de direitos autorais, da mesma

---

66. Título VIII – Das Sanções à Violação dos Direitos de Autor e Direitos que lhes são Conexos – integrado por três Capítulos: Disposição Preliminar (I), Das Sanções Civis e Administrativas (II) e Da Prescrição (III).

613

Direito Autoral no Brasil | José Carlos Costa Netto

forma que havia sido tratada no Código Civil de 1916, a Lei de 73 regulou-a de forma incompleta – *em relação a todas as modalidades de utilização de obras que poderiam ser objeto de prática ilícita e à natureza dos direitos regulados (morais e patrimoniais)* – em dispositivos isolados, que destacamos:

(a) Norma Preliminar: as sanções civis não prejudicam as penais (art. 121);

(b) Quanto à violação de direitos patrimoniais de autor:

(b) 1 – a perda dos exemplares de obra literária, artística ou científica impressos sem autorização do autor, com o pagamento do "restante da edição pelo preço por que foi vendido, ou for avaliado", computando-se a edição como de dois mil exemplares na hipótese de não conhecimento do número de exemplares que constituem a "edição fraudulenta" (art. 122 e seu parágrafo único);

(b) 2 – a apreensão dos exemplares reproduzidos ou a suspensão da divulgação ou utilização da obra "fraudulentamente reproduzida, divulgada ou de qualquer forma utilizada", "sem prejuízo do direito à indenização de perdas e danos" (art. 123);

(b) 3 – as mesmas disposições supra (art. 122 e 123) são aplicáveis a execuções, interpretações, emissões e fonogramas protegidos transmitidos, retransmitidos, reproduzidos ou publicados, por qualquer meio ou processo, sem autorização (art. 125); e

(b) 4 – a interdição, mediante requerimento do "titular dos direitos patrimoniais de autor ou conexos" à autoridade policial competente, da representação, execução, transmissão ou retransmissão de obra intelectual, inclusive fonograma, sem autorização devida, bem como "a apreensão, para garantia de seus direitos, da receita bruta" (art. 127);

(c) Quanto à violação de direitos morais de autor[67]:

(c) 1 – a obrigação de divulgação do nome, pseudônimo ou sinal convencional de autor, intérprete ou executante, além de responsabilização por danos morais para quem, na utilização por qualquer meio ou processo de obra intelectual, deixar de indicá-los ou anunciá-los devidamente (art. 126)[68];

---

67. Previsão específica apenas para descumprimento de uma das seis modalidades de direitos morais de autor elencados pelo art. 25 da Lei de 73: ausência de indicação do nome do autor na utilização de sua obra (inciso II do referido dispositivo legal).

68. Esse dispositivo legal, além da responsabilização "por danos morais", elenca como sanção as três formas de divulgação obrigatórias para reparação do ilícito: Art. 126: a) em se tratando de empresa de radiodi-

15 | Danos autorais e sua reparação

(c) 2 – a aplicação de multa (*em um salário mínimo da região*) aos "artistas" que alterarem, suprimirem ou acrescentarem, nas representações ou execuções, palavras, frases ou cenas sem autorização, por escrito, do autor (art. 129)[69].

15.3.3. As regras reparatórias inseridas na Constituição Federal de 1988, na Lei Autoral de 1998 e no Código Civil de 2002 aplicáveis aos danos autorais

15.3.3.1. Aspectos da reparação de danos na Carta Magna de 1988

Dos princípios constitucionais passíveis de exercer, direta ou indiretamente, alguma influência em relação ao direito de autor, dois, elencados no art. 5º da Carta Magna de 1988, especificam obrigações reparatórias:

(a) é assegurado o direito de resposta, proporcional ao agravo, além da indenização por dano material, moral e à imagem (inciso V); e

(b) são invioláveis a intimidade, a vida privada, a honra e a imagem das pessoas, assegurado o direito de indenização pelo dano material ou moral decorrente de sua violação (inciso X).

Essa inclusão inédita de obrigações indenizatórias na esfera dos direitos e garantias fundamentais consagrou no plano mais elevado do direito positivo pátrio a construção jurisprudencial das últimas décadas.

A consignação expressa da responsabilidade não somente material mas, principalmente, de dano moral decorrente de ofensa à honra e imagem das pessoas aproveita o direito de autor, especialmente no que se refere à sua parcela de natureza moral, elencada entre os direitos de personalidade.

---

fusão, no mesmo horário em que tiver ocorrido a infração, por 3 (três) dias consecutivos; b) em se tratando da publicação gráfica ou fonográfica, mediante inclusão de errata nos exemplares ainda não distribuídos, sem prejuízo de comunicação, com destaque, por três vezes consecutivas, em jornal de grande circulação, do domicílio do autor, do editor ou do produtor; c) em se tratando de outra forma de utilização através da imprensa, na forma a que se refere a alínea anterior.

69. Previsão casuística que se insere no elenco legal dos direitos morais de autor (inciso IV, sobre a proteção da integridade da obra, e inciso V, modificação desta, ambos do art. 25 da Lei de 73). Respondem pela receita "recolhida ao Conselho Nacional de Direito Autoral" (órgão extinto) – o artista e o empresário do espetáculo, solidariamente – "se a infração se repetir depois que o autor notificar, por escrito, o artista e o empresário de sua proibição ou acréscimo, à supressão ou alteração verificados (parte final do art. 129 e seus §§ 1º e 2º). Note-se que a proteção a essa modalidade de direito moral de autor representou uma das primeiras preocupações no campo do direito de autor a resultar em iniciativa oficial (*vide* menção no Capítulo 3, do presente, relativo à Evolução Histórica da Matéria, à lei ateniense de 330 a. C. nesse sentido).

15.3.3.2. A reparação de danos nas Leis Autorais Brasileiras de 1998

Conforme já expusemos, em 19 de fevereiro de 1998 foram sancionadas, no Brasil, duas leis relativas a direito de autor: n. 9.609 e 9.610, atualmente vigentes. A primeira, integrada por 16 artigos, dispõe, especificamente, sobre proteção da propriedade intelectual de computador; a segunda tratou amplamente a matéria.

O regime de reparação de danos decorrentes de violações de direito autoral adotado pelo novo diploma autoral brasileiro reedita, em sua principal parte, o sistema de 1973. Nesse passo, abrindo o "Título VII" da lei com a denominação "Das Sanções às Violações dos Direitos Autorais", ressalva que as sanções civis previstas a seguir aplicam-se "sem prejuízo das penas cabíveis"[70].

No campo das violações a direitos patrimoniais de autor, estabelece o diploma regente as seguintes regras:

(a) que o titular cuja obra seja fraudulentamente reproduzida, divulgada ou de qualquer forma utilizada, poderá requerer a apreensão dos exemplares reproduzidos ou a suspensão da divulgação, "sem prejuízo da indenização cabível"[71];

(b) que quem editar obra literária, artística ou científica, sem autorização do titular, perderá para este os exemplares que se apreenderem e pagar-lhe-á o preço dos que tiver vendido e, não se conhecendo número de exemplares que se constituem a edição fraudulenta, pagará o transgressor o valor de três mil exemplares, além dos apreendidos[72];

(c) que quem vender, expuser a venda, ocultar, adquirir, distribuir, tiver em depósito ou utilizar obra ou fonograma reproduzidos com fraude, com a finalidade de vender, obter ganho, vantagem,

---

70. Art. 101 da Lei n. 9.610, de 19-2-1998, intitulado: "Disposição Preliminar", normas consignadas a seguir no Capítulo II ("Das Sanções Civis"). Essa regra já se encontrava no art. 121 da lei autoral anterior (5.988, de 14-12-1973).

71. Art. 102 da Lei n. 9.610/98. Tratava-se, praticamente, da reedição do art. 123 da Lei n. 5.988, com a diferença apenas em relação à expressão "sem prejuízo do direito à indenização de perdas e danos", que constava na lei anterior para: "sem prejuízo à indenização cabível" do texto atual.

72. Art. 103 e seu parágrafo único da lei autoral vigente. Reproduziu o art. 122 e o seu parágrafo único da Lei n. 5.988/73, alterando apenas as expressões "imprimir" e "autor", do seu *caput*, para "editar" e "titular", respectivamente, e modifica o seu final: "pagar-lhe-á o restante da edição ao preço porque for vendido, ou avaliado", passa para "pagar-lhe-á o preço dos que tiver vendido". Em relação ao parágrafo único, aumenta de "dois mil" exemplares para "três mil" (além dos apreendidos) a presunção para a edição fraudulenta cujo número de exemplares não seja conhecido.

15 | Danos autorais e sua reparação

proveito, lucro, direto ou indireto, para si ou para outrem, será solidariamente responsável com o contrafator, nos termos dos artigos precedentes, respondendo como contrafatores o importador e o distribuidor em caso de reprodução no exterior[73];

(d) que a transmissão e a retransmissão, por qualquer meio ou processo, e a comunicação ao público de obras artísticas, literárias e científicas, de interpretações e de fonogramas, realizadas mediante violação aos direitos de seus titulares, deverão ser imediatamente suspensas ou interrompidas pela autoridade judicial competente, sem prejuízo da multa diária pelo descumprimento e das demais indenizações cabíveis, independentemente das sanções penais aplicáveis; caso se comprove que o infrator é reincidente na violação aos direitos dos titulares de direitos de autor e conexos, o valor da multa poderá ser aumentado até o dobro[74];

(e) que a sentença condenatória poderá determinar a destruição de todos os exemplares ilícitos, bem como as matrizes, moldes, negativos e demais elementos utilizados para praticar o ilícito civil, assim como a perda de máquinas, equipamentos e insumos destinados a tal fim ou, servindo eles unicamente para o fim ilícito, sua destruição[75];

(f) que, independentemente da perda dos equipamentos utilizados, responderá por perdas e danos, nunca inferiores ao valor que resultaria da aplicação do disposto no art. 103 e seu parágrafo único[76], quem:

(1) alterar, suprimir, modificar ou inutilizar, de qualquer maneira, dispositivos técnicos introduzidos nos exemplares das obras e produções protegidas para evitar ou restringir sua cópia;

(2) alterar, suprimir ou inutilizar, de qualquer maneira, os sinais codificados destinados a restringir a comunicação ao público de obras, produções ou emissões protegidas ou a evitar a sua cópia;

---

73. Art. 104 da Lei de 1998, que traz, com algumas alterações, a regra de solidariedade na responsabilidade reparatória, que já constava da lei anterior (art. 124 da Lei n. 5.988/73). A responsabilidade solidária dos proprietários, diretores, gerentes, empresários e arrendatários de estabelecimentos que utilizem por representação ou execução pública obras intelectuais, com os organizadores dos espetáculos, estabelecida no art. 128 da lei anterior, também foi reeditada pela lei atual, em seu art. 110.

74. Art. 105 da Lei n. 9.610/98, que inova a lei autoral anterior.

75. Art. 106, que consiste inovação em relação à lei autoral anterior.

76. *Vide* item (b) anterior.

617

(3) suprimir ou alterar, sem autorização, qualquer informação sobre a gestão de direitos;

(4) distribuir, importar para distribuição, emitir, comunicar ou puser à disposição do público, sem autorização, obras, interpretações fixadas em fonogramas e emissões, sabendo que a informação sobre a gestão de direitos, sinais codificados e dispositivos técnicos foi suprimida ou alterada sem autorização[77]; e

(g) que a execução pública de obras intelectuais e fonogramas que desatenda à proteção autoral preceituada na lei "sujeitará os responsáveis à multa de vinte vezes o valor que deveria ser originariamente pago"[78].

Na esfera reparatória de danos decorrentes das violações aos direitos morais de autor foi, ainda, mais tímida a nova lei autoral brasileira, que se limitou a reproduzir, com poucas alterações, o art. 126, alíneas *a* a *c*, do texto legal de 1973, ao dispor, em seu art. 108, que quem, na utilização, por qualquer modalidade, de obra intelectual, deixar de indicar ou de anunciar, como tal, o nome, pseudônimo ou sinal convencional do autor e do intérprete, além de responder por danos morais, está obrigado a divulgar-lhes a identidade da seguinte forma:

I – tratando-se de empresa de radiodifusão, no mesmo horário em que tiver ocorrido a infração, por três dias consecutivos;

II – tratando-se de publicação gráfica ou fonográfica, mediante inclusão de errata nos exemplares ainda não distribuídos, sem prejuízo de comunicação, com destaque, por três vezes consecutivas, em jornal de grande circulação, dos domicílios do autor, do intérprete e do editor ou produtor; e

III – tratando-se de outra forma de utilização, por intermédio da imprensa, na forma a que se refere o inciso anterior.

---

77. Art. 107 e seus incisos I a IV, que inovam o regime legal anterior e visam atender a orientação internacional relativa à proteção do direito de autor em face das novas tecnologias, principalmente nos setores de informação e comunicação (Tratados de 1996 da OMPI – Organização Mundial da Propriedade Intelectual).

78. Art. 109 da Lei n. 9.610/98, que consiste em inovação importante em relação ao regime legal de reparação de danos anterior. A Lei n. 9.609, também de 19-2-1998, para a proteção da propriedade intelectual de programa de computador contém, também, capítulo específico (V) para infrações e penalidades, destacando-se, no plano de responsabilização reparatória o art. 14 e seu § 1º, que estabelecem a aplicação de "cominação de pena pecuniária" para o infrator, independentemente de ação penal, bem como a possibilidade de cumulação da ação de "perdas e danos pelos prejuízos decorrentes à infração" com as ações de "abstenção de prática de ato".

15.3.3.3. O regime de reparação de danos no Código Civil Brasileiro de 2002

Apesar de o Código Civil vigente, como já referimos, não dispor sobre direitos autorais, cabe, contudo, em face da relevância da promulgação recente do novo Código, após 86 anos sob a vigência do anterior, destacar algumas inovações importantes, de conteúdo genérico, com reflexos no regime de reparação de danos decorrentes de ilícito civis e que não deixam de repercutir no campo do direito de autor.

Dessas inovações relevantes em relação ao regime anterior destacamos as seguintes:

(a) a alteração do texto anterior do art. 159, que resultou no art. 186 do novo Código, que: substituiu a expressão "violar direito, ou causar prejuízo" por "violar direito e causar dano", condicionando, assim, o novo texto legal, diferentemente do substituído, à reparabilidade ao dano que tenha sido causado por ato ilícito;

(b) ampliação do conceito de ato ilícito para violação de direito (que causa dano a outrem) "ainda que exclusivamente moral[79];

(c) inclusão na caracterização como "ato ilícito" também do abuso de direito[80];

(d) estabelece a obrigatoriedade de reparação do dano causado por ato ilícito, inclusive independentemente de culpa nos casos previstos em lei, ou "quando a atividade normalmente desenvolvida pelo autor do dano implicar, por sua natureza, riscos para os direitos de outrem" (responsabilidade objetiva)[81];

(e) após reeditar a regra do Código Civil anterior de que a responsabilidade civil é independente da criminal, estabelece que "a indenização mede-se pela extensão do dano" e, se houver "excessiva desproporção entre a gravidade da culpa e o dano, poderá o juiz reduzir, equitativamente, a indenização"[82];

---

79. Art. 186, *in fine*, do Código Civil de 2002, dispositivo que abre o Título III ("Dos Atos Ilícitos") do Livro III ("Dos Fatos Jurídicos") da Parte Geral do Código.

80. Art. 187, que dispõe: "Também comete ato ilícito o titular de um direito que, ao exercê-lo, excede manifestamente os limites impostos pelo seu fim econômico ou social, pela boa-fé ou pelos bons costumes".

81. Art. 927 e seu parágrafo único, que abre o Capítulo I ("Da Obrigação de Indenização") do Título IX ("Da Responsabilidade Civil") do Livro I ("Das Obrigações") da Parte Especial do Código Civil de 2002. A responsabilidade objetiva é tratada, também, no art. 931: "Ressalvados outros casos previstos em lei especial, os empresários individuais e as empresas respondem independentemente de culpa pelos danos causados pelos produtos postos em circulação" e, ainda, no art. 933.

82. Arts. 935, dispositivo ainda integrante do Capítulo "Da Obrigação de Indenizar", e 944 e seu parágrafo único, que abrem o capítulo seguinte (II) do Código: "Da Indenização".

(f) estabelece, também, a regra da culpa concorrente: "se a vítima tiver concorrido culposamente para o evento danoso, a sua indenização será fixada tendo-se em conta a gravidade da sua culpa em confronto com a do autor do dano"[83];

(g) prevê que "na forma que a lei processual determinar" será apurado o valor das perdas e danos nas hipóteses de "obrigação indeterminada e não houver na lei ou no contrato disposição fixando a indenização devida pelo inadimplente"[84];

(h) consigna que, "havendo usurpação ou esbulho do alheio", além da "restituição da coisa", a indenização consistirá em pagar "o valor das suas deteriorações e o devido a título de lucros cessantes". Acrescenta dispondo que, "faltando a coisa, dever-se-á reembolsar o seu equivalente ao prejudicado"[85];

(i) o novo Código, na indenização por injúria, difamação ou calúnia dispõe, a exemplo do Código anterior (art. 1.547), que "consistirá na reparação do dano que deles resulte ao ofendido", inovando ao acrescentar que, se o ofendido "não puder provar o prejuízo material, caberá ao juiz fixar, equitativamente, o valor da indenização, na conformidade das circunstâncias do caso"[86], regra aplicável, também, conforme previsto no art. 954, à apuração indenizatória nas ofensas à liberdade pessoal: o cárcere privado, a prisão por queixa ou denúncia falsa e de má-fé e a prisão ilegal;

(j) finalmente, em relação aos direitos da personalidade, cabe destacar:
 – no plano genérico, a abertura da possibilidade de reivindicação, pelo ofendido, de "perdas e danos" em casos de infrações a direito de personalidade[87];

---

83. Art. 945.
84. Art. 946. O Código de Processo Civil vigente (instituído pela Lei n. 5.869, de 11-1-1973, retificada, adaptada, acrescentada e alterada por várias leis que se seguiram até a mais recente, n. 11.441, de 4-1-2007) regula a forma de apuração indenizatória, principalmente nos arts. 604 e 605 (apuração por mero "cálculo aritmético"), nos arts. 606 a 611, que tratam da liquidação de sentença por arbitramento "com nomeação de perito", que é a mais comumente adotada nas quantificações indenizatórias da área autoral, ou, também, por artigos (*quando, para determinação do valor indenizatório, houver necessidade de alegar e provar fato novo*).
85. Art. 952, cujo parágrafo único reedita textualmente dispositivo do Código Civil de 1916 (art. 1.543), ao dispor: "Para se restituir o equivalente, quando não exista a própria coisa, estimar-se-á ela pelo seu preço ordinário e pelo de afeição, contanto que este não se avantaje àquele".
86. Art. 953, que, apesar de se identificar, em seu conteúdo, com a regra de 1916, diferencia-se nos respectivos parágrafos únicos, pois o anterior, na hipótese de não comprovação de prejuízo material, estipulava o pagamento pelo ofensor do "dobro da multa no grau máximo da pena original respectiva". Ressalva-se, em complemento, a expressa inclusão no Código vigente da obrigação de reparação do dano, também, "ainda que exclusivamente moral" (art. 186).
87. Art. 12, integrante do Capítulo II ("Dos Direitos da Personalidade") do Título I ("Das Pessoas Naturais") do Livro I ("Das Pessoas") da Parte Geral do Código Civil de 2002.

15 | Danos autorais e sua reparação

– no plano específico:

Salvo se autorizadas, ou se necessárias à administração da justiça ou à manutenção da ordem pública, a divulgação de escritos, a transmissão da palavra, ou a publicação, a exposição ou a utilização da imagem de uma pessoa poderão ser proibidas, a seu requerimento e sem prejuízo da indenização que couber, se lhe atingirem a honra, a boa fama ou a respeitabilidade, ou se se destinarem a fins comerciais[88].

15.4. O DANO AUTORAL E SUA REPARAÇÃO

15.4.1. A harmonização – e distinção – entre o regime geral e o especial

O direito de autor, consagrado na Constituição Federal como o atributo exclusivo do autor de utilização de sua obra[89] e regulado pela Lei Federal n. 9.610, de 19 de fevereiro de 1998, harmoniza-se, quanto ao princípio de sua violação resultar na caracterização da obrigação de indenizar, com o Código Civil de 2002, especialmente seus arts. 186 e 927.

A proximidade, já no âmbito da nova realidade constitucional de 1988, da promulgação entre os dois diplomas legais – quatro anos – após 86 anos do Código Civil anterior (de 1916) e 25 anos da lei autoral precedente (de 1973) promove o ajuste no direito positivo entre o regime obrigacional genérico e específico a partir do início de vigência do novo Código Civil, em janeiro de 2003.

Contudo, há distinções relevantes entre o regime geral e o especial (*para o direito de autor*) no tocante a critérios reparatórios, que examinaremos no curso deste capítulo. Em tratamento preliminar, procuraremos localizar as identidades existentes entre esses dois sistemas indenizatórios.

Enfocando a matéria tanto no plano genérico obrigacional civil quanto no especial do direito de autor, chegaremos aos quatro pressupostos da responsabilidade civil, quais sejam: (a) a ação ou omissão do agente; (b) o seu dolo ou culpa; (c) a relação de causalidade; e (d) o dano. Alia-se a estes o requisito da violação de direito (caracterização do ato ilícito) para a exigibilidade reparatória.

---

88. Art. 20, integrante, também do Capítulo "Dos Direitos da Personalidade". Complementa, em seu parágrafo único: "Em se tratando de morto ou de ausente, são partes legítimas para requerer essa proteção o cônjuge, os ascendentes ou os descendentes."

89. Inciso XVII do art. 5º, dispositivo que elenca na condição de cláusulas pétreas constitucionais ("Direitos e Garantias Fundamentais") os "direitos e deveres individuais e coletivos".

621

15.4.2. Pressupostos clássicos da responsabilidade civil: culpa, relação de causalidade, violação de direito (prática do ato ilícito) e dano

Trataremos neste item dos três primeiros pressupostos referidos (*culpa, relação de causalidade e prática ilícita*) no plano genérico e deixaremos o exame do elemento "dano", sob a órbita da responsabilidade civil e do direito de autor, para o item 15.4.2.3. a seguir.

15.4.2.1. A culpa como condição à obrigatoriedade indenizatória

Tanto o Código Civil de 1916 (art. 159) quanto o atualmente vigente, de 2002 (art. 186), condicionam a intenção (ação ou omissão voluntária) do agente – *além da configuração da culpa, por negligência ou imprudência, da relação de causalidade e do dano* – à violação de direito.

Examinando, em primeiro plano, a configuração da culpa como elemento à caracterização da responsabilidade indenizatória[90], observa-se que o direito ultrapassou as fronteiras da teoria clássica da culpa ou responsabilidade subjetiva, que, segundo Washington de Barros Monteiro,

> pressupõe sempre a existência de culpa (*lato sensu*), abrangendo o dolo (pleno conhecimento do mal e direta intenção de o praticar) e a culpa (*stricto sensu*), violação de um dever que o agente podia conhecer e acatar. Desde que esses atos impliquem vulneração ao direito alheio, ou acarretem prejuízo a outrem, surge a obrigação de indenizar e pela qual civilmente responde o culpado[91].

Contudo, o pressuposto de apuração da culpa do agente para atribuição da consequente responsabilidade de reparar determinada lesão tem sido relativizado pela teoria do "risco criado", que pode gerar a responsabilidade dita objetiva. Leciona Álvaro Villaça Azevedo que, "com a evolução do conceito de responsabilidade, esta ampliou-se em seu significado,

---

90. Observa Álvaro Villaça Azevedo que o Código Civil Brasileiro (de 1916) "fundamenta a responsabilidade na culpa, em sentido amplo, que abrange a culpa em sentido estrito (todas as formas de negligência) e o dolo, que é a culpa grave, intencionalmente, dirigida à consecução do fim ilícito" (*Curso de direito civil*: teoria geral das obrigações. 4. ed. São Paulo: Revista dos Tribunais, 1987, p. 249).

91. MONTEIRO, Washington de Barros. *Curso de direito civil*. 32. ed. rev. e atual. por Ana Cristina de Barros Monteiro França Pinto. São Paulo: Saraiva, 2000, 5. v., p. 396. Sobre esse aspecto, ensina Villaça que, "para que se configure a culpa, genericamente considerada, indaga-se se o sujeito, autor do dano, agiu dolosa ou culposamente; prende-se esta indagação, diretamente, ao sujeito, daí ser conhecida pela doutrina por subjetiva a responsabilidade extracontratual, que resulte de uma ação ou omissão, lesiva a determinada pessoa" (ob. cit., p. 248).

15 | Danos autorais e sua reparação

abrangendo, também, a indenização de danos, sem existência de culpa, o que se constitui em verdadeiro risco, aos que, em face da lei, sujeitam-se a repará-los"[92]. Nesse contexto, Caio Mário conclui que

> a ordem jurídica deverá fixar dois tipos de responsabilidade civil: (a) a primeira fundada na culpa, caracterizada esta como um erro de conduta ou transgressão de uma regra predeterminada, seja de natureza contratual, seja extracontratual; (b) a segunda, com abstração da ideia de culpa, estabelecendo *ex lege* a obrigação de reparar o dano, desde que fique positivada a autoria de um comportamento, sem necessidade de se indagar se foi ou não contrário à predeterminação de uma norma.

Complementa, no entanto, o jurista, que a culpa deve consistir, mesmo ante as imposições advindas do progresso, na regra geral – de comando – da responsabilidade civil e que as exceções a essa regra não deverão prescindir de norma legal: "Não será sempre que a reparação do dano se abstrairá do conceito de culpa, porém quando o autorizar a ordem jurídica positiva"[93].

A viabilização da obrigação reparatória não será condicionada, assim, à vontade do autor em relação à omissão ou prática do ato que poderá resultar no fato gerador da responsabilidade, mas, sim, também, na sua escolha quanto à atividade que, embora possa estar perfeitamente afinada com a ordem legal, seja potencialmente causadora de danos.

Nessa linha, a lição de Barros Monteiro de que, para que se conceda a reparação, em princípio, é preciso que "o respectivo fato gerador seja moralmente imputável ao seu autor, isto é, que origine de sua vontade determinada ou de sua atividade consciente"[94].

15.4.2.2. O requisito da relação de causalidade

A respeito da relação de causalidade como pressuposto da reparação de danos, Antonio Chaves observa que

---

92. Ob. cit., p. 247. Sobre a convivência dos dois institutos, acrescenta o jurista: "Tanto o instituto jurídico da culpa como o do risco devem coexistir, para que se fortaleça a ideia de que a responsabilidade civil extracontratual, com ou sem culpa, deve ser a cidadela de ataque a todos os prejuízos, que se causam na sociedade" (ob. cit., p. 250).

93. PEREIRA, Caio Mário da Silva. *Instituições de direito civil*. 10. ed. Rio de Janeiro: Forense, 2001, v. 3, p. 367.

94. Ibid., p. 396. Pontes de Miranda, nesse sentido, pondera que a responsabilidade pela culpa é a regra; as outras espécies são exceções, sendo que a responsabilidade com a culpa presumida como que se senta nos dois terrenos. No fundo, os fatos lesivos culposos produzem responsabilidade; alguns fatos lesivos, não culposos, também a produzem (*Tratado de direito privado*: parte especial. 2. ed. Rio de Janeiro: Editor Borsoi, 1966. t. LII. v. 53, p. 124).

Direito Autoral no Brasil | José Carlos Costa Netto

sem a prova de relação de causa e efeito entre o ilícito cometido e o prejuízo sofrido pela vítima não há como exigir reparação. Mas o nexo de causalidade pode ser também indireto e mediato: quanto o fato voluntário e ilícito do homem não produz diretamente um dano, mas cria somente um evento, que por sua vez é causa do dano.

Destaca, também, o jurista que:

a imprescindibilidade da demonstração da existência desse elemento tem sido sempre admitida pelo Tribunal de Justiça de São Paulo, como se poderá verificar pelos seguintes exemplos colhidos na Revista dos Tribunais: Aos 08-11-1944, 158/153: "Nas ações de indenização por atos ilícitos, com fundamento no art. 159 do CC, não basta a prova de certos fatos, isolados, sendo necessário que entre eles e o efeito danoso de que se queixa o autor, exista um nexo de causalidade, provocada pela voluntariedade da ação ou omissão do réu". Aos 06-02-1953, 210/244: "Para que alguém seja responsável pelo ressarcimento de um dano, com fundamento no art. 159 CC, é mister que se prove haver a prática de um ato ilícito e o nexo de causa e efeito entre a ilicitude do ato e o dano". Aos 28-07-1955, 242/440: "Entre os elementos integrantes do ato ilícito, figura a relação de causa e efeito entre o ocorrido e o dano, como a culpa"[95].

De modo geral, relação de causalidade, segundo Silvio Neves Baptista, é o nexo material (objetivo ou externo) que liga dois fenômenos, em decorrência do qual um é causa e o outro é consequência do primeiro. Conclui:

Quando um fato subsiste por ter sido gerado por outro fato, diz-se que um é causa e o outro é efeito. No que respeita à teoria da responsabilidade civil, o nexo causal é a relação de causa e efeito entre o fato e o agente do dano, ou seja, o fato antecedente constitui a causa do efeito dano[96].

---

95. CHAVES, Antonio. *Tratado de direito civil*. São Paulo: Revista dos Tribunais, 1985. v. 3, p. 577. Em complemento ao relato jurisprudencial, consigna o jurista: "E o mesmo critério poderá ser rastreado em numerosíssimos outros casos, entre os quais os que se encontram no mesmo repertório, 33/499, 44/381, 48/263, 57/582, 58/410, 67/115, 75/506, 106/692, 115/692, 164/599,154/635, 166/613. O nexo causal é o elemento caracterizador do ato ilícito. Para se exigir de alguém a responsabilidade civil é imprescindível estabelecer a conexão causal entre o dano e o fato. Só se há a indenizar aquele dano que constitua uma consequência do fato que obriga a indenização. Ora, não basta a alegação do prejuízo para obter a indenização do dano; é mister a prova do nexo entre a omissão do réu e o prejuízo do autor (*RF* 188/225)" (op. cit., p. 580). Embora tenha o jurista se referido ao art. 159 do Código Civil anterior, sua observação continua atual, tendo em vista que não há alteração, nesse aspecto, em relação ao dispositivo vigente sobre a matéria – art. 186 do Código Civil de 2002.

96. *Teoria geral do dano*: de acordo com o novo Código Civil Brasileiro. São Paulo: Atlas, 2003, p. 66.

15 | Danos autorais e sua reparação

Na lição de Pontes de Miranda, a "questão de se saber se entre o ato ilícito e o dano existe *relação de causalidade* é questão de fato, sem que seja preciso provar-se a necessariedade dos efeitos". Complementa:

> Não se pode exigir do autor a prova do fato negativo de que o dano não se produziria sem o ato ilícito, ou que não poderia ser consequência de outras circunstâncias. É ao réu que incumbe alegar e provar que a relação de causalidade foi afastada, destruída, por fatos concomitantes, que tiraram ao ato qualquer caráter de danosidade[97].

15.4.2.3. A questão da violação de direito (prática de ato ilícito) como pressuposto à reparabilidade do dano

A regra do art. 159 do Código Civil anterior não condicionava a obrigação de reparar o dano à violação de direito: "Aquele que por ação ou omissão voluntária, negligência, ou imprudência, violar direito ou causar prejuízo a outrem, fica obrigado a reparar o dano". O diploma de 2002 substituiu a expressão "ou" por "e": "(...) violar direito e causar dano a outrem, (...)", condicionando, assim, a obrigação indenizatória à efetiva violação de direito.

A violação de direito como condição de reparabilidade do dano causado recebe a crítica de Silvio Rodrigues com base no art. 1.382 do Código Napoleônico, que estabelecia que "a reparação do dano não está condicionada à ilicitude do ato lesivo"[98].

Apesar da crítica, inegável o mérito do Código de 2002 ao atualizar as regras da responsabilidade civil, incluindo, expressamente, o dano moral (art. 186) como causa indenizável, e, também, consignar o abuso de direito no elenco dos atos ilícitos[99].

---

97. Ob. cit., p. 241. Observa, também, que: "É escusado procurar-se basear toda a responsabilidade por fatos ilícitos absolutos em causalidade (teoria da responsabilidade pela causalidade), ou em culpa (teoria da responsabilidade pela culpa), mesmo quando se adiciona àquela a exigência do interesse (*cuius commoda eis et incommoda*), ou a do perigo. A técnica legislativa resolveu, com atitudes inspiradas em exames *a posteriori*, os problemas que foram surgindo. Ora se atende ao elemento volitivo de quem há de ser responsável, ora à sua conduta, ora à atividade perigosa ou à dos seus dependentes, ora à situação mesma da coisa (cf. EMIL STEINBACH, Die Grundsatze des heutigen Rechtes uber den Ersatz und Vermogensschaden, 92), ora se invoca a equidade, ou a diferença de patrimônio (*richesse oblige*) e a necessidade de se reparar o dano, que é relativamente maior do que seria para o lesante (FEITH, Haftung ohne Versschulden im kommenden Recht, 40 s. e 50 s.)" (ob. cit., p. 207-208).

98. *Direito civil.* 12. ed. São Paulo: Saraiva, 1989, v. 4. p. 13.

99. Conforme o art. 187 do Código Civil vigente, que dispõe: "Também comete ato ilícito o titular de um direito que, ao exercê-lo, excede manifestamente os limites impostos pelo seu fim econômico e social, pela boa-fé ou pelos bons costumes".

Direito Autoral no Brasil | José Carlos Costa Netto

A teoria do abuso de direito, segundo o relato de Silvio Rodrigues, surgiu na jurisprudência para atender a uma preocupação de justiça, consistente em remediar aquelas situações em que alguém, agindo dentro dos limites objetivos de seu direito, causava dano a outrem. Prossegue o jurista ponderando que

> a muitos pareceu injusto que o prejuízo experimentado pela vítima ficasse irressarcido e que o agente causador do dano se alforriasse da obrigação de repará-lo, mediante a simples alegação de que atuava dentro do âmbito de seu direito... Assim, dentro do quadro de responsabilidade civil, aquele que causa dano a outrem pode ser compelido a repará-lo, não só quando age em desacordo com a lei, como também quando, atuando dentro dos quadrantes de seu direito subjetivo, desatende a finalidade social para a qual o mesmo foi concedido[100].

15.4.3. Danos de natureza autoral

15.4.3.1. Fundamento jurídico do dano autoral

15.4.3.1.1. Dano autoral: noções conceituais preliminares

Pondera Antonio Chaves que, na definição uniforme dos dicionários, dano é o mal que se faz a alguém. Prejuízo, deterioração de coisa alheia. Perda. Complementa: "Causar dano, já sentenciavam os romanos, é fazer o que não é permitido: *'damnum facere dicitur qui facit quid sibi non este permissum'*"[101].

No plano jurídico, observa Aguiar Dias que o dano que interessa ao estudo da responsabilidade civil é o que constitui requisito da obrigação de indenizar[102].

O dissenso doutrinário sobre o conceito de dano no direito moderno é examinado por Silvio Neves Baptista: "Para uns, consiste na lesão a qualquer interesse. Para outros, o dano não reside propriamente na lesão de um bem, porém na diminuição dos valores que dela deriva". Sua orientação é a de que o dano pode ser definido como o fato jurídico gerador da responsabilidade civil, em virtude do qual ordenamento atribui ao ofendido o direito de exigir a reparação, e ao ofensor a obrigação de repará-lo. Acrescenta: "é a lesão de um interesse juridicamente protegido, podendo

---

100. Ob. cit., p. 14.
101. *Tratado de direito civil*: responsabilidade civil. São Paulo: Revista dos Tribunais, 1985. v. VIII, p. 573.
102. *Da responsabilidade civil*. 3. ed. Rio de Janeiro: Edição Revista Forense, 1954. v. II, p. 706.

626

15 | Danos autorais e sua reparação

consistir na perda ou danificação de uma coisa, ou na ofensa a integridade física, moral ou psíquica de uma pessoa"[103].

No campo do direito de autor, essas noções se somam para conceituar o dano autoral como a lesão, de natureza moral ou patrimonial – ou mesmo que contenha conjuntamente essas duas vertentes –, sofrida pelo autor ou titular em virtude de violação ao seu direito autoral.

15.4.3.1.2. O dano autoral como pressuposto da responsabilidade reparatória

No entendimento do dano como pressuposto da responsabilidade reparatória aplicável à espécie, a trilha mais frequentemente adotada pela doutrina para a órbita genérica da responsabilidade civil é a que se encontra, por exemplo, Silvio Rodrigues, ao concluir que

> o ato do agente pode não ter infringido norma de ordem pública, não obstante, como seu procedimento causou dano a alguma pessoa, o causador do dano deve repará-lo. A reação da sociedade é representada pela indenização a ser exigida pela vítima do agente causador do dano. Todavia, como a matéria é de interesse apenas do prejudicado, se este se resignar a sofrer o prejuízo e se mantiver inerte, nenhuma consequência advirá para o agente causador do dano[104].

Nesse caminho, pertinente, também, a lição de Aguiar Dias ao ressaltar que o dano é, dos elementos necessários à configuração da responsabilidade civil, o que suscita menos controvérsia. Observa em complemento que

> a unanimidade dos autores é no sentido de que não pode haver responsabilidade sem a existência de um dano, e é verdadeiro truísmo sustentar esse princípio, porque, resultando a responsabilidade em obrigação de ressarcir, logicamente não pode concretizar-se onde nada há que reparar"[105].

Assim, no plano do direito de autor, como regra geral, a utilização da obra intelectual sem a autorização acarretará danos, de natureza moral e/ou

---

103. Destaca, em complemento, o jurista a distinção entre dano e fato lesivo (*que não se transforma em fato lesivo danoso*): "no sentido vulgar de prejuízo material ou moral sofrido por alguém, o fato lesivo é um fenômeno físico, psíquico ou social que pode ou não ser valorado pela ordem jurídica: pode transformar-se em hipótese normativa ou não ultrapassar o chamado mundo fático. Quando passa a integrar o suporte fático hipotético da norma, qualifica-se como 'fenômeno' jurídico, com a denominação de dano ou fato jurídico danoso" (ob. cit., p. 45).

104. Ob. cit., p. 5. A respeito, anota Villaça que a indenização só será devida se existir o dano e nem todo dano se indeniza. Exemplifica: "Se um indivíduo, por sua negligência, ocasiona um incêndio em sua casa, quem nela penetrar, quebrando uma porta, para salvar uma vida, não será obrigado à reparação desse dano. O perigo que se procurar remover adveio de culpa do dono do objeto danificado" (ob. cit., p. 248).

105. Ob. cit., p. 702.

Direito Autoral no Brasil | José Carlos Costa Netto

econômica, ao seu autor ou titular, gerando a consequente responsabilidade reparatória ao infrator.

15.4.3.2. O dano autoral e sua natureza moral e patrimonial

A partir da norma fundamental constitucional de que cabe ao autor o direito exclusivo de utilização de sua obra[106], a legislação federal regente, reeditando esse princípio[107], complementa a regra ao dispor que depende de prévia e expressa autorização do autor a utilização da obra por quaisquer modalidades e interpretando-se restritivamente os negócios jurídicos sobre os direitos autorais[108].

Não há, portanto, restrição legal de modalidades de utilização, devendo, portanto, integrar o campo de titularidade do autor qualquer tipo de uso, com ou sem fins lucrativos, incidente sobre sua obra, por exemplo, como destaca o nosso direito positivo, a reprodução parcial ou integral, a edição, a adaptação, o arranjo musical e quaisquer outras transformações, a tradução para qualquer idioma, a inclusão de fonograma em obra audiovisual, a distribuição, a representação, a execução, exibição ou exposição pública, a inclusão em base de dados, o armazenamento em computador, a microfilmagem e demais formas de arquivamento do gênero e "quaisquer outras modalidades de utilização existentes ou que venham a ser inventadas", que consistem, consequentemente, em múltiplas e diversificadas possibilidades de usos indevidos[109].

Nesse campo econômico de utilização da obra intelectual sofrerá o autor ou titular de direito autoral dano material em face do uso não autorizado da obra intelectual.

---

106. Conforme o inciso XXVII do art. 5º da Constituição Federal vigente.

107. Conforme o art. 28 da Lei n. 9.610, de 19-2-1998, que estabelece: "Cabe ao autor o direito exclusivo de utilizar, fruir e dispor da obra literária, artística ou científica" (dispositivo que se limitou a reproduzir o art. 29 da Lei anterior, n. 5.988, de 14-12-1973, apenas suprimindo o seu desfecho: "bem como o de autorizar sua utilização ou fruição por terceiros, no todo ou em parte").

108. Art. 4º da Lei n. 9.610/98.

109. Conforme o art. 29, I a X, da Lei n. 9.610/98. Em sua histórica monografia de 1952, *Proteção Internacional do Direito Autoral de Radiodifusão*, o renomado autoralista brasileiro, Antonio Chaves já consignava que "a dificuldade da avaliação pecuniária dos prejuízos diretos e indiretos é evidenciada pela diferença de critérios adotados pelas legislações: algumas recorrendo a uma avaliação fixa, impondo ao contrafator o reembolso do valor de determinado número de cópias, e quanto à representação, o sequestro do produto bruto do espetáculo – remédios empíricos e injustos. Outras leis, mais modernas, dão ao juiz o arbítrio de avaliar, solução essa realmente que, com todos os seus inconvenientes, ainda parece ser atualmente a melhor. Essa dificuldade identificada por Antonio Chaves decorre, em inúmeros casos, da multiplicidade de modalidades de violação de direito patrimonial de autor inerentes à diversidade de tipos existentes de utilização de obras intelectuais (São Paulo: Max Limonad, p. 545).

Na acepção clássica, ensina Villaça que, quando qualquer bem – *material ou imaterial* – sofre admoestação, por atitude nociva de outrem, no campo civil, procura-se saber qual a consequência econômica advinda. Prossegue: "Se o ataque se dirigir ao bem material, o dano será material, chamado pela doutrina de patrimonial; se ao bem imaterial, o dano será imaterial, cognominado moral"[110].

No âmbito do direito de autor, a exemplo da esfera ampla de abrangência da relações jurídicas pertinentes à responsabilidade civil, o dano pode ser classificado conforme sua extensão[111]. Nas palavras de Neves Baptista, se o dano consiste unicamente na ofensa contra a pessoa, na perda ou danificação de objeto, sem afetar a atividade do ofendido ou sua possibilidade de ganho, diz-se que o dano é emergente ou positivo – *damnun emergens*; se, além do dano emergente (material ou imaterial), a vítima deixar de ganhar ou de auferir vantagens em virtude do prejuízo, o dano será definido como cessante ou negativo – *lucrum cessans*[112].

A visão didática de Pontes de Miranda ao tratar da violação da propriedade aplica-se, à evidência, à propriedade intelectual em relação aos danos materiais que possam resultar da prática ilícita. Nesse sentido, comenta o jurista que, quando se fala em violação da propriedade, há elipse, porque ofendido é o direito de propriedade, a pretensão ou a ação, e não necessariamente o bem. A ofensa pode consistir em privação de algum direito, pretensão ou ação que se prende ao direito de propriedade, como pode resultar de lesão à coisa, ou ao seu uso, ou à sua fruição. Remata: "O objeto de direito de propriedade pode ser corpóreo ou incorpóreo. Tanto há danos ao direito de propriedade do edifício, ou de terreno, ou de caixas de livros, como ao direito de propriedade intelectual ou industrial"[113].

---

110. *Código Civil comentado*. São Paulo: Atlas, 2003. v. II, p. 357.

111. Conforme o art. 944 do Código Civil de 2002: "a indenização mede-se pela extensão do dano". Ressalve-se que, já sob o enfoque do direito de autor, como se verá a seguir, a apuração do dano sofrido – *e sua extensão* – e consequente imputabilidade reparatória do infrator independe de este ter ou não obtido, direta ou indiretamente, qualquer rendimento.

112. Ob. cit., p. 86. Antonio Chaves lembra que a expressão "perdas e danos", que se origina do latim, e foi conservada "com mais propriedade no CC francês, que no art. 1.146, emprega a expressão *dommages et intérêts*, perdas e interesses (*ou lucros*), abrangendo, a exemplo do que dispõe o art. 1.059 do Estatuto pátrio (*refere-se ao Código Civil de 1916*), além do que o credor efetivamente perdeu, o que razoavelmente deixou de lucrar, ressalvadas as exceções previstas" (ob. cit., p. 575).

113. Ob. cit., p. 247. Complementa: "Não importa se o bem é fungível, ou infungível, consumível ou inconsumível, inclusive se é suscetível de posse, ou se o não é. A indenização pode ser pedida, em vez da restituição, ainda que não se prove ou simplesmente se alegue que não pode ser restituída: o pedido ou é de restituir como estava, ou com as reparações, se houve deterioração, ou de indenização" (ob. cit., p. 248). Comenta ainda: "É erro reduzir-se todo o problema da liquidação dos danos a *quaestio facti*, como se não se tivesse de invocar regra jurídica, aqui e ali, para se obter o líquido reparativo. Está em A. AL-CIATUS que os jurisconsultos diziam que o que interesse está nos fatos, não no direito (*id quod interest*

15.4.3.2.1. Dano autoral patrimonial

Como já referimos, os direitos patrimoniais de autor baseiam-se nos atributos – exclusivos – do criador intelectual de utilizar, fruir e dispor de sua obra, bem como de autorizar sua utilização ou fruição por terceiros, no todo ou em parte[114]. Em face da insuficiência das duas modalidades clássicas – reprodução e representação[115] – para todas as possibilidades de "utilização" de obras intelectuais, mais apropriado seria considerar os direitos patrimoniais de autor em seu significado genérico: a faculdade do autor de autorizar, mediante a remuneração e condições que este estabeleça, a utilização de sua obra através de sua comunicação (distribuição ou transmissão) ao público por qualquer meio ou processo como reproduções, adaptações, representações, execuções por radiodifusão ou qualquer outra modalidade de utilização.

Destaquemos, para melhor explicitarmos essa diversidade de utilizações, seis possibilidades:

(a) a gravação ou fixação de obra intelectual ou de sua interpretação ou execução;

(b) a transcrição, sincronização e inclusão de obra intelectual em outra obra ou produto;

(c) a tradução ou adaptação;

(d) a extração de cópias por qualquer forma ou processo, para fins de venda, locação e outros usos;

(e) a representação ou execução, comunicadas diretamente ao público ("ao vivo"); e

(f) a execução ou distribuição através da comunicação indireta: por radiodifusão, por cabo, a transmissão por satélite e pelo sistema de computadores.

---

non iure, sed in facto consistere). Sempre foi assunto de pesquisas e de lutas, mesmo nos povos mais antigos, o problema da liquidação dos danos, principalmente dos danos oriundos de fatos ilícitos absolutos. Os critérios foram muitos e a cada momento se percebia que se estava a deixar ao juiz larga margem para a fixação, tanto mais quando vinham à tona casos de conversão pela imprestabilidade reparacional em natura. Ainda no tocante aos danos patrimoniais, teve-se a procurar princípio de equidade e preestabelecer critério para separar das questões de direito o que concernia a questões de fato. A cada instante, apareciam as dificuldades na determinação de volumes, pesos, composição química, finalidade e valores artísticos. Aqui, prevalecia o preço do mercado; acolá, o cômputo de renda, ou o simples valor estimativo pela antiguidade, ou pelo engrandecimento de quem pintou o quadro, ou esculpiu a estátua, ou lançou dedicatória no exemplar do livro. Os próprios peritos mostram-se, frequentemente, em plena discordância" (ob. cit., p. 252).

114. Art. 28 da Lei n. 9.610/98.

115. Modalidades advindas, principalmente, do regime jurídico francês a partir do final do Século XVIII.

15 | Danos autorais e sua reparação

Cada modalidade de utilização de obras intelectuais realizada sem autorização do titular do direito de autor consistirá uma violação que deverá ser tratada de forma distinta em relação à reparação de danos. Em cada caso, portanto, deverá ser analisada separadamente, levando-se em conta as regras econômicas aplicáveis àquela respectiva modalidade de uso.

Não há como negar as dificuldades que as novas modalidades de utilização (*reprografia, internet e outras novas tecnologias e estratégias de comunicação*) de obras intelectuais vêm causar ao efetivo controle de direitos autorais. A proteção legal, no entanto, permanece sólida, e sua implementação eficiente deverá demandar a criação de sistemas de controle adequados a esses novos meios e processos de uso desses bens, e as eventuais violações deverão ser objeto da adequada reparação, consideradas individualmente para cada modalidade de uso, além de outras sanções repressivas pertinentes.

Em síntese: nenhuma das vertentes de aproveitamento de obras intelectuais deverá ser desconsiderada na avaliação escorreita dos danos patrimoniais inerentes a cada modalidade de uso não autorizado pelo seu titular.

Os critérios de avaliação e respectiva reparação de danos autorais patrimoniais serão objeto de exame posterior, nesta obra, mas desde já, devem ser ressalvadas as limitações vigentes no nosso direito positivo em relação à aplicabilidade da proteção autoral, ou seja, o exercício do direito exclusivo do autor sobre diversas utilizações, com finalidade econômica ou não, da obra intelectual.

Essas utilizações de obra intelectual poderão resultar, portanto, na inversão dessa responsabilidade reparatória: nessas hipóteses de limitação ao exercício do direito de autor, quando o titular, no âmbito dessas exceções, insistir em reivindicar seu direito exclusivo, com consequências danosas ao usuário, não poderá ser descartada a aplicação do disposto no art. 187 do Código Civil vigente – *sobre a ilicitude do abuso de direito e a respectiva obrigação indenizatória* –, destacando-se, inclusive, a expressa sanção para os casos de promoções, pelo titular, de medidas restritivas em casos de utilização regular de programas de computador, quando requeridas por "má-fé ou por espírito de emulação", sujeitando-se o requerente, nos termos do § 5º do art. 14 da Lei n. 9.609, de 19 de fevereiro de 1998, à responsabilização por perdas e danos.

Finalmente, ainda no tocante à regulação especial para o direito de autor em programas de computador, cabe observar que a diretriz indenizatória do seu art. 14 (e § 1º) já tem sido objeto de enfoque jurisprudencial

631

Direito Autoral no Brasil | José Carlos Costa Netto

como, por exemplo, o acórdão de 2002 do Tribunal de Justiça do Distrito Federal e dos Territórios[116].

15.4.3.2.2. Dano autoral moral

Na orientação de Aguiar Dias, quando ao dano não correspondem as características do dano patrimonial, dizemos que estamos em presença do dano moral. Ressalva que

> a distinção, ao contrário do que parece, não decorre da natureza do direito, bem ou interesse lesado, mas do efeito da lesão, do caráter da sua repercussão sobre o lesado. De forma que tanto é possível ocorrer dano patrimonial em consequência de lesão a um bem não patrimonial como dano moral em resultado de ofensa a bem material[117].

A reparação da ofensa, em sua orientação clássica sob o aspecto patrimonial, consiste na recomposição do bem jurídico lesado. Anota Caio Mário que, nesse sentido, a finalidade da reparação *in integrum* é proporcionar à vítima um benefício em que esta "venha a encontrar-se numa situação tal como se o fato danoso não tivesse acontecido"[118].

Em 1913, há mais de cem anos, portanto, o Supremo Tribunal Federal já admitia o princípio da ressarcibilidade do dano moral: "Dano moral", sustentou vitoriosamente Pedro Lessa,

> não tem como expressão antitética o dano econômico; este é o que se pode sempre avaliar, reduzir à moeda, ao passo que o dano moral é o que não tem uma expressão econômica (...) Estão acordes todos os autores em reconhecer e confessar a dificuldade, a impossibilidade, se quiserem, de dar uma expressão econômica a valores morais... Mas ao mesmo tempo, na doutrina dos melhores escritores e da jurisprudência dos tribunais mais adiantados, afirma-se que é preciso reconhecer o direito sobre esses bens morais e a necessidade de obrigar os que violam tais

---

116. EMENTA: "Direito Civil e Processual Civil. Apelação Cível. Indenização por dano material e moral. Utilização indevida de programas de computador. Direitos Autorais. Inexistência de dano moral. Comprovação do dano material. Lei 9.069/98. Parcial provimento à unanimidade. I – Não havendo, nos autos, qualquer fato que comprove tenha sido atingida a honra ou a reputação da parte, decorrente da utilização de seu programa (*software*), não lhe será devida indenização por danos morais. II – Verificada, todavia, a utilização indevida, porquanto não autorizada, de programas de computador cuja titularidade exclusiva de direitos autorais pertence ao demandante, impõe-se a reparação pelos prejuízos materiais, na forma do § 2º do art. 4º da Lei 9.069/98. III – Recurso conhecido e parcialmente provido à unanimidade" (Tribunal de Justiça do Distrito Federal e dos Territórios 3ª Turma Cível, Apelação Cível 1999/0110699039APC/DF, acórdão de 2-5-2002, votação unânime, rel. Des. Wellington Medeiros).
117. Ob. cit., p. 720-721.
118. PEREIRA, Caio Mário da Silva. Ob. cit., p. 370.

632

15 | Danos autorais e sua reparação

direitos a um ressarcimento que é antes destinado ao fim de reconhecer e consagrar o direito do que a uma justa indenização[119].

A nossa Carta Magna de 1988 incorporou como verdadeira inovação na órbita constitucional a "indenização por dano moral" no elenco das garantias de direito individual (art. 5º): trata-se dos incisos V e X, que assegura a indenização por dano moral à imagem, o primeiro, e por dano moral à intimidade, à vida privada, à honra e à imagem das pessoas, o segundo. Anota Yussef Said Cahali que,

> mesmo antes da explicitação constitucional, já se permitia induzir das hipóteses ditas casuísticas e controvertidas, em que o CC (arts. 1.537, 1.538, 1.543, 1.547, 1.548, 1.549 e 1.550) e algumas leis especiais teriam preconizado a reparação do dano moral, já se permitia induzir (repita-se) do sistema jurídico brasileiro a existência em nosso direito do princípio geral da reparabilidade do dano moral[120].

Nesse caminho, e no contexto da definição de Wilson Mello da Silva, de que danos morais consistem em "lesões sofridas pelo sujeito físico ou pessoa natural de direito em seu patrimônio ideal, em contraposição a patrimônio material, o conjunto de tudo aquilo que não seja suscetível de valor econômico"[121], Silvio Rodrigues esclarece tratar-se o dano moral de "dano sem qualquer expressão patrimonial". Complementa seu raciocínio de distinção entre "dano material" e "dano moral" ponderando que, "se a injúria, assacada contra a vítima em artigo de jornal, provocou a queda de

---

119. Acórdão de 13-12-1913 (*RT*, v 8, p. 180), referido por Antonio Chaves (*Proteção internacional ao direito autoral de radiodifusão*. São Paulo: Max Limonad, 1952, p. 551).

120. CAHALI, Yussef Said. *Dano moral*. 2. ed. São Paulo: Revista dos Tribunais, 1999, p. 53. Complementa o jurista que a demonstração desse princípio geral de responsabilidade do dano moral se faz facilmente: "Assim, não bastasse o exato significado da garantia de ação à pretensão indenizatória do dano moral, consubstanciada no art. 76 do CC., visto anteriormente, tem-se que o art. 159 não faz nenhuma distinção (*ubi lex non distinguit nec nos distinguere debemos*) quanto a restringir a sua incidência aos danos exclusivamente patrimoniais diretos ou indiretos. Diferentemente do alemão e do italiano, o direito brasileiro não consigna qualquer regra jurídica que diga só ser indenizável o dano patrimonial. O fundamento legal para a indenização do dano moral está no art. 159 do CC e não no art. 767 do mesmo Código" (2ª Câmara do TJPE, 31-8-1977, Jurisprudência e Doutrina, 1978, n. 109, p. 32 – ob. cit., p. 53).

121. Transcrição de Silvio Rodrigues (ob. cit., p. 206) da antológica monografia *O dano moral e sua reparação* (Rio de Janeiro, 1955). Wilson Melo da Silva, em edição mais recente da mesma obra, orienta: "Com efeito: o Cód. Brasileiro de Telecomunicações (lei 4.117, de 27 de agosto de 1962), em seu art. 84, como já o vimos (n. 174, supra), é expresso ao determinar que: Na estimação do dano moral, o juiz terá em conta, notadamente, a posição social ou política do ofendido, a situação econômica do ofensor, a intensidade do ânimo de ofender, a gravidade e repercussão da ofensa. Tais regras, desde logo se diga, muito embora ditadas, especificamente, para os danos morais defluentes das calúnias, injúrias ou difamações perpetradas pela via singular da radiodifusão, não deixariam de valer, também, de modo amplo, para muitas das hipóteses de outros danos de natureza não econômica" (*O dano moral e sua reparação*. 3. ed. Rio de Janeiro: Forense, 1983, p. 668).

633

seu crédito e a diminuição de um ganho comercial, o prejuízo é patrimonial, e não meramente moral. Este ocorre quando se trata apenas da reparação da dor causada à vítima, sem reflexo em seu patrimônio"[122].

A exemplo da Carta Constitucional de 1988[123], o novo Código Civil inovou o regime anterior ao consignar expressamente em seu art. 186 (*equivalente ao 159 do diploma de 1916*) que a conceituação de ato ilícito engloba o dano, "ainda que exclusivamente moral".

Transcendendo do modelo tradicional da reparação e identificando um "processo de transformação da responsabilidade civil

> Clayton Reis aponta três fatores determinantes: "o primeiro, consistente na ampliação do sentido individual da reparação para uma função de caráter acentuadamente social, o segundo alicerçado no princípio da ampla reparação do prejuízo do lesionado, com a superação das dificuldades então existentes na indenização pelos danos extrapatrimoniais, e, finalmente, o terceiro, representado pela harmonização do processo indenizatório[124].

---

122. RODRIGUES, Silvio. Ob. cit., p. 206. A lição de José de Oliveira Ascensão é complementar, no sentido da desnecessidade de comprovação do dano moral, diferentemente do dano patrimonial: "De acordo com o que nos parece ser uma regra geral, o dano não patrimonial característico da violação de cada direito pessoal presume-se: não necessita de ser provado pelo titular do direito violado. O dano não patrimonial resultante da violação do direito à integridade da obra, por exemplo, é sempre presumido. Basta ao autor provar a violação do direito para poder exigir perdas e danos, cabendo ao réu o ônus de provar que naquele caso os danos não patrimoniais não se verificaram" (ob. cit., p. 545). A respeito, ainda, das características distintivas entre o dano moral e o patrimonial, observa Silvio Neves Baptista que, conforme o dano é patrimonial ou material quando atinge bens integrantes do patrimônio de uma pessoa, ou seja, bens materiais susceptíveis de apreciação econômica e, por exclusão, diz-se que o dano é extrapatrimonial ou moral quando a lesão agride bens imateriais. Acrescenta: "Alguns dividem o dano material em dano material direto, quando atinge imediatamente o patrimônio de uma pessoa, e dano material indireto, quando se verificam prejuízos de natureza patrimonial em decorrência de danos morais, ou seja, quando atingidos bens extrapatrimoniais, o dano gera repercussões de natureza patrimonial" (ob. cit., p. 78).
123. Incisos V ("indenização por dano material, moral ou à imagem", combinada com o direito de resposta relativa a ofensas difundidas publicamente), X ("indenização por dano material ou moral", decorrente da violação à intimidade, vida privada, a honra e imagem das pessoas) do seu art. 5º. Entende Álvaro Villaça Azevedo não ser taxativa a enumeração constitucional, considerando a norma tão ampla que, "praticamente, teve em mira abordar toda a violação à intimidade, à vida privada, quer dizer, aos direitos da personalidade, que se aninham na pessoa, como seu maior tesouro" (ob. cit., p. 358). A respeito da amplitude da expressão "danos morais", Pontes de Miranda comenta que esta "põe o adjetivo moral" em sentido largo, pois se refere a qualquer dano extrapatrimonial, e que "a crítica seria pertinente se o sistema jurídico contivesse discriminação entre os danos a interesses não patrimoniais, não econômicos (religiosos, morais, artísticos, políticos, jurídicos em senso sociológico, científicos). O objeto dos direitos inerentes à pessoa não são bens, mas elementos constitutivos ou irradiados da personalidade" (*Tratado de direito privado*: parte especial. 39. ed. Rio de Janeiro: Editor Borsoi, 1972. tomo LIV. v. 54, p. 284).
124. REIS, Clayton, Ob. cit., p. 44. Clayton Reis complementa que "essas mudanças foram decisivas na fixação de novos modelos, o mesmo ocorrendo em relação à crescente evolução da culpa subjetiva para a culpa presumida ou, praticamente, para uma modalidade de culpa próxima da objetiva". Acrescenta o seu entendimento de que "esse processo é o resultado do elevado grau de conscientização das pessoas,

15 | Danos autorais e sua reparação

Há várias décadas já defendia Pontes de Miranda a ressarcibilidade do dano não patrimonial, "a despeito de haver opiniões que reputam repugnantes à razão, ou ao sentimento, ressarcir-se em dinheiro o que consistiu em dano à honra, ou à integridade física". Acrescentou "que nada obsta a que se transfira ao lesado, com algum dano não patrimonial, a propriedade de bem patrimonial, para que se cubra com utilidade econômica o que se lesou na dimensão moral (= não patrimonial)", e concluiu que "se se nega a estimabilidade patrimonial do dano não patrimonial cai-se no absurdo da não indenizabilidade do dano não patrimonial; portanto, deixar-se-ia irressarcível o que precisaria ser indenizado"[125].

A divisão do dano moral é consignada por Tereza Ancona Lopez em três espécies: danos morais objetivos, dano moral subjetivo e dano moral à imagem social. Na lição da jurista, os primeiros (objetivos) "são aqueles que ofendem os direitos da pessoa tanto no seu aspecto privado, ou seja, nos seus direitos da personalidade (direito à integridade física, ao corpo, ao nome, à honra, ao segredo, à intimidade, à própria imagem), quanto ao seu aspecto público (como direito à vida, à liberdade, ao trabalho)", o segundo (subjetivo) é o *pretium doloris* propriamente dito e o último (imagem social) que entendemos consistir na depreciação da imagem da pessoa lesada no meio social[126].

Na fixação indenizatória dos danos morais, resta mais evidenciado na evolução jurisprudencial o acréscimo do caráter penalizador do ofensor ao ressarcitório em benefício do lesado. A respeito, Antonio Jeová Santos, ponderando sobre a discussão da natureza jurídica da indenização por dano moral, cita o entendimento de Zannoni de que

> a reparação do dano moral cumpre uma função corretiva ou sinalagmática, que conjuga ou sintetiza a natureza ressarcitória da indenização do

---

em decorrência da crescente disseminação do saber e das informações, que colocam o homem moderno em contato com a realidade local e mundial. Assim, é natural que ao verdadeiro sentido da responsabilidade incorpore-se um *modus vivendi* das pessoas no meio social, consubstanciado em comportamento compatível com aquele contido no *Mens legis*" (ob. cit., p. 45).

125. Ob. cit., p. 219. Acrescenta, em sequência, o jurista: "Mais contra a razão ou o sentimento seria ter-se como irressarcível o que tão fundo feriu o ser humano, que há de considerar o interesse moral e intelectual acima do interesse econômico, *porque se trata de ser humano*. A reparação pecuniária é um dos caminhos".

126. *O dano estético*: responsabilidade civil. 3. ed. São Paulo: Revista dos Tribunais, 2004, p. 28-29. Comenta a jurista – em fundamento que, embora originado do tema especificamente tratado em sua obra (*dano estético*), cabe, perfeitamente, no terreno das ofensas ao direito moral de autor (relativo à integridade da obra, cuja violação pode resultar em detrimento de sua imagem – *lato sensu*, seu desprestígio intelectual – como autor, perante o público) que o dano moral à imagem social deve ser considerado como um dos mais graves. Complementa: "Não há como negar a mudança de comportamento tanto do lesado quanto da sociedade a partir de determinado acontecimento que modificou a imagem que tinha anteriormente".

635

Direito Autoral no Brasil | José Carlos Costa Netto

dano moral para a vítima (entidade do bem jurídico lesionado, sua posição social, a reparação do agravo, em seu ser existencial, individual ou pessoal e também de relação intersubjetiva, etc.) e a natureza punitória ou sancionatória da reparação para o agente do dano (seu maior ou menor dever de prever as consequências do ato ilícito, sua situação econômica, o fator de atribuição de responsabilidade – dolo ou culpa, etc.)[127].

Na identificação da natureza moral de direito de autor, na lição de Pontes de Miranda, é da maior relevância distinguirem-se os direitos que a compõem e os direitos que se prendem à personalidade. Acrescenta que:

> No plano do direito das coisas não há lugar para se tratar de direito autoral de personalidade. Por isso frisamos que o direito autoral de personalidade tem conteúdo positivo e conteúdo negativo. O titular pode exercê-lo como entenda. Pode opor-se a que outrem pratique atos, positivos ou negativos, que o ofendam, inclusive que lhe neguem a existência[128].

Nesse contexto de direitos da personalidade, as violações de direito de autor que são consideradas próprias à produção de danos morais consistem nas sete modalidades estabelecidas na Lei n. 9.610/98, quais sejam os atributos inalienáveis e irrenunciáveis do autor de:

(a) reivindicar, a qualquer tempo, a paternidade da obra;

(b) ter seu nome, pseudônimo ou sinal convencional indicado ou anunciado como sendo o do autor, na utilização de sua obra;

(c) conservá-la inédita;

(d) assegurar-lhe a "integridade", opondo-se a quaisquer modificações, ou à prática de atos que, de qualquer forma, possam prejudicá-la, ou atingi-lo, como autor, em sua reputação ou honra;

(e) modificá-la, antes ou depois de utilizada;

(f) retirá-la de circulação ou de lhe suspender qualquer forma de utilização já autorizada;

(g) ter acesso a exemplar único ou raro da obra, quando se encontre legitimamente em poder de outrem, a fim de, por meio de processo fotográfico ou assemelhado, ou audiovisual, preservar sua memória, de forma que cause o menor inconveniente possível a

---

127. *Dano moral indenizável.* 4. ed. São Paulo: Revista dos Tribunais, 2003, p. 157.

128. Ob. cit., p. 80. No âmbito do novo regime constitucional brasileiro nos, ainda, dez anos antes da promulgação do Código Civil vigente, a jurista Silmara Juny de Abreu Chinellato publicava relevante artigo sobre a indenizabilidade decorrente da violação dos direitos de personalidade (Responsabilidade civil e direitos da personalidade. *Revista da Associação dos Advogados de São Paulo*, São Paulo, dez. 1992).

seu detentor, que, em todo o caso, será indenizado de qualquer dano ou prejuízo que lhe seja causado[129].

Consequentemente, as ofensas a tais atributos acarretarão danos morais ao autor lesado. Contudo, a única referência – das sete espécies destacadas – a "danos morais" contida no Capítulo "Sanções às Violações dos Direitos Autorais" é a relativa à omissão de indicação de autoria na utilização de obra intelectual[130].

Relevantes, a título de esclarecimento, as observações de Carlos A. Villalba e Delia Lipszyc sobre a distinção entre "o direito moral e dano moral". Segundo os juristas argentinos, é necessário diferenciar entre o ressarcimento por lesão ao direito moral do autor, que só pode demandar quem tem esta qualidade e seus cessionários, e a reparação do dano moral, que também corresponde a situações alheias ao direito de autor. Consideram que ambas reparações são procedentes relativamente ao autor que sofre uma lesão ao direito moral relativo à sua obra, porque a primeira visa a ressarci-lo pelos prejuízos causados pela transgressão de seu direito a que se respeite seu nome e a integridade de sua criação, já que, como se disse ao expor os caracteres do direito moral, este é extrapatrimonial porque não é estimável em dinheiro, mas produz consequências patrimoniais

---

129. Art. 24, I a VII. A possibilidade da cumulação reparatória dos danos morais e patrimoniais decorrentes de violação aos direitos de autor encontra-se pacificada na jurisprudência. Nesse sentido, por exemplo, o acórdão de 30-6-1992 do Superior Tribunal de Justiça, Terceira Turma (Recurso Especial 1991/0016265-5), que, por votação unânime, sendo relator o Ministro Nilson Neves, resultou na seguinte EMENTA: "Direito autoral (Lei 5.988/73). O autor de obra intelectual é titular de direitos morais e patrimoniais (art. 21). Depende de autorização qualquer forma de utilização de sua obra (art. 30). Ocorrendo ofensa a ambos os direitos, cumulam-se as indenizações. Caso em que se reconheceu, também, a lesão de direitos patrimoniais. Recurso especial, por isso conhecido e provido, em parte". Ainda do Superior Tribunal de Justiça, três relevantes decisões sobre reparação do direito moral de autor merecem destaque: a) Acórdão de 9-12-1997, votação unânime da Quarta Turma (Recurso Especial 1997/0078193-3, rel. Min. Ruy Rosado de Aguiar). EMENTA: "Direito do autor. Dano moral. Nome do autor da música. Divulgado o disco sem o nome de um dos autores da composição musical, tem o lesado direito de ser indenizado pela omissão. Art. 25, I, da Lei n. 5.988/73". b) Acórdão de 26-10-1999, votação unânime da Quarta Turma (Recurso Especial 1997/0014764-9, rel. Min. Sálvio de Figueiredo Teixeira). EMENTA: "Direito civil. Direito Autoral. Fotografia. Publicação sem autorização. Impossibilidade. Obra criada na constância do contrato de trabalho. Direito de cessão exclusivo do autor. Aplicação do hoje revogado art. 649, CC. Dano moral. Violação do direito. Parcela devida. Dano material. Prejuízo caracterizado. Apuração. Liquidação por arbitramento. Recurso acolhido". c) Acórdão de 26-2-2002, votação unânime da Quarta Turma (Recurso Especial 2001/0060582-6, rel. Min. Ruy Rosado de Aguiar). EMENTA: "Direito autoral. Dano moral. Ineditismo. Honorários. Nos termos do art. 25, III, da Lei n. 5.988/73, o autor de obra intelectual tem o direito de conservá-la inédita, e a ofensa a esse direito leva à indenização do dano moral sofrido. Recurso do autor conhecido e provido parcialmente, para deferir a indenização pelo dano moral. Recurso do réu julgado prejudicado".

130. Art. 108 da Lei n. 9.610/98, que estabeleceu a obrigação de "responder por danos morais" quem violar a regra de indicação de autoria na utilização de obra intelectual.

indiretas ou mediatas, por exemplo, a possibilidade de obter maiores ingressos em virtude do aumento do prestígio do autor e de sua obra pela difusão desta ligação ao nome de seu criador – seja em contratações normais ou bem quando se trata de fixar o ressarcimento por lesões a seus direitos. Complementam ressalvando que "o dano moral, tanto no campo do direito de autor como em todos os casos, consiste em lesão aos sentimentos que determina dor ou sofrimento psíquicos, inquietude espiritual ou agravos a suas afeições legítimas e, em geral, toda classe de sofrimentos insusceptíveis de apreciação pecuniária"[131].

Possivelmente, no contexto dessas regras tutelares dos direitos morais de autor, uma das questões mais importantes seja reprimir o uso depreciativo da obra intelectual, em todas as nuances que possa resultar. A respeito, a decisão do Superior Tribunal de Justiça que condenou uma galeria de arte a indenizar artista plástico pela realização de exposição de suas obras "em detrimento do respeito ao seu autor", com a seguinte conclusão:

> Embora não se possa negar ao adquirente de uma obra de arte, especialmente em se tratando de galeria de arte, o direito de expô-la, não se pode deixar sem proteção outros direitos decorrentes da produção artística ou intelectual, tais como o da titularidade da autoria e o da intangibilidade da obra. A teleologia da Lei n. 5.988/73, ao garantir a integridade da obra artística ou intelectual, veda a utilização desta em detrimento do respeito ao seu autor, ensejando reparação do dano causado[132].

Essa orientação, na verdade, confirmou a que já havia sido adotada pelo Tribunal de Justiça de São Paulo, exatamente, no mesmo caso, e o judicioso – e inovador – voto do Desembargador Luis de Macedo, relator do acórdão de 1º de dezembro de 1987, proferido na Apelação Cível 93.985-1, por votação unânime da sua Primeira Câmara Cível, que consignou:

> Dificilmente haverá quem possa negar ao adquirente, com efeito, especialmente se ele é uma empresa comumente denominada de "galeria de arte", o direito de expor obra adquirida, presume-se que a aquisição terá sido feita para venda a terceiro e essa só se faz possível com sua prévia exposição ao público. Trata-se de um comércio, como outro qualquer.
>
> No entanto, o mesmo Pontes de Miranda adverte que o parágrafo 25 somente se referiu ao que ele denomina de "direito de propriedade intelectual", não devendo entender-se hajam sido deixados sem proteção

---

131. *El derecho de autor en la Argentina*. Buenos Aires: La Ley, 2001, p. 294.
132. Ementa do acórdão proferido em 29-10-1991 no Recurso Especial 7.550/SP (91.000 1018-9), por votação unânime de sua Quarta Turma, rel. Min. Sálvio de Figueiredo Teixeira.

outros direitos ligados à criação intelectual, tais como o da titularidade da autoria, a intangibilidade da obra por alterações ou correções não consentidas e outros (cfr. ob. cit., pp. 547 e seguintes).

Entre esses outros direitos, que, no direito positivo, se encontram em parte enunciados no art. 25 da Lei n. 5.988/73, sob a denominação de "direitos morais de autor", se há de incluir sem dúvida o de exigir que só se promovam exposições de suas obras com seu consentimento. Não a exposição, portanto, de uma ou um grupo de obras com vistas à venda direta, como se faz com qualquer produto que possa ser comerciado. Mas, sim, exposição no sentido de mostra aberta ao público, em lugar apropriado, de pinturas, esculturas, gravuras, fotografias e obras congêneres, frequentemente com finalidade de venda – cfr. citado parecer do Prof. Antonio Chaves, fls. 65 – e sempre pede-se vênia para acrescentar, com colorido cultural. Nesse aspecto cultural da exposição, ou mostra, é que se insere em grande parte o direito do autor, que ele não transfere ao adquirente das obras, por isso que é um direito moral, inalienável e irrenunciável (art. 28 da Lei n. 5.988/73).

Assim é que a ré não tinha o direito, absolutamente, de utilizar-se, na capa do catálogo da exposição, da assinatura que o artista demandante apõe em seus quadros (cfr. alto de fls. 35). E tampouco de inscrever, logo abaixo, a data "84", como a indicar, entre outras possíveis interpretações por parte do público, que se trata de uma exposição anual, ou de obras daquele período ou fase de produção artística do pintor.

Ainda que, pelo seu conteúdo, se verifique no próprio catálogo que as obras expostas são de período muito mais longo, a opção pela capa tal qual produzida está a revelar, no mínimo, desencontro entre o título e o acervo da mostra. Ainda, a prova deixou claro que alguns quadros não tinham seus nomes gravados, ao menos na parte da frente das obras, optando o expositor por denominações próprias, ou que estavam lançadas no verso dos quadros, em evidente e indevida interferência na identidade das peças. Igualmente, não há dúvida de que um tríptico foi desmembrado (fls. 38).

Ora, todos esses fatos são afrontas aos direitos morais do autor, verdadeiros desvirtuamentos de sua obra, que ninguém, se não ele próprio, poderia autorizar. De resto, ainda que não configuradas tais afrontas, a mostra não poderia ter sido patrocinada pela ré sem autorização do artista, numa demonstração cultural que implica avaliações sobre a obra no seu conjunto e naquilo que, com a venda pura e simples das telas, não obstante o artista, até por força da lei, reservou para si, como integrante de seu patrimônio, de forma, como já se frisou, permanente e inalienável.

639

Direito Autoral no Brasil | José Carlos Costa Netto

Assim, como demonstra com nitidez o aresto citado, repousa na lúcida construção jurisprudencial de exame cuidadoso das peculiaridades do caso concreto – *aliada da melhor orientação doutrinária e das normas já incorporadas ao direito positivo pátrio* – a evolução efetiva da tutela da personalidade do autor em todas as nuances inerentes à utilização de sua criação intelectual.

É relevante que se destaque, contudo, que essa trilha evolutiva reparatória tem ingressado pelo campo da violação ao direito moral de autor, mesmo independentemente à relativa ao direito patrimonial. Exemplar nessa linha o acórdão do Superior Tribunal de Justiça (*Segunda Turma, por maioria de votos, relator com voto vencedor o Ministro Helio Mosinann*) que reformou decisão, sobre as consequências indenizatórias da destruição de obra de arte, do Tribunal de Justiça de Minas Gerais (Primeira Câmara Cível), cuja ementa consignou:

> São invioláveis a honra e a imagem das pessoas, assegurado o direito à indenização pelo dano material ou moral consequente à sua violação. Não se paga a dor, tendo a prestação pecuniária função meramente satisfatória. Assim, como o detrimento de bens materiais ocasiona prejuízo patrimonial, "a agressão aos bens imateriais configura prejuízo moral". Uma vez incontroversa a existência do dano e admitida a sua responsabilidade, decorre daí ser o mesmo indenizável, não pelo simples decurso do tempo, comprovada destruição da obra de arte, que é a projeção da personalidade do autor[133].

---

133. Acórdão proferido em 28-9-1994, no Recurso Especial 37.374-3 por maioria de votos da Segunda Turma do STJ, relator (*com voto vencedor*) o Ministro Hélio Mosimann (*DJU* 24-10-1994). Em seu judicioso voto, o Ministro Relator consignou: "Estimo absolutamente inaceitável a tese do acórdão recorrido, de que os danos morais porque manda a lei que o infrator responda devem ser provados pelo autor. Mais do que isso, o Tribunal de Justiça parece haver reputado necessária a prova tópica dos reflexos patrimoniais decorrentes, para o autor, do desprezo de sua qualidade – o que, *data venia*, representa um conceito abstruso e contaminado de dano moral. Este não comporta prova individualizada – e muito menos reclama reflexos patrimoniais vestibularmente contabilizados em juízo". De outra parte, o MP do Estado de Minas Gerais, em magnífico parecer da lavra do Dr. Alexandre Victor de Carvalho, opinou pela "procedência do pedido na peça preludial, ficando a extensão do dano moral para ser quantificada na liquidação". Eis os fundamentos em que se apresenta lastreado (fls.): "Compulsando os autos, com minudência e percuciência, observa-se, iniludivelmente, que a autora tentou impedir, administrativa e judicialmente – por meio da notificação ao Presidente da Câmara (fls. 23-26) – que a sua obra de arte sofresse prejuízo, fosse denegrida em sua estética, amparando, assim, sua reputação, sua honra. Inobstante todas as tentativas efetuadas, o que se viu foi um atentado à requerente e sua obra, não diligenciando o réu com o respeito devido à autora. Feriu, com seu ato irresponsável, o direito à integridade da criação intelectual, um dos elementos do direito moral do autor. É de se frisar, tão somente para esclarecer, que a alienação do *corpus mechanicum* transmite ao adquirente o direito de reproduzi-la ou de expô-la ao público, jamais o de atingi-la em sua integridade. Comprovada a violação a um direito moral da autora, cabível é a indenização por dano moral" (LINS, Paulo Sérgio da C. (org.). *Direito autoral.* 2. ed. Rio de Janeiro: Esplanada: ADCOAS, 1997, p. 79 (Série Jurisprudência).

15 | Danos autorais e sua reparação

A questão da responsabilidade do dano moral aplicada à esfera do direito de autor é examinada por Antonio Chaves em sua obra de 1952, já referida, em que o jurista concluiu:

> Pode-se deduzir, como média das opiniões expostas, que os prejuízos morais são sempre considerados mistos. A conclusão tem particular importância no tocante ao direito autoral. Na realidade, os prejuízos à fama e à reputação do autor ou compositor, até mesmo, como salienta a doutrina, ofensas aos seus sentimentos e às suas condições de paz e de tranquilidade psíquica, refletem-se necessariamente sobre o sucesso das suas obras, quando não sobre a sua potencialidade criadora, acarretando assim indiscutíveis prejuízos ao seu patrimônio[134].

15.5. CRITÉRIOS DE REPARAÇÃO DE DANOS AUTORAIS

15.5.1. A distinção entre a sanção penal e civil

Fundada na infração a um dever por parte do agente a responsabilidade deste pode recair tanto na órbita do direito penal como na do civil, sendo, no primeiro caso, consoante a orientação de Silvio Rodrigues, indiferente para a sociedade a existência ou não de prejuízo experimentado pela vítima[135].

Na lição de Paulo José da Costa Jr., toda norma jurídica se compõe de dois elementos, o primário que é o "preceito" e o secundário, a "sanção", complementando: "nem sempre porém a sanção imporá sua medida coativa, a não ser no campo penal"[136].

A grande diferenciação da natureza da ofensa, para ser considerada crime, ainda na lição do mesmo jurista, um dos mais renomados de nossos civilistas, consiste na infração de uma norma de direito público e consequente perturbação da ordem social. No quadro das consequências, a sanção a ser sofrida pelo infrator se insere na pena restritiva da liberdade física do agente (*no campo penal*), diferentemente, com duas notórias exceções (*descumprimento de prestação alimentícia e depósito infiel*) do que ocorre na responsabilização civil (*contratual e extracontratual*), em que a restrição não abrange o aprisionamento do infrator mas, sim, sanções restritivas de determinados atos e reparação, que deverá arcar em favor da vítima, de caráter econômico.

---

134. *Proteção Internacional do direito autoral de radiodifusão*. São Paulo: Max Limonad, 1952, p. 555.
135. Ob. cit., p. 5.
136. Ob. cit., p. 138.

641

As violações ao direito de autor, no campo penal, foram tratadas na recentíssima Lei n. 10.695, de 1º de julho de 2003, que

> altera e acresce parágrafo ao art. 184 e dá nova redação ao art. 186 do Decreto-Lei n. 2.848, de 7 de dezembro de 1940 – Código Penal, alterado pelas Leis n. 6.895, de 17 de dezembro de 1980, e 8.635, de 16 de março de 1993, revoga o art. 185 do Decreto-Lei n. 2.848 de 1940, e acrescenta dispositivos ao Decreto-Lei n. 3.689, de 3 de outubro de 1941 – Código de Processo Penal.

Os arts. 184 e 186, na versão originária do Código Penal, já haviam sofrido alterações (Leis n. 6.800, de 25-6-1980, e 8.635, de 16-3-1993), especialmente para especificar a proteção, além da "obra intelectual" em sua acepção genérica, também do "fonograma" (que, conforme a definição contida no inciso IX do art. 5º da Lei n. 9.610/98, consiste "toda fixação de sons de uma execução ou interpretação ou de outros sons, ou de uma representação de sons que não seja uma fixação incluída em uma obra audiovisual"), tipificando a ação delituosa de reproduzi-los "sem autorização do produtor ou de quem o represente" (Lei n. 6.800/80) e, posteriormente (Lei n. 8.635/93), incluindo, além da "reprodução", também o "aluguel", o "empréstimo" e a "troca", com intuito de lucro, de obra intelectual ou fonograma, produzidos com violação de direito autoral, como ilícito penal.

Em decorrência do notório elevado crescimento da pirataria, especialmente no campo fonográfico, a nova lei, de 2003, embora não esteja imune à crítica, deve ser entendida como mais uma etapa na busca do aprimoramento legislativo para a indispensável repressão da condenável prática de violação dos direitos de autor e os que lhes são conexos, em virtude de ter aumentado de 01 (um) para 02 (dois) anos a pena mínima de reclusão aos infratores (mantendo a pena máxima em quatro anos de reclusão) "se a violação consistir em reprodução total ou parcial, com intuito de lucro direto ou indireto, por qualquer meio ou processo, de obra intelectual, interpretação, execução ou fonograma, sem autorização expressa do autor, do artista intérprete ou executante, do produtor, conforme o caso, ou de quem os represente" (§ 1º do art. 184), na mesma pena incorrendo "quem, com o intuito de lucro direto ou indireto, distribui, vende, expõe à venda, aluga, introduz no pais, adquire, oculta, tem em depósito, original ou cópia de obra intelectual ou fonograma reproduzido com violação do direito do autor, do direito do artista intérprete ou executante ou do direito do produtor de fonograma, ou, ainda, aluga original ou cópia de obra intelectual

642

15 | Danos autorais e sua reparação

ou fonograma, sem a expressa autorização dos titulares dos direitos ou de quem os represente" (§ 2º do art. 184). Em ambos os casos será adotada a ação penal pública incondicionada (inciso II do art. 186).

Inovação relevante é inserida no mesmo dispositivo legal ao tipificar, em seu parágrafo terceiro, como ilícito penal, também o "oferecimento ao público, mediante cabo, fibra ótica, satélite, ondas ou qualquer outro sistema que permita ao usuário realizar a seleção da obra ou produção para recebê-la em um tempo e lugar previamente determinado, por quem formula a demanda, com intuito de lucro direto ou indireto, sem a autorização expressa, conforme o caso, do autor, do artista intérprete ou executante, do produtor de fonograma, ou de quem o represente". A pena é a mesma (reclusão de dois a quatro anos) com a diferença da adoção da ação penal pública condicionada à representação.

Embora se caracterize ilícito autoral de natureza civil, e, assim, possa estar enquadrada na tipificação genérica, do *caput* do art. 184 do Código Penal vigente a nova lei penal, de 2003, ameniza, entre os delitos de reprodução não autorizada de obra intelectual "a cópia de obra intelectual ou fonograma, em um só exemplar, para uso privado do copista, sem intuito de lucro direto ou indireto (§ 4º do art. 184)". A Lei autoral vigente somente permite, nessas mesmas condições, a cópia de "pequenos trechos" (art. 46, II, da Lei n. 9.610/98).

15.5.2. Modalidades de sanções civis: a relevância da reparação de danos como sanção fundamental no direito de autor

No plano das sanções civis, Antonio Chaves ensina que as medidas ao alcance do autor são de três ordens: as preventivas, como o interdito proibitório, o registro, o depósito, a aprovação de programas; as preparatórias e conservatórias, como a busca e a apreensão, a interdição de espetáculos, o exame de escrituração; e, finalmente, as reparatórias; inserção do verdadeiro nome do autor, quando postergado, a adjudicação à parte lesada ou destruição dos exemplares imprestáveis da contrafação da sua obra e a ação de perdas e danos[137].

---

137. Direito de autor. *Revista dos Tribunais*, n. 387, seção "Consulta e Pareceres", p. 48. Observamos, apenas, que, apesar de posições doutrinárias conflitantes, hoje é pacífica a orientação jurisprudencial de ser inaplicável interdito proibitório nas questões de direito de autor. Nesse sentido a Súmula 228, de 8-10-1999, do Superior Tribunal de Justiça: "É inadmissível o interdito proibitório para a proteção do direito autoral".

643

15.5.2.1. Sanções civis não pecuniárias

Nesse caminho, sempre ressalvando a incidência indenizatória cabível, a legislação autoral em vigor elenca as seguintes sanções:

(a) a apreensão dos exemplares de obra fraudulentamente reproduzida, divulgada (*neste caso a sanção é de suspensão*) ou de qualquer forma utilizada;

(b) a perda, para quem editar obra literária, artística ou científica, sem autorização do titular, em favor deste, e pagamento dos exemplares que se apreenderem pelo preço dos que tiver vendido e, não se conhecendo número de exemplares que se constituem a edição fraudulenta, pagará o transgressor o valor de três mil exemplares aprendidos;

(c) a imediata suspensão ou interrupção pela autoridade judicial competente (*sem prejuízo da multa diária pelo descumprimento*) da transmissão e a retransmissão, por qualquer meio ou processo, e a comunicação ao público de obras artísticas, literárias e científicas, de interpretações e de fonogramas, realizadas mediante violação aos direitos de seus titulares (*caso se comprove que o infrator é reincidente na violação aos direitos dos titulares de direitos de autor e conexos, o valor da multa poderá ser aumentado até o dobro*);

(d) a destruição de todos os exemplares ilícitos, bem como as matrizes, moldes, negativos e demais elementos utilizados para praticar o ilícito civil, assim como a perda de máquinas, equipamentos e insumos destinados a tal fim ou, servindo eles unicamente para o fim ilícito, sua destruição, sanção aplicável, também para quem: alterar, suprimir, modificar ou inutilizar, de qualquer maneira, dispositivos técnicos introduzidos nos exemplares das obras e produções protegidas para evitar ou restringir sua cópia ou os sinais codificados destinados a restringir a comunicação ao público de obras, produções ou omissões protegidas ou a evitar a sua cópia, sanção aplicável, também, na supressão ou alteração não autorizada de qualquer informação sobre a gestão de direitos, e, ainda, para quem distribuir, importar para distribuição, emitir, comunicar ou puser à disposição do público, sem autorização, obras, interpretações fixadas em fonogramas e emissões, sendo que a informação sobre a gestão de direitos, sinais codificados e dispositivos técnicos foram suprimidos ou alterados sem autorização;

15 | Danos autorais e sua reparação

(e) na utilização, por qualquer modalidade, de obra intelectual, em que o usuário deixar de indicar ou de anunciar, como tal, o nome, pseudônimo ou sinal convencional do autor e do intérprete, está obrigado a divulgar-lhes a identidade da seguinte forma: tratando-se de empresa de radiodifusão, no mesmo horário em que tiver ocorrido a infração, por três dias consecutivos; tratando-se de publicação gráfica ou fonográfica, mediante inclusão de oferta nos exemplares ainda não distribuídos, sem prejuízo de comunicação com destaque por três vezes consecutivos, em jornal de grande circulação, dos domicílios do autor, do intérprete e do editor ou produtor, e tratando-se de outra forma de utilização, por intermédio da imprensa, na forma a que se refere o inciso anterior[138].

15.5.2.2. Sanções civis pecuniárias (reparatórias e punitivas) e sua relevância para a efetividade da proteção do direito de autor

A reparação, no contexto amplo da responsabilidade civil, é inserida na regra geral de que "a indenização mede-se pela extensão do dano"[139] deve consistir, também, no escopo para a indenizabilidade dos danos decorrentes das violações a direitos autorais.

A partir desse princípio, no entanto, o direito de autor, mesmo no âmbito das sanções de direito civil, dispõe – *em sua regulação regente Lei n. 9.610/98* –, além de várias indicações de sanções indenizatórias (arts. 102, 104, 105, 107, 108 e 110), também normas de caráter punitivo pecuniário:

---

138. Conforme os artigos integrantes do Capítulo "Sanções Civis" (arts. 102 e 110) da Lei n. 9.610/98.

139. Art. 944 do Código Civil de 2002. O seu parágrafo único ressalva que, "se houver excessiva desproporção entre a gravidade da culpa e o dano, poderá o juiz reduzir, equitativamente, a *indenização*". A respeito desse dispositivo, Antonio Jeová Santos observa que esse processo de aplicação da equidade ao caso singular adquire importante relevo quando existe uma norma, em princípio justa, mas que não se adapta àquele caso concreto, porque, se fosse aplicada, o resultado seria írrito e injusto. O resultado seria aquele que não querido pelo legislador, caso o juiz aplique a norma em sua estrita literalidade. Cita Brebbia (*Responsabilidad por daños en el tercer milenio*, p. 46) para ressaltar que nesse processo de aplicação da norma ao caso singular, a equidade atua com controle preventivo desse eventual resultado do litígio, em vista de sua função ordenadora encaminhada a conseguir uma decisão justa, obrigando o juiz a examinar se a subsunção do caso ao preceito legal obedece a um erro de qualificação resultante de uma interpretação isolada e literal da norma que se imaginou aplicável, em princípio e, em aberto desacordo com os princípios gerais que regem o instituto jurídico que corresponda à relação jurídica controvertida. Complementa: "a função da equidade é assegurar o valor justiça. O legislador dota o juiz de poderes mais amplos para, em sua faculdade discricional ampliada, encontrar a justiça do caso que, não necessariamente coincide com a justiça da lei abstrata. Isso não significa que em nome da equidade, possa o juiz derrogar a lei ou negar vigência a dispositivo legal. Nem deve aplicar a equidade de forma indiscriminada, mas somente nos casos em que a lei, especificamente, autoriza a função ordenadora da equidade" (ob. cit., p. 194-195).

645

(a) a reversão, para o autor, do produto da violação ao seu direito (*a perda – pelo infrator em benefício do autor – dos exemplares ilícitos apreendidos, além do pagamento ao autor do preço dos exemplares vendidos*), sendo que, não se conhecendo esse número, "pagará o transgressor o valor de três mil exemplares, além dos apreendidos (art. 103 e seu parágrafo único)[140];

(b) multa diária e "demais indenizações cabíveis", independentemente das sanções penas aplicáveis, além do aumento, em caso de reincidência, até o dobro do valor da multa (para as hipóteses de transmissão e retransmissão e comunicação ao público de obras artísticas literárias e científicas de interpretação e de fonogramas realizados com violação de direito autoral (art. 105); e

(c) multa equivalente a vinte vezes o valor que deveria ser originariamente pago pela execução pública de obras musicais, interpretações, fonogramas e obras audiovisuais, se realizada sem autorização dos titulares (art. 109).

Consequentemente, é interessante se constatar que a regra legal de direito de autor vigente estabelece, para infrações de natureza patrimonial, hipótese de incidência de indenização de nítido conteúdo tanto ressarcitório ao autor quanto punitivo ao infrator, que, normalmente, são previstas apenas para as hipótese de reparação de dano exclusivamente morais.

Resta indubitável a efetiva relevância dessa orientação legislativa que, somada aos avanços dos preceitos e decisões reparatórias por danos morais, indicam um caminho evolutivo no desenvolvimento da proteção ao direito de autor.

15.5.2.3. O duplo caráter indenizatório das violações

15.5.2.3.1. Assimilação no âmbito reparatório das teorias da "pena civil", dos "danos punitivos", do "valor do desestímulo" e do "enriquecimento ilícito"

Examinando a lei autoral brasileira, mesmo ainda a anteriormente vigente (n. 5.988/73), já indicava o renomado jurista português José de Oliveira Ascensão a opção do sistema de penas civis pelo nosso direito

---

140. A diretriz punitiva desse dispositivo decorre do fato de o direito de autor corresponder, usualmente, a 10% do produto da comercialização dos exemplares e não à sua totalidade. A punição representa, assim, a multiplicação por dez do valor a que o autor normalmente faria jus como resultado da comercialização regular da sua obra.

15 | Danos autorais e sua reparação

positivo. Segundo a lição de Ascensão, as "As penas não são unicamente criminais. Há penas disciplinares; e há também penas civis. A finalidade é sempre reagir contra uma infração, impondo ao transgressor um castigo que contém implícita uma reprovação". Exemplifica: "É o que acontece na indignidade sucessória; a sanção tem o caráter de pena. Não pretende reparar, compelir, prevenir ou obter qualquer finalidade de outra categoria de sanções, mas simplesmente punir". E prossegue:

> Também aqui há uma pena civil (*refere-se à sanção estabelecida nos arts. 122 a 126 da Lei n. 5.988/73*.) A lei, na preocupação protecionista do autor, quer castigar de maneira exemplar quem violar o direito daquele: por isso institui penas. Mas as penas não correspondem a uma reparação devida à comunidade; são penas civis. O beneficiário delas, como, aliás, acontece também na hipótese da indignidade sucessória, é um particular: é o autor, que terá sem contrapartida direito à edição ou ao preço desta[141].

Referindo-se à influência do direito norte-americano, Carlos Fernando Mathias de Souza explica que por *punite damages* (*ao pé da letra, indenizações punitivas*) diz-se a indenização por dano, em que é fixado valor com o objetivo a um só tempo de desestimular o autor à prática de outros idênticos danos e a servir de exemplo para que as demais pessoas também assim se conduzam, acrescentando

> ainda que não muito farta a doutrina brasileira no particular, tem ela designado as *punitive damages* com a "teoria do valor do desestímulo", posto que, repita-se em outras palavras, a informar a indenização, está a intenção punitiva ao causador do dano e de modo a que ninguém queira expor-se a receber idêntica sanção[142].

Nesse mesmo tema, enfocando a reparabilidade do dano mora, observa Antonio Jeová Santos que

> os danos punitivos, como também é chamada a indenização que tem esse aspecto, merecem ampla repercussão nos países da *common law*, sobretudo nos Estados Unidos da América. Muito embora vozes abalizadas se oponham à indenização que tenha caráter penal, não se pode afastar de todo que no montante indenizatório do dano moral, deve o juiz estipular certa quantia como fato dissuasivo da prática de novos danos[143].

---

141. Ob. cit., p. 549 e 550. Antonio Jeová Santos, examinando o tema sob a ótica do dano moral, discorda dessa denominação: "O grande erro desse entendimento é considerá-lo como pena civil. Não o é. No sistema que já vem sendo adotado no Brasil, parte integrante da quantia da indenização servirá como alerta ao ofensor e terá caráter pedagógico, para que não mais incorra no mesmo erro" (ob. cit., p. 159).

142. *Direito autoral*: legislação básica. Brasília: Brasília Jurídica, 1998, p. 55.

143. Ob. cit., p. 157.

647

Nesse contexto, Delia Lipszyc aponta a influência do direito norte-americano[144] também em relação aos denominados *actual damages and profits* (*danos efetivos e lucros*) que consistem na faculdade do titular do direito (*copyright owner*), de recuperar os direitos efetivos que tenha sofrido com a infração assim como adjudica todos os benefícios obtidos pelo infrator[145].

A criticável tendência de parte da doutrina de desconsiderar a inserção, na composição reparatória civil, do caráter de penalização do agente, direcionando-a exclusivamente para o âmbito do direito penal, cai por terra, entre outras razões, pela possibilidade jurídica aberta em nosso regime legal desde 1916 e reeditada pelo Código Civil vigente (arts. 921 e 408, respectivamente) e, amplamente praticada, de incorporação da "cláusula penal" – *embora de natureza diversa à punição do agente aplicada no campo do direito penal* – no instrumento contratual que, frequentemente, é expresso entre as partes que o estabelecido nessa modalidade de cláusula (*normalmente a fixação de multa*) é independente da completa reparação do dano causado pela obrigação inadimplida.

A respeito dessa dissidência da doutrina, comenta Antonio Jeová Santos que

> o maior aporte doutrinário que é contra o entendimento de que a indenização deve possuir algo de sancionatório, está no fato de que a ausência de lei que assim disciplina, vulnera o princípio da legalidade. Afinal, não existe crime sem lei anterior que o defina, nem pena sem prévia cominação legal. A Corte de Cassação francesa, segundo Ramón Daniel Pizarro (*Derecho de daños*. 2ª parte, p. 296), opõe-se de forma decisiva à aceitação dos danos punitivos, considerando que a responsabilidade civil não deve ter uma função penal e que a gravidade da culpa não pode justificar uma condenação superior ao valor do dano. Do contrário, haveria enriquecimento injustificado da vítima[146].

Nesse quadro, teríamos de um lado (*adotando-se a indenização com caráter sancionatório*) a possibilidade de "enriquecimento injustificado" da

---

144. Teresa Ancona Lopes destaca os Estados Unidos entre os países avançadíssimos na matéria de responsabilidade civil, "onde qualquer ofensa à pessoa, seja material, seja moral, é tratada com a maior severidade possível" (ob. cit., p. 175).

145. Ob. cit., p. 574. Acrescenta a jurista que esses benefícios devem ser imputáveis à infração e não devem ser levados em conta ao se fazer o cálculo dos danos efetivos. Para quantificar os benefícios do infrator, o titular do direito lesado deve apresentar provas unicamente sobre a renda bruta que tenha obtido o infrator e este deverá apresentar provas de seus gastos dedutíveis assim como sobre os benefícios que podem imputar-se a outros fatores que não sejam a obra (por exemplo a fama do intérprete).

146. Ob. cit., p. 157.

648

vítima e, do outro (*na hipótese de indenização sem o elemento punitivo*) o "enriquecimento ilícito" do infrator. Qual dessas seria a solução justa para a diretriz reparatória do dano? Tratando dessa matéria, Antonio Chaves comenta que

> quando um editor reproduz ilegítima e intencionalmente passagens de uma obra protegida, sem ter pedido a autorização ao titular do direito, desse fato já decorre que o editor tem um interesse todo particular em proceder à reprodução. Do contrário, não se tornaria culpado de tal infração das suas obrigações profissionais e da lei penal. Em cada caso particular não é possível provar o montante do enriquecimento, que não consiste senão no benefício líquido realizado pelo autor da lesão. Pode-se desde logo admitir que esse proveito representa diversas vezes a retribuição que o violador teria pago aos autores se estes tivesse autorizado a reprodução[147].

Nesse sentido, já antigo o entendimento do Superior Tribunal de Justiça, de forma paradigmática estampado no julgamento do REsp 150.467/RJ, relatado pelo Min. Eduardo Ribeiro em 11 de novembro de 1997, e publicado em 24 de agosto de 1998, no sentido de que o "ressarcimento devido ao autor haverá de superar o que seria normalmente cobrado pela publicação consentida. A ser de modo diverso, sua aquiescência seria, na prática, dispensável. Cumpre, ao contrário, desestimular o comportamento reprovável de quem se apropria indevidamente da obra alheia".

15.5.2.3.2. Consolidação do fundamento do duplo caráter indenizatório (ressarcitório e punitivo) no direito de autor

Além do fundamento jurídico da ampliação do duplo caráter indenizatório (*ressarcitório e punitivo*) à reparação de danos autorais, tanto de natureza moral quanto patrimonial, resultar das sanções civis trazidas pela lei regente para a matéria em nosso país, a evolução jurisprudencial brasileira, apesar de alguns retrocessos isolados, caminha nessa trilha.

Nesse caminho, reportando-nos à jurisprudência pátria anterior, cabe destacar, no terreno reparatório de danos em relação a direito de autor, a decisão precursora proferida há mais de quarenta anos pelo Supremo Tribunal Federal:

> Ficaria abalado esse sistema legal, se a reprodução fraudulenta ou ilícita desse lugar apenas a uma reparação pecuniária equivalente ao que ele

---

147. No artigo citado (*RT* 387), p. 47.

receberia, se houvesse concordado com a reprodução. A consequência do ato vedado não pode ser a mesma do ato permitido, sobretudo quanto há implicações de ordem moral. Por isso, a lei dá ao autor o direito de apreender os exemplares existentes e de receber indenização equivalente ao "valor de toda a edição", à base do preço que teriam os exemplares "genuínos", isto é, autorizados regularmente deduzindo-se o valor dos que tenham sido apreendido[148].

Mesmo antes desse importante julgado (*do STF de 1965*), no início da década de 1950, a respeito da função punitiva que deve conter a reparação de danos no terreno do direito de autor, Antonio Chaves já indagava e esclarecia, com apoio em relevante jurisprudência estrangeira: "Como porém encontrar-se um princípio que sirva de base para o cálculo de quantas vezes a soma dos prejuízos e danos deve ser maior, no caso de contrafação intencional, da retribuição costumeira? Poderia essa "pena", de caráter eminentemente delitual, ser imposta no âmbito civil? As questões tiveram que ser enfrentadas pelo "Kammergericht" de Berlim, em acórdão de 20 de abril de 1943 (Dr. d'A., 1944, p. 91 e segs.):

> Não existe, a bem dizer, qualquer prática geral de acordo com a qual uma casa editora que tenha cometido uma contrafação intencional deva pagar a título de perdas e danos uma soma igual a quatro ou cinco vezes a retribuição costumeira. Mas a circunstância de que uma casa editora não tenha hesitado em agir com desprezo ao direito de um autor pode constituir um índice quanto ao valor da obra contrafeita e, portanto, quanto ao enriquecimento daquele que lesou o direito do autor[149].

---

148. Acórdão de 6-12-1965, por votação unânime, da sua Primeira Turma, rel. Min. Victor Nunes Leal (Recurso Extraordinário 56.904/SP, *RJTJ* 38, p. 271).

149. Complementa o jurista, comentando o aresto relatado, que "salienta o texto do acórdão que, de conformidade com a jurisprudência constante do Reichsgericht e do Kammergericht, em caso de reprodução ilícita, o titular do direito de autor pode exigir ou o pagamento de perdas e danos, ou a restituição do enriquecimento. De acordo com os princípios gerais, a pessoa lesada pode fazer valer a diferença que seu patrimônio acusa em seguida ao prejuízo sofrido, ou, ao contrário, tolerar a ofensa sofrida pelo seu direito, e pedir a retribuição que ela teria equitativamente recebido, se um acôrdo se houvesse verificado quanto à utilização do direito do autor (Reichsgericht, 27-10-1942. Esta decisão encontra-se no Dr. D'A., 1945, pg. 129). A título de enriquecimento, a pessoa prejudicada pode finalmente exigir a restituição do proveito, que o próprio autor da lesão realizou. Cita o aresto três decisões anteriores do Reichsgericht nesse mesmo sentido" (ob. cit., p. 547). Anota o jurista brasileiro que: "sem dúvida, o tribunal tem completa liberdade de fixar como bem entende o montante das perdas e danos, podendo os usos e costumes desempenhar papel saliente a êsse respeito, desde que estejam conformes à boa-fé. Mas o uso não resulta somente de uma prática uniforme, que se exerce num quadro mais ou menos vasto; necessita um amplo período de exercício, e deve corresponder à opinião dos meios entendidos, convindo tomar em consideração especialmente a representação de valor corrente na comunidade popular de que se trata" (ob. cit., p. 548).

15 | Danos autorais e sua reparação

Essa orientação foi se consolidando no plano jurisprudencial e adquirindo contornos seguros no fortalecimento da eficiência reparatória, a exemplo da decisão, adotada pelo mesmo Pretório Excelso, vinte anos após a que mencionamos que, já no âmbito da legislação atualmente em vigor, retirou do autor lesado o ônus de comprovar – *e dimensionar* – o efetivo prejuízo sofrido pelo ato lesivo. Nesse sentido é categórica a ementa do acórdão de 28 de fevereiro de 1984, proferido no Recurso Extraordinário 99.501/SP, com votação unânime de sua Segunda Turma, relator o Ministro Francisco Rezek:

> Direito Autoral. Fotografia. Modificação da obra e omissão do nome do autor. Nos termos do artigo 126 da Lei n. 5.988, de 1973, o autor tem direito a ser indenizado por danos morais e a ver divulgada sua identidade, independentemente da prova tópica de haver sofrido prejuízo econômico. Hipótese de não conhecimento do recurso da agência de publicidade, e de provimento do recurso do autor.

Anteriormente a essa decisão, e discordando do pressuposto defendido por Marcelle Azéma (em *De la Responsabilitté Civile de l'Écrivain*, Bordeaux, Imprimérie G. Bière, 1935, p. 59) de comprovação de prejuízo para reconhecimento do dever de indenizar, Fabio Maria De Mattia já lecionava, com inegável acerto, que

> a indenização deve ser reconhecida mesmo que não se possa provar o prejuízo sofrido pelo autor plagiado. A toda infração ao direito de autor deve corresponder uma indenização. Nas legislações onde não há uma multa mínima prevista, a solução estará na aplicação do princípio do enriquecimento sem causa, como sucede, por exemplo, perante o direito de autor brasileiro[150].

A orientação da casuística brasileira, na direção construtiva professada pelo Supremo Tribunal Federal[151] a reparação decorrente da violação de direitos autorais – *de natureza moral e patrimonial* –, deverá ser arbitrada, no âmbito da especificidade de cada caso concreto, pelo julgador, de forma exemplar, ou seja, que represente, ao infrator, verdadeiro desestímulo à prática do ato ilícito, sob pena de total esvaziamento da fundamental tutela à propriedade intelectual.

---

150. *O autor e o editor na obra gráfica*. São Paulo: Saraiva, 1975, p. 353-354. A solução apontada encontra-se referida, também, no artigo, do mesmo jurista, intitulado "Indenização por violação ao direito de autor".
151. Sobre a importância dessa atribuição, note-se a lição de Benedicto Costa Netto: *A função construtiva do Supremo Tribunal Federal*. São Paulo: Oficinas Gráficas da "Impress", 1952, p. 87.

E a adoção de princípio da punição do ofensor no arbitramento indenizatório de danos morais vem se tornando pacífica em nossos Tribunais. Decidiu, nesse sentido, em 1989, a Primeira Turma do Supremo Tribunal Federal, sendo relator o Ministro Sidney Sanches: "Está assentado também, que o arbitramento do dano, por ser este inavaliável e destinar-se a um lenitivo do ofendido mediante a punição do ofensor, deve ser confiado à prudência do juiz"[152].

Ainda no contexto da orientação indenizatória do art. 669 do Código Civil de 1916, seguida em linhas gerais pela Lei n. 5.988, de 14 de dezembro de 1973 (art. 122) e, posteriormente, pela Lei n. 9.610, de 19 de fevereiro de 1998 (art. 103), é fundamental a adoção do parâmetro do "valor de mercado" dos produtos que reproduzam obra intelectual sem autorização dos seus titulares e constituam, portanto, ato ilícito.

Esse caminho reparatório foi se consolidando na jurisprudência e, já na órbita do art. 122 da Lei n. 5.988, de 14 de dezembro de 1973, (*e não mais, portanto no âmbito do Código Civil de 1916*), desaguou na decisão unânime de 1986 da Segunda Turma do Supremo Tribunal Federal, baseado no voto do Ministro Francisco Rezek (relator) que majorou o *quantum* indenizatório para ajustá-lo ao "valor econômico" ou "valor de mercado" dos produtos que reproduziram obra intelectual sem autorização de seus titulares[153].

---

152. Em acórdão proferido no Recurso Extraordinário 112.263-3/RJ, publicado na *LEX JSTF* n. 131, p. 158. Registre-se que mais de duas décadas antes desse aresto, em 1975, Fábio Maria De Mattia, ao comentar os tipos possíveis de sanção, já manifestava o seu entendimento de que a indenização poderia, em alguns casos, implicar penalidade do infrator: "As sanções podem ser de dois tipos: a) reparações com medidas, tais como: supressão total ou parcial da obra, retificação, publicação do julgamento; b) reparação equivalente às perdas e danos ou apenas uma simples indenização a título de penalidade" (ob. cit., p. 354). José de Oliveira Ascensão, a respeito, leciona: "Concluímos assim que as reações previstas à violação do direito de autor são fundamentalmente de três ordens: 1 – A suspensão da violação em curso e a apreensão dos veículos materiais dessa violação. Esta reação é de índole objetiva. 2 – A indenização de perdas e danos. Pressupõe culpa, nos termos gerais. 3 – Penas Civis, como as consistentes na entrega ao autor dos exemplares da edição fraudulenta, ou seu preço, em castigo do ilícito culposo do infrator" (ob. cit., p. 552). O procedimento de arbitramento vem sendo adotado pelos Tribunais como medida mais adequada para quantificação reparatória em danos autorais. Nessa orientação, por exemplo, o acórdão de 26-5-2003 do Superior Tribunal de Justiça, proferido por unanimidade pela sua Quarta Turma no Recurso Especial 310834/SP, rel. Min. Aldir Passarinho Junior (*DJ* 8-9-2003, p. 333).

153. Acórdão do STF de 21-10-1986, votação unânime, proferido no Recurso Extraordinário 02.963/RJ (compilado em *Direito autoral – Série Jurisprudência*, já citado, p. 116-124). "Ementa. Direito do autor. Lei 5.988/73, art. 122. Uso desautorizado de obra poética em gravação que se distribuiu gratuitamente à classe médica, para propaganda de laboratório farmacêutico. A base de cálculo da indenização devida ao autor, vítima do ilícito, não é o preço de custo da gravação, mas seu valor econômico, que, no caso, a judiciosa sentença de primeiro grau apurou levando em conta o valor de mercado de produtos congêneres. Hipótese de provimento do recurso do autor, para reforma do acórdão, no ponto em que modificou a sentença, reduzindo o montante indenizatório." No mesmo ano, o Pretório Excelso confirmara a decisão de que "a indenização em favor do autor se faria na base do dobro do valor fixado para

15 | Danos autorais e sua reparação

O dispositivo legal referido (art. 122 da Lei n. 5.988/73), que, conforme mencionamos, reeditou, com algumas alterações, o art. 669 do Código Civil de 1916, manteve no ordenamento jurídico a penalização da prática de ato ilícito no campo do direito de autor. Assim, conforme se depreende do inequívoco julgado que acabamos de referir, o "valor de mercado" ou "o preço de venda" como parâmetro indenizatório pela utilização indevida de obra intelectual[154] não pode sofrer reduções com os possíveis "descontos" ou outras estratégias destinadas a potencializar vendas, muitas vezes praticados nas atividades de comércio. Nesse sentido, foi categórico o Tribunal de Justiça de São Paulo no acórdão de 26 de março de 1981 (*confirmação de sentença que concedeu indenização pela publicação, sem autorização, de obra científica*) proferido na Apelação Cível 11.421-1, com votação unânime de sua Sexta Câmara Civil, relator o Desembargador Gonçalves Santana:

> No atinente ao *quantum* da indenização, o Magistrado também se ateve à perícia, esta contábil. Nem é possível fazer a dedução pretendida sob o argumento de que havia um desconto de 50% da capa. É que tal desconto era faculdade da autora e esta, inquestionavelmente, não seria obrigada a fazê-lo à ré[155].

Ainda sobre a adoção do volume econômico envolvido na utilização não autorizada de obra intelectual, Carlos Alberto Bittar lembra a possibi-

---

honorários pela tabela de remuneração de serviços e direitos autorais do projeto arquitetônico" e complementando essa decisão para que ficasse declarado que "o valor a ser apurado será o contemporâneo à data da construção, aplicando-se, a partir daí, a correção monetária, de conformidade com o previsto na Súmula 562-STF" (transcrição parcial da ementa do acórdão de 14-3-1986 do Supremo Tribunal Federal, proferido nos Embargos de Declaração no Recurso Extraordinário 94.201 ED/RD, por votação unânime de sua Segunda Turma, rel. Min. Aldir Passarinho, *DJ* 18-4-1986, p. 05991). Nesse mesmo caminho, destaque-se decisão anterior também do Supremo Tribunal Federal: 4) "Valor da indenização. Apura-se pelo preço que tiverem os exemplares genuínos no momento da liquidação da sentença" (EMENTA – parte final – do acórdão de 18-3-1980, proferido por votação unânime da sua Segunda Turma no Recurso Extraordinário 87.746/SP, rel. Min. Décio Miranda, *RTJ*, vol. 00093-01, p. 1.183).

154. O preço de venda consistia, também, em um dos critérios indenizatórios, nos termos do art. 122 da Lei n. 5.988/73. A Lei n. 9.610/98 atualmente em vigor reedita esse preceito, modificando a expressão "imprimir" por "editar" obra literária, artística ou científica e majorando – uma vez que não se conheça o número de exemplares da "edição fraudulenta" – para o valor de 3.000 (*a lei revogada estabelecia 2.000*) exemplares o que será pago pelo "transgressor" (art. 103 e seu parágrafo único).

155. Acórdão publicado na *RJTJSP*, v. 71, p. 66. O mesmo Tribunal adotou, posteriormente, também, o critério do proveito obtido com o uso ilícito da obra intelectual para nortear a fixação indenizatória: "À míngua de melhores elementos para a fixação do *quantum* indenizatório, é de se admitir o critério fundado no proveito que a ré obteve com a divulgação indevida do trabalho dos autores, a ser apurado em execução, mediante liquidação por arbitramento" (parte da ementa do acórdão, já referido, de 2-2-1982, proferido na Apelação Cível 19.920-1, com votação unânime da sua Segunda Câmara Civil do Tribunal de Justiça de São Paulo, relator o então Desembargador, depois Ministro do Supremo Tribunal Federal, Sidney Sanches (*Revista dos Tribunais*, São Paulo, v. 571, p. 98, maio 1983).

653

lidade de que a "verba publicitária" venha a servir como parâmetro indenizatório:

> Como esses valores já encontram parâmetros no mercado, definida a verba publicitária, poder-se-ia traduzir, por outro lado, a indenização em percentual sobre o respectivo montante, fazendo-se a correlação com o resultado pretendido pelo anunciante (que se dimensiona pelo valor aplicado na campanha). Conjugar-se-iam, assim, o interesse do lesado e o sacrifício do lesante, dentro do binômio justo para a determinação de indenização em hipótese de violação de direitos da personalidade[156].

Na mesma direção de trazer à vítima ampla reparação, já há jurisprudência sumulada – *pelo Superior Tribunal de Justiça* – sobre a possibilidade de cumulação de indenizações de natureza diversa (moral e patrimonial). A respeito, Yussef Said Cahali considera que,

> superando as digressões jurisprudenciais que ainda remanesciam, o Superior Tribunal de Justiça, agora também com respaldo no preceito constitucional, consolidou a Sumula 37, segundo a qual "são cumuláveis as indenizações por dano material e dano moral oriundos do mesmo fato"[157].

Na esfera específica do direito de autor também já há pronunciamento do mesmo STJ reafirmando o princípio geral da viabilidade de correlação de indenização: decorrente da violação a direitos morais com a de direitos patrimoniais. Nesse sentido há, entre outros pronunciamentos jurisprudenciais importantes, o acórdão, de 30 de junho de 1992, do Superior Tribunal de Justiça (com votação unânime da sua Terceira Turma), sendo relator o Ministro Nilson Chaves, com a seguinte ementa:

---

156. BITTAR, Carlos Alberto. *Tutela dos direitos da personalidade e dos direitos autorais nas atividades empresariais.* São Paulo: Revista dos Tribunais, 1993, p. 60.

157. CAHALI, Yussef Said. Ob. cit., p. 52. A Súmula traz como referência os Recursos Especiais 1.604, 4ª Turma, 9-10-1991; 3.229, 3ª Turma, 10-6-1991; 3.604, 2ª Turma, 19-9-1990; 4.236, 3ª Turma, 4-6-1991; 10.536, 3ª Turma, 21-6-1991; 11.177, 4ª Turma, 1º-10-1991, todos publicados na *RSTJ* 33/515; e seu enunciado vem sendo reafirmado não só pelo próprio STJ (STJ, 3ª Turma, REsp 7.072, 4-6-1991, AASP 1.711/257; 4ª Turma, REsp 6.048, 12-5-1992, *DJU* 22-6-1992, p. 9.760; 4ª Turma, 1º-9-1992, *RSTJ* 45/350; 3ª Turma, 8-2-1993, *RT* 696/250; 4ª Turma, REsp 35.173, 28-6-1993, AASP 1.889/78; 3ª Turma, REsp 30.166, 13-12-1993, Rep. IOB Jurisp. 3/9.617), como igualmente por outros tribunais do país (2ª Câmara do 1º TAlç. Civ. SP, Apel. 505.194, 13-1-1993; 1ª Turma do TRF da 3ª Região, 23-3-1993, Rev. TRF da 3ª Região 15/76; 1ª Câmara do 1º TAlçRS, 24-5-1994, *Julgados* 94/160; 2º Grupo de Câmaras do 1º TAlç. Civ. SP, *RT* 712/170; 2ª Câmara do TAlçRS, 19-1-1955, *Julgados* 94/354; 2ª Câmara do TJSP, 24-10-1995, *RT* 728/221; 5ª Câmara do TJRJ, 3-8-1995, *RT* 730/327; 5ª Turma do TRF da 4ª Região, 5-10-1995, *RT* 730/374, 4ª Câmara de Direito Privado do TJSP, 28-3-1996, *RT* 730/205; 1ª Câmara de Direito Privado do TJSP, 2-4-1996, *RT* 730/207; 3ª Câmara do TJSC, 9-4-1996, Rep. IOB Jurisp. 1/10.044; 1ª Câmara de Direito Privado do TJSP, Apel. 253.217-1, 9-5-1996.

15 | Danos autorais e sua reparação

Direito autoral (Lei n. 5.988/73). O autor de obra intelectual é titular de direitos morais e patrimoniais (art. 21). Depende de autorização qualquer forma de utilização de sua obra (art. 30). Ocorrendo ofensa a ambos os direitos, cumulam-se as indenizações. Caso em que se reconheceu, também, a lesão de direitos patrimoniais. Recurso especial, por isso, conhecido e provido, em parte[158].

Nesse passo, em harmonia com o direito positivo pátrio e estrangeiro, como comentamos neste capítulo, a jurisprudência brasileira – *com poucos retrocessos isolados* – tem evoluído significativamente nos últimos anos, procurando estabelecer critérios adequados à justa reparação, apenas de natureza moral em alguns casos, ou patrimonial em outros, ou de forma cumulativa (*moral e patrimonial*), como a maioria das reivindicações.

No atinente a "retrocessos isolados", como referimos, destaque-se, nesse sentido, três acórdãos do Tribunal de Justiça de São Paulo que, apesar de relativamente recentes (*um de 2001 e dois de 2005*) e um, também recente (*de 2005*), do Tribunal do de Justiça do Rio de Janeiro com fixações indenizatórias insuficientes ao propósito mínimo reparatório de violações de direito de autor, resultando, injustificadamente, em verdadeiro incentivo à prática ilícita em vez de, como consagrado no direito positivo brasileiro – *em sua evolução segura em nosso país a partir de 1830 até nossos dias* – e por nossa doutrina e jurisprudência dominante, importar pedagogicamente em desestímulo às infrações autorais.

Esses quatro arestos reconhecem, expressamente, a violação aos direitos autorais dos demandantes mas, contraditoriamente, no arbitramento do *quantum* reparatório, decidem:

(a) o Tribunal de Justiça de São Paulo: (a.1) em adaptação não autorizada de composição literomusical em publicidade ("*spot" veiculado por emissoras de rádio*): quantia equivalente à metade do que o autor cobraria em caso de utilização similar regularmente autorizada (acórdão de 4-12-2001, proferido na Apelação Cível 211.497-4/5-00, por maioria de votos de sua Primeira Câmara de Direito Privado, relator, com voto vencedor, o Desembargador Laerte Nordi, sendo voto vencido – *que, judiciosamente, discordava da maioria quanto a essa insuficiência reparatória* – do Desembargador Guimarães E Souza); (a.2). em publicação de fotografia com indicação de autoria a "outro profissional" e não ao autor

---

158. Recurso Especial 13.575/SP e compilado em LINS, Paulo Sérgio da C. (org.). Ob. cit., p. 77.

655

demandante (*violação de direito moral*) chegou-se "à estimativa do *quantum* indenizatório em R$ 500,00" (*sic*) (acórdão de 24-6-2004, proferido na Apelação Cível n. 149.129-4/0-00, por votação unânime de sua Quarta Câmara de Direito Privado "A", Relator o Desembargador Eduardo T. A. Moeller), e (a.3) em publicação de fotografia na revista "Veja" sem autorização do autor "além de erro na indicação do seu nome "(*sic*): "Valor pelo dano material e moral fixado em R$ 2.000,00 (dois mil reais)" (observe-se que a tiragem da referida revista, notoriamente, tanto na ocasião da infração referida quanto atualmente, ultrapassa 1 milhão de exemplares) (acórdão de 6-9-2005, proferido na Apelação Cível com Revisão 287.668-4, por votação unânime de sua Terceira Câmara de Direito Privado, relator o Desembargador Beretta da Silveira);

(b) o Tribunal de Justiça do Rio de Janeiro: em violação de direitos autorais decorrentes de execução pública de obras musicais contratadas pelo regime de gestão coletiva (ECAD) decidiu que era "patente a violação do direito autoral noticiada nos autos, uma vez que o referido local deve ser considerado recinto público para fins de aplicação da Lei de Direito Autoral. 2. Todavia, a multa prevista no art. 109 da Lei que rege a matéria deve ser afastada, uma vez que muito superior à quantia efetivamente devida, o que colide com o disposto no artigo 402 do novo "Codex" Civil" (parte final da ementa do acórdão de 31-8-2005, proferido na apelação Cível 23.017 por unanimidade de votos da 15ª Câmara Cível, rel. Des. Ricardo Rodrigues Cardozo).

A decisão de não aplicabilidade do dispositivo da lei autoral vigente que prevê a multa (*de vinte vezes o valor que deveria ser originariamente pago*) para essa modalidade de violação de direito autoral (*execução pública não autorizada de obras musicais, fonogramas e obras audiovisuais, especialmente no regime de gestão coletiva*) tem o seu fundamento, segundo entendemos, inadequado pois não há prevalência hierárquica do Código Civil de 2002 em relação à Lei n. 9.610 de 1998 (*aliás o dispositivo citado no acórdão – art. 402 do Código Civil – constitui-se em mera reedição da regra do art. 1.059 do Código Civil anterior de 1916, não resultando, portanto, em inovação do regime legal*) aquele diploma legal é de ordem geral e, consequentemente, conforme dispõe o art. 2º, §§ 1º e 2º, da Lei de Introdução ao Código Civil (Decreto-lei n. 4.657, de 4-9-1942), mesmo que posterior (2002) não revoga a lei especial anterior (1998) compatível.

15 | Danos autorais e sua reparação

A coexistência harmoniosa desses dispositivos reparatórios – *de ordem geral e especial* – se estende no tempo: a lei autoral de 1973 que regulou inteiramente a matéria, e a de 1998, que a substituiu, já se compatibilizavam com o Código Civil de 1916 – *dispositivo originário, art. 1.059* – e, agora, naturalmente, a compatibilização permanece em relação ao dispositivo reeditado, art. 402 do Código Civil de 2002. Com efeito, consta do próprio dispositivo do Código Civil – *tanto o anterior (1.059) quanto o vigente (402)* – a ressalva da predominância da legislação especial ("salvo as exceções expressamente previstas em lei"), o que é exatamente, o caso[159].

Em todos os casos, o exame acurado das peculiaridades da hipótese sub judice fornecerá os elementos orientadores da avaliação indenizatória. Assim, a lição da jurisprudência tem se lastreado em dois princípios básicos: (a) a efetiva penalização dos infratores, com o objetivo de desestimular a prática ilícita[160], e (b) a adequação indenizatória em face do volume econômico da atividade em que a utilização indevida da obra foi inserida.

No âmbito deste critério deve-se, contudo, na hipótese de coexistência de duas ou mais obras ou titularidades autorais envolvidas na utilização ilícita em questão, ter em vista que a quantificação indenizatória deverá ser proporcional à participação do demandante na obra intelectual em questão. Nessa orientação, por exemplo, o acórdão de 25 de outubro de 1999 do Superior Tribunal de Justiça com a seguinte ementa:

> Civil. Direito autoral. Participação em faixa musical de produção fonográfica. Proporcionalidade. Lei n. 5.988/73. 1. O ressarcimento pela utilização indevida de obra artística deve ser apurado na proporção da efetiva contribuição do autor na totalidade do fonograma produzido, sob pena de enriquecimento sem causa. II. Destarte, se a música de que participou o recorrido, integrava, juntamente com outras onze, o fonogra-

---

159. Nesse caminho, o Superior Tribunal de Justiça em aresto recente, de 2007: "A ação de perdas e danos decorrentes do ato ilícito praticado por quem viola direitos do autor de programa de computador tem fundamento na regra geral do Código Civil (Art. 159 do CCB/1916). Os critérios para a quantificação dos danos materiais, entretanto, estão previstos na Lei n. 9.610/98. (...) Lembro, por oportuno, voto da eminente Ministra Nancy Andrighi: '(...) Incluído, pois, o programa de computador no conceito de obra intelectual (Lei n. 9.610/98, art. 7º, inc. XII), deve-se considerar, para fins de quantificação dos danos materiais produzidos com a sua contrafação, a lei especial aplicável à espécie (Lei 9.610/98, art. 103) e não a regra geral prevista no art. 159 do CC. Isto porque o art. 103 prevê os critérios de sancionamento civil para a contrafação de obra *literária, artística ou científica*, e o programa de computador, por força do art. 2º da Lei n. 9.609/98, está sujeito ao regime jurídico adotado para a *obra literária*'" (trecho do desfecho decisório, p. 3 do acórdão de 25-9-2007, proferido no Recurso Especial 768.783/RS, por votação unânime de sua Terceira Turma, rel. Min. Humberto Gomes de Barros, *DJ* 22-10-2007, p. 247).

160. A tendência do direito positivo acompanha a evolução jurisprudencial. Nesse sentido *vide*, principalmente, os dispositivos legais citados nos itens 15.3.1., 15.3.2 e 15.3.3. deste capítulo.

657

ma produzido pela ré, o pagamento dos direitos autorais deve levar em conta tal circunstância, improcedendo o critério fixado no acórdão que determinou o cálculo do ressarcimento pela totalidade do valor de capa dos discos, CD e K-7 vendidos no mercado. III. Recurso especial conhecido e provido parcialmente[161].

O benefício econômico do ofensor pelo ilícito praticado como parâmetro indenizatório e uma punição que seja realmente sentida pelo infrator é fundamental para o desestímulo da violação de direito de autor. A respeito da amplitude da fixação indenizatória, o grande autoralista português, José Oliveira Ascensão, em sua monumental obra *Direito autoral*, cita o jurista brasileiro Fabio Maria De Mattia (*Estudos*, p. 87) para observar, também, que, "havendo um cúmulo de infrações, cada utilização ou execução deve originar uma indenização diferente, pois os ilícitos acrescem uns aos outros e as indenizações são cumulativas"[162].

Nesse passo, o princípio de se impor ao causador do dano uma punição exemplar, proporcional ao dolo ou culpa com que se houve, e proporcional ao seu patrimônio consiste, exatamente, no direito brasileiro, como um dos parâmetros orientadores de fixação indenizatória para reparação de danos morais e patrimoniais[163] nas ofensas relacionadas a direitos autorais.

---

161. Quarta Turma, votação unânime, rel. Min. Aldir Passarinho Junior, Recurso Especial 46.688/RJ, *LEX STJ*, vol. 131, p. 95. Recentemente, o Tribunal de Justiça de São Paulo adotou essa mesma orientação de que a indenização deveria obedecer o valor *pro rata*, envolvendo, portanto, apenas a parcela proporcional à imagem do demandante utilizada indevidamente em capa de CD (acórdão de 10-10-2006, proferido no Agravo de Instrumento 465.479-4, por unanimidade de sua Nona Câmara de Direito Privado, rel. Des. Carlos Stroppa). Da mesma forma, o Tribunal de Justiça do Rio de Janeiro, em 2008, endossou esta posição: "Claro, lógico e intuitivo que a indenização deve ser correspondente à parte do livro constituída pelas 17 fotos, ocupada pelas 17 fotos, calculada com base no valor total do livro e pelo preço do mercado. (...) Daí a pertinência da liquidação por arbitramento, em que a perícia encontra o seu momento mais característico junto nesse mister de quantificar, percentualmente, a participação, a correlação ou correspondência das 17 fotos na obra total e no preço de livraria" (trecho final da ementa do acórdão de 16-4-2008, proferido no Agravo de Instrumento 2007.002.35018, por votação unânime de sua Sexta Câmara Cível, rel. Des. Nagib Slaibi).

162. ASCENSÃO, José de Oliveira. *Direito autoral*. 2. ed. rev. e ampl. Rio de Janeiro: Renovar, 1997, p. 542.

163. A respeito da apuração dos danos patrimoniais em hipóteses de violação a direito de autor, José de Oliveira Ascensão pondera: "o autor deveria ter recebido um pagamento, em consequência da utilização da obra por terceiro, e não o recebeu; este dano está sem dúvida presente quando se trata da violação de direito patrimonial de autor. Mas devem concorrer outros danos, senão tudo se resumiria ao pagamento pelo utente, após a utilização, do que deveria ter sido, na normalidade dos casos, prestado espontaneamente antes dessa utilização. Esses danos parecem consistir no que o autor deixou de ganhar em consequência da ilícita intromissão de terceiro. Assim, o disco contrafeito tirou o interesse ao disco autêntico, a edição ilícita esgotou mercado para a edição lícita, ou até o plágio diminuiu o prestígio do autor plagiado, reduzindo assim a sua capacidade de ganhos futuros. Temos em todos os casos uma diminuição de uma capacidade de lucro do autor, em consequência da ilícita intromissão. A diminuição terá de ser calculada por si, para ser indenizada pelo infrator. Parece assim que esses outros danos entram na categorização dos lucros cessantes" (ASCENSÃO, José de Oliveira. *Direito autoral*. 2. ed. ref. e ampl. Rio de Janeiro: Renovar, 1997, p. 546).

15 | Danos autorais e sua reparação

Nessa orientação, o Tribunal de Justiça de São Paulo tem atuado de forma precursora. Entre inúmeras decisões irretocáveis, destaco três acórdãos que confirmam essa tendência evolutiva jurisprudencial no plano indenizatório:

(a) acórdão de 7 de abril de 1994, da Quinta Câmara Civil, proferido por votação unânime, na Apelação Cível 203.962.1/3, rel. Des. Silveira Neto;

(b) acórdão de 23 de abril de 1996, da Primeira Câmara Civil de Férias "A", proferido, por votação unânime, na Apelação Cível 244.450-1/7, rel. Des. Luis de Macedo[164]; e

(c) acórdão de 19 de junho de 1996, da Sétima Câmara Civil de Férias "J", proferido, por maioria de votos, na Apelação Cível 232.180-1/1, relator (*com voto vencedor*) o Desembargador Julio Vidal e acórdão de 4-6-1997, da mesma Câmara, proferido, por maioria de votos, nos Embargos Infringentes 232.180-1/5-02, rel. (*com voto vencedor*) Des. Cambrea Filho[165].

---

164. Esse caso, com decisão já transitada em julgado, consistiu em obra de desenho "utilizada pela empregadora para caracterizar seus produtos", com a seguinte condenação: "Impõe-se dupla indenização – uma de natureza patrimonial, identificada em quantia que traduza participação do apelante nos lucros proporcionados pela utilização dos bens, outra de natureza moral pela simples infringência aos direitos ora reconhecidos. No que diz com o boneco, fica a indenização patrimonial arbitrada em 40% dos lucros líquidos auferidos com a venda de unidades dos respectivos brinquedos. E a indenização por danos morais, em 10% sobre a indenização por danos materiais. Tudo conforme se apurar em liquidação de sentença. Já pela infração aos direitos de autor sobre o desenho de que se tratou no item 7 acima, ficam as indenizações por danos materiais e morais arbitradas, englobadamente, em 5% sobre os lucros líquidos da empresa ré, no período em que, conforme se apurar em execução se utilizou ela, ou venha a se utilizar, do desenho como 'símbolo distintivo' de seus produtos (cfr. f.5, item 12)".

165. Esse terceiro caso, em que o renomado cartunista Paulo Caruso pleiteou reparação pela utilização indevida de sua obra em campanha publicitária, gerou os dois acórdãos já referidos, proferidos pela mesma Câmara, primeiramente em recurso de apelação e, depois, em embargos infringentes fundados em voto vencido, e confirmaram, integralmente, sentença de precisão exemplar, do Juiz Sergio Coimbra Schmidt, da 9ª Vara Cível de São Paulo, que consignou: "O dano patrimonial foi estimado no correspondente ao preço de mercado do espaço publicitário da íntegra de uma contracapa da revista semanal *Isto É*. As rés nenhuma objeção fizeram à estimativa, motivo pelo qual pode servir como parâmetro para fixação dessa parcela. Para que a reparação do dano patrimonial guarde estrita correspondência com a extensão do prejuízo quando foi gerado o fato motivador da reparação, o *quantum* a se considerar há de corresponder ao custo efetivo da inserção do anúncio *sub judice* na segunda contracapa interna da edição 1134 da revista *Isto É*. O dano moral incontroversamente ocorreu e deve ser ressarcido, a par do material, até mesmo como sanção aplicada àqueles que optam pelo atalho da apropriação da criação alheia com objetivos comerciais, em completo desprezo às normas de ordem legal e ética que devem reger as relações em sociedade, notadamente as de índole negocial. A sanção é necessária para coibir abusos dessa natureza, praticadas à sorrelfa e que, à toda evidência, provocam desalento e revolta no ser do criador desacatado. A propósito, cabe invocar o aresto citado na inicial, onde se declara que ficaria abalado esse sistema legal, se a reprodução fraudulenta ou ilícita desse lugar apenas a uma reparação pecuniária equivalente ao que ele receberia, se houvesse concordado com a reprodução. A consequência do ato vedado não pode ser a mesma do ato permitido, sobretudo quando há implicações de ordem moral. O

659

15.6. CRITÉRIOS PARA REPARAÇÃO DE DANOS DECORRENTES DA VIOLAÇÃO DE DIREITOS MORAIS DE AUTOR

15.6.1. A prevalência dos direitos morais de autor aos patrimoniais

Encontra-se pacificado na doutrina que, no confronto entre os direitos morais de autor e os patrimoniais prevalece os primeiros.

Nesse sentido a lição de Silmara Chinellato de que, "embora se reconheça a hibridez do direito de autor, parece-nos que a ênfase é dos direitos morais, direitos da personalidade"[166].

Nesse caminho, também se filia a jurisprudência, como a lúcida orientação do Ministro do STJ João Otávio de Noronha:

> Nessa linha de raciocínio, deve-se distinguir os direitos extrapatrimoniais (considerados pela lei "morais") para, reconhecendo significativa amplitude em relação aos patrimoniais, impor obediência a atributos de direitos pessoais e imanentes decorrentes de perene liame entre o autor e sua criação – aqui presentes os princípios de identificação e vinculação do nome do autor à obra intelectual e de proteção a ela –, constituindo-se, portanto, numa espécie de direitos personalíssimos protegidos pela Constituição Federal, por isso inalienáveis e irrenunciáveis, além de imprescritíveis[167].

Apesar de algumas contradições que o texto legal brasileiro encerra, a adoção do princípio da impossibilidade de transferência ou renúncia dos direitos morais de autor (art. 27) indica – textualmente – essa sua predominância às relações negociais ou econômicas que envolvem a utilização da obra intelectual, chegando, o nosso direito positivo, mesmo a proibir a cessão de direitos autorais (em alguns casos) – aqui entenda-se como direitos autorais de natureza patrimonial – e a estabelecer, influenciado pelo regime legal francês de 1957, em seu artigo 39:

---

montante dessas parcelas da indenização deve guardar proporção com a extensão do dano material subjacente, observada a capacidade econômica das partes – no caso, privilegiada – deve ser exemplar e apta o suficiente para servir como elemento de coerção destinado a frear o ânimo de quem assim o fez e veja-se tentado à recidiva, ou mesmo daquele que, primário, veja-se estimulado à prática de ato semelhante em razão da (irrisória) extensão patrimonial das consequências da infração. Ponderados esses aspectos, considero razoável arbitrar a reparação do dano moral no equivalente ao cêntuplo da parcela correspondente ao dano patrimonial".

166. Ob. cit., p. 95.

167. Trecho da declaração de voto vencedor, proferido pelo Ministro João Otávio de Noronha, integrante do acórdão de 15-9-2016 da Terceira Turma do STJ, no Recurso Especial 1.558.683/SP.

15 | Danos autorais e sua reparação

"O autor, que alienar obra de arte ou manuscrito, sendo originais os direitos patrimoniais sobre a obra intelectual, tem direito irrenunciável e inalienável a participar na mais valia que a eles advirem, em benefício do vendedor, quando novamente alienados".

Esse dispositivo da lei autoral brasileira de 1973, reeditado, com alteração, pelo art. 38 da Lei n. 9.610, de 1998, que estabelece o "direito de sequência" no campo das obras de arte ou manuscritos originais, consiste em condição – inalienável e irrenunciável (*que é característica própria ao direito moral*) – de participação econômica do autor em relação à valorização pecuniária (*que é característica própria do direito patrimonial*) de sua obra.

Portanto, inequívoco, no conceito híbrido da comentada "existência paralela" de direitos pessoais e econômicos no campo dos direitos de autor, que, em algumas condições de encontro (*às vezes contendo interesses conflitantes*) entre essas duas vertentes, os direitos morais de autor (*na essencialidade própria aos direitos da personalidade*) deverão, em muitos casos, condicionar o exercício, por terceiros, de direitos patrimoniais de autor, mesmo nas transferências (*concessões ou cessões*) regulares.

15.6.1.2. Danos autorais de natureza moral e patrimonial: similitudes e diferenciações de critérios indenizatórios

15.6.1.2.1. Considerações iniciais

Deve-se ressalvar, de plano, que na grande maioria dos casos em que ocorre a violação de direitos autorais, esta atinge tanto os aspectos patrimoniais (*normalmente quando não houve autorização do autor da obra ou, na hipótese de cessão dos direitos autorais, do titular-cessionário*), na utilização da obra intelectual, quanto os aspectos morais (*quando há, nesse uso não autorizado da obra, também, ausência de indicação de autoria ou, por exemplo, ilícitos mais graves como modificação ou deturpação da obra utilizada*).

Nessas hipóteses, como vimos, incide a cumulação de indenização de natureza diversa (*moral e patrimonial*)[168], sendo adotado como critério reparatório:

(a) a apuração do *quantum* indenizatório decorrente da violação de direitos autorais de natureza patrimonial para, em seguida;

---

168. Regra pacificada na jurisprudência, conforme a Súmula 37 do STJ: "São cumuláveis as indenizações por dano material e moral oriundos do mesmo fato".

(b) utilizar esse valor como base para quantificação indenizatória dos danos autorais de natureza moral[169].

Assim, indaga-se: e quando não houver violação de direitos patrimoniais, como estabelecer os critérios – *e a consequente quantificação* – indenizatórios quanto às ofensas praticadas exclusivamente aos direitos morais de autor? Seria razoável substituir esse critério pelo adotado para os danos morais convencionais, como, por exemplo, uma indevida inscrição de nome junto às entidades de cadastro de devedores inadimplentes (SERASA, SPC etc.), habitualmente valores indenizatórios fixados, de forma tarifária, aleatoriamente? Seria justo?

A negativa se impõe.

Com efeito, não seria plausível, que, por exemplo – *em uma industrialização/comercialização fonográfica regularmente autorizada (ou seja, sem a ofensa de direitos patrimoniais de autor)* – a violação do direito moral de autor consistente na falta de indicação do nome do compositor de uma canção na capa ou encarte de determinado disco (*CD*) resultasse em condenação do infrator no mesmo *quantum* indenizatório seja em reprodução/comercialização de 1.000 unidades quanto de 1 milhão de exemplares. Obviamente o valor indenizatório nesta segunda hipótese (1 milhão de CDs) merece ser substancialmente superior à primeira hipótese (*ilícito praticado em apenas 1.000 exemplares*).

Desse terreno sinuoso decorre a necessidade de cuidadoso exame de cada caso concreto.

15.6.1.2.2. As similitudes e distinções de critérios indenizatórios entre os danos autorais de natureza moral e os patrimoniais

As questões lançadas no item anterior encontram relevância em face da constatação de que, diversamente do dano patrimonial, de origem econômica, o dano autoral de natureza moral é extrapatrimonial. Assim, a consequência indenizatória poderia conter, à primeira vista, tratamento jurídico que levasse a critérios diferenciados, sob o aspecto econômico da reparação devida ao autor lesado.

Essa linha de raciocínio acaba resultando, muitas vezes, na adoção – *que vimos ser criticável no terreno dos direitos de autor* – de prefixação tari-

---

169. Nesse sentido, observe-se o item anterior desse artigo, com precedentes jurisprudenciais que chegam à condenação do infrator, em face da gravidade da ofensa aos direitos morais de autor praticada, ao "equivalente ao cêntuplo da parcela correspondente ao dano patrimonial".

15 | Danos autorais e sua reparação

fária do *quantum* indenizatório que costuma ser aplicado em relação aos danos morais de natureza diversa do autoral.

Consequentemente é fundamental destacarmos quais são os elementos, com repercussão jurídica, que são similares ou diferentes na concepção dos critérios indenizatórios em relação a essas duas vertentes de danos autorais. Nesse passo,

(a) a diferenciação:

(a).1. – conforme examinamos no item "2" deste artigo, os direitos morais de autor, em virtude de sua natureza jurídica de direitos da personalidade, prevalecem em relação aos direitos patrimoniais e, portanto, no plano indenizatório, não devem ser mitigados em relação a estes;

(a).2. – a gravidade da violação de direito moral de autor, pela sua natureza (*mutilação da obra, apropriação indevida de sua paternidade etc.*), é, normalmente, mais acentuada do que a violação de direitos patrimoniais (*que poderá ser uma utilização da obra intelectual íntegra, mas sem a autorização do autor*);

(b) a similitude:

(b).1. – ambos consistem em atos ilícitos que resultam em sanções indenizatórias de natureza pecuniária ou econômica;

(b).2. – em ambos, conforme examinamos no item "4" deste artigo, aplicam-se o "duplo caráter indenizatório das violações", ou seja, a reparação correspondente tanto aos danos autorais morais quanto aos patrimoniais, contém, não somente a finalidade ressarcitória/reparatória como também punitiva;

(b).3. – em ambos, o critério indenizatório deverá levar em conta a abrangência do dano e o benefício que o ato ilícito gerou ao infrator, especialmente de ordem econômica.

15.6.1.2.3. Em conclusão: os critérios para reparação de danos autorais decorrentes da violação de direitos morais de autor

A reparação de danos autorais, confrontando-a com a teoria tradicional da responsabilidade civil, apesar da convivência de fundamentos comuns, especialmente no plano da equidade, para fazer frente aos malefícios da violação aos direitos de autor, além do ressarcimento do ofendido – *medido pela extensão do dano* – impõe o efeito pedagógico trazido com a punição do ofensor.

663

Na discussão sobre a natureza jurídica dessa penalização abordamos a avaliação doutrinária de alguns institutos, especialmente da "pena civil", dos "danos punitivos", do "valor do desestímulo" e do "enriquecimento ilícito", em suas variadas vertentes de entendimento e aplicação. Concretamente, procuramos demonstra que – *independentemente da denominação que tem recebido, a composição condenatória integrada pelo ressarcimento do ofendido, combinado com a punição pedagógica do infrator, no âmbito dos danos autorais* – a tônica da nossa jurisprudência nas últimas décadas, tem se pautado judiciosamente pela assimilação da diretriz sancionatória expressa em nosso direito positivo (especialmente os arts. 102 a 110 da Lei n. 9.610/98, que regula os direitos autorais em nosso país) no sentido da ampla reparação do dano autoral sofrido pelo autor ou titular, conjuntamente com a penalização – *de natureza pecuniária civil* – exemplar do infrator[170] (*devendo, inclusive, o* quantum *indenizatório ser adequado à capacidade econômica do ofensor para que a punição seja, efetivamente, sentida por este*) a título de desestímulo à prática de novas violações aos direitos autorais.

Exatamente a respeito desse tema, tive oportunidade de atuar recentemente como relator no acórdão proferido por votação unânime, em 16 de agosto de 2016, pela Nona Câmara de Direito Privado, do Tribunal e Justiça do Estado de São Paulo (Apelação Cível 0187707-59.2010.8.26.0100):

> No concernente aos danos morais, a doutrina anota que a reparação dos danos deve pautar-se pela observância das funções da responsabilidade civil, classicamente: reparatórias ou compensatórias (*esta quando se tratar em dano moral*), sancionatória ou punitiva e dissuasória ou preventiva.

> Corrobora esse entendimento, o Superior Tribunal de Justiça, no REsp 1.317.861/PR (2012/0068814-2), em recente acórdão proferido pelo

---

170. Nesse sentido destacamos, na lei autoral brasileira vigente, os dispositivos que estabelecem – *direta ou indiretamente* – diretriz indenizatória para violações de direitos patrimoniais de autor entre dez e vinte vezes o valor que o autor ou titular lesado receberia se a utilização de sua obra tivesse sido regular: (a) a reversão, para o autor, do produto da violação ao seu direito (*a perda – pelo infrator em benefício do autor – dos exemplares ilícitos apreendidos, além do pagamento ao autor do preço dos exemplares vendidos*), sendo que, não se conhecendo esse número, "pagará o transgressor o valor de três mil exemplares, além dos apreendidos (art. 103 e seu parágrafo único); (b) multa diária e "demais indenizações cabíveis", independentemente das sanções penais aplicáveis, além do aumento, em caso de reincidência, até o dobro do valor da multa (*para as hipóteses de transmissão e retransmissão e comunicação ao público de obras artísticas literárias e científicas de interpretação e de fonogramas realizados com violação de direito autoral* (art. 105); e (c) multa equivalente a vinte vezes o valor que deveria ser originariamente pago pela execução pública de obras musicais, interpretações, fonogramas e obras audiovisuais, se realizada sem autorização dos titulares (art. 109). Acrescente-se que, por estarem esses dispositivos inseridos em legislação especial, prevalecem em relação às regras reparatórias – *de natureza geral* – do Código Civil. Nessa orientação, inclusive (*como registramos e transcrevemos, em parte, no referido item*) o acórdão recente, de 25-9-2007 do Superior Tribunal de Justiça.

Ministro João Otávio de Noronha, publicado em 11-5-2016 (Terceira Turma, j. 11-5-2016).

Na hipótese vertente, a quantificação reparatória frente à violação dos direitos morais praticados, especialmente quando envolve, como neste caso, atividades empresariais e comerciais ilícitas, deve se relacionar estreitamente com a abrangência da operação ilícita que consiste, basicamente, na repercussão econômica da violação para o ofendido, ou seja, o seu prejuízo, tanto na esfera dos danos emergentes quanto na dos lucros cessantes sofridos. Nesse caminho, mais adequado do que se buscar um valor fixo, aleatório, a título de indenização por dano moral, será vincular essa quantificação reparatória ao âmbito de tais prejuízos, estabelecendo-se dentro de critérios compensatórios à vítima e penalizadores ao ofensor, com razoabilidade, um agravante percentual (*como o fez escorreitamente a r. sentença recorrida*) ou multiplicador, conforme as nuances do caso concreto[171].

Nessa linha de entendimento, de apuração do *quantum* indenizatório, o ato ilícito que gera dano autoral de natureza moral, no plano reparatório, deverá, como expusemos, em relação aos critérios no dano patrimonial, conter similitudes e diferenciações.

Esses critérios deverão servir para apuração dos danos autorais mesmo que sejam exclusivamente de natureza moral e não patrimonial. Ou seja, não poderão aqueles ser mitigados pela ausência destes.

Isto porque, quanto às similitudes, o dano autoral exclusivamente moral não deixa (*na hipótese de inexistir o dano patrimonial*) de conter: (a) sanção indenizatória de natureza pecuniária ou econômica; (b) duplo caráter indenizatório (*finalidade reparatória e punitiva*); e (c) o critério indenizatório deverá levar em conta a abrangência do dano e o benefício que o ato ilícito gerou ao infrator, especialmente de ordem econômica.

E, por outro lado, no tocante às diferenciações: (a) os direitos morais de autor prevalecem em relação aos direitos patrimoniais e, portanto, no plano indenizatório, não devem ser mitigados em relação a estes; e (b) a gravidade da violação de dano moral de autor, pela sua natureza (*mutilação da obra, apropriação da paternidade etc.*), é, normalmente mais acentuada

---

171. Essa linha de entendimento foi também prestigiada no acórdão (p. 5 e 6), proferido por votação unânime da Nona Câmara de Direito Privado do Tribunal de Justiça de São Paulo, no Recurso de Apelação 1025629-71.2015.8.26.0506, de relatoria do Desembargador Piva Rodrigues, em que foi confirmado, a título de reparação da violação aos danos morais do autor, o valor correspondente ao dobro da quantia fixada como indenização pela violação dos direitos patrimoniais de autor.

do que a violação de direitos patrimoniais (*que poderá ser uma utilização de obra intelectual integra, mas sem a autorização do autor*).

A criteriosa utilização desses elementos resultará na justa aferição do *quantum* indenizatório correspondente à violação de direitos morais de autor para cada caso concreto. Vejamos, a seguir, um exemplo: uma determinada pessoa adquire, do respectivo autor, regularmente, os direitos de traduzir, publicar e comercializar uma obra literária estrangeira em tiragem de 3.000 exemplares (*livros*) e respeita, rigorosamente, os direitos patrimoniais de autor, ou seja, a tradução é de alta qualidade, em respeito ao conteúdo originário da obra, são publicados e comercializados exatamente 3.000 exemplares e tempestivamente pagos os 10% contratados (*com base no preço "de capa", qual seja valor ao consumidor*) a título de direitos autorais contratados.

Contudo, não há o mesmo procedimento em relação ao respeito aos direitos morais de autor, muito pelo contrário: o licenciado se apropria da autoria da obra substituindo, em cada livro de toda a edição, o nome do verdadeiro autor pelo seu.

Neste caso, indaga-se: além, naturalmente, da busca e apreensão de toda a edição, bem como, das sanções penais aplicáveis (*na órbita criminal*), quais seriam os critérios indenizatórios adequados para reparação desses danos, decorrentes da violação dos respectivos direitos morais de autor (art. 24, I e II, da Lei n. 9.610/98)?

A resposta não poderia ser a mera fixação tarifária de um valor aleatório a título de danos morais, mas sim obedecer aos critérios que deverão se nortear pelas similitudes – *e diferenciações* – expostas em relação aos danos patrimoniais. Nesse caminho, o valor de toda a edição (art. 103 da Lei n. 9.610/98) servirá como base para apuração do *quantum* indenizatório (*obviamente o número de exemplares tem relação direta com a abrangência da violação do direito moral em questão*), acrescido do percentual – *ou multiplicador* – a ser arbitrado em face da gravidade da prática ilícita referida[172].

Enfim, esse mesmo raciocínio merece ser aplicado sobre qualquer que seja a espécie do benefício obtido pelo infrator com sua prática ilícita. No exemplo que destacamos acima, trata-se de violação de direitos autorais

---

172. Nesse sentido o Tribunal de Justiça de São Paulo em acórdão proferido em 22-6-2004, pela Terceira Câmara de Direito Privado, por votação unânime, rel. Des. Luiz Antonio de Godoy, que confirmou integralmente a sentença que quantificou indenização a título de dano moral (omissão do nome do autor de obra fotográfica em propaganda) em valor correspondente a 10 vezes o *quantum* indenizatório atribuído ao dano material.

15 | Danos autorais e sua reparação

morais em reprodução e comercialização de CDs mas outras modalidades de utilização de obras intelectuais – *com ofensa a direitos morais de autor* – que possam produzir outras espécies de receitas, inclusive as denominadas "verbas publicitárias", podem servir como parâmetro indenizatório "em hipótese de violação de direitos da personalidade"[173], categoria jurídica que, como expressamos, engloba os direitos morais de autor.

Nesse caminho, e para encerrarmos, cabe destacar a judiciosidade de recente acórdão do STJ, de relatoria do Ministro Moura Ribeiro, que, após destacar a melhor trilha doutrinária e jurisprudencial aplicável na fixação de critérios para a valoração da reparação dos danos decorrentes de violação de direitos morais de autor, conclui com inegável acerto:

> Feitas essas considerações, é de se ressaltar que os critérios para o arbitramento dos danos morais serão apreciados nas instâncias inferiores de acordo com a legislação de regência, observados os elementos orientadores para a reparação integral do dano, abrangendo a efetiva penalização dos infratores, com o objetivo de desestimular a prática ilícita, bem como a adequação do montante indenizatório de acordo com o volume econômico da atividade em que a utilização indevida da obra foi inserida[174].

15.7. A ORIENTAÇÃO RECENTE DA JURISPRUDÊNCIA BRASILEIRA

15.7.1. Critérios reparatórios para os danos autorais de natureza patrimonial

15.7.1.1. *Violações ao direito de reprodução: reconhecimento do caráter sancionatório da reparação*

Neste item fundamental, destacamos os seguintes acórdãos, até 2017:

> Novela. Desfecho antecipado por publicação em revista. Reprodução *ipsis litteris* de boa parte do *script* do último capítulo, inédito. Ausência de

---

173. Ainda sobre a adoção do volume econômico envolvido na utilização não autorizada de obra intelectual, Carlos Alberto Bittar lembra a possibilidade de que a "verba publicitária" venha a servir como parâmetro indenizatório: "Como esses valores já encontram parâmetros no mercado, definida a verba publicitária, poder-se-ia traduzir, por outro lado, a indenização em percentual sobre o respectivo montante, fazendo-se a correlação com o resultado pretendido pelo anunciante (que se dimensiona pelo valor aplicado na campanha). Conjugar-se-iam, assim, o interesse do lesado e o sacrifício do lesante, dentro do binômio justo para a determinação de indenização em hipótese de violação de direitos da personalidade" (*Tutela dos direitos da personalidade e dos direitos autorais nas atividades empresariais*. São Paulo: Revista dos Tribunais, 1993, p. 60).

174. STJ, Acórdão de 16-5-2017, proferido por votação unânime da Terceira Turma nos Embargos de Declaração no REsp 1.558.683/SP, rel. Min. Paulo Dias de Moura Ribeiro.

667

autorização do autor. Conduta que não encontra abrigo ou respaldo nos direitos de citação ou de informação. Enriquecimento sem causa. Configuração. Indenização devida nos moldes do art. 122, da Lei n. 5.988/73[175].

Cabe ao responsável pela publicação de obra fotográfica o ônus de provar, na ação de ressarcimento de dano, que agiu com autorização do autor[176].

O ressarcimento devido ao autor haverá de superar o que seria normalmente cobrado pela publicação consentida. A ser de modo diverso, sua aquiescência seria, na prática, dispensável. Cumpre, ao contrário, desestimular o comportamento reprovável de quem se apropria indevidamente da obra alheia[177].

Pretensão de que o arbitramento deverá ser atribuído a órgão de classe, como alvitrara o requerente, ao invés de o perito de confiança do juízo, com julgamento seguinte de liquidação. Não acolhimento. (...) Quantificação da verba indenizatória, a partir da aplicação de percentual adequado sobre o custo da obra e tendo em conta, mesmo que não se tenha por integralizado o projeto, o fato de o trabalho utilizado, à revelia do autor, ter levado a efeito resultado, com a concretização do empreendimento imobiliário[178].

Programa de televisão de natureza publicitária. Obra concebida pela autora que, embora possa ter sido idealizada a partir de outras já existentes no cenário mundial, possui roteiro, finalização e concepção artística que lhe conferem contornos capazes de consubstanciar obra nova original, passível de proteção pelo Direito Autoral. Programa veiculado pela demandada que constitui mera cópia reprodução daquele concebido pela autora[179].

---

175. STJ, 4ª Turma, REsp 15.293-7, acórdão de 28-3-1995, rel. Min. Sálvio de Figueiredo Teixeira.
176. TJMG, 7ª Câmara Cível, Apelação 232.196-2, acórdão de 15-5-1997, rel. Juiz Antônio Carlos Cruvinel.
177. STJ, 3ª Turma, REsp 70.883-7, acórdão de 11-11-1997, rel. Min. Eduardo Ribeiro.
178. TJSP, 10ª Câmara de Direito Privado, Apelação Cível 20.937-4, acórdão de 22-6-1999, rel. Des. Guaglia Barbosa.
179. O caráter sancionatório da reparação fica evidenciado no desfecho decisório do acórdão: "A violação do direito autoral, mediante utilização indevida da obra, traz em si a presunção do prejuízo, que a apelante questiona, pois, como afirmado pela apelada, 'a reprodução indevida do programa da Apelada, além de diminuir as vendas do produto legítimo, enfraquece o seu poder de atração diminuindo-lhe o valor', o que torna dispensável a produção de outras provas em torno da existência do dano. Apenas uma observação deve ser efetuada, para aperfeiçoar o dispositivo da respeitável sentença, a fim de que não paire dúvida quanto ao montante da indenização, deixando-se assentado para perfeita clareza que a indenização fixada pela respeitável sentença aquela pleiteada na inicial, na base de 20% do faturamento bruto obtido pela demandada com a comercialização do programa 'ASHOW' ou 'AUTOSHOW' a ser apurado em liquidação de sentença por arbitramento, patamar esse que a apelante não demonstrou ser inadequado diante das características da causa". Anote-se que não encontramos registrada interposição de embargos infringentes neste caso. TJSP, 8ª Câmara de Direito Privado, Apelação Cível 174.271-4, acórdão de 5-3-2001, por maioria de votos, rel. Des. Cesar Lacerda.

15 | Danos autorais e sua reparação

Danos ocasionados com a utilização, em programa de televisão, de documentários cinematográficos, sem antecipada autorização do proprietário. Indenização devida. Prova suficiente da propriedade e do uso indevido[180].

Criação artística aposta em paredes de velho casarão, em exposição promovida pelo Estado. Encerramento da mostra, após o que liberadas as dependências para filmagens, sem restrições expressas. Propaganda de relógio elaborada a partir de tomadas realizadas no local, servindo de "pano de fundo" a criação artística aposta nas paredes. Notificação para cessação da publicidade e realização de entendimento sobre o uso da criação artística não atendida. Atendimento pela notificada do pedido para cessação da publicidade, mas propositura pelo notificante, titular do direito de autor, de ação de indenização, com pedido de condenação da empresa que encomendou a publicidade do relógio. Reconvenção da ré e denunciação da lide por ela à agência de publicidade, que apresenta contestação e reconvenção dirigida ao autor e, por sua vez, faz denuncia-

---

180. Nesse caso, cumpre, na verdade, apesar de reconhecermos a juridicidade do acórdão, destacar o brilhantismo do voto vencido do 3º Juiz, o Desembargador Boris Kauffmann, especialmente no que tange à avaliação reparatória exemplar (*em seu caráter sancionatório*): "O recurso é provido, em parte, acolhendo-se parcialmente a pretensão para condenar a Rádio e Televisão Record S/A a pagar a Primo Carbonari a indenização de R$ 600.480,00 (seiscentos mil e quatrocentos e oitenta reais) por danos decorrentes da ofensa ao direito autoral valor que deverá ser atualizado desde outubro de 1998 – data da Tabela de Preços – pelos índices aplicáveis às condenações judiciais, segundo tabela divulgada pelo Tribunal de Justiça de São Paulo, acrescentando-se juros de mora à taxa legal de 6% (seis por cento) ao ano, contados desde a citação ocorrida na medida cautelar (27-11-98). (...) A violação dos direitos do autor acarreta o direito à indenização (Lei 9.610/98, art. 102), aplicável também a quem transmite, por qualquer meio ou processo, as obras audiovisuais (Lei 9.610/98, art. 105). O programa, em outubro de 1988 – mês de referência da Tabela de Preços – era veiculado de segunda a sexta-feira às 7:30 horas, com duração de uma hora e meia (fls. 13). Não se sabe o tempo de duração do documentário intitulado 'Getúlio Vargas – 44 anos', onde as imagens foram incluídas, e nem o tempo de utilização da imagens pertencentes ao autor. Transmitido em rede para todo o Brasil, o custo da publicidade nele inserida era de R$ 3.336,00 (três mil e trezentos e trinta e seis reais) para cada 30 (trinta) segundos, conforme a referida Tabela de Preços. Para a fixação da indenização a ser paga ao autor levar-se-á em consideração o tempo de duração total do programa – 90 minutos – pelo mesmo valor cobrado pela publicidade (R$ 6.672,00/ minuto), totalizando R$ 600.480,00 (seiscentos mil e quatrocentos e oitenta reais). Tal cálculo é feito tendo em vista a impossibilidade de aferição do tempo em que as imagens foram utilizadas, impossibilidade que, como se viu, decorreu do descumprimento da obrigação da ré de conservar a cópia do programa. Também levou-se em consideração os ganhos auferidos com a veiculação. O recurso é provido, em parte, acolhendo-se parcialmente a pretensão para condenar o Rádio e Televisão Record S/A a pagar a Primo Carbonari a indenização de R$ 600.480,00 (seiscentos mil e quatrocentos e oitenta reais) pelos danos decorrentes da ofensa ao direito autoral, valor que deverá ser atualizado desde outubro de 1998 – data da Tabela de preços – pelos índices aplicáveis às condenações judiciais, segundo tabela divulgada pelo Tribunal de Justiça de São Paulo, acrescentando-se juros de mora à taxa legal de 6% (seis por cento) ao ano, contados desde a citação ocorrida na medida cautelar (27-11-98)" (Transcrição do desfecho do voto vencido referido). Anote-se, finalmente, que a decisão foi objeto de Embargos Infringentes (n. 216.302-4/9-03) tendo sido confirmado, em 10-4-2003, por apertada maioria de votos (3 a 2), o aresto originário. TJSP, 5ª Câmara de Direito Privado, Apelação Cível 216.302-4, acórdão de 22-2-2002, por maioria de votos, rel. Des. Silveira Netto.

ção da lide a empresa outra, que se encarregara das filmagens e produção. Denunciação da lide por esta última à associação que permitira a ela as filmagens nos cômodos independentemente de limitações. Julgamento de improcedência de todas as ações em primeiro grau, não conhecida a reconvenção da denunciada em face do autor. Acolhimento de apelação interposta por este, em parte, com julgamento de procedência de sua ação, em parte, e condenação da ré no pagamento de indenização apenas por danos patrimoniais, bastante para isso somente o uso de sua criação sem que tivesse dado permissão para a ocorrência[181].

Obra artística protegida, consistente em desenhos criados pela autora, utilizados na confecção de bolsas, mochilas dentre outros produtos. Originalidade e criatividade presentes, sendo nesse sentido a conclusão da prova pericial, reconhecendo a distinção das obras criadas pela autora em relação àquelas em que a mesma alega ter se inspirado. Direito autoral violado, ante a comercialização não autorizada de produtos que ostentam obras criadas pela autora. Dever de indenizar. Inexigibilidade de registro junto ao INPI, por força do art. 18 da Lei n. 9.610/98. Reforma da sentença apenas para estender o período a ser apurado o dano material, devendo ter início em setembro de 2002, data em que a autora comprovou confeccionar as mercadorias com a sua obra artística. Desprovimento do primeiro recurso e parcial provimento do segundo[182].

---

181. Apesar de a sentença de improcedência da ação ter sido reformada pelo acórdão apenas na parte em que aquela afastava a violação de direitos patrimoniais de autor do demandante (artista plástico) e não em relação à violação de direitos morais, como entendemos que seria adequado em face do reconhecimento do ilícito autoral pelo Tribunal (*ao menos no tocante à omissão da indicação de autoria e à reprodução e exibição em filme publicitário da obra em estado de deterioração, maculando a reputação do autor em infração ao art. 24, incisos II e II, respectivamente, da Lei n. 9.610/98*) no tocante à quantificação de apuração (patrimonial) evidenciado o judicioso intuito sancionatório da decisão ao condenar a empresa anunciante a pagar uma indenização ao autor no importe de 15% sobre o valor total pago à agência de publicidade "pela propaganda contratada" (TJSP, 4ª Câmara de Direito Privado, Apelação Cível 258.224-4, acórdão de 29-11-2007, rel. Des. José Geraldo de Jacobina Rabello).

182. Apesar de o *quantum* reparatório ser fixado em apenas R$ 15.000,00 (*quinze mil reais*), resta claro, no tocante à reparação patrimonial, o intuito sancionatório da decisão monocrática originária, prestigiada e ampliada – *no correspondente à extensão do prazo de cômputo indenizatório (como indicado na ementa)* – pelo acórdão ao estabelecer o "pagamento de danos materiais a ser apurado em liquidação de sentença, através de aferição do lucro obtido pela ré com a comercialização das mercadorias, ou, na ausência de comprovação do referido lucro, por aplicação do disposto no parágrafo único do art. 103 da Lei 9.610/98" (que prevê o pagamento, pelo transgressor, "de valor de 3.000 exemplares" de "edição fraudulenta"). Observe-se que, apesar de não se encontrar explícito no acórdão, entendemos que, logicamente, essa tiragem mínima legal deverá ser considerada em relação a cada modalidade de produto que tenha incorporado as obras artísticas em questão. Nesse sentido a regra indenizatória estabelecida nesse mesmo dispositivo legal citado no acórdão (art. 103, parágrafo único, da Lei n. 9.610/98) foi aplicada em acórdão posterior (de 16-4-2008) do mesmo Tribunal (votação unânime de sua Sétima Câmara Civil na Apelação Cível 04094, rel. Des. Carlos L. Lavigne de Lemos) em violação de direito de autor de escritor de livros didáticos cujos trechos haviam sido reproduzidos, sem autorização, em apostilas diferentes de uma mesma editora vendidas em livraria: o acórdão determinou que a tiragem mínima legal

15 | Danos autorais e sua reparação

Edição não autorizada. Critério indenizatório. Não comportando adotar-se, para a edição desautorizada, o mesmo critério remuneratório antes negociado pelas partes para a edição legítima, é de rigor mandar-se para arbitramento o levantamento da indenização devida ao lesado, observada a diretriz de não permitir ao infrator amealhar qualquer margem de lucro com a edição pirata[183].

O valor fixado pela perita não se sustenta. Melhor é se basear no trabalho do autor intitulado "Torso de Mulher", referido a fls. 237 do laudo, vendido na Arte Aplicada em 15-4-84 por US$ 6.248,55, que passa a ser o valor da venda da escultura, e que não foi pago ao contrário do que sustentam várias peças de defesa, nos termos da réplica e documentos juntados com ela, e que servirá como parâmetro para as reproduções não autorizadas tanto na revista como outras (*trecho decisório do acórdão que atribui, exemplarmente, o valor da obra de arte original como parâmetro para as reproduções não autorizadas em revista*)[184].

Programa de computador (*software*). Indenização. Fixação. Art. 103 da Lei n. 9.610/98. Possibilidade de identificação numérica da contrafação. A sanção do parágrafo único do art. 103 da Lei n. 9.610/98 tem sua aplicação condicionada à impossibilidade de identificação numérica da contrafação. A pena pecuniária imposta ao infrator não se encontra restrita ao valor de mercado dos programas apreendidos. Inteligência do art. 102 da Lei n. 9.610/98 – "sem prejuízo da indenização cabível." – na fixação do valor da indenização pela prática da contrafação, observada a razoabilidade, devem ser considerados os seguintes itens balizadores: (i) o fato de que desestimule a prática ofensiva e obste o enriquecimento sem causa do titular dos direitos autorais violados; (ii) o fato de inocorrência de comercialização dos produtos contrafaceados. Na hipótese julgada, é razoável supor que não houve a intenção de praticar qualquer espécie de concorrência desleal ou comprometer a indústria legalizada[185].

Direito autoral. Utilização pelos réus de material publicitário criado pelo apelante, sem autorização expressa do autor. Ausência de ineditismo no *slogan* "Sustentabilidade Começa em Casa", por se tratar de expressão de uso comum, utilizada em diversos endereços eletrônicos por outros es-

---

(*3.000 exemplares*) fosse multiplicada pelas seis edições, resultando, assim, o valor total correspondente a 18.000 exemplares. Acrescente-se que, conforme já expusemos neste capítulo, item 14.4.2.3.2. (e de acordo com o acórdão de 21-10-1986 do Supremo Tribunal Federal, Recurso Extraordinário 102.963/RJ, votação unânime da sua Segunda Turma, rel. Min. Francisco Rezek), o valor a ser computado para cada exemplar deverá ser o "de mercado", ou seja, nesse caso, do "preço de capa" (*valor a ser pago pelo consumidor*) de cada apostila, sem descontos. TJRJ, 18ª Câmara Cível, Apelação Cível 3.244/2008, acórdão de 18-3-2008, rel. Des. Célia Maria Vidal Meliga Pessoa.

183. TJRJ, 6ª Câmara Cível, Ag. Inst. 2007 002.35018, acórdão de 16-4-2008, rel. Des. Nagib Slaibi.

184. TJRJ, 6ª Câmara Cível, Ag. Inst. 2007 002.35018, acórdão de 16-4-2008, rel. Des. Nagib Slaibi.

185. STJ, 3ª Turma, REsp 1.016.087/RS, acórdão de 6-4-2010, rel. Min. Nancy Andrighi.

671

tabelecimentos virtuais. Improcedência do pedido de abstenção de não fazer. Inibitória e indenizatória improcedentes neste tocante. Apelação improvida neste tocante. Direito Autoral. Utilização pelos réus de Manual de Instrução de composteiras domésticas redigidos pelo autor. Tese de defesa no sentido de que manual de instrução carece de tutela jurídica, conforme art. 8º da Lei de Direitos Autorais. Improcedência. Hipótese em que não houve simples reprodução de ideias, métodos ou sistemas, mas verdadeira reprodução integral do manual de instruções redigido pelo criador, sem qualquer menção ao escritor. Plágio configurado. Inibitória procedente neste tocante. Apelação parcialmente provida para este fim. Direito Autoral. Utilização pelos réus de material publicitário criado pelo apelante, sem autorização expressa do autor. Fotografias de composteiras domésticas. Não obstante semelhança visual das diversas composteiras existentes no mercado, as fotografias de autoria do demandante não poderiam ser utilizadas pelos réus após o término do contrato de parceria entre eles e a pessoa jurídica do qual o autor é sócio. Confissão expressa dos demandados do uso indevido das fotografias. Presunção de que demandante, na qualidade de artista plástico, sócio e representante legal da parceira comercial da corré é o criador intelectual da obra. Inércia dos réus quanto ao ônus probatório (CPC, art. 333, II). Verba indenizatória fixada em R$ 15.000,00. Inibitória e indenizatória procedentes. Apelação parcialmente provida para este fim[186].

Pleito indenizatório fundado na reprodução de material fotográfico de titularidade do requerente, nas de latas da cerveja Skol (produzidas/comercializadas pela ré). Procedência. Prova pericial conclusiva de que a estampa da lata de cerveja teve origem na fotografia de titularidade do autor, apontando ainda que se cuida de criação artística Autorização deste último inexistente Violação aos artigos 28 e 79, § 1º, da Lei n. 9.610/98. Dano moral que é presumido e decorre da indevida utilização de obra do autor. *Quantum* indenizatório. Montante de R$ 30.000,00 que se mostra adequado e atende à finalidade da condenação. Danos materiais Fixação no valor equivalente a 3.000 unidades do produto ao tempo dos fatos, a ser apurado em liquidação. Correta aplicação do art. 103, par. único, do mesmo diploma legal, assim como o decreto de procedência da lide secundária (que, nos termos do contrato firmado, responde pelos prejuízos causados a esta última). Sentença mantida. Recursos improvidos[187].

---

186. TJSP, 2ª Câmara Reservada de Direito Empresarial, Apelação 0152759-23.2012.8.26.0100, acórdão de 17-2-2014, rel. Des. Ricardo Negrão.

187. TJ-SP, 20ª Câmara Extraordinária de Direito Privado, Apelação Cível 0028121-34.2017, acórdão de 27-4-2017, rel. Des. Salles Rossi.

15.7.1.2. Violações ao direito de execução pública: reconhecimento do caráter sancionatório da reparação

Destacamos, aqui, em ordem cronológica (de 2002 a 2018), dez acórdãos importantes, SEIS relativos à aplicação da multa estabelecida no art. 109 da Lei n. 9.610/98, no importe de 20 vezes "o valor que deveria ser originariamente pago" pela execução pública em questão. O primeiro desses acórdãos, do Superior Tribunal de Justiça, de 2002, condiciona a adoção da punição "à ação de má-fé, de usurpação do direito autoral", o que, há hipótese examinada, entende que não houve:

1

Superior Tribunal de Justiça

Quarta Turma – Recurso Especial 439.441/MG

Acórdão de 26-11-2002 – votação unânime

Rel.: Min. Aldir Passarinho Junior

EMENTA: Civil e Processual. Direito autoral. Sonorização mecânica. Academia de ginástica. Condenação. Multa indevida. Lei n. 9.610/98, art. 109. LICC, art. 5º. CPC, art. 209. Prequestionamento. Ausência. Súmulas ns. 282 e 356-STF. I. A elevada multa prevista no art. 109 da novel Lei n. 9.610, equivalente a vinte vezes o valor devido originariamente, não é de ser aplicada a qualquer situação indistintamente, porquanto objetiva, por seu caráter punitivo e severa consequência, não propriamente penalizar atraso ou omissão do usuário, mas, sim, a ação de má-fé, ilícita, de usurpação do direito autoral, o que não se revela na hipótese, em que o estabelecimento comercial, modesto, utilizava a sonorização mecânica apenas como elemento coadjuvante da atividade-fim, sem intenção fraudulenta direta, como se dá em casos de contrafação mediante produção de cópias desautorizadas de fitas e "CD". II. Temperamento que se põe na aplicação da lei, sob pena de se inviabilizar a própria atividade econômica desenvolvida pelo usuário, com prejuízo geral, em contrário ao princípio insculpido no art. 5º da LICC. III. A ausência de prequestionamento do tema referente ao art. 209 do CPC impede o seu exame no âmbito desta Corte, ao teor das súmulas 282 e 356 do STF. IV. Recurso especial não conhecido.

Os demais cinco acórdãos sobre a aplicação da multa do art. 109 da Lei n. 9.610/98 – numerados de 2 a 6 e datados de 2003 a 2008 –, todos do Tribunal de Justiça do Rio de Janeiro, cujas ementas são transcritas a seguir, aplicam a penalização:

2

Tribunal de Justiça do Rio de Janeiro
Quarta Câmara Cível – Apelação Cível 11220
Acórdão de 19-9-2003 – votação unânime
Rel.: Des. Jair Pontes de Almeida

EMENTA: Direitos autorais. ECAD. Utilização não autorizada de obra musical. I. Questão processual. Ilegitimidade de parte. Inocorrência. Decorre dos termos da lei a solidariedade entre os responsáveis pelo local onde se realiza o espetáculo e os organizadores do evento. II. Outra questão processual. Argumento novo. Não conhecimento. Não se conhece de argumento novo posto apenas nas razões de recurso, sem que tenha sido debatido em primeiro grau. Hipótese em que a apelante não discutiu, na contestação, a ausência de fins lucrativos no espetáculo que fez realizar em uma de suas estações. III. Questão de mérito. Não demonstrando a Ré o desacerto da equação pela qual a Autora chegou ao valor devido, não se pode acolher sua irresignação. Acréscimos moratórios que foram calculados segundo o disposto no artigo 109 da Lei n. 9.610/95.

3

Tribunal de Justiça do Estado do Rio de Janeiro
Décima Segunda Câmara Cível – Apelação Cível 09696
Acórdão de 6-11-2003
Rel.: Des. Gamaliel Q. de Souza

EMENTA: Ação de cobrança de direitos autorais devo a retransmissão radiofônica de músicas, sem autorização. Tratando-se de estabelecimento comercial de frequência coletiva, enumerado no parágrafo 3º do art. 68 da Lei n. 9.610/98, a utilização de repertório musical nas dependências deve ser precedida de autorização dos titulares. Matéria já sumulada pelo STJ, pelo verbete 63, segundo o qual "São devidos direitos autorais pela retransmissão radiofônica de música em estabelecimento comercial". O art. 31 da Lei n. 9.610/98 afasta o argumento de que a cobrança refletiria *bis in idem*, pelo fato de que as diversas formas de utilização da obra musical são independentes entre si e a autorização concedida pelo autor ou produtor, respectivamente, não se estende aos demais. A cobrança, entretanto, não pode se estender ao ano de 1995, mas a partir da vigência da Lei n. 9.610/98, devendo o *quantum debeatur* ser apurado em liquidação por arbitramento, nele incidindo a multa prevista no art. 109 da referida lei. Provimento parcial do recurso.

15 | Danos autorais e sua reparação

4

Tribunal de Justiça do Estado do Rio de Janeiro
Décima Câmara Cível – Apelação Cível 24.356
Acórdão de 7-12-2004 – votação unânime
Rel.: Des. Sylvio Capanema de Souza

EMENTA: Ação de cobrança. Direitos autorais. ECAD. Música transmitida em academia de artes marciais e ginástica. Proteção à propriedade imaterial. Incidência da multa do art. 109 da Lei n. 9.610/98. Previsão legal. Já se assentou a construção pretoriana, inclusive nos Tribunais Superiores, que são devidos os direitos autorais em razão da difusão de músicas no recinto de estabelecimentos comerciais, independente do interesse econômico, já que o objetivo da lei é proteger a propriedade intelectual e artística de seus autores. O ECAD tem competência legal para fiscalizar a execução da lei, autuando os infratores. Verificada a infração, traduzida pelo não recolhimento das quantias devidas, impõe-se a aplicação da multa, cujo valor é fixado por lei, independente do montante das contribuições devidas. Desprovimento do 1º recurso e provimento do adesivo, para incluir na condenação a multa prevista no art. 109 da Lei n. 9610/98.

5

Tribunal de Justiça do Estado do Rio de Janeiro
Décima Segunda Câmara Cível – Apelação Cível 47.629
Acórdão de 16-10-2007
Rel.: Des. Gamaliel Q. de Souza

EMENTA: Direito autoral. Ação de cobrança. Execução de obras musicais em estabelecimento comercial em desacordo com a Lei n. 9.610/98. Sem prévia e expressa autorização dos autores intelectuais e sem o prévio pagamento previsto na referida lei. Pedido consistente na condenação do réu ao pagamento de mensalidades vencidas desde maio de 2000 e vincendas, na forma do art. 290 do CPC e ao pagamento da multa. Procedência parcial da pretensão do autor. Provimento do recurso do autor no sentido de se reconhecer como devidas as mensalidades vencidas como as vincendas, a incidência da multa, prevista na lei específica e os ônus sucumbências, provenientes da derrota experimentada pelo réu, ficando prejudicado o segundo recurso.

6

Tribunal de Justiça do Estado do Rio de Janeiro
Décima Oitava Câmara Cível – Apelação Cível 65.167

675

Acórdão de 6-2-2008

Rel.: Des. Cassia Medeiros

EMENTA: Direitos. Autorização de cobrança. Legitimidade Ativa do ECAD. Desnecessidade de prova de filiação e autorização dos titulares dos direitos reclamados. Multa. Juros de mora. Ação de procedimento comum ordinário proposta pelo ECAD para cobrança de R$ 4.306,75, com a multa prevista no artigo 109 da Lei n. 9.610/98, em razão de haver o réu promovido espetáculos públicos de música ao vivo no Espaço Cultural Sérgio Porto, com exibição de obras artísticas do repertório protegido pelo autor, em flagrante violação à Lei de Direitos Autorais. Sentença que condenou o réu ao pagamento da importância requerida, com juros de mora de 0,5% ao mês a partir da citação, até a entrada em vigor do novo Código Civil e, após, 1% ao mês, e correção monetária a contar da data do vencimento de cada rubrica, além da multa prevista no artigo 109 da Lei n. 9.610/98, equivalente a 20 vezes o valor originalmente devido.

O sétimo acórdão, a seguir destacado, do Tribunal de Justiça do Estado de São Paulo, embora o item "execução pública" não seja o único a representar a utilização indevida (*houve, também, a inclusão de trechos de obras musicais em audiovisual publicitário*), tem inegável relevância, na medida em que reforma decisão monocrática para majorar substancialmente (17 vezes) o "valor módico e irreal" da condenação originária:

7

Tribunal de Justiça do Estado de São Paulo

2ª Câmara de Direito Privado – Apelação Cível 236.626-4

Acórdão de 9-4-2002 – votação unânime

Rel.: Des. J. Roberto Bedran

EMENTA: Indenização. Direitos de autor. Desautorizado inclusão de fragmentos de composições musicais em audiovisual publicitário e comercial, utilizado em execuções no interior de aeronaves em voos internacionais com chegada no Rio. Liquidação por arbitramento. Sentença que acolhe o laudo pericial e fixa a indenização em R$ 10.802,40 (Deis mil, oito reais e quarenta centavos) – valor módico e irreal. Prevalência das críticas da assistente técnica dos autores, com singular hipótese. Elevação para R$ 186.000,00 (Cento e oitenta e seis mil reais). Apelação das autoras provida.

O oitavo acórdão deste item refere-se à aplicação da penalização estipulada no art. 105 da Lei n. 9.610/98 – aumento de multa até o dobro do seu valor – relativa à reincidência do infrator em hipóteses de transmissões e comunicação indevida ao público de obras intelectuais, interpretações e fonogramas:

8

Tribunal de Justiça do Estado do Rio de Janeiro

Décima Primeira Câmara Cível – Apelação Cível 05.073

Acórdão de 22-6-2005 – votação unânime

Rel.: Des. Cláudio de Mello Tavares

EMENTA: Transmissão radiofônica de obras musicais. Inobservância dos arts. 29, 68 e 99 da Lei n. 9.610/98. Aplicação da sanção prevista no art. 105 da referida lei. Considerando que a emissora/apelante insiste em transmitir obras musicais em sua programação radiofônica, sem a autorização do ECAD e, por conseguinte, de forma reincidente, não vem pagando as mensalidades inerentes aos direitos autorais, afigura-se correta a sentença, que julgou procedente o pedido cautelar, determinando que a mesma se abstenha de transmitir em sua programação, qualquer obra musical, com fulcro no art. 105 da Lei n. 9.610/98, sob pena de multa de R$ 260,00 (duzentos e sessenta reais) para cada execução irregular, suportando, ainda, os ônus sucumbenciais. Recurso conhecido e improvido.

9

Superior Tribunal de Justiça

Quarta Turma – Recurso Especial 1.358.441/RS

Acórdão de 4-2-2016 – votação unânime

Rel.: Min. Luis Felipe Salomão

EMENTA: Direito de autor. Recurso Especial. Violação ao art. 535 do CPC. Não configuração. Existência simultânea de direitos autorais e patrimoniais do autor da obra. Comercialização de música como toques de aparelho telefônicos. *Ringtones*. Inexistência de autorização do titular da obra. Violação à Lei n. 9.610/1998. Valor da indenização por dano moral. Atendimento aos critérios de razoabilidade. Impossibilidade de intervenção desta Corte Superior. Incidência da Súmula 7/STJ. Recurso não provido. 1. Não há falar em negativa de prestação jurisdicional na hipótese em que, embora rejeitados os embargos de declaração, a matéria em exame foi devidamente enfrentada pelo Tribunal de origem, que emitiu pronunciamento de forma fundamentada, ainda que em sentido contrário à pretensão da recorrente. 2. O artigo 28 da Lei de Direitos Autorais, ao trazer os chamados direitos patrimoniais, dispõe que, como regra geral, cabe ao autor o direito exclusivo de utilizar, fruir e dispor da obra artística, garantia que decorre do art. 5º da Constituição Federal de 1988. 3. O art. 24 da Lei n. 9.610/1998 traz a relação dos direitos morais do autor, consistente na possibilidade de reivindicação e modificação da criação, conservação de obra inédita, retirada de circulação ou suspensão de utilização já autorizada, bem como o de assegurar a integridade da criação intelectual. 4. De acordo com o inciso IV do art. 24 da Lei de Direitos Autorais, não são todas e quaisquer modificações que violam a integridade da obra, mas somente aquelas capazes de atingir a honra e a reputação do autor ou de prejudicar a sua criação intelectual. 5. A garantia à integridade da obra tem por objetivo evitar a desnaturação da criação ou o desrespeito às características que a identificam e, dessa forma, a reprodução parcial da obra musical, especialmente o trecho mais conhecido, longe está de implicar vulneração à lei de direitos autorais (art. 24, IV, da Lei n. 9.610/1998). 6. Desde que expressamente autorizadas ou se as finalidades do contrato assim exigir, são admissíveis as adaptações da obra em razão da exigência do meio em que serão utilizadas. 7. No caso, a utilização de parte da música, ainda que, em regra, seja lícita, se tornou contrária aos ditames da Lei n. 9.610/1998, com a consequente violação aos direitos do autor, pois a utilização ocorreu sem prévia autorização do compositor. 8. A importância de R$ 25.000,00 (vinte e cinco mil reais), arbitrada a título de indenização por danos morais, não se revela exorbitante, razão pela qual não há justificativa para a intervenção desta Corte Superior. Incide, portanto, o enunciado da Súmula 7/STJ. 9. Recurso especial não provido.

10

Superior Tribunal de Justiça

Terceira Turma – Recurso Especial 1.655.485/RS

Acórdão de 13-3-2018 – votação unânime

Rel.: Min. Nancy Andrighi

EMENTA: Recurso Especial. Direito autoral. Não pagamento. Incidência sobre transmissão em hotéis, via TV por assinatura. Pretensão inibitória. Suspensão da execução. Art. 105 da Lei de Direitos Autorais. Tutela específica. Viabilidade. Juros de mora. Marco inicial. Evento danoso. 1 – Ação ajuizada em 29-8-2012. Recurso especial interposto em 21-9-2016 e concluso ao Gabinete em 7-3-2017. 2 – O propósito recursal é analisar (i) a possibilidade de cobrança de direitos autorais quando houver disponibilização de TVs por assinatura em quartos de hotel; (ii) o cabimento de medida destinada à suspensão da execução de obras musicais no estabelecimento comercial do recorrido; e (iii) o marco inicial da fluência de juros moratórios. 3 – No que concerne à cobrança de direitos autorais, é irrelevante que a execução não autorizada de obras musicais e audiovisuais em locais de frequência coletiva tenha ocorrido a partir da disponibilização de aparelho televisor com equipamento receptor do sinal de TV a cabo ou TV por assinatura. Precedentes. 4 – O pagamento prévio dos direitos autorais, como regra geral, é condição para a execução pública de obras musicais. 5 – A tutela inibitória destinada a impedir a violação de direitos autorais constitui medida expressamente prevista no art. 105 da Lei n. 9.610/98, não se confundindo com a pretensão de cobrança dos valores devidos e não pagos a esse título. A primeira sanciona a violação da norma, impedindo a continuação ou a repetição do ilícito; a segunda sanciona o dano ou o não cumprimento do dever de pagamento. Doutrina. 6 – A jurisprudência do STJ firmou-se no sentido de que os juros de mora, nas hipóteses de violação a direitos autorais, devem remontar à data em que cometida a infração ao direito, sendo certo que o infrator está em mora, em regra, desde o momento em que se utiliza das obras sem a devida autorização. 7 – Recurso especial provido.

15.7.1.3. Precedentes relevantes na reparação de danos, com caráter sancionatório, decorrentes de violações de direito autoral sobre programas de computador

Neste item, destacamos, em ordem cronológica (2002 a 2017), dez acórdãos (*ementas*):

1

Tribunal de Justiça do Distrito Federal e dos Territórios

2ª Turma Cível – Apelação Cível 20000110001106APC/DF

Acórdão de 30-10-2002 – por maioria de votos

Rel.: Des. Adelith de Carvalho Lopes

EMENTA: Direitos autorais. Programas de computador. Reprodução sem autorização. Ressarcimento. Valor apurado em perícia. Perdas e Danos. Procedência. 1 – Uma vez comprovado nos autos que o réu utilizou-se de programas de computador (*softwares*) da autora sem a necessária autorização ou licença, correta a sentença que determina o ressarcimento pela indevida utilização dos mesmos, de acordo com o laudo pericial acostado aos autos, apontando o número de programas "pirateados" existentes. 2 – Ao autor, proprietário dos programas, defere-se indenização por perdas e danos pela utilização de produtos irregularmente instalados sem a pertinente licença, prevenindo, assim, a prática de condutas ilícitas pelos consumidores de programas de computador. 3 – Negou-se provimento ao recurso do réu e deu-se parcial provimento ao recurso do autor. Decisão por maioria.

2

Superior Tribunal de Justiça

Terceira Turma – Recurso Especial 71281-7

Acórdão de 8-5-2003 – votação unânime

Rel.: Min. Nancy Andrighi

EMENTA: Direito Civil. Recurso Especial. Ação de conhecimento sob o rito ordinário. Programa de computador (*software*). Natureza jurídica. Direito autoral (propriedade intelectual). Regime jurídico aplicável. Contrafação e comercialização não autorizada. Indenização. Danos materiais. Fixação do *quantum*. Lei especial (9.610/98, art. 103). Danos morais. Dissídio jurisprudencial. Não demonstração. O programa de computador (*software*) possui natureza jurídica de direito autoral (obra intelectual), e não de propriedade industrial, sendo-lhe aplicável o regime jurídico atinente às obras literárias. Constatada a contrafação e a comercialização não autorizada do *software*, é cabível a indenização por danos materiais conforme dispõe a lei especial, que a fixa em 3.000 exemplares, somados aos que forem aprendidos, se não for possível conhecer a exata dimensão da edição fraudulenta.

É inadmissível o recurso especial interposto com fulcro na alínea *c* do permissivo constitucional se não restou demonstrado o dissídio jurisprudencial apontado.

3

Superior Tribunal de Justiça

Terceira Turma – Recurso Especial 443.119/RJ

Acórdão de 30-6-2003 – votação unânime

Rel.: Min. Nancy Andrighi

EMENTA: Direito Civil. Recurso Especial. Ação de conhecimento sob o rito ordinário. Programa de computador (*software*). Natureza jurídica. Direito autoral (propriedade intelectual). Regime jurídico aplicável. Contrafação e comercialização não autorizada. Indenização. Danos materiais. Fixação do *quantum*. Lei especial (9.610/98, art. 103). Danos morais. Dissídio jurisprudencial. Não demonstração. O programa de computador (*software*) possui natureza jurídica de direito autoral (obra intelectual), e não de propriedade industrial, sendo-lhe aplicável o regime jurídico atinente às obras literárias. Constatada a contrafação e a comercialização não autorizada do *software*, é cabível a indenização por danos materiais conforme dispõe a lei especial, que a fixa em 3.000 exemplares, somados aos que foram apreendidos, se não for possível conhecer a exata dimensão da edição fraudulenta.

4

Superior Tribunal de Justiça

Terceira Turma – Recurso Especial 768.783/RS

Acórdão de 35-9-2007 – votação unânime

Rel.: Min. Humberto Gomes de Barros

EMENTA: Responsabilidade civil. Direito autoral. Programa de computador (*software*). Contrafação. Indenização dos danos materiais. Fixação. Lei n. 9.610/98. Honorários advocatícios. Sucumbência recíproca. Art. 21 do CPC. – A ação de perdas e danos decorrentes de violação a direitos do autor de programa de computador, tem fundamento na regra geral do Código Civil (Art. 159 do CCB/1916). Entretanto, os critérios para a quantificação dos danos materiais estão previstos na Lei n. 9.609/98 (Art. 103). – Apesar disso, limitar a condenação ao valor equivalente ao número de programas de computador contrafaceados não atende à expressão do Art. 102 da Lei n. 9.609/98 – "sem prejuízo de indenização cabível. – A utilização dos *softwares* contrafaceados em computadores ligados entre si por rede permite que um número maior de pessoas os acesse, autorizando seja majorada a condenação.

5

Tribunal de Justiça do Estado de São Paulo

Sexta Câmara de Direito Privado – Apelação Cível com Revisão 475.750-4/Jundiaí

Acórdão de 6-3-2008 – votação unânime

Rel.: Min. Vito Guglielmi

EMENTA: Direito autoral. Indenização. Uso indevido de programa de computador. Prova pericial que confirma a utilização não licenciada. Violação à legislação autoral. Culpa caracterizada. Dano existente. Ação procedente. Sentença mantida. Recurso improvido. Indenização. Direito autoral. Fixação que atendeu os ditames legais. Pretendida redução.

Inadmissibilidade. Valor arbitrado que atende ao preceituado no artigo 103, parágrafo único, da Lei n. 9.610/98. Pretensão afastada. Sentença mantida. Recurso improvido.

– Em sua fundamentação (*desfecho decisório*), evidente o conteúdo sancionatório ao consignar, o acórdão:

Note-se que a decisão limitou-se ao valor dos programas irregulares encontrados nas dependências da ré. E como duvidoso o número efetivo de reproduções, bem reconhecido o valor de três mil exemplares por programa indevidamente reproduzido, pois obedecendo critério legal objetivo para sua fixação, razão pela qual inaceitável é a alegação no sentido da inaplicabilidade do art. 103, parágrafo único, da Lei n. 9.610/98.

6

Superior Tribunal de Justiça

Terceira Turma – Recurso Especial 1.136.676/RS

Acórdão de 16-6-2010 – votação unânime

Rel.: Min. Nancy Andrighi

EMENTA: Responsabilidade civil. Direito autoral. Programa de computador (software). Indenização. Fixação. Parâmetros.

Na hipótese julgada, é razoável supor que não houve a intenção de praticar qualquer espécie de concorrência desleal ou comprometer a indústria legalizada.

Os arts. 103 e 107 da Lei n. 9.610/98 incidem apenas nas situações de edição fraudulenta da obra. Na hipótese de simples uso de programa sem a respectiva licença, aplica-se a regra do art. 102 da Lei n. 9.610/98.

A sanção do parágrafo único do art. 103 da Lei n. 9.610/98 tem sua aplicação condicionada à impossibilidade de identificação numérica da contrafação.

A pena pecuniária imposta ao infrator não se encontra restrita ao valor de mercado dos programas apreendidos. Inteligência do art. 102 da Lei n. 9.610/98 "sem prejuízo da indenização cabível".

A fixação do valor da indenização pela prática da contrafação deve servir, entre outras coisas, para desestimular a prática ofensiva, sem, no entanto, implicar enriquecimento sem causa do titular dos direitos autorais violados.

Recurso Especial parcialmente conhecido e provido.

15 | Danos autorais e sua reparação

7

Superior Tribunal de Justiça
Quarta Turma – Recurso Especial 1.185.943/RS
Acórdão de 15-2-2011 – votação unânime
Rel.: Min. Luis Felipe Salomão

EMENTA: Responsabilidade Civil. Direito Autoral. Programa de Computador (*software*). Ausência de prequestionamento dos artigos 186, 944 e 927, do Código Civil. Possibilidade de identificação numérica da contrafação. Inaplicabilidade do artigo 103, parágrafo único da Lei 9.610/98. Indenização devida nos termos do artigo 102 da Lei n. 9.610/98. Recurso Especial Provido. 1. "A pena pecuniária imposta ao infrator não se encontra restrita ao valor de mercado dos programas apreendidos". Inteligência do art. 102 da Lei n. 9.610/98 – "sem prejuízo da indenização cabível." – na fixação do valor da indenização pela prática da contrafação" (REsp 1.136.676/RS, Rel. Min. Nancy Andrighi) 2. O simples pagamento, pelo contrafator, do valor de mercado por cada exemplar apreendido, não corresponde à indenização pelo dano causado decorrente do uso indevido, e muito menos inibe a sua prática. 3. O parágrafo único do art. 103 da Lei n. 9.610/98 tem sua aplicação condicionada à impossibilidade de quantificação dos programas de computador utilizados sem a devida licença, o que não é o caso dos autos. 4. Recurso especial parcialmente conhecido e provido.

8

Superior Tribunal de Justiça
Terceira Turma. Recurso Especial 1.403.865/SP
Acórdão de 7-11-2013 – votação unânime
Rel.: Min. Nancy Andrighi

EMENTA: Recurso Especial. Civil e processual civil. Ação de indenização. Propriedade intelectual. Contrafação. Programas de computador (software). Caráter punitivo e pedagógico. Artigos analisados: art. 102 da Lei 9.610/98. 1. Ação de indenização ajuizada em 14-3-2003. Recurso especial concluso ao Gabinete em 20-8-2013. 2. Discussão relativa à adequação dos critérios utilizados para fixar a indenização devida, em razão da utilização ilegítima de *softwares* desenvolvidos pela recorrente. 3. A exegese do art. 102 da Lei de Direitos Autorais evidencia o caráter punitivo da indenização, ou seja, a intenção do legislador de que seja primordialmente aplicado com o escopo de inibir novas práticas semelhantes. 4. A

683

mera compensação financeira mostra-se não apenas conivente com a conduta ilícita, mas estimula sua prática, tornando preferível assumir o risco de utilizar ilegalmente os programas, pois, se flagrado e processado, o infrator se verá obrigado, quanto muito, a pagar ao titular valor correspondente às licenças respectivas. 5. A quantificação da sanção a ser fixada para as hipóteses de uso indevido (ausente a comercialização) de obra protegida por direitos autorais não se encontra disciplinada pela Lei n. 9.610/98, de modo que deve o julgador, diante do caso concreto, utilizar os critérios que melhor representem os princípios de equidade e justiça, igualmente considerando a potencialidade da ofensa e seus reflexos. 6. É razoável a majoração da indenização ao equivalente a 10 vezes o valor dos programas apreendidos, considerando para tanto os próprios acórdãos paradigmas colacionados pela recorrente, como os precedentes deste Tribunal em casos semelhantes. 7. Recurso especial provido.

9

Tribunal de Justiça de São Paulo

Terceira Câmara Cível. Apelação 1074333-09.2014.8.26.0100

Acórdão de 16-8-2017 – votação unânime

Rel.: Des. Viviani Nicolau

EMENTA: Apelação. Direitos autorais. Ação indenizatória pelo uso indevido, por parte da ré, de 25 programas de titularidade da autora. Sentença de procedência, com condenação da requerida ao pagamento do valor de R$ 11.211,90 à autora. Apelo da autora. Pedido de majoração da indenização, devendo-se considerar o seu caráter punitivo. Consistência. Precedentes do Colendo Superior Tribunal de Justiça e desta 3ª Câmara de Direito Privado neste sentido. Majoração da indenização para o total de 10 (dez) vezes o valor de cada programa utilizado indevidamente pela requerida. Recurso provido.

10

Tribunal de Justiça de São Paulo

Terceira Câmara de Direito Privado – Apelação 0080990-15.2009.8.26.0114

Acórdão de 26-3-2017 – votação unânime

Rel.: Des. Carlos Alberto de Salles

EMENTA: Direito autoral. Utilização de *softwares* sem autorização. Indenização. Arbitramento. Caráter sancionatório. Insurgência da autora em face da sentença de procedência. Constatação pericial da utilização indevida de *softwares*. Condenação da ré ao pagamento do valor de mercado de cada programa utilizado indevidamente. Alegação de violação do art. 102, Lei n. 9.610/98. Indenização que não seria apenas reparatória, mas também sancionatória. Acolhimento. Entendimento pacificado do E. STJ. Mero pagamento não corresponde à indenização. Arbitramento em 10 vezes do valor de mercado por cada programa utilizado indevidamente. Sentença reformada. Recurso provido.

15.7.2. Critérios reparatórios para os danos autorais de natureza moral: o caráter inibitório-punitivo da condenação

15.7.2.1. Casos de direito de autor

A proliferação de demandas reparatórias autorais de natureza moral tem se mostrado de forma mais acentuada na área das obras fotográficas e, em específico, na violação do direito moral do autor de ter seu nome, pseudônimo ou sinal convencional indicado nas respectivas utilizações[188]. Entre outros fatores, resulta do fato de a única referência expressa sobre a obrigatoriedade do infrator "responder por danos morais" constar do art. 108, *caput*, da Lei n. 9.610/98 (reedição do art. 126 da Lei n. 5.988/73), que trata, justamente, das sanções para as hipóteses de omissão de indicação da autoria na utilização de obras intelectuais. Portanto, os onze acórdãos, de 1997 a 2020, que destacamos a seguir, em ordem cronológica com reparações de natureza punitiva ou sancionatória, correspondem a esse tipo de violação (sendo sete relativos à obra fotográfica, um de 2008, referente à atribuição errônea de autoria de obra musical, e um de 2020, referente à falta de atribuição de autoria de grafite fotografado em logradouro público e reproduzido em revista):

1

Tribunal de Justiça do Estado do Rio Grande do Sul

Sétima Câmara Cível – Apelação Cível 597.067.735

Acórdão de 17-12-1997 – por maioria

Rel.: Des. Aldo Ayres Torres

EMENTA: Direito autoral. Omissão do nome do fotógrafo junto à peça contida em material publicitário. Indenização devida. O produto da

---

188. Inciso II do art. 24 da Lei n. 9.610/98 (anterior do art. 25 da Lei n. 5.988/73).

atividade de fotógrafo está amparado pela Lei n. 5.988/73. A publicação de fotografias, sem constar a sua origem ou a autorização de quem as produziu, gera direito à indenização, cujo valor deve levar em consideração, preponderantemente, as condições econômicas do violado do direito, sob pena de se tornar inócua a condenação em relação ao fim visado, não só retributivo ao desrespeito ao direito, como preventivo, de molde a evitar futuras infringências, evitando-se, ainda, o enriquecimento sem causa.

2

Tribunal de Justiça do Estado do Rio Grande do Sul

Sexta Câmara Cível – Apelação Cível 599.209.079

Acórdão de 18-8-1999 – votação unânime

Rel.: Des. João Pedro Freire

EMENTA: Direito autoral. Publicação de fotografia com a omissão do nome do fotógrafo. Indenização devida. Fixação do *quantum*. Publicar fotografia sem referência à autoria e sem autorização do autor, gera direito à indenização por dano moral. Exegese dos artigos 82 e 126 da Lei n. 5.988/73. Para a quantificação do *quantum*, deve-se levar em consideração as condições econômicas do violador do direito, bem como, a extensão do dano provocado, para evitar o enriquecimento sem causa. Apelo provido.

3

Tribunal de Justiça do Estado de São Paulo

Quarta Câmara de Direito Público – Apelação Cível 54.438-5

Acórdão de 24-2-2000 – votação unânime

Rel.: Des. Eduardo Braga

EMENTA: Direito autoral. Fotografia. Indenização pela violação dos direitos morais (artigo 25 da Lei n. 5.988/73) – Dispositivo que deve ser interpretado em combinação com o artigo 126 da mesma lei, que prevê expressamente que aquele que violar os direitos do autor e os que lhes são conexos, responderá, inclusive, por danos morais. Valor apurado e fixado na sentença, que se mantém, porquanto houve fundamentação bastante. A fixação dessa verba, na verdade, não representa compensação material documentada, mas, é de livre arbítrio judicial, com parâmetros, em alguma oportunidade, na Lei de Imprensa, inclusive. É certo, outrossim, que a sentença se valeu do critério adotado pela perícia, considerando-se o tempo de veiculação indevida da obra, cujo valor fixado equivale à realização de cerca de 14 trabalhos fotográficos. Recursos não providos.

15 | Danos autorais e sua reparação

4

Tribunal de Justiça do Estado do Rio Grande do Sul
Sexta Câmara Cível – Apelação Cível 70005630652
Acórdão de 11-8-2004 – votação unânime
Rel.: Des. José Conrado de Souza Júnior

EMENTA: Responsabilidade Civil. Dano moral. Direito autoral. Material fotográfico. Publicação em material publicitário. Autorização. A utilização de trabalho fotográfico sem a autorização do autor e sem dar a este o devido crédito resulta dever de indenizar por dano moral. O *quantum* indenizatório deve atender ao caráter inibitório-punitivo da condenação, especialmente a prevenir reincidências, levando-se em consideração as circunstâncias do caso concreto. Sentença mantida. Apelo desprovido.

5

Tribunal de Justiça do Estado de São Paulo
Terceira Câmara de Direito Privado – Apelação Cível 338.729-4
Acórdão de 22-6-2004 – votação unânime
Rel.: Des. Luiz Antonio de Godoy

EMENTA: Direito autoral. Autoria de fotografia posta em dúvida pelo réu. Desistência da prova pericial para comprovação da alegação. Presunção de que o detentor de "negativo" é seu autor. Utilização sem autorização. Caracterização de danos materiais e moral. Publicação que deveria ter sido autorizada por quem produziu a obra. Reconhecimento pela Jurisprudência da natureza jurídica da fotografia como obra intelectual. Presunção da ocorrência de dano moral quando omitido o nome do fotógrafo em propaganda em que é utilizada. Valores de indenização fixados com plena observância da razoabilidade. Inexistência de razão para sua alteração. Pleitos iniciais não atendidos integralmente. Sucumbência recíproca. Observância do art. 21, *caput*, do Código de Processo Civil. Recursos improvidos[189].

6

Tribunal de Justiça do Estado do Rio Grande do Sul
Nona Câmara Cível – Apelação Cível 70007931835

---

189. A sentença confirmada *in totum* pelo acórdão quantificou a indenização a título de dano moral (*omissão do nome do autor em utilização de obra fotográfica em propaganda*) em valor que corresponde a dez vezes o valor indenizatório atribuído ao dano material.

687

Acórdão de 1º-12-2004 – votação unânime

Rel.: Des. Luís Augusto Coelho Braga

EMENTA: Direito autoral. Publicação de fotografia com a omissão do nome do fotógrafo e sem expressa autorização deste. Indenização devida. Publicar fotografia sem referência da autoria e sem autorização do autor gera direito à indenização por dano moral. Exegese da Lei n. 9.610/98 e jurisprudência desta Corte. Negaram provimento ao apelo. Votação unânime[190].

7

Tribunal de Justiça do Estado de São Paulo

Oitava Câmara "A" de Direito Privado – Apelação Cível 191.020-4/SP

Acórdão de 31-8-2005 – votação unânime

Rel.: Des. Fábio Henrique Podestá

EMENTA: Direito do autor. Publicação de obra fotográfica sem autorização e sem menção do nome do proprietário. Danos morais. Prova. Inteligência dos arts. 22 e 79 da Lei n. 9.610/98. Quantificação do dano moral suficiente para atender a sua função punitiva e satisfativa. Sentença reformada em parte para condenar a ré nos danos materiais (cuja mensuração realizar-se-á em liquidação de sentença) e determinar a publicação da errata uma única vez em jornal de grande circulação[191].

8

Tribunal de Justiça do Estado de São Paulo

Primeira Câmara de Direito Privado – Apelação Cível com Revisão 302.021/SP

---

190. O Tribunal confirmou a sentença que fixou a título de reparação a violação de direitos morais de autor de fotografia (*pela omissão de indicação de seu nome na utilização*), em 100 salários mínimos.

191. Consigna o acórdão, em relação à reparação patrimonial: "Na verdade, não haveria necessidade do autor provar os prejuízos materiais vez que a publicação sem autorização já se tornou suficiente para violar não só seus direitos morais como os materiais pela impossibilidade de proveito econômico referente a publicação do periódico onde constou a obra". A respeito posiciona-se a jurisprudência ao estabelecer que "O autor de obra intelectual é titular de direitos morais e patrimoniais. Depende de autorização qualquer forma de utilização de sua obra. Ocorrendo ofensa a ambos os direitos, cumulam-se as indenizações. Caso em que se reconheceu, também, a lesão de direitos patrimoniais" (STJ, REsp 13.575, de 21-8-1992, rel. Min. Nilson Naves). Aliás, o disposto nos arts. 22 e 79 da Lei n. 9.610/98 bem direciona o direito patrimonial do autor, cuja violação, conforme já adiantado, realmente ocorreu". No tocante à violação ao direito de autor de natureza moral, prestigiou, o acórdão, a orientação pelo caráter sancionatório da reparação: "Quanto a fixação dos danos morais, cabe salientar que o valor estipulado na r. sentença levou em conta quantia pretendida pelo próprio autor antes do ingresso em juízo (fl.72) e bem assim, levando em conta os critérios normalmente aceitos pela jurisprudência e doutrina (repercussão do dano, intensidade da culpa e posição socioeconômica das partes), não há motivos para alterar o valor que bem atende a função punitiva e satisfativa da reparação na espécie, atendendo-se inclusive o princípio da proporcionalidade".

Acórdão de 3-6-2008 – votação unânime

Rel.: Des. Carlos Augusto de Santi Ribeiro

EMENTA: Direito autoral. "Compact disc" comercializado contendo música com atribuição errônea de autoria. Fato incontroverso. Direito moral do autor de obra intelectual de ter seu nome indicado quando da utilização de sua obra por terceiro. Violação do disposto no art. 24, II, da Lei n. 9.610/98. Responsabilidade objetiva. Indenização devida. Litisdenunciada que deve responder integralmente em regresso, por ter se responsabilizado, expressamente, em contrato, pelas informações contida na obra. Caso, ademais, que não é de solidariedade. *Quantum debeatur* bem arbitrado, levando em consideração a efetiva reparação do dano e a necessária penalização da empresa que agiu sem a necessária diligência. Sentença condenatória parcialmente reformada – Recurso provido em parte.

9

Superior Tribunal de Justiça

Terceira Turma – EDcl no Recurso Especial 1.558.683/SP (2015/0253997-2)

Acórdão de 16-5-2017 – votação unânime

Rel.: Min. Moura Ribeiro

EMENTA: Embargos de declaração no Recurso Especial. Recurso manejado sob a égide do novo CPC. Direito autoral. Ação de indenização por danos materiais e morais. Reexibição da Telenovela "Pantanal". Condenação. Danos morais. Sucumbência recíproca. Art. 1.022 do NCPC. Omissão e obscuridade. Inexistência. Efeito infringente. Embargos de declaração rejeitados. 1. Aplicabilidade do NCPC neste julgamento ante os termos do Enunciado Administrativo n. 3 aprovado pelo Plenário do STJ na sessão de 9/3/2016: Aos recursos interpostos com fundamento no CPC/2015 (relativos a decisões publicadas a partir de 18 de março de 2016) serão exigidos os requisitos de admissibilidade recursal na forma do novo CPC. 2. Os aclaratórios são espécie de recurso de fundamentação vinculada, exigindo para seu conhecimento a indicação de erro material, obscuridade, contradição ou omissão em que teria incorrido o julgador (art. 1.022 do NCPC). 3. Os embargos de declaração não podem conduzir a novo julgamento, com a reapreciação do que ficou decidido. 4. O argumento suscitado pelo embargante de que os cortes de cena e as supressões de diálogos na obra do autor foram praticados por terceiro, impossibilitando sua condenação, não constitui ponto omisso, mas visa a rediscussão do julgado para obter efeito infringente, o que esbarra na finalidade integrativa dos aclaratórios. 5. O embargante não nega a exibição da obra mutilada, o que enseja reparação por danos morais por força no disposto no art. 24, IV, da Lei n. Lei n. 9.610/1998 e no art. 6 bis da Convenção de Berna para a Proteção das Obras Literárias e Artísticas (Decreto n. 75.699, de 6 de maio de 1975), que garante ao lesado se opor a toda deformação, mutilação ou dano à obra que sejam prejudiciais à sua honra ou à sua reputação, englobando todas as ações de terceiros ofensivas à integralidade da obra, incluído aí o responsável por sua exibição. 6. Não há obscuridade na distribuição dos ônus sucumbenciais porque ambas as partes foram vencedoras e vencidas na demanda, o que atrai a regra da sucumbência recíproca. É firme a jurisprudência desta Corte no sentido de que havendo pedido de indenização por danos morais e por danos materiais, o acolhimento de um deles, com a rejeição do outro, configura sucumbência recíproca (EREsp 319.124/RJ, Rel. Min. Antônio de Pádua Ribeiro, Segunda Seção, julgado em 18-10-2004, *DJ* 17-12-2004, p. 410). 7. Embargos de declaração rejeitados.

10

Tribunal de Justiça de São Paulo

Nona Câmara de Direito Privado – Apelação 0210996-84.2011.8.26.0100

Acórdão de 5-9-2017 – votação unânime

Rel.: Des. José Carlos Costa Netto

EMENTA: Direitos autorais. Ação de obrigação de fazer cumulada com indenização precedida de medida cautelar de busca e apreensão. Violação de direitos morais e patrimoniais de autor. Ação ajuizada por herdeiros, legítimos sucessores dos direitos autorais decorrentes da obra científica denominada "Neurologia Infantil". Obra cuja organização, autoria e coautoria de vários capítulos, foram omitidas pela ré em edições publicadas *post mortem* do autor. Ausência de autorização dos herdeiros. Prescrição quanto às pretensões indenizatórias declarada de ofício referente à 3ª e, parcialmente, à 4ª edições da obra. Reparação devida quanto à 4ª (50%) e 5ª edições. Quanto à obrigação de fazer: divulgação, pela ré, da autoria e coautoria da obra em jornal de grande circulação, do nome do autor falecido, nas 3ª, 4ª e 5ª edições. Quanto à obrigação de não fazer: abstenção, pela ré, de editar, comercializar, divulgar e/ou utilizar, a qualquer título a obra (3ª, 4ª e 5ª edições). Indenização devida. Critérios de reparação decorrentes da violação dos direitos patrimoniais e morais de autor: Direitos patrimoniais: para resultar na penalização do infrator, fixação em 10 vezes o valor pecuniário que o autor lesado receberia na hipótese de que tivesse sido lícita a comercialização. No caso, considerando-se que o uso lícito importava em 3%, essa majoração punitiva vai resultar no total indenizatório de 30% sobre preço dos exemplares vendidos indevidamente. Liquidação de sentença. Apuração do número de exemplares da obra *sub judice* (*4ª e 5ª edições*) comercializados pela ré, a 4ª a partir de 15-9-2008 e a 5ª integralmente, com base nos preços "de capa" (*ao consumidor final*) atualizados, primeiramente, para a data do laudo pericial de liquidação de sentença e, posteriormente, até a data do efetivo pagamento, nos termos legais. Aplicação do parágrafo único do art. 103 da Lei n. 9.610/98. O número de 3.000 (três mil) exemplares será devido apenas na hipótese de não ser conhecida a quantidade de exemplares, que tenham constituído a 5ª edição da obra *sub judice*, e o número de 1.500 (mil e quinhentos) exemplares para a 4ª edição, correspondente a 50% do estipulado no referido dispositivo legal, tendo em vista que, aproximadamente, metade do período de comercialização (2005/2008) não é passível de reivindicação nestes autos em face da ocorrência da prescrição. Critérios de indenização por violação de direitos morais de autor: o montante deverá corresponder ao mesmo valor apurado a título de danos patrimoniais, que será, portanto, acrescido a este, constatado em sede de liquidação de sentença. Honorários advocatícios. Majoração de 10% para 15% sobre o valor indenizatório integral a ser apurado. Recurso de apelação dos autores parcialmente provido, desprovidos o agravo retido por eles interposto e o recurso de apelação da ré.

11

Superior Tribunal de Justiça

Terceira Turma – Recurso Especial 1.746.739/SP

Acórdão de 25-8-2020 – votação unânime

Rel.: Min. Ricardo Villas Bôas Cueva

EMENTA: recurso especial. Processual civil. Direito autoral. Violação. Obra artística. Grafitismo. Manifestação cultural. Proteção legal. Exploração comercial. Autorização do autor. Inexistência. Logradouro público. Publicidade. Fins lucrativos. Consentimento. Imprescindibilidade. Art. 48 da Lei n. 9.610/1998 (LDA). Prejuízo. Existência. Responsabilidade civil. Indenização. Danos morais e materiais. Cabimento. Crédito. Identificação. Indisponibilidade. Arts. 24 e 79, § 1º, DA LDA. Dissídio jurisprudencial. Ausência.

1. Recurso especial interposto contra acórdão publicado na vigência do Código de Processo Civil de 2015 (Enunciados Administrativos ns. 2 e 3/STJ).

2. Cinge-se a controvérsia a aferir se a conduta da ré, de utilizar obra de arte do autor, localizada em logradouro público, em proveito econômico e comercial próprio, sem a necessária autorização do criador, sem lhe oferecer remuneração ou indicar seu crédito, caracteriza infração ao art. 48 da Lei n. 9.610/98 (LDA).

3. A obra artística representada pelo grafite é protegida pela Lei de Direitos Autorais, sendo que eventual exposição de desenho sem o consentimento do autor, sua identificação por meio de créditos (art. 79, § 1º, da Lei n. 9.610/88) ou remuneração retratam contrafação passível de indenização moral e patrimonial.

4. Somente ao autor é conferida a possibilidade de permitir a exploração econômica ou comercial de sua obra de arte, ainda que esta se encontre em logradouro público.

5. Recurso especial não provido.

(REsp 1.746.739/SP, rel. Min. Ricardo Villas Bôas Cueva, 3ª T., julgado em 25-8-2020, *DJe* 31-8-2020).

15.7.2.2. *Reparação de dano moral – campo de direitos conexos aos de autor*

Relevante o destaque, neste item, de decisões do Superior Tribunal de Justiça e do Tribunal de Justiça de São Paulo:

1

Quarta Turma – Recurso Especial 148.781/SP

Acórdão de 2-9-2004 – votação unânime

Rel.: Min. Barros Monteiro

EMENTA: Responsabilidade civil. Direito moral de artista, intérprete ou executante em obra cinematográfica. Direito conexo ao do direito de autor. Comercialização de discos e fitas cassetes com a omissão dos nomes dos artistas executantes. Dano moral devido. (...) – Os direitos de autor, reconhecidos em lei, não são excludentes dos direitos conexos de que são titulares os artistas, intérpretes e executantes, partícipes de obra cinematográfica. Antes, estes são por ela também protegidos. – Omissão, nos suportes materiais, dos nomes dos demandantes, circunstância que lhes fere o direito moral previsto nos artigos 97 e 126 da Lei n. 5.988, de 14-12-1973. Recursos especiais não conhecidos[192].

---

192. O acórdão do STJ confirmou o do Tribunal de Justiça de São Paulo, discorrendo sobre o seu mérito – *embora sem conhecer ambos os recursos especiais* – para consolidar o entendimento de que a indenização

15 | Danos autorais e sua reparação

2

Tribunal de Justiça do Rio de Janeiro
Décima Sétima Câmara Cível – Apelação 105512720068190001
Acórdão de 12-8-2009 – votação unânime
Rel.: Des. Henrique Carlos de Andrade Figueira

EMENTA: Civil. Responsabilidade civil. Direito autoral. Direito conexo do intérprete. Ação de titular de direitos conexos na condição de intérprete para impedir a edição e divulgação de obra musical por falta da necessária autorização, além de obter ressarcimento dos danos experimentados. A legitimidade passiva decorre da vinculação da Ré aos fatos descritos na inicial, como no caso dos autos. O produtor do fonograma é titular de direito conexo próprio e nessa condição pode autorizar a edição, reprodução e divulgação por terceiro, mas responde pela autorização de uso dos direitos dos artistas que compõem o fonograma, além de receber e distribuir os proventos pecuniários relativos ao direito autoral conexo. A autorização conferida pela produtora à Ré para lançar CD com a voz da Autora não a vincula à obrigação em obter o consentimento da intérprete e a ressarcir os danos decorrentes de eventual descumprimento da lei. Na condição de titular de direito autônomo, o intérprete pode proibir a utilização de seu direito conexo. Mas se a obra editada se compõe de inúmeros direitos de vários autores, sendo impossível destacar a obra da Autora, não se justifica sustar a distribuição, venda e divulgação da obra, pena de prejudicar os demais titulares de direitos autorais, especialmente pela ausência de prova de má-fé. Recurso desprovido.

3

Superior Tribunal de Justiça
Quarta Turma – Recurso Especial 1238730 SC 2011/0038764-6
Acórdão de 17-12-2013 – votação unânime
Rel.: Min. Marco Buzzi

EMENTA: Recurso Especial. Ação de cobrança. Direitos autorais. Execução de músicas próprias. Corte local que reputou dispensável o pagamento, tendo em vista o recebimento de cachê pelos artistas. Insurgência

---

por dano moral não deve se adstringir aos critérios estabelecidos pelo Código Brasileiro de Telecomunicações e pela Lei de Imprensa.

do ECAD. 1. Não se conhece da alegação de afronta ao art. 535, II, do CPC formulada genericamente, sem indicação do ponto relevante ao julgamento da causa supostamente omitido no acórdão recorrido. Aplicação da Súmula n. 284/STF, ante a deficiência nas razões recursais. 2. Tese de violação ao artigo 333, I, do CPC. Conteúdo normativo de dispositivo que não foi alvo de discussão na instância ordinária. Ausência de prequestionamento a impedir a admissão do recurso especial. Incidência da Súmula 211/STJ. 3. No plano internacional os direitos autorais são distintos dos direitos conexos, considerando-se o Tratado de Berna, de 1886, para defesa dos direitos autorais e o Tratado de Roma, de 1961, em relação à proteção dos direitos conexos. 3.1. Considerando-se essa diferença, mesmo que a obra executada seja de criação do intérprete, essa circunstância não exime o produtor do evento, a despeito do eventual pagamento de cachê, do recolhimento dos direitos autorais. 3.2. O cachê pago ao intérprete constitui remuneração específica de seu trabalho e é independente da retribuição autoral a que os autores das obras musicais fazem jus. Dessa forma, esse pagamento, realizado em favor do próprio autor, não implica na remuneração do direito autoral. 3.3. Uma verba – cachê pela apresentação – é direito conexo devido ao intérprete. A outra – direito autoral – é remuneração pela criação da obra artística, passível de cobrança pelo ECAD. Orientação jurisprudencial do STJ. 3.4. O cachê é direito conexo e afasta-se do conceito de direito autoral. Enquanto o primeiro tem por escopo recompensar a apresentação do cantor, o segundo objetiva remunerar o uso da propriedade intelectual. Assim, pouco importa, para fins de atuação do ECAD, que composições musicais da autoria do artista tenham sido executadas por ele próprio. 4. Recurso especial parcialmente conhecido e, nessa extensão, provido.

4

Tribunal de Justiça de São Paulo

Nona Câmara de Direito Privado – Apelação 0054315-03.2008.8.26.0000

Acórdão de 31-5-2016

Rel.: Des. José Carlos Costa Netto

EMENTA: Direitos autorais. Direitos conexos aos de autor. Ação de indenização de danos materiais e morais. Exibição de campanha publicitária inserida em programação de canal de televisão. Edição de fitas VHS pelas rés, após o termo final do contrato. Ilegitimidade passiva *ad causam*. Contrato firmado entre as rés. Inocorrência. Preliminar afastada. Exibição e comercialização desautorizadas. Reparação devida pelo período excedente. Acordo firmado entre a corré Procobre e o autor após a prolação da r. sentença. Prosseguimento do processo em relação à corré Soletrol. Violação aos direitos morais de autor. Direitos patrimoniais. Reparação correspondente ao valor de comercialização das fitas VHS no período, além da penalização pecuniária adicional correspondente a R$ 30.000,00 (Lei n. 9.610/98, art. 103, § único c/c art. 109). *Quantum debeatur* apurável em liquidação de sentença. Apuração que deve ser proporcional às fitas em que foi veiculada indevidamente a imagem do autor. Abatimento do valor pago pela corré. Recurso parcialmente provido.

5

Tribunal de Justiça de São Paulo

Oitava Câmara de Direito Privado – Apelação 0003816-49.2014.8.26.0244

Acórdão de 15-7-2016 – votação unânime

Rel.: Des. Grava Brazil

EMENTA: Direito do autor. Ação de cumprimento de preceito legal c/c cobrança de direitos autorais. Improcedência. Inconformismo. Acolhimento. Direitos autorais que compreendem os direitos do compositor (autor da obra intelectual), bem como os direitos conexos do intérprete, dos músicos executantes e do produtor, aos quais se aplicam, no que couber, as mesmas proteções – Autor que representa todos os titulares desses direitos. Necessidade de autorização prévia e de recolhimento de direitos autorais junto ao autor para a execução pública de obras musicais em evento comemorativo do aniversário do município réu, a despeito da existência de intuito lucrativo direito ou indireto. Desnecessidade de prova de quais as obras musicais executadas no evento e dos respectivos autores, que não impactam no valor dos direitos autorais devidos, cuja fixação é de competência do autor, disciplinada em seu regulamento de arrecadação. Pagamento de cachê aos artistas intérpretes contratados para o evento que não elide o dever de pagamento de direitos autorais, ainda que aqueles sejam, também, compositores das obras musicais executadas. Inteligência da Lei n. 9.610/98. Jurisprudência do C. STJ. Aplicabilidade, ao caso, do art. 105, da Lei n. 9.610/98. Sentença reformada. Recurso provido.

6

Superior Tribunal de Justiça

Terceira Turma – Recurso Especial 1.556.151/SP

Acórdão de 8-9-2016 – por maioria de votos

Rel.: Min. João Otávio de Noronha

EMENTA: Recurso Especial. Interposição sob a égide do CPC/1973. Direitos autorais. Violação reconhecida. Obra autoral individualizada inserida em obra coletiva. Proteção dos direitos do autor. Disposições contratuais. Autorização para a edição da revista original. Inexistência de autorização para nova publicação na internet. *Amici Curiae*. Negativa de prestação Jurisdicional. Não ocorrência ou assistentes simples. Ausência de requisitos. 1. Não há violação do art. 535 do CPC/73 quando o acórdão recorrido dirime, de forma expressa, congruente e motivada, as questões suscitadas nas razões recursais. 2. Na ausência dos requisitos necessários, fica inviabilizado o ingresso de terceiros na lide como *amici curiae* ou assistentes simples. 3. À obra autoral individual inserida em obra coletiva deve ser assegurada a devida proteção, a teor do art. 17 da Lei n. 9.610/98, motivo pelo qual é importante o objeto do contrato ajustado entre as partes. 4. Havendo autorização específica do autor da obra para publicação apenas na edição da revista para a qual foi criada, não se pode reconhecer a transferência de titularidade dos direitos autorais para a exposição da obra em um segundo momento, ou seja, no Acervo Digital Veja 40 anos. 5. Ao proceder a nova publicação da obra na internet, há evidente extrapolação daquilo que foi contratado pelas partes, violando-se os direitos autorais reclamados. 6. Recurso especial desprovido.

7

Superior Tribunal de Justiça

Terceira Turma – Recurso Especial 1.400.463/RJ

Acórdão de 12-11-2019 – por unanimidade

Rel.: Min. Marco Aurélio Bellizze

EMENTA: Recurso especial. Direito do autor e conexos. Fixação de interpretação em fonograma. 1. Relação entre direitos de artista intérprete e de produtor de fonograma. Direitos conexos autônomos cuja exclusividade é atribuída a cada um de seus titulares. 2. Observância ao direito da produtora não afasta o direito exclusivo do intérprete. Necessidade de autorização específica para utilização de obra protegida. Precedentes. 3. Contrato de cessão de direito autoral. Forma escrita. Requisito de validade. 4. Recurso Especial Desprovido. 1. Recurso especial que debate a necessidade de autorização da intérprete para utilização de obra lítero-musical, reproduzida em CD, com autorização do produtor do fonograma. 2. Os direitos do intérprete e do produtor fonográfico são direitos conexos ao direito de autor, os quais conservam sua autonomia por decorrerem de atos de criação distintos, ainda que vinculados intrinsecamente à obra autoral. 3. Tratando os direitos de autor e conexos de

15 | Danos autorais e sua reparação

proteção jurídica sobre bens imateriais, que não são apropriáveis ao domínio exclusivo de um único titular, a cada direito se asseguram direitos de exclusivo inseridos na esfera jurídica do respectivo titular, os quais limitam a exploração da obra, e, ainda que sobrepostos em camada, mantêm sua autonomia e exclusividade em relação aos demais. 4. A fixação de uma interpretação em fonograma não é suficiente para absorver o direito prévio do intérprete, tampouco deriva em anuência para sua reprodução sucessiva ou em cessão definitiva de todos os direitos titularizados pelo intérprete e demais titulares de direitos de autor ou conexos.

5. Os direitos do artista intérprete estão elencados nos incisos do art. 90 da Lei n. 9.610/98, e a disposição de cada um deles não presume a cessão dos demais, devendo-se interpretar restritivamente os contratos de cessão de direitos autorais. Precedentes. 6. O contrato de cessão de direitos autorais e conexos demanda a forma escrita como requisito de validade, nos termos do art. 50 da Lei n. 9.610/98.

7. A observância do direito da produtora de fonograma não afasta a violação ao direito da artista, pois eles não se confundem.

8. Recurso especial desprovido.

15.7.3. Critérios reparatórios sancionatórios para violações de direito autoral com cumulação de danos morais e patrimoniais

Como examinamos, em função da concepção dualista do direito de autor[193], sua violação poderá acarretar danos somente de natureza patrimonial, apenas de natureza moral ou ambos. Quando esta última hipótese ocorre, cumulam-se as indenizações, como já se encontra consolidado na jurisprudência[194]. Nesse contexto, destacamos a seguir doze acórdãos recentes (de 1999 a 2017) com nítidas e judiciosas diretrizes indenizatórias de conteúdo ressarcitório (*do ofendido*) e punitivo (*do ofensor*):

1

Tribunal de Justiça do Estado do Rio de Janeiro

Terceira Câmara Cível – Apelação Cível 1998.001.5055

---

193. Na teoria dualista, considera-se, em síntese, que a proteção à criação intelectual consiste em instituto autônomo que contém dois direitos diversos interdependentes: o pessoal (*ou moral*) e o patrimonial. A respeito, reportamo-nos ao capítulo 4 do presente, itens 4.2 e 4.3.

194. Nesse sentido a Súmula 37 do STJ, que dispõe que são cumuláveis as indenizações por dano material e dano moral oriundos do mesmo fato.

Acórdão de 19-4-1999 – votação unânime

Rel.: Des. Hudson Bastos Lourenço

EMENTA: Direito autoral. Liquidação de sentença. Arbitramento. Prova pericial. Projeto de arquitetura. Direito à nomeação. Coautoria. Violação da coisa julgada. Inocorrência. Direito moral do autor. Lei n. 5.988/73. Liquidação de sentença. Arbitramento. Não fere a coisa julgada, artigo 610 do CPC, a sentença que arbitra o dano moral das autoras, segundas apelantes, pelo triplo do valor dos honorários na forma da Tabela do IAB/CREA/RJ, enquanto o perito do juízo recomendava a sua fixação no dobro (art. 436 do CPC). Correta a sentença que para proceder tal fixação, levou em linha de conta os seguintes fatores. 1) Que, consideráveis foram os prejuízos das suplicantes, profissionais liberais, haja vista a ampla divulgação do projeto na imprensa; 2) A intensidade do dolo dos suplicados, atribuindo a si a autoria exclusiva do projeto, quando cristalina foi colaboração das suplicantes; 3) Para que a indenização configure punição eficaz de sorte a desencorajar a prática de atos semelhantes, urge que se leve em consideração a capacidade econômica dos réus, no caso vertente bastante elevada, caso contrário tal penalidade perde sua seriedade, conforme bem assevera a jurisprudência norte-americana.

Ineditismo. Não se exige que o projeto seja inédito mundialmente. Basta que tenha traços próprios, novos, originais. Para configurar o ineditismo de uma obra arquitetônica, indispensável não se perder de vista que a imensa maioria das inovações desenvolvidas na atualidade são de derivações de outras já existentes. Não se confundem simples cópia que, em última análise, seria plágio evidente, com a inspiração que promana do em espírito, da sensibilidade, da criatividade humana. Tal projeto arquitetônico não foi cópia, mas fruto de inspiração de projetos semelhantes implementados em Portugal e Itália. Incontestável o pioneirismo da obra no Brasil. Logo, há de se enquadrar na Categoria IV da Tabela de Honorários a IAB. Recursos conhecidos e improvidos. Mantida a sentença de 1º grau pelos seus fundamentos.

2

Tribunal de Justiça do Estado do Rio Grande do Sul

Quinta Câmara Cível – Apelação Cível 599.073.871

Acórdão de 7-10-1999 – votação unânime

Rel.: Des. Marco Aurélio dos Santos Caminha

EMENTA: Direitos autorais. Música. Reprodução em CD não autorizada. Danos morais e materiais. Honorários advocatícios. Compensação.

Gravação de música em CD, realizada sem autorização dos autores e posterior comercialização. É procedimento que encerra ofensa aos direitos autorais, tanto de ordem patrimonial como moral. Conclusão que se impõe não só em face dos ditames da Lei n. 5.988/73, mas também à luz do princípio que repudia o enriquecimento sem causa. A fixação do *quantum* indenizatório a título de danos morais há de se fazer, em casos tais, segundo o disposto no artigo 122 da Lei dos Direitos Autorais, que, além de contemplar uma reparação devida, contém ainda ingrediente de caráter sancionatório, inibidor da prática de novos comportamentos transgressivos, não se podendo, no entanto, permitir que o lesado venha a enriquecer à custa do lesor, deferindo-lhe indenizações exorbitantes e incomuns. Danos morais fixados em 125 salários mínimos para cada um dos lesados, deve ser considerado suficiente para satisfazer o prejuízo moral sofrido. A partir da vigência da Lei n. 8.906/94 (Novo Estatuto da OAB), eventuais dúvidas ainda existentes sobre a quem cabem os honorários fixados na sucumbência, restaram resolvidas, pois pertencem ao advogado e não à parte. Inteligência dos artigos 22, 23 e 24 da Lei n. 8.906/94. Apelos improvidos. Sentença mantida.

3

Tribunal de Justiça do Estado do Rio Grande do Sul
Décima Câmara Cível – Apelação Cível 70004803052
Acórdão de 25-9-2003 – votação unânime
Rel.: Desembargador Paulo Antônio Kretzmann

EMENTA: Direito Autoral. Confecção de fôlder e reprodução de fotografia, sem autorização do fotógrafo. Omissão do nome de seu criador. Dano material e moral. Indenização devida. 1. Ocorrendo utilização de fotografias sem a autorização do fotógrafo, tampouco constando indicação do nome de seu criador é devida a indenização de danos materiais e morais. Direitos assegurados pela Lei de Direitos Autorais. 2. Inexistindo critério legal para a fixação da indenização, ao Magistrado é autorizado adotar aquele que entende que melhor dimensiona os danos causados, sempre vinculado ao princípio da razoabilidade. 3. Para a fixação dos danos morais, deve ser considerado, além de outros fatores, as condições econômicas de ofensor e ofendido, sob pena de frustrar a norma protetiva, que visa não só a punição, como também a prevenção a futuras reincidências. Apelos parcialmente providos.

4

Tribunal de Justiça do Estado de São Paulo
Quinta Câmara de Direito Privado – Apelação Cível 241.691-44/5

Acórdão de 21-8-2003 – por maioria

Rel.: Des. José Rodrigues de Carvalho Netto

EMENTA: Direito autoral. Prescrição vintenária. Lei n. 9.610/98 que silencia a respeito do tema. Inocorrência da repristinação, com aplicação do artigo 178, § 10, inciso VII, do Código Civil. Aplicação da regra geral estatuída no artigo 177, do Código Civil, por tratar-se de direito pessoal. Recurso da ré desprovido.

Direito autoral. Comprovação da autoria. Utilização sem autorização. Dever de indenizar reconhecido. Recurso da ré desprovido.

Direito autoral. Dano moral. Reconhecimento, ante a utilização da obra sem a devida autorização e pagamento. Recurso do autor provido para majorar a verba indenizatória de 50 para 500 salários mínimos[195].

5

Tribunal de Justiça do Estado de São Paulo

Nona Câmara de Direito Privado – Apelação Cível 141.865.4/0 – 00

---

195. O Acórdão resumiu o caso de forma esclarecedora: "A r. sentença julgou procedente a ação de cobrança cumulada com indenização por danos morais e patrimoniais que Archimedes Messina move contra TV SBT Canal 4 de São Paulo S/A, nos termos do art. 269, I, do Código de Processo Civil, condenando a ré a pagar ao autor indenização por danos materiais, a ser determinada em posterior liquidação de sentença, pela utilização indevida da obra musical nos últimos vinte anos, contados da data da propositura da ação, e por danos morais, em quantia correspondente a 50 salários mínimos, devidamente corrigida monetariamente e acrescida de juros de mora de 0,5% ao mês, ambos devidos desde a citação, condenando-a também, ao pagamento das custas processuais, atualizadas do desembolso, e honorários advocatícios, fixados em 10% (dez por cento) sobre o valor atualizada da condenação. Em seguida foi proferida a judiciosa decisão de reparação, com características ressarcitórias do lesado, bem como punitivas, do ofensor aos direitos de autor de natureza moral e patrimonial de obra literomusical: "Sem razão, portanto, a ré em suas alegações, merece desprovido seu recurso. Quanto às alegações do autor de que não levou em conta a MMª Juíza o tempo de contrafação e a intensidade dos danos por ele sofridos para o arbitramento dos danos morais em cinquenta salários mínimos, assiste-lhe razão, merecendo, neste ponto reforma a r. sentença. De fato, é notória em todo o território nacional, já há 37 anos, a canção composta pelo autor. Não resta dúvida, também, que teve referida composição parcela no sucesso do apresentador – que se lhe aderiu *sicut lepram cutia* – auxiliando-o a compor todo o marketing que fira em torno de seu prestigioso nome. Assim, tendo-se por base a necessidade de remunerar-se o trabalho criativo do autor, o que não vem sendo observado pela ré por todos esses anos, mostra-se modesto o arbitramento dos danos morais em 50 salários mínimos. Levando-se em conta a magnitude da empresa-ré, e o aspecto sancionatório da indenização por danos morais, merece a quantia ser arbitrada em 500 (quinhentos) salários mínimos, com o intuito de coibir venha a ré cometer outras infrações dessa natureza, além do aspecto compensatório dado ao uso indevido, negando-se o direito de autorização, com evidente provocação de sofrimento íntimo, em tão longo espaço de tempo. No que tange ao pedido formulado na inicial (fl.14) de que determinasse liminarmente a suspensão pela ré da utilização da obra musical até decisão final da demanda, com aplicação de multa diária em caso de descumprimento, o pedido foi apreciado e indeferido no despacho de fls. 49 vº. Entretanto, ao contrário do exposto no v. *decisum*, tal pedido foi reiterado na réplica, conforme se vê à fl. 105. E merece acolhido, o que se faz agora. Assim, condena-se a ré ao pagamento da multa diária no valor de R$ 1.000,00 (hum mil reais) a cada vez, que, sem a autorização do autor, veicule a canção objeto desta demanda em sua programação televisiva, a partir da data da publicação do Acórdão. Aliás, ainda que requerido não fosse – e o foi – o art. 273, § 3º, do Código de Processo Civil, permite a apreciação no presente momento".

15 | Danos autorais e sua reparação

Acórdão de 23-12-2003 – votação unânime

Rel.: Des. Ruiter Oliva

EMENTA: Direito autoral. Reutilização indevida de fotografias em encartes promocionais, depois de expirado o prazo contratual, sem identificação do autor e para fins comerciais. Indenização devida a título de danos materiais e morais. Art. 5º, XXVII e XXVIII, da CF e Art. 25, I e II, 83, §§ 1º e 2º, 126, *caput*, da Lei n. 5.988/73 – Reparação por danos morais que independe da comprovação do efetivo prejuízo. Recurso provido em parte.

Direito à própria imagem. Fotografias. Catálogos promocionais. Reutilização após expirado o prazo contratual. Indenização devida. Art. 5º, X, da CF. Danos materiais e morais, estes derivados de violação a direitos que decorrem daqueles essenciais da personalidade, explorados sem autorização e para fins de satisfazer apenas um interesse comercial. Locupletamento ilícito. Caracterização. Prejuízo moral considerado ínsito na própria violação do direito de imagem, esta não reproduzida em cenário público ou com o fito de informar, ensinar, esclarecer ou atender a interesses públicos e culturais. Recurso provido em parte[196].

6

Tribunal de Justiça do Estado do Rio Grande do Sul

Sexta Câmara Cível – Apelação Cível 70007924681

---

196. O acórdão condena a infratora, uma indústria de cerâmica, a reparar o autor da obra fotográfica – *bem como da modelo retratada* – em face ao "ato ilícito praticado pela ré, este consubstanciado na utilização indevida das criações do espírito do fotógrafo e da imagem da pessoa retratada nos encartes promocionais da empresa ré, depois de expirado o prazo contratual, sejam materiais em razão das reutilizações não consentidas das fotografias e da imagem do modelo nelas retratadas, sem qualquer remuneração aos autores, sejam morais, estes derivados da mágoa e contrariedade de sentirem-se explorados pela ré em violação a direitos que decorrem daqueles essenciais da personalidade, sem autorização e para fins de satisfazer apenas um interesse comercial, locupletando-se de forma ilícita, sendo o prejuízo moral considerado ínsito na própria violação do direito de autor do fotógrafo e do direito de imagem, esta não reproduzida em cenário público ou com o fito de informar, ensinar, esclarecer ou atender a interesses públicos e culturais". Na quantificação do *quantum* indenizatório – apesar de entender excessivo o valor determinado na sentença reformada, em parte, evidencia-se o caráter *punitivo* – inibitório da reparação: "Assim, os autores contam com inequívoco direito à reparação a título de danos materiais e morais, porém não nos moldes fixados na r. sentença por se mostrar exacerbado o critério adotado a ponto de acarretar enriquecimento sem causa aos demandantes. No caso, mais equânime e condizente com as peculiaridades da espécie é o arbitramento dos danos materiais em torno do montante que os autores receberiam se fosse renovado o contrato de fls. 21/22, que deverá ser acrescido 20 vezes o seu valor, funcionando o acréscimo como reparação dos danos morais, o que não se mostra tão exagerado a ponto de constituir um enriquecimento sem causa para quem paga, tudo devidamente atualizado e com incidência de juros de mora a contar da citação. Nestes termos, dá-se provimento em parte ao recurso" (desfecho do acórdão referido).

701

Acórdão de 14-4-2004 – votação unânime

Rel.: Des. Artur Arnildo Ludwuig

EMENTA: Apelação Cível. Responsabilidade civil. Direito autoral. Utilização de fotografias não autorizadas em *site* na Internet. Dano material e moral. Configuração. Inteligência da Lei n. 9.610/98. O valor da indenização atende aos seus objetivos: de um lado, a punição do ofensor e, de outro, a compensação à vítima[197].

7

Tribunal de Justiça do Estado do Rio de Janeiro

Décima Quinta Câmara Cível – Apelação Cível 2004.001.11583

Acórdão de 14-7-2004 – votação unânime

Rel.: Des. Henrique Magalhães de Almeida

EMENTA: Ação ordinária. Direitos autorais. Pertencem estes ao *verus* criador da obra, pessoa física. Não os produz a pessoa jurídica pela óbvia inexistência de pensamento próprio. A importância da cessão da obra que pode ser feita a esta. Direito personalíssimo do criador e o de arguir-se e apresentar-se como *verus dominus* e também o de cedê-la. Direitos morais e patrimoniais. Obra individual e obra coletiva. Réu que contrata professores para aulas, requer material didático, por estes elaborado, após por ele editado, e entende que estão satisfeitos os criadores pelo pagamento das aulas. Sentença de procedência. Recurso não provido[198].

---

197. A decisão foi pela aplicação de oito vezes o valor apurado pelo dano material a título de reparação da parcela correspondente à violação de direitos autorais de autor de fotógrafo (*omissão de indicação do seu nome na utilização da sua obra fotográfica*).

198. O acórdão resumiu a sentença nos seguintes termos: "Cuida-se de ação ordinária buscando composição de danos por ofensa a direitos do autor. Alegam os autores que foram contratados pelo réu para ministrar aulas de biologia no curso de suplência de 2º grau, atribuindo-lhes, ainda, o réu, a elaboração dos conteúdos programáticos bem como o material didático a ser entregue aos alunos, recebendo remuneração irrisória por hora de trabalho. O réu, em contestação alega que a participação dos autores na confecção do material didático foi em conjunto com consultores universitários por ele fornecidos, sendo remunerada a cada dos professores-autores, não podendo qualquer deles se afirmarem 'donos da obra', condensada, editada e entregue aos alunos. Esta é a grande questão dos autos, porque enquanto os autores se dizem 'criadores da obra', o réu argui que ela é 'coletiva'. A sentença da lavra da Dra. Daniela Ferro Affonso Rodrigues Alves é justa, merecendo confirmação por seus próprios e jurídicos fundamentos, pelo que passa a integrar o presente na forma do permissivo regimental, com a pequena correção que se fará no dispositivo. Com efeito, nenhuma ofensa existe maior do que aquela que se pode fazer ao 'criador da obra', do que se lhe negar o reconhecimento da criatividade, ou se a alterar sem o seu consentimento.' Com evidente e judicioso caráter sancionatório, a decisão: 'Mas ainda que se tenha a obra como 'coletiva', em coautoria, o certo é que os autores, criadores, indiscutivelmente, não receberam pela sua criação, nem cederam seus direitos morais e patrimoniais ao réu. No ponto do dano moral é preciso, contudo, que se esclareça que ele tem que ser tratado não apenas nas hipóteses de contrafação, mas, também, quando alguém se apropria da criação do espírito de outrem. E esta é a maior

15 | Danos autorais e sua reparação

8

Tribunal de Justiça do Estado de São Paulo

Sexta Câmara de Direito Privado – Embargos Infringentes 258.008-4/SP

Acórdão de 15-5-2008 – por maioria de votos

Rel.: Des. Justino Magno de Araújo

No tocante à infringência ofertada pelo autor entendo assistir-lhe razão, e neste ponto acompanho o bem lançado voto da douta 3ª Juíza, a ilustre Desembargadora Isabela Gama de Magalhães, ao mostrar que além dos danos morais (já reduzidos para R$ 35.000,00) o autor faz jus aos danos materiais, porquanto "ainda que possa haver pessoas interessadas apenas em roupas básicas, lisas ou sem nenhuma padronagem, para quem qualquer estampa não interferiria na compra de uma camiseta ou qualquer outro tipo de roupa, evidente que não foi aleatória a escolha das rés de uma estampa representando atividade esportiva que vem aumentando, e notório que visavam obter lucro ao reproduzir em camisetas a foto tirada com virtuosismo pelo autor, o que as obriga a destinar ao menos parte dos ganhos ao profissional responsável pela obra original.

E, dada a dificuldade de se identificar o exato valor do referido lucro, impositiva a incidência, na espécie, da norma do artigo 103, da Lei de Direitos Autorais, para definir a indenização no valor comercial de 3.000 (três mil) unidades, tendo como base o preço descrito na nota fiscal de fls." (fls. 445).

De outra parte, como bem aduziu a aludida Desembargadora, "essa conduta trouxe evidente prejuízo moral do autor, nos expressos termos da r. sentença em exame, que anotou que o ordenamento jurídico ... 'não só protege o direito de autor, como obriga a todo aquele que divulga a fotografia a indicar o nome do criador da obra artística, vedando-se a reprodução em desacordo com o original, exceto com sua prévia autorização, mas também, aquele que deixa de indicar na obra intelectual reproduzida o nome, pseudônimo do fotógrafo, além de responder solida-

---

ofensa que pode ser feita ao criador, porque este quer que digam que sua é a criatura como a idealizou e forjou. Por conseguinte, a sentença não foi feliz ao excluir os danos morais, arbitrando apenas os patrimoniais, que, a rigor, não chegaram a ser conhecidos, já que o réu, incontroversamente, afirmou a gratuidade da obra. A sentença, neste ponto e como já se disse ao início peca ao arbitrar danos materiais, apenas, sem nenhuma prova a respeito de sua existência. Como que seja, o *quantum* de R$ 30.000,00 para cada um dos autores, a este título, a princípio parecendo excessivo, acaba sendo justo também pelo outro aspecto dos danos morais pedidos na inicial. Em desfecho, estas seriam as decisões colegiadas da recente jurisprudência brasileira que pretendemos destacar – no caminho da melhor orientação de critérios reparatórios de danos autorais".

703

riamente pelos danos morais, está obrigado a divulgar-lhe a identidade, na forma pretendida na inicial da apresente ação' – fls. 399, antepenúltimo parágrafo" (fls. 555).

Perfeitamente acumuláveis, no meu modo de sentir, as duas indenizações (moral e material) não comportando maior redução a dos danos morais (trecho decisório final do acórdão, p. 5).

9

Tribunal de Justiça de São Paulo

Apelação 0187707-59.2010.8.26.0100 – 9ª Câmara de Direito Privado

Acórdão de 16-8-2016 – votação unânime

Rel.: Des. José Carlos Costa Netto

EMENTA: Direitos autorais. Bolsas Hermès. Ação declaratória. Reconvenção. Pedido para que a autora se abstenha de produzir, importar, exportar, comercializar produtos que violem direitos autorais da Hermès sobre as bolsas Birkin ou qualquer outro produto de titularidade da Hermès. Preliminares de cerceamento de defesa. Sentença *extra petita*. Ausência de nomeação à autoria e ilegitimidade passiva. Preliminares afastadas. Direitos autorais. Bolsas Hermès. Ação declaratória e Reconvenção. Reconvenção procedente. Bolsas Hermès constituem obras de arte protegidas pela lei de direitos autorais. Obras que não entraram em domínio público. Proteção garantida pela Lei n. 9.610/98. A proteção dos direitos de autor independe de registro. Autora/reconvinda que produziu bolsas muito semelhantes às bolsas fabricadas pelas rés/reconvintes. Imitação servil. Concorrência desleal configurada. Aproveitamento parasitário evidenciado. Compatibilidade da infração concorrencial com violação de direito autoral reconhecida. Dever de a autora/reconvinda se abster de produzir, comercializar, importar, manter em depósito produtos que violem os direitos autorais da Hermès sobre a bolsa Birkin ou qualquer outro produto de titularidade das rés/reconvintes. Indenização por danos materiais e morais. Condenação mantida. Recurso desprovido.[199]

10

Tribunal de Justiça de São Paulo

Nona Câmara de Direito Privado – Apelação 0210996-84.2011.8.26.0100

Acórdão de 5-9-2017 – votação unânime

Rel.: Des. José Carlos Costa Netto

---

199. Referido acórdão transitou em julgado, após a interposição do Recurso Especial n. 1.725.052/SP, inadmitido conforme acórdão proferido em Agravo Interno pela Quarta Turma do STJ, sob relatoria do Min. Antonio Carlos Ferreira, e publicado em 15 de agosto de 2022.

EMENTA: Direitos autorais. Ação de obrigação de fazer cumulada com indenização precedida de medida cautelar de busca e apreensão. Violação de direitos morais e patrimoniais de autor. Ação ajuizada por herdeiros, legítimos sucessores dos direitos autorais decorrentes da obra científica denominada "Neurologia Infantil". Obra cuja organização, autoria e coautoria de vários capítulos, foram omitidas pela ré em edições publicadas *post mortem* do autor. Ausência de autorização dos herdeiros. Prescrição quanto às pretensões indenizatórias declarada de ofício referente à 3ª e, parcialmente, à 4ª edições da obra. Reparação devida quanto à 4ª (50%) e 5ª edições. Quanto à obrigação de fazer: divulgação, pela ré, da autoria e coautoria da obra em jornal de grande circulação, do nome do autor falecido, nas 3ª, 4ª e 5ª edições. Quanto à obrigação de não fazer: abstenção, pela ré, de editar, comercializar, divulgar e/ou utilizar, a qualquer título a obra (3ª, 4ª e 5ª edições). Indenização devida. Critérios de reparação decorrentes da violação dos direitos patrimoniais e morais de autor: Direitos patrimoniais: para resultar na penalização do infrator, fixação em 10 vezes o valor pecuniário que o autor lesado receberia na hipótese de que tivesse sido lícita a comercialização. No caso, considerando-se que o uso lícito importava em 3%, essa majoração punitiva vai resultar no total indenizatório de 30% sobre preço dos exemplares vendidos indevidamente. Liquidação de sentença. Apuração do número de exemplares da obra *sub judice* (*4ª e 5ª edições*) comercializados pela ré, a 4ª a partir de 15-9-2008 e a 5ª integralmente, com base nos preços "de capa" (*ao consumidor final*) atualizados, primeiramente, para a data do laudo pericial de liquidação de sentença e, posteriormente, até a data do efetivo pagamento, nos termos legais. Aplicação do parágrafo único do art. 103 da Lei n. 9.610/98. O número de 3.000 (três mil) exemplares será devido apenas na hipótese de não ser conhecida a quantidade de exemplares, que tenham constituído a 5ª edição da obra *sub judice*, e o número de 1.500 (mil e quinhentos) exemplares para a 4ª edição, correspondente a 50% do estipulado no referido dispositivo legal, tendo em vista que, aproximadamente, metade do período de comercialização (2005/2008) não é passível de reivindicação nestes autos em face da ocorrência da prescrição. Critérios de indenização por violação de direitos morais de autor: O montante deverá corresponder ao mesmo valor apurado a título de danos patrimoniais, que será, portanto, acrescido a este, constatado em sede de liquidação de sentença. Honorários advocatícios. Majoração de 10% para 15% sobre o valor indenizatório integral a ser apurado. Recurso de apelação dos autores parcialmente provido, desprovidos o agravo retido por eles interposto e o recurso de apelação da ré.

11

Tribunal de Justiça do Rio Grande do Sul
Quinta Câmara Cível – Apelação 70073433427.2017

Acórdão de 30-8-2017 – votação unânime

Rel.: Des. Isabel Dias Almeida

EMENTA: Apelação Cível. Recurso adesivo. Propriedade intelectual. Direito autoral. Danos morais e materiais evidenciados. Utilização indevida de obra musical. Ausência de autorização do autor. 1. A utilização indevida de obra musical de titularidade do autor implica no reconhecimento do dever de indenizar. Hipótese em que o réu utilizou música sem autorização do titular, através de vídeo publicado na internet. Dever de indenizar evidenciado. 2. Danos materiais decorrentes do ilícito cometido, qual seja, a reprodução da obra musical através do canal Youtube sem a prévia autorização do autor ou pagamento do plano de mídia oferecido à ré. Apuração do *quantum* postergado para a fase de liquidação de sentença. 3. Dano moral caracterizado. Omissão do nome do autor da obra. Agir ilícito do réu que ultrapassa o mero dissabor. *Quantum* indenizatório mantido, considerando as peculiaridades do caso e com o fim de assegurar o caráter repressivo e pedagógico da indenização, sem constituir-se elevado bastante para o enriquecimento indevido da parte autora. Sucumbência redimensionada, considerando o decaimento mínimo do autor.

12

Tribunal de Justiça do Rio de Janeiro

Vigésima Segunda Câmara Cível – Apelação 0169664-36.2014.8.19.0001

Acórdão de 30-8-2017 – votação unânime

Rel.: Des. Marcelo Lima Buhatem

EMENTA: Apelação cível – Direito Autoral – Violação – Ilustração de matérias esportivas com fotografia do Rei Pelé e o seu conhecido e famoso "soco no ar", fotografado durante a copa do mundo de 1970, quando o brasil conquistou o tricampeonato mundial – Agravo retido – Reiteração – Indeferimento de prova testemunhal – Pagamento que deve ser comprovado por meio de recibo – Prova testemunhal admissível de forma subsidiária ou complementar à prova por escrito – Artigo 320, *caput*, e artigo 227, parágrafo único, ambos do Código Civil – Rejeição – Prova requerida que se mostra imprestável ao fim que pretende o apelante – Inépcia da petição inicial – Exordial que se encontra nos moldes do art.282 e 283 do CPC – Preliminar QUE SE AFASTA – PREJUDICIAL DE MÉRITO – PRESCRIÇÃO – INOCORRÊNCIA – AUSÊNCIA DE

PREVISÃO ESPECÍFICA QUANTO AO PRAZO PRESCRICIONAL INCIDENTE EM CASO DE VIOLAÇÃO DE DIREITOS DO AUTOR – ART. 206, § 3º, V, DO CÓDIGO CIVIL – PRESCRIÇÃO TRIENAL – PUBLICAÇAO DE HISTÓRICA FOTOGRAFIA SEM AUTORIZAÇAO – AUSÊNCIA DE INDICAÇÃO DO SEU AUTOR (PATRONÍMICO DO FOTÓGRAFO) – CONTRAFAÇÃO – ART. 7º, VII, DA LEI N. 9.610/98 – OBRAS FOTOGRÁFICAS COMO OBRAS INTELECTUAIS PROTEGIDAS – DANO MORAL PRESUMIDO – VALOR DA VERBA COMPENSATÓRIA QUE SE AFIGURA RAZOÁVEL AO CASO – EXTENSÃO DO DANO – CARÁTER PEDAGÓGICO/PUNITIVO – DANO MATERIAL DEVIDAMENTE FIXADO – SENTENÇA DE PROCEDÊNCIA QUE SE MANTÉM. NEGA-SE PROVIMENTO AOS RECURSOS.

TRECHO RELEVANTE DA FUNDAMENTAÇÃO:

Como sabido, os meios de comunicação têm o direito e mesmo o dever social de manter a sociedade informada e atualizada sobre os fatos que ocorrem no país e no mundo, não sendo lícito, porém, a ilustração de matérias jornalísticas com fotografia sem a devida indicação e autorização do autor.

Neste diapasão, como bem destacou o juízo a quo, o dano moral é presumido, não sendo necessária a prova do prejuízo, mas sim a simples violação do direito autoral.

Quanto ao valor arbitrado, levando-se em conta o caráter pedagógico--punitivo, na linha de precedentes jurisprudenciais, é de se arbitrar o valor da compensação de forma prudente, isto é, afastando o enriquecimento sem causa, mas, sem olvidar da fixação de valor que cumpra a finalidade de ordem psíquica, a transparecer que o dano moral foi devidamente compensado.

In casu, considerando as peculiaridades do caso concreto – a importância do atleta fotografado, reconhecido internacionalmente como Rei do Futebol, assim como da fotografia, que imortalizou a comemoração do Pelé a cada gol feito, tratando-se, ainda, de publicações em jornais de grande circulação, cujas reproduções foram reiteradas ao longo de cinco anos (17-3-2009, 23-10-2010, 8-1-2013 e 16-6-2013 do Jornal Extra, edição de 23-10-2010 do Jornal "O Globo" e versão *on-line* em 5-1-2014) – tem-se que a fixação de 100 salários mínimos (R$ 72.800,00) a título de compensação por danos morais, obedeceu aos critérios acima estabelecidos.

13

Tribunal de Justiça de São Paulo

Trigésima Primeira Câmara Cível – Apelação 1096550-70.2019.8.26.0100

Acórdão de 06-10-2020 – votação unânime

Rel.: Des. Donegá Morandini

DIREITOS AUTORAIS. AÇÃO DECLARATÓRIA C.C. PERDAS E DANOS. Emprego de textos escritos pelo autor em peças de roupas comercializadas pela ré. Matéria indiscutível. Conteúdo legalmente protegido (art. 7º, I, da Lei nº 9.610/98). Publicação em rede social e livro atribuídos editados pelo autor. Textos, ainda, que indicavam a sua real titularidade. Utilização dependente de expressa cessão dos direitos autorais. Impositiva reparação por danos materiais, nos termos do art. 103 da Lei de Direitos Autorais. Previsão legislativa, outrossim, que não se limita à publicação de exemplares. Necessário ajuste da previsão aos demais meios de contrafação hodiernamente existentes. Precedentes. Royalties, ainda, derivados da regular exploração do conteúdo autoral, diferentemente do que se passa com a desautorizada utilização. Apuração do montante devido ao autor em sede de liquidação de sentença. Indenização por danos morais (in re ipsa). Valor estabelecido em R$ 13.000,00, em observância ao pleito introdutório. Montante, ainda, que se ajusta ao art. 944 do CC. APELO PARCIALMENTE PROVIDO.

14

Tribunal de Justiça do Rio de Janeiro

Trigésima Primeira Câmara Cível – Apelação 0040732-18.2023.8.19.0000

Acórdão de 13-12-2023

Rel.: Des. Eduardo de Azevedo Paiva

AGRAVO DE INSTRUMENTO. AÇÃO DE OBRIGAÇÃO DE FAZER C/C INDENIZATÓIRA EM FASE DE LIQUIDAÇÃO DE SENTENÇA. VIOLAÇÃO DE DIREITOS AUTORAIS E MARCÁRIOS. DECISÃO QUE HOMOLOGOU LAUDO PERICIAL. IRRESIGNAÇÃO DE AMBAS AS PARTES. 1. Impugnação direcionada ao perito nomeado que não merece acolhimento, eis que não verificado quaisquer das hipóteses legais autorizativas estatuídas no art. 468 do CPC, tratando-se de profissional qualificado, de confiança do Juízo, já tendo atuado em diversos processos neste Tribunal, não havendo qualquer fato que desabone sua conduta. 2. Reparação do dano sofrido pela violação aos direitos do autor e uso indevido de sua marca, conforme sentença já transitada em julgado, sendo certo que a indenização pela prática da contrafação deve servir, entre outras coisas, para desestimular a prática ofensiva, sem, no entanto, implicar enriquecimento sem causa ao titular dos direitos autorais violados. 3. Os lucros cessantes serão determinados pelo critério mais favorável ao prejudicado, na forma do art. 210 da Lei nº 9.279/96. 4. Conforme entendimento firmado em Jurisprudência do C. STJ, o critério de cálculo previsto na lei deve ser interpretado de forma restritiva, fazendo-se coincidir, nesse caso, o termo "benefícios" presente no inciso II, do art. 210, com a ideia de "lucros". 5. Liquidação por arbitramento em consonância com parâmetros obtidos no mercado, diante da não apresentação de documentação necessária a exata apuração dos valores. 6. Pelo direito ao uso da marca, conforme contrato firmado entre a ré e a empresa Baruel, foi pago o equivalente a 5% (cinco por cento) do faturamento líquido, mensal, relativo às vendas dos produtos que utilizaram os elementos devidamente contabilizados com a apresentação das notas fiscais, não podendo ser, mais uma vez, contabilizado por estimativa, vez que significaria *bis in idem*. 7. Percentual adotado pelo *expert* e homologado pelo Juízo de primeiro grau, que merece pequeno reparo, com aplicação dos princípios da razoabilidade e proporcionalidade, devendo ser reduzido para 50% (cinquenta por cento) dos ganhos auferidos com a contrafação, suficientes para o desconto das despesas que envolveram as promoções publicitárias, impostos e demais despesas operacionais, evitando o enriquecimento sem causa para ambas as partes. PARCIAL PROVIMENTO ao agravo interposto pela parte ré e NEGADO PROVIMENTO ao agravo interposto pelo autor da ação.

15

Tribunal de Justiça de São Paulo

Segunda Câmara Cível – Apelação 1016251-50.2022.8.26.0020

Acórdão de 01-10-2024

Rel.: Des. Fernando Marcondes

VIOLAÇÃO DE DIREITOS AUTORAIS – USO INDEVIDO DE *SOFTWARE* – INDENIZAÇÃO – ARBITRAMENTO EM DEZ VEZES O VALOR DA MENSALIDADE DA LICENÇA ANUAL – JURISPRUDÊNCIA CONSOLIDADA – JUROS DE MORA E CORREÇÃO MONETÁRIA – INCIDÊNCIA A PARTIR DO EVENTO DANOSO. Em casos de violação de direitos autorais por uso indevido de *software*, a indenização deve ser fixada em dez vezes o valor da mensalidade da licença anual do programa utilizado, conforme entendimento jurisprudencial pacificado. Juros de mora e correção monetária incidem a partir do evento danoso, nos termos das Súmulas 43 e 54 do STJ. SENTENÇA PARCIALMENTE MANTIDA. RECURSO PARCIALMENTE PROVIDO.

15.8. CONCLUSÃO

A evolução do regime jurídico de proteção à criação intelectual somente será completa e efetiva se, sensível à necessidade cada dia mais latente de ampliar o acesso público a bens culturais e ao consequente desenvolvimento qualitativo da civilização, assegurar, com equidade, o direito moral e patrimonial – *com a resultante de sobrevivência com dignidade* – da célula embrionária da cultura: o autor.

Esse equilíbrio entre a vertente individualista do direito privado – *que confere ao autor o direito exclusivo sobre a utilização de sua obra* (*art. 5º, XXVII, da Constituição Federal*) – e a função social, cláusula pétrea estendida a toda forma de propriedade, inclusive a intelectual, não pode servir ao esfacelamento do direito de autor, sob pena de esvaziar a autossustentabilidade da criação intelectual, força motriz da evolução da humanidade.

Nessa trilha, o entendimento a que nos filiamos de, em primeiro lugar, distinguir, com absoluta nitidez, quais as modalidades de utilizações de obras intelectuais e peculiaridades de condições de acesso a esses bens que, mesmo fora do âmbito do controle do autor, mereçam ser incentivadas, mas, por outro lado, quais seriam – *e qual o tratamento jurídico mais eficaz que deveriam receber* – aquelas que demandariam sancionamento exemplar, destinado ao desestímulo da prática ilícita autoral.

Assim, nesta obra, procuramos ressaltar que o direito de autor em nosso país, desde as primeiras iniciativas organizadas internacionalmente, vem se integrando às mais progressistas diretrizes de tutela da criação intelectual, com forte influência da tendência humanista francesa, sendo que, na órbita da reparação de danos, a sua sistematização tem evoluído nas últimas décadas, mas vem sofrendo, no plano de seu cumprimento, notórios revezes: a pirataria fonográfica, a gigantesca evasão gerada pela incessante evolução tecnológica, especialmente em relação à comunicação e transmissão intra e extrafronteiras de obras intelectuais de variados gêneros e outras inúmeras e diversificadas utilizações dessas obras protegidas que têm resultado, no plano prático, em crescente fragilização da proteção autoral.

Embora imprescindível a ação penal do Estado, por meio dos instrumentos necessários à repressão criminal, de natureza policial e judiciária,

15 | Danos autorais e sua reparação

dirigimos nosso estudo, principalmente da reparação de danos autorais, confrontando-a com a teoria tradicional da responsabilidade civil e concluindo que, apesar da convivência de fundamentos comuns, especialmente no plano da equidade, para fazer frente aos malefícios de natureza moral e patrimonial da violação aos direitos de autor, além do ressarcimento do ofendido – *medido pela extensão do dano* –, é também indispensável o efeito pedagógico trazido com a punição do ofensor.

Na discussão sobre a natureza jurídica dessa penalização abordamos a avaliação doutrinária de alguns institutos, especialmente da "pena civil", dos "danos punitivos", do "valor do desestímulo" e do "enriquecimento ilícito", em suas variadas vertentes de entendimento e aplicação. Concretamente, procuramos demonstrar que – *independentemente da denominação que tem recebido, a composição condenatória integrada pelo ressarcimento do ofendido, combinado com a punição pedagógica do infrator, no âmbito dos danos autorais,* tanto morais quanto patrimoniais, a tônica da nossa jurisprudência nas últimas décadas[200] – tem se pautado judiciosamente pela assimilação da diretriz sancionatória expressa em nosso direito positivo (especialmente os arts. 102 a 110 da Lei n. 9.610/98, que regula os direitos autorais em nosso país) no sentido da ampla reparação do dano autoral sofrido pelo autor ou titular, ao lado da penalização – *de natureza pecuniária civil* – exemplar do infrator[201] (*devendo, inclusive, o* quantum *indeniza-*

---

200. Especialmente, há mais de 40 anos, a partir da precursora decisão do Supremo Tribunal Federal de que: "Ficaria abalado esse sistema legal se a reprodução fraudulenta ou ilícita desse lugar apenas a uma reparação pecuniária equivalente ao que ela receberia, se houvesse concordado com a reprodução. A consequência do ato vedado não pode ser a mesma do ato permitido, sobretudo, quando há implicações de ordem moral..." (acórdão de 6-12-1965, v.u. da Primeira Turma, rel. Min. Victor Nunes Leal no Recurso Extraordinário 56.904/SP, *RJTJ* 38, p. 271). Como examinamos neste capítulo, essa orientação tem se consolidado na jurisprudência, até nossos dias, como, por exemplo o judicioso acórdão recente do Superior Tribunal de Justiça: "Quem utiliza obra sem autorização do respectivo titular deve indenizar, além de pagar remuneração autoral ordinariamente devida. A indenização tem efeito pedagógico e visa desencorajar o comportamento reprovável de quem se apropria indevidamente da obra alheia" (ementa do acórdão de 9-8-2007, proferida no Recurso Especial 885.137/RJ por votação unânime da sua Terceira Turma, rel. Min. Humberto Gomes de Barros, *DJ* 27-8-2007, p. 240).

201. Nesse sentido destacamos, na lei autoral brasileira vigente, os dispositivos que estabelecem – *direta ou indiretamente* – diretriz indenizatória para violações de direitos patrimoniais de autor entre dez e vinte vezes o valor que o autor ou titular lesado receberia se a utilização de sua obra tivesse sido regular: (a) a reversão, para o autor, do produto da violação ao seu direito (*a perda – pelo infrator em benefício do autor – dos exemplares ilícitos apreendidos, além do pagamento ao autor do preço dos exemplares vendidos*), sendo que, não se conhecendo esse número, "pagará o transgressor o valor de três mil exemplares, além dos apreendidos – art. 103 e seu parágrafo único); (b) multa diária e "demais indenizações cabíveis", independentemente das sanções penais aplicáveis, além do aumento, em caso de reincidência, até o dobro do valor da multa (para as hipóteses de transmissão e retransmissão e comunicação ao público de obras artísticas literárias e científicas de interpretação e de fonogramas realizados com violação de direito autoral – art. 105); e (c) multa equivalente a vinte vezes o valor que deveria ser originariamente pago pela execução pública de obras musicais, interpretações, fonogramas e obras audiovisuais, se

tório ser adequado à capacidade econômica do ofensor para que a punição seja, efetivamente, sentida por este) a título de desestímulo à prática de novas violações aos direitos autorais[202].

---

realizada sem autorização dos titulares (art. 109). Acrescente-se que, por estarem esses dispositivos inseridos em legislação especial, prevalecem em relação às regras reparatórias – *de natureza geral* – do Código Civil. Nessa orientação, inclusive (*como registramos e transcrevemos, em parte, no referido item*), o acórdão recente, de 25-9-2007, do Superior Tribunal de Justiça (p. 386-394).

202. Nessa orientação jurisprudencial reportamo-nos aos acórdãos referidos no Capítulo 15, os mais de 50 arestos prolatados pelo Supremo Tribunal Federal, Superior Tribunal de Justiça e Tribunais Estaduais.

Referências

ABREU, Edman Ayres de. *O plágio em música*. São Paulo: Revista dos Tribunais, 1968.

ABRÃO, Eliana Y. Fotos, imagens, ilustrações. *Tribuna do Direito*, nov. 1996.

ADOLFO, Luiz Gonzaga Silva. A tutela específica para proteção dos direitos autorais. *Revista de Direito Autoral*, São Paulo, publicação ABDA/Lumen Juris, n. 1, 2004.

AGUIAR DIAS, José de. *Da responsabilidade civil*. 3. ed. Rio de Janeiro: Forense, 1954. 2v.

ALGARDI, Zara; VALERIO, Ettore. *Il diritto d'autore*. Milano: Giuffrè, 1943.

_____. *Il plagio litterario e il caractere criativo dell'opera*. Milano: Giuffrè, 1966.

AMARAL, Claudio de Souza. Os direitos autorais nas Constituições brasileiras. *Revista de Direito Autoral*, São Paulo, ABDA-Associação Brasileira de Direito Autoral/ Lumen Juris, fev. 2005.

ANJOS, Marco Antonio dos. *O humor*: estudo à luz do direito de autor e da personalidade. Tese de doutorado apresentada ao Departamento de Direito Civil da Faculdade de Direito da USP – Universidade de São Paulo, sob orientação da Professora Silmara Juny de Abreu Chinellato. São Paulo, 2009.

ARAÚJO, Luiz Alberto David. *A proteção constitucional da própria imagem*. Belo Horizonte: Del Rey, 1996.

ASCENSÃO, José de Oliveira. A pretensa "propriedade" intelectual. *Revista do Instituto dos Advogados de São Paulo*, São Paulo, Nova Série, ano 10, v. 20, p. 243-261, jul.-dez. 2007.

_____. *Direito autoral*. Rio de Janeiro: Forense, 1980.

_____. *Direito autoral*. 2. ed. ref. e ampl. Rio de Janeiro: Renovar, 1997.

_____. *Direito da internet e da sociedade de informação*. Rio de Janeiro: Forense, 2002.

_____. Direito de autor e desenvolvimento tecnológico. Controvérsias e estratégias. *Revista de Direito Autoral*, São Paulo, ABDA/Lumen Juris, n. 1, 2004.

ASIMOV, Isaac. *Eu, Robô*. Trad. Aline Storto Pereira. São Paulo: Aleph, 2015 [1950]. Edição digital.

AZEVEDO VILLAÇA, Álvaro. *Curso de direito civil*: teoria geral das obrigações. 4. ed. São Paulo: Revista dos Tribunais, 1987.

_____. *Teoria geral das obrigações*. 5. ed. São Paulo: Revista dos Tribunais, 1990.

_____. *Teoria geral das obrigações*: curso de direito civil. 9. ed. São Paulo: Revista dos Tribunais, 2001.

_____. *Código Civil anotado e legislação complementar*. São Paulo: Atlas, 2004.

_____. *Código Civil comentado*: negócio jurídico. Atos jurídicos lícitos. Atos ilícitos: artigos 104 a 188. São Paulo: Atlas, 2003. v. II.

AYERES, Irene Segal. International copyright law and electronic midia rights of authors and publishers. *Hastings Comm/Ent L.J*, v. 22.

BARBOSA, Denis Borges. *Uma introdução à propriedade intelectual*. Rio de Janeiro: Lumen Juris, 2003.

_____. A noção de originalidade e os títulos de obra, em particular, de *softwarte*. *Revista de Direito Autoral*, São Paulo, ABDA-Associação Brasileira de Direito Autoral/Lumen Juris, n. 4, fev. 2005.

BARBOSA, Milton Sebastião. *A reorganização do Conselho Nacional de Direito Autoral*. Brasília: CNDA/MEC, 1983.

BAPTISTA, Silvio Neves. *Teoria geral do dano de acordo com o novo Código Civil brasileiro*. São Paulo: Atlas, 2003.

BARROS MONTEIRO, Washington. *Curso de direito civil*. 32. ed. São Paulo: Saraiva, 2000. 5º v.

BASSO, Maristela. *O direito internacional da propriedade intelectual*. Porto Alegre: Livraria do Advogado, 2000.

_____. Direitos de autor e a observância da regra do teste dos três passos (*three step test*). In: *Direitos Autorais*: estudos em homenagem a Otávio Afonso dos Santos. São Paulo: Revista dos Tribunais, 2007.

BASTOS, Celso Ribeiro. *Comentários à Constituição do Brasil*. São Paulo: Saraiva, 1988/1989.

BENASSE, Paulo Roberto. *A personalidade, os danos morais e sua liquidação de forma múltipla*. Rio de Janeiro: Forense, 2003.

BERENBOOM, Alain. *Le Nouveau Droit D'Auteur*. Bruxelas, Bélgica: Éditions Larcier, 2022.

BERTRAND, André. *Droit d'auteur*. Paris: Dalloz, 2012.

BERTRAND, André. *Le droit d'auter et le droit voisins*. Paris: Dalloz, 1999.

_____. *A proteção jurídica dos programas de computador*. Trad. Vanise Pereira Dresh. Porto Alegre: Livraria do Advogado, 1996.

_____. *Internet et la loi*. Paris: Dalloz, 1997.

BETTI, Emilio. *Teoría general de las obligaciones*. Madrid: Editorial Revista de Derecho Privado, 1969. t. I e II.

Referências

BEVILÁQUA, Clóvis. *Código Civil dos Estados Unidos do Brasil comentado*. Rio de Janeiro: Livraria Francisco Alves, 1916 e 1917. v. I e III.

_____. *Código Civil dos Estados Unidos do Brasil comentado*. Rio de Janeiro: Livraria Francisco Alves, 1919. v. V.

BITTAR, Carlos Alberto. Autonomia científica do direito de autor. *Revista da Faculdade de Direito da Universidade de São Paulo*, São Paulo, v. 89, p. 87-98, 1994.

_____. *Direito de autor na obra feita sob encomenda*. São Paulo: Revista dos Tribunais, 1977.

_____. *Direito de autor na obra publicitária*. São Paulo: Revista dos Tribunais, 1981.

_____. *A Lei de Direitos Autorais na jurisprudência*. São Paulo: Revista dos Tribunais, 1988.

_____. *Direito de autor nos meios modernos de comunicação*. São Paulo: Revista dos Tribunais, 1989.

_____. *Contornos atuais do direito do autor*. São Paulo: Revista dos Tribunais, 1992.

_____. *Tutela dos direitos de personalidade e dos direitos autorais nas atividades empresariais*. São Paulo: Revista dos Tribunais, 1993.

_____. *Direito de autor*. 2. ed. Rio de Janeiro: Forense Universitária (Biblioteca Jurídica), 1994.

BITTAR, Carlos Alberto; BITTAR FILHO, Carlos Alberto. *Tutela dos direitos da personalidade e dos direitos autorais nas atividades empresariais*. 2. ed. São Paulo: Revista dos Tribunais, 2002.

BRAGA, Glória. O direito de execução pública musical e as tecnologias: *ringtones, internet. Revista de Direitos Autorais III*, São Paulo, Editora ABDA/Lumen Juris, ago. 2005.

BRANCO JR., Sergio Vieira. *Direitos Autorais na internet e o uso de obras alheias*. Rio de Janeiro: Lumen Juris, 2007.

BRASIL, Avio. *O dano moral no direito brasileiro*. Rio de Janeiro: Freitas Bastos, 1944.

BRIZ, Jaime Santos. *La responsabilidad civil*. 7. ed. Madrid: Editorial Montecorvo S.A., 1993.

BOBBIO, Pedro Vicente. *O direito de autor na criação musical*. São Paulo: Lex, 1951.

BODEN, Margaret A. *Inteligência Artificial*: uma brevíssima introdução. Editora Unesp: 2020.

CABRAL, Plínio. *Direito autoral*: dúvidas e controvérsias. São Paulo: Marbra, 2000.

_____. *A nova Lei de Direitos Autorais*. Porto Alegre: Sagra Luzzato, 1998.

_____. *Direito autoral do artista plástico*. São Paulo: Oliveira Mendes, 1998.

CAHALI, Yussef Said. *Dano moral*. 2. ed. São Paulo: Revista dos Tribunais, 1999.

CAMARGO VIANA, Rui Geraldo; ANDRADE NERY, Rosa Maria de. *Direito civil na Constituição Federal*. São Paulo: Revista dos Tribunais, 2000.

CANOTILHO, José Joaquim Gomes. *Estudos sobre direitos fundamentais*. São Paulo: Revista dos Tribunais/Coimbra Editora (Portugal, 2ª edição, 2008).

CARBONI, Guilherme C. *O direito de autor na multimídia*. São Paulo: Quartier Latin, 2003.

715

CARLUCCI, Aída Kemelmajer. *Derecho de daños*. Buenos Aires: La Rocca, 1996.

CARRION, Valentin. *Comentários à Consolidação das Leis do Trabalho*. 30. ed. atual. São Paulo: Saraiva, 2005.

CASELLI, Eduardo Piola. *Codice del Diritto di Autore*. Torino: UTET, 1943.

_____. *Trattato del diritto di autore e del contrato di edizione*. Torino: Torineses, 1927.

CASILLO, João. *Dano à pessoa e sua indenização*. 2. ed. São Paulo: Revista dos Tribunais, 1994.

CERQUEIRA, Tarcísio Queiroz. *Software*: direito autoral e contratos. Rio de Janeiro: Fotomática Editora, 1993.

CEROY, Frederico Meinberg. Os conceitos de provedores no Marco Civil da Internet. *Migalhas*. Brasília, 25 nov. 2014. Disponível em: https://www.migalhas.com.br/depeso/211753/os-conceitos-de-provedores-no-marco-civil-da-internet. Acesso em: 26 out. 2022.

CESNIK, Fabio de Sá. *Guia de incentivo à cultura*. Barueri: Manole, 2007.

CHAVES, Antonio. *Proteção Internacional do direito autoral de radiodifusão*. São Paulo: Max Limonad, 1952.

_____. *Tratado de direito civil*: responsabilidade civil. São Paulo: Revista dos Tribunais, 1985. v. III.

_____. *Criador da obra intelectual*. São Paulo: LTr, 1995.

_____. *Direito de autor*: princípios fundamentais. Rio de Janeiro: Forense, 1987.

_____. *Responsabilidade pré-contratual*. 2. ed. rev., ampl. e atual. São Paulo: Lejus, 1997.

_____. *Direitos autorais na computação de dados*. São Paulo: LTr, 1996.

_____. Direitos autorais na radiofusão. *Revista Forense*, São Paulo, v. 284, out./nov./dez. 1993.

_____. O direito moral após a morte do autor. Rio de Janeiro, *Revista Forense*, Editora Forense, v. 298, abr./maio/jun. 1987.

_____. O direito moral de autor na legislação brasileira. *Il Diritto di Autore*, volume celebrativo do cinquentenário da revista *Giuffré Editore*, Milão, 1979.

_____. Direito de autor. *Revista dos Tribunais*, n. 387, seção Consulta e Pareceres.

_____. Plágio. *Revista Interamericana de Direito Autoral*, São Paulo, n. 4, *Revista de Informação Legislativa do Senado Federal*, ano 20, n. 77, jan./mar. 1983, p. 406.

_____. *Tratado de direito civil*: parte geral I. São Paulo: Revista dos Tribunais, 1982. t. I.

_____. *A reorganização do Conselho Nacional de Direito Autoral*. Brasília: CNDA/MEC, 1983.

_____. Software *brasileiro sem mistério*. Campinas: Julex Livros, 1988.

_____. *Direitos conexos*. São Paulo: LTr, 1999.

CHINELATO E ALMEIDA, Silmara Juny de Abreu. Direito de arena. In: PIMENTA, Eduardo Salles (coord.). *Direitos autorais*: estudos em homenagem a Otávio Afonso dos Santos. São Paulo: Revista dos Tribunais, 2007.

_____. *Direito de autor e direitos da personalidade*: reflexões à Luz do Código Civil (Tese para concurso e Professor titular da Faculdade de Direito da Universidade de São Paulo), São Paulo, 2008.

_____. Liberdade de expressão, outros direitos da personalidade e direito de autor. *Cadernos de Pós-Graduação em Direito*, Comissão de Pós-Graduação da Faculdade de Direito da USP, São Paulo, n. 30, 2014.

_____. *Responsabilidade civil e direitos da personalidade*. São Paulo: Revista da Associação dos Advogados de São Paulo, dez. 1992.

CHINELATO E ALMEIDA, Silmara Juny de Abreu; NOVAES HIRONAKA, Giselda Maria Fernandes. Propriedade e posse: uma releitura dos ancestrais institutos. Reflexos no direito autoral. *Revista do Direito Autoral da ABDA*, São Paulo, Lumen Juris, n. I, ago. 2004.

COECKELBERG, Mark. *Ética na inteligência artificial*. Trad. Clarisse de Souza et. al. São Paulo/Rio de Janeiro: Ubu, Editora PUC-Rio, 2023.

COLLOVÁ, Taddeo. Reproduzione sonora e visiva de opere dell'ingegno per uso personale. *Il Diritto di Autore*, volume celebrativo de cinquentenário da revista, Editora Giuffré.

COLOMBET, Claude. *Proprieté Litteraire et Artistique*. Paris: Dalloz, 1980.

_____. *Grands principes du droitt d'auteur et des droits voisins dans le monde. Aprroche de droi comparé*. Paris: Unesco, 1987.

_____. *Grands principes du droit d'auteur et des droits voisins dans le monde*. Paris: UNESCO, Litec, 1990.

_____. *Grandes princípios del derecho de autor y los derechos conexos en el mundo*. 3. ed. Trad. Petite Almeida. Madrid: Edições UNESCO/CINDOC, 1997.

_____. *Proprieté littéraire et artistique et droits voisins*. Paris: Dalloz, 1990.

COSTA JR., Paulo José da. *Comentários ao Código Penal*. 4. ed. ref. e atual. São Paulo: Saraiva, 1996.

COSTA NETTO, Benedicto. *A função construtiva do Supremo Tribunal Federal*. São Paulo: Oficinas Gráficas da "Impress", 1952.

COSTA NETTO, José Carlos. *A reorganização do Conselho Nacional de Direito Autoral*. 3. ed. Brasília: CNDA/MEC, 1983.

_____. *Direito autoral no Brasil*. 2. ed. São Paulo: FTD, 2008.

_____ (Coord.) *Direito autoral atual*. Coordenação nacional Maria Luiza de Freitas Valle Egea, Larissa Andrea Carasso; coordenação interna-cional Anita Mates, Leonardo Machado Pontes. Rio de Janeiro: Elsevier, 2015.

_____. *Estudos e pareceres de direito autoral*. Rio de Janeiro: Forense, 2015.

COSTA NETTO, José Carlos; D'ANTINO, Sérgio Famá; FRANCEZ, Andréa. *Manual do direito do entretenimento*. 2. ed. São Paulo: Editora Senac, 2009.

_____. (Coord.) *Direito do entretenimento na internet*. São Paulo: Saraiva, 2014.

CRETELLA JR., José. *Comentários à Constituição Brasileira de 1988*. Rio de Janeiro: Forense Universitária, 1989.

_____. *O direito autoral na jurisprudência*. Rio de Janeiro: Forense, 1987.

CRIVELLI, Ivana Có Galdino. Direito de imagem no NCC e a relação com as obras de arte. *Revista de Direito Autoral,* São Paulo, edição ABDA/Lumen Juris, n. IV, fev. 2006.

_____. A regulamentação da contrafação de direitos autorais. In: PIMENTA, Eduardo Salles (coord.). *Direitos autorais*: estudos em homenagem a Otávio Afonso dos Santos. São Paulo: Revista dos Tribunais, 2007.

CUPIS, Adriano de. *Os direitos de personalidade*. Trad. para o português de Adriano Vera Jardim e Antônio Miguel Caeiro. Lisboa: Livraria Morais Editora, 1961.

_____. *Os direitos da personalidade*. Trad. Afonso Celso Furtado Rezende. Campinas: Romana Jurídica, 2004.

_____. *Contributi alla teoria del risarcimento del danno*. Milano: Giuffrè, 1939.

D'ANTINO, Sergio Famá. *Aspectos polêmicos da atividade de entretenimento*. Palestra proferida no Congresso realizado pela Academia Paulista de Magistrados em Mangaratiba, RJ (março de 2004) transcrita nos Anais do Congresso, publicação APM, São Paulo, 2004.

DAVID ARAUJO, Luiz Alberto. *A proteção constitucional da própria imagem*. Belo Horizonte: Del Rey, 1996.

DE MATTIA, Fabio Maria. *Estudos de direito de autor*. São Paulo: Saraiva, 1975.

_____. Indenização por violação ao direito de autor. In: *Estudos de direito de autor*. São Paulo: Saraiva, 1975.

_____. Direitos da personalidade: aspectos gerais. *Revista de Informação Legislativa*, ano 14, n. 56, out./dez. 1977.

_____. *O autor e o editor na obra gráfica*. São Paulo: Saraiva, 1975.

DESANTES, José Maria. *La relación contractual entre el autor y editor*. Pamplona: Ediciones Universidad de Navarre, 1970.

_____. *La información como derecho*. Madrid: Ed. Nacional, 1974.

DESBOIS, Henry. *Le droit d'auteur en France*. 2. ed. Paris: Dalloz, 1966.

_____. *Le droit d' auter en France*. 10. ed. Paris: Dalloz, 1973.

DESBOIS, Henri; FRANÇON, André; KEREVER, André. *Les Conventions Internacionales du Droit d'Auteur et des Droits Voisines*. Paris: Dalloz, 1976.

DESSEMONTET, François. *Le droit d'autor*. Lausanne: CEDIDAC, 1999.

DIÁRIO OFICIAL DA UNIÃO, de 16 de junho de 1967 (publicação em separata).

DIAS, Maurício Cozer. *Direito autoral*. Campinas: LZN, 2002.

DIAS MENEZES, Elizangela. *Curso de direito autoral*. Belo Horizonte: Del Rey, 2007.

DINIZ, Maria Helena. *Curso de direito civil brasileiro*. São Paulo: Saraiva, 1988.

_____. *A responsabilidade civil por dano moral*. São Paulo: Revista Literária do Direito, jan./fev. 1996.

DUVAL, Hermano. *Direitos autorais nas invenções modernas*. Rio: Andes, 1956.

_____. *Direito à imagem*. São Paulo: Saraiva, 1988.

_____. *Violações dos direitos autorais*. 1. ed. 2. tir. Rio de Janeiro: Borsoi, 1985.

_____. *Publicidade e a lei*. São Paulo: Saraiva, 1975.

ÉBOLI, João Carlos de Camargo. *Pequeno mosaico do direito autoral*. São Paulo: Irmãos Vitalle, 2006.

EGEA, Maria Luiza de Freitas Valle. As novas formas de expressão das obras intelectuais nas tecnologias digitais de comunicação e os direitos autorais. In: COSTA NETTO, José Carlos; EGEA, Maria Luiza de Freitas; CARASSO, Larissa Andréa (coords. parte nacional). *Direito autoral atual*. Rio de Janeiro: ABDA/Campus Jurídico/ Elsevier, 2015, p. 53.

_____. Direitos do artista plástico. In: PIMENTA, Eduardo Salles (coord.). *Direitos autorais*: estudos em homenagem a Otávio Afonso dos Santos. São Paulo: Revista dos Tribunais, 2007.

ESPÍNOLA, Eduardo. *Sistema de direito civil brasileiro*. 2. ed. Rio de Janeiro: Freitas Bastos, 1945. v. 2. t. 2.

FRAGOSO, João Henrique da Rocha. *Direito autoral*: da Antiguidade à internet. São Paulo: Quartier Latin, 2009.

FRANCEZ, Andréa Cervi; SANT'ANNA, Guilherme Chaves. Contrato de cessão de direitos: tempo, prazo e institutos afins. In: ABRÃO, Eline Yachouh (org.). *Propriedade imaterial*. São Paulo: Senac, 2006.

FRANÇON. *La proprieté littéraire et artistique em grande bretagne et aux États-Unis*. Paris, 1955.

_____. *La proprieté littéraire et artistique*. Paris: PUF, 1970.

_____. *Cours de propriété littéraire, artistique et industrielle*. Paris: Les Cours de Droit, 1985-1986.

GANDELMAN, Henrique. *Guia básico de direitos autorais*. Rio de Janeiro: Globo, 1982.

_____. *De Gutemberg à internet*: direitos autorais na era digital. Rio de Janeiro: Record, 1997.

_____. *De Gutemberg à internet*: direitos autorais na era digital. Rio de Janeiro: Record, 2001.

_____. *De Guttemberg à internet*. 5. ed. Rio de Janeiro: Record, 2007.

GANDELMAN, Silvia. Convergência de mídias e os ringtones – direito de inclusão e distribuição. In: PIMENTA, Eduardo Salles (coord.). *Direitos autorais*: estudos em homenagem a Otávio Afonso dos Santos. São Paulo: Revista dos Tribunais, 2007.

_____. *Responsabilidade civil nos meios de comunicação*. São Paulo: Juarez de Oliveira, 2002.

GOBIN, Alain. *Le droit des auteurs, des artistes et des gens du spectacle*. Paris: Moderne, 1986.

GODOY, Claudio Luiz Bueno de. Uma análise crítica da responsabilidade civil dos provedores na Lei n. 12.965/14 – Marco Civil da Internet. In: LUCCA, Newton de; SIMÃO FILHO, Adalberto; LIMA, Cíntia Rosa Pereira de (coords.). *Direito & Internet III*. São Paulo: Quartier Latin, 2015, p. 315.

_____. *A liberdade de imprensa e os direitos da personalidade*. São Paulo: Atlas, 2001.

Glossário OMPI de terminologia em direitos de autor e dos que lhes são conexos. Genebra: Edição OMPI, 1980.

Direito Autoral no Brasil | José Carlos Costa Netto

GNASPINE, José Mauro. *Derivação não consentida e proteção ao acréscimo criativo no direito autoral.* Tese de Doutorado em Direito Civil na Faculdade de Direito da Universidade de São Paulo, sendo professor orientador o jurista Fábio Maria de Mattia. São Paulo. Biblioteca FADUSP, Largo de São Francisco, 2008.

GOMES, Orlando. *Contratos.* 10. ed. Rio de Janeiro: Forense, 1984.

GONÇALVES, A. Penha. *Direitos da personalidade e sua tutela.* Luanda: edição do autor, 1974.

GONÇALVES, Carlos Roberto. *Responsabilidade civil.* São Paulo: Saraiva, 1995.

GUEIROS JR., Nehemias. *Direito autoral no show business* (Glossário OMPI). Rio de Janeiro: Editora Gryphus, 1999.

HAMMES, Bruno Jorge. *O direito de propriedade intelectual.* 2. ed. São Leopoldo: Unisinos, 1998.

HARVEY, Edwin R. *Derecho de autor.* Buenos Aires: Depalma, 1997.

HESPANHA, António Manuel. *Cultura jurídica europeia*: síntese de um milênio. Sintra: Fórum da História, Publicações Europa-América, 2003.

HOTOTIAN, Andrea. *Tutela autoral da obra jornalística gráfica.* Dissertação de Mestrado defendida perante a Faculdade de Direito – Universidade de São Paulo – USP, sob a orientação da Professora Silmara Chinellato, São Paulo, 2011.

HOURANI, Albert. *Uma história dos povos árabes.* Trad. Marcos Santarrita. São Paulo: Companhia das Letras, 1994.

IRIBARNE, Rodolfo A.; RETONDO, Hilda. *Plagio de obras intelectuales en los ilícitos civiles y penales en derecho de autor.* Buenos Aires: IIDA y Centro Argentino del IIDA, 1981.

_____. Plágio de obras intelectuales. *Revista Interamericana de Direito Intelectual*, São Paulo, v. 4, n. 12, 1981.

JESSEN, Henry Francis. *Direitos intelectuais.* Rio de Janeiro: Edições Itaipu, 1967.

JUNDI, Maria Eliane Rise. *Ringtones* gera direitos de execução pública? Direitos de distribuição? *Revista de Direito Autoral*, São Paulo, edição ABDA/Lumen Juris, n. III, 2005.

_____. Das limitações aos direitos autorais. *Revista de Direito Autoral*, São Paulo, edição ABDA/Lumen Juris, n. 1, ago. 2004.

_____. Especialistas dizem não ao aluguel de CDs. Parecer citado em artigo de Rogério Victorino, publicado na Seção "Legislação" da revista *Ver Vídeo*, n. 16, nov. 1994.

LE TARNEC, Alain. *Manuel de la proprieté litterraire et artistique.* 2. ed. Paris: Dalloz, 1966.

LIMA BRASIL, Marcelo de. *Aspectos legais e históricos do rádio.* Campinas: LZN, 2007.

LIMA, Alvino. *Da culpa ao risco.* São Paulo: Empresa Gráfica da Revista dos Tribunais, 1938.

LINS, Paulo Sérgio da Costa (org.). *Direito autoral.* 2. ed. Rio de Janeiro, 1997. Série Jurisprudência.

LIPSZYC, Delia. *Derecho de autor y derechos conexos.* Buenos Aires: UNESCO, 1993.

720

_____. *Direitos autorais*: aspecto subjetivo, criador e titular de direito, pluralidade de autores (doc. OMPI/PI/JU/5 de outubro de 1996).

LIPSZYC, Delia; VILLALBA, Carlos A. *El derecho de autor en la Argentina*. Buenos Aires: La Ley, 2001.

LOPES, Marcelo Frullani. *Obras geradas por inteligência artificial*: desafios ao conceito jurídico de autoria. São Paulo: Dialética, 2023.

LÓPES, Victor Vázquez. La proteccion internacional de las interpretaciones y ejecuciones audiovisuales. In: *El derecho de autor y los derechos conexos ante las nuevas tecnologias*: homenagem a Carlos Alberto Villalba. Lima: APDAYC/IIDA/AISGE, 2012.

LOPEZ, Teresa Ancona. *O dano estético*: responsabilidade civil. 3. ed. São Paulo: Revista dos Tribunais, 2004.

LUCAS, André; LUCAS, Henri-Jacques. *Traité de la propriété littéraire et artisique*. 3. ed. Paris: Litec, 2006.

_____; LUCAS-SCHLOETTER, Agnès; BERNAULT, Caroline. *Traité de la propriété littéraire et artistique*, 5a. edição. Paris : LexisNevis, 2017.

LYCURGO LEITE, Eduardo. Um breve ensaio sobre plágio. *Revista de Direito Autoral*, São Paulo, edição ABDA/Lumen Juris, n. III, ago. 2005.

MACRUZ DE SÁ, Martha. Cessão de direitos conexos dos artistas intérpretes e executantes: permissão ou proibição? In: ABRÃO, Eline Yachouh (org.). *Propriedade imaterial*. São Paulo: Senac, 2006.

MACDOWELL DE FIGUEIREDO, Samuel. *Contratos em matéria de direito autoral e obra publicitária*. Conferência proferida em 12-10-1996, no Seminário Nacional da OMPI sobre Propriedade Intelectual, para Magistrados e Membros do Ministério Público. São Paulo.

MANSO, Eduardo Vieira. *A informática e os direitos intelectuais*. São Paulo: Revista dos Tribunais, 1985.

MARAIS, Marie-Françoise; LACHANCISNSKY, Thibault. *L'Application des Droits de Propriété Intellectuelle*. Genebra: OMPI, 2008.

MASSE, Pierre. *Le droit moral de l'auter sur son ueuvre litteraire ou artistique*. Paris: Arthur Rousseau, 1906.

MATTIA, Fábio Maria de. *Estudos de direito de autor*. São Paulo: Saraiva, 1975.

MAXIMO, João. Artigo em "Panorama – Críticas e Comentários", seção pertencente à Revista *Ele/Ela* n.178, Rio de Janeiro, Editora Bloch, março de 1984.

MEDINA PERES, Pedro Ismael. *El derecho de autor en la cinematografía*. Madrid: Reus, 1952.

MELLO, Roberto Corrêa de. ECAD e internet: como arrecadar direitos na rede. O uso compartilhado. A natureza jurídica da relação que se estabelece. *Revista de Direito Autoral*, São Paulo, edição ABDA/Lumen Juris, n. II, fev. 2005.

_____. *Medidas administrativas e judiciais (civis e criminais) de proteção ao direito autoral, tutela antecipatória e tutela específica*. Conferência ministrada no Seminário Nacional da OMPI sobre Propriedade Intelectual para Magistrados e Membros do Ministério Público, em São Paulo, em 12-10-1996.

MELO DA SILVA, Wilson. *O dano moral e sua reparação*. 3. ed. Rio de Janeiro: Forense, 1983.

MENEZES, Daniel Francisco Nagao. Tecnoglobalização e impactos da globalização na inovação tecnológica. *R. Jur. FA7*, Fortaleza, v. 17, n. 3, p. 45-62, set./dez. 2020.

MENEZES, Elizângela Dias. *Curso de direito autoral*. Belo Horizonte: Del Rey, 2007.

MENEZES DIREITO, Carlos Alberto. *Estudos em homenagem ao Ministro Carlos Fernando Mathias de Souza* – Prefácio. São Paulo: Letras Jurídicas, 2010.

MIRANDA, Pontes de. *Tratado de direito privado*: parte especial. 4. ed. São Paulo: Revista dos Tribunais, 1974. t. VII.

MORATO, Antonio Carlos. *Direito de autor em obra coletiva*. São Paulo: Saraiva, 2007.

MORAES, Walter. *Artistas, intérpretes e executantes*. São Paulo: Revista dos Tribunais, 1976.

_____. *Questões de direito de autor*. São Paulo: Revista dos Tribunais, 1977.

MORAES, Rodrigo. A função social da propriedade intelectual na era das novas tecnologias. In: *Direito autoral*. Brasília: Ministério da Cultura, 2006. Coleção Cadernos de Políticas Culturais – Volume I – Direito Autoral.

_____. *Estudos de direito autoral em homenagem a José Carlos Costa Netto*. Salvador: EDFBA, 2017.

_____. *Os direitos morais do autor*: repersonalizando o direito autoral. Rio de Janeiro: Lumen Juris, 2008.

MORAIS REGO, Sueli de. *Direito autoral*. Série Jurisprudência. Compilação organizada em conjunto com Carlos Sampaio, Paulo Sergio da Costa Lins e Regina Célia de Almeida da Silva. Rio de Janeiro: Esplanada, ADCOAS, 1993.

MÜLLER CHAVES, João Carlos. Os produtores de fonogramas. In: PROENÇA, Cristina (org.). *Num novo mundo do direito de autor?* Lisboa: Edições Cosmos, 1994. t. II.

NAZO, Georgette Nacarato (coord.). *A tutela jurídica do direito de autor*. São Paulo: Saraiva, 1991.

NICOLAU NETTO, Michel. Quanto custa o gratuito? Problematizações sobre os novos modelos de negócio na música. *ArtCultura: Revista de História, Cultura e Arte*, Uberlândia, v. 10, n. 16, 2008.

NOVAES NETO, José de Araújo. Está faltando o autor nessa discussão. *Gazeta Mercantil*, São Paulo, nov. 2007.

NOVAROS, Michaélis. *Le droit de l'auteur*. Paris: Librairie Dousseau, 1935.

OLIVEIRA E SILVA, Dirceu de. *O direito de autor*. Rio de Janeiro: Editora Nacional de Direito, 1956.

OLIVEIRA CASTRO FILHO, Sebastião de. *Internet – Responsabilidade do provedor na relação de consumo*. Conferência proferida no Seminário Aspectos Polêmicos na Atividade do Entretenimento, realizada em Mangaratiba-RJ, março de 2004.

OLIVER, Paulo. *Direito autoral, fotografia, imagem*. São Paulo: Letra e Letras, 1991.

ORGANIZAÇÃO MUNDIAL DA PROPRIEDADE INTELECTUAL (OMPI). *Informação Geral*. Genebra, 1994.

_____. Tratados de 1966.

PACHECO, José Ernani de Carvalho. *Jurisprudência brasileira*, 95. Compilação Organizada em conjunto com Emilio Sabatovski, José Carlos Gal Garcia, Ronaldo Antonio Botelho, Moacir Antonio Bordignon, Ivo Valente Fortes, Fausto Pereira de Lacerda, Herminio Duarte Filho e Luiz Penteado de Carvalho. Curitiba: Juruá, 1985.

PELLEGRINI, Luiz Fernando Gama. *Direito autoral do artista plástico*. São Paulo: Oliveira Mendes, 1998.

PEREIRA, Caio Mário da Silva. *Responsabilidade civil*. 5. ed. Rio de Janeiro: Forense, 1994.

_____. *Instituições de direito civil*. 10. ed. Rio de Janeiro: Forense, 2001.

PEREIRA, J. Artigo publicado no periódico *O Estado de São Paulo*, jun. 1984.

_____. *A reorganização do Conselho Nacional de Direito Autoral*. Brasília: CNDA/MEC, 1983.

PEREZ, Pedro Ismael Medina. *El derecho de autor en la cinematografía*. Madrid: Reus, 1952.

PICARD, Edmond. *O direito puro*. 2. ed. Salvador: Livraria Progresso, 1954.

PIETTE COUDOL, Thierry; BERTRAND, André. *Internet et la loi*. Paris: Dalloz, 1997.

PIMENTA, Eduardo Salles. *Dos crimes contra a propriedade intelectual*. São Paulo: Revista dos Tribunais, 1994.

_____. *O direito conexo da empresa de radiodifusão e assuntos correlatos*. São Paulo: Lejus, 1999.

_____. *Princípios de direitos autorais*: um século de proteção de direitos autorais no Brasil – 1898-1998. Livro I. Rio de Janeiro: Lumen Juris, 2004.

PIOLA CASELLI, Eduardo. *Codice del diritto di autore*: commentario. Torino: Unione Tipografico – Editrice Torinese, 1943.

_____. *Trattato del diritto di autore*. Nápoles: E. Marghieri, y Turin, Unione Tip. – Ed. Torineses, 1927.

PLÁCIDO E SILVA. *Vocabulário jurídico*. 4. ed. Rio de Janeiro: Forense, 1975.

PLÁ RODRIGUEZ, Américo. *Princípios de direito de trabalho*. Trad. Wagner D. Giglio e Edilson Alkmin Cunha. 3. ed. São Paulo: LTr, 2004.

POLLAUD-DULIAN, Frédéric. *Le droit d'auteur*. Paris: Economica, 2005.

POLLAUD-DULIAN, Frédéric. *Propriété Intellectuelle*: Le droit d'auteur. Paris : Economica, 2014.

PONTES, Leonardo Machado. *Creative commons*: problemas jurídicos e estruturais. Belo Horizonte: Arraes Editor, 2013.

_____. *Direito de autor*: a teoria da dicotomia entre ideia e a expressão. Belo Horizonte: Arraes Editores, 2012.

PONTES DE MIRANDA, Fernando Cavalcanti; CAVALCANTI, José. *Tratado de direito privado*: parte especial: direito das coisas – propriedade mobiliária (bens in-

Direito Autoral no Brasil | José Carlos Costa Netto

corpóreos) – propriedade intelectual – propriedade industrial. 2. ed. Rio de Janeiro: Borsoi, 1956. t. XVI.

_____. *Tratado de direito privado*: parte especial. Rio de Janeiro: Borsoi, 1966. t. LIII.

_____. *Tratado de direito privado*. 4. ed. São Paulo: Revista dos Tribunais, 1974. t. XVII.

_____. *Tratado de direito privado*: parte especial. Rio de Janeiro: Borsoi, 1971. t. XXII.

_____. *Tratado de direito privado*: parte especial. 39. ed. Rio de Janeiro: Borsoi, 1972. t. LIV.

_____. *Tratado de direito privado*: parte especial. 4. ed. São Paulo: Revista dos Tribunais, 1974. t. VII.

PONTES NETO, Hildebrando. Cópia ou Crime. *Presença Pedagógica*, v. 2, n. 12, nov./dez. 1996.

_____. As sanções e o procedimento criminal dos direitos autorais. *Revista dos Tribunais*, n. 695, set. 1993, p. 288.

_____. Autoria da obra coletiva. In: PIMENTA, Eduardo Salles (coord.). *Direitos autorais*: estudos em homenagem a Otávio Afonso dos Santos. São Paulo: Revista dos Tribunais, 2007.

PONTES NETO, Hildebrando; PONTES, Leonardo Machado. Parecer de março de 2011 nos autos da ação ordinária movida por Millôr Fernandes contra a Editora Abril perante a 2ª Vara Cível de São Paulo, Processo n. 2009.214.684-0.

POUILLET, Eugène. *Traité théorique et pratique de la propriété litteraire et artistique et du droit de représentation*. 3. ed. Paris: Marchal et Billard, 1908.

RANGEL, Luciana Freire. *Questões de plágio em método técnico musical*. Parecer, 23-1-1995.

RECHT, Pierre. *Le droit d' auter, une nouvelle forme de proprieté*. Gembloux: Editions J. Duculot, 1969.

REIS, Clayton. *Avaliação do dano moral*. Rio de Janeiro: Forense, 1999.

_____. *Os novos rumos da indenização do dano moral*. Rio de Janeiro: Forense, 2002.

RODRIGUES, Silvio. *Direito civil*. 12. ed. São Paulo: Saraiva, 1989.

SANCHES, Hércoles Tecino. *Legislação autoral*. São Paulo: LTr, 1999.

SANCTIS, Vittorio M. de. *La protezione delle opere dell'ingegno*. Milano: Giuffrè, 2003.

SANTA ROSA, Dirceu Pereira de. *Ringtones* e direito autoral: conflito sobre pagamentos por execução pública. *Revista de Direito Autoral*, São Paulo, n. III.

SANTIAGO, Vanisa. O direito de autor e o direito de remuneração. In: PIMENTA, Eduardo Salles Pimenta (coord.). *Direitos autorais*: estudos em homenagem a Otávio Afonso dos Santos. São Paulo: Revista dos Tribunais, 2007.

SANTIAGO, Oswaldo Néri. *Proteção ao direito de autor no Brasil*. Rio de Janeiro: S.D.D.A., 1968.

_____. *Aquarela do direito autoral*. Rio de Janeiro, 1948.

SANTOS, Antonio Jeová. *O dano moral na internet*. São Paulo: Método, 2001.

_____. *Dano moral indenizável*. 4. ed. rev. e ampl. de acordo com o novo Código Civil. São Paulo: Revista dos Tribunais, 2003.

724

SANTOS, Manoel J. Pereira dos. *O direito de autor na obra jornalística gráfica*. São Paulo: Revista dos Tribunais, 1981.

_____. *Objeto e limites de proteção autoral de programas de computador*. Tese de Doutorado de Direito Civil (orientador o Professor Fabio Maria De Mattia). São Paulo, Faculdade de Direito da Universidade de São Paulo – USP, 2003.

SANTOS, Manuella. *Direito autoral na era digital*: impactos, controvérsias e possíveis soluções. São Paulo: Saraiva, 2009.

SANTOS, Otávio Afonso. *A reorganização do Conselho Nacional de Direito Autoral*. Brasília: CNDA/MEC, 1983.

_____. *Conceitos essenciais*. Barueri: Manole, 2008.

SAVALA, Santiago Larraguibel. *Derecho de autor y propiedad industrial*. Santiago: Editorial Jurídica de Chile, 1979.

SAVATIER, René. *Les métamorphoses économiques et sociales du droit privé d' aujourd' hui*. Paris: Dalloz, 1959.

_____. *Traité de la responsabilité civile em droit français*. Paris: Librairie Générale de Droit et La Jurisprudence, 1939.

_____. *Le droit de l'art et des lettres*. Paris: Librairie Générale de Droit et Jurisprudence, 1953.

SAVATIVA, Marcôs René. *Le droit de L'art et des letteis*. Paris: Librarie Générale de Droit et de Jurisprudence, 1953.

SENISE LISBOA, Roberto. A obra de folclore e sua proteção. In: BITTAR, Eduardo E. B.; ALMEIDA, Silmara Juny Chinelato e (orgs.). *Estudos de direito de autor, direito de personalidade, direito de consumidor e danos morais*. São Paulo: Forense Universitária, 2002.

SERPA LOPES, Miguel Maria de. *Curso de direito civil*. 2. ed. Rio de Janeiro: Freitas Bastos, 1957. v. II.

_____. *Curso de direito civil*. 5. ed. Rio de Janeiro: Biblioteca Jurídica Freitas Bastos, 1999. v. IV.

SILVA ADOLFO, Luiz Gonzaga. A tutela específica para proteção dos direitos autorais. *Revista de Direito Autoral*, São Paulo, publicação ABDA/Lumen Juris Editora, n. 1, 2004.

SILVA, Américo Luís Martins da. *O dano moral e a sua reparação civil*. 3. ed. São Paulo: Revista dos Tribunais, 2005.

SILVA, Marco Aurélio da. Entrevista colhida por Ilmar Carvalho para o periódico *Pasquim* n. 21/6, de 27-6-1984.

SILVA, Wilson Melo da. *O dano moral e sua reparação*. 3. ed. Rio de Janeiro: Forense, 1983.

SILVEIRA, Newton. *A propriedade intelectual e as novas leis autorais*. 2. ed. São Paulo: Saraiva, 1998.

_____. *Obra de arte em série*. *Revista Interamericana de Direito Intelectual*, São Paulo, v. 1, n. 1, 1978.

725

_____. Os direitos autorais e as novas tecnologias da informação, conforme a Lei n. 9.610/98. In: PIMENTA, Eduardo Salles (coord.). *Direitos autorais*: estudos em homenagem a Otávio Afonso dos Santos. São Paulo: Revista dos Tribunais, 2007.

_____. *Propriedade intelectual.* 3. ed. Barueri: Manole, 2005.

SOARES, Guido Fernando Silva. O tratamento da propriedade intelectual no sistema da Organização Mundial do Comércio: uma descrição geral do acordo "TRIPS". *Revista de Direito Civil: Revista de Direito Civil, Imobiliário, Agrário e Empresarial,* v. 74, p. 98-119, out. 1995.

SOARES, José Carlos Tinoco. *Marcas notoriamente conhecidas – "Marcas de alto renome" vs. "Diluição".* Rio de Janeiro: Lumen Juris, 2010.

_____. *Tratado de propriedade industrial.* São Paulo: Editora Jurídica Brasileira, 1998.

SOMESOM TAUK, Caroline; SANTOS, Celso Araújo. *Lei de Propriedade Industrial Interpretada*: comentários e jurisprudência. São Paulo: JusPodivm, 2024.

SOUZA, Carlos Fernando Mathias de. *Direito autoral*: legislação básica. Brasília: Livraria e Editora Brasília Jurídica, 1998.

_____. Direitos conexos no Tratado WPTT e algumas considerações sobre o acordo "TRIPS". In: *Estudos de direito autoral em homenagem a José Carlos Costa Netto.* Salvador: Editora da EDUFBA, 2017.

SOUZA, Rabindranath Capelo de. *Direito geral de personalidade.* Coimbra: Coimbra Editora, 1995.

STEWART, Stephen M. *International Copyright and Neighbouring Rights.* London: Butterworths, 1983.

STROMHOLM, Stig. *Le droit moral de l'auteur.* Estocolmo: edição de P. A. Norstedt & Somers Forlag, 1967.

TEIXEIRA, Vera Lúcia; EGEA, Maria Luiza Freitas Valle. *Administração coletiva de direitos autorais.* Monografia. Ganhadora do Prêmio Jurídico da Confederação Internacional das Sociedades de Autores e Compositores (CISAC), maio 1999.

TEIXEIRA DOS SANTOS, Newton P. *A fotografia e o direito de autor.* 2. ed. rev. e atual. São Paulo: Livraria e Editora Universitária de Direito, 1990.

TEIXEIRA, Sálvio de Figueiredo. *O STJ e o processo civil.* Brasília: Livraria e Editora Brasília Jurídica, 1995.

VARELLA, Marcelo Dias. *Propriedade intelectual de setores emergentes.* São Paulo: Atlas, 1996.

VICTORINO, Rogério. Especialistas dizem não ao aluguel de CDs. *Ver Vídeo,* n. 16, nov. 1994, seção Legislação.

VIEIRA BRANCO JR., Sergio. *Direitos autorais na internet e o uso de obras alheias.* Rio de Janeiro: Lumen Juris, 2007.

VIEIRA MANSO, Eduardo. *Direito autoral*: exceções impostas aos direitos autorais (derrogações e limitações). São Paulo: José Bushatsky, 1980.

_____. *A informática e os direitos intelectuais.* São Paulo: Revista dos Tribunais, 1985.

_____. *Contratos de direito autoral.* São Paulo: Revista dos Tribunais, 1989.

_____. *Direito autoral*. 2. ed. Rio de Janeiro: Renovar, 1997.

_____. *O que é direito autoral*. São Paulo: Brasiliense, 1987.

VILLALBA, Carlos A.; LIPSZIC, Delia. *El derecho de autor en la Argentina*. Buenos Aires: La Ley S.A., 2001.

_____. *Derechos de los artistas intérpretes y ejecutantes, productores de fonogramas y organismos de radiodifusión*. Buenos Aires, 1976.

WACHOWICZ, Marcos. Revolução tecnológica e propriedade intelectual. In: PIMENTA, Eduardo Salles (coord.). *Direitos autorais*: estudos em homenagem a Otávio Afonso dos Santos. São Paulo: Revista dos Tribunais, 2007.

YACHOU ABRÃO, Eliane. Fotos, imagens, ilustrações. *Tribuna do Direito*, nov. 1996.

_____. *Direitos de autor e direitos conexos*. São Paulo: Editora Brasil, 2002.

_____. Proteção ao direito autoral tem limites. *Tribuna de Direito*, nov. 1995.

ZANINI, Leonardo Esteves de Assis. *Direito de autor*. São Paulo: Saraiva, 2015.

ZANNONI, Eduardo A. *El daño en la responsabilidad civil*. Buenos Aires: Astrea, 1982.

ZAVALA, Rodolfo Martin; GONZALES, Matilde Zavala. *Indemnización punitiva*: responsabilidad por daños en el tercer milenio. Buenos Aires: Abeledo-Perrot, 1997.

ZENO-ZENCOVICH, V. *Danni non patrimoniali e reato commesso dal non imputabiles*. Rdcom, 1983, II, p. 227.

Lei n. 9.610, de 19 de fevereiro de 1998

Altera, atualiza e consolida a legislação sobre direitos autorais e dá outras providências.

O PRESIDENTE DA REPÚBLICA

Faço saber que o Congresso Nacional decreta e eu sanciono a seguinte Lei:

Título I
Disposições Preliminares

Art. 1º Esta Lei regula os direitos autorais, entendendo-se sob esta denominação os direitos de autor e os que lhes são conexos.

Art. 2º Os estrangeiros domiciliados no exterior gozarão da proteção assegurada nos acordos, convenções e tratados em vigor no Brasil.

Parágrafo único. Aplica-se o disposto nesta Lei aos nacionais ou pessoas domiciliadas em país que assegure aos brasileiros ou pessoas domiciliadas no Brasil a reciprocidade na proteção aos direitos autorais ou equivalentes.

Art. 3º Os direitos autorais reputam-se, para os efeitos legais, bens móveis.

Art. 4º Interpretam-se restritivamente os negócios jurídicos sobre os direitos autorais.

Art. 5º Para os efeitos desta Lei, considera-se:

I – publicação – o oferecimento de obra literária, artística ou científica ao conhecimento do público, com o consentimento do autor, ou de qualquer outro titular de direito de autor, por qualquer forma ou processo;

II – transmissão ou emissão – a difusão de sons ou de sons e imagens, por meio de ondas radioelétricas; sinais de satélite; fio, cabo ou outro condutor; meios óticos ou qualquer outro processo eletromagnético;

III – retransmissão – a emissão simultânea da transmissão de uma empresa por outra;

IV – distribuição – a colocação à disposição do público do original ou cópia de obras literárias, artísticas ou científicas, interpretações ou execuções fixadas e fonogramas, mediante a venda, locação ou qualquer outra forma de transferência de propriedade ou posse;

V – comunicação ao público – ato mediante o qual a obra é colocada ao alcance do público, por qualquer meio ou procedimento e que não consista na distribuição de exemplares;

VI – reprodução – a cópia de um ou vários exemplares de uma obra literária, artística ou científica ou de um fonograma, de qualquer forma tangível, incluindo qualquer armazenamento permanente ou temporário por meios eletrônicos ou qualquer outro meio de fixação que venha a ser desenvolvido;

VII – contrafação – a reprodução não autorizada;

VIII – obra:

a) em coautoria – quando é criada em comum, por dois ou mais autores;

b) anônima – quando não se indica o nome do autor, por sua vontade ou por ser desconhecido;

c) pseudônima – quando o autor se oculta sob nome suposto;

d) inédita – a que não haja sido objeto de publicação;

e) póstuma – a que se publique após a morte do autor;

f) originária – a criação primígena;

g) derivada – a que, constituindo criação intelectual nova, resulta da transformação de obra originária;

h) coletiva – a criada por iniciativa, organização e responsabilidade de uma pessoa física ou jurídica, que a publica sob seu nome ou marca e que é constituída pela participação de diferentes autores, cujas contribuições se fundem numa criação autônoma;

i) audiovisual – a que resulta da fixação de imagens com ou sem som, que tenha a finalidade de criar, por meio de sua reprodução, a impressão de movimento, independentemente dos processos de sua captação, do suporte usado inicial ou posteriormente para fixá-lo, bem como dos meios utilizados para sua veiculação;

IX – fonograma – toda fixação de sons de uma execução ou interpretação ou de outros sons, ou de uma representação de sons que não seja uma fixação incluída em uma obra audiovisual;

X – editor – a pessoa física ou jurídica à qual se atribui o direito exclusivo de reprodução da obra e o dever de divulgá-la, nos limites previstos no contrato de edição;

XI – produtor – a pessoa física ou jurídica que toma a iniciativa e tem a responsabilidade econômica da primeira fixação do fonograma ou da obra audiovisual, qualquer que seja a natureza do suporte utilizado;

Lei n. 9.610, de 19 de fevereiro de 1998

XII – radiodifusão – a transmissão sem fio, inclusive por satélites, de sons ou imagens e sons ou das representações desses, para recepção ao público e a transmissão de sinais codificados, quando os meios de decodificação sejam oferecidos ao público pelo organismo de radiodifusão ou com seu consentimento;

XIII – artistas intérpretes ou executantes – todos os atores, cantores, músicos, bailarinos ou outras pessoas que representem um papel, cantem, recitem, declamem, interpretem ou executem em qualquer forma obras literárias ou artísticas ou expressões do folclore;

XIV – titular originário – o autor de obra intelectual, o intérprete, o executante, o produtor fonográfico e as empresas de radiodifusão. (*Incluído pela Lei n. 12.853, de 2013*)

Art. 6º Não serão de domínio da União, dos Estados, do Distrito Federal ou dos Municípios as obras por eles simplesmente subvencionadas.

Título II
Das Obras Intelectuais

Capítulo I
Das Obras Protegidas

Art. 7º São obras intelectuais protegidas as criações do espírito, expressas por qualquer meio ou fixadas em qualquer suporte, tangível ou intangível, conhecido ou que se invente no futuro, tais como:

I – os textos de obras literárias, artísticas ou científicas;

II – as conferências, alocuções, sermões e outras obras da mesma natureza;

III – as obras dramáticas e dramático-musicais;

IV – as obras coreográficas e pantomímicas, cuja execução cênica se fixe por escrito ou por outra qualquer forma;

V – as composições musicais, tenham ou não letra;

VI – as obras audiovisuais, sonorizadas ou não, inclusive as cinematográficas;

VII – as obras fotográficas e as produzidas por qualquer processo análogo ao da fotografia;

VIII – as obras de desenho, pintura, gravura, escultura, litografia e arte cinética;

IX – as ilustrações, cartas geográficas e outras obras da mesma natureza;

X – os projetos, esboços e obras plásticas concernentes à geografia, engenharia, topografia, arquitetura, paisagismo, cenografia e ciência;

XI – as adaptações, traduções e outras transformações de obras originais, apresentadas como criação intelectual nova;

XII – os programas de computador;

XIII – as coletâneas ou compilações, antologias, enciclopédias, dicionários, bases de dados e outras obras, que, por sua seleção, organização ou disposição de seu conteúdo, constituam uma criação intelectual.

§ 1º Os programas de computador são objeto de legislação específica, observadas as disposições desta Lei que lhes sejam aplicáveis.

§ 2º A proteção concedida no inciso XIII não abarca os dados ou materiais em si mesmos e se entende sem prejuízo de quaisquer direitos autorais que subsistam a respeito dos dados ou materiais contidos nas obras.

§ 3º No domínio das ciências, a proteção recairá sobre a forma literária ou artística, não abrangendo o seu conteúdo científico ou técnico, sem prejuízo dos direitos que protegem os demais campos da propriedade imaterial.

Art. 8º Não são objeto de proteção como direitos autorais de que trata esta Lei:

I – as ideias, procedimentos normativos, sistemas, métodos, projetos ou conceitos matemáticos como tais;

II – os esquemas, planos ou regras para realizar atos mentais, jogos ou negócios;

III – os formulários em branco para serem preenchidos por qualquer tipo de informação, científica ou não, e suas instruções;

IV – os textos de tratados ou convenções, leis, decretos, regulamentos, decisões judiciais e demais atos oficiais;

V – as informações de uso comum tais como calendários, agendas, cadastros ou legendas;

VI – os nomes e títulos isolados;

VII – o aproveitamento industrial ou comercial das ideias contidas nas obras.

Art. 9º À cópia de obra de arte plástica feita pelo próprio autor é assegurada a mesma proteção de que goza o original.

Art. 10. A proteção à obra intelectual abrange o seu título, se original e inconfundível com o de obra do mesmo gênero, divulgada anteriormente por outro autor.

Parágrafo único. O título de publicações periódicas, inclusive jornais, é protegido até um ano após a saída do seu último número, salvo se forem anuais, caso em que esse prazo se elevará a dois anos.

Capítulo II
Da Autoria das Obras Intelectuais

Art. 11. Autor é a pessoa física criadora de obra literária, artística ou científica.

Parágrafo único. A proteção concedida ao autor poderá aplicar-se às pessoas jurídicas nos casos previstos nesta Lei.

Art. 12. Para se identificar como autor, poderá o criador da obra literária, artística ou científica usar de seu nome civil, completo ou abreviado até por suas iniciais, de pseudônimo ou qualquer outro sinal convencional.

Art. 13. Considera-se autor da obra intelectual, não havendo prova em contrário, aquele que, por uma das modalidades de identificação referidas no artigo anterior, tiver, em conformidade com o uso, indicada ou anunciada essa qualidade na sua utilização.

Art. 14. É titular de direitos de autor quem adapta, traduz, arranja ou orquestra obra caída no domínio público, não podendo opor-se a outra adaptação, arranjo, orquestração ou tradução, salvo se for cópia da sua.

Art. 15. A coautoria da obra é atribuída àqueles em cujo nome, pseudônimo ou sinal convencional for utilizada.

§ 1º Não se considera coautor quem simplesmente auxiliou o autor na produção da obra literária, artística ou científica, revendo-a, atualizando-a, bem como fiscalizando ou dirigindo sua edição ou apresentação por qualquer meio.

§ 2º Ao coautor, cuja contribuição possa ser utilizada separadamente, são asseguradas todas as faculdades inerentes à sua criação como obra individual, vedada, porém, a utilização que possa acarretar prejuízo à exploração da obra comum.

Art. 16. São coautores da obra audiovisual o autor do assunto ou argumento literário, musical ou literomusical e o diretor.

Parágrafo único. Consideram-se coautores de desenhos animados os que criam os desenhos utilizados na obra audiovisual.

Art. 17. É assegurada a proteção às participações individuais em obras coletivas.

§ 1º Qualquer dos participantes, no exercício de seus direitos morais, poderá proibir que se indique ou anuncie seu nome na obra coletiva, sem prejuízo do direito de haver a remuneração contratada.

§ 2º Cabe ao organizador a titularidade dos direitos patrimoniais sobre o conjunto da obra coletiva.

§ 3º O contrato com o organizador especificará a contribuição do participante, o prazo para entrega ou realização, a remuneração e demais condições para sua execução.

Capítulo III
Do Registro das Obras Intelectuais

Art. 18. A proteção aos direitos de que trata esta Lei independe de registro.

Art. 19. É facultado ao autor registrar a sua obra no órgão público definido no *caput* e no § 1º do art. 17 da Lei n. 5.988, de 14 de dezembro de 1973.

Art. 20. Para os serviços de registro previstos nesta Lei será cobrada retribuição, cujo valor e processo de recolhimento serão estabelecidos por ato do titular do

Direito Autoral no Brasil | José Carlos Costa Netto

órgão da administração pública federal a que estiver vinculado o registro das obras intelectuais.

Art. 21.   Os serviços de registro de que trata esta Lei serão organizados conforme preceitua o § 2º do art. 17 da Lei n. 5.988, de 14 de dezembro de 1973.

Título III
Dos Direitos do Autor

Capítulo I
Disposições Preliminares

Art. 22.   Pertencem ao autor os direitos morais e patrimoniais sobre a obra que criou.

Art. 23.   Os coautores da obra intelectual exercerão, de comum acordo, os seus direitos, salvo convenção em contrário.

Capítulo II
Dos Direitos Morais do Autor

Art. 24.   São direitos morais do autor:

I – o de reivindicar, a qualquer tempo, a autoria da obra;

II – o de ter seu nome, pseudônimo ou sinal convencional indicado ou anunciado, como sendo o do autor, na utilização de sua obra;

III – o de conservar a obra inédita;

IV – o de assegurar a integridade da obra, opondo-se a quaisquer modificações ou à prática de atos que, de qualquer forma, possam prejudicá-la ou atingi-lo, como autor, em sua reputação ou honra;

V – o de modificar a obra, antes ou depois de utilizada;

VI – o de retirar de circulação a obra ou de suspender qualquer forma de utilização já autorizada, quando a circulação ou utilização implicarem afronta à sua reputação e imagem;

VII – o de ter acesso a exemplar único e raro da obra, quando se encontre legitimamente em poder de outrem, para o fim de, por meio de processo fotográfico ou assemelhado, ou audiovisual, preservar sua memória, de forma que cause o menor inconveniente possível a seu detentor, que, em todo caso, será indenizado de qualquer dano ou prejuízo que lhe seja causado.

§ 1º Por morte do autor, transmitem-se a seus sucessores os direitos a que se referem os incisos I a IV.

§ 2º Compete ao Estado a defesa da integridade e autoria da obra caída em domínio público.

734

Lei n. 9.610, de 19 de fevereiro de 1998

§ 3º Nos casos dos incisos V e VI, ressalvam-se as prévias indenizações a terceiros, quando couberem.

Art. 25. Cabe exclusivamente ao diretor o exercício dos direitos morais sobre a obra audiovisual.

Art. 26. O autor poderá repudiar a autoria de projeto arquitetônico alterado sem o seu consentimento durante a execução ou após a conclusão da construção.

Parágrafo único. O proprietário da construção responde pelos danos que causar ao autor sempre que, após o repúdio, der como sendo daquele a autoria do projeto repudiado.

Art. 27. Os direitos morais do autor são inalienáveis e irrenunciáveis.

Capítulo III
Dos Direitos Patrimoniais do Autor e de sua Duração

Art. 28. Cabe ao autor o direito exclusivo de utilizar, fruir e dispor da obra literária, artística ou científica.

Art. 29. Depende de autorização prévia e expressa do autor a utilização da obra, por quaisquer modalidades, tais como:

I – a reprodução parcial ou integral;

II – a edição;

III – a adaptação, o arranjo musical e quaisquer outras transformações;

IV – a tradução para qualquer idioma;

V – a inclusão em fonograma ou produção audiovisual;

VI – a distribuição, quando não intrínseca ao contrato firmado pelo autor com terceiros para uso ou exploração da obra;

VII – a distribuição para oferta de obras ou produções mediante cabo, fibra ótica, satélite, ondas ou qualquer outro sistema que permita ao usuário realizar a seleção da obra ou produção para percebê-la em um tempo e lugar previamente determinados por quem formula a demanda, e nos casos em que o acesso às obras ou produções se faça por qualquer sistema que importe em pagamento pelo usuário;

VIII – a utilização, direta ou indireta, da obra literária, artística ou científica, mediante:

a) representação, recitação ou declamação;

b) execução musical;

c) emprego de alto-falante ou de sistemas análogos;

d) radiodifusão sonora ou televisiva;

e) captação de transmissão de radiodifusão em locais de frequência coletiva;

f) sonorização ambiental;

735

g) a exibição audiovisual, cinematográfica ou por processo assemelhado;

h) emprego de satélites artificiais;

i) emprego de sistemas óticos, fios telefônicos ou não, cabos de qualquer tipo e meios de comunicação similares que venham a ser adotados;

j) exposição de obras de artes plásticas e figurativas;

IX – a inclusão em base de dados, o armazenamento em computador, a microfilmagem e as demais formas de arquivamento do gênero;

X – quaisquer outras modalidades de utilização existentes ou que venham a ser inventadas.

Art. 30. No exercício do direito de reprodução, o titular dos direitos autorais poderá colocar à disposição do público a obra, na forma, local e pelo tempo que desejar, a título oneroso ou gratuito.

§ 1º O direito de exclusividade de reprodução não será aplicável quando ela for temporária e apenas tiver o propósito de tornar a obra, fonograma ou interpretação perceptível em meio eletrônico ou quando for de natureza transitória e incidental, desde que ocorra no curso do uso devidamente autorizado da obra, pelo titular.

§ 2º Em qualquer modalidade de reprodução, a quantidade de exemplares será informada e controlada, cabendo a quem reproduzir a obra a responsabilidade de manter os registros que permitam, ao autor, a fiscalização do aproveitamento econômico da exploração.

Art. 31. As diversas modalidades de utilização de obras literárias, artísticas ou científicas ou de fonogramas são independentes entre si, e a autorização concedida pelo autor, ou pelo produtor, respectivamente, não se estende a quaisquer das demais.

Art. 32. Quando uma obra feita em regime de coautoria não for divisível, nenhum dos coautores, sob pena de responder por perdas e danos, poderá, sem consentimento dos demais, publicá-la ou autorizar-lhe a publicação, salvo na coleção de suas obras completas.

§ 1º Havendo divergência, os coautores decidirão por maioria.

§ 2º Ao coautor dissidente é assegurado o direito de não contribuir para as despesas de publicação, renunciando a sua parte nos lucros, e o de vedar que se inscreva seu nome na obra.

§ 3º Cada coautor pode, individualmente, sem aquiescência dos outros, registrar a obra e defender os próprios direitos contra terceiros.

Art. 33. Ninguém pode reproduzir obra que não pertença ao domínio público, a pretexto de anotá-la, comentá-la ou melhorá-la, sem permissão do autor.

Parágrafo único. Os comentários ou anotações poderão ser publicados separadamente.

Art. 34. As cartas missivas, cuja publicação está condicionada à permissão do autor, poderão ser juntadas como documento de prova em processos administrativos e judiciais.

Art. 35. Quando o autor, em virtude de revisão, tiver dado à obra versão definitiva, não poderão seus sucessores reproduzir versões anteriores.

Art. 36. O direito de utilização econômica dos escritos publicados pela imprensa, diária ou periódica, com exceção dos assinados ou que apresentem sinal de reserva, pertence ao editor, salvo convenção em contrário.

Parágrafo único. A autorização para utilização econômica de artigos assinados, para publicação em diários e periódicos, não produz efeito além do prazo da periodicidade acrescido de vinte dias, a contar de sua publicação, findo o qual recobra o autor o seu direito.

Art. 37. A aquisição do original de uma obra, ou de exemplar, não confere ao adquirente qualquer dos direitos patrimoniais do autor, salvo convenção em contrário entre as partes e os casos previstos nesta Lei.

Art. 38. O autor tem o direito, irrenunciável e inalienável, de perceber, no mínimo, cinco por cento sobre o aumento do preço eventualmente verificável em cada revenda de obra de arte ou manuscrito, sendo originais, que houver alienado.

Parágrafo único. Caso o autor não perceba o seu direito de seqüência no ato da revenda, o vendedor é considerado depositário da quantia a ele devida, salvo se a operação for realizada por leiloeiro, quando será este o depositário.

Art. 39. Os direitos patrimoniais do autor, excetuados os rendimentos resultantes de sua exploração, não se comunicam, salvo pacto antenupcial em contrário.

Art. 40. Tratando-se de obra anônima ou pseudônima, caberá a quem publicá-la o exercício dos direitos patrimoniais do autor.

Parágrafo único. O autor que se der a conhecer assumirá o exercício dos direitos patrimoniais, ressalvados os direitos adquiridos por terceiros.

Art. 41. Os direitos patrimoniais do autor perduram por setenta anos contados de 1º de janeiro do ano subsequente ao de seu falecimento, obedecida a ordem sucessória da lei civil.

Parágrafo único. Aplica-se às obras póstumas o prazo de proteção a que alude o *caput* deste artigo.

Art. 42. Quando a obra literária, artística ou científica realizada em coautoria for indivisível, o prazo previsto no artigo anterior será contado da morte do último dos coautores sobreviventes.

Parágrafo único. Acrescer-se-ão aos dos sobreviventes os direitos do coautor que falecer sem sucessores.

Art. 43. Será de setenta anos o prazo de proteção aos direitos patrimoniais sobre as obras anônimas ou pseudônimas, contado de 1º de janeiro do ano imediatamente posterior ao da primeira publicação.

Parágrafo único. Aplicar-se-á o disposto no art. 41 e seu parágrafo único, sempre que o autor se der a conhecer antes do termo do prazo previsto no *caput* deste artigo.

Art. 44. O prazo de proteção aos direitos patrimoniais sobre obras audiovisuais e fotográficas será de setenta anos, a contar de 1º de janeiro do ano subsequente ao de sua divulgação.

Art. 45. Além das obras em relação às quais decorreu o prazo de proteção aos direitos patrimoniais, pertencem ao domínio público:

I – as de autores falecidos que não tenham deixado sucessores;

II – as de autor desconhecido, ressalvada a proteção legal aos conhecimentos étnicos e tradicionais.

Capítulo IV
Das Limitações aos Direitos Autorais

Art. 46. Não constitui ofensa aos direitos autorais:

I – a reprodução:

a) na imprensa diária ou periódica, de notícia ou de artigo informativo, publicado em diários ou periódicos, com a menção do nome do autor, se assinados, e da publicação de onde foram transcritos;

b) em diários ou periódicos, de discursos pronunciados em reuniões públicas de qualquer natureza;

c) de retratos, ou de outra forma de representação da imagem, feitos sob encomenda, quando realizada pelo proprietário do objeto encomendado, não havendo a oposição da pessoa neles representada ou de seus herdeiros;

d) de obras literárias, artísticas ou científicas, para uso exclusivo de deficientes visuais, sempre que a reprodução, sem fins comerciais, seja feita mediante o sistema Braille ou outro procedimento em qualquer suporte para esses destinatários;

II – a reprodução, em um só exemplar de pequenos trechos, para uso privado do copista, desde que feita por este, sem intuito de lucro;

III – a citação em livros, jornais, revistas ou qualquer outro meio de comunicação, de passagens de qualquer obra, para fins de estudo, crítica ou polêmica, na medida justificada para o fim a atingir, indicando-se o nome do autor e a origem da obra;

IV – o apanhado de lições em estabelecimentos de ensino por aqueles a quem elas se dirigem, vedada sua publicação, integral ou parcial, sem autorização prévia e expressa de quem as ministrou;

V – a utilização de obras literárias, artísticas ou científicas, fonogramas e transmissão de rádio e televisão em estabelecimentos comerciais, exclusivamente

Lei n. 9.610, de 19 de fevereiro de 1998

para demonstração à clientela, desde que esses estabelecimentos comercializem os suportes ou equipamentos que permitam a sua utilização;

VI – a representação teatral e a execução musical, quando realizadas no recesso familiar ou, para fins exclusivamente didáticos, nos estabelecimentos de ensino, não havendo em qualquer caso intuito de lucro;

VII – a utilização de obras literárias, artísticas ou científicas para produzir prova judiciária ou administrativa;

VIII – a reprodução, em quaisquer obras, de pequenos trechos de obras preexistentes, de qualquer natureza, ou de obra integral, quando de artes plásticas, sempre que a reprodução em si não seja o objetivo principal da obra nova e que não prejudique a exploração normal da obra reproduzida nem cause um prejuízo injustificado aos legítimos interesses dos autores.

Art. 47. São livres as paráfrases e paródias que não forem verdadeiras reproduções da obra originária nem lhe implicarem descrédito.

Art. 48. As obras situadas permanentemente em logradouros públicos podem ser representadas livremente, por meio de pinturas, desenhos, fotografias e procedimentos audiovisuais.

Capítulo V
Da Transferência dos Direitos de Autor

Art. 49. Os direitos de autor poderão ser total ou parcialmente transferidos a terceiros, por ele ou por seus sucessores, a título universal ou singular, pessoalmente ou por meio de representantes com poderes especiais, por meio de licenciamento, concessão, cessão ou por outros meios admitidos em Direito, obedecidas as seguintes limitações:

I – a transmissão total compreende todos os direitos de autor, salvo os de natureza moral e os expressamente excluídos por lei;

II – somente se admitirá transmissão total e definitiva dos direitos mediante estipulação contratual escrita;

III – na hipótese de não haver estipulação contratual escrita, o prazo máximo será de cinco anos;

IV – a cessão será válida unicamente para o país em que se firmou o contrato, salvo estipulação em contrário;

V – a cessão só se operará para modalidades de utilização já existentes à data do contrato;

VI – não havendo especificações quanto à modalidade de utilização, o contrato será interpretado restritivamente, entendendo-se como limitada apenas a uma que seja aquela indispensável ao cumprimento da finalidade do contrato.

739

Art. 50. A cessão total ou parcial dos direitos de autor, que se fará sempre por escrito, presume-se onerosa.

§ 1º Poderá a cessão ser averbada à margem do registro a que se refere o art. 19 desta Lei, ou, não estando a obra registrada, poderá o instrumento ser registrado em Cartório de Títulos e Documentos.

§ 2º Constarão do instrumento de cessão como elementos essenciais seu objeto e as condições de exercício do direito quanto a tempo, lugar e preço.

Art. 51. A cessão dos direitos de autor sobre obras futuras abrangerá, no máximo, o período de cinco anos.

Parágrafo único. O prazo será reduzido a cinco anos sempre que indeterminado ou superior, diminuindo-se, na devida proporção, o preço estipulado.

Art. 52. A omissão do nome do autor, ou de coautor, na divulgação da obra não presume o anonimato ou a cessão de seus direitos.

Título IV
Da Utilização de Obras Intelectuais e dos Fonogramas

Capítulo I
Da Edição

Art. 53. Mediante contrato de edição, o editor, obrigando-se a reproduzir e a divulgar a obra literária, artística ou científica, fica autorizado, em caráter de exclusividade, a publicá-la e a explorá-la pelo prazo e nas condições pactuadas com o autor.

Parágrafo único. Em cada exemplar da obra o editor mencionará:

I – o título da obra e seu autor;

II – no caso de tradução, o título original e o nome do tradutor;

III – o ano de publicação;

IV – o seu nome ou marca que o identifique.

Art. 54. Pelo mesmo contrato pode o autor obrigar-se à feitura de obra literária, artística ou científica em cuja publicação e divulgação se empenha o editor.

Art. 55. Em caso de falecimento ou de impedimento do autor para concluir a obra, o editor poderá:

I – considerar resolvido o contrato, mesmo que tenha sido entregue parte considerável da obra;

II – editar a obra, sendo autônoma, mediante pagamento proporcional do preço;

III – mandar que outro a termine, desde que consintam os sucessores e seja o fato indicado na edição.

Lei n. 9.610, de 19 de fevereiro de 1998

Parágrafo único. É vedada a publicação parcial, se o autor manifestou a vontade de só publicá-la por inteiro ou se assim o decidirem seus sucessores.

Art. 56. Entende-se que o contrato versa apenas sobre uma edição, se não houver cláusula expressa em contrário.

Parágrafo único. No silêncio do contrato, considera-se que cada edição se constitui de três mil exemplares.

Art. 57. O preço da retribuição será arbitrado, com base nos usos e costumes, sempre que no contrato não a tiver estipulado expressamente o autor.

Art. 58. Se os originais forem entregues em desacordo com o ajustado e o editor não os recusar nos trinta dias seguintes ao do recebimento, ter-se-ão por aceitas as alterações introduzidas pelo autor.

Art. 59. Quaisquer que sejam as condições do contrato, o editor é obrigado a facultar ao autor o exame da escrituração na parte que lhe corresponde, bem como a informá-lo sobre o estado da edição.

Art. 60. Ao editor compete fixar o preço da venda, sem, todavia, poder elevá-lo a ponto de embaraçar a circulação da obra.

Art. 61. O editor será obrigado a prestar contas mensais ao autor sempre que a retribuição deste estiver condicionada à venda da obra, salvo se prazo diferente houver sido convencionado.

Art. 62. A obra deverá ser editada em dois anos da celebração do contrato, salvo prazo diverso estipulado em convenção.

Parágrafo único. Não havendo edição da obra no prazo legal ou contratual, poderá ser rescindido o contrato, respondendo o editor por danos causados.

Art. 63. Enquanto não se esgotarem as edições a que tiver direito o editor, não poderá o autor dispor de sua obra, cabendo ao editor o ônus da prova.

§ 1º Na vigência do contrato de edição, assiste ao editor o direito de exigir que se retire de circulação edição da mesma obra feita por outrem.

§ 2º Considera-se esgotada a edição quando restarem em estoque, em poder do editor, exemplares em número inferior a dez por cento do total da edição.

Art. 64. Somente decorrido um ano de lançamento da edição, o editor poderá vender, como saldo, os exemplares restantes, desde que o autor seja notificado de que, no prazo de trinta dias, terá prioridade na aquisição dos referidos exemplares pelo preço de saldo.

Art. 65. Esgotada a edição, e o editor, com direito a outra, não a publicar, poderá o autor notificá-lo a que o faça em certo prazo, sob pena de perder aquele direito, além de responder por danos.

Art. 66. O autor tem o direito de fazer, nas edições sucessivas de suas obras, as emendas e alterações que bem lhe aprouver.

Parágrafo único. O editor poderá opor-se às alterações que lhe prejudiquem os interesses, ofendam sua reputação ou aumentem sua responsabilidade.

741

Art. 67. Se, em virtude de sua natureza, for imprescindível a atualização da obra em novas edições, o editor, negando-se o autor a fazê-la, dela poderá encarregar outrem, mencionando o fato na edição.

Capítulo II
Da Comunicação ao Público

Art. 68. Sem prévia e expressa autorização do autor ou titular, não poderão ser utilizadas obras teatrais, composições musicais ou literomusicais e fonogramas, em representações e execuções públicas.

§ 1º Considera-se representação pública a utilização de obras teatrais no gênero drama, tragédia, comédia, ópera, opereta, balé, pantomimas e assemelhadas, musicadas ou não, mediante a participação de artistas, remunerados ou não, em locais de frequência coletiva ou pela radiodifusão, transmissão e exibição cinematográfica.

§ 2º Considera-se execução pública a utilização de composições musicais ou literomusicais, mediante a participação de artistas, remunerados ou não, ou a utilização de fonogramas e obras audiovisuais, em locais de frequência coletiva, por quaisquer processos, inclusive a radiodifusão ou transmissão por qualquer modalidade, e a exibição cinematográfica.

§ 3º Consideram-se locais de frequência coletiva os teatros, cinemas, salões de baile ou concertos, boates, bares, clubes ou associações de qualquer natureza, lojas, estabelecimentos comerciais e industriais, estádios, circos, feiras, restaurantes, hotéis, motéis, clínicas, hospitais, órgãos públicos da administração direta ou indireta, fundacionais e estatais, meios de transporte de passageiros terrestre, marítimo, fluvial ou aéreo, ou onde quer que se representem, executem ou transmitam obras literárias, artísticas ou científicas.

§ 4º Previamente à realização da execução pública, o empresário deverá apresentar ao escritório central, previsto no art. 99, a comprovação dos recolhimentos relativos aos direitos autorais.

§ 5º Quando a remuneração depender da frequência do público, poderá o empresário, por convênio com o escritório central, pagar o preço após a realização da execução pública.

§ 6º O usuário entregará à entidade responsável pela arrecadação dos direitos relativos à execução ou exibição pública, imediatamente após o ato de comunicação ao público, relação completa das obras e fonogramas utilizados, e a tornará pública e de livre acesso, juntamente com os valores pagos, em seu sítio eletrônico ou, em não havendo este, no local da comunicação e em sua sede. (*Redação dada pela Lei n. 12.853, de 2013*)

§ 7º As empresas cinematográficas e de radiodifusão manterão à imediata disposição dos interessados, cópia autêntica dos contratos, ajustes ou acordos, individuais ou coletivos, autorizando e disciplinando a remuneração por execução

Lei n. 9.610, de 19 de fevereiro de 1998

pública das obras musicais e fonogramas contidas em seus programas ou obras audiovisuais.

§ 8º Para as empresas mencionadas no § 7º, o prazo para cumprimento do disposto no § 6º será até o décimo dia útil de cada mês, relativamente à relação completa das obras e fonogramas utilizados no mês anterior. (*Incluído pela Lei n. 12.853, de 2013*)

Art. 69. O autor, observados os usos locais, notificará o empresário do prazo para a representação ou execução, salvo prévia estipulação convencional.

Art. 70. Ao autor assiste o direito de opor-se à representação ou execução que não seja suficientemente ensaiada, bem como fiscalizá-la, tendo, para isso, livre acesso durante as representações ou execuções, no local onde se realizam.

Art. 71. O autor da obra não pode alterar-lhe a substância, sem acordo com o empresário que a faz representar.

Art. 72. O empresário, sem licença do autor, não pode entregar a obra a pessoa estranha à representação ou à execução.

Art. 73. Os principais intérpretes e os diretores de orquestras ou coro, escolhidos de comum acordo pelo autor e pelo produtor, não podem ser substituídos por ordem deste, sem que aquele consinta.

Art. 74. O autor de obra teatral, ao autorizar a sua tradução ou adaptação, poderá fixar prazo para utilização dela em representações públicas.

Parágrafo único. Após o decurso do prazo a que se refere este artigo, não poderá opor-se o tradutor ou adaptador à utilização de outra tradução ou adaptação autorizada, salvo se for cópia da sua.

Art. 75. Autorizada a representação de obra teatral feita em coautoria, não poderá qualquer dos coautores revogar a autorização dada, provocando a suspensão da temporada contratualmente ajustada.

Art. 76. É impenhorável a parte do produto dos espetáculos reservada ao autor e aos artistas.

Capítulo III
Da Utilização da Obra de Arte Plástica

Art. 77. Salvo convenção em contrário, o autor de obra de arte plástica, ao alienar o objeto em que ela se materializa, transmite o direito de expô-la, mas não transmite ao adquirente o direito de reproduzi-la.

Art. 78. A autorização para reproduzir obra de arte plástica, por qualquer processo, deve se fazer por escrito e se presume onerosa.

Capítulo IV
Da Utilização da Obra Fotográfica

Art. 79. O autor de obra fotográfica tem direito a reproduzi-la e colocá-la à venda, observadas as restrições à exposição, reprodução e venda de retratos, e sem prejuízo dos direitos de autor sobre a obra fotografada, se de artes plásticas protegidas.

§ 1º A fotografia, quando utilizada por terceiros, indicará de forma legível o nome do seu autor.

§ 2º É vedada a reprodução de obra fotográfica que não esteja em absoluta consonância com o original, salvo prévia autorização do autor.

Capítulo V
Da Utilização de Fonograma

Art. 80. Ao publicar o fonograma, o produtor mencionará em cada exemplar:

I – o título da obra incluída e seu autor;

II – o nome ou pseudônimo do intérprete;

III – o ano de publicação;

IV – o seu nome ou marca que o identifique.

Capítulo VI
Da Utilização da Obra Audiovisual

Art. 81. A autorização do autor e do intérprete de obra literária, artística ou científica para produção audiovisual implica, salvo disposição em contrário, consentimento para sua utilização econômica.

§ 1º A exclusividade da autorização depende de cláusula expressa e cessa dez anos após a celebração do contrato.

§ 2º Em cada cópia da obra audiovisual, mencionará o produtor:

I – o título da obra audiovisual;

II – os nomes ou pseudônimos do diretor e dos demais coautores;

III – o título da obra adaptada e seu autor, se for o caso;

IV – os artistas intérpretes;

V – o ano de publicação;

VI – o seu nome ou marca que o identifique;

VII – o nome dos dubladores. (*Incluído pela Lei n. 12.091, de 2009*)

Art. 82. O contrato de produção audiovisual deve estabelecer:

I – a remuneração devida pelo produtor aos coautores da obra e aos artistas intérpretes e executantes, bem como o tempo, lugar e forma de pagamento;

II – o prazo de conclusão da obra;

Lei n. 9.610, de 19 de fevereiro de 1998

III – a responsabilidade do produtor para com os coautores, artistas intérpretes ou executantes, no caso de coprodução.

Art. 83. O participante da produção da obra audiovisual que interromper, temporária ou definitivamente, sua atuação, não poderá opor-se a que esta seja utilizada na obra nem a que terceiro o substitua, resguardados os direitos que adquiriu quanto à parte já executada.

Art. 84. Caso a remuneração dos coautores da obra audiovisual dependa dos rendimentos de sua utilização econômica, o produtor lhes prestará contas semestralmente, se outro prazo não houver sido pactuado.

Art. 85. Não havendo disposição em contrário, poderão os coautores da obra audiovisual utilizar-se, em gênero diverso, da parte que constitua sua contribuição pessoal.

Parágrafo único. Se o produtor não concluir a obra audiovisual no prazo ajustado ou não iniciar sua exploração dentro de dois anos, a contar de sua conclusão, a utilização a que se refere este artigo será livre.

Art. 86. Os direitos autorais de execução musical relativos a obras musicais, literomusicais e fonogramas incluídos em obras audiovisuais serão devidos aos seus titulares pelos responsáveis dos locais ou estabelecimentos a que alude o § 3º do art. 68 desta Lei, que as exibirem, ou pelas emissoras de televisão que as transmitirem.

Capítulo VII
Da Utilização de Bases de Dados

Art. 87. O titular do direito patrimonial sobre uma base de dados terá o direito exclusivo, a respeito da forma de expressão da estrutura da referida base, de autorizar ou proibir:

I – sua reprodução total ou parcial, por qualquer meio ou processo;

II – sua tradução, adaptação, reordenação ou qualquer outra modificação;

III – a distribuição do original ou cópias da base de dados ou a sua comunicação ao público;

IV – a reprodução, distribuição ou comunicação ao público dos resultados das operações mencionadas no inciso II deste artigo.

Capítulo VIII
Da Utilização da Obra Coletiva

Art. 88. Ao publicar a obra coletiva, o organizador mencionará em cada exemplar:

I – o título da obra;

II – a relação de todos os participantes, em ordem alfabética, se outra não houver sido convencionada;

III – o ano de publicação;

IV – o seu nome ou marca que o identifique.

Parágrafo único. Para valer-se do disposto no § 1º do art. 17, deverá o participante notificar o organizador, por escrito, até a entrega de sua participação.

Título V
Dos Direitos Conexos

Capítulo I
Disposições Preliminares

Art. 89. As normas relativas aos direitos de autor aplicam-se, no que couber, aos direitos dos artistas intérpretes ou executantes, dos produtores fonográficos e das empresas de radiodifusão.

Parágrafo único. A proteção desta Lei aos direitos previstos neste artigo deixa intactas e não afeta as garantias asseguradas aos autores das obras literárias, artísticas ou científicas.

Capítulo II
Dos Direitos dos Artistas Intérpretes ou Executantes

Art. 90. Tem o artista intérprete ou executante o direito exclusivo de, a título oneroso ou gratuito, autorizar ou proibir:

I – a fixação de suas interpretações ou execuções;

II – a reprodução, a execução pública e a locação das suas interpretações ou execuções fixadas;

III – a radiodifusão das suas interpretações ou execuções, fixadas ou não;

IV – a colocação à disposição do público de suas interpretações ou execuções, de maneira que qualquer pessoa a elas possa ter acesso, no tempo e no lugar que individualmente escolherem;

V – qualquer outra modalidade de utilização de suas interpretações ou execuções.

§ 1º Quando na interpretação ou na execução participarem vários artistas, seus direitos serão exercidos pelo diretor do conjunto.

§ 2º A proteção aos artistas intérpretes ou executantes estende-se à reprodução da voz e imagem, quando associadas às suas atuações.

Art. 91. As empresas de radiodifusão poderão realizar fixações de interpretação ou execução de artistas que as tenham permitido para utilização em determinado número de emissões, facultada sua conservação em arquivo público.

Lei n. 9.610, de 19 de fevereiro de 1998

Parágrafo único. A reutilização subsequente da fixação, no País ou no exterior, somente será lícita mediante autorização escrita dos titulares de bens intelectuais incluídos no programa, devida uma remuneração adicional aos titulares para cada nova utilização.

Art. 92. Aos intérpretes cabem os direitos morais de integridade e paternidade de suas interpretações, inclusive depois da cessão dos direitos patrimoniais, sem prejuízo da redução, compactação, edição ou dublagem da obra de que tenham participado, sob a responsabilidade do produtor, que não poderá desfigurar a interpretação do artista.

Parágrafo único. O falecimento de qualquer participante de obra audiovisual, concluída ou não, não obsta sua exibição e aproveitamento econômico, nem exige autorização adicional, sendo a remuneração prevista para o falecido, nos termos do contrato e da lei, efetuada a favor do espólio ou dos sucessores.

Capítulo III
Dos Direitos dos Produtores Fonográficos

Art. 93. O produtor de fonogramas tem o direito exclusivo de, a título oneroso ou gratuito, autorizar-lhes ou proibir-lhes:

I – a reprodução direta ou indireta, total ou parcial;

II – a distribuição por meio da venda ou locação de exemplares da reprodução;

III – a comunicação ao público por meio da execução pública, inclusive pela radiodifusão;

IV – (VETADO)

V – quaisquer outras modalidades de utilização, existentes ou que venham a ser inventadas.

Art. 94. (*Revogado pela Lei n. 12.853, de 2013*)

Capítulo IV
Dos Direitos das Empresas de Radiodifusão

Art. 95. Cabe às empresas de radiodifusão o direito exclusivo de autorizar ou proibir a retransmissão, fixação e reprodução de suas emissões, bem como a comunicação ao público, pela televisão, em locais de frequência coletiva, sem prejuízo dos direitos dos titulares de bens intelectuais incluídos na programação.

Capítulo V
Da Duração dos Direitos Conexos

Art. 96. É de setenta anos o prazo de proteção aos direitos conexos, contados a partir de 1º de janeiro do ano subsequente à fixação, para os fonogramas; à trans-

747

Direito Autoral no Brasil | José Carlos Costa Netto

missão, para as emissões das empresas de radiodifusão; e à execução e representação pública, para os demais casos.

Título VI
Das Associações de Titulares de Direitos de Autor e dos que lhes são Conexos

Art. 97. Para o exercício e defesa de seus direitos, podem os autores e os titulares de direitos conexos associar-se sem intuito de lucro.

§ 1º As associações reguladas por este artigo exercem atividade de interesse público, por determinação desta Lei, devendo atender a sua função social. (*Redação dada pela Lei n. 12.853, de 2013*)

§ 2º É vedado pertencer, simultaneamente, a mais de uma associação para a gestão coletiva de direitos da mesma natureza. (*Redação dada pela Lei n. 12.853, de 2013*)

§ 3º Pode o titular transferir-se, a qualquer momento, para outra associação, devendo comunicar o fato, por escrito, à associação de origem. (*Redação dada pela Lei n. 12.853, de 2013*)

§ 4º As associações com sede no exterior far-se-ão representar, no País, por associações nacionais constituídas na forma prevista nesta Lei. (*Incluído pela Lei n. 12.853, de 2013*)

§ 5º Apenas os titulares originários de direitos de autor ou de direitos conexos filiados diretamente às associações nacionais poderão votar ou ser votados nas associações reguladas por este artigo. (*Incluído pela Lei n. 12.853, de 2013*)

§ 6º Apenas os titulares originários de direitos de autor ou de direitos conexos, nacionais ou estrangeiros domiciliados no Brasil, filiados diretamente às associações nacionais poderão assumir cargos de direção nas associações reguladas por este artigo. (*Incluído pela Lei n. 12.853, de 2013*)

Art. 98. Com o ato de filiação, as associações de que trata o art. 97 tornam-se mandatárias de seus associados para a prática de todos os atos necessários à defesa judicial ou extrajudicial de seus direitos autorais, bem como para o exercício da atividade de cobrança desses direitos. (*Redação dada pela Lei n. 12.853, de 2013*)

§ 1º O exercício da atividade de cobrança citada no *caput* somente será lícito para as associações que obtiverem habilitação em órgão da Administração Pública Federal, nos termos do art. 98-A. (*Incluído pela Lei n. 12.853, de 2013*)

§ 2º As associações deverão adotar os princípios da isonomia, eficiência e transparência na cobrança pela utilização de qualquer obra ou fonograma. (*Incluído pela Lei n. 12.853, de 2013*)

§ 3º Caberá às associações, no interesse dos seus associados, estabelecer os preços pela utilização de seus repertórios, considerando a razoabilidade, a boa-fé e os usos do local de utilização das obras. (*Incluído pela Lei n. 12.853, de 2013*)

Lei n. 9.610, de 19 de fevereiro de 1998

§ 4º A cobrança será sempre proporcional ao grau de utilização das obras e fonogramas pelos usuários, considerando a importância da execução pública no exercício de suas atividades, e as particularidades de cada segmento, conforme disposto no regulamento desta Lei. (*Incluído pela Lei n. 12.853, de 2013*)

§ 5º As associações deverão tratar seus associados de forma equitativa, sendo vedado o tratamento desigual. (*Incluído pela Lei n. 12.853, de 2013*)

§ 6º As associações deverão manter um cadastro centralizado de todos os contratos, declarações ou documentos de qualquer natureza que comprovem a autoria e a titularidade das obras e dos fonogramas, bem como as participações individuais em cada obra e em cada fonograma, prevenindo o falseamento de dados e fraudes e promovendo a desambiguação de títulos similares de obras. (*Incluído pela Lei n. 12.853, de 2013*)

§ 7º As informações mencionadas no § 6º são de interesse público e o acesso a elas deverá ser disponibilizado por meio eletrônico a qualquer interessado, de forma gratuita, permitindo-se ainda ao Ministério da Cultura o acesso contínuo e integral a tais informações. (*Incluído pela Lei n. 12.853, de 2013*)

§ 8º Mediante comunicação do interessado e preservada a ampla defesa e o direito ao contraditório, o Ministério da Cultura poderá, no caso de inconsistência nas informações mencionadas no § 6º deste artigo, determinar sua retificação e demais medidas necessárias à sua regularização, conforme disposto em regulamento. (*Incluído pela Lei n. 12.853, de 2013*)

§ 9º As associações deverão disponibilizar sistema de informação para comunicação periódica, pelo usuário, da totalidade das obras e fonogramas utilizados, bem como para acompanhamento, pelos titulares de direitos, dos valores arrecadados e distribuídos. (*Incluído pela Lei n. 12.853, de 2013*)

§ 10. Os créditos e valores não identificados deverão permanecer retidos e à disposição dos titulares pelo período de 5 (cinco) anos, devendo ser distribuídos à medida da sua identificação. (*Incluído pela Lei n. 12.853, de 2013*)

§ 11. Findo o período de 5 (cinco) anos previsto no § 10 sem que tenha ocorrido a identificação dos créditos e valores retidos, estes serão distribuídos aos titulares de direitos de autor e de direitos conexos dentro da mesma rubrica em que foram arrecadados e na proporção de suas respectivas arrecadações durante o período da retenção daqueles créditos e valores, sendo vedada a sua destinação para outro fim. (*Incluído pela Lei n. 12.853, de 2013*)

§ 12. A taxa de administração praticada pelas associações no exercício da cobrança e distribuição de direitos autorais deverá ser proporcional ao custo efetivo de suas operações, considerando as peculiaridades de cada uma delas. (*Incluído pela Lei n. 12.853, de 2013*)

§ 13. Os dirigentes das associações serão eleitos para mandato de 3 (três) anos, permitida uma única recondução precedida de nova eleição. (*Incluído pela Lei n. 12.853, de 2013*)

§ 14. Os dirigentes das associações atuarão diretamente em sua gestão, por meio de voto pessoal, sendo vedado que atuem representados por terceiros. (*Incluído pela Lei n. 12.853, de 2013*)

§ 15. Os titulares de direitos autorais poderão praticar pessoalmente os atos referidos no *caput* e no § 3º deste artigo, mediante comunicação à associação a que estiverem filiados, com até 48 (quarenta e oito) horas de antecedência da sua prática. (*Incluído pela Lei n. 12.853, de 2013*)

§ 16. As associações, por decisão do seu órgão máximo de deliberação e conforme previsto em seus estatutos, poderão destinar até 20% (vinte por cento) da totalidade ou de parte dos recursos oriundos de suas atividades para ações de natureza cultural e social que beneficiem seus associados de forma coletiva. (*Incluído pela Lei n. 12.853, de 2013*)

Art. 98-A. O exercício da atividade de cobrança de que trata o art. 98 dependerá de habilitação prévia em órgão da Administração Pública Federal, conforme disposto em regulamento, cujo processo administrativo observará: (*Incluído pela Lei n. 12.853, de 2013*)

I – o cumprimento, pelos estatutos da entidade solicitante, dos requisitos estabelecidos na legislação para sua constituição; (*Incluído pela Lei n. 12.853, de 2013*)

II – a demonstração de que a entidade solicitante reúne as condições necessárias para assegurar uma administração eficaz e transparente dos direitos a ela confiados e significativa representatividade de obras e titulares cadastrados, mediante comprovação dos seguintes documentos e informações: (*Incluído pela Lei n. 12.853, de 2013*)

a) cadastros das obras e titulares que representam; (*Incluído pela Lei n. 12.853, de 2013*)

b) contratos e convênios mantidos com usuários de obras de seus repertórios, quando aplicável; (*Incluído pela Lei n. 12.853, de 2013*)

c) estatutos e respectivas alterações; (*Incluído pela Lei n. 12.853, de 2013*)

d) atas das assembleias ordinárias ou extraordinárias; (*Incluído pela Lei n. 12.853, de 2013*)

e) acordos de representação recíproca com entidades congêneres estrangeiras, quando existentes; (*Incluído pela Lei n. 12.853, de 2013*)

f) relatório anual de suas atividades, quando aplicável; (*Incluído pela Lei n. 12.853, de 2013*)

g) demonstrações contábeis anuais, quando aplicável; (*Incluído pela Lei n. 12.853, de 2013*)

h) demonstração de que as taxas de administração são proporcionais aos custos de cobrança e distribuição para cada tipo de utilização, quando aplicável; (*Incluído pela Lei n. 12.853, de 2013*)

Lei n. 9.610, de 19 de fevereiro de 1998

i) relatório anual de auditoria externa de suas contas, desde que a entidade funcione há mais de 1 (um) ano e que a auditoria seja demandada pela maioria de seus associados ou por sindicato ou associação profissional, nos termos do art. 100; (*Incluído pela Lei n. 12.853, de 2013*)

j) detalhamento do modelo de governança da associação, incluindo estrutura de representação isonômica dos associados; (*Incluído pela Lei n. 12.853, de 2013*)

k) plano de cargos e salários, incluindo valor das remunerações dos dirigentes, gratificações, bonificações e outras modalidades de remuneração e premiação, com valores atualizados; (*Incluído pela Lei n. 12.853, de 2013*)

III – outras informações estipuladas em regulamento por órgão da Administração Pública Federal, como as que demonstrem o cumprimento das obrigações internacionais contratuais da entidade solicitante que possam ensejar questionamento ao Estado Brasileiro no âmbito dos acordos internacionais dos quais é parte. (*Incluído pela Lei n. 12.853, de 2013*)

§ 1º Os documentos e informações a que se referem os incisos II e III do caput deste artigo deverão ser apresentados anualmente ao Ministério da Cultura. (*Incluído pela Lei n. 12.853, de 2013*)

§ 2º A habilitação de que trata o § 1º do art. 98 é um ato de qualificação vinculado ao cumprimento dos requisitos instituídos por esta Lei e por seu regulamento e não precisará ser renovada periodicamente, mas poderá ser anulada mediante decisão proferida em processo administrativo ou judicial, quando verificado que a associação não atende ao disposto nesta Lei, assegurados sempre o contraditório e ampla defesa, bem como a comunicação do fato ao Ministério Público. (*Incluído pela Lei n. 12.853, de 2013*)

§ 3º A anulação da habilitação a que se refere o § 1º do art. 98 levará em consideração a gravidade e a relevância das irregularidades identificadas, a boa-fé do infrator e a reincidência nas irregularidades, conforme disposto em regulamento, e somente se efetivará após a aplicação de advertência, quando se concederá prazo razoável para atendimento das exigências apontadas pela autoridade competente. (*Incluído pela Lei n. 12.853, de 2013*)

§ 4º A ausência de uma associação que seja mandatária de determinada categoria de titulares em função da aplicação do § 2º deste artigo não isenta os usuários das obrigações previstas no art. 68, que deverão ser quitadas em relação ao período compreendido entre o indeferimento do pedido de habilitação, a anulação ou o cancelamento da habilitação e a obtenção de nova habilitação ou constituição de entidade sucessora nos termos deste artigo, ficando a entidade sucessora responsável pela fixação dos valores dos direitos autorais ou conexos em relação ao período compreendido entre o indeferimento do pedido de habilitação ou sua anulação e a obtenção de nova habilitação pela entidade sucessora. (*Incluído pela Lei n. 12.853, de 2013*)

§ 5º A associação cuja habilitação, nos termos deste artigo, seja anulada, inexistente ou pendente de apreciação pela autoridade competente, ou apresente qualquer outra forma de irregularidade, não poderá utilizar tais fatos como impedimento para distribuição de eventuais valores já arrecadados, sob pena de responsabilização direta de seus dirigentes nos termos do art. 100-A, sem prejuízo das sanções penais cabíveis. (*Incluído pela Lei n. 12.853, de 2013*)

§ 6º As associações de gestão coletiva de direitos autorais deverão manter atualizados e disponíveis aos associados os documentos e as informações previstos nos incisos II e III deste artigo. (*Incluído pela Lei n. 12.853, de 2013*)

Art. 98-B. As associações de gestão coletiva de direitos autorais, no desempenho de suas funções, deverão: (*Incluído pela Lei n. 12.853, de 2013*)

I – dar publicidade e transparência, por meio de sítios eletrônicos próprios, às formas de cálculo e critérios de cobrança, discriminando, dentre outras informações, o tipo de usuário, tempo e lugar de utilização, bem como os critérios de distribuição dos valores dos direitos autorais arrecadados, incluídas as planilhas e demais registros de utilização das obras e fonogramas fornecidas pelos usuários, excetuando os valores distribuídos aos titulares individualmente; (*Incluído pela Lei n. 12.853, de 2013*)

II – dar publicidade e transparência, por meio de sítios eletrônicos próprios, aos estatutos, aos regulamentos de arrecadação e distribuição, às atas de suas reuniões deliberativas e aos cadastros das obras e titulares que representam, bem como ao montante arrecadado e distribuído e aos créditos eventualmente arrecadados e não distribuídos, sua origem e o motivo da sua retenção; (*Incluído pela Lei n. 12.853, de 2013*)

III – buscar eficiência operacional, dentre outros meios, pela redução de seus custos administrativos e dos prazos de distribuição dos valores aos titulares de direitos; (*Incluído pela Lei n. 12.853, de 2013*)

IV – oferecer aos titulares de direitos os meios técnicos para que possam acessar o balanço dos seus créditos da forma mais eficiente dentro do estado da técnica; (*Incluído pela Lei n. 12.853, de 2013*)

V – aperfeiçoar seus sistemas para apuração cada vez mais acurada das execuções públicas realizadas e publicar anualmente seus métodos de verificação, amostragem e aferição; (*Incluído pela Lei n. 12.853, de 2013*)

VI – garantir aos associados o acesso às informações referentes às obras sobre as quais sejam titulares de direitos e às execuções aferidas para cada uma delas, abstendo-se de firmar contratos, convênios ou pactos com cláusula de confidencialidade; (*Incluído pela Lei n. 12.853, de 2013*)

VII – garantir ao usuário o acesso às informações referentes às utilizações por ele realizadas. (*Incluído pela Lei n. 12.853, de 2013*)

Parágrafo único. As informações contidas nos incisos I e II devem ser atualizadas periodicamente, em intervalo nunca superior a 6 (seis) meses. (*Incluído pela Lei n. 12.853, de 2013*)

Lei n. 9.610, de 19 de fevereiro de 1998

Art. 98-C. As associações de gestão coletiva de direitos autorais deverão prestar contas dos valores devidos, em caráter regular e de modo direto, aos seus associados. (*Incluído pela Lei n. 12.853, de 2013*)

§ 1º O direito à prestação de contas poderá ser exercido diretamente pelo associado. (*Incluído pela Lei n. 12.853, de 2013*)

§ 2º Se as contas não forem prestadas na forma do § 1º, o pedido do associado poderá ser encaminhado ao Ministério da Cultura que, após sua apreciação, poderá determinar a prestação de contas pela associação, na forma do regulamento. (*Incluído pela Lei n. 12.853, de 2013*)

Art. 99. A arrecadação e distribuição dos direitos relativos à execução pública de obras musicais e litero-musicais e de fonogramas será feita por meio das associações de gestão coletiva criadas para este fim por seus titulares, as quais deverão unificar a cobrança em um único escritório central para arrecadação e distribuição, que funcionará como ente arrecadador com personalidade jurídica própria e observará os §§ 1º a 12 do art. 98 e os arts. 98-A, 98-B, 98-C, 99-B, 100, 100-A e 100-B. (*Redação dada pela Lei n. 12.853, de 2013*)

§ 1º O ente arrecadador organizado na forma prevista no *caput* não terá finalidade de lucro e será dirigido e administrado por meio do voto unitário de cada associação que o integra. (*Redação dada pela Lei n. 12.853, de 2013*)

§ 2º O ente arrecadador e as associações a que se refere este Título atuarão em juízo e fora dele em seus próprios nomes como substitutos processuais dos titulares a eles vinculados. (*Redação dada pela Lei n. 12.853, de 2013*)

§ 3º O recolhimento de quaisquer valores pelo ente arrecadador somente se fará por depósito bancário. (*Redação dada pela Lei n. 12.853, de 2013*)

§ 4º A parcela destinada à distribuição aos autores e demais titulares de direitos não poderá, em um ano da data de publicação desta Lei, ser inferior a 77,5% (setenta e sete inteiros e cinco décimos por cento) dos valores arrecadados, aumentando-se tal parcela à razão de 2,5% a.a. (dois inteiros e cinco décimos por cento ao ano), até que, em 4 (quatro) anos da data de publicação desta Lei, ela não seja inferior a 85% (oitenta e cinco por cento) dos valores arrecadados. (*Redação dada pela Lei n. 12.853, de 2013*)

§ 5º O ente arrecadador poderá manter fiscais, aos quais é vedado receber do usuário numerário a qualquer título. (*Redação dada pela Lei n. 12.853, de 2013*)

§ 6º A inobservância da norma do § 5º tornará o faltoso inabilitado à função de fiscal, sem prejuízo da comunicação do fato ao Ministério Público e da aplicação das sanções civis e penais cabíveis. (*Incluído pela Lei n. 12.853, de 2013*)

§ 7º Cabe ao ente arrecadador e às associações de gestão coletiva zelar pela continuidade da arrecadação e, no caso de perda da habilitação por alguma associação, cabe a ela cooperar para que a transição entre associações seja realizada sem qualquer prejuízo aos titulares, transferindo-se todas as informações necessárias ao processo de arrecadação e distribuição de direitos. (*Incluído pela Lei n. 12.853, de 2013*)

753

§ 8º Sem prejuízo do disposto no § 3º do art. 98, as associações devem estabelecer e unificar o preço de seus repertórios junto ao ente arrecadador para a sua cobrança, atuando este como mandatário das associações que o integram. (*Incluído pela Lei n. 12.853, de 2013*)

§ 9º O ente arrecadador cobrará do usuário de forma unificada, e se encarregará da devida distribuição da arrecadação às associações, observado o disposto nesta Lei, especialmente os critérios estabelecidos nos §§ 3º e 4º do art. 98. (*Incluído pela Lei n. 12.853, de 2013*)

Art. 99-A. O ente arrecadador de que trata o *caput* do art. 99 deverá admitir em seus quadros, além das associações que o constituíram, as associações de titulares de direitos autorais que tenham pertinência com sua área de atuação e estejam habilitadas em órgão da Administração Pública Federal na forma do art. 98-A. (*Incluído pela Lei n. 12.853, de 2013*)

Parágrafo único. As deliberações quanto aos critérios de distribuição dos recursos arrecadados serão tomadas por meio do voto unitário de cada associação que integre o ente arrecadador. (*Incluído pela Lei n. 12.853, de 2013*)

Art. 99-B. As associações referidas neste Título estão sujeitas às regras concorrenciais definidas em legislação específica que trate da prevenção e repressão às infrações contra a ordem econômica. (*Incluído pela Lei n. 12.853, de 2013*)

Art. 100. O sindicato ou associação profissional que congregue filiados de uma associação de gestão coletiva de direitos autorais poderá, 1 (uma) vez por ano, às suas expensas, após notificação, com 8 (oito) dias de antecedência, fiscalizar, por intermédio de auditor independente, a exatidão das contas prestadas por essa associação autoral a seus representados. (*Redação dada pela Lei n. 12.853, de 2013*)

Art. 100-A. Os dirigentes das associações de gestão coletiva de direitos autorais respondem solidariamente, com seus bens particulares, por desvio de finalidade ou quanto ao inadimplemento das obrigações para com os associados, por dolo ou culpa. (*Incluído pela Lei n. 12.853, de 2013*)

Art. 100-B. Os litígios entre usuários e titulares de direitos autorais ou seus mandatários, em relação à falta de pagamento, aos critérios de cobrança, às formas de oferecimento de repertório e aos valores de arrecadação, e entre titulares e suas associações, em relação aos valores e critérios de distribuição, poderão ser objeto da atuação de órgão da Administração Pública Federal para a resolução de conflitos por meio de mediação ou arbitragem, na forma do regulamento, sem prejuízo da apreciação pelo Poder Judiciário e pelos órgãos do Sistema Brasileiro de Defesa da Concorrência, quando cabível. (*Incluído pela Lei n. 12.853, de 2013*)

Título VII
Das Sanções às Violações dos Direitos Autorais

Capítulo I
Disposição Preliminar

Art. 101. As sanções civis de que trata este Capítulo aplicam-se sem prejuízo das penas cabíveis.

Capítulo II
Das Sanções Civis

Art. 102. O titular cuja obra seja fraudulentamente reproduzida, divulgada ou de qualquer forma utilizada, poderá requerer a apreensão dos exemplares reproduzidos ou a suspensão da divulgação, sem prejuízo da indenização cabível.

Art. 103. Quem editar obra literária, artística ou científica, sem autorização do titular, perderá para este os exemplares que se apreenderem e pagar-lhe-á o preço dos que tiver vendido.

Parágrafo único. Não se conhecendo o número de exemplares que constituem a edição fraudulenta, pagará o transgressor o valor de três mil exemplares, além dos apreendidos.

Art. 104. Quem vender, expuser a venda, ocultar, adquirir, distribuir, tiver em depósito ou utilizar obra ou fonograma reproduzidos com fraude, com a finalidade de vender, obter ganho, vantagem, proveito, lucro direto ou indireto, para si ou para outrem, será solidariamente responsável com o contrafator, nos termos dos artigos precedentes, respondendo como contrafatores o importador e o distribuidor em caso de reprodução no exterior.

Art. 105. A transmissão e a retransmissão, por qualquer meio ou processo, e a comunicação ao público de obras artísticas, literárias e científicas, de interpretações e de fonogramas, realizadas mediante violação aos direitos de seus titulares, deverão ser imediatamente suspensas ou interrompidas pela autoridade judicial competente, sem prejuízo da multa diária pelo descumprimento e das demais indenizações cabíveis, independentemente das sanções penais aplicáveis; caso se comprove que o infrator é reincidente na violação aos direitos dos titulares de direitos de autor e conexos, o valor da multa poderá ser aumentado até o dobro.

Art. 106. A sentença condenatória poderá determinar a destruição de todos os exemplares ilícitos, bem como as matrizes, moldes, negativos e demais elementos utilizados para praticar o ilícito civil, assim como a perda de máquinas, equipamentos e insumos destinados a tal fim ou, servindo estes unicamente para o fim ilícito, sua destruição.

Art. 107. Independentemente da perda dos equipamentos utilizados, responderá por perdas e danos, nunca inferiores ao valor que resultaria da aplicação do disposto no art. 103 e seu parágrafo único, quem:

I – alterar, suprimir, modificar ou inutilizar, de qualquer maneira, dispositivos técnicos introduzidos nos exemplares das obras e produções protegidas para evitar ou restringir sua cópia;

II – alterar, suprimir ou inutilizar, de qualquer maneira, os sinais codificados destinados a restringir a comunicação ao público de obras, produções ou emissões protegidas ou a evitar a sua cópia;

Direito Autoral no Brasil | José Carlos Costa Netto

III – suprimir ou alterar, sem autorização, qualquer informação sobre a gestão de direitos;

IV – distribuir, importar para distribuição, emitir, comunicar ou puser à disposição do público, sem autorização, obras, interpretações ou execuções, exemplares de interpretações fixadas em fonogramas e emissões, sabendo que a informação sobre a gestão de direitos, sinais codificados e dispositivos técnicos foram suprimidos ou alterados sem autorização.

Art. 108. Quem, na utilização, por qualquer modalidade, de obra intelectual, deixar de indicar ou de anunciar, como tal, o nome, pseudônimo ou sinal convencional do autor e do intérprete, além de responder por danos morais, está obrigado a divulgar-lhes a identidade da seguinte forma:

I – tratando-se de empresa de radiodifusão, no mesmo horário em que tiver ocorrido a infração, por três dias consecutivos;

II – tratando-se de publicação gráfica ou fonográfica, mediante inclusão de errata nos exemplares ainda não distribuídos, sem prejuízo de comunicação, com destaque, por três vezes consecutivas em jornal de grande circulação, dos domicílios do autor, do intérprete e do editor ou produtor;

III – tratando-se de outra forma de utilização, por intermédio da imprensa, na forma a que se refere o inciso anterior.

Art. 109. A execução pública feita em desacordo com os arts. 68, 97, 98 e 99 desta Lei sujeitará os responsáveis a multa de vinte vezes o valor que deveria ser originariamente pago.

Art. 109-A. A falta de prestação ou a prestação de informações falsas no cumprimento do disposto no § 6º do art. 68 e no § 9º do art. 98 sujeitará os responsáveis, por determinação da autoridade competente e nos termos do regulamento desta Lei, a multa de 10 (dez) a 30% (trinta por cento) do valor que deveria ser originariamente pago, sem prejuízo das perdas e danos. (*Incluído pela Lei n. 12.853, de 2013*)

Parágrafo único. Aplicam-se as regras da legislação civil quanto ao inadimplemento das obrigações no caso de descumprimento, pelos usuários, dos seus deveres legais e contratuais junto às associações referidas neste Título. (*Incluído pela Lei n. 12.853, de 2013*)

Art. 110. Pela violação de direitos autorais nos espetáculos e audições públicas, realizados nos locais ou estabelecimentos a que alude o art. 68, seus proprietários, diretores, gerentes, empresários e arrendatários respondem solidariamente com os organizadores dos espetáculos.

Capítulo III
Da Prescrição da Ação

Art. 111. (VETADO)

Lei n. 9.610, de 19 de fevereiro de 1998

Título VIII
Disposições Finais e Transitórias

Art. 112. Se uma obra, em consequência de ter expirado o prazo de proteção que lhe era anteriormente reconhecido pelo § 2º do art. 42 da Lei n. 5.988, de 14 de dezembro de 1973, caiu no domínio público, não terá o prazo de proteção dos direitos patrimoniais ampliado por força do art. 41 desta Lei.

Art. 113. Os fonogramas, os livros e as obras audiovisuais sujeitar-se-ão a selos ou sinais de identificação sob a responsabilidade do produtor, distribuidor ou importador, sem ônus para o consumidor, com o fim de atestar o cumprimento das normas legais vigentes, conforme dispuser o regulamento. (Regulamento)

Art. 114. Esta Lei entra em vigor cento e vinte dias após sua publicação.

Art. 115. Ficam revogados os arts. 649 a 673 e 1.346 a 1.362 do Código Civil e as Leis ns. 4.944, de 6 de abril de 1966; 5.988, de 14 de dezembro de 1973, excetuando-se o art. 17 e seus §§ 1º e 2º; 6.800, de 25 de junho de 1980; 7.123, de 12 de setembro de 1983; 9.045, de 18 de maio de 1995, e demais disposições em contrário, mantidos em vigor as Leis ns. 6.533, de 24 de maio de 1978 e 6.615, de 16 de dezembro de 1978.

Brasília, 19 de fevereiro de 1998; 177º da Independência e 110º da República.

FERNANDO HENRIQUE CARDOSO
Francisco Weffort

Este texto não substitui o publicado no *DOU* de 20-2-1998.